책임과 판단

책임과 판단

한나 아렌트 Hannah Arendt 지음 | 제롬 콘 Jerome Kohn 편집 | 서유경 옮김

Responsibility
and
Judgment
Hannah Arendt

P 필로소픽

| **일러두기** |

1. 외국 인명과 지명 표기는 국립국어원의 외래어 표기법을 따른다. 일부는 통용되는 표기법을 따른다.
2. 단행본, 신문, 잡지, 소책자는 《 》로, 에세이, 논문, 영화, 연극 등은 〈 〉로 묶어 표시했다.
3. 본문 가운데 '〔 〕' 안 내용은 편집자 제롬 콘이, '[ ]' 안 내용은 옮긴이가 덧붙였다.
4. 본문에 인용된 성서의 번역은 대한성서공회의 《공동번역성서》를 참조했다.

C O N T E N T S

옮긴이의 말

한나 아렌트는 1960년대 초 예루살렘 재판을 참관한 이후 아이히만의 사유 불능의 원인에 관해 계속 숙고하고 성찰했으며 그 내용을 《칸트 정치철학 강의》와 《정신의 삶》이라는 두 권의 유작 속에 오롯이 남겨두고 세상을 떠났다. 이 책 《책임과 판단》 역시도 생애 마지막 시기 10년간 아렌트가 여기저기에 남긴 강의록, 연설문, 논문 등을 공들여 묶은 선집이다. 책의 편집은 생전 아렌트의 헌신적인 조교였으며 현재 미국 뉴스쿨대학교 내 한나 아렌트 센터 소장인 제롬 콘이 맡았다.

책의 구성은 1부 '책임'과 2부 '판단'으로 나눠져 있다. 1부에는 〈독재 치하에서의 개인적 책임〉, 〈도덕철학에 관한 몇 가지 질문〉, 〈집합적 책임〉, 〈사유함, 그리고 도덕적 고려 사항들〉 등 4편의 에세이가 포함되었고, 2부에는 〈리틀록 사건에 관한 성찰〉, 《〈대리인〉: 침묵한 죄?〉, 〈심판대에 오른 아우슈비츠〉, 그리고 〈자업자득〉 등 아렌트 자신이 수행한 성찰적 판단의 결과를 담은 에세이들이 포함되어 있다. 얼핏 보기에는 아무런 연관성도 없는 듯한 소제목들이지만 그것들은 놀랍게도 각기 '책임'과 '판단'이라는 두 개의 대주제로 짜 맞추기라도 한 듯이 수렴한다.

누군가가 내게 이 책의 최대 장점을 꼽으라고 한다면 나는 이 책이 아렌트의 고유한 사유법을 다각도로 음미해볼 수 있는 일종의 선물세트 같은 성격을 띠고 있다는 사실을 주저 없이 지적할 것이다. 그런 반면, 최대 단점을 하나만 대라고 한다면 아렌트의 책은 누구나 쉽게 통독할 수 있는 심심파적용 독서물과는 매우 거리가 멀다는 사실을 말하지 않을 수 없다. 특히 이 책에 담긴 아렌트의 주장들은 아렌트 전공자들조차도 결코 가볍게 다룰 수 없을 만큼 그 내용과 의미가 무겁고 심오하다. 그럼에도 한 가지는 확실하다. 이 책을 밀착해서 깊이 읽는다면 분명 '아렌트적' 사유법의 핵심에 도달하게 될 것이라는 사실 말이다.

콘은 책의 서문에서 "특수한 질문에는 반드시 특수한 답이 주어져야만 한다"라는 아렌트의 언명을 소개하면서 '행위함acting'과 '사유함thinking'의 연관 관계를 탐구했던 아렌트의 반정초주의적 사유법이 이 책 전체를 관통하는 논의의 연결고리임을 암시한다. 이어서 이 책에 기존의 일반적인 기준들이나 규칙, 학설이나 주의·주장에 경도되지 않은 독립적이고 자유로운 판단과 그것에 기초한 행위 그리고 그 행위의 결과에 대한 행위자의 도덕적 책임과 관련된 아렌트 자신의 경험과 관점을 담은 예제들이 담겨 있다고 알려준다. 콘의 견해에 의하면 아렌트는 자신이 제공한 사유함의 예제들을 통해 독자들에게 "지적 능력이나 지식 못지않게 사유 능력"이 중요하다는 사실을 일깨우는 한편, 독자들이 "자신을 위해 스스로 사유하도록" 고무하려는 의도를 가지고 있었다. 아렌트는 왜 이처럼 '스스로 사유하라'고 권면하는 것일까?

'세계'에 대한 책임

근대 정치학의 아버지라 불리는 마키아벨리가 주장하듯 정치와 도덕은 결코 함께 결합될 수 없는 별개의 인간 삶의 분과일까. 원칙상 정치가 어떤 공동 세계의 복리와 관련된 것을 다루는 분과이고, 도덕이 우리 영혼의 복리와 관련된 것을 다루는 분과라고 한다면, 정치와 도덕의 작동 방식 사이에는 분명 간과할 수 없는 차이점이 있을 것이다. 그러나 정치는 사실상 특정 정치공동체의 복리를 도모하는 목적에 복무하며, 도덕은 그 징치공동체에 사는 시민이 자기 영혼의 복리를 돌보는 일에 관여한다. 가령 우리가 이러한 정치존재론적 구분 방식을 수용한다면 정치와 도덕 사이에는 불가불 어떤 접점이 생성될 수밖에 없을 것이다.

《책임과 판단》은 바로 그 정치와 도덕을 묶어주는 '어떤 접점'에 대한 중요한 단서들을 제공한다. 우리가 특정 정치공동체에 속한 한 사람의 시민으로 산다는 것의 사실적인 의미는 무엇일까. 이 질문에 대한 가장 고전적인 답변은 아마도 2500년 전 소크라테스가 제시한 바로 그 공동체주의적 (또는 국가주의적) 통찰일 것이다. '아테네 시민은 누구나 그 도시 안에서 일어나는 일에 대해서 자의든 타의든 책임을 져야 한다.' 왜냐하면 아테네라는 정치공동체는 그가 자유인의 삶을 영위할 수 있는 삶의 토대를 제공했을 뿐만 아니라 그에게 아테네 시민이라는 자랑스러운 공적 정체성을 부여해주었기 때문이다.

아렌트는 이와 유사하지만 조금 다른 각도에서 우리가 '세계'에 대한 책임을 져야 한다는 일종의 '현대화된' 주장을 펼친다. 그에게 세계란 '인간'이 만든 세계이자, 그 세계를 구성하고 있는 사람들 자체를 가리킨다. 요컨대 그것은 크든 작든 인간들이 모여 만든 결사체로서의 '인간다수체human plurality'를 의미한다. 지구상에 존재하는 가장 큰 인간다수체는 물론 '인류'라는 단위이며 가장 작은 것은 '가족'이 될 것이다. 우리들은 각기 가족의 일원으로서, 한 집단의 일원으로서, 한 도시의 일원으로서, 한 국가의 일원으로서, 한 대륙의 일원으로서, 그리고 마침내는 이 지구 행성의 일원으로서 인류라는 최상위 인간다수체에 동시다발적이며 중첩적인 방식으로, 자의로 또는 타의로 참여하고 있다.

우리는 이 모든 크고 작은 '세계'에 대해 책임을 져야 한다. 도대체 왜, 무슨 책임을 어떻게 져야 한다는 것일까. 그 책임의 범위와 방법에 대한 판단은 어떻게 해야 하는 것일까. 또 이런 판단을 위한 기준은 무엇인가. 이 책에서 아렌트는 우리가 이런 다양한 세계에 대해 가져야 할 '책임'의 유형을 세 가지로 구분하여 제시한다. 예컨대 정치적 책임, 집합적 책임, 개인적 책임이 그것이다. 이에 덧붙여, 정치적 책임과 개인적 책임은 반드시 구분되어야 하며 개인적 책임과 집합적 책임 역시도 엄밀히 구분해서 사용해야 한다고 주장한다. 이 관점을 이해하기 위해서는 이 세 가지 책임 유형에 대한 아렌트의 설명을 좀 더 주의 깊게 들어볼 필요가 있다.

'정치적' 책임 vs. '개인적' 책임

우선 '정치적' 책임은 모든 정부가 현시점에서 전임자의 공과를 기준으로, 바꿔 말해서 모든 국가가 과거의 공적과 사실이라는 기준으로 자신의 책무를 설명하는 용어다. 예를 들면, 나폴레옹이 프랑스의 권력을 수중에 넣은 후 "나는 프랑스가 루이 9세부터 로베스피에르의 공안위원회에 이르기까지 해왔던 모든 것에 대한 책임을 질 것이다"라고 말했을 때 그는 자신이 선대의 정치적 책임을 기꺼이 떠맡겠다고 공언한 것이다. 같은 맥락에서 특정 정치공동체 속에 태어나는 모든 세대는 단지 그곳의 역사적 연속선상에 태어남으로써 선조들의 업적과 죄과를 동시에 짊어지게 되는 것이다.

이러한 성치적 책임은 엄밀히 말해서 개인적인 것이 아니며, 단지 은유적 의미에서만 우리의 아버지들, 다른 사람들, 또는 인류의 죄에 대해, 한마디로 우리가 하지 않은 행위에 대해 죄의식을 느낀다고 말할 수 있을 뿐이다. 그러나 도덕적으로는 죄가 성립되지 않는다고 볼 수 있다. 왜냐하면 어떤 구체적인 행위를 하지 않고 죄의식을 느낀다는 것은 실제로 죄를 짓고도 죄의식에서 자유로운 것만큼이나 잘못된 것이기 때문이다.

그런 한편, 누군가가 이처럼 자진하여 정치적 책임, 즉 집합적 죄의 책임을 대신 진다는 것은 실제로 뭔가 나쁜 짓을 했던 사람들의 죄를 희석하는 효과로 이어질 수 있다. 모두가 유죄라면 결과적으로 어느 누구도 유죄가 아닌 것이 되기 때문이다. 이와 유사하게 집합적 죄와 집합적 책임이라는 것도 공허하기는 마찬가지이다. 일례로 나치에 복무했던 중하급 관리들이 주장한 톱니 이론, 나사 이론 또는 졸개 이론이라는 것을 잠시 생각해보자. 그것은 집합적 죄와 집합적 책임의 문제를 제기함으로써 면죄를 정당화하기 위한 구실이었다. 요컨대 자신들은 나치의 거대한 유대인 학살 기계, 즉 전술 국가적 범죄를 집행하는 관료제 장치의 부속품 또는 나치 군대의 졸병으로 동원되었을 뿐이므로 억울하다는 것이다.

물론 전체를 위해서라면 하나의 나사로서 개인은 그 시스템을 교체하지 않으면서 소모될 수 있어야 한다. 따라서 설령 자신이 그것을 하지 않았더라도 다른 사람 누군가가 했을 수도 있고 또 그랬을 것이라는 주장은 나름 설득력이 있어 보인다. 게다가 독일의 제3제국에서 중요한 결정을 했거나 할 수 있었던 사람은 히틀러 단 한 사람뿐이었으므로 모든 정치적 책임이 그에게 있다는 주장도 어느 정도 정당성을 가진다. 그러나 이 말이 히틀러 이외의 다른 어떤 사람에게 개인적인 책임을 물을 수 없다거나 묻지 말아야 한다는 의미로 해석되어야 하는 것일까.

어떤 사람이 집단의 일원으로서 지은 '집합적' 죄는 그것의 책임을 그 집단 전체에게 '집합적'으로 물어야 한다는 논리는 사실상 책임 전가와 비非처벌을 용인하는 편리한 구실로 작용할 뿐이다. 죄와 무죄는 오직 개인들에게 적용되었을 때 실효성을 가지며, 같은 맥락에서 죄에 대한 처벌이나 면죄 역시도 개인들에게 적용되었을 때에만 실효적 의미가 생성된다. 이런 관점에서 아렌트는 아이히만을 하나의 나사로 취급하지 않고 자신의 목숨을 벌기 위해 재판을 받는 개인으로, 즉 수백만 명의 목숨을 앗아간 살인자로서의 책임성에 대해 재판받는 범죄자로 취급한 것을 예루살렘 재판의 중요한 성과로 특정했다.

아렌트의 '악의 평범성 테제'

우리는 그 이유를 1963년 12월부터 프랑크푸르트에서 속개된 아우슈비츠 2차 재판에서 찾아볼 수 있다. 그것은 1940년과 45년 사이 아우슈비츠에 배치되었던 2천여 명의 SS 요원 중 인간적으로 도저히 용납할 수 없는 만행 사례들과 연루된 22명의 중하급 관리에 대한 판결이 내려진 선고재판이었다. 역시 이 재판 과정에서도 피고들 대부분이 졸개 이론 뒤로 몸을 숨기고 빠져나가려 했지만 결코 그들이 의도한 대로 되지는 않았다.

아우슈비츠 집단수용소에는 캠프 이송, 수감자 선별 작업, 인체실험, 가스실 안배 등의 현장 행정 업무에 대한 엄격한 관리 규정이 있었지만 모든 것이 그때그때 담당자의 기분에 따라 달리 적용되었다. 다시 말해 그들은 단순히 나치 정권의 유대인 대량 학살 범죄에 복무한 자들이 아니라, 그 범죄 시스템에 기생하여 사적 즐거움과 이득을 챙긴 특정인들이었음이 프랑크푸르트 재판 과정을 통해 백일하에 드러났다. 아렌트는 그들의 죄과가 개인적인 솔선과 자발성에서 비롯되었다고 지적한다.

모두의 이목을 집중시킨 것은 이에 해당되지 않는 한 건의 예외 사례가 있었다는 사실이었다. 프란츠 루카스라는 내과 의사는 그러한 속성을 전혀 보이지 않았는데, 그는 그 엄혹한 아우슈비츠 시절 수용소 내 포로들을 위해서 약을 빼돌리거나 자신 몫의 배급품을 그들에게 나눠준 구세주 같은 인물이었던 것으로 판명되었다. 그런 그였지만 놀랍게도 그는 재판 과정 내내 의식적으로 자신의 과거 선행에 관해 증언하는 증인도 알아보지 못했고 그런 사건 자체를 기억하지도 못했다. 그렇게 함으로써 자신이 나치 정권에 부역한 사실에 대한 책임을 지고자 했던 것이다. 이런 루카스의 사례는 구차한 변명으로 일관했던 아이히만의 사례와 완전한 대조를 이루었다.

애초 아렌트에게 '악의 평범성'이란 것은 어떤 거창한 이론이나 강령이 아니었다. 그것은 사유하지 않은 개인—직업상 유대인 수송책임을 맡은 게슈타포 관리로서든, 아니면 피고석에 앉아 있는 죄수로서든 자신이 현재 무엇을 하고 있는지에 대해 결코 생각해 본 적이 없는 사람—이 저지른 악의 사실적 본질을 의미했기 때문이다.

그러나 이제 우리는 이것을 아렌트의 '악의 평범성 테제'로서 정식화해야만 한다. 예루살렘 재판의 아이히만에게서 그것의 이론적 영감을 얻은 아렌트가 2년 뒤 프랑크푸르트 재판 과정을 통해 그것의 이론적 타당성을 확보하는 개가를 올리게 되었기 때문이다. 아렌트가 주장하듯, "프랑크푸르트 재판의 최대 의의는 바로 심판대에 올라 유일하게 품위를 지킨 의사 프란츠 루카스에 대한 평가를 바로 잡은 일이었다." 아렌트가 보기에 루카스는 같은 삶의 조건하에서 아이히만이 했던 것과 전혀 다른 선택이 가능함을 몸소 증명한 인물이었다.

'정치적' 판단과 '도덕적' 책임

얼마 전 우리는 너나 할 것 없이 이른바 '조국 사태'라는 엄청난 사회적 혼돈 상태를 경험했다. 시간이 약이라는 말이 절대 진리인 것은 분명하다. 당시 한 치 앞도 내다볼 수 없던 절대 카오스 상태가 이처럼 많이 차분해진 것을 보면 말이다. 그 와중에서 우리 모두는 전혀 예고도 없이 엄습해온 인지적 교란 현상으로 인해 머릿속이 몹시 복잡했다. '우리'와 '그들'이 목숨 걸고 벌이는 '프레임 전쟁'과 여론몰이의 소용돌이 속에서 '나'와 '너'는 누구 할 것 없이 무엇을 믿고 무엇을 믿지 말아야 할지에 대한 선택을 강요당했다.

그러나 매일 아침 눈을 뜨면 인정사정없이 밀려드는 정보의 홍수 속에서 우리가 과연 어떤 선택을 어떻게 해야 하는지 도무지 판단이 서질 않았다. 청와대와 정부 여당은 조국만이 검찰개혁의 최적임자이므로 그가 비록 약간의 도덕적 흠결이 있다손 쳐도 법무장관직을 수행하도록 임명을 강행해야 한다는 정치적 논리를 폈다. 이에 맞서는 야당과 반反문재인 진영에서는 조국이 사노맹 출신의 빨갱이에 논문표절로 교수가 된 자이며 특정 사학재단의 이익을 대변한 자이고 자녀의 인턴 증명서를 위조한 무자격한 장관 후보자라는 도덕적 논리를 전개했다. 한마디로 조국 사태는 '정치냐 도덕이냐'의 선택을 강요하는 프레임 전쟁이었던 셈이다.

여기서 잠시 아렌트의 다음 언명을 상기해보자. "인간의 처신에 관한 도덕적 고려의 중심에는 자아가 놓여 있고, 정치적 고려의 중심에는 세계가 놓여 있다." 이 언명은 도덕은 개인에 관한 것을 정치는 세계에 관한 것을 다룬다는 사실을 암시하고 있다. 이 관점상 조국의 지지자들은 정치적 프레임을, 그의 반대자들은 도덕적 프레임을 가지고 서로를 공격했던 것이다. 그러나 내 생각에 이 '정치냐 도덕이냐'라는 프레임 전쟁의 보다 심오한 한국정치사적 의미는 조국의 지지자인지 아니면 반대자인지를 구분하는 것이 아니라 우리들 각자가 깊이 고민해야 할 시대적 과제를 수면 위로 끌어올렸다는 점에서 찾아야 한다. 그것은 한마디로 정치와 도덕의 분리가 아닌 양자의 결합 필요성에 대한 사실적 인정의 문제인 것이다.

결론을 말하면, 아렌트의 악의 평범성 테제가 우리에게 궁극적으로 요청하는 바와 이 책《책임과 판단》이 우리에게 전달하려는 최종 메시지는 한 가지로 모아진다. 그것은 우리가 결코 우리 각자의 선택과 관련된 정치적 판단의 문제와 각자가 속한 세계, 즉 정치공동체에 대한 도덕적 책임의 문제로부터 자유로울 수 없다는 사실을 인정하라는 것이다. 물론 이것은 정치적 판단의 중심에 우리가 함께 속한 세계에 대한 고려가 놓여 있어야 하고, 도덕적 책임 문제의 중심에 우리 자신의 자아에 대한 고려가 놓여 있어야 한다는 아렌트의 정치철학적 전제를 수반한다. 아렌트는 우리에게 세계 차원에서의 '정치적' 판단과 개인적 차원에서의 '도덕적' 책임이라는 두 가지 시민적 의무를 동시에 이행하라고 주문한다. 이제 우리는 어떻게 해야 하는가.

이 책은 2003년에 출간되었다. 내가 이 책《책임과 판단》을 처음 읽은 것은 2008년이었다. 이후 11년 동안 읽고 또 읽었다. 2013년 2월 두 번째 완독, 2016년 4월 세 번째 완독, 2017년

6월에 네 번째 완독, 그리고 2019년 10월 다섯 번째 완독을 했다. 그 사이 출판사도 바뀌었고 편집자도 여러 번 바뀌었지만 마침내 필로소픽 출판사와 인연이 닿아 이 책이 빛을 보게 되었다. 필로 소픽의 이은성 대표님과 책의 책임 편집자로서 자상하고 꼼꼼하 게 챙겨주신 백수연 선생님, 그리고 숨은 도움을 주신 모든 분들 께 깊은 감사의 마음을 전하고 싶다.

모두에서 말했듯이 이 책은 아렌트가 타계하기 전 마지막 10년 사이에 미출간된 에세이들을 모은 선집이다. 여기 수록된 글들은 정치철학지 한나 아렌트의 최후 진술과도 같은 것이란 뜻이나. 이 책에는 한 독일계 유대인 정치철학자의 완숙한 논법, 색다른 이론 적 통찰, 결코 평범하지 않은 삶의 경험에 대한 회상과 관조의 내 용들이 포함되어 있다. 어찌 보면 아렌트 정치철학의 부록 같기도 하다. 이 멋진 책이 한나 아렌트를 사랑하는 모든 이에게 또 하나 의 소중한 선물로 기억되기를 희망한다.

2019년 12월
서유경

편집자 제롬 콘의 서문

"특수한 질문에는 반드시 특수한 답이 주어져야만 한다. 지난 20세기가 시작된 이래로 우리가 살면서 몸소 체험한 일련의 위기들이 가르쳐준 것이 있다면, 내 생각에 그것은, 우리의 판단을 확실하게 규정해줄 일반적인 기준들은 아무것도 존재하지 않으며, 어떤 수준에서든 확실성을 가지고 특수한 경우들을 그 아래로 복속시킬 수 있는 일반적 규칙들이란 것은 존재하지 않는다는 단순한 사실이다." 한나 아렌트(1906~75)의 이 표현에는 그녀가 평생에 걸쳐 정치에 대한 철학의 관계 또는 실제에 대한 이론의 관계가 지닌 문제의 본질, 약간 더 간명한 방식으로 설명한다면 행위함 acting에 대해 사유함thinking이 지닌 문제의 본질이라고 생각했던 바가 요약되어 있다. 이 발언을 하던 당시 아렌트는 '현대 사회 내 위기의 성격'[1]을 주제로 한 세미나에 참석하려고 미국 전역에서 맨해튼의 리버사이드 교회로 몰려든 거대한 숫자의 청중 앞에서 연설하고 있었다. 때는 1966년이었는데 당시 시민들 마음속

---

1 아렌트의 짧은 연설 내용은 나중에 《기독교인과 위기: 기독교 여론 저널*Christianity and Crisis: A Christian Journal and Opinion*》(26권 9호, 1966. 5. 30.), 112~114에 수록되었다.

에는 베트남전쟁의 확전이라는 하나의 특수한 정치적 위기가 최우선 현안으로 자리 잡고 있었다. 거기 모인 청중은 미국의 동남아시아 정책에 대한 우려를 표명하고 자신들이 개별적으로 또는 집합적으로 그 정책을 바꾸는 데 일조할 수 있는 일이 무엇일지를 논의하기 위해 모인 사람들이었다. 그들은 자국에 대해 아무런 위협도 제기한 바 없는 오래된 문명국과 그 국민에 대한 자국의 유린은 도덕적으로 잘못된 것이라는 신념을 가지고 아렌트와 여타 다른 연사들에게 주목했다. 그들은 이 연사들이 과거에 개인적으로 겪었던 위기 경험들이 현 위기 극복에 대한 통찰을 제공해줄 수 있기를 바랐다.

그들은 적어도 아렌트와 관련해서는 다소 실망스러운 구석을 발견했다. 그녀의 사유 속에서 전체주의와 다른 20세기의 위기들이 상당 기간 논의의 초점이 되어왔다는 사실에도 불구하고 그녀는 그간 저질러진 잘못들을 평가해볼 수 있는 '그 어떠한 일반기준들'도 제시하지 않았을 뿐만 아니라 심지어는 현재 진행 중인 잘못에 적용할 수 있는 어떠한 '일반규칙들'조차 제공하지 않았기 때문이다. 그녀는 그들이 이미 지니고 있던 확신들을 실체가 있는 것으로 만들거나 아니면 그들의 의견들이 다른 사람들에게 보다 설득력 있게 들리도록 만들 수 있는 것, 혹은 그들의 반전反戰 노력들을 보다 효과적으로 만들어줄 만한 그 어떤 것도 얘기하지 않았다. 사실 아렌트는 과거에 작동했거나 하지 못했던 것으로부터 소급하여 도출한 유추들이 현재 상황의 난맥상을 타개하는 데 도움이 될 수 있을 것으로는 생각지 않았다. 그녀가 보기에 정치 행위의 자발성은 그것의 특수한 조건들에 수반되는 우발성의 지배를 받으며, 이 우발성이 그러한 유추들을 무익한 것으로 만들기 때문이다. 예컨대 1938년 뮌헨에서 '유화 정책'이 실패했다는 사실이 곧 1966년의 [현재] 상황에서 협상들이 무의미할 것이라는 사실을 수반하지는 않는다는 것이다. 아렌트는 전체주의 체제에서 확고해진 인종주의와 지구적 팽창주의 같은 요소들에 대해서 세계 전체가 그 자신을 위해서 반드시 경계 태세를 견지해야 한다고 생각하는 한편, 미국이 반감을 가지고 있음 직한 정권이라면 뭐가 됐든 상관없이 '전체주의적'이라는 수식어를 무차별적으로 그리고 유추적인 방식으로 적용하는 방식에 반대했다.

아렌트의 발언은 과거가 그것 자체로 현재에 부적합하다는 의미가 아니었다. 그녀는 윌리엄 포크너William Faulkner의 "과거는 결코 죽은 게 아니며, 심지어는 지나간 것으로도 여길 수 없다"라는 경구를 줄기차게 반복해서 인용하곤 했다. 그녀가 의미한 바는 "이른바 역사의 교훈들"을 미래가 예비해둔 것을 가리킬 용도로 사용하는 일은, 동물의 내장을 검사하거나 찻잎으로 점을 치는 것보다 조금 더 유용한 수준일 뿐이라는 것이었다. 다시 말해 이 책 《책임과 판단》의 마지막 장 〈자업자득〉에서 분명하게 진술된 과거에 대한 견해는 자주 반복 인용되는 조지 산타야나George Santayana의 "과거를 기억 못 하는 이들은 과거를 반복하기 마련이다"라는 언명보다 약간 더 복잡하고 다소 자신감이 떨어지는 유형이었다. 아렌트는 이와 반대로 우리의 세계가 '좋든 싫든 간에' 현재 그것의 현실 속 모습으로 **생성돼왔다**라고 믿었다. "우리가 어느 순간을 살고 있든 그 세계는 과거로부터 이어진 바로 그 세계일 **뿐이다**"라는 그녀의 믿음은 결코 어떤 역사적 '교훈'이 아니다. 그것은 그 과거 — 즉 과거의 **행위** — 가 어떻게 현재에서도 **경험될 수 있는가**라는 질문을 제기한다. 〈자업자득〉에서 그녀는 이 질문에 대한 답을 제시했다. 그러나 그것을 하나의 이론 형태로 제시하는 대신에 1975년 현재 미국 공화국의 상태에 대한 자신의 달콤씁쓸한 판단을 내놓음으로써 자신이 말하는 과거의 현전pres-ence이라는 것의 의미를 밝혀주는 한 가지 사례를 제공했다. 그녀는 비록 "200년 전의 시발점들"이 "명예로웠다"고 할지라도 미국 내 "자유 수호기관들"의 배신이 오늘 우리를 **괴롭히고 있다**"라고 주장했다. **사실들**에는 자업자득적인 측면이 있으므로 우리가 우리의 기원들에 대해서 진실한 태도를 견지할 수 있는 유일한 방법은 "희생양"을 비난하거나 "이미지나 이론, 혹은 정말 어처구니없는 것들"로 도피하는 방식이 아니라 그러한 사실들이 "기꺼이 수용되도록" 노력하는 것이다. 지금 그러한 사실들에 책임져야 할 주체는 바로 하나의 국민을 이루고 있는 우리들 자신이다.

아렌트가 제공한 유일한 조언 — 만약 그것을 그렇게 부를 수 있다면 — 은 '특수한 질문들'을 상대로 그녀가 내놓은 '특수한 답변들' 속에 녹아있다.[2] 다음 일화가 그 점을 설명해줄 수 있을지도 모른다. 1960년대 말엽 그녀의 학생들이 그녀에게 베트남전 반대 시위를 위해 노동조합들과 협력해야 하는지를 질문했다. 그들의

---

2   이 사건을 내게 일깨워준 엘리자베스 영-브루엘Elisabeth Young-Bruehl에게 감사한다.

예상과 달리 아렌트는 조금도 주저하지 않고 상당히 상식적인 차원에서 "그렇고말고. 그러면 여러분이 그들의 등사기를 사용할 수 있게 될 테니까"라고 대답했다. 반면에 비슷한 시기의 또 다른 일화는 전적으로 다른 관점을 예시하고 있는데, 그것은 조언을 제공하는 일과는 전혀 관계가 없었다. 반전 시위에 가담한 학생들이 뉴스쿨대학교의 강의실을 점거하였고, 교수들이 교내 질서 회복을 위해 경찰을 교내로 투입해야 할지를 논의하고자 특별회의를 소집하였다. 찬반양론이 팽팽하게 엇갈리면서 회의가 지루하게 늘어지는 가운데 의견은 점차 어떤 긍정적인 결의안으로 수렴되어 갔다. 아렌트는 자신이 젊은 시절부터 쭉 알고 지낸 동료 한 명이 주저하면서 아마도 사태를 '당국'에 알려야 할 것이라고 말할 때까지 단한마디도 하지 않다가 마침내 그를 향해 "제발 그러지 마세요. 걔들은 학생이지 범죄자 집단이 아닙니다"라고 날카롭게 쏘아붙였다. 이후 경찰에 대한 언급은 더 이상 나오지 않았다. 사실상 그녀의 여덟 마디가 논의를 종결시켜 버렸던 셈이다. 부지불식간에 튀어나온, 그리고 경험에 기초한 아렌트의 몇 마디 말이 그녀의 동료들에게 자신들이 논의하는 것이 자신들과 학생들 사이에 놓인 문제지, 학생들과 법 사이에 놓인 문제가 아니라는 사실을 환기시켰던 것이다.[3] 아렌트의 반응은 특수성을 띠는 어떤 특수한 상황에

---

3 아렌트는 1933년 베를린에서 시온주의 단체를 대신하여 수행한 일로 자신이 [나치에게] 체포당한 사건에 대해 내게 말하는 것을 즐겼다. 그녀를 감금한 경찰은 즉각적으로 그녀가 감옥에 있을 사람이 아님을 알아챘고 훈방 조치를 취해 주었다. 그 일이 있은 이후 아렌트는 독일을 떠났다.

대한 판단의 결과였다. 그 회의에서는 그 특수성이 여러 가지 논쟁적인 어휘들 때문에 잠시 덮이는 상황이 전개되었던 것이다.

20세기의 정치적 위기들을 도덕의 붕괴라는 관점에서 이해할 수 있다는 사실을 아렌트보다 더 깊이 인식한 사람은 아무도 없었다. 이 위기들은 처음 1914년 전면전 발발을 필두로 러시아와 독일에 전체주의 정권이 등장해 인간의 사회 계급과 인종 전체를 말살했고, 곧이어 원자탄이 발명되었으며 제2차 세계대전 중 일본의 도시 두 개를 없앨 목적으로 그것을 투하한 일을 비롯해 냉전과 이후의 전제주의 세계는 핵무기와 더불어 자신을 스스로 파괴할 수 있는 미증유의 능력을 보여주었고, 뒤따른 한국전, 베트남전, 그리고 수많은 사건이 마치 "역사의 장 속에 있는 나이아가라 폭포이기라도 한 양" 꼬리에 꼬리를 물고 계속 일어났다. 그런 도덕의 붕괴 현상이 존재했다는 사실은 명백했다. 그런데도 아렌트가 도덕의 붕괴 현상과 관련하여 파악한 논쟁적이고 도전적이며 납득하기 어려운 핵심사항은, 그것이 도덕적 '진실들truths'을 인식하지 못한 인간의 무지나 사악함 때문에 발생한 게 아니라 도덕적 '진실들'은 인간이 자신의 능력으로 할 수 있게 된 바를 판단하는 기준으로서 부적합하다는 점 때문이었다는 것이다. 역설적이게도 아렌트가 자기 스스로 인정한 단 한 개의 일반적인 결론은 오랜 서구 사상의 **전통**이 그간 신성불가침한 것으로 여겨온 것에 대한 전면적인 변경의 불가피성을 가리켰다. 그녀에 따르면 도덕 사상의 전통은 깨졌다. 그것은 철학적 관념들 때문이 아니라 20세기의 정치적 사실들 때문에 깨졌으며 아마도 다시 원래대로 봉합될 수는 없을 것이다.

아렌트는 한 사람의 허무주의자도 무도덕주의자도 아니었고 그저 사유가 이끄는 대로 좇아간 한 사람의 사상가였다. 그녀는 자신을 따르는 독자들에게 한 가지 임무를 부과한다. 요컨대 독자들에게 지적 능력이나 지식 못지않게 사유 능력도 요구한다는 것이다. 그녀가 추진한 것은 이론적 해법들의 제시가 아니라 독자들이 **자신을 위해 스스로 사유하도록** 하는 풍부한 장려책을 제공하는 것이다. 아렌트는 토크빌Alexis de Tocqueville이 제시한 통찰, 즉 위기나 진정한 전환점에서는 "과거가 미래를 위한 빛의 투사를 중단했기 때문에 인간 정신이 어둠 속에서 방황한다"라는 것을 굉장히 의미 있는 통찰로 여겼다. 그리고 그러한 순간들(그리고 그녀의 눈에는 현재가 바로 그런 순간이다)에는 이 정신의 어둠이야말로 인간의 책임에 대한 의미와 판단의 힘을 새롭게 재고해야 할 필요성을 암시하는 가장 명징한 신호라고 생각했다.

1966년 당시 한나 아렌트는 이미 명사 반열에 올라 있었다. 물론 그녀의 유명세가 일부 사람들에게만큼은 불명예스러운 것으로 비쳤다는 점을 부정하기는 어렵다. 이 연설 시점보다 3년 앞선 1963년에 나온《예루살렘의 아이히만: 악의 평범성에 대한 보고서》[이하《아이히만》]는 그녀가 자신의 친한 친구 여러 명과 의절하고 전 세계의 유대인 공동체 거의 전부와 소원해질 정도로 거센 논쟁의 회오리바람을 몰고 왔다. 그것은 독일계 유대인으로 태어난 아렌트에게는 통탄을 금치 못할 일이었다. 사실 유대인이라는 정체성은 그녀가 자기 실존의 '태생적' 요소로 간주한 것이자, 자기

사상의 발전상에서 결정적으로 중요한 요소로 자리 잡은 어떤 구체적인 유형의 경험이자 선물로 간주해온 것이었기 때문이다. 일례로 아렌트는 혹자가 유대인이라는 이유로 공격을 받는다면 한 사람의 유대인으로서 그것에 대응할 필요가 있다고 생각했다. 이 경우 인간의 권리를 주장하면서 인류의 이름으로 대응하는 방식은 논점을 비껴간 것이다. 여기에서 논점은 유대인들은 인간 이하이며 벌레와 같은 존재들이므로 마땅히 독가스로 처리해야 한다는 비방을 논박하는 것이 아니라 거부하는 것이기 때문이다. 따라서 실행 가능한 유일한 대응 방식은 다음과 같은 것이 되어야 한다. '나는 유대인이다, 그리고 나는 한 사람의 유대인으로서 다른 모든 사람들과 마찬가지로 이 세계에 속할 권리가 충분하다는 것을 보여줌으로써 나 자신을 방어한다.' 그리고 한 사람의 유대인으로서 아렌트의 책임의식은 유대인의 적과 파괴자를 상대로 싸울 유대인 군대를 창설할 것을 요구하는 것으로 표현되었다.[4]

《아이히만》에 대한 반응에는 어떤 것들이 포함돼 있었나? 유대인들의 분노는 유럽 유대인 공동체의 일부 지도자들이 같은 종교를 믿는 자들 중에서 제일 먼저 가스실로 보낼 자들, 즉 약간 덜 세상에 '드러난' 자들을 선별해내는 일을 함으로써 아돌프 아이히만에게 "협조"했다는 내용을 기술하는 데 할애한 그 책의 12쪽 분

4　많은 오해를 사고 있는 아렌트의 시오니즘과 이스라엘 국가의 형성에 관한 견해를 포함하여 유대인으로서 아렌트가 쌓은 경험의 중요성은 그녀의 미출간 논문과 미편집 논문 시리즈의 네 번째 주제가 될 예정이다. [여기 언급된 아렌트의 유대인 정체성 관련 논문들은 2008년 *The Jewish Writings by Hannah Arendt*라는 단행본으로 발간되었다. ─ 옮긴이]

량이 조금 못 되는 부분에 대한 반발로 요약할 수 있다. 그것은 재판 과정에서 드러난 사실 측면에 대한 기술이었고 재판 이전과 이후에 공식적으로도 확인된 내용이었다. 그러나 아렌트에게는 그녀가 내놓은 악의 평범성이라는 개념이 아이히만이 자행한 중범죄를 하찮은 것으로 만들었고 그를 무죄로 만들어 그의 죄과를 감량했으며 심지어 그를 피해자들보다도 덜 '기괴하게' 만들었다는 맹비난이 퍼부어졌다. 이는 분명 터무니없는 소리다. 유대인 공동체의 지도자들이 나치스에게 제공한 '협조'의 내용이 무엇이었든 간에, 유대인의 실존 문제에 대한 '최종 해법'을 창안하고 그것을 실행에 옮긴 자는 히틀러, 그리고 아이히만과 같은 자의 전폭적인 지지를 등에 업은 히틀러의 똘마니들이었다. 사실 그것은 체계적이고 산업화한 살인이었다. 분명 유대계 지도층이 한 일은 도덕의 총체적인 붕괴에 대한 하나의 명확한 신호였다. 그럼에도 불구하고 유대인 어느 누구도 인종 말살 정책 자체에 대해서만큼은 그 어떠한 책임도 없었다. 이 점은 아렌트뿐 아니라 어느 누구의 눈에도 자명한 사실이었다.

순진함 때문이든 아니면 교묘함 때문이든 그녀의 유대인 독자들이 그것의 책임 소재가 어디며 어디가 아닌지를 파악하지 못한 일은 아렌트에게 "불의不義를 행하는 것보다 불의를 당하는 편이 낫다"라는 소크라테스의 명제가 완전히 뒤집힌 경우에 해당했다. 당시에 유대계 지도자들이 나치 통치하에서 스스로 고통의 감내를 선택하는 대신 잘못을 저질렀다는 것, 다시 말해 불의를 당하는 대신 불의를 행했다는 것, 즉 덜 '유명한' 자들을 우선적으로 골라내어 죽음으로 내몰았다는 점은 이해가 가고 수용할 만한 것일 뿐 아니라 (주장되었던 것처럼) '책임을 다하는' 모습인 듯이 보였다. [이와 대조적으로 고대 아테네 시민들의] 여론 재판이 자신에게 죽음을 선고했을 때 소크라테스는 자기가 처한 상황을 판단했고, 다른 곳으로 도망쳐 의미 없는 삶을 살기보다 [차라리] 아테네에 남아서 [의미 있게] 죽기로 결심했다. 아렌트가 보기에 이 소크라테스의 사례가 제시한 바는 그가 자신의 다른 어떤 주장보다도 서구의 도덕적 사유의 정초 원칙으로서 수립한 명제였다.[5] 소크라테스는 먼 과거의 사람이고 비록 부패했을지언정 히틀러의 독일과 같은 의미의 사악한 정권 밑에서 살지는 않았다. 그러나 도덕원칙들에는 역사적 시간이나 현세의 우발적인 사건들을 초월하라는 의미가 담겨 있는 것이 아니던가?

《아이히만》은 상이한 반응들을 이끌어냈는데 역시나 아렌트에게는 당혹스러운 것들이었다. 일례로 우리 모두의 안에 어떤 아이히만이 존재한다는 아렌트의 언급이 자주 거론되었다. 이 말은 현재 우리가 사는 조건들 아래서는 누구나 좋든 싫든 기계 속의 한 개 '나사'에 지나지 않으며, 그 때문에 책임 있는 태도와 무책임한

---

5 〈도덕철학에 관한 몇 가지 질문〉에서 아렌트는 비록 그의 죽음이 플라톤의 정치철학에 하나의 전기를 마련해준 것으로 드러났음에도 자신은 소크라테스의 삶을 '정치적'인 것으로 생각하지 않는다는 점을 분명히 밝혔다. 그런 숙명이 정해졌을 때 소크라테스는 아테네 시민으로서 의무를 수행했다. 그는 군인으로서 싸웠으며 적어도 한 번은 아테네를 위해 공식적인 직책을 수행했다. 그러나 그는 '다중'과의 상호작용보다 자기 자신 그리고 벗들과 더불어 사유하는 활동을 선호했으며, 이런 점에서 사형선고를 받았을 때 그가 보인 판단과 행동은 정치적이라기보다는 도덕적인 성격이었다고 하겠다.

태도 사이의 구분이 붕괴하게 되었다는 것을 의미했다. 아렌트가 보기에 예루살렘 재판의 으뜸 덕목은, 다른 어떤 재판에서도 그렇기는 하겠지만 책상에 앉아 극악무도한 살인을 저지른 피고 아이히만을 하나의 나사로 취급하지 않고 자신의 목숨을 부지하기 위해 재판을 받는 개인으로, 즉 수백만 인명을 앗아간 살인자로서의 구체적인 책임성에 대해 재판을 받는 한 명의 특정인으로 취급했다는 점이었다. 물론 그는 자신이 직접 그러한 살인을 저지른 것은 아니었고 희생양들을 공급함으로써, 즉 유대인들을 모으고 아우슈비츠 죽음의 공장으로 운송함으로써 살인이 가능해지게 만들었다. 예루살렘 법정은 최종적으로 아이히만이 [직접 수감자들에게] 물리적 파괴 수단을 쓴 자들보다 죄질이 더 나쁘다고 판단했다. 물론 아렌트도 이 점에 대한 법정의 판단에 동의했다.

아이히만의 경우와는 별개지만 이러한 반응과 이상하리만치 유사한 다른 사례도 있다. (그것은 이 책의 〈독재 치하에서의 개인적 책임〉이라는 장에 언급되고 있다.) 나치 지배라는 공포 속에서 옳은 일을 하지 않으려는 유혹은 잘못을 저지르도록 강제하는 힘과 동격이며, 그런 상황에서는 어느 누가 한 사람의 성자처럼 행동하기를 기대할 수 없을 것이다. 아렌트가 《아이히만》에 기술한 바를 읽어 보면 왜 유대인들이 저항하지 않았으며 심지어 몇몇 경우에는 인종 말살 과정을 용이하게 만들기조차 했느냐는 질문을 꺼낸 사람은 아렌트가 아니라 이스라엘 출신의 검사였다는 사실이 명확하게 드러난다. 그녀의 관점에서 볼 때 유혹이라는 개념의 도입은 도덕성의 환치換置를 추가적으로 암시한다. 유혹은 모든 인간 자유라는 개념에 위배되기 때문이다. 그런 한편 도덕성은 선택의 자유에 의존한다. 그 선택의 자유 속에서 유혹과 힘은 결코 동일한 것이 아니다. 유혹은 아렌트가 주장했듯이 결코 어떤 행위에 대한 "하나의 도덕적 정당화" 요인이 될 수가 없다. 하지만 힘은 그것에 종속된 사람들에게 비록 그 정도가 아주 미미할지라도 어떤 도덕적 함의를 갖는다.

《아이히만》의 출간에 대해서는 "600만 명의 유럽 유대인 살해"가 "현시대의 최고로 비극적인 사건"이었기 때문에 "지난 10년 동안 발표된 것 중 가상 흥미롭고 감동적인 작품"이라고 적어도 한 차례는 언급되었다.[6] 아렌트는 이 반응에 담긴 논리가 매우 부적절하다고 생각했다. 아렌트는 도스토옙스키나 멜빌처럼 자신의 사유를 통해 하나의 비극을 창조한 것이 아니라 특정 사건의 재판 과정에 드러난 사실들을 엄밀히 조사하여 발표했을 뿐이다. 그녀가 보기에 그 재판에서 나온 단 한 개의 적절한 논점은 바로 다음 판단(궁극적으로는 법정의 판단이 아니라 그녀 자신의 판단)이었다. 그것은 "인간의 다양성 그 자체 … 그것의 존재 없이는 '인류' 혹은 '인간애'라는 어휘 자체가 의미를 상실하는 … 하나의 전체로서 인류의" 다수성plurality을 침해한 아이히만의 책임을 명명백백한 사실로 만들었다. 바꿔 말해 아렌트는 아이히만의 재판 과정을 통해서 그의 범죄를 인류에 대한 범죄로서, 인간의 지위에 대한 범죄로서, 그리고 모든 인간에 대한 범죄로서 제대로 판단할 수

---

6 수전 손택Susan Sontag, 《뉴욕 헤럴드 트리뷴New York Herald-Tribune》, 1964. 3. 1.

있는 감각을 식별해내는 개가를 올렸던 것이다.

또한 아렌트의 악의 평범성 개념은 그것의 **그럴듯함** 때문에 논박해볼 만한 탄탄한 이론을 제시했다는 평가를 받았다. 이런 반응은 요즘도 신문들이 흔히 있는 대단찮은 범죄행위를 설명하면서도 이 표현어구를 끊임없이 사용하는 데서도 확인된다. 아렌트에게 악의 평범성은 어떤 이론이나 강령이 아니라, 생각 없는 한 개인 — 직업상 유대인 수송 책임을 맡은 게슈타포 관리로서든 아니면 피고석에 앉아 있는 죄수로서든 자신이 지금 무엇을 하고 있는지를 결코 생각해 본 적이 없는 사람 — 이 행한 악의 사실적인 본질을 의미했다. 예루살렘 재판의 전 과정은 바로 이 점을 드러내고 확인하게 했다. 아렌트는 악의 평범성이라는 적나라한 사실에 경악하고 충격을 받았는데, 이는 그녀 자신이 표현한 대로 비록 "사실적"이기는 할지라도 조금도 "그럴듯하지" 않은 무언가를 가리키는 "그것이 우리의 악에 관한 [기존의] 이론들과 모순을 일으키기" 때문이었다. 《아이히만》에서 아렌트는 창작이나 상상을 시도하지 않았고, 심지어는 악의 평범성 개념을 통해서 생각을 정리한 것도 아니었다. 단지 그 개념이 "사유-거부하기"였다고 말했다.

한 가지 예외가 있다면 내가 이 책에서 묶은 강연 원고와 강의 그리고 논문들인데 이 문건들은 예루살렘 재판 이후에 나왔으며 아렌트가 여러 가지 상이한 방식으로 아이히만의 사유 불능성의 중요한 의미를 이해하고자 전개한 [개인적인 사유의] 투쟁을 대변해 준다. 아이히만은 아렌트가 《전체주의의 기원》과 《인간의 조건》에서 탐험한 방대한 역사적 맥락들 속에서 튀어나온 인물로, 한 사람의 특정인이자 평범한 정상인 그리고 '어릿광대'였으며 또한 이 모든 특성들을 함께 고려하면 결코 악의 집행자가 될 수 없을 것 같은 인물이었다. 오직 아렌트만이 아이히만의 평범성, 즉 자발성의 총체적 결여라는 요인이 그를 '괴물'이나 '악마'가 아니라 한 사람의 가장 극단적인 악의 대리자로 만들었다는 사실에 경악을 금치 못했던 것이다. 그러한 지각이 이 책의 주요 주제, 즉 책임과 판단에 대한 아렌트의 최종적인 이해를 견인하는 촉매제였다.

혹시 아렌트가 《아이히만》에서 기술한 것에 관해 이야기된 바는 없지만, 여타의 언급되지 않은 문제들의 경우와 마찬가지로 이런 오해들의 이면에 놓인 어떤 것이 존재하는가?[7] 그런 요소가 하나 있기는 하다. 나는 그것이 아이히만의 양심의 문제라고 생각하는데 이것이 정말로 우리를 당혹스럽게 만든다. 아렌트 말고는 다른 어느 누구도 아이히만에게서 이 양심의 문제를 발견했거나 이해했거나 감히 입에 올릴 생각을 했다고는 말할 수 없다. 내가 보기에 그 이유와 관련해서는 언급할 만한 가치가 있는 내용이 적어도 두 가지가 존재한다. 첫째, 아이히만은 증언 과정에서 자신이 일반적으로 '양심'이라고 지칭되는 것을 가지고 있다는 증거를 풍

---

7 《아이히만》출간 이후 수년간 진행된 논쟁에 기여한 여러 가지 논문과 책에 관한 전체적 설명은 B. L. Braham, *The Eichmann Case: A Source Book*(New York: World Federation of Hungarian Jews, 1969)을 참고하라. 1969년 이래로 아렌트에 관한 다면적인 저작들 전체가 실제로 그 의미에 대한 어떤 합의 같은 것도 없는 상태로 악의 평범성 개념을 다루었고, 《아이히만》을 이제까지 저술된 책 중 가장 논쟁적인 책으로 만들었다.

부하게 제시했다. 한 이스라엘인 경관의 취조를 받는 과정에서 아이히만은 "그가 평생 칸트의 도덕적 가르침에 따라 살아왔"고, "칸트의 의무에 대한 정의에 따라" 행동해왔으며, 히틀러가 지배하는 독일의 법에 단순히 복종하는 차원을 넘어 그의 의지와 "그 법의 이면에 있는 원칙"을 동일시해왔다고 선언했다.[8] 둘째, (이것이 비록 거의 모든 경우에 부정되고는 있지만) 아이히만의 [양심의] 증거와 맞닥뜨릴 당시에 아렌트가 비록 그런 유의 기사 작성에서 거의 보기 힘든 복잡성의 수준에 도달한 점은 명백했을지라도 정확히 자신이 [《뉴요커》에] 청했던 바, 즉 재판 과정에서 나타난 것들에 관한 취재 업무를 수행하고 있었다는 사실을 [그 양심의 증거]보다 더 결정적으로 증명하는 것은 아무것도 없다. 사실 재판 과정에서 밝혀진 아이히만의 '양심'은 악의 평범성이라는 개념의 의미 구성 — 악의 평범성 개념 속에서 정점에 이른 것이 바로 그의 양심의 증거였다 — 에 필수적인 요소였다. 그러나 같은 이유로 아이히만의 평범성은 악을 이론적으로 연구하는 철학자, 심리학자, 그 밖의 지적 능력 면에서 의심할 나위가 없는 사람들이 인간의 양심이라는 현상을 분석함에 있어 선뜻 내키지 않아 하는 주제로 드러났다는 사실도 여기 덧붙여야겠다. 그런 반면 그들은 그것을 어떤 동기에 대한 합리화, 저항할 수 없는 감정, 행위를 위한 일종의 '처방전', 혹은 약간 미묘한 표현을 사용하자면 무의식에 잠겨 있는 어떤 의도 등으로 인식하는 경향을 보인다. 그 이유

---

8 여기서 아이히만의 '원칙'은 아마도 히틀러의 의지를 말하는 것이지 칸트Imma-nuel Kant의 실천이성은 아닐 듯하다.

야 어찌 됐든 양심의 현상은 분석이 쉽지 않은 듯하다.

그건 그렇다 치고, 아렌트는 악의 평범성 개념에 관한 이론을 수립하려는 의도와 상관없이 이 책에 수록된 〈사유함, 그리고 도덕적 고려 사항들〉이라는 글을 통해 "내가 어떤 권리로 〔그 양심이란 개념을〕 소유하고 사용했는가?"라는 칸트적인 질문을 스스로에게 던진 바 있다. 아렌트가 〈도덕철학에 관한 몇 가지 질문〉에서 '양심'이라는 단어의 라틴어와 그리스어 어원에 배태된 경험들을 비교적 상세하게 살펴보는 것을 필두로 기독교의 등장 및 의지의 발견 그리고 양심이 부정적인 것에서 긍정적인 기능으로 바뀐 중요한 변화의 발생 경로에 주목하고, 마침내 양심의 현상적 실재가 이전에 거의 추적된 적이 없었던 판단 능력의 작동 과정에서 발견될 수 있음을 암시한 것 역시 결코 우연이 아니다. 아렌트는 거의 자신이 '양심'이라는 단어를 심판대에 올려놓기라도 한 듯이 그것을 상대로 질문들을 퍼부어댔다. 그 질문들의 생명력 있는 뿌리들이, 비록 역사적 과거 속에 파묻혀 있을지라도, 그녀의 정신 속에서 새로운 자양분을 흡수했던 것이다. 아렌트가 한 사람의 열정적인 심문자이자 공정한 판사로서 출현한 그 재판은 예루살렘에서 시작되었지만 거기서 끝나지 않았으며 여전히 판결이 보류된 상태로 남아있다. 아렌트의 미완의 유작인 《정신의 삶》도 포함되는 그러한 탐사 작업들에는 분명 《아이히만》을 둘러싼 논쟁에 종지부를 찍으려는 시도 그 이상의 것들이 걸려 있다. 아무튼 그러한 작업들이 그 시도를 성공적으로 수행하지 못한 것만큼은 확실하다.

여기서의 관건은 도덕의 의미를 옳고 그름의 차이, 선과 악의 차이에 관한 지식으로 새롭게 이해하려는 아렌트의 노력이다. '도덕과 윤리란 것은 그것들이 나타내는 바로서의 **관습과 습관** 그 이상은 아니다'라고 제안한 사람은 바로 아렌트가 그의 지적 영향력 때문이라기보다는 자신과 유사한 기질을 지녔기 때문에 — 요컨대 그와 체계적인 철학적 역량보다는 불시의 통찰 능력을 공유했기 때문에 — 깊이 공감했던 사상가이자 문헌학자였던 프리드리히 니체이다. 아렌트는 자신의 고국에서 자신과 많은 사람들이 당연시한 것, 즉 겉보기에 건전하고 안전한 도덕적 구조가 나치 치하에서, 일례로 "살인하지 말라"라는 계명이 '살인하라'로 뒤집히는 것처럼 가장 극단적인 방식으로 붕괴하는 것을 보았다. 그리고 제2차 세계대전이 끝나자 이전의 구조를 복구하려는 또 다른 반전 현상을 목도했다. 그러나 그 도덕 구조가 얼마나 건전하며 안전할 수 있을 것인가? 인간의 처신을 위한 규범과 기준이 도출되는 그 원칙들은 결국 **교환 가능한** 가치들이라는 니체의 견해가 결국은 옳은 것으로 드러나지 않았는가? 많은 사람이 아렌트가 이에 동의했을 것으로 예상했을지도 모르겠지만 사실은 그렇지가 않다. 그녀는 니체의 "지속적인 위대성"은 그가 있는 그대로의 도덕을 보여준 데 있지 않고, "감히〔그 도덕이라는 것이〕얼마나 초라하고 무의미해졌는지를 입증하고자 한"데 있다고 믿었다. 이것은 뭔가 상당히 다른 것이다. 니체와 마찬가지로 아렌트도 신〔의 법〕이나 자연법을 그것의 원천으로 보유하며 모든 특수한 경우들이 그 아래로 종속되어야 할 규범과 가치의 부과 및 수용에 대해 거부하는 태도를 보였다. 그러나 아렌트는 니체와 다르게 지난 2500년의 세월 동안 "문학, 철학, 종교"가 도덕의 "또 다른 표현"이거나 아니면 "모든 사람에게 같은 목소리로 말하는 '양심'의 존재에 관한 설교"를 위한 "또 다른 표현"이 되지 않았다는 사실에 정말로 놀라움을 금치 못했다. 아렌트가 놀라워한 것은 무엇보다도 일부 사람들이 옳고 그름을 구별한다는 사실이었으며, 이 사실 자체보다 더 중요한 것은 사람들이 그 어떤 상황 아래서도 자신이 **할 수 있는** 한 자기가 스스로 만든 구분에 따라 행동하리라는 점이었다. 그들이 비록 성자나 영웅은 아닐지라도, 또 신의 음성을 듣거나 보편적인 자연의 빛*lumen naturale*을 통해서 사물을 보지는 않더라도, 그들은 선과 악의 차이를 알며 그 구분을 준수한다. 아렌트에게 이 사실은 20세기 동안에 그 본색이 백일하에 드러난 이 세계에서 그저 인간 성품에 내재하는 '고상함'이라고 치부하고 지나칠 수 없는 불길한 전조였다.

1940년대부터 적어도 스탈린이 사망한 1953년까지 아렌트 저술에서 반복되는 주제는 그녀가 전체주의의 "급진적인" 또는 "절대적인" 악이라고 부른 것이었다. 그것은 인간적으로 이해하기 힘든 목적을 위해 나치즘과 볼셰비즘이 저지른 인간의 대량 학살이었다. 전체주의는 인간 이성을 거역하고 강탈했으며, 정치와 법과 도덕을 이해하는 데 필수적인 전통적인 범주들을 파열시킴으로써 우리가 지성을 통해 알 수 있는 인간 경험의 토대를 해체했다. 인간 세계가 철거될 가망성은, 비록 전적으로 선례를 찾아볼 수 없는 일이었을지라도 전체주의의 집단수용소들 내 여러 '실험실'에서 거행된 '실험들'로 입증되었다. 거기서 우리 인간만의 독특한 실존양태, 인류라는 개념의 실질이 흔적도 없이 지워졌다. 개별 생명체들은 [나치가 그것들을] 인종 말살 엔진의 연료로 쓰일 '비활동적인' 물질로 변형시킴에 따라 [불필요하게] '남아도는' 것 [즉 비활동적인 물질]이 되었고, 그 결과로 자연의 이념 법칙과 역사의 이념 법칙이 추동하는 전체주의 운동이 가속화되었다.[9] 20세기 전체주의 지배에 수반된 악은, 니체는 물론이고 그의 이전에 인간의 악이라는 오래된 문제에 관해 성찰했던 철학자 어느 누구도 알지 못했던 유형이었다. 아렌트는 그것에 "급진적인 악"이라는 명칭을 부여함으로써 그 악의 뿌리가 처음으로 이 세계 속에 출현했음을 시사했다.

그러나 아이히만에게 자신이 한 일에 대한 성찰 능력이 없다는 사실 — 그녀는 이 성찰력의 결여를 어리석음과 구별했다 — 과 맞닥뜨리기 전까지 아렌트가 인식하지 못한 것은, 바로 그런 악이 전 지구적으로 무한정하게 퍼져나갈 수도 있다는 사실이다. 이 사실의 가장 경악할 만한 측면은 그것의 확산이 어떤 종류의 이념에 뿌리를 내리고 있을 필요조차 없다는 점이었다. 인간의 악이 그

---

9 나치 독일에서 자연의 '법칙'은 하나의 지배적인 인종을 창조하는 것이었는데, 이는 논리적으로 '생존에 부적합'하다고 선언된 모든 인종의 말살 작업을 수반했다. 또 볼셰비즘에서 말하는 역사의 '법칙'이란 하나의 계급 없는 사회를 창조하는 것으로, 논리상 모든 '죽어가는' 계급, 즉 '사망 선고를 받은' 자들로 구성된 계급들의 제거 작업을 수반했다. 독자는 이 편저에서 볼셰비즘에 대한 언급을 거의 볼 수 없을 것이다. 볼셰비즘에서 도덕적 쟁점은 위선으로 가려져 있었기 때문이다. 사회적 성격 면에서는 그렇지 않지만 도덕적 성격 면에서는 나치즘이 좀 더 혁명성을 띠는 운동이었다.

어떠한 회한도 불러일으키지 않는다면, 그리고 그것의 악행들이 저질러지자마자 잊힌다면 그것은 무한정하게 퍼져나갈 수 있다. 그렇다면 아렌트의 입장에서 볼 때 그것에 대한 저항까지는 아니더라도 악행을 삼가고 거부하거나 악의 유혹에 빠지지 않는 개별 인격체들의 성향은, 철학자와 여타 지성인들뿐 아니라 모든 사람에게 '더 나은 용어를 필요로 하는' [어떤 것], 그녀의 표현으로는 "우리가 도덕이라고 지칭하는" 것에 관심을 갖도록 요구하고 있었다. 요컨대 아렌트는 도덕 현상을 구출해내려는 의도를 가지고 이 후기 저술물들을 집필하였고, 그와 동시에 양심이란 것이 니체가 생각했듯 '도덕의 계보학'에 뒤늦게 편입된 하나의 부수적 현상만은 아니라는 사실을 보여주고자 했던 것이다. 그래서 이 책에 포함된 모든 글은 어떤 식으로든 결국 실종된 '더 나은 용어'에 관한 이야기들로 읽히게 된다. 마치 《〈대리인〉: 침묵한 죄?〉가 실종된 교황의 역할에 관한 이야기로 읽힐 수 있는 것처럼 말이다. 아렌트는 일종의 '도취' 상태에서 《아이히만》을 썼다. 이는 그 뿌리도 없는 악의 실체에 관해 사유할 수 있다는 사실 때문이 아니라 그 악이 **사유함**을 통해 극복될 수 있다는 가능성 때문이었다.

아렌트 저작의 전반적인 논의의 초점이 정치[적 현상]에 맞춰져 있다는 점을 정확하게 판단하고 있는 독자들에게 이런 [도덕의 중요성을 강조하는] 주장이 얼마나 낯설고 이상하게 들릴지 짐작이 가고도 남는다. 한참 전 르네상스 시대에 마키아벨리가 그랬듯 아렌트는 여러 곳에서 정치와 도덕을 구별했다. 이 책에 실린 〈집합적 책임〉에서도 그녀는 그것들을 명확히 구분했다. "인간의 처신과 관련된 도덕적 고려의 중심에는 자아가 서 있고, 정치적 고려의 중심에는 세계가 서 있다." 이 명제는 도덕과 종교가 인간의 다수성 조건에 뿌리를 내리고 있으며 자신 또는 누군가의 영혼을 구제하는 것보다 세계를 더 아끼는 것을 근간으로 하는 정치적 성향을 (비록 전체주의 체제처럼 파괴하지는 않을지라도) 부정하는 경향이 있음을 덧붙인다면 훨씬 더 강력한 설득력을 갖게 된다. 실제로 [우리가] 도덕적이고 종교적인 "진실들"과 "참된 기준들"을 그것들이 철학적 관조나 영적인 명상의 결실인지 아닌지와 상관없이 세계의 관점에서 바라볼 때 그것들은 정신 속에서 마음의 눈에 "보여짐"으로써 가장 강렬한 개인적 차원의 경험으로 실체화하지 않던가? 이론적으로 말하자면 바로 그 점 때문에 그런 진실들은 그것들을 "절대적인 것"으로 간직한 사람들이 공적인 일에 참여하는 데 방해가 된다. 순전히 정치적인 활동은 정의상 [개인의 자율적 선택의 결과로서] 다른 사람들과의 비강제적인 합의에 근거한 활동이므로, 공중에 의해 제정되고 개정될 수 있는 법률보다 "상위에 있는" 것과 부합하고자 하는 사람이라면 결코 쉽게 수용할 수 없기 때문이다. 이 대목에서 아렌트는 마키아벨리와 정말로 근접하게 됐다. 그 두 사람은 도덕적·종교적 계명들이 인간 의견의 다양성을 무시하면서 공적인 형태로 선언된다면 그것들이 세계와 자신 양자 모두를 변질시키게 될 것이라는 생각을 공유했기 때문이다.

더욱이 아렌트가 믿었던 바대로 인간의 자유가 정치의 존재 이유라면, 그리고 칸트의 반대 입장에도 불구하고 그녀가 믿었던 대로 자유의 경험이 오직 행위 속에서만 명시화되는 것이라면, 그녀는 사유함과 행위함의 구별을 통해 본질적으로 서로 다른 두 가지 활동을 적시하고 있는 셈이다. 사유함은 **자기** 성찰적인 데 비해 행위함은 행위자 혼자서보다는 다른 사람들과 더불어 행동할 때 가능하다. 고독 속에서 일어나는 사유 활동은 사유자가 행동을 개시하는 순간 중단된다. 이는 행위자가 자신과 더불어 사유하기 시작하면 다른 사람들의 동참을 요구하는 행위함이라는 활동이 중지되는 것과 마찬가지다. 그러나 사유함이나 행위함의 결과보다는 그런 **활동들** 자체에 관심을 가졌던 아렌트는 칸트 쪽으로 한 발짝 더 가까이 다가선다. 칸트는 자신의 도덕철학에서 자유를 우리의 행위 동기와 결부시켰다. 그 이유는 우리 행위의 결과는 대부분이 우리가 성취하고자 하는 바에 대한 다른 이들의 반사작용 여부에 따라 결정되지 자율적으로 결정되는 것이 아니기 때문이다. 그래서 그는 우리 자신이 스스로 제정한 '자유의 법칙'과 그것의 정언명법에 복종하기로 한 우리의 비강제적이고 의식적인 결정을 행위의 동기 속에 포함시킨 것이다. 같은 이유로 우리는 다른 사람들과 함께 행동할 때도 우리가 수행하고 있는 임무의 결과를 미리 알수가 없다. 그 때문에 아렌트는 자유의 경험은 [행위의] 개시 과정속에, 즉 그것의 결과가 어떻게 나타나는가와 상관없이 뭔가 새로운 것을 세계에 내놓는 과정에서 실현된다는 사실을 깨닫게 되었다. 아렌트는 칸트가 설파한 인간 자유의 의미, 즉 자율성은, 정의상 자유를 부정하는 행위인, 법에 대한 복종에 좌우되는 것이 아니라 그 법을 체화하고 있는 도덕적 인간이나 인격체가 세계 속에 **출현하는** 일에 좌우된다는 사실을 발견했다. 아렌트는 이러한 칸트적 인간(여기서 '도덕적'이란 표현은 불필요해 보인다)은 자기 성찰 활동을 통해 스스로 구성되며, 이 성찰 활동이 바로 자신이 다룰 문제와 직결된 부분이라고 받아들였다. 그러한 칸트적 인간이 자신의 동료들 앞에 출현하게 될 때 그는 오로지 자신만 책임진다는 점에서 그들과 거리를 두고 있다. 그의 입장에서는 그른 일은 물론이고 옳은 일을 하려는 의향까지도 전부 그를 자신에게서 "벗어나" 세상 속으로 들어가게 이끄는 유혹일 뿐이므로 그 유혹에 반드시 저항해야만 하는 것이다. 정언명법은 사실상 지금까지 전통적인 도덕의식이나 양심의 개념에 부여된 가장 설득력 있는 설명일지 모른다. 칸트 자신은 그것이 순수한 실천이성의 보편 법칙에서 나왔고 옳고 그름을 가리며 모든 이성적 피조물이 사용할 수 있는 어떤 '나침반'과 같은 것이라고 생각했다. 그러나 아렌트가 볼 때 이러한 칸트의 생각은 충분히 정치적이지 못하다. 왜냐하면 아이히만이 보여주었듯이 칸트의 의무 개념은 왜곡될 수 있는 가능성이 있고, (비록 칸트는 이에 대해 전혀 알지 못했지만) 무無사유로 인한 악의 무제한성이란 것은 개념상으로 포착하기 어려운 측면이 있으므로 그 의무감이 충실한 [칸트적인] 행위자는 자기 행위의 결과에 대해 아무런 책임도 지지 않을 것이기 때문이다.

우리가 도덕이라고 생각하도록 길들여진 바에 대한 아렌트의 관심을 보여주는 이 엉성한 견해에 추가돼야 할 또 다른 요소는 나사렛 예수의 사례다. 아렌트는 그의 행위 사랑, 즉 선한 일을 행하려는 애착―"기적들"을 행함으로써 예상치 못한 결과를 창출하려는 애착, 그리고 죄를 용서함으로써 새로운 시작들을 가능케

하려는 애착 — 을 그것의 순전한 에너지 측면에서 소크라테스의 사유함에 대한 애착과 비교했다. 아렌트는 예수와 기독교 복음 속에서 죄인을 사하신 구세주 그리스도를 확실히 구별했다. 이 맥락에서 최고 관건은, 수행된 것의 선량함이 타인들은 물론 행위자 자신에게도 감추어져야 할 선행(그의 왼손은 오른손이 하는 일을 알아서는 안 된다)을 수행하기 위한 조건으로서 행위자 자신의 의로움뿐 아니라 아렌트가 보기에 행위자의 무자아성을 의미하는 자아의 부재를 요구하는 예수의 고집이다. 이런 의미에서 선의 행위지는 바로 자신마저도 동행의 상대가 아니므로 세계 속에서 사유자보다도 훨씬 더 혼자인 셈이다. 만약 그 [선악] 구분의 근원이 무자아적 행위 속에 놓여 있지 않고, 칸트의 생각처럼 자기 성찰적 사유 속에 놓여있다면, 우리가 어떻게 예수 그리스도도 역설한 선과 악의 구분을 이해하게 될 것인가? 예수의 숭고하고도 혁명적인 무사태평(그는 "우리가 어떻게 해야 합니까?"라는 질문을 받자 "나를 따르라, 내가 하는 것처럼 하라, 내일 일을 걱정하지 말라"라고 대답했다)은 안정화시키는 제도들에 대한 관심 부족, 어쩌면 심지어 삶 자체에 대한 관심 부족을 암시한다. 이 두 가지 관심의 결여는 초대 기독교인들의 종말론적 신앙에 명확히 나타나 있다. 그러나 그것들은 특장으로서의 마키아벨리적 미덕virtù을 연상시키는 동시에 아렌트의 그러한 해석 방식을 일정 정도 설명해줄 수도 있다.[10] 분명 예수보다 더 위대한 행위의 거장은 없었다. 아렌트의

10 2천 년의 세월을 넘어 모든 사람을 가로질러 예수와 마키아벨리에게 어떤 동일한 시선을 투사하는 것은, 서구 사상 전통의 파열 이후에 수립된 아렌트의

행위action 개념은 그것이 자체의 목적을 가진다는 면에서 행태be-havior와 구별된다. 특정 행위자가 설정한 목표들은 불가피하게 다른 사람이 설정한 목표들과 충돌하게 마련이므로 행위가 자체적으로 어떠한 의미를 가지려면 그 의미는 그 행위의 내부에 있어야만 한다. 아렌트가 볼 때 이 점은 행위를 생활 자체를 위한 노동laboring뿐 아니라 제작making의 온갖 유형과 구별해준다. 제작의 목적은 세계에 추가되고 세계를 아름답게 만들기 위한 창작 예술품들을 생산하는 것이므로 그 활동 자체에 놓이는 것이 아니라 제작된 것, 즉 (그게 무엇이든 간에) 활동의 외부와 그 너머에 놓이기 때문이다. 아렌트는 자신과 마키아벨리가 인간의 행위를 [아리스토텔레스의 '관조적 삶'과 구별되는 것으로서의] 활동적 삶을 구성하는 완벽하고 순수한 활동으로 이해하는 방식을 공유했다고 믿었으며, 예수는 그의 '무사태평' 즉 **무목적성**을 통해 그런 행위의 좋은 사례를 보여주었다고 믿었다. 이 모든 것의 문제는 **누가** 선인善人인가다. 예수는 자신이 선인이라는 것을 부인했고, 마키아벨리는 군주들에게 어떻게 **선하지 않은** 자가 되는지 가르치는 것을 자신의 의무로 여겼기 때문이다. 아렌트에 따르면 행위에서 드러난 행위자의 고유성은 다른 이들에게는 '영광'이나 '위대함'으로 보일 테지만 막상 그 자신이 유일무이한 선인으로 보이기는 어렵다. 그 이유는 두 가지다. 도덕이라고 간주되는 것이 예수와 마키아벨리의 경우에서처럼 규칙에 의해 규정되는 형태로 이해된다

사유 방식이 지닌 위험성과 인습 타파의 특질은 물론 그 대담성의 일단을 잘 보여준다.

면, 그러한 규칙을 준수하는 일에 고유한 요소란 아무것도 없다. 다시 예수와 마키아벨리의 예로 돌아가자면, 그리고 [앞에서와] 거의 같은 의미에서, 선을 행하는 이유가 선인이 되기 위해서라면 그것은 그런 방식으로 세계 속에 나타나서는 안 되기 때문이다.

그러면 선은 어디에서 오는가? 예수가 우리에게 한쪽 뺨을 맞으면 다른 쪽 뺨도 내밀고 누가 외투를 요구하거든 망토까지 내주라는 등, 한마디로 네 이웃을 네 몸같이 사랑할 뿐만 아니라 원수마저도 사랑하라고 요구할 때, 그는 전통적 도덕 규칙들을 한켠으로 밀어내 버렸다. 아니, 아예 그것들이 부적합하다고 판단했다. 예수나 마키아벨리 어느 쪽도 관습적 기준들에 얽매이지 않는 대신에 행위 자체로부터 빛나는 원칙들이 솟아 나오는 사례들을 제공했다. 그런 원칙들은 신조와 용기를 담지하고 있으며, 영광스럽거나 위대해 보일 수 없는 불신이나 증오를 포함하고 있지 않았다. 물론 지금까지 기술한 예수와 마키아벨리의 비교에는 한계가 있다. 다만 여기서 내가 보여주고자 한 것은 양자가 무자아적 행위자(특히 마키아벨리의 경우는 한 사람의 좌절한 행위자이자 장차 공화국들의 창립자가 될지도 모를 인물이었다)였으며, 양자 누구도 철학자는 아니었다는 점이다. 그리고 이것은 그들이 우리의 행위를 추동하는 정신 기능인 의지에 대해 관심을 결여했던 사실을 설명해 준다. 기독교의 도래와 더불어 신학자들은 한 개인의 **내세적** 삶, 사후의 영원한 삶의 조건으로서 천국의 은총이나 지옥의 고통을 선택하는 데 결정적으로 중요한 요소인 의지의 기능을 주시했다. 다른 한편, 아렌트는 예수와 대조적인 성 바울로를 기독교 종교뿐 아니라 기독교 **철학**의 창시자로 보았다. 바울로는 구원의 자격을 얻으려고 노력하는 과정에서 자신의 의지가 명하는 대로 선을 행할 수 없다는 사실을 발견했다. 바꿔 말해서 그가 발견한 것은 **나는 의지한다** I-will와 **나는 할 수 있다** I-can가 별개라는 사실이었다. 바울로는 이러한 분열 현상을 정신과 육체 사이의 모순으로 보았고 그것의 해결을 위해서는 신의 은총이 필요했다. 나중에 아우구스티누스가 그의 강령을 급진화시켰다. 아우구스티누스는 이 모순이 의지의 내부에서 발생하는 것으로, 즉 의지의 자유를 **그것 자체의 원인**으로서 특정했다. 그에 따르면 의지에 불복한 것은 육체가 아니라 스스로 불복한 의지 자신이다. 선과 악의 차이를 의식하고 있는 **양심**으로서의 의지는 [성격상] 실증적이다. 의지는 무엇이 어떻게 되어야 하는지를 명령하지만, 그와 동시에 그것의 자유 안에서 자신이 명령한 것을 방해한다.

아우구스티누스에게 상당한 영향을 받은 아렌트는 의지가 자신이 의지한 선을 완수하지 못하는 무능력이 곤혹스러운 도덕적 질문들을 제기했다고 보았다. 가령 의지가 스스로 분열되어 있다면 과연 그것이 선을 행할 수는 있기나 한 걸까? "그러나 만약 어떤 의지가 [애당초] 존재하지 않는다면 내가 어떻게 행동에 옮기도록 추동될 수 있을까?" 아렌트는 현존하는 것의 선량함에 대한 사랑에 의해 인도된 활동으로서 아우구스티누스의 **사유함**의 경험에 큰 빚을 졌다. 악은 현존하는 것을 파괴하므로 사유함이 악의 안내를 받을 수는 없는 법이다. 그러므로 아렌트는 누구든 사유 활동에 참여하는 사람은 악행을 하지 못하도록 조건화된다고 믿게 됐다. 그 사실이 매우 중요했던 것 못지않게 그녀는 사유함이 구체적인 행위들의 선량함을 결정한다고 암시할 정도로 어리석지는 않았다.[11] 말하자면 사유함은 그 자체로 행위의 문제를 해결하지 못하는데, 그 이유는 그 문제가 의지의 내부적 모순성에서 출현하게 된 것이기 때문이다. 결국 행위의 자발성에 관한 한, 의지의 자유라는 것은 모종의 **심연**으로 남는 셈이다.

아렌트는 자신이 미국 기독교윤리학회에서 행한 연설을 뒤늦게 (1973년에) 정리하면서[12] "고대 이래 처음으로" 우리는 권위의 안정성이 부족해진 세계 속에서 살고 있으며, 도덕적 행위에 관한 한 교회의 권위가 특히 불안정해졌다고 주장했다.[13] 그리고 교회 당국이 지난 수백 년 동안 지옥행이라는 위협 방식을 통해 행위action를 제약하는 한편 의지의 동요 문제는 해결하지 않고 보류 상태로 놔둔 결과로 현재 대중은 물론이고 그 어느 누구도 더 이상 교회를 신뢰하지 않는다고 부연했다. 아렌트에게 행위와 시작beginning은 한 가지이자 동일한 것이다. 이 때문에 그녀는 모든 시작이 "순전한 자의성의 요소"를 담고 있다는 사실에 주목하였고 이 자의성을 우리 출생의 우연적 조건으로서 탄생성natality과 연관시켰다. 그녀

---

11 하이데거는 이에 대한 하나의 사례지만 유일한 경우는 결코 아니다. 아렌트는 철학자들의 **직업적 변형**의 한 부분은 전제專制로 기우는 성벽性癖이었다고 믿었다.

12 이 연설의 내용은 분명 아렌트가 자신의 저작에 관해 발표된 몇몇 논문들에 대한 반응을 제시한 것이었다.

13 많이 이야기된 아렌트가 근대보다 고대를 '선호'하는 성향이 여기서는 그 둘의 **유사성**으로 나타난다. 요컨대 고대를 성찰함으로써 거리를 두고, 즉 공정성을 가지고 우리 자신을 바라보는 게 가능하다는 것이다.

는 우리의 부모, 조부모, 그리고 우리가 거슬러 올라가 보고 싶은 만큼 앞선 우리 선조들과의 만남은 어떠한 필연적 원인도 찾을 수 없는 불의의 우연한 사건들이라고 생각했다. 다른 한편, [새로운] 시작들로서 우리의 [출생에 부수하는] 우발성은 우리의 자유로움, 즉 시작으로서의 자유를 경험할 수 있음에 대해 우리가 치르는 대가를 의미했다. 아렌트에게 있어 인간 자유의 우발성은 오늘 우리가 그 속에서 살아가야 할 실재적 위기 상황 [그 자체]이다. 그것은 피할 수 있는 것이 아니므로 그것과 관련하여 우리가 제기할 수 있는 단 한 개의 유의미한 질문은 자유가 우리를 기쁘게 하는지 아닌지의 여부와 우리가 그것에 대한 대가를 기꺼이 치를 것인지 아닌지의 여부를 묻는 것뿐이다.

그 연설에서 아렌트는 소크라테스식의 사유함, 즉 "문답적 기능" 혹은 "산파술"을 활용한 사유방식이 우리의 위기 상황과 **조응한다**고 말하는 차원까지 나아갔다. 요컨대 [그 사유방식은] 우리에게 무엇이 출현하든 [장차 무슨 일이 벌어지든 우리가] 대처할 준비를 하게 만든다는 것이다. [아렌트에 따르면] 소크라테스는 자신의 심문자들이 내놓은 의견과 편견(섣부른 판단)에 질문을 던지는 과정에서 "하나의 무정란이 아니었던 … 아이"를 단 한 사람도 발견하지 못했다. 아렌트는 이 상황을, 그런 방식의 사유함이 종결되었을 때 심문자들은 물론 소크라테스 자신도 "텅 비게" 되었다는 의미였다고 해석했다. 그리고 "일단 당신이 텅 비게 되면", 그것은 특수한 경우들을 사유의 폭풍우 속에서 사라져 버린 규칙들과 기준들 아래로 복속시키지 **않고** [그것들과 독립적으로] "판단할 준비가 되어 있다"는 의미라고 주장했다. 그렇다고 해서 당신이 판단할 필요까지는 없다. 일단 판단 활동이 실행에 옮겨지게 되면, 현상들은 **이것**은 좋다, **저것**은 나쁘다, **이것**은 옳다, **저것**은 그르다 등등 그것들에 부수하는 [판단 활동의] 실재와 "정면으로" 대응하게 된다. 아렌트는 우리가 마치 다른 어딘가에 있는 장미가 아니라 바로 우리 정원에 피어난 특정 장미를 아름답다고 판단하는 것과 같은 방식으로 도덕적이고 정치적인 현상들도 판단할 수가 있다고 믿었다. 바꿔 말해서 이런 문제들에 있어 우리의 판단은 자유롭다. 그 때문에 아렌트는 〈도덕철학에 관한 몇 가지 질문〉에서 판단을 의지의 자유로운 선택*liberum arbitrium*, 즉 중재의 기능과 연계되어 있는 것으로 보았던 것이다. 이 중재의 기능은 아우구스티누스가 의지 내부의 모순을 발견하고 그것을 집중적으로 연구하기 이전에 이미 의지 속에서 간파했던 요소였다. 아렌트는 심판관이 모든 시작의 "순전한 자의성"에 대한 모종의 중재자가 될 것이라고 이해했으며, 그런 맥락에서 판단은 의지와 다른 [성격의] 정신적 기능이라고 이해했다. 사실 이 기능은 칸트가 아우구스티누스 사후 수백 년 만에 미학의 영역에서 발견한 것이었다. 비록 여기서 논할 문제는 아니지만, 칸트에게 심오한 관심을 불러일으킨 프랑스혁명이라는 예기치 못한 사건 기간에 그가 발견한 이 사실을 비롯해, 아우구스티누스가 교회의 권위를 확립하는 과정에서 이런 문제들과 관련하여 맡은 역할이 담지한 적실성을 따져보는 일은 매우 흥미로울 것이다.

같은 연설에서 아렌트는 창작 예술품의 "불후성不朽性", 즉 우리가 수백 혹은 수천 년 후에 그것들을 아름답다고 판단할 수 있고 또 실제로 그렇게 한다는 사실이 과거의 내구성과 그것으로 인한 세계의 안정성을 우리의 경험 영역으로 끌어들인다는 점을 지적했다. 그러나 세계의 구조를 북돋우는 창작 예술과 달리 행위는 어떤 계획이나 패러다임 없이도 세계를 **변화시킨다.** 또한 행위는 20세기 동안에 우리가 목도한 것처럼 세계의 허약성과 순응성도 보여 준다. 이러한 [모든] 가능성은 의지의 심연과 같은 자유 속에 잠복되어 있다. 그러나 아렌트에 따르면 그 "제멋대로"이고 "혼돈스러운" 우발성에도 불구하고, **행위가 수행된 이후**에는 그것을 "합리화하는" 어떤 이야기가 튀어나온다. 아렌트는 어떻게 이것이 가능한지를 질문했다. 일반적으로 행위의 결과로부터 진보나 쇠퇴를 독해해내는 역사철학자들과 대조적으로 아렌트는 자유로운 행위, 요컨대 수행되는 동안 그 결과를 알 수 없는 행위에 관심을 가진다. 판단 기능이 행위를 하나의 이야기에 적합하도록 꿰맞추기 위한 목적상 행위에서 비켜나 있다면, 아렌트가 공연예술가와 동격화한 행위자의 내부에서도 이 기능이 작동해야 할 것이다. 비록 행위자의 공연이 그것의 종료와 더불어 [우리 시야에서] 사라진다고 할지라도, 공연이 지속되는 동안만큼은 그것을 고무시킨 원칙이 무엇인지를 "밝혀준다." 그와 동시에 행위자는 그 원칙이 세계 속에 출현하기에 적합한지를 판단한다. 그것이 자신을 기쁘게 하는지, 그 행위가 다른 이들에게 호소력이 있는지, 또 다른 사람들까지 기쁘게 할 청원 사항인지를 판단한다. 행위를 수행하는 동안 너무 바빠서 생각할 여유를 찾지 못하는 행위자라 할지라도 분별력이 부재하는 상태는 아니다. 아렌트에 따르면 모든 정신적 활동은 활동 자체에 대해 회고적으로 반추하는 속성을 가진다. 판단함은 사유함이나 의지함과 달리 그에 조응하는 감각, 즉 취향과 긴밀히 연결되어 있다. 판단함이 지닌 성찰성은 "기쁨을 자아낸다"거나 "불쾌감을 자아낸다"는 취향 감각에 의해 보완되며, 판단 과정에서 다른 판단자들의 취향을 반영할 때 그 판단자 본인의 취향이 지니는 직접성은 초월된다. 판단함이라는 행위는 우리의 감각 중 가장 주관적인 성격의 취향을, 세계 속에서 판단하는 사람들에게 필요한 지향성을 제시하는 특별히 인간적인 **공통감각** common sense으로 변형시킨다.

결국 판단은 일종의 균형을 잡는 활동, 즉 세계의 안정성을 가늠하는 정의正義 저울의 한 눈금에 [현상을] '고정시키는' 활동이다. 그 세계의 안정성 안에서 세계의 과거가, 세계의 구조 자체를 뒤흔들어 놓을 수도 있을 세계의 경신更新 [경향]에 대항하여, 즉 행위를 향한 세계의 개방성에 **대항**하여 제시된다. 어쩌면 아렌트는 [《정신의 삶》의 3부로 편입될 예정이었던] 미집필 원고인 〈판단Judging〉에서 자신이 〈도덕철학에 관한 몇 가지 질문〉의 말미에 언급한 일부 논점들을 보다 선명하게 제시했을지도 모른다. 물론 그 쓰이지 않은 책 속에 무엇이 담기게 되었을지, 혹은 아렌트가 이 책의 제1부인 '책임'에서 식별해낸 행위의 여러 가지 문제점들을 그 책에서 말끔히 해결할 수 있었을지는 어느 누구도 쉽게 단정할 수 없을 것이다. 사실 내가 여기서 약간의 자신감을 가지고 말할 수 있는 바도, 아이히만에게 부족했던 사유 능력이 판단함의 전제조건이며 판단의 무능력과 판단의 거부, 즉 당신의 판단이 당신의 [마음의] 눈앞에 재현하고 응대해야 할 타인들을 상상할 수 없는 무능력이 악을 세계 속으로 불러들이고 세계를 오염시킨다는 것 정도다. 여기에 판단 능력은 의지와 달리 자신에게 모순을 제기하지 않는다는 점도 덧붙일 수 있다. 판단을 형성하는 능력은 그것의 표현과 분리되지 않으며, 사실상 말과 실행 면에서 동일하게 작용한다. 아렌트의 '더 나은 용어'와 관련해서 혹자는 양심의 현상이란 것이 산 자와 죽은 자와 아직 태어나지 않은 자의 목소리를 경청하고 거기에 주의를 기울이는 태도 속에 실재한다고 말할지도 모른다. 그들은 서로에게 기쁨을 주며 영속적인 하나의 세계를 공유한다. 그러한 세계의 공유 가능성은 판단을 [특정한 방향으로] 부추기는 동시에 그렇게 한 결과이기도 하다. 또한 혹자는 특수한 현상들이 세계 속에 출현하기에 적합한지 아닌지를 공정하게 판단함으로써 — 상이한 관점들을 가능한 한 많이 고려하고 숙고하는 태도를 가지고 다룸으로써 — 그것들에 응수하는 능력이 행위의 영역 내에서 정치와 도덕을 완벽하게 결합시킨다고 말할지도 모른다. 이 책의 제2부 '판단'은 그러한 방식을 취한 아렌트의 굉장한 응수 능력이 발휘된 사례들을 제공하고 있다. 끝으로, 우리는 여기서 아렌트가 〈도덕철학에 관한 몇 가지 질문〉 말미에 판단함이란 것이 "적어도 내가 보기에는 막상 일이 닥친 그런 드문 순간에 정말로 대참사를 막아 줄 수도 있을 것이다"라고 적었을 때 그녀가 어쩌면 판단이 지닌 엄격히 도덕적인 힘을 전거하고 있던 것은 아닐까라는 질문을 던져볼 수 있을지도 모른다.

이 책에 수록된 문건에 관한 보충설명

이 책《책임과 판단》에 포함된 모든 문건(강의록, 연설문, 논문)
은 한나 아렌트가 영문으로 작성한 것이다. 영어는 아렌트가 서
른다섯 살이었던 1941년 나치스가 지배하던 유럽에서 [정치적]
난민 신세로 미국에 도착하면서 배우기 시작한 언어다. 그녀는
채 1년이 안 된 1942년부터 새로 습득한 언어로 글을 쓰기 시작
했다. 그러나 생전 아렌트는 자신이 영문으로 작성한 것을 출간
하기 전에 반드시 '영어화' 작업을 거쳤는데 그 과정은 여기서도
이어졌다. 아렌트는 타고난 저술가였다. 언젠가 한번은 일단 **사
유** 작업이 끝나면 곧장 의자에 앉아 자신의 손가락을 움직일 수
있는 한 가장 빠른 속도로 **타자했다**고 말하기도 했다. 그것은 모
국어인 독일어로는 훌륭히 해낼 수 있는 작업이었다. 하지만 그
녀가 영어로 쓴 원고를 꼼꼼히 검토해본 사람이라면 그 빠른 저
술 속도가 애로점을 초래했음을 알게 된다. 그녀는 고대 그리스
어와 라틴어 지식에서 확장된 엄청난 어휘력의 소유자였다. 하지
만 영어에 관한 한 아렌트의 표현법이 담지한 직접성과 독특한
특질 때문에 지나치게 긴 문장으로 귀결되었고, 어휘 선택 방식
과 구두법은 종종 영어의 어휘사용법과 들어맞지 않는다. 또 다

른 문제는 (개인용 컴퓨터 시대 이전에 저술 활동을 했으므로) 원고에 잘라낸 본문 부분과 추가된 부착물, 알아보기 힘들고 위치가 분명치 않은 육필 수기 추가분이 많이 포함되어 있다는 점이다. 그래서 편집자는 아렌트의 영어 저작물에 그녀가 스스로 말하고자 했던 바 또는 의도적으로 사용한 어법에 변경을 가하지 않으면서 수미일관성을 부여하는 소임을 다해야 한다. 군이 필요하다면 구문을 고치기는 하되, 생각의 만곡彎曲을 나타내는 그녀 특유의 스타일은 보전하는 식으로 말이다.

〈서언〉의 원문은 아렌트가 1975년 코펜하겐에서 유럽 문명에 기여한 공로를 인정받아 덴마크 정부가 수여한 소닝상Sonning Prize 을 수상하는 자리에서 발표한 수락 연설이다. 아렌트는 소닝상을 받은 첫 번째 미국인이자 여성이었다 — 닐스 보어Niels Bohr, 윈스턴 처칠Winston Churchill, 버트런드 러셀Bertrand Russell, 알베르트 슈바이처Albert Schweitzer 등도 이 상을 받았다. 아렌트는 수상 소감문에서 매우 이례적인 어법으로, 가능한 한 세간의 공명에서 멀리 떨어져 "은둔의 삶을 사는" 것이 사상가들인데 막상 "공인도 아니고 공인이 되려는 욕심도 없는" 자신이 그러한 "공적인 영예"를 안아도 되는 것인지를 반문했다. 아렌트의 이 물음은 겸양지덕에서 비롯된 것이 결코 아니었다. 겸양modesty은 겸손humility과 다르며 늘 허구로 드러난다. 그녀는 20년 전 자신의 남편에게 보낸 편지에 "공중의 시선" 속에 등장하는 것은 "불운한 일"이라고 쓴 적이 있다. 공중의 시선은 그녀에게 "자신을 찾아 사방으로 헤매고 다녀야만 할 것 같은 느낌"을 갖게 했다고도 적었다.[14] 같은 연설에서 아렌트는 자기-심판self-judgment이라는 드물고도 어려운 행위를 공개적으로 수행함으로써 **이것**은 옳고 **저것**은 그르다는 식으로 판단하는 능력은 우선적으로 그리고 다른 무엇보다도 심판자 자신의 자기-이해방식에 좌우되는 것임을 암시했다. 아렌트는 자기-심판을 시도했고, 그렇게 함으로써 "너 자신을 알라"라는 그 고대적인 권고를 판단의 조건으로 예시했다. 여기서 아렌트는 라틴어 동사 'per-sonare'에서 파생한 명사인 **페르소나** persona를 사용했는데, 이 말은 원래 무대 위에 있는 배우가 쓴 가면을 통해 나오는 목소리를 가리킨다. 그녀는 그것을 "인간 종의 일원"이라는 익명적 주체와 구별하여 은유적인 방식으로 정치적 인격체를 가리키는 로마인들의 해석 방식을 따르지 않았다. 대신 자신만의 고유한 은유적 감각에서 비록 "정의할 수는" 없지만 "식별 가능한" **누구** somebody, 즉 "위대한 세계극"에서 배우가 역할에 맞게 골라 쓴, 교환이 가능한 가면들 안에서 지속적으로 발휘되는 어떤 고유한 **개성**thisness을 가리키는 방식으로 사용했다. 수상 소감을 발표하는 동안 아렌트는 그런 교환 가능한 가면 하나를 착용하고 있었다. 그 심판관이 그의 자아와 무관하게 행위를 수행하는 가면의 인물과 그 배우 본인을 분리할 수 없다는 점을 이보다 더 명쾌하게 다른 어떤 방식으로 아렌트가 제시할 수 있었을지 상상하기는 어렵다. 그 행위자의 고유성은 그의 내적인, 직접 볼 수는 없으나 들을

---

14 *Within Four Walls: The Correspondence between Hannah Arendt and Heinrich Bluecher 1936 ~68*, ed. Lotte Kohler(New York: Harcourt, 2000), p. 236.

수는 있는 다른 측면으로서 오직 타인들에게만 보이는 법이다.

이 책의 가장 벅찬 임무는 〈도덕철학에 관한 몇 가지 질문〉에서 비롯되었다. 1965년과 1966년에 아렌트는 두 개의 강좌를 운영했는데, 하나는 같은 제목으로 이 책의 한 장으로 편입된 〈도덕철학에 관한 몇 가지 질문〉이라는 제목의 뉴스쿨대학교 강좌였고, 다른 하나는 〈도덕의 기본명제들〉이라는 시카고대학교 강좌였다. 뉴스쿨대학교 강좌는 4강에 걸쳐 진행된 긴 강의들로 구성되었고, 17강으로 구성된 시카고 강좌 대부분은 뉴스쿨 강의 자료를 활용한 것이었다. 당시에 편집된 강의들이 이 책에 포함된 본문 내용의 대부분을 구성하고 있으며, 〈도덕의 기본명제들〉에 나타난 아렌트 사상의 의미 있는 변형 형태들이 각주로 편입되었다. 독자들은 이 책을 통해서 대학교수였던 아렌트의 목소리를 듣게 될 것이며 스승의 역할을 떠맡은 아렌트를 상상해볼 수도 있을 것이다. 연속적으로 퇴고되어 나온 〈도덕철학에 관한 몇 가지 질문〉의 수정 원고들을 이 책을 위해 준비해준 엘리자베스 미드에게 고마움을 표하고 싶다. 물론 말할 필요도 없이 최종본에 과실이 있다면 그것은 모두 나의 불찰임을 밝혀둔다.

〈독재 치하에서의 개인적 책임〉, 〈집합적 책임〉, 〈사유함, 그리고 도덕적 고려 사항들〉, 〈자업자득〉 역시 원래 아렌트가 한 편 한 편 강의나 공개 연설을 위해 준비한 개별 원고들이다. 〈서언〉과 〈자업자득〉은 아렌트가 유명을 달리한 1975년의 저작이므로 이 책은 그녀의 최후에 있었던 두 차례의 공적인 등장 장면으로 말문을 열고 닫게 되는 셈이다. 〈독재 치하에서의 개인적 책임〉은 영국과 미국에서 방송되고 1964년에 《리스너》지에 게재된 기고문으로서 일부 아렌트 독자들이 여기 실린 것보다 훨씬 간결한 형태로 알고 있는 바로 그것이다. 그러니까 그 원고의 전문은 여기서 처음 출간되는 셈이다. '집합적 책임'이란 제목은 아렌트가 스스로 붙인 것이 아니라 1968년 12월 27일 미국철학회가 주최한 학술 대회의 심포지엄 주제명이었다. 거기서 발표된 논문 한 편에 대한 논평을 하던 중에 아렌트는 **정치적** 책임과 개인적 책임을 구별했고, '책임'이라는 단어가 사용되는 방식에 있어, 특히 그것의 의미와 관련하여 상이한 뉘앙스들이 존재함을 적시하고자 했다. 그 논문에서 아렌트가 언급했던 참고문헌들은 미주에 제시된 '세 가지 경우들'만 남기고 모두 삭제되었다. 우리에게 남겨진 선택지는 그것을 포함시키느냐 아니면 그것 대신 다른 논문을 포함시키느냐였는데, 굳이 후자를 택할 이유는 없어 보였다. 1968년 12월 21일 아렌트는 [자신의 친구였던] 메리 매카시에게 쓴 편지에 다음과 같이 심경을 토로했다. "너의 편지는 내가 다음 주 워싱턴에서 열릴 철학회에서 집합적 책임에 관해 논평할 때 화를 내거나 극단적으로 불친절한 태도를 보이지 않고 무슨 말을 어떻게 해야 할지 한참 고민하던 시점에 도착했어. 우리 학계의 역량 결여 수준이 내 믿음과 기대를 초월하는군."[15]

이 책 《책임과 판단》에 포함된 나머지 문건들은 [미국사회 내

---

15 *Between Friends: the Correspondences of Hannah Arendt and Mary McCarthy 1949~75*, ed. Carol Brightman(New York: Harcourt Brace, 1995), p. 228.

현안문제에 관한] 에세이다. 〈리틀록 사건에 관한 성찰〉(1959)은 아렌트의 판단에 관한 본보기 사례로서 이 책에 포함되었다. 그것은 이 책에 실린 것 중 유일하게 아이히만 사건 이전에 작성된 글로서, 바로 그 점 때문에 약간의 설명이 더 필요해 보인다. 아렌트는 오랜 지체 끝에 그 '리틀록' 에세이를 원래의 의뢰자였던《논평》지로부터 회수하여《디센트》지에 다음과 같은 편집자 소견을 붙인 상태로 게재하게 됐다. "우리는 [이 에세이를] 게재합니다. 그 이유는 우리가 그 [에세이의] 주장에 찬성하기 때문이 아니라 — 오히려 그 반대입니다! —, 우리 눈에 완전히 잘못된 견해로 보이는 것들에 대해서조차도 표현의 자유가 인정되어야 한다고 생각하기 때문입니다." 아렌트의 에세이 〈리틀록 사건에 관한 성찰〉에 대한 신랄한 반응들은 4년 뒤《아이히만》을 둘러싼 논쟁의 예고편 격이었다. 이유는 그것이 자유주의자들의 아픈 곳을 찔렀기 때문인데 이 점은 오늘날에도 여전히 유효하다. 아렌트는 자유주의자도 보수주의자도 아니었다. 그러나 그녀는 여기서 자유주의자들이 흑인 아동의 교육이라는 특수한 문제를 [평소 자신들이 경원시하는] '평등'이라는 일반적인 정치 규칙에 종속시키려고 하는 [이율배반적인] 경향에 대해서 의문을 제기했다. 그녀는 특히 혼혈금지법을 비롯한 모든 형태의 인종주의적 법안뿐 아니라 학교 내 [흑백 인종] 탈분리 정책을 합법적으로 시행하려는 대법원의 결정에도 반대했다. 아렌트가 보기에 탈분리 정책은 자녀의 학교 선택이라는 부모의 사적인 권리를 폐지하고, 사회 영역 내에 현저한 차별적 특성을 도외시한 것이었다. 그 신문에 게재된 [흑인 아이와 어머니의] 사진은 마치 자신의 눈을 통해 한 사람의 흑인 어머니가 지녔을 법한 관점을 간파하는 아렌트의 능력이 공정성을 추구하는 판단을 형성하는 데 근본적인 요소로 작용했다는 듯이 그녀의 판단에서 예제적인 지위를 획득했다.

이 책의 〈리틀록 사건에 관한 성찰〉 장의 서문으로 실린 부분은 원래 아렌트가 자신의 비판자 두 명에 대한 '답변'이라는 제목으로 출간했던 것이다. 그러나 아렌트는 사실상 그들 중 어느 쪽에도 답변하지 않았다. 한 사람은 무지와 편견이 결합된 성마름으로 인해 스스로 심판자 공동체의 외부에 존재했기 때문이었고, 다른 한 사람은 아렌트를 철두철미하게 오해했기 때문에 그에게 답변하는 대신 사실상 그 에세이의 서문에 해당하는 글을 작성했던 것이다. 그 글은 자기가 한 주장들이 기초하고 있는 원칙들을 강조하는 일종의 최종 변론으로서의 성격을 띠었다. [리틀록 에세이 발표 후] 6년의 시간이 흐른 1965년, 마침내 아렌트는 랠프 엘리슨에게 보낸 서신을 통해 자신의 '답변'을 내놓았다. 거기서 흑인 부모들이 자기 아이들을 인종차별 경험의 현실 속으로 진입시키는 일에 "희생이라는 이상"이 개입되어 있었다는 사실을 자신이 간과했노라고 인정했다. 그러한 사실은 [철학적 맥락에서와 같이] 명백한 확실성을 추구하는 것이 아니라 [정치적 맥락에서와 같이] 상이한 의견들이 동의 과정을 거쳐 하나의 합의로 수렴하는 판단의 탐색에서는 당당히 한자리를 요구할 만한 요소다. 그럼에도 그 사실이 학교의 의무적인 탈분리 정책에 반대하는 아렌트의 기본적으로 합헌적인 주장을 변경시키는 데는 역부족이며,

단지 그 사진 속에 흑인 학생의 아버지가 보이지 않는 이유를 설명하는 것 이상은 될 수가 없다. 교육현장에서의 탈분리 정책은 결국 의도했던 목표들을 달성하지 못했다. 아렌트가 내놓은 경고 중 여러 가지가 현실화되었으며 그 질문 전체가 판단의 문제로 남겨졌다.[16] 〈〈대리인〉: 침묵한 죄?〉와 〈심판대에 오른 아우슈비츠〉역시도 아렌트의 판단에 관한 예제들이다. 전자는 교황 비오Pius 12세의 '죄'에 관한 것인데, 아렌트가 보기에 호흐후트의 연극이 어딘가 미진한 상태로 남겨졌으므로 생략의 죄를 지은 셈이라고 할 수 있다. 그 교황은 히틀러가 유럽의 유대인들을 파괴한 일을 탄핵하지 않았다. 설령 그가 탄핵을 했다 해도 그의 행위가 불러왔을 결과들에 대해서는 그 자신이나 다른 어느 누구도 알 수가 없었을 것이다. 아렌트는 그 교황에 대해 판단하는 과정에서 다음 질문 두 가지를 추가로 제기했다. **우리는** 어째서 예수의 지상 대리인이라고 주장하는 어떤 특정인이 [옳은 것을] 행동에 옮기지 못한 것에 대해 우리의 판단 책임 자체를 회피하는 것인가? 어째서 우리는 판단을 실행하기보다 차라리 2천 년 역사의 기독교를 내던지고 인류라는 개념을 내팽개치는 쪽을 선호하는 것인가? 〈심판대에 오른 아우슈비츠〉에세이는 위아래가 뒤바뀐 어떤 세

---

16 〈리틀록 사건에 관한 성찰〉에서 나타난 아렌트의 판단에 관한 민감한 논의는 *Hannah Arendt and the Meaning of Politics*, eds. C. Calhoun and J. McGowan (Minneapolis, University of Minnesota Press, 1997), pp. 53~84에 실린 Kirstie M. McClure의 "The Odor of Judgment: Exemplarity, Propriety, and Politics in the Company of Hannah Arendt"에서 확인할 수 있다. 또한 Learned Hand가 하버드대학교 Holmes Lectures에서 '브라운 대 교육위원회 판례Brown v. Board of Education'에 대해 반론한 부분도 참조하라.

계에 대한 아렌트의 판단에 관한 것이었다. 현실과 아무런 유사성도 없는 그 인위적인 세계에서는 공식적으로 허용된 바가 아닐지라도 인간이 상상할 수 있는 모든 종류의 공포가 가능했다. 이 아우슈비츠에 관한 글에서 아렌트는 겉보기에 가망성이 전혀 없어 보이는 일 한 가지를 해냈다. 그것은 바로 심판대에 올라 유일하게 품위를 지킨 의사 프란츠 루카스에 대한 평가를 바로잡은 일이었다. 그녀가 그렇게 한 이유는 그가 분명 아이히만과는 달리 자신이 저지른 일에 대해 깊이 생각을 **해보았고**, 자신이 어떤 노골적인 범죄 국가의 '시민'이었다는 사실이 갖는 총체적인 함의를 인식했을 때 스스로 함구했다는 사실 때문이었다.

감사의 글

아렌트에 관한 저작을 펴냄으로써 내 학문여정의 출발점에서부터 나에게 영향을 끼치고 인도해준 수많은 학자들 한 사람 한 사람에게 개별적으로 감사 인사를 전하려고 시도하는 것은 무척이나 어리석은 일일 것이다. 그래서 그분들 모두를 한데 묶어 한꺼번에 감사 인사를 드리는 바이다. 그리고 여기서는 단지 일부 학자들을 포함하여 아렌트의 미출간 및 미편집 저작 출간을 위한 총괄 프로젝트에 다양한 방식으로 도움을 준 몇몇 친구들만 거명하고자 한다. 이 책도 그 프로젝트의 일부다. 알파벳 순서에 따라 나열하자면, 도어 애슈턴, 베타니아 아시, 잭 바르트, 리처드 J. 번스타인, 존 블랙, 에드나 브로케, 마거릿 카노반, 키스 데이비드, 버나드 플린, 안토니아 그루넨베르크, 로셸 거스타인, 제라드 R. 홀라한, 조지 카텝, 로테 쾰러, 메리와 로버트 라자루스 부부, 우르술라 루츠, 아리엔 맥, 매티 메기드, 게일 퍼스키, 조너선 셸, 레이 차오, 다나 빌라, 주디스 월츠, 데이비드 위그도어, 엘리자베스 영-브루엘 등에게 고마움을 전한다.

쇼켄북스 출판사와 함께 일하는 것은 매우 만족스러운 경험이었다. 이는 비단 한나 아렌트가 1946년부터 1948년까지 그곳 편집자로 일하면서 빛나는 카프카 선집을 포함하여 다른 중요한 책들을 펴냈다는 사실 때문만은 아닐 것이다. 다음으로 리틀록 에서 이를 설명하는 사진을 찾아준 라헬 러너에게 감사한다. 또한 인내심은 물론 예리한 편집 판단을 제공해준 대니얼 프랭크에게 무한한 감사의 마음을 표한다. 아렌트와 일을 해 본 사람이라면 그녀의 사유에 대한 심오한 지식이 있거나 그것을 깊이 아끼는 출판인을 만나는 일이, 특히 오늘날에는 얼마나 진기한 경험인지를 잘 알 것이다. 여태껏 나는 누군가로부터 어떤 인물에 관한 심오한 지식과 배려를 동시에 발견한 적이 있었다는 얘기를 실제로 들어본 적이 없었는데 마침내 그것을 대니얼 프랭크에게서 발견했다.

끝으로, 여러 나라의 사려 깊고 젊은 선남선녀들이 [마침내 한나 아렌트의 정치존재론적 개념인] '세계 속에 안착함being at home in the world'이란 것이 [자신들에게] 과거를 다시 사유하며 과거의 보물과 재앙을 **자신들의** 보물과 재앙으로 다시 구성하는 노력을 요구한다는 사실을 이해하기 시작했다. 그들은 또한 아렌트의 "지지대 없이 사유함thinking without a bannister"이란 어구가 행동하려는 의지가 여전히 자신들에게 중요한 의미가 있다는 사실을 밝혀줄 조건이라는 사실을 깨닫는다. 자신들이 신뢰하는 안내자인 '한나'(그들은 아렌트를 그렇게 부른다)에게 시선을 돌리는 젊은이들은 다른 어떤 책보다도 책임과 판단에 관한 저술인 이 책에서 자신들이 처한 어려움과 긴급함이 더욱 분명하게 확인되고 있다는 사실을 발견하게 될 것이다. 그래서 이 책은 한나 아렌트가 "신참자"라고 부른 사람들에게 바쳐져야만 한다. 우리 인간 세계가 또 하

나의 미래를 갖게 된다면, 그 미래는 분명 그들이 좌우하게 될 것
이기 때문이다.

책임과 판단
Responsibility and Judgment

서언[1]

내가 유럽 문명에 기여한 공로를 인정받아 소닝상 수상자로 결정
되었다는 뜻밖의 소식을 접하고 나서 어떤 수상 소감을 전해야 할
지 곰곰이 생각해보았습니다. 내 자신의 삶의 관점에서 볼 때나
이런 공적인 행사에 대한 나의 일반적인 태도의 측면에서 볼 때,
지금 내가 직면하고 있는 이 간단한 수상 사실이 내게 부분적으로
모순을 일으키는 여러 가지 반발심과 성찰의 필요성을 촉발했기
때문에 이 상의 수락을 결심하기까지 결코 쉽지 않은 고민 과정을
거치게 되었습니다. 물론 우리에게 세계가 우리 자신을 속수무책
으로 만드는 어떤 참된 선물을 허락할 때, 예컨대 운명의 여신 포
르투나Fortuna가 우리에게 미소를 지을 때마다 우리는 사실 그 이
유도 모르면서, 그간 의식적으로나 반쯤 의식적으로 가슴에 품어
온 계획이나 기대 또는 목표 같은 것들을 마땅히 그래야 한다는
듯이 무시하고서 우리에게 예기치 않게 찾아온 행운에 대해 기본
적으로 감사의 마음부터 갖게 된다는 사실을 별개로 하고서 말입
니다.

---

[1] 이 글은 1975년 덴마크 정부가 수여한 소닝상에 대한 한나 아렌트의 수락 연설
    이다. 자세한 설명은 앞에 제시한 〈편집자 제롬 콘의 서문〉을 보라.

먼저 정리해야 할 것들부터 정리하는 게 순서겠군요. 순전히 내 개인사적인 이야기부터 하겠습니다. 35년 전 나는 결코 자진해서 유럽을 떠났던 게 아니었습니다. 그러나 [1951년에] 완전히 의식적이고 자발적인 판단에 따라 미국 시민이 되었지요. 그것은 미합중국이 정말로 인치가 아닌 법치를 하는 정부라는 이유 때문이었습니다. 이런 [탈유럽 배경을 가지고 있는] 내가 유럽 문명에 기여한 공로를 인정받는다는 것은 결코 사소한 일이 아닙니다. 이주와 귀화 사이의 기간에 내게 결정적으로 중요했던 처음 몇 년간 내가 미국에서 배운 지식은 거의가 미국 건국 선조들의 정치철학에 관해서 독학하는 과정을 통해 얻은 것이나 다름없었습니다. 그러나 그 과정을 통해 내가 확신하게 된 바는, 인구 구조상의 동질성, 유기적인 역사 감각, 대체로 공고한 사회 계급 구분, 국가의 존재 이유*raison d'état*라는 관념을 담지한 국민주권 개념에 바탕을 두고 있는 유럽 국가들과 전혀 다른 정치체제가 엄연히 존재한다는 사실이었습니다. 막상 일이 닥치면 다양성은 민족국가라는 '신성 동맹*union sacrée*'의 유지를 위해 희생되어야만 할 것이라는 관념이, 이제야 비로소 관료제로의 변형이라는 위협적인 압력 아래 있는 모든 정부 ― 미국 정부도 예외는 아니지요 ― 안에서 무너지기 시작했습니다. 사실 한때 지배적인 종족 집단이 타 집단들을 동화시키는 능력을 통해 일구어낸 가장 위대한 승리 징표로 여겨졌던 것이 [다름 아닌] 국민국가였지요. 관료제라는 것은 법치나 인치가 아니며 익명의 기관들이나 컴퓨터에 의해 이루어지는 총체적으로 탈인격화된 지배 방식입니다. 그것은 어쩌면 자유와 최소한의 시민다움 — 이런 요소들이 부재한다면 그 어떤 공동체적인 삶도 생각할 수 없을 것입니다 — 에 관한 한, 과거의 폭군 정치체제들이 보여준 극악무도한 자의성보다 더 큰 위협을 가하는 요소로 판명될지도 모릅니다. 통치 규모가 방대해졌다는 엄연한 사실에 근거하고 있는 이 위험이 기술 관료제적 지배 방식과 쌍을 이루어 사실상 모든 통치 형태의 소멸, 즉 '[국가의] 쇠퇴' — 애초 이것은 적어도 [마르크스가] 이념적으로 좋은 의도를 담아 내놓은, 오직 비판적인 검토를 통해서만 그것의 악몽 같은 내용물들이 추적될 수 있는 하나의 몽상이었지요 — 라는 위협을 가하는데도 아직까지 일상의 정치 어젠다에 올라 있지 않습니다. 내가 미국에 와서 감동을 받은 바는 누구나 동화同化라는 대가를 치르지 않으면서도 한 사람의 시민이 될 수 있는 자유였습니다.

지금 여러분이 보다시피 나는 종족 면에서는 한 사람의 유대인이고 성별은 여성 *feminini generis*, 이미 여러분이 들어 알고 있는 것처럼 틀림없이 독일에서 태어나고 거기서 교육을 받았으며, 프랑스에서 다소 장기화되었지만 차라리 행복했다고 말할 수 있는 8년간의 체류 기간을 통해 일정 정도 형성된 사람입니다. 나는 내가 유럽 문명에 공헌한 바가 무엇인지는 잘 알지 못합니다. 그러나 내가 그간 이 유럽적인 배경을 가진 모든 것 하나하나에 상당히 집착했었기 때문에 때때로 다소 극단적인 완고함으로 치달을 수밖에 없었다는 사실만큼은 인정합니다. 나는 물론 사람들 속에서 살아왔고 종종 오래된 친구들에 둘러싸여 있었지요. 그들은 대개 나와 정반대로 순전히 습관의 관성에 따라 '진짜 미국인처럼'

행동하고 말하고 느끼려고 최선을 다했는데 이는 한 국민국가 내에서 생활 습관이 의미하는 바는 당신이 거기 속하기를 원한다면 그 국가의 국민처럼 되어야만 한다는 것이기 때문입니다. 나의 고민은 내가 결코 어딘가에 속하기를 원치 않았다는 사실에 있었습니다. 이 점은 심지어 독일에 대해서조차도 마찬가지였어요. 그래서 이주민들 사이에서 꽤나 자연스럽게 작용하는 향수병의 커다란 영향력을 이해하는 데 다소 어려움을 겪었지요. 특히 미국에서는 이주자의 국적이 [미국 이주로 인해] 그것의 정치적 적실성을 상실한 이후에도 그들의 사회적 삶과 개인적 삶에서 가장 강력한 유대감의 원천이 되었습니다. 그러나 내 주변 사람들에게 어떤 나라, 어떤 풍경, 어떤 일련의 습관과 전통, 그리고 다른 무엇보다 중요하게는 어떤 특정한 [문화적] 심리 구조가 의미했던 바가, 내 경우에 있어서는 바로 언어, 즉 독일어였습니다. 내가 유럽 문명을 위해 의식적으로 행한 일이 있다면 그것은 바로 내가 독일에서 도망친 순간부터 사용하도록 제안을 받았거나 불가불 사용해야 할 외국어를 내 모국어와 맞바꾸지는 않겠다고 신중하게 마음을 다잡았던 것뿐입니다. 내가 보기에 대부분의 사람들, 즉 특별한 언어적 재능을 타고나지 않은 사람들에게 모국어는, 훗날 학습을 통해 후천적으로 습득한 그 어떤 언어와 견주더라도 유일하게 신뢰할 만한 척도로 남는 것 같습니다. 이 점은 우리가 보통 언어 구사 상황에서 사용하는 단어들이 그것들 특유의 중량감을 획득한다는 간단한 이유 때문입니다. 그 중량감은 특정 모국어가 가지고 있는 위대한 시심詩心의 보고寶庫에서 단어들이 자동적으로 그리고 독특한 방식으로 다양하게 결합함으로써 우리의 언어 사용법을 인도하고 부주의한 상투어 사용을 막아주는 요소입니다. 그것은 다른 어떤 언어에도 주어지지 않으며 오직 모국어라는 특수한 언어에만 허락된 축복인 것입니다.

두 번째 논점은 내 삶의 관심사라는 관점에서 특별한 숙고 사항으로 생각지 않을 수 없었던 것인데, 지금 내게 이 공로상을 수여하는 나라와 관련이 있습니다. 나는 덴마크 사람들과 그 정부가 나치의 유럽 정복에 수반된 매우 폭발력이 있는 문제들을 다루고 해결해온 득수한 방식에 대해 항상 관심을 가지고 지켜봐왔습니다. 물론 이 비범한 이야기에 대해서는 저보다 여러분이 더 잘 아실 거라고 생각합니다. 또한 이 이야기는 권력과 폭력의 관계들을 다루는 모든 정치학 강의실에서 마땅히 읽혀야만 할 것이라고 생각합니다. 왜냐하면 정치 이론에서는 물론이고 실제 정치 현실에서도 권력과 폭력이 동격으로 취급되는 초보적 오류가 자주 발생하기 때문입니다. 여러분의 역사 속에 있는 이 일화는 비폭력 행위 혹은 훨씬 비교우위적인 폭력 수단을 보유한 적군에 대한 저항 속에 내재하는 위대한 권력의 잠재력에 대해 매우 교훈적인 사례 하나를 제공하고 있습니다. 이 전투에서 획득한 가장 눈부신 승리가 '[나치의] 최종 해법' 계획의 무산과 관련이 있으므로, 그리고 그것이 덴마크 시민이든 독일에서 온 무국적 난민이든 출신지를 불문하고 덴마크 영토 내에 있었던 거의 모든 유대인의 구원과 관련이 있기 때문에, 그 재앙에서 살아남은 유대인들이 이 나라와 매우 특별한 방식으로 어떤 관계를 맺고 있다고 느끼는 것은 지극히 자연스럽다고 하겠습니다.

이 이야기에서 나는 두 가지 사항이 특히 인상적이라고 생각합니다. 우선 **첫 번째**로 전쟁 이전의 덴마크는 난민들에게 결코 친절을 베풀지 않았다는 사실입니다. 다른 국민국가들과 마찬가지로 덴마크도 난민들에게 귀화와 노동 허가를 거부했습니다. 반유대주의 정서가 부재함에도 불구하고 외국인으로서 유대인들은 환영받지 못했지요. 그럼에도 이 나라에서는 적어도 다른 어느 나라도 존중하지 않았던 망명의 권리만큼은 신성불가침한 것으로 간주되었습니다. 나치가 처음에 단지 무국적자들의 추방만을 요구했을 때, 다시 말해 나치가 자신들이 국적을 박탈한 독일계 유대인들, 즉 독일 난민들의 송환을 요구했을 때 덴마크인들은 이 난민들이 더 이상 독일 시민이 아니므로 덴마크의 동의 없이 그들의 송환을 요구할 수 없다고 설득했습니다. **두 번째** 사실은 나치에게 점령된 유럽 몇몇 나라들이 대체로 자국의 유대인들을 구하는 데만 가까스로 성공을 거둔 반면, 덴마크인들은 감히 그들의 주둔군에게 그 사안에 관해 발언하기를 서슴지 않았습니다. 그 결과 덴마크에 주둔한 독일 관료들은 여론의 압력 아래 놓이게 되었고, 무장한 저항 세력이나 게릴라 전술의 위협이 덴마크에는 없었으므로 그들의 마음을 바꿨던 것입니다. 그들은 더 이상 [덴마크 국민들에게] 신뢰를 받지 못했고, 그들이 가장 경멸했던 것, 하찮은 말, 요컨대 자유롭게 공개적으로 발언된 [시민들의] 말 몇 마디에 압도당했던 것이지요. 이런 일은 다른 어떤 나라에서도 일어나지 않았습니다.

이제 이러한 숙고 사항들의 다른 측면에 대해 이야기해 보겠습니다. 오늘 이 시상식은 분명 하나의 공적인 사건이며, 여러분이 수상자에게 부여하는 영예는 바로 이 시상식에 의해 공적인 인물로 바뀌게 될 그 사람에 대한 공개적인 인정의 표시입니다. 이런 견지에서 나는 여러분의 선택이 의심을 사게 될까 우려하게 됩니다. 여기서 공로merit라는 민감한 문제를 꺼낼 생각은 없습니다. 내가 옳게 이해했다면 영예honor는 우리에게 겸손humility에 대한 인상적인 교훈을 줍니다. 왜냐하면 영예는 우리가 자신을 스스로 판단해서는 안 된다는 것, 즉 다른 사람들의 공적들을 평가하듯 자신의 공적을 스스로 평가하는 것이 부적절하다는 사실을 암시하기 때문입니다. 나는 실제로 어느 누구라도 자신이 다른 사람에게 드러나듯이 스스로에게 **드러날** 수가 없으므로 그 누구도 자신에 대해서는 알 수가 없는 법이라고 믿어왔습니다. 그 때문에 이 선택의 여지가 없는 겸손의 태도를 기꺼이 수용할 각오가 되어 있습니다. 오직 가엾은 나르키소스만이 자신의 반사 이미지로 인해 착각에 빠질 것이며, 어떤 신기루에 대한 사랑으로 인해 여위어 갈 것이기 때문입니다. 그러나 나는 어느 누구라도 자기 일에 대해서는 심판관이 될 수 없다는 명백한 사실에 직면하여 기꺼이 겸손의 태도를 수용할 것이지만, 그렇다고 해서 마치 한 사람의 신실한 기독교 신자라도 된 듯이 "내가 감히 누구를 심판한단 말인가?"라고 말하면서 나의 판단 능력을 통째로 포기할 생각은 없습니다. 그보다 순전히 내 개인적인 성향이긴 하지만 시인 W. H. 오든의 견해에 동의를 표하고 싶고, 사실 동의하고 있다고 생각합니다.

공적인 장소에서 만나는 사적인 얼굴은
조금 더 현명하고 훌륭하도다
사적인 장소에서 만나는 공적인 얼굴보다.[2]

다른 말로 하자면, 나는 내 개인적인 기질과 성향 — 그러한 내
적인 심리적 특질들이 반드시 우리의 최종 판단을 형성하는 것은
아니지만 확실히 우리의 편견과 본능적인 충동들을 형성하기는
합니다 — 으로 인해 공적인 영역을 꺼리는 경향을 가지고 있다는
것입니다. 어쩌면 이 말이 거짓이거나 진정성이 없게 들릴지도 모
르겠습니다. 내 책의 특정 부분을 읽고 내가 정치적 발언과 행위
에 적합한 공간을 제공하는 공영역 the public realm을 미화까지는 아
니더라도 찬미하고 있다는 사실을 기억하는 사람들에게는 말이지
요. 이론과 이해의 문제에 있어서는 외부인들과 순수한 관객들이,
사건의 일부로 참여하는 실제 행위자들과 참가자들보다 그 사건
이전에 일어났거나 그것의 주변에서 일어나는 바의 실질적 의미
를 더 예리하고 깊이 있게 통찰하는 경우가 결코 드물지 않습니
다. 이른바 정치적 동물이 되지 않고서도 정치를 이해하거나 성찰
하는 일이 실제로 꽤 가능하다는 말입니다.
　여러분이 태생적 약점이라 부르고 싶을 수도 있는 이런 [나의]
본래적 충동들은 공적인 것이라면 뭐든 거부하려는 매우 상이한
두 가지 경향들에 의해 강력한 지원을 받고 있었습니다. 그 두 가

2　W. H. 오든, 〈단상斷想〉— 편집자

지 경향은 금[20]세기의 20년대, 즉 제1차 세계대전 이후에 제법 자연스럽게 함께 생겨났는데, 이것들은 그 당시에도 동시대 젊은 세대들의 의견 속에서만큼은 적어도 유럽의 쇠퇴를 상징했습니다. 당시 내가 철학을 공부하기로 마음먹은 것은 아주 흔한 일까지는 아니었어도 꽤 일반적인 선택이었지요. **비오스 테오레티코스** *bios theoretikos*, 즉 관조적인 삶의 방식을 추구하겠다는 서약은 당시 나로서는 알지 못했을지라도 이미 '공적인 것에 대한 비非서약'을 내포한 것이었습니다. 옛날 에피쿠로스가 철학자에게 간곡하게 권유한 **은자**隱者**의 삶** *lathe biosas*은 종종 신중한 삶을 살라는 권고라는 오해를 받는데, 실제로 그것은 사유자의 삶의 방식에서 매우 자연스럽게 나타나는 현상입니다. 다른 인간 활동들과 달리 사유함이란 것 자체는 눈으로 볼 수 없는 — 즉 외견상으로 명시적이지 않은 — 활동일 뿐 아니라, 그런 점에서 유례없이 다른 사람들에게 드러내려는 강렬한 **욕구**나 심지어 타인들과 소통하려는 제한적인 충동조차도 일절 갖지 않는다는 것입니다. 플라톤 이래로 사유함이란 것은 자신과의 무언의 대화로 정의되어 왔습니다. 이 무언의 대화야말로 내가 나 자신과 동행할 수 있고 자신과 더불어 자족하는 유일한 길로 여겨졌기 때문이지요. 철학은 고독한 직무입니다. 그래서 철학에 대한 필요는 자연히 사람들이 더 이상 세계의 안정성과 그 속에서 자신이 맡은 역할을 신뢰하기 어려울 때, 또 인간 삶의 일반적인 조건들 — 이 조건들은 인간이 지구상에 출현함과 동시에 나타났을 것입니다 — 과 관련된 질문이 비상하게 통렬함을 획득하는 이행의 시기에 생겨나는 듯합니다. 이런 점에서 "미네르바의 부엉이는 땅거미가 질 때 비로소 날갯짓을 한다"라고 설파했던 헤겔의 통찰이 옳았던 것일 수도 있겠지요.

그러나 땅거미가 지는 것, 즉 공적인 현장이 어두워지는 일은 결단코 침묵 속에서 발생하지 않았습니다. 그와 정반대로 그 공적인 현장은 대개 낙관적인 성격을 띠는 공표 사항들로 결코 채워지지 않았지요. 그 현장의 분위기를 주도한 잡음은 각기 다른 미래의 물결을 약속하는 두 개의 적대적 이데올로기 선전 문구들뿐 아니라 존경할 만한 정치인들의 현실적인 발언들과 중도 좌파와 중도 우파 그리고 중도에서 나온 성명들로 구성되었습니다. 그런 것들이 다 함께 뒤섞여서 청중의 생각을 완전히 혼동시키는 것은 말할 것도 없고 그것들이 다룬 모든 논점을 탈실체화시키는 순수 효과를 창출했다고 봅니다. 그래서 그게 뭐가 됐든 공적인 것이라면 거의 자동적으로 거부하는 풍토가 1920년대 유럽의 "상실된 세대들" — 자기들 스스로 그렇게 부르곤 했습니다 — 속에 매우 폭넓게 퍼지게 되었던 것이지요. 사람들이 그들을 어떻게 평가하느냐에 따라 선구자 혹은 엘리트라고 달리 불리기도 한 그들은 물론 모든 나라에서 소수자들이었습니다. 수적으로 소수라는 사실은 그들이 당시 시대적 분위기의 특성을 약간 덜 지니고 있다는 의미가 절대 아니었지요. 비록 그 수적 소수라는 사실이 "포효하는 20년대"라는 호기심을 자극하는 대체로 와전된 그 표현, 그들의 의기양양, 그리고 1930년대의 대이변에 앞서 존재한 모든 정치제도의 붕괴를 거의 모두 망각한 현상 등을 설명할 수 있을지라도 말입니다. 이 공적인 것을 거부하는 시대 분위기에 대한 증언은 시가, 예술, 철학 등에서 [다양하게] 나타나고 있습니다. 이 10년 기간은 하이데거가 "모종의 진의적 자아authentic being a self"와 반대되는 **그들**(the 'They', *das man*)[이 존재함]을 발견한 때였고, 프랑스에서 베르그송이 일반적으로는 사회적 삶의 요구 사항들, 특수하게는 언어의 요구 사항들"로부터 "근본적인 자아의 회복"이 필수라는 사실을 깨달은 때기도 했지요. 영국의 시인 오든이 많은 사람에게 너무 평범하게 들릴 것 같아서 말하기 꺼려지는 내용을 [다음과 같이] 4행시로 표현한 것도 바로 그 10년 사이에 일어난 일이있습니다.

평화나 사랑 같은 모든 단어들이,
분별 있고 긍정적인 모든 연설들이,
때 묻고 방탕해지고 품위를 잃어버리고서
진저리쳐지는 기계의 새된 소리를 내는구나.[3]

가령 내가 역사적으로 추적하고 사실에 근거하여 설명하고자 하는 성향들 — 개인의 특이성? 혹은 취향의 문제들? — 이 어떤 사람의 인성 형성기에 획득된 것이라면 장차 매우 광범위하게 확장될 수 있을 겁니다. 그것들은 비밀과 익명성을 향한 열정으로 이끌릴 수 있습니다. 마치 비밀로 지켜질 수 있는 것만이 당신에게 개인적으로 중요한 것일 수 있다는 듯이 말이지요. "당신의 사

---

3 W. H. 오든, 〈우리도 황금기에 대해 알 만큼은 안다〉—편집자

랑을 말하려 애쓰지 말지니, 결코 말해지지 않는 사랑도 가능한 법이라오." 또는 "당신 마음을 내게 주려거든, 비밀스럽게 전해주기를 바라오."[4] 이는 공중에게 알려진 어떤 이름, 즉 **명성** fame 조차도 하이데거의 '그들'이 지닌 비非진의성이라든가 베르그송의 '사회적 자아'로 인해 당신에게는 단지 오명이 될 수 있고, 오든이 말하는 "진저리쳐지는 기계의 새된 소리"의 저속함이 당신이 하는 말의 품위를 실추시킬 수 있을 듯하기 때문입니다. 제1차 세계대전 후에는 아직 전문적인 역사가와 사회과학자는 물론 문예비평가들의 주목을 받지 못했지만 어쩌면 국제적인 "명사 사회"라고 설명하는 게 최선인 어떤 희한한 사회적 구조가 현존했습니다. 현재도 거기 속했던 사람들의 명단을 뽑는 것은 크게 어렵지 않을 것입니다. 그러나 그 명단에 이름을 올렸던 사람들 가운데서 그 시기의 가장 영향력 있는 저자로서 최종적으로 판명된 사람은 단한 명도 찾아볼 수 없을 것입니다. 그 20세기 "국제적 인사들" 가운데 어느 누구 한 사람도 1930년대의 연대성에 대한 자신들의 집합적인 기대치에 제대로 대응한 경우가 없었다는 것은 사실입니다. 그럼에도 내가 보기에 그들 중 어느 누구도 정치적으로 무관심한 이 사회의 전면적이고 급작스러운 붕괴보다 더 빨리 무너지지는 않았을 뿐 아니라, 나머지 사람들 모두를 더 큰 절망 속으로 던져 버리지도 않았다는 사실은 반박의 여지가 없는 듯합니다. [이런 정치적으로 무관심한 사회에서 얻은] "명성의 방사력 放射力"

---

4 윌리엄 블레이크의 시와 바흐의 아리아. ─옮긴이

으로 인해 결딴난 인사들은, [달리 가진 게 없으므로] 단지 자신의 여권이 보장하는 [해당 국가 국민으로서의] 보호권을 박탈당했을 뿐인 무명의 다중들보다 파국에 대처하는 능력이 훨씬 더 떨어졌습니다. 나는 이런 사실을 슈테판 츠바이크가 자살하기 바로 전에 탈고하여 출간한 자서전《어제의 세계》에서 발견할 수 있었습니다. 내가 아는 한 그 책은, 파악이 안 되고 확실히 환상에 사로잡힌 이 시대적 현상에 관한 증언이 담긴 유일한 문건입니다. 한낱 독특한 시대적 분위기를 탄 이 현상이 오늘날 우리가 그들의 '정체성'이라고 부를 어떤 것을 녕성의 광휘 속에 머물도록 허용했던 것입니다.

만약 내가 요즘 젊은 세대의 보통 언어 습관을 본때 있게 채택하기에 너무 나이를 먹은 것이 아니라면, 나는 진심으로 이 소닝상이라는 실체가 어떤 "정체성 위기"의 경보를 울리는 데 있어 가장 직접적인 효과를 창출했다고, 특히 나의 수상이 그것의 가장 논리적인 효과를 창출했다고 말할 수 있을 것 같습니다. 분명 그 "명사 사회"는 더 이상 현존하지 않기 때문에 더는 우리를 위협하는 요인이 아닙니다. 그 점에 대해서는 신에게 감사를 드려야겠지요. 그러나 우리의 세계 안에서 명성을 가져다주는 성공의 형태보다 더 일시적인, 덜 불안정한 그리고 덜 견고한 것은 아무것도 없습니다. 또 망각보다 더 신속하게, 마치 기다리고 있었다는 듯이 찾아오는 것도 없겠지요. 이 모든 심리적 고려 사항들을 외면하고 이런 경사스러운 [소닝상 수상이라는 사건의] 틈입을 내 삶에 허락된 한 조각의 행운으로 받아들이면서, 신들, 적어도 그리스의 신들만큼은 비꼬기 좋아하고 짓궂은 존재들임을 결코 잊지 않는 것은, 내 자신의 세대 — 비록 나이는 들었지만 아직 끝나지 않은 세대 — 와 보조를 맞추는 일 그 이상일 것으로 생각합니다. 이와 약간 유사한 맥락에서 소크라테스는 불가해한 모호함으로 정평이 난 아폴로 신전의 신탁이 그가 모든 필멸의 존재 가운데 가장 현명한 자라고 선언한 이후에 걱정이 생겨 자문하기 시작했습니다. 그에 따르면 그 신탁은 모종의 위험한 과장법이요, 어쩌면 누구도 현명하지 않다는 암시일 것이며, 아폴론의 의도는 소크라테스가 동료 시민들을 난처하게 만드는 방식으로 이 통찰을 실현할 수 있다는 점을 알려주고자 한 것이었습니다. 그래서 이렇게 묻게 됩니다. 어떤 공적인 인물도 아니고 그런 인물이 되려는 아무런 야심도 없는 나 같은 사람에게 여러분이 공적인 영예를 부여하는 선택을 하게 한 신들의 뜻은 무엇일까요?

이 대목에서의 고민은 명백히 나라는 한 사람의 개인과 관련된 것이므로, 거부할 수 없는 명성의 힘이 아니라 공적인 인정에 의해 갑자기 한 사람이 공적인 인물로 바뀌는 문제에 대해 다른 접근방식의 설명을 시도하려고 합니다. 우선 '사람person'이라는 말의 어원을 잠시 상기해봅시다. 이는 라틴어 '페르소나persona'에서 거의 변형되지 않고 아무런 이의 없이 유럽어 속에 수용되었습니다. 이 점은 '정치politics'라는 단어가 그리스어인 '폴리스polis'에서 유래한 것과 마찬가지입니다. 현재 유럽 전역에서 상당히 다양한 법적, 정치적, 철학적 토론에 사용하는 어휘 속에서 그처럼 중요한 단어가 고대의 어떤 동일한 원천에서 파생되었다는 사실은 분명 그 의의가 적지 않습니다. 이 고대의 어휘는 서구 인류의 지성사 속에서 여러 가지 전조轉調와 변주곡 속의 기본화음처럼 들리는 무엇인가를 제공하고 있습니다.

좌우간 *persona*는 원래 개별 배우의 '사적인' 얼굴을 가리고 연극 속에서 떠맡은 역할과 직분을 관중에게 나타내 보여주는 가면을 지칭했습니다. 그러나 극에 따라 다르게 고안되고 결정된 이 가면에는 입 부분에 큰 구멍이 나 있었는데, 배우는 이것을 통해 자기의 개별적이고 있는 그대로의 목소리를 냈습니다. *persona*라는 단어가 바로 여기서 파생되었지요. '~을 통해 소리를 내다'라는 뜻의 *per-sonare*라는 단어는 가면을 뜻하는 명사 *persona*의 동사형입니다. 처음 이 명사를 은유적으로 사용한 사람들은 로마인들입니다. 로마법에서 *persona*는 시민적 권리를 소유한 사람을 의미했고, 이 단어는 어떠한 특수 자질이나 독보성도 가지지 못한, 어떤 동물과는 분명히 다르지만 한낱 인간종의 구성원일 뿐인 *homo*라는 단어의 뜻과 뚜렷이 구별되어 사용되었지요. 그런 까닭에 *homo*는 종종 그리스어의 *anthropos*처럼 아무런 법적 보호를 받지 못하는 사람들을 경멸적으로 지칭하는 방식으로 쓰였습니다.

나는 사람이 무엇인지에 대한 이 라틴어의 이해 방식이 나의 고찰에 도움이 되었다고 생각합니다. 그 방식이 추가적인 은유적 용법을 불러들이며, 은유는 모든 개념적 사유에 있어 일용할 양식이나 다름없기 때문입니다. 로마의 가면은 우리가 시민으로서 출현하지 않는 어떤 사회 내에서, 요컨대 정치적 발언과 행위를 위해 마련되고 구축된 공적 영역 내에서의 평등을 보장받지 않은, 그래서 우리가 본연의 권리에 따라 존재하는 개인들로서는 받아들여지지만 결코 인간 그 자체로서 받아들여지지 않는 한 사회 안에서, 우리 자신이 모습을 드러내는 방식과 매우 정확하게 맞아떨어집니다. 우리는 항상 하나의 무대로서의 세계 속에 모습을 드러내며 그 속에서 우리의 직업, 예컨대 내과 의사나 법관, 작가나 출판인, 교사나 학생 등등으로 지정된 역할에 따라 인식됩니다. 그 역할에 의해서, 말하자면 그 역할을 통해 목소리를 냄으로써 무언가 다른 것이 스스로 명시화하게 되는 것입니다. 그 무언가 다른 것은 완전히 특이하며 규정할 수는 없지만 틀림없이 알아볼 수 있기 때문에 역할이 갑자기 바뀌어도 혼동을 일으키지 않습니다. 예를 들어 한 학생이 교사가 되려던 목표에 도달하거나, 우리가 사회적으로는 내과 의사로 알고 있는 어떤 집안의 주인장이 환자를 돌보는 대신 술잔을 돌릴 때 혼동을 일으키지 않듯이 말이지요. 바꿔 말해서 내가 설명 과정에서 페르소나 *persona*라는 관념을 수용하는 이점은, 세계가 우리에게 할당한, 그리고 우리가 세계극 속에서 무언가를 맡고자 한다면 반드시 수용해야 하며 심지어 획득해야 할 가면들이나 역할들은 교환 가능하다는 사실에 있습니다. 그런 것[가면이나 역할]들은 우리가 "양도할 수 없는 권리"를 말할 때의 의미에서처럼 양도가 불가능하지 않으며, 양심의 소리는 사람들 대부분이 믿고 있듯이 인간의 영혼이 지속적으로 그것 안에 간직하고 있는 것이라는 의미에서와 같이 우리의 내적 자아에 붙어 있는 영구적인 고착물이 아닙니다.

바로 이런 의미에서 나는 오늘 이 자리에서 거행되는 공적인 행사의 목적에 들어맞는 '공적인 인물'로서 [공개적으로] 모습을 드러내는 일을 감당할 수가 있는 것입니다. 이것은 그 가면을 설계하게 만들었던 행사가 끝나면, 그리고 내가 그 가면을 통해 목소리를 내는 나 개인의 권리 사용과 [어쩌면] 남용이 끝나면, 모든 것이 다시 빠르게 제자리로 돌아갈 것이라는 의미입니다. 그러면 이 순간에 대해 매우 영광스럽고 감사하게 생각하고 있는 나도 자유롭게 우리의 위대한 세계극이 내게 제의할지도 모르는 또 다른 역할이나 가면을 바꿔 쓰게 될 뿐 아니라, 심지어는 자유롭게 그 세계극을 경유하여 나의 꾸밈없는 '개성 thisness'으로 옮겨 가게 될 것입니다. [여러분이] 나의 '개성'이란 것을 꿰뚫어볼 수는 있겠지만—나는 그렇게 생각합니다—그러나 그것을 규정할 수는 없을 것이며, 또한 그것은 인정이라는 커다란 유혹에도 끄떡없을 것입니다. 인정은 그것이 어떠한 형태를 띠든 간에 우리를 이러저러한 사람**으로서**, 이를테면 근본적인 의미로는 우리 자신이 **아닌** 어떤 것으로서만 인식할 따름이기 때문입니다.

코펜하겐
1975년 4월 18일

1부
책임

1장

독재 치하에서의 개인적 책임

우선 나의 책《예루살렘의 아이히만》이 '촉발한' 상당히 격렬한 논쟁에 대해 사족을 다는 것으로써 이 글을 시작하려고 한다. 여기서 나는 의도적으로 '원인이 된'이란 표현 대신 '촉발한'이라는 표현을 사용하고 있다. 그 이유는 그 논쟁의 상당 부분이 내가 집필한 적도 없는 어떤 '다른' 책에 헌정되었기 때문이다. 애초 나의 대응 방식은 "아무도 쓴 적 없는 책에 대한 토론처럼 흥미진진한 것도 없다"는 유명한 오스트리아 속담의 지혜를 빌려 그 사건 전체를 그냥 덮고 지나가려는 것이었다. 그러나 논쟁이 계속될수록 특히 후반부에 이르러서는 내가 결코 말한 적이 없는 것을 가지고 나를 공격하는 목소리가 더 드세졌을 뿐만 아니라, 역으로 나를 방어하려는 목소리도 덩달아 함께 높아졌다. 상황이 그렇게 전개되자 불현듯 약간 소름 끼치는 그 공방 속에 감정적 흥분이나 지적 유희 이상의 다른 무엇이 존재할 가능성도 있는 것 같다는 데 생각

이 미쳤다. 또한 '감정' 이상의 무엇인가가 연루된 듯이 보이기도
했다. 요컨대 몇몇 경우에 나타나는 현상으로서 저자와 독자 간의
대화를 진짜로 붕괴시키는 솔직한 오해들 이상의 무엇, 그리고 이
익집단들의 왜곡과 변조 이상의 그 무엇인가가 실제로 연루된 듯
이 보였다. [이 책과 관련된] 이해 당사자 집단들은 책 자체보다는
내 책에서 문제가 된 그 시기에 대해서 보다 공정하고 면밀한 추가
조사 필요성이 제기될지 모른다는 사실을 훨씬 더 두려워했다.
　그 논쟁은 모든 종류의 엄격히 도덕적인 이슈들을 무차별적으
로 제기했다. 그 가운데 상당수는 내가 전혀 생각해 본 바가 없는
것이었고 다른 것들도 내가 그저 지나가는 말로 언급한 정도였을
뿐이다. 나는 그 재판에 관한 사실관계 설명을 제공했고, 심지어
책의 부제인 '악의 평범성에 대한 보고서' 역시 내게는 그 재판에
서 밝혀진 사실들로 명백히 입증된 듯이 보였으므로 더 이상의 설
명은 필요치 않다고 생각했다. 나는 우리가 아는 악에 관한 이론
들과 모순되기 때문에 충격적이라고 느낀 사실 한 가지를 적시했
다. 그것은 사실이면서도 선뜻 믿기 어려운 어떤 것이었다.
　나는 어떤 이유에선지는 잘 모르겠지만 우리 모두가 여전히 소
크라테스처럼 '불의를 행하기보다 불의를 당하는 편이 낫다'고 믿
고 있다는 사실을 당연시했다. 이 믿음이 나의 실수로 드러났
다. 실상은 어떤 종류의 유혹이든 그것을 물리치기는 불가능하다
는 확신, 막상 일이 닥치면 우리 중 누구도 신뢰할 수 없으며 그럴
수 있기를 기대해서도 안 된다는 확신, 유혹을 받는 것과 강요를
받는 것이 거의 같은 상황이라는 확신이 널리 퍼져있던 것이다.

반면에 이 [유혹과 강제를 동일시하는] 오류를 처음 발견한 메리 매카시의 말에 따르면, "누군가가 당신에게 총을 들이대면서 '네 친구를 죽여라, 그러지 않는다면 널 죽이겠다'라고 말한다면, 그가 현재 당신을 [살인을 저지르라고] **유혹하고 있는 것**이고, 그게 전부다." 사람의 목숨이 걸린 경우 유혹은 어떤 범죄를 위한 모종의 합법적인 변명일 수는 있을지언정 결코 도덕적으로 정당화될 수는 없다. 마지막 것은 가장 기막힌 논법인데, 우리는 결국 그 결과가 반드시 판결로 이어져야 할 재판 사건을 다루었음에도 책이 나온 다음에 나는 [나의] 판단함 자체가 잘못이라는 말을 들었다. 요컨대 그 [아우슈비츠] 현장에 없었던 사람은 그가 누구라도 판단할 자격이 없다는 것이다. 말이 나온 김에 덧붙이자면 이는 지방법원의 판단에 대해 아이히만 자신이 펼친 주장이기도 했다. 그에게는 대안들이 존재했었고 그가 살인 업무로부터 도망칠 수도 있었을 것이라는 얘기를 들은 아이히만은 그런 말들은 전후戰後에 깨달은 때늦은 지혜에서 나온 이론일 뿐이며 당시 사정이 실제로 어떠했는지를 아예 모르거나 싹 잊어버린 사람들만이 지지할 수 있는 주장이라고 역설했다.

판단할 권리나 판단의 능력에 관한 토론이 어째서 그 가장 중요한 도덕적 이슈를 건드리고 있는지를 설명하는 이유는 꽤 여러 가지가 있다. 여기에 두 가지 사항이 결부된다. 첫째로, 가령 과반수 혹은 내 주변 환경 전체가 그 이슈를 미리 판단해 버렸다면 내가 어떻게 [감히] 옳고 그름을 말할 수 있겠는가? [요컨대] **내가 감히 누구를 심판한단 말인가?** 둘째로, 우리가 현장에 없었던 과거나 현재의 사건에 대해 판단해야 한다면, 가령 그것이 가능하다면 과연 어느 정도까지나 가능한 것일까? [물론] 후자와 관련하여 우리가 우리 자신에게 그런 역량이 있다는 사실을 부정한다면 역사 편찬이나 법정 절차 그 어느 것도 가능하지 않을 것이라는 점은 너무도 명백하다. [그러나] 누군가는 여기서 한 걸음 더 나아가 다음과 같이 주장할 수도 있을 것이다. '우리가 우리의 판단 능력을 사용하는 경우는 매우 적고, 우리는 사후事後에 얻은 지혜에 따라 판단하지 않으며, 이는 또한 증인의 진술이나 현장에 있었던 사람들의 판단을 믿지 말아야 할 이유가 충분한 법정의 판사뿐만 아니라 사료 편찬자의 사정도 매한가지다.' 더욱이 현장에 있지 않은 사람이 판단하는 문제에는 대개 오만하다는 비난이 따라붙는다. 내가 어떤 죄를 판단하면서 나 자신은 그런 죄를 저지를 수 없을 것이라고 전제한다는 주장은 도대체 누가 한 것인가? 살인자에게 유죄판결을 내리는 판사조차도 신의 은총이 아니었다면 자신이 지금 저 자리에 있을지도 모른다고 혼잣말을 하거늘!

얼핏 보면 이 모든 것이 정교한 난센스 같지만 많은 사람이 조종을 당하지 않은 상태에서 난센스를 말하기 시작한다면, 그리고 그들 중에 지성을 갖춘 사람들이 끼어 있다면, 통상적으로 거기에는 난센스 이상이 관련되어 있는 것이다. 우리 사회에는 "네가 심판받지 않으려면 남을 심판하지 말라"라는 성경 구절을 염두에 두지 않고 판단하는 것에 대해 어떤 만연된 형태의 두려움이 현존한다. 그리고 이 두려움이 "첫 번째 돌을 던지는 일"이라는 비유 형식으로 표현될 경우에 그것은 그 심판이라는 단어를 공허하게 만든다. 판단을 꺼리는 정서 이면에는 어느 누구도 [독자적으로 임무를 수행하는] 자유로운 행위자일 수 없다는 의혹이 잠복해 있으며, 그렇기 때문에 그 행위자가 저지른 일에 대해서 누가 책임을 져야 하는지 또는 그가 자신이 한 일에 대해 책임을 질 것으로 기대할 수 있는지에 대한 의구심이 생기는 것이다. 도덕적 이슈가 제기된 순간, 심지어 지나가는 말로 그랬다 치더라도 그것을 제기한 사람은 이처럼 두려운 자신감 부족 상태 그리고 그것에 따라오는 자부심 부족 상태와 당면하게 될 것이다. 또한 "내가 감히 누구를 심판한단 말인가?"라는 말은 사실상 "우리는 모두 비슷하며 엇비슷하게 나쁘고, 반쯤 고상한 수준으로 남아 있으려고 하거나 그런 노력을 하는 척하는 자들은 성자가 아니면 위선자일 뿐이며, 양쪽 경우 모두 우리를 홀로 남겨지게 할 것"이라고 말하는 일종의 가식적인 겸손과 직면하게 될 것이라는 의미다. 그러므로 누군가가 역사적 경향 또는 변증법적 운동과 관련된 행위나 사건, 간단히 말해 인간의 등 뒤에서 작동하면서 사람들이 하는 모든 일에 한층 심오한 특정의 의미를 부여하는 일종의 신비로운 필연성과 관련된 행위나 사건을 싸잡아서 비난하는 대신, 몇몇 특정인에게 구체적인 비난의 화살을 돌리는 순간 강력한 항의가 터져 나올 것이다. 히틀러가 한 짓의 뿌리를 플라톤이나 조아키노 다 피오레[1], 헤겔이나 니체, 혹은 현대 과학과 기술, 허무주의나 프랑스혁

---

1 조아키노 다 피오레Gioacchino da Fiore(1135~1202). 중세 신학자이자 수도사로, 삼위의 시대 구분에 따라 성령 시대가 열리는 묵시적 종말론을 전개했다.—옮긴이

명으로 거슬러 올라가 찾아보는 것은 얼마든지 괜찮다. 그러나 누군가가 히틀러를 대량 학살자라고 부르는 순간 — 물론 이 특수한 대량 학살자가 정치적으로 매우 재능이 있는 자라는 사실, 그리고 독일 제3제국의 총체적 현상을 히틀러가 어떤 사람이었으며 사람들에게 어떻게 영향력을 행사했는지에만 근거하여 설명할 수는 없다는 사실은 인정하지만 말이다 — 누군가에 대한 그런 식의 판단은 저속하며 세련되지 못하고 그것이 역사 해석에 끼어들게 해서는 안 된다는 총론 수준의 합의가 존재한다는 사실이 환기될 것이다. 이 대목에서 또 다른 예로서 현재 진행 중인 논쟁을 한 가지 제시하고자 한다. 바로 교황 비오 12세가 동유럽의 유대인 대학살 시기에 홀로 침묵을 지킨 것에 대한 비난을 담은 호흐후트의 연극 〈대리인〉에 관한 것으로, 이는 가톨릭 내 위계질서 체계로부터는 물론 다른 주체들로부터도 즉각적으로 반박되었다. 가톨릭계의 반박은 그런대로 이해할 수 있는 부분이다. 그러나 그것은 또한 타고난 이미지 조작자들의 허구화 방식을 통해서도 반박되었다. 그들의 반박 요지는 호흐후트가 히틀러와 독일 국민에게 면죄부를 주기 위해 교황을 주범으로 지목해서 비난했다는 것인데, 이는 얼토당토않은 주장일 뿐이다. 우리의 맥락에서 이 논리보다 더 중대한 것은 교황에 대한 고발은 "물론" 피상적인 것이며, 기독교도 전체가 고발당했다고 하는 비난이다. 이 비난의 핵심을 짚어보자면, "분명 심각한 규탄의 근거는 존재하지만 피고는 인류 전체"[2]라는 것이다. 이 대목에서 내가 제기하고 싶은 논점은 독일 국민과 독일의 집합적 과거에 처음으로 적용된 것 — 독일의 모든 구성원이 고발되었고 루터에서 히틀러에 이르는 독일 역사 전체가 고발당한 상태다 —으로서의 집합적인 죄라는 개념의 잘 알려진 오류를 넘어선다. 실재에 있어 이것은 뭔가를 정말로 저지른 사람들 전체에게 면죄부를 주는 매우 효과적인 겉발림 수단으로 변질되었다. 모두가 죄인이라는 의미는 아무도 죄인이 아니라는 것과 같기 때문이다. 여러분이 현재 독일인들조차 더 이상 유죄로 보이지 않는 그 [집합적 죄] 개념의 부조리를 이해하기 위해서는 기독교나 인류 전체를 원래 독일에게 예약된 자리로 집어 넣는 수밖에 없다. 아니 그렇게 보일 듯하다. 결국 우리가 집합적인 죄라는 개념 대신에 다른 이름을 붙일 수 있는 사람은 단 한 명도 없는 셈이다. 이런 숙고 사항들에 추가해서 지적하고 싶은 것은 판단을 내리는 일, 이름들을 호명하는 일, 그리고 비난의 화살을 돌리는 일 — 특히, 애석하게도, 산 자든 죽은 자든 그 대상이 권좌에 있거나 지위가 높은 사람에게 화살을 돌리는 일 — 에 대한 두려움이, 그러한 [위에서 언급한 것과 같은] 절실한 지적知的 책략들의 도움이 요구될 때, 얼마나 깊숙이 우리 속에 자리 잡고 있는가 하는 점이다. 기독교가 비오 12세만 못한 여러 교황이 있었음에도 지금까지 굳건히 살아남을 수 있었던 이유는 엄밀히 말해 비난받은 대상이 결코 기독교도 전체가 아니었다는 사실 때문임은 명백하지 않은가? 높은 지위에 있는 사람 한 명을 구하기 위해서, 이

---

2 Robert Weltsch, "Ein Deutscher klagt den Papst an" in *Summa iniuria oder Durfie der Papst schweigen? Hochhuths "Stellvertreter" in der öffentlichen Kritk*, Edit. F. J. Raddatz(Rowohlt: 1963), 156.—편집자

를테면 심지어 그가 저지른 어떤 범죄가 아니라 단지 [직무상으로] 태만했다는 중대한 죄과에 대해 비난받은 그를 위해서라면 차라리 인류 전체를 창밖으로 던져버리겠다고 하는 사람들에 대해서 무슨 말이 더 필요할 것인가?

[직무]태만의 죄를 다루는 법은 현존하지 않으며 또 그것을 판결해달라고 요청받은 인간 법정이 없다는 것이 다행스럽고 현명한 일이기도 하다. 이와 마찬가지로 사회 내에 아직도 개인적인 책임 관련 문제를 거의 피해 가지 못하게 하는 한 가지 제도가 현존하고 있나는 것도 역시 다행스럽다. 그것은 시대정신에서 오이디푸스콤플렉스에 이르기까지 비구체적이고 추상적인 성격에 대한 모든 정당화 근거를 무너뜨리며, 시스템들이나 경향들 또는 원죄 대신에 여러분과 나처럼 평범한 인간들을 판단한다. 이들의 행위들은 여전히 인간이 행한 것이지만 우리가 공통 인류로서의 고결성에 필수적이라고 간주하는 특정한 법의 유지 상태를 깨뜨렸기 때문에 재판정에 소환된다. 법적인 논점과 도덕적 논점은 결코 동일한 것이 아니지만 양자 모두 판단의 힘을 전제한다는 점에서 어떤 친밀성을 공유한다. 자신이 무엇을 하고 있는지를 알고 있는 법정 취재기자라면 누구라도 다음과 같은 물음에서 자유로울 수 없을 것이다. 법에 대한 지식과 별개로 우리가 어떻게 옳고 그름을 판별할 수 있을까? 똑같은 상황에 있어 보지 않고서 우리가 어떻게 판단을 할 수 있단 말인가?

내 생각에 지금이 나의 두 번째 개인적인 발언을 시작하기에 적절한 시점인 듯하다. 가령 [아이히만의 죄에 대한 개인적인] 나의

'판결'이 야기한 분노가 우리 대부분이 도덕적 논점과 직면했을 때 얼마나 불편해하는지를 입증했다면 — 나는 그것이 입증했다고 생각한다 — 그것 때문에 가장 불편해진 사람은 다름 아닌 나 자신이라는 점도 인정해야겠다. 나의 소싯적 지적 형성 과정은 어느 누구도 도덕적 문제에 별다른 관심을 쏟지 않는 분위기 속에서 이루어졌다. 우리는 다음과 같은 도덕적 처신은 당연한 일이라는 가정 아래서 성장했다. 아직도 나는 어린 시절 우리가 통상적으로 품성character이라고 부르는 도덕적인 올바름에 대해 가졌던 생각을 상당히 잘 기억하고 있다. 즉 미덕virtue에 관한 모든 집착은 속물적인 것으로 비쳤던 듯하며, 우리는 이것[미덕] 역시도 당연한 것일 뿐이었으므로 별로 큰 중요성이 없다 — 예컨대 어떤 사람에 대해 평가를 함에 있어서 어떤 결정적인 특질은 못 된다 — 고 생각했다. 확실히 우리는 가끔가다 한 번씩 도덕적 약점, 즉 꿋꿋함이나 충절의 부족 상황에 봉착했고, 압력, 특히 여론의 압력을 받게 되면 기이할 정도로 거의 자동적으로 굴복하는 상황에 직면했다. 이것은 특정 사회 내 교육받은 계층에게서 발견되는 특징이다. 하지만 우리는 그런 것들의 심각성이나 다른 무엇보다 그 결과가 무엇일지에 대해서는 아무 생각도 하지 못했다. 우리는 이런 현상들의 본질에 대해 잘 알지 못했으며, 안타깝게도 그것에 너무 무신경했었다. 아무튼 우리가 배울 수 있는 기회는 충분히 주어졌던 것으로 판명되었다. 나의 세대 그리고 나와 같은 고장 출신 사람들에게 배움의 기회는 1933년에 시작되어, 처음에는 그런 일이 일어날 거라고 상상도 못 했던 나치 정권의 극악무도함에 대해 독일계 유대인들뿐 아니라 전 세계가 눈을 뜨게 된 시점에 종결되었다. 그 후에 우리가 알게 된 것은 — 물론 그것이 결코 덜 중요하다는 의미는 아니다 — 1933년에서 1945년까지의 처음 12년간 얻은 지식의 추가적이고 지엽적인 부분으로 간주할 수 있다. 우리 중 대다수가 1933년이 아닌 1941년, 1942년, 1943년, 그리고 쓰디쓴 최후 시점까지의 사태를 제대로 이해하기 위해 지난 20년의 세월을 허비해야 했다. 나는 지금 나의 개인적인 비탄이나 슬픔을 말하려는 것이 아니다. 내가 의미하는 것은 우리가 지금 확인할 수 있듯이 관련 당사자늘 중 어느 누구도 아직까지 체념할 수 없게 만든 그 공포 자체다. 독일인들은 이 총체적으로 복잡한 사태를 지칭하기 위해 "정복되지 않은 과거"라는 문제의 소지가 많은 신조어를 만들어냈다. 그런데 수십 년이 지난 오늘에도 이 독일의 과거는 문명화된 세계 내의 구성원들 상당수에게 다소 다루기 힘든 문제로 남아 있는 듯이 보인다. 당시 벌거벗은 악마성에서 비롯된 그 공포 자체가 나쁜 아니라 다른 많은 사람들에게도 모든 도덕적 범주들을 초월하고 모든 사법권의 기준들을 파괴했던 것으로 보였다. 그 공포는 사람들이 적절히 처벌하거나 용서할 수 있는 성격이 아니었다. 그런데도 이 언어도단의 공포 속에서 우리가 모두 이전에 배운 적 있고 재판정의 안팎에서 무수한 토론 과정을 통해 다시 학습할 수도 있을 엄격히 도덕적이면서도 다루기 쉬운 교훈들을 망각하는 경향을 보였다는 사실이 내게는 두려움으로 다가온다.

단 한 가지도 배울 게 없는 그 언어도단의 공포와, 사람들의 처신이 정상적인 판단 과정에 놓여지는 곳에서의 결코 공포스럽다고 할 수는 없지만 종종 구역질나게 만드는 경험들을 명확히 구분하기 위해서 나는 명백하지만 드물게 언급된 사실 하나를 소개하려고 한다. 우리가 어린 시절에 받은 비非이론적인 도덕 교육에서 중요시 되었던 것은, 정신이 제대로 박힌 사람이라면 누구라도 최악의 상황밖에는 기대할 게 없는 진짜 범죄자의 처신[방식]이 절대로 아니었다. 그 때문에 우리가 강제수용소 내 돌격대와 비밀경찰 내 지하 고문실의 금수 같은 행태에 분노를 금치 못하면서도 도덕적으로 혼란스럽지는 않았던 것이다. 권력을 웅켜쥐고 있는 나치 거물들의 견해는 수년에 걸쳐 익히 알려진 상식이 되었기 때문에 그들의 연설에 대해 도덕적으로 화가 치미는 것이 오히려 이상한 일이었으리라. 당시에 그 새 정권은 우리에게 어떤 매우 복잡한 정치적 문제 그 이상은 제시하지 않았는데, 그것의 한 측면은 바로 범죄행위를 공영역the public realm에 틈입시키는 것이었다. 나는 우리 자신도 극악무도한 테러의 결과들을 수용할 준비가 되어 있었고, 또 이런 종류의 공포가 모든 사람을 겁쟁이로 만들 가능성이 있다는 사실도 흔쾌히 인정했었으리라고 생각한다. 이 모든 것이 소름 끼치고 위험했지만, 그 어떤 도덕적 문제들도 제기하지 않았다. 그 도덕적 이슈는 오직 '제휴提携' 현상과 더불어 부상했는데, 요컨대 두려움을 조장하는 위선과의 제휴가 아니라 역사의 물줄기에서 이탈하지 않으려는 바로 이 초기 열망과의 제휴가 그것이다. 이와 더불어 이른바 모든 삶의 영역과 문화 분야에 포진하고 있던 공인들 중 대다수가 하룻밤 사이에 솔직하게 의견을 바꾸는 일이 벌어졌고, 말 그대로 믿을 수 없을 정도로 쉽게 평생 간직해온 우정을 깨고 등 돌리는 일이 수반되었다. 간단히 말해서 우리를 혼란스럽게 한 것은 적의 행태가 아니라 친구들의 행태였다. 사실 우리의 친구들은 이 상황의 발생과 아무 관련도 없었던 사람들이므로 나치의 등장에 대한 책임이 없었다. 그들은 단지 나치의 성공에 감명을 받았고 자신들의 판단을 스스로 독해 한 역사의 평결에 견주어 볼 수 없었을 뿐이다. 우리가 나치 정권 초기 단계에서의 개인적인 책임이 아니라 거의 보편적인 현상으로서 개인적인 **판단**의 붕괴 상황을 고려하지 않는다면 무엇이 실제로 일어났는지를 이해하는 일은 불가능하다. 이들 중 많은 사람이 신속히 미몽에서 깨어났던 것은 사실이며 1944년 6월 20일 히틀러에 대한 암살 음모가 발각되어 목숨을 잃은 사람들 대부분은 특정 시점 또는 다른 시점에 정권과 연결되어 있었던 인물들이다. 그러나 나는 외부인에게 거의 감지되지 않았던 나치 정권 초기 독일 사회 내의 도덕적 분해는 그것의 총체적 붕괴를 예고하는 일종의 예행연습과 같은 것이었다고 생각한다. 도덕의 총체적 붕괴는 전쟁 기간 동안에 발생하게 될 예정이었다.

내가 이러한 개인적인 문제들에 대해 여러분의 주의를 환기하는 이유는 나에 대한 논점에서 벗어난 비난, 즉 내가 거만하다는 비난에 대해 방어하기 위해서가 아니다. 그 목적은 도덕적 이슈들에 대해 정신적으로나 개념적으로 준비가 매우 부족한 사람들이 도대체 그런 것들을 논할 자격이 되는지 여부와 관련된 훨씬 더 정당화될 수 있는 의구심에 대해 나 스스로 답을 찾아보기 위해서이다. 우리는 모든 것을 원점에서, 말하자면 우리의 경험들이 그 아래에 복속되는 범주들과 일반 규칙들의 도움 없이 날것인 상태대로 배워야만 했다. 그러나 담장의 다른 쪽에는 도덕의 문제에 대해 완전한 자격을 갖추고 그것들을 최고의 자부심으로 가지고 있는 사람들이 서 있다. 그들은 자신들이 무언가를 배우는 일이 불가능하다는 것을 증명했다. 설상가상으로 그들은 쉽게 유혹에 굴복하여 그 [도덕의 붕괴] 사실이 진행되는 동안과 그 이후에도 전통적 개념과 척도들의 적용을 통해 가장 설득력 있는 방식으로 그것들이 얼마나 부적합해졌는지를 증명했다. 추후에 보게 되겠지만, 전통적 개념과 척도들이, 실제로 [어떤 특수한] 조건들이 부상했을 때 그것들에 얼마나 미미한 수준으로 적용할 수 있게 틀이 만들어졌는지 또는 의도되었는지가 증명되었던 것이다. 내 생각에 우리가 여기서 이런 일들에 관해 토론을 벌이면 벌일수록 우리 자신이 사실상 악마와 깊은 바다 사이에 놓인 입장이라는 사실만 점점 더 명확해질 것 같다.

이 대목에서 이런 사안들 가운데 고민스러운 특수한 사례 한 가지를 제시하고자 한다. 예를 들면 법적 처벌의 문제가 그런 것인데, 그것은 보통 다음 근거들 중 하나에 의해 정당화된다. 법적 처벌은 우선 범죄로부터 사회가 보호되어야 할 필요, 범죄자의 개과천선, 잠재적 범죄자들에게 경고를 보내는 사례로서의 억지력, 그리고 끝으로는 인과응보적 정의에 의해서 정당화된다. 여기서 잠시 성찰해본다면 이런 근거들 가운데 그 어느 것도 이른바 전범戰犯의 처벌에 대해서 타당성을 부여한다는 확신을 심어주지는 못

할 것이다. 전범들은 평범한 범죄자가 아니며 그들 가운데 누군가
가 추가 범죄들을 저지를 것이라는 합리적인 예상을 하기도 어렵
다. 그러므로 사회가 그들로부터 보호되어야 할 이유는 아무데도
없다. 전범들이 복역을 함으로써 개선될 가능성은 일반 범죄자의
경우보다 훨씬 적다. 장차 그러한 범죄가 방지될 가능성으로 치자
면, 과거 그런 범죄들이 저질러졌거나 장차 저질러질 수 있는 비
상 상황들에 비춰 보건대 그럴 가능성 역시도 참담하리만치 아주
적다. 법적 처벌에 허용된 유일한 비非공리주의적인 이유이면서
바로 그런 성격 때문에 현재의 법사상과 다소 엇박자를 내는 인과
응보라는 개념조차도 그 범죄의 중대성을 고려하면 거의 적용하
기 어렵다. 그러나 비록 우리가 통상적으로 법에 호소하는 처벌
근거들 중 그 어느 것도 타당하지 않을지라도 우리의 정의감은 처
벌을 포기하여 수천수백만 명을 살해한 사람들이 완전히 벌을 면
하도록 허용하지 않는다. 이 정의감이 단지 복수에 대한 욕구일
뿐이라는 주장은 터무니없는 소리다. 비록 이 욕구와 영원히 끝나
지 않을 앙갚음의 악순환 고리를 끊기 위해 법과 그것이 할당하는
처벌이 지구상에 출현했다는 사실을 완전히 별개로 치더라도 말
이다. 그래서 우리는 정의감에 따라 처벌을 요구하고 할당하는 것
이다. 다른 한편, 이 동일한 정의감이 우리로 하여금 처벌, 그리고
그것의 정당화 근거들과 관련하여 우리가 이전에 가지고 있었던
모든 관념들이 우리를 실망시켰다는 사실을 깨닫게 해준다.

이제 누가 그런 사안들을 논할 자격이 있는가에 대한 나의 개인
적인 성찰로 돌아가기로 하자. 자신의 경험과 맞아떨어지지 않는

기준과 규범을 가진 사람들, 아니면 자신들의 경험, 즉 선취한 개념들에 의해 양식화되지 않은 어떤 [완전히 새로운] 경험 외에 달리 의존할 것을 보유하지 않은 사람들이 그들이 아닐까? 당신은 어떻게 사유하는가? 그리고 우리의 맥락에서 더 중요한 질문으로서, 당신은 특수한 사례들을 그 밑으로 복속할 수 있는 선취 기준, 규범, 일반 규칙에 매달리지 않고서 어떻게 판단을 하는가? 아니, 다른 표현을 사용해보자. 가령 모든 관례적 기준의 붕괴를 증거하는 사건들과 직면하게 된다면, 그래서 일반 규칙들로는 그 결과를 예견하지 못한다는 의미에서 전례가 없는, 심지어 그런 일반 규칙들의 예외사항 중에서도 전례가 없는 사건들과 직면하게 된다면, 판단이라는 인간의 능력에 무슨 일이 일어나게 될까? 이런 질문들에 타당한 답변을 하려면 아직도 매우 신비로운 영역인 인간 판단의 본질에 관한 분석, 판단이 성취할 수 있는 것과 없는 것에 대한 분석이 병행되어야 할 것이다. 우리가 감정이나 자기 이익에 휘둘리지 않고 이성적으로 판단하는 동시에 자발적으로 기능이 작동되는, 다시 말해 특수한 사례들이 그 밑으로 간단히 복속되는 기준이나 규칙에 묶이지 않은 채로 기능을 수행하면서 판단 활동 그 자체를 통해 그것만의 원칙들을 창출하는 어떤 인간의 능력이 현존한다고 가정할 경우에만, 우리가 확고한 [판단의] 발판을 마련할 수 있다는 약간의 희망을 가지고 이 매우 미끄러운 도덕적 지반 위에 [스스로] 발을 내딛는 위험을 감수할 준비가 된 것이라 하겠다.

다행스러운 것은 오늘 밤 우리가 다루고 있는 이 주제가 나에게 어떤 판단 철학을 지금 당장 내놓으라고 요구하지 않는다는 사실이다. 그러나 심지어 도덕의 문제와 토대들에 대한 모종의 제한된 접근 방식조차도 내가 우려하듯이 일반적으로 수용되지 않은 몇 가지 구분들은 물론, 한 가지 일반 질문에 대한 명확한 설명을 요구한다. 그 일반 질문이란 것은 나의 강연 제목에도 나오는 '개인적 책임'이라는 주제와 관련이 있다. 이 개인적 책임이란 용어는 정치적 책임과 반드시 대비시켜 이해해야만 한다. 여기서 정치적 책임이란 것은 모든 정부가 전임자의 공과라는 기준으로, 그리고 모든 국가가 과거의 공직과 과실이라는 기준으로 설명되는 용어다. 따라서 나폴레옹이 혁명 후 프랑스의 권력을 수중에 넣은 후 "나는 프랑스가 루이 9세부터 [로베스피에르의] 공안위원회에 이르기까지 해왔던 모든 것에 대한 책임을 질 것이다"라고 말했을 때 그는 정치적 삶의 한 가지 기본 사실을 약간 강조해서 진술했을 뿐이다. 그 나라에 관한 한 모든 세대가 역사적 연속선상에 태어남으로써 선조들의 업적이라는 은총을 입게 됨에 따라 부모 세대의 죄과도 동시에 짊어지게 된다는 사실은 명백하다. 누구든 스스로 정치적 책임을 지는 자는 언제나 햄릿과의 대화 시점에 도달하게 될 것이다.

시절이 뒤틀려 있구나, 오 저주받은 심술이여
그것을 바로잡으라고 내가 태어난 것이로구나!

시절을 바로잡는 일은 세계를 경신한다는 뜻이며, 이는 우리가 모두 한 번쯤은 신참자로서 이 세계에 도착했기 때문에 할 수 있는 일이다. 세계는 우리 이전에도 존재했고 우리가 후손에게 짐을 남겨 두고 떠나갔을 때도 여전히 거기 존재할 것이다. 사실 이것은 내가 지금 설명하고 있는 종류의 책임은 아니다. 여기서 내가 설명하고 있는 책임은 엄격히 말해서 개인적인 것이 아니며, 단지 은유적 의미에서만 우리의 아버지들, 다른 사람들, 또는 인류의 죄에 대해, 한마디로 우리가 하지 **않은** 행위에 대해 죄의식을 **느낀다**고 말할 수 있는 것이다. 도덕적으로 말해서 어떤 구체적인 행위를 하지 않고 죄의식을 느낀다는 것은 실제로 죄를 짓고도 죄의식에서 자유로운 것만큼이나 잘못된 것이다. 나는 이 점을 항상 전후 기간에 독일에서 있었던 도덕적 혼동의 핵심 사항으로 간주해왔다. 개인적으로 완전히 무고한 사람들이 서로에게 그리고 세계 전체에 대해서 자신들이 얼마나 죄의식을 느끼는지를 확인시켰던 반면, 범죄자들 가운데는 아주 소수만이 눈곱만한 양심의 가책이나마 수용할 준비가 되어 있었다. 이렇듯 자진하여 집합적인 죄를 인정한 결과 실제로 뭔가 나쁜 짓을 **했던** 사람들의 죄가 물론 의도한 바는 아니었을지라도 매우 효과적으로 희석되었다. 우리가 이미 언급했듯이 모두가 유죄라면 어느 누구도 유죄가 아닌 것이다. 최근 독일에서 나치 살인마들에 대한 법적 처벌의 시한 연장을 두고 토론이 벌어졌을 때 법무장관이 독일인들의 표현 방식으로 "우리 안의 살인마"를 색출하려는 독일인들의 추가적인 열의는 단지 살인마가 아닌 독일인들, 즉 무고한 사람들 사이에 도덕적 무사안일無事安逸을 초래할 뿐이라고 반박함으로써 연장 반대 의사를 피력했다는 말을 들었을 때(《슈피겔Der Spiegel》, 1963 5호, 23쪽), 우리는 이 도덕적 혼동이 얼마나 위험해질 수 있는지를 단번에 알 수 있었다. 그러한 주장은 그때 처음 나온 것이 아니다. 수년 전에도 아이히만의 사형 집행을 두고 광범위한 반대 여론이 일어났었다. 반대 이유는 그의 사형 집행이 평범한 독일인들의 양심을 가벼워지게 하고, 마르틴 부버가 표현했듯 "독일 안의 많은 젊은이가 느끼고 있는 죄의식을 속죄하는 데 복무할 것"이라는 것이었다. 그런데 가령 너무 어려서 아무것도 할 수 없었던 독일의 젊은이들이 죄의식을 **느낀다면** 그들이 틀렸거나 혼동하는 것, 아니면 지적 게임을 벌이고 있는 것이다. 집합적인 죄나 집합적인 무죄 같은 것은 아예 존재하지 않는다. 죄와 무죄는 오직 개인들에게 적용되었을 때만 의미가 있기 때문이다.

근래 아이히만 재판에 관한 논쟁 기간에 이 비교적 단순한 일들이 내가 여기서 톱니 이론cog-theory이라고 부르는 것으로 인해 복잡해졌다. 우리가 하나의 정치 시스템 — 특별히 눈에 띄는 특성들만 언급하면, 정부의 다양한 부처들 간의 관계가 어떻게 작동하는지, 지시 채널들이 구성하는 그 거대한 관료제적 장치들이 어떻게 기능하는지, 민간 부문, 군대, 경찰력이 어떻게 상호 연결되어 있는지 등등 — 을 설명할 때 우리는 모든 개인이 그것의 행정 체계를 돌리는 나사와 바퀴라는 의미로서 그 시스템에 사용된다는 식으로 설명하는 것이 불가피하다. 각각의 톱니, 즉 개인들 각각이 그 시스템을 교체하지 않으면서 소모될 수 있어야 한다는 것이 모든 관료제와 공무원 제도, 정확히 말해서 모든 정치 시스템적 기능들이 바탕을 두고 있는 가정이다. 이것은 정치학적인 관점이다. 가령 우리가 정치학의 준거 틀에 입각하여 비난, 아니 평가를 한다면, 우리는 좋은 시스템과 나쁜 시스템에 관해 말하는 것이 된다. 또한 이때 우리가 사용하는 범주들은 시민 참여와 관련된 자유, 행복, 또는 참여 정도에 관한 것이 되며, 그 시스템의 총괄 업무를 관장하는 사람들의 개인적 책임 문제는 하나의 주변적 논점이 된다. 여기서 전후 재판에 회부된 피고 모두가 자신의 죄를 면하기 위해 말한 것은 사실상 맞는 얘기라고 하겠다. 설령 내가 그것을 하지 않았더라도 다른 사람 누군가가 했을 수도 있고 또 그랬을 것이기 때문이다.

전체주의적 독재 체제는 차치하더라도 그 어떤 독재 체제든 거기서 임명될 수 있는 비교적 작은 수의 의사 결정자들은 정상적인 정부에서도 역시 그 정도 숫자일 수 있으며 이들의 권한은 한 명의 최고 결정자로 수렴되었다. 그런 한편, 집행부 결정에 대해 통제권을 발동하거나 인준하는 모든 제도와 조직은 철폐되었다. 하여튼 독일의 제3제국에서 결정을 했거나 할 수 있었던 사람은 단한 명뿐이었으므로 정치적으로는 그에게 전적인 책임이 있다. 그한 명이 바로 히틀러 자신이었다. 그래서 그는 언젠가 어떤 과대망상적인 발작 수준에서가 아닌 매우 정확한 판단에서 독일 전체를 통틀어 유일하게 대체 불가능한 사람은 자신뿐이라고 말했던 것이다. 따라서 당시 공직업무와 관련된 모든 사람은 지위 고하를 막론하고, 자신이 이 사실을 알든 모르든 사실상 하나의 톱니였다. 그러면 이 사실이 다른 어떤 사람에게도 개인적으로 책임을 물을 수 없다는 것을 의미하는가?

아이히만 재판을 참관하러 예루살렘에 갔을 때 나는 이러한 톱니에 빗댄 설명 방식 전체가 그 법정의 설정상 아무런 의미도 없으며, 그 점이 우리로 하여금 이런 질문들 전체를 다른 각도에서 보도록 만드는 것이 그 재판정에서 채택한 절차의 큰 이점이었음을 깨달았다. 확실히 피고의 변호인 측이 아이히만은 그저 하나의 작은 톱니에 불과했다고 호소하리라는 점은 예측되었다. 피고 자신이 이런 방식으로 생각할 것 같기도 했으며, 사실 그는 특정 시점까지는 그렇게 했다. 반면에 검사는 아이히만을 이제까지 나룬 것 중 가장 큰 — 히틀러보다 죄질이 나쁘고 더 중요한 직책에 있었던 — 톱니로 만들려고 시도함으로써 예상치 못한 진기한 장면을 연출했다. 그 판사들은 올바르고 지당한 일을 하였고 결과적으로 그 톱니라는 관념 전체를 폐기시켰다. 그에 따라서 나 또한 그렇게 했다. 모든 비난과 칭찬은 그와 반대였지만 말이다. 그 판사들은 법정 안에 그 어떠한 재판 시스템이나 그 어떠한 역사나 역사적 경향, 예컨대 반유대주의와 같은 주의主義도 존재하지 않으며 오직 한 개인만이 존재한다는 사실을 명시적으로 적시하려고 애를 썼다. 가령 그 피고가 일개 관리라면 제아무리 일개 관리라도 여전히 한 사람의 인간이라는 바로 그 이유 때문에 비난받는 것이고 바로 이러한 개인의 자격으로 재판에 임해야 된다는 점을 적시한 것이다. 대부분의 범죄 조직들 속에서 작은 톱니들이 실제로 중범죄를 저지르고 있다는 것은 명백한 사실이다. 심지어 누군가가 제3제국의 조직화된 범죄의 특성 중 하나는 그것이 낮은 직위의 관리들뿐 아니라 모든 공무원의 범죄 가담 사실을 암시하는 실체적인 증거를 요구했다는 점이라고 주장할 수도 있을 것이다. 그러므로 법정은 피고에게 다음과 같은 방식으로 질문했다. 당신은 이러저러한 이름을 가진 한 개인으로서 아무 날 아무 시에 태어났으며 신원 확인이 가능하고 바로 그 이유로 소모품으로 취급될 수 없으며 지금 [나치하에서 이러저러한] 범죄를 저질렀다는 혐의를 받고 있습니다, 그런데 왜 그랬습니까? 그러면 피고는 다음과 같이 대답한다. "그렇게 한 자는 한 사람의 개인으로서의 내가 아닙니다. 나는 솔선하여 그런 일을 할 의사도 없었고 그럴 수 있는 권한도 가지고 있지 않았습니다. 나는 단지 하나의 톱니 즉 소모품이었을 뿐이고, 내 입장에 있었던 사람이라면 누구라도 그렇게 했을 것입니다. 내가 이 법정에 서게 된 것은 어떤 사고같은 것일 뿐입니다." 그러나 이 답변은 실체가 없다는 이유로 기각될 것이다. 가령 피고가 어떤 시스템을 대표하여 유죄나 무죄 변론을 제기하도록 허용된다면 그는 사실상 하나의 **희생양**으로 둔갑하게 허용하는 것이 되기 때문이다. (아이히만 자신은 모종의 희생양이 되고 싶어 했다 — 그는 공개 석상에서 자기 스스로 목을 매겠고 모든 "죄과"를 자신이 지고 가겠다고 제안했다. 법정은 이 [주제넘은] 감상感傷을 뽐내게 할 최후의 기회를 허용하지 않았다.) 모든 관료제 시스템에서 책임 전가는 일상적으로 일어나는 일이며, 누군가가 관료제를 정치학적 용어상으로 관직官職의 지배 — 일인 지배, 소수 지배, 다수 지배와 같은 인치人治에 대비되는 것 — 에 의한 통치로서 정의하고자 한다면 관료제는 불행히도 어느 누구의 지배도 아니며 바로 이런 이유로 가장 인간적이지 못하고 가장 잔인한 지배 형태일 것이다. 그러나 그 법정에서는 이러한 정의들이 아무 쓸모도 없었다. "내가 한 일이 아니라 내가 톱니처럼 속해 있는 그 시스템이 한 일"이라는 대답에 대해 법정은 즉각 다음 질문을 제기했기 때문이다. "그건 그렇고, 어째서 당신이 톱니가 되었고, 그런 상황에서도 왜 계속 톱니로 있었는지 말해주겠습니까?" 가령 피고가 책임을 전가하고자 한다면 그는 다시 다른 사람들을 끌어들여야 하고 이름들을 대야만 하며, 그러면 그 사람들은 공동 피고 용의자로 법정에 출두해야 하며 관료제나 다른 어떤 필연성의 체현물로서 출두하는 것이 아니다. 아이히만의 재판이 톱니 또는 제국 보안대 본부 IV B4 부서의 "참고 대상"을 한 개별 인간으로 변형시키지 않았다면 그것은 다른 모든 재판과 마찬가지로 아무런 관심도 끌지 못했을지도 모른다. 재판이 시작되기 전부터 이 변형 작업이 달성되었기 때문에 개인적 책임의 문제와 법적인 죄의 문제가 제기될 수 있었던 것이다. 그러나 하나의 톱니를 한 명의 인간으로 변형시킨 일조차도 톱니처럼 되는 것, 즉 톱니-성cog-ness — 시스템이 인간을 톱니로 바꾼다는 사실 그리고 전체주의 시스템들이 다른 것들보다 더욱 전면적으로 그렇게 한다는 사실 — 이 심판대에 올랐음을 의미하지는 않는다. 이 해석은 법정의 엄격한 절차적 한계로부터 도피하는 또 다른 출구일 것이다.

그럼에도 독재 치하의 개인의 책임에 대한 법정 절차나 심문에서 개인의 책임을 시스템에 전가하는 것이 허용될 수 없지만, 그 시스템을 설명에서 통째로 뺄 수도 없다. 그것은 도덕적 관점은 물론 사법적 관점으로부터 정황情況 형태로 출현한다. 예를 들면, 이것은 우리가 빈곤한 환경을 배경으로 저질러진 범죄들을 다룰 경우 혜택받지 못한 사람들의 조건들을 정상 참작 상황으로 간주하지, 핑계로서 고려하지 않는 것과 거의 같은 이치다. 바로 이런 이유에서 나는 논문 제목 후반부에 '독재 치하'라는 말을 집어넣었으며, 이제 이러한 상황들을 이해하는 데 도움이 되는 몇 가지 구분들을 가지고 여러분을 성가시게 해야겠다. 통상적인 의미로 전체주의 통치 형태들과 독재dictatorship는 동일한 것이 아니며, 여기서 내가 말하려는 것 대부분은 전체주의에 적용되는 내용이다. 고대 로마 시절에 의미했던 바의 독재라는 단어는, 발동 시점과 권한이 엄격한 제한된 입헌적·합법적 정부의 긴급조치를 지칭하도록 고안되었고 현재까지 그렇게 존속해왔다. 그래서 우리는 아직도 이것을 긴급 상황으로서 또는 재난 지역이나 전시에 선포된 계엄령의 형태로서 충분히 잘 양지하고 있다. 그뿐 아니라 우리는 새로운 통치 형태로서의 현대적 독재 양태들을 알고 있는데, 그것의 우선적인 양태는 군대를 일으켜 권력을 장악하고 민간 정부를 무너뜨리며 시민들에게서 정치적 권리와 자유를 박탈하는 경우다. 그것의 두 번째 형태는 한 정당이 다른 정당들과 모든 조직된 정적들을 몽땅 희생시킨 결과로 국가기구를 장악하는 경우다. 이 두 가지 유형 모두 정치적 자유의 종언을 뜻하지만 사생활과 비정치적 활동을 건드릴 필요까지는 없다. 대개 이러한 정권들은 자기 정적들을 매우 잔혹하게 박해하는 경향을 보이며, 그들은 확실히 우리가 이해하게 된 입헌적 통치 형태들 — 그 어떤 입헌 통치도 야당의 권리를 보장하는 단서 조항들을 두지 않고서는 존립이 불가능하다 — 과 상당히 거리가 있는 게 사실이다. 그럼에도 독재라는 말의 상식적인 의미로 보았을 때 그들은 범죄자가 아니다. 가령 그들이 범죄를 저지른다면 그것은 권좌에 있는 정권의 공공연한 적들을 겨냥하고 있는 경우이다. 그러나 전체주의 정부들의 범죄는 권좌에 있는 정당의 관점에서조차 '무고한' 사람들과 관련되어 있었다. [제2차 세계대전] 종전 이후 대부분의 나라들이 나치 독일에서 도망친 범죄자들에게 정치적 난민의 지위를 부여하지 않기로 한 협정에 서명한 것은 바로 이 일반적인 범죄성이라는 이유 때문이었다.

더욱이 총체적 지배 방식은 정치적 영역만이 아니라 삶의 모든 영역에 두루 영향을 미쳤다. 전체주의 정부와 구별되는 것으로서의 전체주의 사회는 정말로 획일적이고 자유가 없다. 모든 공적인, 즉 문화적 예술적 혹은 학문적 현시물顯示物들, 모든 복지 및 공공서비스는 물론 심지어 스포츠와 오락 단체들마저 '제휴'해야 된다. 광고 대행사에서 사법부, 연극 공연에서 스포츠 저널리즘, 초등교육과 중등교육에서 대학교육과 지식인 사회에 이르기까지 명시적으로 지배 원칙들을 수용하라는 요구를 받지 않는 공공의 중요성을 띤 관청이나 직종은 아무것도 없다. 누구든 공공의 삶에 참여하기만 해도 비록 그의 참여가 당적 또는 정권의 엘리트 조직의 구성원이라는 자격과 무관한 것이라 해도 그는 정권의 행보 전체에 이러저러한 방식으로 휩쓸리게 된다. 모든 전후 재판 과정에

106

서 재판정들이 요구한 바는 피고들이 그 정부에 의해 합법화된 범죄에 당연히 참여하지 말았어야 한다는 것이었다. 이와 관련하여 옳고 그름의 판단을 위한 하나의 법적 기준으로 채택된 비참여 nonparticipation는 상당한 문제들을 제기했는데 특히 책임의 문제와 관련해서 그러했다. 그 문제의 간단한 진실은 공적인 삶에서 완전히 물러난 사람들만이, 즉 어떤 유형의 정치적 책임도 거부한 사람들만이 범죄에 휩쓸려 함께 돌아가는 것을 피할 수 있으므로 법적 그리고 도덕적 책임을 면할 수 있다는 논리인 셈이다. 나치 독일의 패망 이후 진행된 도덕적 논점에 대한 거친 토론과 관료 사회 내 모든 계층의 전반적인 공모 사실에 대한 폭로, 즉 정상적인 도덕 기준의 총체적 붕괴로부터 다음 주장이 끊임없이 형태를 바꿔가면서 계속 제기되었다. 오늘 유죄로 보이는 우리는 사실상 최악의 상황이 일어나지 않도록 막기 위해 직책을 유지하고 있었던 사람들이다. 왜냐하면 오직 내부에 남아 있던 사람들만이 사태를 완화시키고 적어도 일부 사람들을 도울 기회를 가지고 있었기 때문이다. 우리는 영혼을 팔지 않으면서 맡은 소임을 다한 데 반해, 아무 일도 하지 않은 사람들은 모든 책임을 기피했으며 오직 자신과 자신의 소중한 영혼의 구원만을 생각했다. 정치적으로 말해서, 이 주장은 히틀러 정권의 전복이 초기 단계에서 달성되었거나 심지어 시도되었다면 설득력을 얻을 것이다. 전체주의 시스템은, 물론 그것이 전쟁에서 패망하지 않는다는 전제로, 오직 내부로부터만 ― 비록 혁명이 아니더라도 쿠데타에 의해서 ― 뒤집어 엎을 수 있기 때문이다. (우리는 이와 유사한 종류의 일이 스탈린의 사망 직전과 직후에 소련에서 일어났다고 가정해볼 수도 있다. 철저한 전체주의 시스템에서 일당 독재 체제 또는 전제정으로 전환되는 시점은 비밀경찰의 수장인 베리야의 제거와 함께 찾아왔다.) 그러나 이런 식으로 이야기하는 자들은 어떤 거사가 성공을 거뒀든 아니든 결단코 그것의 공모자들이 아니다. 그들 대개는 자신들이 지닌 전문 지식이 아니었다면 히틀러 정권이나 아데나워 행정부가 살아남지 못했을 수도 있다고 믿는 공무원들이었다. 히틀러는 독일제국으로부터 승계된 바이마르공화국의 공무원들을 승계했었다. 마치 아데나워가 큰 어려움 없이 나치 정권의 공무원들을 승세하였듯이 말이다.

나는 여기서 법적 책임 귀속성과 구별되는 개인적인 또는 도덕적인 이슈는 확신에 찬 정권 신봉자들에게는 거의 제기되지 않는다는 사실을 환기하고자 한다. 또한 그들이 마음을 바꾸고 뉘우치지 않는 한 그들은 죄의식을 느낄 수 없을 것이며 패했다는 생각만 할 것이 거의 당연시된다. 그러나 최후 심판의 날이 왔을 때 확신에 찬 신봉자, 적어도 그들이 재판에 회부된 이유인 그 [최종 해법이라는] 범죄 계획에 대해서만큼은 신봉자가 아무도 없는 것으로 드러났기 때문에 심지어는 이 간단한 이슈조차도 혼동을 초래했다. 초기 단계에서는 실제로 나치가 아니면서 나치에 협력한, 정치적으로 중립적인 사람들과 더불어 시작된 이 혼동은, 최종 단계에서는 당원들과 더불어 심지어는 나치 친위대ss의 엘리트 조직들에게도 발생했다. 심지어 제3제국 내에서조차 그 정권 말기의 범죄들에 온 마음으로 동조한 사람은 극소수에 지나지 않았음에도 전적으로 자진해서 범죄를 저지른 사람들도 상당수였다. 이

제 그들 각각은 자신이 과거 어디에 서 있었고 무슨 일을 했었는가와 상관없이 이러저러한 핑계를 대고 사적인 삶으로 퇴각했던 사람들에 대해서 그들이 쉽고 무책임한 방식으로 발을 빼는 선택을 했다고 주장한다. 물론 그들이 사적인 지위를 정권에 대한 적극적 반대를 위해 어떤 위장으로 사용하지 않았던 이상 말이다. 그러나 이것은, 성자나 영웅이 되는 것이 모든 사람의 임무는 분명 아니므로 쉽게 제외시킬 수 있는 선택지일 뿐이다. 그런 반면, 개인적이거나 도덕적인 책임은 모든 사람과 관계되는 일이므로 어떠한 조건 아래서든 또 어떠한 결과가 예상되든 직책에 남아있는 것이 보다 더 "책임 있는" 행동이었다는 주장도 제기되었다.

그들의 도덕적 정당화 과정에서 두드러진 역할을 한 것은 차악次惡이라는 주장이다. 가령 당신이 최악과 차악이라는 두 가지 유형의 악과 직면해 있다면 후자를 선택하는 것이 당신의 의무인 반면, 선택 자체를 아예 거부하는 것은 무책임한 행위일 뿐이다. 이 주장의 도덕적 오류를 공공연히 공격하는 사람들은 대체로 정치적 환경과는 낯선 모종의 무균無菌 도덕주의자, 즉 자기 손이 더럽혀지는 것을 꺼리는 자라는 비난을 받는다. 그리고 그것은 정치철학이나 도덕철학이라기보다(이것의 유일한 예외는 칸트로, 그는 바로 이런 이유에서 자주 도덕주의적 엄격주의라는 공격을 받는다), 차악들과의 모든 타협을 가장 명시적으로 거부했던 종교 사상이라는 점을 받아들여야만 한다. 내가 이런 일들에 대한 최근 논의 과정에서 들은 바 있는 탈무드에는 다음과 같이 적혀 있다. 그들이 당신에게 공동체의 안전을 위해 한 사람을 희생물로 바치라고 한다면 그것에 굴복하지 말라. 그들이 모든 여성의 신변 안전을 위해 한 여성을 추행당하도록 내놓으라고 하면 허락지 말라. 또한 같은 맥락에서 그리고 분명히 지난 전쟁 기간 중 바티칸의 [잘못된] 정책을 기억하면서, 교황 요한 23세는 교황과 주교의 정치적 행태에 관해 〈사려분별의 실천〉으로 불리는 문건에 다음과 같이 적고 있다. 그들은 "어떤 식으로든 … 그렇게 함으로써 자신들이 누군가에게 유용할지도 모른다는 희망을 품고서 악마와 공모하는 일을 경계해야만 한다."

정치적으로 볼 때 이 수장의 약점은, 차악을 선택하는 사람들이 항상 자신들이 악을 선택했음을 금세 망각한다는 사실에 있다. 제3제국의 악은 너무나 터무니없는 것이어서 제아무리 상상력을 발휘해도 그것을 '차악'으로 부를 수가 없으므로 아마도 이번만큼은 그 주장이 최종적으로 무너졌을 것이라고 누군가는 추정했을지도 모르지만, 놀랍게도 결과는 그렇지 않았다. 게다가 전체주의 정부의 기교들을 살펴보노라면, 차악 주장 — 이것이 지배 엘리트 집단에 속하지 않는 사람들에 의해서 오직 외부로부터만 제기된다는 것은 전혀 사실이 아니다 — 이 테러와 범죄성의 구조 안에 장착된 기계 장치들 가운데 하나라는 것은 명백한 사실이다. 차악의 수용은 전체 인구는 물론 정부 관료들이 악 자체를 수용하도록 조건화하는 데 의식적으로 사용된다. 많은 사례 가운데 하나만 제시하자면 유대인 몰살에 앞서 반유대주의적 조치들이 매우 점진적인 순서에 입각해서 진행되었는데 각각의 조치들은 협력 거부가 사태를 악화시킬 것이라는 주장과 함께 수용되었다. 적어도 더 이상 나빠질 수 없는 어떤 단계에 이를 때까지는 말이다. 그리고 최종 단계에서도 그 주장이 포기되지 않았으며, 그것의 오류가 눈에 띌 만큼 명확해진 오늘날조차 그 주장이 살아남았다는 사실 ─ 호흐후트의 연극에 관한 논의에서 우리는 다시금 형식이야 어찌 됐든 바티칸의 항의는 사태를 더욱 악화시키기만 했으리라는 얘기를 들었다! ─ 은 우리의 놀라움을 자아내기에 충분하다. 여기서 우리는 인간 정신이 이런저런 점에서 그 준거 틀에 전면적으로 모순되는 실재들과 직면하는 것을 얼마나 꺼리는지 깨닫게 된다. 불행히도 옛날 속담이 귀띔하듯 인간 행태를 조건화하여 사람들로 하여금 가장 예기치 못한 터무니없는 방식으로 처신하게 만드는 것이 누군가에게 경험을 통해서 배우도록 설득하는 것보다 훨씬 쉬운 듯이 보인다. 요컨대 경험으로 배운다는 것의 의미는 범주와 공식들을 적용하는 대신 사유함과 판단함의 활동을 개시하는 것을 말한다. 범주와 공식들은 우리 정신에 깊이 각인되어 있지만 그 경험적 토대가 오랫동안 망각되어 왔으며 그것들의 타당성은 실제 사건들에 대한 적합성보다는 지적인 일관성에서나 찾을 수 있기 때문이다.

일반적으로 수용된 규칙들의 적용에 의존하지 않고 판단하는 일의 난맥상을 명료하게 설명하기 위해서 이제 나는 도덕적 기준으로부터 법적 기준으로 시선을 옮길 것이다. 그 이유는 후자인 법적 기준이 일반적으로 훨씬 잘 정의되어 있기 때문이다. 전범재판과 개인적 책임 논의에서 알 수 있듯 피고와 그들의 변호사들은 이 범죄들이 "국가의 [통치] 행위들"이라거나 피고들이 "상부의 명령"에 따라 저지른 것이라는 주장을 펼쳤다. 그러나 이 두 가지 범주를 혼동해서는 안 된다. 상부의 명령은 법적으로 사법권의 영역에 속한다. 비록 피고가 어떤 군인처럼 — 다이시가《헌법학 입문》에서 예시했듯이 — "명령에 불복종하면 군법회의에 회부되어 총살형에 처해질 형편이고 복종하면 판사와 배심원에 의해 교수형에 처해질 위험에 빠진" [예컨대 소크라테스가 보여준 것 같은] 고전적인 "어려운 입장"에 있다손 쳐도 말이다. 그러나 국가의 통치 행위는 총체적으로 법의 틀 바깥에 존재한다. 추정컨대 그것은 어떤 법정도 사법권을 가지지 못하는 [국가의] 주권적 행위들이다. 이제 국가의 통치 행위 공식의 이면에 놓인 그 이론은 주권 정부들이 비상시국하에서 국가의 존립 자체와 권력 유지가 달려 있기 때문에 어쩔 수 없이 범죄적 수단을 사용한다고 주장한다. 이 주장은 다음과 같이 진행된다. 국가의 존재 이유는 국경 안에 사는 일반 시민에게 타당한 법적 한계나 도덕적 고려에 구속될 수 없는데, 그렇게 되면 어떤 총체로서의 국가 그리고 그 안에서 진행되는 모든 것의 현존 자체가 위태로워지기 때문이다. 이 이론에서 국가의 통치 행위는 암묵적으로 개인이 자기방어를 위해 어쩔 수 없이 저지르는 "범법 행위", 즉 생존 자체가 위협받는 비상사태임을 감안하여 역시 처벌받지 않도록 허용된 행위에 비유되고 있다. 이 주장을 전체주의 정부와 공무원들이 저지른 범죄에 적용할 수 없게 하는 것은 그러한 범죄들이 결코 이런 또는 저런 필연성에 의해 촉발된 것이 아니며, 그와 정반대로 누군가는 나치 정부가 그것의 잘 알려진 범죄들을 저지르지 않았더라도 아마 생

존할 수 있었을 것이며 심지어는 전쟁에서 승리를 거둘 수도 있었
으리라고 상당히 설득력 있는 주장을 펼칠 수 있기 때문이다. 국
가의 통치 행위들에 관한 토론 전체의 바탕에 깔린 그 국가의 존
재 이유 주장에서 더 큰 이론적 중요성을 갖는 것은, 그러한 범죄
가 어떤 적법성의 맥락에서 저질러졌다는 점이다. 역설적이게도
국가는 그것 자신의 정치적 현존과 더불어 이 적법성을 유지하는
데 복무한다. 법이 집행되기 위해서는 정치권력이 요구되며, 그렇
기 때문에 권력 정치의 한 가지 요소는 항상 법질서의 유지와 관
련되어 있다. (물론 내가 여기서 다른 국가들을 상대로 저질러진 행위에
대해 말하고 있는 것도, 또한 전쟁 그 자체를 — 뉘른베르크 재판 때 나온
구절을 차용하여 — "반反평화 범죄"로서 정의될 수 있는지 여부에 관심
을 두고 있는 것도 아니다.) 국가의 존재 이유라는 정치적 이론이나
국가의 통치 행위라는 법적 개념 어느 쪽도 적법성의 완전한 전도
顚倒를 예상한 것은 아니었다. 히틀러 정권의 경우 국가 기구 전체
가, 온건한 표현을 쓰더라도, 통상 범죄 활동으로 간주되는 것을
집행했다. 보편적 기준에 따른다면 그 정권에서 범죄가 아닌 국가
의 통치 행위는 하나도 없었다. 그러므로 그것은 더 이상 범죄 행
위가 아니었다. 그것은 법규에 대한 하나의 예외로서 — 예컨대
무솔리니 치하 이탈리아에서의 마테오티Giacomo Matteoti 살해나 나
폴레옹의 앙갱 공작Duc d'Enghien 암살처럼 — 집권당의 지배체제를
유지하는 데 복무한 것이 아니라, 오히려 간헐적인 비非범죄적 행
위들 — 예컨대 히믈러Himmler의 인종 말살 계획 중지 명령 — 이
야말로 나치 독일의 '법'에 대한 예외, 즉 절실한 필요가 얻어낸

양보 사례였던 셈이다. 전체주의 정부와 여타 독재 체제들 사이의 구분으로 잠시 돌아가면, 파시스트 독재와 완전히 발달한 전체주의 정부를 구별해주는 점은 전자에서는 노골적인 범죄가 상대적으로 드물다는 것이다. 비록 파시스트 독재나 군사독재하에서 입헌정부에서 생각할 수 있는 것보다 훨씬 많은 범죄가 저질러졌다고 하더라도 말이다. 우리의 맥락에서 중요한 것은 다만 그 범죄들이 여전히 예외 사례들로서 확실하게 인식 가능하며 그 정권 역시 그것들을 공개적으로 인정하지 않는다는 사실이다.

유사한 방식으로 '상부의 명령' 주장이나 상부의 명령이라는 사실이 범죄 자행의 어떤 변명도 될 수 없다는 판사들의 반대 주장은 부적절하다. 여기서도 전제는, 명령은 통상적으로 범죄가 되지 않으며, 바로 그런 이유 때문에 명령을 받은 사람이 어떤 특수한 명령의 범죄적 성격 — 한 정신 나간 장교가 다른 장교들에게 발포 명령을 내리거나 혹은 전쟁 포로를 함부로 다루거나 죽이는 경우처럼 — 을 인식하도록 기대된다는 것이다. 사법 용어상 명령은 "명시적으로 비합법적"일 때만 불복될 수 있다. 비합법성은 "당연히 '금지'라고 적힌 경고 표시로서 검은 깃발을 휘날려야 한다." 다른 표현을 쓰자면, 복종할 것인지 불복할 것인지를 결정해야 하는 사람에게만큼은 명령이 명확하게 하나의 예외 사항으로 표시되어야 하는데, 문제는 전체주의 정권들에서 특히 히틀러 정권의 마지막 몇 년간 이 표시가 명확하게 비非범죄적인 명령들에 붙어 있었다는 것이다. 제3제국의 법을 준수하는 한 사람의 시민이 되고 또 그렇게 존속하기로 결심한 아이히만의 입장에서 볼 때 명백한 비합법성의 검은 깃발은 1944년 가을 히믈러가 내린 뒤늦은 명령들 위에서 휘날리고 있었다. 그 명령들에 따라 강제 이송이 중단되고 시체 공장이 해체될 예정이었지만 말이다. 내가 방금 언급한 문건은 이스라엘 군사 법정의 판결문에 나온다. 그곳에서는 세계 내 다른 대부분의 법정보다 더 히틀러 독일의 후안무치한, 말 그대로 합법적인 범죄의 성격에 비춰 봤을 때 '합법성'이라는 단어에 내재된 어려움을 인식하고 있었다. 그러므로 그 법정은 보통의 어법을 넘어서는 다음 판결 문구를 작성했다. "합법성의 느낌은 … 모든 사람의 양심 속에 깊이 자리 잡고 있으며, 또한 법률서에 정통하지 않은 사람들도 가지고 있다", 그리고 "비합법성은 눈이 멀지 않고 심장이 돌처럼 굳지 않고 부패하지 않은 사람의 눈에는 명확하게 보이며 그의 심장에는 거부감을 일으킨다"라고 언급했다. 내가 보기에 이 표현들은 흠잡을 데 없이 훌륭한 것이지만 막상 일이 닥치면 부족함을 드러내게 될 것이라는 점이 염려스럽다. 그러한 경우에 잘못을 범한 사람들은 자신이 사는 나라 법의 조문과 정신을 잘 알고 있었기 때문에, 오늘 그들의 책임을 추궁하는 우리가 그들에게 요구하는 것은 그들 내부 깊숙이 자리 잡고 있으면서 그들 나라의 법과 그 법에 대한 그들 자신의 지식에 **모순을 제기하는** 어떤 '합법성의 느낌'이다. 그런 상황들 속에서 '비합법성'을 알아채기 위해서는 감기지 않은 눈과 돌같이 굳지 않고 부패하지 않은 심장 그 이상의 것들이 요구될지 모른다. 왜냐하면 그들은 모든 도덕적 행위가 비합법적이고 모든 합법적인 행위가 모종의 범죄가 되는 조건 아래서 행동했기 때문이다.

그러므로 인간 본성에 대한 차라리 낙관적인 견해는 예루살렘 재판의 판사들은 물론 모든 전후 재판의 판결문들이 명확히 기술하는 바, 즉 법과 여론의 후원을 받지 않는 독립적인 인간의 능력, 즉 최대한 자발적으로 모든 행위와 의도를 매번 새롭게 판단하는 능력을 전제하고 있다. 어쩌면 우리는 그런 능력을 보유하고 있으며, 우리들 각자는 그게 누구든 행동에 돌입할 때마다 입법자가 되는 것이다. 그러나 이것이 그 예루살렘 법정 판사들의 견해는 아니었다. 모든 수사(修辭)에도 불구하고 그들은 그러한 것들에 대한 어떤 **느낌**이 수 세기에 설쳐 우리 내부에서 생기게 되었으므로 어느 날 갑자기 없어질 수는 없었을 것이라는 사실 그 이상을 제시하려는 의도는 없었다. 나는 우리가 소유한 증거에 비춰볼 때 그 점이 매우 의심스럽다고 생각한다. 또한 서로 연결되지 않은 어떤 범죄들을 되는 대로 아무렇게나 요구한 것이 아니라 하나의 "비합법적인" 명령이 다음 명령으로 수년간 이어지면서 철저한 일관성과 고심 끝에 이른바 신규 명령을 추가해 갔다는 사실에 비춰볼 때도 의심이 간다. 이 "신규 명령"은 정확히 그 말이 의미하는 바로서의 새로 내리는 명령이었다. 요컨대 소름 끼칠 만큼 참신할 뿐만 아니라 다른 무엇보다도 하나의 **명령**일 따름이었다는 것이다.

여기서 우리가 그저 공모에 가담할 경우 어떤 범죄라도 마다하지 않을 일단─團의 범죄자들을 다루고 있을 뿐이라는 널리 확산된 관념은 심각한 오해를 불러일으킨다. 물론 그 [나치 전체주의] 운동의 엘리트 구조들 내 범죄자의 숫자는 상당히 유동적이었으며 그중 상당수에게 잔학 행위의 죄과가 있었다. 그러나 이러한 잔학 행위들은 그 정권의 초기, 그것도 돌격대의 권한 아래 있던 집단수용소에서만 명확한 정치적 목표를 가지고 있었다. 두려움을 퍼뜨리고 형언 못할 테러의 물결을 일으킴으로써 모든 조직화된 반란 시도를 일소해버리려는 것이 그것의 목표였다. 그러나 그러한 잔학 행위들에 대해 비록 상당 수준의 묵인이 보장되긴 했으나 전형적인 것은 아니었으며, 더욱 중요한 점은 그것들이 실제로는 마치 도둑질이나 금품 수뢰가 허용되지 않았던 것과 마찬가지로 허용되지 않았다는 사실이다. 그와 정반대로 아이히만이 몇 번씩 반복해서 강조했듯이 상부에서 "불필요한 학대는 피해야 한다"라는 지시 사항이 떨어졌었다. 경찰의 심문 과정에서 이런 지시 사항이 어차피 죽음에 처해지게 될 사람들을 다루면서 그런 지시를 내린 사실이 다소 역설적으로 들린다는 언급이 나오자 아이히만은 심지어 그 수사관이 무엇을 말하고 있는지조차 이해하지 못했다. 아이히만의 양심은 살인이라는 관념보다는 잔인성이라는 관념에 더 심한 거부 반응을 보였다. 이와 유사하게 우리를 호도하는 것은 우리가 여기서 현대적 허무주의의 출현 현상을 다루고 있다는 통념으로, 가령 허무주의의 신조를 '모든 것이 허용된다'라는 19세기적 의미로 이해할 경우에 그런 오해가 발생한다. 양심이 무뎌질 수 있는 용이성은 부분적으로 '결코 모든 것이 허용되지 않았다'는 사실에서 비롯된 직접적인 결과이기 때문이다.

이 문제의 도덕적 논점은 발생된 그 일을 "인종 말살"이라는 이름으로 부르거나 수백만 희생자들의 숫자를 헤아리는 방식에 의해서는 결코 파악이 불가능하다. 실제로 근대 식민화 시기는 물론이고 고대에도 국민 전체를 몰살한 일들은 벌어졌었다. 따라서 도 덕적 논점은 오직 우리가 이러한 일이 법질서의 틀 내에서 일어났음을 인식할 때, 그리고 이 "새 법"의 초석이, 당신의 적이 아니라 아무런 잠재적 위험성도 없는 무고한 사람들을 '네가 죽여야 한다'는 명령, 또 어떤 필연적인 이유가 아니라, 그와 정반대로 모든 군사적 고려와 여타의 공리주의적 계산에 반하여 '네가 죽여야 한다'는 명령 위에 놓여졌음을 인식할 경우에만 파악이 가능해지는 것이다. 그 살인 프로그램은 지구상에 있는 유대인을 최후의 일인까지 모두 색출해낼 때에야 비로소 종결된다는 것을 의도하지 않았다. 또한 히틀러가 자신의 비군사적 살인 작전들을 숨기기 위한 연막장치로서 필요하다고 믿었던 그 전쟁과도 아무 관련이 없었다. 그러한 살인 작전들은 그것들이 평화 시에 훨씬 더 거대한 규모로 지속될 것이라는 의도를 숨기고 있었다. 그런 소행들은 금치산자, 극악무도한 자, 혹은 미쳐 날뛰는 가학자들에 의해 저질러진 것이 아니라 사회에서 가장 존경받는 구성원들에 의해 저질러졌다. 끝으로 비록 이러한 대량 학살자들이 인종주의자나 반유대주의자와 더불어 혹은 여하한 [아리아인의 우월성과 같은] 인구론적 이데올로기와 함께 일관되게 행동했다손 쳐도, 그 살인자들과 그들의 직접적인 공모자들이 대개 그런 이데올로기적 정당화 근거들을 신뢰하지 않았다는 사실도 반드시 인식해야만 한다. 그들에게는 모든 것이, 국법인 "총통의 의지"에 따라 그리고 법의 집행력을 지닌 "총통의 말씀"에 따라 일어난다는 사실이면 충분했다.

그래도 여전히 증거가 필요하다면 최고의 증거는 아마도 아이히만의 변호사가 내놓은 믿기 힘든 주장일 것이다. 그는 당시 전체 독일 국민들은 당적黨籍이나 직접적인 가담 여부와 상관없이 그런 게 세상사라는 생각 말고는 별다른 이유도 없이 [히틀러 정권이 선전한] "새 질서"를 믿었다고 말했다. 나치당에 소속된 적이 전혀 없었던 그는 예루살렘 재판 기간 중 두 차례나 아우슈비츠와 다른 유대인 몰살 수용소들에서 일어난 일은 "일종의 의학적 문제"라는 투의 발언을 했다. 이는 마치 도덕이, 오랜 역사를 가지고 있고 매우 문명화된 한 국가 내에서 완전히 붕괴되는 바로 그 순간에 관습과 예의범절의 세트, 즉 **모레스**_mores_ 세트라는 그 단어의 원래 의미를 드러낸 것 같았다. 그것은 또 다른 세트와 교환될 수 있으며, 그렇게 바꿔치기 하는 일은 전 국민의 식사예절을 바꾸는 데 필요한 정도의 노력만 기울인다면 다 해결될 수 있을 것이다.[3]

나는 지금까지 전반적인 상황 설명을 하는 일에 상당한 지면을 할애했다. 그 이유는 개인적인 책임에 대한 논의는 사실에 기초한 정확한 배경지식이 없다면 아무런 의미도 창출할 수 없기 때문이다. 이 대목에서 다음 두 가지 관련된 질문을 제기하려고 한다. 첫째, 비록 폭동을 일으킬 수도 없었고 일으키지도 않았지만 여하튼 [세태에] 동조하지 않고 공적인 삶에 참여하기를 거부한 사회 내 여러 분야의 소수 사람은 [다른 사람들과] 어떤 차이점을 보여주

---

3 아렌트는 관습과 식사예절 사이의 유추를 도출하는 것을 좋아했고 그것을 다른 여러 논의 속에서 사용했다.—편집자

었는가? 둘째, 가령 나치 복무자들이 어떤 지위에 있었든 또 어떤 능력을 발휘했든 그런 것과 별개로 그들을 간단히 극악무도한 자로 간단히 규정할 수 없다는 데 동의한다면, 그들에게 그들이 실제로 했던 것처럼 행동하게 만든 요인은 무엇이었나? 그리고 그들이 나치 정권의 패망, 그리고 새로운 가치 세트를 수반한 "새 질서"의 붕괴 이후 자기가 한 처신을 (법적 토대와 구별되는) 어떤 도덕적 토대 위에서 정당화했는가? 첫 번째 질문에 대한 대답은 상대적으로 간단하다. 다수의 사람이 무책임하다고 여겼던 비참여자들만이 감히 자신의 판단을 직접 행동으로 옮긴 사람들이나. 그들이 그렇게 할 수 있었던 것은 그들이 어떤 더 나은 가치 체계를 가지고 있었다거나 옛날의 옳고 그름의 기준이 변함없이 그들의 정신과 양심에 확고히 뿌리내려 있었기 때문이 아니었다. 그와 정반대로 우리의 모든 경험이 우리에게 알려주는 바에 따르면, 나치 시대의 초기 단계에서 지적·도덕적 대변동으로부터 영향을 받지 않은 **존경할 만한** 사회 구성원들이 제일 먼저 굴복한 자들이라는 사실이었다. 그들은 한 가치 체계를 다른 것과 간단히 바꿔치기했다. 그러므로 나는 비참여자들에 대해서 그들의 양심이 이를테면 다음과 같이 자동적인 방식으로 작동하지 않은 자들이라고 설명할 것이다. 특수한 경우가 발생하면 우리는 학습된 혹은 내재적인 규칙 세트를 그것에 적용하게 되므로 모든 새로운 경험이나 상황이 사전에 미리 판단되고, 따라서 우리는 그저 이전에 배웠거나 소유한 것을 행동으로 옮기면 그뿐이다. 그러나 그 비참여자들의 기준은 내가 보기에 이런 것과는 다른 기준이다. 예컨대 그들은 특정의 처신을 한 이후에도 여전히 자신과 어느 정도로 평화로운 상태로 남을 수 있을지를 물어보았다. 그러고는 아무것도 하지 않는 편이 낫다고 결정했다. 그렇게 하면 그들의 세계가 더 나아지리라 보았기 때문에 그런 것이 아니라, 단지 그 조건에서만 자신과 더불어 살아갈 수가 있을 것이기 때문이었다. 그래서 그들은 또한 참여를 강요당하면 죽음을 택했다. 약간 투박하게 표현하자면 그들은 살인을 거부했는데, "살인하지 말라"라는 계명을 여전히 굳게 신봉해서라기보다는 살인자들 — 살인 명령을 거부하지 않았을 경우에 자신들에게 따라붙게 될 오명 — 과 더불어 살아가는 것을 꺼렸기 때문이다.

이런 판단 유형의 전제 조건은 고도의 지능이나 도덕적 세련화가 아니라, 오히려 자기 자신과 거리낌 없이 더불어 살아가려는, 자기 자신과 교제하려는, 즉 나와 나 자신의 무언의 대화에 참여하려는 성향이다. 이 무언의 대화는 소크라테스와 플라톤 이래로 우리가 보통 사유함thinking이라고 부르는 것이다. 이런 유형의 사유함은, 비록 그것이 모든 철학적 사유의 근간에 놓여있다손 쳐도 기술적인 성격이 아니며 이론적인 문제들과도 관련이 없다. 사유하기를 원하므로 스스로 판단해야 하는 사람들과 그렇지 않은 사람들을 나누는 구분선은 모든 사회적, 문화적 또는 교육적 차이를 가로질러 그어지게 된다. 이런 측면에서 히틀러 정권 치하에서 벌어진 존경할 만한 사회계층의 총체적인 도덕적 붕괴가 가르쳐주는 것은, 그런 상황에서는 가치들을 소중히 간직하고 도덕적 규범과 기준에 확고하게 매달리는 사람들을 신뢰할 수 없다는 점일지도 모른다. 우리는 도덕적 규칙과 기준이 하룻저녁에 바뀔 수 있다는 사실과, 그러고 나면 남는 것은 무엇인가에 단단히 매달리는 우리의 하찮은 습관뿐이라는 사실을 잘 안다. 그럴 경우에 훨씬 믿음이 가는 쪽은 의심을 품은 자와 회의를 품은 자들이다. 이는 회의주의가 좋은 것이라거나 의심하는 일이 유익해서가 아니라 그런 사람들은 대상을 검토하고 스스로 결정을 내리는 데 익숙하기 때문이다. 그 가운데서도 최고는 이 한 가지만이라도 확실하게 아는 사람들이다. 즉 무슨 일이 발생하든 우리가 살아 있는 한 우리는 우리 자신과 더불어 살아가야만 한다는 사실 말이다.

그러나 그 무책임하다는 비난이 자기 주변에서 벌어지는 일에서 손을 뗀 소수의 사람에게 돌려지는 것은 무슨 까닭일까? 정치적 책임은 항상 최소한의 정치권력을 전제하는 것이므로 우리는 우리의 ─ 기본적으로 정치적 성격을 띠는 ─ 세계에 대한 책임을 떠안을 수 없는 극단적인 상황들이 현존한다는 사실을 인정해야만 할 것이다. 나는 이 무기력 혹은 완전한 무력감은 모종의 타당한 변명거리가 된다고 생각한다. 그것의 타당성은 심지어 무력감을 인식하는 일, 그리고 실재들과 직면할 선의와 선한 믿음을 인식하며 환상 속에 살지 않게 하는 일도 특정의 도덕적 자질을 요구하는 듯하기 때문에 더욱더 설득력이 있게 된다. 더군다나 누군가 자신의 무기력을 수긍할 때 비로소 마지막 남은 한 조각의 힘과 심지어는 권력조차도 절망적인 조건하에서도 여전히 보전할 수 있다.

이 마지막 논점은 나의 두 번째 문제로 옮겨가게 되면 약간 더 명료해질 수 있다. 이를테면 어영부영 마구잡이식으로 참여했을 뿐 아니라 요구받은 것의 수행을 자신의 의무로 생각한 사람들에게 시선을 옮겨보자는 것이다. 그들의 주장은 차악 혹은 시대정신을 들먹임으로써 인간의 판단 능력을 암묵적으로 부인하던, 그리고 아주 놀라울 만큼 드문 경우긴 하지만 전체주의 정부들 속에 폭넓게 스며든 두려움을 들먹이던 단순 참여자들의 주장과 다르다. 뉘른베르크 재판에서부터 아이히만 재판과 좀 더 근래 있었던 독일 내의 재판들에 이르기까지 그 주장의 골자는 항상 동일했다. 모든 조직이 국법에 대한 복종은 물론 상관에 대한 복종도 요구한다는 것이다. 복종은 제1의 정치적 덕목이고 그것이 없다면 어떤 정치체제도 생존할 수 없다. 무제약적인 양심의 자유라는 것은 그 어디에도 존재하지 않는데, 이유는 그것이 모든 공동체 조직의 파국을 의미하기 때문이다. 이 모든 얘기가 매우 그럴듯하게 들리므로 오류를 찾아내려면 다소간의 노력이 요구된다. 이런 주장의 그럴듯함은 매디슨의 표현을 빌리자면 "모든 정부는", 심지어 가장 독재적인 형태인 전제정치 국가들조차 **"합의에 근거하고 있다"**라는 사실에 바탕을 두는데, 이때 오류는 합의와 복종을 등치시키는 것에서 발생한다. 아이들은 복종하지만 어른들은 합의한다. 예컨대 성인이 복종한다고 말하는 것은 실제로 '복종'을 요구하는 조직이나 권위 주체 또는 법을 **지지한다**는 의미다. 그 오류는 어떤 매우 오래된 전통에 근거를 두고 있기 때문에 더욱더 치명적이다. 사실 우리가 이 모든 엄격히 정치적인 상황에서 '복종'이라는 말을 사용하는 방식은, 플라톤과 아리스토텔레스 이래로 우리에게 모든 정치체제는 지배자와 피지배자로 구성되며 전자는 명령하고 후자는 복종한다고 알려주는 그 유서 깊은 정치학적 관념으로 거슬러 올라간다.

물론 내가 여기서 이러한 개념들이 왜 우리의 정치사상 전통에 들어오게 되었는지를 밝히려는 것은 아니다. 그럼에도 그것들이 공동으로 행동하는 영역 내에서 사람들 사이에 수립되는 관계들에 대한 보다 앞선, 그리고 한층 정확한 관념들을 대체했다는 점만큼은 지적하고 싶다. 그러한 초기적 관념들에 따르면 인간의 다수성을 통해 성취된 모든 행위는 두 단계로 나눌 수 있다. 그것의 시발점에는 한 사람의 '지도자'가 사태를 주도하며, 그것의 성취 단계는 많은 사람이 합류하여 어떤 공통의 과업이 되어가도록 공조한다. 우리의 맥락에서 문제가 되는 것은 그 어떤 사람 ─ 그가 얼마나 강인한지와 무관하게 ─ 도 다른 사람들의 도움 없이는 그 어떤 것 ─ 그것의 좋고 나쁨과 별개로 ─ 도 성취할 수 없다는 통찰이다. 이는 한 사람의 '지도자'를 **동료들 중 첫 번째** 이상으로는 결코 생각하지 않는 평등 개념을 설명해준다. 여기서 지도자에게 복종하는 듯이 보이는 사람들은 실제로 그와 그의 과업을 지지하는 것이다. 그러한 '복종'이 아니라면 그 지도자는 어찌할 도리가 없을 것이다. 반면에 탁아시설 또는 노예의 조건 ─ 복종이라는 관념이 의미를 갖는 이 두 영역에서 그리고 그로부터 복종이 정치적 사안들로 위치를 바꾸게 된 조건 ─ 아래서 '협조'를 거부한다면 무력해지는 것은 아이와 노예일 것이다. 심지어 고정된 위계질서를 갖춘 엄격히 관료주의적인 조직의 맥락에서조차 우리의 통상적인 용어 사용법에 따른 상관에게 복종한다는 의미보다 하나의 공동과제를 위해 전체가 지원한다는 관점에서 '톱니들'과 수레바퀴들의 기능 수행 방식을 바라보는 일이 훨씬 더 의미가 있을 것이다. 예컨대 내가 나라의 법에 복종한다면 나는 실제로 그것의 헌법을 지지하는 것이다. 이는 이러한 묵시적 동의를 철회했기 때문에 불복종하는 혁명주의자와 반군의 경우에서 뚜렷이 드러나는 것이다.

이런 용어들을 사용할 경우 독재 치하의 공적인 삶에 비참여한 자들은 복종이라는 이름으로 지지가 요구되는 자리 즉 '책임'지는 자리를 피함으로써 지지하기를 거부한 사람들이다. 가령 충분히 많은 사람이 '무책임하게' 행동하며 지지를 거부했다면, 그들이 비록 적극적인 저항과 반항까지는 아니더라도 자신들이 그렇게 행동하는 것이 하나의 무기로서 어떤 효과를 낼 수 있을지 보기 위해서 그렇게 했다고 잠시 상상해보자. 그런 국민들이 있었던 정부에 무슨 일이 어떻게 일어났을까? 그것은 사실 비폭력적 행위와 저항 ─ 예컨대 시민 **불복종**에 잠재된 힘 ─ 의 여러 가지 변형된 형태 가운데 하나인데 이 힘은 현재 우리의 [20]세기에 발견되고 있는 중이다. 그러나 우리가 이 신종 범죄자들에 대해 비록 그들이 결코 솔선하여 범죄를 저지르지 않았다 할지라도 그들이 한 일에 대해서만큼은 책임이 있다고 생각하는 이유는, 정치적 문제와 도덕적 문제에는 복종과 같은 것이 존재하지 않기 때문이다. 그 [복종이라는] 단어가 노예 아닌 성인들에게 적용될 개연성이 있는 유일한 영역은 종교인데, 그 영역의 사람들은 종교에서 신과 인간의 관계는 어른과 아이의 관계와 유사한 맥락으로 보는 것이 올바르기 때문에 자신들이 말씀이나 신의 계명에 **복종한다**고 말한다.

그러므로 나치에 부역하고 명령에 복종한 사람들이 답해야 할 질문은 결코 '당신은 왜 복종했는가?'가 아니라 '당신은 어째서 **지지했는가?**'여야만 한다. 이런 질문 용어상의 변경이, 우선적으로 언어적 동물인 인간의 정신에 하찮은 '단어들'이 발휘하는 이상스럽고도 강력한 영향력을 알고 있는 사람들에게 아무런 의미론적 부적합성도 없다고는 할 수 없다. 이 치명적인 '복종'이라는 단어를 노력적 사유와 정치적 사유의 어휘에서 제거할 수만 있다면 많은 이득을 보게 될 것이다. 가령 우리가 이런 문제들을 계속 궁구한다면 아마도 우리는 어떤 자신감의 척도 나아가 자부심의 척도까지도, 요컨대 이전 시대들에 인간의 존엄성 또는 인간의 영예라고 불렸던 것들을 회복할 수 있을지도 모른다. 어쩌면 인류[전체]의 존엄성이나 영예가 아닌, 인간[개인]으로 존재하는 것의 지위에 관한 존엄성이나 영예를 다시 찾을 수 있을지도 모른다는 것이다.

1964

2장

도덕철학에 관한 몇 가지 질문

1

지난 몇 주 동안 사람들의 생각이 고故 윈스턴 처칠에게 머물렀을 것으로 짐작한다. 처칠은 지금까지 우리 세기의 가장 위대한 정치가였고 노년의 문턱에서 자기 생의 정점에 올랐으며 믿을 수 없을 만큼 긴 수명을 누린 다음 이제 막 타계했다. 이 우연한 비보는, 가령 그것이 우연한 것이었다면, 그가 자신의 신념을 통해서, 저술물을 통해서, 그리고 웅대하지만 거창하지 않은 연설들을 통해서 표방했던 거의 모든 것들과 마찬가지로, 우리가 무엇이 이 시대의 시대정신이 되어야 한다고 생각하든 그것과 뚜렷이 대조되었다. 그의 위대함을 숙고할 때 우리를 가장 감동시키는 부분도 아마 이러한 대조점일 것이다. 처칠은 과거의 미덕들이 봉착한 가장 절망적인 위기 상황에서 우리의 숙명들을 인수한 듯이 20세기로 떠밀려온 18세기의 인물로 불렸는데, 이 칭호는 그런대로 사실적이라고 생각한다. 그러나 거기에는 어쩌면 그 이상의 뭔가가 더 있을지도 모른다. 그것은 마치 인간 정신의 어떤 영구적인 탁월성이 여러 세기의 전환 과정 속에서 어떤 역사의 짧은 순간을 위해 섬광처럼 빛났던 듯했다. 이는 [인간의] 위대함을 구성하는 요소─고귀함, 존엄, 견고함, 일종의 경쾌한 용기─는 그게 뭐든 상관없이 수백 년이 지나가더라도 본질적으로 동일하게 존속한다는 사실을 보여주기 위함이었을 것이다.

그럼에도 구식의 처칠, 또는 내가 귀띔했던 대로 시대의 유행을 초월한 처칠이 결코 자신이 살았던 시대의 결정적으로 중요한 흐름이나 저변 기류들을 인식하지 못했던 바는 아니었다. 그는 20세기의 사실적인 극악무도함이 아직 알려지지 않았던 1930년대에 다음과 같이 적은 바 있다. "내가 자라면서 영구적이거나 필수적이라고 믿게 된 물질이나 물체는 그게 무엇이든 거의 다 오래가지 않았다. 내가 불가능하다고 확신했거나 확신하도록 배운 것은 실제로 불가능했다." 나는 이 간명한 단어들의 이면이나 기저에 변함없이 놓여있는 경험들을 소개하기 위해서, 그것들이 언급된 이후 채 몇 년이 지나지 않아 그것들이 안타깝게도 명백한 사실로 드러났다는 점을 지적하고 싶다. 나는 20세기 초입까지도 여전히 "영구적이고 필수적"일 것으로 생각되었지만 지금은 남아 있지 않은 많은 것들 중에서 도덕적 이슈를 택하여 우리의 관심을 집중해 보려고 한다. 도덕적 이슈들은 개별적인 처신이나 행태와 관련이 있고 인간이 옳고 그름을 식별하는 데 사용된 몇 가지 규칙 및 기준과 관련되며, 타인과 자신을 판단하거나 정당화하는 데 불러들여지고 그 타당성이 모든 정신이 건전한 사람에게 신법이나 자연법의 일부로서 자명하다고 간주되는 것들이다. 이 모든 게 충분한 예고도 없이 거의 하룻밤 사이에 무너졌을 때서야 비로소 도덕이, 그 말의 원래 의미를 담은 **관습**과 예의범절이라는 모레스*mores* 세트로서 만천하에 갑자기 모습을 드러냈다. 이는 개인 또는 한 국민의 식사예절을 바꾸는 데 필요한 정도의 노력이면 다른 것과 대체될 수 있다. 바로 이러한 것들 — 라틴어의 어원을 수반한 '도덕*morality*', 그리스어의 어원을 수반한 '윤리*ethics*' — 을 지칭할 때 우리가 사용하곤 했던 바로 그 용어들이 결코 용법들과 습관들 그 이상을 의미해서는 안 되는 것이었다는 사실이 갑작스럽게 밝혀진 건 얼마나 이상하고 경악스러운 일인가. 또한 2500년씩이나 된 [서구의] 문학, 철학, 종교 사상이 모든 사람들에게 어떤 양심이라는 것이 현존한다는 사실에 관해서 한 목소리로 얘기하는 모든 과장된 구절들과 주장들과 설교들은 별개로 치더라도, [도덕이라는 것을 지칭하는] 또 다른 단어 하나도 내놓지 말아야 했었다는 사실 역시도 그러하다. 도대체 무슨 일이 일어났던 것일까? 마침내 우리가 지금 어떤 꿈에서 깨어나기라도 한 것일까?

틀림없이 일부 사람들은 이전에도 이 도덕적 계율들이, 예를 들어 "거짓 증거 하지 말라"라는 계명이, 2×2=4라는 진술이 항상 지닐 수 있는 동일한 자명성을 가질 수 있다는 듯이 가정하는 방식에 뭔가 잘못이 있음을 알고 있었다. 니체의 "새로운 가치들"에 대한 탐구는 확실히 그의 시대가 '가치들'이라고 지칭한 것이자 그의 이전 시대에는 좀 더 정확하게 미덕이라고 불렀던 것들에 대한 탈가치화 현상의 분명한 신호였다. 니체가 찾아낸 유일한 기준은 삶Life 자체였으며, 전통적이며 본질적으로는 기독교적인 미덕에 대한 그의 비판은 기독교 윤리뿐 아니라 플라톤적 윤리도 모두이 세계에서 자라나온 것이 아니라 세계를 초월한 무엇 — 인간사의 캄캄한 동굴 위로 펼쳐진 이데아의 하늘이든, 신이 제정한 내세의 삶 너머에 존재하는 진정으로 초월적인 것이든 — 에서 도출한 잣대를 사용한다는 보다 일반적인 통찰에 의해 인도되었다. 니체는 자신을 한 사람의 도덕가라고 지칭했으며, 그가 도덕가였다는 점은 의심의 여지가 없다. 그러나 삶을 최고의 선善으로 수립하는 일은, 윤리에 관한 한 다음의 실제적인 의문을 제기한다. 왜냐하면 기독교 윤리학이든 비기독교 윤리학이든 모든 윤리학은, 삶이란 것이 필멸할 인간에게는 최고선이 **아니며** 삶에는 항상 개별적인 생명 기관의 생존과 번식 그 이상의 것이 걸려 있다고 전제하기 때문이다. 거기 걸린 것은 매우 다를 수 있다. 그것이 위대함일 수도 있고 소크라테스 이전 그리스에서처럼 명성일 수도 있다. 그것은 [고대] 로마에서처럼 도시의 영구성이 될 수도 있다. 어쩌면 그것은 이생에 있는 영혼의 건강함이나 내세에 일어날 영혼의 구원이 될 수도 있다. 그것은 자유나 정의 또는 그와 같은 여러 가지 것들일 수 있다.

문제는, 궁극적으로 모든 덕목들이 파생하게 되는 그러한 가치들이나 원칙들이 사람의 마음이 변할 때마다 다른 가치들과 교환될 수 있는 그저 그런 가치들인가 하는 점이다. 그 가치들은 니체가 암시하고 있듯 삶 자체의 압도적인 요구 앞에서 전부가 극단으로 치닫는가? 필시 그가 인류 전체의 현존이 인간의 처신에 따라 위험에 처할 수 있다는 것을 몰랐을 수도 있다. 이 주변적 사건을 통해 누군가는 실제로 삶, 즉 세계와 인간종의 생존이야말로 최고 선이라는 주장을 할 수도 있을 것이다. 그러나 이것은 간단히 말해서 어떠한 윤리나 도덕이 현존하지 않게 될 것이라는 의미 그 이상은 아닐 것이다. 이 생각은 원칙적으로 다음과 같은 로마인들의 오래된 질문에서 예견된 바가 있다. '정의가 구현되는 순간 세계는 사라져야 마땅한가 *Fiat justitia, pereat mundus*?' 이 질문에 대해 칸트는 다음과 같이 답했다. "만약 정의가 사라진다면 그것은 지구상에서 인간 삶이 그것의 의미를 잃었다는 의미이다." 그러므로 현대에 선포된 유일하게 새로운 도덕적 원리는 "새 가치들"의 천명이 아니라 도덕 자체의 부정으로 판명된다. 물론 니체가 이 사실을 인지하지는 못했겠지만 말이다. 그리고 감히 도덕이 얼마나 경박해지고 무의미해졌는지를 증명하겠다고 달려들었다는 사실 바로 그것이 니체의 변치 않는 위대성이다.

처칠의 어휘들은 모종의 진술 형식으로 표현되었지만, 사후事後의 지혜를 가지고 있는 우리는 그것들을 사전 경고로서 읽고 싶은 충동을 느낄 것이다. 그것이 그저 예감의 문제라면 나는 사실상 18세기의 초창기 30년으로 거슬러 올라가게 될 성격의 질문들을 놀라울 정도로 많이 추가할 수도 있을 것이다. 그러나 여기서 우리에게 중요한 점은 우리가 더 이상 예감을 다루지 않고 사실을 다루고 있다는 것이다.

우리들 가운데 — 적어도 나이가 든 사람들만큼은 — (지금 대체로 추정되는 것처럼) 히틀러의 독일은 물론 스탈린의 러시아에서도

1930년대와 1940년대에 공적인 삶과 사적인 삶 속에서 모든 확고한 도덕적 기준들이 완전히 무너진 것을 목도했다. 물론 두 나라의 차이는 따로 언급할 필요성이 있을 정도로 유의미한 수준이다. 러시아혁명이 사회적 격변을 야기했고 그 결과 나치 독일의 급진적인 파시스트 독재의 준동과는 비교할 수 없을 정도로 전 국가적 차원에서 사회적 개조 작업이 이루어졌다는 사실이 자주 거론되었다. 그러나 독일의 독재체제가 사유재산 관계를 거의 그대로 놔두었고 사회 내 지배 집단들을 없애지 않았다는 것은 사실이다. 이런 점에서 독일 제3제국에서 발생한 사태는 자연적인 것일 뿐만 아니라 약간 덜 영구적이고 덜 극단적인 역사적 사건에 의해 이루어진 결과라고 대체로 결론이 나 있다. 엄격히 정치적인 발전상에 비춰볼 때 이 결론은 사실일 수도 있고 아닐 수도 있지만, 우리가 여기서 도덕적 이슈를 [함께] 고려한다면 그것은 확실한 오류일 것이다. 엄격히 도덕적인 관점에서 보았을 때 스탈린의 범죄들은, 말하자면, 구태의연한 것들이었다. 스탈린은 여느 평범한 범죄자와 마찬가지로 결코 범죄 사실을 인정하지 않았고 위선과 표리부동한 수법으로 포장했다. 한편 그의 추종자들은 그런 범죄들을 "좋은" 목적을 추구하기 위한 임시방편이라고 정당화하거나 이보다 약간 더 고단수인 사람들의 경우는 그 [스탈린이란] 혁명가가 복종해야 하며 필요할 경우 자신을 희생해야 할 역사의 법칙에 따른 것이라고 정당화했다. 게다가 마르크스주의 사상 속에 나오는 그 어떤 것도, "부르주아 도덕"에 관해 온갖 논의를 다 하고 있음에도 불구하고 새로운 도덕적 가치 세트를 선언하지는 않는다. 만약 전문적인 혁명가의 대표 격인 레닌이나 트로츠키에게 공통적으로 나타나는 특징이 있다면 그것은 그들이 일단 혁명을 통해 사회적 환경이 바뀌게 되면 인류가 역사의 여명 이래로 알려져 왔고 되풀이되어온 몇 가지 도덕적 계율들을 자동적으로 따를 것이라는 바로 그 순진한 믿음을 공유했다는 사실이다.

이런 측면에서 볼 때 독일의 전개 양상이 훨씬 극단적이고 어쩌면 실상을 훨씬 더 정확히 폭로하는 것이기도 하다. 정교하게 구축된 송장 제조 공장이라는 소름 끼치는 사실뿐 아니라, 인종 말살 계획에 관여한 엄청난 사람의 숫자에서 위선이라곤 눈곱만치도 찾아볼 수가 없기 때문이다. 이와 비슷하게 중대하고 어쩌면 더 경악할 만한 사실은, 나치가 손대지 않고 남겨두었던 연배들이 포함된 엘리트층을 비롯해 결코 권력을 장악한 정당과 일체화하지 않던 사람들에 이르기까지 독일 사회 내 전 계층이 나치에 대한 협조를 당연시했다는 점이다. 비록 사회적으로는 그렇지 않았더라도 도덕적 관점에서 볼 때 나치 정권이 최고 발악 수위에 달했던 때의 스탈린 정권보다 훨씬 더 극단적이었다는 점은 사실에 근거한 정당한 주장이라고 생각한다. 실제로 나치 정권은 새로운 가치 세트를 발표했고 그것에 부응하여 고안된 법체계를 도입했다. 더욱이 그 정권은, 자신의 사회적 지위를 망각한 게 아니라 과거 그 지위에 수반되었던 모든 도덕적 신념을 말 그대로 하룻밤 사이에 망각하고 체제에 순응했던 부류가 비단 확신에 찬 나치 당원만이 아니었음을 증명했다.

이러한 사안들의 논의에서, 특히 나치 범죄에 대한 일반적인 도덕적 비난에서 진정한 도덕적 이슈는 나치의 행태가 아닌 그저 "제휴를 도모했을 뿐"이며 자신의 신념에 따라 행동하지 않은 사람들의 행태와 더불어 제기된다는 사실이 거의 대부분 간과되고 있다. 누군가가 어떻게 자기 스스로 "자신이 악한임을 증명하기"로 결심하게 되는지, 그리고 기회가 되면 "살인하지 말라"에서 시작하여 "거짓 증거 하지 말라"에 이르는 계명에 관한 대화를 거꾸로 뒤집으려고 결심하게 되는지를 알게 되고 심지어 이해하게 되는 것은 별로 어려운 일이 아니다. 우리가 익히 잘 알고 있듯이 어떤 공동체에든 다수의 범죄사가 있으며 그 중 대부분이 어떤 제한된 상상력으로 인해 고초를 겪는 반면, 그들 중 상당수가 어쩌면 히틀러나 그의 일부 심복들 못지않게 재능을 지닌 사람들이라는 사실에 아마 이의가 없을 것이다. 이 사람들이 끔찍한 일을 저질렀고, 그들이 처음엔 독일을 그러고 나서는 나치가 점령한 유럽을 조직했던 방식은 정치학과 통치 형태 연구 분야에서 커다란 관심을 끌고 있다. 그러나 정치학이나 통치 형태 연구 어느 쪽도 어떠한 도덕적 문제들을 제기하지는 않는다. 결과론적으로 말해서, 도덕은 범죄자가 아닌 일반인들과 관련해서 논의되는 하나의 모레스 세트—즉 의지만 있다면 바뀔 수 있는 예의범절, 관습, 관례—로 주저앉아 버렸다. 일반인들은 도덕적 기준이 사회적으로 수용된 이상 결코 자신들이 그렇게 믿도록 학습된 바를 의심해보려는 것을 꿈도 꾸지 않는다. 따라서 만약 우리가 나치 강령은 독일 국민과 함께 남겨지지 않았으며, 단숨에, 한 '역사'적 순간이 나치에게 패배를 통지한 즉시 히틀러의 범죄 도덕도 다시 원래대로 돌아갔다는 점을 인정한다면, 아니 반드시 인정해야 한다면, 이 도덕적 사안 즉 그것이 제기한 문제는 미해결의 문제로 남는다. 그래서 우리는 어떤 '도덕적' 질서의 총체적 붕괴를 한 번이 아니라 두 번 목격했다고 말해야만 한다. 그리고 이 갑작스러운 '정상성'으로의 복귀는 흔히 자족적으로 추정되는 것과 반대로 우리의 의심을 강화시킬 따름이다.

제2차 세계대전 종전 20년 경과 시점으로 거슬러 올라가 생각해보면, 사실상 발설하기가 훨씬 더 어렵고 대처하기도 거의 불가능한 어떤 것 ― 요컨대 적나라한 극악무도함이 자아내는 공포 그 자체 ― 에 의해 은폐되었기 때문에 이 도덕적 이슈가 휴면 상태로 남겨졌다는 느낌이 든다. 우리가 처음 그것과 맞닥뜨렸을 때 나뿐 아니라 다른 많은 사람에게는 그 극악무도함이 모든 사법적 기준을 확실히 붕괴시킴으로써 모든 도덕적 범주를 초월한 듯이 보였다. 여러분은 이와 관련하여 다양한 방식의 표현을 할 수 있을 것이다. 내 경우에는 사람들이 그 극악무도함을 처벌하거나 용서할 수 없을 것이므로 결코 일어나서는 안 되었던 어떤 것이라고 말하곤 했다. 가령 나쁜 것이지만 극복해야 하기 때문에 또는 좋은 것이므로 차마 그대로 보낼 수 없기 때문에 우리가 과거에 속한 모든 것과 화해하거나 타협해야만 하는 것인 양, 우리가 그것과 화해하거나 타협하게 되는 일은 없으리라 생각한다. 그것은 해가 가면 갈수록 더욱 더 나쁜 것으로 인식하게 된 과거이다. 이는 부분적으로 독일인들이 그렇게 오랫동안 자신들 사이에 현존하는 살인자들조차 기소하기를 거부했기 때문이기도 하고 또한 이 과거가 누구에게도 '정복될' 수 없는 것이기 때문이기도 하다. 잘 알려진 시간이라는 치유 능력조차 어쩐 일인지 우리에게 효험이 없었다. 그와 정반대로 이 과거는 해가 갈수록 점점 더 나쁜 것이 되어 갔기에 우리는 때때로 우리 모두가 죽기 전에는 그것이 결코 끝나지 않으리라는 생각을 가지게 된다. 의심할 나위 없이 이는 오랜 시간 그 이름난 "우리 중에 있는 살인자들"에 대해 전혀 아무것도 하지 않았을 뿐만 아니라, 히틀러 정권에 참여한 것에 대해 그 행위의 유죄성이 인정되지 않는 한 공직 출마에 대한 자격 정지 사유로 간주하지 않았던 아데나워 정권의 자기 안주安住에 일정 부분 책임이 있다. 그러나 내 생각에 이것은 단지 설명의 일부일 뿐이다. 이 과거가 독일 국가뿐 아니라 그 누구에게도 '정복되지 않은' 것으로 판명된 것도 엄연한 사실이다. 그리고 개명화된 법정 절차가 그것을 재판의 형식상으로 다루는 것이 불가능하다는 사실, 이 신종 살인자들이 일반인들과 조금도 다르지 않으며 [일반인들과] 같은 동기에서 행동한 척 하고 있다는 법정의 주장만이, 아마도 장기적으로는 가장 치명적일지라도 이 사태에 대한 유일한 결말이다. 지금은 법적 이슈가 아닌 도덕적 이슈를 다루고 있으므로 이 문제에 대해서는 여기서 논하지 않을 것이다. 내가 지적하고자 하는 것은 언어도단의 공포, 즉 생각할 수 없는 것에 대해 사유하기를 거부한 일이, 어쩌면 우리에게 엄격히 도덕적인 그리고 누군가가 바라듯 좀 더 다루기 쉬운 교훈들, 전체 이야기와 긴밀히 연결되지만 그 공포와 비교했을 때는 무해한 주변적인 이슈처럼 보이는 그 교훈들을 망각하게 만듦으로써 법적 범주들에 필수적인 재검토를 막았을지도 모르겠다는 것이다.

불행히도 우리의 논의 작업에 추가해서 추정해볼 수 있는 장애 요인이 하나 더 있다. 사람들은 움찔 놀라게 하거나 말문이 막히게 만드는 무엇인가와 더불어 사는 것을 곤혹스럽게 생각한다. 그것은 당연하다. 그 때문에 사람들은 너무 자주 자신의 언어로 표현할 수 없는 느낌을 자신이 사용할 수 있는 그 어떤 감정적 표현 수단을 통해서든 전달하려는 명징한 유혹에 빠진다. 그러나 그런 방식은 전부 부적합하다. 그 한 결과로 오늘날 그 이야기 전체가 감성의 언어를 통해 다루어진다. 그것을 감상적으로 다루고 조잡하게 만들기 위해서 스스로 싸구려가 될 필요조차 없는 데도 말이다. 이것이 사실이 아니라는 반증 사례는 매우 드물 뿐만 아니라 있어도 대부분 주목받지 못하거나 알려지지 않는다. 오늘날 무엇이 토론되는 분위기는 과도하게 감정이 실리고 종종 고품격으로는 볼 수 없는 형태이다. 그러한 품격 있는 질문을 제기하는 사람은 그가 누구든 아무것도 진지하게 토론할 수 없는 차원으로 끌어내려질 각오를 해야 한다. 그야 어찌 됐든, 직접적으로 의사소통될 수 있는 것 말고는 아무것도 알 수 없는 언어도단의 공포와, 사람들의 처신이 정상적인 판단에 개방되어 있고 도덕과 윤리의 문제가 발생하는 지점에서 발견되며 끔찍한 수준까지는 아니지만 종종 구역질을 일으키는 경험들 사이의 구분을 기억해두자.

나는 앞에서 도덕적 이슈가 상당 기간 휴면 상태에 있다가 지난 몇 년 사이에 다시 부상했다고 말했다. 무엇이 그 숨결을 되살렸는가? 내가 보기에 거기에는 몇 가지 누적되는 성향을 보이는 상호 연결된 문제들이 존재한다. 첫 번째의 가장 중요한 문제로는 이른바 전범들을 대상으로 한 전후 재판들이 파급시킨 효과를 들 수 있다. 여기서 모든 사람, 심지어 정치학자들조차 어떤 도덕적 관점에서 그 문제들을 바라보게 한 데는 이 법정 절차라는 간명한 사실이 결정적으로 중요했다. 법조계만큼 도덕 기준과 심지어 정의의 기준에 대해 경계심을 가지고 의심하는 사람들이 많은 곳은 삶의 다른 어떤 영역에서도 찾아볼 수 없다는 것은 익히 잘 알려진 사실이라고 생각한다. 물론 현대 사회과학과 심리학도 이렇듯 일반적인 회의주의의 확산에 기여했다. 그러나 형사재판의 법정 절차라는 간명한 사실, 즉 기록된 역사만큼이나 오래되었고 사법 체계의 모든 다양성에도 불구하고 한결같은 기소-변호-판결의 순서는 모든 주저와 의심을 전혀 상관하지 않는다. 명확히 말하자면 그것이 주저와 의심을 잠재울 수 있다는 의미가 아니라, 이 특수한 제도가 한편으로는 개인적 책임과 죄라는 가정에 근거하고 있으며 다른 한편으로는 양심의 기능에 대한 신뢰에 근거하고 있다는 의미에서 그렇다는 얘기다. 법적인 이슈들과 도덕적 이슈들이 결코 동일한 것은 아니지만, 시스템이나 조직이 아닌 사람을 다룬다는 공통점을 지닌다는 것이다.

사법제도의 부인할 수 없는 위대성은 그것이 개별적인 개인에게 초점을 맞춰야만 한다는 데 있다. 그것의 또 다른 위대성은 모든 사람이 심지어 자신을 어떤 기계 — 그것이 거대한 사회적·정치적·전문적 성격의 관료화된 사업의 기름이 잘 쳐진 기계든, 아니면 우리가 모두 어떻게든 생애를 보내야 할 무질서하고 잘못 꿰맞

취진 우연한 양태의 환경 조건에서든 — 의 단지 하찮은 톱니쯤으로 간주하려는 유혹에 빠지는 대중 사회의 시대에서조차도 그렇다는 데 있다. 현대 사회에서 습관적으로 또 거의 자동적으로 일어나는 책임 전가는 당신이 법정에 들어서는 순간 즉각 중지된다. 어떤 불특정의 추상적 성격 — 시대정신에서 오이디푸스콤플렉스에 이르기까지의 모든 것이 당신은 특정 인간이 아니라 무슨 기능으로 간주되므로 누구라기보다는 대체 가능한 무엇이라는 암시 — 에 대한 모든 정당화는 무너진다. 당시의 과학적 유행들이 뭐라고 하든, 그것들이 얼마나 깊이 여론을 잠식했고 그러한 결과가 법조인들에게 얼마나 영향을 미쳤든, 사법기관 자체는 그 모두를 문제 삼지 않아야 하며 마치 그것들이 현존하지 않는 듯이 행동해야만 한다. 거기서 당신이 개별적인 인격체를 대하는 순간 물어야할 질문은 '이 시스템이 어떻게 기능했는가'라는 것이 아니라 '피고는 왜 이 조직의 관리가 되었는가'라는 것이 되어야만 한다.[1]

물론 이것은 전체주의 정부의 메커니즘을 이해하고, 관료제의 본질과 그것이 사람들을 기능적 수단들, 즉 단순한 행정 기계의 톱니들로 만들어서 결국 탈인간화하는 경향을 탐구하는 일이 정

---

[1] 도덕적 문제들에서는 당사자인 **개인**의 행태가 문제시되며, 이는 법정 절차에서 잘 드러났다. 즉 '그가 큰 톱니였는가 아니면 작은 톱니였는가'라는 질문은 더 이상 제기되지 않았고, '그가 하나의 톱니가 되기로 합의하기는 했는가, 그의 양심에 무슨 일이 일어났는가, 왜 양심이 제대로 기능하지 않았는가, 또는 다른 방식으로 기능할 수는 없었는가, 어떻게 전후 독일에서 나치가 아무도 발견되지 않을 수 있었는가, 그 양심은 어떻게 다시 방향을 바꿀 수 있었는가, 단지 패했기 때문에?'라는 질문들이 대신 제기되었다(한나 아렌트,〈도덕의 기본 명제들〉).

치학과 사회과학에 중요하다는 사실을 부정하려는 것이 아니다. 요점은 정의의 집행 과정에서 이러한 요인들을 평범한 인간이 한 것 — 그게 무엇이든 불문하고 — 에 대한 정상 참작용으로써만 고려한다는 것이다. 어떤 완벽한 관료제 — 통치 형태 용어상으로는 어떠한 사람에 의해서도 통치되지 않는 정치체제 — 에서라면 법정 절차는 불필요할 것이며, 잘 안 맞는 톱니들을 잘 맞는 톱니들로 간단히 교체해 버리면 그만일 것이다. 히틀러가 자신은 독일에서 한 사람의 법리학자가 되는 것이 불명예로 간주될 날이 오기를 바랐노라고 말했을 때, 그는 어떤 완벽한 관료제에 대한 자신의 꿈을 대단히 일관된 태도로 이야기한 것이었다.

앞서 언급한 그 시스템 전체에 대한 모종의 적합한 반응으로서 그 언어도단의 공포는 우리가 기소, 변호, 판결이라는 순차적 담론 과정을 통해 개인들을 다루게 되는 법정 안에서 해소된다. 이러한 법정 절차가 도덕적 질문들에 구체적인 방식으로 생명력을 부여할 수 있는 이유 — 그것은 일반적인 범죄자들에 대한 재판 때와는 다르다 — 는 명백하다. 그 사람들은 평범한 범죄자들이 아니라, 지시받은 대로 행동에 옮긴다는 단순한 이유에서 거의 열성적으로 범죄를 저지른 아주 평범한 사람들이다. 물론 그중에는 자신이 항상 하고 싶었던 것을 나치 체제하에서 비난받지 않고 저지를 수 있었던 보통의 범죄자들도 끼어 있다. 그러나 이 재판들을 통해 가학자나 도착자들이 대중의 이목을 집중시킨 때도 있었지만 우리의 맥락에서 볼 때 그들은 중요성이 상대적으로 덜한 사람들이다.

140

나는 이러한 재판들이, 범죄의 범주에 들지는 않지만 나치 정권에서 한몫을 담당한 사람들의 구체적인 죄과라든가 말할 수 있는 위치였으면서도 침묵하고 사태를 묵과한 사람들의 죄과에 대해 훨씬 더 종합적인 탐문을 촉발한 것으로 볼 수 있다고 생각한다. 아마 여러분은 호흐후트의 교황 비오 12세에 대한 비난과 아이히만 재판에 관한 나의 책에 퍼부어진 야유를 기억하고 있을 것이다. 만약 우리가 직접적인 이해 당사자들 — 바티칸이나 유대인 단체들 — 의 목소리를 무시한다면, 그 '논쟁들'의 주된 성격은 엄격히 도덕적인 이슈들에 대한 압도적인 관심이었을 것이다. 그런데 이 관심보다 훨씬 더 두드러진 것은 아마도 그 논쟁들이 드러낸 믿기지 않는 도덕적 혼동 사태였다. 그것과 더불어 무조건적으로 해당 피의자 편을 드는 기이한 경향도 나타났다. 여러 목소리로 이루어진 하나의 합창단이 호후후트에게 비오 12세 — 결국 그는 한 인간이자 한 명의 교황이었을 뿐이다 — 의 죄가 아니라 모든 기독교도와 심지어는 모든 인류의 죄라고 확인해주었던 것과 마찬가지로, 또 다른 합창은 내게 '우리 모두 안에 각자의 아이히만이 있다'는 사실을 확인해주었다. 자주 그렇게 느껴지며 실제로 그렇게 이야기되기도 하듯이, 오직 진짜 피의자는 호흐후트와 나처럼 감히 옳고 그름을 발설한 사람들이었다. 이는 어느 누구도 똑같은 상황에 있지 않았던 이상 판단할 수 없으며, 추측건대 누구라도 그런 상황이라면 다른 모든 사람들과 마찬가지로 처신했을 것이기 때문이라는 이유에서다. 그런데 이 입장은 이러한 사안들에 대한 아이히만 자신의 견해와도 묘하게 일치했다.

바꿔 말해서 도덕적 이슈들은 뜨겁게 토론되었다. 그러나 그와 동시에 유사한 수준의 열성에 의해 옆으로 밀쳐지고 회피되었다. 그것은 현재 [우리가 여기서] 토론 중인 특정 이슈들 때문이 아니었다. 그것은 도덕적 주제들이 일반적인 경우가 아닌 특수한 사건과 관련하여 논의될 때마다 일어나는 현상인 듯이 보인다. 그래서 그것은 내게 수년 전 유명 텔레비전 퀴즈 쇼의 부정행위와 관련된 사건을 상기시킨다. 《뉴욕 타임스 매거진》에 기고한 〈밴 도런의 반박에 대한 재반박〉(1959. 11. 22.)이라는 글에서 한스 모겐소는 다음과 같은 당연한 사실을 지적했다. '돈을 위해 속이는 것은 잘못이고, 지적인 사안과 관련하여 속이는 것이라면 곱절로 잘못된 것이며, 어떤 교사가 그렇게 한다면 세 배로 잘못한 것이다.' 당시에 이 발언은 독자들을 매우 격분시켰다. 요컨대 그런 판단은 기독교적인 자애에 반하는 것이며, 성자를 제외하고는 어느 누구라도 큰돈의 유혹을 쉽게 뿌리칠 것으로 기대할 수 없다는 것이다. 이런 반응은 어떤 냉소적인 분위기를 조성하여 속물근성을 가진 점잖은 양반들을 조롱하려는 것도, 또 어떤 허무주의적 주장을 펼치려고 의도한 것도 아니었다. 어느 누구도 — 아마 한 30년이나 40년 전쯤이라면 적어도 유럽에서만큼은 아마 그런 일이 필시 일어났을 법도 하지만 — 속이는 일이 재미있고, 미덕은 지루하며, 도덕적인 사람은 성가시다고 말하지 않았다. 또한 어느 누구도 텔레비전 퀴즈 프로그램이 잘못된 것이었다거나 그 6만 4천 달러가 걸린 질문 같은 것은 사기 행태를 부르는 초대장과 거의 같다고 말하지도 않았고, [그렇다고 해서] 배움의 존엄성을 위해 지지를 표명하지도 않았으며, 비록 어떠한 부정행위도 일어나지 않을 것이라고 예상했더라도 한 대학이 자신의 구성원 가운데 한 명이 명백히 비非전문가다운 처신에 연루되지 못하도록 막지 않은 데 대해서도 비판을 하지 않았다. 그 기고문에 대해 쏟아진 무수한 편지들로 인해 아주 분명해진 것은 많은 학생들이 포함된 공중의 대다수가 솔직담백하게 단 한 사람만이 비난받아 마땅하다고 생각했다는 사실이다. 그들이 지목한 대상은, 그 잘못을 저지른 사람이나 어떤 기관이 아니었으며, 일반적으로 사회 전체나 특수하게 대중매체를 가리킨 것도 아니었고, 바로 그런 판단을 내린 당사자였다.

이 대목에서 내가 보기에 사실적인 이 상황이 어젠다에 포함시킨 일반적인 질문들을 간추려 제시하려고 한다. 내 생각에 첫 번째 결론은 이제 어느 누구도 제정신으로는 도덕적 처신이 당연지사라고 더 이상 주장할 수 없다는 것이다. 도덕적 처신은 내가 속한 세대가 더불어 성장했던 하나의 도덕적 가정이었을 뿐이다. 이 가정은 합법성과 도덕성 사이의 첨예한 구분을 포함하고 있다. 요컨대 국법은 대체로 도덕법이 요구할 수도 있는 것은 무엇이든 상세히 설명해준다는 다소 모호하며 불분명한 합의가 현존하는 한편, 그 둘이 상충하는 상황이 생기면 도덕법이 상위법이며 그렇기 때문에 우선적으로 복종되어야 한다는 데 별다른 의심의 여지가 없다. 그러나 이 주장은 우리가 인간의 양심에 관해 이야기할 때 보통 마음에 품고 있는 모든 현상을 당연한 것으로 간주할 때만 의미가 있다. 도덕 지식의 원천이 무엇 ─ 신성한 계명 혹은 인간의 이성 — 이든 분별 있는 사람이라면 모두 자신 속에 지니고 있는 어떤 목소리가 무엇이 옳고 그른지를 말해준다고, 그리고 이것은 국법과 상관없이, 또 동료들의 목소리에도 방해받지 않는다고 가정된 것이다. 칸트는 언젠가 이에 관해 모종의 어려움이 있음을 언급한 적이 있다. "다른 사람을 전혀 알지 못한 채로 악한들 사이에서 일생을 보낸 사람은 그가 누구라도 미덕이라는 개념을 가질 수 없을 것이다." 이 말을 통해 칸트가 의미한 바는 인간의 정신이 이런 사안들에서 예제들의 인도를 받게 된다는 것 이상은 아니었다. 미덕의 예제에 직면하게 되면 인간의 이성이 옳은 것을 알며, 그 반대의 경우는 잘못된 것이라는 점을 안다는 사실을 칸트가 의심한 순간은 단 한 번도 없었을 것이다. 칸트는 옳고 그름을 식별해야 할 때 인간의 정신이 적용하는 공식을 자신이 명료화했다고 틀림없이 믿고 있었다. 그는 이것을 정언명법이라고 불렀다. 그러나 그는 자신 이전에 어느 누구도 무엇이 옳고 그른지를 알지 못했다 — 이것은 명백히 부조리한 관념이다 — 는 점을 암시했을 것 같은 어떤 도덕철학적 발견을 이룩했다는 착각을 결코 하지 않았다. 칸트는 자신의 공식 — 나는 다음 번 강의에서 이에 관해 좀 더 자세히 이야기할 것이다 — 을 사람들이 "무엇이 좋고 무엇이 나쁜지를 구별하는 것"을 용이하게 할 "나침반"에 비유했다. "공통 이성에게 새로운 것을 최소한마저도 가르치지 않으면서도 우리는 그저 소크라테스가 했던 방식으로 그 이성의 관심을 그것 자체의 원리로 끌어당기면 되고, 그 결과로 사람이 정직하고 선하게 되기 위해 해야 할 바를 아는 데 과학이나 철학 그 어느 쪽도 필요

144

치 않음을 증명한다 …. (사실상) 모든 사람이 의무적으로 행해야 하고 또한 알아야 할 바에 대한 지식은 모든 사람, 가장 평범한 사람에게조차 그의 지적 이해력의 범위 안에 (있다.)[2] 누군가가 칸트에게 그 지식이 사람의 지적 이해력의 범위 어디에 자리 잡고 있느냐고 물었다면 그는 그 자리가 인간 정신의 이성적 구조에 있다고 답했을 것이다. 물론 다른 사람들은 그 같은 지식이 인간의 마음에 자리 잡고 있다고 했겠지만 말이다. 칸트가 당연시하지 못했을 듯한 것은 사람이 동시에 자신의 판단에 따라 행동한다는 사실이다. 사람은 이성적인 존재일 뿐 아니라, 그가 자신의 이성이나 마음을 따르는 대신 자신의 내적 성향들에 굴복하도록 유혹하는 감각의 세계에도 속해 있기 때문이다. 그러므로 도덕적 처신은 당연지사가 아니며, 도덕적 지식 즉 옳고 그름에 대한 지식이 당연지사인 셈이다. 인간의 성향과 유혹은 비록 인간의 이성은 아니더라도 본성에 뿌리를 내리고 있기 때문에 칸트는 인간이 내적 성향에 따름으로써 잘못을 저지르는 것을 "근본악"이라고 불렀다. 칸트나 다른 어떤 도덕철학자도 인간이 악 자체를 의지意志할 수 있다고는 생각하지 않았다. 칸트는 모든 위반 행위란 것은 한 인간이 유혹에 빠져 평소에 타당하다고 인정했던 어떤 법규로부터 일탈함으로써 만들어진 예외들이라고 설명했다. 그러므로 도둑은 재산과 관련된 법규들을 인정하며 심지어는 그것들에 의해 보호

2   이마누엘 칸트, 《도덕 형이상학의 기초Foundations of the Metaphysics of Morals》, trans. Lewis White Beck, Library of Liberal Arts(Indianapolis: Bobbs-Merrill, 1959), 20.—편집자

받기를 희망하면서도 단지 자기 이득을 위해 하나의 임시적인 예외를 만드는 것일 뿐이다.

누구도 사악해지기를 원치 않으며, 그럼에도 사악하게 행동하는 사람들은 **도덕적 부조리** 속으로 침몰한다. 그러면 실제로 그 자신과 그리고 자신의 이성과 모순을 일으키게 되며, 그 결과 칸트의 표현에 의하면 그는 자신을 경멸해야만 한다. 이 자기경멸의 두려움이 합법성을 보장하는 충분조건이 될 수 없음은 명백하다. 그러나 당신이 법을 준수하는 시민들로 구성된 어떤 사회 내부로 늘어간 경우라면 그 자기경멸이 어떻게든 작동할 것으로 추정한다는 얘기가 된다. 물론 칸트는 자기경멸, 바꿔 말해 자신을 경멸해야만 하는 것에 대한 두려움이 매우 자주 작동하지 않는다는 사실을 알고 있었으며, 이 현상에 대한 그의 설명은 인간이 자신에게 거짓말을 할 수 있다는 것이었다. 따라서 그는 인간 본성에 있어서 정말로 "아픈, 아주 안 좋은 구석"은 허위성, 즉 거짓말하는 능력이라고 거듭 주장했다.[3] 언뜻 보기에 이 진술은 매우 놀라운 것이다. 우리의 윤리적이거나 종교적인 규약 가운데 (조로아스터교 규약을 예외로 하면) 그 어느 것도 "거짓 증거 하지 말라"라는 계명을 담고 있지 않기 때문이다. 물론 우리뿐 아니라 모든 문명국의 규약들이 살인을 인간 범죄 목록의 최상단에 올려놓았다는 사실에 대한 고려와는 별개로 말이다. 기이하게도, 도스토옙스키 ―

---

3 이마누엘 칸트, 《이성의 한계 안에서의 종교Die Religion innerhalb der Grenzen der blossen Vernunft》, in *Immanuel Kant's Sämtliche Werke*, ed. G. Hertenstein, vol. 6(Leipzig: Leopold Voss, 1868), 132~133.―편집자

물론 이에 대해 알고 있었던 것은 아니겠지만 — 가 칸트의 의견을 공유했던 듯하다. 《카라마조프 형제들》에서 드미트리 카라마조프가 스타로프에게 "구원을 얻으려면 무엇을 해야 합니까?"라고 묻자, 스타로프는 "다른 어떤 것보다도 너 자신에게 거짓말을 하지 말거라"라고 대답했기 때문이다.

나는 이 매우 도식적이고 예비적인 설명에서 특수하게 종교적이고 도덕적인 모든 교훈과 신념들을 빼놓았는데, 그것들이 중요하지 않다고 생각해서가 아니라(사실은 그와 정반대다), 도덕이 붕괴된 순간 그런 것들이 거의 아무 역할도 하지 못했기 때문이다. 확실히 어느 누구도 자기를 대신하여 복수해주는 신, 좀 더 구체적으로 말하면 내세에 있을지도 모를 처벌들에 대해서 더 이상 두려움을 갖지 않았다. 언젠가 니체가 언급했듯이 "순진함: 도덕을 재가하는 신이 사라지더라도 그것이 살아남을 수 있다는 생각. 도덕에 대한 신념이 유지되려면 '피안'이 절대적 필수라는 생각."[4] 교회들 역시 국가의 당국자가 그런 범죄들을 요구한 것으로 드러나자 신도들을 위협할 생각을 그만두었다. 모든 교회와 모든 사회 각 분야에서 범죄에 참여하기를 거부한 소수는 신자들이었음에도 불구하고 종교적 신념이나 [내세에서의 처벌의] 두려움을 거부의 이유로 내세우지 않았으며 다른 사람들과 마찬가지로 자신들 스스로 그런 소행들에 대한 책임을 감당할 수가 없었노라고 진술했

---

4   Friedrich Nietzsche, *Werke in Drei Bänden*, vol. 3(München: Carl Hanser Verlag, 1956), 484. Walter Kaufman의 번역본에서 인용. *Will to Power*, no. 253(New York: Random House, 1967), 147.—편집자

다. 이 얘기는 정말로 이상하게 들리며, 확실히 전후 교회들의 무수히 많은 경건한 발언들과 잘 들어맞지 않는다. 특히 모든 종파가 종교로 복귀하는 것 말고는 어떤 것도 우리를 구원할 수 없다는 반복적인 훈계들이 그랬다. 이것은 사실이다. 그리고 이 [모순적인] 사태는 종교 — 가령 그것이 모종의 사회적인 사안 그 이상이라고 한다면 — 가 어느 정도로 사적인 사안들 중에서도 가장 사적인 사안이 되었는지를 사실적으로 보여준다. 물론 우리가 그 사람들의 마음속에서 무슨 일이 진행되었는지, 또 지옥과 영원한 저주를 두려워했는지 아닌지에 대해서는 알지 못한다. 우리가 아는 전부는 이 가장 오래된 신념들이 공적인 정당화에 적합하다고는 거의 아무도 생각지 않았다는 사실이다.

내가 종교를 설명에서 빼고 칸트가 이런 문제들에서 큰 비중을 차지한다고 암시하면서 논의를 시작하게 된 데는 또 다른 이유가 있다. 종교, 특히 히브리-기독교적 의미의 계시종교가 인간 행태의 유효한 표준이자 그것을 판단하는 타당한 기준이 되는 곳에는 도덕철학이 설 자리가 없다. 물론 이 말은 우리가 종교적 맥락에서만 알고 있는 특정 가르침들이 도덕철학에 대단한 적실성을 갖지 않는다는 의미가 아니다. 가령 당신이 전근대 도덕철학 전통을 돌이켜본다면, 그것이 기독교의 종교적 틀 내에서 발전해왔기 때문에 철학에는 어떠한 하위 도덕 분과도 현존하지 않았다는 것을 단번에 알아차릴 것이다. 중세철학은 우주론, 존재론, 심리학, 이성理性 신학 — 즉 자연과 우주에 관한 학설, 존재에 관한 학설, 인간 정신과 영혼의 본질에 관한 학설, 마지막으로 신의 존재에 관

148

한 이성적 증명에 관한 교의 — 으로 나뉘어져 있다. '윤리적' 질문들이 논의될 경우, 특히 토마스 아퀴나스의 경우는 윤리가 정치 철학의 구성 요소였던 고대의 형식 논리를 취했다. 요컨대 인간이 한 사람의 시민이라는 전제로 인간의 처신을 규정하는 방식이 그것이다. 그러므로 우리는 아리스토텔레스에게서 그 자신이 인간적인 것들의 철학이라고 칭한 것을 담은 두 가지 논고를 발견하게 되니, 바로《니코마코스 윤리학》과《정치학》이다. 전자는 시민을 다루고 후자는 도시국가의 기관들을 다룬다. 전자가 후자보다 선행하는데, 시민의 "좋은 삶"이 폴리스 즉 도시국가라는 기관의 존재 이유이기 때문이다. 저술의 목표는 최선의 헌정 체제를 찾아내는 것이며, 좋은 삶에 관한《니코마코스 윤리학》은 정치학에 관한 논고 작성을 위한 어떤 프로그램의 개요를 마무리하는 것으로 종결된다. 한편 아퀴나스는 아리스토텔레스의 충직한 제자이자 기독교도였으며 늘 스승[의 비신학적인 논점]과 차별화되는 지점에 도달했음이 분명하다. 그리고 모든 과실이나 죄는 신의 이성이 자연에 대해 규정한 법칙들에 대한 일종의 위반이라고 주장할 때 보다 그 차이가 명백한 지점은 없었다. 틀림없이 아리스토텔레스도 신성한 것에 대해 알고 있었는데 그에게 그것은 불멸성을 지닌 것이었다. 또한 그 역시 인간은 엄밀히 말해 필멸할 존재이므로 인간의 최고 덕목은 가능한 한 신성한 것의 가까이에서 살아가는 것에 있다고 생각했다. 그러나 이 효과를 내기 위해 복종하거나 불복할 수 있는 규정이나 명령은 그 어떤 것도 존재하지 않는다. 그의 질문 전체는 "좋은 삶"의 주변을 맴돌고 있는데, 좋은 삶이란 어떤 삶의 방식이 인간에게 최선인가라는 문제로 귀착되며, 그 것은 명백히 인간이 스스로 찾아내고 판단해야 할 문제인 것이다.

폴리스가 쇠퇴한 후기 고대의 다양한 철학의 학파, 특히 스토아 학파와 에피쿠로스학파는 일종의 도덕철학을 발전시켰을 뿐 아니라 적어도 후기 로마 시기까지 보여주었던 입장에서는 모든 철학을 도덕철학으로 변형시키려는 경향을 지니고 있었다. 그들의 좋은 삶에 대한 탐색 흔적도 동일하게 남아 있었다. 그래서 이제 "내가 어떻게 지구상에서 최대한의 행복을 성취할 수 있을까?"라는 실문만이 유독 모든 정치적 함의와 분리되어 사람들의 사적인 자격의 범위 안에서 제기되었다. 이 모든 문헌 전체가 현명한 추천 항목들로 가득 차 있지만, 당신이 아리스토텔레스에게서 찾아볼 수 있었던 것 이상의, 즉 당신이 모든 종교적 가르침 속에서 발견해야만 하는 그리고 주장을 초월하여 궁극적으로 존재하는 실재적 명령을 그 속에서 발견하지는 못할 것이다. 심지어는 기독교를 합리적인 방식으로 설명한 위대한 이론가였던 아퀴나스조차 왜 특정 처방이 옳은 것인지, 왜 특정 명령이 복종 되어야 하는지에 대한 궁극적인 이유가 신성한 기원에 있음을 인정해야만 했다. 요컨대 신이 그렇게 말했기 때문이라는 것이다.

이 설명은 **계시**종교의 틀 안에서만 하나의 확실한 정답이 될 수 있다. 그리고 이 틀의 바깥에서는 내가 아는 한 소크라테스가 처음 제기했던 그 질문을 할 수밖에 없는 것이다. 소크라테스는 플라톤의 대화편《에우튀프론》에서 답을 얻기를 바라면서 "신들은 경건하기 때문에 경건함을 사랑하는가, 아니면 신들이 그것을 사랑하기 때문에 그것이 경건한 것인가?"라고 질문했다. 다른 식으로 표현하면 다음과 같은 질문이 된다. '신들은 그것이 좋은 것이기 때문에 선량함을 사랑하는가, 아니면 신들이 그것을 사랑하기 때문에 우리가 그것을 선善이라고 부르는가?' 소크라테스는 우리에게 바로 이 질문을 남겨놓았다. 혹자가 한 사람의 신자라면 의심할 나위 없이 선한 원칙들은 그 신성한 기원이 선한 원칙들을 사악한 것과 구별해준다고 말할 것이다. 그 원칙들은 신이 자신의 창조 작업의 정점에서 인간과 자연에게 제정한 어떤 법과 일치 상태에 있다. 인간이 신의 창조물인 한, 신이 "사랑하는" 것과 동일한 것들은 분명 인간에게도 좋게 보여야 한다. 이런 맥락에서 아퀴나스는 마치 소크라테스의 질문에 답하기라도 하려는 듯이, '신은 그것이 좋은 것이므로 선을 명령한다'는 의견 — '신이 그것을 명령했기 때문에 선은 좋은 것'이라고 주장했던 둔스 스코투스와 대조적으로 — 을 제시한 바 있다. 그러나 이처럼 가장 합리화된 설명 형태에서조차 인간에게는 선의 **의무적** 특성이 신의 명령에 들어 있는 것으로 이해된다. 바로 여기서, 도덕의 영역에서는 아니지만 종교에서는 극히 중요한 원칙, 즉 죄는 일차적으로 불복종으로 이해된다는 원칙이 뒤따라 나온다. 아마 여러분은 엄격히 종교적인 전통 그 어디에도 칸트가 소크라테스의 질문에 답한 것처럼 명료하고 사실상 본질적인 답변을 발견할 수 없을 것이다. 그의 답변은 다음과 같다. "우리는 신의 명령들이라는 이유 때문에 행위들을 의무적인 것으로 바라보지는 않을 것이며, 우리가 그것에 대한 정신적인 의무를 가지고 있기 때문에 신성한 명령이라고 간주할 것이다."⁵ 종교적 계명들에서 해방된 경우에만, 즉《윤리학 강의》에서 칸트 자신이 말했듯이 "우리 자신이 신의 계시에 대한 판단자가 되는 …" 경우에만, 그래서 도덕이 엄격히 하나의 인간사로 편입되는 곳에서만 우리는 도덕철학을 논할 수 있다.⁶ 그리고 자신의 이론철학⁷에서 우리가 이러한 문제들에 대해 아무런 지식도 가지고 있지 않음을 증명한 뒤에도 종교로 향한 문을 열어두기를 염원했던 칸트는, 자신의 실천철학⁸이나 도덕철학⁹에서 다시 종교로 돌아가게 될지 모를 모든 통로를 봉쇄하는 일에도 거의 비슷한 수준의 주의를 기울였다. "신은 결코 삼각형의 각이 세 개라는 사실을 있게 한 이가 아닌 것"처럼, "신이라 하더라도 도덕[법칙]의 저자가 될 수는 없다"(《윤리학 강의》52). 이와 같은 명료함의 측면에서 볼 때 고대 이후 도덕철학은 칸트의 등장 이전까지는 부재 상태로 남아 있었던 것이다. 어쩌면 여러분은 [이 대목에서] 자신의 저작을《윤리학》이라 칭한 스피노자를 떠올릴 수도 있을 것이다. 하지만 스피노자는 그 책을 '신에 관하여'라는 절로 시작하며 이 서론 부분에 이어지는 모든 내용을 그 절에서 도출하

---

5 칸트, 《순수이성비판Kritik der reinen Vernunft》, trans. Norman Kemp Smith(New York: St. Martin's Press, 1965), A819, 644.─편집자

6 칸트, 《윤리학 강의Lectures on Ethics》, trans. Louis Infield, with foreword by Lewis White Beck(Indianapolis: Hackett Publishing Company, 1963), 51.─편집자

7 《순수이성비판》.─옮긴이

8 《실천이성비판》.─옮긴이

9 《판단력비판》.─옮긴이

고 있다. 이 점에서 칸트 이래로 도덕철학이 현존해왔는지 아닌지의 문제는 적어도 모종의 미결 상태로 있다고 간주할 수 있을 것이다.

우리가 지금껏 들어왔던 바에서 추론하건대 도덕적 처신은 일차적으로 사람이 자신과 더불어 수행하는 상호작용에 좌우되는 듯하다. 그는 자신에게 유리한 어떤 예외를 만듦으로써 자기 자신과 충돌하지 말아야 하며, 스스로 자신을 경멸하게 될 입장에 놓이지 말아야 한다. 도덕적으로 말해서 이 방식은 옳음을 그름과 식별할 수 있게 할 뿐 아니라 옳은 일을 하고 그른 일을 피하게 하는 데 충분한 역할을 할 것이다. 그런 까닭에 칸트는 사유의 일관성으로 정평이 난 위대한 철학자로서 자신에 대한 의무를 남에 대한 의무보다 우선시한다. 이것은 확실히 매우 놀라운 일이며 우리가 보통 도덕적 행태라고 이해하는 바와 기묘한 모순 관계를 형성하고 있다. 이는 분명 타자에 대한 관심의 문제가 아니라 자아에 대한 것이며, 온순함이 아니라 인간의 존엄과 자부심에 관한 문제다. 여기서의 기준은 특정 이웃에 대한 사랑이나 자기애가 아니라 바로 자긍심인 것이다.

이 표현은 칸트의 《실천이성비판》의 가장 명료하고 훌륭하게 기술된 유명한 단락에 나온다. "우리가 더 자주 그리고 더 꾸준하게 성찰을 하면 할수록 우리의 정신을 언제나 새롭게 늘어나는 감탄과 경외심으로 채워주는 것 두 가지가 있다. 그 두 가지는 바로 내 머리 위에 있는 별빛 찬란한 천국과, 내 안에 있는 도덕법칙이다." 누군가는 이 "두 가지"가 동일한 수준에 있으며 동일한 방식으로 인간에게 영향을 미친다는 결론을 내릴지도 모른다. 그런데 실은 그 정반대가 맞는다. 왜냐하면 칸트가 바로 이어서 말하기를, "앞의 셀 수도 없는 다중多衆의 세계들이라는 견해는, 이를테면 하나의 동물적 피조물로서 나의 중요성을 말살한다 …. 뒤의 견해는 그와 정반대로 내 인격을 통해 나의 값어치를 어떤 지적 능력의 값어치로서 무한히 끌어올린다. 이는 도덕법칙이 내 인격 안에서 모든 동물성과 심지어 감각 세계 전체와 무관하게 하나의 삶을 드러내기 때문이다."[10] 그러므로 나를 말살의 가능성으로부터, 즉 우수의 무한함 속에 있는 "하나의 작은 반점"으로 존재하는 상황으로부터 구원하는 것은 바로 자기를 자신과 대적하게 하는 "눈에 보이지 않는 자아"다. 내가 이 자부심의 요소를 강조하는 이유는 그것이 기독교 윤리의 특질을 거스를 뿐 아니라, 오늘날 기독교적 겸손의 미덕에 호소하는 방법조차도 잘 모르면서 이런 문제들을 거론하는 사람들 대부분이 그 자부심의 느낌을 잃었다는 것이 매우 명백한 사실로 보이기 때문이다. 이 말은 이 자아와 관련된 도덕적 관심에 어떤 중요한 문제가 현존함을 부정하려는 것이 아니다. 이 문제가 얼마나 어려운 것인지는 종교적 계명들―"네 이웃을 네 자신과 같이 사랑하라" 또는 "네게 행해지기를 원치 않는 바를 남에게 행하지 말라"―도 [다른 도덕적 계명들과] 마찬가지로 그것의 궁극적 기준으로서의 자아에 눈을 돌리지 않고서

---

10 칸트, 《실천이성비판Critique of Practical Reason》, trans. Lewis White Beck, Library of Liberal Arts(Indianapolis: Bobbs-Merrill, 1956), 166.― 편집자

는 그것들의 일반적인 도덕적 처방들을 구성할 수 없었다는 사실에 비춰 가늠해볼 수 있을지 모른다.

둘째로, 도덕적 처신은 외부로부터 주어진 어떠한 법 ─ 신의 법이든 인간의 법이 든 ─ 에 대한 복종과 아무런 상관도 없다. 칸트의 용어상으로는 이것이 합법성과 도덕성 사이의 구분이다. 합법성은 도덕적으로 중립적이다. 그것은 제도화된 종교와 정치 속에는 자기 자리가 있지만 도덕에는 없다. 정치 질서는 도덕적 고결성을 필요로 하지 않으며 법을 준수하는 시민들만을 필요로 한다. 그러나 교회는 항상 죄인들로 이루어진 교회다. 어떤 주어진 공동체 내의 질서들은 모든 사람들, 심지어는 이성적인 존재들에 게조차도 구속력이 있는 도덕 질서와 구별되어야만 한다. 칸트의 언어적 표현에 따르면, "한 국가를 조직하는 것의 문제는 그것이 얼마나 어려운지와 상관없이 악마와 씨름을 하는 형국에서라도 그들이 지적 능력을 가지고 있기만 하다면 해결될 수 있다."[11] 이와 유사한 맥락에서 악마가 모종의 훌륭한 신학자를 만든다는 얘기도 인구에 회자되어왔다. 정치 질서 내에는 종교적 틀 안에서와 마찬가지로 복종의 자리가 있을 수 있다. 그리고 이 복종이 제도화된 종교 안에서 장차 있을 내세의 처벌이라는 위협에 의해 강제되는 것과 마찬가지 방식으로 정치 질서에는 법적 질서가 제재의 명분으로서 현존한다. 처벌될 수 없는 것은 허용된다. 그러나 만

---

11 칸트, 〈영구평화론Perpetual Peace〉,《역사론*On History*》, ed. Lewis White Beck, Library of Liberal Arts(Indianapolis: Bobbs-Merrill, 1963), 112. ─ 편집자

일 내가 정언명법에 복종하라는 얘기를 듣는다면 그것은 내가 나 자신의 이유에 복종하고 있음을 의미한다. 그리고 내가 나 자신에게 부여하는 법은 모든 이성적인 피조물, 그들이 거주하는 장소가 어디든 상관없이 모든 지적인 존재에게는 다 유효하다. 내가 나 자신에게 모순을 일으키지 않으려면 내 행위의 좌우명이 하나의 보편 법이 될 수 있다는 태도로 행동해야 하기 때문이다. 나는 입법자다. 죄나 범죄는 더 이상 다른 어떤 사람의 법에 대한 불복종으로 규정되지 않으며, 그와 정반대로 이 세계의 입법자로서 나의 역할 수행을 거부한 것으로 규정된다.

이러한 칸트의 가르침의 반항적인 측면이 자주 간과되고 있다. 이는 그가 자신의 일반적인 공식 — 하나의 도덕적 행위는 보편적으로 타당한 하나의 법칙을 정초하는 행위이다 — 을 어떤 명제 형태가 아니라 모종의 명령 형태로 제시했기 때문이다. 칸트에 있어 이 자생적인 오해가 일어나는 주된 이유는 서구 사상의 전통 속에 나타나는 '법'이라는 단어의 의미가 매우 모호하기 때문이다. 칸트가 도덕법을 언급했을 때 그는 그 단어를 한 나라의 법이 그 나라의 모든 거주민에게 의무적이라고, 즉 그들이 그것에 복종해야 한다는 의미로 간주되는 정치적 용법에 따라 사용했다. 복종이 국법에 대한 나의 태도로서 선택된다는 것은, 신의 법이 단지 '~하지 말라'는 어떤 계명 — 우리가 보았던 것처럼 그것에 대한 의무는 그 법의 내용이나 그것에 대해 인간이 할 수 있는 동의가 아니라, 신이 우리에게 그렇게 말했다는 사실에서 나온다 — 의 형태로 인간에게 말하는 종교적 용법을 거치면서 변형이 이루어졌기 때문이다. 그런 까닭에 여기서 복종 말고는 그 어떤 것도 의미가 없게 되었다.

우리는 이제 이 복종이라는 단어의 서로 연결된 두 가지 의미에, 그 법의 개념과 자연을 결합시킴으로써 만들어진 매우 중요하지만 상당히 다른 어법 한 가지를 추가해야 한다. 자연의 법칙들도 말하자면 의무적이다. 예컨대 내가 죽을 때 나는 자연의 법칙을 따른다. 그러나 모종의 은유적인 어법을 제외한다면 내가 그것에 복종한다고 말할 수는 없다. 그러므로 칸트는 "자연의 법칙들"과 도덕적 "자유의 법칙들"을 구분했는데, 후자는 어떠한 필연성도 수반하지 않으며 단지 의무만을 수반한다. 그러나 우리가 이해하는 '법'이라는 말이 내가 복종해야 할 계명들이나 내가 어쨌든 지배를 받게 될 자연의 필연성을 의미한다면, "자유의 법칙들"이라는 그 어휘는 용어상으로 모순이다. 우리가 그 모순을 인식하지 못한 이유는 우리가 그것을 사용하는 방식에조차 그리스와 특히 고대 로마의 함의들이 여전히 혼재하기 때문인데, 그 함의들이 의미하는 바가 무엇이든 간에 그것들은 계명들이나 복종 또는 필연성과는 아무런 상관도 없다.

칸트는 자신의 정언명법을 가언假言명법과 대비시키는 방식으로 정의했다. 가언명법은 우리가 어떤 특정의 목표를 달성하기 위해서 반드시 해야 할 바가 무엇인지를 우리에게 알려준다. 그것은 목적에 대한 수단을 지시한다. 그러나 실제로 그것은 도덕적 의미에서 볼 때 전혀 명법이 아니다. 반면에 정언명법은 또 다른 목적을 언급하지 않으면서 우리가 무엇을 해야 하는지를 알려준다. 이 구분은 결코 도덕적 현상들에서 파생된 것이 아니라, 여러분이 (선언 명제는 물론) 정언 명제와 가언 명제들을 함께 발견하게 되는 칸트의《순수이성비판》속의 판단 도표에 제시된 특정 명제들에 대한 분석에서 도출한 것이다. 예컨대 다음과 같은 정언적 명제가 있을 수 있다. '이 신체는 무겁다.' 여기에 한 가지 가언적 명제가 조응할 수 있을 것이다. '내가 이 신체를 떠받친다면 나는 그 무게에 눌려 비틀거리게 된다.' 칸트는《실천이성비판》에서 이러한 명제들을 명법들로 변형시킴으로써 그것들에 어떤 의무적 특성을 부여했다. 비록 그 내용이 이성 — 이성은 강제할지도 모르지만 결코 어떤 명법의 형태로, 예컨대 다른 사람에게 "2×2=4라고 말하시오"라는 식으로 강제하지는 않을 것이다 — 에서 파생되고 있다 할지라도 그 명법의 형식은, 여기서 그것의 합당한 명제가 그것 자체를 '의지'에게 전달할 것이기 때문에 필수적인 것이라고 느껴질 것이다. 칸트 자신의 언어로 표현하면, "어떤 객관적인 원칙의 개념은, 그것이 어떤 의지를 제약하는 한, 그것은 (이성의) 명령이며, 이 명령의 공식이 하나의 **명법**으로 불리는 것이다"(《도덕 형이상학의 기초》30).

그렇다면 이성은 의지에게 명령하는가? 그럴 경우 그 의지는 더 이상 자유롭지 않으며 이성의 지령 아래 놓일 것이다. 이성은 다만 의지에게 다음과 같이 말할 뿐이다. '이성에 의하면 이것이 좋다', '그것을 얻으려면 그에 맞게 행동하라'는 식으로 말이다. 그것은 칸트의 용어상으로는 일종의 가언명법일 것이고, 그게 아니라면 결코 아무 명법도 아닐 것이다. 이 난감함은 "의지는 실천이성 그 이상은 아니다"라거나 "이성은 의지를 영락없이 규정한다"라는 얘기를 우리가 듣는다고 해서 줄어드는 것이 아니므로, 우리는 이성이 자기 스스로 결정한다거나 칸트가 그랬듯이 "의지는 이성이 … 좋다고 … 인정하는 것만을 선택하는 어떤 능력"(《도덕 형이상학의 기초》29)이라고 결론지어야만 한다. 여기에 의지는 이성을 위한 집행기관, 요컨대 인간 능력들을 집행하는 부서 이상은 아니라는 결론이 뒤따르게 될 것이다. 이는 내가 다음에 인용하는 《도덕 형이상학의 기초》의 유명한 첫 문장과 가장 명백하게 모순되는 결론이다. "어떤 **선의지** 善意志를 제외하면 세계 속에 있는 그 어떠한 것 — 사실상 세계 너머에 있는 그 어떠한 것이라도 — 도 수식 修飾 없이 선하다고 불릴 수 있으리라고는 생각되지 않는다"(《도덕 형이상학의 기초》9).

　내가 여기서 여러분에게 제시한 난감한 일들의 일부는 의지함 willing이라는 그 인간의 능력 자체에 내장된 난감한 일들에서 발생한다. 이 능력은 고대 철학이 알지 못했던 것이자 바울로와 아우구스티누스 이전에는 그처럼 소름 끼치는 복잡한 형태들로서 발견되지 않았다. 우리가 나중에 이 주제로 돌아가게 될 것이므로 여기서는 단지 칸트가 자신의 이성적 명제에 부여할 필요성을 느낀 어떤 의무적 특성에 대해서만 집중해보기로 하자. 의지의 난제들과는 별개로, 소크라테스와 더불어 도덕철학이 창시된 이래 도덕적 명제들을 의무로 만드는 문제가 도덕철학을 병들게 했다. 소크라테스가 '불의를 행하는 것보다 불의를 당하는 편이 낫다'고 말했을 때 그 자신에 따르면 그는 이성에 근거한 진술 하나를 내놓은 것이었다. 그때 이래로 이 진술의 두통거리는 그것이 증명될 수 없는 성격이라는 사실이었다. 그것의 타당성은 이성적 주장의 담론 외부로 벗어나지 않는 한 입증될 수가 없다. 여러분은 칸트에게서 고대 이후 모든 철학에서와 마찬가지로 의지가 이성의 지령을 수용하도록 설득해야 하는 추가적인 난관에 부닥친다. 가령 그 모순들을 옆으로 치워두고 칸트가 말하고자 한 바에만 역점을 둔다면, 그는 명백히 "당신이 해야만 한다"라는 명령을 들으면 "예, 내가 할 겁니다"라고 답하는 의지로서의 '선의지the Good Will'를 의도했었다. 그리고 그는 분명 동일한 것은 아니며 한쪽이 다른 한쪽을 자동적으로 결정하지도 않는 두 가지 — 이성과 의지라는 — 인간 능력 사이의 관계를 설명하기 위해서 그런 명법의 형태를 도입했다. 이를테면 뒷문을 통해 복종 개념을 다시 들여온 것이다.[12]

---

12 칸트철학에는 '의무를 어디서 도출할 수 있는가'라는 문제가 존재한다. 의무는 인간 외부에 존재하는 어떤 선험적인 것에서 도출될 수 없다. 그럴 경우에 비록 어떤 가지可知의 세계에 대한 희망을 포기하더라도 모든 도덕적 의무가 망상 *Hirngespinste*으로 나타날 수 있기 때문이다. (모든 도덕적 의무는 사람의 내면에서만 느껴질 수 있고, 그것들의 객관적 타당성이 뒷받침되는 한, 어떤 악마의 국가나 어떤 지독한 악한이라도 그에 따라 행동할 수 있다. 그것들은 올바른 이성의 지령들이다.) 어떤 선험적 원천은 인간에게서 오직 자신 안의 법칙만 따르는 자율성을 박탈하는데, 인간의 존엄성은 이러한 자율성에서 나오는 것이다. 따라서 의무는 하나의 "공허한 개념"일 수 있다. "나는 왜 나의 의무를 다해야 하는가?"라는 질문에는 "그것이 내 의무다"라는 대답만이 존재하기 때문이다. '다른 식으로 행동하는 것이 나 자신과 모순 관계에 서게 된다'는 전제는 칸트에게 [그것이 소크라테스에게 가졌던] 동일한 힘을 가지지 않는다. 칸트에게 이성은 사유함thinking과 동일한 것이 아니며, 사유함도 나와 나 자신의 내적인 교제[상호작용]으로서 이해되지 않기 때문이다. 칸트에게 의무는 이성의 지령에

끝으로, 앞에서 간단히 언급한 바 있는 가장 충격적인 난제가 하나 더 있다. 책임 회피, 옆으로 비켜서기, 또는 인간의 사악함을 말로 대충 얼버무리기 등이 그것이다. 만약 도덕철학 전통이 (종교 사상의 전통과 구별된 형태로서) 소크라테스에서 칸트를 거쳐 현재에 이르기까지, 우리가 추후에 알게 되는 바대로, 한 가지 합의점을 가지고 있다면, 그것은 인간이 고의로 사악한 짓을 하는 것, 즉 악의 편의를 봐서 악을 원한다는 것은 불가능하다는 점이다. 분명 인간의 악덕 행위를 담은 명부의 역사는 유구하고 그 내용도 차고 넘친다. 그러나 과식과 게으름(처럼 사소한 것들)조차도 누락되지 않은 어떤 수치화 방식에서 기이하게도 가학주의, 이를테면 고통과 고초를 야기하고 음미하는 순전한 쾌락이 빠져 있다. 요컨대 포르노그래피 문헌과 성도착자의 그림들을 통해서만 알려져왔고 셀 수 없이 많은 세기 동안 언급된 바도 없으며 우리가 모든 악덕 중의 악덕이라고 부를 만한 이유가 있는 비행이 누락되었다는 것이다. 어쩌면 그것은 일반적으로 흔히 있는 일이었을지도 모르겠다. 그러나 보통은 침실이라는 공간에 한정되어 있었고 아주 이따금 법정으로 끌어내어졌다. 심지어 인간의 다른 모든 약점에 대해서는 어딘가에 반드시 적어 놓은 성경에서도 내가 아는 한 그것에 대해서만큼은 침묵하고 있다. 이것이 어쩌면 테르툴리아누스와 토마스 아퀴나스가 이를테면 매우 순진무구한 방식으로 낙

서 파생되는 것이다. 이 지령에는 항상 예제로서 채택되는 수학적 진리와 같은 여타의 이성적 진리들과 마찬가지로 답이 주어질 수가 없다(한나 아렌트, 〈도덕의 기본 전제들〉).

원에서 예상되는 기쁨들의 목록에 지옥의 고통에 대한 명상을 끼워 넣은 이유일지도 모른다. 이것 때문에 정말로 체면을 구기게 될 첫 번째 인물은 니체였다(《도덕의 계보학》 1.15). 말이 난 김에 말인데, 아퀴나스는 그 미래의 기쁨들에 대해 수정을 가했다. 수난 그 자체가 아니라 신의 정의의 증거로서 수난이 그 성자들을 기쁘게 할 것이라고 말이다.

이러한 것들은 단지 악덕 행위들일 뿐이다. 그리고 철학사상과 대조적으로 종교사상은 원죄와 인간 본성의 타락에 관해 이야기한다. 그러나 거기서조차 우리는 의도적인 비행에 관해서는 들을 기회가 없다. 카인이 아벨을 살해하러 갔을 때 그는 카인이 되기를 원치 않았고, 심지어 필멸할 인간의 죄 중 가장 극단적인 사례인 유다는 자신의 처소로 돌아가서 스스로 목을 맸다. (도덕적으로가 아니라) 종교적으로 말해서 그들은 자신들이 무엇을 하고 있는지 몰랐으므로 모두 용서되어야 할 것 같다. 이 법칙의 예외가 하나 있는데 그것은 예수의 가르침 속에 나타난다. 그는 이런저런 인간의 약함 때문이라고 설명될 수 있는, 즉 교리적으로 말해서 애초 에덴동산에서 추방됨으로써 인간 본성이 타락했기 때문이라고 설명될 수 있는 모든 죄의 용서에 대해 설교했던 바로 그 예수다. 그러나 죄인들, 즉 법규를 위반한 자들을 사랑한 위대한 예수가 한번은 앞의 것과 동일한 맥락에서 **수치스러운 죄**skandala를 일으키는 이들을 두고 "그 목에 맷돌을 매달고 바다에 던져지는 편이 나을 것" 같은 사람들이 있다고 언급한다. 그런 자가 아예 태어나지 않았더라면 좋았으리라. 그러나 예수는 이러한 수치스러운 범죄들의 본질이 무엇인지 말해주지 않는다. 그래서 비록 우리가 그의 말속의 진실이 무엇인지 대충 짐작할 수 있다고 해도 정확히 꼬집어 말할 수는 없다.

이 대목에서 우리의 시선을 문학으로, 즉 악한들을 발견하게 되는 셰익스피어나 멜빌 혹은 도스토옙스키로 돌리면 사정이 조금 나아질 수 있을 것이다. 그들 역시 악의 본질에 관해 구체적인 것을 말해줄 수 없을지 모르지만 적어도 대충 얼버무려 넘기지는 않는다. 우리는 그것이 어떻게 그들의 마음을 지속적으로 따라다니며 괴롭혔는지 그리고 그들이 인간의 사악함의 가능성을 얼마나 의식하고 있었는지 대체로 알 수 있다. 그러나 그것이 우리에게 얼마나 도움이 될지는 잘 모르겠다. 최고의 악한들 — (맥베스나 리처드 3세가 아니라) 이아고, 멜빌의《빌리 버드》에 나오는 클래가트, 도스토옙스키의 모든 소설에 나오는 악한들 — 의 심층부에는 언제나 절망, 그리고 절망과 병행하는 시기猜忌가 존재한다. 키르케고르는 모든 근본악이 절망의 심연으로부터 나온다고 우리에게 명시적으로 알려준 바 있다. 그것은 우리가 밀턴의 사탄과 다른 많은 것들로부터 알 수도 있었을 어떤 것이다. 우리는 악마에 대해서 디아볼로스diabolos 즉 거짓을 증거하는 중상가, 혹은 사람들을 유혹에 빠뜨리는 적대자인 사탄뿐 아니라 빛의 운반자인 타락한 천사 루시퍼도 악마라고 듣고 배웠으므로 그 말이 매우 신빙성 있고 그럴듯하게 들린다. 달리 말해서 우리가 최선과 최악을 결합시키는 데 헤겔과 그의 부정 능력이 필요하지 않았다는 것이다. 단지 게임에서 속임수를 쓰거나 거짓말하는 정도의 시시한 불한

당은 물론 그런 경우에 해당되지 않겠지만, 진짜 악인에게는 항상 특정한 유형의 기품이 존재했다. 클래가트와 이아고는 자신들보다 낫다고 생각하는 사람들에 대한 시기를 행동으로 나타냈다. 이아고에게는 신이 무어인에게 부여한 소박한 기품이 시기의 원인이 되었고, 분명 사회적으로나 직업적으로도 나은 위치였던 클래가트에게는 한 사람의 낮은 지위의 선원이 지닌 한결 더 소박한 맑음과 순수가 시기의 원인이 되었다. 나는 키르케고르나 그를 대변해주고 있는 문학의 심리학적 통찰에 대해서 의심하지 않는다. 그러나 이 절망으로부터 나온 시기에 있어서조차도 우리가 그 실재하는 사물the real thing에 완전히 부재하는 것으로 알고 있는 특정의 기품이 여전히 존재한다는 것은 명백하지 않은가? 니체에 따르면 스스로 자신을 경멸하는 사람은 적어도 자기 내부에서 자신을 경멸하는 그자만큼은 존경한다! 그러나 우리가 표현할 수 있는 전부가 '이건 결코 일어나서는 안 되는 것이었는데'라는 회한뿐일 때 우리에게 말로 표현할 수 없는 공포를 야기하는 것은 바로 그 실재악the real evil인 것이다.

2

우리가 토론 중인 사안들을 위해 사용하는 '윤리학'과 '도덕'이라는 단어들은 그 어원학적 기원이 가리키는 것보다 훨씬 더 많은 것을 의미한다. 우리는 관습이나 예의범절 혹은 습관을 다루지 않으며 엄밀히 말해서 미덕도 다루지 않는다. 미덕은 훈련이나 가르침의 결과이기 때문이다. 그래서 우리는 오히려 그 문제를 건드린 적 있는 모든 철학자들이 지지했던 주장 쪽을 다룰 것이다. 이와 관련하여 첫 번째로는 옳고 그름의 구분이 존재한다는 주장이 있다. 그 옳고 그름의 구분은 [사물의] 크고 작음과 [사안의] 무거움과 가벼움 사이의 상대적 성격의 구분과 다른 어떤 절대적 구분이다. 둘째로, 모든 분별 있는 사람은 이 옳고 그름의 구분을 적용할 수 있다는 주장이 있다. 이 가정들로부터 도덕철학 분야에서는 그 어떠한 새로운 발견 사항도 존재할 수 없다는 주장, 바꿔 말해서 무엇이 옳고 그른지는 늘 알려져 왔다는 주장이 따라 나올 듯하다. 우리는 이 [도덕]철학의 분과 전체에 그것의 참된 본질을 가리키는 다른 이름이 주어지지 않았다는 사실에 적이 놀라게 되었다. 왜냐하면 우리는 모든 도덕철학의 기본 가정인 [소크라테스의] '불의를 행하는 것보다 불의를 당하는 편이 낫다'는 데 동의했고, 게다가 '이 진술이 모든 분별 있는 사람에게 자명하다'는 신념이 시간의 시험대에 오른 적이 전혀 없었기 때문이다. 그와 대조적으로 우리 자신의 경험들은 이러한 문제들의 원래 명칭인 **모레스**_mores_와 **에토스**_ethos_가 예의범절, 관습, 습관을 의미하며, 그것들은 어떤 면에서 철학자들의 생각보다 훨씬 적절한 것일 수 있다는 사실을 가리킬 수도 있다. 그럼에도 우리는 아직까지 이런 이유를 들어 도덕철학을 창밖으로 내던질 준비가 되어 있지 않다. 이 문제에 관해서는 철학사상과 종교사상의 합의가, 우리가 사용하는 단어들의 어원학적 기원과 우리가 쌓아온 경험들만큼이나 무거운 비중을 차지한다고 여겼기 때문이다.

"이웃을 **너 자신**과 같이 사랑하라", "**네게** 행해지기를 원치 않는 바를 남에게 행하지 말라"와 같은 가르침과 명령 전체를 요약하는 것으로 추정되는 극히 소수의 도덕적 명제들, 그리고 끝으로 칸트의 "네 행위의 좌우명이 모든 지각 있는 존재를 위한 하나의 일반 법칙이 될 수 있는 방식으로 행동하라"라는 유명한 [정언명법의] 공식을 포함한 것 모두 자아the Self, 결과적으로는 자신과의 내적 교제를 기준으로 삼는다. 우리의 맥락에서 그 기준이 히브리-기독교의 가르침 속에서의 자기애自己愛인지 아닌지 또는 칸트의 경우처럼 자기경멸인지 아닌지는 중요치 않다. 우리가 이것에 놀라움을 표시하는 것은 도덕이 결국 타인에 대한 인간의 처신을 지배한다고 가정되고 있기 때문이다. 가령 선을 논하거나 역사상 선인들 — 나사렛 예수, 아시시의 프란체스코 등등 — 에 대해 생각할 때 우리는 그들의 무자아성을 칭찬할 것이다. 우리가 통상적으로 인간의 사악함을 특정 유형의 이기성이나 이기주의 등과 동일시하는 것과 마찬가지 논리로 말이다.

여기서 언어는 다시 자아의 편에 놓이게 되는데, 이는 언어가 도덕의 모든 문제는 단지 관습과 예의범절에 관한 사안들이라고 믿는 자들의 편에 놓여있었기 때문이다. 본래 양심conscience은 모든 언어에서 옳고 그름을 알고 판단하는 능력이 아니라 우리가 현재 의식consciousness이라고 부르는 것, 즉 우리가 우리 자신에 대해 알고 또 자각하는 능력을 의미한다. 그리스어에서처럼 라틴어에서도 이 의식을 나타내는 단어가 양심을 지시하도록 인계되었다. 프랑스어에서 동일 단어인 'conscience'는 아직도 인지적 의미와 도덕적 의미 모두를 표현하는 수단으로 사용된다. 영어에서 'conscience'는 최근에 와서야 그것의 특별한 도덕적 의미를 획득했다. 여기서 아폴론 신전에 고대 그리스어로 새겨져 있던 '너 자신을 알라'는 의미의 gnothi sauton이라는 문구를 상기해보자. 이 문구와 함께 '그 어떤 것도 지나치면 안 된다過猶不及'는 의미의 meden agan이라는 문구가 철학적인 일반 도덕의 첫 번째 가르침으로 간주될 수 있으며 또 그렇게 간주되어왔다.

도덕 명제들은 진실성을 주장하는 다른 모든 명제들처럼 자명하거나 아니면 증거 제시를 통해서 또는 입증하는 방식으로 지탱되어야만 한다. 만약 그것들이 자명한 성격이라면 그것들은 모종의 강제성을 띠게 될 것이다. 요컨대 인간 정신은 그것들을 수용하지 않을 수 없게 되고 이성의 지령에 고개를 숙이게 된다는 것이다. 증거는 강력한 설명력을 가지므로 그것을 뒷받침할 어떤 주장도 필요치 않게 되며, 분명한 설명과 명징한 해명을 제외하고는 그 어떤 담론의 도움도 필요 없게 된다. 틀림없이 여기서 전제된 것은 "올바른 이성"이며, 아마 여러분은 그것이 모든 사람에게 평등하게 부여되는 것이 아니라는 주장에 반대할지도 모른다. 과학적 진리와 구별되는 도덕적 진리의 경우에는 제일 평범한 사람과 제일 [지적으로] 세련된 사람이 강력한 설득력을 지닌 증거에 똑같이 개방되어 있다고 가정된다. 요컨대 모든 인간이 이런 합리성 유형, 즉 과거 칸트가 말한 바 있는 그 도덕법칙을 자기 안에 가지고 있다고 가정된다는 것이다. 도덕적 명제들은 항상 자명하다고 주장되어 왔으며 아주 일찍부터 그것들이 증명될 수 없다는 사실, 즉 공리公理적이라는 사실이 밝혀졌다. 바로 이 사실로부터 어떤 의무의 지시—'~하라'나 '~하지 말라'라는 명법 — 가 불필요하다는 사실이 따라 나왔을 것이다. 그리고 나는 앞에서 칸트의 정언명법이 나오게 된 역사적 이유들을 보여주고자 했는데, 정언명법은 그것이 하나의 정언적 진술에 그쳤더라도 나쁘지 않았을 뻔했다. 소크라테스의 다음 진술처럼 말이다. "불의를 행하는 것보다 불의를 당하는 편이 낫다." 그러나 다음의 방식은 아니어야만 한다. "불의를 행하지 말고 불의를 당하라." 소크라테스는 여전히 당신 앞에 있는 충분한 이유들에 따라 당신이 [올바르게] 행동하는 데 실패하지 않으리라 믿었던 반면, 칸트는 의지 — 고대에는 이 능력이 알려지지 않았었다 — 가 이성에게 '아니요'라고 말할 수 있음을 알았으므로 어떤 의무 개념을 도입해야 할 필요성을 느꼈다. 그러나 그 의무는 결코 자명하지 않으며, 이성적 담론의 범위를 넘어서지 않고서는 결코 증명된 바가 없었다. '해야만 한다'나 '하지 말아야 한다'는 명령의 이면에는 '그러지 않는다면' 신의 보복이나 공동체의 합의에 따른 제재라는 위협, 또는 우리가 보통 참회라고 부르는 자기 처벌의 위협인 양심의 제재가 놓여있다. 칸트의 경우 양심은 자기경멸의 형태로 위협을 가한다. 소크라테스의 경우는 우리가 보게 되는 것처럼 자기모순의 형태로 위협을 가한다. 자기경멸이나 자기모순을 두려워하는 사람들은 바로 자기 자신과 더불어 사는 사람들이다. 그들에게 도덕 명제는 자명한 것이므로 그것에 의무 개념을 더할 필요는 없다.

최근 우리가 경험한 것들 중 하나가 이 논점을 설명해준다. 가령 여러분이 나치 독일의 도덕적 붕괴에 의해 전혀 손상되지 않고 모든 죄에서 자유롭게 남겨진 소수의 사람들, 그 숫자가 매우 적기는 하지만 그들을 조사해본다면 그들이 어떤 도덕적 갈등이나 양심의 위기 따위를 겪지 않았다는 사실을 발견할 것이다. 그들은 다양한 이슈들 — 차악次惡, 국가나 그들이 서약한 바에 대한 충절, 또는 그게 뭐가 됐든 이권이 걸려 있었음직한 다른 모든 것 — 을 고민해 본 적이 없다. 그런 이슈는 아무것도 생각해보지 않았다는 말이다. 그들이 행동 방식을 두고 찬반 논쟁을 벌였을지 모르지만 행동에 옮길 경우 성공 확률에 부정적인 여러 가지 이유는 항상 있었다. 그들이 겁을 집어먹었을지도 모르며 공포를 느낄 이유는 충분했다. 그러나 그들은 비록 [나치] 정부에 의해 합법화된다손 쳐도 범죄는 여전히 범죄로 남는다는 사실, 그리고 어떠한 상황에서도 그러한 범죄에 가담하지 않는 것이 낫다는 사실을 결코 의심하지 않았다. 바꿔 말해서 그들은 어떤 의무를 느낀 것이 아니라 주변 사람들에게는 더 이상 자명한 것이 아니었지만 자신들에게만큼은 자명한 무엇인가에 따라 행동했다. 그러므로 그들의 양심 — 그것이 바로 양심 그것이었다면 — 은 어떠한 의무적 성격도 띠지 않았으며, '내가 이것을 **해서는 안 된다**'보다는 '나는 이것을 **할 수가 없다**'고 말했다.

'나는 할 수가 없다'는 말의 긍정적 측면은 그것이 도덕 명제의 자명성과 조응한다는 점이다. 그 말은 내가 '2×2=5'라고 말할 수 없는 것과 마찬가지로, '내가 무고한 사람들을 죽일 수 없다'는 의미다. 여러분은 '네가 하라' 또는 '네가 해야만 한다'는 명령이나 강요에 대해 항상 다음과 같이 응수할 수 있다. '나는 어떤 이유 때문에 하지 않을 것이다' 또는 '나는 어떤 이유 때문에 할 수가 없다'고 말이다. 도덕적으로 말해서 절체절명의 순간에 유일하게 믿을 만한 사람들은 '나는 할 수가 없다'고 말하는 사람들이다.[13] 이른바 이 주장된 자명성이나 도덕적 진리의 완전한 적절성

---

13 그것(나치 사회의 다른 사람들과 더불어 순응하려는 압력)이 작용하지 않는 사람들의 숫자는 항상 적지 않았다. 우리는 이 강의에서 그들에게 관심을 가진다. 무엇이 그들에게 다른 모든 사람처럼 행동하지 못하게 막은 것일까? (플라톤이라면 넌지시 말했을 법한) 그 고결한 본성 때문이었나? 이 고결성은 무엇으로 이루어지나? 플라톤을 좇아서 우리는 그들을 특정의 도덕 명제들이 자명했던 부류의 사람들로 인정한다. 그런데 왜 그랬을까? 우선, 그들은 누구였는가? 그 새 질서에 순응한 사람들은 결코 혁명가나 반란의 가담자 등등이 아니었다. 명백히 아니었다. 그런 부류의 사람들이 압도적 다수를 차지했기 때문이다. 그 도덕적 붕괴는 아무런 의구심도 갖지 않았고 반항적인 슬로건들도 내놓은 적이 없는 그러한 사회집단들의 굴복에 그 원인이 있었다. 그들은 사르트르가 "비열한 자들 *les salauds*"로 부른, 그가 존경할 만한 사회 내 미덕의 본보기와 동일시한 사람들이었다.

삶의 모든 영역에서 저항한 사람들이 발견되는데, 그중에는 훌륭하고 고상한 사회 구성원들도 있었지만 빈자와 전혀 배우지 못한 무지한 자들도 있었다. 그들은 말은 거의 하지 않았다. 그렇지만 그들의 주장은 언제나 똑같았다. '어떠한 **갈등**, 어떠한 투쟁도 일어나지 않았으며, 악도 전혀 유혹의 원인이 될 수 없었다.' 심지어 종교적인 사람이라 해도 '우리는 만물을 꿰뚫어 보고 보복하는 신이 두렵다'라고 말하지 않았다. 종교들 역시도 매우 훌륭하게 적응한 마당이니 그렇게 말하는 것이 조금도 도움이 되지 않을 것이 뻔했기 때문이다. [대신] 그들은 단지 '나는 할 수가 없다. 그런 일을 한다면 내가 사는 게 아무런 가치도 없을 테니, 차라리 죽는 게 낫다'고 말했다.

그래서 우리가 평범한 사람들의 행태에 관심을 갖게 되는 것이며, 나치주의자나 신념을 가진 볼셰비키주의자, 성자, 영웅, 타고난 범죄자들에게 관심을 두지 않는 것이다. 그 이유는 더 나은 용어가 없어서 우리가 도덕이라고 부르는 어떤 것이 존재한다면 그것은 확실히 그와 같은 평범한 사람들과 그러한 평범한 사건

이 갖는 불이익은, 그것이 전적으로 소극적인 성격으로 남아야만 한다는 것이다. 그것은 그 어떠한 행위와도 절대 무관하며, '행하느니 차라리 고통을 감수하겠다'는 입장보다도 한 발 더 나아가 '아니요'라고 말한다. 정치적으로 말해서 ― 요컨대 공동체의 관점이나 우리가 살고 있는 세계의 관점에서 말하자면 ― 그것은 무책임하다. 그 기준은 자아이지 세계가 아니고, 세계의 개선이나 변화도 아니다. 이러한 사람들은 영웅이나 성자도 아니며, 가령 그들이 순교자가 된다면 (물론 그런 일도 가능은 하겠지만) 그것은 자신들의 의지에 반해서 그렇게 되는 것일 뿐이다. 더욱이 힘이 문제시되는 세계 속에서 그들은 무력하다. 우리가 그들을 도덕적 인격체들이라고 부를 수 있을지는 모르겠지만, 추후 살펴보게 될 것처럼, 이 용어는 거의 불필요한 중복에 해당된다. 단지 한 인간이 되는 자질과 구별해서 설명해보면, 한 사람의 개별 인격체가 되는 자질은 인간이 가지고 태어나서 사용하거나 남용하는 개별 소유물인 천부적 재능, 적성, 또는 단점들 속에 포함되지 않는다. 개인의 인격적 자질은 바로 그의 '도덕적' 자질이다. 우리가 만약 이 '도덕'이란 단어를 그것의 어원학적 의미나 관습적 의미가 아닌 도덕철학의 의미로 취한다면 말이다.

끝으로 언급할 것은 종교사상은 물론이고 철학사상조차도 악의 문제를 어떻게든 회피하려 한다는 어려움이 존재한다는 사실이다. 우리의 전통에 따르면 모든 인간의 사악함은 대개 인간의 맹

___
들의 발생과 연관되기 때문이다(〈도덕의 기본 전제들〉).

목성과 무지 또는 인간의 약함, 즉 유혹에 빠지는 내적 성향에 의해 설명된다. 따라서 인간 — 우리의 암묵적인 주장은 이렇게 계속된다 — 은 자동적으로 선을 행하거나 의도적으로 악을 행할 수가 없다. 인간은 **유혹에 빠져서** 악을 행하며, 선을 행하는 데는 **노력**이 요구된다. 이 관념은 예수의 가르침이 아니라 기독교 도덕철학의 교의들을 통해서 실제로 매우 깊숙이 뿌리내리고 있는데, 사람들은 보통 자기가 하기 싫은 것은 올바른 것으로 간주하고, 자신들을 유혹하는 것은 그게 무엇이든 그른 것으로 간주한다. 이 해묵은 편견을 둘러싼 가장 유명한 그리고 가장 영향력 있는 철학적 진술은 칸트에게서 찾아볼 수 있다. 칸트에게 모든 내적 성향은 유혹으로 정의되며, 잘못을 행하게 하는 유혹은 물론 선을 행하게 하는 단순한 내적 성향도 똑같이 유혹으로 정의된다. 이 점은 그다지 잘 알려지지 않은 일화를 통해 설명하는 게 가장 효과적일 것이다. 칸트는 매일 정확히 같은 시각에 그의 소문난 일과인 산책을 나서서 쾨니히스베르크 거리들을 지나갔고, 그러다가 길에서 만나는 거지들에게 동전을 적선하는 습관을 들였다. 이 적선을 위해 그는 매일 새 동전들을 지참했는데 그것은 거지들에게 낡고 닳아빠진 화폐를 줘서 모욕감을 주지 않으려는 나름의 배려였다. 그뿐 아니라 일반인들이 주는 액수의 세 곱을 주었는데, 그 결과야 물론 거지들에게 에워싸이는 것이었다. 마침내 그는 매일 하던 산책 시간을 바꿔야 했고, 그 사실을 말하기가 창피한 생각이 들어 푸줏간의 조수에게 폭행당했다는 얘기를 꾸며서 둘러댔다. 그 이유는 자신이 산책 시간을 바꾼 진짜 이유는 물론 적선의 습관이 그의 도덕 공식, 즉 정언명법과 어떠한 방식으로도 조화될 수 없었기 때문이다. 과연 어떠한 일반법칙이 '당신에게 청하는 모든 이에게 다 주어라'라는 금언金言에서 실로 모든 유형의 세계나 모든 지각 있는 존재에게 타당한 형태로서 도출될 수 있겠는가?

내가 이 이야기를 꺼낸 또 다른 이유는, 우리가 도덕 사상사에서 발견한 매우 드물게 이론적으로 표현된 인간 본성에 대한 통찰을 적시하려는 것이다. 내가 생각하기에 사람들은 적어도 **유혹에 빠져서** 선을 행하며 그들이 악을 행하려면 **노력**이 필요한 게 사실이다. 그리고 그 반대의 경우도 못지않게 자주 있다는 것 역시 사실이다. 마키아벨리는 이 점을 제법 잘 알고 있었고, 그가 《군주론》에서 통치자들은 "선하지 **않게** 되는 법"을 배워야만 한다고 말한 것은 악하고 사악해지는 방법이 아니라 그저 양자의 내적 성향들을 다 피하는 방법을 배워야만 하며, 범죄원칙은 물론이고 도덕원칙이나 종교원칙과도 구별되는 정치원칙에 따라 행동해야 한다는 의미였다. 마키아벨리가 볼 때 우리가 더불어 판단하는 기준은 자아가 아니라 세계 — 이 기준은 배타적으로 정치적인 성격이다 — 가 되어야 한다. 이 견해가 그를 도덕철학에서 매우 중요한 인물로 만들었다. 그는 자기 영혼의 구원보다 피렌체에 더 관심을 두었고, 세계보다 영혼의 구원에 더 관심 있는 사람은 정치에서 발을 빼야 한다고 생각했다. 비록 사상적으로는 훨씬 낮은 수준이지만 훨씬 더 영향력이 큰 것은, 인간은 선하지만 사회에서 그리고 사회생활을 통해 사악해진다는 루소의 주장이다. 루소는 사람은 본성상 "다른 사람들이 고통받는 것에 대해 태생적인 거부감"

을 가지고 있는 반면, 사회는 인간으로 하여금 자신의 동료 인간들의 고초에 무관심해지도록 만든다는 의미로 말했을 뿐이다. 그래서 그는 우리가 다른 동물 종種들과 마땅히 공유할지도 모르는, 대체로 육체적인 자연적 특질들에 관해 말하면서 그ʼ반대의 것에 대해서는 도착倒錯이라고 설명한다. 그 반대의 것도 자연적 특질 못지않게 육체적이며 우리의 동물적 본성의 일부지만, 물론 악이나 의도적인 사악함은 아니다.

여기서 잠시 이 내적 성향과 유혹이라는 이슈, 그리고 칸트가 왜 그것들을 동격으로 취급했으며 어째서 그가 모든 내적 성향 속에 사람을 타락시키는 유혹이 존재한다고 보았는지의 문제로 돌아가보자. 모든 내적 성향은 자아에서 나와서 외부를 지향하며 무엇이든 외부 세계에서 내게 영향을 미칠 수 있는 것의 방향으로 기운다. 이 내적 성향을 통해서, 즉 길을 쳐다보기 위해 창밖으로 고개를 내밀듯 나를 내미는 행위를 통해 나는 세계와 연락을 취한다. 그 어떤 경우에도 나의 내적 성향은 나와 나의 자아 사이의 교제를 통해 결정되지 않는다. 가령 내가 나를 활동에 투입시킨다면, 가령 내가 나 자신에 대해 반성한다면, 나는 말하자면 내 내적 성향의 대상을 잃는다. 내가 나 자신을 사랑할 수 있다는 그 오래된 그러나 이상한 관념은 내가 나 자신에서 빠져나와, 사물이든 사람이든 다른 것으로 기울듯 나 자신에게도 기울 수 있음을 전제하고 있다. 그러나 칸트의 언어로 말하자면 내적 성향은 내 바깥에 있는 대상들, 즉 내가 욕구하거나 자연적인 친밀감을 느낄 수 있는 대상들에게 **영향을 받는** 것을 의미한다. 그리고 칸트가 볼 때

이처럼 나 자신에게서, 즉 나의 이성이나 의지에게서 나오지 않은 것에 영향을 받고 있다는 것은 인간의 자유와 부합하지 않는다. 나는 무엇인가에 끌리거나 거부감을 느끼므로 더 이상 한 사람의 자유로운 행위자가 아니다. 이와 반대로 다른 행성에 있을지도 모르는 그곳의 거주자들이나 천사들을 포함하여 모든 지각 있는 존재에게 타당한 도덕법칙은, 이미 앞에서 언급했으므로 여러분이 기억하고 있듯이, 그것 자신을 제외하고는 다른 어떤 것의 영향력으로부터도 자유롭다. 그리고 자유는 외부 원인에 의해 결정되는 것이 **아니라고** 정의되므로 내적 성향에서 해방된 어떤 의지만이 선하고 자유롭다고 일컬어질 수 있을 것이다. 우리는 이 칸트 철학에서 악의 회피란 것이 의지가 자유로운 동시에 사악할 수 없다는 가정에 근거하고 있음을 깨닫게 된다. 칸트의 용어로 사악함은 *an absurdum morale*, 즉 일종의 도덕적 부조리인 것이다.[14]

---

14 당신은 칸트철학이 아니어도 이런 결론에 도달할 수 있다. 나는 또 다른, 좀 더 근래 것으로 완전히 상이한 전제들을 가지고 있음에도 정확히 같은 결론에 도달한 사례 하나를 제시할 것이다. 최근의 저자인 조지 A. 슈레이더는 〈책임과 현존〉(*Nomos*, vol. 3)에서 자신이 그 오래된 난관에 부닥쳤음을 알게 됐다고 밝혔다. 비록 도덕적 진리가 자명하다 하더라도 도덕적 의무 — 당신은 당신이 옳다고 알고 있는 것에 따라 행동해야 한다는 것 — 는 자명하지 않을뿐더러 완벽하게 증명될 수도 없다. 그래서 그는 모든 도덕적 명법들을 간단한 명제들이 아닌 존재론적 진술들로 변형하려고 시도한다. 이 시도는 명백히 있음 또는 현존 자체가, 보통은 우리가 오직 신의 계명들의 힘에서만 발견할 수 있는 어떤 구속력을 제공할 것이라는 바람에서 이루어진 것이다. 결과는 우리가 대개 '옳다' 또는 '그르다'라고 부르는 것이 적절한 또는 부적절한 행태로 판명되는 것이었다. 흥미롭게도 우리의 저자는 어쩐 일인지 하이데거를 좇아서 인간이 자신을 만든 것이 아니라 자신의 현존을 빚지고 있다는, 즉 자신의 존재가 하나의 선물로서 무상으

소크라테스는 《고르기아스》에서 굉장히 역설적인 진술 세 가지를 제출했다. (1)불의를 행하는 것보다 불의를 당하는 편이 낫다. (2)행위자가 처벌을 면제받는 것보다 처벌받는 편이 낫다. (3) 무엇이든 좋을 대로 다 할 수 있는 전제군주는 불행한 사람이다. 이 세 진술 가운데 마지막 것에는 관심을 두지 않고, 오직 둘째 진술만 논의하기로 한다. 우리는 그러한 진술들의 역설적인 성격

로 주어졌다는 사실과 더불어 논의를 시작한다. 이로부터 그는 이 정의상 인간은 답을 하고 책임을 져야 할 존재라는 결론을 내린다. "한 인간이 되는 것은 스스로 자신에게 책임을 지는 것이다." 글쎄, 그렇다면 다른 누구에 대해 또 책임이 있을 것인가? 스스로 생명을 선택하지 않았다는 사실에 대한 진술이 정확히 그 반대를 의미할 수도 있음이 차라리 명백하지 않은가. 내가 나 자신을 만들지 않았고 나의 현존이 하나의 선물로서 무상으로 주어졌다면, 나는 그것을 내 소유물 가운데 포함시킨 다음 마음 내키는 대로 할 수도 있을 것이다. 그러나 이 반대 주장과 그것의 궁극적인 기준으로서 자아의 재등장도 일단 함께 무시하고 다음 주장으로 옮아가자. "이것을 진술하는 것은, 한 사람이 이상적인 의미에서 **되어야 할 바**를 추천하는 방식은 전혀 아니지만 그야말로 그가 어떤 사람**이며** 어떤 사람**임이** **틀림없음**을 언명하는 것이다." 여기서 '~임이 틀림없음'과 실제 행태 사이의 불일치가 커진다면 인간은 인간이 되기를 중지한다. 가령 우리가 비도덕적 처신을 간단히 비인간적 처신이라고 부르는 사치를 감당할 수 있다면 우리의 문제는 끝날 것이다. 그러나 실상은 그렇지가 못하다. 마침 우리 저자의 주요 사례 설명 가운데 하나를 통해서, 즉 강아지를 함부로 다루는 사례에서 직접적으로 볼 수 있듯이 말이다. 강아지를 돌멩이인 양 다루는 것은 "도덕적으로 그리고 인지적으로 잘못된 일"이다. 이것은 한 대상에 대한 "그릇된 설명", 즉 일종의 인지적 오류에 해당된다. 단 한순간도 우리의 저자에게는 '내가 이 강아지를 한 개의 돌멩이인 양 취급하면 내가 한 개의 돌처럼 행동하는 것이거나, 더 이치에 맞게 설명하자면 내가 고통을 주기를 원하는 것'이라는 생각이 들지 않는 것인가. 그러므로 여기에 인지적 오류라고는 전혀 없다. 이와 정반대로 가령 내가 강아지는 한 개의 돌멩이가 **아님**을 몰랐다면 그것을 함부로 다루고픈 유혹에 결코 빠져들지 않을 것이기 때문이다.

에 대해 이해하지 못했다. 그의 심문자 중 한 사람인 폴로스가 소크라테스에게, "[당신은] 그런 것들을 어떤 인간도 입 밖에 낼 수 없는 방식으로 말한다"(《고르기아스》 473e)라고 지적하자 소크라테스는 부인하지 않는다. 반대로 그는 모든 아테네인이 폴로스에게 동의할 것이며 자신만이 그들에게 "동의할 수 없는 유일한 사람으로 남을 것"(472b)이라고 확신한다. 그는 그럼에도 모든 사람이 실제로는, 마치 위대한 대왕과 나쁜 전제군주가 자신들이 모든 사람 중에서 가장 불행한 자들이라는 사실을 결코 알아채지 못하듯이 ― 자기가 동의하고 있다는 사실도 모른 채 ― 자신에게 동의할 것이라고 믿고 있다. 그 대화편을 통해 계속 전개되는 이야기의 핵심은, 모든 사람은 자신을 위해 최선이라고 생각하는 바를 바라고 또 행한다는 관련 당사자들 전체의 확신이다. 개인에게 최선인 것은 공동체에도 좋다는 것이 당연시되었고, 갈등이 빚어질 경우 어떻게 할지의 문제는 어디에서도 명시적으로 제기되지 않았다. 이 대화에 낀 사람들은 무엇이 행복을 구성하며 무엇이 불행을 구성하는지에 대해 결론을 내기로 되어 있다. 그리고 다수의, 숫자상 다수의 의견을 청하는 것은 마치 어린이들에게 건강과 섭생에 관한 사안들을 판결하기 위해 재판정을 구성하도록 허용하는 것과 흡사하다. 예컨대 의사가 피고석에 앉아 있고 요리사가 기소장을 작성하는 식으로 말이다. 소크라테스가 자신의 역설들을 지원할 목적에서 내뱉은 말 그 어느 것도 그의 반대자들에게는 단 한순간도 확신을 심어주지 못한다. 그 설득 작업 전체는 그보다 훨씬 큰 규모로 이루어진《국가》속의 작업에서와 마찬가지로 소크라테스 자신이 하나의 "로고스" 즉 이성에 의해 추론된 주장이라고 믿으며 칼리클레스에게 마치 그것이 진리라도 되는 것처럼 《고르기아스》523a~527b) 어떤 "신화" 한 편을 이야기하는 것으로 끝을 맺는다. 그 결과로 여러분은 죽음 이후의 삶에 관한 설화, 어쩌면 옛날 부인들의 설화일지도 모르는 그것을 읽게 된다. 죽음은 몸과 영혼의 분리이며, 몸에서 빠져나온 그 영혼이 마찬가지로 육신 없는 어떤 판관 앞에 벌거벗은 채로 출현하게 되면 "영혼 자체가 바로 그 영혼을 관통"(523e)한다. 그런 다음 길이 갈라지는데 하나는 은총의 섬으로 가는 길이고, 다른 하나는 타르타로스[지옥]와 범죄 흔적들로 인해 얼룩지고 추한 영혼들에 대한 처벌이 기다리는 길이다. 이들 가운데 일부는 처벌을 통해서 개과천선할 것이지만, 죄질이 최고로 나쁜 경우들은 본보기로 삼아 일종의 연옥이라고 추정되는 곳에서 "다른 사람들이 그들이 어떻게 고통을 받고 두려워하며 또 무엇을 개선하게 되는지 볼 수 있게"(525b) 조치될 것이다. 많은 사람으로 채워진 타르타로스와 달리 은총의 섬은 거의 사막과 같이 한적하다. 그곳에는 일생 동안 많은 활동에 관여하지 않았고 또 남의 일에 참견하기를 즐겨하지 않았던, 오직 자신들과 관련된 것에만 관심을 가졌던 철학자들"(526c) 소수만이 살고 있을 것으로 보인다.

여기서 [우리에게] 문제가 되는 진술은 두 가지다. '행위자가 처벌을 면제받는 것보다 처벌받는 편이 낫다'는 진술과 '불의를 행하는 것보다 불의를 당하는 편이 낫다'는 진술은 결코 같은 범주에 속하지 않는다. 그 타르타로스 신화는 엄밀히 말해서 처벌에 관한 역설만을 언급하면서, 이 대화편의 앞부분에 소개된 어떤 은유를 장황하게 풀어내고 있다. 그것은 바로 인간의 신체 상태로부터 접수한 건강한 영혼과 병들고 비뚤어진 영혼의 은유이며, 플라톤으로 하여금 처벌을 약의 복용에 비유하도록 허용한다. 사실 이런 식으로 영혼에 관해 은유적으로 말하는 것은 소크라테스적 어법은 아닌 듯하다. 영혼에 관한 학설을 처음 발전시킨 사람은 플라톤이었다. 사실 소크라테스는 명백히 플라톤과 달리 한 사람의 시인이 아니었다. 때문에 그가 그런 앙증맞은 설화들을 얘기했다는 것 역시 신빙성이 없어 보인다. 우리의 목적상 여기서는 그 신화에서 다음 논점들만 존치시킬 것이다. 첫째 논점은, 이런 신화들이 항상 청중들에게 확신을 심어주려는 모든 시도들이 실패했다는 사실이 매우 분명해진 이후에 이성적으로 추론된 주장에 대한 일종의 대안으로서 나타난다는 점이다. 둘째, 그것의 밑바탕에 깔린 취지는 마치 '내가 얘기하는 것이 당신에게 확신을 주지 못한다면 당신은 다른 설화를 믿는 편이 좋을 것'이라고 말하고 있는 듯하다는 사실이다. 그리고 셋째는 그 은총의 섬에 도달하는 부류는 하고많은 사람들 중에서 오직 철학자뿐이라는 사실이다.

이제 한편으로는 사람들에게 확신을 심는 일이 지닌 불안정성을 인식하고, 다른 한편으로는 세계 전체가 자신에 반대한다는 점을 자신이 인정한다손 쳐도 자신이 옳다는 소크라테스의 흔들리지 않는 확신으로 우리의 관심을 돌리기로 하자. 그 [《고르기아스》라는] 대화편의 말미에서 소크라테스는 약간 더 수용적인 자세를 취한다. 그는 어리석음과 무지apaideusia를 인정하는데(527d~e), 이는 결코 비아냥거린 게 아니었다. 그가 말하기를 우리는 이런 사안들에 관해서, 같은 이슈를 두고 결코 같은 의견을 언제까지 유지하지 못하고 계속 마음을 바꾸는 아이들처럼 얘기한다. {"지금 이 순간 그 동일한 문제들—그것들 역시 다른 어떤 것보다 중요함에도 불구하고—에 대해 결코 동일한 견해들을 고수할 수 없는 것이 우리의 분명한 자화상인데도 우리가 보란 듯이 우리 자신을 훌륭한 자들로 간주한다는 것이 내게는 수치스러운 일로 보인다. 이 참으로 통탄할, 배워먹지 못한 자들아!"(527d)} 그러나 여기에 걸린 문제들은 어린애 장난거리가 아니며, 그와 정반대로 "가장 중차대한" 문제들이다. 사실 우리가 도덕적 문제들에 관해 변덕을 부린다고 인정한 것은 매우 의미심장한 일이다. 여기서 소크라테스는 오직 '힘만이 옳은 것'이라는 강령이 "자연스러운" 결론이라는 자기 적수들의 주장에 동의를 표하는 듯이 보인다. 또한 다른 모든 것, 특히 모든 법규들은 관례와 부합할 때 옳은 것이 되고, 관례들은 장소와 시간에 따라 변한다는 생각에도 동의하는 듯이 보인다. 그 결과 "옳은 것 *ta dikaia*은 그 어떠한 자연적 현존 양태도 가지지 않으며, 그래서 사람들은 끊임없이 권리들에 대해 논쟁을 벌이면서 그것들을 바꾸려 한다. 그들이 어느 때라도 변경하는 사항은 그게 무엇이 됐든 그 당시에는 권위를 지니는데, 그것의 현존 양태는 어떤 방식으로도 자연에 의거하는 것이 아니라 인공적 구조와 입법에 의거하게 되는 것이다"(《법률》 889e~890a).

이상은 플라톤의 마지막 저작인 《법률》에서 인용한 것인데, 그 책에는 소크라테스가 등장하지는 않지만 《고르기아스》에 대해 분명히 암시하고 있다. 여기서 플라톤은 담론의 유익한 효과에 대한 소크라테스적인 믿음, 그리고 혹자가 다중을 위협하려면 이른바 모종의 신화를 고안해야 한다는 자신의 초창기적 확신을 포기했다. 그는 "그것[설득]이 대단히 긴 시간이 요구되는 작업이라는 사실은 차치하고라도" 이런 방식들을 이해시키기가 어려운 듯하므로 설득 자체가 가능하지 않을 것이라고 말한다. 따라서 플라톤은 "법률이 제정되어야 한다"라고 제안하는데, 그것은 "항상 정지해 있을 것"이기 때문이다. 물론 법률은 인간이 만들 것이고 "자연적"인 것이 아니지만 플라톤이 이데아Ideas라고 지칭한 것에 부응할 것이다. 그리고 현명한 사람들은 법률이 "자연적"이지도 영구적이지도 않음 — 단지 인간의 모방품의 하나임 — 을 알 것이지만, 다중은 법률이 "정지"해 있으므로 변하지 않는다고 믿게 될 것이다. 이러한 법률은 진리가 아니며 단순한 관례도 아니다. 관례들은 동의에 의해, 즉 국민의 합의를 통해 수립된다. 여러분은 《고르기아스》에서 소크라테스의 적수들은 "인민demos의 애호가들," 즉 진정한 민주주의자들로서 묘사되고 있다는 사실을 기억할 것이다. 그리고 우리는 소크라테스가 자신을 이 진정한 민주주의자들과 대비되는 철학의 애호가로 기술하고 있다고 말할 수 있다. 철학은 오늘 이렇게 말하고 내일 다르게 말하는 일 없이 항상 같은 것을 말한다. 그러나 늘 변함없이 똑같은 것은 소크라테스가 아니라 철학이다. 그리고 그가 비록 지혜와 사랑에 빠졌음을 고백할지라도 소크라테스는 자신이 현명하다는 것을 힘주어 부정한다. 결국 그의 지혜는 그 어떤 인간도 현명하게 될 수 없음을 아는 것 정도에 그칠 뿐이다.

바로 이 지점에서 플라톤은 소크라테스에게 작별을 고한다. 플라톤은 소크라테스적이지 않고 오직 플라톤적이며《국가》에서 그 목적이 가장 잘 상술된 이데아론을 통해 별개의 이데아의 세계 [영역] 또는 형상_Forms_의 세계가 현존한다고 가르쳤다. 그 [이데아의] 세계에는 정의正義나 선善 등과 같은 것들이 "본질적으로 그들 자신의 실재_a being of their own_와 더불어 현존한다." 철학자는 담론을 통해서가 아니라 정신의 눈에 보이는 이 형성들을 바라다봄으로써 진리_Truth_로부터 정보를 얻게 되며, 보이지 않고 소멸되지도 않는 자신의 영혼 — 눈에 보이고 소멸되며 계속해서 변화에 종속되는 육신과 대비되는 것으로서의 영혼 — 을 통해 보이지 않고 소멸되지도 않으며 변하지 않는 진리를 획득한다. 요컨대 추론과 논증이 아니라 그것을 바라다보고 주시함으로써 진리를 취하는 것이다. 내가 앞에서 일반적인 도덕 진술들의 자명성에 대해, 그리고 그것을 인지한 사람들에게 발휘되는 강제성, 그리고 그것을 인지하지 못한 사람들에게 그것의 공리적 진실성을 증명하기가 불가능하다는 점에 대해 말했을 때, 나는 그것들을 소크라테스적인 용어들이 아니라 플라톤적인 용어로 설명했었다. 소크라테스는 구두 언어, 즉 추론으로 도달할 수 있는 논증을 신뢰했고, 그러한 추론은 오직 구두 진술들의 순서에 따라 전개될 수 있다. 그 진술들은 논리적으로 연결되고 서로 모순을 일으키지 않아야 한다. 그가《고르기아스》에서 얘기한 대로 그 목표는 "당신이든 다른 누구든 아무도 빠져나갈 수 없는 쇠로 된 굴레처럼 철석같은

… 말들로 그들을 고정시키고 묶어 두는 것"이다. 말할 줄 알고 모순의 규칙들을 인식하는 사람이라면 누구나 그 논증의 최종 결론에 스스로 구속되어야 한다. 플라톤의 초기 대화편들은 이 신념에 대한 훌륭한 논박 시리즈로 읽힐 수도 있을 것이다. 문제는 바로 말들과 주장들이 "쇠로 된 굴레에 의해 고정될" 수가 없다는 데 있다. 이는 그것들이 "떠돌아다니고"(《에우튀프론》), 또한 추론 과정 자체는 끝이 없기 때문이다. 말의 영역 안에서 그리고 하나의 과정으로서 사유함은 전부 말을 하는 과정이므로 우리가 같은 수준의 확실성을 가지고 무엇이 옳고 그른지 결정하게 될 어떤 철칙을 결코 찾아낼 수 없다. 다시 한번 소크라테스적인 혹은 플라톤적인 예제를 사용하자면, 기준과 측정 방식이 항상 동일한 곳에서 우리는 [사물의] 크고 작음은 숫자로 결정하고 [사안의] 무겁고 가벼움은 무게로 결정한다. 플라톤의 이데아론은 그런 기준과 측정 방식을 철학에 도입했고, 결국 옳고 그름을 어떻게 식별하는가라는 문제 전체가 이제는 내가 각각의 특수한 사례에 적용해야 할 기준 혹은 "이데아"를 소유하고 있는지 여부로 넘어간다. 그러므로 플라톤이 볼 때 누가 도덕적 가르침에 따라 행동하거나 하지 않을 것인지의 문제는 궁극적으로 한 인간이 지니고 있는 "영혼"의 유형에 따라 결정되며, 그의 주장에 따르면 이 영혼은 처벌을 통해 개선될 수 있다.

이 점은 《국가》에서 매우 명시적으로 제시된다. 소크라테스는 《고르기아스》에 나오는 칼리클레스와의 대화에서 발견한 것과 동일한 난제들을 《국가》의 트라시마코스에게서 다시 맞닥뜨리게 된다. 트라시마코스는 통치자의 이익에 부합하는 것이 "정의롭다"고 일컬어지며, 이 [정의롭다는] 표현은 권력을 쥔 자들이 법에 따라 자신의 종복들에게 명령한 행위에 붙인 수식어일 뿐이라고 주장한다. 반대로 칼리클레스는 법률들, 즉 관례들에 지나지 않는 그것들은 약한 다수가 강한 소수로부터 자신들을 보호하기 위해 만들어진다고 설명했다. 그 두 이론은 외피 상으로만 서로 반대되는 입장이다. 양쪽 모두에서 옳고 그름은 어떤 권력의 문제이며, 우리는 이런 측면에서(다른 측면들에서는 전혀 그렇지 않지만) 아무 어려움 없이 《고르기아스》에서 《국가》로 옮겨갈 수 있다. 《국가》에서는 소크라테스와 트라시마코스의 대화 속에 소크라테스의 두 제자 글라우콘과 아데이만토스가 등장하는데, 그들은 트라시마코스 본인 못지않게 소크라테스의 주장에 대해서도 확신을 가지지 못한다. 결과론적으로 그들은 트라시마코스의 명분을 변호한다. 그들의 이야기를 들은 후 소크라테스는 다음과 같이 소리친다. "너희가 비非정의의 명분을 그렇게 설득력 있게 변호하고도 여전히 그것이 정의보다 낫다고 확신하지 못하는 것을 보니, 그대들의 본성〔physis, 《국가》 367e를 보라〕 속에 정말로 신의 자질이 들어 있는 게 틀림없는 듯하군." 제자들에게 확신을 심어주지 못한 소크라테스는 이제 무슨 말을 해야 할지 몰라서 갈팡질팡한다. 그러다 그는 이 엄격히 도덕적인 탐구(오늘날 우리의 표현을 차용하자면) 과정으로부터 무엇이 최선의 통치 형태인가라는 정치적 사안으로 말꼬리를 돌린다. 작은 글씨를 읽는 것보다 큰 글씨를 읽는 것이 훨씬 쉽다는 평계를 대면서, 또 자신이 사람들을 대상으로 분석하고자 했던 것과 동일한 성질들을 국가에 대한 검토에서도 발견하게 될 것이라는 전제를 달면서 말이다. 이것이 가능했던 이유는 소크라테스에게 국가라는 것은 결국 인간이라는 글자의 대문자일 뿐이기 때문이다. 우리의 맥락에서 볼 때 결정적으로 중요한 점은, 글라우콘과 아데이만토스에게 정의가 비정의보다 낫다는 진실을 확신시킨 것이 그들 자신의 본성이라고 명확히 지적한 사실이다. 그러나 그 문제의 논의에 돌입하게 되자 그들은 소크라테스의 논증 방식을 통해서 확신을 얻지 못하고, 대신 자신들이 논증을 잘할 수 있고 또 매우 설득력 있는 방식으로 자신들이 진실이라고 믿는 바를 입증할 수 있음을 보여준다. 그들에게 확신을 준 것은 그 로고스logos가 아니라 그들이 정신의 눈으로 볼 수 있는 어떤 것이었다. 동굴의 비유 역시 부분적으로는 그렇게 [정신의 눈으로] 본 증거를 말과 주장의 형태로 흡인력 있게 옮기는 것이 불가능하다는 사실을 알려주는 이야기인 것이다.

가령 여러분이 다음과 같은 문제들을 숙고해보면 플라톤적 해법에 쉽게 도달하게 될 것이다. 본성, 즉 그들의 영혼의 본성이 진리를 보도록 허용된 소수의 사람에게는 그 어떠한 의무나 '네가 해야 한다 … 그러지 않을 경우에'와 같은 조건이 필요치 않다. 그들에게는 무엇이 문제인지가 자명하기 때문이다. 그러나 진리를 보지 못하는 사람들은 논의를 통해서도 설득될 수가 없으므로, 그들이 비록 확신하는 상태는 아니더라도 마치 자신들도 역시 '보았다'는 듯이 적절히 처신하도록 그들의 행동을 강제할 수단이 강구되어야만 한다. 이러한 수단은 물론 플라톤 자신이 도덕문제와 정치 사안들을 취급한 대화편 여러 곳의 마무리에 사용했던 내세에 관한 신화들이다. 그 이야기들이란, 그가 대화편의 시작 단계에서는 어쩌면 그저 나이 든 아낙들의 이야기일 뿐이라는 듯이 다소 머뭇거리며 소개하였고 그의 최후작인 《법률》에서 마침내 통째로 포기한 그 신화들을 말한다.

　내가 이렇게 플라톤의 가르침에 관해 장황하게 늘어놓은 이유는, 여러분이 양심을 신뢰하지 않는다면 문제들이 어떤 상황에 놓이게 될지 ─ 아니 '되었을지'라고 해야 맞나? ─ 를 보여주기 위해서였다. 그 양심이라는 말의 어원 ─ 즉 원래 그것의 정체가 '의식consciousness'이라는 사실 ─ 은 차치하더라도, 양심은 인간이 자신의 말보다 신의 말씀을 경청하는 기관으로서 이해되었을 때 비로소 그것의 구체적인 도덕적 성격을 획득했다. 그러므로 이러한 사안들을 세속적인 용어로 이야기하고자 한다면 기독교 이전의 고대 철학 말고는 기댈 것이 거의 없다. 그건 그렇고, 여러분이 거기서, 즉 그 어떤 방식으로도 어떠한 종교적 도그마에 얽매이지 않은 철학적 사유의 한중간에서, 어떤 지옥과 연옥 그리고 낙원에 관한 이론, 그것을 보강하는 최후의 심판, 보상과 처벌, 용서받을 수 있는 죄와 용서받을 수 없는 죄의 구분, 그리고 그 최후의 심판의 나머지 요소들 모두를 발견하게 된다는 것은 매우 인상적이지 않은가? 여러분이 찾다가 허탕칠 것이라곤 오로지 죄는 용서될 수 있다는 [기독교적] 관념뿐이다.

　우리가 이 놀라운 사실에 대한 해석을 원하는 만큼 여기서 한 가지 사항만큼은 확실히 해두기로 하자. 우리야말로 서구에서 기독교가 등장한 이래 처음으로 소수 엘리트층뿐 아니라 대중들도 더 이상 ― 미국의 건국 선조들이 여전히 그렇게 표현했듯이 ― "미래의 위엄"을 믿지 않는 첫 번째 세대다. 따라서 우리 세대는 양심을 보상의 기대나 처벌의 두려움 없이 반응하는 기관으로 생각하려고 ― 아마 그렇게 보일 것이다 ― 한다. 사람들이 아직까지도 이 양심이 어떤 신성한 목소리로부터 통지를 받는다고 생각하는지는 솔직히 말해 의문의 여지가 있다. 우리의 사법제도들이 적어도 범죄행위와 관련해서만큼은, 모든 사람이 비록 법률서에 정통하지 않을지라도 그들에게 옳고 그름을 알려주는 그 양심이라는 기관에 여전히 의존하고 있다는 사실이 결코 양심이 현존한다는 것을 옹호하는 논거일 수는 없다. 제도들은 종종 그것들이 근거하고 있는 기본 원칙들보다 오래 살아남는다.

여기서 플라톤의 이데아론을 전혀 알지 못했고, 그래서 정신의 눈으로 본 것들의 공리公理로서의 비非담론적인 자명성도 전혀 알지 못했던 소크라테스로 돌아가자. 《고르기아스》에서 소크라테스는 자기 진술의 역설적인 성격과 설득력 부족이라는 자신의 무능력에 직면하자 다음과 같이 답변한다. 그는 우선 칼리클레스가 "그 자신과 합의 상태에 있지 못할 것이며 일생을 통해 자신과 모순을 일으키게 될 것"이라고 말한다. 그러고 나서 소크라테스는 자기 자신에 관한 한, "**하나인 나**I who am one가 나 자신과 조화를 이루지 못하고 내게 모순을 일으키는 것보다는, 차라리 나의 수금竪琴이나 내가 지휘하는 합창대가 곡조 이탈하여 시끄럽게 불협화음을 내는 것이나 대부분의 사람들이 내게 동의하지 않고 맞서는 편이 낫겠다"(482b~c)고 생각한다고 덧붙인다. 이 문장에서의 핵심 관념은 "**하나인 나**"인데, 불행히도 많은 영어 번역본에서 이 것이 누락되었다. 그 의미는 명확하다. 비록 나는 하나지만, 단순 한 하나가 아니다. 나는 어떤 자아a self를 가지고 있고 나는 나 자 신의 자아my own self인 이 자아와 관련되어 있다. 이 자아는 결코 어떤 환상이 아니다. 이 자아가 나에게 이야기함으로써 ― 나는 단지 나 자신에 관해 자각할 뿐 아니라 나 자신에게 말한다 ― 내 가 듣도록 만들며, 이런 의미에서 비록 나는 하나지만 동시에 '하 나 속 둘'이며 거기에는 자아와의 조화 또는 불화가 있을 수 있다. 예컨대 다른 사람들에게 동의하지 않는다면 나는 등을 돌리면 그 뿐이다. 그러나 나 자신에게는 등을 돌릴 수가 없으므로 나는 다 른 모든 사람을 고려하기에 앞서 자아와 합의 상태에 이르고자 우 선적인 노력을 기울이는 게 낫다. 이것은 동시에, 불의를 행하는 것보다 불의를 당하는 편이 낫다는 말의 실제적인 이유를 밝혀준 다. 가령 내가 불의를 행한다면 나는 잘못을 저지른 자와 견딜 수 없는 근접성 속에서 함께 살도록 운명 지워진다. 나는 그를 결코 없앨 수 없다. 그러므로 신들과 인간들의 시선에서 감춰진 채로 있는 죄, 요컨대 아무에게도 들키지 않았으므로 전혀 드러나지 않 는 죄, 우리가 플라톤의 저작 속에서 반복적으로 언급되었음을 발 견하는 이 죄는 실제로는 현존하지 않는다. 내가 사유하고 있을 때 나는 나 자신의 대화 상대이듯이, 내가 행동하고 있을 때 나는 나 자신의 목격자이기 때문이다. 나는 그 행위자를 알고 있으며 그와 함께 살도록 운명 지어져 있다. 그 행위자는 침묵하지 않는

188

다. 이것이 소크라테스가 내놓는 유일한 이유인데, 여기서의 질문은 왜 이것이 그의 반대자를 설득하지 못하는가라는 것과 왜 이것이 플라톤이 《국가》에서 어떤 고결한 본성을 부여받은 사람들이라고 부른 이들을 설명하는 충분한 이유가 되는가 하는 것이다. 하지만 여러분은 소크라테스가 여기서 무언가 완전히 다른 것에 관해 얘기하고 있음을 알아차리기 바란다. 그것은 당신 외부에 있는 무언가 소멸되지 않으며 신성한 것을 보는 것의 문제는 아니다. 여러분이 이러한 것을 음미하기 위해서는 어떤 특별한 기관이 필요하다. 마치 여러분 주변의 가시적인 세계를 지각하기 위해 시력이 필요하듯이 말이다. 소크라테스의 입장은 그런 특별한 기관이 필요치 않다는 것인데, 이유는 당신은 당신 자신 속에 남아 있으며, 우리가 초월적 기준이라고 말하는 것이나 당신이 정신의 눈으로 접수한 당신 외부의 그 어떤 것도 당신에게 옳고 그름의 여부를 통지하지 않기 때문이다. 물론 담론 과정을 통해 진술의 사실성을 타인들에게 확신시키는 일은 불가능하다고까지는 아니더라도 확실히 어려운 일이다. 그러나 당신 자신은 자신과 더불어 살아가기 위해서 당신과 당신 자신 사이의 담론 과정에서 명료해진 것의 사실성에 도달했다. 가령 당신이 자신의 자아와 불화 상태라면 그것은 마치 억지로 자신의 적과 동거하면서 일상적인 교제를 갖는 것과 같다. 누구도 그런 것을 원치 않는다. 가령 당신이 불의를 저지르면 당신은 불의를 저지른 사람과 동거하는 것이다. 많은 사람이 불의를 당하는 것보다 자기 이득을 위해 불의를 저지르기를 선호하는 한편, 그 누구도 도둑이나 살인자 혹은 사기꾼과 함께 사는 것을 선호하지는 않을 것이다. 이는 살인과 협잡으로 권좌에 오른 전제자를 칭송하는 사람들이 잊고 있는 점이다.

《고르기아스》에 나와 자아the I and the Self 사이, 즉 나와 나 자신 me and myself의 관계를 구성하는 것이 무엇인지에 대한 단 한 개의 짧은 언급이 나온다. 이에 대한 소크라테스의 명쾌한 설명은 지식에 관한 대화편인《테아이테토스》에서 들을 수 있다. 그는 거기서 어떤 문제에 대해 철저히 생각하는 방식인 디아노에이스타이 dianoeisthai를 통해 자신이 이해하는 바를 설명하고자 한다.

나는 정신이 어떤 주제가 됐든 그것을 숙고하는 과정에 동반시키는 것을 담론a discourse이라고 부른다. 비록 나 스스로 그것에 대해 매우 자신하는 것은 아닐지라도 당신에게 그것에 관해 설명할 참이다. 그것은 내게 어떤 것에 대해 말로 충분히 풀어내는 방식인 디알레게스타이dialegesthai 그 이상은 아닌 듯이 보인다. 정신은 다만 스스로 질문들을 하고 그것들에 답하면서 '예' 또는 '아니요'라고 자신에게 말할 뿐이기 때문이다. 그러면 정신은 사물들이 반드시 결정되어야 할 한계선에 도달하며, 그때 둘은 같은 것을 말하며 더 이상 불확실하지 않게 되는데 우리는 그것을 정신의 의견이라고 규정한다. 이에 따라 나는 누군가가 마음을 정하고 의견을 형성하는 것을 담론이라 칭하며 그 의견 자체를 구두 진술이라 부르는데 이 구두 진술은 다른 사람에게 큰 소리로 공표되는 것이 아니라 자신에게 조용히 공표된다.

이와 거의 동일한 어휘들이 사용된 설명은《소피스트》에도 나온다. 사유와 구두 진술은 동일한 것이다. 사유는 정신이 자신과 침묵 속에서 계속 진행시키는 대화이고, 그 결과가 의견이라는 것을 제외한다면 말이다. 어떤 불의를 행하는 자가 이 무성의 대화를 나누는 데 매우 좋은 상대일 수가 없다는 점은 너무도 당연한 사실일 것이다.[15]

---

15 불의를 행하는 것보다 불의를 당하는 편이 낫다고 하는 자아the self는 실제로 '나는 - 내I-am-I이다' — 이것은 셰익스피어의 희곡《리처드 3세》에 나오는 대사임 — 라는 것의 실체라기보다는 하나의 활동 그 자체를 뜻한다. 여기에 걸린 것은 나 스스로 사유하는 능력이지, '내가 - 있다the I-am'는 의미에서의 나 — 이것은 무엇보다도 '하나 속 둘'이 아니라 하나다. **즉** 행위를 수행하고 있는 당신은 **하나**이며 세계 속에 **하나**로서 출현한다 — 라든가 그것의 있음 직한 결과들은 아니다. 소크라테스는 무엇을 가르치지도 않았고 아무런 지식도 가지고 있지 않았다. 그는 하나의 부단한 과정, 즉 그를 촉발시키는 어떠한 제안이라도 그것이 좌우하는 하나의 과정에 연관되어 있었다.《카르미데스》(165b)에서 그는 말한다. "크리티아스, 너는 내가 이미 답을 아는 질문을 네게 했다는 듯이, 그리고 내가 원하면 그 답을 네게 줄 수도 있다는 듯이 행동한다. 그건 사실이 아니야. 그저 난 나 스스로 어떠한 지식도 가지고 있지 않기 때문에 네가 무슨 제안을 내놓지 않을까 물어보는 것뿐이란다." 그는 이 말을 자주 반복하는데,《고르기아스》(506a)에서도 그런 장면이 나온다. 그러므로 강조점은 지식과 그것의 습득이 아니라 하나의 활동에 있다. (정치적으로 소크라테스는 지식이 아니라 사유하는 방법을 아는 것이 아테네인들을 훨씬 낫게 만들고 폭군에게 저항할 수 있게 만든다고 믿은 듯하다. 소크라테스는 새로운 신들에 대해 가르친 것이 아니라 모든 것에 대해 질문하는 방법을 가르쳤다. 사실 결과를 구하는 질문들에 대해 아무런 결과도 얻지 못한 사람들에게, 이 우상 파괴적인 과업은 매우 위험해질 수 있다. 사유하는 방법을 아는 사람은 그가 누구라도 단순히 복종하거나 순응하는 것으로 되돌아가지 못할 것이다. 이는 어떤 반항 정신이 생겨서라기보다 모든 것을 검토하는 습관이 생겼기 때문이다.《변명》에서 소크라테스가 판사들에게 한 최후진술은 "나는 **검토하는 일**을 포기할 수 없소"였다. 그런데 그는 왜 침묵

우리가 역사상 존재했던 소크라테스에 대해 아는 바는, 하루 일과를 시장[아고라] ― 플라톤의 대화편에 나오는 철학자가 공공연히 회피했던 같은 시장(《테아이테토스》) ― 에서 보냈던 그가 모든 사람이 본유적인 양심의 음성을 지니고 있지는 않지만 문제들에 대해 말로 충분히 풀어낼 필요성만큼은 [모두가] 느낀다고 믿었음이 틀림없다는 것이다. 이는 모든 사람들이 자기 자신에게 이야기를 한다는 뜻이다. 아니, 좀 더 기술적으로 표현해보면, 모든 사람은 '하나 속 둘two-in-one'인데, 이는 의식과 자의식(내가 무엇을 하든 나는 동시에 그렇게 하고 있는 나를 어떤 식으로든 의식하고 있다는 사실)의 의미에서 뿐만 아니라, 매우 구체적이고 적극적인 무성의 대화, 즉 지속적으로 자신과 교제하며 대화 관계에 놓인다는 의미로도 그러하다. 소크라테스는 그들이 자신이 무엇을 하고 있는지만 안다면, 그것을 그르칠 수 있는 어떤 일도 하지 않는 것이 얼마나 중요한지 이해하리라고 확신했다. 언어 능력 ― 이는 그리스인들이 실제로 믿은 바였고, 아리스토텔레스가 나중에 그의 유명한 인간에 대한 정의homo ekhon를 통해서 말한 바였다 ― 이 인간과 다른 동물 종을 구별한다면 나의 구체적인 인간적 자격이 증명되는 것은 나와 나 자신의 무성의 대화에 의해서다. 바꿔 말해서 소크라테스는 인간은 이성적 동물일 뿐 아니라 사유하는 존재고, 사람들이 이 사유능력을 빼앗기느니 차라리 다른 모든 야망을 접고 심

속에서 조용히 그 일을 하지 못했을까? 그것은 *dianoeisthai*, 즉 어떤 문제에 대해 철저하게 생각하는 방식보다 *daialegesthai* 즉 어떤 문제에 대해 말로 충분히 풀어내는 방식이 우선이었기 때문이다.)(〈도덕의 기본 전제들〉)

지어는 마음의 상처와 모욕조차도 감수하리라고 믿었다.

앞서 살펴보았듯이 플라톤은 이와 다른 생각을 했던 첫 번째 인물이었다. 그는 은총의 섬에서 오직 철학자들 — 사유함thinking 을 자신의 특별한 과업으로 삼은 사람들 — 만을 볼 수 있으리라 예상했다. 다른 어떠한 인간 활동도 사유의 무성의 대화보다 나와 나 자신의 내적 교제를 단호하고 불가피한 방식으로 요구하지 않는다는 것을 부정할 수 없기 때문에, 또한 어쨌든 사유함은 인간의 직업 중 가장 흔하고 평범한 범주에는 속하지 않기 때문에, 우리는 자연히 플라톤의 생각에 찬동하는 경향을 가지고 있다. 우리는 사유함을 더 이상 인간의 평범한 습관 가운데 하나로 생각하지 않으면서도 여전히 가장 평범한 사람들조차도 무엇이 옳고 그른지를 자각해야 한다는 점을 지지한다는 사실, 또한 불의를 행하는 것보다 불의를 당하는 편이 낫다는 소크라테스에게 우리가 당연히 동의를 표해야 한다는 사실을 우리가 망각하고 있다는 것을 제외하면 말이다. 정치적 관심은 누군가를 부당하게 때리는 행위와 부당하게 얻어맞는 행위 중에 무엇이 더 불명예스러운 일인지를 가리는 데 있지 않다. 그것의 배타적인 관심은 그러한 행위들이 아예 발생하지 않는 어떤 세계를 갖는 것이다 (《고르기아스》 508).

이 대목에서 이러한 고려 사항들이 내가 모두에서 기술한 도덕적 난점들과 관련하여 우리를 인도할 수 있는 몇 가지 방향을 제시하고자 한다.

도덕철학이 "가장 중차대한 사안들"을 다룬다고 할지라도 그 고고한 목적에 걸맞은 명칭을 결코 찾지 못한 이유는 철학자들이 그것을 논리학, 우주론, 존재론 등등처럼 하나의 분리된 철학 분 과로서 생각하지 못했다는 사실에 있을지도 모른다. 가령 도덕적 행동수칙이 사유함이라는 활동 그 자체에서 나온다면, 또 관련 이 슈가 무엇이든 그것에 관한 나와 나 자신 사이의 소리 없는 대화 의 암묵적 조건이 사유함이라는 활동이라면, 그것은 차라리 철학 자체의 선先철학적 조건이자 철학적 사유가 다른 모든 비非기술적 인 사유함의 방식들과 공유하는 조건일 것이다. 이 활동의 대상은 물론 구체적으로 철학적인 주제들 또는 그 문제에 관한 과학적 주 제들에 결코 한정되지 않는다. 하나의 활동으로서 사유함은 모든 사건에서 발생할 수 있다. 예컨대 사유함이라는 활동은 내가 길에 서 어떤 사건을 목도한 연후에 또 어떤 사건의 발생과정에 연루된 연후에 방금 내게 무슨 일이 일어났는지에 관해 숙고하기 시작하 고, 그 일에 관해 내 자신에게 일종의 이야기 형식으로 털어놓을 때, 뒤따를 다른 사람들과의 대화를 위한 이야기를 준비할 경우에 현전한다. 물론 같은 경우라도 내 무성의 숙고를 위한 주제가 내 자신이 직접 수행한 어떤 것일 경우에 훨씬 더 사실적인 성격을 띨 것이다. 이런 맥락에서 볼 때 불의를 저지른다는 것은 곧 이 능력을 못 쓰게 만든다는 의미다. 범법자의 범행이 탄로 나지 않 고 처벌을 피하는 가장 안전한 길은 그 스스로 자신이 한 짓을 잊 어버리고 더 이상 생각하지 않는 것이다. 같은 논리로 참회란 무 엇보다 자신이 한 일을 잊어버리지 않는 것, 즉 히브리어의 동사

슈브*shuv*가 가리키듯이 '그 일로 되돌아가는 것'에 있다고 말할 수 있다. 사유함과 기억함의 연결은 특히 우리의 맥락에서 중요하다. 그 누구도 자기 자신과 이야기하는 방식으로 충분히 생각해보지 않은 것을 기억할 수는 없기 때문이다.

이러한 비非기술적인 의미의 사유함은 확실히 철학자나 과학자 등등 특별한 사람들만의 특권이 아니다. 여러분은 그것이 사회 내 모든 영역에 현전하고 있음을 발견할 것이며, 우리가 지식인이라고 부르는 사람들에게 그것이 완전히 부재함을 발견할지도 모른다. 그러나 그것이 소크라테스가 추정했던 것보다 훨씬 덜 이루어진다는 사실을 부정할 수는 없다. 비록 누군가가 플라톤이 우려했던 것보다는 자주 이루어지기를 바란다 해도 말이다. 물론 나는 사유하기를 거부하고 기억하기를 거부하면서도 여전히 꽤 정상적인 인간으로 남을 수가 있다. 그러나 인간이 가진 말이라는 능력의 최상의 실현 형태[로서 사유함]을 박탈당한 결과 말이 무의미해지게 될 위험은 상당하다. 이는 비단 나뿐 아니라 어떤 매우 지적이지만 여전히 전혀 생각할 줄 모르는 피조물과 함께 억지로 살아가야 하는 다른 사람들에게도 똑같이 적용된다. 가령 내가 기억하기를 거부한다면 나는 실제로 뭐든 다 할 준비가 되어 있는 셈이다. 예를 들어 고통이 즉시 망각되는 유형의 경험이라면 나의 용기는 절대적으로 무모한 것이 되어버리기 때문이다.

이 기억의 문제는 우리를 악의 본질에 대한 성가신 문제로 적어도 한 발짝은 더 가까이 다가서게 한다. 철학은 (그리고 앞서 언급한 훌륭한 문학도) 악한을, 그저 어떤 절망상태에 놓여있으며 그 절망을 통해 어떤 고결함이 드러나게 되는 사람 정도로만 알고 있다. 나는 이런 부류의 악인이 현존한다는 사실을 부정하지는 않겠다. 하지만 우리가 알고 있는 가장 위중한 악행들은 그 악인이 [사유함의 과정 속에서] 자신과 다시 대면해야만 하는 상황에 있기 때문이거나 그가 망각할 수 없는 저주를 받았기 때문에 저질러지는 것이 아니라는 사실만큼은 확신한다. 최악의 악인들은 그 일에 대해 조금도 생각을 해 본 적이 없으며, 그래서 기억이 없으므로 아무것도 그들을 자제시킬 수가 없다. 인간들에게 있어 지난 일들을 반추하는 일은 깊이의 차원으로 이동하는 것, 요컨대 뿌리를 내리고 자신을 안정화시킴으로써 무슨 일이 일어나든 그것 — 시대정신이든 역사든 혹은 단순한 유혹이든 — 에 휩쓸리지 않게 되는 것을 의미한다. 최대의 악은 [그 성격상] 본질적인 것이 아니므로 아무 뿌리도 없고 뿌리가 없으므로 한계도 없다. 그러므로 그것은 상상도 할 수 없는 극단들로까지 치달을 수 있으며 전 세계를 완전히 휩쓸어버릴 수도 있다.

나는 앞에서 단순히 인간적human — 그리스인들이 언어적 존재 *logon ekhon*로서 자신들을 야만인들과 구별하던 명칭 — 이라는 말과 대비되는 것으로서 한 개별 인간a person의 자질을 언급했다. 이에 덧붙여 한 도덕적 인격체a moral personality를 운위하는 것은 거의 쓸데없는 중복이라고 말했다. 소크라테스가 자신의 도덕명제를 정당화하는 방식에서 단서를 발견함으로써 이제 우리는 다음과 같

196

이 말할 수도 있게 되었다. 내가 말을 통해 인간적 차이를 구체적으로 실현하게 하는 이 사유 과정에서 나는 명시적으로 나라는 하나의 개별 인간을 구성하며, 그러한 구성을 반복적으로 경신할 수 있다는 점에서 나는 계속 개별 인간으로서 남을 것이라고 말할 수 있다. 이것이 우리가 통상적으로 인격이라 부르는 것이라면, 그것은 천부적 재능 및 지성과 아무런 관련도 없으며, 사려 깊음의 소박하고도 거의 자동적인 결과라고 말할 수 있다. 바꿔 표현하자면 죄를 사함에 있어 사함을 받는 것은 범죄가 아니라 그 죄를 지은 인간이다. 따라서 [인간을 구성하는 사유 과정이 생략된 결과로서 나타난] 뿌리가 없는 악의 경우에는 누군가가 용서할 수 있는 인간이 아무 데도 존재하지 않는다고 하겠다.

이런 맥락에서 볼 때 모든 도덕적인 그리고 종교적인 사상들이 자기-애착의 중요성을 역설하는 것을 어쩌면 약간 더 잘 이해할 수 있을지 모른다. 그것은 다른 사람들을 사랑하듯 나 자신을 사랑하는 문제가 아니라, 내가 데리고 다니는 이 무성의 파트너에게 더 많이 의존하는, 말하자면 다른 사람 어느 누구보다 더 많이 그의 처분에 맡기는 문제이다. 자기를 상실할까 두려워하는 것은 당연하다. 그것[의 본질]은 더 이상 자신과 이야기할 수 없게 되는 것에 대한 두려움이기 때문이다. 가령 말로 표현되지 못하고 벙어리로 남아 있어야 한다면 애통과 슬픔뿐 아니라 기쁨과 행복을 비롯해 다른 모든 감정들도 대체로 견디기 힘들게 될 것이다.

그러나 이 사안에는 또 다른 측면도 있다. 사유 과정에 관한 소크라테스 - 플라톤적 설명이 내게는 매우 중요한 것으로 보이는데, 비록 지나가는 말투로 언급되고는 있지만 사람은 단수가 아니라 복수로 존재한다는 사실 요컨대 단 한 사람Man이 아니라 여러 사람men이 지구상에 거주하고 있다는 사실을 가리키기 때문이다. 비록 우리가 다만 혼자서 존재할지라도 우리가 이 '홀로 있음'을 말로 명료하게 표현하거나 실현할 때 우리가 동석 상태임을, 즉 우리 자신과 동석 상태에 있음을 알게 된다. 외로움, 우리 모두 잘 알고 있듯이 군중 속에서도 우리를 덮치는 그 악몽은 바로 이 '홀로 있음'이 자신에게 버림받은 상태, 말하자면 친구가 되어줄 사람이 아무도 없는 상황에서 자신이 일시적으로 '하나 속 둘'이 될 수 없는 상태인 것이다. 이 관점에서 볼 때 다른 사람들에 대한 나의 처신이 나 자신에 대한 나의 처신에 좌우될 것이라는 점은 실제적인 사실이다. 오직 어떠한 구체적인 내용도, 특별한 의무들과 책임 사항들도 관련되지 않을 경우에만 사실상 사유와 회상의 순전한 능력이나 그것의 상실이 문제시되는 것이다.

끝으로 나는 나무랄 데 없는 가정생활을 영위했으며 횔덜린을 읽고 바흐를 감상하면서 여가 시간 보내는 것을 좋아했고 (마치 이전에는 이런 일에 대한 증거가 부족했던 것 같다는 듯이) 지성인들도 다른 사람들과 마찬가지로 쉽게 범죄에 빠져들 수 있음을 입증한 제3제국의 살인자들을 여러분에게 환기하고자 한다. 그런데 감수성, 그리고 삶 속의 이른바 고차원적인 것들에 끌리는 느낌은 정신적인 능력이 아닌 것인가? 그건 확실히 정신적 능력이 맞다. 하지만 이 삶을 음미하는 능력은 사유와 그 어떠한 관계도 없다. 우리가 똑똑히 기억하는 대로 사유는 하나의 **활동**이지 무언가를 수동적으로 향유하는 것이 아니기 때문이다. 사유함이 하나의 활동인 한 그것은 시나 음악 또는 그림과 같은 산출물들로 전환될 수 있으며, 그런 종류의 결과물 전부가 사실상 사유-물들thought-things인 것이다. 이는 가구 및 우리의 일상에서 쓰이는 물건들이 사용-품들use-objects이라고 적절히 불리는 것과 마찬가지다. 앞의 것들은 사유에 의해서 고무되며, 나중 것들은 인간적 필요와 소용에 의해서 고무된다. 이 고도로 단련된 살인자들에 관한 핵심은, 그들 중 단 한 사람도 기억에 남을 만한 시를 쓰거나 감상할 만한 곡조를 작곡하거나 누군가가 벽에 걸고 싶어 할 정도의 그림을 그리지 않았다는 것이다. 훌륭한 시를 쓰고 좋은 곡을 작곡하며 그림을 그리는 데는 사려 깊음 이상의 것, 즉 특별한 재능이 필요하다. 그러나 그 어떤 재능이라도 당신이 사유와 회상이라는 가장 평범한 정신 능력을 잃었을 때 당신이 추가로 잃게 될 고결성의 상실 상황을 견뎌내지는 못할 것이다.

3

도덕은 단독의 상태에 놓인 개인과 관련된다. 옳고 그름의 기준, 즉 '내가 무엇을 해야만 하는가'라는 질문의 답은 최종적으로 내가 주변 사람들과 공유하는 습관이나 관습 또는 신적이거나 인간

적인 기원을 가진 명령에 달린 것이 아니라, 나와 관련하여 내가
결정하는 바에 달려 있다. 바꿔 말해서 내가 특정한 일들을 할 수
없는 이유가 있다면 그것은 그 일들을 할 경우에 더 이상 나 자신
과 더불어 살아갈 수가 없기 때문이다. 이 '나 자신과 더불어 살아
가기'는 의식 그 이상이고, 내가 무엇을 하고 어떤 상태에 있든 내
게 수반되는 자각 그 이상이다. 나 자신과 더불어 존재하는 것과
내 스스로 판단하는 것은 사유 과정에서 명료하게 표현되고 실현
된다. 그리고 모든 사유 과정은 나와 관련된 일이 발생할 때 나
자신과 더불어 이야기하는 하나의 활동이다. 나는 여기서 나와 나
자신 간의 무성의 대화에 현전하는 현존 양태를 **고독**solitude이라고
부를 것이다. 이런 이유로 고독은 홀로 있음의 다른 양태들, 특히
가장 중요한 양태인 외로움loneliness과 고립isolation 그 이상이며 그
성격도 다르다.

고독은 비록 혼자더라도 누군가(즉 나 자신)와 함께 있다는 의
미다. 그것은 내가 '하나 속 둘'의 상태로 있다는 것인 반면, 고립
은 물론이고 외로움도 이런 유형의 분리, 즉 내가 나 자신에 대해
질문하고 답을 받는 내적 이분법을 알지 못한다. 고독과 그것에
조응하는 활동, 즉 사유함은 다른 사람이 내게 말을 걸면 중단되
거나, 다른 모든 활동에서와 마찬가지로 그것 외에 다른 것을 하
거나 순전한 소진 상태가 되면 중단될 수 있다. 이러한 경우 어느
것이든 그 둘, 즉 사유 속에서 나였던 둘은 다시 **하나**가 된다. 누
군가가 내게 말을 건다면 이제 나는 나 자신이 아닌 그와 이야기
해야 하며, 그와 얘기하는 과정에서 내가 바뀐다. 물론 이때 나는

자각, 즉 의식을 소유함으로써 하나가 되지만 더 이상 전적으로 그리고 언어적인 방식으로 나 자신을 소유하지는 못한다. 가령 오직 한 사람만이 나에게 말을 건다면, 그리고, 이따금 일어나는 경우처럼, 둘 중 어느 한 쪽이 자신의 고독 상태에 있을 때 관심을 가졌던 바로 그것들에 관해 우리가 대화 형식을 빌려 말하기 시작하면, 그것은 마치 내가 지금 나의 또 다른 자아에게 말을 거는 것과 마찬가지일 것이다. 이 다른 자아allos authos에 대해서는 아리스토텔레스가 '친구'라고 제대로 정의한 바 있다. 한편, 고독 속에서의 사유 과정이 어떤 이유로든 중단된다면 나는 또다시 하나가 된다. 이때의 나는 동석자가 없으므로 다른 것들―사람, 책, 음악―을 찾아 나설 수도 있는데, 그것들이 실망을 주거나 와닿지 않는다면 지루함과 외로움에 휩싸이게 된다. 이런 상황을 피하기 위해서라도 나는 혼자 있을 필요가 없다. 나는 어떤 군중의 한가운데서 매우 지루하고 외로울 수 있지만, 실제의 고독 속에서, 즉 나 자신과 동석하거나 나의 또 다른 자아라는 의미에서 한 친구와 함께 있을 때는 그렇지 않다. 이런 까닭에 언젠가 마이스터 에크하르트가 피력했듯이 어떤 군중 속에 홀로 있음이 고독 속에 홀로 있음보다 훨씬 견디기가 힘든 법이다.

홀로 있음의 마지막 양태는 내가 '고립'이라고 부르는 것인데, 이것은 내가 나 자신과 함께 있지 않거나, 다른 사람들과 동석하고 있지 않으면서 세계 속 사물들에 대해 관심을 가지고 있을 때 일어난다. 지금 하는 일에 매우 집중하고 있어서 나 자신을 포함하여 다른 사람들의 현전이 방해될 뿐일 때 고립은 모든 종류의 작업을 수행하기 위한 당연 조건이 될 수 있다. 그런 작업, 즉 새로운 물건을 실제로 제작하는 일은 생산적일지 모르지만, 반드시 고립 상태일 필요는 없다. 배우는 일, 심지어 간단한 책을 한 권 읽는 일도 일정 정도의 고립, 즉 다른 사람의 현전으로부터 보호를 요구한다. 고립은 또한 모종의 부정적 현상으로서 발생할 수도 있다. 예컨대 나와 함께 세계와 관련된 특정 관심사를 공유하는 사람들이 나를 저버릴 수도 있다. 이런 일은 정치적인 삶 속에서 자주 발생한다. 예컨대 정치가에게 강요된 여가라거나, 아니면 그 자신이 한 시민이지만 자신의 동료 시민들과 연락이 끊긴 사람의 강요된 여가가 그런 경우에 해당한다. 이 두 번째의 부정적인 의미에서의 고립은 고독으로 전환될 때라야만 이겨낼 수 있으며, 라틴 문학에 일가견이 있는 사람이라면 로마인들이 어떻게 그리스인들과 대조적으로 고독을 발견했으며 그것과 더불어 공적인 삶으로부터의 퇴각을 수반하는 강요된 여가라는 삶의 방식으로서의 철학을 발견했는지를 알 것이다. 당신이 동료들과 함께 보내는 어떤 활동적 삶이라는 관점에서 고독을 발견한다면 당신은 카토가 말한 핵심에 도달하게 될 것이다. "나는 아무것도 하지 않을 때 가장 활동적이며, 홀로 있을 때 가장 혼자가 아니다." 내 생각에 당신은 이 격언을 통해서 원래 혼자가 아니고 아무것도 하지 않는 것과는 거리가 먼 어떤 활동적인 사람이 고독의 즐거움과 '하나 속 둘'이 벌이는 사유 활동의 즐거움 속에 빠져있다는 뜻밖의 이야기를 여전히 들을 수 있을 것이다.

다른 한편, 만약 당신이 외로움이라는 악몽으로부터 고독을 발

202

견하게 된다면 당신은 왜 니체라는 철학자가 이 문제에 관한 자신의 생각들을 한 편의 시(《선악의 피안》 말미에 나오는 〈높은 산에서〉)를 통해서 제시했는지를 이해하게 될 것이다. 그는 그 시 속에서 인생의 정오正午, 즉 [그라는] **하나가 둘이 됨으로써** 친구들과 동석자를 원하는 외로움의 필사적인 염원들에 종언을 고하게 된 순간을 축하하고 있다. {니체가 한 편의 시를 통해 생각들을 제시하는 이유에 관해 한참 전에 기술한 경구 하나가 현존한다. "그 시인은 리듬의 수레 위에 그의 생각들을 실어 나른다네. 대개는 그것들이 걸을 수 없었기 때문이지"(《인간적인, 너무나 인간적인》 189)}. 누군가는 이 대목에서 공손히 묻고 싶어질 것이다. '어떤 철학자가 그렇게 할 때에 무슨 일이 일어났던가?'라고.}

　내가 이처럼 홀로 있음의 다양한 형태들 또는 인간의 단독성 human singularity이 명료화되고 스스로 실현되는 다양한 방식에 관해 설명한 데는 [다 그럴만한] 이유가 있다. 우리가 그것들을 구별하는 데 무성의하고 무관심하여 혼동을 일으키기가 쉬우며, 또한 그것들이 계속해서 그리고 거의 알아챌 수 없는 방식으로 이것에서 저것으로 바꿔치게 되기 때문이다. 물론 도덕적 처신의 궁극적 기준으로서 자아에 대한 관심은 고독 속에만 현존한다. 그리고 그것의 입증 가능한 타당성은 "불의를 행하는 것보다 불의를 당하는 편이 낫다"라는 일반적인 공식에서 찾을 수 있다. 이 공식은 우리가 살펴보았듯이 하나임 being one으로서 존재하는 나 자신과 불화 상태인 것보다 세계 전체와 불화 상태인 편이 낫다는 통찰에 의거한 것이다. 이 타당성은 사유 과정을 위해 자기 자신을 동석자로

서 필요로 하는 '하나의 사유하는 존재'로서의 인간에 대해서만
주장될 수 있다. 물론 우리가 설명한 내용 그 어떤 것도 외로움이
나 고립과 관련해서는 타당성을 가지지 못한다.

　우리는 앞에서 사유함과 기억함은, [우리가] 세계 속에 뿌리를
내리는 인간적인 방식, 즉 우리 모두가 이방인들로서 태어나는 세
계 속에서 자신의 자리를 점하는 방식이라고 말했다. 우리가 보통
한 개별 인간 또는 한 인격체 — 이는 한 명의 하찮은 인간a mere
human being이나 보잘것없는 사람a nobody과 구별된다 — 라고 부르
는 것의 실체는 실제로 이 사유함이라는 뿌리내리기 과정에서 자
라나온다. 이런 의미에서 나는 앞에서 한 사람의 도덕적 인격체를
운위하는 것은 대체로 쓸데없는 중복일 뿐이라고 주장했다. 한 개
별 인간은 분명 성격이 좋거나 나쁠 수도 있고 내적 성향이 관대
하거나 인색할 수도 있으며, 저돌적이거나 유순할 수도 있고 개방
적이거나 은밀할 수도 있다. 그가 총명하거나 아둔하게, 아름답거
나 못나게, 다정하거나 불친절하게 태어날 수 있는 것과 마찬가지
로, 그는 모든 종류의 악덕을 가지고 태어났을 수도 있다. 이런 모
든 것은 우리가 여기서 다루는 내용과 거의 아무런 관련도 없다.
그가 한 사람의 사유하는 존재라면, 즉 사유와 회상에 뿌리를 내
리고 있는 존재라면, 그런 이유로 그가 자기 자신과 더불어 살아
가야만 한다는 것을 알고 있다면, 그에게는 자신의 행동에 허용해
야 할 한계선들이 존재할 것이며 그 한도들은 외부에서 부과되는
것이 아니라 그 스스로 정하게 될 것이다. 이런 한계선들은 사람
에 따라 나라와 시대에 따라 상당한 수준으로 또는 언짢은 방식으

로 변할 수가 있다. 그러나 한계를 모르는 극단의 악은, 악의 가능성들을 자동적으로 제한하는 이러한 자가-배양된 뿌리들이 완전히 부재할 경우에만 가능하다. 이 자가-배양된 뿌리들은 사람들이 사건들을 수박 겉핥기식으로 다루고 대충 넘어가는 곳이나, 그들이 도달할 수 있는 깊이가 어느 정도든지 간에 그것들을 꿰뚫어 보려고 하지 않고 흥분해서 정신을 못 차리는 곳에는 부재한다. 물론 이 깊이 역시도 사람에 따라 시대에 따라 그 차원은 물론이고 그것의 구체적인 특질이 달라진다. 소크라테스는 남을 설득하는 웅변가의 언술이나 **무엇을** 생각하고 **어떻게** 배우는가를 가르치는 현자의 야심과 구별되는 덕목인, 어떻게 생각하고 어떻게 자기 자신과 대화하는지를 사람들에게 가르침으로써 동료 시민들을 향상시킬 수 있으리라 믿었다. 그러나 만약 우리가 이 [소크라테스의] 가정을 수용하면서 그에게 신들과 인간들의 눈에서 감추어진 그 유명한 [사유함의 방법을 가르치는] 범죄에 대한 처벌이 무엇일지를 묻는다면, 그는 오로지 다음과 같이 대답했을 것이다. 그 처벌은 사유하는 능력의 상실, 고독의 상실, 그리고, 내가 앞에서 자세히 설명하려고 했던 대로, 그것과 더불어 창조성의 상실이 될 것이라고, 다르게 표현하자면, 그라는 개별 인간을 구성하는 [요소인] 자아의 상실이 될 것이라고 말이다.

도덕철학은 결국 철학의 산물이었으므로 또한 철학자들이 자아의 상실과 고독의 상실에서 살아남을 수는 없었을 것이므로, 엄격히 철학적인 사상에서는 물론 종교적인 사상에서도 타인들을 상대로 한 처신의 궁극적 기준은 항상 자아였다는 사실에 우리가 그렇게 놀랄 이유는 더 이상 없을 것이다. 그런즉 우리는 오히려 니콜라우스 쿠사누스에게서 전前기독교와 기독교 사상의 전형적인 혼합 양태를 찾아볼 수 있다. 그는 자신의 글에서 신으로 하여금, 아폴론 신전의 "너 자신을 알라"라는 문구와 거의 동일한 어휘를 차용하여 인간에게 얘기하도록 한다(《신의 비전》7). "네가 너 자신의 소유물이라면〔신이라 불리는〕나도 너의 소유물이 될 것이다." 그는 또 말하기를, 모든 처신의 바탕은 "내가 나 자신이 되기로 정한 바로서의 그것"이며, 신이 인간을 그 자신이 의지意志한 바대로 되도록 자유롭게 놔뒀기 때문에 인간은 자유롭다. 이제 우리는 여기에 다음 사항을 추가해야만 한다. 이 기준이 ― 비록 그것이 경험들 속에서나 사유의 필수조건들의 형태상에서 진실로서 입증될 수 있다손 쳐도 ― 그것 스스로 구체적인 가르침과 행동수칙의 표현들로 전환되지는 않는다는 점이다. 이런 이유로 수 세기 동안 도덕철학에서 거의 만장일치나 마찬가지였던 그 가정이 최근 우리의 신념과 기이한 모순 관계를 형성한다. 우리의 신념은, 국법은 신이 그들에게 그렇게 말했기 때문이거나 아니면 그것이 인간본성에서 파생될 수 있는 것이기 때문에 모든 인간이 동의하는 중요한 도덕규칙들을 명확하게 설명해준다는 믿음이다.

소크라테스는 지금 우리가 도덕이라고 부르는 것이 정말로 단독성의 상태에 놓인 인간과 관련이 있으며 또 한 시민으로서의 인간을 향상시킨다고 믿었다. 그래서 당시에 이미 제기되었고 오늘날에도 여전히 제기될 수 있는 정치적 반대 의견들을 고려에 넣는 것은 지당한 일이라고 하겠다. 자신이 아테네 시민들을 향상시킨다는 소크라테스의 주장에 대해서 그 도시국가는 그가 아테네 젊은이들을 타락시켰으며 도덕적 처신이 근거하는 전통적 신념들을 손상시켰다고 반박했다. 여기서 여러분이 주로 《변명》에서 찾아볼 수 있는 문구들을 인용하거나 풀이하는 방식으로 그 반대 이유들을 설명해보려고 한다. 소크라테스는 자신과 다른 이들의 삶을 검토하는 일로 소일하면서, 또 사유함을 통해 다른 이들과 자신을 교화하는 과정에서 기존의 모든 기준과 척도들을 의문시하지 않을 수 없었다. 그 결과 그는 다른 이들을 좀 더 "도덕적"으로 만들기보다는 [기존의] 도덕을 손상시키고 절대적인 신념과 무조건적인 복종 양자를 산산조각 내버린다. 어쩌면 그가 새로운 신들을 소개하려 한다는 거짓 누명을 썼을 수도 있다. 그러나 실은 그보다 더 나쁜 일을 했기 때문일지도 모른다. 그 자신은 "결코 어떤 지식을 가르쳤거나 가르친다고 고백하지 않았다." 더욱이 그 자신도 인정하듯이 그의 [철학자로서의] 소명은 그를 '사람들 대다수와 함께하는 삶, 즉 공적인 삶을 회피하는 사적인 삶*idioteuein alla me demosieuein*'으로 인도했다. 요컨대 그가 아테네의 여론이 얼마나 옳은 것이었는지를 거의 증명했다는 것이다. [당시 아테네의 여론에 의하면] 철학은 아직 시민 자격을 획득하지 않은 젊은이들만을 위한 것이며, 심지어 그렇다 해도 철학이 교육을 위한 필수사항인 것은 맞지만 동시에 그것은 영혼의 유약함*malakia*을 유발하므로 조심해서 실천해야 한다는 것이다. 끝으로 그 모든 것 중 최악은, 역시 소크라테스가 인정한 바에 근거하여 말하자면, 실제로 행동할 시점에 이르렀을 때 그가 자신을 위해 보여줄 수 있는 전부는 오직 그의 내부로부터 나오는 어떤 "목소리", 요컨대 그가 하려고 작정한 일에서 그를 돌려세우지만 결코 행동을 촉구하지는 않는 그 목소리였다.

이러한 반대 이유들은 그 어느 것도 옆으로 제쳐놓을 수 있는 것이 아니다. 사유한다는 것은 검토하는 것과 질문하는 것을 의미한다. 그것은 항상 니체가 그리도 좋아했던 우상들을 박살내는 일과 관련된다. 소크라테스가 질문하는 일을 다 끝냈을 때 매달릴 수 있는 기준들 — 일반인들에게 수용된 기준들이나 궤변론자들에게 수용된 대항적 기준들 — 은 아무것도 남아있지 않았다. 고독 속에서 일어나는 나 자신과의 대화나 또 다른 자아와의 대화는 심지어 그것이 시장 안에서 진행되었더라도 일반 대중을 피한다. 그리고 소크라테스가 마치 자신이 덩치 크고 품종은 좋지만 다소 둔한 말을 자극하는 한 마리의 등에인 양 도시국가를 선동하는 것이 자신의 생각에는 아테네인들에게 벌어진 다른 무엇보다 유익한 일이라고 말했을 때, 그것이 의미하는 바는 단지 그가 일반 대중의 입장을 고려한다면 그들이 자신의 단독성의 상태에서 자기 자신에게 말을 걸 수 있는 [즉 사유 과정에 진입할 수 있는] 개개인들로 다시 해체되는 것보다 더 좋은 일은 다시없다는 뜻이었을 것이다. 이 상황이 가능해진다면, 즉 모든 사람이 스스로 생각하고 판단할 수 있게 된다면 그것은 사실상 고정된 기준과 규칙들이 없어도 된다는 의미일 수 있다. 만약 이 가능성 — 사실 이 가능성은 소크라테스 이후 거의 모든 사람에 의해 부정되어 왔다 — 이 부정된다면 우리는 왜 폴리스가 그를 위험인물로 간주했는지를 쉽게 이해할 수가 있다. 누구든 사유하는 일 없이 그리고 그 사유하는 과정 자체에 진입하지 않은 채로 소크라테스식의 검토 내용을 경청한다면 그는 당연히 [기존 도덕의 관점에서] 타락할 것이다. 요컨대 그가 아무 생각 없이 가지고 있던 기준들을 박탈당하게 된다. 바꿔 말해서 타락에 취약한 사람들 전부가 이제 중대한 타락의 위험에 처해진 것이다. 동일한 행동이 좋은 사람을 더 나은 사람으로, 나쁜 사람을 더 나쁜 사람으로 만드는 이 애매성은 한 여성에게 오해받은 일에 관해 불평했던 니체가 넌지시 알려준 바 있다. "그녀는 자기에게 아무런 도덕성도 없다고 했다. 그렇지만 나는 그녀가, 나 자신처럼, 훨씬 더 엄격한 도덕성을 가진 것으로 생각했다."[16] 이 특수한 경우(루 살로메)에서의 비난이 비록 [우리의] 논점에서 많이 벗어나긴 하지만 그런 식의 오해는 흔한 일이다. 가령 우리가 살아가면서 대체로 준수하는 관례들, 규칙 및 기준들이 조사 중인 경우에는 눈에 잘 띄지 않으며, 긴급 상황 발생 시에 그것들에 의존하려는 시도는 무모한 것이라는 점을 우리가 인정한다면 이 모든 것은 충분히 사실적이다. 이 대목에서 소크라테스적 도덕은 정치적 위기 시점에만 적실성이 있다는 점과 도덕적 처신의 궁극적 기준으로서의 자아가 정치적으로는 일종의 긴급 조치에 해당된다는 점이 추정된다. 이는 일상적인 처신이 요

16 니체, 〈파울 레Paul Rée에게 보내는 서신 초고〉(1882), *The Portable Nietzsche*, selected and translated by Walter Kaufman(New York: Viking Press, 1954), 102.―편집자. 니체가 루 살로메를 만난 당시 그녀는 파울 레의 연인이었지만 니체는 그녀를 흠모했다.―옮긴이

구되는 사안들을 위해 도덕원칙들로 알려진 것을 불러다 적용하는 일 대개가 모종의 눈속임이라는 것을 암시한다. 항상 고차원의 도덕원칙과 고정된 기준들에 호소하는 편협한 도덕주의자들은 대개 자신들에게 제공된 정해진 기준들이라면 그게 뭐가 됐든 제일 먼저 달라붙고, 또 프랑스인들이 *les bien-pensants*[17]라고 칭하는 존경할 만한 사회가 보헤미안이나 비트족보다 매우 수치스럽게 변할 가능성이 클뿐더러 더 나쁜 범법집단이 될 수 있다는 사실은 우리가 군이 경험을 통하지 않더라도 알 수 있다. 우리가 지금까지 여기서 논의한 모든 것들은 예외적인 상황에서만 중요하다. 그런 예외적인 상황이 국법이 되고 그 예외적인 상황에서 어떻게 행동해야 하는가라는 질문이 그 날의 가장 화급한 이슈가 되는 나라는 바로 이 사실로 말미암아, 온건한 표현을 사용하자면, 나쁜 정부라는 비난에 직면한다. 완전히 정상적인 조건에 사는 사람들이 저 높이 매달린 도덕 기준들에 호소하는 것은 헛되이 신의 이름을 들먹이는 자들과 매우 흡사하다.

　정치적인 의미로는 일종의 경계선 현상으로 이해할 수 있는 이러한 도덕적 이슈의 특질은, [소크라테스의] "나 자신과 불화 상태인 것보다 세계 전체와 불화 상태인 편이 낫다"라는 입장으로부터 우리가 의당 기대할 수 있는 유일한 권고는 항상 완전히 소극적인 유형으로 남을 것이라는 점을 고려할 때 명료해진다. 그것은 결코 당신에게 무엇을 하라고 말하지 않을 것이며, 단지 특정의

---

17 생각이 바른 보수주의자들. ― 옮긴이

것들을 하지 못하도록 막을 것이다. 비록 주변의 모든 사람이 그런 특정의 것들을 실제로 하고 있다 할지라도 말이다. 사유함의 과정 자체는 다른 어떤 활동과도 양립하지 못한다는 점을 망각하면 안 된다. 그 **"멈추고 생각하라"**라는 숙어적 표현은 정말로 전적으로 옳다. 우리가 생각을 할 때면 우리는 우리가 하고 있었던 다른 모든 일을 멈추게 되는데, 이는 우리가 '하나 속 둘'인 동안만큼은 생각하는 일 외에는 아무것도 할 수가 없기 때문이다.

이런 이유로 사유함과 행위함 사이에는 단순한 구분 그 이상의 내용이 존재한다. 그리고 이 두 가지 유형의 활동 사이에는 모종의 내재적 긴장 관계가 현존한다. 여기저기 돌아다니며 결코 멈추지 않는 바쁜 사람들에 대한 플라톤의 경멸은 이후 모든 진실된 철학자에게 이런 저런 형태로 나타나게 될 어떤 분위기를 조성한다. 그러나 이 긴장 관계는 모든 철학자에게 소중한 어떤 관념, 즉 사유하는 것도 일종의 행위함acting이라는 생각에 의해서 그럴싸하게 얼버무려져 왔다. 부연하면 사유함이란 때때로 일컬어지듯이 일종의 "내부 행위inner action"라는 것이다. 이런 혼동이 일어나는 이유는 여러 가지가 있는데, 철학자가 행동하는 사람들과 시민들 측으로부터 받고 있는 비난들에 대한 자기방어 형식으로 말할 때 제시하는 부적실한 이유들과 사유의 본질 자체에서 기인하는 적실한 이유들이 함께 존재한다. 사유가 비록 매우 빈번하게 관조와 동일한 것으로 취급되지만 사실 그것은 관조와는 대조적인 모종의 **활동**이다. 게다가 그 활동은 사유하는 사람이 자신을 특정인, 즉 한 개별 인간 또는 하나의 인격체로서 구성하는 어떤 도덕적 결과를 낳는다. 그럼에도 활동activity과 행위action는 동일한 것이 아니다. 사유하는 활동이 낳는 결과는 그 활동 자체와 관련해서는 일종의 부산물이며, 부산물은 어떤 행위가 겨냥하고 의식적으로 의도하는 목표와 동일한 것이 아니다. 사유와 행위의 구분은 종종 정신Spirit과 힘Power의 대비를 통해 표현되는데 그 대비적 표현으로 인해 정신Spirit과 무기력Impotence이 자동적으로 동격화된다. 이러한 표현들에는 실제로 진실의 단면 그 이상이 녹아들어 있다.

정치적으로 말해서 사유와 행위의 주된 구분은 다음 사실에서 찾아볼 수 있다. 사유하는 동안 나는 오로지 나 자신의 자아나 또 다른 [나의] 자아와 함께 있는 반면, 행동하기 시작하는 순간 나는 많은 사람과 동석한 상태에 놓이게 된다. 전능하지 않은 인간들의 힘은 오직 인간 다수성human plurality의 여러 형태 중 하나 속에 있다. 다른 한편, 인간 단독성human singularity의 모든 양태는 정의상 무력하다. 그러나 나는 비록 하나지만 둘로 분열하는 방식에 의해서만 내가 생각을 할 수 있기 때문에 다수성은 심지어 [나의] 단독성이나 사유 과정에서 나타나는 [나의] 이원성에서조차 하여튼 근원적으로 현전한다. 그러나 인간의 다수성의 관점에서 바라본 이 '하나 속 둘'은 마치 최후의 동행 흔적 —내가 나 자신과 더불어 **하나**인 상태일 때조차 나는 둘이거나 둘이 될 수 있음 — 을 발견한 것과 같다. 이 사실은 우리가 가장 기대하지 못할 곳에서 [인간] 다수성을 발견한다는 이유만으로도 매우 중요하다. 그러나 타인들과 함께 있음에 관한 한 그 발견은 여전히 하나의 주변적인 현상으로 간주될 것임이 틀림없다.

아마도 이러한 고려 사항들은, 그것이 부정적이고 주변적인 특질들에도 불구하고 소크라테스적 도덕이 왜 [사태가] 경계선에 걸친 상황에서, 즉 위기와 긴급 상황 발생 시에 유일하게 작동할 수 있는 도덕이라는 사실을 스스로 드러냈는지를 설명해줄지도 모른다. 기준들이 더 이상 어떻게도 유효하지 않을 때 — 마치 그리스에서 기원전 5세기의 마지막 30여 년과 4세기, 또는 유럽에서 19세기의 마지막 30여 년과 20세기 같은 때 — 에는 소크라테스가 남긴 예제 말고는 [우리가 기준으로 삼을 만한 것이] 아무것도 남아 있지 않다. 소크라테스가 가장 위대한 철학자는 아니었을지도 모르지만 그는 지금까지도 여전히 특출한 철학자다. 그래서 우리는 그저 단순히 사유하는 것이 아니라 비상한 방식으로 사유하며, 자신의 동료 시민들 중 대다수가 사유하는 것을 엄청나게 좋아하는 사람이라고 인정한 그 철학자에게 사유의 도덕적 부산물 자체는 부차적인 중요성일 뿐이라는 사실을 잊지 말아야 한다. 그는 자신이나 타인들을 개선하고자 사물들에 관해서 검토하는 것이 아니다. 가령 이유야 어찌 됐든 그를 의심하는 쪽으로 기울어 있는 그의 동료 시민들이 "당신을 풀어 주겠소. 만약 당신이 그 잘난 심문 방식과 철학을 포기하기만 한다면 말이야"라고 말할 경우에, 소크라테스는 항상 그 특유의 방식대로 다음과 같이 답변하곤 했다. "나는 당신들을 최고로 존중하고 사랑하오. 그러나 … 내게 숨 쉴 힘이 남아 있는 한 나는 철학을 포기하지 않을 것이오…. [그리고] 내가 사는 방식도 바꾸지 못하오."

이 대목에서 다시 한번 양심의 문제로 돌아가보자. 우리의 좀더 최근 경험들 속에서 이 양심의 현존 자체가 의문시되었다. 필경 양심은 이성과 논증의 피안에 있는 것을 **느끼는** 한 가지 방식이자, 감정을 통해서 무엇이 옳고 그른지를 아는 방식이다. 내가 생각하기에 의심의 여지없이 드러난 것은, 그러한 느낌들이 실제로 현존하며 사람들이 죄의식이나 무고함을 **느끼는** 것이 사실이라는 점이다. 그와 동시에 그 느낌들이 옳고 그름에 대한 신뢰할 만한 신호들은 아니며 사실상 아무 신호도 아니라는 것도 안타깝지만 사실이다. 예컨대 죄에 대한 느낌들은 옛 습관들과 새 명령들 사이의 갈등 — 죽이지 않는다는 옛 습관과 죽이라는 새 명령 — 을 통해서 자극을 받을 수 있지만 그 정반대에 의해서도 자극될 수 있다. 예컨대 살인하는 것 또는 그게 뭐가 됐든 "새로운 도덕"이 요구하는 것이 일단 하나의 습관이 되고 모든 사람에게 받아들여지면 같은 사람이라도 자신이 이에 순응하지 않을 경우 죄의식을 느끼게 될 것이다. 바꿔 말해서 이러한 느낌들은 순응성과 비순응성의 징후인 것이지 도덕성의 징후는 아닌 것이다. 앞서 말했듯이 고대 사람들은 양심이라는 것의 현상에 대해 미처 알지 못했다. 그것은 인간의 내부에서 신의 음성을 듣는 기관으로서 발견되었고 나중에 세속철학에 도입되었지만 그것의 정당성은 의심을 받게 되었다. 종교적 경험의 영역에서는 어떤 양심의 갈등도 있을 수가 없다. 신의 음성이 명료하게 말하며 오직 내가 그것에 복종할 것인가의 문제만이 남겨지기 때문이다. 다른 한편, 세속적 용어상에서 양심의 갈등들은 사실상 나와 나 자신과의 심의審議 양상들로 펼쳐질 뿐이다. 그러므로 그 갈등들은 느끼는 것이 아니라 사유하는 것을 통해서 해소된다. 그러나 양심이 사유함의 필수조건인 나 자신과의 평화로운 상태를 의미하는 한, 그것은 실제로 하나의 현실이다. 그것은 우리가 지금 알고 있는 것처럼 '나는 할 수 없어, 그리고 하지 않을 거야'라고만 말한다. 양심은 자기 자신의 자아와 관련되어 있기 때문에 그것으로부터 그 어떠한 행위에 대한 충동도 기대할 수 없는 것이다.[18]

---

18 아렌트는 〈도덕의 기본 전제들〉에서 양심의 "근본적이며 영구적으로 되풀이하여 발생하는 운동 네 가지"를 규정했다. 양심은 (a)증인, (b)나의 판단력, 즉 옳고 그름을 식별하는 능력, (c)나에 대한 나 자신의 판단, (d)외부에서 들려오는 성경적인 신의 음성과 대비되는 내 안의 음성이다.

 *con-scientia*와 *syn-eidenai*는 원래 의식consciousness을 뜻하는 단어였다. 독일어만이 '양심'과 '의식'이라는 두 가지 상이한 단어들을 가지고 있다. *con-scientia*: 나는 내 자아와 함께 알고 있다, 또는 내가 알고 있는 동안 나는 내가 알고 있다는 것을 의식하고 있다. *syn-eidenaia*: 이것은 플라톤과 아리스토텔레스에게서 항상 또는 대개의 경우 '나 자신과 함께 — *emautō, hautois* 등등 —'로 나타난다. 그리스어에서 그 단어는 특수하게 도덕적인 방식으로는 사용되지 않았다. 비록 내가 나쁜 행위들에 대해 의식할 수 있고 이 의식(에우리피데스의 경우에서는 *synesis*이 매우 불쾌한 것일 수 있을지라도 말이다. 이 의식은 나의 현존을 입증하는 것으로 이해될 수 있다. 내가 존재하는 것을 아는 나 자신을 의식하는 한 나는 현존한다는 것이다. 만약 나 자신에 대해 의식하지 않으면 나는 내가 존재하는지도 알 수 없다. 아우구스티누스 그리고 나중에 데카르트에 의해 나 자신의 실재를 포함하여 실재의 문제가 제기되었다. 아우구스티누스의 대답은, 나는 무엇이 현존하는지 의심할 수 있지만 내가 의심한다는 것만큼은 의심할 수 없다는 것이었다.

 여기서 당신은 이미 '하나 속 둘'이라는 분할 구도를 보게 된다. '나'는 나 자신에 관해 증언할 수 있다. 키케로Marcus Tullius Cicero가 *conscientia*를 하나의 용어로 사용한 것을 처음 발견했을 때, 그것은 다음과 같은 의미를 가지고 있었다(*De officiis* 3.44). 즉 내가 모든 사람에게 감추어진 무엇인가에 대해 맹세할 때 나는 신이 나의 증인임을 기억해야 한다는 의미였다. 키케로에 따르면 끝으로, 이 엄격히 철학적인 유형의 도덕적 관점에서 악의 문제가 어떻게 보이는지와 관련하여 [내가] 앞에서 제시한 몇 가지 요점들을 상기해보자. 자아와 관련하여 그리고 사유함을 통한 나와 나 자신의 교제와 관련하여 정의된 악은 비판가들을 자주 격분시켰던 칸트의 정언명법의 형식주의만큼이나 형식적이고 내용이 빈 상태로 남아있다. 만약 칸트가 하나의 보편타당한 법칙이 될 수 없는 모든 좌우명은 잘못된 것이라고 말했다면 그것은 마치 소크라테스가 당신이 계속해서 같이 살 수 없는 행위 대리자가 수행한

이것의 의미는 "나의 정신이 나의 증인"이며 "신 자신이 인간에게 그보다 더 신성한 것은 아무것도 부여하지 않았다"라는 것이었다. (이런 의미에서 우리는 예수 탄생 1500년 전 이집트에서 왕실 시종이 자신의 서비스를 하나하나 열거하면서 "내 심장이 나에게 이 모든 것을 하라고 명했다. 그것은 훌륭한 입회인이었다"라고 말한 것을 상기할 수 있다.) 요점은 감추어진 것에 대한 증인이다. 그러므로 신약의 〈로마서〉 2장 14절 이하에서 "인간의 비밀들"에 관해 바울로는 양심이 목격자의 자세를 취하는 것과 서로 상충하는 사유들에 관해, 즉 내면의 법정에서 "기소하고 변호하면서" 심의하는 것에 관해 언급하고 있다. 〈고린도후서〉 1장 12절에서 syneidēsis는 곧 증언이다. 세네카Lucius Annaeus Seneca는 "우리의 악행과 선행을 굽어보는 신성한 정신"이라는 표현을 한 바 있다. 그러므로 양심은 중세 전체를 통해 신과 긴밀하게 연결되어 있었는데, 그 신은 인간 마음의 비밀들을 알고 있었다(〈마태오〉 6장 4절).

중세 내내 양심을 대체로 (a)자의식, 그리고 (b)어떤 본유적 법칙에 따라 옳고 그름을 식별하는 능력으로 뚜렷이 구별하는 용법이 존재했었다. 양심의 소리 역시 매우 오래된 것으로, 우리는 그것을 신이 인간에게 지속적으로 운위하는 구약에서 발견할 뿐 아니라, 최우선적으로는 물론 소크라테스의 다이몬daemōn, daimon에서 발견하게 되기 때문이다. 다이몬은 모두가 자신의 반려로서 지니고 있는, 필멸의 존재와 신 사이의 무엇이다. 그것은 외부로부터 오며 대꾸할 수 없는 어떤 음성이다. 이는 양심conscientia과 매우 다른 점이다. 그리고 이 음성은 결코 무엇을 하라고 명령하지 않으며 단지 나를 막거나 내게 하지 말라고 경고할 뿐이다.

행위는 모두 잘못된 것이라고 말하는 것과 마찬가지다. 이 둘을 비교해본다면 칸트의 공식이 약간 덜 형식적이면서도 훨씬 더 엄격해 보인다. 칸트의 경우, 도둑질과 살인, 사기와 거짓 증언 같은 것들이 동일 수준에서 금지되었다. 그뿐만 아니라, 내가 살인자보다는 도둑과 함께 사는 것을 선호할지 모른다거나, 거짓 증언을 한 사람보다 위조자를 훨씬 덜 꺼린다거나 등등의 문제는 제기되지도 않는다. 이런 차이가 생긴 이유는, 그 반대 경우를 확인하는 여러 증거들이 있음에도 불구하고, 칸트가 합법성legality과 도덕성morality을 제대로 구분한 적이 없기 때문이며, 또한 도덕이 중간 매개물들을 통하지 않고 법의 직접적인 원천이 됨으로써 사람이, 그가 어디로 가고 무엇을 하는가에 상관없이, 자기 자신의 입법자, 즉 완전히 자율적인 어떤 존재가 되기를 바랐기 때문이다. 칸트의 공식에서 사람을 한 사람의 도둑으로 만들거나 살인자로 만드는 것은 바로 같은 악인데, 이는 인간 본성의 동일한 치명적인 약점이다. 또 다른 그리고 물론 매우 비중 있는 것으로서 그 심각성의 수준에 따라 위반 사항들을 단계화하지 않고 열거한 사례는 십계명인데, 그것 역시 국법의 토대가 되어야 했다.

여기서 여러분이 소크라테스의 세 가지 공식 중 "불의를 행하는 것보다 불의를 당하는 편이 낫다"라는 것 하나만을 취한다면, 악에 있음 직한 등급들과 관련하여 [우리가 칸트에게서 발견한 것과] 동일한 별난 무관심을 발견하게 될 것이다. 그러나 이 동일한 무관심은 이 글에서 우리가 설명했던 것처럼 '너 자신과 더불어 살아야 한다'는 두 번째의 기준을 추가하면 사라지게 될 것이다. 그것은 법적인 것과 구별되는 순수한 도덕원칙이기 때문이다. 그 행위자에 관한 한 그가 말할 수 있는 것의 전부는 '내가 이걸 할 수는 없어'라거나, 그가 자신의 행위를 저지른 후라면 '이건 내가 결코 해서는 안 되는 것이었는데'라는 것뿐이다. 이는 그가 이전에 불의를 저질렀을 수도 있겠지만 치명적인 결과를 초래한 것이 아니었음을 암시한다. 이 지점에서 우리가 매일 직면하며 어떻게 다룰지를 알고 있거나 또는 처벌이나 용서를 통해 없애는 방법을 알고 있는 위반 사항들과, '이건 결코 일어나서는 안 되는 일'이었다는 말밖에 할 수 없는 범죄 사항들에 관한 구별 방식이 등장한다. 그 진술에서 한 발짝을 더 떼면 그 일을 저지른 사람은 그게 누구든 결코 태어나서는 안 되었던 인물이라는 결론을 내릴 수 있다. 명백히 이 구분 방식은 예수의 그 구분, 즉 "하루에 일곱 번이라도" 용서해야 할 위반 사항과 "그 목에 맷돌을 매달고 바다에 던져지는 것이 그를 위해서도 나을 것"이라고 한 범죄 사항 사이의 구분과 매우 유사하다. 우리의 맥락상 이 격언에서 특별히 취할 것이 두 가지가 있다. 첫째, 여기서 범죄를 가리키는 것으로 사용된 단어는 *skandalon*인데, 이것은 원래 적을 잡기 위해 쳐 놓은 어떤 함정을 의미했으며 여기서는 히브리어로 '걸림돌'을 뜻하는 *mikhshol* 혹은 *zur mikhshol*과 동의어로 쓰였다. 단순한 위반과 이러한 치명적인 걸림돌 사이의 구분은 현재의 경미한 죄와 용서받을 수 없는 죄 사이의 구분 그 이상을 가리키는 듯이 보인다. 요컨대 그 구분은 단순한 위반 사례들은 제거될 수가 있지만 그러한 걸림돌들이 우리의 통행로에서 제거될 수는 없다는 사실을 암시하는 것이다. 둘째, 이 텍스트 독해와 단지 외피 상으로만 모순 되는 문구, 즉 그가 태어나지 않았더라면 **그를 위해** 더 나을 뻔했 다는 데 주목하자. 이 문구는 그 언급을 마치 이 범죄의 행위대리 자가 자기 자신을 말살시킨 듯이 읽히도록 만들기 때문이다. 이 문구에서 그 범죄의 성격은 오로지 어떤 극복할 수 없는 장애물로 서 표시되어 있다.

그럼에도 우리가 악의 본질을 탐색하면서 참조할 수 있는 이런 저런 방식에서 여전히 유일한 통찰들인 몇몇 진술들의 고유한 결 과들에 관해 우리가 얼마나 장황한 설명을 할 수 있을지 모르지 만, 한 가지만큼은 부정하기 어렵다. 그것은 바로 여기서 여러분 에게 제시한 모든 기준들이 지닌, 극히 개인적이며 이를테면 주관 적이기까지 한 특질이다. 이것은 아마도 나의 숙고 사항들 중에서 가장 거부감을 일으키는 측면일 것이며, 내가 판단의 본질을 논의 하게 될 다음 강의에서 다시 복귀하게 될 주제이기도 하다. 일단 오늘은 마치 나의 자기방어처럼 들리기는 하겠지만 비록 전적으 로 분리된 원천과 인물로부터 비롯되고 있음에도 불구하고 본질 적으로 동일한 생각을 표현하는 두 개의 진술만을 언급할 것이다. 이것들은 내가 장차 설명하려는 것에 대한 하나의 단초가 될 수 있을 것이다. 첫째 진술은 키케로에게서, 둘째 진술은 14세기의 위대한 신비주의자인 에크하르트에게서 유래한다. 키케로는《투 스쿨룸 대화》에서 특정 이슈들에 대한 철학자들의 의견 충돌에 관 해 논의하고 있다. 사실 그 이슈들은 우리의 맥락에서는 별 관심 대상이 되지 않는다. 그런데 그가 그 의견들 가운데 어느 것이 옳고 그른지를 결정해야 하는 순간에 전혀 예상 밖의 완전히 다른 기준 하나를 도입한다. 키케로는 객관적 진리의 문제를 제쳐 두고서 자신이 피타고라스학파의 의견과 플라톤의 의견 중에 선택하게 된다면 "맹세코 나는 이 사람들과 사실적 견해들을 같이하느니 [차라리] 플라톤과 함께 길을 잃겠다"라고 말한다. 그런 다음에 자신의 대화 상대가 재차 핵심을 강조하도록 기회를 허용한다. 그의 대화 상대 역시도 그 [플라톤과 같은] 사람과 함께 길을 잃고 실수하는 것을 꺼리지 않을 것이라고 말이다. 단지 극단적이라고밖에 할 수 없는 이 진술보다 훨씬 더 놀라운 것은 에크하르트의 솔직히 이단적이라고밖에 할 수 없는 진술이다. 에크하르트는 이른바 보전된 속담들(실제로는 일화들) 중 하나에서 가장 행복한 사람을 맞닥뜨린 것으로 추정되는데, 그 사람은 한 명의 거지로 판명된다. 설왕설래하던 끝에 이윽고 그 거지에게 자신이 지옥에 있는 것을 알게 되더라도 여전히 행복하다는 생각을 하게 될 것 같냐는 질문이 주어진다. 그러자 거지는 자신의 주장들을 신에 대한 사랑, 그리고 자신이 사랑하는 것은 무엇이든 현재 다 가지고 있다는 가정에 근거하고 있었기 때문에, 오, 물론, "나는 주님 없이 천국에 있느니 주님과 함께 지옥에 있는 편이 낫다고 생각합니다"라고 대답한다. 나의 요점은 키케로와 에크하르트 양자 모두 객관적 기준들 — 진리, 내세의 보상과 처벌 등등 — 전체가 자신이 되고 싶고 그와 함께 살고 싶은 사람 유형에 관한 '주관적' 기준에 우선권을 양보하는 순간이 찾아온다는 데 동의한다는 것이다.

이런 격언들을 악의 본질의 문제에 적용시킨다면, 그 결과는 그 행위자가 작성한 한 편의 정의定義로 나타나게 될 것이며, 그 [악을 행한] 행위 자체나 그것의 최종 결과보다는 그 행위자가 어떻게 했는가에 좌우될 것이다. 이제 여러분은 우리의 관심이 누가 **무엇을** 했는가라는 객관적인 질문에서 우리의 법체계에서조차 하나의 주변적 자료인 그 행위자는 **누구인가**라는 주관적인 질문으로 옮겨가고 있음을 인식하게 된다. 왜냐하면 우리가 누군가를 그가 한 일을 걸어 고소하는 것이 사실이라면, 동시에 어떤 살인자가 사함을 받은 경우에 사람들이 더 이상 그의 소행을 따지려 들지 않는 것 또한 사실이기 때문이다. 용서를 받는 것은 살인 행위가 아니라 그 살인자, 즉 상황과 의도를 통해서 드러나는 그라는 개별 인간이다. 나치 범죄자들이 골칫거리인 이유는 바로 그들이 마치 어느 누구도 처벌이나 용서를 위해 남겨지지 않았다는 듯이 자발적으로 모든 개인적인 특질을 포기했다는 사실 때문이다. 그들은 몇 번이고 되풀이해서 자신들이 아무것도 자발적으로 하지 않았고, 좋은 것이든 나쁜 것이든 아무 의도 없이 그저 명령에 복종했을 뿐이라고 항변했다.

바꿔 표현하자면, 행해진 악 중에 최고의 악은 누구도 저지르지 않은 악, 즉 개별 인간들이기를 거부하는 인간들이 저지른 악이다. 이러한 고려 사항들을 담고 있는 개념적 틀 안에서 우리는 자신이 무엇을 하고 있는지에 대해 스스로 생각하기를 거부하는 악행자들과 자신이 무엇을 했는지에 대해 반추하고 기억(히브리어로 *teshuvah* 또는 뉘우침)하기를 거부하는 악행자들은 자신을 아무개라는 특정인으로 구성하는 데 사실상 실패했다고 말할 수 있을 것이다. 아무도 아닌 자로 고집스럽게 남고자 함으로써 그들은 타인들―좋든 나쁘든 아니면 그저 그렇든 간에 적어도 개별 인간들인 자들―과 교제하는 데 부적합함을 증명한다.

우리가 지금까지 발견한 것은 모두 부정적이다. 우리는 행위action가 아니라 하나의 활동activity을 다뤘으며, 그것의 궁극적인 기준은 타인들에 대한 관계가 아니라 우리 자신의 자아에 대한 관계였다. 이제 우리의 시선을 활동과 구별되는 것으로서의 행위로, 그리고 자신과의 교제와 구별되는 다른 사람들에 대한 처신conduct으로 옮겨보자. 두 경우 모두와 관련하여 우리가 다룰 내용은 도덕적 이슈들로 한정할 것이다. 여기서 우리는 단독성의 상태에 놓인 사람들에게 초점을 맞출 것이고, 특정 시민의 자국 법에 대한 지지나 그가 어떤 공통 과업을 지원하는 과정에서 동료 시민들과 공동으로 수행하는 행위는 물론 공동체나 정부의 구성과 같은 모든 정치적 이슈는 논외로 할 것이다. 결과적으로 나는 공개적인 장소에서 발생하지 않는 비정치적 행위에 관해 이야기할 것이고, 또한 타인들과의 비정치적―다른 자아들 즉 친구들과의 관계들이나 어떤 공통된 세계적 관심사에 의해 선先결정된 것이 아닌―관계들에 관해 이야기할 것이다. 주로 우리의 관심을 요구하는 그 두 가지 현상은 사실상 서로 연계되어 있다. 첫째는 그 **의지** the will라는 현상인데, 우리의 전통에 따르면 그것은 나를 부추겨 행동하게 만드는 요인이다. 둘째는 어떻게 악을 방지할 것인가라는 부정적인 문제보다는 어떤 완전히 긍정적인 의미에서 살펴본

선the good의 본질에 관한 문제다.

앞에서 이미 [여러 차례] 언급했듯이 의지라는 현상은 고대인들에게는 알려지지 않은 것이었다. 상당히 흥미로운 일이긴 하지만 그것의 역사적 기원을 규정하기에 앞서 나는 간략하게나마 다른 인간의 정신 능력들과 관련된 의지의 기능에 관한 분석결과를 제시하려고 한다. 우선 우리 앞에 딸기 한 접시가 놓여있고 내가 그것들을 **욕구한다**desire고 가정해보자. 물론 이 욕구는 고대 철학에서도 매우 잘 알려진 것이다. 욕구는 항상 나 자신의 외부에 있는 무엇인가에 매혹되는 것을 의미했다. 이는 고차원의 질서에 속한 것이 아니라 자연적인 것이며, 거칠게 말해서 인간 속의 동물적 속성에서 기인한다. 고대인들에 따르면 이 욕구에 순종할 것인지는 이성에 의해 결정된다. 예컨대 내가 딸기 알레르기를 가지고 있다면 이성은 딸기에 손을 뻗지 말라고 명한다. 그럼에도 내가 그것을 먹을지 말지는 한편으로는 욕구의 힘에 달렸고 다른 한편으로는 이성이 욕구를 제어하는 힘에 달렸다. 만약 딸기를 먹는다면, 내가 이성을 완전히 결여한 것이거나 내 이성이 내 욕구보다 약한 것이다. 잘 알려진 이성과 정념들 간의 대치 문제, 이에 덧붙여 이성이 정념들의 노예인지 아닌지를 묻는, 또는 그와 정반대로 정념들을 이성의 통제 밑에 두어야만 하는지 또 그렇게 될 수가 있는지를 캐묻는 오래된 질문의 문제가 [우리로 하여금] 인간 정신 능력의 위계질서에 관한 옛날의 도식적 관념들을 돌아보게 한다.[19]

---

19 "이성이 내놓은 목표는 욕구가 내놓은 목표와 충돌할 수도 있다. 그럴 때 결정은

이렇듯 의지의 능력이 이 이성과 정념이라는 이분 구도 속에 삽입된다. 그것의 삽입은 욕구나 이성 어느 쪽도 완전히 폐기되거나 심지어는 낮은 위계로 밀어 내릴 수도 없다는 의미다. 양쪽 모두 여전히 스스로 알아서 지탱한다. 그러나 새롭게 발견된 사실에 따르면 이성의 훈계에 대해 '예'와 '아니오'를 표시하는 것이 사람의 내부에 존재하며, 그로 인해 내가 욕구에 굴복하는 것은 무지나 약함에 의해서 촉발되는 것이 아니라 나의 의지라는 제3의 능력에 의해 촉발된다는 것이다. 이성도 충분치 않고 욕구도 충분치 않다. 한마디로 이것이 그 새롭게 발견된 사실인데 ─ "정신이 움직이겠다고 의지할 때 그것은 비로소 움직여진다"(아우구스티누스, 《자유의지론》 3.1.2)는 사실 때문이다. 내가 나의 입맛에 맞는 물건들의 순전한 매력에 반대되는 결정을 내릴 수 있듯이 나는 이성의 의도적인 충고에 반하는 결정을 할 수 있으며, 내가 무엇을 할 것인가라는 문제를 결정하는 것은 이성이나 욕구라기보다는 의지다. 그러므로 나는 욕구하지 않는 것을 '의지할I can will' 수 있고 이성이 옳다고 말하는 것에 의식적으로 대치하면서 '의지하지 않을I can nill' 수도 있다. 그러므로 모든 행위에 있어서는 이 '나는 의지한다I-will' 또는 '나는 의지하지 않는다I-will-not'가 결정적인 요인이 되는 것이다. 바꿔 말해서 이 의지는 이성과 욕구의 중재자

───────────────

또다시 이성이 한다. 이성은 상위 능력이며 이성이 부여한 목표들은 어떤 상위 질서에 속한다. 여기서 가정된 바는, '나는 이성의 명령을 경청할 것이다'와 '이성이 욕구들을 통제하거나 지배한다'는 것이다. 따라서 이성은 '하지 말라'고 하지는 않지만 '하지 않는 게 낫다'고는 말한다"(〈도덕의 기본 전제들〉).

이다. 그렇기 때문에 의지만이 홀로 자유롭다. 게다가 이성이 모든 사람에게 공통되는 것을 드러낸다면, 욕구는 모든 살아 있는 유기적 조직체에 공통되는 것을 드러낸다. 그래서 오직 의지만이 전적으로 내 소유인 것이다.[20]

심지어 이 간략한 분석에서조차도 의지의 발견은, 어떤 — 정치적 사실이 아닌 — 철학적 이슈로서 자유의 발견과 틀림없이 동시적으로 일어났었을 것이라는 점이 명백해질 것이다. 우리가 자유의 문제, 특히 모든 탈脫기독교 철학과 종교 사상에서 그렇게 엄청난 역할을 담당하는 의지의 자유라는 문제가 고대 철학 속에 결코 출현하지 말았어야 했다는 점을 알아채게 된 일은 확실히 매우 야릇한 경험이다.[21] 그러나 이 야릇함은 이성이나 욕구 그 어느 쪽

---

20 이런 점에서, 제대로 말하자면, 이성이나 욕구 어느 쪽도 자유롭지 못하다는 사실이 분명해진다. 그러나 의지는 자유롭다 — [요컨대] 선택을 하는 능력으로서 말이다. 더욱이 이성은 인간으로서의 모든 인간에게 공통되는 것을 드러내며 욕구는 모든 살아 있는 유기적 조직체에게 공통적이다. 의지만이 전적으로 내 소유인 것이다. 나는 의지함을 통해서 결정을 내린다. 그리고 이것이 곧 자유의 능력이다(〈도덕의 기본 전제들〉).

21 〈도덕의 기본 전제들〉에서 아렌트는 아리스토텔레스의 *prohairesis*가 일종의 '의지'로 이해될 수 있는 가능성에 대해 검토한 적이 있다.

아래 내용은 고대 [그리스]에는 의지가 존재하지 않았다는 진술에 대한 보충 설명이다. 아리스토텔레스의 *prohairesis*는 《니코마코스 윤리학》, 특히 3권 2~3장에 나온다. 이 단어는 미래로 뻗어 나감, 즉 선취하거나 선택하는 것을 가리킨다. 그리고 "우리의 권한 내에 있는 것과 관련하여 자신이 갈망하는 것을 심의함*bouleutikē orexis tōn eph hēmin*"(1113a10)으로 정의된다.

아리스토텔레스는 이 심의 능력에 대해 확신을 갖지 못한다. 그래서 그는 항상 그것을 욕구와 이성으로 환원하려고 한다. 예컨대 그는 갈망과 로고스가 *prohairesis*의 기원(《니코마코스 윤리학》 1139a31)이며, *prohairesis*는 인식*dianoia*과 갈망*orexis*을 공통으로 가지고 있다고(《동물의 운동》 700b18~23) 말한다.

에도 자유의 요소가 아무것도 없다는 사실을 이해하는 순간 해소된다. 이성이 내게 말하는 것은 무엇이든 설득적이거나 강제적일 수 있고, 다른 한편으로 나의 갈망들은 외부에서 내게 영향을 주는 것을 욕구하는 반응으로 이해될 수 있기 때문이다.

고대 철학에 따르면 자유는 '내가 할 수 있다I-can'와 하나로 묶여 있었다. '자유롭다'는 것은 자신이 원했던 바를 할 수 있다는 의미였다. 예컨대 신체가 마비되어 거동의 자유를 잃은 사람이나 주인의 명령 아래 있는 노예도 그에게 의지력이 있는 한 자유롭다고 말하는 것은 일종의 모순어법으로 들렸을 법하다. 후기 스토아학파의 철학을 들여다보면, 특히 노예 출신의 철학자(기독교 최초 저술가인 바울로와 동시대에 저술 활동을 했던) 에픽테토스의 철학에

《니코마코스 윤리학》에서 가장 중요한 것은 *prohairesis*가 "목표를 위한 것이 아니라 수단을 위한 것"(1112b11)이라고 규정한 점이다. 그것의 역은 "*boulēsis tou telous*"(1111b27)다. 여기서 그 목표는 심의審議를 통해 파악된다. 그러나 《수사학》에서 우리는 일*ergon*이나 실천*praxis*이 아닌 *prohairesis*에 따라 비난하고 칭찬도 하는 존재로 나온다. 모든 유해有害는 *prohairesis*에 들어 있다.

단지 한번, 《형이상학》(1013a21)에서 *prohairesis*가 *praxis*의 시발점으로서 출현한다. 다른 정의들 속에서 사라진 것은 '미래로 뻗어 나감'의 의미다. 만약 그것에서 단서를 끌어낸다면 우리는 의지, 즉 미래로 뻗어 나가는 능력이야말로 모든 행위의 운동이라고 결론지을 수 있다. 이 의지의 기능은 그것 자체 속에 갈망은 물론이고 심의의 한 요소를 지닌다. 가령 우리가 의지를 이런 측면에서 다른 능력들과 비교한다면, 욕구는 현재 주어진, 즉 현재의 세계 속으로 뻗어 나간다. 기억은 과거 속으로 뻗어 나간다. 이성은 여하튼 이러한 시간성을 초월하려고 한다. 그리고 그것은 어떤 무시간적 공간으로 진입하려고 한다. 그 공간에서 숫자들은 예컨대 영원히 현재의 모습 그대로 존재한다. 그러면 이성은 무시간적인 사물들을 다룬다는 의미에서 모든 정신 능력 가운데 가장 위대한 것이 되는 것이다.

는 내적 자유의 문제가 외부적인, 즉 정치적 상황과 무관하게 무수히 되풀이해서 제기되고 있다. 여기서 여러분은 즉각적으로 이것이 결코 욕구로부터 의지로의 전환이나 '내가 할 수 있다'에서 '내가 의지한다I-will'로의 전환이 아니라 내 욕구의 대상들 내부에서의 전환임을 알게 될 것이다. 비록 노예의 몸일지라도 내가 자유롭게 남아 있기 위해서는 반드시 나의 갈망들을 훈련시켜서 오직 내가 얻을 수 있는 것, 나 자신에게만 달려 있으므로 실제로 내 권한 안에 있는 것만을 욕구하게 해야 한다. 또 이런 해석에 따르면 신체가 마비된 사람의 경우에는 사지를 사용하려는 욕구를 멈춘다면 다른 모든 사람이 자유로운 것만큼 자유로울 것이다.[22]

  내가 에픽테토스의 사례를 끌어들인 것은 오해를 피하기 위해서였다. 이런 유형의 내부화, 즉 현실에서 겪는 '나는 할 수 있다'의 제약을, 바로 그것이 비현실이기 때문에 [상상을 통한] 가능성 면에서 무궁무진한 내적 삶의 영역들로 내부화하는 것은 우리의 문제와 거의 공유점이 없다. 니체가 기독교 비판에서 말해야 했던 것의 많은 부분은 실제로 이러한 고대 철학의 마지막 단계에만 적용이 가능하다. 에픽테토스는 실제로 그 [니체의] 분개한 노예의 심리를 대변하는 하나의 사례로서 이해될 수 있다. 주인으로부터 "너는 이것도 할 수 없고 저것도 할 수 없으므로 자유롭지 않다"

---

22 《정신의 삶》 제2권 〈의지〉에서 아렌트의 입장이 상당히 다르게 나타난다는 사실은 주목할 만하다. 거기서 아렌트는 에픽테토스가 오로지 내적 자유에만 관심이 있었다고 말하는 반면, 그가 실제로는 모종의 의지 개념을 가지고 있었다고 보았다. 그 [에픽테토스의] 의지 개념은 전적으로 능동적이고, "무엇이든 할 수" 있으며 "전능한" 성격을 띠는 것이었다(《정신의 삶: 의지》 73~83.). ― 편집자

라는 말을 들은 노예는 "그걸 할 생각조차 안 했는걸요. 그러니까 나는 자유로운 거죠?"라고 반문할 것이다.

내가 알기로 에릭 뵈겔린의 주장에 따르면 우리가 '영혼soul'이라는 단어로 이해하는 바가 무엇이든 그것은 플라톤 이전에는 거의 알려지지 않았다. 같은 의미에서 나는, 복잡하게 얽히고설킨 형태로서의 의지는 바울로 이전에는 알려진 바가 없었고 그가 의지를 발견한 일은 예수의 가르침과 긴밀한 연계성 속에서 이루어졌다는 주장을 하고 싶다. 앞에서 나는 "네 이웃을 너 자신과 같이 사랑하라"(〈마태오〉 22장 39절, 〈마르코〉 12장 31절)는 가르침을 언급한 바 있다. 여러분은 이 〈복음서〉의 구절이 실제로 구약성경으로부터 인용된 것이라는 사실을 알고 있을 것이다. 다시 말해서 그것의 기원이 기독교가 아닌 히브리 전통이라는 것이다. 내가 여기서 그것을 언급하는 이유는 내가 무엇을 해야 하고 하지 말아야 하는가를 결정하는 궁극적인 기준이 거기서도 자아였다는 것을 우리가 알게 되었기 때문이다. 여러분은 예수가 이것을 배경에 깔고 다음과 같이 말한다는 것도 기억할 것이다. "나는 너희에게 이르노니, 너의 적들을 사랑하고 너를 저주하는 자들을 축복하며 너를 미워하는 자들에게 선을 행하라" 등등(〈마태오〉 5장 44절). 이는 예수가 옛 행동수칙들과 계명들을 급진화시킬 때 나온 언명들이다. 예를 들어 "'간음하지 말라'고 하신 말씀을 너희는 들었다, 그러나 나는 너희에게 이렇게 말한다. 누구든지 여자를 보고 음란한 생각을 품는 사람은 벌써 마음으로 그 여자를 범했다"(〈마태오〉 5장 27~28절)라고 말할 때처럼 말이다. 이와 비슷한 것들이 더 있는데, 그중 어느 것도 히브리 설교와 비교해보았을 때 조금도 낯설지가 않다. 단지 표현 방식이 매우 강렬해졌을 뿐이다. "네 원수를 사랑하라"에 대해서도 동일한 얘기를 할 수 있는데, 이와 유사한 어조가 이미 〈잠언〉(25장 21절)에 나오기 때문이다. 거기에 "네 원수가 주리거든 먹을 것을 주고 목말라 하거든 물을 주어라"라는 계명이 나오는데, 이 표현은 예수가 덧붙이지 않은 "그러면 네 원수는 머리에 숯불을 놓은 것같이 부끄러워 견딜 수 없을 것이며 너는 여호와께 상을 받을 것이다"라는 문장을 제외하면 동일하다. (바울로가 〈잠언〉의 문구를 인용하여 〈로마서〉 12장에서 말한 것처럼 말이다.)[23] 예수는 다만 "그래야만 너희는 하늘에 계신 아버지의 아들이 될 것이다"(〈마태오〉 5장 45절)라는 문구를 추가시킬 뿐이다. 이런 형태의 "네 원수를 사랑하라"는 구절은 히브리 가르침을 강렬하게 표현한 것 그 이상의 의미가 담겨있다. 이는 같은 문맥에서 이야기한 일부 다른 말씀들을 상기할 때 매우 명료해진다. 예를 들어 "달라는 사람에게 주고 꾸려는 사람의 청을 물리치지 말아라"(〈마태오〉 5장 42절)와 "[누가 오른뺨을 치거든 왼뺨마저 돌려대고 또 재판에 걸어] 너의 속옷을 가지려고 하거든 겉옷까지도 내 주어라"(〈마태오〉 5장 40절)와 같은 것들 말이다. 내 생각에 이 처신에 대한 조언들은, 자아 그리고 나와 나 자신의 교제가

---

23 〈로마서〉 12장 20절에는 "원수가 배고파하면 먹을 것을 주고 목말라하면 마실 것을 주십시오. 그렇게 하면 그의 머리에 숯불을 쌓아 놓는 셈이 될 것입니다", 이어지는 21절에는 "악에게 굴복하지 말고 선으로써 악을 이겨 내십시오"라고 쓰여 있다(《공동번역성서》, 대한성서공회, 1986).— 옮긴이

더 이상 궁극적인 처신의 기준이 아님을 가장 명시적으로 나타낸 것이다. 여기서의 목표는 결코 불의를 행하는 것보다 불의를 당하는 편이 낫다는 선택이 아니라 무언가 완전히 다른 것, 즉 타인들에게 선을 행하는 것이며, 그 유일한 기준은 사실상 타자the other 인 것이다.

이 기이할 정도의 사심 없음, 즉 신을 위한 또는 내 이웃의 안위를 위한 의도적인 자기 소거消去가 사실상 기독교 윤리라는 이름으로 불릴 자격이 있는 모든 것의 정수, 바로 그것이다. 오늘날 우리가 선과 사심 없음을 등식화하는 일 — 이것에서 우리는, 다소 경솔한 방식이라 우려스럽긴 하지만, 사악함과 이기심이 동일하다는 결론을 도출했다 — 은 소크라테스가 사유함이라는 활동을 사랑했던 바로 그 방식대로 선을 행하는 일을 사랑했던 누군가의 진정성 있는 경험들에서 퍼져나온 아득한 옛날의 메아리다. 소크라테스가 자신의 지혜에 대한 사랑이 누구도 현명할 수 **없다**는 사실에 확고한 근거를 두고 있음을 잘 알고 있었듯이, 우리는 예수에게서 그의 선에 대한 사랑이 누구도 선할 수 **없다**는 사실에 근거했다는 견고한 확신을 발견하는 것이다. "왜 너는 나를 선하다고 하는가? 하늘에 계신 우리 아버지를 제외하면 그 누구도 선할 수 없거늘." 그리고 이 '하나 속 둘', 즉 자아가 실현되고 명료하게 표현되는 [나의] 분열이 없다면 어떤 사유 과정을 상상조차 할 수 없는 것처럼, 그와 정반대로 내가 선을 행하면서 그것을 인식하기라도 한다면 선을 행하기란 불가능하다. 여기서는 오직 "[자선을 베풀 때에는] 오른손이 하는 일을 왼손이 모르게 하라"(〈마태오〉)

6장 3절)는 가르침만이 중요하다. 심지어 "[너희는 일부러] 남들이 보는 앞에서 선행을 하는 일이 없도록 하여라"(〈마태오〉 6장 1절)라는 가르침조차도 충분하지 않은 것이다. 나는 말하자면 나 자신 속에 부재해야 하며 내게 보이지도 말아야 한다. 이런 의미에서 그리고 앞서 고독에 관해 설명했던 것과 같은 의미에서, 선을 행하는 일과 [지혜에 대한] 사랑에 빠진 사람은 그가 신을 믿지 않는 한, 그리고 신을 자신의 동행이자 증인으로 모시고 있지 않는 한, 사람으로서 생각할 수 있는 가장 외로운 임무에 착수한 것이다. 그러므로 선을 행하고 악을 피하는 것에 자족하지 않으려는 모든 단호한 시도에서 가장 강렬한 것은 이 실재적 외로움이라는 요소이므로, 사정이 이렇지 않았다면 자신의 도덕철학으로부터 신과 모든 종교적 가르침을 용의주도하게 제거했을 칸트조차도 신에게 그러한 [종교적] 맥락이 아니라면 탐구하거나 탐지할 수 없는 선의good will의 현존에 대한 증인이 되어주기를 호소했다.

앞에서 나는 무척이나 역설적인 소크라테스의 진술들에 관해서, 또한 우리가 어떻게 습관과 전통에 젖어서 그 진술을 이해할 수 없게 되었는지에 관해서 간략히 설명했다. 예수의 가르침 속에서 옛 히브리 계명들이 급진화한 것을 두고도 동일한 논점을 강조해서 주장할 수 있을 것이다. 예수가 추종자들에게 부과한 정신적 압박이 견디기 어려운 수준이었던 것은 틀림없었을 것이고, 우리가 더 이상 이 부담을 느끼지 않게 된 유일한 이유는 우리가 더 이상 그것을 그다지 심각하게 받아들이지 않기 때문이다. 사실 급작스러운 개종 이후 바울로가 이 가르침들에 대해 느꼈을 정신적 부담보다 더 큰 부담을 느꼈을 것 같은 사람은 아무도 없다.

나사렛 예수가 아니라 타르수스의 바울로가 기독교의 창시자라고 종종 일컬어져 왔다. 분명 바울로는 자유라는 이슈와 자유의지의 문제를 독특한 방식으로 강조하는 기독교 철학을 창시한 인물이다. 그것의 결정적으로 중요한 구절은, 아주 오랫동안, 사실상 중세 전체를 통틀어 토론의 중심에 놓여있었던 것으로서 그가 로마인들에게 보낸 서신 속에 나타난다. 그 유명한 7장이 그것인데, 그 장은 율법에 대한 토론으로 시작하여 신의 은총을 통해 구원되어야 할 인간의 필요를 설명하는 것으로 끝이 난다. 율법의 도입은 의지를 전제로 한다. "네가 해야 한다"라는 [구절을 담고 있는] 계명에는 전부 "내가 할 것입니다"라는 답이 주어지고 있다. 율법은, 당신이 기억하듯이, 인간이 그른 것과 옳은 것을 구별하도록 요구한다. "법이 없으면 법을 어기는 일도 없게 됩니다"(〈로마서〉 4장 15절). 그러므로 "율법은 단지 무엇이 죄가 되는지를 알려줄 따름입니다"(〈로마서〉 3장 20절). 그럼에도 이것은 뒤따르는 내용의 전제인데, 무엇이 옳고 그른지를 분명하게 말해주는 그 율법은 결코 제 목적을 달성하지 못했다. 그와 정반대로 바울로는 〈시편〉을 인용하면서 "깨닫는 사람도, 하느님을 찾는 사람도 없다…. 선한 일을 하는 사람은 없다. 단 한 사람도 없다"(〈로마서〉 3장 11~12절)라고 한탄한다. 이것이 어떻게 가능해진 것일까? 바울로는 자신을 예로 들어 다음과 같이 설명한다. "자신은 그것이 좋은 것이기 때문에 율법에 동의한다syphemi"는 것을 **알고 있고**, 게다가 그것에 따라 행동하기를 욕구하면서도 여전히 "해서는 안 될 것을 하"고, "해야겠다고 생각하는 것은 하지 않으면서도 내가 싫어하는 것은 한다." 이렇듯 "나는 내가 해야겠다고 생각하는 선은 행하지 않고, 해서는 안 되겠다고 생각하는 악을 행하고 있습니다"(〈로마서〉 7장 19절). 이런 자신의 경험에서 그는 다만 다음 결론만 도출한다. "[무엇을] 하려는 의지는 나와 함께 있지만 선한 것(우리는 여기에 '내가 의지하는 것'을 추가할 수도 있을 것이다)을 **어떻게** 수행하는지에 대한 방법론은 내게 있지 않다." 바울로는 자신이 의지하는 것을 수행하지 못하는 이유는 그 육체적 인간과 영적 인간의 이분법 때문이라고 믿었으며, 또한 "내 몸속에는 내 이성의 법과 대결하여 싸우고 있는 다른 법이 있다"(〈로마서〉 7장 23절)고 믿었다. 그래서 그는 여전히 "내 정신과 더불어 나 자신은 신의 법에 복무한다. 그러나 육신은 죄의 법에 복무한다"고 생각할 수 있었던 것이다.

우리가 이 단락을 내가 반드시 그래야만 한다고 생각하는 수준으로 진지하게 고려한다면 다음의 사실은 상당히 명확해진다. 행동을 촉발하는 모든 충동을 내보내는 이 강력하다고 추정되는 의지라는 도구가, 그것의 무력한 형태로서, 즉 비록 내가 내 욕구들에 대해 알고 있고 **그래서** 그 욕구들에 대한 동의를 접는다고 해도 나는 여전히 [내 의지에 반한 행동을 하는 나 자신에 대해] '어쩔 수 없다'고 말해야만 하는 입장에 놓이는 경험을 통해 발견되었다는 사실 말이다. 그러므로 그 의지에 대해서 우리가 가장 먼저 알게 되는 것은 '내가 의지하지만 할 수 없다I-will-but-cannot'라는 상황이다. 그러나 '내가-의지한다'는 쪽은 '내가-할-수-없다'의 경험에 절대 압도되지 않고 계속해서 의지한다. 이를테면 의지가 강해지면 강해질수록 그것의 불충분성은 점점 더 분명하게 나타난다. 여기서 그 의지는 앎의 주체인 정신과 욕구의 주체인 육신 사이에 일종의 중재자 — 자유로운 중재자 *liberum arbitrium* — 로서 등장한다. 이 중재자의 역할에서 의지는 자유롭다. 요컨대 의지는 그것 자신의 자발성을 가지고 결정한다는 것이다. 13세기의 철학자로서 아퀴나스에 대항하여 다른 모든 인간의 정신 능력에 대한 의지의 우선성을 역설한 둔스 스코투스의 말을 인용하자면, "그 의지만이 홀로 그 의지 내의 의지 작용의 절대적인 원인이다." 그러나 그 의지가 자유로운 반면, 육체를 가진 인간은 비록 그가 이 자유의 능력을 소유하고 있더라도 전적으로 자유롭지 못하다. 그는 자신이 의지하는 바를 수행할 만큼 충분히 강인하지 못하다. 그의 모든 죄과와 위반 사항들은 그의 약함으로서, 즉 경미하거나 용서받을 수 있는 죄들로서 이해될 수 있다. 단 정신에 대한 죄가 될 것임에도 그것을 승인한 그의 치명적인 죄과를 제외한다면 말이다. 이 대목에서 둔스 스코투스는 그 철학자들도 거부하라고 첨언한다. 왜냐하면 "영적인 사람도 자유롭지 않기는 마찬가지"이기 때문이다. 가령 '내가 할 수 있다'만이 홀로 자유로운 것이라면, 육체적인 사람과 영적인 사람 양자 모두 부자유스럽다. 만일 육체적인 사람의 '어쩔 수 없다'가 욕구에 의해 강제된 것이라면, 지성은 진리에 의해 강제되는 것이므로 불의를 행할 수 없다. 여기서 모든 '내가 할 수 있다'는 모종의 '내가 해서는 안 된다 I-must-not'를 전제하는 것이다.

우리는 이 의지 현상과의 첫 만남에서 얻은 '내가 의지하지만 할 수 없다'는 입장을 유지할 것이며, 이에 덧붙여 의지가 나 자신 안에서 발생시킨 이 **첫 번째 분열**이 사유 속에서 일어나는 분열과 아주 다르다는 사실을 주목하게 될 것이다. 그 의지 내의 분열은 평화로움과 거리가 멀다. 그것은 나와 나 자신 간의 대화가 아니라 죽음에 다다를 때까지 계속되는 무자비한 투쟁을 공표한다. 우리는 또한 **의지의 무기력**에 대해 알게 되고, 어쩌면 여기서 왜 모든 인간 능력 중에서도 가장 힘에 굶주리게 된 그 의지가, 이런 경향 전체의 최종 주자이자 아마도 가장 위대한 [의지의] 주창자인 니체에게서 그의 '힘에의 의지the will-to-power'와 동격화될 수 있었는지에 대한 첫 번째 단서를 얻게 될지 모른다. 어쩌면 우리는 이 문제의 현재 단계를 아우구스티누스에게서 차용한 두 가지 인용구와 더불어 결론지을 수도 있을 것이다. 하나는《고백록》에서, 다른 하나는 그의 서간문 중 한 편에서 가져왔다. 첫째로, 바울로가 분명히 보여준 것처럼 "의지하는 것과 할 수 있게 되는 것은 같지가 않다"(《고백록》8.8). 둘째로, "가령 아무 의지도 존재하지 않는다면 율법은 계명들을 내리지 못할 것이며, 의지가 충분하다면 은총은 아무 도움도 되지 않을 것이다"(《서간집》177.5).

우리 문제의 두 번째 단계는 아우구스티누스 철학으로부터 발전되었다. 아우구스티누스는 바울로의 공식들을 넘어서는 결정적인 행보를 취한다. 의지가 빠지게 된 함정은 [바울로가 생각했던 것처럼] 육체적인 동시에 정신적인 인간의 이중적 본성 때문에 발생하는 것이 아니라는 통찰이 그것이었다. 의지 자체는 하나의 정신적 능력이고, 육신에 관한 한 절대적인 힘을 갖는다. "정신이 육신에게 명령하며, 육신은 즉시 복종한다. 정신은 스스로에게 명령하고 저항을 받는다." 따라서 정확히 바울로가 절망했던 그런 육체적 현상들과 관련하여 아우구스티누스는 의지의 힘을 꽤나 자신했다고 볼 수 있다. "당신은 우리가 행동하기를 의지하여 행동에 옮길 때보다 어떤 것이 더 많이 우리의 권한 안에 있는 경우를 상상할 수 없을 것이다. 따라서 의지 그 자체보다 우리의 권한 안에 더 많이 있는 것은 아무것도 없다"(《재고再考》 1.8.3, 《자유의 지론》 3.2.7). 그러나 바울로는 의지가 자기 스스로에게 저항하는 특성을 발견하였기 때문에 자신이 무엇을 말하고 있는지를 알고 있었다. 그래서 의지는 본성상 "부분적으로 의지하고 부분적으로 의지하지 않는다"라고 주장한 것이다. 가령 의지가 그것 자체의 저항을 받지 않았다면 그것이 명령을 발동하고 복종을 요구할 필요조차 없을 것이기 때문이다. 그러나 "의지는 전적으로 의지하지 않기 때문에 전적으로 명령하지도 않는다. 그것이 의지하는 한 명령은 내려진다. 그리고 그것이 의지하지 않는다면 명령된 것은 완수되지 않는다 …. 의지가 완전한 형태의 것이라면 그것이 이미 존재할 것이기 때문에 아예 그것에게 존재하라는 명령을 내리지도 않을 것이다. 따라서 부분적으로 의지하고 부분적으로 기꺼워하지 않는 그 의지는 결코 괴상한 물건이 아니다 …. 〔왜냐하면〕 거기에는 두 개의 의지가 존재하기 때문이다"(《고백록》 8.9). 바꿔 말해서 의지 자체는 둘로 나뉘어 있고, 이는 내가 부분적으로 선을 의지하고 부분적으로 악을 의지한다는 의미에서뿐만이 아니

236

다. 마치 나의 내부에 서로 반대되는 원칙 두 가지가 경합을 벌이고 있는 것처럼, 거기에 나 자체는 그 전투장의 장면인 것처럼 존재한다. 그와 똑같은 상황은 "양쪽 의지가 모두 나쁜 것일 때"에도 발생한다. 예컨대 어떤 사람이 부분적으로는 영화 보러 가기를 의지하고, 또 부분적으로는 서커스 구경을 의지하며, 세 번째로는 남의 집 털기를 의지하고, 네 번째로는 간통을 의지하는데, 마침 그가 이 네 가지 활동을 할 수 있는 기회를 포착했다고 가정해보자. 여러분이 이미 눈치챘을 테지만, 아우구스티누스는 이 마지막 예를 들면서 동시에 작동하는 네 개의 의지를 소개했다. 우리는 재빨리 이 사례, 그리고 이와 유사한 많은 경우들이 '심의'의 상황과 매우 근접하게 된다고 지적해야 할 것이다. 사실 심의하는 것과 의지하는 것은 같은 정신 활동이 아니다. 그러나 아우구스티누스가 《고백록》 8권에서 보여주는 것처럼 모든 정신 능력을 의지의 우선성이라는 가정에서 바라보면, 심의는 의지함의 한 형태로 보일 것이다. 그는 "누군가가 심의하는 곳에서는 하나의 영혼이 서로 충돌하는 의지들 사이에서 동요하고 있다"고 적었다. 분명 이러한 동요 상황들 속에서 의지 자체는 이제 셋, 넷, 그리고 더 많은 부분으로 나뉘게 되며 마침내 마비되고 말 것이다.[24]

---

24 여기서 다음 질문이 제기된다. 그 의지는 누구에게 명령하는가? 그 욕구들에게? 그건 결코 그렇지가 않다. 그 의지는 자신에게 그 욕구들을 통제하라고 명령하는 것이다.

그러므로 의지는 자체 내부에서 명령하는 쪽과 복종하는 쪽으로 분열된다. 의지는 "완전하게 명령하지 않기 때문에 그 명령은 완수되지 않는다." 그것의 진실은 다음과 같다. "의지한 것은 나였고, 의지하지 않은 것도 나였다. 나, 나 자신

ego, ego eram. 나는 완전하게 의지하지도 완전하게 의지하지 않지도 않는다. 그리고 그 결과 나는 두 동강이 난다"(《고백록》8.10). "그것은 나, 실제로 나였 다*ego, ego eram*"라는 문구가 당신에게 "하나임being one으로서 존재하는 나 자신과 불화 상태인 것보다 세계 전체와 불화 상태인 편이 낫다"라는 소크라테 스적인 표현을 상기시킬 것이다. 그러나 '나는 나I-am-I'라 할지라도 "두 개의 의지"가 존재하는데, 하나는 의지하며 명령하는 의지이고, 다른 하나는 저항하 며 의지하지 않는 의지이다. 그러므로 "부분적으로 의지하고 부분적으로 의지하 지 않는 것은 결코 어처구니없는 것이 아니다." 그것은 기괴하지 않을 수도 있고 또 서로 반대되는 원칙들 사이의 경합 관계가 아닐 수도 있다. 마치 우리가 "두 개의 마음을 가지고 있는데 하나는 선하고 다른 하나는 악한 것처럼" 말이다. 의지가 작동을 시작하면 갈등이 전면으로 부상하지만 그전까지는 그렇지 않다. 그것이 의지의 본질이다. 그러나 이것은 하나의 갈등이며, 나 자신과의 무성의 교제는 아니다. 또한 나는 '하나 속 둘'이며, 이제 내가 행하는 것에는 내가 행동 을 잘하든 못하든 어쨌든 갈등이 존재한다. "두 개의 의지가 모두 나쁠" 경우에 도 같은 결과가 생긴다는 증거가 있다. 문제가 되는 것은 항상 "하나의 완전한 의지"와 더불어 어떻게 의지할 것인가이다. 내가 "말한 대로 나는 거의 수행했 다. 나는 그것을 거의 했으며, 하지 않았다." 우리는 이제 동시에 작동하는, 서로 마비시키며 "미결 상태에 놓인" 네 가지 의지를 가지고 있다.

이 대목에서 다음 의문이 생긴다. '왜 신은 내게 한 개의 의지를 줘야만 했는 가?' 이 질문 때문에 우리는 《자유의지론》으로 시선을 돌린다. 그 질문은 중첩 적이다. '스스로 만든 곤경에서 빠져나오기 위해 은총이 필요하다면 왜 의지가 주어졌을까?' 그리고 '자유의지로 인해 우리가 죄를 짓는다면 왜 그것이 주어져 야 하는가?' 그 저작에서는 이 두 번째 질문만이 명시적인 형태로 제기되고 있 다. 이에 대한 답은 '자유의지가 아니라면 우리는 올바로 살 수가 없다'는 것이었 다.

또 다른 질문도 제기된다. '왜 어떤 다른 능력이 주어지지 않았는가?' 어느 누 구도 잘못 사용할 수 없는 정의正義와 같은 능력 말이다(《자유의지론》2.18). 의지를 통한 자유 선택방식이 아니라면 올바른 행위 수행은 전혀 있을 수 없다는 것이 이 질문에 대한 답이다. 달리 표현하자면, 의지만이 완전하게 우리의 권한 속에 있고 의지력을 통해서만 우리는 우리 자신일 수 있다는 것이다. 또는 (1.12), 당신이 가질 필요성이 있는 모든 것은 의지의 대상이 되는 것이므로 '의 지는 그처럼 대단한 재화*velle solum opus est ut habeatur*'인 것이다. 우리가 어 떤 행복한 삶이나 불행한 삶을 누릴 자격을 갖게 되는 것도 바로 의지 덕택이다.

이 사안에 대해서는 다음 강의에서 더 깊이 있게 천착할 것이

이로부터 누군가가 올바르게 의지하기를 의지한다면, 그는 그렇게 훌륭한 것을, 단지 그것을 의지한다는 사실만으로 그가 의지한 것을 갖게 되는 식으로 그렇듯 쉽사리 획득하게 된다는 추정이 가능해진다. 그러나 가령 의지가 그것 내부에서 분열되어 있다면, 의지의 본성상, 그것이 어쩌면 나쁜 것으로 나아가는 운동을 야기하지는 않을까? 그리고 만약 이것이 사실이라면, 우리가 죄를 짓는 것은 천성적으로, 그래서 필연적으로 그렇게 하는 것이 아니겠는가? 이 질문들에 대한 대답은 아마도 '그렇다'일 것이다. 그렇다면 당신은 우리가 [남을] 비난하고 칭찬한다는 사실은 어떻게 설명할 수 있는가? 정신은 오직 그 자신의 의지 때문에 욕구의 노예가 된다. 요컨대 정신은 욕구 때문에 또는 약함 때문에 욕구의 노예가 되는 게 아니라는 것이다. 마지막 질문은, '우리의 나쁜 행동들이 자발적인 것이라면 그것이 신의 예지豫知와 어떻게 맞아떨어질까?'이며, 이에 대한 대답은 '신은 그가 아는 모든 것의 저자가 아니라는 것'이다. 그러므로 신은 자신의 예지로써 우리를 강제하지 않는다는 것이다.

《자유의지론》3.5∼3.17에서 진행된 대화는 모종의 독백이 된다. 자신의 곤경이 너무 심해져서 아우구스티누스는 다음과 같이 말할 필요성을 느꼈다. "결코 죄지은 영혼들이 당신에게 '그것들이 없다면 낫겠는데' 또는 '그것들이 현재의 모습과 달랐으면' 하고 말하도록 만들지 말라." {예수의 걸림돌 skandalon을 기억하라.[〈루가〉 17장 2절["이 보잘것없는 사람들 가운데 누구 하나라도 죄짓게 하는 사람은 그 목에 연자 맷돌을 달고 바다에 던져져 죽는 편이 오히려 나을 것이다"—옮긴이]] 배신과 사소한 것들, 즉 당신의 권한 안에 있는 것들에 대한 위반 행위들을.} 아우구스티누스에게 이것은 마치 당신이 그렇게 의지한 것이나 마찬가지다. 그리고 그의 대답은, 있음은 당신이 그것이 존재하지 않기를 의지할 수 없을 만큼 좋은 것이다. 당신이 무無를 사유할 수는 없다. 심문자가 17장에 다시 등장해서 "나는 의지의 원인에 대해 묻고 있습니다"라고 말한다. 그러나 이 질문은 끝없이 이어질 질문이 아닌가? "우리가 답을 찾아낸다 해도 당신은 다시 그것의 원인을 묻지 않겠는가?" 그 질문이 잘못되었기 때문이다. 의지는 그것에 선행하는 어떤 원인을 가질 수 없는 유일한 것이다. 무엇이 그 의지에 선행하는 그 의지의 원인일 수 있을까? 그 의지가 그것 자신의 원인이거나 아니면 그것이 아예 의지가 아니거나 둘 중의 하나일 것이다. 여기서 우리는 이 간단한 사실과 직면하게 된다. 그래서 아우구스티누스는 [위 본문에 그 내용을 상술한] 〈로마서〉 7장과 [그리스도인의 자유를 설명하고 있는] 〈갈라디아〉 5장으로 시선을 돌린다. 그리고 그 철학적 담론을 끝맺는다(〈도덕의 기본 전제들〉).

다. 여기서는 단지 다음 사항만을 기억해 두기로 하자. 우리는 둘로 분열되는 또 다른 인간의 정신 능력을 발견했는데, 그것은 인간 본성의 완전히 다른 어떤 부분과 대립되기 때문이 아니라 그것의 본질 자체가 '하나 속 둘'로만 현존하기 때문이다. 이러한 의지 자체 내의 분열은 모종의 경합이지 대화가 아니다. 이와 대조적으로 만약에 그 의지가 하나뿐이라면 경합은 불필요할 것이다. 이 말은 그 의지가 명령할 대상을 아무것도 갖지 않음을 뜻한다. 따라서 의지의 가장 중요한 명시적 표현은 명령을 내리는 것이다. 그러나 이제 밝혀진 바처럼 복종시키기 위해서는 의지가 동시에 승인하거나 복종하기를 의지해야만 하다. 그 결과 의지의 분열이 어떤 대화 속의 파트너들처럼 동등한 양자 사이에 존재하는 것이 아니라, 명령하는 쪽과 복종하는 쪽 사이에 놓이게 된다. 어느 누구도 복종을 좋아하지 않으며, 또 자체 내부에서 분열된 의지는 자신의 명령을 집행하기 위한 그 어떠한 힘도 그것의 외부나 상부를 향해서 행사할 수 없다. 그러한 의지가 항상 극도로 저항을 받는 것은 차라리 자연스러운 듯하다. 끝으로, 정신 역시도 대화 형식이 가장 적합해 보이는 사유함이라는 활동 속에서 둘로 분열하지만, 여기서는 의지의 경우와 사정이 완전히 다르다. 의지는 우리를 행동하도록 몰아붙인다고 추정되며, 이 목적을 위해 우리는 반드시 절대적으로 '하나'가 되어야만 한다. 바꿔 말해서 자기를 상대로 분열된 어떤 의지는 행위 수행 임무에 덜 적합한 데 비해, 자기 내부에서 분열된 어떤 정신은 심의라는 임무에 훨씬 더 적합하다. 만약 그런 것이 의지가 존재하는 방식이라면 그 의지가 무슨 유익한 일을 할 수 있을까? 그럼에도 의지함이 아니라면 내가 과연 어떻게 행동에 돌입하도록 부추겨질 수 있겠는가?

4

소크라테스적인 도덕에 대한 우리의 논의는 단지 부정적인 결과만을 남겼고 불의를 행하는 것을 막을 수 있는 조건 외에는 알려준 것이 없다. 그 조건이란 우리가 비록 세계 전체와 등지는 한이 있더라도 우리 자신들과는 불화 상태에 있지 말라는 것이다. 소크라테스의 공식은 이성에 바탕을 두고 있다. 요컨대 그것은 가까이에 있는 것에 무조건 적용할 수 있는 순전한 지성도 아니며, 밝혀졌거나 계시된 특정 진리를 정신의 눈을 통해서 보는 능력인 관조도 아닌, 어떤 사유함의 활동인 모종의 [의사소통적] 이성에 근거한다는 것이다. 이 활동의 내용 그 무엇도 그 과정을 통해 행위 수행의 충동이 일어날 수 있다고 암시하지 않았다. 이로부터 우리는 우리가 결코 의심하지 않았던 그 공식의 중요성과 그것의 타당성 및 실천적 유의미성이 긴급 상황들, 말하자면 우리가 궁지에 빠져 속수무책임을 깨닫는 위기의 순간들에 분명히 드러난다고 결론지었다. 우리는 어떤 주변적 현상 또는 어떤 경계선적 행동수칙을 거론했다. 그 이유는 사유함 자체가 그런 유형에 해당된다고 믿었기 때문이 아니라, 사유함의 도덕적 측면들이 사유함의 과정 자체에는 이차적인 중요성을 가지며, 그것이 고독 속에서 수행되었으

므로 다른 무엇보다도 우리의 처신을 위한 분명한 암시들을 내놓
을 수 없다고 생각했기 때문이다.

　그래서 우리는 의지라는 또 다른 정신 능력으로 눈을 돌렸다.
의지는 종교적 맥락에서 발견된 이래로 행위의 모든 맹아들을 품
는 영광을 요구했고, 또 그저 무엇을 하지 않을지는 물론 무엇을
할지에 대한 결정력도 함께 가질 수 있는 영광을 요구한 바 있기
때문이다. 그리고 우리는 사유함이라는 활동에 바탕을 둔 소크라
테스적 도덕이 주로 악을 피하는 것과 관련되는 반면, 의지의 능
력에 기초하는 기독교 윤리는 전적으로 [행위를] 수행함, 즉 선행
에 주안점을 둔다는 데 주목했다. 우리는 불의를 행하는 것을 삼
가는 소크라테스적 도덕의 궁극적 기준이 자아 그리고 나와 나 자
신의 교제 — 바꿔 말해서 이것은 우리 논리의 바탕이자 칸트의
비기독교적 세속 도덕의 창설에 탁월한 역할을 한 동일한 비모순
의 원칙이다 — 에 있음도 알게 되었다. 다른 한편, 단호히 선을
행하기 위한 궁극적인 기준이 '사심 없음', 즉 당신 자신에 대한
관심을 갖지 않는 것임을 알게 되었다. 우리는 이 놀라운 전환의
이유들 중 하나가 비록 당신의 이웃이 적이라 하더라도 그를 향한
사랑의 성향뿐 아니라, 그 누구라도 선행을 하는 것과 동시에 자
신이 무엇을 하고 있는지를 알 수는 없다는 단순한 사실일지도 모
른다는 것을 알게 되었다. 성경에 "오른손이 하는 일을 왼손이 모
르게 하라"라고 쓰여 있지 않던가. 결과적으로 사유함의 활동에
현전하는 둘로의 분열, 즉 '하나 속 둘'은 여기에 허용되지 않는
다. 조금 더 극단적인 표현으로는, 가령 내가 선을 행하고 싶다면

나는 내가 무엇을 하고 있는지에 대해 생각하지 말아야만 한다. 그리고 이 이슈를 그것이 처음 구축된 종교적 맥락의 외부로 끌어내기 위해서 이런 이야기들의 때늦은 반향처럼 들리는 니체의 특별히 아름답고 매우 그다운 단락 하나를 인용하고자 한다(《선악의 피안》no. 40).

> 네가 차라리 약간의 무례함을 무릅쓰더라도 누가 알아볼 수 없도록 파괴해야 할 그런 섬세함을 지닌 행위들이 여기 있다오. 막대기 한 개를 들어 목격자 전부를 때려 주라는 것 말고는 달리 충고할 게 없는 사랑의 행위들과 엄청난 관대함에서 비롯된 행위들. 그저 그들의 기억을 없애기 위해서라네. 여기에 자기 기억을 없앨 줄 아는 자들이 있어. 그들이 그것을 학대해서 자기 행위들의 유일한 목격자에게 복수를 하지. 수치羞恥에는 지략이 들어 있는 법. 그리고 우리가 가장 부끄러워 해야 할 최악의 행위는 그게 아니야…. 나는 소중하고 연약한 뭔가를 숨겨야 할 누군가가 어떻게 설익은 와인이 담긴 낡은 술통처럼 투박하고 둥그런 인생을 살아가게 될지 상상이 된다네.

다시금 나는 이 모든 고려 사항의 이면에 놓여있는 악에 대한 정의들이 무엇인지를 알아내려는, 어쩌면 섣부른 것일 수도 있는 우리의 시도가 한편으로는 소크라테스의 가르침에 따라 다른 한편으로는 설교와 삶을 통해 복음을 전파한 예수의 사례에 일치하는 방식으로 진행되어 왔을지도 모른다는 점을 여러분에게 환기하려고 한다. 소크라테스에 따르면 불의는 그게 무엇이 됐든 내가 했다는 사실을 견딜 수 없는 것을 가리킬 것이며, 악행자는 교제에, 특히 자기와 자신 사이의 사유함을 통한 교제에 부적합한 어떤 사람일 것이다. 여러분은 많이 인용되는 니체의 잠언에서도 동일한 입장을 발견할 수 있다. "나의 기억이 '내가 이것을 했다'고 내게 말한다. 그러면 나의 자존심이 대답한다. '내가 그것을 했을 리 없어'라고. 자존심은 굽히지 않는다. 마침내 내 기억이 굴복하고 만다"(《선악의 피안》no. 68). 우리의 목적상 이 대목에서는 옛날 입장이 재등장하는 것과 동시에 고대에는 아직까지 영혼의 영역에서 알려지지 않았던 억압이 최고의 처방으로 출현하는 그 니체의 현대적 형식은 일단 무시하기로 하자. 우리에게는 앞서 언급한 것처럼 그릇된 행동을 방지하는 것이 그 기억의 능력이라는 사실이 제일 중요하다. 우리는 여기서 기준이 되는 것이 두 가지 측면에서 매우 주관적이라는 사실을 알게 되었다. 한 개별 인간으로서 내가 한 일에 대해 내가 고결성을 잃지 않고 견딜 수 있는 기준은 개인별로 나라별로 시대별로 달라질 수 있을 것이다. 그런데 그 이슈는 그것이 결국에는 "객관적" 기준과 규칙에 관한 것이 아니라 내가 누구와 함께하기를 원하는가의 문제를 발생시킨다는 점에서 역시 주관적이다. 이 점을 설명할 목적에서 나는 참으로 기이하게 일치하는 키케로와 에크하르트의 진술들을 인용한 바 있다. 키케로는 엉터리들과 진리를 공유하느니 플라톤과 함께 길을 잃겠다고 했고, 에크하르트는 신이 부재한 낙원보다는 신과 함께 지옥에 있는 편이 훨씬 나을 거라고 진술했다. 여러분은 어떤 대중적인 수준에서 이와 같은 태도를 다음 로마의 격언에서 발견할 수 있을 것이다. "*Quod licet Jovi non licet bovi*(유피테르[신]에게 허락된 것이 황소에게는 허락되지 않는다.)" 달리 말하자면 누군가가 하는 일은 그가 누구냐에 좌우된다. 특정의 사람들에게 허락된 것은 다른 이들에게 허락되지 않는다. 이 점에서 유피테르에게 허락되지 않은 많은 것이 황소에게 허락될 수도 있다는 추론도 가능해진다.

예수에게 악은 하나의 "걸림돌" 즉 *skandalon*으로 정의되는데, 이것은 인간의 권한들로는 제거할 수 없기 때문에 진짜 악행자는 절대 태어나지 말았어야 할 사람으로 보이게 된다. 그러므로 "그목에 맷돌을 매달고 바다에 던져지는 것이 그를 위해 나았으리라." 여기에서 기준은 더 이상 자아가 아니며, 또한 자아가 더불어 사는 것을 참을 수 있다거나 없다거나 하는 것이 아니라, 일반적으로 행위 수행과 그 행위의 결과들이다. 그 걸림돌은 우리의 권한을 통해 — 용서하거나 벌을 줌으로써 — 고칠 수 있는 것이 아니기 때문에 모든 뒤따르는 행위의 수행과 실행에 있어 하나의 장애물로 남아있는 것을 말한다. 그리고 그 행위자는 플라톤적 이해방식으로 볼 때 처벌을 통해 개조될 수 있거나, 혹은 그에게 개선의 여지가 없다면 그가 고초당하는 것을 보여줌으로써 다른 사람들의 반면교사가 될 사람이 아니다. 그 행위자는 세계 질서 자체에 대한 일종의 범죄자다. 예수의 또 다른 은유를 차용하자면, 그는 파괴하는 것, 즉 불쏘시개로 쓰이는 것 외에는 아무 소용이 없는 "밭에 있는 가라지"처럼 잡초와 같은 존재다. 예수는 인간이나 신에게 용서받지 못할 악이 무엇인지 결코 말한 적이 없으며, 성령에 대한 죄로서 *skandalon*을 번역한 걸림돌이란 어휘는 그것이 '내가 온 마음으로 동의하며 기꺼이 저지르는 악'이라는 것 외에는 더 이상 알려주는 게 없다. 나는 이런 해석이 복음서의 이야기들과 조화되기 어렵다고 생각한다. 복음서에서는 아직까지 자유의지의 문제가 제기되지 않고 있기 때문이다. 그러나 거기서 의심의 여지없이 강조되고 있는 것은 그것이 공동체 전체에 끼친 피해, 즉 모든 사람에게 발생하는 위험 부분이다.

내가 보기에 이것은 행동하는 사람의 입장임이 명백하며 이는 사유하는 것이 주된 관심사이자 우선적인 고려 사항인 사람의 입장과 구별된다. 악의 문제에서 예수의 급진주의 ─ 간통한 자, 창녀, 도둑, 세리를 포함하여 모든 종류의 악행자들에 대해 허용 가능한 최고의 관대함과 그처럼 긴밀히 묶여 있다는 사실이 더욱더 인상적인 하나의 급진주의 ─ 는 내가 아는 한 악의 문제를 건드린 적이 있는 철학자 중 어느 누구에 의해서도 결코 수용된 바가 없었다. 스피노자 한 사람만 생각해봐도 이 점은 충분히 입증된다. 그에게 우리가 악이라 부르는 것은, 그저 존재하는 모든 사물의 의심할 바 없는 선의 한 단면이 인간의 눈에 비친 모습이었을 뿐이다. 헤겔의 경우를 보더라도 악은 [정-반-합의] 반反으로서 생성의 변증법을 추동하는 강력한 힘이었다. 결과론적으로 헤겔 철학에서 악행자는 결코 밀밭에 있는 가라지 같은 존재가 아니며 오히려 농토를 기름지게 할 비료로 보일 정도이다. 악을 '사악함'과 '불운'이라는 이중적 의미로서 정당화하는 것은 언제나 형이상

246

학의 당혹스러운 문제들 중 하나였다. 전통적인 의미에서 철학은 항상 하나의 총체로서 '존재Being'라는 문제와 당면해 있는 모든 사물의 실체에 적합한 자리를 승인하고 찾아주는 것에 대한 의무감을 느껴왔다. 이 대목에서 나는 우리 문제의 바로 이런 측면을 압축적으로 보여주기 위해 다시 니체로 돌아갈 것이다. 그는 다음과 같이 주장했다.

> 거부되어야 하며 추방되어야 할 행위라는 관념은 [많은] 어려움을 초래한다. 여하튼 발생하는 그 어떤 것이라도 그런 식으로 거부될 수는 없다. 누구라도 그것이 제거되기를 원해서는 안 된다. 왜냐하면 모든 것은 다른 것과 매우 긴밀하게 연결되어 있으므로 한 사물을 거부하는 것은 모든 것을 거부한다는 의미이기 때문이다. 이런 관점에서 볼 때, 폐기된 행위 하나는 곧 폐기된 세계 하나를 의미한다(《힘에의 의지》, no. 293).

니체가 여기서 말하는 관념, 즉 내가 어떤 특수한 사건이나 특정인에게 '그것은 일어나지 않았어야 했다, 그는 태어나지 말았어야 했다'는 맥락에서와 같이 무턱대고 '아니요'를 할 수 있다는 생각은 실제로 모든 철학자들이 혐오했던 바였다. 그리고 그가 "사악한 자들과 불운한 자들이 진리의 특정 부분들을 발견하는 일과 관련해서는 훨씬 더 유리한 입장에 있다"(《선악의 피안》 no. 39)고 주장했을 때 그는 이 전통에 확고하게 닻을 내리고 있었다. 자기 선배들의 다소 추상적인 사상들을 매우 구체적인 용어로 옮겼다는 사실만 제외하면 말이다. 물론 그러한 진술들이 한 개신교 목사의 아들이었던 니체의 귀에 [여전히] 이단적인 것으로 들렸으리라는 사실도 또 다른 별개의 문제다. 그럼에도 그가 동일 경구警句에서 "행복하다고 느끼는 사악한 자들 ― 도덕주의자들이 조용히 무시하는 인간종種"에 대해 언급할 때는 이 전통을 넘어서는 것이 사실이다. 이 관찰은 특별히 심오한 것이 아닐지도 모르고 또 니체가 결코 그 문제로 복귀하지도 않은 듯하다. 그러나 실제로 이것이 그 문제 전체의, 적어도 전통적 용어로 제기된 그 문제의 중심을 정통으로 타격하고 있다.

내가 지난 강의에서 전통 철학에 따르면 인간에게 행동하도록 촉발하는 것이 이성이나 욕구가 아니라 바로 의지라고 말했을 때, 나는 모종의 반쪽짜리 진실을 말한 것이다. 틀림없이 우리가 살펴보았던 의지는 욕구들 사이의 중재자 또는 이성과 욕구들 사이의 중재자로 이해되고 있다. 그래서 그 의지는 이성이나 욕구에 의해 결정되는 것에서 해방된 게 틀림없다. 그리고 아우구스티누스와 둔스 스코투스 이래로, 그리고 니체와 칸트 이래로 지적되어 온 것처럼, 의지는 자유로운 것이라거나 아니면 현존하지 않는 것이라고 간주되었다. 그렇다면 의지는 "그것 자체의 총체적 원인"(둔스 스코투스)임이 틀림없다. 그 이유는, 만약 여러분 각자가 그 의지에게 원인 하나를 지목해주고자 한다면 여러분은 즉각적으로 그 원인들 각각에게 '이 원인의 원인은 무엇인가'라고 묻는 무한 회귀 과정에 놓이게 되었음을 깨달을 것이기 때문이다. 이는 아우구스티누스가《자유의지론》(3.17)에서 지적한 바였다. 의지는 바울로가 처음 발견하고 아우구스티누스가 정교하게 설명한 어떤 정신 능력이며, 그때 이후로 다른 인간 능력들과는 달리 계속해서 해석되고 재해석되었다. 그것의 실제적 현존의 문제도 항상 우리의 이성, 욕구, 혹은 여타의 능력들보다 훨씬 광범위한 수준으로 논의되었다. 간단히 진술하자면 그것의 역설은 다음과 같은 것이다. 오직 인간 자유의 담지자로서 그 의지를 발견한 것과 더불어 인간들이 비록 자연의 힘, 운명 혹은 동료들에 의해 강제되지 않더라도 자신들이 자유롭지 않을 수도 있다는 생각이 사람들의 마음속에 떠올랐다는 것이다. 물론 인간이 자기 욕구들의 노예일 수가 있으며 절제와 자기통제가 자유인의 신호라는 것은 늘 알고 있었지만 말이다. 자신을 통제할 줄 모르는 사람들은 노예의 영혼을 가진 것으로 판단되었다. 마치 전쟁에서 패한 사람이 자살하는 대신 스스로 포로가 되고 노예로 팔려 가는 것을 택한 경우와 마찬가지로 말이다. 어떤 사람이 겁쟁이거나 바보라면 포기하고 한 지위에서 다른 지위로의 변경을 받아들일 것이다. 앞에서 살펴보았듯 문제가 발생하는 것은, 외부 환경과 관계없이 '내가 의지한다'와 '내가 할 수 있다'가 동일한 것이 아니라는 사실이 발견되었을 때다. 나아가, '내가 의지하지만 할 수 없다'라는 말은 육신이 마비된 사람이 "사지를 움직이고 싶지만 할 수가 없다"라고 말하는 경우와 같은 것이 아니다. 후자는 육신이 정신에 저항하는 경우이기 때문이다. 이와 정반대로 의지의 어려움은 정신이 자신에게 무엇을 해야 할지를 명령할 때에만 분명해진다. 이것은 동시에 의지하기도 하고 의지하지 않기도 하는 의지의 분열로 묘사된다. 여기서 제기되는 질문은, '가령 내가 의지에 반하는 것을 한다면 타인들이나 또는 필요에 의해 강제되지 않았으므로 나는 자유롭다고 말할 수 있는가', 아니면 역으로 '내가 의지하는 바대로 해낸다면 나는 자유로운가'이다. 따라서 사람들이 행동하기 시작할 때 자유로운지 아닌지의 문제는 입증의 방식으로는 해결되지 않는다. 행위 자체는 항상 다른 발생 사건들이 원인이 되어 일어나는 것으로 보이는 어떤 순차적 발생의 맥락에 놓이게 되기 때문이다. 요컨대 행위는 어떤 인과성의 맥락에 놓이는 것이다. 다른 한편 도덕적이거나 종교적인 성격의 행동수칙 그 어떤 것도 인간의 자유라는 가정이 없다면 아무 의미도 없다는 점은 이미 여러 번 되풀이해서 이야기된 바다. 이것은 충분히 사실적이며 명백하다. 그러나 이것도 단지 하나의 가설일 뿐이다. 이에 대해 우리가 말할 수 있는 최상은 니체가 진술한 바와 같다. 그에 따르면 두 가지 가설이 현존하는데, 과학의 가설에 의하면 의지는 어디에도 존재하지 않는 어떤 것이고, 상식의 가설에 의하면 의지는 자유롭다는 것이다. 상식의 가절인 후자는 "과학적 가설이 입증된다 해도 우리가 우리 자신을 해방시킬 수 없다는 어떤 지배적인 정서"(《힘에의 의지》 no. 667)를 대변한다. 바꿔 말해서, 우리가 행동하기 시작하는 순간 우리는 그 일의 진실이 무엇일지와 상관없이 우리가 자유롭다고 생각한다. 이것은 우리가 말 그대로 단지 행동하는 존재들acting beings이라면 훌륭하고 충분한 증거가 될 듯하다. 그러나 문제는 우리가 그렇지 않다는 데 있으며, 행위를 멈추는 순간 우리는 타인들과 함께 수행했던 것을 생각하기 시작하거나 심지어 이 구체

250

적인 행위가 우리 삶의 전체 구조와 어떻게 맞물리게 되는지에 대해 숙고하기 시작하므로 [의지는 어디에도 존재하지 않는다는] 그 과학적 가설은 다시 매우 의심스러운 것이 되어버린다. 그럼에도 돌이켜보면, 모든 것은 원인들, 즉 선례나 상황들에 의해서만 설명이 가능한 듯하므로 우리는 두 가설을 모두 수용해야만 한다. 그 각각이 그 자체의 경험 영역에서 타당성을 갖기 때문이다.

철학이 이 곤경에서 빠져나가기 위해 전통적으로 적용한 장치는 비록 일부 특수한 경우에는 복잡해 보일지라도 실제로는 매우 간단한 것이다. 우리의 어려움은, 그 무엇에 의해서도 규정되지 않지만 그렇다고 해서 자의적인 것도 아닌 어떤 것이 존재한다는 데 있다. 요컨대 그 중재자가 임의로 중재해서는 안 될 어떤 것이 존재한다는 것이다. 그리고 욕구들 사이의 중재자 또는 이성과 욕구들 사이의 중재자인 의지의 배후에 서 있는 것은 모든 사람이 행복해지려고 하는 경향이 있으며 이것이 이를테면 중력처럼 행복 쪽으로 끌어당긴다는 사실이다. 내가 의도적으로 '중력처럼 끌어당기다'라는 표현을 사용하는 이유는, 여기에는 욕구, 추구, 욕구 등등보다 더 많은 것이 내포되어 있다는 것을 표시하기 위해서다. 이것들 전체는 단지 한 번에 하나씩만 성취될 수 있으므로 그 개인의 총체적 삶에 비춰 본다면 그러는 사람 전체를 "불행한" 상태로 남겨둔다. 결국 이 해석에 따르면 의지는 비록 어떠한 구체적인 원인에 의해서 규정되지는 않을지라도 모든 사람에게 공통적인 것으로 추정되는 이 중력의 지반에서 생겨난다. 약간 투박한 표현을 사용하자면, 그 의지는 마치 인간이 자신의 생의 모든 순간에 "나는 행복해, 나는 행복해, 나는 행복해"라고 말할 수 있기를 원하는 것만이 아니라 오히려 생의 마지막 순간에 "나는 쭉 행복했다"라고 말할 수 있기를 원하는 것 같다. 도덕주의자들에 따르면 이는 의당 사악하지 않은 사람들에게만 가능한 결과여야 한다. 그러나 이것은 안타깝게도 하나의 가설 이상은 못 된다. 만약 우리가 행복을 자신과 평화로운 관계에 있는 것으로 정의했던 앞의 소크라테스적 기준으로 돌아간다면, 누군가는 사악한 사람들이 자신과 불화 관계에 있기 때문에 그 사유의 대화 속에서 '하나 속 둘'이 될 수 있는 역량을 상실했으므로 그 문제를 제기하고 답할 수 있는 역량 역시도 상실했다고 말할 수 있을 것이다. 이 주장은 아우구스티누스에게서 다음과 같이 달라진 형태로 나타난다. "옳은 것을 알면서도 행하지 않는 자는 무엇이 옳은지 알 수 있는 능력을 상실한다. 그리고 옳은 것을 할 능력이 있으면서도 기꺼이 행하지 않는 자는 자기가 의지하는 것을 수행할 능력을 상실한다"(《자유의지론》3.19.53). 바꿔 말해서 행복에 대한 중력적인 끌림에 반하여 행동하는 사람은 행복해질 수 있거나 불행해질 수 있는 능력을 상실한다는 것이다. 이와 관련하여 행복이 실제로 누군가의 총체적 있음의 중력적 중심인지 아닌지를 주장하기란 어렵다. 우리가 이 주장이 그럴듯한 것인지 아닌지를 파악하는 것과 상관없이 그 문제의 진실은, 그 주장을 이러저러한 형태로 진전시킨 바로 그 사람들 — 플라톤에서부터 기독교 윤리학자들까지, 그리고 18세기 말 혁명적인 정치가들에 이르기까지 — 이 내세의 삶에 있을 커다란 '불행'을 무기 삼아 사악한 사람들을 협박할 필요성이 있음을 믿었다는 간단한 사실로 인해서 그 주장의 신빙성이 전부는 아니더라도 상당 부분 상실된다는 것이다. 이 후자의 사람들은 정말 도덕주의자들이, 이론적으로 말해서, 침묵하고 지나치곤 했던 그 사악한 "인간종"의 존재를 사실상 당연시했다.

그러므로 우리는 이 성가신 행복의 문제를 논외로 할 것이다. 사악한 자들이 자신의 성공에서 얻는 행복은 항상 해명하는 일 자체가 별 도움이 안 되는 삶의 다소 불편한 진실 가운데 하나였다. 그래서 지금 우리에게 필요한 것은 행복해지고 싶기 **때문에** 좋은 일을 행하거나 품위를 지키려 하는 사람들에 관한 상호보완적인 관념을 불러오는 일뿐이다. 이런 문제와 관련된 모든 이유들이 그와 관련되었듯이 이번 경우에도 다시 니체를 인용할 것이다. "누군가가 우리에게 자신이 품위 있게 남아 있어야 할 이유들이 필요하다고 말했다면 우리는 그를 거의 신뢰할 수 없을 것이다. 분명 우리는 그와 함께 어울리는 것을 피할 것이다." 결국 그가 생각을 바꿀 수 없는 것일까? 우리는 이 질문과 더불어 우리를 행동하도록 촉발하는 것과 **동시에** 이유들에 종속되지 않으면서 그것들 사이에서 중재 역할을 맡는 [의지라는] 순수한 자발성의 정신 능력으로 복귀했다. 우리는 지금껏 이 두 가지 의지의 기능, 즉 그것의 선동하는 힘과 중재하는 힘에 대해 마구잡이식으로 이야기해왔다. 우리가 바울로의 '내가 의지하지만 할 수 없다'와 아우구스티누스의 '내가 의지하며 의지하지 않는다'라는 양자의 둘로 쪼개진 의지 개념에서 도출한 설명들은 행위를 촉발하는 경우에만 적용되며 중재하는 기능에는 적용되지 않는다. 후자의 기능은 사실상 판단과 동일한 것이기 때문이다. 이 경우에 그 의지는 상이하고 상반되는 명제들 사이에서 판단하도록 호출되고 있다. 그러나 인간 정신의 가장 신비스러운 능력들 가운데 하나인 판단 능력이 의지라고 일컬어져야 하는지 아니면 이성이나 그것도 아니면 제3의 정신 능력으로 일컬어져야 하는지는 적어도 모종의 미결 문제인 것이다.

　의지의 첫째 기능인 선동하는 능력에 관한 한, 우리는 이상스럽게도 서로 연결되어 있지 않으며 앞으로 보게 되는 것처럼 서로 상충하는 설명 두 가지를 니체에게서 찾아볼 수 있다. 이 이야기는 아우구스티누스적인 전통적 이해를 따르는 설명과 더불어 시작하기로 하자. "의지하는 것은 욕구하는 것, 갈구하는 것, 원하는 것과 동일한 것이 아니다. 의지는 이것들 전체와 '명령'이라는 요소를 통해 구별된다 …. 즉 무언가에 관한 명령이 내려지는 것, 그것은 의지함의 고유 기능이다"(《힘에의 의지》 no. 668). 그리고 니체의 또 다른 맥락에서는 다음과 같이 설명되고 있다.

　　의지하는 어떤 사람이 자기 내부에서 복종하는 어떤 것에 명령들을 내린다 …. 우리가 '의지'라고 부르는 이 다층적 현상의 가장 낯선 측면은 우리가 그것을 위해 오직 한 단어만 가지고 있다는 점, 특히 우리가 주어진 모든 경우에 명령을 내리는 자인 동시에 그것에 복종하는 자라는 사실을 표현하기 위해서 단지 한 단어만을 가지고 있다는 점이다. 우리가 복종하는 한 우리는 대개 의지함이라는 행위의 종료 순간 명시화되기 시작하는 강제, 촉구, 압박, 저항의 느낌들을 경험한다. 그러나…
우리가 [이 상황을] 지휘하게 되는 한… 우리는 어떤 쾌감을
경험하게 되며, 나the I와 에고the Ego의 관념들을 통해 그 이분
법 극복에 익숙해지게 되면 그 쾌감은 더욱 강렬해진다. 우리
는 그런 방식으로 우리 내부에서의 복종을 당연시하며, 그 결
과로 의지하는 것과 수행하는 것, 즉 의지하는 것과 행동하는
것이 동일한 것임을 깨닫는다(《힘에의 의지》 no. 19).

  기독교나 바울로의 가르침에 따라 신의 은총을 통해서만 의지
내부의 마비 상태가 치유될 수 있다는 식으로 의지의 분열 현상을
역설하는 한 이 해석은 전통적인 성격을 갖는다. 그러한 해석에서
의 결정적인 일탈은 의지가 자신의 내적 구역 내에서 일종의 교묘
한 장치를 탐지할 수 있다고 믿을 때 이루어진다. 요컨대 우리는
그 장치 덕분에 우리 자신을 그 명령하는 부분과만 동일시할 수
있게 되고, 자신이 이를테면 강제당하고 있고 그렇기 때문에 저항
하도록 호출되었다고 느끼는 그 불쾌하고 마비시키는 기분을 눈
감을 수 있다는 것이다. 니체 자신은 이 현상에 대해, 비록 유익한
것이긴 하지만 일종의 자기기만이라고 주장했다. 우리는 우리 자
신과 명령하는 주체를 동일시함으로써 권세를 부리는 데서 나오
는 우월감을 경험한다. 이 설명 ─ 누군가는 그렇게 생각하려고
할 것이다 ─ 은 의지함이 계속해서 수행함을 진행하는 방향으로
움직여야 할 필요가 없이 한낱 의지함이라는 행위 속에서 항상 스
스로 소진될 수 있다면 정확한 것일 수 있다. 의지의 분열은 우리

가 살펴보았듯이 수행의 시점에 이르면 명시화된다. 이 시점에 어떤 지복至福의 자기기만은 내가 재화를 제공하도록 소환되지 않는 한 그 [불유쾌하고 마비시키는] 기분을 극복한다. 그러나 그것은 이를테면 '**내가 의지한다**I-will, *velle*'와 '**내가 할 수 있다**I-can, *posse*'가 동일한 것이 아니라는 사실이 발견될 경우에 멈추고 만다. 이것을 니체의 용어로 다시 설명해보면, "의지는 자신의 주인이 되기를 원한다." 그리고 의지는 만약 정신이 (아우구스티누스가 우리에게 알려준 것처럼 명령이 즉각적으로 복종 되는 지점인) 한낱 신체가 아니라 자기 자신에게 명령을 내린다면 이는 내가 나 자신을 모종의 노예로 삼는 의미라는 것을 알게 된다. 말하자면 나 자신이 자유에 대한 부정을 그 본질로 삼고 있는 주인-노예 관계를 끌어다 내가 나와 나 자신 사이에 수립하는 교제와 관계 속으로 집어넣는 것이다. 그리하여 그 유명한 자유의 담지자[인 의지]가 모든 자유의 파괴자로 밝혀지게 된다.[25]

여기 이 논의에 투입된 요인 가운데 이전에 언급되지 않은 중요하고 새로운 것이 있다. 그것은 다른 것들에 대해 힘을 가졌다는 느낌 속에 내재하는 것으로 니체가 이해한 '쾌감'이라는 요인이다. 그것으로 인해 니체의 철학이 '의지는 곧 힘에의 의지'라는 등식에 근거하게 된다. 그는 의지가 자신이 "'예'와 '아니요' 사이의 동요"(《힘에의 의지》no. 693)라고 지칭한 의지의 이분二分 현상, 즉 모든 의지함의 행위 속에 쾌감과 불쾌감이 동시적으로 현전한

---

25 그래서 자유는 의지의 자발적인 포기인 셈이다(〈도덕의 기본 전제들〉).

다는 사실을 부인하지 않는다. 그러나 그는 필연적인 장애물들 가운데 이러한 부정적인 느낌들, 즉 억압을 받고 있다는 느낌과 저항의 느낌을 포함시켰다. 그런 느낌들이 아니라면 의지가 자신의 힘에 대해 알 수 없을 것이기 때문이다. 이것은 명백히 쾌락원칙에 대한 정확한 기술記述 방식이다. 한낱 고통의 부재가 쾌감을 일으킬 수는 없는 법이고, 저항을 극복하지 못한 어떤 의지가 즐거운 느낌들을 일깨울 수 없는 법이기 때문이다. 니체는 현대의 감각론, 특히 벤담의 "고통과 쾌락의 계산법"에 의해 어느 정도 재구축되어왔던 고대 쾌락주의 철학 사조들을 고의로 따라가면서 자신의 쾌락에 관한 설명을 제시함에 있어 고통의 부재 혹은 순전한 쾌락의 현전이 아닌 고통에서 해제된 경험에 의존하였다. 이 고통에서 놓여나는 감각 경험의 강도는 의심의 여지 없는 것이다. 강도 측면에서 그러한 [해제의] 감각 경험은 오직 고통 자체의 감각에만 비견될 만하며, 고통과 상관없는 그 어떤 쾌감의 강도보다 항상 훨씬 더 강렬하다. 확신하건대, 극도로 목이 마른 자가 한 모금의 물을 얻어 마실 때 느끼는 쾌감과 최고로 진귀한 포도주를 마시는 쾌감은 강도 측면에서 비교도 될 수 없는 법이다. 그럼에도 이 자기 해석은 심지어 니체 자신의 설명들을 따른다 해도 결함이 있어 보인다. 니체는 다른 곳에서 쾌감의 원천을 "의지와 행위가 어떤 이유로든지 통합된"(《선악의 피안》 no. 19), 요컨대 고통과 고통으로부터의 해제라는 부정적인 느낌들과 별개인 '내가 의지하며 나는 할 수 있다'는 표현 형식으로 기술한 바 있다. 이는 포도주 한 잔을 마시는 즐거움이 갈증의 느낌이나 해갈의 쾌감과는 별개이며 서로 관계가 없기 때문이다.

그러므로 우리는 니체에게서 비록 쾌락이라는 모티프를 끌어들이지만 그것을 다르게 설명하는 또 다른 의지에 관한 분석법을 발견하는 것이다. 의지와 힘에의 의지를 등식화하는 과정에서 등장하는 '힘'은 결코 의지가 욕구하거나 의지하는 것을 뜻하지 않으며, 그것의 목표나 내용도 아니다! 의지와 힘, 또는 힘의 느낌은 전부 같은 것이다(《힘에의 의지》no. 692). 마치 삶의 목표가 사는 것이듯 의지의 목표는 의지하는 것이다. 의지함의 대상이나 목표가 무엇이든 그것에 내재된 것은 강력함이다. 그러므로 겸손을 목표로 하는 의지는 다른 사람을 지배하는 것을 목표로 하는 의지 못지않게 강력하다. 니체는 이 강력함, 다시 말해 의지함이라는 행위 자체의 순전한 잠재력을 어떤 충만의 한 가지 현상으로서, 즉 일상생활의 요구들을 충족시키는 데 필수적인 에너지를 넘어서는 어떤 저력의 한 가지 표시 방식으로서 설명한다. "'의지의 자유'라는 말로써 우리는 어떤 저력의 잉여剩餘 느낌을 표시한다." 이 표현에는 여전히 쾌락원칙에 대한 어떤 희미한 유추가 들어 있다. 마치 목이 마를 때는 아무 액체라도 상관없을 것이므로 여러분이 목이 마르지 않을 때라야 비로소 좋은 포도주 한 잔을 향유할 수 있는 것과 마찬가지로, 의지 능력은 여러분이 현실적인 생존에 불가피한 모든 것을 가진 다음에라야 여러분 속에서 작동할 것이다. 니체는 이 저력이 넘쳐흐르는 것과 창조적 충동을 동일시한다. 그에 따르면 이것이 모든 창조성의 근원이다. 만약 이것이 사실이라면(나는 모든 경험적 자료가 이 해석을 지지한다고 생각한다)

우리는 왜 의지가 행위를 촉발하는 자발성의 원천으로 보이는지를 설명할 수 있다. 반면에 의지가 그것의 변증법적 본성을 통해 인간의 궁극적인 무기력을 폭로한다고 이해하는 방식은, 모든 엄격히 기독교적인 윤리학에 나타나는 것처럼 신의 도움에 의지하지 않는 한 모든 힘의 완전한 마비 상태로 치달을 수 있을 뿐이다. 그리고 인간들로 하여금 선을 행하는 일을 원하고 좋아하게 촉발하는 것이 바로 이 저력의 충만, 또는 엄청난 관대함이나 "협협한 의지"(《힘에의 의지》no. 749)인 것이다. 나사렛 예수나 아시시의 성 프란체스코처럼 "선을 행하는 일"에 평생을 바친 우리가 아는 몇 안 되는 사람들에게 나타나는 가장 명백한 특징은 확실히 기백 없음이 아니라 오히려 넘쳐흐르는 저력, 아마도 그들의 품성보다는 본성 바로 그것에서 나오는 저력일 것이다.

저력의 잉여에서 솟아나는 이 "의지의 협협함"에 대한 개요 설명이 어떠한 구체적인 목표들도 지시하지 않는다는 점을 이해하는 것은 중요하다. 니체는 이 점에 대해 다음과 같이 강조했다 (《즐거운 학문》360). 우리는 "반드시 〔일반적인〕 행위함의 원인과, 그렇고 그런 방식의, 이 특정한 방향의, 이러저러한 목표를 염두에 둔 〔특수한〕 행위함의 원인을 구별해야만" 한다. "첫 번째 원인은 어떠한 형식이나 내용에 상관없이 소모되기만을 기다리는 어떤 잉여 저력의 양▮이다. 두 번째 원인은 〔그 목표나 내용 면에서〕 이 〔저력의〕 힘과 비교하면 대수롭지 않은 종종 하나의 작은 사건이지만, 그것이 마치 다이너마이트에 불을 붙이는 성냥과 같이 이 양을 방출한다." 확실히 이것은 이른바 이차적 원인들 — 결국 수행하려는 의지가 옳은 일 또는 그른 일을 하는 방향으로 기우는가라는 그 도덕적으로 중요한 문제를 포함하고 있는 원인들 —에 대한 심각한 평가절하를 담고 있다. 니체 철학의 틀 안에서 그런 평가절하는 납득할 수 있다. 가령 놀라울 정도로 질문과 문제들을 축적하고 그것들을 가지고 지속적인 실험을 진행하면서도 결코 어떤 명쾌한 결과를 남기지 않는 것을 철학이라고 부를 수 있다면 말이다.

그러나 우리는 여기서 니체 철학에 관심을 갖는 것이 아니라, 의지라는 정신 능력과 관련된 특정의 발견 사항들에 배타적인 관심을 가지고 있을 뿐이다. 우리는 그가 적어도 의지에 관한 현대적 논의는 물론 전통적 논의에서도 혼동 상태로 존재하는 주제, 즉 의지의 명령하는 기능과 중재자로서의 기능이라는 두 가지 요인을 구별했다는 사실에 대해 고맙게 생각한다. 후자인 중재자로서의 의지는 서로 충돌하는 주장들을 판단하도록 소환되는데, 이는 그것이 옳고 그름을 구별할 줄 안다는 가정 때문이다. 여러분은 자유의지라는 문제 전체가 [서구 철학] 전통 내에서 대체로 '**자유로운 중재***liberum arbitrium*'라는 제하에 논의되었다는 사실을 발견한다. 그 결과 도덕적 이슈들에 관한 토론의 강조점이 행위의 원인 그 자체로부터 무슨 목표를 추구하며 어떤 결정을 수립하는가의 문제로 완전히 옮겨가게 되었다. 바꿔 말해서 (바울로와 아우구스티누스의 정신 속에서 그처럼 많은 어려움을 일으킨) 의지의 명령 기능은 배경 속으로 사라지고 (의지가 분명하고 자유롭게 옳고 그름을 구별할 수 있는) 판단 기능이 전면에 부상했다. 그 이유를 추측

260

하기는 어렵지 않다. 기독교가 하나의 기관으로 바뀌게 되면서 "네가 하라"거나 "너는 하지 말라"라는 명령을 내리는 실체가 점점 더 배타적으로 하나의 외부적 음성으로서 나타났다. 그것은 인간에게 직접 이야기하는 신의 음성이거나 혹은 신자들 사이에 신의 음성이 들리게 만들 책임이 있는 교회의 권위를 지닌 자의 음성일 수도 있다. 그리고 상충하는 음성들을 구별할 수 있는 기관을 자기 안에 소유하고 있는지 아닌지가 점점 더 중요한 질문사항이 되었다. 이 기관은, 자유로운 중재라는 의미를 지닌 라틴어 *liberum arbitrium*에 따르면, 우리가 재판 과정에서의 판단 기능을 위해 요구하는 것과 동일한 요소인 사심 없음에 의해 그 성격이 규정되었다. 이 재판 과정에서는 관할 사건에 이권이 걸려 있는 판사나 배심원은 자격이 무효화된다. 중재자는 원래가 사건과 관련 없는 한 사람의 관객, 한 사람의 목격자로서 하나의 발생 사건에 접근한 사람이었으며, 그는 이 무관함 때문에 공정한 판단이 가능할 것으로 간주되었다. 그러므로 **자유로운 중재**로서 의지의 자유는 공평무사를 의미한다. 이때 의지의 자유는 행동을 촉발하는 이 불가해한 자발성의 원천을 의미하지는 않는다.[26]

---

26 우리가 완전히 놓친 부분은 중재자로서 의지가 자유롭게 선택을 한다는 점이다. 자유로운 선택은 욕구로부터의 자유로움을 뜻했다. 욕구가 개입한 곳에서 선택은 미리 판단되었다. 중재자는 원래 무관심한 관객으로서 하나의 발생 사건에 접근한 사람이었다. 그는 한 사람의 목격자였고, 그렇기 때문에 무당파였다. 그의 무관심 때문에 그는 공평한 판단이 가능하다고 간주하였다. 그러므로 선택의 자유로서 의지의 자유는 결코 무언가 새로운 것을 시작하지 않으며, 항상 있는 그대로의 사물들과 직면해 있다. 그것이 판단의 능력인 것이다.

　그러나 이것이 실상이라면, 그것이 어찌해서 나의 의지 능력들 가운데 포함될 그러나 이러한 것들은 역사적인 문제이다. 이제 우리는 시선을 판단의 문제, 즉 옳고 그름, 아름다움과 추함, 진실과 거짓 사이의 진정한 중재자의 문제로 돌릴 것이다. 여기서 우리는 옳고 그름을 어떻게 식별하는가의 문제에 국한하여 논의할 예정이다. 참으로 기이하게도 결코 특별히 예술에 민감한 편이 아니었던 칸트는 '내가 어떻게 아름다움과 추함을 식별할 수 있는가'라는 질문과 함께 이 문제에 접근했다. 그는 원래 자신의 책《판단력비판》의 성격을 모종의 '취향Taste 비판서'로 규정했었다. 사실 칸트는 진리Truth 및 권리Right와 관련해서는 그러한 옳고 그름과 미추의

수 있었을까? 대답은 다음과 같다. (a)의지의 궁극적인 목표가 최고선으로서의 이성에 의해 주어진 것이라고 가정한다면, (아퀴나스에게서 발견되는 바처럼) 우리는 단지 수단의 선택과 관련해서만 자유롭다. 그리고 이 선택 방식이 자유로운 중재*liberum arbitrium*라는 기능이다. 그러나 의지함에 있어서 의지는 바로 이 수단에 대해서 자유롭지가 않다. 모든 목표는 그 목표를 성취하기 위한 수단을 함의한다. 이것들은 사전에 판단된다. 훨씬 좋은 수단과 나쁜 수단, 약간 더 적절하거나 덜 적절한 수단이 존재한다. 이는 의지함의 문제라기보다는 오히려 심의의 문제인 셈이다. 이는 내가 이 목표에 도달하기 위해서 반드시 어떤 수단을 도입해야 하지만 그것이 너무 나쁜 것이어서 차라리 목표를 포기하는 편이 낫겠다고 말할지도 모르는 일부 제한적인 경우에만 의지의 능력이 관여되어 있기 때문이다. (b)또 다른 가능성도 존재한다. 의지는 미래로 뻗어 나갈 뿐만 아니라 우리가 승인하거나 부인하는 능력이기도 하다. 그리고 이런 점에서 모든 판단에는 실제로 의지의 요소가 들어 있다. 나는 존재하는 대상에 대해 '예'나 '아니요'를 말할 수 있다. 아우구스티누스식으로는 "나는 그대를 사랑한다: [그러므로] 네 모습 그대로 존재하기를 원한다 *Amo: volo ut sis.*" 존재하는 물체나 사람에 대한 승인은 여하튼 나를 그 대상과 연결시켜준다. 마치 나의 부인否認이 그 대상에게서 나를 소외시키는 것처럼 말이다. 이런 의미에서 세계는 보살피는 세계*dilectores mundi*인 셈이다. 혹은 세계에 대한 사랑이 나를 위한 세계를 구성해주며, 나를 그 속에 끼워 넣는다(〈도덕의 기본 전제들〉).

문제가 현존하지 않는다고 간주했다. 인간 이성이 그것의 이론적 역량을 통해 다른 정신 능력의 도움 없이 스스로 진리를 아는 것처럼, 동일한 이성은 그것의 실천적 역량을 통해서 "내 안의 도덕 법칙"도 알고 있다고 믿었기 때문이다. 그는 판단에 대해 우리가 특수한 것들과 직면할 때 항상 개입하는 정신 능력이라고 정의했다. 판단은 하나의 특수한 사건과 일반적인 것의 관계를 결정한다. 여기서 일반적인 것이란 어떤 규칙이나 기준 또는 이상이나 다른 종류의 척도를 의미한다. 모든 이성과 지식의 사건들에서 판단은 특수한 것을 그것의 적합한 일반 규칙 밑으로 복속시킨다. 심지어 겉보기에 간단해 보이는 이 작업조차도 그것의 어려움을 가지고 있는데, 거기에는 어떠한 복속의 규칙들도 존재하지 않으므로 자유롭게 결정이 이루어져야 하기 때문이다. "판단에 있어서의 결핍은 바로 대개는 어리석음이라 불리는 것이며, 그런 어리석음으로 인한 낭패에는 딱히 처방책도 없다. 어떤 우둔하고 편협한 사람이 … 심지어 한 명의 학식 있는 자가 될 정도까지 실제 학습을 통해 훈련될 수는 있을 것이다. 그러나 그런 사람들은 보통 판단 면에서 부족함을 보이게 되기 때문에 자신에게 본래부터 결핍되었던 점을 무심코 드러내는 소위 배웠다는 사람들을 만나는 것은 결코 진기한 일이 아니다. … 그것은 결코 좋게 만들어질 수가 없기 때문이다"(《순수이성비판》B172~173). 취향의 문제에서처럼 어떠한 확고한 규칙과 기준들을 적용할 수 없는 판단들과 같은 것은 특수한 것 속에 "일반적"인 것이 담겨 있음이 틀림없는데 이러한 판단 사항들에 당면하게 되면 사정이 약간 더 나

빠진다. 누구도 '아름다움'이라는 것을 정의할 수 없고, 내가 어느 특정의 튤립이 아름답다고 말하는 것은, 모든 튤립이 아름다우므로 이것 역시 아름답다는 의미는 아니며 모든 대상에게 타당한 미의 개념을 적용하고 있는 것도 아니다. 뭔가 일반적인 것으로서의 아름다움이란 것은 내가 그것을 봄으로써 아는 것이고 그것을 특수한 것들 속에서 만나게 되기 때문에 그렇게 진술하는 것일 뿐이다. 내가 어떻게 그런 판단을 위한 어떤 특정한 타당성을 알 것이며 또 왜 그것을 주장하겠는가? 이상에서 기술한 바는 《판단력비판》의 핵심 길잡이 질문들을 매우 단순화된 형태로 제시한 것이다.

그러나 좀 더 일반적으로 말해서, 판단의 부족 사태는 모든 분야에서 스스로 드러난다고 하겠다. 우리는 그것을 지적(인지적) 사안들과 관련해서는 어리석음으로, 심미적 이슈와 관련해서는 취향 결핍으로, 처신과 관련해서는 도덕적인 둔감함 혹은 정신이상 등으로 지칭한다. 이 모든 구체적인 결함들과 대척점에 있는 것, 즉 판단 행위가 수행되는 곳이면 그 어디에서든 판결이 발생하는 바로 그 토대는, 칸트의 견해에 따르자면 '공통감각common sense'이다. 칸트 자신은 기본적으로 심미적인 판단 사례들을 분석했다. 그 이유는 그에게는 오직 그 심미적 영역에서만 우리가 논증을 통해 사실 입증을 할 수 있는 일반적인 규칙들이나 그 스스로 자명한 일반적인 규칙들 없이도 판단을 수행하는 것으로 보였기 때문이다. 그래서 만약 내가 지금 그의 연구 결과들을 도덕 분야에 적용시켜 볼 텐데, 이 작업을 위해서 나는 인간의 내적 교제와 처신 그리고 우리가 그 영역에서 직면하는 현상들이 아무래도 동일한 성격일 것 같다고 전제하고 있다. 이 전제를 정당화하기 위해서 나는 여러분들에게 우리의 첫 번째 강의를 환기하고자 한다. 거기서 나는 이 모든 고려 사항들을 야기한 그다지 유쾌하지 않은 사실적 경험의 배경에 관해 설명한 바 있다.

앞서 나는 어느 모로 보나 늘 도덕과 종교적 기준들을 신봉해온 사람들의 도덕과 종교적 기준들의 총체적 붕괴를 언급했다. 또한 그 나치 정권의 회오리바람 속으로 빨려 들어가지 않았던 소수의 사람은 결코 올바른 처신을 위한 규칙들을 항상 떠받들었던 "도덕주의자들"이 아니라, 그와 정반대로 이러한 기준들이 붕괴되기 이전부터도 그것들 자체의 객관적인 비非타당성을 아주 종종 확신해왔던 사람들이라는 부정할 수 없는 사실도 언급했다. 이에 우리는 우리가 오늘날 이론적으로 말해서 18세기가 한낱 취향 판단에 불과한 것과 관련하여 처해있던 것과 동일한 상황에 놓여있음을 깨닫는다. 칸트는 '아름다움'의 문제를 논란이나 상호적인 합의 가능성을 배제하면서 '취향에 대해서는 논쟁하지 말아야 한다'는 정신에 따라 자의적으로 결정하는 게 당연하다고 여기는 관행에 대해 분개했다. 오늘날 우리는 어떠한 다른 파국적인 신호와 매우 거리가 먼 상황에서조차 도덕적 이슈들을 토론하는 일에서 자주 그것과 정확히 같은 입장에 처하게 되는 것을 발견한다. 그래서 우리는 다시 칸트로 돌아가야 한다.

칸트에게 있어 공통감각이란 우리 모두에게 일반적인 어떤 감각이 아니다. 그것은 엄밀히 말해서 다른 사람들과 더불어 구성하는 어떤 공동체에 우리 자신이 알맞게 변화하도록 돕는 그 감각, 우리를 그것의 구성원들로 만드는 그리고 우리 각자가 사적인 오감五感을 통해 얻은 것들을 소통할 수 있게 하는 바로 그 감각을 의미한다. 이는 그 공통감각이 또 다른 정신 능력인 상상력 — 이것은 칸트에게 가장 신비로운 정신 기능으로 인식되었다 — 의 도움을 받아 함께하는 일들이다. 상상imagination이나 재현representation은 존재하지 않는 어떤 것에 대한 이미지를 나의 마음속에서 가지게 되는 능력을 지칭한다 — 물론 이 두 가지 정신 능력 사이에는 우리가 여기서 무시하고 있는 어떤 차이가 존재한다. 우선 재현은 부재하는 것을 현전하게 만든다. 예를 들면 조지 워싱턴 대교 같은 것이다. 내가 멀리 있는 그 다리를 마음의 눈앞에 떠올리는 동안 나는 실제로 두 가지의 상상들 혹은 재현들을 수행한다. 첫째는 내가 자주 보아온 특수한 다리로서 조지 워싱턴 대교, 둘째는 이 다리를 포함하여 그 어떤 특수한 다리라도 하나의 다리로서 인식하고 알아볼 수 있게 하는 일반적인 다리 자체의 도식적인 이미지다. 이 두 번째의 도식적인 다리는 결코 나의 육신의 눈앞에는 나타나지 않는다. 내가 종이 위에 그리는 순간 그것은 하나의 특수한 [형태의] 다리가 되며 더 이상 한낱 도식이 아닌 것이다. 그런데 그 같은 재현 능력, 그것 없이는 어떠한 지식도 결코 존재할 수가 없다. 그 재현 능력이 다른 사람들에게로 확장되고, 지식의 형태로 나타나는 그것의 도식들은 판단을 위한 사례들이 된다. 공통감각은 그것의 상상 능력 덕분에 실제로는 부재하는 모든 사람들을 상상 속에 그 자체로 현전하게 한다. 칸트의 말처럼 공통감

266

각은 다른 모든 사람의 입장에서 생각할 수 있는 능력이다. 때문에 누군가가 '이것은 아름답다'라는 판단을 내릴 때 그는 (마치 닭수프가 나를 즐겁게 하지만 다른 사람들에게는 그러하지 않는 것처럼) 단순히 '이것이 나를 즐겁게 해준다'라는 것만을 의미하지 않으며 이미 판단 과정에서 다른 사람들을 염두에 두었으므로 다른 사람들의 동의를 구하는 것이기도 하다. 그렇게 함으로써 그는 자신의 판단이 어떤 특정의 일반적인, 아마도 보편성까지는 아니더라도 타당성을 지니기를 희망하는 것이다. 그 타당성은 나의 공통감각이 나를 공동체의 일원으로 만든 그 공동체 전체로 뻗어 나갈 것이다. 자신을 한 사람의 세계시민으로 여겼던 칸트는 그 타당성이 인류 전체의 공동체에 미칠 수 있기를 바랐다. 칸트는 이를 모종의 "확장된 심리enlarged mentality"라고 부르는데, 그 의미는 그러한 합의가 없다면 사람은 교양 있는 교제에 적합하지 않다는 것이다. 요컨대 어떤 특수한 사건에 대한 나의 판단은 단순히 나의 지각에 의존하는 것뿐 아니라 내가 지각하지 않는 무언가를 나 자신에게 재현하는 일에도 의존한다는 것이다. 이에 대해 약간 더 설명을 덧붙이기로 하자. 가령 내가 어떤 빈민가의 가옥을 보았고 내가 그 특정 건물이 직접적으로 표시하지 않는 일반적인 관념인 가난과 비참함을 지각했다고 치자. 이 관념은 내가 만약 거기에 주거해야 할 경우 어떤 느낌을 가지게 될지를 나 자신에게 재현함으로써, 다시 말해 그곳에 사는 거주자의 입장에서 생각하려고 시도함으로써 도달한 결론인 셈이다. 내가 도출하게 될 판단이 결코 오랜 시간 [변화의] 가망성이 없다는 현실 인식으로 인해 자신의 삶의 조건에 대한 분노가 무뎌졌음직한 빈민가의 거주자들의 입장과 같을 필연성은 없지만, 그것은 이러한 사안들에 대한 나의 추가적 판단 활동에 하나의 두드러진 사례로 작용하게 될 것이다. 게다가 내가 판단 활동을 할 때 다른 사람들을 염두에 두기는 해도, 그것이 곧 내가 나의 판단 과정에서 다른 사람들의 판단을 따른다는 의미는 아니다. 나는 여전히 내 자신의 목소리로 말하며, 내가 옳다고 생각하는 바에 도달하기 위해 다른 사람들의 머릿수를 세는 일 따위는 하지 않는다. 그럼에도 [이런 판단 과정을 거친] 내 판단은 더 이상 주관적이지 않다고 간주할 수 있다. 내가 오직 나 자신만을 셈에 넣는 방식으로 결론을 도출하지는 않기 때문이다.

물론 내가 판단을 도출하면서 타인들을 염두에 둔다고 해서 이 타인들 속에 모든 사람이 다 포함되는 것은 아니다. 칸트는 그러한 판단들의 타당성이 오직 역시 판단하는 사람들로 이루어진 "판단하는 주체들의 영역 전체"로만 확장될 수 있다고 명시적으로 말한다. 바꿔 표현하자면, 그것은 판단하기를 거부하는 사람들이 내 판단의 타당성에 이의를 제기하기 위한 것이 아니다. 내가 더불어 판단하는 공통감각은 어떤 일반적인 감각이다. 그리고 "자신의 사적인 감각에 따라 그 대상을 숙고하는 사람이 어떻게 동시에 어떤 공통감각에 따라 그것을 판단할 수 있는가"라는 질문에 대해서 칸트는 사람들 사이에 있는 그 공동체가 하나의 공통감각을 창출한다고 대답할 것이다. 공통감각의 타당성은 사람들과의 교제에서 자라나온다. 마치 사유가 나와 자신과의 내적 교제에서 자라 나오듯이 말이다. ["사유하는 것은 자신과 이야기하는 것이며, 그러므로 내면의 자신에게 귀를 기울이는 것이다"(《실용적 관점에서 본 인간학》no. 36).] 그러나 이러한 제약사항들과 함께, 우리는 내 사유 속에 더 많은 사람의 입장을 현전하게 함으로써 내 판단에 그것을 고려할 수 있다면 내 판단은 더욱더 **표상적인** 것이 되리라고 말할 수 있다. 그러한 판단들의 타당성은, 비록 개인적인 변덕에 좌우되기는 하겠지만 객관적이거나 보편적이거나 주관적이기보다는 상호주관적이거나 표상적인 성격일 것이다. 이런 유형의 표상적 사유는 상상을 통해서만 가능하고 특정의 희생들을 요구한다. 칸트는 "우리는 이를테면 타인들을 위해 우리 자신을 포기해야 한다"고 말한다. 그리고 이 이기성의 부인이 그의 도덕철학의 맥락이 아니라 이와 같은 한낱 심미적 판단의 맥락에서 일어나는 것은 하찮은 호기심 그 이상을 자극한다. 그 이유는 바로 공통감각이다. 만약 공통감각 — 우리는 그 감각을 통해 공동체의 구성원으로 존재하게 된다 — 이 판단의 어머니라면, 어떤 도덕적 이슈는 차치하더라도 한 폭의 그림이나 한 편의 시조차도 반드시 타인의 판단들을 환기하고 조용히 비교해봐야만 비로소 판단할 수 있을 것이다. 이때 나는 마치 내가 다른 다리들을 인식하기 위해 다리의 도식을 참조하는 것과 마찬가지로 타인의 판단들을 참조하기 때문이다. 칸트는 "취향 속에서 이기주의는 극복된다"고 말한다. 이는 우리가 그 말의 원래적 의미처럼 사려 깊고 타인들의 현존을 고려하며, 칸트의 표현을 빌리자면 "그들의 동의를 구하면서" 그들에게서 합의를 이끌어 내려는 시도를 해야만 하기 때문이다. 그러나 칸트적인 도덕에서는 이런 종류들 어느 것도 필수적이지 않다. 우리는 '이해할 수 있는 존재들'로서 행동하며 우리가 따르는 법칙들은 — 다른 행성의 거주자들, 천사들, 그리고 신 자신을 포함하여 — 모든 이해할 수 있는 존재들에게 타당성을 가질 것이다. 우리는 사려 깊지 못하다. 이는 우리가 다른 사람들의 입장을 두루 생각할 필요가 없고, 또 법에 대해서나 그 행위가 유발되는 의지의 선량함에 대수롭지 않은 영향을 미치는 우리 행위의 결과들에 관해서 생각하지 않기 때문이다. 칸트는 이러한 취향의 판단들에 직면할 때만 소크라테스적인 "하나임으로서 존재하는 나 자신과 불화 상태인 것보다 세계 전체와 불화 상태인 편이 낫다"라는 원칙이 그 타당성의 일부를 상실하는 상황을 발견한다. 여기서 나는 세계 전체와 불화 관계에 놓일 수가 없다. 비록 내가 여전히 그 세계의 상당 부분과 나 자신이 불화 관계에 있음을 발견할지라도 말이다. 가령 우리가 도덕을 부정적인 — 불의를 행하는 것을 삼가는 것이 어쩌면 무엇인가를 행하는 것 자체를 삼가는 것을 의미할지도 모른다는 — 측면 이상의 차원에서 숙고해본다면, 우리는 인간의 처신에 관해서 칸트가 이른바 심미적 처신에만 적합한 것으로 생각했던 방식으로 숙고해야만 할 것이다. 칸트가이 표면상으로 매우 다른 인간적 삶의 영역에서 도덕적 중요성을 발견한 이유는 오직 여기서만 인간을 복수형으로서, 즉 한 공동체에서 더불어 살아가는 존재들로서 생각했기 때문이다. 우리는 결국 이런 맥락에서 **자유로운 중재** 기능으로서의 의지라는 그 공정한 중재자와 맞닥뜨린다. 주지하듯이 "사심 없는 감탄"은 우리가 아름다움에 직면할 때 느끼는 바를 표현한 칸트의 정의다. 그러므로 이기주의는 도덕적 설교에 의해 극복될 수가 없으며, 그와 정반대로 항상 나를 나 자신에게로 돌려보낸다. 그러나 칸트의 표현을 차용하자면 "이기주의는 다수성에 의해서만 이의가 제기되는데, 이 다수성이란 자아가 마치 자신이 전체 세계인 양 자기 속에 갇혀 있는 대신에 자신을 세계의 한 시민으로 간주하는 어떤 정신의 틀이다"(《실용적 관점에서 본 인간학》 no. 2).

　칸트식으로 깊이 생각하거나 판단하지 않은 채 우리가 일상의 삶에서 처신할 때 따르는 행동의 객관적 기준들과 규칙들을 돌이켜 생각해보면, 요컨대 우리가 실제로 그 규칙들에 관해 별 의심 없이 특수한 사례들을 그러한 일반규칙들 밑으로 복속시키는 상황에서, 마치 우리가 이것은 아름답고 저것은 추하다는 결정을 내릴 때처럼 옳고 그름을 결정하도록 요청받은 경우, 거기에는 정말 아무것도 참고할 것이 없는지 의문이 생긴다. 이 문제에 대한 답은 '그렇다'인 동시에 '아니다'이기도 하다. 가령 일상의 공동체 내의 예의범절 및 관습 즉 도덕의 **모레스**와 관련하여 우리가 가지고 있는 것과 같은 기준들이 일반적으로 수용된다고 하면, 답은 '그렇다'가 된다. 그러나 옳고 그름의 문제들은 오직 공동체 내에서 받아들여지는 처신인지 아닌지 외에는 문제될 게 아무것도 없는 식사예절과 같은 방식으로 결정되진 않는다. 거기에는 정말로 무언가가 존재하는데, 그것은 공통감각이 판단함의 수준으로 부상할 때에만 의지할 수 있고 또 의지하는 것이다. 그것이 바로 예제the example다. 칸트는 "예제들은 판단의 운반 수레"(《순수이성 비판》B174)라고 주장했으며, 특수한 것들이 일반적인 어떤 것 밑으로 복속될 수 없는 판단에 현전하는 "표상적 사유representative thought"를 "예제적 사유exemplary thought"라는 명칭으로 불렀다. 우리는 어떤 일반적인 것에 매달릴 수 없다. 하지만 하나의 예제가 된 어떤 특수한 것에는 그렇게 할 수 있다. 어떤 면에서 이 예제는 어떤 사물이나 특정인에게 거처를 제공하는 모든 구조물을 건물로서 인식하도록 내가 마음속에 지니고 다니는 건물의 도식과 비슷하다. 그러나 예제는 그 도식과 달리 우리에게 어떤 특질상의 차이를 제시해야 한다. 나는 이 차이를 도덕 영역 밖의 사례를 들어 설명해 볼 것이다. 우선 '무엇이 탁자인가?'라는 질문으로 시작하자. 이 질문을 받은 당신은 탁자가 되기 위해 모든 탁자가 부응해야 할 것으로서 탁자의 형상 또는 당신의 상상 속에 현전하는 탁자의 (칸트적) 도식을 떠올릴 것이다. 이제 이것을 **도식적 탁자**라고 부르자. (말이 나온 김에 덧붙이자면 이것은 플라톤 이론에 나오는 탁자의 이데아, 즉 "이상적인" 탁자와 매우 흡사하다.) 그게 아니라면 여러분은 모든 종류의 탁자들을 그러모아 모든 탁자에 공통되는 최소한의 특질만 남을 때까지 그것들의 부차적 특질들, 즉 색상, 다리의 개수, 재질 등등을 제거할 수 있을 것이다. 이것을 **추상적 탁자**라고 부르자. 끝으로, 여러분이 알고 있는 혹은 상상할 수 있는 모든 탁자 가운데 최고의 탁자를 골라낸 다음 '이것이야말로 탁자들이 어떻게 제작되고 어떻게 보여야 하는지에 대한 하나의 **예제다**'라고 말할 수 있을 것이다. 이것을 **예제적 탁자**라고 부르자. 이상의 과정은 이제 다른 특수한 사례들에도 타당성을 가지게 **될**

'어떤 특수한 사례*eximere*'를 뽑아낸 것이다. 역사학과 정치학 분야에는 이런 식으로 도출된 여러 가지 개념이 존재한다. 대부분의 정치적 미덕과 악덕도 예제적인 개인들에 빗대어 생각되고 있다. 아킬레우스의 용기, 솔론의 통찰(지혜) 등등이 그런 경우다. 만약 여러분이 카이사르나 나폴레옹을 하나의 예제로, 즉 다른 경우에도 타당한 특질들을 보여주는 특수한 인격체로 간주한다면 카이사리즘Caesarism이나 보나파르티슴Bonapartism을 예로 들 수도 있다. 분명 카이사르나 나폴레옹이 누구인지 모르는 사람이라면 여러분이 카이사리즘이나 보나파르티슴을 운위할 때 무슨 말을 하는지 이해할 수 없을 것이다. 그러므로 그 개념의 타당성은 제약이 가해진 것이지만 그것의 제약 사항을 인정하는 범위 내에서만큼은 하여튼 유효하다고 볼 수 있다.

실제로 모든 판단 활동들의 "운반 수레"인 예제들은 또한 특별히 모든 도덕적 사유의 안내 표지판들이기도 하다. "불의를 행하는 것보다 불의를 당하는 편이 낫다"라는 오래된 그리고 한때 역설적이었던 그 진술이 교양 있는 사람들의 합의를 확보하게 된 것은, 주로 소크라테스가 하나의 예제를 제시해주었고 그 결과 그것이 특정한 처신 방식 그리고 옳고 그름 사이에서 결정을 내리는 특정한 방식의 예제가 되었다는 사실 덕분이다. 이 입장은 다시금 니체에게서 요약된 형태로 나타난다. 최후의 철학자 — 우리는 그를 그렇게 생각하는 경향이 있다 — 인 니체는 도덕적 이슈들을 진지하게 고민했으며 그 때문에 그것들을 이전의 모든 도덕적인 입장들에 비추어 꼼꼼히 분석하고 사유했다. 그의 다음 진술을 살펴보자.

행위를 행위자와 분리시키는 것, 즉 미움과 경멸의 대상을
'죄'[행위자 대신 행위]로 정하는 것, 그리고 하나의 행위는
그 자체로서 선할 수도 악할 수도 있다고 믿는 것은 도덕의 변
성變性이다 …. [각각의 행위에 있어서] 모든 것은 누가 그것
을 하는가에 달려 있으며, 동일한 '범죄'라도 어떤 경우에는
최고의 특권이 될 수 있고 다른 경우에는 [악의] 오명을 쓸 수
도 있는 법이다. 실제로 어떤 행위, 아니 그보다 그 행위를 수
행한 행위자를 그 행위자와 그 판단자 간의 … 유사성이나 '비
非친근성'과 관련지어 해석하도록 하는 것은 그 판단자의 자
기-관계성이다(《힘에의 의지》 no. 292).

우리는 시공간적으로는 부재하지만 예제가 된 특정 사건과 인
물을 우리의 정신 내부에 현전시킴으로써 옳고 그름에 대해 판단
하고 식별한다. 그런 예제들은 많이 존재한다. 먼 과거 속에 있을
수도 있고 아니면 현재 생존하는 우리들 속에 놓여 있을 수도 있
다. 그것들이 역사적으로 실재할 필요는 없다. 이와 관련하여 제
퍼슨이 언젠가 언급했듯이 "맥베스가 시도한 가상假想의 던컨 왕
살해"가 "헨리 4세의 실제 행위만큼이나 엄청난 악행의 공포로서"
우리를 자극시키며, 어떤 "활기 넘치고 오래 가는 효심에서 비롯
된 의무감은 지금까지 건조한 필치로 쓰인 모든 종류의 윤리서와
성서보다는 《리어 왕》을 읽힘으로써 누군가의 아들과 딸의 마음

에 훨씬 더 효과적으로 새겨질 수 있다."(이는 다른 교사들의 경우에는 그렇지 않겠지만 윤리 교사라면 당연히 할 수 있는 말이다.)

그건 그렇고, 내가 이 네 번의 강의 동안 모든 세부 사항들에 세심한 주의를 기울일 수 있는 시간적 여유도 없었고 아마 그러한 능력을 보이지 못한 것도 명백한 사실이다. 요컨대 내가 지난 네 차례의 강의 동안에 내 스스로 제기한 모든 문제에 가장 간략한 형태로나마 답변했어야 했는데 그러지 못한 듯하다는 것이다. 그래서 나는 최소한 우리가 이 어렵고 급박한 문제들을 어떻게 사유하며 다루어야 하는지에 대해 내가 제시한 몇몇 신호가 누가 봐도 알 수 있는 것이 되었으면 하는 바람뿐이다. 결론을 대신하여 나는 두 가지 촌평을 덧붙이고자 한다. 오늘 칸트에 대한 논의 중에 내가 왜 키케로와 에크하르트를 통해 우리가 함께하고픈 사람이 누구인가라는 질문을 제기했는지가 좀 더 명확해졌기를 바란다. 나는 옳고 그름에 대한 우리의 결정들이 우리가 함께하려는 사람, 우리의 삶의 여정에서 동행하고픈 사람을 선택하는 데 달려 있음을 보여주고자 했다. 또한 이 동행이 예제들을 통해 사유함으로써 선택된다는 점을 말하고자 했다. 여기서 예제들이란 죽었거나 산 사람, 실재의 인물이나 가공의 인물이 들어 있는 예제들, 그리고 과거와 현재의 사건적 예제들을 말한다. 전혀 있을 법하지 않은 경우지만 누군가가 우리에게 다가와서 자기는 [아내 6명을 차례로 죽인 잔혹한 자인] '푸른 수염'을 동행의 대상으로 선호하며 그를 자신의 예제로 택하겠다고 말한다면, 우리가 할 수 있는 최선은 그가 결코 우리에게 가까이 접근하지 못하게 하는 것뿐이다.

그러나 누군가가 우리에게 다가와서 자기는 신경 쓰지 않으며 어떠한 동행이라도 자신에게는 과분할 뿐이라고 말할 가망성이 존재하며, 우려스러운 일이지만 이게 훨씬 더 많은 경우다. 도덕적으로 그리고 심지어 정치적으로 말해서, 이 [동행에 대한] 무관심은 비록 그것이 일반적이라 해도 중대한 위험임에는 분명하다. 그리고 이와 연계된 것으로서 조금 덜 위험한 유형은 또 하나의 일반적인 현대적 현상으로서 우리 주변에 널리 퍼져있는, 판단 자체를 거부하는 경향이다. 자신의 예제들이나 동행의 선택을 꺼리거나 그런 일에 무능력한 데서, 또한 판단을 통해 다른 사람들과 연결되는 것을 꺼리거나 그런 일에 무능력한 데서 진짜 '*skandala*', 즉 실재적인 걸림돌들이 생겨난다. 그런 걸림돌들은 인간적인 그리고 인간적으로 납득할 만한 동기들 때문에 생겨난 것이 아니므로 인간의 권한들을 통해 제거할 수 없다. 그 걸림돌들 속에 악에 대한 공포, 그리고 그와 동시에 '악의 평범성'이 똬리를 틀고 있다.

1965~1966

3장
집합적 책임

여기 자기가 하지 않은 일들에 대한 책임이라는 것이 존재한다. 누군가는 그런 것들에 대한 책임을 져야 할 것 같다. 그러나 자신이 적극 참여하지 않은 상태에서 벌어진 일들에 대해서 유죄라고 생각하거나 죄책감을 느끼는 경우란 결코 없다. 이것은 한 가지 중요한 논점이다. 특히 그렇게 많은 선량한 백인 자유주의자들이 그 '니그로 문제the Negro question'와 관련하여 죄책감을 고백하는 순간에는 큰 소리로 똑똑히 부각할 만한 가치가 있다. 나는 우리 역사에 그런 잘못된 감정 표현의 선례들이 얼마나 되는지 알지 못한다. 그러나 전후 독일에서 히틀러 정권이 유대인들에게 자행했던 바와 관련하여 그와 유사한 문제들이 발생했고, 거기서 처음 들었을 때 아주 고매하고 마음을 끄는 힘이 있는 "우리는 전부 유죄다"라는 그 외침이 정말로 유죄인 자들을 상당한 정도도 면책시키는 데 실제로 복무했을 뿐임을 잘 알고 있다. 우리가 모두 죄인이라면 어느 누구도 죄인이 아닌 것이다. 죄는 책임과 달리 항상 누군가를 지목하는 특성이 있다. 죄는 엄격히 개인적인 특성을 띠기 때문이다. 그것은 의도나 잠재성이 아니라 특정 행위를 지목한다. 우리는 단지 은유적인 의미로만 우리 아버지의 국민의 혹은 인류의 죄에 대해서, 요컨대 우리가 하지 **않은** 행위들에 대해서 죄의식을 **느낀다**고 말할 수 있다. 비록 사건의 전개 과정이 우리로 하여금 대가를 치르게 할 수 있을지라도 말이다. 죄에 대한 감정들, 즉 범의犯意라든가 떳떳치 못한 마음, 범법행위에 대한 자각은 우리의 사법적이고 도덕적인 판단에서 매우 중요한 역할을 한다. 따라서 그런 은유적 진술들을 곧이곧대로 받아들일 경우 모든 현실적인 이슈들이 모호해져 버리는 모종의 가짜 감상주의로 이끌릴 수밖에 없으므로 그것들을 삼가는 것이 현명할지도 모른다.

다른 사람이 고초를 겪을 때 내가 느끼는 감정을 우리는 동정심 compassion이라고 부른다. 이 느낌은 고초를 겪는 사람이 결국 내가 아니라 다른 사람이라는 사실을 인식하는 한 진정성이 있다. 그러나 그런 감정들을 위해서는 "연대감이 하나의 필요조건"이 되는 것은 사실이라고 생각한다. 이점을 우리의 집합적 죄의식의 경우에 대입하면 "우리는 전부 유죄다"라는 외침은 사실상 범법자들과의 연대감을 선언하는 의미였을 것이다.

나는 '집합적 책임'이라는 용어가 언제 처음 등장했는지에 대해서는 알지 못한다. 그러나 그 용어 자체뿐 아니라 그것이 암시하는 문제점들이 사법적인 또는 도덕적인 곤경과 구별되는 정치적 곤경의 맥락 속에서 그 적실성과 일반적 관심을 끌어냈다는 사실에 대해서만큼은 꽤 확신을 하는 편이다. 사법적 기준과 도덕적 기준은 매우 중요한 사실 한 가지를 공유한다. 그 둘이 항상 어떤 인물과 그 인물이 한 일을 연결한다는 것이다. 가령 어떤 인물이 조직적인 범죄와 같은 하나의 공통과업과 관련되어 있다고 쳤을 때 여기서 판단되어야 할 것은 여전히 바로 그 사람과 그의 관여 수준, 그가 맡은 구체적인 역할 등등이지 그 집단이 아니라는 것이다. 그가 그 집단의 일원이라는 사실은 그가 범죄를 저지르는 것을 더욱 가능하게 했으리라는 점에서만 한몫을 한다. 이 점은 원칙상 그 사람의 평판이 나쁘거나 전과기록을 가지고 있다는 것과 별로 다르지 않다. 피고가 마피아나 SS 혹은 다른 범죄 혹은 정치 집단의 일원이었다는 사실 여부는 우리에게 그가 단지 상관의 명령에 따라 행동한 일개 수하에 불과했고 누군가가 당연히 했을 법한 일을 그가 대신했을 뿐이라는 사실을 확인시켜준다. 하지만 법정에 출두하는 순간 그는 한 명의 개별 인간으로 돌아가며 자신이 한 일에 따라 판결을 받는다. 심지어는 일개 톱니에 불과한 사람이라도 다시 인격적 주체로 되돌아가게 만드는 것이 바로 재판 절차의 위엄이다. 이 점은 도덕적 판단과 관련해서도 한층 높은 수준에서 동일한 효과를 내는 듯하다. 도덕적 판단의 경우에는 '나의 유일한 대안은 자살로 귀결되었을 것이다'라는 변명마저도 사법적 절차만큼의 구속력을 갖지는 않기 때문이다. 그것은 책임의 상황이 아니라 죄의 상황인 것이다.

경험 많은 수영 선수 천여 명이 공공 해변에서 빈둥거리다가 어떤 사람이 아무 도움도 받지 못하고 익사하는 것을 방관한 경우에는 어떠한 **집합적** 책임도 관련되지 않는다. 그들은 애초에 어떠한 집합성도 띠고 있지 않았기 때문이다. 또한 은행털이 음모의 경우에도 과실은 대행될 수 없는 성격이기 때문에 그 어떠한 집합적 **책임**도 관련되지 않는다. 다만 이 경우에 관련되는 것은 다양한 범죄 등급뿐이다. 가령 남북전쟁 후 미국 남부 사회시스템의 경우에서처럼 "소외된 주민들"이나 "내쫓긴 자들"만이 무고하다고 한다면 우리는 여기서 다시 어떤 분명한 유죄 사례를 보게 되는 것이다. 거기 있는 다른 사람들 전부가 결코 누군가 "대신할 수 없는" 무엇인가를 정말로 했기 때문이다.[1]

집합적 책임이 성립되려면 다음 두 가지 조건이 제시되어야 한다. 첫째로 내가 하지 않은 일로 내가 문책을 당하는 게 틀림없으며, 내가 책임을 추궁당하는 이유는 내가 나의 자발적인 행위로 해체시킬 수 없는 어떤 집단(어떤 집합체)에 속해 있기 때문이라는 것, 즉 내가 원하면 깰 수 있는 어떤 비즈니스 파트너십과 완전히 다른 멤버십을 가지고 있기 때문이라는 것이 틀림없어야 한다. '출자집단의 과실' 문제는 모든 참여 형태가 이미 대리될 수 없는 성격이기 때문에 미제未濟 상태로 남겨지는 것임이 틀림없다. 내 생각에 이런 책임의 유형 ─ 그것이 구성원 중 한 사람이 저지른 일이 무엇이든 그것에 대한 책임을 공동체 전체가 스스로 떠안는 예전 방식이든, 아니면 어떤 공동체의 이름으로 행해진 바에 대해 그 공동체가 책임을 지는 방식이든 ─ 은 항상 정치적인 성격이다.

---

[1]　이 세 가지 "경우들"은 아렌트가 답변을 제시한 논문에서 가져온 것이다.─편집자

물론 후자의 경우는 그것이 좋든 나쁘든 대의代議 정부들뿐 아니라 모든 정치공동체에도 공히 적용이 가능하기 때문에 우리에게 더 큰 관심의 대상이 된다. 모든 정부가 전임자의 공적과 과오에 대한 책임을 지며 모든 국가는 과거의 공적과 과오에 대한 책임을 진다. 이는 전임 정부들이 체결한 계약과 협정에 대한 책임을 거부할지도 모르는 혁명정부들에게도 유효하다. 나폴레옹이 프랑스의 통치자가 되었을 때 그는 이렇게 말했다. "나는 샤를마뉴 왕정부터 로베스피에르의 공포정치에 이르기까지 프랑스가 행한 모든 것에 책임을 질 것이다." 바꿔 말해서 그는 '내가 이 나라의 일원인 한 그리고 이 정치체제를 대표하는 한 모든 것은 내 이름으로 행해진 것이다'라고 말한 셈이다. 이런 의미에서, 우리는 선조가 이룩한 공적의 보상을 탈취하는 것과 마찬가지로 그들의 죄에 대해서도 늘 책임을 추궁당한다. 그러나 우리는 물론 도덕적으로나 법적으로 그들의 비행에 대해 무고하며, 그들의 공적을 우리 자신의 공로로 돌릴 수도 없다.

우리는 공동체를 떠남으로써만 이 정치적이고 엄밀히 말해 집합적인 책임에서 도망칠 수가 있다. 그러나 그 어떤 사람도 특정 공동체에 속하지 않고서는 살 수가 없으므로, 이는 그저 한 공동체를 다른 것과 바꾸고 그리하여 한 책임 유형을 다른 책임 유형으로 교체하는 의미일 뿐이다. 20세기는 국제적으로 인정되는 공동체 그 어떤 것에도 속하지 못하는 사실상 쫓겨난 자들, 즉 난민과 무국적자라고 불리는 어떤 인간 범주를 만들어냈는데, 이 범주에 속한 이들에게 그 어떠한 정치적 책임도 물을 수 없는 것은 사실이다. 정치적으로 말해서 그들은 그들이 속한 집단이나 개인적 특성과 상관없이 완전히 무고한 사람들이다. [역설적이게도] 그들이 어떤 외부적 지위로, 말하자면 인류 전체의 외부에 놓인 어떤 지위로 추락한 이유는 바로 이 절대적 무고함 때문이다. 만약 집합적인, 즉 대리할 수 있는 죄라는 것이 존재한다면 아마도 이것이야말로 집합적인, 즉 대리할 수 있는 무고함이 성립되는 경우일 것이다. 사실상 오직 그 [쫓겨난] 사람들만이 전적으로 책임이 없는 사람집단이기 때문이다. 그리고 비록 우리가 대체로 책임, 특히 집합적인 책임을 일종의 부담으로 심지어는 모종의 처벌로까지 생각한다손 쳐도 집합적 무책임nonresponsibility 때문에 지불한 대가가 훨씬 더 크다는 사실은 입증이 가능하다고 생각한다.

여기서 내가 의도하는 바는, 한편으로는 정치적(집합적) 책임을, 다른 한편으로는 도덕적 그리고/또는 사법적(개인적) 유죄를 좀 더 명확히 구분하는 선을 긋고자 하는 것이다. 이와 관련하여 내가 주로 염두에 두고 있는 것은 도덕적이고 정치적인 고려들과 도덕적이고 정치적인 처신의 기준들이 갈등을 빚게 되는 흔한 사례들이다. 이런 문제들을 토론할 때 주로 당면하는 어려움은 우리가 사용하는 도덕이나 윤리 같은 용어들의 매우 교란적인 모호성에 있다. 도덕과 윤리라는 두 단어는 원래가 관습이나 예의범절 그 이상을 뜻하지는 않는다. 그래서 어떤 고상한 의미로는 시민들에게 가장 적절한 관습과 예의범절을 뜻한다. 《니코마코스 윤리학》에서 키케로에 이르기까지 윤리나 도덕은 제도들이 아니라 시민들을 다루는 분야로서 정치학의 일부였고, 그리스나 로마에서 모든 덕목은 확실히 정치적인 성격의 덕목들이다. 거기서의 질문은 단연코 어떤 개인이 좋은 사람**인지** 여부가 아니라 그의 처신이 그가 사는 세계에 유익한지 여부다. 그 관심의 중심에는 자아가 아니라 세계가 놓여있다. 그럼에도 우리가 양심의 문제를 포함하여 모든 도덕적인 문제에 관해 이야기할 때 우리는 [도덕이라는 말을 사용하여] 전적으로 다른 어떤 것을 의미하는데, 이는 사실상 우리가 그 어떤 것에 꼭 들어맞는 단어를 가지고 있지 않기 때문이다. 다른 한편, 우리가 그러한 [도덕이나 윤리와 같은] 고대의 단어들을 토론에서 사용함에 따라 이 매우 고대적이고 상이한 함의는 항상 [수반되어] 현전한다. 우리의 의미 맥락에서의 도덕적 고려 사항들을 탐색해볼 수 있는 고전문헌 속의 예외가 하나 존재하는데, 그것은 소크라테스의 "불의를 행하는 것보다 불의를 당하는 편이 낫다"라는 명제다. 나는 조금 뒤에 이 명제에 관해 논의할 것이다. 그 논의에 앞서 나는 먼저 반대편, 이를테면 종교 쪽에서 발생한 또 다른 어려움에 관해 언급하고 싶다. 물론 도덕적 문제들이 세계의 복리보다는 한 영혼의 복리와 관련된다는 관점은 히브리-기독교 유산의 본질적인 부분에 해당한다. 일례로 고대 그리스의 가장 평범한 사례를 제시하자면, 아이스킬로스에서 오레스테스가 아폴론의 엄중한 명령에 따라 자신의 어머니를 살해한 다음 에리니에스[2]에게 괴롭힘을 당한 사례는 두 번씩이나 교란되어 반드시 복원되어야 할 세계의 질서 바로 그것이었다. 오

---

2 그리스신화에 나오는 복수와 징벌의 여신들.— 옮긴이

레스테스가 자기 아버지의 죽음에 대한 복수를 위해 어머니를 죽인 것은 올바른 일이었다. 그러나 그는 또 다른 [모친살해라는] 오늘날 우리의 표현상 '금기'를 범했으므로 여전히 유죄였다. 그 비극은 오직 어떤 악행만이 원 범죄의 대가를 되갚을 수 있음을 보여준다. 그리고 우리가 잘 알고 있듯이 그것의 해법은 아테나 여신에게서 나오거나, 아니 오히려 어떤 재판소를 정초함으로써 그때부터는 재판소가 올바른 질서 유지의 책임을 스스로 떠맡고, 지금껏 세계 질서 유지에 필수적이었던 어떤 끝없이 이어지는 악행의 연쇄 고리라는 저주를 풀 것이다. 이것은 세상 속에서 저질러진 악에 저항하려는 각각의 행위는 필히 어떤 악의 암시를 수반하며 그 개인의 곤경에 대한 해법 역시도 수반한다는 기독교적 통찰에 대한 그리스식 해석이다.

기독교의 부상과 더불어 강조점은 세계에 대한 보살핌과 세계와 관련된 의무 사항들로부터 영혼에 대한 배려와 영혼의 구원으로 완전히 옮겨갔다. 기독교 등장 초기 수백 년 동안 양자의 양극화는 절대적이었다. 신약성서 속 사도의 서간들은 공적·정치적 개입을 피하고 자신의 영혼을 돌보면서 엄격히 사적인 일을 보살피라는 권고 사항들로 가득 차 있다. 적어도 테르툴리아누스가 이 태도를 "우리에게 공적으로 중요한 문제보다 더 이질적인 것은 아무것도 없다"라는 문구로 요약할 때까지는 그랬다. 심지어 오늘날에도 우리가 도덕 기준과 규범이라는 말로 이해하는 바에는 이 기독교적 배경이 깔려 있다. 명백히 현재 우리의 사유 속에서 이런 문제들에 관한 엄격성의 기준은 도덕적인 문제들과 관련해서는 가장 높게, 관습과 태도의 문제들과 관련해서는 가장 낮게 적용된다. 그런 한편, 사법적 기준은 이 둘의 중간 어디쯤 놓이게 된다. 여기서 나의 논지는, 도덕이 우리의 '가치들'의 위계질서 속에서 높은 지위를 차지한 것은 그것이 종교에 기원을 두고 있기 때문이라는 것이다. 인간의 처신을 규정하는 신의 법이 십계명의 경우에서처럼 직접적으로 계시되든 자연법의 관념들로서 간접적으로 제시되든 간에 그 점은 이 맥락에서 조금도 중요하지가 않다. 그 규칙들은 신성한 기원을 가지고 있기 때문에 **절대적**이었으며, 그것들의 제재 방식은 "미래의 보상과 처벌"이었다. 본래 종교에 뿌리를 두고 있는 이러한 처신 규칙들이 그 기원에 대한 신앙심, 특히 초월적 제재에 대한 신앙심이 상실되더라도 살아남을 수 있는지는 의심스러운 수준 그 이상이다. (존 애덤스는 이상하리만큼 예언자적인 태도로 이런 신앙심의 상실이 "살인을 물새 떼를 쏘는 것과 다르지 않게 취급하고 로힐라족[3]의 전멸을 마치 치즈 조각에 붙은 진드기를 삼키는 것인 양 아무 잘못도 없는 것으로 만들 수 있다"라고 내다봤다.) 내가 보는 견지에서는 우리가 여전히 도덕적 구속을 받는 십계명은 "살인하지 말라"와 "거짓 증언 하지 말라"라는 두 개의 조항뿐이다. 이 두 가지는 근래 히틀러와 스탈린에 의해서 각기 상당히 성공적인 방식으로 도전을 받았다.

인간 처신에 대한 도덕적인 고려의 중심에 자아가 서 있다. 그

---

3 북부 아프가니스탄 고산지대에 사는 부족으로 1773~4년에 영국 동인도회사의 군대가 지원한 전쟁에서 패하여 왕조를 잃었다. 나중에 파키스탄이 인도에서 분리 독립한 이후 대부분 파키스탄으로 이주했다.—옮긴이

리고 처신에 대한 정치적 고려의 중심에는 세계가 놓여 있다. 만약 도덕적 명령에서 종교적인 내포 의미들을 제거한다면 우리는 소크라테스적 명제, 즉 "불의를 행하는 것보다 불의를 당하는 편이 낫다", 그리고 그것이 특이한 방식으로 실체화된 명제인 "하나임being one으로서 존재하는 나 자신과 불화 상태인 것보다 세계 전체와 불화 상태인 편이 낫다"와 함께 남겨질 것이다. 우리가 제아무리 도덕적 문제들에서의 비非모순율의 발동을, 마치 제1원리이자 동일한 명령인 "너 자신과 모순을 일으키지 말라"가 논리와 윤리에 공리적公理的인 것처럼 해석 — 말이 나온 김에 덧붙이자면 그것은 여전히 칸트의 정언명법에서의 주된 주장이다 — 한다 해도, 한 가지는 확실한 듯하다. 즉 그 전제는 내가 다른 사람들과 더불어 사는 것과 마찬가지로 나는 나 자신과 더불어 살며, 이 나 자신과 함께함togetherness이, 이를테면, 다른 모든 것에 대해 우선권을 가진다는 점이다. 그 소크라테스적 명제에 대한 정치적인 반응은 다음과 같은 것이 될 것이다. "이 세계 속에서 중요한 것은 그 속에 그 어떠한 불의도 존재하지 말아야 한다는 것이며, 불의를 당하는 것과 불의를 행하는 것은 똑같이 나쁘다." 누가 고초를 겪는지는 상관하지 말라. 당신의 의무는 그것을 막는 것이다. 나의 요점을 간명하게 표현하기 위해 또 다른 유명한 이야기를 끌어들이자면, 그 당사자는 바로 그런 이유에서 군주들에게 "선하지 않게 되는 법"을 가르치고자 했던 마키아벨리다. 감히 교황과 맞섰던 피렌체의 애국지사들에 관해 기술하면서 그는 그들이 "자신들의 도시를 자기 영혼보다 얼마나 더 높은 위치에 올려놓았는지"

를 보여주었다고 칭찬을 아끼지 않았다. 종교적 언어가 영혼에 관해 말한다면 세속적 언어는 자아에 관해 이야기한다.

처신에 관한 정치적 기준들과 도덕적 기준들이 서로 모순을 일으키는 방식은 많이 있다. 그 기준들은 정치 이론 속에서는 보통 '국가의 존재 이유' 강령 그리고 그것의 이른바 도덕에 관한 이중 잣대와의 연계성 측면에서 다루어진다. 여기서 우리는 다만 어떤 특별한 경우에 관심이 있다. 그것은 바로 어떤 공동체의 구성원이 자신은 비록 동참하지 않았지만 그의 이름으로 저질러진 것들에 대해 책임을 지는 방식의 '집합적 대리代理 책임'의 문제다. 그러한 비非참여에는 여러 가지 원인이 있을 수 있다. 우선 국가의 통치 형태가 그 나라 거주민들, 혹은 그들의 대다수 계층을 공적 영역에 전혀 받아들이지 않기 때문에 비참여가 전혀 선택 사안이 될 수 없는 경우가 있다. 또는 그와 정반대로, 자유로운 나라에서 특정 시민 집단이 참여를 원치 않고 정치와 완전히 거리를 두고자 할 수도 있으나, 이는 도덕적 이유에서가 아니라 단순히 우리에게 보장된 자유권 중 하나의 이점을 취하고 싶기 때문일 수도 있다. 이 자유는 우리가 너무 당연하게 생각해서 보통은 언급조차 하지 않는 '정치로부터의 자유'다. 이런 유형의 자유는 고대에는 알려지지 않았으며 20세기에 나타난 여러 독재 정권들 아래서, 특히 전체주의적 변종 정권 아래서 물론 꽤 효과적으로 파괴된 바 있다. 비참여가 당연한 것이라서 선택 사항이 될 수 없는 절대주의 국가 및 기타 형태의 전제정치 국가의 사정과는 대조적으로, 여기서 우리는 참여가 당연시되는 동시에 우리가 아는 대로 그것이 범죄 활동의 공모를 의미할 수 있으며 오히려 비참여가 어떤 [중대] 결심의 문제로 비화하는 상황을 다루고 있다. 끝으로 우리는 비참여가 실제로 일종의 저항 형태로 인식되는 자유로운 나라들의 경우도 생각해 볼 수가 있다. 일례로 베트남전 징집을 거부하는 사람들의 경우가 이에 해당한다. 이 저항은 흔히 도덕적 토대 위에서 논의되고 있다. 그러나 결사의 자유가 존재하고 그것과 함께 참여 거부라는 형태로서의 저항이 정책적 변경을 가져오리라는 희망이 존재할 경우, 그 참여 거부라는 것의 성격은 본질적으로 정치적이다. 고려의 중심에 있는 것은 자아[에 대한 고려] — 물론 나는 손을 더럽히는 것을 원치 않으므로 가지 않는다는 것 역시 하나의 타당성 있는 주장일 수는 있다 — 가 아니라 그 국가의 운명과 전 세계 다른 나라들을 염두에 둔 그 국가의 처세 방식이다.

세계 내 정치적인 일에 대한 비참여는 항상 무책임성이라는 비난, 즉 우리가 서로 공유하는 세계와 우리가 속한 공동체에 대한 자신의 의무를 회피한다는 공개적인 비난의 대상이 되어왔다. 이 비난은 비참여의 문제를 도덕적 근거에 기초하여 논할 경우에 결코 성공적으로 방어되지 못한다. 우리는 최근의 경험들을 통해서 악을 행하는 정부들에 대한 적극적이고 때로 영웅적인 저항은 어떠한 죄에 대해서도 완전히 무고한 외부인들보다는 그 정부들에 참여한 여성과 남성들에 의해 훨씬 많이 일어난다는 것을 알고 있다. 항상 그렇듯이 일부 예외는 있지만, 히틀러에 대한 독일인들의 저항이 이를 증명하며 공산주의 정권들에 대한 몇몇 반란의 사례에서도 이 점이 사실로 드러난다. 헝가리와 체코슬로바키아는 후자의 사례들이다. 오토 키르크하이머는 이런 문제를 (《정치적 정의》라는 저서에서) 사법적 관점에 입각하여 논하면서 사법적 혹은 도덕적 무고함의 문제, 즉 정권이 저지른 범죄에 대한 공모성이 전적으로 부재하는가의 문제에서 "적극적인 저항"은 하나의 "환상적인 잣대일 수 있을 것이며, 공적인 삶에 대한 의미 있는 참여를 철회하는 것, … 망각 속으로 그리고 무명의 지대에 묻혀 버리고 싶은 심정"은 "재판을 주재하는 자들이 정당하게 채택할지도 모르는 하나의 기준"이라고 올바로 지적했다(331쪽 이하). 그럼에도 그는 같은 이유로 자신들의 책임감이 그 방식을 선택하는 것을 허용치 않았다는 진술, 또 더 나쁜 상황을 막기 위해서 계속 복무하는 방식을 선택했다는 등등의 진술을 한 피고인들을 [책 속에서] 어떻게든 정당화하려 한다. 그런 주장들은 분명 히틀러 정권의 경우에는 상당히 불합리하게 들렸으며 실제로 자신의 출셋길을 추구하려는 열망을 합리화하는 위선에 지나지 않았다. 그러나 그것은 또 다른 문제일 뿐이다. 여기에서 진실은, 비참여자들이 곧 저항자들은 아니며 그들은 자신의 [비참여적] 태도가 어떠한 정치적 효과들을 낳게 될 것이라고는 생각지도 못했다는 것이다.

내가 소크라테스의 명제 형태로 인용한 그 도덕적 주장이 실제로 말하는 바는 다음과 같다. 만약 지금 내게 참여의 대가로 요구된 것, 즉 한낱 순응주의든 아니면 궁극적인 저항의 성공을 위한 유일한 기회든 그것을 내가 택할 경우에 나는 더 이상 나 자신과 더불어 살 수 없게 된다. 왜냐하면 나의 삶은 내게 더 이상 가치 있게 느껴지지 않을 것이기 때문이다. 그런 이유로 나는 불의를 행하고 그와 같은 불의를 저지른 자와 함께 사느니 차라리 지금 불의를 당하고, 내가 참여를 강요받을 경우에는 심지어 죽음이라는 대가를 치르는 편을 택해야 한다. 만약 그것이 사람을 죽이는 문제와 관련된 것이라면 우리의 주장은 살인이 행해지지 않으면 세상이 더 나아질 것이라는 사실이 아니라 한 명의 암살자와 함께 사는 일이 꺼려질 것이라는 사실에 초점이 맞추어져야 한다는 것이다. 이것은 심지어 가장 엄격히 정치적인 관점에서조차도 답이 주어질 수 없는 주장으로 보인다. 그럼에도 그것이 극단적인, 즉 국한된 상황들 속에서만큼은 타당성을 확보할 수 있는 문제라는 점은 확실하다. 그런 상황들은 종종 그렇지 않으면 상당히 모호하고 불명료한 것으로 남을 수 있는 문제들에 명료성을 부여하기에 가장 적절하다. 도덕적 명제들이 정치영역 속에서 절대적으로 유효하게 되는 그 국한된 상황이란 무기력을 말한다. 항상 고립을 전제로 하는 무력감은 아무것도 하지 않는 것에 대한 모종의 타당한 변명거리가 된다. 이 주장의 어려움은 물론 그것이 전적으로 주관적이라는 사실이다. 그것의 진정성은 오로지 고통을 감수하려는 기꺼움에 의해서만 입증이 가능하다. 거기에는 사법적 절차에서와 같이 모든 경우에 적용될 수 있고 자체로 타당성을 보유하는 일반규칙은 아무것도 존재하지 않는다. 그럼에도 염려스러운 것은 이것이 종교적 계율들의 지지를 받고 있지 않거나 그것에서 파생되지 않은 도덕적 판단 전체의 파멸 원인이 될 것이라는 점이다. 우리가 아는 것처럼 소크라테스는 결코 이 명제를 증명하지 못했다. 그리고 칸트의 정언명법, 엄격히 비종교적이고 비정치적인 도덕규범으로서 유일하게 경쟁력을 지닌 그것도 증명될 수 없기는 마찬가지다. 그 주장의 훨씬 더 심각한 고민 지점은 그것이 자기 자신과 기탄없이 함께 사는 데 익숙한 사람들에게만 적용된다는 사실이다. 이는 그것이 양심을 지닌 사람들에게만 타당성을 갖는다는 사실을 달리 표현한 것일 뿐이다. 그리고 난감한 상황에 처하면 건전한 정신을 가진 사람이라면 반드시 갖추어야 할 것으로서의 양심에 종종 호소하는 법리학의 편견들은 차치하더라도, 결코 모든 사람이 그렇다는 것은 아니지만 상당수의 사람이 양심을 가지고 있다는 증거가 있다. 그런 양심 있는 사람들은 삶의 모든 영역에서 찾아볼 수 있으며, 좀 더 구체적으로는 교육 정도가 제각기 다른 모든 부류는 물론 무학층에서도 발견되고 있다. 사회적 혹은 교육적 위상이 양심의 현전과 부재를 보증한다는 객관적인 증거는 어디에도 존재하지 않는다.

이 **세속적인** 도덕 명제들과 조응하는 듯한 그리고 그것을 타당하게 만들 유일한 것은 사유함이라는 활동이다. 그것은 가장 일반적이고 전적으로 비전문적인 의미에서 플라톤이 시도했던 방식대로 '나와 나 자신의 무성의 대화'로 정의할 수 있다. 이 정의를 처신의 문제들에 적용했을 때는 상상력이라는 정신 능력이 그러한 사유에 높은 수준으로 관여하게 될 것이다. 요컨대 그것은 재현하는 능력, 여전히 부재하는 것을 나에게 현전하도록 만드는 능력이며, 그것은 모종의 관조觀照된 행위인 것이다. 이 고독 속에서 실행되는 사유 능력이 내가 항상 다른 사람들과 더불어 존재하는 엄격히 정치적인 영역 속으로 어느 정도나 확장될 수 있는지 여부는 또 다른 문제이다. 그러나 우리가 정치철학으로부터 해답을 기대하는 이 질문에 대한 우리의 답이 무엇으로 나타나게 되든지 간에, 어떠한 도덕적, 개별적, 개인적인 처신 기준들도 결코 우리를 집합적 책임으로부터 면제해줄 수는 없을 것이다. 우리가 하지 않은 것에 대한 이 대리 책임, 즉 우리가 완전히 무고한 것들의 결과들을 스스로 떠안는 일은 우리가 홀로 자신의 삶을 사는 것이 아니라 동료 인간들 속에서 더불어 살아간다는 사실에 대한 대가를 지불한다는 의미다. 그리고 결국 가장 탁월한 정치 능력인 그 행위 능력이 그렇게 많은 그리고 그렇게 다양한 형태의 인간 공동체들 가운데 오직 [특정의 정치공동체라는] 한 곳에서만 실현될 수 있다는 사실에 대한 대가를 지불하는 의미인 것이다.

1968

4장
사유함, 그리고 도덕적 고려 사항들
- W. H. 오든을 기리며

여기서 사유함에 관해 이야기하는 것은 매우 주제넘은 일 같아 보이기 때문에 내가 왜 이것을 말하려고 하는지에 대해 정당한 설명을 제공할 필요성을 느낀다. 수년 전 예루살렘에서 열린 아이히만 재판을 취재하여 보도하면서 나는 "악의 평범성"에 관해서 설명했는데, 그 말은 그 어떠한 이론이나 강령도 아닌 매우 사실적인 어떤 것, 즉 거대한 규모로 저질러진 악행이라는 현상을 뜻했다. 당시 나는 그 현상과 관련하여 사악함, 병리학, 또는 그것을 수행한 자의 이념적인 확신과 같은 어떠한 특수성에서 그 원인을 찾아낼 수 없었고, 어떤 비상한 천박함이라고밖에 할 수 없는 행위자의 개인적인 독특함만을 추적할 수 있었다. 그 행위들이 얼마나 극악무도한 성격이었는가와 별개로 그것의 행위자는 극악무도하지도 또 악마적이지도 않았다. 누군가가 그 [아이히만이라는] 행위자의 과거 행적과 그가 재판 과정과 경찰의 사전 심문 기간 동안에 보여준 행태에서 탐색할 수 있었던 유일하게 구체적인 특성은 뭔가 완전히 부정적인 것이었다. 그것은 어리석음이 아니었다. 그것은 기이하리만치 꽤 진정성이 있어 보이는 그의 사유 불능_{in-ability to think}이라는 특성이었다. 그는 나치 정권 밑에서 복무했을 뿐 아니라 한 사람의 탁월한 전범의 역할을 기능적으로 수행했다. 그는 완전히 다른 한 벌의 규칙 세트를 수용하는 데 눈곱만큼의 어려움도 느끼지 않았다. 그는 과거 자신이 의무라고 간주했던 것이 지금에 와서 범죄로 불리는 것을 알아챘으며, 그것이 마치 또 다른 언어 규칙이라도 되는 양 이 새로운 판단 양식을 수용했다. 그리고 자신이 가지고 있는 상당히 제한적인 상투적 문구들에 새로운 것 몇 가지를 추가했고, 그것들 중 어느 것도 적용할 수 없는 상황에 직면했을 때는 총체적으로 무력했다. 예컨대 그가 교수대 밑에서 최종발언을 해야 했을 때, 그 자신은 [유대인] 생존자가 아니었으므로 자신에게 적용할 수 없는데도 장례식 연설에서 사용되는 상투적인 문구들을 어쩔 수 없이 구사하는 정말 괴상한 장면이 연출되었을 때가 바로 그런 경우였다.[1] 그가 줄곧 예상해왔던 사형선고가 내려질 경우 자신이 무슨 말을 남겨야 할지에 대해 숙고하는 것, 이 단순한 생각이 떠오르지 않았던 것이다. 마치 재판의 심문과 대질심문 과정에서 나타난 비일관성과 명백한 모순들에 대해 그가 조금도 개의치 않았던 것과 마찬가지로 말이다. 사실 상투적 표현들, 머릿속에 입력된 문구들, 관행적이고 표준화

---

[1] 《예루살렘의 아이히만》 2판 252.

된 표현 양식과 처신 양식들에 대한 집착은 현실로부터 우리를 보호한다는 사회적으로 인정된 기능을 가지고 있다. 요컨대 모든 사건과 사실들이 현존함으로써 불러일으키는 우리 사유의 관심에 대한 요구로부터 우리를 보호한다는 것이다. 그러나 만약 우리가 이 요구에 항상 반응한다면 우리는 이내 소진돼버리고 말 것이다. 아이히만에게서 발견되는 차이점은 그가 확실히 그런 요구에 대해 아무것도 알지 못했다는 것이다.

그러한 사유함의 완전한 부재가 나의 관심을 끌었다. 악행이라는 것에는 태만의 죄뿐 아니라 과실의 죄도 함께 포함된다. 혹시 그러한 악행이 (법이 그렇게 지칭하는) "천박한 동기들"의 부재 상태뿐 아니라 아무런 동기가 없는 상태에서도, 즉 관심이나 의욕을 불러일으킬 아무런 특수한 자극요인이 없는 상태에서도 저질러질 수 있는 것일까? 사악함이란 것이 [만약에] 우리가 그것을 어떻게 정의하든지 간에 "누군가가 악당임을 입증하기 위해 [미리] 정해 놓은 바라면" 그것이 악행을 위한 모종의 필수조건은 **아닐**까? 옳고 그름을 식별하고 아름다움과 추함을 식별하는 우리의 판단 능력이 [과연] 우리의 사유 능력에 의존하고 있는 것일까? 사유 불능과 우리가 흔히 양심이라고 부르는 것의 참담한 실패는 동시에 발생하는가? 여기 이러한 의문점들 위에 자연스럽게 얹히게 된 질문이 있다. 사유함 — 무엇이 우연찮게 발생하더라도 그 구체적인 내용과 상관없이 또한 결과와 상당히 독립적으로, 그것을 검토하고 반성하는 습관으로서의 사유함 — 이라는 활동 그 자체가 [과연] 인간들이 악행을 거부하도록 '조건화하는' 그런 성격을 지닐 수 있는 것일까? (여하튼 바로 이 *con-science*라는 단어 자체는, 그것이 모든 사유 과정 속에서 실현되는 일종의 지식인 '나와 더불어 그리고 나 스스로 아는 것'을 의미하는 한, 이 방향을 가리키고 있다.) 끝으로, 선량한 사람들만이 양심의 가책으로 인해 고통을 받고 진짜 범죄자들 사이에서는 이런 현상이 매우 드물다는 매우 잘 알려진, 차라리 경악할 만한 사실이 이러한 질문들의 절박성을 [우리에게] 강요하는 것은 아닐까? 사실 선량한 양심은 불량한 양심이 부재하는 경우가 아니라면 현존하지 않는다.

이상이 내가 [아이히만 재판을 취재했던 당시에] 제기했던 질문들이다. 다르게 표현하자면, 아니 칸트의 언어를 차용하자면, 어떤 현상 — **사실에 대한 문제의식**_{quaestio facti} — 으로 인해 충격을 받은 이후 그것이 다짜고짜 "내게 어떤 개념 — 악의 평범성 — 을 가지도록" 이끌었던 것이다. 그래서 나는 **법적인 문제의식**_{quaestio juris}을 제기하지 않을 수 없었으며 내 자신에게 "내가 무슨 권리로 그것을 소유하고 사용했는지"를 질문하게 되었던 것이다.²

---

2   유고로 출간된 칸트의 〈형이상학 강의에 대한 메모Kant's lectures on meta-physics〉, *Akademie Ausgabe*, vol. 18, no. 5636)에서 인용.

1

'사유함이란 무엇인가', '악이란 무엇인가'와 같은 질문들을 제기
하는 데는 여러 가지 어려움이 수반된다. 이 질문들은 철학이나
형이상학의 용어에 속하는데, 이 용어는 우리 모두가 잘 알듯이
평판이 땅에 떨어진 탐구 영역을 가리킨다. 만약 이런 평판 실추
가 단지 실증주의자와 신실증주의자의 공격에 의한 것이라면 우
리가 관심을 가질 필요까지는 없을 것이다.[3] 우리가 그런 질문들

---

3 형이상학은 더 이상 시가詩歌보다 "유의미하지" 않다는 카르납Rudolf Carnap
의 진술은 형이상학자들의 주장들과 확실히 배치되는 견해다. 그러나 그 주장들
은 카르납 자신의 평가처럼 시가에 대한 평가절하에 기초하고 있을지도 모른다.
카르납이 공격 대상으로 선별한 하이데거는 (공개적으로는 아니더라도) 사유
denken와 시가dichten가 긴밀하게 연결되어 있다는 진술을 통해 반격을 가했다.
그것들이 동일하지는 않지만 같은 뿌리에서 튀어나왔다는 것이다. 그리고 지금
까지 어느 누구에게도 "하찮은" 시가를 저술했다고 비난받은 바 없는 아리스토
텔레스도 동일한 의견을 가지고 있었다. 철학과 시가는 여하튼 서로에게 속한다.
그것들은 같은 비중을 차지한다(《시학》1451b5). 다른 한편, "말할 수 없는 것에
대해서는 침묵해야 한다"(《논리-철학 논고Logisch-philosophische Abhandlung》
의 마지막 문장)라는 비트겐슈타인Ludwig Josef Johan Wittgenstein의 유명
한 경구도 존재한다. 신중하게 받아들인다면 그것은 감각 경험 너머에 있는 것에
적용될 수 있을 뿐 아니라, 정반대로 감각 대상 대부분에도 적용될 수 있다. 우리
가 보고 듣고 만지는 어떤 것도 언어상으로는 적절히 표현될 수 없기 때문이다.
"물이 차갑다"라고 말할 때 물이나 차가움 어느 쪽도 감각에 주어진 대로 언어화
된 것이 아니다. 그리고 애초에 [우리를] 철학과 형이상학으로 인도한 것은 바로
우리가 사유하는 데 매개물로 작용하는 단어들과 우리가 살아가는 데 매개물로
작용하는 외견의 세계 사이에 불일치가 존재한다는 발견이 아니었던가? 철학의
시발점에서 ― 파르메니데스 그리고 헤라클레이토스와 더불어 ― 누스nûs로서
든 아니면 로고스logos로서든, '참된 존재'에 도달한다고 추정된 것이 사유함이
었던 사실에 반하여, 끝내는 그 강조점이 발언에서 외견으로, 그리고 나서 감각

을 제기하는 데 따르는 어려움은 어떤 이유에선지 그런 것들이
"무의미한" 사람들보다는 공격을 받는 사람들에 의해 주로 야기
된다. 마치 예전의 비신자 무리와 구별되는 신학자들이 "신은 죽
었다"라는 명제들에 관해 이야기하기 시작했을 때 종교의 위기가
정점에 도달한 것처럼, 철학과 형이상학의 위기는 철학자들 자신
이 철학과 형이상학의 종언을 선언하기 시작하면서 표면화되었
다. 그런데 이것은 이득이 될 수도 있었다. 나는 이러한 "종언들"
이 실제로 의미하는 바로서 한때 이해되었던 것, 즉 신이 "죽었다"
— 이 표현은 모든 면에서 명백한 부조리다 — 가 아니라 수천 년
에 걸쳐 신에 대해 가졌던 생각이 더 이상 신빙성이 없다는 의미
라고 믿는다. 그리고 인간이 지구상에 출현한 것과 괘를 같이하는
그 유서 깊은 질문들이 "무의미"해진 것이 아니라 그것을 묻고 답
하는 방식이 그럴듯함을 상실했다는 의미라고 믿는다.

종언을 고한 것은 감각적인 것과 초감각적인 것 사이의 기본적
인 구별이며, 그것과 더불어 적어도 파르메니데스만큼이나 오래
된 그 관념, 즉 감각에 주어진 것이 아닌 것 — 신, 존재, 제1 원리
와 제1 원인*archai*, 또는 이데아 — 은 무엇이 됐든 우리에게 보이는
것보다 더욱 실재적이며 진실하고 의미 있다는 그 관념, 단지 감
각 지각의 **너머**에 존재하는 것이 아니라 감각 세계의 **상부**에 존재
한다는 관념에도 끝이 찾아왔다. "죽은" 것은 그러한 "영원한 진

지각과 우리가 육체적 감각들을 확장하고 기민하게 만들 수 있는 도구들로 이동
했다. 발언에 대한 강조가 외견을 차별하고 감각에 대한 강조가 사유함을 냉대할
것이라는 사실만이 자연스럽게 보일 뿐이다.

리들"의 국지화된 형태일 뿐만 아니라 구별 그 자체이다. 한편 이런 전개 양상에 내재된 허무주의의 위험을 경고한 형이상학의 옹호자들 소수가 점점 더 귀에 거슬리는 목소리를 냈다. 비록 본인들이 그것을 대체로 언급하지 않을지라도 그들은 자신들에게 유리한 중요한 한 가지 주장을 가지고 있다. 일단 초감각의 영역이 처분되자 사실상 그 반대 영역, 즉 수 세기 동안 외견外見의 세계로 이해되었던 영역도 함께 폐기되었다는 것이다. 실증주의자들이 아직도 그렇게 이해하고 있는 감각적인 것은 초감각적인 것의 죽음을 초월하여 살아남을 수 없다. 《차라투스트라는 이렇게 말했다》에서 신의 암살에 관한 시적이고 은유적인 기술을 함으로써 이 문제에 너무나 많은 혼동을 일으킨 니체보다 이것을 더 잘 알았던 사람은 없을 것이다. 《우상의 황혼》의 의미심장한 단락에서 그는 《차라투스트라는 이렇게 말했다》에서 자신이 사용한 "신"이라는 단어가 의미하는 바를 명료하게 설명한다. 거기서 그 신이라는 단어는 그저 형이상학이 이해하는 바로서 초자연적인 영역에 대한 하나의 상징이었다. 그는 이제 "신" 대신에 "참된 세계"라는 용어를 사용하면서 "우리는 참된 세계를 완전히 파괴해 버렸다. 무엇이 남았는가? 어쩌면 우리 눈에 보이는 외견의 세계라도? 오, 그렇지 않다! 참된 세계와 함께 우리는 외견의 세계도 함께 파괴해버린 것이다"라고 말한다.[4]

---

4 우리가 이와 동일한 통찰을, 이 사유함의 시발점에서 감각적인 것과 초감각적인 것이라는 두 개의 세계의 용어상으로 표현된 그것의 명백하고 단순한 형태로서 발견할 수 있다는 사실은 지적할 만한 가치가 있는 듯하다. 데모크리토스

신의 죽음, 형이상학의 죽음, 철학의 죽음, 그리고 함축적으로
는 실증주의의 죽음과 같은 현대적인 '죽음들'은 굉장히 중요한
사건들일지도 모르지만, 결국 그것들은 사유의 사건들이다. 비록
그것들이 우리의 사유 방식들과 가장 밀접하게 관련된다손 쳐도
우리의 사유 능력, 즉 '인간은 사유하는 존재'라는 순전한 사실과
는 관련되지 않는다. 나는 이 말을 인간이 어떤 내적 성향을 가지
고 있다는 뜻으로 이해한다. 부연하면 인간이 보다 절박한 생활의
필요들에 의해 압박받지 않는 한, 심지어 지식의 한계를 넘어 사
유해야 할 어떤 필요(칸트의 "이성의 필요")를 가지며, 자신의 지적
능력들과 두뇌 능력을 무엇을 알려고 하거나 행하려고 하는 데 필
요한 하나의 수단으로 사용하는 것 그 이상을 해야 할 어떤 필요
를 가지고 있다는 뜻으로 이해한다. 알고자 하는 우리의 욕구는
그것이 실천적인 필요성에서 나왔든 이론적 난맥상 혹은 순전한
호기심에서 나왔든 그 이유와 상관없이 그것이 의도한 목표에 도

Democritos는 우리에게 초감각적인 것을 위한 기관인 정신과 감각들 사이의
어떤 간명한 대화를 제시해준다. 그는 "감각 지각들이 환상"이라고 주장한다.
그것들은 우리 신체의 조건에 따라 변한다. 단맛, 쓴맛, 색깔 같은 것들은 사람
들 사이의 관습에 의해 단지 관습, 법nomō으로 존재하며 외견들의 이면에 있는
참된 본성에 따르면 그것은 자연physei이 아니다 ─ 그래서 정신은 말한다. 그
리고 감각들이 대답한다. "비틀린 정신이여! 네가 우리에게서 증거(pisteis, 즉
네가 신뢰할 수 있는 모든 것)를 가져가면서도 우리를 무너뜨리는가? 우리의
무너짐은 너의 몰락이 될 것이다"(fragments B125, B9). 바꿔 말해서, 늘 위
태로운 그 두 세계의 균형이 한번 깨지게 되면 "참된 세계"가 "외견의 세계"를
파괴하든 아니면 그 역이 됐든, 우리의 사유함이 자신의 지향점으로 삼곤 했던
그 준거 틀 전체가 무너진다. 이런 식으로 이해한다면 그 무엇도 더 이상 의미를
생성하기는 어려울 듯하다.

달함으로써 충족될 수 있다. 사실 지식에 대한 우리의 갈증은 미지의 것들이 너무 많이 있기 때문에 결코 해소될 수 없다. 모든 지식 영역은 알 수 있는 것들의 추가적인 지평들을 열어젖히며 그 앎을 위한 활동 자체는, 모든 문명에 의해 그것의 세계를 구성하는 중요한 요소로서 보유되고 비축된 하나의 자라나는 지식의 보고寶庫를 결실로 남긴다. 그 앎을 위한 활동은 집 짓는 활동 못지않게 모종의 세계-건설 활동a world-building activity이다. 이와 정반대로, 사유하려는 내적 성향이나 사유의 필요는, 심지어 그것이 그 유구한 형이상학적이며 대답할 수 없는 "궁극적인 질문들" 중 그 어느 것에 의해서도 자극을 받지 않았다 하더라도, 유형의 사물이라고는 아무것도 뒤에 남기지 않으며 "현자들"의 확실하다고 알려진 통찰들로도 잠재울 수가 없다. 그 사유의 필요는 오로지 사유함을 통해서만 충족되며, 어제 내가 가졌던 생각들은 내가 오늘 그것들을 새롭게 생각할 수 있을 경우에만 오늘도 그 필요를 충족시킬 것이다.

우리는 칸트로부터 '사유함thinking'과 '앎knowing'의 구분, 또 사유하고 이해하려는 충동인 '이성reason'과 증명할 수 있는 특정의 지식을 갈망하고 또 그것을 획득할 수 있게 하는 '지성the intellect' 사이의 구분을 얻게 된다. 칸트 자신은 지식의 한계 너머를 사유할 필요는 신, 자유, 불멸성에 대한 오래된 형이상학적 질문에 의해서만 자극된다고 믿었으며, 또한 "신앙심을 위한 여지를 남겨두기 위해서는 지식을 부정하는 것이 필요하다는 사실을 발견"했다. 그렇게 함으로써 그는 어떤 미래의 "체계적인 형이상학"을 위한 토대들을 일종의 "후대에게 남기는 유품"으로서 내던져 버렸다.[5] 그러나 이것은 단지 칸트가 여전히 형이상학의 전통에 매여 있고 절대 자신이 일군 업적을 완전히 자각하지 못했음을 보여주며, 그의 "후대에게 남기는 유품"은 형이상학 체계들을 위한 모든 가능한 토대들을 파괴한 일로 밝혀졌다. 그 사유 능력과 필요는, 이성이 제기하는 것이면서도 자신이 도저히 답할 수 없다는 사실을 알고 있는 그러한 질문들처럼 어떤 구체적인 주제들로 절대 한정되지 않기 때문이다. 칸트는 "지식을 거부하지" 않았다. 하지만 그는 앎과 사유함을 분리했고 신앙을 위한 여지보다는 사유를 위한 여지를 만들었다. 그는 정말로 자신이 언젠가 제안했던 대로 "이성이 스스로를 방해하여 못하게 하는 그 장애물들을 제거했다."[6]

우리의 맥락과 목적에서 볼 때 이 앎과 사유함의 구분은 결정적으로 중요하다. 가령 옳음을 그름에서 식별하는 능력이 사유 능력과 관련이 있다면, 우리는 건전한 정신을 가진 모든 사람에게 그가 얼마나 박식하든 무지하든 또는 얼마나 총명하든 어리석든 사유함을 실행하라고 "요구"할 수 있어야 한다. 이런 측면에서 볼 때 칸트는 철학자들 가운데 거의 유일하게 '철학이 소수만을 위한 것'이라는 일반적으로 널리 퍼져있는 의견과 바로 그 의견이 지닌 도덕적 함의 때문에 상당히 고민을 했던 사람이다. 이런 맥락에서 한번은 "어리석음은 사악한 마음이 그 원인이다"[7]라고 말하기도

---

5   《순수이성비판》B30.

6   *Akademie Ausgabe*, vol. 18, no. 4849.

7   *Akademie Ausgabe*, vol. 16, no. 6900.

했는데, 이 진술은 그 형식 논리상 사실이 아니다. 사유 불능이 어리석음은 아니며, 그것은 고도로 지적인 사람들에게서도 발견될 수 있고 사악함이 그것의 원인도 아니다. 이렇게 단정하는 까닭은 어리석음은 물론이고 무사유성thoughtlessness도 사악함보다 훨씬 더 자주 나타나는 현상이기 때문이다. 여기서 골칫거리는 그 어떠한 사악한 마음도, 사실 이것은 상대적으로 드문 현상인데, 반드시 커다란 악을 야기하지 않는다는 바로 그 사실이다. 그러므로 칸트적인 용어상으로는 누군가가 악을 방지하기 위해서는 철학, 즉 사유의 정신 능력으로서 이성의 활동이 필요하게 된다는 것이다.

이것은 우리에게 상당히 많은 것을 요구하고 있다. 비록 우리가 이 사유라는 정신 능력을 수 세기 동안 독점해온 철학과 형이상학이라는 학문 분과들의 쇠퇴를 예상하고 환영할지라도 말이다. 사유함의 주된 성격은 모든 행위함, 즉 그게 무엇이 됐든 평범한 활동들을 전부 간섭한다는 것이다. '두 세계' 이론들이 일으키는 오류들이란 것이 무엇이었든 그것들은 진정한 경험들로부터 발생했다. 우리가 그 어떤 이슈에 관해서든지 사유하기 시작하는 순간 우리는 사실상 다른 모든 것을 중단하며, 그것이 무엇일지는 모르지만 이 다른 모든 것도 그 사유함의 과정을 간섭하는 게 사실이기 때문이다. 이 상태는 마치 우리가 어떤 다른 세계로 이동한 것 같은 착각을 일으킨다. '하기doing'와 '살기living'는 "나의 동료 인간들 사이에 있음inter homines esse" — 이것은 라틴어의 '살아 있음being alive'에 해당되는 표현이다 — 이라는 가장 일반적인 의미에서 분명히 사유함을 막는다. 그럼에도 발레리Paul Valéry가 언젠가 말했듯이 "지금 내가 존재한다는 것은 곧 지금 내가 사유한다"는 의미인 것이다.

이 상황과 긴밀히 연결된 것은 사유함이 언제나 부재하는 대상들, 직접적인 감각 지각에서 떨어져 있는 대상들을 다룬다는 사실이다. 어떤 사유의 대상은 항상 어떤 재현물ᵃ re-presentation, 즉 실제로는 부재하지만 상상력 덕분에 어떤 이미지의 형태로 정신에만 현전하는 무엇 또는 누구인 것이다. 정신은 상상력을 통해 대상을 어떤 이미지의 형태로 현전하게 만들 수 있기 때문이다.[8] 다시 말해서 내가 사유하고 있을 때 나는 외견의 세계 바깥에서 움직인

---

8   《삼위일체론》11권에서 아우구스티누스는 감각들에 주어진 하나의 물체가 사유 대상으로 적합해지기 위해 겪어야 할 변형 과정을 생생하게 기술한다. 감각 지각 — "감지가 가능한 한 신체에 의해 감각이 형성될 때 존재하지 않았던 그 비전the vision" — 은 어떤 "내부의 유사한 비전", 즉 "부재한 신체"를 재현된 형태로 현전하게 하도록 예정된 하나의 이미지에 의해 승계된다. 이 이미지, 부재한 어떤 것의 재현물이 기억 속에 비축되어 모종의 사유 대상이 되며, 그것이 의도적으로 기억되자마자 "사유 속의 비전"이 된다. 그리하여 "기억에 남게 된 바", 즉 그 재현물이 "한 가지 중요한 결과물로 나타나며, 우리가 기억할 때 다른 어떤 것도 [함께] 발생한다"(3장). 그러므로 "기억 속에 감추어지고 보유된 것이 한 가지 비전의 형태라면, 기억해내는 사람의 사유 속에서 그것에 의해 각인된 것이 또 다른 한 가지 비전의 형태인 것이다"(8장). 아우구스티누스는 사유함은 생각할 수 있는 모든 상상의 영역을 넘어 "사실상 그 이상으로 진행된다"는 점을 잘 인식하고 있었다(18장). 마치 "우리의 이성이 육신을 가진 것들의 사유 속에서 아직까지 그 어떠한 비전도 포착되지 않은 수數의 무한성을 선언할 때처럼" 혹은 이성이 "우리에게 가장 작은 것들도 무한히 나눌 수 있다고 가르쳐줄 때처럼" 말이다.
      아우구스티누스는 여기서 이성이 전적으로 부재한 것에 도달할 수 있음을 암시하고 있는 듯하다. 정신은 상상력과 그것의 재현 기능 덕택에 부재한 것을 현전화하는 방법을 알고 있으며, 회상 즉 사유 속에서 이렇게 부재한 것들을 어떻게 다루는지 그 방법을 알고 있다는 단지 그 이유 때문이다.

다. 비록 내 사유가 보통은 감각이 투여된 대상들을 다루며, 형이상학적 사유의 오래된 권역인 개념들이나 관념들처럼 비가시적인 것들을 다루지 않는다 해도 말이다. 누군가에 관해 사유하려면 그와 반드시 떨어져야만 한다. 그와 함께 있는 한 우리는 그에 관해서 사유하지 않는다. 비록 나중에 사유를 위한 양식이 될 인상들images을 수집할 수는 있을지라도 말이다. 우리가 지금 현전하는 누군가에 관해 사유한다는 것은 우리 자신을 그와의 동석 상황에서 남모르게 빼낸 다음 그가 더 이상 거기 없다는 듯이 행동해야 한다는 의미다.

이러한 언급들은 왜 사유함, 즉 의미의 추구 — 과학자들의 지식 그 자체에 대한 갈증과 비교되는 것 — 가 "부자연스럽게" 느껴지는 것인지, 사람들이 사유하기 시작하면 왜 그들이 마치 인간의 조건에 반하는 활동에 관여하는 듯이 느끼게 되는가를 암시할지도 모른다. 사유함 자체는, 비단 비상한 사건이나 현상 혹은 낡은 형이상학적 질문에 관한 사유함뿐 아니라, 지식에 복무하지 않고 실천적인 목적들 — 이런 경우에 사유는 지식의 시녀이자 상위 목적을 위한 하나의 수단에 불과할 뿐이다 — 의 안내를 받지 않는 모든 성찰까지도 언젠가 하이데거가 촌평했듯이 "규칙에서 벗어난"[9] 활동이다. 분명 관조적 삶bios theōrētikos을 자기 삶의 방식으로 택한 사람들이 항상 있어왔다는 기이한 사실이 존재하는데, 이는 결코 그 활동이 "규칙에서 벗어나 있다"는 주장에 대한 반대 주장

---

9   《형이상학 입문Introduction to Metaphysics》(New York, 1961), 11.

이 아니다. 우리의 철학사 전체는 우리에게 사유 대상들에 관해서는 많은 것을 말해주지만 사유함의 과정 자체에 대해서는 아주 조금만 알려준다. 사실 우리의 철학사는 사람의 '공통감각'이라는 것 — 가장 높은 위치에서 우리의 다섯 가지 감각[오감]을 어떤 공통 세계에 적합한 것으로 만들고 우리가 그 속에서 자신의 방향을 정하도록 돕는 '제6의 감각' — 과 인간의 '사유함'이라는 정신 능력 — 그것을 통해 인간이 의도적으로 자신을 그 공통의 세계로부터 빼내는 능력 — 이 내부에서 서로 전투를 벌이는 상황들로 점철되어온 것이다.

　그리고 이 사유함이라는 정신 능력은 그것의 결과가 불확실하고 입증이 불가능한 반면, 보통의 일처리 과정에서는 "아무 소용"도 없을 뿐 아니라 어찌된 영문인지 자기 파괴적이기까지 하다. 칸트는 유작으로 출간된 사적인 비망록에서 "나는 순수이성의 사용이 무엇인가를 증명했다면 이 결과가 마치 어떤 견고한 격률인 양 나중에 더 이상 의문시하지 말아야 한다고 했던 [나의 앞선] 규칙을 승인하지 않는다"라고 썼다. 그리고 "누군가가 무엇에 대해 확신한 바를 의문시해서는 안 된다는 의견에 … 나는 동의할수 없다. 순수철학에서는 이것이 불가능하다. 이는 **우리의 정신이 스스로에 대해 어떤 생래적 반감을 가지고 있기 때문이다.**"[10]〔강조는 아렌트〕이 점에서 사유함이라는 일은 페넬로페의 뜨개질에 비유될 만하다. 페넬로페는 전날 밤에 짠 것을 매일 아침 푸는 방식으로

10　Kant, *Akademie Ausgabe*, vol. 18, nos. 5019 & 5036.

같은 일을 반복하기 때문이다.

　이 대목에서 나는 우리의 문제, 즉 '사유 능력 혹은 사유 불능과 악의 문제 사이의 내적 연계성'이라는 문제를 재기술하기 위해 아래에서 나의 세 가지 주요 명제들을 요약해볼 것이다.

　첫째, 만약 그런 연계성 — 사유 능력 혹은 사유 불능과 악의 문제 사이의 내적 연계성 — 이 현존하기는 한다면 지식에 대한 갈증과 구별되는 것으로서 사유함의 능력은 모든 사람에게 귀속되어야만 한다. 요컨대 사유함은 소수의 특권이 될 수 없다는 것이다.

　둘째, 만약 칸트가 옳았고, 사유 능력이 그것 자신의 결과들을 "견고한 격률들"로서 수용하는 것에 대해 어떤 "생래적 반감"을 가지고 있다면, 우리는 어떠한 도덕적 명제나 계명도 기대할 수 없고, 사유함이라는 활동으로부터 어떠한 최종 행동강령을 기대할 수 없으며 좋은 것과 나쁜 것에 대한 어떤 새로운, 현시점에서 주장되는 바로서의 최종 정의定義는 더더욱 기대할 수 없을 것이다.

　셋째, 만약 사유함이 우리 눈에 보이지 않는 것을 다루는 일이라는 게 사실이라면 이 사실로부터 사유함이 규칙에서 벗어났다는 주장이 따라 나오게 된다. 우리는 대개 어떤 외견appearances의 세계 안에서 운신하며 이곳에서 가장 본질적인 **사라짐**dis-appearance의 경험은 죽음이기 때문이다. 흔히 눈에 보이지 않는 사물들을 다루는 그 사유함이라는 재능은 어떤 대가를 요구한다고 믿어져 왔다. 그 대가는 사상가나 시인이 가시적인 세계에 대해 장님이 되는 것을 말한다. 호메로스Homeros를 예로 들자면 신들이 그의 눈을 멀게 함으로써 그에게 그 신성한 재능을 부여할 수 있었고, 플라톤의 《파이돈》을 보더라도 거기서 철학하는 사람들은 철학을 하지 않는 사람들에게, 즉 다수에게는 죽음을 좇는 사람들처럼 보였다. 스토아학파의 창시자 제논은 아폴론 신전에서 최선의 삶을 얻기 위해 자신이 무엇을 해야 하는지를 물었고 "죽은 자 행세를 하라"라는 신탁을 들었다.[11]

그래서 우리는 다음 질문을 피할 수가 없다. 도대체 우리의 삶의 터전인 이 세계에 적합한 것이 어떻게 그렇게 성과도 없는 일로부터 발생할 수 있는 것일까? 만약 이 질문에 대해 어떤 답이 존재하기는 한다면 그것은 오직 사유함의 활동, 그것의 수행 자체에서 나올 수 있다는 것뿐이다. 이는 우리가 그 답을 얻으려면 교의들보다는 경험들을 추적해야 한다는 뜻이다. 우리가 이러한 경험들을 추적하려면 어디로 시선을 옮겨야 하는 걸까? 우리가 사유함을 요구하는 대상인 "각자 모두everybody"는 어떤 책도 쓰지 않는다. 그것보다 다급한 업무를 보살펴야 하기 때문이다. 칸트가 언젠가 "전문 사상가들"이라고 지칭한 바 있는 그 소수의 사람은 결코 그 경험 자체에 관해 특별히 뭔가를 쓰려는 열의가 없다. 이는 어쩌면 그들이 사유함이란 것은 그 본질상 결과가 없는 활동임을 알고 있었기 때문일 것이다. 그 ["전문 사상가"]들의 교의를 담은 책들은 불가피하게 다수를 겨냥하여 저술되었다. 이 다수는 결과만 보기를 원하며 앎과 사유함 사이의 구분이나 진리와

---

11 *Phaidon* 64 & Diogenes Laertius 7.21.

의미 사이의 구분 따위에는 신경을 쓰지 않는다. 우리는 철학과 형이상학의 전통을 구성하는 교의들을 제시한 '전문' 사상가들 가운데 몇이나 자신들의 사유 결과가 지닌 타당성에 대해서 그리고 심지어는 있을 수 있는 유의미성에 대해서조차 의문을 가져봤는지 알지 못한다. 그럼에도 플라톤이 (《제7서간》에서) 다른 사람들이 그의 교의들이라고 선언한 바를 당당히 부인한 사실만큼은 알고 있다.

나와 관련된 주제들에 관해서 알려진 바는 아무것도 없다. 그것들에 관해 저술한 것은 아무것도 현존하지 않으며 앞으로도 그럴 것이기 때문이다. 그런 것들에 관해 적는 자들은 아는 게 아무것도 없는 부류들이다. 그들은 심지어 자기 자신조차도 알지 못한다. 누군가가 배울 수 있는 다른 것들처럼 그것을 말로 표현하는 방법은 존재하지 않기 때문이다. 그러므로 '사유함이라는 바로 그 능력*nous*'을 보유하고 있고 그래서 단어들의 약점을 알고 있는 사람이라면 그 누구라도 결코 생각들을 담론으로 전환하는 위험을 감수하지 않을 것이다. 물론 필기체 문자들처럼 그렇게 융통성이 없는 형식으로 생각들을 옮기는 것은 고사하고라도 말이다.[12]

---

12 《제7서간》341b~343a를 재구성했다.

문제는 무엇이 자신을 사유하게 했는지 이야기한 사상가들이 거의 없으며 사유함의 경험을 기술하고 검토하는 데 관심을 가진 사상가들은 그보다도 더 적다는 사실이다. 이 어려움, 즉 명백한 자의성의 위험 때문에 우리 자신의 경험들에 대한 신뢰를 꺼리게 되는 현상을 염두에 두고 나는 어떤 모델, 즉 어떤 사례를 탐색하자는 제안을 하려고 한다. "전문" 사상가들과 달리 우리 "각자 모두"를 대표할 수 있는, 즉 자신을 다수나 소수 — 이것은 족히 피타고라스의 시대만큼이나 오래된 구분이다 — 의 무리 속에 포함시키지 않는 어떤 사람을 찾아보자는 것이다. 도시의 지배자가 되기를 꿈꾸지도 않았고 시민들의 영혼을 향상시키거나 보살피는 방법을 안다고 주장하지도 않았던 사람이며, 사람들이 현명해질 수 있다는 사실을 믿지도 않았고 신들이 보유하고 있음 직한 신성한 지혜를 시기하지도 않았으며, 그래서 심지어 가르치고 배울 수 있는 어떤 학설을 만드는 데 손끝도 까딱하지 않았던 사람. 간단히 말해서 나는, 한 사람의 철학자가 되지 않고서도 사유했고, 자기 생각에 모든 시민이 당연히 해야 할 것은 아무것도 하지 않으면서도 또 그들이 요구할 권리를 가지고 있는 것은 아무것도 요구하지 않으면서도 시민 중의 시민이었던 사람을 우리의 모델로 사용하자고 제안하는 것이다. 이제 여러분은 내가 소크라테스에 관해 말하려고 한다는 것을 짐작할 것이다. 바라건대 내 선택이 역사적으로 정당화될 수 있는지에 대해 심각하게 반박하는 사람이 없었으면

한다.

그럼에도 먼저 경고부터 해야겠다. 역사적인 인물로서 소크라테스에 관해, 그가 어떻게 그리고 어느 정도로 플라톤과 구별될 수 있는지, 또 크세노폰의 소크라테스에는 어느 정도의 무게를 두어야 하는지 등등에 대해 상당한 논쟁이 존재한다. 그것은 좀 더 학식 있는 논쟁을 위한 매혹적인 주제가 될 수 있겠지만 여기서는 전부 무시할 것이다. 그럼에도 한 사람의 역사적 인물을 모델로 사용하는 일, 아니 그를 변형해서 그에게 어떤 확실한 표상적 기능을 부여하는 일은 다소간의 정당화를 필요로 한다. 에티엔 질송 Étienne Gilson은 그의 훌륭한 저서 《단테와 철학》을 통해 단테의 《신곡》에서 어떻게 "한 극중 인물이, 단테가 그것에 부여한 표상적 기능이 요구한 것 못지않게 그것의 역사적 실재를 보전하는지"를 보여 준다.[13] 그러한 역사적 사실 자료를 다루는 데 있어서의 자유는 시인들에게만 부여된 것처럼 보인다. 가령 시인이 아닌 사람들이 그런 방식에 손을 대려 한다면 학자들은 그것에 대해 방종이라거나 아니면 더 나쁜 소리를 할 것이다. 그럼에도 정당화 방식을 취하든 아니든 이것이 바로 폭넓게 수용된 "이상형들ideal types"의 구축 관습이 도달하는 바이다. 그 이상형의 커다란 이점은 바로 그가 어떤 비유적 의미가 주어진 인격화된 추상의 구현태가 아니라, 그가 현실 속에서의 표상적 중요성을 보유했기 때문에 과거나 현재를 산 존재들 무리 가운데서 선택되었다는 사실이다.

---

13 *Dante and Philosophy*(New York, 1949, 1963), 267.

그 표상적 중요성의 온전한 의미를 드러내기 위해서는 단지 약간의 정화 작업만이 필요했다. 질송Gilson은 단테가 《신곡》에서 토마스 아퀴나스에게 부여한 역할에 관한 논의를 통해 이 정화 작업이 어떻게 작동하는지를 설명한다. 제10곡 〈천국〉에서 아퀴나스는 이단으로 선고받은, 그리고 "역사 속의 인물 토마스 아퀴나스라면 결코 단테가 그에게 시킨 방식으로 미화하는 일이 없었을 듯한" 브라반트의 시게루스Siger of Brabant를 찬양하는데, 현실의 그는 "철학과 신학의 구분을 단테가 품고 있었던 … 급진적 분리주의에 대한 옹호 지점까지 몰아붙이기를 거부했을 것"이기 때문이다. 단테가 보기에 아퀴나스라면 필시 "《신곡》 속에서 도미니크교단이 표상하는 신앙의 지혜를 상징화할 권리를 박탈했을" 것이다. 그것은 아퀴나스가 다른 어떤 일이 있더라도 요구했을 수 있는 권리였다. 질송이 탁월하게 보여주었듯이, 그것은 "그가 들어갈 수 있게 되기 전에 〔심지어는 아퀴나스조차도〕 〈천국〉의 문턱에 놓아두어야 할 단테의 이야기 구조의 일부"였다.[14] 크세노폰이 기술한 소크라테스에게는 많은 특질이 있는데, 그의 역사적인 신빙성에 대해서는 의심할 필요조차 없겠지만 가령 단테가 그를 소재로 삼았다면 소크라테스도 그러한 특성들을 천국의 문턱에 남겨 두어야 했을지도 모른다.

플라톤의 소크라테스적 대화편들에서 가장 먼저 받게 되는 인상은 그것들이 전부 아포리아적이라는 사실이다. 즉 주장이 아무

---

14 같은 책, 273. 그 단락의 전체 논의를 보려면 270 이하를 보라.

데도 이르지 못거나 원을 그리며 빙빙 겉돈다는 것이다. 가령 당신이 정의가 무엇인지를 알고자 한다면 반드시 지식이 무엇인지를 알아야 하고, 또 앎에 대해 알고자 한다면 반드시 어떤 이전의, 미검토된 지식 관념을 가지고 있어야 한다. (《테아이테토스》와 《카르미데스》 같은 대화편에서 보는 것처럼 말이다.) 그런 까닭에 "그 어떤 사람이라도 자신이 무엇을 아는지 아니면 무엇을 알지 못하는지를 찾아내려고 할 수조차도 없는 법이다." 가령 그가 알고 있다면 무엇을 조사할 필요도 없을 것이다. 반대로 "그가 알지 못한다면 … 자신이 무엇을 찾아야 하는지조차도 알지 못할 것이다" (《메논》). 그게 아니라면, 《에우튀프론》에서 말한 대로, 경건해지기 위해서는 반드시 경건이 무엇인지를 알고 있어야만 한다. 경건은 신들을 기쁘게 하는 것들을 뜻한다. 그런데 그것들이 신들을 기쁘게 하기 때문에 경건한 것인가, 아니면 경건하기 때문에 신들을 기쁘게 하는 것인가? 로고스들, 즉 주장들 가운데 그 어느 것도 그것이 놓인 자리에 그대로 머물지는 못한다. 그것들은 돌아다닌다. 이는 소크라테스가 자신이 답을 알지 못한다고 밝힌 그 질문들을 제기하면서 그것들에게 운동성을 부여하기 때문이다. 그리고 일단 진술 순서가 완전히 한 바퀴를 돌고 나면 유쾌한 어조로 정의, 경건함, 지식, 행복이 무엇인지 처음부터 다시 조사해보자고 제안하는 사람도 대개는 소크라테스 자신이다.

이러한 초기 대화편의 주제들은 사람들이 입을 열거나 말하기 시작할 때마다 튀어나오는 매우 간단한 일상의 개념들을 다룬다. 도입부는 대개 다음과 같이 시작한다. 행복한 사람들, 정의로운 행위, 용기 있는 사람들, 감탄할 만한 아름다운 사물들이 분명히 존재하며, 모든 사람이 그것들에 대해 알고 있다. 고민은 그것들이 우리에게 **보이는** 바로서의 특수한 사례들에 적용한 형용사들로부터 파생되었다고 추정되는, 요컨대 "행복", "용기", "정의" 등과 같은 명사들의 용법과 더불어 시작된다. (우리는 행복한 사람을 **보고**, 용기 있는 행위나 정의로운 결정을 **인식**한다.) 그것들은 우리가 현재 '개념'이라고 부르며 솔론이 "정신이 파악하기는 가장 어렵지만 모든 사물에 한계를 지우는 '나타나지 않는 척도*aphanēs metron*'"[15] 라고 부른 것이다. 그리고 플라톤은 얼마쯤 지난 뒤에 이데아에 대해서 정신의 눈으로만 인식할 수 있는 것이라고 설명했다. 이러한 어휘들, 즉 볼 수 있고 명시적인 특질들과 함께 묶이는 데 익숙하되 보이지 않는 무언가와 관계있는 이것들이 우리의 일상 언어의 중요한 구성 요소지만, 우리는 지금도 이것들에 대해 아무런 설명을 할 수가 없다. 우리가 정의하려고 하면 그것들은 미끄러지듯 빠져나간다. 그 의미들을 말하려고 하면 어느 것 하나도 있던 자리에 그대로 남아있지 않으며 모든 것이 각기 움직이기 시작한다. 그러므로 우리는 아리스토텔레스에게서 배운 사실, 즉 소크라테스가 "개념"을 발견한 사람이라는 그 사실을 반복해서 말하는 대신, 개념을 발견했을 때 그는 무엇을 했느냐고 스스로 물어야 마땅하다. 확실한 것은, 그러한 어휘들이 아니라면 어떠한 발언도 불가능할 것이라는 확신을 가지고서 소크라테스가 아테네인들과

---

15 *Diehl, frag.* 16.

자신에게 무슨 의미로 그것들을 입 밖에 내는지 설명하도록 강요하기 이전부터도 그것들은 그리스어의 일부를 이루고 있었다.

그럼에도 이 확신은 의심스러운 것이 되어 버렸다. 이른바 원시 언어들이라는 것에 대한 우리의 지식은 많은 특수한 것들을 그 언어들 전체에 공통적인 하나의 이름 밑으로 집합시키는 작업을 결코 당연시할 게 아니라는 사실을 가르쳐준다. 흔히 우리의 언어들보다 훨씬 풍부한 어휘를 가진 이 원시 언어들은 그것들이 비록 가시적인 대상들을 명확하게 지시한다 해도 추상명사들을 결여하고 있기 때문이다. 여기서 문제들을 단순화하기 위해 우리에게 더 이상 추상적으로 들리지 않는 명사 하나를 예로 들어 보자. 우리는 '집house'이라는 단어를 상당수의 물건들 ─ 진흙으로 만든 부족 움막, 궁궐, 도회지 사람의 시골 별장, 시골 마을의 초가집이나 도시의 아파트 등등 ─ 을 위해 사용할 수 있지만 특정 유목민들의 텐트에는 잘 사용하지 않는다. 우리로 하여금 이 모든 특수하고 매우 다른 건물을 가리키는 단어로 사용하도록 하는 '집'은 단독으로 또 본질적으로 *auto kath'auto* 육신이나 정신의 눈에 결코 보인 적이 없다. 모든 상상된 집은, 그것이 얼마나 추상적인지와 상관없이 그것을 인식할 수 있는 최소한의 요건만 갖추고 있다면 이미 하나의 특수한 집이다. 우리가 특수한 건물들을 집으로 인식할 수 있게 만드는 어떤 관념을 틀림없이 가지고 있는 이 집 자체는 철학의 역사 속에서 다양한 방식으로 설명되고 다양한 이름으로 불려왔다. 비록 '행복'이나 '정의' 같은 단어보다는 정의하는 데 덜 어려움을 느낄지 모르겠지만 여기서 우리는 그런 것에 관심을 두지 않는다. 여기서의 논점은, 그것이 우리의 눈으로 인식하는 그 구조보다 상당히 덜 실체적인 무언가를 함축한다는 사실이다. 사실 '집'은 "누군가에게 거처할 곳을 주는 일"과 "거주하고 있는 상태"를 암시한다. 그러나 오늘 설치했다가 내일 철거하는 그 어떠한 텐트도 [집처럼] 거처를 제공하거나 거처로서 복무할 수는 없다. 솔론의 "눈에 안 보이는 척도"로서의 '집'이라는 단어는 거주하는 일과 관계된 "모든 사물들의 한계들을 지탱해낸다." 집이란 것은 누군가에게 거처를 제공하는 일, 거주하는 일, 한 가정을 꾸리는 일에 관한 생각을 전제할 때만 현존할 수 있는 단어다. 하나의 단어로서 '집'은 이 모든 것들의 축약된 표현, 즉 그게 아니라면 사유함과 그것의 특성인 민첩함 — 옛날 호메로스가 "민첩하기 짝이 없는 사유"라고 말하곤 했던 그것 — 이 도무지 가능해지지 않을 것이다. **'집'이라는 단어는 사유함이 반드시 녹여야 할 어떤 결빙된 사유와 같은 것이다.** 요컨대 사유함이 집의 본디 의미를 찾아내고자 한다면 말 그대로 그 단어를 해빙해야 한다. 중세철학에서는 그런 종류의 사유함을 명상meditation이라고 지칭했는데, 이는 관조contemplation와 다른 의미로, 심지어는 그것과 반대의 의미로 이해하는 게 당연했다. 어떤 경우에도 이러한 신중한 성찰이 정의定義들을 만들어내지는 않으며, 이런 의미에서 그것은 전적으로 결과물들을 갖지 못한다. 그럼에도 어떤 이유에서든 '집'이라는 단어의 의미를 숙고한 사람이라면 자기 아파트를 약간 더 나은 방식으로 쳐다보게 될 것이다. 비록 반드시 그렇게 되리라는 보장은 없고, 또 원인과 결과처럼 증명할 수 있는 무언가를 확실히 의식하고 있는 것은 아닐지라도 말이다. 명상은 심의와 동일한 것이 아니다. 심의는 실체적인 결과들로 귀결되어야 하기 때문이다. 다른 한편, 명상은 비록 그것이 결코 자주는 아니지만 이따금씩 심의로 전환되는 경우가 있다손 쳐도 심의를 목표로 하지는 않는다.

그러나 미덕을 가르칠 수 있는 것으로 믿었다고 널리 알려진 소크라테스는 실제로 다음과 같은 요지의 주장을 했던 것으로 보인다. '경건함, 정의, 용기 등등에 대해 이야기하고 사유하는 일이 비록 사람들에게 그것들의 정의나 그들의 추후 처신을 인도해줄 "가치들"을 부여하지는 않는다고 할지라도 그들을 더 경건하고 더 정의로우며 더 용기 있게 만들 수는 있을 것이다'. 그런 문제들과 관련하여 소크라테스가 실제로 믿었던 바는 자신에게 적용한 비유들에 의해서 가장 잘 설명될 수 있다. 그는 자신을 스스로 '등에'나 '산파'로 지칭했다. 또 플라톤에 따르면 어떤 사람이 소크라테스를 두고 "전기가오리"라고 지칭했는데, 이 물고기는 접촉을 통해 상대방을 마비시키거나 감각을 잃게 만드는 속성을 가지고 있었다. 그 사람은 "전기가오리가 오직 자신이 스스로 마비되는 방식으로 다른 것들을 마비시킨다"라는 점이 이해되어야 한다는 전제하에 이 비유의 적합성을 인식한 것이다. 요컨대 소크라테스에 따르면 "내가 답을 알고 있기 때문에 다른 이들을 난처하게 만드는 것은 아니다. 그보다는 나 자신이 느끼는 난처함을 다른 이들에게도 감염시킨다는 쪽이 진실인 셈이다."[16] 물론 이 설명은 사

---

16 《메논》80.

유함을 가르칠 수 있는 유일한 방법을 깔끔하게 정리해준다. 소크라테스가 반복적으로 자신에게는 남을 가르칠만한 게 아무것도 없다는 소박한 이유를 들어 아무것도 가르치지 않았다고 주장한 사실은 예외로 하고 말이다. 그는 가임 연령을 넘긴 그리스의 산파들처럼 "불임 상태"였다. (그는 가르칠 게 아무것도 없었고 나눠줄 진리도 아무것도 없었기 때문에 자신의 관점[gnōmē]을 결코 드러낸 적이 없다는 비난을 받아야 했다. 이 비난에 대해 소크라테스를 방어한 크세노폰으로부터 우리가 알게 된 것처럼 말이다.[17]) 소크라테스는 전문적인 철학자들과는 달리 자신의 동료 시민들이 자신과 같은 난처함을 느끼는지 여부를 확인하고 싶어 하는 강한 충동을 느꼈던 듯하다. 이 충동은 수수께끼들에 대한 해답을 발견하고 다른 사람들에게 그것을 보여주고 싶어 하는 내적 성향과는 상당히 다른 유형이다.

여기서 소크라테스와 관련된 세 가지 비유들을 간략히 살펴보기로 하자. **첫째로** 소크라테스는 '등에'에 비유된다. 그는 자신이 아니었다면, 언젠가 다른 누군가가 다가와서 다시 깨우지 않는 한 "남은 생애 줄곧 방해받지 않고 잠들어 있을" 시민들을 각성시키는 방법을 안다. 그는 그들에게 무엇을 각성시킨 것일까? 사유함, 즉 문제들에 관해 검토하는 활동이 그것이다. 소크라테스에 따르면 이 활동이 없는 삶이란 별로 살 가치가 없으며 충만하게 살아 있다고 할 수도 없다.[18]

---

17 크세노폰, 《회고록 Memorabilia》 4.6.15, 4.4.9.

18 《변명》에서 소크라테스는 다른 측면들과 마찬가지로 이 측면에서도 플라톤이 《파이돈》에서 그로 하여금 말하게 만든 "개선된 변명"과 거의 정반대의 말을 하

둘째로 소크라테스는 '산파'에 비유된다. 여기 담긴 함의는 삼중적이다. 먼저 앞에서 언급한 "불임성", 다음은 다른 사람들이 각자의 사유들을 분만하도록, 즉 의견의 함의들을 제시하도록 만드는 일에서의 전문가적 지식, 그리고 마지막은 아이가 건강하게 살아남을 것인지 또는 소크라테스의 표현을 차용하자면 임산부가 포기해야 할 "무정란"에 불과한지를 판단하는 그리스적 산파의 기능을 의미한다. 이 맥락에서는 전체 세 가지 함의들 가운데 나중의 두 가지가 중요하다. 소크라테스의 대화편을 살펴보면 그의 심문자들 가운데 어느 누구도 무정란이 아닌 생각을 제시한 경우는 없기 때문이다. 소크라테스는 오히려 플라톤이 분명히 [스승인] 자신을 염두에 두고 소피스트들에 관해 언급한 바를 수행했다. 요컨대 그는 그들의 "의견들", 즉 우리가 알지 못하거니와 알수도 없는 경우에도 안다고 암시함으로써 사유함에 방해가 되는 검증되지 않은 속단들, 플라톤이 언급하듯 사람들을 선하게 만들지도 또 진리를 제공하지도 않는 그들 안의 나쁜 것, 즉 그들의 의견들을 제거하는 데 일조했다.[19]

셋째로 우리가 알지 못한다는 사실을 알고 있기 때문에 그런 상태로 그냥 놔두는 것이 내키지 않았던 소크라테스는 자신의 난처

고 있다. 첫 번째 예는 그가 왜 자신이 살아야 하는지, 그리고 이에 부연해서 자신이 비록 삶을 "매우 소중히" 여기고 있음에도 왜 죽기를 두려워하지 않았는지를 설명했다. 두 번째 예는 그의 전체적인 강조점이, 삶이 얼마나 부담스러운 것인지를 설명하는 데 있는 것이 아니라 죽는 일이 그에게 얼마나 행복한 것이었는지를 설명하는 데 있다는 사실이다.

19 《소피스트 *Sophist*》 258.

함에 단단히 매달려 있었고, 마치 전기가오리처럼 자신과 접촉하는 사람들과 더불어 자신도 마비되고 만다. 그 전기가오리는 한눈에도 등에와는 정반대의 일을 하는 듯이 보인다. 등에가 자극한다면 전기가오리는 마비시킨다. 그러나 외부에서 보기에 그리고 인간사의 통상적인 과정상으로는 마비 증세로밖에 보이지 않는 것이 살아있음의 최고 상태로 느껴진다. 사유함이라는 경험에 대한 문헌상의 증거가 과소함에도 불구하고 사상가들이 수백 년에 걸쳐 이 효과에 관해 남긴 언급들이 제법 현존한다. 소크라테스 자신은 사유가 눈에 보이지 않는 것들을 다루는 활동이며 그 자체도 보이지 않음을 꽤 잘 인식하고 있었고 다른 활동들이 갖는 외적 명시화가 부족한 상태에서 그것을 설명하기 위해 바람의 은유를 사용했던 듯하다. "바람 자체는 눈에 보이지 않지만 그것이 하는 바는 우리에게 명시적이며 우리는 어쨌든 바람이 다가옴을 느낀다."[20] (말이 나온 김에 덧붙이자면 하이데거가 이것과 동일한 은유를 사용했는데, 그 또한 "사유의 폭풍"에 관해서 언급한 바 있다.)

저속한 비난에 휩싸인 그 [소크라테스라는 사유의] 거장을 역시 저속한 주장들로 방어하는 데 언제나 열성적이었던 크세노폰이 이 은유를 언급하는 맥락에서는 그것의 의미가 제대로 살아나지 않는다. 그런 그조차도 그 볼 수 없는 사유의 바람이 명시화된 형태들은 소크라테스가 자신의 검토 작업에서 사용했던 개념들, 덕목들과 "가치들"이라는 것을 암시하고 있다. 여기서 문제가 되

---

[20] 크세노폰, 《회고록》 4.3.14.

320

는 것 — 그리고 한 사람이 어떻게 동시에 전기가오리와 등에로 이해될 수 있으며 또 그 자신도 그렇게 이해하게 된 것인가의 문제 — 은 같은 바람이라도 그것이 불 때마다 먼저 불었던 형태들과 무관하게 분다는 특이성을 띤다는 점이다. 그것은 사유의 매개 수단인 언어가 사유의 형식상으로 고정시킨(결빙된) 것을 다시 푸는, 말하자면 해빙시키는 성질 때문이다. 단어들(개념, 문장, 정의, 교의)의 "약점들"과 비융통성에 관해서는 플라톤이 [우리가 앞에서 인용한]《제7 서간》에서 훌륭하게 탄핵하고 있다. 이 [사유의 바람이 지닌] 특이성은 불가피하게 파괴적이며 기성의 기준, 가치, 옳고 그름의 척도, 간략히 말해서 우리가 도덕과 윤리에서 다루고 있는 모든 처신 관행과 규칙 전체를 훼손하는 효과를 낸다. 소크라테스는 이러한 고정된 사유들은 너무 편리해서 당신이 자면서도 사용할 수 있다고 말하는 듯하다. 그러나 가령 내가 지금 당신 속에서 자극하게 될 이 사유의 바람이 당신의 잠을 완전히 달아나게 하고 깨어 있게 만들었다면, 당신의 수중에 남은 것은 오로지 당혹스러움뿐일 것이다. 여기서 우리가 그것과 더불어 할 수 있는 최선은 그 경험을 서로 공유하는 일뿐이다.

그래서 사유의 마비 증세는 중첩적이다. 그것은 일단 **멈추고** 생각하는 것 — 즉 다른 모든 활동의 중단 — 속에 내재한다. 그리고 당신이 [하고 있던] 그것에서 빠져나오면 어떤 마비 효과가 발휘될 수도 있다. 이것은 그게 뭐가 됐든 당신이 하고 있던 일에 생각 없이 관여된 동안에는 의심의 여지가 없어 보였던 것을 더 이상 확신할 수 없게 되는 상태로 나타난다. 가령 당신의 행위 목표가 일반적인 처신 규칙들을 일상의 삶 속에서 일어나는 특수한 경우들에 적용하는 데 있었다면, 그런 규칙들 그 어느 것도 사유의 바람을 견뎌낼 수가 없기 때문에 당신은 자신이 마비되었음을 발견할 것이다. 다시 한번 '집'이라는 단어에 고유한 고정관념의 사례를 떠올리자면, 당신이 일단 그것의 암시적 의미들 — 거주하는 일, 한 가정을 꾸리는 일, 거주하는 상태 — 을 생각해보았을 것이므로 더 이상 시대적 유행이 규정하는 바를 자신의 가정에 적용하는 일을 용납하지 않을 것 같기도 하다. 그럼에도 이것이 당신 자신의 주거 문제들에 대한 모종의 수용할 수 있는 해법을 찾아낼 것이라는 사실을 보장한다는 의미는 결코 아니다. 그러므로 당신은 마비 상태가 될지도 모른다.

이것은 어쩌면 이 위태롭고 결과도 없는 [사유함이라는] 과업의 최종적인 그리고 심지어는 가장 큰 위험조차 초래할 것이다. 소크라테스 주변 사람들 가운데는 알키비아데스와 크리티아스 같은 사람들 — 신은 아시겠지만, 결코 그의 이른바 제자들 가운데 가장 나쁜 자들이라고 볼 수 없다 — 이 있었는데, 그들은 폴리스에 대한 어떤 실재하는 위협으로 드러났다. 이것은 그 전기가오리에 의해 마비되어서가 아니라, 그와 정반대로 그 등에에 의해서 각성된 결과였다. 그 각성의 결과는 방종과 냉소주의였다. 그들은 특정 학설에 대한 가르침이 없는 가운데 사유하는 방법을 배우는 것에 족할 수 없었으며, 소크라테스적 사유함을 통한 검토 방식의 무결과들을 부정적인 결과들로 변형했다. 예컨대 경건함이 무엇인지를 정의할 수 없다면 비非경건해지자는 식으로 말이다. 이는 소크라테스가 경건함에 관해 이야기함으로써 얻기 바랐던 바와 거의 정반대의 결과다.

의미의 추구는 수용된 모든 학설과 규칙을 가차 없이 와해시키고 새롭게 검토하는 일로서, 매 순간 자기 자신에게 등을 돌릴 수 있고, 말하자면, 옛 가치들의 전도를 일으키며 그것을 "새로운 가치들"로 선언할 수 있다. 이것은 일정 정도 니체가 자신이 뒤집은 플라톤도 여전히 플라톤임을 망각한 채 플라톤주의를 전도시켰을 때 했던 바고, 또한 마르크스가 어떤 엄격히 헤겔적인 시스템을 장착한 역사 과정을 만들어내면서 헤겔을 거꾸로 물구나무 세웠을 때 했던 일이다. 그러한 사유함의 부정적 결과들은 옛 가치들의 경우에 그랬던 것처럼 나태한 방식으로 역시 생각 없이 반복되는 일과와 더불어 사용될 것이다. 그것들이 인간사 영역에 적용되는 순간 마치 사유함의 과정을 거친 적이 전혀 없었다는 듯이 말이다. 우리가 일반적으로 허무주의라고 부르는 것 — 우리가 역사적인 연대를 추정하고 싶어 하고 정치적으로는 공공연히 비난하며 감히 "위험한 생각들"을 사유하는 모험을 했다고 알려진 사상가들에게 귀속시키고 싶어 하는 것 — 은 사유함의 활동 자체에 고유한 실제적인 위험이다. 그럼에도 위험한 생각이란 것은 아무것도 존재하지 않는다. 사유함이라는 활동 자체는 위험하지만 허무주의가 그것의 산물일 필요는 없다. 허무주의는 인습주의의 다른 측면일 뿐이다. 그것의 신조는 그것이 묶여 있는 현재의 이른바 긍정적 가치들의 부정들로 이루어져 있다. 모든 비판적 검토 작업은 수용된 의견들과 "가치들"이 수반하는 함의들 및 묵시적 가정들을 알아냄으로써 적어도 가설에 근거하여 그것들을 부정하는 단계를 반드시 밟아야 하며, 이런 의미에서 허무주의는 사유함의 과정에 늘 현전하는 모종의 위험으로 비칠 수 있다. 그러나 이 위험은 검토되지 않은 삶은 살 가치가 없다는 소크라테스적 확신에서 나오는 것이 아니라, 그와 정반대로 후속 사유를 불필요하게 만들 결과들을 발견하려는 욕구에서 비롯된다. 결론적으로 말해서 사유함은 모든 신조들에 엇비슷한 정도로 위험하며, 자체적으로는 그 어떠한 새로운 신조도 산출하지 않는다.

그럼에도 비사유함nonthinking — 정치적인 그리고 도덕적인 일에는 꽤 추천할 만해 보이는 어떤 상태 — 에도 나름의 위험성은 있다. 그것은 사람들에게 검토의 위험들에서 보호한다는 명분으로, 그들에게 주어진 때와 장소[사회]의 모든 규범화된 처신 규칙에 그게 무엇이 됐든 단단히 매달리라고 가르친다. 그 결과 사람들은, 우리가 그것을 면밀히 검토할 경우 항상 당혹감에 빠지게 되는 규칙들의 내용에 익숙해졌다기보다 특수한 것들을 그 아래로 복속시킬 수 있는 규칙들을 가지고 있다는 사실에 익숙해졌다. 바꿔 말해서 사람들은 결코 스스로 결심하지 않는 데 익숙해졌다는 것이다. 그래서 누군가가 나타나서 무슨 이유나 목적을 가지고 그가 새로운 규칙을 제공하는 것을 전제로 오래된 "가치들" 혹은 덕목들을 폐지하려고 할 때 그는 그것이 매우 수월한 일임을 알게 될 것이다. 심지어 그가 새것을 수립하는 일에는 어떠한 무력이나 설득 — 새것이 옛날 것보다 낫다는 증거 — 도 필요치 않을 것이다. 옛날 규칙에 신속히 매달렸던 사람들일수록 새로운 규칙에 순응하는 일에도 더욱 더 열성적일 것이다. 어떤 상황에서 그런 전도 현상들이 쉽게 일어날 수 있다는 것은 사실상 그것들이 발생할 때 모든 사람이 자고 있었음을 암시한다. 20세기는 우리에게 그런 문제들에 대한 특정한 경험을 제공했다. 그 전체주의의 통치자들이 서구 도덕의 기본 계명들을 뒤집는 것이 얼마나 쉬운 일이었던가. 히틀러의 독일에서는 "살인하지 말라"라는 계명이, 스탈린의 러시아에서는 "이웃에 대해 거짓 증언 하지 말라"라는 계명이 그렇게 뒤집힌 사례다.

이 대목에서 다시 소크라테스로 돌아가자. 아테네인들은 그에게 사유함은 [특성상] 전복적이며, 사유의 바람은 사람들이 현세에서 자신의 지향점을 찾는 확립된 표지판들 전체를 싹 쓸어가 버리는 허리케인 같은 것이라고 말했다. 또한 그것이 도시에 무질서를 초래하고 시민들, 특히 젊은이들을 혼동시킬 것이라고 말했다. 사실 소크라테스는 사유함이 사람들을 타락시킨다는 점은 부정하면서도 그것이 사람들을 개선시키는 양 꾸미지 않았다. 또한 자신이 하고 있었던 것보다 "더 큰 선善이"도 폴리스에 닥쳤던 적이 없었다고 선언하면서도 그런 위대한 일을 하는 은인恩人이 되기 위해서 자신이 철학자의 길로 들어선 것인 양 꾸미지도 않았다. 만약 [소크라테스가 주장하였듯] "검토되지 않은 삶은 살 가치가 없는 것"[21]이라면, 사유함은 정의, 행복, 절제, 즐거움과 같은 개념들, 즉 언어가 삶 속에서 발생하는 그리고 우리가 살아 있는 동안

---

21 《소크라테스의 변명》 30, 38.

우리에게 발생하는 온갖 것들의 의미를 표현하도록 우리에게 제공해준 단어들, 우리가 볼 수 없는 것들을 표현하는 수단인 그 단어들과 관련을 맺을 때만 살아있음living을 수반한다고 이해된다.

소크라테스는 이 의미 탐색 작업을 에로스eros라고 지칭했다. 에로스는 본래 어떤 필요 — 이것은 자기가 가지고 있지 않은 것을 욕구한다 — 이며 그가 유일하게 자신이 전문가라고 자처하는 분야기도 한 것이다.[22] 사람들은 현명하지 않기 때문에 지혜와 사랑에 빠지고 '철학을 한다philosophein'. 마치 그들이 아름답지 않기 때문에 아름다움美과 사랑에 빠지고, 이를테면 (페리클레스가 *philokalein*이라고 지칭한 대로) "아름다움을 하는do beauty"것처럼 말이다.[23] 사랑은 거기 존재하지 않는 것을 갈망함으로써 그 대상과 모종의 관계를 수립한다. 사람들은 이 관계를 공개적으로 밝히고 그것이 나타나게 하려고 마치 한 연인이 자기 애인에 관해 이야기하고 싶어 하는 것과 똑같은 방식으로 그것을 이야기한다.[24] 그 탐색은 일종의 사랑이자 갈망이기 때문에 사유의 대상이 될 수 있는 것은 오직 사랑받을만한 사물들 — 즉 아름다움, 지혜, 정의 등등 — 뿐이다. 추함과 악은 비록 그것들이 이따금 결핍 — 아름다움의 부족, 비非정의, 그리고 선의 결핍으로서의 악kakia — 으로 나타난다고 할지라도 정의상 사유함의 관심사에서는 제외된다. 이는 그것들 — 추함과 악 — 이 자체만의 뿌리가 없으며, 사유가 파

---

22 《뤼시스*Lysis*》204b~c.

23 〈페리클레스의 추도 연설〉, 투키디데스 2.40.

24 《향연*Symposium*》177.

악할 수 있는 그 어떠한 본질도 가지고 있지 않다는 의미다. 우리가 듣기로 악은 요즘 식으로 말해서 그것의 "존재론적 지위"로 인해 자발적으로 실행될 수 없다. 악은 어떤 부재의 상태에, 즉 존재하지 않는 무엇인가 속에 존재한다. 가령 사유함이 정상적이고 긍정적인 개념들을 그 원래의 의미로 분해시킨다면 그와 동일한 과정이 이러한 부정적인 "개념들"을 그 본래적 무의미성, 즉 무로 분해시켜야 할 것이다. 첨언하자면 이는 결코 소크라테스만의 의견은 아니다. 악이 한낱 결핍이나 부정, 혹은 규칙으로부터 예외라는 사실은 모든 사상가의 거의 만장일치적인 의견이다.[25] (플라톤으로 거슬러 올라갈 만큼 오래된 생각, 즉 "누구도 자발적으로 악을 행하지 않는다"라는 명제 속의 가장 명시적이며 가장 위험한 오류는 바로 "모든 사람이 선을 행하기 원한다"가 함축된 결론이다. 이 사안의 슬픈 진실은 악행의 대부분이 악하게 되거나 선하게 되기로 마음을 결정하지 못한 사람들에 의해 이루어진다는 것이다.)

이런 사실은 우리의 문제 — 사유 불능이나 사유 거부와 악을 행하는 능력의 [상관성] 문제 — 와 관련하여 우리를 어느 지점으로 데려가는가? 오직 에로스라는 이 지혜, 아름다움, 정의를 욕구

25　나는 여기서 데모크리토스의 견해만 인용할 참인데, 그 이유는 그가 소크라테스와 동시대인이었기 때문이다. 그는 로고스, 즉 말을 행위의 "그림자"로 생각했으며, 그 그림자는 어떤 단순한 모사체와 실재하는 사물을 구별하려는 의도에서 제시된 것이다. 그러므로 그는 "사람은 악한 행위들에 관해 이야기하는 것을 피해야 한다"라고 말함으로써 악한 행위들로부터, 이를테면 그림자, 즉 그것들의 명시화된 형태를 박탈해 버렸다(〈단장斷章〉 145, 190). 악을 무시하는 것이 그것을 한낱 모사체로 변형시킬 것이기 때문이다.

하는 사랑으로 충만한 사람들만이 사유할 수 있다는 결론이 바로 그 지점이다. 요컨대 우리는 사유함을 위한 선행조건으로서 플라톤이 말한 "고결한 본성Plato's noble nature"과 함께 남겨졌다는 것이다. 이 결론은 우리가 '사유함이라는 활동, 즉 그것의 수행 자체 ─ 한 인간의 본성, 그의 영혼의 특질들이 무엇을 소유할 수 있는지와 관계없이 또 그 특질들과 구별할 경우에 ─ 가 악을 행하지 못하게 하는 방식으로 그 행위자를 조건화하는가'라는 질문을 제기했을 때 찾으려고 하지 않았던 바로 그것이다.

3

이런 난제들의 애호자인 소크라테스가 내놓은 몇 안 되는 긍정적인 진술들 가운데 두 가지 명제가 바로 이 우리의 당면 문제를 다루고 있으며 서로 긴밀하게 연결되어 있다. 두 진술 모두 《고르기아스》에 나온다. 이것은 수사학에 관한, 즉 다수에게 말을 걸며 다수를 설득하는 기법에 관해 기술한 대화편이다. 《고르기아스》는 플라톤이 자신의 철학 학교인 아카데메이아Académeia의 교장으로 부임하기 얼마 전에 집필한 것으로, 소크라테스의 초기 대화편에는 속하지 않는다. 게다가 그 주제도, 그것이 만약 아포리아적이라면 의미를 다 잃을 수 있는 바로 그 담론 형식을 다루고 있는 듯하다. 그러나 이 대화편은 여전히 아포리아적이다. 이런 특질은 오로지 소크라테스가 대화 장면에서 실종되거나 더 이상 토론의 중심에 있지 않은 플라톤의 마지막 대화편들에 가서야 완전히 사라지고 없다. 《고르기아스》는 《국가》에서처럼, 역설적이게도 모든 난관을 해결하는 보상과 처벌을 가진 내세라는 플라톤의 신화들 가운데 한 편과 더불어 끝이 난다. 그 신화들의 심각성은 순전히 정치적인 성격이며, 그것의 목적은 일반대중에게 들려주는 것에 있다. 확실히 비非소크라테스적인 이러한 신화들은 모종의 비철학적인 형태이기는 하지만, 사람들이 악행을 자발적으로 행할 수 있고 실제로 행한다는 것을 플라톤이 수긍했다는 사실을 담고 있기 때문에 중요하다. 또한 그가 이 혼란스러운 사실에 어떤 철학적 처방을 내릴지 겨우 소크라테스가 아는 정도까지만 알고 있었음을 암묵적으로 수긍했다는 사실이 담겨 있기 때문에 더욱 중요하다. 우리가 비록 소크라테스가 무지를 악의 원인으로 덕목을 학습될 수 있는 것으로 믿었는지 여부는 알 수 없을지도 모르지만 플라톤이 위협들에 의존하는 것을 더 현명한 방식으로 생각했다는 사실만큼은 알고 있다.

앞서 언급한 소크라테스의 긍정적인 진술 두 가지는 다음과 같다. **첫 번째 진술**은 "불의를 행하는 것보다 불의를 당하는 편이 낫다"이다. 이 진술에 대해 대화편 속의 심문자인 칼리클레스는 모든 그리스 사람이 답했음직한 답변을 내놓는다. "불의를 견디는 것은 인간 본성의 일부가 아니라, 사느니보다 죽는 편이 나은 노예의 본성입니다. 그것은 자기나 자기가 아끼는 사람이 불의를 당하게 되었을 때 스스로 대처할 수 없는 사람에게만 적합한 진술이기 때문입니다"(474). **두 번째 진술**은 "**하나임** being one 으로서 존재하는 내가 나 자신과 조화를 이루지 못하고 내게 모순을 일으키는 것보다는, 차라리 나의 수금이나 내가 지휘하는 합창대가 곡조에서 이탈하여 시끄럽게 불협화음을 내는 것, 또 대부분의 사람들이 내게 동의하지 않고 맞서는 편이 낫다"이다. 이 진술은 칼리클레스로 하여금 소크라테스에게 그가 "달변으로 인해 거의 미칠 지경에 이르고 있다"라고, 그리고 소크라테스가 철학을 그대로 놔두는 편이 그 자신이나 다른 모든 사람에게 훨씬 더 좋을 것이라고 말하도록 이끈다(482).

우리가 보게 되듯이 그의 말속에는 뼈가 들어 있다. 소크라테스가 이런 명제들을 내놓게 된 것은 실제로 철학, 아니 그보다는 사유함이라는 경험 덕분이었다. 물론 그가 애당초 그런 명제들에 도달하기 위해서 철학자의 길에 들어선 것은 아닐지라도 말이다. 내 생각으로는 소크라테스의 진술들을 도덕에 관한 특정한 인식의 결과들로 이해하는 것은 어떤 심각한 실수일 것이다. 그 진술들은 틀림없이 통찰들이다. 그러나 그것들은 경험에서 우러난 통찰들이고, 사유함의 과정 자체에 관한 한 그 헌 통찰들은 기껏해야 부차적인 부산물들이다.

우리는 첫 번째 진술이 소크라테스의 입을 통해 흘러나왔을 때 그것이 당시에 얼마나 역설적으로 들렸을지를 파악하는 데 있어 여러 가지 애로점을 느낀다. 수천 년 동안이나 사용되고 또 잘못 사용된 끝에 그것은 마치 허접한 도덕 타령처럼 들리기도 한다. 그리고 현대인들이 두 번째 진술의 요체를 이해하기가 얼마나 어려운지는 다음의 사실이 가장 잘 설명해준다. 요컨대 "**하나임** being one"으로 존재하는 내가 나 자신과 조화하지 못하는 것이 뭇사람과 이견을 연출하는 것보다 더 나쁠 것이라는 진술에서 종종 '하나임'이라는 그것의 핵심어가 현대적 표현으로 옮겨지지 못하고 누락된 채로 남아있다는 사실이 그것이다. 첫 번째 진술과 관련해서 부언하면, 그것은 [적어도] **내게는** 불의를 행하는 것보다 불의를 당하는 편이 낫다는 것을 의미하는 하나의 주관적인 진술이며, 그것은 물론 그것보다 훨씬 그럴듯하게 들리는 그것과 정반대의, 동등하게 주관적인 진술에 의해 반박되고 있다. 그러나 가령 우리가 두 신사 — 소크라테스와 칼리클레스—의 관점과 구별되는 '세계'의 관점에서 그 명제들을 바라본다면 여기서 문제가 되는 것은 어떤 불의가 저질러졌다는 사실이라고 말해야만 하리라. 이 관점에서는 불의를 행한 자와 당한 자 중 누가 더 이득을 보느냐는 것은 부적합한 셈법인 것이다. 우리는 시민들로서 우리들 모두 — 불의를 행한 자, 불의를 당한 자, 그리고 관중 — 가 함께 공유하는 세계가 걸린 문제이기 때문에 불의가 행해지는 것을 반드시 막아야 한다. 여기서 실제로 불의를 당한 것은 우리가 함께 공유하는 도시[세계]이기 때문이다. (그러므로 우리의 사법 규칙들은 기소 의무가 적용되는 경우에는 범죄로, 고소를 원하거나 원치 않는 사적인 개인들만이 불의의 피해를 입은 경우에는 위반으로 구분한다. 범죄의 경우에는 공동체 전체가 침해되었기 때문에 관련 당사자들의 주관적인 정신 상태들 — 예컨대 고초를 겪은 사람이 기꺼이 가해자를 용서할 수도 있고, 또 불의를 행한 사람이 다시 같은 일을 할 가능성이 거의 없을 수도 있다는 것과 같은 참작 사항들 — 을 거론하는 것은 온당치 못하다.)

바꿔 말해서 소크라테스는 여기서 그 자신의 자아보다 세계에
더 관심을 가지고 있어야 할 한 사람의 시민으로서 말하는 것이
아니다. 오히려 그는 칼리클레스에게 마치 이렇게 말하고 있는 듯
하다. 가령 네가 나처럼 지혜와 사랑에 빠져 있고 검토의 필요성
을 느낀다면, 그리고 세계가 네가 묘사하는 방식 ─ 강자와 약자
로 나뉘어 있으며 "강자는 자신이 할 수 있는 것을 하고, 약자는
자신이 겪어야 할 것을 겪어야 한다"(투키디데스) ─ 대로 존재해
야 한다면, 그래서 불의를 행하거나 당하는 것 외에 다른 대안이
현존하지 않는다면, 너는 불의를 행하기보다 당하는 편이 낫다는
나의 의견에 동의할 것이다. 여기서의 전제는, '네가 사유하고 있
다면', 즉 네가 '검토되지 않은 삶은 살 가치가 없다는 나의 생각
에 동의할 예정이라면'이다.

내가 아는 한, 소크라테스가 말한 것과 거의 같은 어조로 표현
된 구절은 그리스 문헌에서 딱 한 번 나온다. "불의를 당한 쪽보다
더 불운한*kakodaimonesteros* 자는 불의를 행한 쪽"이라는 문구가 파르
메니데스의 훌륭한 적인 데모크리토스의 미완성 유고들 중 하나
(B45)에 등장한다. 어쩌면 데모크리토스는 파르메니데스의 적이
라는 이유 때문에 플라톤에 의해 결코 언급되지 않았을 것이다.
그는 소크라테스와 달리 인간사에 별다른 관심을 두지 않았던 반
면 사유함의 경험에는 상당히 관심을 기울였던 듯하다. 이 우연의
일치는 주목할 만한 가치가 있어 보인다. 그에 따르면 "정신(로고
스)"은 "자신으로부터 기쁨을 도출하는 일*auton ex heautou*에 익숙하
기 때문에"(B146) 금욕을 용이하게 만든다. 이 말은 우리가 하나

의 순수한 도덕 명제로서 이해하려고 하는 것이 실제로는 사유함의 경험 그 자체로부터 발생하는 것처럼 보이게 한다.

이것이 우리를 두 번째 진술로 데려가는데, 그것은 첫 번째 진술의 선행요건이다. 그 두 번째 진술 역시도 매우 역설적인 성격이다. 소크라테스는 '하나임'으로 존재하는 것에 관해 이야기함으로써 **결과적으로** 자신과의 조화를 깨는 위험을 감수할 수 없다는 점을 주장한다. 그러나 자기 자신과 일체화한 그 어떤 것도 A=A에서와 같이 사실적으로 그리고 절대적으로 하나인 것은 결코 그자신과 조화 혹은 부조화 상태에 놓일 수가 없다. 당신이 하나의 조화로운 목소리를 내기 위해서는 항상 최소한 두 개의 논조가 필요하기 때문이다. 내가 다른 사람 앞에 나타나거나 보일 때 나는 분명 하나이다. 그렇지 않다면 나는 인식될 수가 없을 것이다. 다른 사람들과 함께 있는 한, 나는 거의 나 자신을 의식할 수 없으며, 다른 사람에게 나타난 모습 그대로가 나인 것이다. 비록 나 자신에게 거의 보이게 될 수 없을지라도 어떤 의미에서 나 역시 나자신을 위해 존재한다는 기이한 사실을 우리는 **의식**consciousness (문자적으로 말하자면 '나 자신과 더불어 아는 일')이라고 부른다. 이는 소크라테스적인 "하나임being-one"이 겉으로 보이는 것처럼 그렇게 문제될 것이 없지 않음을 암시한다. 나는 타인들뿐 아니라 나 자신을 위해 존재하며, 이 후자의 경우 나는 확실히 그냥 하나인 것은 아니다. 어떤 차이가 나의 '단일성Oneness'에 끼어들기 때문이다.

우리는 다른 측면들에서 이 차이를 알고 있다. 다수의 사물들 사이에 현존하는 모든 것은 그것의 정체성 면에서 단지 있는 그대로의 모습뿐 아니라 다른 것들과의 차이도 노정한다. 이 '다름'이라는 것이 바로 그것의 본성에 속한다. 사유 속에서 그것[다름]을 포착하려 하고 정의하기를 원할 때 우리는 이 타자성 alteritas 또는 차이를 계산에 넣어야 한다. 한 사물에 관해 그것이 무엇인지를 말할 때 우리는 항상 그것은 무엇이 아닌지도 함께 이야기한다. 모든 확정 確定은 스피노자가 말하듯이 곧 하나의 부정 否定이다. 그것 자체에만 관계를 맺고 있다면 그것과 동일한 것이며(*auto* (i.e. *hekaston*) *heautō tauton*: "각각은 그것 자신에 대해 동일한 것이다")²⁶ 우리가 그것의 순전한 정체성과 관련해서 말할 수 있는 전부는 "한 송이 장미는 한 송이 장미이고 한 송이 장미이다"라는 것이다. 그러나 만약 내가 내 정체성("하나임") 속에서 나와 연결되어 있다면 결코 이런 경우는 될 수가 없다. 이 나라는 기이한 존재는 차이를 수립하기 위해 어떠한 다수성도 필요로 하지 않는다. "나는 나 I am I"라고 말할 때 그 존재는 바로 그것 안에 차이를 휴대하고 있다. 내가 의식이 있는 한, 즉 나 자신을 의식하는 한, 나는 오직 내가 하나이자 같은 인물로서 보이는 타인들을 위해서만 나 자신과 동일하다. 나 자신을 위해서 '이 나 자신을 의식하고 있음'을 분명히 표현하려는 나는 불가피하게 **하나 속 둘** two-in-one로 존재한다. 이것이 이를테면 요즘 유행하는 정체성 탐색이 허망해지는 이유이고 우리의 근대적 성격의 정체성 위기가 오직 의식을 잃음으

---

26 《소피스트》, 254d — 하이데거, 《동일성과 차이 *Identity and Difference* 》(New York, 1969), 23~24를 보라.

로써만 해소될 수 있는 이유이다. 인간 의식은 차이와 타자성을 암시한다. 차이와 타자성은 다수의 사물 가운데 인간에게만 그들의 서식지로 주어진 '외견의 세계the world of appearances'의 뛰어난 특성이자 인간 에고man's ego의 현존을 위한 바로 그 조건들이기도 하다. 이 에고, 즉 '나는 나the I am I'라는 의식은 정확히 말해서 그 것이 [외견의 세계 속에] 출현하는 사물들과 관계되지 않고 자신 과만 관계될 때 정체성의 차이를 경험한다. 플라톤이 나중에 사유 함을 '나와 나 자신의 무성의 대화eme emautō'로 정의할 때 사용한 이 원초적 분열이 아니라면, [플라톤의] 소크라테스가 자신과의 조화에 관한 진술에서 전제한 '하나 속 둘'은 가능하지 않았을 것 이다.[27] 물론 의식과 사유함이 동일한 것은 아니다. 그러나 의식이 없다면 사유함은 불가능할 것이다. 사유함이 사유함의 과정에서 실현하는 것은 의식 속에 주어진 차이인 것이다.

소크라테스에게 이 '하나 속 둘'은, 사유하기를 원한다면 그저 사유함의 대화를 진행시키는 두 주체가 건강한 상태에 있도록, 즉 두 파트너가 친구[상태]로 있도록 주의해야 한다는 것을 의미했 다. 불의를 행하는 것보다 당하는 편이 낫다. 그러면 불의를 당하 는 사람의 친구로 남을 수 있기 때문이다. 누가 살인자의 친구로 남길 원하며 그와 함께 살길 원하겠는가? 그가 비록 살인자까지 는 아니더라도 사정은 달라지지 않는다. 그런 범죄자와 어떤 대화 를 할 수가 있겠는가? 셰익스피어가 리처드 3세에게 수많은 범죄

---

27 《테아이테토스*Theaetetus*》189e 이하, 그리고 《소피스트》 263e.

들을 저지른 후 자기 자신과 나누게 만든 대화 설정이 정확히 그런 경우이다.

내가 무엇을 두려워하는가? 나 자신? 이것밖엔 아무도 없다.
리처드는 리처드를 사랑한다. 즉 나는 나다.
여기 살인자가 있는가? 없다. 아니 있다, 바로 나다.
그럼 날려 보내라. 나 자신에게서 무엇을? 그래야 하는 위대
한 이유는—
내가 복수할까 두렵구나. 무엇을, 나 자신이 나 자신에게?
오, 아니야! 통탄할지고! 내가 나를 이리도 혐오하는구나.
내가 저지른 혐오스러운 짓들 때문이지.
나는 악한이다. 그런데 아니라고 거짓말을 하는구나.
어리석은 자여, 자신을 좋게 말하다니. 어리석은 자여, 아첨하
지 말라.

자아가 그 자신과 만나는 어떤 유사한 경우로서 다른 것과 비교한다 해도 극적이지 않으며 온건하고 별 해가 되지 않을 사례는, 논쟁적인 소크라테스적 대화편 중 하나인 《대人히피아스》(플라톤의 저술은 아니지만 여전히 소크라테스의 진정성이 녹아든 증거를 제시할 수 있는 작품)에서 찾아볼 수 있다. 소크라테스는 그 대화편의 말미에서 유난히 머리가 텅 빈 대화상대로 드러난 히피아스에게, 귀가하면 "항상 (자신을) 반대 심문하는 한 사람의 가까운 인척이자 같은 집에 사는" 그 '역겨운' 자가 기다리는 자기와 비교해보

면 그가 "얼마나 은총을 받은 운 좋은" 인사냐고 반문한다. 소크라테스가 히피아스의 의견들에 대해 응대하는 것을 듣고 있자면 그가 곧 히피아스에게 다음 질문을 하게 될 것임을 짐작할 수 있다. "어떤 아름다운 삶의 방식과 관련하여 질문하는 방식에서 그[히피아스]가 심지어 '아름다움beauty'이라는 단어의 의미조차 알지 못한다는 사실이 증명되는데, 그러면서도 그것에 관해 얘기하는 것이 부끄럽지 않은지"(304)를 말이다. 바꿔 말해서, 히피아스는 그가 귀가해도 '하나'로 남아있다. 비록 그가 확실히 의식을 잃어버리지 않을지라도 그는 자기 안의 차이를 실현시키기 위해 아무것도 하지 않을 것이다. 그러나 그 문제에 관해서라면 소크라테스나 리처드 3세의 경우에는 얘기가 달라진다. 그들은 다른 이들과 상호작용할 뿐 아니라 자기 자신과도 교제한다. 여기서 요점은 소크라테스가 "다른 친구"로 그리고 리처드 3세가 "양심"이라고 부르는 것은 그들이 홀로 있지 않는 한 결코 현전하지 않는다는 점이다. 한밤중이 지나 [홀로 있게 되자 자신의 사유함의 과정에서] 리처드 3세는 자신의 친구들과 다시 합석하여 다음과 같이 말한다.

양심은 겁쟁이나 쓰는 말이지,
애당초 강한 자들을 두려움에 떨게 하려고 고안된 것이니까.

심지어는 아테네 광장에서 펼쳐지는 삶에 무척 매료되어 있었던 소크라테스조차 자신이 홀로 있게 될 집으로, 고독 속으로 돌아가면 그의 다른 친구를 만나야만 했다.

내가 이《리처드 3세》의 단락을 발췌한 이유는 셰익스피어가 "양심"이라는 단어를 사용하면서도 그것을 우리에게 친숙한 방식으로 사용하지 않고 있기 때문이다. [우리가 사용하는 영어와 같은] 언어[관행]에서 '의식consciousness'과 '양심conscience'이 분리되는 데는 오랜 시간이 걸렸으며, 프랑스어와 같은 특정 언어에서는 그런 분리 현상이 [아예] 발생하지 않았다. 양심은 우리가 그것을 도덕적 혹은 사법적 문제와 관련하여 사용할 때 항상 우리 안에 현전한다고 추정된다. 마치 의식이 그런 것처럼 말이다. 또한 우리에게 무엇을 하라거나 무엇에 대해 참회하라고 명령하는 것도 이 양심으로 추정된다. 그것이 **자연의 빛**lumen naturale 또는 칸트의 실천이성으로 불리게 되기 전까지는 '신의 음성'으로 통했다. 이 양심과 다르게 소크라테스가 말하는 '그 친구'는 집에 남아 있다. 소크라테스는 그를 두려워하며, 이는《리처드 3세》에 등장하는 살인자들이 그들의 양심 — 부재하는 어떤 것 — 을 두려워하는 것과 같은 이치다. 양심은 모종의 '후속사유afterthought'로서 나타나는데, 이것은 리처드 자신의 경우처럼 범죄에 의해, 소크라테스의 경우처럼 검토되지 않은 의견들에 의해, 혹은《리처드 3세》속의 청부 살인자들의 경우처럼 그러한 후속사유들이 초래할 것으로 예상되는 두려움에 의해 각성된다. 이 양심은 우리 안에서 들리는 신의 음성이나 자연의 빛과 달리 분명한 처방전을 아무것도 주지 않는다. 심지어 소크라테스의 다이모니온daimonion, 즉 그의 신성한 목소리조차도 그저 그에게 무엇을 하지 **말라**고만 말한다.

셰익스피어의 언어로 표현하면 "그것은 어떤 사람을 장애물들로 가득 채운다." 이 양심을 두려워하도록 만드는 것은 오로지 집에 돌아가는 **경우에만** 자신을 기다리고 있을 한 증인의 현전에 대한 예상이다. 셰익스피어의 극중 살인자는 말한다. "잘 살려는 의도를 가진 사람은 그것[양심] 없이 살려고 노력한다." 그리고 이 노력의 성공은 우리가 사유함이라고 부르는 무성의 고독한 대화를 결코 시작하지 않고 집으로 돌아가지 않거나 또 [다른 의견들에 대한] 검토를 하지 않으면 되므로 쉽게 성취할 수가 있다. 이는 총명함이나 아둔함의 문제가 아닌 것과 마찬가지로 사악함이나 선함의 문제도 아니다. (우리가 말하는 바와 행하는 바를 검토하는) 나와 나 자신의 내적 교제를 알지 못하는 그는 자신에게 모순을 일으키는 것을 개의치 않을 것이며, 그리고 이것은 그가 자신이 말하는 바와 행하는 바에 대해 결코 해명할 수 없다거나 기꺼이 그렇게 하지는 않을 것이라는 사실을 의미한다. 또한 그는 그 순간이 지나면 다 잊어버리게 될 것이므로 그 어떤 범죄라도 [기꺼이] 저지르는 데 주저하지 않을 것이다.

사유함을 그것의 비인지적이고 비전문화된 의미에서 인간 삶의 어떤 자연적 필요로 이해한다면, 즉 우리 의식 속에 주어진 차이의 실현 방식으로 이해하게 되면, 그것은 소수의 특권이 아니라 모든 사람에게 항상 현전하는 정신 능력으로 볼 수 있다. 같은 이유로 사유 불능은 지적 능력이 부족한 다수의 "특전"이 아니라, 모든 사람 — 과학자, 학자, 다른 지적인 산업과 관련된 전문가들도 예외는 아니다 — 에게 항상 현전하는 가능성이다. 이 사유 불능은 소크라테스가 최초로 그 가능성과 중요성을 발견한 '자기 자신과의 내적 교제'를 회피한다. 우리는 이 글을 통해 그동안 종교와 문학이 합의에 도달하고자 시도해온 '사악함'에 관심을 두기보다는 '악'에 관해 논의를 전개했다. 또한 문학작품 속에서 부정적인 영웅이 되었으며 대개는 시기나 원한 때문에 사고를 친 중대한 악한들과 그러한 죄의 유형이 아니라, 특별한 동기가 아무것도 없기 때문에 **한량없이** 악행을 저지를 수 있는 비非사악한 자들 모두에게 관심을 두었다. 그들은 악한과는 달리 한밤중에 결코 자신의 큰 불행[양심]과 맞닥뜨리지 않는다.

사유하는 에고와 그것의 경험이라는 관점에서 볼 때 "어떤 사람을 장애물들로 가득 채우는" 양심은 일종의 부작용이다. 그리고 그것은 위급한 상황들을 제외하면 사회 전체의 입장에서는 하나의 주변적인 사안에 불과하다. 사유함 자체는 사회에 유익한 일을 별로 하지 않으며, 그 점에서는 사유함이 다른 목적을 위한 수단으로 사용되는 지식에 대한 갈증보다 훨씬 못하다. 사유함은 가치들을 창출하지도 않으며, "좋은 것"이 무엇인지를 최종적으로 밝혀주지도 않을 것이며, 더군다나 수용된 행위규칙들을 확인해주는 것이 아니라 오히려 폐기한다. 사유함의 정치적이고 도덕적인 중요성은 오직 역사 속의 그런 드문 순간들, 즉 "사물들이 해체되고 그 중심이 지탱하지 못하며 / 순전한 무질서 상태가 세계 속으로 퍼져나갈" 때, 그리고 "최선의 것들은 모든 확신을 결여하는 반면 최악의 것들이 / 열정적인 강렬함으로 충만"할 때 드러난다.

이러한 순간들에 사유함은 정치적 문제들에 있어 하나의 주변적인 일이 되기를 멈춘다. 모든 사람들이 아무 생각 없이 타인들이 행하고 믿는 바에 휩쓸릴 때 사유하는 사람들은 은둔의 상태에서 빠져나온다. 그들이 세류에 합류하기를 거부하는 것은 사람들의 눈에 잘 띄며, 그렇기 때문에 모종의 [정치]행위가 되기 때문이다. 사유함이 지닌 일소一掃적 요소, 즉 소크라테스의 산파술은 검토되지 않은 의견들의 함의들을 끌어냄으로써 그것들 — 가치, 학설, 이론, 심지어 확신조차도 — 을 파괴하기 때문에 함축적으로 정치적인 성격이다. 이러한 파괴 작업이 또 다른 인간의 정신 능력인 판단 능력에 대해 해방적 효과를 발휘하기 때문이다. 그런 이유로 [칸트가 그랬듯이] 누군가는 약간의 정당성을 가지고서 이 판단 능력을 인간의 정신적 능력들 중에서 가장 정치적인 것이라고 부를 수도 있을 것이다. 판단 능력은 **특수한 것들**을 일반적인 규칙 아래로 복속시키지 않으면서 판단하는 정신 능력이다. 앞에서 언급했듯이 일반적인 규칙이란 그것이 습관이 될 때까지 우리가 가르치고 배울 수 있는 한편으로 다른 습관과 규칙에 의해 언제든 대체 가능한 특성을 지닌다.

칸트가 발견한 바로서의 특수한 것들을 판단하는 정신 능력, 즉 "이것은 그르다", "이것은 아름답다" 등등을 말하는 능력은 사유함의 능력과 동일한 것이 아니다. 사유함은 눈으로 볼 수 없는 것들을 다루며, 부재하는 것의 재현물들을 다룬다. 반면에 판단함은 항상 특수한 것들과 손에 닿는 것에 관심을 갖는다. 그럼에도 그 양자는 의식과 양심이 서로 연계되는 것과 같은 방식으로 서로 연결되어 있다. 사유함, 즉 그 무성의 대화 속의 '하나 속 둘'이 의식

속에 주어진 우리의 정체성 안에서 차이를 실현하려면, 그리고 그렇게 함으로써 사유함의 부산물로서의 양심을 결과한다면, 판단함, 즉 사유함의 해방적 효과의 부산물인 그것은 사유함을 실현시키며 사유함이 외견들의 세계 내에서 명시화하도록 만든다. 그런 [외견의] 세계 속에서 나는 결코 혼자 있는 것이 아니며 언제나 너무 바빠서 생각할 겨를이 없다. 사실 그 사유의 바람이 명시화된 결과는 결코 지식이 아니다. 그것은 옳고 그름을, 아름답고 추함을 식별하는 능력이다. 그리고 실제로 이 판단 능력이 [우리 삶 속에서] 드물게 찾아오는 결단의 순간들에 적어도 나 자신을 위해서만큼은 커다란 재앙들을 막아줄지도 모른다.

1971

2부

판단

5장

리틀록 사건에 관한 성찰

서론

내가 리틀록 사건에 관해 성찰하게 된 계기는 새로 [흑백 인종이]
통합된 한 학교에서 귀가하는 니그로Negro[1] 소녀를 보여주는 신문
에 실린 사진이었다. 아버지의 백인 친구 한 사람의 보호를 받으
면서 걷고 있는 그 소녀가 백인 어린이 일당에게 괴롭힘을 당하고
있었다. 소녀의 표정이 그녀가 행복하지 않다는 명백한 사실을 정
확히 증명해주었다. 사진은 그 상황을 간명하게 보여주었는데, 그
속에 나타난 사람들은 직접적으로 연방법원의 명령하에 있었던
바로 그 학생들이었기 때문이다. 내가 첫 번째로 제기한 질문은
'[만약] 내가 [그] 니그로 [학생의] 엄마라면 무엇을 했을까?'였
다. 그리고 나의 대답은 '나는 그 어떠한 상황에서도 내 아이를,

---

1   이 글은 1959년에 발표된 것이며 당시 미국사회에서는 '흑인'이나 현재 통용되
    는 '아프리카계 미국인'이라는 말보다 '니그로'라는 표현이 일반화된 때였다. 원
    문에 충실히 하고자 그 표현을 그대로 음역하기로 한다.—옮긴이

그가 마치 자기를 원치 않는 집단 속에 자진해서 밀고 들어가고자 하는 것처럼 보이도록 만든 조건들에 노출시키지는 않을 것 같다'는 것이었다. 심리적으로 말해서, 환영받지 못하는 상황 — 어떤 전형적인 사회적 곤경 — 은 분명한 박해 — 모종의 정치적 곤경 — 보다 견디기가 더 힘들다. 그 이유는 이런 일에는 개인적 자부심이 관련되기 때문이다. 여기서 자부심이란 의미는 결코 '니그로 — 또는 유대인이나 앵글로색슨 계통의 청교도 백인 등 — 인 게 자랑스럽다'와 같은 것이 아니라, 우리가 이 세상에 나올 때 우연히 지니게 된 것과 관련하여 그 어디서도 배운 적이 없는 자연발생적인 정체감을 뜻한다. 자부심은 비교 대상이 아니며 열등감이나 우월감과는 아무 상관도 없다. 그럼에도 이것은 개인적인 고결성을 위해 없어서는 안 되는 요소로, 박해보다는 밀어냄, 더 정확히는 밀고 나가도록 몰림, 즉 한 집단에서 다른 집단으로 옮기라고 압박을 받는 일에 의해 상실된다. 가령 내가 남부에 사는 니그로 엄마라면, 내키지 않지만 피할 수 없는 대법원의 [탈脫분리] 판결이 내 아이를 그 이전보다 한층 더 굴욕적인 입장으로 몰아넣었다고 생각할 것이다.

더욱이 내가 만약 한 사람의 니그로라면 교육과 학교 현장의 탈脫인종 분리 시도가 단지 책임 부담을 성인들의 어깨에서 아이들의 어깨로 옮겨 놓은 것, 그것도 매우 불공평한 방식으로 옮겨놓은 것만이 아니라고 생각할 것이다. 이에 덧붙여 그 전체 기획 속에 진짜 이슈를 회피하고자 하는 모종의 의도가 개입되었다고 확신하게 될 것이다. 그 진짜 이슈는 국법 앞의 평등이라는 문제인데, 그 평등은 실제로 사회적 관습이나 아이들을 교육하는 방식이 아니라 인종 분리 법규들 즉 인종 분리를 강제하는 법규들에 의해 침해되고 있다. 가령 그것이 단지 내 아이들에게도 똑같이 좋은 교육의 문제라면, 즉 내 아이들에게 평등한 교육 기회를 제공하기 위한 어떤 노력이라면, 나는 왜 니그로 아이들을 위한 학교 환경 개선을 위해 싸우라는 요청을 받지 않으며, 또한 지금 백인학교들에 수용될 만큼 훌륭한 학업 성취를 이룬 니그로 아이들을 위한 특별 학급들을 즉각 설치하도록 싸우라고 요청받지 않는 것인가? 나는 내가 논쟁의 여지 없는 나의 권리들— 예컨대 투표할 권리와 투표 행위의 결과에 대해 보호받을 권리, 좋아하는 사람과 결혼하고 (물론 누군가의 처남, 매부, 시숙이 되려는 시도는 아니더라도[2]) 결혼생활에서 보호받을 권리, 혹은 평등한 기회와 관련한 나의 권리 등 — 을 위해 어떤 명쾌한 전투를 벌이도록 초청을 받는 대신, 모종의 사회적 신분상승을 노리는 일에 연루된 듯한 느낌을 받을 것이다. 내가 만약 이런 신분 상승 방식을 선택한다면 나는 틀림없이 어떤 정부 기관의 도움을 받지 않고 나 혼자 하는 쪽을 선호할 것이다. 분명 내가 내 팔꿈치로 밀치거나 그것을 쓰는 일조차도 전적으로 나 자신의 내적성향들에 좌우되는 것이 아닐 수도 있다. 내가 보란 듯이 생활하기 위해서나 아니면 가족의 생활수준 향상을 위해서 그렇게 해야만 할지도 모르기 때문이다. 삶은 매우

---

2 "처남, 매부, 시숙"은 아렌트의 비평가 중 한 사람이 혼혈금지법과 관련한 그녀의 입장을 오해한 것과 관련된 표현인데, 아렌트는 이 법이 위헌이며 대법원이 폐기 결정을 해야 한다고 생각했다.—편집자

불친절한 것일 수 있지만, 삶이 나에게 그 무엇을 강요한다손 쳐도―그것은 확실히 나로 하여금 제한된 이웃의 [관할] 구역에 끼어들라고 강요하지는 않는다―내가 나 개인의 고결성을 유지할 수는 있다. 내가 부득이한 상황이나 어떤 절대적으로 중요한 필요에 따라 어쩔 수 없이 행동하지만, 단순히 사회적인 [신분상승과 같은] 이유만으로 행동하지 않는 이상 말이다.

나의 두 번째 질문은 '내가 남부의 백인 어머니라면 무엇을 할 것인가?'였다. 이번에도 나는 내 아이가 학교 교정에서 벌어지는 어떤 정치적 싸움에 휩쓸리는 것을 막으려고 했을 것이다. 이에 덧붙여 그것들에 대한 나의 사견이 무엇이든 간에 그런 급작스러운 변경사항들에는 나의 동의가 필수적이라고 생각했을 것이다. 내 아이가 한 사람의 시민으로 성장해가야 하는 한, 나는 정부가 내 아이의 교육에 어떤 지분을 갖는다는 데는 동의할 것이다. 그러나 정부가 내 아이가 누구와 함께 정부가 제공하는 교육을 받을지 내게 통보할 권리를 갖는 일은 거부할 것이다. 부모가 자식들을 위해 그들이 성인이 될 때까지 보유하는 그런 문제들을 결정할 권리들은 오직 독재체제들에 의해서만 도전을 받는 법이다.

그럼에도 가령 내게 남부의 상황이 인종통합 교육을 통해 물질적인 면에서―아마도 퀘이커교도나 여타 유사한 생각을 가진 시민 조직의 원조를 받아서―도움이 될 수 있다는 강한 확신만 있다면 백인과 유색인종 아이들을 위해 새로운 학교를 세우고 그것을 하나의 시범 프로젝트로 운영하고자 할 것이다. 그리고 그것을 다른 백인 부모들이 태도를 바꾸도록 설득하는 수단으로 삼을 것이다. 틀림없이 그 일도 본질상 모종의 정치투쟁이기 때문에 나 역시 아이들을 이용하게 되겠지만, 적어도 학교에 등록한 아이들 모두가 자기 부모의 동의와 도움을 받고 그곳에 있는지에 대해서 만큼은 확실하게 확인해두었을 것이다. 그렇게 하면 가정과 학교 사이에는 어떠한 갈등도 생기지 않는다. 비록 가정과 학교가 한편 이 되어 거리의 민심과 갈등을 빚을 수는 있겠지만 말이다. 여기 서 그러한 시범 프로젝트의 진행 과정에서, 인종통합 교육에 반대 하는 남부 시민들이 스스로 조직화하고 심지어 학교의 개방과 교 육 기능을 금지하도록 주 당국을 설득하는 데 성공했다고 가정해 보자. 내 생각에는 이때야말로 연방정부의 개입을 촉구해야 할 순 간일 것이다. 이 경우에 우리는 다시금 통치 당국이 강제 집행한 인종 분리의 명확한 문제 사례를 갖게 될 것이기 때문이다.

이 관점은 나의 세 번째 질문과 연결된다. 나는 나 자신에게 다 음 질문을 던져보았다. '피부색 문제와 관련하여 이른바 남부적 삶의 방식과 미국적 삶의 방식을 구별하는 정확한 기준은 무엇인 가?' 이 질문의 답은 물론 다음과 같은 간단한 것이 될 듯하다. 인종차별과 인종 분리가 나라 전체의 규칙으로 존재하는 것은 맞 지만 유독 남부의 주들에서는 그것들이 입법 과정을 거쳐 실제로 시행되고 있다는 사실 말이다. 그런 까닭에 이런 남부의 상황을 바꾸고자 하는 사람이라면 그게 누구든 혼인법 폐지, 그리고 참정 권의 자유로운 행사가 효과를 거두도록 개입하는 일을 피하기는 어려울 것이다. 이것은 결코 어떤 학문적 성격의 문제가 아니다. 부분적으로 그것은 정의상 다수의 결정과 실용성 너머에 위치하고 있는 헌법적 원칙의 문제인 것이다. 그것은 물론 시민들의 권리와도 결부된다. 예컨대 군 복무 중 유럽 현지 여성과 결혼한 사실이 텍사스주 법의 관점에서는 유죄이므로 귀향할 수 없는 25명가량의 텍사스 출신 니그로 남성들의 권리들처럼 말이다.

미국의 자유주의자들이 혼인법 이슈를 건드리는 것을 꺼리는 태도, 정작 니그로들은 이 문제에 아무 관심도 없다는 주장을 통해 실용성을 들먹이면서 논쟁의 근거를 바꿔보려는 경향, 그리고 그들이 전 세계가 그 법을 서반구 선체를 통틀어 가장 분개할 만한 입법 사례로 인식하고 있다는 사실을 알게 된 민망함 등등은 제퍼슨의 노예제 폐지 권고를 따르는 데 주저했던 초창기 미합중국의 건국 선조들을 떠올리게 한다. 제퍼슨 역시 실용적인 이유들 앞에서 양보를 택했지만 적어도 그는 싸움에서 진 다음에 이렇게 말할 정도의 정치적 감각은 지니고 있었다. "나는 신이 정의롭다는 것을 생각하면 온몸이 떨린다." 그를 떨게 한 것은 니그로들도 심지어 백인들도 아니었으며, 단지 시작 단계에서 미국의 중요한 원칙들 가운데 하나가 위반되었음을 알았기에 공화국의 운명을 걱정한 것이었다. 어떤 형태의 차별이나 사회적 분리가 아니라 인종주의적 법안이 이 나라 역사 속에서 그 [노예제 유지라는] 원죄를 영속화하는 구성 요소가 되고 있는 것이다.

끝으로 교육과 정치에 관해 한마디를 덧붙여야겠다. 고대 이래로 아이들에게 미래 정신을 교육함으로써 세상을 바꿀 수 있다는 발상은 정치적 이상향들이 지닌 특징 가운데 하나로 존재해왔다. 이 발상의 문제점은 항상 같은 것이다. 요컨대 그 발상은 아이들이 정말로 그들의 부모로부터 격리되어 국가 교육기관에서 양육될 경우에, 또는 학교에서 세뇌되어 자기 부모에게 반기를 들게 될 경우에만 성공을 거둔다는 점이다. 이것은 전제정치 체제들 속에서 발생하는 일이다. 다른 한편, 공공기관들이 그들의 모호한 희망사항들과 전제들이 낳을 결과들에 관심 두는 일을 꺼린다면 교육적 실험 전체가 잘해야 결과 부재의 상황 정도로 남을 것이고, 최악의 경우에는 몇몇 필수적인 권리들을 박탈당하고 있다고 느끼는 아이들과 부모들 양쪽 모두를 짜증 나고 화나게 할 것이다. 남부에서 그 탈분리에 관한 대법원 판결 — 그것 이후 이 행정부는 스스로 교육과 공립학교를 명분 삼아 시민 권리 확장을 위한 전투를 벌이는 데 몰입했다 — 에 뒤이어 발생한 일련의 사건들은 허탈감과 필요 없는 씁쓸한 뒷맛만을 남겼다. 모든 관련 당사자가 '무슨 조치가 취해지고 있던 중이었다'라는 변명 아래서는 얻을 것이 아무것도 없다는 사실을 잘 알고 있기라도 했다는 듯이 말이다.

1

리틀록에서 일어난 사건들이 전 세계적으로 그렇게까지 엄청나게 여론에 반향을 일으켰다는 사실과 미국 외교 정책의 주요 걸림돌이 됐다는 사실은 불운하고(비록 정당화가 불가능한 것은 전혀 아닐지라도) 심지어 부당하기조차 하다. 제2차 세계대전이 끝난 후 이

나라에서 발생한 다른 국내 문제들 — 예컨대 [매카시즘과 같은] 안보 히스테리, 고삐 풀린 번영 [패턴], 그리고 어떤 풍요의 경제가 동시적으로 하나의 시장으로 변형되는 일, 즉 순전한 과잉과 난센스가 [인간의 노동 가치처럼] 필수 불가결한 것과 [인간의 노동력처럼] 생산성이 있는 것을 거의 다 파괴해 버리는 하나의 시장으로 변형되는 것 등등 — 과 달리, 또한 대중문화와 대중교육의 문제 같은 장기적인 난제들 — 이 두 가지는 미국뿐 아니라 일반적으로 현대 사회의 고질적인 문제들이나 — 과 달리, 미국의 니그로 인구에 대한 태도는 다른 어떤 것도 아닌 바로 미국적 전통에 뿌리를 두고 있다. 피부색 문제는 미국 역사에서 일어난 한 가지 중대한 범죄로 인해 생겨났으며 미합중국의 정치적·역사적 틀 안에서만 해결이 가능하다. 미국의 역사와 정치에 관한 한 이 문제가 세계적 관심사들 가운데 한 가지 주요 이슈가 되었다는 사실은 정말 우연의 일치였을 뿐이다. 세계 정치에서의 피부색 문제는 유럽 국가들의 식민주의와 제국주의에서 기인했기 때문이다. 즉 미국이 결코 관여한 바 없는 그 한 가지 중대한 범죄에서 기인했다는 뜻이다. 여기서 안타까운 일은 미국 내에서 아직까지 해결되지 않은 그 피부색 문제가 그것만 아니라면 미국이 세계 강대국 중 하나로서 정당하게 향유할 이점들을 잃어버리게 만들 수도 있다는 사실이다.

역사적 이유와 여타 다른 이유들로 인해서 우리가 니그로 문제를 남부와 동일시하는 습관이 있다고는 하나, 우리 사이에 섞여서 살고 있는 니그로들과 연결된 미해결 과제들은 당연히 남부뿐 아니라 나라 전체와 관련이 된다. 다른 인종 문제들과 마찬가지로 그것은 폭도들에게 어떤 특별한 매력을 가지며 특히 어떤 폭도 이데올로기와 특정 폭도 조직이 그것을 중심으로 결정結晶화할 수 있는 이슈로 복무하기에 안성맞춤이다. 이런 측면은 어쩌면 언젠가 한결 더 전통에 묶여있는 남부에서보다 거대한 북부 도심에서 훨씬 폭발력이 있다는 것을 증명하게 될지도 모른다. 특히 니그로 인구가 남부 도시에서 지속적으로 줄어들고 있는 반면 남부 이외의 도시에서는 최근 몇 년 사이 동일한 비율로 늘고 있다는 사실을 감안하면 그러하다. 미국은 유럽적 의미로는 하나의 국민국가 a nation-state가 아니며 결코 그런 적도 없다. 미국 정치 구조의 원칙은 지금까지 늘 그러했듯이 현재도 동질적인 인구 구성이나 하나의 공통된 과거의 공유 사실과 무관하다. 이 점은 남부의 경우에 다소 덜한 측면이 있는데, 남부의 인구는 한층 동질적이며 이 나라의 다른 어떤 지역보다 과거에 뿌리를 박고 있다. 근래 윌리엄 포크너가 미국 남부와 워싱턴 사이의 갈등 상황이 생기면 자기는 궁극적으로 한 사람의 미시시피 시민으로 행동해야만 할 것이라고 선언했을 때 그가 마치 미합중국 시민으로서보다는 어떤 유럽 국민국가의 일원으로 말한 것처럼 들렸다. 비록 이 남부와 북부 사이의 차이가 아직은 뚜렷할지라도 남부 주들이 점차 산업화해감에 따라 사라지게 될 것이다. 사실 현재도 몇몇 주에서는 아무 역할도 하지 못한다. 전국 방방곡곡에서, 즉 인구 구성이 보다 동질적인 남부뿐 아니라 다양한 국적의 사람들로 이루어진 동부나 북부에서도 니그로들은 그들의 "가시성" [즉 피부색] 때문에 쉽게 눈에 들어온다. 물론 그들만이 유일하게 "가시적인 소수집단"
은 아니지만 가장 도드라지는 소수집단임에는 분명하다. 이런 측
면에서 그들은 신참 이민자들과 약간 닮은꼴인데, 신참 이민자들
은 모든 소수집단 가운데 가장 우리의 "청각을 자극하는" 집단이
며 늘 외국인 공포증 정서를 제일 많이 자극한다. 그러나 이 [어
색한 영어 구사로 인해] "청각을 자극하는 특성(즉 가청성)"은 한
시적인 현상이며 거의 한 세대 이상 지속되기 어려운 반면, 니그
로들의 가시성은 변경이 불가능하며 영구적이다. 이것은 어떤 사
소한 문제가 아니다. 무엇을 보이거나 들리게 만드는 것 말고 다
른 어떤 것도 중요하지 않은 장소인 공영역 the public realm에서 가시
성과 가청성은 최고의 중요성을 가진다. 그런 것들이 단지 표면적
인 것에 지나지 않을 뿐이라는 주장은 의혹을 산다. 공적으로 "나
타나는" 것은 바로 외견들이며, 내적 특질, 마음이나 정신의 재능
은 당사자가 공적으로 노출하기를 원할 때만, 즉 시장에 내놓아
이목을 끌고자 할 때만 정치적인 성격을 띠게 되기 때문이다.

　미합중국은 모든 시민들의 평등이라는 가치에 바탕을 두고 있
으며 법 앞의 평등이 현대적인 입헌정부들 전체에게 하나의 양도
할 수 없는 원칙이 된 반면, 평등 자체는 다른 통치 형태보다 공화
국 형태의 정치적 삶 속에서 훨씬 큰 중요성을 가진다. 따라서 이
문제에는 니그로 인구만의 복리가 아니라 적어도 장기적으로는
공화국의 생존문제가 달려 있다고 볼 수 있다. 토크빌은 100여
년 전에 권리의 평등은 물론 기회와 조건의 평등이 미국 민주주의
의 기본 "법"을 구성한다고 보았으며, 평등 원칙에 내재한 딜레마

들과 당혹스러움이 언젠가 미국적인 삶에 대한 가장 위험한 도전 요소가 될지 모른다고 예상했다. 전부를 다 포함하는 전형적인 미국적 평등의 형태는 본질상 그리고 기원상으로 차이가 있는 것을 평준화하는 막강한 힘을 보유한다. 이 힘 덕분에 미국은 끊임없이 해안으로 밀려오는 이민자 물결에도 불구하고 그것의 근본적인 정체성을 유지해올 수 있었다. 그럼에도 평등 원칙은 그것의 미국적인 형태에서조차도 무엇이든지 다 할 수 있는 것은 아니다. 그것이 자연적이고 물리적인 특성들을 평준화할 수는 없기 때문이다. 이런 한계에 도달하는 것은 오직 경제와 교육 조건상의 불평등 요소들이 제거될 때뿐이지만, 바로 그 대목에서 이미 역사학도들에게 잘 알려진 모종의 위험 지점이 예외 없이 부상한다. 사람들이 점점 모든 측면에서 평등해지면 평등해질수록 더 많은 평등이 사회의 전체 맥락 속으로 파고들며, 차이점들에 대해 더 많이 격분하게 될 것이고, 시각적으로나 자연적인 특질상으로 다른 사람들과 같지 않은 자들이 더욱 두드러지게 될 것이다.

그런 이유 때문에 니그로를 위한 사회적·경제적·교육적 평등의 달성이 이 나라의 피부색 문제를 완화하기는커녕 첨예하게 만들 가능성은 상당하다. 물론 이런 일이 일어나서는 안 되겠지만 혹시 일어난다 해도 그것은 당연시되는 일일 것이며 오히려 일어나지 않는 것이 더 놀라운 일이 될 것이다. 우리는 아직까지 그 정도의 위험 지점에는 도달하지 않았다. 하지만 가까운 장래에 도달할 것이며 그런 상황을 분명히 가리키는 다수의 발전 양상이 이미 나타나기 시작했다. 그럼에도 장차 일어날 문제점에 대한 자각으로 인해 어느 누구도 벌써 15년 이상이나 니그로들에게 상당히 유리하게 전개되어온 그 경향을 되돌리자고 주창하지는 않는다. 물론 그것이 누군가에게는 정부가 개입함에 있어 성급함과 경솔한 조치들보다는 신중함과 중용에 의해 인도될 것을 주창하도록 하기는 한다. 공립학교에서 탈인종 분리 정책을 시행하게 한 대법원 판결 이래로 남부의 전반적인 상황은 훨씬 더 나빠졌다. 최근의 사건들은 연방정부 차원에서 남부 전체 니그로의 시민적 권리들을 강제 집행하는 것을 피할 방도가 없다는 점을 가리키는 한편, 그런 식의 연방정부 개입은 국법과 공화국 원칙이 문제시되는 일부 사례들에 한정하여 적용되어야 한다는 조건이 수반된다. 그러므로 우리가 물어보아야 할 질문은 과연 이 문제가 일반적으로 어느 영역에 속하는 사례인지, 특히 공교육의 경우가 거기 해당하는지 아닌지의 여부다.

현 행정부의 시민권 프로그램은 완전히 성격이 다른 이슈 두 가지를 아우르고 있다. 그것은 니그로 인구집단의 참정권을 재확인해주는데, 그것은 북부에서는 당연시되는 일이지만 남부 사정은 전혀 그렇지가 못하다. 그것은 또한 인종 분리 이슈도 다루고 있는데, 이는 나라 전체로 보면 어떤 사실적인 문제에 해당하지만 남부 주들에서만큼은 어떤 차별적인 입법안의 문제인 것이다. 지금 벌어지고 있는 남부의 대대적인 저항은 강제 집행된 〔흑백 인종〕탈분리 정책 시행의 산물이지 니그로 투표권의 법률적 강제 집행에 따른 결과는 아니다. 남부 버지니아주의 여론조사 결과는 시민의 92%가 학교 내 인종통합에 전적으로 반대하고 65%는 이

런 조건에서라면 공교육을 포기할 의사가 있으며 79%는 구속력
이 있는 대법원 판결에 대한 수용 의무를 거부한다는 사실을 보여
주고 있다. 이런 결과들은 상황이 얼마나 심각한지를 잘 설명해준
다. 남부는 결코 인종 분리 선호파와 반대파 — 사실을 말하면, 반
대파는 현존하지 않았다 — 로 나뉜 것이 아니기 때문에, 여기서
경악스러운 것은 92%가 통합에 반대한다는 사실이 아니라 준법
적인 시민들보다 폭도의 지배를 선호하는 비율이다. 이른바 남부
의 자유주의자와 온건주의자는 단순히 법을 준수하는 자들인데,
그들의 숫자가 21%의 소수집단으로 줄어든 것이다.

어떠한 여론조사라도 이 정보를 밝힐 필요는 없었다. 리틀록에
서 일어난 사건들은 그 자체로 충분한 설명이 되고 있기 때문이다.
그리고 이 난국의 책임을 전적으로 주지사인 포버스Orval Faubus의
특이한 작태로 돌리고 싶은 사람들은 아칸소 상원 의원 두 명의
이유 있는 침묵을 경청함으로써 생각을 고칠 수도 있을 것이다.
유감스러운 사실은 도시의 준법적인 시민들이 길거리를 폭도에게
넘겨주고, 백인이나 니그로 시민들 어느 편도 니그로 아이들이 안
전하게 학교에 등교하는지를 살펴보아야 할 의무감을 느끼지 않
았다는 사실이다. 요컨대 준법적인 남부인들이 주州의 군대가 도
착하기 이전부터 폭도의 지배에 대항하여 법을 집행하거나 성인
갱단들에게서 아이들을 보호하는 일 어느 쪽도 자신들이 할 일이
아니라고 결정했다는 것이다. 바꿔 말해서 군대의 진입은 그저 수
동적인 저항을 대대적인 저항으로 바꾸는 것 이상은 아니었다는
말이다.

포크너가 말한 것으로 기억하는데, 강제 통합은 강제 분리보다 조금도 나을 게 없다. 이 말은 전적으로 옳다. 대법원 스스로 탈인종 분리 건을 가장 먼저 다룰 수 있었던 유일한 이유는, 분리가 남부에서는 여러 세대에 걸쳐 하나의 사회적인 이슈뿐 아니라 하나의 법적인 이슈로서 존재해왔다는 사실 때문이다. 이와 관련하여 기억해야 할 중요한 점은 인종 분리라는 사회적 관습이 위헌적이라는 사실이 아니라, 그것이 **합법적으로 집행되고 있다**는 사실이다. 이 법안의 폐지는 명백히 매우 큰 중요성을 가지며, 투표권과 관련된 (흑인 등 소수 인종집단의) 평등권 법안 내 유사 조항의 경우는 남부의 어떠한 주에서도 감히 강한 반대를 하지 못했다. 그럼에도 위헌적인 법안에 관한 한 그 평등권 법안만으로는 충분하지 못한데, 이유는 그것이 남부 주들의 가장 터무니없는 법규 — 혼종 결혼을 하나의 범죄행위로 만든 법규 — 를 손대지 않고 그냥 놔두었기 때문이다. 예를 들면 누구든 원하는 사람과 결혼할 권리는 어떤 기초적인 인권에 해당되며, 이것과 비교했을 때 "피부색이나 인종에 관계없이 통합된 학교에 출석할 권리, 버스에서 원하는 자리에 앉을 권리, 아무 호텔이나 휴양지 혹은 오락 시설에 들어갈 수 있는 권리"는 실로 사소한 문제에 불과하다. 투표권과 같은 정치적 권리마저도 그리고 헌법에 명시된 다른 모든 권리도 독립선언에 공표된 "생명, 자유, 행복의 추구" 같은 양도할 수 없는 인권들에 대해서는 이차적일 수밖에 없다. 주거와 혼인의 권리도 의문의 여지없이 이 인권 범주에 속한다. 대법원이 이런 인권 침해 부분에 주목했다면 그 사안은 훨씬 더 중요해졌을 것이다. 또한 대법원이 반反흑백결혼법에 위헌 판정을 내렸더라면 흑백 결혼의 강제 시행은 고사하고 그것을 권장하려는 생각조차도 하기 어려웠을 것이다.

그러나 일의 전모에서 가장 놀라운 부분은 연방정부가 사회 내 모든 영역 가운데 유독 공립학교에서만 통합을 실시하기로 결정한 점이다. 그것이 흑백 어린이들에게 어른들이 수 세대 동안 해결할 수 없었노라 고백한 문제를 해결하라는 짐을 지우게 될 것임을 깨닫는 데는 확실히 많은 상상력이 필요한 것도 아니었다. 그 누구라도 [그 사진 속의] 니그로 소녀가 아버지의 백인 친구를 대동하고 학교에서 빠져나가는데 젊은 청년 폭도들이 손을 뻗으면 닿을 만한 지근거리에서 면상을 잔뜩 찌푸리고 야유하면서 쫓아가며 박해하고 있는 사진, 전국의 신문과 잡지에 반복해서 게재된 그 사진을 잊어버리기는 쉽지 않으리라. 그 소녀는 명백히 영웅 역할을 해 달라는 요청을 받았던 것이다. 요컨대 그것은 그녀 곁에 없는 아버지나 거기에 부재한 전미유색인종지위향상협회NAACP의 대표들이 하라고 요청을 받았어도 해낼 수 없는 어떤 역할인 것이다. 그 백인 청소년들도 이 사진을 과거에 일어난 일 정도로 치부하기는 어려울 것이다. 설령 그들 중에 적어도 자신들이 자행한 잔인성을 넘어서 그 무자비한 자신들의 청소년 비행 장면을 노출시킨 그 사진의 불명예를 씻고자 하는 사람이 있다손 치더라도 말이다. 내게는 그 사진이 마치 성인들의 권위를 폐지하는 방식으로 자녀를 세계 속으로 태어나게 한 것과 자신들이 세계에 져야 할 책임을 암묵적으로 부인하고 또 그들을 세계 속으로 안내해주어야 할 의무를 거부하는 진보교육의 일면을 보여주는 한 장의 환상적인 풍자만화처럼 보였다. 이제 세계를 바꾸거나 개선하라는 주문이 우리 어른들이 아니라 아이들에게 넘어가는 지점에 이른 것인가? 아니면 우리가 아이들의 학교 운동장에서 우리의 정치투쟁을 벌이겠다는 선전포고인가?

인종 분리는 법에 따라 강제 집행된 차별이며, 탈분리는 차별을 강제 집행하는 법의 폐지 이상은 할 수가 없다. 그것이 차별을 없애고 사회에 평등을 강제 집행할 수는 없지만, 한 정치체제 내에서만큼은 평등을 강제할 수 있으며 또 정말로 그렇게 해야만 한다. 평등은 그 기원이 정치체제에 있을 뿐 아니라 그것의 타당성은 확실히 정치영역에 한정되기 때문이다. 우리는 오직 정치영역에서만 모두 평등한 존재다. 현대적 조건들하에서 이 평등의 가장 중요한 구현물은 투표권인데, 이는 투표권에 의해 거의 문맹에 가까운 사람의 판단 및 의견이 가장 학식 높은 시민의 판단 및 의견과 동등해질 수 있기 때문이다. 피선거권, 즉 투표를 통해 공직에 진출할 권리도 모든 시민의 양도할 수 없는 권리다. 그러나 여기에서 평등은 이미 제한되고 있다. 비록 선거에서 개인적 구별 짓기의 필연은 모든 사람이 말 그대로 1표로 환원되는 수적인 평등에서 발생한다고 할지라도, 투표에서 이기는 데 중요한 것은 단순한 평등이 아니라 후보자의 차별성과 자질들이다.

그럼에도 전문가적 특성, 직업적 자격 요건, 혹은 사회적·지적 차이와 같은 여타의 차이들과 다르게 공직에 요구되는 정치적 자질들은 '동등한 자들 중 한 명의 등등한 자'가 되는 것과 긴밀하게 연계되므로, 누군가는 그 정치적 자질들은 장기長技라기보다는 바로 모든 유권자들이 공히 열망하는 특성 — 굳이 인간들로서의 특성이라기보다는 시민과 정치적 존재들로서의 특성 — 이라고 말할지도 모른다. 그러므로 민주국가 공직자들의 자질은 언제나 유권자들의 자질에 좌우된다. 그런 까닭에 피선거권은 투표권의 없어서는 안 될 필연적 결과다. 이는 출발점에서는 모두가 대등한 지위를 누리는 것들과 더불어 시작하되 그것들 속에서 자신을 차별화할 기회가 모든 사람에게 주어진다는 의미다. 엄밀히 말해서 참정권과 피선거권은 유일한 정치적 권리들로서 현대 민주국가 내에서 시민권의 핵심을 구성한다. 그것들은 시민적 권리나 인권과 같은 여타 모든 권리와 달리 거주 외국인에게는 부여될 수 없다.

평등이 그 정치체제에 대해 — 그것의 심장부에 놓여있는 원칙으로서 — 맺고 있는 관계는 차별이 사회에 대해 맺고 있는 관계와 같다. 사회라는 것은 정치적인 영역과, 근대 이래로 대부분의 사람들이 삶의 많은 부분을 보내는 사적인 영역 사이에 낀 기이하고 다소 혼성적인 영역이다. 사적인 가정이라는 [영역의] 사방에 둘러쳐진 보호벽을 떠나서 공적 세계의 문턱을 넘을 때마다 우리가 우선적으로 입장하는 곳은 평등의 정치영역이 아닌 사회영역이다. 우리는 생활비를 벌기 위해서나 직업 추구라는 욕구에 끌려서 혹은 친구를 사귀는 즐거움에 현혹되어 이 영역으로 진입하며, 일단 그곳에 들어가면 각양각색의 수많은 집단과 결사체로 이루어진 사회의 전 영역을 통제하는 '유유상종'이라는 오래된 격언에 종속된다. 여기서 중요한 것은 개인적인 특성이 아니라 특정 집단에 속하는 데 필요한 차이들이다. 이러한 차이들은 특정 집단이 자기 구성원들의 동일성을 증명할 수 있는 것인 반면에 동일 영역 내 다른 집단들을 차별화하도록 요구한다. 미국사회 내에서 사람들은 직업, 수입, 인종적 태생에 따라 집단을 구성함으로써 상호 차별화하며, 유럽에서는 이 차별화가 출신 계급, 교육 정도, 예의 범절의 [문화적] 노선에 따라 발생한다. 개별 인간의 관점에서 볼 때 이런 차별적 관행은 그 어느 것도 이치에 맞지 않는다. 그런 한편으로 그 개별 인간 자체가 사회영역에서 [스스로] 드러날 수 있는지에 의구심이 드는 것도 사실이다. 하여튼 특정 유형의 차별이 존재하지 않는다면 사회가 현존하는 일 자체가 중지될 것이며 자유로운 결사와 집단 형성이라는 매우 중요한 가능성들도 사라지게 될 것이다.

차별의 경계선들을 흐리고 집단의 특성을 평준화하는 대중 사회는 한 개인의 고결성보다는 사회 자체에 대한 모종의 위험 요소다. 왜냐하면 개인적 정체성은 그 원천이 사회영역 너머에 있기 때문이다. 순응주의는 대중 사회만의 특성이 아니다. 순응주의는 집단을 함께 결집시키는 차이의 일반적 특색에 순응하는 사람들만이 기성의 특정 사회집단에 수용되는 한 모든 사회의 특성인 것이다. 이 미국이라는 나라에서 순응주의의 위험 — 거의 미합중국의 역사만큼이나 오래된 위험 — 은 이 나라 국민의 대단한 이질성 때문에 사회적 순응주의가 어떤 절대적인 것으로 그리고 어떤 국민적 동질성의 대체물로 되어가는 경향, 바로 그것이다. 좌우간 평등이 없어서는 안 될 하나의 정치적 권리인 것과 마찬가지로,

차별 또한 없어서는 안 될 모종의 사회적 권리이다. 이 대목에서 우리가 물어보아야 할 것은 어떻게 차별을 없애느냐가 아니라 어떻게 차별을 그것의 정당한 소재지인 사회적 영역 내에 묶어둘 것이냐인 것이며, 또한 그것이 파괴적인 효과를 갖는 정치적인 영역과 사적인 영역으로 넘어가는 것을 막을 방도가 무엇이냐인 것이다.

나는 여기서 이 '정치적인 것'과 '사회적인 것'의 구분을 설명하기 위해 '차별'의 사례 두 가지를 제시할 예정이다. 내 생각에 하나는 정부 개입의 범위 밖에서 완전하게 정당화되는 사례이며, 다른 하나는 수치스러울 정도로 부당하며 정치영역에 명백히 해가 되는 사례이다.

이 나라의 휴양지들이 인종적 태생에 따라 '제한'되는 일이 잦다는 것은 모두가 아는 잘 알려진 사실이다. 이 관행에 반대하는 사람이 많은데, 그럼에도 이것은 자유로운 결사의 권리가 확장된 경우에 해당될 뿐이다. 가령 내가 한 사람의 유대인으로서 유대인들과 더불어 휴가를 보내고 싶다면 내가 합당한 방식으로 그렇게 하는 것을 누가 막을 수 있겠는가. 이는 다른 휴양지들이 휴가 기간 동안 유대인들을 보고 싶지 않아 하는 고객들의 기호를 무시해야 할 이유를 전혀 발견하지 못하는 것과 마찬가지다. "아무 호텔이나 휴양지 혹은 오락 시설에 들어갈 수 있는 권리"라는 것은 존재할 수가 없다. 그런 장소들 대다수가 '순전히 사회적인 것'의 영역에 위치하기 때문이다. 이 영역에서는 자유로운 결사의 권리 그리고 결과적으로 차별의 권리가 평등 원칙보다 훨씬 더 타당성을 가진다. (극장과 박물관은 사람들이 서로 교제할 목적으로 모이는 장소가 아니므로 이런 논리가 적용되지 않는다). 대부분의 나라에서는 사회적인 장소들에 입장할 '권리'가 조용히 부여되는 데 비해 유독 미국의 민주주의 체제에서는 이 권리가 매우 논쟁적인 문제가 된다. 그것은 결코 다른 나라들이 훨씬 높은 수준의 관대함을 가지고 있어서가 아니다. 그것은 한편으로는 그들 나라의 국민이 지닌 동질성 때문이며 다른 한편으로는 심지어 경제적 토대들이 사라졌을 때도 사회적으로 작동하는 그들의 계급 체계 덕분이다. 요컨대 동질성과 사회 계급이 함께 작용하여 어떤 장소에서든 거기 있는 고객들 간의 '유사성'을 확보하는 것이다. 미국에서는 심지어 제한과 차별을 통해서조차도 이런 [유형의] 유사성을 확보할 수가 없다.

그러나 비즈니스 구역 내에 있는 호텔과 식당에 들어갈 권리라든가 "버스 또는 기차 안이나 역에서 원하는 자리에 앉을 권리"로 시선을 돌리게 되면 — 간단히 말해서, 사실상 모든 사람이 업무를 처리하고 삶을 영위하기 위해 필요한 (민영이든 공영이든 상관없이) 공공서비스를 다루는 경우라면 — 그것은 완전히 다른 문제가 된다. 비록 엄격히 정치적인 영역에 있지 않더라도 그런 서비스는 분명 모든 사람이 평등하다고 볼 수 있는 공적인 권역 내에 위치한다. 그리고 남부의 기차나 버스에서의 차별은 나라 전체의 호텔과 식당에서의 차별과 마찬가지로 말이 되지 않는다. 이런 상황은 당연히 남부에서 훨씬 심각한데, 그곳에서는 공적인 서비스 영역에서 인종 분리가 법으로 시행되고 있고 모든 사람이 그런 행태를 다반사로 볼 수 있기 때문이다. 남부에서 수십 년간 완전히 간과된 인종 분리 상황을 정리하려는 노력의 첫 단계들이 가장 비인간적이며 가장 명시적인 측면들에서 출발하지 않은 것은 참으로 유감스러운 점이 아닐 수 없다.

끝으로, 세 번째 영역, 즉 우리가 사람들과 더불어 거동하고 삶을 영위하는 사생활 영역은 평등이나 차별이 아닌 배타성의 지배를 받는다. 여기서 우리는 삶을 함께 공유하고 싶은 사람들, 친구들, 사랑하는 이들을 선택한다. 그 선택은 일군의 사람들이 공유하는 유사성이나 특질들에 좌우되지 않으며 사실상 그 어떤 객관적 기준이나 규칙에도 좌우되지 않는다. 그 선택은 불가해하게도 또 예외 없이 우리가 아는 여타 사람들과 다른 고유성을 지닌 특정인을 겨냥한 것이다. 고유성과 배타성의 법칙들은 사회의 기준들과 현재도 갈등상태에 있으며 앞으로도 늘 그럴 것이다. 왜냐하면 사회적인 차별은 그러한 사적인 삶의 원칙을 침해하거니와 사적인 처신을 위한 타당성을 결여하기 때문이다. 따라서 혼종 결혼은 사회에 대한 도전이고, 그 당사자들은 사회적 조화보다 개인적 행복을 훨씬 선호했으므로 기꺼이 사회적 차별이라는 부담을 떠안는다. 이 부분은 그들의 사적인 일이고 또 그렇게 남아야 한다. 결과적으로 사회적 물의가 빚어지는 것은 사회와 사회의 지배적인 관습에 대한 도전 — 모든 시민에게 그럴 권리가 있다 — 이 범죄행위로 해석되어 그들이 사회영역 바깥으로 이탈함으로써 결국 법과도 갈등을 일으키게 되었을 때뿐이다. 사회적 기준은 사법 기준이 아니며, 만일 입법부가 사회적 편견을 따른다면 그것은 사회가 전제성 專制性을 띠게 되었다는 의미이다.

여기서 너무 복잡한 이유들로 인해 논의하기 어려운 것은 우리 시대에 사회가 가진 힘이다. 이 힘은 이전 다른 어느 때보다도 강력하다. 사실 사적인 삶의 규칙을 알고 그것을 영위하는 사람은 별로 많지 않다. 그럼에도 이런 상황이 결코 정치체제가 사생활 보호권을 망각하는 것에 대한, 또 법안이 사회적 차별을 강제하기 시작할 때마다 그 권리가 위배된다는 사실을 이해하지 못하는 것에 대한 변명이 될 수는 없다. 정부가 비록 사회의 편견과 차별석 관행에 개입할 그 어떤 권리도 가지고 있지 않지만 그런 실천관행들이 합법적으로 강제되지 않도록 확실히 보호할 권리뿐 아니라 의무도 가지고 있다.

정부는 사회적 차별이 결코 정치적 평등을 축소하지 않도록 보증해야 하는 일 못지않게 모든 사람이 자기 가정의 울타리 안에서 원하는 바를 할 수 있는 권리도 함께 보증해야 한다. 사회적 차별이 법적으로 강제되는 순간 그것은 박해가 되는 것이다. 이런 점에서 남부의 여러 주들이 이 죄목에 관한 한 유죄인 셈이다. 사회적 차별이 법적으로 폐지되는 순간 사회의 자유가 훼손된다. 그리고 연방정부가 시민권 이슈를 부주의하게 다룸으로써 바로 그런 훼손으로 이어질 위험이 발생한다. 정부는 [정치영역의 가치인] 평등 — 이것은 사회적 영역에서 획득할 수 없는 원칙이다 — 의 이름으로만 행동에 돌입할 수 있으므로 사회적 차별에 대응하는 어떠한 행보도 합법적으로 취해질 수 없다. 유일하게 사회적 편견과 싸울 수 있는 공적인 세력이 있다면 그것은 교회들이다. 그들은 개인의 고유성이라는 명분을 내세울 수 있는데, 종교가 (특히 기독교가) 바탕을 두고 있는 것이 영혼의 고유성 원칙이기 때문이다. 교회는 실제로 외견들이 문제가 되지 않는 유일한 자치적이고 공개적인 장소이며, 만약 그 예배의 전당에 차별이 스며들면 이는 의심할 바 없는 종교적 실패의 신호이다. 그럴 경우 교회는 이미 사회적 기관의 성격을 갖게 된 것이고 더 이상 종교적 기관은 아닌 것이다.

현재 워싱턴의 연방정부와 남부 주들 사이에 빚어진 갈등과 관련된 또 다른 이슈는 주들의 권한 문제다. 사실 자유주의자들 사이에서는 그런 이슈는 어디에도 현존하지 않는다는 주장과, 그것은 단지 "추상적인 주장들과 헌정사" 외에는 손에 쥔 것이 없는 남부 반동주의자들의 편리한 핑계에 불과하다는 주장이 관행처럼 굳어진 지 꽤 오래되었다. 나는 이 [자유주의자들의] 생각이 위험한 실수라는 의견을 가지고 있다. '권력power'은 '주권sovereignty' 과 마찬가지로 분리할 수 없는 것이라는 유럽 국민국가의 고전적인 원칙과 대조적으로 미국의 권력구조는 권력분립의 원칙 위에 세워졌으며 하나의 총체로서 국가는 권력분립에 의해 강력해진다는 확신이 있었다. 분명 이 원칙은 세 개의 통치기관, 즉 입법부, 사법부, 행정부 사이의 견제와 균형 체계 속에 구현되어 있다. 또한 연방의 권한과 48개 주[3]의 권한 사이에도 상호견제와 균형이 있어야 한다고 요구하는 정부의 연방구조에도 그것 못지않게 뿌

---

3 아렌트가 이 글을 쓴 당시에는 48개 주였으나, 1959년 알래스카와 하와이가 새로운 주로 편입되어 현재의 50개 주가 되었다.─옮긴이

리를 내리고 있다. 가령 권력이란 것은 '무력force'과 달리 그것이 나누어져 있을 때 더 많은 권력을 생성한다는 것이 사실이라면(나는 그렇다고 확신한다), 연방정부가 각각의 주들로부터 일부 입법 주권을 박탈하려고 하는 시도는 오직 법적인 논증과 헌정사에 근거해서만 정당화될 수 있다는 결론이 나온다. 사실 그러한 논증들은 난해하지 않다. 왜냐하면 그것들이 미합중국 건국 선조들의 마음속에 제일 먼저 떠올랐던 어떤 원칙에 기초하고 있기 때문이다.

이 모든 것은 누군가가 자유주의지이거나 보수주의자인 사실과는 아무런 관계가 없다. 비록 권력의 본질이 문제시되는 곳에서는 모든 형태의 권력을 깊이 불신하는 것을 명예로 여기는 오랜 역사를 가진 자유주의적 판단이 다른 문제들에 대한 판단보다 신뢰를 덜 받게 될지라도 말이다. 자유주의자들은 연방 권력이 근거하는 지역적 토대들이 침식되면 연방의 권력 잠재력이 총체적으로 상처를 입게 된다는 것이 권력의 본질임을 이해하지 못한다. 요점은 무력이 효과적이기 위해서는 중앙집권화될 수 있고 또 실제로 그렇게 되어야 하지만, 권력은 그럴 수 없으며 그래서도 안 된다는 것이다. 권력이 발생하는 다양한 원천이 말라버리면 권력 구조 전체가 무기력해지게 된다. 더욱이 이 나라 주들의 권한은 가장 진정성 있는 권력의 원천들 가운데 하나이며, 지역의 이익과 다양성을 진작시키는 측면뿐만 아니라 공화국 전체의 측면에서도 그러하다.

니그로 권리들을 명분으로 삼아 공민권 운동이 전개되는 현장이 아니라 공교육 현장에서 [흑백 인종] 탈분리 정책 이슈를 강제하는 결정을 내린 것의 문제점은, 이 결정이 우리가 위에서 논의한 모든 상이한 권리들 및 원칙들과 결부되는 영역을 부지불식간에 건드리고 있다는 사실이다. 남부인들이 반복적으로 지적한 바있듯이 미국 헌법은 교육에 관해 침묵하고 있으며 공교육이 전통적으로는 물론이고 법적으로도 주의 입법권 영역에 속한다는 것은 명백한 사실이다. 오늘날 모든 공립학교가 연방 차원에서 지원을 받고 있다는 반대 주장은 논거가 빈약하다. 이런 사안들에 있어 연방정부의 보조금은 해당 지방의 기여도와 대응하고 보충하는 방식으로 지원하게 되어 있으며 또 연방지방법원이 그런 것처럼 학교를 연방정부 부속기관으로 변형시키지는 않았기 때문이다. 가령 연방정부 — 이제 연방정부는 과거에는 온전히 주州의 책임이었던 과업들을 점점 더 많이 지원해야 하는 입장에 놓여있다 — 가 재정 지원을, 각 주가 늑장을 부리거나 전면적 채택을 꺼릴 수도 있는 입장들에 합의하도록 채찍질하는 수단으로 사용한다면 그것은 사실상 매우 현명치 못한 처사가 될 것이다.

우리가 교육 이슈를 인간 삶의 세 영역, 즉 정치적인 것, 사회적인 것, 사적인 것에 비추어 검토한다면 권리와 이익 사이의 동일한 중첩 부분은 분명해진다. 아이들은 무엇보다도 가족과 가정의 일부이다. 이 말은 어떤 가정을 가정답게 만들며 어린 구성원들을 사회 영역의 요구들과 공적 영역의 책임에서 보호할 수 있을 만큼 충분히 강하고 안전하게 하는 단 한 개의 요소인 가정 특유의 배타성이 녹아있는 분위기 속에서 아이들이 길러져야 하며 마땅히 그래야만 한다는 의미다. 부모들이 자기 자식들을 저마다 적합하다고 생각하는 방식으로 양육할 권리는 가정과 가족에게 속한 사생활의 권리인 것이다. 의무교육이 도입된 이래로 이 권리가 아이들을 미래의 시민으로서 의무를 수행할 수 있게 준비시켜야 할 정치체제의 권리에 의해 도전받고 제한되었다손 쳐도 아예 폐지된 것은 아니다. 물론 그 문제에 대한 정부의 관심사[차세대 시민을 길러내야 할 임무]는 부인할 수 없다. 마치 부모의 권리가 부인될 수 없는 것처럼 말이다. 사실 사교육의 선택 가능성이 이 딜레마에서 탈출할 길을 제공해주지는 않는다. 사교육은 특정의 사적 권리들에 대한 보호를 경제적 지위에 따라 좌우되도록 만들고, 그 결과 자기 아이들을 공립학교에 보낼 수밖에 없는 사람들에게 불이익을 초래하기 때문이다.

자기 자녀에 대한 부모의 권리는 의무교육에 의해 법적으로 제한받지만 그 밖에는 다른 그 어떤 것에 의해서도 제한받지 않는다. 국가는 미래의 시민들에게 요구되는 최소한의 필요 요건들을 규정할 수 있는 정당한 권리를 가지며, 그 외에도 국가 전체를 위해 바람직하며 필요하다고 생각되는 교과목과 직업교육을 발전시키고 지원할 권리를 가진다. 그럼에도 이 모든 것은 아이의 교육 내용과만 관련이 있으며, 아이가 학교에 출석함에 따라 일정하게 발전되는 교제와 사회적 삶의 맥락과는 연관되지 않는다. 만약 그렇지 않다면 사립학교들이 현존할 권리가 도전을 받게 될 것이다. 아이 자신의 입장에서 보면 학교는 가정에서 벗어나 자신과 가족을 에워싸고 있는 공적인 세계와 접촉하게 되는 첫 번째 장소다. 이 공적인 세계는 정치적인 것이 아닌 사회적인 성격이며, 아이에게 학교란 어른에게 있어 직업과 같은 관계다. 유일한 차이점이 있다면 직업 선택 및 직업과 연결된 결사체에 대한 자유로운 선택 — 이것은 적어도 원칙상으로 만큼은 자유로운 사회 내에 현존한 다 — 이라는 요소가 아직까지 어린이의 의사에 맡겨지는 것이 아니라 부모에게 달려 있다는 사실이다.

부모들의 의사와 상관없이 자기 아이들을 통합 학교에 보내도록 강제하는 것은 모든 자유로운 사회에서 명백히 그 부모들에게 귀속된 권리를 [임의로] 박탈한다는 의미다. 요컨대 자기 아이들에 관한 사적인 권리와 자유로운 결사에 관한 사회적인 권리 양자를 말이다. 그 아이들에 관한 한 강제된 통합은 가정과 학교 사이의 그리고 그들의 사적인 삶과 사회적인 삶 사이의 매우 심각한 갈등을 의미하며, 그러한 갈등이 성인의 삶 속에서는 일반적일 수 있는 반면 아이들이 그런 것들을 다룰 수 있으리라고 기대해서는 안 된다. 그러므로 아이들을 그런 갈등에 노출시켜서는 안 된다는 것이다. 누구든 성인이 되면 결코 어린 시절에 그랬던 것처럼 한 사람의 순응자 — 즉 순수하게 사회적인 존재 — 일 수는 없다고 종종 이야기되어왔다. 그 이유는 모든 어린이가 본능적으로 자신을 세계 속으로 인도해줄 권위체들을 찾아 나서기 때문이다. 사실 그 아이는 아직 세계 속에서 한 사람의 이방인일 뿐이며 자신의 판단에 따라 스스로 지향성을 정할 수가 없다. 부모와 교사들이 그런 권위체들로서 아이를 인도하지 못하면 아이는 자기가 속한 집단에 더욱 강하게 순응할 것이며, 어떤 특정 조건 아래서는 또래집단이 그를 위한 최고의 권위를 행사하게 될 것이다. 그 결과는 앞에서 언급한 사진이 매우 설득력 있게 증명하는 것처럼 모종의 폭도와 갱단의 규칙이 등장하는 일로 귀결될 수 있다. 인종적으로 분리된 가정과 [흑백 인종] 탈분리 정책이 시행된 학교 사이, 그리고 가족의 편견과 학교의 요구사항들 사이의 갈등은 교사와 부모의 권위를 단번에 무너뜨리며, 자기들만의 여론을 스스로 수립할 능력도 권리도 없는 아이들 사이에 끼어든 [성인들의] 여론 규칙이 그 권위를 대신하게 될 것이다.

공교육과 관련된 여러 가지 상이한 요인들이 서로 충돌하는 복적들을 위해 신속하게 작용할 수 있기 때문에 정부의 개입은 비록 최선의 경우일지라도 항상 논쟁을 유발할 것이다. 따라서 어떠한 기본 인권과 정치적 권리도 걸려 있지 않은 [공교육과 같은] 한 영역에서, 그리고 결코 중요성이 덜하다고 볼 수 없는 다른 권리들 ─ 사회적 권리와 사적인 권리 ─ 이 쉽사리 손상될 수 있는 영역에서 시민적 권리들을 강제 집행하는 것이 과연 현명했는지는 상당한 의문의 여지가 있어 보인다.

1959

6장
〈대리인〉: 침묵한 죄?

롤프 호흐후트의 연극 〈대리인〉은 "이 세대의 가장 논쟁적인 문학작품"이라고 일컬어졌으며, 그것이 유럽에 이어 곧 이 나라 미국에도 일으키게 될 논쟁을 생각해 볼 때 이 침소봉대식의 소개 문구는 나름 정당성을 담보하는 듯하다. 그 연극은 교황 비오 12세가 제2차 세계대전 중에 유럽의 유대인 대학살에 관해 어떤 선명한 공식적인 언급도 내놓지 않았다는 잘 알려진 사건을 다루고 있으며, 그것은 우회적으로 독일 [히틀러의] 제3제국에 대한 바티칸의 정책적 실패를 겨냥하고 있다.

그러한 사실들 자체가 논쟁의 대상이 된 것은 아니다. 어느 누구도 교황이 나치의 유대인 강제 이송 및 [강제수용소] "재정착" 사실과 관련된 모든 해당 정보를 가지고 있었음에 대해 부인한 적이 없었다. 어느 누구도 독일이 로마를 점령한 기간에 가톨릭 신자들(가톨릭으로 개종한 유대인들)을 포함하여 그곳의 유대인들을

[죽이는] "최종 해법 the Final Solution"[계획]에 포함시키기 위해 바로 바티칸의 창문 밑에서 체포 연행할 때 교황이 항의의 표시로 목소리조차 높인 일이 없었음을 부인한 바 없다. 그러므로 호흐후트의 연극을 이 세대의 "가장 논쟁적"일 뿐 아니라 가장 사실적인 문학작품으로 지칭하는 것은 지당한 일이라고 하겠다. 그 연극은 사실적인 사건들과 실제 인물들을 끌어들여 모든 관련자의 [개별적인] 입장들에 밀착하여 상세히 기록한 거의 한 편의 보고서와도 같으며, 호흐후트 자신이 적은 약 65페이지에 달하는 〈역사적인 주변 설명〉에 의해 [내용이] 보강된 데다가, 지금까지 그 사건에 관해 제기된 거의 모든 주장들까지 예상을 하고 있다. 그 호흐후트라는 이름의 저자는 문학성 구현에 관심이 있는 것 못지않게 적어도 문헌적이고 사실적인 진실에도 관심이 많은 사람인 듯하다. 그는 자신의 〈주변 설명〉에서 자신은 [희곡이라는] 예술적인 이유들 때문에 "비오 12세에 대해 역사적으로 정당화될 수 있을지 모를 수준 이상의, 그리고 자기 자신의 개인적인 견해보다 더 훌륭한 의견 하나를 제시해야만 했다"고 거의 사과조로 밝히고 있다. 그럼에도 그는 이 문장과 함께 실제로 물의를 빚는─즉 논쟁의 여지가 있는─논점들 가운데 하나를 건드리고 있다. 호흐후트 자신은 그랬을 것이라고 확신하고 있지만, [비오 12세보다] "더 나은 교황이 재임했었더라면" 바티칸이 침묵했을 리가 없었을 것이라는 그의 주장은 과연 사실일까?

로마가톨릭 교회는 몇 가지 사건들을 통해 그 연극에 담겨 있지도 않은 논리─호흐후트는 어디에서도 '비오 12세가 아우슈비츠에 대해 책임이 있다'고는 말하지 않으며, 교황이 이 시기의 '주요 범죄자'라고도 주장하지 않는다 — 를 펼치거나 특정 나라의 지역 교구 사제단이 유대인에게 베푼 도움을 언급함으로써, 문제가 된 그 중대한 이슈들을 회피하려는 시도를 했다. 특히 프랑스와 이탈리아의 사제단들이 유대인들에게 도움을 베풀었다는 사실에는 논쟁의 여지가 없다. 바티칸이 현대사가 소장된 문서 보관소를 개방하지 않기 때문에 교황이 어느 정도로 그런 구호 활동들을 주도했는지 또는 지원했는지는 알려지지 않았다. 그러나 악행은 물론 선행의 대부분도 그것이 행해진 곳의 공으로, 그리고 내 생각으로는 종종 엄밀히 말해서 개인적 결단의 공으로 돌리는 게 맞을 것이다. 호흐후트는 "네덜란드 출신의 가톨릭계 유대인의 강제 이송 기간 동안, 다양한 교단에 속한 열두 명의 유대인들이 실제로 네덜란드의 종교 단체를 통해 넘겨졌다"라고 보고한다. 그러나 누가 감히 그 일로 로마교황청을 비난할 것인가? 그리고 호흐후트가 제기한 또 다른 질문 — "나치 비밀경찰이 어떻게 [그 명단에 포함된] 단 한 명의 수녀(개종한 독일인이자 저명한 철학적 저술가였던 에디트 슈타인 Edith Stein)에게 유대인의 피가 흐른다는 사실을 발견했을까?" — 에 결코 답이 주어지지 않았다 한들, 누가 그 일로 로마교황청을 비난할 것인가? 마찬가지로 한 개의 기관일 뿐인 로마가톨릭 교회가 자신의 기록 목적을 위해서라도 그 진정한 기독교적 자선의 훌륭한 증거들 — 가장 잘 알려진 사례 몇 가지만 들자면, 남부 프랑스에서 유대인 수천 명에게 출국이 용이하도록 위조된 서류를 나누어준 일, 베를린의 성 헤트비히 성당의 주임 사제 베른하르트 리히텐베르크Bernhard Lichtenberg가 유대인과 함께 동독행을 시도한 일, 아우슈비츠의 폴란드인 사제 막시밀리안 콜베Maximilian Kolbe 신부의 순교 등 — 을 다 기입해두기도 쉽지는 않은 일이다.

하나의 기관으로서 로마가톨릭 교회와 그 기관의 최고 지배자로서 교황이 자신들을 위해 기록으로 남길 수 있는 것은, 나치가 점령한 유럽 전역에서 교황의 사절들이 최소한 가톨릭 국가(프랑스, 헝가리, 슬로바키아, 루마니아)의 정부 수반들에게 "재정착"이라는 단어의 사실적이고 흉악한 의미를 계몽하려고 수집한 정보의 체계적인 정리 결과일 것이다. 이는, 만약 그렇지 않으면, 비록 대량학살이라는 대가의 지불을 전제한 것은 아닐지라도 이 "유대인 문제 해결" 기회를 특히 반겼던 나라들에 의해 너무나 쉽게 적의 선전 문구라고 묵살돼버릴 수 있는 것을 교황의 도덕적·영적 권위가 보증한다는 의미였으므로 중요했다. 그러나 바티칸의 배타적인 외교 채널 가동은, 교황이 사람들 — 예컨대 전원이 신실한 가톨릭교도인 헝가리의 헌병대는 부다페스트에 있는 아이히만 강제수용소 내 작업반으로 보낼 유대인들을 그러모으기에 바빴다 — 에게 직접 말하는 것이 적절치 못하다고 생각했다는 사실도 의미했다. 그리고 교황은 암묵적으로 (필요하다고 판단되면) 주교들이 신도들에게 [진실을] 말하는 것도 저지한 듯이 보인다. 그처럼 터무니없는 부적절한 처신들로서 (우선 희생자와 생존자들에게, 다음으로는 호호후트에게, 그리고 마침내 그를 통해 다른 많은 사람에게) 드러난 바는 바티칸과 교황의 사절들이 태연한 척하는 것이 적절하다고 본 그 놀라운 평정심에 대한 집착, 바꿔 말해서 명백히 유럽의 도덕적·영적 구조 붕괴에 비춰볼 때 더 이상 현존하지 않는 정상성에 대한 고집스러운 집착이었다. 호흐후트는 〈대리인〉 4막 말미에서 교황의 공개진술을 단 한 개의 단어만 바꿔서 그대로 인용하고 있다. 요컨대 "폴란드인들"이라고 말한 곳을 "유대인들"로 바꿔서 교황이 다음과 같이 말하도록 한 것이다. "눈 덮인 겨울 대지 밑에서 봄의 따뜻한 바람을 기다리는 들녘의 꽃들처럼 유대인들도 하늘의 위안의 시간이 오기를 기도하고 믿어야 한다." 이는 호흐후트가 "주교의 화려한 말잔치"라고 부른 것의 으뜸 사례일 뿐 아니라, 좀 더 일반적인 무엇, 즉 현실에 대한 느낌 전부가 상실된 사례인 것이다.

그럼에도 오직 교황만이 유럽에서 그 어떠한 정치 선동의 오명으로부터도 자유로운 위치에 놓인 사람이었던 제2차 세계대전 기간에 바티칸이 한 일은 전무한 게 아니라 오히려 상당했다. 사실 성 베드로의 권좌에 오른 그가 결코 보통의 지배자가 아니라 '그리스도의 대리자'라는 불편한 사실이 아니었다면 그것만으로 충분했을 것이다. 한 사람의 세속적인 통치자로 여겨진 교황은, 그러한 상황에서 세속의 통치자들이 했을 일을 전부 다는 아니라도 대부분을 수행했다. 여러 기관 가운데 하나로 여겨진 로마가톨릭 교회가 "스스로 교회의 재산과 특권을 기꺼이 존중하려는 입장이 확인된" 모든 정권 — 소비에트 러시아는 그런 입장을 취하지 않았지만 적어도 나치 독일만큼은 그런 척했다 — 에게 협조하려는 내부 성향은, 한 저명한 가톨릭 사회학자 고든 잔Gordon Zahn이 지적한 대로 당연히 거의 "가톨릭 정치철학 속에서 어떤 도전도 받지 않는 상투성"이 되었다. 그러나 바티칸시국의 천여 명도 안 되는 주민의 통치자로서 교황의 무시해도 될 정도의 세속적 권력은 모종의 혜량할 수 없는 "세계의 영적 권위"를 휘두르는 정말 독특하고도 막대한 "교황청의 영적靈的 주권"에 의존하고 있다. 그 문제는 "교황의 사단이 얼마나 많습니까?"라는 스탈린의 질문과 "열병식에서 늘 볼 수는 없지만 꽤 많은 군단이 있지요"라고 대답했던 처칠의 말속에 긴명하게 요약되어 있다. 호흐후트가 로마교황청에 제기한 비난은 그 교황[비오 12세]이 이런 [막강한] 군단들 — 대략 전 세계에 4억 명 정도[1] — 을 동원하지 못했다는 것이다.

지금까지 나온 로마가톨릭 교회 측의 대답은 세 부분으로 나뉜다. 첫째, 몬티니 추기경은 교황 바울로 6세로 추대되기 이전에 다음과 같이 말했다. "그것에 대한 항의와 비난의 태도는 … 무익했을 뿐 아니라 해를 끼치기도 했다. 문제의 핵심은 결국 그것이다." (이 발언은 논쟁의 소지가 다분하다. 전쟁 발발 시점에 독일 제3제국의 인구 중 40% 이상이 가톨릭교도였고, 나치가 점령한 거의 모든 나라는 물론 독일 우방국 대부분에 가톨릭교도가 다수였기 때문이다.) 둘째, 훨씬 덜 분명한 개요를 담고 있지만 첫 번째 주장의 정당함을 확인하고 있는 발언은 로마교황청이 이러한 군단들을 동원할 수

---

[1] 아렌트가 이 글을 작성했던 1964년에는 로마가톨릭 신자가 4억 명이었던 듯하나, 2013년 3월 14일자 BBC 보도(https://www.bbc.com/news/world-21443313)에 따르면 전 세계적으로 로마가톨릭 신자의 숫자는 12억 명에 이르는 것으로 나타났다. — 옮긴이

는 없다는 것이다. (사실 이 주장이 더 설득력을 갖는다. 알베르트 슈바이처가 그로브 출판사에서 나온 자신의 희곡 서문에서 주장한 바, 즉 "(개신교 교회와 비교했을 때) 가톨릭 교회는 무언가 할 수 있는 입장에 있는 하나의 조직화된 초국가적 권력이었기 때문에 더 큰 죄가 있다"라는 견해는 교황의 권력을 과대평가하고 또 각국 주교단들에 대한 의존도 및 신도들에 대한 전 교구의 의존도를 과소평가했을 수도 있다. 또한 전쟁 중에 나온 교황의 성좌 선언ex cathedra, 즉 교황의 지위에 따른 선언이 가톨릭교도들의 분열을 야기하게 되었을 가능성도 부인하기는 어렵다.)

로마가톨릭 교회 측의 세 번째 주장은 교회의 전시 중립 필요성에 근거하고 있다. 비록 이 중립성 — 현대의 전쟁 발발 시에 주교들은 항상 양편 군대를 다 축복한다는 사실 — 이 옛날 가톨릭 교회가 적용했던 정의로운 전쟁과 부당한 전쟁의 구분이 더 이상 실제 상황에 적용되지 않음을 암시한다고 할지라도 말이다. (명백히 이것은 교회가 정교분리를 위해 지불해야 할 대가, 즉 지역 성직자들을 교회 문제들에만 묶어둠으로써 하나의 국제적인 영적 주권과 국가의 세속적 권위 사이에 대체로 매끄럽고 평화로운 공존을 결과하기 위한 대가였다.)

고든 잔이 특징지은 바에 따르면 그 교황[비오 12세]은 히틀러의 전쟁들을 "부당한 전쟁의 고전적 사례"로 본 적이 있었다지만, 우리가 듣기로는 그 교황이 그렇게 한 적은 없었다. 교황의 비서 가운데 한 사람이었던 로베르트 라이버Robert Leiber 신부에 따르면 교황은 "항상 러시아의 볼셰비즘을 독일의 국가사회주의보다 더 위험한 것으로 보았다."(《논평》에 실린 귄터 레비의 〈비오 12세, 유대인, 그리고 독일의 가톨릭 교회〉에서 인용). 그런 이유 때문에 교황이 개입하지 않았을 확률은 거의 확실하다는 것이다.[2] 그 문제의 요점은 오히려 교황이 "유럽의 운명은 동부전선에서 독일이 승리하는 데 달렸다"(레비)라는 확신을 가지고 있었음에도 불구하고 또 독일과 이탈리아 주교단의 매우 저명한 인물들이 "(대對러시아전을) 성전聖戰이나 십자군이라고 선언하도록" 교황을 설득하려 했음에도 불구하고, 공식적으로는 또 다른 역사학자 로버트 A. 그레이엄Robert A. Graham이 "의미 있는 침묵"이라고 지칭한 바 있는 태도를 견지했다는 것이다. 이 침묵은 교황이 두 번에 걸쳐 자신의 중립성을 깨는 일을 하게 되면서 더욱 의미심장해졌다. 처음은 러시아가 핀란드를 공격했을 때고, 그 후 얼마 지나지 않아 독일이 네덜란드, 벨기에, 룩셈부르크의 중립성을 침해했을 때가 두 번째였다.

그러나 누군가는 이러한 명백한 모순들과 화해를 시도할 수 있을지도 모른다. 무엇보다 동유럽에서 발생한 유대인과 집시뿐만 아니라 폴란드인과 폴란드 사제들이 관련된 대학살에 바티칸이 항의하지 않은 이유 중 하나가 이러한 살육 작전들이 바로 전쟁의 본질적인 구성 요소라는 그 잘못된 관념 때문이었음은 의심의 여지가 없기 때문이다. 또한 [1945년 독일의] 뉘른베르크 재판에서도 군사작전과 조금도 관련되지 않은 이러한 잔혹한 행위들을 "전

---

2   권터 레비의 "Pius XII, the Jews and the German Catholic Church", *Commentary* (1964년 2월)는 나중에 레비의 주요 저작인 *The Catholic Church and Nazi Germany*(New York: McGraw-Hill, 1964)에 편입되었다.

쟁범죄"에 포함시켰다는 바로 그 사실은 이 논법이 전쟁 중에 얼마나 그럴듯하게 들렸을 것인지를 증명한다. 전체주의의 범죄성에 관한 문헌들 전량이 존재함에도 불구하고, 전 세계가 그 시기에 무슨 일이 실제로 일어났는지, 그리고 심지어 고위 공직자들 대부분이 모든 사실적 자료를 가지고 있었으면서도 얼마나 참담하게 현실 이해에 실패했는지를 인식하는 데만 거의 20년의 세월이 필요했던 듯하다.

우리가 이 모든 것들을 감안하더라도 그 문제를 거기 그 상태로 그냥 놔두는 것은 불가능하다. 호흐후트의 연극은 그 [나치가 저지른] 학살들, 확실히 그것의 전개 과정 전체에서 가장 극적인 순간에 대한 로마교황청의 태도와 관련된 것이다. 연극은 단지 전쟁 이전의 독일 가톨릭 신앙과 제3제국의 관계, 그리고 교황 비오 12세의 전임인 비오 11세 아래서 바티칸이 맡은 역할에는 미미한 관심만을 할애한다. 연극에서는 "독일의 공식 국교인 기독교"의 유죄 문제가 어느 정도 인정되었는데, 특히 가톨릭에 관해 기술한 장章에서 그러했다. 저명한 가톨릭 학자들 — 이미 언급한 미국 로욜라대학교의 고든 잔, 오스트리아의 유명한 역사학자 헤어Friedrich Heer, 독일 《프랑크푸르터 헤프테Frankfurter Hefte》지 주변에 모여 있는 저술가들과 논객들, 히틀러 정권 초기에 관해서는 노트르담 대학교수 고故 발데마르 구리안Waldemar Gurian 등 — 이 타의 추종을 불허할 수준의 철저한 작업을 완수했다. 물론 그들은 독일의 청교도주의에 대해 [로마가톨릭 신앙에 대한 분석의 경우에서와] 같은 감탄할만한 정직성을 바탕으로 연구해 본다면 아마도 그것이 [로마가톨릭 신앙보다] 더 낫기는커녕 훨씬 못할 것이라는 점을 전적으로 의식하고 있었다.

헤어는 히틀러에 대한 저항을 시도했던 가톨릭교도들이 "감옥 안이나 교수대 위 그 어디에서도 그들의 교회 지도자들로부터 동정심을 기대할 수 없었다"라는 사실은 어떤 공식적인 기록이 답할 문제라고 적고 있다. 그리고 잔은 기독교 신앙의 이름으로 참전을 거부한 두 사람에게 교도소 형목刑牧이 처형 직전까지 세례와 성찬을 거부했다는 믿을 수 없는 이야기를 들려준다. (그 두 사람은 자기의 영적 지도자들에 대한 "불복종"을 저질렀다고 비난받았다 — 이에 대해 누군가는 그들이 순교의 길을 모색하고 완벽주의라는 죄를 저질렀다는 의혹을 받았을 것으로 추정할지도 모른다.)

이 모든 것은 가톨릭 신자들이 함께 독일 인구를 구성하는 나머지 사람들과 더도 덜도 아니고 똑같이 행동했음을 증명한다. 이 점은 [히틀러의] 새 정권의 출발 시점부터 분명했다. 독일의 주교단은 인종주의, 신新이단주의, 그리고 1930년대 나치 이데올로기의 나머지 부분을 규탄했다. (교구 주교단 중 일부는 "성사에서 배제되는 고통을 감수해야 할 것이라며 가톨릭교도들의 히틀러 당 가입을" 금지할 정도였다). 그러나 1933년 3월 — 모든 공적 기관(공산당과 그 방계 조직들은 물론 예외였다)이 "공조 체제"로 바뀐 바로 그 순간에 — 모든 금지 조항과 경고를 재빨리 철회했다. 발데마르 구리안이 1936년 《히틀러와 기독교도》라는 책에서 적고 있듯이 이런 상황은 틀림없이 [히틀러 당이 승리한] 3월 5일 총선 이후에 발생했으며, "가톨릭교도들이 국가사회주의 폭풍에 굴복한 바이에

른주에서 특히 확연하게 나타났다." 이전의 근엄한 규탄의 잔재로 남은 것은 모든 주교가 서명하여 풀다Fulda에서 발행된 교서教書들 중 한 편에 실린 "인종과 혈통에 대한 **배타적** 선입관"〔강조는 아렌트〕을 경계하는 별로 두드러지지 않은 문구뿐이었다. 그 후 얼마 뒤부터는 교회들이 유대계 후손들을 색출하는 일에 정식으로 차출되어 "교회는 의당 그래야 한다는 듯이 협력했고", 레비가 《코멘터리》에서 보고한 대로 이는 쓰디쓴 종말을 맞게 될 때까지 계속되었다. 결과적으로 보면 독일의 양치기들은 그들이 치는 양들을 따라갈 뿐 인도하지 않았다. 이에 누군가는, 전쟁 기간 중에 "프랑스, 벨기에, 네덜란드 주교들의 처신"이 그들의 독일 [가톨릭] 형제들과 "뚜렷한 대조를 이루었다"는 것이 사실이라면, 그것은 적어도 프랑스, 벨기에, 네덜란드 국민들의 처신이 [독일인들과는] 일정 정도 달랐기 때문이라고 말하고 싶어질 것이다.

그럼에도 각국 가톨릭 사제단에 관한 한 사실일 수 있는 것도 확실히 로마교황청에서는 사실이 되지 못한다. 교황청은 제3제국과 관련하여 자체의 정책을 가지고 있었다. 심지어 이 정책은 제2차 세계대전의 발발에 이르기까지 독일 주교단의 정책보다 [제3제국에 대해] 훨씬 우호적인 색채를 띠었다. 발데마르 구리안은 나치가 권력을 잡기 이전인 1930년 독일 주교들이 국가사회당을 규탄했을 때 바티칸의 소식지인 《로세르바토레 로마노 *L'Osservatore Romano*》가 "종교, 문화 계획에 대한 비난이 반드시 정치적 협력의 거부를 암시하지는 않는다고 지적했음"을 알아냈다. 다른 한편, 로마교황청이 네덜란드 주교들의 유대인 강제 이송에 대한 항의 성명이나 갈렌Clemens August Graf von Galen 주교의 안락사 규탄을 후원한 사실은 전혀 없었다. 바티칸은 1933년 여름에 히틀러 정권과 정교政教협약을 맺었다. 비오 11세는 그 이전에 이미 히틀러에 대해 "볼셰비즘을 공개적으로 거부하는 데 합류한 첫 번째 정치가"라고 찬양함으로써 독일 주교들의 표현에 따르자면 "히틀러에게 신뢰의 악수를 청한 첫 번째 외국 군주"가 되었다. 그 정교협약은 비오 11세나 그의 후계자인 비오 12세에 의해 해지된 적이 없었다.

더욱이 1926년 프랑스 극우 집단인 '악시옹 프랑세즈Action Fran-çaise'이 내놓은 "가톨릭적 지성"에 대한 가르침이 이단으로 규정되어 파문당했지만 1939년 비오 12세에 의해 파문이 철회되었다. 그 시점은 그 집단이 더 이상 반동분자로서가 아니라 공공연한 파시스트로 활약하던 때였다. 끝으로, 1949년 7월 [바티칸의] 검사성성檢查聖省이 공산주의 서적과 잡지를 읽었거나 그런 매체에 기고한 자들을 위시하여 "공산당원이거나 그들의 목표를 진작시킨" 자들을 파문했을 때 지역 성직자들과 각국 성직자들의 어려운 입장에 대한 어떠한 신중함과 고려도 없었고 이 파문은 1959년 4월에 경신되었다. (사회주의가 교회의 가르침과 조화할 수 없다는 것은 1931년 비오 11세의 교황 회칙〈40주년Quadragesimo anno〉에 의해 이미 진술된 바 있었다. 말이 나온 김에 덧붙이자면, 교황의 회칙들은 성좌선언과 동일한 것이 아니다. 성좌선언에서만 교황의 '무오류성'이 주장된다. 그러나 대다수 신도들에게 그 회칙들의 구속적 권위에 관해서는 어떠한 의심도 있을 수 없다.) 그리고 전쟁이 끝나고 한참 뒤에도,

우리는 (헤르더가 기술한) 공식적인 독일 가톨릭 백과사전에서 공산주의가 "로마제국 이래로 기독교 교회들에게 가장 잔인했던 최고 박해자"라는 구절을 읽게 되며, 거기에 나치즘은 언급조차도 없다. 나치 정권이 정교 협약서의 잉크도 마르기 전에 이미 협약 조항들을 위반하기 시작했지만 그 협약은 항상 유효한 상태로 남아 있었다. 제3제국에 대한 단 한 번의 강력한 항의는 바로 1937년 비오 11세의 회칙 〈격심한 염려와 함께Mit brennender Sorge〉에서였다. 그것은 제3제국의 "이단주의"를 규탄했고 인종주의적 가치들과 국수적 가치들에 절대적인 우선순위를 두는 것을 경계했지만, '유대인'이나 '반유대주의'라는 단어들은 보이지 않았으며 주로 나치당의 반反가톨릭, 특히 반反사제적 비방 캠페인에 대해서만 우려를 표명했다. 일반적으로는 인종주의, 특수하게는 반유대주의가 [로마가톨릭] 교회에 의해 절대적으로 비난을 받은 경우는 아예 없었다. 이미 앞에서 언급한 독일계 유대인 수녀 에디트 슈타인의 이상하리만치 감동적인 이야기가 현존하는데, 그녀는 자신이 아직 독일의 수녀원에서 괴로움을 겪지 않은 상태였던 1938년에 비오 11세에게 서신을 보내서 유대인들에 관한 회칙을 내려달라고 요청했다. 슈타인이 성공하지 못했다는 사실이 놀라울 것까지야 없겠지만, 그녀가 교황으로부터 아무 대답도 받지 못했다는 사실마저도 매우 당연한 것이라 할 수 있을까?

결과적으로 1933~45년 사이 바티칸 정책들에 관한 정치적 기록은 비교적 명확하다. 단지 그 동기들만 논쟁의 대상이 되어 있을 뿐이다. 그 기록은 명백히 공산주의와 소비에트 러시아에 대한 두려움으로 구성되어 있다. 히틀러의 도움이 없었다면 러시아가 유럽의 반을 점령할 수도 없었고 또 그럴 생각조차 안 했을 텐데도 말이다. 이런 판단의 실수는 나름 이해할 수 있는 것이고 널리 퍼져있는 일이며, 교회가 히틀러 독일의 총체적인 악에 관해 똑바로 판단할 수 없었던 것에 대해서도 같은 논리로 변명할 수가 있다. 여기서 최악의 경우는 (자주 이야기되어온 것처럼) 가톨릭의 "중세적 반유대주의"야말로 교황이 유대인 학살 사건들에 침묵한 이유로서 비난받아 마땅한 원인임에 틀림없다고 말하는 것이다. 호흐후트가 지나가는 말투로 그 일을 짚고는 있지만 현명하게도 자신은 단지 "있을 법한 사실들에만 [설명을] 한정시키고 싶다"는 이유를 대고 실제 연극에서는 빼 버렸다.

비록 바티칸이 독실한 가톨릭교도들이 보여주는 반유대주의 행태들을 상당 부분 승인했다는 사실이 입증될 수 있다손 쳐도 이 주장은 제법 논점에서 벗어난 이야기일 것이다. 왜냐하면 이런 반유대주의가 현존했던 곳에서 비록 그것이 인종주의 성격을 띤 것은 아니었어도 매우 최신화된 유행의 형태였기 때문이다. 바티칸은 현대의 동화한 유대인들에게서 서구 문화의 어떤 "분해 요소"를 감지했던 것이다. 이는 가톨릭의 반유대주의가 가톨릭 도그마와 세례의 유효성에 모순을 일으키지 않고서는 넘어설 수 없는 두 가지 한계점을 가지고 있었기 때문이다. 요컨대 정신병 들린 사람들을 가스실에 넣어 죽이는 데 동의할 수 없는 것만큼이나 유대인들을 독가스로 죽이는 데 동의할 수 없으며, 이미 세례를 받은 사람들에게 반유대주의 정서를 확대 적용할 수는 없었던 것이다. 이런 사안들도 각국 사제단의 결정으로 남겨질 수 있는 것이었을까? 그것들이 로마가톨릭 교회 수장의 권위에 종속되는, 가톨릭 교회 성직 위계상 최고위층이 결정할 사안은 아니었을까?

초기에는 이런 사안들이 그런 방식으로 이해되었다. 혼종 결혼을 금지하게 될 인종차별법을 제정하려는 나치 정부의 의도가 알려지면서 교회는 독일 당국에 그런 법은 묵인할 수 없다고 경고했으며 정교협약의 조항들에 위배될 수 있음을 설득하고자 했다. 그러나 이 사실을 입증하기는 어렵다. 정교협약은 "가톨릭 교회가 **보편적인 구속력을 갖는 법의 한계 내에서** 업무를 독자적으로 처리할 권리"(강조는 아렌트)를 명문화했으며, 이는 당연히 민간 혼례 의식이 교회에서 혼인성사를 보는 일에 대해 우선성을 가진다는 의미였다. 뉘른베르크 법은 독일 성직자들이 가톨릭교도들에게 성사聖事를 베풀지 말아야 한다는 있을 수도 없는 입장을 수용하게 만들었다. 교회법에 따르면 가톨릭 신앙을 지닌 사람은 모두 성사에 대한 권리를 가지고 있는데도 말이다. [과연] 이 문제가 바티칸의 관할권에 속한 사안이 아니었을까? 여하튼 독일 사제단이 '세례받은 한 사람의 유대인도 한 사람의 기독교인이며 다른 모든 기독교인과 마찬가지로 동일한 권리와 의무를 가지고 교회에 속한다'는 사실을 암묵적으로 부인하는 이 법에 따르기로 결정했을 때, 뭔가 매우 심각한 일이 발생했다.

그 시점부터 독일 교회 안에서 유대인 혈통을 가진 가톨릭교도를 분리하는 일이 당연시되었다. 1941년 독일에서 유대인 강제 이송이 시작되었을 때 쾰른과 파더보른의 주교들이 실제로 "비非

아리아인 혹은 반⁺아리아인 사제들과 수녀들에게 추방자들을 [강제수용소가 있는 유럽의] 동쪽으로 데려가는 일에 자원하도록" 권고할 수 있었던 것도 다 그 때문이었다(레비의 《논평》). 요컨대 그 사제들과 수녀들은 어차피 강제 이송 대상이 될 운명을 가진 교회 구성원들이었던 것이다. 최종 해법의 시기 몇 년 동안 죽음의 길을 떠난 유대인들보다 더 심하게 온 인류로부터 버림받은 자들이 있었다고는 생각할 수 없다. 그들은 바로 가톨릭 신앙을 위해 유대주의를 저버렸는데 이제는 가톨릭 교회의 최고위직 성직자들에 의해 하나의 집단으로 따로 분리된 "비非아리아계" 가톨릭교도로서 버림을 받았다. 우리는 그들이 가스실로 향하면서 무슨 생각을 했을지 알지 못한다. 혹시 그들 가운데 생존자는 아무도 없는가? 그 사제들은 "모든 사람으로부터 버림을 받았고 심지어는 그리스도의 대리인들에게조차도 버림을 받았다. 그것이 1941년부터 1944년까지 유럽에서 일어난 일이다"라는 호흐후트의 촌평은 반박하기가 어렵다.

사실 "그것은 그렇게 일어났던 것이다." 그럼에도 모두가 호흐후트의 "역사적 진실 … 그 주검 같은 섬뜩한 침묵"에 대해 수동성이야말로 차악遮惡에 해당되는 것이었으므로 최선의 방책이었다고 항변하거나, 진실의 폭로는 "최악의 순간"에는 아무런 쓸모도 없는 것이라고 항변한다. 분명한 것은 어느 누구도 교황이 공개적으로 항의했더라면 무슨 일이 일어났을지에 대해 말할 수 없다는 사실이다. 그럼에도 모든 즉각적인 현실적 고려와 완전히 별개로, 로마교황청에 있었던 인사들 가운데 단 한 명도 당시 교회 내외부에서 그토록 많은 사람들이 인식했던 사실을 인식하지 못했다면 말이 되겠는가? 독일의 가톨릭 작가였던 고故 라인홀트 슈나이더 Reinhold Schneider의 표현에 따르면 히틀러에 대한 단 한 차례의 항의라도 "가톨릭 교회를 중세 이래로 그것이 차지하지 못했던 지위로 승격시켜 주었을 것"이다.

롤프 호흐후트는 가톨릭 교단 내의 식견 있는 여론 층의 상당 부분이 그의 손을 들어주는 행운을 누렸다. 고든 잔 교수는 그 연극이 "역사적으로 인상적인 정확성"을 보여주었다고 칭찬했다. 또한 오스트리아 출신의 프리드리히 헤어는, 안타깝게도, 늘 "잘못된 심리적 순간"에야 찾아오는 진실에 관한 모든 것이 거기 담겨 있으며, 현재 [우리가] 논의하고 있는 그 시기라는 잘못된 물리적 순간에도 찾아왔을 진실에 관한 모든 것도 거기 담겨 있다고 촌평한 바 있다. "오직 그 진실만이 우리를 자유롭게 할 것이다. 언제나 경외심을 일으키는 그 총체적 진실만이 말이다."

1964

7장
심판대에 오른 아우슈비츠

1

1940년과 1945년 사이 아우슈비츠에 배치된 약 2천 명의 SS 병사들 — 그들 중 상당수가 아직도 살아 있는 것이 틀림없다 — 중에 "손에 꼽을 만한 숫자의 용납할 수 없는 사례들"이 선별되었고, 1963년 12월 프랑크푸르트에서 재판이 시작되었을 때 유일하게 공소시효가 없는 범죄 유형인 살인죄가 부과되었다. 아우슈비츠 [군산軍産] 복합단지를 조사 — (법정에 따르면 별로 정보가 없는) 문건들이 수집되었고 1300건의 증인심문이 있었다 — 하는 데 수년이 지체되었고 다른 아우슈비츠 재판들도 일정이 잡혀 있었다. (그럼에도 지금껏 단 한 번의 후속 재판만이 열렸는데, 바로 이 두 번째 재판이 1965년 12월에 시작되었다. 피고 중 한 사람인 게르하르트 노이베르트Gerhard Neubert는 원래 첫 번째 재판에서 기소되었다. 첫 재판과 대조적으로 두 번째 재판은 언론이 별로 취재를 하지 않았으므로 재판이 열렸는지 알기 위해서는 약간의 '조사 작업'이 필요했다.) 게다가 프랑크푸르트의 검찰에 따르면 "**독일 국민 대다수가 나치 전범들에 대한 재판이 진행되는 것을 더 이상 원치 않는다**"고 하는 상황인 것이다.

그 재판 기간 20개월 동안 가공할 만한 행적들이 들추어지고, 적어도 한 번 이상은 재판을 모종의 웃음거리로 바꾸는 데 성공할 뻔했던 기괴하리만치 회개의 빛이 없는 피고들의 공격적인 태도가 노출되었어도 여론의 향방에는 아무런 영향력도 미치지 못했다. 비록 재판 과정들이 독일 내 신문들과 라디오 방송을 통해 성실하게 보도되었을지라도 말이다. (앞서 초고 기사가 《프랑크푸르터 알게마이네 차이퉁Frankfurter Allgemeine Zeitung》지에 실린 바 있는, 베른트 나우만Bernd Naumann의 매우 눈썰미 있는 르포가 가장 알찬 내용을 담고 있었다.) 이 책자가 아우슈비츠 재판이 한창 진행되고 있던 1965년 초입의 몇 달 동안 나치 범죄자들의 공소시효를 연장하자는 제안에 관한 뜨거운 토론이 벌어지던 시점에 주목을 받게 되었다. 당시에는 심지어 본Bonn의 법무장관인 에발트 부허Ewald Bucher 조차도 "우리 중에 있는 살인자들"을 평화롭게 놔둬야 한다고 간청하던 시기였다. 그러나 아우슈비츠 재판의 공식 명칭이었던 "물카Robert Mulka와 다른 이들에 대한 재판 과정"에서 다루어진 "용납할 수 없는 사례들"은 결코 책상머리에서 살인 명령을 내린 경우가 아니었다. 몇몇 예외는 있었지만 그들은 명령을 집행한 "정권의 범죄자들"이 아니었다. 그보다는 수백만 명의 몰살이라는 대량학살을 하나의 합법적 의무로 만든 범죄 시스템에 기생해서 이득을 챙긴 자들이었다. 이 책이 우리에게 직면하게 만드는 소름 끼치는 수많은 진실 가운데는, 독일의 여론이 이 사안과 관련하여 아우슈비츠 재판에서 폭로된 사항들을 아랑곳하지 않고 넘어갈 수 있었다는 당혹스러운 항목도 들어 있다.

비록 언론, 라디오, 텔레비전과 같은 공적 매체들이 그것과 반대 방향으로 움직일 수 있다 해도, 국민 다수가 생각하고 바라는 것이 여론을 구성한다. 그것은 일반인들의 삶의 현실과 국가의 공적 기관들 사이에 존재하는, 우리에게 익숙한 바로 그 차이이다. 이 차이가 일단 하나의 간극으로 심화되면 그것은 정치체제에 대한 명확히 현전하는 모종의 위험 신호가 된다. 프랑크푸르트의 아우슈비츠 재판이 그것의 진정한 저력과 중요성을 드러내 준 것은, 폭넓게 퍼져나갈 수 있지만 여전히 아주 드문 경우에만 공개된 장소로 나오는 바로 그런 부류의 여론이었다. 그 여론은 피고들의 태도 — 그들의 웃음소리, 미소, 검찰과 증인을 향해 느물거리는 뻔뻔한 태도, 법정에 대한 존중 부족, 공포에 찬 한숨 소리가 터져 나올 경우 드물기는 하지만 공중을 쳐다보는 "경멸적이고 위협적"인 시선 등 — 에서 명확하게 드러났다. "차라리 그를 죽여 끝장을 내버리고 말지 그래요?"라고 받아치는 외로운 목소리가 단 한 차례 들렸을 뿐이다. 또한 그 여론은 줄곧 판사들에게 "바깥세상에서 우리를 어떻게 생각할지"에는 신경 쓰지 말아야 한다는 점을 환기시키면서 자기 의뢰인들이 현재 맞닥뜨린 난관의 진정한 원인은 어떤 독일적인 정의에 대한 욕구가 아니라, 그 희생자들의 "배상"과 "앙갚음"에 대한 욕구에 의해 세계 여론이 영향을 받고 있다는 사실에 있음을 거듭 시사하는 변호사들의 태도 속에도 명시화되었다. 외국 통신사 특파원들은 "아직도 자신의 집에서 살고 있는 피고인들을 그들의 공동체가 결코 사회에서 축출된 자로서 취급하지 않는다"는 사실에 충격을 받았다. 그러나 내가 아는 한 그 어떤 독일 기자도 결코 그 사실에 충격을 받지는 않았다. 나우 만은 피고 두 명이 건물 바깥에 있는 정복 차림의 수위에게 "휴가 즐겁게 보내요"라고 다정하게 인사를 건네자 "행복한 부활절 보내세요!"라는 답례가 돌아왔다고 보도했다. 이것이 바로 그 여론, 즉 인민의 목소리vox populi였는가?

물론 피고들이 기소되기 전까지 수년간 정상적인 생활을 할 수 있었던 것은 이러한 여론의 기류 때문이었다. 이 몇 년 동안, 그런 사례들 중 최악은 보거Wilhelm Boger — 수용소에서 "보거 스윙"이나 "말하는 기계" 또는 "타자기"의 도움을 받아 "엄중한 심문"을 하기로 정평이 났던 고문 전문가 — 였는데 그는 "독일인들이 단단히 결속되어 있었음을 증명했다. 〔그가 살았던 곳에서는〕 누구나 그〔가 누구인지〕를 알고 있었기 때문이다." 그 피고들 중 대부분은 생존자에 의해 신분이 발각되지 않는 한, 그리고 오스트리아의 빈에 위치한 '국제아우슈비츠위원회'나 서독에 있는 '국가사회주의범죄소추사무소'에 고발되지 않는 한 평화롭게 살았다. 이 두 기관은 1958년 후반 지방법원에 나치 전범들을 소추하기 위한 자료 수집에 착수했었다. 그러나 이것도 별로 큰 위험요소는 안 되었다. [우선] 지방법원들이 소추하는 데 열의를 보이지 않았고 — 독일계 유대인인 바우어Fritz Bauer 박사가 주州의 지방 검사장이었

---

1   Sybille Bedford, 《옵서버Observer》(London, 1964. 1. 5.)

던 프랑크푸르트는 예외였다—독일인 증인들이 악명을 떨치면서 협조를 꺼렸기 때문이다.

그러면 프랑크푸르트에서 증언한 사람들은 누구였을까? 법정은 유대인과 비유대인이 뒤섞인 증인 집단을 여러 나라—러시아, 폴란드, 오스트리아, 동독, 이스라엘, 미국 등지—에서 소환했다. 서독에 거주하는 사람들 중에 유대인은 없었다. 그들 대부분은 스스로 죄를 뒤집어쓰는 위험을 기꺼이 감수한—법정에서 그런 사례가 많이 알려졌으며 그런 증인 중 한 명이 체포되었다—전직 나치 친위대원이거나 아니면 전직 정치범들이었다. 이게파르벤IG Farben 출신의 한 신사가 프랑크푸르트 법정에서 "독일 국민 대다수"를 대변해서 말한 바에 따르면 어차피 그들은 "대부분 반反사회적 요소들"이었다. 다음 내용은 이전의 일부 수감자들 자신이 현재 공유하는 것으로 드러난 의견들이다. 예를 들면 수감자들에 의해 "나치 친위대ss 대원들이 오염"되었다. 감시병이 아니라 수감자들이 "인간의 탈을 쓴 짐승"이었으며, 그들의 희생자들, 특히나 "갈리치아Galicia 우크라이나계 유대인들은 아주 제멋대로"였기 때문에 감시병들의 잔혹성은 이해가 되었고, 나치 친위대가 [오히려] 부역附逆 수감자인 그 [유대인] 두목들의 영향으로 "타락했다" 등등. 그럼에도 이런 종류의 이야기를 입에 담지 않았던 독일인 증인들조차도 재판 전 예심 때 그들이 했던 말을 법정에서 재차 진술하기를 꺼렸다. 그들은 자신들이 했던 증언을 부인했으며, 기억나지 않거나 위협받았다고 말했다. (이는 확실히 사실과는 다르다.) 또는 그들이 어쩌면 그들이 술에 취해 있었거나 거짓말을 했을 것이라거나 등등의 진술이 단조롭게 반복되었다. 이러한 불일 치들이 눈에 띄게 두드러졌으며 [대부분] 짜증나고 당혹스러웠 다. 누군가는 그런 불일치들의 배후에 증인들이 **비공개로** 증언했 을 때 당면하지 못했던 여론이 놓여있음을 알아챌 수 있었을 것이 다. 그들 거의 모두가 자기 이웃들이 신문을 통해 '함께 단합된' 독일 국민 속에 자신이 속하지 않는다는 이야기를 읽게 되는 위험 을 감수하느니보다 차라리 자신이 거짓말쟁이라고 인정하는 쪽을 택했을 것 같기 때문이나.

상황이 가장 좋을 때조차도 지독히 신뢰할 수 없는 것이 법정 증언인 법인데, '증인의 증언에만' 의존해야 하는 사건에서 판사 들이 겪는 어려움은 상상을 초월하는 것이었다. 그러나 이 재판의 증거물의 증거능력이 약했던 이유는 "번복될 수 없는" 객관적 증 거 — "작은 모자이크 조각 같은" 지문들, 발자국, 사망 원인에 대 한 검시 보고서 등등 — 의 부족도 아니고, 발생한 지 20년도 넘은 사건들과 관련된 날짜와 사건 경위에 대한 증인의 불가피한 기억 상의 오류나 "다른 사람들이 마치 자신의 경험인 양 생생하게 기 술한 당시 사건이 발생한 정황"을 [스스로] 투사해보려는 거의 저 항할 수 없는 유혹 때문이 아니었다. 그것은 오히려 채택된 독일 인 증인 대부분이 보여준 사전 증언과 법정 증언 사이의 터무니없 는 불일치가 발생했기 때문이었다. 바르샤바에서 저질러진 나치 범죄를 기소하는 특정 정부기관이 폴란드인 증인들의 증언을 조 작했다는 정당화된 의혹, 특정 유대인 증인들의 증언이 비엔나의 '국제아우슈비츠위원회'에 의해 교묘히 조종되었다는 약간 덜 정당화된 의혹, 또 이전의 두목들, 나치 끄나풀, "게슈타포 수용소에서 공모자로 일한 우크라이나 사람들"이 증언대에 서는 것을 어쩔 수 없이 용인한 것, 끝으로 가장 믿을 만한 범주인 생존자들이 매우 상이한 두 집단 — 정말 억세게 운이 좋아 살아남은 자들, 즉 결과적으로 사무실, 병원, 또는 부엌 등 내부에서 일한 집단과, 생존자들 중 한 명이 증언하듯이 "단지 몇 명만 살아남을 수 있었는데 내가 거기에 속하게 되었다"라고 말하는 것에서 즉각 이해할 수 있는 그런 방식으로 살아남은 집단 — 으로 구성되어 있었다는 슬픈 사실 등이 여기 포함된다.

유능하고 차분한 사회자 역할을 했던 한스 호프마이어Hans Hofmeyer 판사가 주재한 법정은 모든 정치적 이슈 — "정치적인 죄, 도덕 및 윤리적인 죄는 관심 밖의 주제였다" — 를 제외하고자 상당히 노력했으며 "그 배경과 무관하게 하나의 일반적인 형사재판"으로서 정말로 비상한 변론 과정을 진행시켰다. 그럼에도 과거와 현재의 정치적 배경 — 독일연방공화국[서독]이 계승하였지만 법적으로는 범죄[정권]에 해당하는 제3제국의 국가질서와, 현재 독일 국민 다수가 이 과거에 대해 가지고 있는 의견들 — 이 재판의 매 기일마다 사실적으로 그리고 법률상으로 드러나게 되었다.

심지어 사전 [심문 때 했던] 증언과 법정 증언 사이의 불일치보다 더 눈에 띄는 것 — 법정 바깥의 여론에 근거하지 않는 한 이해하기가 어려운 것 — 은 정확히 같은 상황이 피고들의 증언에서도 발생할 것이라는 사실이었다. 틀림없이 이들은 자신의 변호사들에게서 이제 가장 안전한 길은 가장 기초적인 [사실관계에 대한]

신뢰성도 개의치 말고 모든 것을 부인하는 것이라고 들었을 가능성이 있었다. 호프마이어 판사는 "현재로서는 아우슈비츠에서 무언가를 확실히 했다는 사람을 만나봐야만 할 것 같다"고 말했다. "지휘관은 없었고, 담당 공무원만이 어쩌다 보니 그 장소에 있게 되었으며, 정치국의 대표만이 목록들을 간수하였고, 또 다른 자가 겨우 열쇠들을 대령했다." 이런 사태는 "침묵의 벽"과 피고들의 일관성은 없지만 집요한 거짓말하기 작전을 설명해준다. 그들 중 여럿이 일관성을 견지할 만큼 영리하지 못했다.(독일 법정에서는 피고들이 정직성 서약을 마친 이후에 증언하지는 않는다.) 그런 작전 방식은 왜 카둑Oswald Kaduk — 예전 정육업자로서 교활하고 천성이 금수 같으며, 함께 수감되어 한방을 썼던 자가 그의 신분을 폭로하여 소련 군법정에서 사형선고가 내려졌지만 1956년에 사면을 받게 된 자 — 이 법정에서 사전 증언 때 했던 식으로 자랑 보따리를 풀어 놓지 않게 될 것인지를 설명해준다. 그는 사전 심문에서 자신이 "무너지지 않는 유형의 … 빈틈없는 자"였다고 자랑하거나, 폴란드의 총리였던 치란키에비치Józef Cyrankiewicz를 패주기만 할 것이 아니라 아예 죽여버렸어야 했었다고 후회했다.(전쟁 직후에는 그런 식의 자랑들을 법정에서도 들을 수가 있었다. 예컨대 나우만은 피고 한 사람이 다른 보초병들이 "특별히 잔인할 수 있었음에도 나에게만큼은 촛불 하나도 들이댈 수 없었다"고 자랑스럽게 떠벌릴 수 있었던 1947년 연합군 법정의 '작센하우젠 재판'에 관해 언급한다.) 또한 전에 예심판사 앞에서는 자유롭게 서로에게 책임을 떠넘기고 자기 동료들의 무고 주장을 "비웃기만 했던" 피고들이 정작 [이 1965

년 12월에 속개된 프랑크푸르트] 법정에서는 "그들의 진술 조서 중 이 부분에 대해 기억할 수 없는 듯"이 보였는데 이는 아마도 변호사들의 충고에 입각해서 그렇게 했을 것이다. 이것이 호프마이어 판사가 "속죄"라고 지칭한 것을 조금도 마음에 두지 않고 있는 살인자들에게 기대할 수 있는 전부였다.

우리는 여기서 이 사전 심문들에 관해서 거의 아무것도 알아낼 수가 없다. 그럼에도 우리가 얻은 정보는 앞서 언급한 진술 불일치들이 법정 증언의 문제뿐만 아니라 일반적인 진술 태도와 행태의 문제를 함께 시사하는 듯하다. 이러한 좀 더 근본적인 측면 ― 그리고 재판 과정에서 드러난 아마도 가장 흥미로운 심리적 현상 ― 과 관련해 시선을 끈 사례는 페리 브로드Pery Broad의 경우이다. 브로드는 가장 연소한 피고 가운데 한 사람이며 종전 후 얼마 되지 않은 시점에 영국 점령군 지휘관들을 위해 아우슈비츠 수용소에 관한 탁월하고 전적으로 신뢰할 만한 보고서를 작성했다. 그 브로드 보고서 ― 건조하고 객관적이며 사실에 근거한 보고서 ― 는 마치 그 저자가 자신의 분노를 최고로 침착한 겉모습 뒤로 감추는 방법을 아는 한 사람의 영국인인 듯이 읽힌다. 그럼에도 브로드 ― 그는 '보거 스윙' 게임에 관여했고 증인들에 의하면 "영리하고 총명하며 교활한" 사람이며, 수감자들 사이에서는 "유아용 장갑을 낀 저승사자"로 알려졌고 "아우슈비츠에서 전개된 모든 것에 재미 들린" 듯한 자였다 ― 가 그 보고서의 단독 저자였고 그가 그것을 자발적으로 작성했다는 사실은 의심의 여지가 없다. 그런 그가 이제 그것을 작성한 일을 매우 후회한다는 것도 더더욱 의심의 여지가 없어 보였다. 경찰관 앞에서 이루어진 사전 심문에서 그는 "소통이 가능한" 사람이었으며 자신이 최소한 한 명의 수감자에게 총을 쐈음을("내가 쏜 사람이 여성이 아니었는지에 대한 확신은 없다.") 인정했고 자신이 체포돼서 "후련한" 느낌이라고 말했다. 담당판사가 그를 다중 인격자라고 부르지만 이것이 알려주는 것은 거의 없으며, 그 표현은 완전히 다른 차원에서지만 그 잔인한 카둑에게 적용하는 편이 나을 것이다. 카둑이 남자 간호사로 일했던 서베를린 병원의 환자들은 그를 '파파Papa 카둑'으로 불렀다. 페리 브로드의 경우에 가장 두드러졌던 이러한 표면적인 불가해한 행동에서의 차이들 — 처음은 아우슈비츠에서, 그리고 영국인 담당자들 앞에서, 그다음은 조사관들 앞에서, 그리고 이제 다시 법정에 선 옛날 '동지들' 사이에서 — 은 비非독일인 주재 법정에서 나치 전범들이 취한 행태와 비교해보아야만 한다. 프랑크푸르트 재판 과정의 맥락에서는 피고들에게 죄가 있음을 나타내는 사자死者들의 진술서가 낭독되어 기록으로 남겨지는 경우를 제외하면 비非독일 법정의 재판들이 언급될 계제는 거의 존재하지 않았다. 예컨대 아우슈비츠의 의무관이었던 클라인Fritz Klein의 진술이 그러했다. 그는 1945년 5월 패전의 순간 영국인 심문관들에게 조사받았으며 처형 전에 죄를 고백하는 문서에 서명했다. "나는 내가 맨 꼭대기에서 맨 밑바닥까지 다른 사람들이 그랬던 것처럼 수천 명을, 특히 아우슈비츠에서 살해한 것에 대한 책임을 인정한다."

문제는 프랑크푸르트 법정의 피고들이 거의 모든 다른 나치 전범들과 마찬가지로 자기보호를 위해서 행동했을 뿐만 아니라, 어

쩌다 보니 그들과 주변에 있게 된 사람들과 보조를 맞추려는 놀랄
만한 경향을 보여주었다는 점이다. 그들은 말 그대로 자진해서 그
짧은 순간에도 즉각적으로 "공조하려는" 경향을 보였다. 그들은
권위나 공포에 민감해졌다기보다 자신들이 본의 아니게 노출된
일반적인 여론의 기상 상태에 민감해진 것 같았다. (이 분위기는 조
사관들과의 호젓한 대면 상황에서는 감지되지 않았다. 프랑크푸르트와
루트비히스부르크 ― 나치 범죄 기소를 위한 중앙 사무소가 소재하고 있
으며 프랑크푸르트 재판의 피고들 중 일부가 첫 번째 심문을 거친 곳 ―
의 조사관들은 이 재판들을 여는 것에 명확하고 공개적인 방식으로 찬성
하는 태도를 보였다.) 20년 전 영국 점령군 지휘관들에게 영국과 미
국에 대한 일종의 찬사를 담은 보고서를 제출한 브로드가 이 민감
화 현상의 빼어난 사례가 된 것은 그의 이중적인 성격 때문이라기
보다 그가 자기 무리 중에서 가장 총명하고 표현력이 좋았다는 간
단한 사실 때문이었다.

그 피고들 가운데 한 명인 내과 의사 루카스만이 법정에 대해서
공개적인 경멸 태도를 보이거나 웃지 않았으며, 증인을 모욕하지
도 기소 법관에게 사과를 요구하지도 않았고 다른 사람들을 우롱
하려 들지도 않았다. 루카스는 "용납할 수 없는" 사례와 정확히
반대되는 사례인 듯이 보였기 때문에 그가 왜 거기 있는지조차 잘
이해가 되지 않았다. 루카스는 아우슈비츠에서 겨우 몇 달을 보냈
을 뿐이며 다수의 증인이 그의 친절함과 도움을 주려는 절절한 배
려심에 대해 칭송했다. 또한 그는 법정의 아우슈비츠 현장검증에
동행하겠다고 동의한 유일한 사람이며, 최후진술에서 자신은 나

치의 강제수용소와 사형집행소에서의 경험들로부터 "결코 회복하지 못할 것"이며 여러 증인들의 증언처럼 "될 수 있는 한 많은 유대인 수감자의 목숨을 구하려고" 백방으로 노력했고 "그때와 마찬가지로 (그가) 오늘도 '그럼 다른 사람들은 어떤가요?'라는 질문으로 가슴이 미어진다"라고 최후진술을 할 때 그의 목소리는 전적으로 설득력이 있었다. 의사 루카스와 함께 재판을 받던 피고인들은 몸짓을 통해, 강제수용소 안에서 단 한 번의 손찌검으로 동료 수감자들을 죽이는 재주로 악명을 떨친 바레츠키Stefan Baretzki가 유일하게 공개적으로 발설해 어리석음을 증명한 바에 동조한다는 듯한 태도를 보였다. 바레츠키는 다음과 같이 내뱉었다. **"오늘 [솔직하게] 말하면 내일 모든 게 변해서 총 안 맞는다는 보장이라도 있냐구."**

문제의 핵심은 루카스 이외의 다른 누구도 지방법원의 재판 과정을 그다지 진지하게 생각지 않았다는 점이다. 여기에서 평결은 역사나 정의의 결정판으로 여겨지지 않았다. 그뿐 아니라 독일의 사법권과 여론의 기상도에 비춰볼 때도 그들이 완전히 나쁜 자들이라는 주장을 고집하기 어려웠다. 프랑크푸르트 법정은 최종 판결에서 피고 17명에게 수년 ― 6년 형에서 종신형까지 ― 의 노역을 선고했고 3명에게는 무죄를 선고했다. 그러나 이 선고 가운데 단 두 건(둘 다 무죄의 경우)만이 집행될 수 있었다. 독일에서 피고는 판결을 수용하거나, 아니면 상급법원이 그것을 재검토하도록 항고해야 한다. 자연스럽게 무죄방면으로 종결되지 않은 모든 경우에 피고는 항고 절차를 밟았다. 검찰 쪽에도 동일한 항고의 권리가 개방돼 있으며 검찰 측은 의사 샤츠Willi Schatz의 무죄판결을 포함하여 총 10건을 항고했다. 일단 항고가 신청되면 피고인은 판사가 신규로 발부된 구속영장에 서명하지 않는 한 항고법원의 판결 결과가 고지될 때까지 자유롭다. 다음 6개월간 모든 사건에 대해 항고 절차가 진행되었다. 그 시점 이후 벌써 1년이 훌쩍 지나갔고 재심 재판 과정은 아직 개시되지 않았으며 재판 날짜조차 잡히지 않았다. 나는 신규 영장들이 발부되었는지에 대해서나 다른 여죄로 인해 감방에 남겨진 사람들을 제외한 다른 피고들이 모두 집으로 돌아갔는지에 대해서는 알지 못한다. 아무튼 현재 그 사건은 여전히 미제 상태로 남아있다.

보거는 검찰이 종신형을 구형했을 때 미소를 지었다. 그는 무슨 생각을 했던 것일까? 항고, 아니면 모든 나치 전범의 일괄 사면 가능성, 그것도 아니면 자신의 나이(그러나 그는 예순 살에 불과했고 건강 상태가 양호해 보였다), 아니 어쩌면 "내일 모든 것이 변할 수도 있다"는 생각?

2

콘라트 아데나워 총리 재임 시기의 삶을 둘러싼 사실들을 언급하지 않고서 독일 국민들이 나치 범죄자들에 대한 소송절차에 열의가 부족하다는 이유로 "다수의 독일 국민"을 비난하는 것은 상당히 불공평한 일일 것이다. 서독 행정부의 모든 직위에 전직 나치들이 득시글했던 것은 어느 누구에게도 비밀이 아니었다. 한스 글로프케Hans Globke라는 이름은 애초 뉘른베르크 법에 관한 그의 악명 높은 논평 때문에 유명세를 탄 데 이어 아데나워 총리의 가까운 국정 고문으로서 알려진 바 있는데, 그는 독일연방공화국의 평판과 권위에 다른 어떤 것보다 더 큰 피해를 입힌 국정 업무의 상징이 되었다. 이런 상황적 사실들 — 공식적인 진술들이나 공적인 의사소통 기관들이 아니라 — 이 국내 현실 속에서 국민 의견의 기상도를 직성하였으며, 그런 상황에서 다음과 같은 여론이 나도는 것도 놀라운 일은 아닐 것이다. **대어**大魚**는 승승장구하고 치어**稚魚 **들만 잡혔다.**

나치의 위계체계라는 용어로 표현하자면 프랑크푸르트 법정의 피고들이 모두 조무래기라는 것은 실제 사실이었기 때문이다. 피고 중 나치 친위대의 최상위 계급 — 물카는 수용소 지휘관 회스 Rudolf Höss의 부관이었고, 회커 Karl-Friedrich Höcker는 회스의 후임인 베어Richard Baer의 부관이었으며, 전직 수용소 지도자 호프만Franz Johann Hofmann이 달고 있던 계급장 — 은 대위Hauptsturmführer였다. 그들의 독일 사회 내의 [계층적] 지위도 동일한 수준이다. 그중 반절은 노동자 계급 출신으로 8년에 걸쳐 초등교육을 마친 후 육체노동자로 일한 바 있었다. 다른 열 명 가운데 다섯 명 — 내과 의사 한 명, 치과 의사 둘, 사업가 둘(물카와 카페시우스Viktor Capesius) — 만이 중류층에 속했고, 나머지 다섯은 차라리 중하층 계급이라고 볼 수 있었다. 더욱이 그중 네 명은 전과가 있는 듯했다. 물카는 1920년에 "자금 출처를 밝히지 못한 일"로, 보거는 1940년 범죄 수사대의 경찰관이었을 때 낙태를 시킨 일로 복역했으며, (재판 중에 사망한) 비쇼프Karl Bischoff와 샤츠는 각각 1934년과 1937년에 (확실히 정치적 이유가 아닌) 다른 원인 불상의 이유로 나치당에서 축출되었다. 이런 사람들은 모든 측면에서 조무래기였으며, 심지어 범죄 기록상으로도 그러했다. 그 재판에 관한 한 그들 중 누구도 아우슈비츠에서의 임무를 자원하였거나 자원할 수 있는 입장이 아니었다는 점을 반드시 유념해야만 한다. 그뿐 아니라 그들이 수용소에서 자행된 주요 범죄, 즉 수백만 명을 가스실에서 처단한 일에 기본적으로 책임이 있다고 생각할 수도 없다. 인종 학살이라는 범죄를 감행하기로 결심한 것은, 피고 측이 말하듯이 "히틀러의 지시가 변경할 수 없는 방식으로 하달되었기"때문이며, 손에 더러운 것을 묻히지 않아도 되는 약간 더 높은 지위에 있는 책상머리 살인자들이 용의주도하고 주도면밀하게 조직했기 때문이다.

피고 측은 이상스러우리만치 비일관적인 방식으로, 심지어는 "속 빈 웅변술"과도 무관한 방식으로 두 가지 주장에 근거하여 그것의 '졸개 이론'을 펼쳤다. 첫째, 그들은 자신들이 한 일을 **강제로** 했으며 그것이 형법상으로 잘못된 것인지 알 수 있는 입장이 전혀 아니었다고 주장했다. 그러나 그들이 그것을 잘못으로 여기지 않았다면(그들 대부분은 이 문제에 대해 결코 재고해보지 않은 것으로 판명되었다), 어째서 그들에게 그 일을 '강제할' 필요가 있었겠는가? 두 번째 주장은, 그들이 이동 중에 신체가 건강한 사람들을 골라낸 것은 결과적으로 일종의 구출 작전이었다는 것이다. 그렇게 하지 않았다면 "캠프에 들어온 자는 모두 몰살되었을 것이기 때문이다." 이 주장이 지닌 겉치레적인 성격은 별개로 치더라도 그 선별 작업 역시 상부의 지시에 따른 것이 아니었던가? 그 [상부의 명령에 대한] 복종 행위가 피고들의 주된 그리고 사실상 그들에게 있을 수 있는 유일한 변명거리를 구성하는 요소라면, 피고들이 어떻게 그 동일한 복종 행위에 대해 **인정받을** 수 있을 것인가?

그럼에도 서독이라는 연방공화국에서 허용되는 공적인 삶의 조건들을 감안하면 그 졸개 이론이 전혀 무익한 것은 아니다. 잔인한 카둑은 다음과 같이 요약하고 있다. "문제는 '우리가 무엇을 했는가'가 아니라 '누가 우리를 불행으로 내몰았는가'이고, 그들 대다수가 아직까지도 자유롭다는 사실이지. 글로프케처럼 말이야. 그것 땜에 상처받는다는 거지." 또 한 번은 "지금 상황이 우리가 모든 것을 책임져야 하는 쪽으로 굴러가고 있군. 마지막 남은 자들의 목에 칼이 들어온다는 거야. 맞지?"라고 말했다. 호프만도 같은 것을 언급했는데, 그는 아우슈비츠 재판이 시작되기 2년 전 다카우에서 두 차례의 살인으로 유죄판결을 받았다(중노동 종신형 2회). 회스에 따르면 호프만은 "수용소 내에서 실질적인 권력을 휘둘렀다." 그럼에도 그 자신은 "어린것들에게 모래 상자가 있는 놀이터를 만들어준 것" 외에는 아무 일도 하지 않았다고 증언했다. 그 호프만이 소리쳤다. "저 꼭대기에 있던 신사들은 다 어디로 갔어? 그들이야말로 죄를 진 장본인들이고, 책상에 앉아 전화 걸었던 당사자들이었는데 말이야." 그런 다음 아는 이름들을 주워대기 시작했다. 히틀러나 히믈러 또는 하이드리히 Reinhard Heydrich 나

아이히만이 아니라 아우슈비츠에서 자신의 상사였던 회스나 아우마이어 Hans Aumeier(그의 전임인 책임 장교)와 슈바르츠 Heinrich Schwarz의 이름을. '다 어디로 갔느냐'는 자신의 질문에 대한 답은 간단하다. 그들은 다 죽었다. 호프만에게 이 사실은 그들이 그 자신, 즉 "졸개"를 궁지에 남겨두고 떠났고 겁쟁이들처럼 교수형에 처해지거나 자살함으로써 자기 같은 졸개에 대한 책임을 방기했다는 의미였다.

그 문제는 그런 식으로 쉽사리 해결되지 않는다. 특히 프랑크푸르트에서 그러했다. 그 법정이 우선적으로 아우슈비츠에서 '유대인 문제에 관한 최종 해법'의 집행 책임을 맡았던(제3제국의 치안을 담당했던) SS 본부 Reichssicherheitshauptamt의 전임 부서장들을 증인으로 소환했기 때문이다. 군대의 해당 계급으로 치자면 그 신사들이 SS에서 가졌던 지위는 피고인들보다 상급이었다. 요컨대 그들은 대위나 중위 혹은 사병이 아니라 대령과 같은 영관급이었던 것이다. 베른트 나우만은 매우 현명하게도 대화라는 창의적인 형식으로 이루어진 그 법정 변론의 위대한 드라마를 독자들이 훨씬 직접적으로 대면하도록 자신의 분석과 논평을 거의 완벽하게 삼갔지만, 이 '졸개' 이슈만큼은 자신이 드물게 보탠 여담들 중 하나에서 따로 짚었을 정도로 중요시했다. 이러한 증인들과 대면하게 된 나우만은 피고들이 "자신들이 기꺼이 또는 어떤 강제 상황에서 모셨던 여러 '의기양양했던 신사들'이 얼마나 쉽고 매끄럽게, 어떠한 양심의 가책도 느끼지 않고, 저 먼 게르만적 영웅들의 세계에서 오늘날의 부르주아적 점잖음으로 복귀하는 데 성공했는지",

그리고 "적어도 아우슈비츠 인사들에게는 SS라는 올림포스산에 살던 그 과거의 거물이 어떻게 머리를 꼿꼿이 처들고 자로 잰 듯한 보폭으로 법정을 떠나는지" 등에 대해 생각해볼 이유가 상당히 많다고 생각한다. 그리고 피고 중 한 사람─혹은 그 일에 관한한 다른 누구라도─이 독일 최고 일간지 가운데 하나인《쥐트도이체 차이퉁*Süddeutsche Zeitung*》에서, 나치의 "특별 법정들" 중한 곳의 전前검사였으며 1941년 그 신문의 독자 의견란에 솔직하게 "전체주의적이며 반유대주의적인" 법률 논평을 기고했던 사람이 이제 "카를스루에의 연방 헌법재판소의 판사로서 삶을 영위하고 있다"라는 내용을 읽게 되었을 때 그는 무슨 생각을 하게 될 것인가?[2]

만약 어떤 사람이 그 "거물들"은 심경의 변화를 감내할 만큼 큰사람인 데 비해 "졸개들"은 그런 영웅적인 내부 수술을 집도하기엔 품이 너무 작다고 생각한다면, 그가 사태를 제대로 파악하기 위해서라도 이 [나우만의] 책을 읽을 필요가 있다고 본다. 확실히 몇몇 사람들, 예컨대 동부전선에서 나치 친위대의 이동형 살인 부대Einsatzkommando의 우두머리로 활동했던 어윈 슐츠는 진심이 묻어나는 태도로 그리고 후회의 빛을 보이며 당시에는 여자들과 아이들에게 총을 쏘는 "일이 전적으로 부당한 것이라는 생각을 하지 못했다"고 증언했다. 그것은 "독일 국민에 대한 보복 행위자들이 들고 일어나는 것을 막기 위해서였기" 때문이다. 그럼에도 베를린

---

2 《더 이코노미스트*The Economist*》(London, 1966. 7. 23.)

으로 전출된 다음에 그는 자신이 그런 의무들로부터 면제되도록 요청하여 성공하였고 그 [최종 해법] 명령을 바꾸려는 시도를 했다고 증언했다. 안타깝게도, 훨씬 전형적인 태도를 보인 (전에 동부전선 후방에서 복무한 법정 공무원이었던) 법률가 에밀 핀베르크 Emil Finnberg는 여전히 히플러에 동조하는 태도와 자존심을 유지한 채 "나에게 총통의 명령은 곧 법이었다"고 선언한다. 또 다른 사례로 뮌스터대학교의 전 교수 — 그의 강단 학위들은 박탈되었다. — 이자 해부학과 과장이었던 자는 단 한마디 후회의 말도 없이 자기가 피고인 클레어 Josef Klehr를 돕기 위해 어떻게 희생양들을 선별했는지를 증언했다. 그러면 클레어는 그들의 심장에 페놀을 주사하는 방식으로 죽였다. 핀베르크는 살인 담당자들이 특별 할당량을 필요로 했다는 것은 "인간적으로 이해할 수 있는" 부분이라고 생각했고, 자기는 그 점에 있어 자기의 옛날 "조수"와 같은 생각을 했음을 추호도 의심하지 않았다고 했다. 그 조수는 죄수들에게 약물을 주입한 사실을 인정하고 바로 이어서 자신의 행위를 다음과 같이 정당화했다. "평범한 독일어로 말하자면 [이 죄수들은] 병이 든 것이 아니라 이미 반쯤 시체 상태였다."(심지어 이 무시무시한 진술조차도 축소 은폐된 진술 — 실은 하나의 거짓말 — 로 드러났다. 하나 흠잡을 데 없이 건강한 많은 아이들도 이런 방식으로 살해되었기 때문이다.) 끝으로 (독자들은 그 나우만의 책 속에서 더 많은 사례를 어렵지 않게 찾아볼 수 있을 것이다.) 빌헬름 보거의 변호사란 작자가 나오는데, 그는 최후진술에서 "자신은 '보거 스윙'을 '사람들이 반응하는 유일하게 효과적인 육체적 설득 수단일 뿐'이라고 간주하고 있는데 '진지한 사람들'이 그것에 관해 기술했다는 사실이 놀랍다"라고 밝힌다.

이것은 결국 피고들과 그들의 변호사들이 견지한 관점이다. 애초 "거기서 근무했던 직원과 그들의 처신에 관해 … 아우슈비츠를 어떤 심심파적의 이야기 소재로 만들"려는 그들의 시도가 좌초하고, 증인이란 증인이 모두, 서류란 서류가 전부 그들이 그 안에서 무언가를 하지 않고 보지 않고 또 그곳에서 일어나고 있는 것과 관련하여 무언가를 알지 못하면서 수용소 안에 있을 수 있었다는 것 ― 수용소의 최고사령관 베어의 부관이었던 회커는, 상당히 늦게 소문으로 듣게 된 시점까지 "가스실에 대해서는 아무것도" 몰랐다고 시치미를 뗐다 ― 자체가 어불성설임을 입증한 다음에야 비로소 피고들은 법정에서 왜 자신들이 "여기 앉아 있는지"에 대해 설명하기 시작했다. 첫째 이유는 "증인들이 복수할 의도에서 증언하고 있기" 때문이라는 것이다. ("왜 유대인들은 품위를 지키지 못하고 진실을 말할 수 없는 것일까? 분명 그들이 그러고 싶은 생각이 없기 때문이다.") 둘째 이유는 자신들이 "군인들"로서 명령을 수행했으며 "옳고 그름을 따지지 않았기" 때문이라는 것이다. 셋째 이유는 고위직 인사들을 위한 희생양으로서 졸개들이 필요하기 때문에 자신들이 지금 거기 앉아 있다는 것이다. (그들이 "오늘 매우 속이 쓰린" 이유는 바로 이것 때문이다.)

뉘른베르크 법정[1943]의 주요 전범 재판부터 예루살렘 법정 [1961]의 아이히만 재판과 프랑크푸르트[1965]의 아우슈비츠 재판에 이르기까지 나치 범죄들의 전후 재판 과정 전체가 귀책사유를 밝히고 형법상 유죄의 범위를 규정하는 일에서 사법적인 그리고 도덕적인 어려움을 겪었다. 공중의 의견과 사법적 의견은 처음부터 책상머리에 앉아 살인을 교사한 자들 — 그들의 주된 도구는 타자기, 전화, 전보 등이었다 — 이 실제로 인명 살상 장치들을 작동시키고, 방에 가스탄을 집어넣고, 민간인 학살을 위해 기관총 사수를 배치하거나 아니면 시체 더미를 화장하느라 바빴던 자들보다 더 죗값이 크다고 주장하는 경향을 보였다. 전형적인 책상머리 살인자였던 아돌프 아이히만의 재판에서 법정은 "자기 손으로 직접 치명적인 장비들을 사용한 사람들에게서 멀어질수록 책임의 정도는 증가한다"고 선언했다. 누군가가 예루살렘의 변론을 따라 잡고 있었다면 그는 이 의견에 단순히 동의하는 것 이상이었을 것이다. 여러 면에서 예루살렘 재판에 꼭 필요한 보충설명처럼 읽히는 그 프랑크푸르트 재판은 많은 사람에게 그들이 생각했던 것이 대체로 자명하다는 믿음에 의구심을 갖게 할 것이다. 그 재판에서 드러난 것은 개인적 책임이라는 복잡한 이슈만이 아니라 벌거벗겨진 형법상의 유죄 부분이다. 그리고 범죄적인 명령들에 복종하느라 최선을 다 한, 아니 그보다 최고악을 행한 자들의 얼굴들은, 어떤 합법적인 범죄 시스템 내에서 명령에 복종하기보다는 저주받은 희생자들을 자기 마음이 동하는 방식으로 다룬 자들의 얼굴과는 여전히 매우 다르다. 피고들은 이 차이점을 때때로 자신들의 원색적인 방식 — "최상부에 있는 사람들은 … 수감자들이 구타당해선 안 된다는 명령을 쉽게 생각하고 하달했다"고 불평하는 방식 — 으로 인정했다. 그러나 한 피고의 변호사들은 마치 자신들이 여기서 책상머리 살인자들을 다루고 있다는 듯이 또는 상관의 명령에 복종한 "군인들"을 다루고 있다는 듯이 처신했다. 이는 그들이 그 사례들을 제시하는 전략으로 채택한 새빨간 거짓말이었다. 검찰 측이 기소한 것은, "살인과 **개인들**에 대한 살인 공모" 그리고 "대량 학살과 그 공모"였다. 요컨대 그 기소의 내용은 두 종류의 완전히 다른 범죄였던 것이다.

3

재판 182일째 되던 날 호프마이어 판사가 선고를 하고 판결문을 낭독하던 시점이 기술된 책의 말미에 가서야 비로소 독자는 이 두 가지 상이한 범죄의 구분이 흐려지면서 정의가 얼마나 심각한 손상을 입었는지 — 그리고 그것이 왜 불가피하게 되었는지 — 를 인식하게 된다. 법정은 하나의 [국가] 기관으로서 아우슈비츠에 관심을 갖기보다 오직 "물카와 다른 사람들에 대한 변론 과정"에만, 즉 기소된 자들의 유무죄 여부에만 관심을 가졌다고 전해졌다. "재판의 중심에 놓인 것은 진실의 추구였지만" 법정의 고려 사항들이 1871년 제정된 독일 형법에서 정의되고 알려진 바로서의 범법 행위들의 범주에 한정되어 있었기 때문에, 베른트 나우만의 표현을 차용하면 "판사들이나 배심원들 어느 쪽도 진실을 규명하지 못했다. 아무튼 총체적 진실은 밝혀지지 않았다." 그 이유는 거의 100년이나 된 그 형법이 하나의 통치제도로서의 조직화된 살인을 다루는 조항을 전혀 가지고 있지 않았기 때문이다. 그 어떤 조항도 인구정책의 일환으로서 인종 집단 전체를 말살하는 것, "정권의 범죄" 또는 (카를 야스퍼스Karl Jaspers가 Verbrecherstaat 즉 범죄 국가라고 명명한 바대로) 한 범죄정부 아래서의 일상적 조건들을 다루고 있지 않았다. 예컨대 도착한 사람들 모두가 즉각적인 가스 주입이나 몇 달이 경과한 후 과로로 죽음에 처해지는 인종 말살 수용소의 상황을 다루는 것은 차치하고서라도 말이다. 브로드의 보고서에 따르면 "한 번 이송된 사람들 가운데 최대 10~15%가 기능 수행이 가능한 신체로 구분되어 생명을 보전하도록 허가"되었고, 이렇게 선별된 남녀의 기대 수명은 약 3개월이었다. 돌이켜 보건대 가장 상상하기 어려운 것은 이 늘 현전하는 폭력적 죽음의 분위기이다. 심지어 전쟁터에서도 죽음이 그와 같은 모종의 확실성으로서 존재지는 않으며 생명이 그처럼 전적으로 기적에 좌우되지도 않는다. (보초들 중에서 하급 지위에 있는 자들도 공포에서 완전히 자유로울 수는 없었다. 브로드가 적고 있듯이 그들은 "비밀유지 차원에서 자신들을 가스실로 행진해 들어가게 할 가능성도 확실히 있다"고 생각했다. "어느 누구도 히믈러가 그런 일을 할 만한 냉정함과 잔인성을 보유하고 있다는 것을 의심하지 않는 듯했다." 브로드가 잊어버리고 말하지 않은 것은 그들이 그럼에도 그것을 자신들이 동부전선으로 보내졌을 경우에 직면할지 모를 위험보다는 조금 덜 위험한 수준으로 추측했음이 틀림없다는 사실뿐이다. 그들 중 많은 이가 자진해서 수용소 임무에서 전선戰線 수호 임무로 전근 신청을 할 수 있었다는 것은 의심의 여지가 없기 때문이다.)

결과적으로 독일의 옛 형법이 완전히 간과한 것은 그야말로 나치 독일, 특히 아우슈비츠의 일상적인 현실이었다. 검찰이 대량 학살로 기소했더라면 이것이 "그 배경과 무관하게 어떤 일반적인 재판"이 될 수 있을 것이라는 법정의 가설은 전혀 사실과 부합하지 않았다. 일반적인 변론 과정과 비교해보았을 때 여기서는 단지 모든 것이 뒤죽박죽일 수밖에 없었다. 예컨대 수천 명을 죽음으로 내몬 어떤 사람은 가스 탄알들을 수감자들의 방 안으로 던지는 일이 직무인 소수의 사람 중 한 명이었기 때문에, 직접 주도해서 그리고 자신의 왜곡된 환상에 따라 "단지" 수백 명을 죽인 다른 어떤 사람보다 형법상 죄가 덜할 수 있다는 것이다. 여기서 배경이 되는 것은 대량생산 수단을 사용하여 저지른 거대한 규모의 행정상의 학살 행위이다. 그것은 한마디로 송장을 대량 생산한 학살 행위였다. "대량 학살과 그 공모"는 인종 말살 수용소에서 임무를 수행한 적이 있는 모든 나치 친위대원 각각과 그런 수용소에 단 한 번도 발을 들인 적이 없는 많은 사람들에게 똑같이 적용될 수 있고 또 그래야만 할 혐의다. 이런 관점 — 그리고 그것은 기소장의 관점이었다 — 에서 볼 때, 증인으로 채택된 비엔나 출신의 법률가이자 주州 의원이었던 하인리히 뒤르마이어Heinrich Dürmayer 박사가 일반 법정의 절차를 뒤집을 필요성을 암시한 것은 상당히 옳은 일이었고, 이런 상황하에서 피고들은 그 반대 경우를 입증할 수 없는 한 유죄로 추정되어야 마땅할 것이다. 뒤르마이어는 "**나는 이[피고]들이 자신들의 무고함을 [스스로] 입증해야 할 것이라는 점을 전적으로 확신하고 있었습니다**"라고 밝혔다. 같은 이유에서 "단지" 정규적인 말살 작전에 관여했을 뿐인 사람들을 "손꼽을 만한 숫자의 용납할 수 없는 사례들" 가운데 포함시켜서는 안 될 것이다. 아우슈비츠의 구조적 환경에서는 그 증인이 얘기하듯이 사실상 "죄가 없는 사람은 아무도 없었다." 이 점은 그 재판의 목적상 분명히 "용납할 수 없는" 죄가 다른 어떤 형법에서도 찾아볼 수 없는 꽤 색다른 잣대로 측량되어야 한다는 사실을 의미했다.

그런 모든 주장들은 다음과 같은 이유로 법정에서 반박되었다. "국가사회주의 역시 법치 원칙에 종속된다." 법정은 나치정권이 결코 형법 개정을 생각해 본 일이 없었다는 사실을 우리에게 환기하고자 했던 듯하다. 마치 그들이 바이마르헌법을 폐지할 생각을 해본 적이 없는 것과 마찬가지로 말이다. 부주의함은 단지 외관상으로만 드러났다. 그 전체주의적 지배자는 자신이 스스로 제정한 것을 포함하여 모든 법규들이, 무한정일 수 있는 자신의 권력에 특정한 제한 사항들을 부과할 것임을 일찍이 알아차렸기 때문이다. 나치 독일에서는 총통의 **의지**가 곧 법의 **원천**이요, 총통의 명령이 곧 유효한 법이었다. 한 인간의 의지보다 더 무한정한 것이 과연 있을 수 있으며, '내가 의지한다I will'는 것으로써만 정당화되는 질서보다 더 자의적인 것이 있을 수 있을까? 어쨌거나 프랑크푸르트 법정의 비현실적인 가정들은 피고 측의 핵심 주장—"한 국가는 그 역사의 다른 국면에서 국가가 명령한 것을 처벌할 수 없다."—이 상당한 설득력을 가지게 되는 불운한 결과를 초래했다. 이는 그 [프랑크푸르트] 재판정 역시도 비스마르크의 제국부터 본Bonn에 있는 서독 연방정부에 이르기까지 독일 국가의 "정체성의 연속성"이라는 근본명제에 동의했기 때문이다.

게다가 가령 이 국가 제도들의 연속성이 실제로 현존한다면 —
그리고 이는 사실상 나치들이 함께 '공조'할 수 있었고 아데나워
총리가 별로 손도 보지 않고 재고용한 [전前 제3 제국] 공무원이
일하는 주요 부서에도 적용된다. — 법원과 검찰 제도의 연속성은
어떠한가? 라테른저 Hans Laternser 박사 — 지금까지 피고 측 변호사
중 가장 지성을 갖춘 자 — 는 다음 질문들을 제기했다. "1938년
11월 유대인 사업체와 주거지 파괴, [1939년과 1940년에 일어
난] 지적장애인 살해, 끝으로 유대인 학살과 같은 언어도단의 위
법 행위에 대한 조치를 취하는 것은 검찰의 의무가 아니었던 것인
가? 당시 검찰은 이런 것들이 범죄라는 사실을 알지 못했는가? 어
떤 판사나 국선변호인이 그 당시에 사임은 고사하고 항의라도 했
었던가?" 이런 질문들은 답이 주어지지 않은 채로 남겨졌으며, 이
는 변론 절차의 사법적 토대가 얼마나 신뢰할 수 없는 것인지를
가리키고 있다. 전후 나치 재판들 각각은 법적인 가설 및 이론들
과 확연히 대조를 이루면서, 모든 국가기관, 모든 공무원, 모든 기
업체의 높은 지위에 있는 공적 인사들 전체가 나치 정권의 범죄에
총체적으로 공모했음을 — 그런 이유로 누군가는 어떤 "연속되는
정체성"이 현존하지 않기를 바랐을 것이다 — 입증했다. 라테른저
박사는 이어서 "그 [나치] 협력자들이 미래의 법을 위한 모종의
결정적인 잣대를 발견할 기회를 탕진해버리고 결과적으로 사법적
상황의 혼동에 기여했다"고 비난했다. 뉘른베르크 재판의 변론 과
정에 대해 잘 알고 있는 사람이라면 어느 누구도 이 지적에 반박

을 가하지 않을 것이다. 그런데 라테른저는 왜 명백히 그 상황을 바로잡는 데 훨씬 직접적인 관심을 가지고 있음 직한 연방공화국을 상대로는 같은 비난을 제기하지 않는 것일까? 사실 "과거를 정복하는 일"과 관련된 모든 이야기는 정부가 전임 정권의 실질적 범죄성을 정공법으로 매듭짓지 않는 한 공허한 수사修辭로 남을 것이 명백하지 않은가? 그보다, 프랑크푸르트 법정에서는 그 악명 높은 '인민위원 학살 명령'— 그 명령에 근거하여 사전통보를 받지 못한 러시아인 수감자 수천 명이 아우슈비츠에 도착하자마자 살해되었다 — 의 적법성에 관한 사법적 의견이 "아직까지 연방 법원에서 도출되지 않은 사실"이 드러났다. 비록 동일 법정이 "자연법에 근거하여" 유대인 말살의 비합법성nonlegality을 선포한 사실이 있었을지라도, 그것은, 말이 나온 김에 하는 말인데, 이런 고려 사항들 이외의 이유들 때문에 그다지 만족스러운 해법이 되지 못한다. (인민위원 학살 명령의 문제점은 그것이 히틀러가 내린 명령이었다는 충분한 징표를 찾을 수가 없고 단지 독일 최고사령부가 직접 하달한 것이라는 데 있는 듯하다. 그 수감자들은 "'최고사령관OKW, Oberstes Kommando der Wehrmacht의 명령에 따라'라는 표시문구가 박힌 파일 카드를 함께 소지한 상태로 도착했다." 그것이 바로, 법정이 피고 브라이트비저Arthur Breitwieser를 그의 증인이었던 페촐트Walter Petzold의 증언이 잘못된 것임에 틀림없다는 이유로, 그리고 브라이트비저에게 초창기 가스실 살상 실험에서 소비에트 장교들과 인민위원들을 대상으로 살상제인 치클론Zyklon B를 엄밀히 시험했다는 혐의를 두었던 또 다른 증인인 오이게니우시 모츠Eugeniusz Motz의 증언을 언급도 하지 않고서 무죄 방면하게 된 이유였는가?) 피고 측에게는 독일 최상위 법정의 판결이 어쨌든 **"현재의** 사법적 사유 방식"을 대변하는 데 지나지 않는 것이었으며, 이 변호사들이 "독일 국민 대다수"와 합의 상태에 있었음은 의심의 여지가 없다. 어쩌면 같은 법조계 동료들과도 그랬을 것이다.

기술적으로 말해서, 주州 검사였던 바우어가 희망했던 바대로 재판이 "본질적으로 매우 단순한 사건"이 될 수 없도록 막은 것은 "대량 학살과 그 공모"라는 기소 이유였다. 그것이 미제의 사법적 질문들과 정의를 할당하는 "결정적인 잣대"의 부재에 대한 골치 아픈 "배경"을 전면으로 불러내는 상황으로 굴러갈 수밖에 없도록 만들었기 때문이다. 피고들의 인성과 그들의 행적에 관한 한, 증인들에 의해 고발된 그들의 거의 모든 잔혹 행위는 책상머리 살인자들이나 "최종 해법"의 실제적인 창도자 일인 혹은 창도자들의 상급 명령들에 따른 것이 아니었으므로 이는 사실상 "매우 간단한 사건"이었다. 고위직에 있던 그 어떤 사람도 귀찮게 "토끼몰이", "보거 스윙", "운동 시합", 벙커 감금, "서서 자는 감방", "검은 벽" 혹은 "모자 사격" 등과 같은 "세부 사항들"에 대한 지시를 내린 적이 없었다. 어느 누구도 영아들을 공중에 던져 총알의 표적으로 삼거나 활활 타오르는 불구덩이에 집어던지거나 머리통을 벽에 대고 으깨도록 명령한 바는 없었다. 또한 사람들을 짓밟아 죽이거나 손으로 단번에 쳐 죽이는 행위를 포함하여 살인적인 "운동 시합"의 대상으로 삼으라는 명령 따위는 있지도 않았다. 그 어느 누가 그들에게 "안락한 가족 모임" 같은 이동 트랩에서 선별 작업을 진행하라고 명령한 적도 없다. 그들은 "이번 신참 무리 또는 다른 때 온 신참 무리에게서 빼앗은 것을 자랑하면서 귀대歸隊했을 것이다. 마치 '사냥에서 돌아와 거기서 벌어졌던 것을 서로 공유하는 뒤풀이 자리인 양' 말이다." 그들은 부자가 되거나 '재미'를 보라고 아우슈비츠에 파견된 것이 아니었다. 그런 이유로 모든 나치 형사 재판들의 성격이 "일반적인 형사 재판"이며, 기소된 자들이 다른 범죄자들과 특별히 구별되지 않는다고 규정했던 재판정의 미심쩍은 사법적 판결이 이번만큼은 사실로 확인되었다. 어쩌면 사람들이 알고 싶었던 수준 이상의 훨씬 더 견고한 사실로서 말이다. 셀 수 없이 많은 개별 범죄들 ─ 지금 눈앞에서 일어나는 것이 다음에 올 것보다 훨씬 더 끔찍한 법이다 ─ 이 인종 말살이라는 거대한 범죄를 둘러싸고 있었고 그것을 위한 분위기를 조성했다. 이런 "상황들" ─ 이 단어가 어떠한 언어에서도 표현할 수 있는 말을 찾기 어려운 그 무엇인가를 지칭할 수 있는 명칭이라면 ─ 과 그것들에 대해 직접적으로 책임이 있고 유죄인 "졸개들"이 아우슈비츠 재판에서 집중 조명되었다. 그 나치 독일의 국가 범죄나 그 "의기양양했던" 신사들이 아니고 그 "졸개들"이 말이다. 이 재판 ─ 아이히만 자신이 반박할 수 없는 문서로 정리된 증거들과 그의 시인에 근거하여 유죄가 선고된 예루살렘 재판과는 대조적으로 ─ 에서 하나하나의 증언이 지목한 내용은 책상머리 살인자들이 아니라 그들의 졸개들에 관한 것이었다. 그 졸개들이야말로 희생자들이 유일하게 대면했었고 개인적으로 알고 있었으며 희생자들과 직접적으로 관련된 유일한 사람들이었다.

만약 [법정이] 그렇게 하지 않았다면 심지어 독일 국가의 "정체성의 연속성"이라는 차라리 피상적인 논점이 [또다시] 불러들여질 수도 있었을 것이다. 비록 약간의 수정사항들이 더해질 필요는 있겠지만 말이다. 아우슈비츠의 부역 재소자인 베드나레크Emil Bednarek의 심리 과정에서 법정이 판단한 대로, 피고들은 "명령에 따라 사람들을 죽인 것이 아니라 수용소에 있는 어떤 재소자도 살해해서는 안 된다는 **명령과 반대로 행동했다.**" 물론 가스주입에 의한 학살은 예외로 치더라도 말이다. 그런 경우들 대부분이 심지어 나치 법정이나 나치 친위대 법정에 의해 기소될 수 있었다는 것은 사실이다. 그런 일이 자주 일어나지는 않지만 말이다. 사정이 그러했기 때문에 아우슈비츠의 전 정치국 우두머리인 그라프너 Maximilian Grabner는 "재소자 2천 명을 임의로 골라서 처형한" 혐의로 1944년 나치 친위대 법정에 의해 기소되었다. 그리고 전 나치 친위대 판사 두 명, 즉 현재 개업 변호사로 활동하는 콘라트 모르겐 Konrad Morgen과 게르하르트 비베크Gerhard Wiebeck는 나치 친위대가 "부패 행위와 … 독자적인 살인 행위"들을 내사했었다고 증언했다. 내사 결과 살인 혐의건들이 나치 친위대 법정으로 송치되었다. 포겔Georg Friedrich Vogel 검사는 "히믈러가 자신의 특별 명령 없이는 재소자들을 구타하거나 죽여서는 안 된다고 말했음"에도 불구하고 그 발언은 히믈러가 "여성 재소자들의 신체적 처벌 방식을 보기 위해 수용소를 수차례 방문하는 일을 막지는 못했다"라고 지적했다.

이렇게 터무니없고 끔찍한 조건들 아래서 저질러진 범죄들을 판단하는 결정적인 잣대의 결여 사실이 의사 프란츠 루카스에 대한 판결문에서 통증이 느껴질 정도의 명징한 표현으로 나타나고 있다. 그에게 3년 3개월의 노역 — 최소 형량 — 이 구형되었는데, 그는 "동료들로부터 항상 따돌림을 당해"왔으며 지금은 피고들에게 공공연히 공격을 받고 있다. 대개 피고들은 서로에게 죄를 뒤집어씌우는 일을 매우 용의주도하게 회피한다. (딱 한 번만이라도 상호 불일치 상황에 직면하게 되면 그들은 재판에 앞서 이루어진 사전 심문 과정에서 남에게 죄를 뒤집어씌우려고 했던 언급을 법정에서는 철회한다.) 예컨대 다음과 같은 발언이 그런 예다. "만약 그가 지금 자기가 그 당시에 사람들을 도왔노라고 주장한다면 그가 귀향 차표를 사려고 했던 1945년이라면 아마 그랬을지도 모르겠다." 우리의 논점은 물론 이 발언이 이중의 의미 차원에서 사실이 아니라는 것이다. 루카스 박사는 사람들을 처음부터 끝까지 도와주었다. 그리고 그는 "구세주"로 자처하지도 않았고 — 다른 피고들 대부분과 매우 대조적으로 — 자신에게 유리하게 증언하는 증인들을 알아본다거나 그들이 회고하는 사건들을 기억해내는 일을 일관되게 거부했다. 루카스는 수감자들 중에 포함돼 있는 자기 동료들과 위생 조건에 대해 토론을 했었으며 그들 모두를 올바른 직함으로 호칭하여 예우했다. 심지어 나치 친위대 약국에서 "재소자들을 위해 약을 빼돌렸으며 자기 돈으로 음식을 사들여왔고" 자기 배급품을 나눠주었다. "그는 유일하게 우리를 인간답게 대해준 의사였으며", "우리를 인정할 수 없는 사람들로 보지 않았고", 수감자들 중 의사들에게는 "몇몇 동료 재소자들이 가스실로 보내지지 않게 할"

방법에 대해 조언했다. 요약하면, 어떤 증인이 "우리는 루카스 선생님이 없어진 후에 매우 절망했어요. 그분과 함께 있을 때 우리는 매우 즐거웠습니다. 정말로 우리가 다시 웃을 수 있는 법을 배웠거든요"라고 말하면, 루카스는 "나는 지금 비로소 그 증인의 이름을 알게 되었네요"라고 말하는 식이었다. 분명 석방된 피고들 어느 누구도, 피고 측 변호사들 어느 누구도, 자유의 몸이 되어 다시 증언대에 선 "의기양양했던 신사들" 중 어느 누구도 프란츠 루카스와는 비교 대상이 될 수 없었다. 그럼에도 사법적 가설들에 묶인 법정은 이 사람에게조차도 최소 형량을 선고하지 않을 수 없었다. 비록 한 증인이 루카스는 "그런 곳에 전혀 어울리지 않는 너무나 좋은 사람이었어요"라고 한 말의 의미를 판사들이 이미 잘 알고 있었을지라도 말이다. 심지어는 검찰조차도 "그를 다른 사람들과 함께 도매금으로 넘기는 것"을 원치 않았다. 물론 루카스가 신체 조건이 양호한 자를 골라내는 이동 트랩에 배치되어 있었던 것은 사실이다. 그렇지만 그는 "재소자들의 편을 든다"라는 의심을 받았기 때문에 그쪽으로 파견되었고, 명령을 거부하면 "그 자리에서 체포될" 것이라는 소리도 들었다. 결국 그에 대해서도 "대량 학살과 그 공모"라는 혐의가 성립된다는 얘기다. 처음 수용소 내의 의무와 맞닥뜨렸을 때 루카스는 여기저기 조언을 구했다. 그의 본당 주교는 그에게 "비도덕적인 명령들에 복종해서는 안 되지만, 그렇다고 목숨의 위협을 감수하라는 뜻은 아니다"라고 조언했다. 한 고위급 법리학자는 전쟁이라는 명분으로 그 공포들을 정당화했다. 루카스에게는 양쪽 조언 모두 별 도움이 되지 않았다. 이 대목에서 그가 수용소의 수감자들에게 자신이 어떻게 해야 하는 지를 물었다고 가정해보자. 그들은 루카스에게, 저 의지가 박약한 데다 악마와 같은 교묘함을 지닌 다른 모든 사람들로부터 자신들을 구해내기 위해서라도, 제발 그곳에 남아서 이동 트랩 위의 선별 작업 — 그것은 매일 일어나는 일이었고, 말하자면 일상화된 공포였다. — 에 참여하는 [개인적] 희생을 감수해달라고 간청했을 것 같지 않은가?

4

누군가가 그 재판의 속기록을 읽을 때 항상 기억해야 할 것은 아우슈비츠가 엄격한 규칙과 규정에 따라 집행되어야 할 '행정적인' 학살을 위한 시설로서 설치되었다는 사실이다. 그런 아우슈비츠의 규칙과 규정들은 책상머리 살인자들에 의해 기초가 놓였고, 그것들은 더 낫든 또는 더 나쁘든 간에 개별적인 솔선 행위 전체를 배제하려는 — 아마도 그렇게 의도했던 — 듯했다. 수백만의 생명 말살 계획이 하나의 기계처럼 기능하도록 계획되었다. 요컨대 유럽 전역에서 캠프로 후송하는 일, 이동 트랩에서의 선별 작업과 캠프 도착 후 후속 선별 작업(노인들, 어린이들, 아이를 동반한 엄마들은 즉시 가스실로 보내졌다), 인체실험들, 그리고 말살 시설들에 인원을 안배하고 특권적인 지위를 누린 두목들과 재소자 특공대원으로 구성된 "부역 재소자" 체계의 가동 등등이 그러했다는 것이다. 모든 것이 예견된 것이었으므로 예측이 가능한 듯이 보였고, 날이 가고 달이 가고 해가 가도 마냥 그럴 것처럼 보였다. 그럼에도 불구하고 관료제적 계산들과 달리 결과는 예측 가능성과 정확히 반대되는 방향으로, 완전히 제멋대로였다. 볼켄Otto Wolken —수감자 중 한 명이었으며 지금은 빈Vienna에서 내과 의사로 일하는 첫 번째 증인이자 가장 훌륭한 증인 중 한 사람—의 표현에 따르면, 모든 것은 "**거의 하루 단위로 변했다**. 그것은 그날의 책임 장교에 따라, 섬호 지휘자에 따라, 권역圈域 책임자에 따라, 그리고 그들의 기분에 따라 달라졌다." 다른 무엇보다 그들의 기분상태에 특히 좌우된 것으로 나타난다. "어떤 날엔 가능한 일이 이틀 뒤에는 전적으로 불가능했고 … 똑같은 작업의 세칙사항들도 죽음을 부르는 세칙사항이 될 수 있거나 … 아니면 상당히 즐거운 일이 될 수도 있었다." 어느 날 기분이 유쾌한 상태에 있었던 의무장교가 회복병동 건립이라는 발상을 떠올렸다. 그러나 두 달 후에는 모든 회복기에 있는 사람을 몽땅 다 가스실로 보내 버렸다. 책상머리 살인자들이 간과한 것은, 연루되기가 겁나는horribile dictu, 바로 '그 인간적 요인the human factor'이었다. 이 요인을 간과한 실수가 매우 소름 끼치는 이유는 바로 그 극악무도한 사람들이 결코 임상적 의미의 가학자들이 아니라는 사실 때문이다. 이 사실은 그들이 정상적인 상황에서 보여준 행태들에서 충분히 입증되고 있으며, 그들은 결코 그런 임상적인 근거로 그들의 극악무도한 의무들에 선택된 것이 결코 아니었다. 그들이 아우슈비츠나 그와 유사한 수용소로 부임하게 된 이유는 단지 이러저러한 이유로 군 복무에 적합하지가 않았기 때문이었다.

이 [베른트 나우만의] 책을 처음 읽거나 대충 읽는 사람은 인간 종의 '악마성'이나 '원죄', 인간의 고유한 '공격성' 등등에 관한 포괄적인 진술들에 빠져들게 될지도 모른다. 특히 독일인의 '국민성'에 관한 포괄적인 진술들에 빠져들게 될 수도 있다. 그 법정이 청취한 그다지 많지 않은 증언 사례들을 간과하는 것은 쉽지만 동시에 위험천만한 일이다. 그런 사례에는 얼마나 "간헐적으로 한 '인간'이 캠프로 들어왔는지" 그리고 그가 어떻게 흘깃 한 번 둘러보고는 이내 "아니요, 이곳은 내 어머니의 자식이 있을 곳이 못 되는군요"라고 하면서 서둘러 현장을 빠져나갔는지에 대한 증언이 담겨 있었다. 이 재판 전에 일반적으로 공유되었던 견해와는 대조적으로, 나치 친위대 대원들이 이러저러한 변명을 대고 캠프에서 도망치는 일은 비교적 간단했다. 에밀 핀베르크 박사 같은 사람의 손아귀에 떨어지는 불행만 생기지 않는다면 말이다. 핀베르크는 심지어 오늘도 여성과 아이들에게 총을 쏠 수 없는 물리적 불능이라는 "죄"를 지은 자에 대해서는 "징역형에서 사형에 이르기까지"의 처벌을 요구하는 것이 전혀 문제 될 게 없다고 생각한다. 사실 수용소에 남아서 수감자들을 도와주면서 "재소자의 편을 든다"라는 훨씬 위중한 혐의를 쓰는 것보다는 "담력이 약하다"라고 주장하는 편이 단연 덜 위험한 일이었다. 그런 까닭에 수년 동안 한결같이 수용소에 머물면서도 그 사이에 영웅이 된 소수 정예 집단에 속하지 못한 사람들은, 그 인구 집단 내에서 최악의 요소들이 자동적으로 선택된 어떤 경우를 표상했다. 우리는 이러한 사안들의 비율에 대해 알지 못하며 [설령 안다고 해도] 그것들로부터 행여 뭔가를 배울 수 있을 것 같지도 않다. 그럼에도 가령 이러한 명백한 가학적 행위들이 평소 생활 속에서 결코 그런 일로 인해 법과 갈등을 빚지 않았을 법한 완전히 정상적인 사람들에 의해 저질러졌다고 생각하는 순간, 우리는 그러한 만행을 저지를 기회 말고는 별로 부족함이 없을 듯한 많은 보통 시민이 꿈꾸는 세계의 모습이 [과연] 어떤 것일지 궁금해진다.

아무튼 한 가지는 확실한데, 감히 누구도 이것을 더 이상 믿으려고 하지 않았다. 요컨대 "아우슈비츠에서도 모든 사람이 각자 좋은 사람이 될지 나쁜 사람이 될지에 대해 스스로 결정할 수 있었다는 것"이다. (가령 독일의 사법재판소들이 오늘날 나쁜 것은 물론 좋은 것과 관련해서 정의를 실현할 수 없을 것이라고 한다면 이는 궤변이 아니고 무엇이겠는가?) 이러한 개인적인 결정은 그 어떤 경우라도 그가 한 사람의 유대인 혹은 폴란드인 혹은 독일인이라는 사실에 좌우되지 않았다. 이 점은 심지어 나치 친위대 대원이라도 마찬가지다. 저 가공할 공포 상황의 한중간에 중사Oberscharführer 플라케 Flacke라는 사람이 놓여 있었는데, 그는 일종의 "평화의 섬"을 구축했으며 재소자 한 사람이 그에게 말한 것처럼 "종국에는 전부 살해될 것이며 어떤 증인도 살아남을 수 없을 것"이라는 사실을 믿고 싶어 하지 않았다. 그의 대답은 "나는 우리 중에 그런 최악의 사태를 막을 사람들이 충분하다는 희망을 가지고 있다네"라는 것이었다.

그 피고들의 임상적 측면의 정상성은 차치하더라도, 아우슈비츠에서의 주된 '인간적 요인'은 가학성이었다. 가학성은 기본적으로 성적인 성격이다. 누군가는 피고들의 웃음을 머금은 회상 태도에서 그런 낌새를 알아챈다. 그들은 이따금 증인들뿐 아니라 배심원들을 울리기도 하고 기절시키기도 하는 [가학적] 행태들에 대한 경험담을 즐거워하는 표정으로 경청한다. 그 피고들은 한때 자신들의 무력한 희생자였지만 지금은 자신들에 대해 불리한 증언을 하며 자신들을 알아보는 사람들에게 미심쩍게 고개를 숙인다. 그들은 (비록 기소된 상태였지만) 자신들을 알아보고 기억해준다는 것에 즐거운 기색을 보이며 내심 대단히 기분이 좋아 보인다. 이모든 것은 뻔뻔스러운 오만을 가리킬 뿐 아니라 커다란 성적 쾌락에 대한 달콤한 기억을 반영한다. 보거라면 중세 연가 〈그대는 나의 것〉(그대는 나의 것 Du bist mein / 나는 그대의 것 Ich bin dein / 그대여 의심치 마오 des solt du gewiss sein)이라는 곡조를 읊조리며 희생자에게 다가가지 않았을까? 이는 카둑, 슐라게 Bruno Schlage, 바레츠키, 베드나레크와 같은 거의 문맹의 금수들로서는 구사하기 어려운 세련된 방식이었겠지만 말이다. 물론 이 프랑크푸르트 법정에서는 그들 모두가 엇비슷하게 행동했다. 그럼에도 증인들이 묘사한 바로부터 우리는 [아우슈비츠가] 흑마술과 기괴한 섹스파티의 분위기를 풍기고 있었음이 틀림없다고 추정할 수 있다. 예컨대 "엄밀한 심문" 의식이라든지, 그들이 지하 벙커로 갈 때 꼈던 "흰 장갑", 그리고 보거와 루마니아 출신의 약사 카페시우스의 특기였던 '사탄의 화신' 놀이에 관한 싸구려 허풍 등을 통해서 말이다. 카페시우스 — 루마니아의 궐석재판에서는 사형선고를,

여기 프랑크푸르트 법정에서는 9년 형을 받았다 — 는 그들 사이에서 '송장 귀신'으로 통했다. 아우슈비츠의 전리품을 가지고 독일에 정착한 그는 사업체를 차렸고 현재 한 "친구"가 자기편을 들도록 증인들에게 영향력을 행사한다며 그를 고소한 상태였다. 프랑크푸르트에서의 불운은 그의 사업에 아무런 손해도 끼치지 않았다. 괴핑겐에 있는 그의 가게는 시빌 베드퍼드가 《옵서버》에서 보도했듯이 "이전 어느 때보다도 훨씬 더 번창하고 있었다."

아우슈비츠의 '인간적 요인'에 관한 한, 단지 중요도 면에서만 뒤로 밀리는 것이 바로 '단순한 기분 상태'였다는 것은 틀림없는 사실로 보인다. 기분보다 더 자주 더 재빠르게 바뀌는 것이 어디 있을 것이며, 기분에 완전히 굴복한 사람의 인간성에 남아 있을 것은 또 무엇이겠는가? 어쨌든 죽게 될 인간들이 끝없이 공급되는 상황에 둘러싸인 나치 친위대 대원들은 실제로 뭐든 원하는 대로 다 할 수가 있었다. 분명 그들은 뉘른베르크 재판 과정에서 피고들이 지칭되었던 호칭대로 "주요 전범들"로 불리지는 않았다. 그들은 "대형" 범죄자들에게 기생하는 존재들로 설명되었다. 그럼에도 그들을 바라보고 있노라면 그들이 오늘 자신들에게 불행을 초래했다고 비난하는 그 사람 — 대형 범죄자 — 들보다 덜 나쁜 사람인지 의문이 들기 시작한다. 나치스는 나치의 거짓말을 통해 지구상의 인간쓰레기들을 독일 국민의 엘리트로 격상시켰다. 그뿐만 아니라 "강인함"이라는 나치의 이상에 부응하여 살았고 아직도 그것을 자랑스럽게 생각하는 자들("약삭빠른 녀석들")은 사실상 뼈 없는 젤리 같은 족속이었다. 마치 그들의 변화무쌍한 기분이 모든 실체적인 내용을 집어삼켜 버린 듯했다. 그 기분이란 것이 개인적인 정체성—그것이 좋든 나쁘든, 유약하든 잔혹하든, 어떤 "이상적인" 바보의 것이든 냉소적인 성도착자의 것이든 상관없이—의 단단한 표피마저 다 집어삼킨 듯했다. 가장 가혹한 양형 중 하나—종신형에 8년이 추가된 형량—를 제대로 선고받은 인물이 [기분에 따라] 때때로 어린이들에게 소시지를 나눠줄 수도 있었다. 바로 그 베드나레크는 재소자들을 짓밟아 죽이는 장기를 발휘한 다음 자기 방으로 돌아가서는 기도를 했다. 이제 정상적인 기분으로 돌아왔기 때문이다. 수만 명을 죽음으로 내몬, 앞에서 언급했던 그 의무장교가 한 모교 후배 여성을 구할 수도 있었다. 그에게 자신의 청년 시절을 떠올리게 한 덕분이다. 아이를 출산한 산모에게 꽃다발과 초콜릿이 보내질 수도 있었다. 비록 다음 날 아침 가스실에서 죽음을 맞이할 운명이었지만 말이다. 피고 한스 슈타르크Hans Stark는 당시 매우 젊은 나이였는데, 한번은 유대인 두 명을 고른 다음 두목에게 그들을 죽이라고 명령했다. 그러고 나서 몸소 시범을 보이기 시작했고, 그 과정에서 두 명을 추가로 살해했다. 그런 반면에 다른 계제에는 한 수감자에게 어떤 마을을 가리켜 보이며 옛 추억에 잠겼다. "저 마을이 얼마나 아름답게 지어졌는지 한번 봐요. 벽돌이 참 많기도 하죠. 전쟁이 끝나면 **저기 있는 벽돌들에 전사자의 이름이 새겨질 거요. 어쩌면 벽돌이 부족할지 모르겠군요.**"

가령 정상적인 기분 상태였다면 자기가 "누군가의 생명을 구했다고 주장하지 않을 나치 친위대 대원이 거의 전무했을 것"이라는 점은 확실하다. 사실 생존자 대부분—선택된 노역 인력 가운데

약 1%에 해당된다 — 이 이러한 "구세주들" 덕분에 목숨을 부지했다. 아우슈비츠에서 최고의 지배자는 죽음이었다. 하지만 죽음과 병행하여 수감자들의 운명을 결정한 것은 '돌발사고'였다. 가장 터무니없고 제멋대로인 우연성이 저승사자의 변화무쌍한 기분과 엮이게 된 상황, 바로 그것이 그들의 운명을 결정했던 것이다.

5

판사가 솔로몬처럼 현명했다고 하더라도, 그리고 법정이 "결정적인 잣대"를 가지고 있어서 우리 세기의 예상치 못한 범죄를 범주화하고 문장으로 표현하여 인간의 정의가 성취할 수 있는 최소한을 얻는 데 일조할 수 있었다고 해도, 베른트 나우만이 요구한 "진실, 그 총체적 진실"이 드러날 수 있었을지는 여전히 의심스러운 수준 그 이상일 것이다. 그럼에도 그 어떠한 일반성 — 어떤 것이 일반적이지 않다면 과연 그것을 진실이라고 말할 수 있을까? — 이라도, 누군가가 사람들이 그저 '모든 것이 허용된다'라고 말하는 대신에 "모든 것이 가능하다"라고 말할 때 무슨 일이 벌어지는지를 깨닫기 위해서는 반드시 자기 스스로 발을 담가야 할 그 무질서하고 몰지각한 잔악행위들의 홍수를 통제할 수는 없을 것이다.

나우만 책의 독자는 **그** 진실 대신에 **진실의 순간들**을 발견할 것이며 이러한 순간들만이 실제로 그 사악함과 악의 무질서를 분명히 설명하는 유일한 수단이다. 그 [진실의] 순간들은 사막의 오아시스처럼 예상치 못한 형태로 출현한다. 그것들은 일화들로 나타나며 매우 간명하게 그것들이 무엇에 관한 것이었는지를 말해준다.

거기 자기가 죽을 것임을 아는 한 소년이 있다. 막사 담벼락에 그는 자신의 피로 다음과 같이 쓴다. "안드레아스 라파포르트Andreas Rapaport가 16년을 살았었노라."

거기 자기가 "꽤 많이" 안다는 것을 알지만 "더 이상은 배우지 않게 될" 아홉 살짜리 소년이 있다.

거기 보거라는 피고가 있는데, 그는 사과를 먹고 있는 어떤 아이를 발견하고 두 다리를 들어 올려 낚아챈 다음 벽면을 향해 그의 머리를 세게 내리쳐 박살을 낸다. 그런 다음 침착하게 그 아이가 먹던 사과를 주워서 한 시간쯤 지난 후에 먹는다.

거기 한 나치 친위대 대원의 아들이 근무 중인 아버지를 보러 수용소에 온다. 한 아이는 한 아이일 뿐이다. 그런데 이 장소의 특수한 규칙은 모든 아이가 죽어야 한다는 것이다. 그래서 아이는 표식을 목에 걸어야만 했다. "그들이 그를 잡아다 가스오븐에 집어넣지 않도록" 말이다.

거기 곧 "클레어의 의학적 단계"에 따라 페놀 주사를 맞고 죽도록 선별된 사람들을 붙잡고 있는 재소자가 있다. 방문이 열리고 그 재소자의 아버지가 들어온다. 모든 것이 끝났을 때 "나는 울면서 아버지의 시신을 직접 처리해야 했어요." 다음 날 클레어가 그에게 어제는 왜·울었느냐고 묻는다. 클레어에게 사실을 말했더라면 "아마 그를 살릴 수도 있었을" 것이다. 그 재소자는 왜 말하지 않았을까? 그가 클레어를 두려워한 것이 이유가 될 수 있을까? 되게 실수를 했군 그래. 클레어가 [어제] 그렇게도 기분이 좋은 상태였는데 말이야.

마지막으로, 거기 마이애미에서 프랑크푸르트까지 [비행기로] 단숨에 날아온 한 여자 증인이 있다. 그녀가 신문에서 루카스 선생의 이름을 보았기 때문이었다. 그녀는 "내 어머니와 가족을 살해한 그가 [어떤 사람인지] 궁금해졌다"고 말한다. 그리고 그 일이 어떻게 일어났는지에 대해 말문을 연다. 1944년 5월 그녀는 헝가리에서 아우슈비츠로 이송됐다. "나는 아이 한 명을 안고 있었다. 사람들이 아이 엄마는 아이들과 함께 있을 수 있다고 해서 내 어머니가 내게 아이를 안겨주고는 나이 들어 보이는 옷을 입힌 것이다. [그녀의 어머니는 셋째 아이의 손을 잡고 있었다.] 나를 본 루카스 박사는 아마도 내가 그 아이 엄마가 아닌 것을 눈치챈 듯했다. 그는 내게서 아이를 빼앗아 내 어머니에게 던졌다." 이 말을 들은 법정은 즉시 진실을 알게 된다. "당신은 혹시 저 증인을 구하려고 용기를 낸 것입니까?" 루카스는 잠깐 말이 없다가 모두 부인한다. 그러자 그 여인은 분명히 아직도 그 아우슈비츠의 규칙 — 아이와 함께 온 모든 엄마는 도착하자마자 가스실로 보내진다 — 에 대해 아무것도 알지 못한 채로, 자기 가족을 죽인 살인마를 쫓던 자신이 실제로는 자기 생명을 구해준 구세주와 맞닥뜨렸다는 사실도 인지하지 못한 채 법정을 떠난다. 이것은 사람들이 세상을 거꾸로 뒤집어 보기로 마음먹었을 때 일어나는 일이다.

1966

8장
자업자득

우리는 '아메리카'가 아니라 '미합중국'의 200번째 생일을 축하하기 위해 이 자리에 함께 모였습니다. 우리가 이보다 더 적절치 못한 순간을 택할 수는 없었을 것 같군요. 저 위기들, 예컨대 공화국의 위기, 이 통치 형태의 위기, 그리고 자유를 수호하는 기관들의 위기 등은 조지프 매카시Joseph Raymond McCarthy가 오늘 우리에게 그저 조그만 위기 상황으로 보이는 것을 촉발한 이래 수십 년 동안 추적이 가능한 것들입니다. 우리의 정치적 삶의 토대들 바로 그것이 점점 엉망진창이 되어가고 있다는 것을 증언하는 여러 사건들이 잇따라 발생했지요. 당연히 에피소드 자체는 바로 잊혔지만 그 결과는 이 나라에서 비교적 새것에 속하며 아마도 장기 집권한 루스벨트 행정부의 가장 중요한 업적이기도 했던 신뢰할 만하고 헌신적인 대민對民 봉사 기관의 파괴로 나타났습니다. 그 [매카시라는] "추잡한 미국인"이 **외교** 관계의 장에 등장한 것은 바로 이 기간의 여파 때문이었다고 봅니다. 그는 그 당시에 실수들을 바로잡고 피해들을 복구하는 일이 점점 어려워지고 있다는 사실을 일깨우는 경우를 제외하면 우리의 국내적 삶에서 거의 주목받지 못했어요.

그 일이 있은 직후 소수의 사려 깊은 관망자들이 우리의 통치 형태가 나라 안 적대세력들의 맹공격을 견뎌내며 2000년까지 살아남을 수 있을지 의구심을 품기 시작했습니다. 처음 그런 의구심을 공개적으로 표출한 사람은, 내 기억이 정확하다면, 아마 존 F. 케네디John Fitzgerald Kennedy였을 겁니다. 이 나라의 일반적인 분위기는 명랑한 상태로 남아 있었습니다. 그럼에도 그 어느 누구도 심지어는 워터게이트 사건 이후에조차도 최근 사건들의 대변동을 극복할 준비가 되어 있지는 않았어요. 그래서 사건들이 마치 "역사의 장 속에 있는 나이아가라 폭포이기라도 한 양" 한 물줄기가 다른 물줄기에 겹쳐져 폭포수가 되어 떨어지면서 그 엄청난 낙수의 힘으로 모든 사람 — 그것에 관해 성찰하려는 관망자들과 속도를 늦춰 보려는 행위자들 — 을 엇비슷하게 멍한 마비 상태로 만들었지요. 이 과정이 하도 신속해서 '무엇이 언제 일어났는가'라는 식으로 사건들을 기억하는 일조차도 어떤 진지한 노력이 요구되었습니다. 러셀 베이커Russell Baker의 말대로 실제로 "발생한 지 4분이 채 안 지난 것도 이집트만큼이나 오래된 것인 듯"이 느껴졌답니다.

우리를 멍하게 만드는 사건들의 대변동 사태가 대단히 이상스럽긴 하지만 역사 속에서 결코 낯선 것이 아닌 현상, 즉 각기 다른 의미나 원인을 가진 사건들이 동시에 발생하는 일 때문임은 의심의 여지가 없습니다. 베트남에서의 패배는 결코 "명예로운 평화"가 아니라 정반대로 명백히 굴욕적인 패배였고, 만인의 만인에 대한 싸움 형태의 잊을 수 없는 장면들을 연출하면서 헬리콥터로 허둥지둥 달아난 철수였지요. 확실히 행정부의 네 가지 선택지 가운데 최악일 수 있는 항목에 우리는 까닭 없이 우리의 마지막 공보 公報 활동 묘기, 갓난아이의 공중 구출, 전적으로 안전한 남쪽 지역에 거주하는 일부 베트남인 "구출" 작전을 추가시켰어요. 전쟁의 패배 자체가 그렇게까지 큰 충격을 초래할 수는 없었을 것입니다. 그것은 많은 사람들이 테트Tet 공세 이래로 수년간 예상해온 바였기 때문입니다.

"베트남화"[1] 시도가 작동하지 않은 것은 어느 누구에게도 놀라운 일이 아니었을 것입니다. 그것은 마약, 부패, 탈영, 명백한 반란에 찌들어 더 이상 그곳에 남아 있을 수 없는 미군을 철수시키기 위한 일종의 공보용 구호口號였기 때문입니다. 정작 놀라운 것은 심지어 워싱턴의 보호 의지도 타진하지 않은 채로 그 승리자들이 싸워 정복할 수 없을 정도로 자기 정부의 분열을 가속화한 응우옌반티에우Nguyên Văn Thiêu 자신의 통치 방식이었어요. 그 승리자들이 추격할 수 있는 것보다 더 신속하게 도망친 적군 한 사람과 연락이 닿은 시점에 그들이 발견한 것은 어떤 퇴각 군대가 아니라 군인 한 무리의 참패와 날뛰며 돌아다니는 방대한 규모의 민

---

1   미군 철수를 가능케 하려고 남베트남 정부에 전쟁의 주도권을 넘기고자 한 미국의 외교 정책.―옮긴이

간인들이었습니다.

요점은 이 동남아시아에서의 재앙이 미국 외교정책의 패착과 거의 동시에 발생했다는 것입니다. 키프로스의 대참사와 두 개의 옛 우방 국가인 터키와 그리스의 상실 가능성, 포르투갈의 쿠데타와 그 결과의 불확실성, 중동 사태, 아랍 국가들의 입지 상승 등이 여기 포함됩니다. 게다가 그 재앙은 가지각색의 국내 문제들과도 동시다발적으로 발생했지요. 인플레이션, 화폐가치의 평가절하, 도시들의 곤경, 실업률과 범죄율 상승 등이 그것입니다. 여기에 워터게이트 사건 ─ 나는 이것이 우리에게 결코 지나간 과거의 일은 아니라고 생각합니다 ─ 의 여파, 나토NATO의 곤경, 거의 부도 사태에 육박한 이탈리아와 영국, 인도와의 갈등, 특히 핵무기 확산 현상에 비춰볼 때 데탕트 국면의 불확실성들이 더해졌지요. 이 상황을 제2차 세계대전이 막바지에 이르렀을 때의 우리 위상과 잠시 비교해 본다면 여러분은 금세기의 예상치 못한 많은 사건 가운데 특히 미국의 '정치적 힘'[2]이 급격히 쇠퇴했다는 데 동의할 것입니다. 그 또한 거의 예상치 못했던 것이지요.

지금 우리는 아마도 전全 시대를 서로 분리시키는 결정적으로 중요한 역사적 전환점들 중 하나에 서 있을지도 모릅니다. 우리들 자신이 그러하듯 오늘을 사는 사람들은 마다할 수 없는 하루하루 생활의 요구사항들과 뒤얽혀 있는 상태이기 때문에 시대들 사이

---

2   독자는 아렌트가 군사적 **힘**과 **정치적 힘**을 구분해 사용했다는 사실을 염두에 두어야 한다. 전자가 폭력 수단에 의존한다면 후자는 사람들의 공통 관심사들에 관해 함께 행동하려는 정치적 의지를 통해 생성된다.─편집자

의 구분선들이 서로 교차될 경우 거의 눈에 띄지 않을 수도 있습니다. 그 구분선들은 사람들이 걸려 넘어진 다음에라야 비로소 과거를 돌이킬 수 없게 차단하는 벽들로 변하는 것입니다.

그 벽에 뭔가를 쓰는 일이 너무 두려운 그런 역사적 순간들에 이르면 사람들 대부분은 매일 변함없이 압박해오는 일과들과 더불어 일상의 안도감 속으로 도피합니다. 오늘 이런 유혹이 한결 강해지고 있는데, 이는 사람들이 선호하는 또 다른 도피로인 어떠한 장기적인 역사 안목도 그다지 고무적이지 않기 때문이지요. 200년 전에 토대가 놓인 미국의 자유를 수호하는 제도들은 역사 속에서 이에 비견될 만한 다른 어떤 영광스러운 업적보다도 오래 살아남았습니다. 당연히 인간의 역사에 기록된 이런 주요 장면들은 우리 정치사상 전통의 범례가 되는 모델들이 되었습니다. 그럼에도 연대기적으로 말해서 그것들이 항상 예외적인 것들이었음을 우리는 잊지 말아야 합니다. 그런 예외적인 것들로서 그것들은 어두운 시대를 산 사람들의 사유 및 행위 활동을 밝혀주는 사상으로 훌륭히 살아남습니다. 어느 누구도 미래는 알지 못하는 법이지요. 그래서 우리가 이 엄중한 순간에 확신을 가지고 말할 수 있는 전부는, 이러한 200년의 자유권Liberty과 그것의 영고성쇠는 미합중국이 어떠한 방식으로 끝나게 될 것인가와 무관하게 헤로도토스 Herodotos가 말하는 "마땅히 주어져야 할 보상으로서의 영광"을 이미 획득했다는 것입니다.

그럼에도 이러한 장기적인 안목과 우리의 기억에 내재한 미화 美化의 시간은 아직 도래하지 않았어요. 오늘 이 자리가 우리로 하여금 건국 선조들의 "비상한 사유思惟, 연설, 행위의 특질"을 이미 앞에서 제안된 방식으로 재음미해보도록 아주 자연스럽게 독려하고 있는 듯하군요. 이것은 그 사람들의 참으로 "비상한" 특질 때문에 최상의 상황하에서는 불가능했었을지도 모르겠다고 믿고 싶어집니다. 많은 이들이 그 뿌리들 및 발생한 사건들의 "보다 심층적인 원인들"의 탐색 작업에 착수하는 것은 바로 사람들이 우리와 우리의 시발점을 분리시키는 그 끔찍한 거리에 대해서 깨닫고 있기 때문이지요. 애초 자신들을 생겨나게 했던 외견外見들 속에 감추어지는 것이 그 뿌리들과 "보다 심층적인 원인들"의 본질입니다. 그것들은 조사와 분석을 통해서가 아니라 오직 해석과 추측이라는 불확실한 방식으로만 그 의미가 파악됩니다. 그런 추측들의 내용은 종종 너무 억지스러운 해석이고 거의 대부분이 사실 기록에 대한 어떤 공정한 검토에 앞서 존재하는 가정들에 근거하고 있습니다. 일례로 제1차 세계대전이나 제2차 세계대전의 보다 심층적인 원인에 대한 **이론들**은 과잉 상태인데, 그것들은 사후事後에 깨달은 우울한 지혜가 아니라 자본주의나 사회주의 또는 산업 시대나 후기 산업 시대의 본질과 숙명에 대한 여러 추측들과 과학 및 기술의 역할 등등에 대한 추측들이 확신으로 변한 바로 그것에 근거를 두고 있습니다. 그렇지만 그런 이론들은 그것들이 들리게 될 청중의 암묵적 요구들에 의해서 훨씬 엄격하게 한계가 지워집니다. 그런 이론들은 반드시 **이치에 맞게** 제시되어야만 합니다. 요컨대 그 이론들은 가장 사리에 밝은 사람들이 특정 시점에 수용할 수 있을 정도의 진술들을 담고 있어야 하며, 믿기 힘든 것을 수용해달라고 요구할 수는 없다는 것이지요.

나는 극도의 흥분과 공포에 질린 베트남전쟁의 종말을 텔레비전으로 본 사람들 대부분이 '정말 믿기지 않는다'라고 생각했을 것으로 봅니다. 그것은 정말로 믿기지 않는 일이었습니다. 이런 현실적 측면은 희망이나 두려움 그 어느 것으로도 예상할 수가 없기 때문에, 우리는 그저 행운의 여신이 미소 지을 때 기뻐하고 불행이 닥쳐오면 저주를 퍼붓게 되는 것뿐입니다. 보다 심층적인 원인에 관한 모든 추정은 그 현실의 충격에서 이치에 들어 맞아 보이는 것으로, 그리고 사리에 밝은 사람들이 있을 법하다고 생각하는 바의 용어로 설명될 수 있는 것으로 돌아가게 됩니다. 이런 개연성들에 도전하는 사람들, 즉 '그것을 있는 그대로 말할 것'을 고집하는 흉보凶報의 전령들이 환영받은 일은 결코 없었고 쉽사리 포용되지도 않았었지요. 만약 "보다 심층적인" 원인들을 감추는 것이 외견들의 본질이라면, 그런 감추어진 원인들에 관한 추정의 본질은 사실들 ─ 즉 사물들 있는 그대로의 당혹스럽고 벌거벗은 야만성 ─ 을 숨기고 우리가 잊어버리게 만드는 것입니다.

이 자연스러운 인간의 경향은 우리 정치의 장 전체가 완곡한 표현상으로 '홍보활동'이라고 하는 것의 습관 및 규범들, 즉 매디슨가街의 "지혜"에 의해 지배된 지난 10년 사이 거대한 규모로 성장했습니다. 그것은 상품들을 공중에게 광고해야 하는 소비사회 내 관리인들이 애용하는 지혜지요. 그 공중의 다수 사람은 재화의 생산보다는 소비에 더 많은 시간을 씁니다. 매디슨가의 기능은 제품의 배포를 지원하는 일이며, 그 관심의 초점은 점점 더 소비자의 필요에 맞춰지는 것이 아니라 점점 더 많은 물량이 소비되어야 할 제품의 필요에 맞춰지게 됩니다. 가령 풍요와 초超풍요가 마르크스의 계급 없는 사회의 원래 목표였다면, 이 인간 노동의 자연스러운 잉여분 — 이것은 인간적 필요에 의해 자극된 노동이 항상 노동자와 그 가족의 개별 생존에 필요한 것 이상을 생산한다는 사실을 증명합니다 — 이 있는 사회에서 우리는 사회주의자와 공산주의자의 꿈이 현실로 실현된 삶을 영위하고 있다고 말할 수도 있겠습니다. 이 꿈이 그것의 가정적인 최종단계가 자동화인 기술 향상 과정을 통해 그것을 저술한 저자의 무모한 환상들을 넘어서는 수준으로까지 실현되었다는 사실을 제외하면 말이지요. 그런데 그 고귀한 꿈이 어떤 악몽을 빼닮은 무엇인가로 변해버렸습니다.

어떤 초기 생산자 사회가 모종의 거대한 낭비경제로 변형됨으로써만 지속적으로 지탱할 수 있는 어떤 소비사회로 사실상 전환된 "보다 심층적인" 원인들을 추정해보려는 사람들은 루이스 멈퍼드Lewis Mumford가 최근 《뉴요커》지에 기고한 글로 시선을 옮겨보면 도움이 될 것입니다. "이 시대 전체의 기초가 되는 전제", 이 시대의 사회주의적 발전은 물론 자본주의적 발전도 "진보Progress라는 강령"에 바탕을 두고 있다는 주장은 정말로 너무나 당연한 얘기로 들립니다. 멈퍼드는 "진보라는 것은 스스로 자신의 노반路盤을 마련하는 트랙터였고, 그것의 트랙에 어떠한 영구적인 궤적도 남기지 않았으며, 어떤 상상이 가능하고 인간적으로 바람직한 최종점을 향해 나아가지도 않았다"라고 주장했습니다. 물론 **"계속 진행하는 것이 그 목표"**이기는 하지만, 그 "진행하는 것" 자체에 어떤 고유한 아름다움이나 유의미성이 있었기 때문은 아니라고 했어요. 더 정확히 말하면, 진행하기를 멈추는 것, 낭비하기를 멈추는 것, 더 많이 더 빨리 소비하기를 멈추고 어떤 한순간에 '더 이상은 안 된다'라고 말하는 것은 즉각적인 파멸을 뜻합니다. 광고대행사들의 지칠 줄 모르는 소음을 동반하는 이 진보는, 우리가 사는 이 세계 그리고 본래 노후화하는 특성을 지닌 물건들을 제물로 삼아서 진행됩니다. 우리는 더 이상 물건들을 사용하는 것이 아니라 남용하고 잘못 사용하며 결국은 버리고 말지요. 최근 우리 환경에 대한 위협을 갑자기 자각하게 된 일은 이런 전개 양상에 대한 첫 번째 희망의 빛이라고 하겠습니다. 비록 내가 아는 한 어느 누구도 정말로 중대한 고장故障 현상을 야기하지 않으면서 이 질주 일변도의 경제체제를 멈출 수단을 아직까지 발견하지 못했을지라도 말입니다.

이러한 사회적·경제적 결과들보다 훨씬 더 결정적인 것은 [우리가] 매디슨가의 전술들이 홍보활동이라는 명분하에 우리의 정치적 삶을 침범하도록 허용했다는 사실입니다. 펜타곤의 문서들은 "세계 최강대국이 한 주 사이에 수천 명의 비전투요원들을 살상하거나 심각하게 부상을 입히는 사진을 게재하는 한편, [베트남이라는] 그 조그만 후진국 하나를 그 이점을 두고 뜨거운 논쟁이 붙은 어떤 이슈에 굴복하도록 압박하는"— 로버트 맥나마라 Robert McNamara의 주도면밀하게 계산된 표현으로는 확실히 "조금도 매력적이지 않은"— 사진 한 장을 자세히 보여주었어요. 그뿐 아니라 그 문서들은 이 매우 영예롭지 못하며 합리적이지도 않은 과업은 한 강대국이 자국의 관점에서 "자신이 지구상의 최대 강국"이라는 **확신**을 전 세계에 심어 줄 어떤 **이미지** 창출 필요성에 의해 배타적으로 이끌렸음을 의심할 나위 없이 그리고 따분한 방식으로 거듭해서 증명했습니다.

이 무섭게 파괴적인 전쟁의 궁극적인 목표는, 존슨Lyndon Baines Johnson 대통령이 1965년에 밝힌 대로, 권력이나 이득이 아니었고, 심지어 아시아에서 특수한 실질적 이익들에 복무하는 아시아 내 영향력 확보와 같은 현실적인 것조차도 아니었습니다. 위세 — 어떤 적합한 이미지 — 가 이 영향력을 획득하는 데 필요했고 의도적으로 사용되었지요. 그것은 팽창과 병합의 충동이 곁들여진 제국주의 정치가 아니었습니다. 이 펜타곤 문서들에서 나온 이야기들에서 얻게 된 터무니없는 진실은 단지 그 **이미지** 자체가 영구적인 목표가 되었다는 점이었어요. 그것은 무수한 비망록과 "선택지들", 즉 극장에서 차용한 언어로 표현하면 "각본들"과 그것의 "관객들" 속에서 토론되었습니다. 그 궁극적인 목표를 위해 모든 "선택지들"은 마침내 모든 신호들이 패배를 가리키게 되자 공무팀 전체가 패배를 **인정하는 것**을 피하고 "지구상의 최대 강국"이라는 **이미지**를 고스란히 그대로 유지할 방도와 수단을 강구하는 데 그것의 탁월한 지적 자원들을 전부 투입할 때까지 단기적인 상호치환적인 수단들로 존재했지요. 물론 미국 행정부가 언론과의 정면충돌을 피할 수 없게 된 것은 바로 이 순간이었습니다. 외교적 음모들이나 미국의 사실적인 적들보다 자유롭고 부패하지 않은 특파원들이 이미지 조작에 하나의 커다란 위협으로 드러났기 때문입니다. 이 정면충돌은 펜타곤 문서들이 《뉴욕 타임스》와 《워싱턴 포스트》에 아마도 금세기 최고 특종으로서 동시 게재됨에 따라 확실히 촉발되었어요. 사실 이런 사태는 언론인들이 "게재하기에 적합한 뉴스거리는 전부" 인쇄할 권리를 고집하는 한 현실적으로 피할 수 없는 일이었습니다.

지구적인 정책으로서 이미지 조작은 역사에 기록된 인간의 어리석은 행동들을 보관한 창고에서는 뭔가 진짜 새로운 유형이겠지만, 정치에서의 '거짓말하기' 자체는 결코 새로운 것도 반드시 어리석은 것도 아닙니다. 긴급 상황에서 나온 거짓말들은 언제나 정당화되어 왔으며, 구체적인 비밀과 연관된 거짓말들, 특히 군사적 사안들과 관련해서는 적을 상대로 보호되어야만 했습니다. 이것은 원칙에 근거한 거짓말하기는 아니었고 비상한 상황들을 위해 배치된 일부 소수 사람에게 주어진 질투날 정도로 보호받는 특권이었지요. 반면에 이미지 조작, 즉 겉보기에는 무해한 매디슨가 식의 거짓말하기 — 그 "탐색과 파괴" 작전들이 허위로 보고한 시신 숫자, 공군의 조작된 후속 손상에 대한 의료진의 의견서, 마틴 Graham Martin 대사의 소개 跳開 작전의 경우 그가 구조 헬리콥터에 탑승하는 순간까지 이어진 워싱턴에 타전한 지속적인 경과보고 등등 — 는 군대든 민간이든 가릴 것 없이 모든 통치 활동 관련 직위의 전 영역에 확산이 허용되었습니다. 이런 거짓말들은 친구나 적 어느 쪽에도 비밀을 감추지 않았어요. 아예 그럴 의도도 없었다고 봅니다. 그것들은 처음부터 의회를 조종하고 미국 국민을 설득하려는 의도에서 비롯된 것이었기 때문입니다.

모종의 삶의 방식으로서 거짓말하기 역시도 정치에서는 결코 참신한 것이 못 됩니다. 적어도 우리 20세기에는 그렇습니다. 그것은 총체적인 지배가 가능한 나라에서는 매우 성공적인데, 거기서 거짓말하기는 어떤 이미지가 아니라 어떤 이데올로기에 의해서 인도됩니다. 그것의 성공 확률은 우리 모두가 알고 있듯이 압도적이지만, 은밀한 설득이 아니라 **테러**에 의존하고 있고 그 결과도 결코 고무적이지 못합니다. 다른 모든 고려 사항들과 별개로, [구]소련이 아직도 일종의 저개발 국가이자 인구가 과소한 나라로 남았던 데는 이 '원칙에 입각한 거짓말하기'가 큰 원인으로 작용했다고 봅니다.

우리의 맥락에서 생각할 때 이 '원칙에 입각한 거짓말하기'의 결정적인 측면은 오직 테러를 통해서, 즉 순전한 범죄성이 정치 과정에 침범함으로써 작동된다는 사실입니다. 이러한 것이 독일과 러시아에서 각각 1930년대와 1940년대에 거대한 규모로 발생했지요. 그때는 두 강대국 정부가 대량 학살범의 수중에 놓여있던 시기였습니다. 히틀러의 패전과 뒤이은 자살 그리고 스탈린의 갑작스러운 죽음으로 그 종말이 찾아오자 양국에는 믿기 어려운 과거의 기록들을 은폐할 목적에서 비록 매우 다른 방식이기는 했지만 정치적 유형의 이미지 조작이 도입되었어요. 독일의 아데나워 정권이 히틀러가 일부 "전범들"의 도움뿐 아니라 독일 국민 대다수의 지지를 받았다는 사실을 감추어야만 한다고 생각한 반면, 흐루쇼프는 제20차 공산당 전당대회에서 한 자신의 유명한 연설에서 모든 것은 스탈린에 대한 "개인숭배"의 불운한 결과였다고 가장했습니다. 이 양대 사건들의 경우에 거짓말하기는 우리가 오늘날 '은폐공작'이라고 부를 만한 것이었어요. 그렇게 한 이유는 물론 그 나라에 무수한 범죄자를 남겨놓은 그것의 끔찍한 과거로부터 국민들이 [현재로] 귀환하고 특정 유형의 정상성을 회복하도록 도와야 한다고 생각했기 때문이었습니다.

독일에서는 그 전략이 매우 성공적이었으며 실제로 신속하게 정상성을 회복했지요. 반면에 러시아에서는 우리가 정상적이라고 부를 만한 것으로 변화해간 것이 아니라 모종의 폭정체제로 되돌아갔습니다. 이 대목에서 우리는 전적으로 순진무구한 수백만 명의 희생자들과 더불어 전체가 지배하는 체제로부터 오직 반대파만을 박해하는 하나의 전제정권으로의 전환이 어쩌면 러시아 역사의 틀 내에서는 정상적인 어떤 것이라고 이해하는 편이 최선일수 있다는 사실을 잊지 말아야 합니다. 오늘날 1930년대와 1940년대 유럽에서 발생한 가공할 만한 재앙들의 가장 중대한 결과는 바로 이런 범죄성의 형태가 그것의 피범벅과 더불어 우리에게 정치에서 무엇이 허용되어야 하고 금지되어야 하는지를 가늠하는 의식적이거나 무의식적인 기준으로 남았다는 사실이라고 하겠습니다. 그런 까닭에 오늘날 여론이 노상 범죄에 대해서가 아니라 살인 사건도 아닌 모든 정치적 위반사례들에 대해서 위험천만할 수준으로 비난하려는 성향을 보여주는 것입니다.

워터게이트 사건은 범죄성이 이 나라의 20세기 정치 과정에 침범했음을 의미했습니다. 그럼에도 이 형편없는 20세기에 이미 일어난 사건들과 비교해본다면, 그것의 명시화된 형태들 — 통킹

Tonkin만 사건의 해결 과정에서 의회를 조종할 목적으로 행해진 뻔 뻔스러운 거짓말하기, 수많은 삼류 수준의 [정보] 절도, 그 절도를 은폐하기 위한 과도한 거짓말하기, 국세청을 통한 시민 옥죄기, 행정부의 통제만 받는 비밀 경호국 설치 시도 등 — 은 너무 경미한 것들인 셈이라 그것들을 일괄하여 진지하게 따져보는 데 늘 어려움이 따랐어요. 이러한 어려움은 특히 외국에서 이주해온 관망자들과 논평자들에게는 훨씬 더 심한 편인데, 그들 가운데 어느 누구도 헌법이 실질적으로 그 나라의 기본법인 나라 출신이 아니기 때문입니다. (그런 반면 미국에서는 헌법이 200년 동안이나 기본법으로 존속해왔습니다.) 결과적으로 이 나라에서는 범죄가 성립되는 특정 위반사항들이 실제로 다른 나라들에서는 범죄로 여겨지지 않습니다.

심지어 미국 시민인 우리들조차도, 또한 시민으로서 적어도 1965년 이래 행정부와 맞서온 우리조차도 닉슨의 녹음 내용이 선별되어 부분 공개된 이후 이 점에 있어 곤혹스러움을 느끼고 있습니다. 그 내용을 읽으면서 우리는 닉슨과 닉슨 행정부를 과대평가했다고 생각했지요. 비록 우리가 분명 우리의 아시아 공략[베트남전쟁]의 참담한 결과에 대해 결코 과대평가한 것은 아닐지라도 말입니다. 닉슨의 행위들이 우리를 오도했어요. 우리가 이 나라의 기본법에 대한 어떤 계산된 공격, 그리고 헌법과 자유 수호 기관들을 파괴하려는 어떤 시도와 맞닥뜨린 것이 아닌지 의심하도록 만들었기 때문입니다. 돌이켜보건대 그런 거대한 설계들은 없었고, "단지" 권력에 대한 충동이나 어떤 일관된 정치적 프로그램이 아니라 탐욕과 양심에서 비롯된 설계 변경에 방해가 되는 그 어떠한 **법** — 입헌적인 것이든 아니든 — 의 구속을 받지 않고 [편법으로] 일을 처리하려는 굳은 결기만이 존재했던 듯하더군요. 바꿔 말해서 한 무리의 사기꾼들, 차라리 재능 없는 마피아라 해도 될 사람들이 "지구상의 최대 강국" 정부를 자신들에게 어울리는 것으로 만드는 데 성공을 거둔 듯이 보인다는 것입니다. 또한 그러한 고려 사항들과 동일 선상에 놓여있는 것은, 그 행정부가 우리에게 미국의 약속을 더 이상 신뢰하지 않는다고 알려진 타국들과의 외교관계에 위협요인이 된다고 말한 '신뢰의 간극'이 실제로는 외교 업무보다는 국내 업무를 위협하고 있었다는 사실이었습니다. 미국의 힘이 부식된 원인이 무엇이든, 어떤 과업에서든 성공을 위해 필요한 것은 오직 비열한 계략들뿐이라는 확신을 가지고 있는 닉슨 행정부의 골동품들은 결코 그 원인들 중에 포함되지 않습니다. 분명 이런 말들이 그다지 위안이 되는 것은 아닐 테지만, 닉슨의 범죄들은 우리가 비교해보고자 의도했던 유형의 범죄성과는 여전히 현격한 차이가 있어요. 그럼에도 내 생각에는 마땅히 우리의 관심을 요구할 수도 있는 몇 가지 필적할 만한 특징들이 존재합니다.

첫째, 닉슨의 주변에는 그의 꼭두각시들로 구성된 핵심세력에 속하지도 않고 닉슨이 직접 뽑은 것도 아니지만 그와 한패가 되었던(일부는 쓰디쓴 최후의 순간까지 그와 함께했다), 그리고 백악관 내에서 그 "끔찍한 이야기들"의 조작을 사전 차단할 수 있을 만큼 그것들에 대해 충분히 알고 있었던 사람들이 꽤 있었다는 불편한 진실이 존재합니다. 닉슨 자신이 그들을 결코 신뢰하지 않았다는 것은 사실이었어요. 그럼에도 **그들이** 어떻게 길렀지만 그다지 영예롭지 않은 공직 생활을 통해서 본인 스스로 신뢰할 수 **없는** 사람임을 입증한 그 [닉슨이라는] 사람을 신뢰할 수 있었을까요? 물론 이 불편한 질문은, 보다 정당성을 담보하는 경우로서 히틀러와 스탈린 주변에 있었고 그들을 도왔던 사람들에게도 똑같이 던져볼 수 있을 것입니다. 진정한 범죄 본능의 강제 아래 행동하는 사람들은 흔치 않으며 특히 성치가와 정치인들 중에는 일반적으로 훨씬 더 적습니다. 그것은 그들이 하는 특수한 일, 즉 공적인 영역에서 하는 일은 공표성이 요구된다는 것과 범죄자들은 대개 공적으로 나서려는 욕구가 별로 없다는 단순한 이유 때문입니다. 내 생각에 문제는 권력이 부패한다는 사실이 아닙니다. 문제는 오히려 권력의 **아우라**, 그것의 매력 넘치는 장식품들이 권력 자체보다 더 **마음을 끌어당긴다**는 데 있습니다. 권력을 하나의 범죄가 성립될 정도까지 뻔뻔스럽게 남용했던, 우리가 알고 있는 20세기의 인사들은 권력을 잡기 오래전부터 이미 부패해 있었어요. 그들의 조력자들이 범죄의 공모자가 되는 데 필요한 것은 허용성, 즉 자신들이 법 위에 존재하게 될 것이라는 확실한 약속이었습니다. 우리는 이런 문제들에 관해서 확실한 것은 아무것도 알지 못합니다. 그럼에도 권력과 품성 사이에 내재하는 긴장에 관한 모든 추측들은, 태생적인 마구잡이 범죄자들과 일단 여론이나 "행정 특권"이 자신들을 처벌로부터 보호해주리라는 사실이 분명해지면 달려들어 [범죄를] 돕는 자들을 똑같은 유형으로 생각하려는 경향 때문에 낭패를 본다는 사실만큼은 확실히 알고 있지요.

그 범죄자들 당사자에 관한 한 그들의 품성에서 공통적으로 나타나는 주된 약점은, '모든 사람이 실제로 자기와 똑같다'라는 것과 '자신들의 결함 있는 품성은 위선과 관습적인 상투적 표현들이 제거된 실제적인 인간조건의 구성요건들이다'라는 꽤 순진한 가설인 듯합니다. 사실 닉슨의 가장 큰 실수―도청 테이프들을 제때 태워 없애지 못한 것과 별개로―는 법원과 언론의 매수 불가능성을 오판한 것이었습니다.

지난 몇 주 동안 폭주한 사건들은 단시간에 닉슨 행정부가 만들어낸 거짓말로 짜진 직물을 갈가리 찢어버리는 데, 그리고 그것에 선행된 이미지 조작자들의 연계망을 분쇄하는 데 거의 성공을 거두었습니다. 그 결과 사건들이 그것들의 위장되지 않은 사실들을 가차 없이 밀어내 하나의 돌무더기를 만들어버렸어요. 그것은 한순간 자업자득처럼 보였습니다. 오랫동안 "하나가 잘되면 다 잘된다"라는 도취감 속에서 살아온 사람들이 아니었다면 "하나가 안 되면 다 안 된다"라는 논리적 결과를 수용하기가 쉽지는 않았을 겁니다. 그런 상황에서 제럴드 포드Gerald Ford 행정부의 첫 번째 반응이 최소한 그 패배를 약화시킬 수 있는, 즉 그 패배의 인정에 따르는 부담을 약화시킬 수 있는 새 이미지를 부각하는 시도였다는 것은 어쩌면 자연스러운 귀결이었을 뿐입니다.

포드 행정부는 이 [미국이라는] "지구상의 최대 강국"이 패배를 버텨낼 수 있는 내적인 저력이 부족했다는 가정하에, 또한 나라가 어떤 새로운 고립주의에 의해서 위협받고 있다는 변명하에,

비록 이 두 가지를 가리키는 그 어떠한 신호도 없었지만, 거꾸로 의회를 비난하는 한 가지 정책에 착수했어요. 그래서 우리는 우리보다 먼저 여러 나라에서 있었던 예처럼 '등에 칼 맞은 장군'의 전설을 듣게 되었습니다. 이 전설은 통상적으로 전쟁에서 진 장군들이 만들어 낸 것인데 우리의 경우에는 윌리엄 웨스트모어랜드 William Westmoreland 장군과 맥스웰 테일러 Maxwell Taylor 장군이 가장 설득력 있게 그 주장을 펼쳤고요.

포드 대통령 자신도 이 두 장군보다 한층 폭넓은 견해를 제시했습니다. 그는 어떤 상황에서도 시간은 **앞으로** 행진하는 특성이 있다는 사실을 지적하면서 우리에게 시간처럼 앞으로 나아가라고 거듭 훈계했고, 또 뒤를 돌아보는 것은 상호 비난으로 이어지게 될 뿐이라고 경계했지요. 그 순간만은 한 분열된 국가의 상처를 치유하는 유서 깊은 수단인 그 무조건적인 사면조치를 자신이 거부했었다는 사실을 망각하고서 말입니다. 그는 우리에게 그 자신이 하지 않았던 것, 즉 과거를 잊고 경쾌하게 역사의 새로운 장을 여는 일을 하라고 말했어요. 지난 수년간 불쾌한 사실들을 모조리 상상의 융단 아래로 숨긴 그 세련된 방식들과 비교해보았을 때 이것은 불쾌하기 짝이 없는 현실 퇴치 방법으로서 인류 역사상 가장 오래된 것인 **망각**으로의 깜짝 회귀였습니다. 그 방법이 성공적이라면 아마 그것은 실재를 대체시키려고 하는 이미지들 전체보다 더 잘 작동할 것입니다. 베트남을 잊기로 하자. 워터게이트도 잊자. 또한 그 [워터게이트라는] 은폐 조작과 그것의 주역에게 내린 시기상조의 대통령 사면 조치에 의해 강행된 그 은폐 조작의 은폐에 대해서도 잊어버리기로 하자. 이런 식으로 말이지요. 사실 그 사건의 주역은 오늘까지도 그 어떠한 잘못의 인정도 거부하고 있습니다. 결국은 **사면이 아니라 기억상실이 우리의 모든 상처들을 치유할 것입니다.**

전체주의 통치의 발명품 중 하나는 거대한 땅굴을 파서 환영받지 못할 사실과 사건들을 그 속에 묻어 버리는 방법입니다. 이 거대한 과업은 과거에 행위자였고 과거의 증인이었던 수백만 명을 살해함으로써만 달성될 수 있었습니다. 왜냐하면 그 과거가 마치 전혀 존재한 적이 없었던 것인 양 잊히도록 선고되었기 때문입니다. 분명 어느 누구도 이런 과거 지배자들의 무자비한 논리를 한 순간이라도 따르고 싶어 하지 않았을 것입니다. 특히 우리가 현재 알고 있는 것처럼 그들이 성공하지 못한 이래로 그랬습니다. 우리는 테러가 아니라 압력과 여론 조작의 방법으로 강요된 설득이 테러가 실패한 곳에서 성공하리라고 추정합니다. 애초 여론은 그 행정부 수장의 시도들에 대해 아주 고분고분할 것 같지가 않았습니다. 발생한 사건들에 대한 첫 번째 반응은 '베트남'과 '워터게이트'에 관한 기고문들과 서적들이 빠르게 증가하는 것이었어요. 그 대부분은 "역사의 교훈들을 배우지 못하는 자는 그것을 반복할 운명에 처한다"라는 옛날 격언을 반복적으로 인용하면서, 우리에게 사실들을 말하기보다 가까운 과거로부터 배워야 할 교훈을 찾아내고 가르치려 들었습니다.

가령 역사가 우리 — 각자 자신의 역사 해석에서 가장 이질적인 교훈들을 도출해내는 역사가들과 달리 — 에게 가르칠 교훈을 가지고 있다면, 그 믿을 수 없기로 악명 높은 델포이의 아폴론 신전의 예언들보다 더 비밀스럽고 모호한 것이 내게는 피티아Pythia의 신탁인 듯합니다. 그래서 "과거는 결코 죽은 게 아니며, 심지어는 지나간 것으로도 여길 수 없다"라고 말한 포크너의 생각에 동의하는 편이지요. 이는 '그 어떤 순간이든 우리가 삶을 누리고 **있는** 세계는 과거의 세계'라는 간단한 이유 때문입니다. 세계는 잘했든 못했든 인간에 의해 생겨난 기념비들과 유물들로 이루어져 있습니다. 그래서 세계 내 사실들은 항상 **생성된 바**what has become인 것입니다. (영어 단어 become의 라틴어 어원인 *fieri-factum est*[3]가 암시하고 있듯이 말이지요.) 바꿔 말해서 과거가 우리를 **따라다니며 괴롭힌다**는 것은 정말로 사실입니다. 이는 지금 있는 그대로의, 즉 현재의 모습으로 **생성된** 세계 속에 현전하며 그 속에서 살고 싶은 우리를 따라다니면서 괴롭히는 것이 과거의 기능이기 때문입니다.

나는 앞에서 최근 사건들의 대변동 현상이 마치 "자업자득인 듯이 보인다"라고 말했습니다. 내가 이 평범한 표현을 사용하게 된 이유는 그것이 이전 세대에 속하는 제국주의 성향의 정치인들이 매우 두려워하는 부메랑효과, 즉 파괴적인 악행의 불똥이 예상을 뒤엎고 거꾸로 원元행위자에게 되튀기는 효과를 가리키기 때문입니다. 사실상 이런 효과를 예상하는 일은, 그들이 먼 이국땅에서 낯선 이방인들을 상대로 무슨 일을 실제로 하고 있었든 간에 확실히 그들에게 제약 요건이 되었습니다. 이 대목에서 우리에게

---

3 '되다 – 사실이 있다.' — 옮긴이

축복이었던 것들을 생각하지 맙시다. 그 대신 즉흥적이고 분명 철저하지 않은 형태의 지적이 되겠지만 국내외의 희생양들이 아니라 오직 우리 자신을 탓하는 게 현명할 듯한, 가장 명백하게 파괴적인 효과 몇 가지만 언급해보기로 하겠습니다. 우선 아무도 예측하지 못한 상태에서 갑자기 호황국면이 침체국면으로 전환된 경제 상황에서부터 시작해야겠네요. 최근 뉴욕시에서 일어난 사건들이 이 상황을 매우 슬프고 기분 나쁘게 극적으로 보여주었습니다.

먼저 명명백백한 것부터 말해보겠습니다. 베트남전쟁에서 패한 이후에 인플레이션과 통화의 평가절하가 불가피해졌지만, 비참한 패배를 인정하기 싫어하는 우리의 심정이 우리를 그 허망한 "보다 심층적인 원인들"의 탐색으로만 이끌고 또 그렇게 잘못 인도했다고 봅니다. 오직 승리와 그에 따르는 새로운 영토 획득 및 배상금 지불을 규정하는 모종의 평화협정만이 전적으로 비생산적인 전쟁 비용을 보전할 수 있는데, 우리가 패한 전쟁의 경우는 팽창을 의도한 바 없었으므로 이런 해법은 어차피 불가능했을 것입니다. 게다가 (결코 지불할 의도는 없었지만) 북베트남에 국토 재건 비용 25억 달러 제공을 제안한 상태였지요. 역사로부터 '배우려는' 열의에 가득 찬 사람들은 엄청난 부자라도 도산할 수 있다는 진부한 교훈을 이 사실에서 얻게 될 것입니다. 물론 우리를 덮친 이 급작스러운 위기와 관련해서는 할 얘기가 그보다 훨씬 더 많습니다.

미국에서 시작되어 유럽 전역으로 번진 1930년대의 대공황은 그 어느 나라에서도 통제가 되지 않았거나 정상적인 회복 과정이 뒤따르지 않았어요. 이런 점에서는 미국의 뉴딜정책 역시도 명이

다해 가는 바이마르공화국의 지독하게 비효과적인 긴급 경제조치였던 *Notverordnungen*[4] 못지않게 무력했지요. 그 대공황은 전시 경제체제 관리를 위해 갑작스럽게 정치적으로 필요해진 변화들로 인해 종결되었는데, 처음은 독일에서 히틀러가 1936년에 이르러 대공황과 실업을 종결시킨 경우였고 그다음은 미국에서 제2차 세계대전 발발과 더불어 종결된 경우였어요. 이 엄청나게 중요한 사실은 누구나 알아챌 수 있는 바였지만, 상당히 많은 복잡한 경제 이론들에 의해 곧바로 은폐되었기 때문에 여론은 잠잠해졌습니다. 내가 아는 한 시모어 멜먼Seymour Melman이 이 점을 반복해서 의미 있게 제시했던 유일한 사람이었어요(《쇠퇴하는 미국 자본주의 *American Capitalism in Decline*》를 보라. 《뉴욕 타임스 북 리뷰》는 이 책이 "이 정도 두께의 책 세 권을 발행할 수 있을 만큼 풍부한 자료를 제시한다"라는 비평을 게재한 바 있다.) 그러나 멜먼의 저서는 주류 경제 이론에서 완전히 밀려난 채로 존재했습니다. 그 자체로도 매우 놀라운 이 기본 사실이 거의 모든 공적인 토론에서 간과되었던 반면, 그것은 거의 즉각적으로 일반인들 대부분이 공유하는 다음의 확신으로 귀결되었어요. 그것은 제조 "회사들은 물건을 생산하기 위해서가 아니라 일자리를 제공하기 위해 사업을 한다"라는 것이었습니다.

어쩌면 이 확신의 기원이 펜타곤이었을 수도 있겠지만 그것은 이럭저럭 미국 전역으로 확실하게 퍼져나갔어요. 실업과 불황의

---

4 바이마르공화국 헌법 48조에 명시된 대통령의 긴급조치 명령권으로 의회의 승인이 필요 없다.—옮긴이

구세주로서의 전시 경제체제가 자동화라는 이름표로 요약 설명되는 다양한 발명품들의 대규모 사용을 수반한 것은 사실입니다. 그 자동화라는 것은 의당 그것이 15년 또는 20년 전에 충실하게 지적된 대로 '혹독한 일자리 손실'을 뜻했을 겁니다. 그럼에도 자동화와 실업에 관한 논쟁은 거대 권력인 노조들에 의해 강제로 시행된 정부의 실업 대책 지원 및 그것과 유사한 관행들이 부분적으로, 단지 부분적으로, 그 문제를 처리할 수 있었다는 단순한 이유로 빠르게 자취를 감추었지요. 오늘날 우리에게는 사람들의 이동의 편리를 위해서가 아니라 일자리를 지키기 위해서 자동차를 만들어야 한다는 생각이 거의 보편적으로 받아들여지고 있습니다.

펜타곤이 군수산업 육성을 위해 요구한 수십억 달러는 "국가 안보"를 위한 것이 아니라 경제 붕괴를 막기 위한 것이라는 사실은 결코 비밀 사항이 아닙니다. 전쟁이 오직 군소국들의 경우에만 어떤 '합리적 수단으로서의 정치'로서 정당화되는 일종의 사치가 돼버린 이 시점에 가장 빠르게 성장하는 사업은 무기거래와 무기생산이며, 미국은 "단연 세계에서 가장 거대한 무기상"입니다. 최근 캐나다 총리 피에르 트뤼도Pierre Trudeau는 결국 베트남에서 사용될 무기를 미국에 판 일로 비난받게 되자 슬픈 표정을 지으면서 이제 모든 것은 "더러운 손과 허기진 배" 사이의 선택 사항이 되었다고 진술했습니다.

이런 상황에서는, 멜먼이 진술한 대로, "비효율이 모종의 국가 목표로 [격상되어온] 것"은 전적으로 맞는 얘기입니다. 이 특수한 경우에 있어 자업자득은, 무척 현실적인 문제들을 일시적으로 사라지게 만들 정도만 성공적인 영리한 꼼수들을 통해서 그 문제들을 "해결하는" 야단법석을 떨지만 불행히도 매우 성공적인 정책입니다.

미국에서 제일 큰 도시의 파산 가능성이 부각시킨 그 위기가 두 개의 미국 행정부가 함께 합작한 다양한 시도들 전체보다 훨씬 더 워터게이트 사건을 뒷전으로 밀어내는 데 기여했다는 사실은 어쩌면 현실에 대한 재각성을 촉구하는 한 가지 신호일 수 있습니다. 그럼에도 우리 곁에 남아서 우리를 여전히 괴롭히고 있는 것은 닉슨의 강제 사임이 초래한 놀라운 여파입니다. 의회 내에서 가장 강력한 자신의 지지자 중 한 사람이었다는 이유로 닉슨이 임명한 포드는 선출된 대통령은 아니지만 열광적인 환영을 받았습니다. 아서 슐레진저 Arthur Schlesinger Jr.는 "단 며칠 만에, 거의 몇 시간도 안 돼서 제럴드 포드가 백악관에 지독히 오래 감돌았던 독기를 완전히 제거했다. 이를테면 태양이 다시 워싱턴을 비추기 시작했다."라고 흥분을 감추지 않았지요. 슐레진저는 확실히 누군가가 그 독재자에 대해 남몰래 염원을 키웠을 것으로 가장 기대하지 않았을 것 같은 지식인 중 한 명이었는데도 말입니다. 사실 그것은 실로 대단히 많은 미국인이 본능적으로 반응했던 방식이었습니다. 어쩌면 슐레진저가 포드의 너무 이른 [닉슨] 사면 조치 결정 이후에 마음을 바꿨을지도 모르겠지만, 당시 상황은 그가 자신의 성급한 평가를 통해 나라 안 분위기에 얼마나 잘 보조를 맞추었는지를 보여주었습니다. 닉슨은 워터게이트를 은폐 조작한 혐의로 기소될 것이 확실했으므로 사임해야만 했었지요. 백악관의 "끔찍한 이야기들"과 연관된 사람들의 어떤 정상적인 반응은 누가 당시에 은폐 조작해야 했던 이 사태를 실제로 일으켰느냐는 질문을 제기함으로써 사건의 전말을 추적하는 것이었을 겁니다. 그럼에도 내가 아는 한 이 질문은 메리 매카시가 《뉴욕 리뷰 오브 북스》에 게재한 외로운 기고문에서 진지하게 제기하고 답을 구했던 것이었어요. 그 은폐 조작 과정에서 맡은 역할로 이미 기소되어 유죄가 확정된 사람들은 자기들의 이야기를 들려주는 조건으로 출판업자, 언론과 방송, 대학들로부터 고액의 판권 제의를 받고 몹시 흥분했습니다. 누구라도 이런 이야기들이 자기본위적일 것임을 조금도 의심치 않습니다. 다른 어떤 이야기보다 닉슨 자신이 이야기를 출판할 계획이며 그의 대리인의 전언에 따르면 쉬이 200만 달러 정도를 선불로 받게 될 것이라고 합니다. 미안한 얘기지만 이런 제의들은 결코 정치적인 동기에 의한 것이 아닙니다. 그것들은 시장과 시장의 "긍정적인 이미지들"에 대한 요구를 반영한 것이지요. 요컨대 그것은 더 많은 거짓말과 날조를 추구하는 시장의 요구, 이번 경우에는 그 은폐 조작의 정당화와 그 범죄자들의 복권에 대한 요구를 반영하고 있는 것입니다.

이런 맥락에서 자업자득인 것은 이 오래 지속된 이미지를 통한 훈련인데, 이것은 약물 이상으로 습관 형성에 기여하는 듯합니다. 이 중독과 관련해서는 우리가 캄보디아에서 얻은 "승리"에 대해 의회와 거리에서 발견된 공중의 반응보다 더 많은 것을 우리에게 말해주는 것은 없다고 생각합니다. 많은 사람이 캄보디아에서의 승리는 베트남의 패배로 인한 상처를 치유할 목적에서 "의사가 주

문한 바로 그것"(설즈버거Arthur Sulzberger Jr.)이었다는 의견을 제시
했지요. 실제로 레스턴James Reston은 《뉴욕 타임스》에 "그것은 이
름난 승리였다!"는 문구를 사용했어요. 이제 이것이 마침내 이 나
라의 권력 부식 현상의 최저점이었기를, 그리고 가장 작고 무력한
나라들 중 하나에 대한 승리가 불과 수십 년 전까지만 해도 명실
상부한 "지구상의 최대 강국"이었던 이 나라의 거주자들에게 활
력을 불어넣을 수 있다는 발상이 이 나라의 자신감 수준의 최저점
이었기를 희망해봅시다.

존경하는 신사 숙녀 여러분, 우리는 이제 지난 수년간 누적된
사건들의 잔해로부터 서서히 본모습을 찾아가고 있습니다. 그런
한편, 우리가 200년 전 우리 선조들의 영광스러운 시발점이 총체
적으로 무가치해지지 않도록 하기 위해서는 지난 몇 년 동안 경험
했던 탈선의 시간을 망각해서는 안 됩니다. 특정 사실들이 자업자
득으로 판명될 때 우리는 적어도 그것들을 기꺼이 수용하는 노력
을 기울여야 합니다. 그리고 이제는 이미지들, 이론들, 또는 순전
히 어리석은 행동들과 같은 그 어떤 유토피아로도 도망치지 맙시
다. 이는 자유 수호를 위해 사람들 중 최고에게도 그리고 최악에
게도 정당한 평가를 부여하는 것이 바로 이 미합중국을 위대하게
만든 원천이었기 때문입니다.

1975

찾아보기

책임과 판단

초판 1쇄 발행 | 2019년 12월 31일
초판 3쇄 발행 | 2022년 1월 31일

지은이 | 한나 아렌트
옮긴이 | 서유경
펴낸이 | 이은성
편 집 | 백수연
디자인 | 백지선
펴낸곳 | 필로소픽

주 소 | 서울시 종로구 창덕궁길 29-38 4, 5층
전 화 | (02) 883-9774
팩 스 | (02) 883-3496
이메일 | philosophik@hanmail.net
등록번호 | 제2021-000133호

ISBN 979-11-5783-167-8 93160

필로소픽은 푸른커뮤니케이션의 출판 브랜드입니다.

동물권 옹호

슈테판 로흐너, 〈연구실의 성 히에로니무스〉

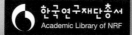한국연구재단총서 Academic Library of NRF   학술명저번역   649

동물권 옹호

The Case for Animal Rights

톰 레건 지음 | **김성한·최훈** 옮김

아카넷

The Case for Animal Rights:
Updated with a New Preface
by Tom Regan

참을성 있게 기다려준
낸시에게,
사랑을 담아

모든 위대한 운동은 세 가지 단계를 거쳐야 한다.

조롱, 논의, 채택이 그것이다.

– 존 스튜어트 밀

차례

일러두기

1. 볼드체는 원서에서의 강조이다.
2. 옮긴이가 작성한 주석은 '옮긴이'라고 붙여두었다.

2004년 판 서문

어디로 항해하고 싶은지 모르는 선장,

그를 거기에 데려다줄 바람은 이 세상에 없다.

– 아미 아얄론(Ami Ayalon)[1]

　내가 이 서문을 쓰기 위해 앉기 전까지 지난 20년 동안 『동물권 옹호』를 처음부터 끝까지 읽은 적이 없다. 부분부분 읽기는 했지만 책 전체를 읽은 적은 없다. 이 책을 새로 읽는 것은 옛날 사진첩을 훑어보는 것과 비슷하다. 맞아, 이건 우리 집 개 티피랑 눈밭에서 놀던 (열 살 때의) 나야. 이건 고등학교 풋볼 팀에서 (유니폼을 완전히 차려입고) 뛰던 나고. 이건 결혼식 때 나네. 아, 내가 제일 좋아하는 사진이 있네. 카메라를 등지고 손을 엉덩이에 대고 케임브리지 트리니티 칼리지의 렌 도서관을 바라보고 있어. 그러나 이 사진들에 있는 사람이 나인 것은 맞지만, 나는 그동안 많이 변해서 옛날 사진 속 사람은 어떻게 보면 낯선 사람처럼 보인다.

　이것이 그렇게 많은 시간이 흐른 후에 내가 이 책을 읽기 시작하며 느낀

1) (옮긴이) 이스라엘의 정치인(1945~).

감정이다. 나는 내가 읽고 있는 문장들이 내가 쓴 것이라는 것을 알고 있으면서도 거기에 개인적인 동질성을 전혀 느끼지 못했다. 이것이 적어도 내가 6장까지 느낀 감정이다. 나는 거기서부터 끝까지는 내 예전의 자아와 재회한다고 느끼기 시작했다. 특히 나는 내가 그 후반부 장들을 쓰면서 경험했던 것을 다시 경험하기 시작했다. 내 인생에서 그런 시기는 다시 없었다. 그 경험을 설명하겠다.

나는 이 책을 1980년 9월에 쓰기 시작했고, 1981년 11월에 마쳤다. 나는 윤리와 동물 일반에 대해, 특히 동물권에 대해 수년간 집필을 하고 있었으므로 밑바닥부터 시작하지는 않았다. 나라는 철학자의 가방에는 다소 확고한 신념과 다소 잘 다듬어진 논증들이 가득했다. 나는 내가 어디로 가고 싶어 하는지와 거기에 가는 최선의 길을 안다고 생각했다. 나는 책임감을 크게 느꼈다(또는 그런 자만심에 빠졌다). "동물은 무엇인가를 아는가?"라는 문제가 있다. 여기에 빈 종이가 있다. 빈 종이에 내 생각을 채우라는 것이 과제이다. 그건 힘이 드는 일은 아니었다. 나는 그 일을 대단히 즐겼다.

그러나 6장(주로 공리주의를 비판하는 데 전념한 부분이다)을 작업하기 시작하면서 어떤 일이 일어났다. 내가 더 이상 책의 지은이가 아닌 것 같았다. 나는 이 말이 이상하게 들릴 거라는 것을 알지만, 어쨌든 그것을 감수하겠다. 낱말들, 문장들, 단락들, 전체 페이지들이 어디에서 나왔는지 모를 정도였다. 내가 쓰고 있는 것이 나에게 새로웠다. 그것은 내가 전에 생각했던 것이 아니었다. 그러나 그 문장들은 내가 적을 수 있는 한 최대한 빨리 그 페이지에 영원히 자리를 잡았다. 이것은 즐거운 일 이상이었다. 신나는 일이었다.

그러나 여기에 진짜 수수께끼가 있다. 신나는 기분은 몇 분, 몇 시간, 며칠, 몇 주 동안만 지속되는 것이 아니었다. 나는 방해받지 않고 몇 달 동안 이 상태에 있었다. 이 기간에 나는 책이 어디로 가는지에 대해 통제력을 잃었다고 말한다고 해도 과언이 아니다. 사실상 나는 그런대로 잘 지내고 있었다. 이것이 내가 이 책에서 가장 독창적인 부분이라고 생각하는 곳(내가 존중, 해악, 최소 압도, 상황 악화, 자유의 원리를 말하고 옹호한 마지막 네 장)이 내가 썼다고 칭찬받을 수 없는 이유이다. 그 장들은 사실 나에게 선물로 왔다. 이 말을 쓸 때조차도 나는 이 모든 일이 어떻게 일어났는지 여전히 이해할 수 없어 의아해하며 머리를 흔들지 않을 수 없다.

내가 이 책을 쓰는 과정에서 어떤 경험을 했는지, 그리고 집필을 진행하면서 알게 된 네 가지 의견을 말하겠다. (이 문제들에 대해 마지막 무렵에 더 할 말이 있을 것이다.) 나는 처음 시작할 때 개혁적인 열망을 가지고 있었다. 동물에게 끔찍한 일들이 일어나고 있었다. 예를 들어 동물은 연구자와 농부의 손에 불필요한 고통을 당하고 있었다. 나는 이것이 사실인 이유와 이것을 멈추어야 하는 이유를 설명할 수 있으리라 생각했다. 나는 이런 식의 생각이, 만약 필요하다면 동물을 고통스럽게 하는 것이 잘못이 아닐 가능성을 허용한다는 것을 깨달았다. 나는 왜 그것이 사실인지도 설명할 수 있으리라 생각했다. 『동물권 옹호』의 첫 문장을 썼을 때, 나는 예컨대 동물이 불필요한 고통을 받지 않는다는 가정에서는 생명 의료의 연구에 쓰이는 것을 전적으로 옹호하려고 했다.

그러나 일은 그렇게 진행되지 않았다. 내가 연구에서 동물을 '도구'로 사용하는 것을 언급할 당시, 내가 따른 논증의 논리는 나를 폐지론[2]의 입장으로 전향시켰다. 다른 존재가 이득을 본다고 해서 동물권을 침해하는 것을 정당화할 수 없다는 것은 지금도 나에게 명백해 보인다. 내가 이 여행

..

2) (옮긴이) '폐지론'은 육식이나 동물 실험의 관행을 완전히 없애야 한다는 주장을 말한다. 이는 동물에게 고통을 주지 않는 한 그런 관행을 유지할 수 있다는 주장과 대비된다.

을 시작할 때는 명백하지 않았다. 책이 어디로 향하고 있는지 통제력을 잃고 나서야, 그리고 공리주의에 대한 나의 비판이 이전보다 더 깊어진 후에야, 나는 폐지론자로 변모하기 시작했다. 어떤 철학자들은 자신이 이미 믿고 있는 것을 옹호하기 위해 책을 쓴다는 것을 의심하지 않는다. 이것이 사실인 경우도 있지만, 이 경우에는 명백히 사실이 아니다.

둘째, 이 책은 동물권을 옹호하는 것 이상의 일을 한다. 기본적인 여러 인권들, 특히 인간의 가족에서 가장 취약한 구성원, 가령 어린아이의 인권을 서술하고 근거를 제시하려고 노력한다. (내 이론이 이후에 어린이에게 새롭게 적용한 것인 Regan[1989]을 보라.) 여러 차례 내가 말한 것처럼, 내가 애초에 인권을 옹호하지 않았다면 동물권을 결코 옹호하지 않았을 것이다. 과거에 나를 지지하는 사람이나 반대하는 사람의 주된 관심이 나의 동물권 논증에 있었다면(이는 그럴 만하다), 새로운 독자들은 인권을 옹호하는 나의 더 근본적인 논증을 무시하지 말고 그 패기를 검사하기를 희망한다.

셋째, 나는 논증의 논리가 전개됨에 따라 이 책이 가진 힘―그런 것이 있다면―을 축산업, 생명 의료 연구, 오락 목적의 사냥을 포함한 대규모 사회 관행에 대한 비판에서 찾을 수 있음을 깨닫기 시작했다. 그렇기는 하지만, 인간 행동에 대한 도덕적 평가는 사회 관행에 대한 도덕적 평가보다 훨씬 많은 것이 필요하다. 특히 권리가 충돌할 때 개체들에게 닥치는 극도로 어려운 결정을 도덕적으로 평가해야 한다. 완전성을 위해서 이런 종류의 갈등 중 일부를 이 책에서 고려했고, 뒤에서 재검토할 것이다. 그렇기는 하지만, 독자들은 이 책이 "관행, 제도, 사업 또는 이와 유사한 것들"(694)[3]

••

[3] 『동물권 옹호』의 모든 참고 표시는 책의 페이지 번호로 한다. 나는 다른 지은이의 단행본을 여러 번 언급할 때도 마찬가지 방법을 쓴다.

이 정의로운지에 대해 물을 때 강조한 것처럼, 미시적인 것이 아니라 거시적인 것에 중점을 둔다는 것을 깨닫게 될 것이다.

마지막으로 내가 방금 언급한 완전성을 향한 몸짓에도 불구하고, 내가 이 책을 쓸 때 이 책이 결코 "완전한 [도덕] 이론 …"(79)을 제공하지 못했다는 것이 고통스럽게도 나에게는 명백했다. 나는 "심지어 정의의 영역에서도 해결해야 할 어려운 문제들(예를 들어 개인들 간의 해악[harm]과 이득[benefit]의 분배와 관련된 정의에 관한 문제)이 많이 남아 있다"(같은 곳)라고 덧붙였다. 나는 나중에 비판에 답변할 때, 내가 불완전함을 솔직하게 인정한 것을 독자들에게 상기시킬 필요가 있을 것이다. 내가 내 입장(내가 "권리 견해"라고 부른 것)을 위해 주장한 것은 완전성이라는 호언장담에 훨씬 미치지 못한다. 나는 권리 견해가 "모든 것을 고려해 최고의 이론이 되고자 하는 이론이라면 어떤 이론이라도 수용해야 할 일련의 윤리 원리를 명시하고, 분명하게 하며, 옹호하고 있다"(80)라고 썼다. 20년 이상이 지났고, 내가 틀렸을 수 있지만, 나를 비판한 누구도 내가 지금 다르게 생각해야 한다고 나를 설득하지 못했다. 이것은 내가 왜 책 전체에 걸쳐 오타만 수정하는 것이 적합하다고 생각했는지 설명하는 데 도움이 될 것이다.

물론, 이러한 자전적 스케치는 『동물권 옹호』가 진리인 문장을 하나라도 담고 있다는 것을 증명하는 데 도움이 되지 않는다. 내가 의기양양하게 데카르트의 기만적인 악마의 망상적인 격언을 퍼트리고 있다는 것을 누가 알겠는가? 우리가 생각하는 것이 진리인가는 우리를 그렇게 생각하도록 동기를 부여하는 것과 논리적으로 구분된다. 모든 철학자는 이것을 이해한다. 그리고 철학자는 철학자이기에 1980년대 초반의 톰 레건이 어떤 사람인지에 대해서는 관심이 적을 수 있다. 그들이 관심을 갖는 것은 책에 쓰인 문장들이 진리(또는 그 반대의 것)인가이다. 그러므로 나의 직업적인 동료들이 이 책의 핵심 (그리고 가끔은 부수적인) 메시지에 도전한다고 해서 놀랄 일이 아니다. 공평무사하고 정보에 입각한 비판은 철학자들이 서로에 대한 존경심을 보여주는 방법이다. 이 비판에 답변하기 전에 일반적인 견해를 몇 가지 말하는 것이 적절할 것 같다.

동물권에 대한 철학적 그리고 여타의 비판들

'동물권'은 철학적 이념 이상의 것이다. 그것은 급성장하는 사회정의 운동 및 동물권 운동을 일컫는 이름이기도 하다. 현대의 기준으로 판단해보면, 이 운동의 목표는 많은 철학자들을 포함해서 대부분의 사람들에게 과격하게 보일 수도 있다. 나를 포함해서 이 운동에서 활동하는 구성원들은 돼지 생산업자나 모피 회사가 동물을 더 '인도적으로' 처우하는 변화를 일으킬 것이라고 말할 때 만족하지 못한다. 그 대신에 우리는 음식을 위해 동물을 기르는 것을 종식하고 모피를 얻고자 동물을 죽이는 것을 멈추기를 요구한다. 우리는 동물을 기르기 위해 '더 큰 우리'가 필요한 게 아니라 '빈 우리'가 되어야 한다고 선언한다.

이 세상의 생체 해부자[4]와 모피업자를 옹호하는 사람들은 개 경주 사업[5]과 육류 사업의 대표자와 마찬가지로 **동물권** 이념에 도전했다. 그것도 좋은 근거를 가지고 도전했다. **동물권**이 승리하면 이 사업들을 폐업시킬 것이다.

⁘

4) (옮긴이) 과거의 동물 실험과 달리 현재의 동물 실험은 동물을 산 채로 해부하지는 않는다. 그러나 동물 실험 반대론자들은 동물 실험의 잔인성을 드러내기 위해 '동물 실험' 대신에 과거에 쓰던 '생체 해부'라는 말을 지금도 쓰는 경향이 있다.
5) (옮긴이) 주로 도박 목적으로 경마처럼 개를 달리게 하는 사업. 그레이하운드를 많이 사용한다.

동물을 어떻게 처우할 수 있느냐에 매우 다른 생각을 가진 사람들이 **동물권** 이념에 도전할 것이라는 생각은 예측 가능할 뿐만 아니라 이해 가능하다. 어떤 생각이 옳고 어떤 생각이 근거가 없는지는 공평무사하고 정보에 입각한 의견들의 충돌에 기초해서 결정해야 한다. 동물권을 믿는 우리와 같은 사람들이 세상 사람들에게 우리가 보는 것처럼 듣고 행동하라고 명령한다면, 같은 기회를 링링 브라더스(Ringling Brothers)[6]와 프로 로데오 카우보이 협회(Professional Rodeo Cowboy Association)의 대표자들에게도 주어야 적절하다. 연구의 자유를 칭송하는 우리 모두—아마도 철학자들과 다름없는 사람들—는 논쟁적인 의견에 대한 비판적이고 공적인 검토를 환영할 뿐만 아니라, 그런 비판을 하는 첫 번째 사람이 되어야 한다.

그러나 어떤 면에서는 공정성은 준수할 때보다 위반할 때 더 존경을 받는 이상이다. 역사를 통해 볼 때, 메신저에 대한 천박한 공격은 메시지의 신뢰도를 떨어뜨리려는 익숙한 방법이었다. 충분히 짐작할 수 있겠지만, 학계의 명망 있는 사람들을 포함해서 높은 지위에 있는 몇몇 사람들은 동물권에 대한 나의 철학적 옹호를 공정하게 비판하지 않고, 내 생각 대신 나를 공격했다. 예를 들어, 그들은 내가 다른 사람들에게 폭동을 선동했다고 비난하고, 살인을 포함한 다양한 강력 범죄의 집행에 내가 연루되었다고 비난함으로써 내 인격을 모독했다. (이 문제에 대한 더 자세한 논의는 Regan[1991d]을 보라.)

이제 이 모든 것이 고착화된 직관의 단단한 갑옷에 맞서 자신의 무딘 생각을 유리하게 만드는 데 몰두하는 노쇠하고 비현실적인 도덕철학자들

⁝

6) (옮긴이) 미국의 유명 서커스업자이다. 그의 서커스단은 2017년에 146년의 역사를 끝으로 해산했는데, 동물 학대 논란이 이유 중 하나였다.

을 때려눕히는 강력한 직업적이고 경제적인 이익을 대변하는 사람들의 사례라면, 에블린 워(Evelyn Waugh)[7]의 방식으로 우스울 것이다. 그러나 지금 문제되는 현실(이것 말고 쓸 다른 말이 없다)의 대학살의 관점에서 보면, 별로 웃을 일이 아니다. 전 세계에서 매년 480억 마리의 동물들이 식용으로 도살된다.[8] 매일 1억 3,000마리 이상이고, 매시간 500만 마리가 넘는다. 1분에 9만 1,000마리가 넘는다. 매초 1,500마리 정도이다. 그리고 이 숫자는 오락, 스포츠, 패션 등의 이름으로 목숨을 잃고 상처를 입으며 자유를 빼앗기는 수억 마리의 다른 동물을 포함하지 않은 것이다. 이 큰 맥락에서 봤을 때, 내 인격을 훼손하여 내 목소리를 잠재우려는 의도적인 시도는 그다지 웃기지 않다.

나에 대한 비판자라고 간주되는 철학자들은 거의 예외 없이 그들의 입장에서는 모범적인 방식으로 행동했다. 욕을 하지도 않았다. 위협이나 협박을 하지도 않았다. 내 명성을 더럽히지도 않았다. 그냥 훌륭한 구식의 노골적인 비판적 분석만 있을 뿐이다. 진실이 논쟁에서 내 편에 있든 상대편에 있든, 이 비판자들이 처신하는 주요 방식은 철학이라는 학문이나 철학에 종사하는 사람들의 높은 기준을 자랑스러워해도 될 정도의 철학적 근거를 제시한다. 내가 설명하겠지만, 그 비판 중 많은 것은 내 입장에 대한 다소간의 오해에 기반하고 있다. 나도 그 오해가 틀림없이 적어도 가끔은 내가 내 견해를 분명히 진술하지 못한 데서 비롯되었다는 것을 인정한다.

••

7) (옮긴이) 에블린 워는 20세기 영국의 풍자 소설가로, '에블린 워의 방식'이란 풍자적인 방식을 말하는데, 바로 이어서 그것은 풍자가 아니라 실제로 일어나는 일임을 말하고 있다.
8) 이 수치는 2001년의 것이다. 최근의 수치를 확인할 수 있게 된다면 틀림없이 더 높을 것이다. *Farm Report, Farm Animal Reform Movement*(Washington, DC, Winter-Spring 2002): 7을 보라.

다른 사람들이 과거에 내가 의도한 바를 어디서 그리고 왜 오해했는지, 또한 내 의도는 어디서 그리고 왜 분명해질 수 있는지 설명함으로써, 나는 그런 오해의 발생 정도가 앞으로 줄어들기를 바란다. 대표적인 반론들에 응답하기 전에, 권리 견해의 간략한 스케치를 하는 것이 유용할 것이다.

권리 견해

나의 입장을 대충 밝히면 다음과 같이 요약할 수 있다. 인간이 아닌 어떤 동물은 도덕적으로 적절한(morally relevant) 방식에서 정상적인 인간을 닮았다. 특히 동물은 이 세상에 통일된 심리적 현존의 신비를 가져온다. 동물은 우리처럼 다양한 감각적, 인지적, 의욕적, 의지적인 능력을 소유하고 있다. 동물은 보고 들으며, 믿고 바라고, 기억하고 예측하며, 계획을 세우고 의도한다. 더구나 동물에게 일어나는 일은 동물에게 중요하다. 육체적 쾌락과 고통, 동물은 이것도 우리와 공유한다. 이것뿐만 아니라 두려움과 만족, 분노와 외로움, 좌절과 충만함, 교활함과 경솔함도 공유한다. 이것들과 다수의 여타 심리적 상태와 기질은 한데 모여, 우리가 너구리와 토끼, 비버와 들소, 다람쥐와 침팬지, 당신과 나라고 더 잘 알고 있는 (내 용어로) 삶의 주체(subject of life)의 정신적 삶과 상대적인 복지(well-being)를 정의하는 데 도움을 준다.

모든 동물이 삶의 주체는 아니라고 믿는 사람들은 어디에 선을 그어야 하느냐고 이의를 제기한다. 예컨대 아메바와 짚신벌레는 세상에 있지만 그것을 알지 못한다. 삶의 주체는 계통 발생의 계층 구조에서 정확히 어디서 나타나는가? 나는 아무도 그 정확한 답은 모른다고 언제나 믿었고, 개인적으로 대답을 해보려고도 하지 않았다. 그 대신에 나는 끝없는 논쟁을 최소화할 수 있는 선을 그을 수 있는지 묻는 보수적인 방책을 채택했다. 내가 그은 선은 "정신적으로 정상인 한 살 이상의 포유동물"(222)이다. 우리가 적절한 선을 **어디에** 긋든 **이** 동물들은 그 위쪽에 있다. 이것이 바로 내가 채택한 정책이 보수적이라고 말하는 의미이다.

어떻게 하면 불필요하게 거추장스러운 언어를 사용하지 않고 이 동물에 대해 말할 수 있을까? 이 책에서는 다른 지적이 없다면 나는 **동물**이라는 말로 정신적으로 정상인 한 살 이상의 포유동물을 가리키겠다고 가정함으로써 이 질문에 대답한다. (나는 여기서도 같은 가정을 하겠다.) 이 문제를 설명한 다음에, 나는 다른 종류의 동물도 삶의 주체일 수 있음을 꽤 자세하게 가능한 한 명백하게 규명한다. 실제로 나는 최근의 저작에서 새가 삶의 주체이고 물고기도 삶의 주체일 수 있다고 생각할 충분한 이유가 있다고 주장한다(Regan, 2003b). 그런데도 어떤 철학자들이 자신의 독자들에게 삶의 주체는 "다른 형태의 생명체가 아닌 포유동물로 드러났다"(Hargrove, 1992; x)라는 것이 내 견해라고 확신을 가지고 말하는 것을 보면, 그들은 분명히 내 전제들을 이해하기보다 내 결론을 일축하는 데 더 관심이 있다.

지금까지의 고려 사항은 인간과 동물의 복리(welfare)가 다른 종류라는 것을 권리 견해가 부인하는 근거를 제공한다. 나는 이렇게 썼다.

동물과 인간은 모두 (…) 이익이 있으며, 일부는 생물학적인 것, 일부는 심리적인 것, 일부는 사회적인 것이다. (…) 각각의 삶의 전반적인 분위기 혹은 삶의 질은 어느 정도 그러한 선호들을 조화롭게 만족시켰는지와 관련이 있으므로 이를 충족하는 것은 각자에게 이익이다. 물론 인간 대부분이 누릴 수 있는 만족의 원천은 동물이 누릴 수 있는 것보다 그 수가 많고 다양하다. 심지어 밀도 "배부른 돼지보다 배고픈 인간이 낫다"라는 유명한 말로 이를 인정한다. 그런데도 인간 복리와 관련된 가장 일반적인 특징을 드러내는 동일한 개념 범주들(이익, 이득, 해악 등)은 동물의 복리에도 동일하게 적용할 수 있다.(300~301)

내가 생각하기에 이제 인간과 비인간 삶의 주체는 존중받을 처우 (respectful treatment)에 대한 기본적인 도덕적 권리를 갖는다. 물론 권리를 완전히 없애는 도덕적 입장이나, 인간에게만 권리를 인정하고 인간이 아닌 동물의 경우에는 그것을 부인하는 도덕적 입장을 제시할 수도 있다. 그러나 그런 견해는 결함이 있다고 증명된다(그래서 나는 5장부터 7장까지 논증을 펼친다). 예를 들어 비일관적이거나 불필요하게 복잡하거나, 그 함의가 우리의 잘 숙고된 도덕적 믿음, 곧 우리의 도덕적 직관의 많은 부분과 충돌한다는 것이 그 이유이다.

존중받을 처우에 대한 기본적인 도덕적 권리는 삶의 주체가 어떻게 처우받을 수 있는지에 대해 엄격하게 제한을 둔다. 이 권리를 소유한 개체는 그들이 마치 다른 개체를 위한 자원으로 존재하는 것처럼 처우받아서는 안 된다. 특히 어떤 주체에게든 의도적으로 끼친 해악은 그 해악에 의해 도출된 이득을 합산함으로써 정당화될 수 없다. 이런 측면에서 내 입장은 반공리주의적이며, 밀의 전통이 아니라 칸트의 전통에 서 있다. 그러나 권리 견해는 누가 존중의 태도로 처우받아야 하는지 규정할 때는 칸트와 결별한다(가령 516을 보라). 칸트에 따르면 도덕적 행위자만이 목적 그 자체로 존재한다. 의사 결정을 할 때 추상적이고 공평한 도덕적 원리를 적용할 수 있는 존재만이 존중의 태도로 처우받을 수 있는 권리를 공통적으로 갖는다. 반면에 권리 견해는 도덕적 행위에 필수적인 능력이 결여된 존재를 포함해서 모든 삶의 주체의 동등한(equal)[9] 본래적 가치(inherent value)를 인정한다. 이 도덕 수동자(moral patients)(나는 이렇게 부른다)는 존중의 처우에 대한 동등한 권리를 도덕적 행위자(moral agents)와 똑같이 갖는다. 그러므로 권리 견해에 따르면, 인간이 아닌 삶의 주체인 동물은 이 글을 읽는 인간 삶의 주체만큼이나 확실하게 이 권리를 갖는다. 따라서 나는 인간의 삶이 다른 동물의 삶에서는 발견되지 않는 풍요로움의 가능성을 그 안에 포함하고 있다ー예컨대 우리의 발달한 인지적, 미적, 도덕적, 영성적 능력 때문에ー고 믿지만, 이 차이는 우리가 다른 동물들을 착취해도 되는 어떠한 근거도 결코 제공하지 않는다.

내가 잰 나비슨(Jan Narveson)이 유쾌한 어조로 "꿈꾸는 듯한 눈을 가진 급진주의자"(Narveson, 1987: 38)로 규정한 결론에 이르게 된 것은 이러한 근거 때문이다. 예를 들어 의복, 연구, 오락, 미각의 즐거움을 목적으로 인간이 아닌 동물을 이용하면 동물을 자원으로 처우하는 과정에서 해악을 끼치게 되기 때문이다. 그리고 권리 견해에 따르면 그런 처우는 존중의 태도로 처우받을 권리를 침해하기 때문이다. 그렇게 이용하는 것은 도덕적으로 잘못이며 종식해야 한다는 결론이 따라 나온다. (예컨대 '행복한' 소만을 기르겠다고, 서커스에서 사자를 더 넓은 우리에 가두도록 해야 한다고 결심함으로써) 그런 제도적인 부정의를 개혁하는 것만으로는 충분하지 않다. 도덕적으로 고려했을 때 폐지가 필요하다.

나를 비판하는 사람들은 생각이 다르다. 사실, 만약 그들이 옳다면, 나

..

9) (옮긴이) equal은 '평등하다'라고 번역하는 게 일반적이나, '평등하다'고 할 때는 임계점을 넘은 상태에서는 어느 정도의 정도 차이를 인정하는 느낌이 있다. 그러나 레건의 본래적 가치에 대한 입장은 삶의 주체라면 정도의 차이 없이 똑같다는 것이다. 이를 살리기 위해 '동등하다'로 번역한다. 다만 그런 지점이 아니라면 '평등하다'로 번역한다.

는 철학적으로 조금이라도 중요한 가정이 있는 모든 것에 대해 잘못 알고 있다는 생각을, (말하자면 나의 끈질긴 결심에 의해) 선뜻 내키지는 않지만 나 자신에게 확실히 해두었다. 동물의 마음에 대해 잘못 알고 있다. 도덕 이론을 어떻게 평가할지에 대해 잘못 알고 있다. 권리가 무엇이고 누가 그것을 가지고 있는지에 대해 잘못 알고 있다. 우리의 도덕적 의무가 무엇인지에 대해 잘못 알고 있다. 심지어 도덕철학이 무엇이며 어떻게 도덕철학을 해야 하는지에 대해 잘못 알고 있다. 이처럼 내가 범하고 있는 잘못이 너무나도 많기에, 내가 고려할 수 있는 것 중 상당 부분을 선택하는 것은 어쩔 수 없다. 나는 제기된 모든 반론에 대답할 수 없지만, 내가 대답하는 반론들은 그중에서 가장 중요한 것이라고 믿는다.[10]

반론과 답변

직관에의 호소

여러 가지 도덕원리들의 수용은 어떻게 정당화할 수 있는가? 이 원리들을 포함해서 도덕 이론들이 충돌할 때 어떻게 합리적으로 선택할 수 있는가? 도덕철학의 역사에 친숙한 사람들은 이 문제들에 대해 사람들이 얼마나 분열되어 있고 논란이 많은지 알고 있을 것이다. 이 책에서 나는 앞에서 언급한 문제들에 대한 결정을 내릴 때 활용할 수 있는 일련의 관련 있

:.

10) 내가 논의하는 비판들 중 일부에 대한 이전 응답은 Regan(1994)과 Regan(2001a): 284~290 을 보라.

는 기준을 설명하고 옹호하고자 했다. 내가 사용한 기준(321~337)은 일관성, 정확성, 범위, 경제성, 우리의 직관에 부합함이다. 이 다섯 가지 중, 마지막 기준은 가장 비판적인 반응을 불러일으켰는데, 그중 일부는, 내가 곧 보여주겠지만, 명백히 초점이 맞지 않는다.

직관은 모호한 개념이고, 어떻게 이해하든 골칫거리인 개념이다. 이 책에서 나는 다른 사람들이 직관을 어떻게 이해하고 있는지 여러 가지 방식으로 설명한 다음에, 내가 직관의 '반성적' 의미라고 부른 것을 설명했다.

> [반성적 의미에서] 우리의 직관은 (…) 우리가 갖게 된 도덕적 믿음이다. 다시 말해서 우리가 냉정하게, 공평무사하게, 개념적 명료성을 가지고, 우리가 합리적으로 획득할 수 있는 한 많은 적절한 정보를 가지고 우리의 믿음에 대해 생각하려고 노력했다고 가정한다는 것이다. 이런 노력을 한 **다음에** 내리는 판단은 우리의 '직감적인 반응'도 아니고 단순히 우리가 **우연히** 믿게 된 것을 표현한 것도 아니다. (…) 따라서 대안이 되는 도덕원리들이 우리의 반성적 직관에 얼마나 잘 부합하는지 검사하는 것은 우리의 숙고된 믿음에 부합하는지 검사하는 것이고, 경쟁하는 두 도덕원리 사이에 다른 점이 모두 같다면(즉 두 이론이 범위, 정확성, 일관성에서 같다고 가정한다면), 우리의 반성적 직관에 가장 잘 맞는 원리를 합리적으로 선호해야 한다.(326~327)

내가 직관을 어떻게 이해했는지 말하고 직관이 내 생각에서 어떤 역할을 하는지 설명한 다음에, 나는 우리 직관 중 일부가 다른 방법으로 정당화된 원리들과 충돌한다면, 왜 가능한 한 수정이나 심지어 포기가 필요한지 설명한다. 다른 말로 하면 우리가 추구하는 것은 존 롤스(John Rawls)(Rawls, 1971)가 한편으로는 우리의 직관, 다른 한편으로는 조직화하는 일반 원리 사이의 "반성적 평형(reflective equibrium)"이라고 언급한 것이다. 또한 (그리고 여기서 내 이론은 롤스의 이론보다 훨씬 복잡해진다) 나는 우리의 숙고된 도덕적 믿음에 이르는 이상적인 배경 조건(공평무사성, 합리성 등)이 주어졌을 때 우리가 도덕 지식이 얼마나 이해하기 어려운가를 이해하기 위해서는 왜 적절한 겸손도 필요한지 설명한다.

요약하면 내 생각에 만약 경쟁 이론들을 평가하는 방법으로 합리적으로 기대할 수 있는 모든 것을 했다면, 우리는 어떤 도덕원리를 합당하게 받아들이거나 거부할 수 있다. 하지만 그렇다고 해서 우리가 선택한 원리들이 참이라고 할 수는 없다. 우리가 알 수 있는 것은, 우리의 직관과 부합하는가의 검사를 포함해서 어떤 이론이 적절한 기준들을 만족하는가를 결정할 목적으로, 경쟁하는 이론들을 완전히 그리고 공정하게 평가하기 위해 최선을 다했다는 것이다. 그러나 위에서 언급한 기준들을 만족시키는 것은 완전히 실현될 수 없는 이상을 나타내기에, 우리는 우리가 받아들이는 원리 그리고 그 원리가 일부가 되는 일반 이론이 실제로 참이고 그 경쟁 이론은 거짓이라는 것을 안다고 주장할 위치에 결코 있지 못하다.

나비슨은 내가 우리의 도덕적 직관에 호소하는 것을 마뜩잖아 한다. 그는 때때로 내 생각에 실망을 한다. 그가 제기한 반론은 표현되거나 함의된 내 견해에 대한 반론이 아닌 경우가 더 많다. 예를 들어서 나비슨은 어떤 곳에서는 본래적 가치의 "속성"은 내가 "직관하는" 어떤 것이라고 내 생각을 추정하고 얕잡아 보며(38), 다른 곳에서는 누가 본래적 가치를 소유하느냐를 결정하는 것은 "도덕적 지각의 문제"라고 내 견해를 추정하고 거기에 이의를 제기한다(39). 그런데 이것은 내재적 선(intrinsic goods)이라는 (무어의 이론에서) 간단하고 유일하며 비자연적인 속성에 우리가 익숙하다고 주장하는 무어(G. E. Moore)의 입장(Moore, 1903)을 규정하는 정확한 방식일 수 있다. 그리고 내가 무어의 철학에 대해 다소 많이 집필한 것은 맞는다(Regan, 1986; 1986b; 1991c). 그러나 나비슨이 내가 방금 언급한 구절에서 말한 것은 내 견해를 규정하는 정확한 방식이 아니다. 나의 견해에 따르면 "속성"(이게 무엇이든)은 "직관되지" 않으며, 우리의 직관은 "도덕적 지각의 문제"(이게 무엇이든)도 아니다. 그렇지 않다고 가정하는 것은 『동물권 옹호』의 지은이가 아닌 다른 사람과 싸우는 것이다.

나비슨이 내가 도덕적 직관을 어떻게 이해했는지를 언제나 초점을 잘못 맞춰 이해한 것은 아니다. 그는 내가 직관에 호소할 때 "순전히 직감에 의한 발언"이 아니라 시지위크(Sidgwick), 로스(Ross), 롤스와 같은 식으로 "반성적 직관"을 가리키고 있다고 (옳게) 말한다(33). 그렇기는 하지만 나비슨은 직관에 호소하여 경쟁하는 도덕원리들 사이에서 선택하는 검사를 하는 것은 "이론적으로 결핍된 것"이라고 믿는다(같은 곳). 왜? 그의 주장에 따르면 "서로 모순되는 가정된 두 도덕원리 모두 그 검사를 통과할 수 있기" 때문이다(34). 따라서 그는 이 검사를 통과하는 것만으로는 이 도덕원리가 아니라 저 도덕원리를 정당하게 받아들이는 근거로 "충분하지 않을 수 있다"라고 주장한다(같은 곳).

그러나 앞의 주장으로부터 내가 우리의 숙고된 도덕 믿음들에 부합됨이 도덕원리들 또는 이론들 사이에서 선택하기 위한 충분조건이라고 결코 주장하거나 함의하지 않는다는 것을 분명하게 해야 한다. 우리의 직관에 호소하는 것은 내가 사용하는 평가 기준들의 집합에서 하나일 뿐이며, 나비슨처럼 이 검사에 통과한다고 해도 "충분하지 않을 수 있다"라고 주장하는 것은 이 입장에 대한 반론이 아니다.

우리의 도덕적 직관과 부합하는지 여부가 도덕적 원리를 평가할 때 어떤 역할을 하는지 묻는 것은 여전히 적절하다. 나비슨은 그렇게 생각하지 않는다. 그는 우리의 직관은 우리 시대, 장소, 상황의 지배적인 문화적 성향을 나타내지 않는다고 생각하는 듯하다. 그러므로 우리가 이론 평가라는 심각한 일에 착수할 때 직관에 의존해서 어떤 중요한 일을 해서는 안 된다는 것이다.

나로서는 이것이 잘못이라고 확신하지 않는다. 우리가 호소하려고 하는 직관이, 우리가 관련된 개념을 이해했다고 가정하고 그리고 요구하는 것이 합당한 적절한 정보를 우리가 충분히 확보했다고 가정했을 때, 우리가 합리적이고 냉정하고 공평무사하게 생각하려고 성실하게 노력한 후 형성하고 유지한 도덕적 믿음이라는 것을 상기하라. 내가 애써 설명하려고 하는 이러한 조건들은 불완전한 생명체인 우리 중 어느 누구도 완전히 실현하지 못하는 이상을 제시한다. 그렇다면 내 견해에서는, 앞서 지적한 것처럼, 부분적으로 어떤 이론의 원리가 우리의 도덕적 직관과 부합하기에 우리가 그 이론을 합리적으로 정당하게 받아들일 수 있지만, 선호한 이론이 하나뿐인 참인 이론이라는 것은 따라 나오지 않는다. 나비슨은 자신이 더 이상의 것을 원한다고 항의할 수 있다. 특히 그는 어느 이론이 하나뿐인 참인 이론인지 알고 싶을 수 있다. 그러나 도덕철학의 역사가 가르쳐준 한 가지가 있다면, 그것은 자신이 하나뿐인 참인 이론을 발견했다고 생각하는 사람은 수년간의 노력 끝에 하나뿐인 참인 스나크(snark)[11]를 찾았다고 생각하는 사람만큼만 올바르다는 것이다. 나는 이미 제시한 이유로 이것이 우리가 모든 도덕 이론이 받아들일 만한 가치가 똑같이 있다고 보아야 한다는 것을 의미하지는 않는다는 점을 서둘러 덧붙인다.

나비슨의 비판에 대한 내 논의의 결론은 이렇다. 나는 내가 직관에 호소

⋮

11) (옮긴이) 루이스 캐럴의 시 「스나크 사냥」에 나오는 상상 속의 괴물.

하는 것이 잠재적으로 심각한 난점이 없다고 가정할 만큼 뻔뻔하지는 않지만, 그가 그 난점이 무엇인지 밝혔다고 믿지는 않는다.

본래적 가치의 이념

나를 가장 끈질기게 비판하는 사람 중 한 명은 프레이(R. G. Frey)로, 그는 인간이 아닌 동물에게 권리를 부여하는 것에 반대한다(Frey 1980; 1983; 1987). 그리고 인간에게 권리를 부여하는 것에도 반대한다. 기만적인 약속에서부터 무고한 사람들을 처형하는 것에 이르기까지 그의 이론이 끔찍한 것들을 허용한다는 비판을 받을 때 자신의 이론에 대한 지배력을 포기하기보다는 강화하는 것을 보면, 그의 입장은 수치심을 모르는 행위 공리주의, 쉽게 동요하지 않는 당파적 성향을 띠고 있다. 일부 철학자들의 확신은 그들이 가장 좋아하는 이론이 (글자 그대로) 사람을 죽이는 결과를 초래할 수 있다는 지적을 받을 때는 흔들릴 수 있지만, 공리주의에 대한 프레이의 추종은 흔들리지 않는다.

프레이는 동물의 권리를 부인하는 것 이상의 일을 한다. 그는 동물에게 아주 희미한 마음의 흔적이 있다는 것 이외에는 모든 것을 부인한다. 그는 동물이 즐겁기도 하고 고통스럽기도 한 '감각'을 경험한다고 주장한다. 그러나 그게 전부이다. 선호, 원함, 바람은 없다. 기억과 기대도 없다. 추론하고 계획을 세우고 의도할 수 없다. 인간 아닌 동물의 정신적 삶에 대한 프레이의 이해는 말하자면 거의 데카르트의 이해라고 봐도 무방하다. 나는 프레이 작업의 이런 측면을 이 책에서 언급했고(156 이하), 나의 비판을 여기서 반복하지는 않을 것이다. 그 대신에 권리 견해의 핵심이 되는 이념인 본래적 가치의 이념에 대한 그의 비판에 나의 논의를 집중하겠다.

이 이념이 무엇을 뜻하며 내 이론에서 어떻게 작동하는지 이해하기 위해서는, 권리 견해에서 역할을 하는 다른 종류의 가치들의 더 큰 맥락에서 본래적 가치를 볼 필요가 있다. 이 가치들은 (1)(삶의 질 또는 복리로 이해하는) 복지, (2)(쾌락이나 만족과 같은 여러 정신적 상태를 포함하는) 내재적 가치(intrinsic value), (3)(수단으로서, 다시 말해서 누군가의 목적 또는 이익과 상대적인 자원으로 유용한 것으로서 이해하거나, 또는 그런 복리나 쾌락과 같은 가치들의 총합으로 존재하는 것으로서 이해하는) 효용성(utility), (4)미적, 과학적, 영성적 이익을 포함한 독특한 인간 가치, (5)장점 또는 탁월함, (6)(개체가 죽을 때 얼마나 많은 것을 잃고 얼마나 많은 해악을 입는지 묻는 것으로 이해하는) 삶의 가치, (7)(칸트가 개인을 목적 그 자체로 존재한다고 보는 생각의 경향을 따라 어떤 개체가 소유하는 가치의 종류로 이해하는) 본래적 가치를 말한다.

본래적 가치와 관련해서 나는 네 가지를 주장한다. 첫째, 윤리 이론은 이런 종류의 가치가 없이 가능하다면 더 간단해지겠지만, 단순성이 전부가 아니다. 모든 것을 고려했을 때 최선의 이론이 되기 위해서는 본래적 가치를 상정해야 한다고 나는 주장한다. 둘째, 본래적 가치는 앞서 언급한 다른 종류의 가치들과 논리적으로 구분되고, 그것들로 환원되지 않으며, 그것들의 함수가 아니다. 본래적 가치를 소유한 개체의 도덕적 가치는 그 개체가 얼마나 행복한지, 얼마나 재능이 있고 자격이 있는지, 얼마나 유용한지 등과 논리적으로 독립적이다. 셋째, 본래적 가치는 단정적인(categorical) 개념이다. 개체는 그것을 갖거나 갖지 않거나 둘 중 하나이다. 그리고 본래적 가치를 갖는 모든 개체는 이 가치를 똑같이 갖는다. 넷째, 삶의 주체인 모든 개체들은, 이 개념이 앞서 설명된 것처럼, 본래적 가치를 가지며, 따라서 동등한 도덕적 지위를 누린다. 곧 삶의 주체 기준은 본래적 가치를 소유하는 충분조건이 된다.[12]

많은 비판자들이 본래적 가치의 이념에 이의를 제기했다. 본래적 가치가 모두에게 똑같다는 것뿐만 아니라 이 이념 자체를 반박한 프레이가 그중 대표적이다. 그는 본래적 가치와 관련해서, "모든 인간의 삶이 동등한 가치를 갖는다고 생각하지 않는다"라고 말한다. 그는 다음과 같이 말한다.

나는 매우 심각하게 정신적으로 쇠약한 사람이나 중증 노인성 치매에 걸린 노인이나 뇌를 절반만 가지고 태어난 갓난아이의 삶이 정상인 성인 인간의 삶과 동등한 가치가 있다는 것을 받아들이지 않는다. 인간 삶의 질은 우리의 가장 나쁜 원수에게도 그 삶을 바라지 않을 정도까지 곤두박질칠 수 있다. 그리고 아무리 나의 최악의 원수에게라도 내가 바라지 않을 삶이 정상인 성인 인간의 삶만큼 가치 있다고 말할 이유는 없다.(Frey, 1987: 58)

방금 인용한 문장에서 프레이가 '인간 삶의 질'을, 그리고 '인간 삶의 질'은 개인마다 다를 수 있기에 때로는 의심의 여지 없이 달갑지 않은 수준까지 '곤두박질'친다는 사실을 언급한 것에 주목해야 할 것이다. 그렇다면 프레이는 자신의 방식대로 내 입장을 공격함으로써 본래적 가치라는 생각을 개체의 복리라는 완전히 다른 생각과 혼동하고 있다는 것을 분명하게 해야 한다. '삶의 질'을 말하는 것은 개체의 삶이 얼마나 행복한가를 언급하는 것인 데 비해, 개체의 '본래적 가치'를 말하는 것은 삶이 있는 개체의 가치를 언급하는 것이다. 인간 중 정신 상태가 혼란스럽거나 쇠약하거나 그 외 사회적 약자인 삶의 주체는 매슬로(Maslow)의 자아실현 단계[13]에서 최

••
12) '자연주의적 오류'를 저지르는 것에 대한 우려는 『동물권 옹호』, 530~531을 보라.
13) (옮긴이) 미국의 심리학자 매슬로(A. Maslow, 1908~1970)는 인간의 바람을 생리적 바람,

상위를 실현하는 삶의 주체보다 그 질이 못한 삶을 산다는 데에 동의해보자. 그러나 이것은 삶의 질이 좋지 못한 인간 삶의 주체가 본래적 가치를 결여하고 있다는 것을 함의하지 않는다. 나는 단 한순간도 개인의 경험적 복리가 크게 다를 수 있다는 것을 부정하지 않는다. 그러나 내가 삶의 질은 어디에서나 똑같다는 것을 말하지도 함의하지도 않는 한, 그것이 다를 수 있다는 프레이의 주장은 내 입장에 대한 비판으로서 실패한다.

프레이가 본래적 가치의 동등함과 관련된 나의 견해에 대해 말한 것도 똑같이 말할 수 있다. 그는 먼저 "모든 인간의 삶은 아무리 결핍되었어도 동등한 가치를 가지고 있다"라는 입장을 나에게 (잘못) 부여한 다음에, 다음과 같이 말한다.

> 나[프레이]는 동의하지 않는다. 나에게 삶의 가치는 그 질의 함수이고, 그 질은 풍족함의 함수이며, 그 풍족함은 풍요를 위한 기회나 잠재성의 함수이다. 그리고 많은 인간들은 평범한 인간의 삶보다 매우 낮은 질의 삶, 그러니까 풍요가 결여되어 있고 풍요를 위한 잠재성이 심각하게 부족하거나 없는 삶을 살고 있는 것이 사실이다.(57)

그러나 다시 한번 말하자면, 프레이는 내 견해를 공격한 것이 아니라 내 견해가 무엇인지를 파악하지 못하고 있다. 첫째, 나는 "모든 인간의 삶은 (…) 동등한 가치를 가지고 있다"라고 말하거나 함의하지 않는데, 여기에는 동등한 본래적 가치도 포함되어 있다(이것은 본래적 가치는 개별적인 삶의 주

∴ 안정 바람, 사회적 바람, 자존 바람, 자아실현 바람으로 구분하고, 마지막 바람이 최고의 행복 상태라고 말한다.

체가 소유하는 것이지 이 주체가 갖는 삶이 소유하는 것이 아니기 때문이다). 둘째, 내 견해에서 삶의 주체 기준을 만족시키는 모든 인간은 본래적 가치를 가지며 그것을 똑같이 갖지만, 그 삶의 가치가 똑같다는 것이 따라 나오지 않는 것은 삶의 질이 똑같다는 것이 따라 나오지 않는 것이나 마찬가지이다. 짧게 말해서, 가치에 대한 나의 이론에 따르면, 개체의 삶의 질과 그 삶이 있는 개체의 가치는 별개이다. 프레이는 내 이론에서 두 생각이 같은 것처럼 다루기 때문에, 그의 항의는 불발에 그친다. (나는 뒤의 '삶 평가하기'라는 절에서 서로 다른 삶이 가질 수 있는 서로 다른 가치에 대해 더 말할 것이다.)

도덕 행위자와 도덕 수동자

일찍이 내가 지켜본 바에 따르면, 거의 예외 없이 동물권에 대한 믿음에 도전한 철학자들은 아주 공손하게 그렇게 해왔다. 칼 코언(Carl Cohen)은 예외 중 하나이다.[14] 예를 들면 동물권을 믿는 사람은 "제정신이 아니다"라고 말하고(Cohen, 2001: 24), 우리가 믿는 것은 "어리석고"(29), "불합리하고"(35), "터무니없고"(65), "광적인 신념"(25)이고, "무지렁이를 향한 통속적 구호"(121)라고 규정한다. 인간과 동물이 공유한 도덕적 평등과 같은 것에 대한 믿음이라니? 그는 이것을 "터무니없고"(35) "불합리하다"(65)라고 서술한다.

위와 같은 공격은 비전문가를 향한 것이기는 한데, 나를 향한 코언의 수사적인 공격은 방금 요약한 것에 견주어보면 누그러져 있다. 그는 이 책의 독자는 내 책이 "길고 고달프고 곳곳에서 모호하다"(51)라고 생각할 것이

14) 코언의 견해에 대한 더 일관된 비판적 고찰은 Regan(2001a): 265~310의 나의 기고를 보라.

라고 말한다. 이 책의 논증들은 "대체로 연막을 피우고"(51), 동물권 옹호 논증은 "완전히 잘못되었고", "심각하게 틀렸으며", "끔찍할 정도로 견고하지 못하며"(54), "전혀 설득력이 없다"(56)라는 것이다. 그 주된 결론에는 "거의 마술과 같은 속도로 도달했다"(54)[15]라고도 말한다. 코언은 그래도 책을 열어보고 싶은 사람에게는 "『동물권 옹호』에는 동물권을 성공적으로 옹호하는 논증이나 논증의 집합이 전혀 없다"(55)라고 자신의 확신을 전달한다.

코언의 겉만 번지르르한 수사에 맞서 할 수 있는 말이 많다. 그러나 나는 되도록 말을 안 할 것이다. 철학의 논의는, 그 주제가 무엇이 됐든 간에, 욕설을 하거나 모욕을 하기에는 부적절한 곳이다. 반대자에게 나쁜 말을 함으로써 내 주장이 정당함을 밝히지 못하기만 한 것이 아니다. 또 그렇게 했을 때 내 명성만 더럽혀지는 것이 아니다. 더 중요한 점은 철학에 오명을 씌울 위험에 처하게 되고, 그에 따라 더 큰 학자들의 공동체 안에서 전문가 동료들의 평판이 악화된다. 동료들을 존경한다면, 다른 이유가 없을 경우, 철학자들은 코언의 저술 중 많은 부분을 특징짓는 유감스러운 지나침과 싸우는 것을 원리적으로 삼가야 한다.

코언은 동물권을 옹호하는 내 논증의 결론에 도달하는 속도에 만족하지 못할 뿐만 아니라, 이 논증이, 그의 시선으로 보면, 이 책에서 인용하여 그가 다음과 같이 "단 하나의 원리"라고 이름 붙인 것에 의존하기 때문에 불편해한다.

•ː

15) 나의 논증은 그 본성상 누적적이다. 앞선 586쪽은 587쪽에서 도달하는 결론에 논리적 배경의 역할을 한다. 그 결론이 "거의 마술과 같은 속도로 도달했다"라고 말하는 사람들은 적어도 이 책의 수백 쪽을 읽는 것을 게을리했다는 것을 나에게 암시한다. 나의 논증에 대한 간단한 요약은 Regan(2001a): 210~212를 보라.

존중받을 처우에 대한 주장의 정당성과, 따라서 그런 처우에 대한 권리를 인정하는 옹호 논증은 도덕 행위자의 경우에서보다 도덕 수동자의 경우에서 더 강할 수도 더 약할 수도 없다.(587)

내가 이렇게 말했고, 내가 여기서 말한 것이 나의 누적적 논증이 이끄는 결론을 요약한다는 것을 (앞으로 '요약 원리'라고 부르겠다) 부인하지 않는다. 따라서 코언이 이 구절의 중요성을 인정한 것은 옳다. 그러나 그가 해석한 것은 나의 요약 원리가 뜻하는 것을 매우 심각하게 오해했다.

내가 언급한 '도덕적 행위자'는 누구일까? 누가 '도덕 수동자'일까? 놀랍게도 코언은 내가 '도덕적 행위자'라고 이해한 것은 '인간'과 동의어라고, 그리고 내가 '도덕 수동자'라고 이해한 것은 '동물'과 동의어라고 해석했다. 다음이 관련된 인용 부분이다.

레건의 [동물권] 옹호는 전적으로 한 가지 원리에 기초한다. (⋯) 그것은 무슨 원리인가? 그것은 (⋯) '도덕 행위자'(인간)와 '도덕 수동자'(동물)가 무조건적으로 평등하다고 주장하는 원리이다.(52)

코언이 여기서 말한 것은 심각하게 참이 아니다. 이것은 거짓인 것을 넘어서는 것이고, 내가 부인하는 정도가 아니라 반복해서 부인한 동의성을 나에게 뒤집어씌우는 것이다(여러 곳 중 358, 359, 516).

내 저술을 아주 수박 겉핥기로 읽는 사람에게조차도 내 이론에서 '도덕 수동자'는 '동물'과 동의어가 아니며 '도덕 행위자'는 '인간'과 동의어가 아니라는 것보다 분명한 것은 없다. 실제로 이 책과 동물권에 대한 나의 다른 저술 전체에서 내 논증의 주된 목적 중 하나는 이 개념들의 짝이 동의어가 아니라는 것을 보여주는 것이다. 왜 그렇지 않겠는가? (1)많은 인간은 (예컨대 갓 태어난 또는 곧 태어날 인간은) 도덕적 행위자가 아니기 때문이다. 곧 그들은 그들의 현재 조건에서 의사 결정을 할 때 추상적인 도덕원리를 적용할 수 없다. 그리고 (2)이런 인간들은 내 견해에서 도덕 수동자이기 때문이다. 곧 그들의 현재 조건에서 의무를, 그중에서도 가장 중요한 존중으로 처우받아야 할 의무를 그들에게 직접 가져야 한다.

그렇다고 하더라도, 모든 인간은 도덕적 행위자라거나(이것은 거짓이다) 어떤 인간도 도덕 수동자가 아니라고(이것도 거짓이다) 주장하며 내 입장에 반대할 수 있다. 그러나 내 입장에 반대하는 것과, 내 입장이 정확히 무엇이라고 말하는 것은 별개의 일이다. 코언은 후자를 제대로 못 하기 때문에 전자도 제대로 못 한다.

모호함이라는 비난

코언은 권리 견해에 대해 논리적 반론도 제기한다. 그는 나의 동물권 옹호가 "지독한 모호함의 오류 사례", 다시 말해서 같은 낱말이나 구절이 논증의 여러 명제들에서 두 가지 이상의 의미로 사용되는 비형식적 오류를 포함하기 때문에 "완전히 잘못"이라고 선언한다(54).

내가 잘못했다는 평을 듣는 모호함은 "본래적 가치"라는 표현과 관련이 있는데, 코언은 이것의 두 가지 의미를 구분한다. 그 첫 번째 의미는 본성상 도덕적인 것이고, 두 번째는 도덕적인 것이 아니다. 코언에 따르면 동물에게 본래적 가치를 부여하는 나의 논증 그리고 나의 동물권 옹호는 "'본래적 가치'의 한 가지 의미에서 다른 의미로 눈에 안 띄게 이동"하기 때문에, "완전히 잘못되었고", "끔찍할 정도로 견고하지 못하다"라는 등의 평가를 받는다(같은 곳).

문제가 되는 그 두 가지 의미는 무엇인가? 도덕적으로 중립적인 의미는 "각 생명체[는] 고유하[고] 대체 불가능하다"를 뜻한다(54). "본래적 가치"의 도덕적 의미와 관련해서 코언은 다음과 같이 말한다.

> (…) 레건은 인간의 진짜 가치는 인간의 경험이 아니라 인간 **자체**에 있다고 주장한다. 가치를 주는 것은 인간성의 '컵에 들어가는' 쾌락과 고통이 아니라, '컵' 자체이다. 모든 인간은 인간이기 때문에, 곧 본래적 가치를 갖는 도덕적 행위자이기 때문에, 깊은 의미에서 가치가 동등하다.(53)

코언이 여기서 말한 것은, 만약 맞는 말이라고 해도, 『동물권 옹호』의 지은이가 아닌 사람에게 맞는 말이다. 나는 어디에서도 "본래적 가치"라는 말을 "각 생명체[는] 고유하[고] 대체 불가능하다"를 뜻한다고 쓰지 않는다. 나는 어디에서도 **모든** 인간 각각이 도덕적 행위자이기 때문에 깊은 의미에서 가치가 동등하다고 주장하지 않는다. 내 견해에서 수억 명의 인간 삶의 주체는 도덕적 주체가 아니었고 지금도 아니며 앞으로도 아닐 것이다. 이런 사실은 그들이 도덕적 행위자인 인간 삶의 주체가 소유하는 본래적 가치와 동등한 본래적 가치를 갖는다는 것을 결코 훼손하지 않는다. 그러므로 내가 코언이 말한 것처럼 모호한 말을 한다는 것은 틀림없이 거짓이다. 내가 모호하게 말한다는 것은 아무튼 거짓이다.

원조의 의무

완전히 발달된 도덕 이론이라면 다른 존재에게 진 의무를 원조에 의해 고려해야만 한다. 나는 『동물권 옹호』에서 우리가 개인적으로 다른 사람들의 권리를 침해하지 않았다는 것만으로 우리의 의무를 다한 것은 아니라고 주장한다. 우리는 부정의의 희생자, 다른 말로 하면 자신의 권리가 침해된 개체들을 원조할 직견적(prima facie) 의무 역시 갖는다.

데일 제이미슨(Dale Jamieson)은 나의 이론 중 이 부분이 함의한다고 생각하는 것에 이의를 제기한다(Jamieson, 1990). 그는 내 견해에서 도덕적 행위자만이 다른 존재의 권리를 침해한다는 데 주목하면서, "(레건에 따르면) 우리는 부정의의 희생자인 존재를 원조할 필요가 있지만, 부정의의 희생자가 아닌 존재를 원조할 필요는 없다"(351)라고 주장한다. 그는 야생에 관한 여러 논점에 대한 나의 논의를 지적하고, 이 책의 다음 구절을 인용한다. "(…) 우리가 권리가 침해되는 동물을 원조해야 할 직견적 의무를 갖는다고 주장할 때, 늑대는 누군가의 권리를 침해할 수도 없고 침해하지도 않기에, 늑대의 공격으로부터 양을 원조해야 하는 의무를 우리가 갖는다고 주장하는 것은 아니다."(597) 그러고 나서 제이미슨은 원조의 의무와 관련된 나의 입장은 반직관적인 결과를 낳는다고 주장한다. 예를 들어서 우리는 바위가 떨어져 덮칠 위험에 처해 있는 동료 등산객에게 주의를 줄 의무가 없다. 왜 없는가? 권리 견해는 "우리는 도움이 필요한 존재라도 부정의의 희생자가 아니면 도울 필요가 없다"(351)라고 주장하기 (제이미슨은 이렇게 추론한다) 때문이다. 그리고 떨어지는 바위는, 그것에 대해 뭐라고 말하든 간에, 부정의의 행위자가 아니다.

이것은 얼핏 보면 심각한 반론처럼 보이지만, 나는 제이미슨의 비판이 효력이 있다고 생각하지 않는다. 관련된 구절을 찬찬히 읽어 보면 나는 그가 내가 말했다고 생각하는 것을 말하지 않았다. 어느 누구의 권리도 침해되지 않은 경우에, 나는 부정의가 행해졌기에 누군가에게 무엇인가 의무를 진다고 말하지 않는다. 그리고 이것은 물론 누군가에게 다른 의무를 갖지 않는다고 말하는 것과 완전히 다르다. 더 이상 말하지 말라. 권리 견해에서 자선이라는 일반적인 직견적 의무, 곧 우리가 정의를 근거로 다른 존재에게 의무를 지는 것에 대한 고려와 무관하게 다른 존재에게 선을 행하도록 명령하는 의무를 인정하지 못하게 하는 것은 결코 없다. 특히 권리 견해에서는 떨어지는 바위가 어느 누구의 권리를 침해하지 않더라도 우리에게는 떨어지는 바위에 대해 등산객에게 주의를 줄 직견적 의무가 있다는 데에 제이미슨에게 동의하지 못하게 하는 것은 결코 없다.

왜 제이미슨은 다르게 생각할까? 내 생각으로는 적어도 나한테 책임이 있다는 것이 가장 그럴듯한 설명이다. 내가 이 책에서 논의한 유일한 원조의 의무는 우리가 부정의의 희생자에게 지는 원조의 의무이다. 어떤 독자는 이것이 권리 견해가 인정할 수 있는 유일한 의무라고 자연스럽게 추론할 것이다. 그러나 그것은 자연스럽기는 하지만 잘못된 추론이다. 권리 견해는 어떤 상황에서 실제적인 원조의 의무를 부과하는 자선이라는 일반적인 직견적 의무를 일관되게 인정한다. 그런 의무가 이 책에서 논의되지 않았다는 것은 거기서 발전된 이론이 불완전하다는 징후이다. 지나고 나서보니까 나는 부정의의 희생자에게 지는 의무 이외의 원조의 의무에 대해더 많이 말했으면 좋았을 것이라고 인정한다. 만약 더 많이 말했다면, 자선의 의무는 중요한 한계가 있다는 것을 아주 단호하게 지적했을 것이다. 특히 다른 존재의 권리를 침해함으로써 누군가의 선을 증진해서는 결코안 된다는 것이다. 권리 견해에 따르면 이런 측면에서 정의의 요구는 언제나 자선의 권리보다 우선한다.

구명보트 사례와 비일관성이라는 비난

만약 이 책에 중심 논제가 있다면, 그것은 인간이든 비인간이든 모든 삶의 주체는 존중의 태도로 처우받을 근본적 권리를 공유한다는 존중의 원리이다. 이것으로부터 어떤 삶의 주체도 단순히 다른 존재가 이익을 얻을 것이라는 근거로 해악을 입을 수 없다는 결론이 따라 나온다. 각 개체의 권리를 존중할 의무는 사회적 선을 증진하기 위해 가질 수 있는 어떤 의무보다 우선한다.

그러나 권리 견해에는 존중의 원리 이상의 것이 있다. 우리가 어떤 결정을 하더라도 그리고 우리가 아무것도 하지 않겠다고 결심해도 무고한 (innocent) 삶의 주체가 해악을 입는 상황(내가 '예방 상황'이라고 부르는 상황)이 일어난다. 우리가 그런 상황에 처하면 어떻게 해야 할까? 모든 삶의 주체가 존중의 태도로 처우받을 동등한 권리를 가지고 있다고 말하는 것으로는 충분하지 않다. 이 말은 참이기는 하지만, 무고한 하나 이상의 삶의 주체에게 해악을 끼치는 여러 선택지 중 선택해야만 하는 어려운 일에 직면했을 때 무엇을 해야 하는지에 대해 말해주는 바가 없다. 우선 내가 이런 종류의 갈등을 어떻게 해결해야 한다고 생각하는지 요약하겠다. 그러고 나서 나의 제안에 대해 제기되는 여러 비판에 답변하겠다.

두 개체(M과 N)만이 있는 단순한 사례는 권리 견해가 특정한 예방 상황을 어떻게 해결하는지 보여준다. 이 책을 인용하면 다음과 같다.

(…) M과 N이 마땅히 받을 만한 동등한 존중에 근거해서 해악을 겪지 않을 동등한 권리를 가지고 있다고 말한다고 해서, 그 둘이 겪을 수 있는 각각의 그리고 모든 해악이 동등하게 해롭다고 말할 수는 없다. 다른 것이 모두 똑같다

고 할 때, M의 죽음은 N의 편두통보다 더 큰 해악이다. 따라서 우리가 개체들의 가치와 권리를 동등하게 존중해야 한다는 것을 보여주려고 한다면, N의 더 적은 해악을 M의 더 큰 해악과 동등하다거나 그것보다 크다고 간주할 수는 없다. 두 개체의 동등한 권리를 동등하게 존중한다는 것을 보여주기 위해서는, 동등한 해악을 동등하게 간주해야지, 동등하지 않은 해악을 동등하게 간주해서는 안 된다. 여기서, (…) 다른 것이 모두 같다면, 어떤 선택을 했을 때 M에게 끼치는 해악이 다른 선택을 했을 때 N에게 끼치는 해악보다 클 때 M의 권리는 N의 권리를 압도해야 한다는 요구가 도출된다.(635~636)

물론 어떤 사람도 우리가 무고한 존재에게 끼치는 해악을 가볍게 보아서는 안 된다. 이것을 피할수록 좋다. 그러나 때로 (인생의 우연성을 생각해보면) 무고한 존재에게 해악을 끼치는 것을 예방할 수가 없다.

이제 권리 견해에 따르면 수는 문제가 아니다. M의 죽음이나 N의 편두통을 일으키는 것 대신에 M의 죽음과 열 명 혹은 백 명 혹은 백만 명의 편두통을 일으키는 것 중 선택해야 한다면, 특별한 고려 사항은 차치하고,[16] 권리 견해는 후자를 선택할 것을 요구한다. 열 개의, 백 개의, 백만 개의 편두통을 겪는 개체 O는 없기 때문이다. 죽음이 M에게 끼치는 해악은 편두통이 열 명 또는 백 명 또는 백만 명의 N 각각에게 끼치는 해악과 비교될 뿐이다. 그리고 (각 경우에) M의 죽음은 어떤 사람의 편두통보다 더 큰 해악이다.

본질적으로 이것과 비슷한 추론 방식이 내가 이 책에서 구명보트 사례를 다루는 방식의 기저를 이룬다. 우리가 상상하는 상황은 다음과 같다

∴

16) '특별한 고려 사항' 단서에 대한 논의는 이 책, 582, 618~619, 647~651, 654~659를 보라.

(659~661). 생존한 다섯 명이 구명보트에 타고 있다. 그중 네 명은 정상인 성인 인간이고 나머지 하나는 개이다. 이 보트는 넷을 위한 공간밖에 없다. 하나를 배 밖으로 던지거나 모두 죽어야 한다. 누구를 던질 것인가? 특별한 고려 사항을 차치하고, 나는 개를 던져야 한다고 생각한다. 그리고 인간 생존자에게 죽음은 개의 경우에 죽음이 일으키는 해악보다 더 큰 해악을 일으킨다고 믿으므로 개를 던져야 한다고 생각한다. 나는 개나 인간이나 죽는다면 모든 것을 잃지만, 인간 각각이 잃는 '모든 것'은 개가 잃는 '모든 것'보다 더 많다고 믿기 때문이다. 그 이유는? 죽음이 보여주는 상실은 죽음이 막는 만족의 가능한 근원의 수와 종류에 비례하기 때문이다. 따라서 인간에게 죽음이 개의 경우보다 그런 가능성을 더 크게 상실한다면, 인간의 죽음은 개의 죽음보다 더 큰 해악일 것이다. 이것이 이런 비극적 상황에서 희생해야 하는 쪽은 개가 되어야 하는 이유이다.

더구나 수는 차이가 없다. 우리가 한 마리의 개와 네 명의 인간 사이에서 선택해야 하는 것이 아니라 네 명의 인간과 열 또는 백 또는 백만 마리의 개 사이에서 선택해야 한다 해도 희생되어야 하는 것은 개일 것이다. 열 또는 백 또는 백만 마리의 개의 죽음에 의해 해악을 입는 개체 O는 없기 때문이다. 죽음이 각 인간에게 끼치는 해악은 죽음이 열 또는 백 또는 백만 마리의 개 각각에게 끼치는 해악과 비교될 뿐이다. 그리고 (각 경우에) 어떤 인간의 죽음이든 죽음은 열 또는 백 또는 백만 마리의 개 각각에 끼치는 해악보다 더 큰 해악을 보여주는데, 상실이 더 크기 때문이다.

앞의 내용을 배경으로 하면, 내가 상황 악화의 원리(worse-off principle)라고 부르는 것을 이해할 수 있어야 한다. 그 원리는 다음과 같이 말한다.

특별한 고려 사항은 차치하고, 무고한 다수의 권리를 압도하는 경우와 무고한 소수의 권리를 압도하는 경우 사이에서 선택해야만 할 때, 그리고 다른 쪽을 선택한 경우 소수가 겪는 해악이 그들의 상황을 악화하는 정도가 다수가 겪는 해악이 그들의 상황을 악화하는 정도보다 클 때, 다수의 권리를 압도해야 한다. (634)

내 말이 분명하기를 바라는데, 열 또는 백 또는 백만 마리의 개가 던져지는 구명보트 사례를 내가 해결하는 방법은 상황 악화의 원리를 지금까지 논의했던 예방 상황의 유형에 특별히 적용하는 것 이상도 이하도 아니다.

나는 이 책의 여러 곳에서 구명보트 사례에 대한 우리의 생각을 토대로 다른 사례에까지 일반화하려는 유혹을 경고했다. 예를 들어 나는 "권리 견해가 함의하는 것은 예외적인 사례―구명보트 사례를 포함한 예방 상황이 예외적인 사례이다―에서이고, 예외적이지 않은 사례로 정당하게 일반화될 수 없다"(661)라고 언급했다. 곧 보겠지만, 수많은 비판자들이 이 경고의 말을 무시했다.

내가 구명보트 사례를 다룬 것은 가내 수공업 수준의 반론을 생기게 했는데, 그 모든 것을 여기서 고려할 수는 없다.[17] 나는 개인적으로 내 구명보트 사례는 나의 일반적인 이론 내에서 그 사례의 중요성에 비해 필요 이

::

17) 논의된 저술 이외에 다음을 보라. Judith Barad-Andrade, "The Dog in the Lifeboat Revisited," *Between the Species*, 8(2)(1988): 114~117; Susan Finsen, "Sinking the Research Lifeboat," *The Journal of Medicine and Philosophy*, 13(1988): 197~212; Julian H. Franklin, "Regan on the Lifeboat: A Defense," *Environmental Ethics*, 23(Summer 2001): 189~201; Tom Regan and Peter Singer, "The Dog in the Lifeboat: An Exchange," *The New York Review of Books*(April 25, 1985): 56~57. 가장 포괄적인 논의로는 Edward Zapala, *One Million Dogs: Tom Regan, the Worse-off Principle, and the Abolition of the Use of Animals in Science*, An Honors Thesis, University of Massachusetts(Amherst), 2002-2003인데, 여기에 감사드린다.

상의 관심을 받는다고 생각한다. 이런 이유로, 나는 이 주제에 대해 더 이상의 말을 하기가 조심스러운데, 계속해서 언급하게 되면 조용하게 될 문제에 새로운 생명을 불어넣을까 봐 걱정되기 때문이다. 그러나 내가 정말 심각한 반대를 피하려고 하는 것처럼 보이지 않기 위해, 나는 위험을 감수하고 말을 하겠다.

섬너(L. W. Sumner)는 비일관성이라는 비난을 퍼붓는 사람들 중 한 명이다. 만약 (내가 한 것처럼) 한 명의 정상인 성인 인간을 구하기 위해 구명보트에서 백만 마리의 개를 희생하는 쪽을 선호한다면, 한 마리 또는 백만 마리의 동물을 연구에 사용하여 한 명 이상의 인간을 구할 수 있을 때 나는 그것에 일관적으로 반대할 수 없을 것이다(라고 섬너는 주장한다). 나의 "치밀하게 짜여진 (⋯) 틀"은 나의 "폐지론적 결론과" 비일관적이라고 섬너는 비난한다(Sumner, 1986: 434).

섬너는 몇 가지 관점에서 틀렸다. 어떤 비판자가 내가 세상의 모든 개를 모아 바다에 버리도록 하는 동물 조절 정책을 추종한다고 주장함으로써 나의 구명보트 사례 해결에 반대한다고 가정해보자. 나는 우리 모두가 이것을 결코 내가 말했거나 내가 추종하는 것이 아님을 깨달을 것이라고 생각한다. 나의 가상의 비판자들은 예외적인 경우에만 (구명보트 사례에서 개를 희생하기) 해야 한다고 내가 생각하는 것으로부터 으레 (모든 개를 빠뜨리기) 해야만 한다고 내가 생각하는 것으로 잘못 일반화하는 것에서 잘못을 범한다.

섬너의 실수 중 하나도 비슷하다. 구명보트 사례는 우리가 예외적인 경우에 어떻게 해야 하는지를 생각하게 만든다. 연구에서 동물을 사용하는 것은 예외적이지 않다. 이런 목적으로 동물을 사용하는 것은 매우 일상적으로 일어나는 일이다. 글자 그대로 수천만 마리의 동물이 해마다 전 세계에서 이 목적으로 사용된다. 내가 구명보트에서 예방 상황에 대해 판정 내렸다는 이유로 수백만 마리의 동물을 연구에 사용하게 하는 것을 지지해야만 한다고 가정하는 것은, 내가 같은 판정을 했다는 이유로 수백만 마리의 개를 모아 바다에 버리는 것에 동의한다고 가정하는 것과 완전히 유사하다. 나는 후자에 동의하지 않는 것과 마찬가지로 전자에 동의하지 않는다.

더 근본적으로 실험실에 있는 동물들은 이미 자신의 권리를 침해당했고, 존중이 결여된 태도로 처우받았다. 그렇지 않다면 그 동물들이 어떻게 거기에 있을 수 있겠는가? 반면에 구명보트에 생존해 있는 존재들의 경우에는, 우리가 어느 누구의 권리도 침해하지 않았다고 전제했을 때만 그 시나리오가 예방 상황으로 기능한다. 개의 권리도 침해해서는 안 되고 인간의 권리도 침해해서는 안 된다. 그러므로 섬너가 내가 (동물권을 침해하는) 모든 생체 해부를 반대하는 동시에 때로는 (예를 들어 어느 누구의 권리도 침해당하지 않는 구명보트의 경우에서) 인간을 살리기 위해 동물의 희생을 받아들인다는 이유로 비일관적이라고 비난하는 것은 옳지 못하다.

피터 싱어 역시 비일관성을 이유로 나를 비난하는 사람들 쪽에 있다(Singer, 1985). 만약 내가 인간을 구하기 위해 개를 기꺼이 바다에 빠뜨린다면, 그는 내가 병으로 고통받는 인간을 구하기 위해 같은 병에 걸린 개를 대상으로 기꺼이 실험할 수 있어야 한다고 생각한다. 그러나 내가 이 경우에 실험을 기꺼이 허용한다면, 나는 동물을 사용한 모든 연구에 반대하는 생체 해부 반대론자라고 일관되게 주장할 수 없다.

섬너처럼 싱어도 구명보트와 실험실이 도덕적으로 유사하지 않음을 인식하지 못하고 있다. 구명보트에 생존해 있는 존재들은 자신의 권리가 침해되었기 때문에 거기 있는 것이 아니다. 존중이 결여된 태도로 처우된 결과로 거기 있는 것이 아니다. 그러나 동물이 실험 대상이 되는 실험실에 들어가는 순간 도덕적 장면은 극적으로 변한다. 단 한 마리의 동물이 실험실로 보내질 때, 존중의 태도로 처우되어야 하는 그 동물권은 침해당한다. 일단 이만큼이 인정된다면, 비일관적이라는 싱어의 비판은 설득력이 없어진다. 구명보트 사례에서 내 견해를 받아들이고 다른 모든 경우에 생체 해부를 반대하는 것은 비일관적이지 않다.

렘 에드워즈(Rem B. Edwards)는 내가 비일관적이라고 비난하는 비판자 중 마지막 사례이다(Edwards, 1993). 상황은 다음과 같다. 내 견해에서 생체 해부는 그 본성상 강압적이고 잘못이다. 생체 해부의 대상인 동물들은 실험실에 우연히 있게 된 것이 아니다. 그 동물들은 연구자들이 이런 상황에 의도적으로 가져다 두었기 때문에 거기 있는 것이다. 더구나 연구자들은 다른 존재의 이득을 추구하기 위해 이런 동물을 사용하려는 목적으로 그렇게 했다. 에드워즈의 추론에 따르면 '레건의 항해하는 개'(그가 내 구명보트 사례의 개를 가리키는 이름)는 자발적으로 바다에 가지 않았다. 따라서 연구에 사용된 동물과 마찬가지로 개 역시 그 개의 인간 주인에 의해 강압적으로 바다로 간 것이다. 그러나 강압은 동물이 연구에서 처우되는 방식과 구명보트 사례 모두에 있기에, 그리고 내가 자신의 개를 항해에 데려간 인간 주인에게 잘못이 없다고 생각하기에, 에드워즈는 연구자가 자신의 실험실에서 개에게 강압적으로 실험을 수행할 때 일관되게 내가 반대할 수 없다고 주장한다.

나는 에드워즈가 심각하게 헷갈리고 있다고 생각한다. 에드워즈가 강압이 있다고 생각하는 곳에서 나는 강압을 보지 못한다. 예를 들어 나는 우리가 개에게 먹이를 언제 주고 무엇을 줄지 결정할 때 개에게 강압적으로 행동한다고 생각하지 않는다. 당연한 말이지만 개를 위해 이런 결정을 하는 존재는 우리이다. 그리고 다른 어떤 존재를 위한 결정을 할 때 강압이 끼어든다. 그러나 다른 어떤 존재를 위해 결정을 하는 모든 경우가 강압의 경우는 아니다. (우리가 생각하듯이) 인간 주인이 자신의 개를 항해에 데려가기로 결정했기 때문에 그리고 인간 주인이 그렇게 결정했을 때 개를 위해 그렇게 했기 때문에, 인간 주인이 개를 강제로 항해에 데려갔다는 결론은 따라 나오지 않는다. 강압을 헷갈리게 이해하고 있을 때만 그 반대의 추론이 그럴듯해질 것이다.[18]

그러나 논증을 위해 우리가 동물을 위한 결정을 내릴 때마다 언제나 동물에게 강압적으로 행동한다고 가정해보자. 그러면 모든 강압의 경우에서 권리 침해가 일어나는지 물어볼 수 있다. 나는 그렇다고 생각하지 않는다. 나는 우리가 개에게 먹이를 언제 주고 무엇을 줄지 결정할 때마다 개의 권리를 침해한다고 생각하지 않는다. 나는 인간 주인이 여행에 개를 데려가기로 결정했을 때 항해하는 개의 권리를 필연적으로 침해한다고 생각하지도 않는다. 이에 비해 나는 연구자들이 연구의 목적을 위한 '도구' 또는 '모형'으로 쓰기 위해 실험실에 개를 두기로 결정했을 때 그들은 개의 권리를 침해한다고 생각한다. 강압에 대한 에드워즈의 왜곡된 이해를 인정한다고 하더라도, 한 가지 유형의 강압(권리 침해가 일어나지 않는 유형)을 허용하고 다른 유형의 강압(그런 침해가 일어나는 유형[19])을 금지하는 것은 비일관적이지 않다.

∴

18) 우리는 개가 강제로 항해하게 되었다고 말하게 되는 상황을 상상해볼 수 있다. 인간 보호자가 개를 채찍으로 때리고 가엾은 동물을 발로 차서 배에 태운다고 상상해보라. 개의 단호한 저항을 고려하면 강요가 행사되고 있다는 것은 명백하다. 이런 상황을 개가 배에서 기분 좋게 짖는 경우와 비교해보라. 아마 내가 틀렸을 수도 있지만, 이 경우에 나는 강요를 발견할 수 없다.

19) (옮긴이) 원문에는 "그런 침해가 일어나지 않는 유형"으로 되어 있지만, 문맥상 '그런 침해가 일어나는 유형'인 듯하다.

그렇다면 나는 이번 절의 결론으로 다음과 같이 말하겠다. 구명보트 사례를 해결하는 방법과 상황 악화의 원리를 고수하는 데서 내가 틀렸을 수 있다. 그러나 섬너, 싱어, 에드워즈가 주장하는 이유로 비일관적인가? 나는 그렇게 생각하지 않는다.

종 차별주의의 유령

에블린 플루하르(Evelyn Pluhar)는 내가 구명보트 사례를 다루는 것을 여러 가지 이유로 반박한다. 그가 보기에 나는 비일관성의 비난은 피할 수 있겠지만 그래도 틀렸다. 왜 그런가? 내가 받아들일 수 없는 원리(줄여서 'UP[Unacceptable Principle]'라고 부르겠다)를 추종하기 때문이다. 그는 이 원리를 다음과 같이 정식화한다. "우리가 알고 있는 어떤 감응력 있는(sentient) 비인간도 죽음으로 인간 누구보다 해악을 **덜** 입는다"(Pluhar, 1995: 288). 결국 나는 인간보다 개를 희생하는 쪽을 옹호한다고 주장하지 않았는가? 개의 경우에 죽음으로 인한 해악은 인간 각각의 경우에 죽음으로 인한 해악보다 덜할 것이라고 주장하지 않았는가? 그러므로 나는 UP를 추종하지 않는가?

이 마지막 질문에 대한 간단한 대답은 "추종하지 않는다"이다. 더 긴 대답은 시간이 더 걸린다. 우선 구명보트 사례의 다음과 같은 변형을 생각해보자. 구명보트에는 개 한 마리와 세 명의 정상인 성인 인간과 한 명의 회복 불가능한 혼수상태의 인간이 타고 있다. (나의 분석에서) 회복 불가능한 혼수상태인 인간의 죽음은 상실이 없고 그래서 해악도 없다. 그리고 개**뿐만 아니라** 다른 인간들의 죽음은 0보다 큰 손실 또는 해악이다. 이러한 이유로, 특별한 고려 사항은 차치하고, 나의 분석은 개와 세 명의 정상인 성

인을 구하는 반면 회복 불가능한 혼수상태인 인간의 희생을 분명히 지지할 것이다.[20]

이 사례에서 내가 생각한 것에 반대하는 사람이 틀림없이 있을 것이라고 나는 생각한다. 그들은 내가 인간을 싫어한다고 비난할 것이다. 또는 더 심하게 비난할 것이다. 그러나 이 비판자들 중 누구도 적어도 내가 UP를 추종한다는 근거로 그럴듯하게 반대할 수는 없다. 나는 어디에서도 죽음이 모든 다른 동물과 견줘서 모든 인간에게 주는 상실에 대해 전면적이고 보편적인 진술을 하는 어떤 것을 말하거나 함의하지 않았다. 어떤 경우에 어떤 비인간인 동물에게 죽음이 주는 상실이 죽음이 어떤 인간에게 주는 상실보다 적다는 사실(이게 사실이라고 전제하자)로부터, 모든 인간과 견줬을 때 모든 동물에 대해 같은 말을 할 수 있다는 것이 따라 나오지 않는다.

비일관적이라는 비난은 심각하다. 이것 때문에 나는, 구명보트 사례에 (내 생각에) 필요 이상으로 주목함에도 불구하고, 거기에 응답해야 한다고 느꼈다. 그렇기는 하지만, 만약 플루하르의 반론이 참이라면, 나에게 훨씬 큰 타격이 될 것이다. 왜? UP를 받아들이면서 종 차별주의의 비난을 어떻게 피할 수 있는지 이해하기 어렵기 때문이다. 어떻게 그렇지 않을 수 있는가? 논리적으로 모든 인간은 그들이 인간이기 때문에 다른 모든 동물이 소유하지 않는 어떤 가치 있는 것을 잃는다고 믿을 때만 죽음이 인간에게 일으키는 상실은 죽음이 다른 모든 동물에게 일으키는 상실보다 **언제나** 더

··

20) 상황 악화의 원리를 적용하면 다른 상황에서는 개를 구하게 되고 인간을 희생하게 된다. 인간 중 한 명이 기억력이 없거나 평범한 물건을 인식할 정상적인 인간 능력이 없을 정도로 뇌에 문제가 있는 경우가 그런 예이다.

크다고 믿을 수 있다. 그리고 이것이 종 차별주의의 사례가 아니라면, 그것은 무엇이겠는가?[21] 『동물권 옹호』의 지은이가 숨겨진 종 차별주의자임이 밝혀진다면 얼마나 당황스럽겠는가! 따라서 이것은 사실과 무관하다는 것을 내가 할 수 있는 한 가장 강하게 강조하겠다. 죽음이 드러내는 손실은 사례별로 결정되어야 한다. 그럴 때, 우리는 죽음이 어떤 인간에게 일으키는 손실보다 어떤 동물에게 더 큰 손실을 일으키는 경우를 많이 볼 것이다.

삶 평가하기

앞서 지적한 것처럼, 권리 견해는 여러 주체들이 사는 삶의 가치와 삶을 사는 주체들의 가치를 구분한다. 모든 삶의 주체들은 같은 종류의 가치(본래적 가치)를 가지고 있으며, 그들은 모두 이 가치를 동등하게 가지고 있다는 것이 권리 견해의 중심 교리이다. 그러나 주체가 사는 삶의 가치는 동등할 필요가 없으며, 많은 경우에 나에게는 분명히 동등하지 않아 보인다. 프레이의 매우 심각하게 정신적으로 쇠약한 인간의 예를 되새겨 보자. 권리 견해의 분석에서는 이 삶의 주체(가령 프레드)의 본래적 가치는 어떤 다른 삶의 주체(가령 프레이)의 본래적 가치보다 더 크거나 작지 않지만, 프레드와 프레이 모두 그 가치에서 동등한 삶을 산다는 결론은 따라 나오지 않는다. 그 반대로 권리 견해의 분석은 삶의 가치가, 죽음이 보여주는 해악처럼, 만족의 가능한 다양한 근원이 증가함에 따라 증가한다는 것을 함의한다. 따라서 프레이의 삶이 프레드의 삶보다 만족의 가능한 근원으로 훨씬 많

21) 나는 종 차별주의를 Regan(2001a): 290~297에서 길게 논의했다.

은 것을 포함하고 있다는 것이 참이라면 — 나는 그렇게 믿는다 —, 프레이의 삶은 프레드의 삶보다 더 큰 가치를 갖는다. 물론 그렇다고 해서 프레이나 그와 유사한 철학자들이 프레드와 그와 유사한 다른 사람들을 착취하는 것을 절대 허용할 수는 없다. 사회적 관행이나 제도의 정의와 관련해서 어떤 것도 내가 말한 것에서 따라 나오지 않는다. 오직 극단적인 경우에서만 삶이 다르면 가치가 달라질 수 있다. 예를 들어서 프레이를 구하는 것과 프레드를 구하는 것 사이에서 결정해야 하는 구명보트 사례에서 권리 견해는 특별한 고려 사항은 차치하고 프레이를 구하라는 의견을 제시한다.

프레드의 삶과 프레이의 삶의 가치를 비교할 때 참인 것은 프레이의 삶의 가치를 개(가령 피도[22])의 삶의 가치와 비교할 때 역시 참이다. 프레이의 삶이 피도의 삶보다 만족의 가능한 근원으로 훨씬 많은 것을 포함하고 있다는 것이 참이라면 — 나는 그렇게 믿는다 —, 프레이의 삶은 피도의 삶보다 더 큰 가치를 갖는다. 물론, 다시 한번 말하지만, 그렇다고 해서 프레이나 그와 유사한 철학자들이 피도나 일반적인 개들을 착취하는 것은 절대 허용할 수 없다. 사회적 관행이나 제도의 정의와 관련해서 어떤 것도 내가 말한 것에서 따라 나오지 않는다. 오직 극단적인 경우에서만 삶이 다르면 가치가 달라질 수 있다. 예를 들어서 프레이를 구하는 것과 피도를 구하는 것 사이에서 결정해야 하는 구명보트 사례에서 권리 견해는 특별한 고려 사항은 차치하고 같은 일을 하라고 의견을 제시한다. 곧 우리는 프레이를 구해야 한다.

..

22) (옮긴이) '피도(Fido)'는 영어에서 개의 이름으로 널리 쓰인다. 신뢰, 충성을 뜻하는 라틴어 fides에서 유래한다.

스티브 사폰치스(Steve Sapontzis)는 이런 내 생각에 이의를 제기한다 (Sapontzis, 1995). 이런 식이다. 내가 피도는 이용할 수 없는데 프레이는 이용할 수 있는 만족의 가능한 근원은 무엇인지 질문을 받았다고 가정해보자. 내가 지적하려고 하는 첫 번째 차이점 중 하나는 도덕 행위자—권리 견해에서 이해되는 개념으로—이다. 피도와 달리 프레이는 자신의 도덕적 의사 결정과 관련해서 (예컨대 황금률이나 효용성의 원리에 호소해서) 공평무사한 추론을 할 수 있다. 이런 이유로 프레이의 삶에는 피도의 삶에는 없는 만족의 근원이 있으며, 이것은 권리 견해의 분석에 따르면 피도의 삶과 달리 프레이의 삶에 가치를 부여한다.

사폰치스는 동의하지 않는다. 그는 프레이들뿐만 아니라 세상의 피도들도 도덕적으로 행동할 수 있다고 주장한다. 사폰치스는 "예를 들어서 우리는 동물들에게 공감, 자기희생, 충성심, 용기와 같은 도덕적 규범을 흔하게 부여할 수 있다"(25)라고 말한다.

나는 사폰치스가 말한 것을 두고 다투지 않겠다. 그러나 다른 많은 사람들이 그런 생각은 '의인화'라고 악평을 하리라는 것을 안다. 이 걱정을 잠시 제쳐놓고, 논증을 위해 많은 동물들이 사폰치스가 언급하는 종류의 규범을 보여준다는 데 우리가 동의한다고 가정해보자. 물론 많은 인간도 그런 규범을 보여준다. 그리고 이런 유사성은 중요하다. 내가 좋아하는 말로 이 유사성을 표현해보면, (모두는 아니고) 많은 동물들과 인간들에게 만족의 가능한 근원은 가령 공감, 자기희생, 충성심, 용기를 가지고 도덕적으로 행동하는 데서 나오는 만족을 포함한다. 권리 견해에 따르면 이런 측면에서 동물들과 인간들의 삶은 그 가치에서 동등하다. 따라서 사폰치스의 반론은 지금까지는 정당하다.

그렇지만 사폰치스조차도 적절한 차이점이 여전히 있다는 것에 동의할 것이다. 특히 프레이와 같은 인간은, 피도와 같은 동물과 달리, 권리 견해의 핵심적인 의미에서 도덕 행위자이다. 다른 동물들과 달리 우리는 의사 결정과 관련해서 (예컨대 황금률이나 효용성의 원리를 적용해서) 공평무사한 추론을 할 수 있다. 따라서 프레이와 같은 인간에게서 만족의 가능한 근원은 피도와 같은 동물이 이용할 수 있는 만족에, 피도와 같은 여타 동물들은 이용할 수 없는 만족의 가능한 근원인 도덕적 선택에 대한 공평무사한 사고에서 나오는 만족까지 **합해진다.** 더 간단하게 표현하면, 그 가능성은 피도와 같은 동물보다 프레이와 같은 인간에게 더 크다. 따라서 내 분석에 따르면 프레이와 같은 인간들에게 삶은 만족의 가능한 근원에서 볼 때 피도와 같은 동물들에게 삶이 포함하는 것보다 더 많은 것을 포함하기 때문에, 이러한 인간들의 삶은 이러한 동물들의 삶보다 더 큰 가치를 갖는다.

사폰치스에 의해 제기된 이런 특정 반론에 대한 나의 응답에서 참인 것은 왜 내가 프레이와 같은 인간들의 삶이 피도와 같은 동물들의 삶보다 더 가치가 크다고 생각하는지에 이의를 제기하는 다른 반론에 대한 나의 응답에도 참일 것이다. 나는 "맞다. 네(나의 비판자)가 옳다. 동물들은 정말로 X(예컨대 동물이 정말로 도덕적으로 행동할 수 있고, 정말로 추론할 수 있고, 정말로 의사소통할 수 있고 등등)를 할 수 있다"라고 말할 것이다. 그러나 나는 "프레이와 같은 인간은 이 모든 것과 **그리고 더 많은 것**(예컨대 다른 동물에게는 없는 미적, 과학적, 영성적 관심을 추구할 수 있다)을 할 수 있다"라고 덧붙일 것이다.

내가 이런 식으로 생각하는 것은 옳은가? 그리고 (내가 옳더라도) 삶의 가치에 대한 나의 분석 역시 옳은가?[23] 아마도 내가 이 진흙탕에서 무엇이 참인지 분명히 판별할 수 있다고 거만해지는 것을 막는 것은 나의 노동자

계급이라는 배경일 것이다. 내가 알 수 있다고 생각하는 것은 사폰치스가 제기한 것과 같은 반론을 권리 견해의 중심 교리와 일관되게 만족시킬 수 있다는 것이다.

권리 견해와 포식자-피식자 관계

앞서 제이미슨의 생각을 논의하면서, 나는 권리 견해는 자선의 일반적인 직견적 의무에 기초해서 원조의 의무를 인정한다고 지적했다. 만약 (내가 믿는 것처럼) 우리 인간이 정의의 요구와 무관하게 서로에 대해 그런 의무를 갖는다고 한다면, 같은 종류의 의무가 동물이 관련된 상황에서 일어날 수 없는 이유는 없다. 예를 들어서, 사자가 작은 아이에게 몰래 다가가고 있다고 가정하자. 만약 우리가 사자를 놀라게 한다면, 우리는 아이를 구할 수 있을지도 모른다. 사자는 내가 그 표현을 쓴 의미에서 도덕 행위자가 아니기 때문에, 가까운 장래에 어떤 권리 침해도 일어나지 않는다. 그러나 아이는 우리가 아무것도 하지 않으면 거의 확실히 해악을 입을 것이다. 우리는 이 결과를 막아야 하는가? 우리에게는 개입해야만 하는 직견적 의무가 있는가? 여기에 어떻게 아니라고 대답할 수 있는지 상상하기 어렵다.

••

23) 그 문제들은 내 분석이 주장하는 것만큼 그렇게 간단하지 않다. 삶의 가치는 만족의 가능한 근원을 단순히 열거해서도, 그 다양성을 지적하는 것으로도 결정될 수 없다. 예를 들어서, 우리는 제프리 다머(미국의 연쇄 살인범 ─ 옮긴이)가 피도는 없는 만족의 근원 ─ 곧 다머가 그의 희생자들을 가학적으로 고문하여 얻은 만족 ─ 을 가지고 있다는 이유로 다머의 삶이 피도의 삶보다 그 가치가 더 크다는 것을 보여주지 못한다. 이 책의 앞에서 지적한 것처럼, 관련된 가치에 대한 권리 견해의 설명은 그 정신에서 밀의 것이다(이 책의 300~301를 보라). 그렇기는 하지만, 이러한 가치에 대한 나의 분석이 특히 도덕성의 측면에서 충분히 개발되지 못했다는 것은 의심의 여지가 없다.

그래서 우리에게는 이 경우에 원조의 직견적 의무가 있다고 (나는 참이라고 생각하지만) 가정해보자.

다음으로, 같은 사자가 아이가 아니라 영양에게 몰래 다가가고 있다고 가정해보자. 그리고 다시 만약 우리가 사자를 놀라게 한다면, 영양을 구할 수 있을지도 모른다고 가정해보자. 사자는 내가 그 표현을 쓴 의미에서 도덕 행위자가 아니기 때문에, 가까운 장래에 어떤 권리 침해도 일어나지 않는다. 그러나 영양은 우리가 아무것도 하지 않으면 거의 확실히 해악을 입을 것이다. 우리는 이 결과를 막아야 하는가? 우리에게는 개입해야만 하는 직견적 의무가 있는가? 내가 이 책에서 한 대답은 아니라는 것이다. 비판자들(가령 Ferré, 1986)이 무언가 잘못되었다고 생각하는 데는 오래 걸리지 않았다.

환경 윤리학에서 진정한 선구자 중 한 명인 베어드 캘리콧(J. Baird Callicott)이 대표적인 비판자이다. 그는 이 책을 논평하면서 다음과 같이 쓴다.

> 만약 우리가 (…) 동물 포식자로부터 잡아먹히지 않을 인간의 권리를 보호해야만 한다면, 우리는 (…) 동물 포식자로부터 잡아먹히지 않을 동물권을 보호해야 한다.(Callicott, 1989: 45)

그리고 약간의 동물만 말하는 것이 아니다. 캘리콧은 권리 견해는 대부분의 피식 동물을 보호해야 한다고 주장한다. 그의 말에 따르면, "레건의 동물권 이론은 인간의 포식자 근절 정책을 함의한다"(45~46).

진실이 무엇이든 간에, 캘리콧은 "포식자는 아무리 잘못이 없다고 하더라도 희생자의 권리를 침해한다"라고 말할 때 자신의 진단을 분명히 과장하고 있다(같은 곳). 도덕 행위자만이 권리를 침해할 수 있으며, 비인간 동물은 권리 견해의 핵심적인 의미에서 도덕 행위자가 아니다. 더구나, 그리고 명백하게, 캘리콧은 특정 사례에서 어떻게 해야 하는가를 묻는 것에서 일반적인 정책 차원의 문제에서 무엇을 해야 하는가로 무비판적으로 이동하고 있다. 그리고 이것은 중요하다. 우리 모두가 아이를 사자로부터 보호해야 하는 직견적 의무가 있다는 데에 동의하지만 (나는 그렇게 전제한다) 그렇다고 해서 아동의 권리를 옹호하는 어떤 사람도 이 세상의 모든 육식 동물을 박멸하려는 정책을 공표하는 것에 논리적으로 추종하지 않는다. 그렇다면 왜 동물권의 옹호자들은 포식 동물이 피식자에게 해악을 끼친다는 이유로 그런 정책을 공표하는 것에 추종한다고 가정하는가? 캘리콧은 말하지 않는다. 권리 견해를 "야생동물을 박멸한다"라는 넓은 붓으로 색칠하는 것은 좋은 미사여구일 수 있지만, 좋은 철학은 아니다.

이 문제들을 한쪽으로 제쳐놓고, 권리 견해는 포식자-피식자 관계에 대해 뭐라고 말하는지 물어보자. 먼저, 이 책에서 나는 캘리콧이 나에게 뒤집어씌운 입장과 정반대의 입장을 채택한다. 야생의 일에 광범위하게 개입하는 정책을 옹호하는 대신에, 우리가 일반적으로 해야 하는 것은 … 아무것도 없다. 이것이 내가 의도한 바이고 내가 이렇게 생각하는 이유이다.

내가 이 책에서 여러 번 지적한 것처럼(가령 722~723, 729~730), 야생동물들과 관련하여 우리의 지배적인 의무는 그들을 내버려 두는 것으로서, 이는 그들이 삶을 꾸려 나가는 일반적인 능력, 다시 말해서 우리가 포식자와 피식자 종 모두의 구성원들 가운데에서 찾은 능력에 대한 인식에 기반을 둔 의무이다. 결국, 새끼를 포함해서 피식자 종의 구성원이 우리의 원조 없이는 살아남을 수 없다면 피식자 종은 없을 것이다. 그리고 같은 말이 포식자에게도 적용된다. 짧게 말해, 우리는 야생에서 동물들의 요구가 경쟁적으로 있음에도 불구하고 그들의 자연적인 능력을 사용하도록 허용함으로써 그 능력을 존중한다. 일반적으로, 야생동물은 생존을 위한 싸움에서 우리의 도움을 필요로 하지 않으며, 우리가 원조를 하지 않기로 선택했을 때 우리의 의무를 다하지 않은 것은 아니다.

이와 같은 능력은 어린아이들에게는 없다. 그들은 우리가 돕지 않으면 야생이나 거주지에서 스스로를 돌볼 수 없다는 것이 명백한 사실이다. 그러므로 **어린이들을 내버려두는** 것은 그들의 능력을 존중하는 것이 아니다. 그러므로 권리 견해의 관점에서는 어린이를 포함해서 인간에 대한 원조의 의무를 인정하는 데는 조금도 모순되는 것이 없다. 이 의무는 야생동물을 포함해서 다른 동물의 경우에는 인정하지 않는 것이다.

같은 점을 다른 방법으로 설명할 수 있다. 이 책(271~281)에서 나는 동물은 자신이 원하는 것을 알 수 있으며 그것을 얻으려는 의도로 행동할 수 있다고 주장한다. 동물은 이런 능력이 있기 때문에, 우리가 동물을 향해 온정주의적으로 행동하는 것이 가능하다. 간단하게 말하면(더 상세한 내용은 278~279를 보라), 동물의 삶에 온정주의적으로 개입하는 것은, 동물이 원하는 것을 하도록 허용하는 것이 동물의 이익에 해롭다고 우리가 믿기 때문에 동물이 자신이 원하는 것을 추구하지 못하도록 막는 방법을 강구한다는 뜻이다.

야생동물에 대한 우리의 의무와 관련해서 권리 견해는 당당하게 온정주의에 반대한다. 나는 이렇게 말한다.

야생동물 관리의 목표는 야생동물들이 자신들의 권리를 보유할 수 있도록 보호하는 것이어야 한다. 그렇게 함으로써 그들은 '스포츠'라는 이름으로 행해지는 인간의 약탈을 피할 수 있어야 하고, 이와 동시에 자신들이 할 수 있는 한

자력으로, 스스로의 삶을 살아갈 수 있는 기회를 얻어야 한다.(720)

어린아이의 경우에 우리의 의무는 다르다. 어린아이를 숲이나 떠다니는 얼음에 두는 사람이, '자신들이 할 수 있는 한 자력으로, 스스로의 삶을 살아갈 수 있는 기회'를 얻도록 한다면, 그 사람은 형사상 무책임하다고 판단될 것이고, 그래야 옳다. 일반적으로 우리가 취하는 입장이 온정주의적인 경우 어린아이의 권리를 존중하는 방식으로 행동한 것과 마찬가지로, 일반적으로 우리는 온정주의에 반대하는 입장을 취함으로써 야생동물권을 존중하는 방식으로 행동한 것이다. 권리 견해의 관점에서 본다면, 두 입장 모두 각 그룹의 권리에 대한 동등한 존중을 보여준다.[24]

권리 견해와 멸종 위기종

어떤 환경 철학자들(캘리콧이 대표적이다)은 권리 견해가 멸종 위기종을 보존하는 우리의 의무를 해결할 믿을 만한 근거를 제공하지 못한다는 이유로 권리 견해를 비판한다. (단순함을 위해 나는 희귀종과 구별되는 멸종 위기종에만 관심을 두겠다.) 반대 논리는 간단하다. 만약 권리 견해가 이 의무를 해결할 믿을 만한 근거를 제공하지 못한다면, 권리 견해는 모든 것을 고려했을 때 최선의 이론이 아니다. 권리 견해는 그 근거를 제공하지 못한다. 그러므로 이 견해는 모든 것을 고려했을 때 최선의 이론이 아니다.

••

24) 제니퍼 에버렛(Jennifer Everett)은 "Environmental Ethics, Animal Welfarism, and the Problem of Predation: A Bambi Lover's Respect for Nature," *Ethics and the Environment* 6(1) (2001): 42~67에서 '포식 비판'으로부터 권리 견해를 옹호한다.

비록 나는 내 입장이 이런 방향의 비판에 의해 심각하게 도전받으며 이제는 이 책에서 멸종 위기종에 대한 나의 논의를 확장해야 한다고 (뒤에서 설명하는 이유 때문에) 믿지만, 이 반론이 그 지지자들이 우리에게 믿게 할 만큼 설득력 있는 것인지 분명하지 않다. 설명해보겠다.

권리 견해는 본래적 가치와 권리를 개체들에게만 부여한다. 종은 개체가 아니기 때문에, "권리 견해는 생존을 포함한 어떤 것에 대해서도 종의 도덕적 권리를 인정하지 않는다"(724). 더구나 개체들의 본래적 가치와 권리는 그 개체들이 속하는 종이 얼마나 풍부한지 혹은 얼마나 희귀한지에 따라 늘거나 줄지 않는다. 비버는 들소보다 더 풍부하기 때문에 가치가 덜한 것은 아니다. 동아프리카검은코뿔소는 그 수가 줄고 있기 때문에 토끼보다 가치가 더 있는 것은 아니다. 나는 "권리 견해는 희귀하거나 멸종 위기에 놓인 동물에 대한 도덕적 평가에도 풍부한 동물 종에게 적용하는 것과 동일한 원리를 적용하며, 해당 동물이 야생동물인지, 길들인 동물인지와 상관없이 동일한 원리를 적용한다"(726~727)라고 썼다. 그렇다면 권리 견해는 멸종 위기종을 보존하려는 우리의 의무를 어떻게 해결할 수 있는가? 이 책에서 나는 이중적인 대답을 제안했다.

첫째, 우리는 동물권을 침해하는 행동을 하는 인간 도덕 행위자들(예컨대 "상업적 목적의 개발자들, 밀렵자들, 그리고 제3의 이해 당사자들"[726])을 멈추게 할 의무가 있다. 둘째, 자연 서식지의 파괴가 이런 동물들의 삶을 지속 불가능하게 할 때 "자연 서식지의 파괴를 중단"해야(727) 할 의무가 있다. 만약 우리가 이런 의무를 성공적으로 다한다면, 우리는 멸종 위기종을 보호할 우리의 의무를 성공적으로 다하게 된다는 것이 나의 논의가 함의하는 것이다.

비판자는 권리 견해는 우리가 풍부한 종보다 멸종 위기종에 마땅히 의무를 져야 한다는 직관을 제대로 다루지 못한다고 지적함으로써 응답할 수 있다. (예컨대 토끼보다 동아프리카검은코뿔소에게 더 의무를 지고 있다.) 권리 견해는 동물들의 본래적 가치가 동등하다고 주장하는 관점에서 이러한 직관을 어떻게 설명할 수 있는가? 이 책에서는 이 질문을 하지 않았기 때문에, 대답하지 않았다. 질문이 있었다면 내가 했을 것 같은 종류의 대답을 여기서 개략적으로 하겠다.

보상적 정의는 인간 정의의 옹호자들이 비슷한 상황에서 가끔 이용하는 생각이다. 고전적인 사례는 특정 그룹의 구성원들에게 행한 과거의 부정의이다. 예를 들어서, 1890년 12월 29일 운디드니(Wounded Knee)에서 미국 제7 기병 연대에 의해 학살을 당한 미니콘주 수(Miniconjou Sioux)족의 오늘날의 후손들이 학살 당시에 살지 않았지만, 운디드니에서 일어난 일뿐만 아니라 그 전후 여러 해 동안 일어난 일로 무엇인가를 마땅히 받을 자격이 있다고 주장하는 것을 받아들이기 어렵지 않다. 그리고 역사의 타당한 견해는 오늘날의 후손들이 그들의 조상들에게 행해진 심각한 부정의 때문에 불이익을 받아왔다는 것을 인정한다. 더구나 비슷한 방식으로, 비슷한 이유로 불이익을 받지 않은 우리 중 다른 사람들이 마땅히 받을 자격이 있는 것 훨씬 이상으로 그들은 마땅히 받을 자격이 있다. 다른 것이 같다면, 보상적 원조의 방식으로 그들에게 다른 사람들에게 행한 것보다 더 많은 것을 행해야만 한다.

권리 견해는 보상적 원리를 과거의 잘못(가령 조상들의 밀렵과 서식지 파괴)으로 그 수가 극심하게 줄어드는 동물(가령 동아프리카검은코뿔소)에게 적용할 수 있다. 비록 남은 코뿔소가 더 풍부한 종(가령 토끼)의 구성원들보다 본래적 가치가 더 큰 것은 아니지만, 전자가 마땅히 받아야 하는 원조는 후자가 마땅히 받아야 하는 원조보다 단연코 더 크다. 만약 오늘날의 코뿔소가 그 선조들에게 행해진 잘못 때문에 불이익을 받아왔다는 것이 내가 믿듯이 참이라면, 다른 것이 같다면 보상적 원조의 방식으로 코뿔소에게 토끼에게 행한 것보다 더 많은 것을 행해야만 한다.

나는 권리 견해는 우리가 더 풍부한 종의 구성원들에게 마땅히 져야 하는 것보다 멸종 위기종의 구성원들에게 더 많은 의무를 마땅히 져야 한다는 직관을 그런 식으로 설명할 수 있다고 믿는다. 나는 이 책에서 이런 논증을 하지 못했는데, 다른 이유가 아니라 지면이 부족하여 여기서 이 논증을 대충 그릴 수밖에 없음을 후회하는 것과 마찬가지로 그것을 후회한다.

권리 견해의 비판자들은 멸종 위기종의 대부분은 삶의 주체로 규정하기에는 너무 초보적인 형태의 생명체인 식물과 곤충이라고 지적할 수 있다. 이것들은 권리가 없기 때문에 보상적 정의를 이유로 그것들이 마땅히 받아야 하는 것은 있을 수 없다. 심지어 이런 많은 식물과 곤충이 계속 존재하는 것은 삶의 주체인 동물들의 삶을 유지하기 위해 꼭 필요한 것이 아니다(라고 주장할 것이다). 권리 견해는 이런 멸종 위기종을 보존해야 하는 우리의 의무에 대해 뭐라고 말할 수 있는가?

내가 말할 수 있는 것은, 내 생각에, 이 책에서 이미 말한 것이 지금 검토 중인 생명체로 이제 겨우 확장되었다는 것이다. 나는 "권리 견해는 멸종 위기종이나 야생동물에 대한 인간의 미적, 과학적, 영성적 그리고 기타 관심의 중요성을 인정하는 것에 대해 부정을 하지도 반감을 갖지도 않는다"(727)라고 썼다. 권리 견해가 부정하는 것은, 적어도 현재의 규정에서는 식물과 곤충이 삶의 주체라는 것이다. 그리고 이런 형태의 삶은 생존에 대한 권리를 포함해서 어떠한 권리를 갖는다는 것 역시 부인한다. 물론 인간의 가령 미적 또는 영성적 이익에 근거해서 그런 생명을 보존하는 데 노력을 크게 기울인다고 해서 원리상 잘못된 것은 없다. 그러나 원리상 이렇게 할 수 있다고 동의한다고 해서, 식물과 곤충이 우리가 그렇게 해야 한다고 우리에게 정당하게 주장할 권리가 있다고 확실하게 말하는 데는 한참 미치지 못한다.

가장 유명한 환경 철학자들을 포함해서 대부분의 환경 철학자들은, 보상적 정의의 원리에 의해 보강이 되었든 안 되었든, 권리 견해의 환경적 함의에 만족하지 못할 것이다. 그들은 종이 본래적 가치를 갖는다고 말할 것이다(그리고 실제로 몇몇은 그렇게 말했다[25]). 그리고 생태계와 생명계도 본래적 가치를 갖는다고 한다. 그러므로 우리는 '모호한 포유류'뿐만 아니라 식물과 곤충을 포함한 멸종 위기종을 구해야 할 의무를 설명해야 한다. 여기에 대해 나는 다음과 같이 대답할 수 있을 뿐이다. 종, 생태계, 생명계에 본래적 (또는 내재적) 가치를 부여하는 것은 충분하지 않다. 그렇게 하기 위해서는 강력한 논증이 필요하다. 그런 논증은 아직 없다. 그뿐만 아니라, 내가 다른 곳(Regan 1992)에서 제시한 이유에 따르면 나는 할 수 없다고 믿는다.

가부장제와 동물권

어떤 페미니스트 이론가들(이른바 자유주의적 페미니스트)은 인간의 권리를 믿는다. 캐롤 길리건(Carol Gilligan)의 저술(Gilligan, 1982; 1987)에 영향을 받은 다른 페미니스트 이론가들은 다른 생각을 가지고 있다. 그들은 '권리 언급'이 가부장적인 사고방식의 조짐을 보인다고 믿는다. 모순

••

25) 예를 들어서 Holmes Rolston III, *Environmental Ethics: Duties to and Values in the Natural World*(Philadelphia: Temple University Press, 1988)를 보라.

적으로 들릴 수 있지만 이런 페미니스트들(나는 돌봄의 윤리[ethic-of-care] 페미니스트라고 부른다)은 동물권에 대한 믿음이 남성 우위라는 근거 없는 믿음으로 이해되는 가부장제를 영속화한다고 주장한다. 지금 맥락에서 설명되는 가부장적 사고방식에 대해 살짝 언급하겠다. 그러면 권리 견해에 대한 이런 유형의 비판이 어떻게 작동하는지 아마도 더 잘 이해할 수 있을 것이다.

돌봄의 윤리 페미니스트들은 다양한 문화적 영향력 때문에 남성은 이런 방식으로, 여성은 저런 방식으로 생각하는 경향이 있다고 주장한다. 우선 남성은 (여성과 달리) 이원론적, 계층적 용어로 사고하는 경향이 있다. 예를 들어서 남성은 이성을 감정에 반하는 것으로 보는 경향(이원론)이 있고, 또 이성이 둘 중에서 우위에 있다고 생각하는 경향(계층)이 있다. 이와 같은 패턴이 객관성과 주관성, 공평과 불공평, 정의와 돌봄, 문화와 자연, 개인주의와 공동체주의의 경우에도 나타난다. 이 각각의 경우에 남성은 세계를 이원론적 용어로 자르는 경향이 있고, 그 각 경우에 두 용어 중 하나는 반대의 것보다 중요성이나 가치가 더 큰 것으로 우위에 선다.

그렇다면 이 이론가들이 '남성적 사고(male mind)'라고 부르는 것을 이원론적, 계층적 순위로 특징 지을 수 있는데, 그것은 다음과 같이 요약할 수 있다. 남성은 이성, 객관성, 공평, 정의, 문화, 개인주의가 감정, 주관성, 불공평, 돌봄, 자연, 공동체보다 중요성과 가치에서 더 크다고 믿는 경향이 있다. 이것보다 더, 남성은 각 이원론에서 높은 순위로, 여성은 낮은 순위로 특징 지어진다고 생각하는 경향이 있다. 따라서 여성은 덜 이성적이고 더 감정적이며, 덜 객관적이고 더 주관적인 것 등등으로 (남성에 의해) 여겨진다.

앞서 말한 것이 논리적 배경이 되면, 돌봄의 윤리 페미니스트들이 제기하는 개체의 권리에 대한 비난은 이해할 수 있다. 그들은 '개체의 권리'라는 생각이 남성적 사고의 산물이라고 믿는다. 왜? 왜냐하면 그것은 개체 하나하나(권리는 결국 개체에게 속한다)를 가족과 공동체 관계보다 더 우위에 두고 더 가치를 부여하는 세계관에서 나왔기 때문이다. 더구나 개체의 권리를 인정하는 견해는, 우리의 양육과 친밀한 사람 간의 관계 — 부모와 자식 사이에 존재하는 관계와 같은 — 를 유지하는 책임에 근거해서 평가하는 것보다 공평한 고려 — 존중의 처우를 받을 만한 권리와 같은 — 로 도덕적 선택을 평가하는 것을 더 중요하게 생각한다. 남성적 사고는 이 전자의 관계의 도덕적 중요성을 폄하한다. 양육은 '여성의 일'이고, 따라서 보편적이고 평등하고 양도할 수 없는 '개체의 권리'를 존중하는 법률이나 정책보다 덜 중요하다. 돌봄의 윤리 페미니스트들은 이런 판단에 맞서 전통적으로 여성성과 짝지어진 특성들(가령 감정, 주관성, 돌봄의 윤리)을 찬양한다.

이 페미니스트들이 권리 견해에 맞서 제기한 반론은 모두 같은 논리적 패턴을 따른다. 가부장적 사고방식은 우선 a, b, c라는 어떤 특성으로 규정된다. 권리 견해는 이런 특성 a, b, c를 가지고 있다고 한다. 그러므로 권리 견해는 가부장적이라고 비난받는다.

예를 들어서 데보라 슬라이서(Deborah Slicer)는 권리 견해가 전형적인 "정의(正義) 전통"(Slicer, 1991: 110)이라고 말한다. 그 견해는 "우리 문화가 이원론적 계층을 무례하게 사용하는 것을 (…) 영속화한다"(112). 그 견해는 (예컨대 그 견해가 "우리 감정에 대한 남성 우월주의적인 경멸"[115]을 포함한다고 한다면) '남성 우월주의적인 자아감'을 구현한다. 그 견해는 "덕과 애정과 같은 것은 무시하는 반면에 원리는 숭배하게" 할 것이다(113). 권리 견해는 자신이 다루기를 열망하는 도덕적 주제들을 "극도로 지나치게 단순화한다"(113)라고 말한다. 어떤 경우에 그 가르침은 "위험할 정도로 사람들을 호도한다"(109).

조세핀 도노번(Josephine Donovan)은 거의 동일한 방식으로 내가 "'진지한' 지적인 탐구에서 정서를 확고하게 배제"(Donovan, 1993: 170)한 것에 대해, 권리 견해가 어떻게 "이성주의와 개체주의에 특권을 주는지"(같은 곳)에 대해, 필요한 것이 왜 "자유주의적 전통의 원자주의적 개체주의와 이성주의에 대한 비판과 (⋯) 삶의 감정적 연대와 유기적 (또는 전체론적) 개념을 집합적으로 강조하는 시각"(173)인지에 대해 경멸조로 말한다. 모든 소동이 가라앉은 후 사람들이 『동물권 옹호』에서 얻게 되는 철학은 "편견에 사로잡혔다"(168)라는 것이 도노번의 판단이다.

나는 앞서 출간한 논문(Regan, 1991b)에서 '남성적 사고'에 대한 믿음을 지지하는 데 쓰이는 경험적 증거(이것은 있다고 해도 아주 조금이다)와 돌봄의 윤리가 넘어야 하는 논리적 장애물(내 견해에서는 극복할 수 없는)을 비판했다. 나는 여기서 나의 비판을 반복하지 않을 것이다. 나는 이런 돌봄의 윤리 페미니스트들이 나에게 부여한 견해를 이해하고 규정하려는 노력이 얼마나 공정한지를 다른 사람들에게 생각해보라고 권한다. 몇몇 예를 보면 때때로 공정하지 못하다는 것이 드러날 것이다.

내 견해가 '감정에 대한 남성 우월주의적인 경멸'을 드러낸다고 한다. 이 판단에 대한 유일한 증거는 내가 한 동물권 옹호가 감정이 아니라 이성에 의존한다고 하는 나의 주장이다. 어떻게 다르게 할 수 있는가? 어떻게 감정에 대한 호소에 근거하여 동물권을 이론으로 제시할 수 있는가? 그런 '이론'은 무엇을 주장할 수 있을까? 감정에 한계가 있다고 믿는 것이 '감정에 대한 경멸'을 말한다고 보기는 어렵고, 사람들이 내 저술에서 찾은 것은 '감정에 대한 경멸'이 아니라 감정은 한계가 있다는 논지이다.

더 나아가 1985년 이후 널리 알려진 논문에서 발췌한 다음 구절을 생각해보자.

> 인간의 손에 들어간 동물들의 비참한 처지를 보거나 읽거나 들을 때 눈물이 나는 경우가 종종 있으며, 그런 경우는 드물지 않다. 동물의 고통, 괴로움, 외로움, 잘못이 없음, 죽음. 화, 분노, 동정심, 슬픔, 역겨움 (…) 이 모든 것의 중단을 요구하는 것은 단지 우리의 머리만이 아니라 우리의 가슴**이다.**(Regan, 1985: 25)

이와 같은 구절을 읽은 사람이라면 어떻게 내가 '감정에 대한 남성 우월주의적인 경멸'을 품고 있다고 비판할 수 있는지 나는 의아하다.

내가 '덕과 애정과 같은 것은 무시하는 반면에 원리는 숭배하는' 윤리적 접근법을 제안한다고 말한다. 그러나 나는 공리주의가 우정이 인간의 삶에서 갖는 위대한 가치를 설명할 수 없다는 점에 근거하여 공리주의를 길게 반박한 글을 출간한 사실이 있는데(Regan, 1983a), 이런 사실은 무시당한다.

이런 식으로 진행된다. 나는 슬라이서, 도노번을 비롯해 나의 입장에 대한 돌봄의 윤리 비판자들이 의도적으로 또는 악의적으로 나의 생각을 곡해했다고 주장하지 않는다. 나는 그들이 나의 생각을 곡해했다고 주장할 뿐이다. 물론 그렇다고 해서 내 생각이 그렇지 않을 때보다 더 받아들일 만하게 되는 것은 아니다. 그러나 나는 권리 견해에 대한 페미니스트의 비판이 내 견해의 폐기를 요구할 정도로 충분하다고 생각하지 않는 이유를 설명하는 데에는 효과가 있다고 생각한다.

결론

나는 『동물권 옹호』 1판에서는 존 스튜어트 밀의 말을 모토로 사용했다. 그는 다음과 같이 적고 있다. "모든 위대한 운동은 세 가지 단계를 거쳐야 한다. 조롱, 논의, 채택이 그것이다." 밀의 인용문은 이 두 번째 판에서도 가장 눈에 잘 띄는 곳에 자리를 잡고 있다. 내가 이 책이 목표로 삼는 바를 이 이상 잘 묘사할 수 없다. 다른 사람들의 노력과 더불어, 나는 이 책이 동물권 문제를 "조롱의 단계를 지나 논의의 단계"(798)로 이전할 수 있기를 바랐다. 하지만 내심 나는 "이 책의 출간이 이러한 위대한 운동, 즉 동물권 운동이 세 번째이자 마지막 단계인 채택의 단계로 나아가게 하는 데에 일조"(같은 곳)하기를 진심으로 바랐다. 이 책이 동물권에 대한 논의를 증진하는 데 도움을 주었는가? 잘 모르겠다. 지난 20년 동안 동물권이라는 관념이 언급되는 비율에 엄청난 변화가 있었다. 특히 철학 분야에서 그러했다. 우리보다 앞서 살아간 사람들이 지난 2,000년 동안 동물권에 대해 쓴 것보다 지난 20년 동안 더 많이 썼다고 철학자들이 말하는 것은 전혀 과장이 아니다. 나는 이 책이 이러한 혁명적 발달에 어느 정도 기여했다고 생각하고 싶다.

동물권을 채택하는 것은 또 다른 문제이다. 비극적이게도 우리는 1983년에 있었던 것과 다를 바 없는 동일한 부정의를 오늘날에도 발견한다. 수십억 마리의 동물들이 고기를 제공하기 위해 도축된다. 새끼 물개가 얼음 위에서 곤봉으로 맞아 죽고 있다. 그레이하운드 경주가 번창함에 따라 그레이하운드는 하루 23시간 동안 철제 상자에서 살아간다. 야생동물이 서커스와 해양 공원에서 재주 부리는 것을 배우면서 자신들의 본래 모습을 박탈당한다. 수많은 잘못들이 개선될 문제로 남아 있다. 현실적으로, 동물권이 존중되는 문화를 창출할 날은 아직도 갈 길이 멀다. 그럼에도 긍정적인 변화의 표시가 더 나은 미래에 대한 희망을 주고 있다.[26]

　1980년대 중반까지만 하더라도, 모피를 얻기 위해 매년 2,000만 마리의 동물들을 포획했다. 오늘날 그 숫자는 400만 마리에 머물고 있다. 동일한 시기 동안, 활동하는 포획자들의 수는 33만 명에서 절반인 16만 5,000명으로 줄어들었다. 그리고 밍크 '목장'의 수는 더욱 커다란 비율로 줄었는데, 1,000곳에서 300곳을 약간 넘는 수로 줄어들었다.

　식용으로 도축된 동물의 수는 늘었지만, 전체적인 1인당 고기 소비는 줄어들었다. 예를 들어 미국에서의 송아지 고기 소비는 20년 전에 비해 절반 미만이다(그 당시에는 270만 마리가 도축되었는데, 현재는 80만 마리가 도축되고 있다). 심지어 미국인들이 잃어버리거나 원하지 않는 반려동물을 죽이는 비율은 의미 있는 개선을 보여주고 있다. 이는 1970년에 2,340만 마리에서 1985년에는 1,780만 마리로, 2002년에는 420만 마리로 줄어들었다.

　정확한 수치를 확보하기 어렵기 때문에 그 누구도 미국을 통틀어 얼마나 많은 동물이 교육, 실험, 연구에 사용되고 있는지를 말하기 어렵다. 하지만 추적이 이루어진 종들의 전체 마릿수(설치류, 조류 그리고 농장에서 사육되는 동물들은 우리의 동물복지법에 포함되지 않는다)는 1985년에 비해 현저하게 그 수치가 낮다. 그 당시에는 215만 3,787마리였던 것이 현재는 123만 6,903마리로 줄어든 것이다.

∴∴

26) 긍정적 변화의 표시에 대한 상세한 진술은 Regan(2003a): 118~121을 보라. 이 책에서 인용한 수치는 미국에 해당하는데, Merritt Clifton, editor, *Animal People*에 제시된 것이다. 소중한 도움에 감사드린다.

그렇다. 이처럼 일부 증거들은 비록 내가 이 책을 마무리했을 때 상상했던 것에 비해 상당히 완만한 비율이지만, 긍정적인 변화가 일어나고 있음을 시사하고 있다. 출판사에 마지막 원고를 우편으로 보내고 나서 수 주가 지난 후, 나는 모든 모르는 사람들의 얼굴에서 미래의 동물권 옹호자의 모습을 상상하면서 추운 12월의 뉴욕 거리를 휴일의 군중들에 떠밀려 걸었던 것을 기억한다. 나는『동물권 옹호』가 미국, 심지어 전 세계를 동물에게 안전한 천국, 마침내 그들이 존중의 태도로 처우받는 장소로 바꾸는 영광스러운 날을 기대했다.

이것이 잘못이었음을 이야기해보자. 나는 이 책의 힘을 지나칠 정도로 크게 과장해서 생각했을 뿐 아니라, 사회가 동물권을 완전히 받아들이는 길에 도사리고 있는 수많은 도전을 지나칠 정도로 과소평가했다. 만약 내가 지난 20년 동안 배운 것이 있다면, 동물권을 옹호하기 위한 투쟁은 겁쟁이들을 위한 것이 아니라는 것이다. 사회 변화의 속도에는 묵묵히 뛰어가는 마라토너의 인내심이 요구되지 단거리 주자의 번개 같은 속도가 필요하지는 않다. 다른 동물을 위한 궁극적인 정의가 승리하리라는 나의 현재의 믿음은 내가 휴일에 쇼핑하는 사람들의 물결 속에서 걸어가던 때와 다를 바 없다. 만약 바뀐 것이 있다면 그러한 신념이 더 강해졌다는 것이다. 그저 나의 이상주의가 현실주의라는 강한 처방에 의해 누그러졌다고만 말하자.

내가 이 책의 힘을 과대평가한 것에 대해서도 이야기해보자. 나의 순진함을 털어놓자니 당혹스럽다. 나는 도덕 이론 책 한 권이 세상을 바꿀 수 있다는 생각에 사로잡히게 한 것이 무엇인지 모르겠다. 이전에 언급한 바와 같이, 나는 내 인생의 창조적인 유일한 최고봉에서 내려오는 과정에 있었으며, 그 증거는 볼드체로 강조된 과도한 양의 본문에 남아 있다. 나는 너무 흥분했기에, 어쩌면 이 책을 읽는 모든 사람 또한 그러리라고 생각했을지도 모른다. 내가 이 책을 쓰면서 변했기에, 어쩌면 다른 사람들도 이 책을 읽으면서 변할 것이라 생각했는지 모른다.

어찌 되었든 나는 현재 달리 생각하고 있다. 사람들은 동물권을 옹호하는 철학적인 논쟁에 설득되는 것 이상의 일을 해야 한다. 특히 사람들은 동물에게 실질적으로 어떤 일이 일어나고 있는지를 잘 알 필요가 있다. 이는 만약 사람들이 주요 동물 학대 산업의 대변인 혹은 정부 관료들의 이야기를 신뢰할 경우에는 결코 알게 되지 못할 것이다. 그리고 동물권 옹호자들은 원리에 입각한 근거에서 방화범을 비롯한 폭력적인 법률 위반자들과 분명하게 그리고 공개적으로 거리를 유지할 필요가 있다. 『동물권 옹호』는 이러한 중요한 도전을 해결하는 데에 한결같이 실패하고 있다. 다른 곳(Regan, 2001; 2003b; 2003c)에서 나는 이러한 과실을 보완하고자 한다. (자세한 내용은 www.tomregan-animalrights.com을 보라.) 이러한 나중의 노력들이 이 책을 대체하고자 하는 의도를 담고 있는 것은 아니다. 그것들은 이 책을 보완할 의도로 제시된 것들이다.

나의 순진함을 충분히 (비록 고통스럽게) 인정하면서, 나는 훨씬 젊은 이 책의 저자 톰 레건의 열정적인 성실함을 칭찬하지 않을 수 없다. 1980년도 초반에 나는 동물권 운동이 이 새로운 서문의 첫머리에서 인용한 아미 아얄론(Ami Ayalon)의 말에 나오는 지도자와 유사하다고 생각했다. 동물권은 바람은 몹시 강하지만 그 방향이 어느 쪽인지, 어디로 가고자 하는지를 알지 못하는 운동이었다. 이 책이 어떻게 세상을 바꿀 수 있을지에 대한 나의 비현실적인 기대는 나이가 들어가면서, 그리고 시간이라는 교훈 속에서 적절하게 누그러졌다. 설령 그렇다고 해도, 나의 오랜 친구인 이 책이 우리가 엄격한 철학적 지도 제작이라고 말할 수 있는 방법을 통해 동물권 운동

이 어디로 향하고 있으며, 그 이유가 무엇인지를 더욱 잘 이해하는 데 도움이 되기를 바란다.[27]

노스캐롤라이나 롤리에서

2003년 12월 8일

참고문헌

Callicott, J. Baird. 1989. "Review of Tom Regan, The Case for Animal Rights." *In Defense of the Land Ethic: Essays in Environmental Philosophy*. Albany: State University of New York Press: 39~48.

Donovan, Josephine. 1993. "Animal rights and feminist theory." *Ecofeminism: Women, Animals, Nature*, ed. Greta Gaard. Philadelphia: Temple University Press: 167~194.

Edwards, Rem. 1993. "Tom Regan's Seafaring Dog and (Un)Equal Moral Worth." *Between the Species*, 9(4): 231~235.

Ferré, Frederick. 1986. "Moderation, Morals, and Meat." *Inquiry*, 29(4): 391~406.

Frey, R. G. 1980. *Interests and Rights: The Case Against Animals*. Oxford: Oxford University Press.

Frey, R. G. 1983. *Rights, Killing, and Suffering*. Oxford: Basil Blackwell.

Frey, R. G. 1987. "Autonomy and the Value of Animal Life." *The Monist* 70(1):

∴

27) 초고에 조언을 해준 개리 콤스톡(Gary Comstock)과 이 책을 훨씬 더 낫게 만들어준 캐롤라인 냅(Caroline Knapp)에게 감사드린다.

50~63.

Gilligan, Carol. 1982. *In a Different Voice: Psychological Theory and Women's Development*. Cambridge, Mass.: Harvard University Press.

Gilligan, Carol. 1987. "Moral Orientation and Moral Development." In *Women and Moral Theory*, ed. Eva Feder Kitay and Diana T. Meyers. Lanham, Boulder, New York, Oxford: Rowman and Littlefield: 19~36.

Hargrove, Eugene. 1992. *The Animal Rights/Environmental Ethics Debate: The Environmental Perspective*. Albany: State University of New York Press.

Jamieson, Dale. 1990. "Rights, Justice, and Duties to Provide Assistance: A Critique of Regan's Theory of Rights." *Ethics* 100(1): 349~362.

Moore, G. E. 1903. *Principia Ethica*. Cambridge: Cambridge University Press.

Narveson, Jan. 1987. "On a Case for Animal Rights." *The Monist* 70(1): 31~49.

Pluhar, Evelyn. 1995. *Beyond Prejudice: The Moral Significance of Human and Nonhuman Animals*. Durham and London: Duke University Press.

Rawls, John. 1971. *A Theory of Justice*. Cambridge, Mass.: Harvard University Press.

Regan, Tom. 1983a. "A Refutation of Utilitarianism." The Canadian Journal of Philosophy 13(2): 141~159.

Regan, Tom. 1983b. *The Case for Animal Rights*. Berkeley: University of California Press.

Regan, Tom. 1985. "The Case for Animal Rights." *In Defense of Animals*, ed. Peter Singer. Oxford: Basil Blackwell: 13~26.

Regan, Tom. 1986a. *Bloomsbury's Prophet: G. E. Moore and the Development of His Moral Philosophy*. Philadelphia: Temple University Press.

Regan, Tom. 1986b. *Moore: The Early Essays*. Ed. Tom Regan. Philadelphia: Temple University Press.

Regan, Tom. 1989. "Why Child Pornography Is Wrong." *Children, Parents, and*

Politics, ed. G. Scarre. Cambridge: Cambridge University Press: 182~204. Reprinted in Regan, 1991a: 61~81.

Regan, Tom. 199la. *The Thee Generation: Reflections on the Coming Revolution*. Philadelphia: Temple University Press.

Regan, Tom. 1991b. "Feminism and Vivisection." In Regan, 1991a: 83~104.

Regan, Tom. 1991c. *G. E. Moore: The Elements of Ethics*, ed. Tom Regan. Philadelphia: Temple University Press: 83~104.

Regan, Tom. 1991d. "Ivory Towers Should Not a Prison Make." In Regan, 2001: 150~163.

Regan, Tom. 1992. "Does Environmental Ethics Rest on a Mistake?" *The Monist* 75(2): 161~182.

Regan, Tom. 1994. "*The Case for Animal Rights*: A Decade's Passing. *A Century of Value Inquiry: Presidential Addresses of the American Society for Value Inquiry*," ed. Richard T. Hull. Amsterdam and Atlanta: Rodopi: 439~459. In Regan, 2001a: 39~65.

Regan, Tom. 2001a. *The Animal Rights Debate*. With Carl Cohen. Lanham, Md.: Rowman and Littlefield.

Regan, Tom. 2001b. *Defending Animal Rights*. Urbana and Chicago: University of Illinois Press.

Regan, Tom. 2001c. "Understanding Animal Rights Violence." In Regan, 2001b: 139~149.

Regan, Tom. 2003a. *Animal Rights, Human Wrongs: An Introduction to Moral Philosophy*. Lanham, Boulder, New York, Oxford: Rowman and Littlefield.

Regan, Tom. 2003b. Empty Cages: Facing the Challenge of Animal Rights. Lanham, Boulder, New York, Oxford: Rowrnan and Littlefield.

Regan, Tom. 2003c. "How to Justify Violence." Terrorists or Freedom Fighters? Reflections on the Liberation of Animals, ed. Steven Best and A. John

Nocella II. New York: Lantern Books.

Rollin, Bernard. 1981. *Animal Rights and Human Morality*. Buffalo: Prometheus Books.

Sapontzis, Steve. 1987. *Morals, Reason, and Animals*. Philadelphia: Temple University Press.

Sapontzis, Steve. 1995. "On Exploiting Inferiors." *Between the Species*. 1+2(11): 1~24.

Singer, Peter. 1985. "Ten Years of Animal Liberation." *The New York Review of Books*(January 17, 1985): 46~52.

Slicer, Deborah. 1991. "Your Daughter or Your Dog." *Hypatia* 6(1): 108~124.

Sumner, L. W. 1986. "Tom Regan, *The Case for Animal Rights*." *Nous*, XX(3): 425~434.

1판 서문

   그 어떤 책도 모든 사람을 만족시킬 수는 없다. 이는 서로 다른 독자들을 대상으로 글을 쓰고자 하는 사람들이 공통으로 느끼는 딜레마인데, 이 책을 쓰려 했을 때에는 유달리 그러했다. 우선 나는 동물에 대한 더 나은 처우를 위해 일하고 있는 모든 사람이 쉽게 접근할 수 있는 책을 쓰고자 했다. 이들은 대부분 학문으로서의 철학이 아닌 다른 분야에 종사하고 있는 사람들이다. 나의 바람은 명쾌하고 이해가 잘되는 용어를 이용해 내가 생각하고 있는 동물권 운동의 철학적 기초를 놓을 수 있는 책을 쓰는 것이었다. 다른 한편 나는 엄격함, 명쾌함, 정당성, 분석 그리고 일관성을 포함한 철학에서의 최고의 기준을 비판적으로 적용하면서, 깊이가 없지 않은 철학적인 내용의 책을 쓰고자 했다. 상당히 단순화해서 말하자면, 내가 직면했던 딜레마는 철학자의 관심을 끄는 책을 쓸 경우 다른 사람들이 잠들게 될 것임에 반해, 비철학자들의 관심을 끄는 책을 쓸 경우 철학자들로부터 점잖게 무시당할 위험을 각오해야 했던 것이다. 이러한 사람들 외에, 나는 동물과 직접 접촉하면서 일상을 살아가는 사람들로 이루어진 제3의 수많은 독자 — 예를 들어 수의사, 실험실 과학자 — 에게 내 뜻을 전달할 수 있기를 바랐다. 이상의 이유로 나는 적절한 문체, 글의 진행 속도, 그리고 어조 등을 선택하기가 매우 어려웠다. 당연하게도, 나는 내가 얼마나 균형을 잘 잡았는지 모르겠다. 그러나 여러 예비 독자층을 겨냥한 다음과 같은 발언은 적절치 못하다는 평가를 받지는 않을 듯하다.

먼저 철학 분야에 종사하는 나의 동료들에게 양해를 구하자면, 내가 여러분들이 이미 충분히 잘 알고 있는 생각들을 설명하는 데 시간을 할애하고 있는 경우가 있을 수 있고, 각 장의 말미에 있는 '요약'에서와 같이, 동료 여러분들이 이미 소화한 생각을 반복하는 경우가 있을 수 있다. 이러한 경우에 대해 나는 동료 여러분들이 널리 이해해주기를 부탁드린다. 하지만 이 책의 주장과 분석에 대해서는 가차 없는 태도를 견지해주기를 또한 당부드린다. 이에 대해서는 동료 여러분들이 내가 하는 말뿐만이 아니라, 내가 하지 못한 말까지도 면밀한 비판적 검토의 대상으로 삼아주기를 바란다. **그 이유는 내가 생각하기에** 진리란 어떤 공평무사한 비판에도 견뎌내야 하는데, 이 책이 어떤 진리를 담고 있는지는 (만약 담고 있다면) 이 책에서의 주장을 반박하려는 지적인 노력의 뜨거운 열기를 얼마만큼 잘 견뎌낼 수 있는지에 따라 결정될 것이기 때문이다. 이는 과학의 여러 입장이 시험되는 방법이다. 나는 철학자들의 입장이 이러한 측면에서 달라야 할 이유가 없다고 생각한다.

다음으로, 수많은 동물의 처지를 개선하기 위해 분투하는 비철학자 분들에게는 양해를 부탁드린다. 예컨대 동물들이 믿음을 가지고 있는지를 다루는 부분들을 읽는 경우, 그리고 종합적으로 판단해볼 때 어떤 윤리 이론이 최선인지를 다루는 매우 심도 있는 탐구 부분들을 접하는 경우처럼 책을 읽기가 어려워질 때가 있을 것이다. 이때 여러분들이 인내심을 가져주기를 바란다. 나는 이러한 내용들, 그리고 이와 관련된 문제들을 인내심 있게 탐구하는 것이 동물권을 합당하게 옹호하는 유일한 방법이라고 생각한다. 동물들의 이익을 위해 일하는 사람들은 모두 '이성적이지 못하다',

'감정적이다' 또는 이보다 더한 피곤한 비난에 어느 정도 익숙해져 있는데, 바로 이러한 이유로 우리는 우리의 감정에 탐닉하거나 감상을 과시하지 않기 위해 힘을 합쳐 노력해야만 이러한 비난이 적절하지 못함을 보여줄 수 있을 것이다. 그리고 이는 우리가 지속적으로 이성적인 탐구에 전념해야 함을 말해준다. 이어지는 내용 중에서 간혹 한 번 이상 읽어봐야 이해가 가는 내용들이 나온다면, 계속 읽어 나가기 전에 시간을 들여 이해해보기를 바란다. 나는 어려운 생각들을 명쾌하게 만들기 위해 최선을 다했다. 하지만 내가 이에 성공했다고 해서 어려운 생각을 쉽게 만들 수는 없다.

마지막으로 이 책을 읽고자 하는 전문적인 철학자가 아닌 사람들, 그리고 동물 복지 관련 활동에 직접적으로 관여하지 않으면서 살아가는 모든 사람에게는 특별히 인내를 요청드린다. 만약 당신이 비판의 대상이 되고 있는 방법―예를 들어 과학에서의 동물 사용 방법, 혹은 농업 분야에서의 동물에 대한 처우 방법―으로 생산된 제품을 사용하는 사람 중 하나라면 더욱 그러하다. 소크라테스가 말한 바와 같이, "나는 어떤 것에 대해 추론해보았을 때 최선으로 보이는 생각 외에 다른 어떤 것에 의해서도 설득되지 않는 유형의 사람이다. 이렇게 해 온 것은 처음이 아니라 언제나 그래 왔다." 두 가지 생각, 첫째, 동물이 어떤 기본적인 도덕적 권리를 가지고 있다는 생각과 둘째, 동물권을 인정하려면 그들에 대한 우리의 처우에 근본적인 변화가 필요하다는 생각은 이들에 대해 추론해보았을 때 최선으로 보이는 결론이었다. 그렇다면 예컨대 과학에서의 동물 사용, 혹은 사냥과 덫 놓기를 비판하는 것은 내가 악의를 품었기 때문이 아니다. 이러한 비판은 내가 '어떤 것에 대해 추론해보았을 때 최선으로 보이는' 것에 대한 존중의 발로이다. 나는 이 문제들에 대해 철학자나 동물 활동가가 갖는 정도의 관심을 갖지 않는 사람들이 인내심을 가지고 내가 이 문제에 대해 얼마나 잘 추론해봤는지를 검사해보기를 바란다. 설령 여기서 내린 결론이 당신이 행하는 바에 비판적이어도 그래 주기를 바란다.

내가 이 책에서 옹호하는 입장에 대해 일부 사람들은 극단적으로 급진적이라고, 다른 사람들은 너무 온건하다고 느낄 것이다. 이는 어떤 책도 모든 사람에게 모든 것이 될 수 없는 또 다른 측면이다. 분명 나는 내가 도달한 어떤 결론에 스스로 놀랐으며, 굳이 의도하지 않았음에도 이제 이 책에는 모든 특수 이익 집단을 언짢게 할 무엇인가가 포함된 듯하다. 이에 대해 나는 맥락과 동떨어진 주장들에 사로잡혀 '너무 극단적이다', '너무 과격하다' 또는 '보수적이다'라고 나의 논의를 비난하기보다는, 정보에 입각해 공평무사하게 비판해보고 나서 내가 도달한 결론의 장점을 평가해보기를 바란다고 이야기하면서 이해를 구한다.

이어지는 내용에서 나는 동물들이 어떻게 처우받고 있는지에 관한 사실을 그다지 많이 다루지 않았다. 이 문제들을 다룬 책들 중에서 당분간 넘어서기 힘든 책들이 이미 시중에 나와 있다. 이러한 저술들을 적절한 곳에서 인용하고 있다. 나는 이 책을 읽는 데 시간을 들일 사람들이 이미 그러한 사실을 다룬 서적들에 익숙해 있다는 가정하에, 혹은 이 저서를 그러한 서적들에 이르기 위한 디딤돌로 삼으리라는 가정하에 이 책을 썼다. 나는 그러한 저술들과 경쟁하기 위해 이 책을 쓰지는 않았다. 내가 하고자 했던 바는 동물에게 권리를 부여하는 것이 무엇을 의미하는지, 왜 우리가 그들의 권리를 인정해야 하는지, 그리고 그렇게 하는 것의 주요 함의는 무엇인지를 지금까지 출간된 다른 저술들에 비해 상세하고 깊이 있게 다루고 옹호하는 것이었다. 동물권을 옹호한다고 주장하는 사람들 중에서 동물권을 전혀 다르게 이해할 수 있는 사람들이 있다는 점을 덧붙여야 함은 굳이 말할 필요도 없을 것이다. 실제로 이는 가능할 뿐만 아니라, 어떤 경우에는 분명 그러하다. 그러므로 '권리 견해'를 옹호하면서 나는 내 자신이 동물권 옹호자임을 자처하는 개인이든 단체이든, 모든 사람을 대변하리라고 생각하지 않는다.

동물권 옹호는 이어지는 내용에서 다루어지는 지배적인 관심사이지만, 그렇다고 그것이 유일한 관심사는 아니다. 철학 논쟁에서 기적이 합당한 역할을 한다고 인정하지 않는 한, 인간의 권리를 옹호하는 데는 실패하면서 동물권을 옹호하는 데 성공할 수는 없는데, 이 책의 주된 목적도 그러한 작업을 수행하는 것이다. 이에 따라 책에서 제시되는 주장들은 대체로 인간 권리의 정당성을 얼마만큼 잘 옹호하는가의 견지에서, 그리고 동물권의 정당성을 얼마만큼 잘 옹호하는가의 견지에서 평가될 수 있으며, 또한 평가되어야 한다. 나는 한쪽이 다른 쪽보다 약하지도 강하지도 않다고 생각하지만, 이는 사람들이 이의를 제기해보고자 할 수 있는 생각이다. 어쨌거나 이 책은 어떤 유형의 인간의 권리를 옹호하고자 하며, 그 때문에 동물권주의자들을 반인간적이라고 일축해 버리는 사람들은 입을 다물어야 한다. '동물'의 편을 든다는 것이 곧 '인간에 반대하는' 것은 아니다. 사람들에게 동물들의 권리가 요구하는 바에 따라 동물들을 정당하게 대하도록 요구하는 것은 어떤 인간이 마땅히 받아야 할 정당한 처우를 요구하는 그 이상도 그 이하도 아니다. 동물권 운동은 인권 운동의 한 부분이지 그 반대는 아니다. 이를 반인간적이라 하여 간과해 버리려는 시도는 단순히 미사여구에 불과하다.

권리 견해는 현재 완전한 이론이 아니다. 이에 따라 책에서 이러한 관점의 모든 함의, 예상되는 모든 반론을 다루지는 않았다. 심지어 정의의 영역에서도 해결해야 할 어려운 문제들(예를 들어 개인들 간의 해악과 이득의 분배와 관련된 정의의 문제)이 많이 남아 있다. 더욱 조심스럽게 권리 견해에 대해 말하자면, 이는 모든 것을 고려해 최고의 이론이 되고자 하는 이론이라면 어떤 이론이라도 수용해야 할 일련의 윤리 원리를 명시하고, 분명하게 하며, 옹호하고 있다. 권리 견해가 윤리 이론에서 우리가 간절히 바라는 최종적인 결과는 아니다. 하지만 이는 동물권을 옹호하는 출발점이라 할 수 있다. 그리고 현재의 목적을 감안해보았을 때, 이 정도만으로도 충분하다.

골똘한 생각은 사람을 겸허하게 한다. 아마도 우거진 어려운 생각의 길을 뚫고 나가고자 했던 사람이라면 그 누구도 모든 방향이 올바른 이유로 선택된, 올바른 방향이라는 자신감으로 충만할 수는 없을 것이다. 우리는 모든 실수를 피할 수 없다는 사실을 잘 알고 있다. 그러면서도 우리는 인간의 사상과 제도의 어두운 윤곽을 어느 정도 새롭게 조명하기를 바라면서, 우리가 가진 시간과 재능으로 최선을 다한다. 일상적인 경우 우리는 이런 말을 할 이유도, 이 이상의 말을 할 이유도 없다. 하지만 동물권 문제는 어떤 측면에서 보자면 일상적인 문제와는 다르다. 동물들은 자신들의 권리를 방어할 능력이 없을 뿐만 아니라, 자신들을 방어하겠다고 공공연하게 떠드는 사람들로부터 스스로를 방어할 능력 또한 없다. 우리와 달리 그들은 자신들을 위해 제기된 주장을 부인하거나 거부할 수 없다. 이러한 사실로 인해 그들을 대변해서 말하는 것은 커다란 도덕적 과제가 되지 그 반대는 아니다. 그 때문에 그들의 권리를 옹호할 때 범하게 되는 실수와 오류에 대한 부담은 가벼워지는 것이 아니라 무거워지게 된다. 이와 같은 이유로 이 책에서 내가 미처 발견하지 못한 실수를 발견하는 사람들에게 청하고자 하는데, 권리 견해가 추구하는 형태의 동물 보호 논의를 약화하지 않으면서, 이러한 실수를 피하거나 교정할 수 있는지의 여부를 진지하게 고려해달라는 이례적인 부탁을 해도 괜찮을까? 우리의 논의가 갖는 장점을 고찰해보고자 할 때, 우리가 도덕적 지위가 있는지 논의하는 대상들이 무력하다는 사실은 이러한 장점을 숙고하는 데 특별한 제약이 된다. 어찌 되었든 나쁜 주장들을 찾아내어 버릴 수 있도록 도움을 달라. 그러나 나는 그것들을 발견한 사람들이 그 너머를 바라볼 수 있기를 바란다.

과거의 여러 스승과 학생을 포함해, 많은 분이 이 책을 쓰는 데에 도움을 주었는데, 그 모든 분께 감사드린다. 원고 출간 준비에 도움을 준 루스 분(Ruth Boone)과 앤 리브(Ann Rives)에게, 최종 원고의 가독성을 높이는 데 도움을 준 캐롤 레이바(Carol Leyba)에게, 끊임없는 지지와 격려를 해준 실라 버그(Sheila Berg) 캘리포니아 대학 출판부 편집장에게 특별한 감사를 드린다. 데일 제이미슨(Dale Jamieson)에게는 더 많은 호의를 입었다. 그는 지난 몇 년 동안 나의 생각을 늘 검토해주었고, 내가 실로 어리석은 실수를 저지르는 것을 막는 데 도움을 주었다. 그의 영향력은 도처에서 감지된다. 나는 이 책의 대부분을 국립 인문학 기금(National Endowment for the Humanities)의 카테고리 B 펠로십 수혜자로 재직하던 1980~1981학년도에 썼다. 재단에 대한 감사함은 정말 크다. 우리 대학 힐(D. H. Hill) 도서관의 리틀턴(I. T. Littleton) 관장님, 그리고 직원 분들께도 연구를 위해 도서관 시설을 이용할 수 있게 해주신 것에 감사를 표한다. 내 아이들인 브라이언과 카렌은 내가 책을 쓰는 작업에 몰두하는 것을 젊음의 지혜로 이해하고 받아들여 주었고, 내 아내인 낸시는 내 계획의 모든 측면에 대해 이야기를 나누어주었는데, 이는 누군가가 그러거나 그래야 한다고 내가 기대할 수 있는 정도를 훨씬 넘어선 것이었다. 이 책은 아내의 인내와 지원 덕에 탄생했다고 해도 과언이 아니다. 아내는 이 책의 속표지를 장식하고 있는 슈테판 로흐너(Stefan Lochner)[1]의 〈연구실의 성 히에로니무스(Saint Jerome)〉[2]를 고르는 데에도 큰 도움을 주었다.

노스캐롤라이나 롤리에서

1981년 11월 26일

톰 레건

..

1) (옮긴이) 슈테판 로흐너(1400~1451)는 독일의 쾰른에서 활동한 화가로, 독일 고딕 양식을 대표하는 화가로 평가받는다. 성모 마리아가 아기 예수를 안고 있는 〈장미 덩굴의 성모 마리아〉가 대표작이다.

2) (옮긴이) 히에로니무스(347?~420?)는 가톨릭 신학자이자 4대 교부 중 한 명이다. 흔히 펜을 들고 저술에 몰두하는 모습이나 돌을 쥐고 가슴을 치는 모습으로 그려진다. '예로니무스'라고도 읽는다. 영어권에서는 '제롬'이라고 한다.

감사의 말

다음 출처에서 자료를 사용할 수 있도록 허락을 받게 되어 기쁘다. Stephen Stich, "Do Animals Have Beliefs?," *Australasian Journal of Philosophy* 57(1979), 15~17는 나의 저작 외의 다른 곳에서 인용한 논문이고, 나의 저작 중에서 인용한 것들은 다음과 같다: "McCloskey on Why Animals Cannot Have Rights," *Philosophical Quarterly*, 26(1976), 253~254; "Narveson on Egoism and the Rights of Animals," *Canadian Journal of Philosophy* 7(1977), 179~186; "Cruelty, Kindness, and Unnecessary Suffering," *Philosophy* 55(1980), 533~537, 그리고 "Broadie and Pybus on Kant" 51(1976), 471~472; "Introduction," *Matters of Life and Death: New Introductory Essays in Moral Philosophy*, ed. Tom Regan(New York: Random House, 1980), pp. 10~14; "Utilitarianism, Vegetarianism, and Animal Rights," *Philosophy and Public Affairs*, 9 (1980), 306~314; "Vegetarianism and Utilitarianism Again," *Ethics and Animals* 2(1981), 5~6, 그리고 "Duties to Animals: Rawls's Dilemma," 2(1981), 76~82; "Introduction," *And Justice For All: New Introductory Essays in Ethics and Social Policy*, ed. Tom Regan and Donald VanDeVeer(Totowa, N.J.: Littlefield, Adams and Company, 1982), pp.

11~13, 그리고 "On the Ethics of the Use of Animals in Science," Tom Regan and Dale Jamieson, in *And Justice For All*, p. 170; 그리고 "Justice and Utility: Some Neglected Problems," *Journal of Value Inquiry*(in press). 마지막으로 롤리 소재 노스캐롤라이나 미술관의 관장 에드가 피터스 보론(Edgar Peters Bowron) 박사께 감사드린다. 관장님은 이 책의 속표지를 장식하고 있는 흑백판 슈테판 로흐너의 작품 〈연구실의 성 히에로니무스〉의 사용을 허락해주었다.

제1장

동물의 인식

독일의 화가 슈테판 로흐너는 (이 책의 권두 삽화로 실려 있는) 〈연구실의 성 히에로니무스〉를 그렸다. 그는 그림에서 상징을 이용해 4세기 성인(聖人)의 삶에서 가장 중요한 것을 일부 전하고 있다. 예를 들어 성 히에로니무스는 학자였으며, 그리스어 성경을 라틴어로 옮긴 것(불가타 성경[1])으로 유명한데, 그의 책상에 놓인 책은 그의 학식을 상징한다. 그런데 더욱 흥미로운 상징은 그림 속의 사자이다. 전설에 따르면 성 히에로니무스는 사자의 발에 박힌 가시를 제거해주었고, 사자는 은혜를 베푼 사람에게 감사하며 곁에 머물렀다. 로흐너의 그림을 본 적이 있고, 성 히에로니무스와 사자의 이야기를 이미 알고 있던 사람은 그림이 무엇을 상징하는지를 파악한다. 반면 성 히에로니무스에 대해 그다지 잘 알지 못하는 우리는 왜 사자가 그림 속에 있는지 알지 못한다. 사실 우리의 눈에는 그림 속 동물이 사자 같아 보이지도 않는다. 몸의 크기도 사자의 크기가 아니고, 꼬리는 사자의 것 같지 않은 모습을 하고 있으며, 갈기와 다리도 우리가 알고 있는 사

··

1) (옮긴이) '불가타(Vulgate)'는 서민 라틴어라는 뜻으로서, 382년 교황 다마소 1세의 명령에 따라 성 히에로니무스가 번역을 시작하여 405년 무렵에 완성한 라틴어 성경을 가리킨다. 이후 천 년 넘게 서방 교회의 표준 성경으로 인정받았다.

자와는 다른 동물의 것이다. 또한 얼굴과 우리에게 보이는 한쪽 귀는 인간의 것을 닮았으며, 사자가 취하고 있는 동작도 백수의 왕이라기보다는 작은 개, 다시 말해 강아지의 모습을 더 닮았다고 말할 수 있을 것이다. 우리는 15세기의 사자와 20세기 사자의 모습이 다르다고 추측함으로써 로흐너의 그림 속 사자와 우리에게 친숙한 사자와의 불일치를 설명할 수 있다. 하지만 이보다 단순한 또 다른 설명 방식이 있다. 즉 성 히에로니무스와 사자에 관한 이야기를 익히 알고 있던 로흐너가 막상 사자를 한 번도 보지 못했다는 것이다. 그가 그린 사자는 상상력의 산물이며, 당시 그가 활용할 수 있었던 사자에 대한 충분하지 못한 정보와 일화로부터 구성해낸 것이다.

　일단 로흐너가 피치 못할 상황에 있었음을 깨닫게 되면, 그가 사자의 모습을 제대로 파악하지 못한 것을 이해할 수 있고, 또한 용서할 수 있다. 그가 한 번도 보지 못하고, 거의 신뢰할 만한 정보를 갖지 못한 어떤 동물에 대한 정확한 개념을 가질 수 있으리라 기대하는 것은 무리일 것이다. 우리의 상황은 그와 다르다. 지금까지 우리에게는 사자가 어떤 모습을 하고 있는지를 파악할 수 있는 충분한 시간과 기회가 있었다. 우리는 단지 사자의 겉모습뿐만이 아니라 생리학적, 해부학적 특징, 사자 사회의 구조와 행동 방식에 대해서도 잘 알고 있다. 오늘날에도 로흐너가 그린 강아지의 모습으로 사자를 생각하는 사람이 있다면 그 사람은 잘 정리되어 있고 쉽게 접근할 수 있는 정보를 충분히 활용하지 못한다는 비판을 받아 마땅할 것이다.

　로흐너가 자신의 그림에 상징을 사용했던 것처럼, 그의 그림 그 자체는 인간이 다른 동물들을 잘못 이해하고 있음을 상징하고 있다. 어떤 사람[2]은 동물을 '멋대로 구는 짐승'으로, 다른 사람[3]은 '완력을 통해 이루어진

2) 가령 플라톤, 『국가(Politeia)』 9권, 571C를 보라.

질서 속에서 살아가는 존재'로 그렸는데, 그러면서 우리는 영국의 철학자 메리 미즐리(Mary Midgley)가 말한 "인간이 단지 동물과 조금 유사한 것이 아니라, 인간이 곧 동물"[4]임을 외면하면서 이러한 생각과 거리를 유지하기 위해 최선을 다해 왔다. 우리보다 앞서 살아간 사람들, 심지어 우리와 동시대를 살아가는 일부 사람들이 얼마나 다른 동물과 우리의 혈연관계를 부정하기 위해 노력했는지는 동물의 인식(awareness)을 둘러싼 논쟁을 고찰해볼 때 가장 확실하게 드러난다.

우리 대부분은 심지어 인간 아닌 어떤 동물이 의식을 갖추고 있는지를 묻는 것마저도 현실에 대한 굳건한 상식을 불신하는 것이라고 생각한다. 고양이가 발로 때리기를 좋아한다는 것, 개가 배고픔을 느끼는 것, 말코손바닥사슴이 위험을 느끼는 것, 독수리가 먹잇감을 정찰하는 것 이상으로 확실한 것이 있을 수 있을까? 동물에게 의식적 인식을 귀속하는 것은 상식적인 세계관의 일부이므로, 동물의 인식 가능성을 의심하는 것은 상식 자체의 진실성을 의심하는 것과 다를 바 없다. 하지만 설령 동물이 인식할 수 있다고 믿는 것이 상식에 부합한다고 해도, 또한 설령 동물에게 의식을 귀속하는 것이 일상생활에서 사용하는 일상 언어와 조화를 이룬다고 해도 (요컨대 우리가 "피도가 나가고 싶어 해"라고 말할 때, 이는 우리가 "9의 제곱근은 화가 났다" 혹은 "워싱턴 상징물은 목이 마르다"라고 말하는 경우와는 다르다), 그리고 설령 이 두 가지 사실이 모두 잘 확립되어 있고 적절하다고 해도, 동물의 의식을 놓고 벌이는 논쟁에서 이러한 사실의 역할은 우리가 찬반 양

••

3) 예수회 신부인 요셉 리카비(Joseph Ricaby)의 "Ethics and Natural Law," *Moral Philosophy*(1901; *Animal Rights and Human Obligations*, ed Tom Regan and Peter Singer[Enlgewood Cliffs, N.J.: Prentice-Hall, 1976], p. 180에 재수록).

4) Mary Midgley, *Beast and Man*(Ithaca: Cornell University Press, 1979), p. 1.

진영의 입장을 모두 검토하기 전이 아니라 검토한 후에야 비로소 합당하게 평가할 수 있을 것이다. 덧붙이자면 이 문제에 대한 우리의 탐구는 다음 장에서 검토하게 될 주요 질문, 즉 동물이 믿음과 바람을 가질 수 있는지를 검토하기 위한 밑거름이 될 것이다. 이러한 질문은 단순히 동물에게 의식이 있음을 옹호한다고 해서 해결되지 않는다. 그럼에도 동물에게 의식이 있는지에 대한 질문에 우리처럼 답하는 이유가 무엇인지는 동물의 믿음과 바람에 관한 질문에 중요한 함의를 갖는다.

1.1 데카르트의 부정

우리는 동물이 의식을 가지고 있다고 보는 데에 익숙해 있다. 그러다 보니 그렇게 생각하지 않은 사람이 있다는 사실을 알고서 적지 않은 사람들이 놀란다. 17세기 프랑스의 철학자 르네 데카르트는 동물들의 모든 사고를 전적으로 부정했다. 여기서 그가 말하는 모든 사고는 모든 의식을 의미했다. 그의 입장에 따르면 동물은 '생각을 하지 못하는 야수', **자동인형**, 기계이다. 언뜻 보기와 달리 동물은 아무것도 인식하지 못한다. 그들은 보이는 것이나 소리를 인식하지 못하고, 냄새나 맛을, 뜨거움이나 차가움을 인식하지 못한다. 그들은 배고픔이나 갈증을 경험하지 못하며, 두려움이나 분노, 쾌락이나 고통도 경험하지 못한다. 어떤 곳에서 그는 동물이 시계와 같다고 주장한다. 마치 시계가 정확한 시간을 알려주는 측면에서 우리보다 낫듯이 동물은 어떤 일들을 우리보다 잘 할 수 있다. 하지만 시계와 마찬가지로, 동물은 의식을 가지고 있지 않다. "마치 톱니바퀴와 추만으로 이루어진 시계가 우리가 온갖 지혜를 짜내는 경우보다 더 정확하게 시간을 측정할 수 있듯이, 동물의 경우 육체 기관의 성향에 따라 작동하는 본성이 우리보다 어떤 일들을 잘할 수 있게 한다."[5]

최근 데카르트가 **모든** 동물의 의식을 부정했다고 해석하는 것(이는 표준적인 해석이다)이 원전에 대한 적절한 해석인지에 대한 의문이 제기되었다. 이러한 의문을 집중적으로 다룬 논문[6]에서 영국의 철학자 존 코팅엄(John Cottingham)은 일부 문구를 살펴보면 데카르트가 동물이 **어떤 것**들(예를 들어 배고픔이나 두려움)은 의식한다고 생각했으며, 그가 부정한 것은 동물들이 인식한 바에 '대해 생각'할 수 있음(예를 들어 그들이 가까운 곳에 음식이 있거나 두려워할 무엇이 있음을 **믿을** 수 있다)일 뿐이라고 주장한다. 그리고 예컨대 헨리 모어(Henry More)에게 보낸 편지에서 데카르트는 "저는 생각에 대해 말하고 있지, 생명과 감각에 대해 말하고 있지 않습니다. 저는 동물들이 생명을 가지고 있음을 부정하지 않습니다. 왜냐하면 생명은 단순히 심장의 열로 이루어져 있다고 생각하기 때문입니다. 그리고 저는 감각이 육체 기관에 좌우된다고 생각하기 때문에 이를 부정하지 않습니다"[7]라고 쓰고 있다. 하지만 여기서 중요한 질문은 데카르트가 **감각**(sensation)을 어떻게 이해하느냐는 것이다. 이 점과 관련된 증거는 표준적인 해석을 압도적으로 뒷받침하고 있는 것처럼 보인다.

데카르트는 자신의 『반박에 대한 답변 VI』에서 세 가지 '등급'의 감각의

5) René Descartes, *Discourse on Method*(*Animal Rights and Human Obligations*, ed. Regan and Singer에 실린 부분), p. 62.

6) John Cottingham, "'A Brute to the Brutes?': Descartes' Treatment of Animals," *Philosophy* 53, no. 206(October 1978): 551~559.

7) *Descartes: Philosophical Letters*, trans. and ed. Anthony Kenny(Oxford: Oxford University Press, 1970)에서. *Animal Rights and Human Obligations*, ed Regan and Singer에 다시 실림.

특징을 다음과 같이 정리하고 있다.

첫 번째(등급)에는 외부 대상에 의한 신체 기관의 즉각적인 영향이 속한다. 이는 감각 기관의 움직임과 그러한 움직임에 기인한 모습과 위치의 변화 그 이상이 될 수 없다. 두 번째(등급)는 영향을 받은 신체 기관과 마음의 연합에 기인한 즉각적인 정신적 결과물로 이루어진다. 이들로는 고통, 쾌락을 주는 자극, 갈증, 배고픔, 색깔, 소리, 맛, 차가움, 열 등의 지각을 들 수 있다. (…) 마지막으로 세 번째(등급)에는 신체 기관이 작동할 때 외부에 있는 사물에 대해 우리가 아주 어릴 적부터 내린 모든 판단이 포함된다.[8]

첫 번째 등급의 감각은 동물과 인간이 공통으로 가지고 있다. 데카르트가 모어에게 보낸 편지에서 사용한 표현에 따르면 "이는 육체 기관에 좌우된다." 이는 동물을 포함한 적절한 육체 기관을 가지고 있는 어떤 존재에게도 귀속할 수 있는 감각이다. 예를 들어 인간과 기린은 모두 이러한 '감각을 갖는다'라는 의미에서 시각적 감각을 가질 수 있다. 하지만 이러한 의미에서 동물이 감각을 갖는다고 말하는 것은 단순히 그들이 외부의 자극을 통해 자극을 받을 수 있는 감각 기관(예를 들어 눈과 귀)을 갖는다고 말하는 데에 지나지 않는다. 그리고 이러한 자극은 "영향을 받은 육체 기관과 마음의 연합"이 이루어지지 않고서도, 따라서 의식 **없이도** 발생할 수 있다고 데카르트는 명시적으로 주장하고 있다. 이렇게 보았을 때, 동물이 첫 번째 등급의 '감각을 갖는다'라는 사실을 받아들인다고 해서 이것이 그

8) E. Haldane and G. Ross, eds. *Philosophical Works of Descartes*(London: Cambridge University Press, 1911) 2, 251: AT7, 436~437.

들이 의식을 갖추고 있음을 함의하는 것은 전혀 아니다.

첫 번째 등급과는 달리, 나머지 두 등급의 감각은 "영향을 받은 육체 기관과의 연합"을 이루기 위해(두 번째 등급) 혹은 "우리의 외부에 있는 사물에 대해 (…) 판단"을 내리기 위해(세 번째 등급) 마음이 존재해야만 느낄 수 있다. 이렇게 보자면 코팅엄 자신이 기꺼이 인정하는 것처럼[9] 동물에게 마음이 없다는 것이 데카르트 철학의 핵심이다. 데카르트에 따르면 첫 번째 등급의 감각 외의 다른 감각을 가지려면 마음이 있어야 한다. 이렇게 보았을 때 데카르트의 가르침은 동물들이 "두 번째와 세 번째 등급의 감각을 갖지 않는다"가 되어야 한다. 이 경우 모어에게 보낸 편지에서 확인할 수 있는 것처럼, 코팅엄은 데카르트가 동물이 감각을 갖는다는 것을 부정하지 않음을 적절히 간파하고 있다. 하지만 데카르트가 동물에게 감각을 부여했다고 해서, 이것이 곧 그가 동물이 의식이 있다고, 적어도 어느 정도는 있다고 생각하고 있음을 보여준다고 판단하는 것은 옳지 않다(코딩엄은 분명 그렇게 판단하고 있다). 데카르트의 감각에 대한 설명을 감안해보자면, 한편으로는 동물이 "감각을 가지고 있다"라고 말하면서 다른 한편으로는 그들이 의식을 가지고 있음을, 적어도 어느 정도 가지고 있음을 부정하는 것은 전적으로 가능하다. 이와 같이 하여 표준적인 해석에 대한 코팅엄의 비판은 빗나가 버린다. 이어지는 논의에서 고찰해볼 것은 이와 같은 데카르트에 대한 표준적인 해석이다. 데카르트가 동물이 '생각한다'는 것을 부정할 때, 그는 간략하게 말해 동물이 갖는 감각이 "외부 대상에 의한 육체 기관의 직접적인 영향" 이상임을, 그리고 동물이 의식적으로 무엇인가를 인지한다는 사실을 부정하고 있는 것이다. 물론 코팅엄이 주장하고 있

••

9) Cottingham, "Descartes' Treatment of Animals," p. 557.

듯이 "앞발이 부러져 낑낑거리는 개가 사실상 아프지 않다고 믿는 것은 심지어 철학자마저도 상당히 이상하게 여기는 결론"[10]일 수 있다. 그럼에도 데카르트가 이러한 결론에 도달했다고 보는 데에는 상당한 근거가 있다.

실제로 철학자들 중에서 혹은, 우리가 살펴볼 것이지만, 당대의 과학자 중에서 오직 데카르트만이 이러한 결론에 도달한 것은 아니다. 이는 데카르트 당대의 익명의 사람이 쓴 다음과 같은 구절로 충분히 입증된다.

(데카르트를 추종하는) 과학자들은 철저하게 무관심한 마음 상태에서 개를 구타했고, 마치 개가 고통을 느끼는 양 가엾어하는 사람들을 조롱했다. 그들은 동물이 시계라고 말했다. 그리하여 그들이 맞았을 때 내는 소리는 단순히 작은 스프링을 건드렸을 때 내는 소리이며, 전신에는 고통이 느껴지지 않는다고 생각했다. 그들은 당시 커다란 논쟁거리였던 혈액 순환을 확인하고자 개를 해부하려 했고, 이를 위해 가엾은 개를 대(臺) 위에 올려놓고 네 다리에 못을 박아 고정했다.[11]

데카르트에게는 잘 돌본 애완견(pet dog)이 있었던 것으로 알려져 있다. 마치 의식을 가지고 있기라도 **하듯** 자신의 애완견을 잘 보살핀 것이다.[12] 하지만 데카르트를 추종했던 생리학자들의 실천은 데카르트의 가르침이 담고 있는 의미, 다시 말해 그가 "동물에게 잔혹하다기보다는 인류에게 관대한 것이다. (…) 그 이유는 사람들이 동물을 먹거나 죽일 때 죄를 범할 수

··

10) 같은 글, p. 551.

11) Leonora Rosenfield, *From Beast-Machine to Man-Machine*(New York: Columbia, 1968), p. 54에서 인용.

12) Keith Gunderson, "Descartes, La Mettrie, Language and Machines," *Philosophy* 39, no. 149(July 1964): 202에서 언급됨.

있다는 의혹을 모두 사(赦)해주기 때문이다"[13]라고 적고 있는 입장에 잘 부합했다.

1.2 데카르트에게 도전하지 않는 방법

데카르트의 입장을 마치 미친 사람의 이야기인 양 곧바로 외면해 버리고 싶을 수 있다. 하지만 데카르트는 전혀 미치지 않았으며, 우리는 동물이 의식을 가지고 있음을 부정하는 그의 입장을 대인 논증[14]의 방식으로 외면할 수 없고, 그렇게 해서도 안 된다. 다시 말해 우리가 그가 말하는 바를 한 명의 사람으로서의 그를 공격함으로써 외면해 버려서는 안 된다는 것이다. 데카르트는 동물이 의식을 갖추고 있다는 상식적인 견해를 잘 알고 있으며, 이를 부정하는 것이 격심한 반대를 불러일으키기 십상임을 스스로 잘 파악하고 있다. 그럼에도 그는 동물이 의식을 가지고 있다는 믿음이 "삶의 매우 이른 시기부터 갖게 된 익숙한 편견"[15]이라고 주장하면서 이를 부정하고 있다.

우리는 데카르트가 이러한 믿음을 일종의 '편견'이라고 부르고 있는 것을 눈여겨볼 필요가 있다. 편견이란 우리가 정당화할 필요성에 별다른 관심을 기울이지 않으면서 무비판적으로 받아들이는 믿음이다. 예컨대 사람

..

13) Kenny, *Descartes: Philosophical Letters*에 실린 Henry More에게 보낸 편지(1649년 2월 5일)(*Animal Rights and Human Obligations*, ed Regan and Singer에 다시 실림)에서.
14) (옮긴이) ad hominem. 어떤 주장을 하는 사람의 개인적인 특성 때문에 그 주장 자체를 반대하거나 찬성하는 논증.
15) 같은 글, p. 65.

들이 받아들여야 할 이유에 대해 캐묻지 않고 세상이 편평하다고 믿으면, 그들은 편견을 갖는 것이다. 데카르트가 말하고자 하는 바의 핵심은 이와 동일한 평가가 동물에게 의식이 있다는 믿음에도 적용된다는 것이다. 즉 지금까지 우리는 이러한 믿음을 이해하고 정당화하는 데 별다른 시간을 들이지 않은 것이다. 이에 대한 답변으로 우리가 "모든 사람들이 동물이 의식을 가지고 있다고 믿는다"라고 말하면서 반대한다고 가정해보자. 이 경우 우리의 답변이 부족하다는 것을 어렵지 않게 확인할 수 있다. 우리는 단순히 모든 혹은 대부분의 사람이 지구가 편평하다고 믿는다는 이유로 '편평한 지구에 대한 믿음'에 관한 우리의 판단을 바꾸려 하지 않을 것이다. 마찬가지로 데카르트도 동물의 의식에 대한 자신의 판단을 유사한 이유로 번복하지 않으려 할 것이다. 설령 "우리 모두가 동물이 의식을 가지고 있음을 믿는다"(그리고 의견을 달리하고 있는 데카르트의 목소리를 감안한다면, 어떻게 이것이 사실일 수 있는가?)라는 것이 사실이라고 해도, 이 단계에서 '우리 모두가 믿는' 바에 호소하는 것은 적나라한 편견을 신뢰함이라는 포장으로 그저 감싸는 것이다.

데카르트의 도전을 대인 논증이라는 장치를 통해 피해 버리기보다는 정면으로 대응해야 할 필요성은 또 다른 방식으로 정리해볼 수 있다. 친구의 발자국 소리를 듣고 보여주는 개의 행동을 고찰해보자. 개는 들뜬 것처럼 행동한다. 이는 의심의 여지가 없다. 개는 뛰어오르고, 짖고, 문을 긁어대고, 꼬리를 흔들어 댄다. 참으로 이러한 모습은 황홀 상태에서 빙글빙글 돌거나 격렬하게 춤을 추는 등의 의식을 행하는 탁발 수도승을 닮았다. 만약 데카르트가 개가 이러한 모습을 보이는 것마저도 거부하려 했다면, 우리는 동물에 대한 그의 입장을 쉽사리 거부할 수 있었을 것이다. 개가 앞에서 서술한 바와 같이 행동하는 경우는 우리가 일상적으로 지각하는 바이다. 그리고 이러한 상황에서 개가 "들떠 있다"라고 말하는 것은 일상어를 적절히 사용하는 것이다. 하지만 데카르트가 이를 부정하는 것은 결코 아니다. 그가 부정하는 바는 우리가 관찰된 개의 행동을 설명하기 위해 개에게 의식을 귀속해야 한다는 입장이다. 데카르트와 동물에게 의식이 있다고 생각하는 사람들 간의 차이는 동물의 공공연한 행동에 관한 어떤 사실을 놓고 발생하는 불일치가 아니다. 양자 간의 불일치는 **어떻게 이러한 사실을 최선의 방식으로 설명하거나 이해할 수 있는가**와 관련된다.

일단 이 정도를 확인했다면, 우리는 어떻게 동물이 행동하는가에 관한 어떤 사실을 나열함으로써 동물에 대한 데카르트의 견해에 대응하려는 것은 논점을 잘못 짚은 것이라는 점도 파악할 수 있어야 한다. 예를 들어 개가 들뜬 것처럼 행동한다거나, 돌고래가 충직하다거나, 고양이가 자신의 인간 동료와의 재회를 위해 혼자서 3,000마일을 여행했다거나 하는 등의 사실을 나열하는 것은 별다른 의미가 없다. 이러한 사실들을 열거하는 것은 데카르트에 대한 적절한 대응이 아니다. 그는 이런 모든 사실을 받아들일 수 있다. 데카르트와 그의 비판자들이 나누어지는 지점은 **이러한 사실들을 어떻게 해석하고 설명할 수 있느냐**는 질문에 대한 답에서이다.

의인화

현재의 맥락에서 상식을 무비판적으로 수용하는 태도에 불리한 영향을 미치는 고찰이 한 가지 더 있다. 바로 의인화(anthropomorphism)의 문제이다. 웹스터 사전은 **의인화하다**라는 동사의 적절한 의미를 "인간 아닌 것들에 인간의 특징을 귀속하는 것"으로 정의하고 있다. 문자 그대로의 정의라는 측면에서 보자면 이러한 정의는 만족스럽지 못하다. 왜냐하면 예를 들어 '살아 있다'라는 것은 '인간의 특징'인데, 그럼에도 나무 혹은 오징어가 '살아 있다'라고 말하는 것은 잘못이 아니기 때문이다. 정의는 가령 "달이 신비스러운 모습으로 바라보았다" 혹은 "풀이 비와 계약을 맺었다"의 경우와 같이 우리가 **오직** 인간에게만 귀속하는 어떤 특징을 인간이 아닌 사물들에 귀속하는 것을 의미해야 한다. 의인화는 허튼소리를 하는 것과는 다르다. 의인화를 통해 하는 말은 이해할 수 있으며, 그 나름대로 의미가 있는 말이다. 이는 문자 그대로의 참이 아닐 따름이다. 의인화는 말한 대상의 실제 그 이상을 말하는 것이다. 이는 인간이 아님에도 마치 그 대상이 인간인 양 말하는 것이다.

그런데 만약 의식이 오직 인간만의 특징이라면 우리가 동물이 의식을 지닌 것처럼 말하는 것은 의인화의 잘못을 범하는 것이다. 이는 실제 이상의 존재로 동물을 간주하는 것이다. 우리가 동물을 인간과 같은 존재인 양 잘못 그리고 있는 것이다. 가령 동물이 의식을 갖추었다고 보는 사람에 반대해서 의인화와 관련한 비판이 제기되었다고 가정해보자. 이에 어떻게 적절히 대응할 수 있을까? 분명 아무리 여러 번 그러한 속성을 **반복해서 언급한다고 해도**, 또한 아무리 수많은 사람들이 이를 반복해서 언급한다고 해도 그 속성에 대한 반복된 언급을 통해 적절한 대응이 이루어지지는 않을 것이다. 속성을 반복해서 언급하는 것이 보여주는 것은 기껏해야 얼마나 많은 사람들이 동물이 의식을 가지고 있다고 보고 있는지 정도이고, 이러한 사실은 일부 맥락에서는 흥미롭지만 여기서 제기된 비판에 대응하는 데에는 별다른 쓸모가 없다. 아무리 많은 사람들이 동물에게 의식이 있다고 생각해도, 그러한 사람들이 단지 의인화의 입장을 견지하는 것일 수 있다. 의인화에 대한 비판을 감안한다면, 그리고 동물들에게 의식이 있다는 고집을 꺾지 않으려 함으로써, 혹은 다른 사람들이 그렇게 생각하게 함으로써 비판에 대응하는 방법의 결함을 감안한다면, 우리는 분명히 다른 방법을 모색해보아야 할 것이다. 비판에 적절히 대응하고자 한다면 말이다.

지금까지 우리는 데카르트가 친구의 발자국 소리를 듣고 개가 들뜬 것처럼 행동하는 것을 거부할 정도로 미치지 않았음을 살펴보았다. 그가 부정한 것은 이러한 모습이 개가 들은 소리(두 번째 등급의 감각)를, 혹은 그러한 소리가 친구의 것이라는 믿음(세 번째 등급의 감각)을 의식적으로 인식한다는 사실을 보여준다는 것이다. 우리는 데카르트에게 대응하는 어떤 솔깃한 방식이 검열을 통과하지 못한다는 점도 확인했다. 더욱 합당한 대응방법을 생각해내기에 앞서, 우리는 어떤 척도로 보아도 매우 지적인 사람이었으며, 철학·수학·자연과학 분야에서 진정으로 선구적인 사상가인 데카르트가 왜 그토록 상식에 맞지 않는 견해를 개진하고 있는지를 고찰해보아야 한다. 데카르트의 생각을 탐구해볼 경우 다양한 이유가 드러나는데, 그중 일부를 이어지는 내용에서 고찰해볼 것이다.

1.3 절약의 원리

먼저 데카르트는 현상에 대한 과학적 설명과 관련해서 절약의 원리 혹은 단순성의 원리를 받아들이고 있는 것처럼 보인다. 14세기 영국의 철학자 윌리엄 오컴(William Occam)은 우리가 "필요 이상으로 실재(entities)의 수를 늘려선 안 된다"라고 주장하면서 이러한 원리를 놀라울 정도로 간단명료하게 표현했다. 이러한 원리를 흔히 "오컴의 면도날(Occam's razor)"이라고 부르는데, 이는 가능한 한 최소로 가정을 하여 현상을 설명하는 것이 더 좋다는 (즉 합리적으로 더 선호할 수 있다는) 원리이다. 우리 앞에 두 가지 이론이 있다고 가정해보자. 그리고 이들 각각의 이론이 동등한 범위의 사실들을 합당하게 설명하고 있으며, 이들 이론이 예측할 수 있는 바가 동등하다고 생각해보자. 하지만 이 중 하나가 다른 이론에 비해 가정을 적게 하고 있다면, 이 경우 절약의 원리는 더욱 단순한 설명, 즉 가정을 적게 하고 있는 이론을 받아들일 것을 요구할 것이다. 이러한 원리가 야기한 논쟁은 결코 단순하지는 않지만, 그럼에도 이러한 원리는 매우 합당하다. 요컨대 더 적은 가정으로도 충분한데 어떻게 더 많은 가정을 하는 것이 합당할 수 있을까?

여기서 데카르트가 동물에 대한 설명 중에서 선택해야 하는 상황에 직면해 있는 우리를 염두에 두고 있다고 가정해보자. 여기서 우리에게 주어진 첫 번째 선택지(이를 **기계론적 선택지**[Mechanistic Alternative]라고 부르자)는 순전히 기계론적 용어로 동물의 행위를 설명하려 한다. 이러한 선택지는 데카르트의 표현을 빌리자면 동물들을 "자연의 기계"로 간주한다. 이는 가령 핀볼[16) 기계와는 차이가 있는데, 다시 말해 동물은 살아 있음에 반해 핀볼 기계는 살아 있지 않다는 측면에서 차이가 있다. 그럼에도 동물이든, 핀볼 기계이든 이들은 의식을 갖지 않았다는 측면에서 여전히 본질적으로 유사하다. 매우 투박하게 말하자면 핀볼 기계의 경우, 우리는 내선 회로를 통한 전기 전류의 흐름을 통해 기계의 동작을 설명한다. 이때 전류는 쇠구슬의 충격을 매개로 활성화되며, 핀볼 기계의 동작이 이루어지기 위해 핀볼 기계가 의식이 있어야 한다고 말할 여지는 전혀 없다. 순전히 기계론적인 설명만으로도 충분한 것이다. 그런데 기계론적 선택지에 따르면 동물의

16) (옮긴이) 유리로 덮인 상자 안에서 스프링을 당겨 쇠구슬을 발사하여 점수를 얻는 게임.

행위 메커니즘은 비록 행위 메커니즘이 살아 있지 않은 기계와는 다르지만 핀볼 기계와 다를 바 없다. 적어도 데카르트 당대의 과학은 동물의 경우 전선과 회로를 통과하는 전기 전류 대신, 혈류를 통과하는 다양한 '체액(humors)'[17] 혹은 '동물 정령(精靈, animal spirits)'[18]을 가지고 있다고 생각했다. 이러한 것들이 자극을 받을 경우 동물에게서 다양한 행위 반응이 일어난다. 예를 들어 한 종류의 동물 정령이 어떤 종류의 자극을 받을 경우 그 동물은 배고픔과 결부된 행위를 하게 되고, 또 다른 자극을 받을 경우 두려움과 결부된 행위를 하게 된다. 오늘날 동물 정령 혹은 체액에 대한 믿음은 자극-반응 설명 모델에서 사용되는 생리학적, 신경학적 개념으로 대체되었다. 하지만 데카르트는 우리가 동물 생리학에 대한 이해의 폭을 늘림으로써 기계론적 선택지에 의문을 제기하게 되기보다는, 오히려 신뢰를 더하게 될 것이라고 생각할 것으로 보인다. 데카르트는 우리가 동물이 어떤 존재인지를 더 많이 이해할수록, 인간이 만든 기계와 동물이 본질적으로 유사하다고 판단해야 할 더 많은 이유가 있을 것이라고 생각할 것이다. 즉 동물을 의식을 갖지 않고, 그 무엇도 인식하지 못하는 존재로 보게 되리라는 것이다. 우리가 너무 과격하게 기계를 다루어서 '틸트(Tilt)!'[19]라는 불이 들어올 때 핀볼 기계가 위협을 느끼고, 화를 내며, 굴욕감을 느끼거나 고통을 느낀다고 가정하는 것이 불합리하듯이, 동물이 위협감을 느끼

..

17) (옮긴이) 서양 고대에서 중세까지를 지배했던 생리학 가설로, 혈액, 점액, 황담액, 흑담액의 네 가지 체액이 인체를 이루는 기본 성분이며, 이것들이 균형을 이루지 못할 때 질병이 생긴다고 보았다.
18) (옮긴이) 아리스토텔레스 때부터 있었던 개념인데, 데카르트에서는 몸에 생기를 불어넣는 신비한 성질은 버려지고 피의 미세한 부분이라는 물체적 성질만 남는다.
19) (옮긴이) 핀볼 게임을 할 때 볼을 뒤로 가게 하기 위해 게임기의 앞을 드는 식으로 기계에 조작을 하면 '틸트'라는 경고가 울린다.

고, 화를 내며, 굴욕감을 느끼거나 고통을 느낀다고 생각하는 것 또한 마찬가지로 불합리하다. 동물들이 지르는 고함과 낑낑거리는 소리는 '틸트'라는 불이 들어올 때와 다를 바 없는 기계적인 방식으로 발생하는 소리에 지나지 않는다. 이처럼 기계론적 선택지는 관찰 가능한 동물의 행동 방식과 관련된 사실을 부정하는 것이 아니다. 이러한 선택지는 동물의 의식을 부정하면서 동물의 행동, 그리고 동물의 본성 일반을 설명한다. 데카르트주의 과학자들이 그랬듯이, 기계론적 견해를 가진 사람들에게는 '철저하게 무관심한 상태로 개를 구타'하는 것이 별다른 일이 아니고, '이상한 행동'이 아닐지 모른다.

지금까지 설명한 내용이 아주 대략적인 기계론적 선택지에 대한 설명이다. 두 번째(**비기계론적 선택지**) 선택지는 첫 번째의 것과 차이가 있는데, 이러한 차이는 두 번째 선택지가 동물의 해부학 혹은 생리학에 관한 어떤 사실을 반박하거나 동물이 현재와 같이 행동하는 것을 부정하기 때문에 발생하는 것이 아니다. 그 차이는 두 번째 선택지가 단지 인간만이 아니라 수많은 동물들도 의식을 가지고 있다고 단언하기 때문에 발생한다. 두 번째 선택지는 기계론적 선택지에 비해 분명 덜 단순해 보인다. 이렇게 말하는 이유는 이러한 선택지에는 동물의 기본적인 구조에 관한 단지 하나가 아닌 두 가지 가정이 포함되어 있기 때문이다. 즉 여기에는 동물들이 단순히 어느 정도 복잡한 '살아 있는 기계'가 아니라는 가정, 그리고 이들이 어느 정도 의식을 갖추었거나 인식을 한다는 가정이 포함되어 있는 것이다.

우리가 절약의 원리를 받아들인다고 가정해보자. 그리고 논의를 위해 방금 설명한 두 가지 선택지 각각이 다른 선택지와 동등하게 동물의 행위를 적절히 설명한다고 가정해보자. 이러한 선택지 중에서 선택하기에 합당한 것은 어느 것인가? 이렇게 가정할 경우, 이성은 기계론적 선택지, 즉 동물이 본질적으로 핀볼 기계와 같다는 입장의 선택지 편을 들 것이다. 이것이 데카르트가 택한 선택지이며, 우리가 곧바로 살펴볼 것이지만 그가 이를 선택한 일부 이유들(모든 이유는 아닌)은 절약 혹은 단순성에 대한 고찰에 바탕을 두고 있다. 우리가 데카르트의 논의에서 일부 결점을 발견할 수 있지만, 적어도 위의 이야기는 데카르트가 동물의 인식을 부정하는 이유들이 분명히 있고, 논거를 확실히 가지고 있음을 보여주고 있다고 해야 할 것이다. 그가 논의의 공백 상태에서 동물의 의식을 부정하고 있는 것은 아닌 것이다.

하지만 데카르트가 이유를 제시하고 있다는 사실이 그가 훌륭한 이유를 제시하고 있음을 보증하고 있는 것은 아니다. 이제 우리는 기계론적 선택지를 옹호하는 입장의 장점을 살펴보아야 한다. 이러한 선택지가 사실에 대한 더욱 단순한 설명을 제공하고 있는가? 이는 우리가 당장 생각해보아야 할 핵심적인 질문이다. 우리는 이에 답하려 하면서 단정적으로 동물에게 의식이 있다고 가정하지 않기 위해 특별히 유의해야 할 것이다. 아울러 우리는 단순히 상식에 호소하거나 '우리 모두가 믿는' 데에 호소함으로써 데카르트의 입장을 비판하려 해서는 안 될 것이다. 왜냐하면 그와 같은 방식으로 호소할 경우 그러한 방식이 '편견'을 구현하고 있다는 예측 가능한 반박이 데카르트로부터 제기될 것이기 때문이다.

1.4 라메트리의 반박

18세기 프랑스의 철학자이자 내과 의사인 쥘리앵 오프루아 드 라메트리 (Julien Offroy de La Mettrie)는 데카르트에 대항할 수 있는 한 가지 방식을 제안한다.[20] 이는 데카르트가 알고 있는 것 이상으로 기계론적 선택지가 입증하고 있는 바가 많다는 것이 요지이다. 이렇게 말하는 이유는 기계론적 선택지가 단언적으로 말하고 있듯이, 만약 우리가 **동물**의 행동을 기계론적으로 설명할 수 있으며, 그 때문에 동물이 의식을 갖지 않는다고 생각해야 한다면, **인간**의 경우에도 동일한 논리를 적용하지 말아야 할 이유가 없기 때문이다. 그리고 만약 우리가 동일한 논리를 적용할 수 있다면, 동물뿐만 아니라 인간 또한 '기계'라고 결론 내려야 하는 것은 아닌가? 요컨대, 인간의 행동을 포함한 모든 행동을 단일 원리에 호소함으로써 설명하는 것 이상으로 단순하고, 절약의 원리에 부합하는 방법이 있을 수 있는가? 데카르트와 대조적으로 라메트리는 기계론적 선택지를 한 걸음 더 이끌어 간다. 그러면서 그는 인간의 '정신적 삶'은 인간 신경계 '체액'의 변화 그 이상도 그 이하도 아니라고 결론 내린다.

데카르트가 제시할 것으로 생각해볼 수 있는 한 가지 대응은 적절치 못하다. 뉴캐슬 후작[21]에게 보낸 편지에서 데카르트는 다음과 같이 말한다. 만약 동물이 우리처럼 의식이 있다면 "그들도 우리처럼 불멸의 영혼을 가지고 있을 것입니다. 이는 개연성이 없습니다. 왜냐하면 모든 동물이 이러한 영혼을 가지고 있을 것이라 믿지 않으면서 일부 동물이 영혼을 가지고 있다고 믿을 이유가 없기 때문이죠. 굴과 해면과 같은 다수의 동물이 영혼을 가지고 있다고 믿기에는 그들이 너무 불완전합니다."[22] 여기서 데카르

••
20) 더 완전한 논의 및 데카르트와 라메트리의 견해 비교는 Gunderson, "Descartes and La Mettrie"를 보라.
21) (옮긴이) 윌리엄 캐번디시(William Cavendish, 1593~1676)를 말한다.
22) Kenny, *Descartes: Philosophical Letters*(*Animal Rights and Human Obligations*, ed. Regan and Singer에 재수록), p. 208.

트가 단언하고 있는 바는 우리는 불멸의 존재이지만 동물들은 그렇지 않으며, 이에 따라 인간은 의식을 가짐에 반해 동물은 의식을 갖지 않는 것으로 보아야 한다는 것이다. 여기서 데카르트는 혼동을 하고 있다. 어떤 개체가 **의식을** 갖는다는 것이 그 개체가 불멸의 영혼을 가지고 있음을 함의하는 것은 아니다. '무덤을 넘어선 삶'이 존재함을 부정하는 사람들이 이승에서의 삶에서 자신의 의식을 부정하거나 다른 존재들의 의식을 유사한 방식으로 부정하는 것은 아니다. 데카르트가 동물의 정신적 삶을 부정하면서 인간에게는 의식을, 그리하여 자신의 입장에 따라 마음 혹은 영혼 (그는 이러한 용어들을 호환적으로 사용하고 있다)을 귀속하는 것은 데카르트가 절약의 원리를 존중해서라기보다는 자신의 종교적 확신 혹은 그가 만족시키지 않으면 안 되는 성직자들의 종교적 확신 때문일 수 있다.[23] 하지만 데카르트가 어떤 이유로 (의식적) 마음과 (불멸의) 영혼을 동일한 것으로 간주했든, 우리는 그가 생각하는 바를 따라야 할 별다른 이유가 없다. 물론 해면과 굴이 의식을 갖지 못할 수 있다. 하지만 그들이 의식을 가지고 있는지의 여부는 인간의 경우에서와 마찬가지로 불멸의 영혼에 관한 질문과 독립적으로, 경우를 따져서 결정해야 할 문제이다.

••

23) 라메트리는 인간의 정신(영혼)에 대한 데카르트의 견해가 당대에 막강한 권력을 지녔던 신학자들에게 양보한 것임을 보여주고 있다고 주장한다. 라메트리는 다음과 같이 적고 있다. "인간의 정신에 대한 데카르트의 가르침은 신학자들이 유비의 형태로 숨긴 독을 삼키게 하기 위한 기술적 속임수, 문체의 책략이다. (…) 인간은 아무리 자신을 드높이고자 해도 인간이라는 이름보다는 허영심으로 더욱 잘 구분된다. 이처럼 거만하고 허영심 많은 존재(특히 신학자들과 인간 일반)는 비록 직립하고 있지만 그 본질은 네 발로 걸어 다니는 기계에 불과하다. 모든 학자들과 현명한 판관들은 이렇게 고백하지 않을 수 없는데, 이는 바로 이것, 다시 말해 이러한 (인간과 동물의 행위 간의) 강력한 유비 때문이다." Gunderson, "Descartes and La Mettrie," p 212에서 인용하였다.

1.5 언어 검사

첫 번째 답변과는 달리, 데카르트가 제시할 수 있는 두 번째 답변은 라 메트리가 제기한 반대와 관련이 있다. 우리가 오직 의식을 상정함으로써 만 설명할 수 있는 행동 유형을 구체적으로 지적할 수 있다고 가정해보자. 더 나아가 동물이 아닌 오직 인간만이 그러한 유형의 행동을 나타낼 수 있 다고 가정해보자. 이 경우 우리는 누구 혹은 무엇이 불멸의 영혼을 가질 수 있을 만큼 충분히 '완벽한지'에 대한 불필요한 고찰과는 독립적으로, 인간 에게 의식을 귀속시키면서 동물에게는 그렇게 하지 않을 수 있을 것이다.

우리는 데카르트에게서 그런 논증을 찾아낼 수 있다. 즉 데카르트는 언 어 행위를 그러한 유형의 행위로 생각하는 것이다. 그가 생각하기에 이는 오직 인간만이 할 수 있는 행위이다. 이 주장과 관련된 데카르트 글의 구 절 가운데, 다음의 글은 아마도 그의 이와 관련된 논점을 가장 선명하게 드러내고 있을 것이다.

사실 겉으로 드러나는 인간의 행동 중 그 어떤 것도 이를 탐구하는 사람에게 우리의 신체가 단순히 스스로 움직이는 기계가 아니라 생각을 갖는 영혼을 담 고 있음을 보여줄 수 없습니다. 하지만 어떤 정념도 표현하지 않으면서 특별한 주제를 다루기에 적절한 단어 혹은 다른 신호는 예외입니다. 제가 단어 혹은 신 호를 이야기하는 이유는 농아들이 우리가 구어(口語)를 사용하듯이 신호를 사용 하기 때문입니다. 그리고 저는 이러한 신호가 미친 사람의 말을 배제하지 않으 면서 앵무새의 말은 배제하는 데에 분명 적절하다고 말합니다. 비록 이성을 따 르지는 않지만 그의 말은 특정 주제를 다루기에 적절하죠. 저는 이러한 단어와 신호가 어떤 정념을 표현해서는 안 된다고 덧붙입니다. 이는 기쁨이나 슬픔 등으로 인한 고함뿐만 아니라 어떤 것이든 동물이 훈련을 통해 익힌 것을 배제하기 위해서입니다. 공(公)께서 "주인님! 좋은 하루를 보내세요"라는 말을 암컷 까치에게 가르치려면 이러한 단어의 발화를 까치의 정념 중의 하나를 표현하는 것으로 만들어야만 합니다. 예를 들어 만약 까치에게 이런 말을 할 때 맛있는 먹을거리가 항상 주어졌다면, 까치의 발화는 먹고자 하는 희망을 표현하는 경우가 될 것입니다. 이와 유사하게, 개, 말 그리고 원숭이에게 가르친 모든 것들의 수행은 단지 그들의 두려움, 희망, 기쁨을 표현하는 것일 따름입니다. 결과적으로 그 동물들은 생각을 하지 않으면서도 이를 수행할 수 있게 됩니다. 제게는 이상에서처럼 정의한 단어를 사용하는 것이 인간만의 독특한 특징이라는 사실이 매우 놀라운 일입니다. 몽테뉴(Montaigne)와 샤롱(Charron)이 인간과 동물 사이보다는 인간들 간에 더 많은 차이가 있다고 말했는지 모르겠습니다. 그러나 정념이 개입되지 않고 표현되는 무엇인가를 다른 동물들에게 자신을 이해시키는 신호로 사용할 정도로 그렇게 완벽한 동물은 지금까지 없었습니다. 반면 그렇게 하지 못할 정도로 불완전한 인간은 없습니다. 이렇게 말하는 이유는 심지어 농아마저도 특별한 신호를 사용하여 자신들의 생각을 표현하기 때문입니다. 이러한 사실은 동물이 우리처럼 말하지 않는 이유가 그들이 기관이 없어서라기보다는 사유를 할 수 없기 때문임을 입증하는 매우 강력한 논증으로 보입니다. 우리는 그들이 서로 말할 수 있다고 생각할 수 없으며, 우리가 그들을 이해할 수 있다고 생각할 수도 없습니다. 이렇게 말하는 이유는 개와 다른 동물들이 자신들의 정념을 우리에게 표현하는데, 만약 그들이 생각을 가지고 있다면 자신들의 생각도 우리에게 표현할 것이기 때문입니다.[24]

∙∙

24) Kenny, *Descartes: Philosophical Letters*에 실린 데카르트가 뉴캐슬 후작에게 보낸 편지에서(*Animal Rights*, ed. Regan and Singer에 재수록).

이러한 구절, 그리고 이와 관련된 구절들은[25] 이들이 제시하고 있는 답변보다 더 많은 의문을 불러일으킨다. 이들 구절 중 일부는 이어지는 내용에서 고찰하게 될 것이다. 지금으로서는 데카르트가 앞으로 **언어 검사**(language test)로 부르게 될 특별한 검사를 추천한다는 사실을 강조하는 것만으로 충분하다. 이러한 검사는 개체가 의식을 가지고 있는지를 결정하기 위해 고안된 것이다. 단어이든 혹은 이에 상당하는 것(예를 들어 농아가 사용하는 신호)이든, 언어를 사용함으로써 자신의 생각을 표현할 수 있는 개체는 언어 검사를 통과하고, 이를 통해 의식이 있음을 보여준다. 반면 그렇게 하지 못하는 개체는 언어 검사를 통과하지 못하고, 그 결과 '생각이 없는 것'이 입증된다. 그리고 사고와 의식의 관계에 관한 데카르트의 견해에 대한 표준적인 해석에 따르면 그러한 개체는 의식이 없는 것이 입증된다.

..

25) 관련 구절을 더 보기를 원한다면 *Animal Rights*(ed. Regan and Singer)에 실린 데카르트 선집을 보라. 데카르트가 언어와 의식에 대해 언제나 동일한 입장을 취했는지는 분명하지 않다. 인용한 구절은 데카르트가 "언어를 사용할 수 있는 능력이 없다면 그 개체는 의식이 없다"라고 믿었다는 해석을 지지하는 것처럼 보인다. 그것이 바로 지금 고찰하고 있는 견해이다. 그러나 적어도 한 경우에 데카르트는 다음과 같이 말하면서 이러한 강력한 주장을 완화하는 것처럼 보인다. "저는 동물에게 생각이 있다는 사실을 증명할 수 없다는 견해가 확실히 옳다고 생각합니다. 하지만 그렇다고 해서 이것이 그들에게 생각이 없음을 증명했다고 생각하지는 않습니다. 인간의 마음이 동물의 심장에 닿을 수 없기 때문입니다. 그러나 이 문제에 대해 가장 개연성 있는 답이 무엇인지를 탐구해보자면, 저는 동물들이 우리와 같은 감각 기관을 가지고 있기에 우리와 같은 생각을 가지고 있는 듯하며, 우리의 감각 방식에 생각이 포함되어 있기 때문에 동물들 또한 우리와 유사한 생각을 가지고 있을 듯하다는 사실을 제외하고는 그들이 생각이 있음을 지지하는 논변을 알지 못합니다."(*Philosophical Letters*에 실린 Henry More에게 보낸 편지에서.) 그리고 나서 데카르트는 무엇보다도 동물이 언어를 사용할 수 없다고 주장함으로써 이 논변을 약화시킨다. 이어지는 쪽에서 제시되는 직접적인 비판은 강경한 입장에 이의를 제기하고 있다. 이 장에서 동물 본성의 진화론적 이해를 옹호하며 제시하는 논변은 이 주제에 대해 무엇이 가장 개연성이 있는지에 대한 다른 선택지를 제안한다.

데카르트는 동물들이 이러한 검사를 통과할 수 없다고 생각한다. 언어 검사의 적절성을 검사해보기에 앞서 데카르트의 이런 생각이 과연 옳은지부터 물어볼 필요가 있을 것이다.

동물들이 언어를 사용할 수 있을까?

데카르트는 청각 장애인을 위한 미국 수어(American Sign Language, ASL)와 같은 언어를 고릴라와 침팬지 같은 영장류에게 가르치기 위한 노력에 주목하지 못했다. 하지만 그렇다고 해서 그를 비판하는 것은 공정하지 못하다. 비록 라메트리가 상상해보기는 했지만 이와 같은 노력은 아주 최근에야 이루어졌다. 다수의 서적과 논문은 이러한 기획을 기록하고 있는데, 비기계론적 선택지를 옹호하는 많은 사람들은 서슴지 않고 이러한 초기의 보고서에 열광적으로 지지를 표명했다. 이러한 지지가 다소 섣부른 것이 아닌지는 논의를 해보아야 할 문제이다. 다음은 《뉴욕타임즈(*New York Times*)》 기자인 보이스 렌스버거(Boyce Rensberger)가 ASL을 이용해 ASL 교육을 받은 8세 침팬지 루시(Lucy)를 인터뷰한 내용이다. 이는 초기의 시험 결과가 일반 대중에게 전달되는 전형적인 방식이다.

> 기자 (열쇠를 쥐고): 이게 뭐지?
> 루시: 열쇠.
> 기자 (머리빗을 쥐고): 이게 뭐지?
> 루시: 머리빗. (머리빗을 받아 기자의 머리를 빗겨 주고, 이어서 기자에게 머리빗을 주며) 나도 빗겨 줘.
> 기자: 그래. (루시의 털을 빗겨 준다)

기자: 루시! 우리 산책할까?

루시: 밖으로? 아니. 뭐를 먹고 싶어. 사과.

기자: 먹을 게 없는데. 미안!

이 인터뷰와 관련하여 렌스버거는 다음과 같이 적고 있다.

간단했다. 특별히 깊지 않았다. 하지만 소통은 확실히 가능했다. (…) 각각의 대화가 오고간 후, 루시와 나는 서로의 눈을 짧게 응시했다. 나는 루시가 어떻게 느끼는지 알 수 없었으나 흥분되었다. 나는 매우 특별한 실험에 참여하고 있었으며, 영리한 다른 종의 일원과 인간의 언어로 대화를 한 것이다.[26]

이러한 설명이 남겨 놓은 심층적이면서 답하기 곤란한 질문이 여럿 있다. 이 중에서 두 가지 질문이 유달리 눈에 띈다. 첫 번째는 언어의 본질과 관련한 질문이다. 언어란 무엇인가? 우리가 이를 제대로 알지 못할 경우, 루시가 "언어를 사용할 수 있다"라는 주장은 애매하게 남아 있게 된다. 어쩌면 우리가 루시의 행동이 시사하는 것 이상으로 많은 것을 루시에게 귀속시키고 있는지도 모른다. 예를 들어 만약 우리가 생각하는 적절한 언어 개념에 어휘(단어, 신호) 외에 그 단어와 신호를 어떻게 적절히 조합시킬 수 있는지를 다루는 문법 규칙까지 포함된다면, 루시의 언어와 관련된 수행을 언어의 참된 사용 혹은 참된 언어 사용이라 할 수 없다. 이 문제는 복잡

••

26) *New York Times*, 1974년 5월 29일 자, p. 52. 비슷하지만 더 완전한 설명으로는 Peter Jenkins, "Ask No Questions," *The Guardian*(London) 1973년 7월 10일 자를 보라. *Animal Rights*, ed. Regan and Singer에 재수록되어 있다.

하며, 현재의 탐구 범위를 상당히 벗어나 있다. 그렇지만 이것이 언어 사용자로서의 루시와 같은 침팬지를 관찰하는 연구자가 반드시 검토해보아야 할 질문이라는 사실을 깨닫는 것은 중요하다.

두 번째로, 심지어 루시를 언어 사용자라고 가정할지라도 우리는 가령 언어 습득의 초기 단계에 있는 유아와 비교해서 루시가 얼마나 능숙한지 물을 수 있다. 최근 들어 침팬지와 유아가 동일한 능력을 갖추고 있다는 믿음에 심각한 의문이 제기되고 있다. 가장 강력한 의문을 제기하고 있는 사람 중에서 전문가가 아닌 경우는 거의 없으며, 그들을 동물의 언어 능력을 불신하는 데에 이익이 걸려 있는 연구자로 그려서는 안 된다. 컬럼비아 대학교의 심리학 교수인 허버트 테라스(Herbert S. Terrace)는 님 침스키(Nim Chimpski)[27]라는 이름의 침팬지에게 4년간 ASL을 가르쳤다. 님은 '끝', '딸기', '안녕', '수면', '의자', '놀자'를 포함한 족히 100개 이상 되는 단어에 해당하는 신호를 습득했다. 연구 초기에는 모두가 이와 같은 성공을 침팬지가 언어를 상당히 용이하게 습득할 수 있음을 시사하는 것으로 해석했다. 하지만 님과 그를 가르친 사람들의 수업을 담은 비디오테이프가 포함된 증거를 좀 더 신중하게 재확인해본 결과, 테라스는 자신이 초기에 했던 가정에 의문을 품게 되었다. 이와 관련한 여러 사실이 확인되었다. 예를 들면 수화를 배우는 청각 장애 아동을 포함한 아이들과는 달리, 님은 자신의 문장 길이를 규칙적으로 늘이는 수준에까지 이르지는 못했다. 테라스는 다음과 같이 적고 있다. "(Daddy eats와 같은) 주어와 동사를 연결하는 발언, (eats breakfast와 같은) 동사와 목적어를 연결하는 발언을 습득하

27) (옮긴이) 오직 인간만이 언어를 사용할 수 있다고 주장한 언어학자 노암 촘스키(Noam Chomsky)의 이름을 패러디한 이름이다.

고 나면 아이들은 주어, 동사, 목적어로 이어지는 (Daddy eats breakfast와 같은) 더 긴 발언으로 이들을 연결하는 방법을 습득한다. 이후 아이는 그와 같은 발언을 "Daddy didn't eat breakfast" 또는 "When will Daddy eat breakfast?"와 같은 진술로 전환하는 방법을 습득하며, 계속해서 더 큰 발전으로 이어진다. 하지만 님의 경우, 사용하는 어휘가 꾸준히 증가했음에도 불구하고, 그의 발언의 평균 길이는 늘어나지 않았다."[28]

연구 초기에 했던 가정에 의심을 품는 것과 관련된, 쌍이 되는 또 다른 두 가지 발견은 님이 자발적으로 (즉 대화를 시작하는 다른 상대 없이) 신호를 사용한 정도와 님이 사용하는 신호를 다른 집단 성원들이 대화에서 사용하는 빈도였다. 영어와 같은 언어를 배우는 유아에 대한 이른바 담화 분석(discourse analysis)이라 불리는 통계 처리 결과를 보면, 유아는 대화를 시작하기보다는 대답을 주로 한다(유아 발언의 70%는 타인이 한 말에 의해 촉발된다). 하지만 "유아는 대부분의 경우 부모가 하는 말을 단순히 반복하기보다는 부모의 발언에 추가적인 요소를 덧붙이거나 전혀 다른 단어를 통해 새로운 발언을 창출해냈다. 유아의 발언 중 오직 20% 이하만이 부모의 발언을 모방한 것이었다."[29] 테라스는 님의 경우가 인간의 유아와 상당히 다르다고 생각한다.

뉴욕에 있었던 작년 한 해 동안 님의 영상 속 발언의 오직 10%만이 자발적인 것이었고, 대략 40%는 모방이거나 또는 축약이었다. 만약 우리가 영상 기록으

..
28) Herbert S. Terrace, *Nim: A Chimpanzee Who Learned Sign Language*(New York: Random House, 1979), p. 210.
29) 같은 책, p. 215.

로 남겨놓고 녹음한 대화가 말뭉치에서 파생된 수천 개의 대화를 보여주는 대
표성을 갖는다면(나는 그러한 대화가 그렇지 않다고 믿을 이유가 없다고 생각한다),
나는 님의 발언이 유아의 발언에 비해 자발적이지도, 독창적이지도 않다고 결론
을 내리지 않을 수 없다.[30]

테라스는 다음과 같이 적고 있다.

　따라서 나는 "침팬지는 문법 규칙에 따라 단어를 나열하는 지적 능력이 부족
하다"라는 설명들이 **모두** 잘못임이 밝혀질 때까지는 침팬지의 단어 조합이 유
아가 사용하는 문장에서 확연하게 나타나는 경우와 동일한 구조를 보여준다고
생각할 수 없으며, 그렇게 생각하는 것이 시기상조라고 결론을 내리지 않을 수
없다(비록 주저하면서 내리는 결론이지만). 님의 발화가 유아의 발화보다 덜 자발
적이며 덜 독창적이라는 사실, 그리고 더 많은 수화 사용 경험의 축적에도 님의
발화가 길어지지 않았다는 사실은 님의 단어 조합 구조와 의미의 상당수가 님
을 가르친 선생의 발화에 의해 결정되거나 적어도 암시되었음을 시사한다.[31]

　물론 침팬지가 유아와 동일한 언어 습득 능력을 가지지 못한다는 것이
확인된다고 하더라도 침팬지가 전혀 그러한 능력이 없다고 결론 내릴 수
는 없다. 침팬지와 다른 영장류가 어디까지 "말을 배울 수 있는가"의 문제
는 "언어란 무엇인가?"라는 질문과 마찬가지로 좀 더 연구해보아야 할 문
제이다. 두 문제 모두 여기에서 상세하게 다룰 수는 없다. 현재의 목적을

30) 같은 책, p. 218.
31) 같은 책, p. 221.

위해서는 모든 증거가 확보된 것이 아님을, 그리고 더욱 많은 것이 밝혀질 때까지는 우리가 님과 같은 인간 아닌 존재에게 상당한 언어 능력을 귀속시키는 것은 '시기상조'라는 테라스의 경고를 기억해둘 필요가 있을 것이다.

침팬지 또는 고릴라의 언어 사용과 관련된 문제와는 어느 정도 별개로, 우리가 짚고 넘어가야 할 또 다른 논점이 있다. 데카르트의 입장과 대조적으로, 생각을 표현하는 언어를 사용할 수 있는 동물들이 몇몇 있다고 가정해보자. 가령 침팬지와 고릴라, 그리고 다른 일부 동물들이 그러하다고 가정해보자. 이러한 사실 자체—만약 이것이 사실이라면—는 ASL과 같은 언어 사용을 위한 기능을 발전시킬 수 없는 수많은 종의 동물들에게는 전혀 의미가 없다. 이에 따라 만약 우리가 데카르트를 추종하여 "사고를 표현하기 위한 언어를 사용한다는 사실이 어떤 동물이 의식을 갖는지를 가늠하는 결정적인 시금석"이라는 입장에 동의하고자 한다면 우리가 취할 수 있는 최상의 방법은 데카르트의 입장을 너무 보수적이라는 이유로 수정하는 것이다. 데카르트의 입장에 따르면 인간 외에는, 그 구성원이 의식을 가지고 있는 종은 소수에 불과하다. 예를 들어 고양이, 개, 닭, 돼지, 라마, 호랑이의 경우는 적절한 언어를 숙달할 수 있다는 증거가 없기 때문에 데카르트가 지정해준 범주 속에 남아 있게 될 것이다. 즉 그들은 '의식 없는 짐승'의 범주에 머물게 될 것이다. 이는 동물에 대한 비기계론적 견해를 받아들이는 다수의 사람들이 원하는 결과가 아니므로, 그들은 다른 더욱 근본적인 이슈들에 비판적인 관심을 가져봐야 한다. 그러한 사람들이 제기해야 할 질문은 "얼마나 많은 동물이 자신들의 생각을 표현하기 위해 언어를 사용할 수 있을까?"가 아니다. 이보다는 "언어 사용이 개체들이 의식을 가지고 있는지를 결정하는 합당한 검사인가?"를 물어야 할 것이다.

언어 검사의 부적절함

언어 검사는 언어를 사용할 수 없는 개체들이 의식을 갖추고 있지 않다는 입장을 견지한다. 그런데 이는 참이 아닐 수 있다. 만약 의식을 갖추는 것이 어떤 경우에도 언어 사용자가 되는 것에 좌우된다면 우리는 아이들이 말할 수 있는 나이가 되기 전에는 무엇인가를 인식할 수 없다고 말하지 않을 수 없게 될 것이다. 이는 상식 ― 앞에서 확인했듯이 아마도 데카르트는 이를 편견에 호소하는 것이라고 일축해 버릴 듯하다 ― 에 위배될 뿐만 아니라, 좀 더 근본적으로는 어떻게 아이들이 언어 사용법을 배울 수 있는지를 완전히 신비롭게 만든다. 이렇게 말하는 이유는 다음과 같다. 만약 언어 숙달에 앞서 아이들이 그 무엇도 의식하지 못한다면, 가령 그들이 소리, 빛, 촉각을 인식하지 못한다면, 어떻게 예컨대 영어의 기초를 그들에게 가르칠 수 있을까? 그들을 위해 이를 적어 주어야 할까? 하지만 만약 그들이 아무것도 인식하지 못한다면 그들이 시각을 통해 배울 수 있는 것은 아무것도 없다. 우리가 이를 말해주어야 할까? 하지만 그들이 **전혀** 인식을 할 수 없다면, 우리의 소리가 어떻게 그들에게 전달될 수 있을까? 여기서 요점은 언어 사용을 가르치려면 배우는 사람이 이를 **의식적으로 수용**할 수 있는 능력을 가지고 있어야 한다는 것이다. 언어를 배우기에 앞서 아이가 무엇인가를 인식할 수 있다고 가정하지 않는 이상, 아이가 어떻게 언어를 배울 수 있는지를 설명하기가 난감해질 것이다. 의식이 있는지를 확인하는 검사로서의 언어 검사의 적합성을 놓고 논쟁을 벌일 때, 단지 상식에 호소함으로써 데카르트의 입장에 대응하려는 것처럼 보여서는 안 된다. 언어 검사는 언어를 사용하기 전의 아이들이 전혀 의식을 갖지 못함을 함의하므로, 이는 아이들이 어떻게 언어 사용을 습득하게 되는지를 신비롭게

(기적적이게?) 만든다. 이로 인해 우리는 언어 검사의 적합성을 원칙적으로 거부할 이유가 있다. 하지만 일단 여기까지 왔으면, 언어 검사를 일종의 이중 잣대로 활용해서는 안 된다. 다시 말해 인간이 의식을 가지고 있는지를 확인하기 위해 언어 검사를 통과할 필요가 없다고 말하면서 막상 동물들은 이러한 검사를 통과해야 한다고 주장해서는 안 되는 것이다. 만약 어린아이가 언어 습득과 무관하게 의식적일 수 있으면, 동물의 경우에도 마찬가지 논리를 적용해야 한다. 동물 자신이 인식하고 있는 바를 스스로 말로 옮길 수 없음에도 말이다.

다음과 같은 반대를 예상할 수 있을 것이다. 우리는 개와 고양이가 언어, 가령 영어를 배우기 전에 의식을 갖는다고 주장할 수 없다. 그 이유는 그들이 의식이 없기 때문에 **절대로** 영어와 같은 언어를 배울 수 없을 것이기 때문이다. 인간과 동물 간의 이러한 불일치를 바탕으로, 동물의 의식을 부정하는 사람들은 인간에게 의식을 부여하면서 동물에게는 부여하지 않는 입장을 옹호하는 다음과 같은 논증을 제시할 수 있다.

1. 오직 언어를 숙달할 수 있는 잠재력을 가진 존재만이 이를 숙달하는 데 필요한 과정을 거치지 않고서도 의식을 갖는다.
2. (침팬지와 고릴라를 제외한) 동물은 이러한 잠재력이 부족하다.
3. 이에 따라 동물은 (일부 예외를 제외하고) 의식을 갖지 못한다.

이 논증의 첫 번째 전제를 부인할 합당한 근거가 있다. 언어 습득 능력을 갖추지 못한 일부 정신적으로 쇠약한 인간은 그럼에도 몇몇 것들을 분명 의식한다. 다시 말해 소리, 고통 등을 의식하는 것이다. 이처럼 만약 언어습득 잠재력을 갖추지 못한 일부 인간이 의식을 갖는 것이 사실이라면,

이러한 잠재력을 갖추지 못한 동물이 의식을 갖출 수 있음을 부정할 수 없다. 더욱이, 심지어 언어 사용자가 될 잠재력을 지닌 인간의 경우마저도, 어떻게 그러한 잠재력이 그들에게 전(前) 언어적 의식이 실제로 있음을 보장하는지가 분명하지 않다. 잠재적인 것에서 실제적인 것을 이끌어 내는 데에는 우리가 익히 알고 있는 문제가 포함되어 있다. 매우 어린 시절의 헨리 에런(Henry Aaron)[32]은 메이저리그 야구에서 최다 홈런 기록을 세울 잠재적인 인물이었다. 그리고 잘 알려진 대로 그는 나중에 그러한 기록을 세웠다. 하지만 그렇다고 걸음마를 배우는 어린 헨리 에런이 **그 당시에** 실제로 이러한 기록을 보유하고 있던 것은 아니다. 기껏해야 우리는 그가 나중에 기록을 세울 것이라고 말할 수 있을 따름이다. 이와 유사하게, 설령 아기 제인이 언어 사용자가 될 잠재력을 가지고 있다고 해도, 그리고 실제 언어 사용자가 되려면 의식을 갖추어야 하는 것이 사실이라고 해도, 언어를 배울 잠재력을 가지고 있기 때문에 그 아기가 실제로 의식을 갖추었다고 말할 수는 없다. 기껏해야 우리는 그가 미래에 의식을 갖게 되리라고 말할 수 있을 따름이며, 이는 이러한 논증의 첫 전제에서 표현된 것과는 상당히 다른 믿음이다.

하지만 이 논증에서 이만큼을 양보하는 것은 인정받아야 할 정도보다 많은 것을 양보하는 것일 수 있다. 왜냐하면 첫 번째 전제가 별다른 설명을 제시하지 않으면서 '언어를 사용할 수 있는 잠재력을 갖는 것을 포함하여 언어를 사용할 수 있는 능력'과 '의식을 가질 수 있음'이 본질적으로 연

---

32) (옮긴이) 헨리 에런(Henry Aaron, 1934~2021)은 미국 메이저리그 명예의 전당에 오른 전설적인 야구 선수이다. 메이저리그 역사상 두 번째로 많은 홈런인 755개의 홈런을 쳤다. 별명인 '행크 에런'으로 더 많이 알려져 있다.

결되어 있다고 가정하고 있기 때문이다. 하지만 그처럼 연결되어 있는지의 여부는 바로 쟁점이 되는 문제이다. 이에 따라 현 상황에서 위 논증의 전제 1은 선결문제를 요구하고 있다. 다시 말해 전제 1은 그것이 증명해야 할 바를 진리로 가정하고 있는 것이다. 바로 이러한 이유로, 이러한 논증은 설령 다른 이유가 없다고 해도, 의식을 갖는 존재만이 언어 검사를 통과하는 존재이거나 그렇게 할 수 있는 잠재력을 갖는 존재라는 믿음을 정당화하는 데에 실패한다.

1.6 회의론

이 시점에서 데카르트주의자들은 유달리 심각한 문제에 직면하게 된다. 그들은 (a)동물의 행동을 기계론적 선택지를 통해 설명해야 한다고 주장하지만, 막상 인간의 행위를 설명하는 데서는 비기계론적 선택지를 받아들이고 있다. 또한 (b)불멸의 영혼에 대한 호소를 누가 혹은 무엇이 의식을 가지고 있는지에 대한 질문(1.4)에 활용하는 것은 적절치 못하며, (c)언어 검사는 데카르트가 가정하고 있는 것에 비해 결정적이지 않아 보인다(1.5). 사실이 이러하다면 어떻게 데카르트주의자들이 동물뿐만이 아니라 인간 또한 '의식 없는 짐승'이라는 결론을 회피할 수 있을까? 앞에서 언급한 바와 같이(1.4), 이는 데카르트가 도달할 수밖에 없다고 생각한 라메트리의 결론이다. 어쩌면 라메트리가 옳을지도 모른다. 하지만 이러한 문제는 현재의 작업 범위를 넘어선다. 관련된 또 다른 질문도 마찬가지이다. 이 질문은 어떻게 임의의 한 사람이 '다른 사람에게 마음'이 있음을 알 수 있는지를 묻는다. 특히 의식적으로 무엇인가를 인식하는 다른 사람의 마음이 있다는 것을 어떻게 알 수 있는지를 묻는다.[33] 이러한 문제를 집중적으로 검토하고 있는 문헌들은 어디까지 확장될지 모를 만큼 방대하게 존재한다. 그런데 지식을 갖게 되었다는 우리의 주장에 대한 회의적인 도전이 적절한 맥락에서 목소리를 낼 때에는 우리가 귀 기울여 들을 필요가 있지만 현재의 질문은 이에 해당하지 않는다. 여기서 우리는 적어도 어떤 한 측면에서 데카르트의 편을 들어야 하며, 라메트리와 결별해야 한다. 그리하여 우리는 인간이 '정신을 갖지 않는 기계'가 아닌, 또한 '자극'에 '응답'만 하는 '의식 없는 짐승'이 아닌, 정신적 삶을 영위하는 존재라고 가정할 것이다. 이는 도덕철학에서 어떤 작업을 하고자 할 때 없어서는 안 될 가정이다. 예를 들어 인간이 쾌락과 고통을 경험하지 못하거나, 어떤 것을 다른 것에 비해 선호하지 않거나, 결정을 내리지 못하고 의도적으로 행동하지 못하거나, 존중하는 마음으로 다른 사람을 처우하는 것이 무엇인지를 이해할 수 없다면 윤리 이론은 무엇에 대한 이론이 전혀 될 수 없다. 달리 말해 우리의 행동과 제도의 도덕성은 인간이 어떤 유형의 존재인지를 미리 전제해야 적절히 파악할 수 있으며, 이러한 측면에서 최소한의 가정은 우리가 정신적 삶을 영위하는 존재라는 것이다. 이에 따라 우리는 데카르트의 입장을 받아들이면서, 그리고 이러한 측면에서 라메트리에 반대하는 입장에서 인간이 정신적 삶을 영위한다고 (다시 말해 두 번째와 세 번째 등급의 감각을 갖는다고 가정하거나 혹은 우리가 지각하고, 믿고, 기억하고, 기대하고, 바라고, 선호한다고) 가정할 것이다. 이러한 가정에 대한 회의적인 도전은 다른 곳에서 소개하고 언급할 것이다.

∴

33) (옮긴이) 우리는 자신이 마음을 가지고 있다는 것은 확실하게 알지만 다른 사람도 마음이 있다는 것을 다른 사람이 내가 마음이 있을 때 하는 행동과 비슷한 행동을 한다는 유비 추론을 통해 알 뿐이다. 이러한 유비 추론은 언제든 틀릴 수 있으므로 다른 사람이 마음을 갖는다는 것은 확실한 지식이 아니라는 회의론이 '다른 사람의 마음' 문제이다.

1.7 진화론과 의식

우리 인간이 의식을 가지고 있다는 가정을 받아들인다고 해도, 다른 존재들의 경우는 (만약 의식이 있는 존재가 있다면) 어떠한지에 대한 질문은 여전히 제기되어야 한다. 만약 이에 대한 답이 어떤 존재가 불멸의 영혼을 갖는지 혹은 언어 검사를 통과할 수 있는 능력을 가지고 있는지에 좌우된다면, (적어도 지구상에 살고 있는 생명체들 중에서 모든 인간, 그리고 오직 인간만이 의식을 갖는다는) 데카르트주의적인 답변을 여전히 옹호할 수 있을 것이다. 하지만 이와 같이 생명체의 의식에 대한 질문에 접근하는 방법은 적절하지 못한 것임이 확인된 바 있다. 그렇다면 이 방법 외에 이 질문에 접근할 수 있는 방법은 무엇일까?

진화론은 데카르트가 제시하고 있는 것과는 상당히 다른 방식으로 동물의 인식에 관한 질문에 접근한다. 데카르트가 그랬던 것처럼 인간이 의식을 가진다고 가정해보자. 그리고 호모사피엔스가 이러한 속성을 가진 **유일한** 종이라고 생각해보자. 진화론의 기본 입장을 감안한다면 이는 실로 상당히 놀랄 만한 일이 될 것이다. 다윈은 의식을 갖는다는 측면에서 인간이 특별한 지위를 갖는 것을 매우 단호하게 부정했다. 그는 "정신 능력에서 인간과 고등 포유류 사이에는 아무런 근본적인 차이가 없다"[34]라고 적고 있다. 또한 그는 "인간과 고등 동물 간의 마음에서의 차이가 크긴 하지만 이는 종류의 문제가 아니라 정도의 문제"[35]라고 적고 있기도 하다. 이

••

34) Charles Darwin, *The Descent of Man*(London: 1871; *Animal Rights and Human Obligations*, ed Regan and Singer에 발췌되어 있음), p. 72.
35) 같은 책, p. 80.

처럼 인간과 동물의 정신적 삶이 유사하다는 입장을 취하는 것은 이와 관련한 진화론 내에서의 여러 고찰에 바탕을 두고 있다. 하나는 인간과 동물 간의 해부학 및 생리학적 특성의 유사성, 그리고 가시적인 복잡함과 관련된다. 또 다른 하나는 좀 더 복잡한 형태의 생명은 더욱 단순한 형태에서 진화했다는 기본적인 믿음과 관련된다. 이는 인간과 일부 동물이 반드시 모든 경우에서 동일한 생명 형태로부터 진화한 것은 아니지만, 그럼에도 더욱 단순한 형태에서 진화했음을 함의하고 있는 믿음이다(비록 이들이 동일한 지점에서 시작했어도, 지역 환경 조건에 대한 대응으로 서로 다른 시기에 분기한 상이한 진화 발달 혹은 계통의 가지는 여럿 있을 수 있다). 하지만 현재의 목적을 위해 중요한 논점이 되어야 하는 것은 **생존에 기여하는 의식의 가치이다.** 만약 의식이 생존에 기여하는 가치가 없다면, 달리 말해 시시각각 변하는 환경 속에서 적응하고 생존하기 위한 종의 투쟁에서 전혀 혹은 별다른 도움을 주지 못한다면, 이 경우 의식적 존재는 일단 진화하지 못했을 것이고 생존하지 못했을 것이다. 하지만 우리는 인간의 경우를 통해 의식을 갖춘 존재가 존재함을 알고 있다. 진화론과 인간의 사례가 보여주는, 생존에 기여하는 의식의 가치를 감안한다면, 우리는 다른 종의 성원들 역시 의식을 가지고 있다고 가정할 이유가 분명히 있다. 달리 말해, 의식이 생존에 기여하는 가치를 감안한다면, 이를 오직 인간 종만이 아니라 여러 종이 가지고 있을 것이라고 생각해야 할 것이다. 현대의 동물 생리학자인 도널드 그리핀(Donald R. Griffin)은 다음과 같은 글을 통해 이러한 논점을 강력하게 개진하고 있다.

그러한 질문을 고찰해보면, 의식적인 인식이 커다란 적응적 가치(진화론적 생물학자들이 이러한 용어를 사용하는 의미에서)를 가질 수 있음이 거의 자명해진다.

어떤 동물이 자신의 육체적, 생물학적, 사회적 환경을 더 잘 이해하면 할수록, 그 동물은 행동을 좀 더 적응시켜 자신의 진화론적 적응에 기여할 수 있는 목표를 포함해, 삶에서 중요한 모든 목표를 이룰 수 있게 된다. 오늘날의 행동 생태학과 사회생물학은 기본 가정은 (…) 생명체들이 자연선택을 바탕으로 행동하게 된다는 것이다. 이와 같은 그럴듯한 가정으로부터, 그들도 자연선택의 영향을 느껴야 한다고 생각해볼 수 있다. 어떤 동물들의 정신 경험이 그들의 행동과 밀접하게 관련이 있다면 말이다. 정신 경험은 동물에게 제공하는 적응상의 장점에 비례해서 자연선택에 의해 더욱 강화될 것이다.[36]

물론 동물이 "정신적 삶을 영위한다"라는 주장 자체가 그들이 영위하는 정신적 삶의 상대적인 복잡성을 보장하는 것은 아니다. 이는 다음 장에서 우리가 관심을 갖게 될 문제이다. 진화론에 바탕을 두고 의식적 인식을 동물에게 부여할 경우 우리는 **동물의 언어 사용 능력과 독립적으로** 동물에게 인식을 부여하는 이론적 토대를 갖게 된다. 언어를 사용하는 능력 또한 상당한 생존 가치를 갖는다는 것은 의심의 여지가 없다. 하지만 진화론 자체가 언어 능력의 출현과 동시에 의식이 출현했거나 혹은 출현해야 한다는 것을 함의하지는 않는다. 실제로 만약 이러한 입장을 함의했다면, 진화론은 어떻게 언어를 가르치고 습득하는지를 설명하는 데에 난항을 겪게 되었을 것이다. 만약 언어 능력이 의식을 전제하는 고차적인 인식 능력이라면(이렇게 가정하는 것이 합리적으로 보이는데), 진화는 다른 동물들도 의식을 가지고 있을 뿐만 아니라, 언어 습득에 요구되는 높은 차원의 능력이

∴

36) D. R. Griffin, *The Question of Animal Awareness: Evolutionary Continuity of Mental Experience*(New York: The Rockefeller University Press, 1976), p. 85.

그로부터 진화한 다른 낮은 차원의 인지 능력도 가지고 있다고 보는 우리의 관점을 지지할 것이다. 이러한 입장은 진화 과정에 절약의 원리를 적용하는 방법을 통해 뒷받침된다. 그리핀은 다음과 같은 구절에서 이를 명백히 하고 있다.

> 우리와 다른 동물 종간의 진화 관계의 현실을 받아들인다면, 정신적 경험이 한 종의 동물 행동에 어떤 영향을 미치지만, 다른 종에는 전혀 영향을 미치지 않는다고 주장하는 엄격한 이분법적 해석을 가정하는 것은 비절약적이다. 정신 경험이 인간 행동과 인간사 일반에서 중요 요소라는 사실을 부인하는 것은 터무니없는 일일 것이다.[37]

정말로 '정신 경험이 인간 행동과 인간사 일반에서 중요한 요소'라면―그리고 도덕철학에서의 다른 작업에서처럼 현재의 작업에서 우리는 인간이 정신적 삶을 영위한다고 가정하고 있고, 다른 (인간의) 마음이 존재한다는 것을 알 수 있으며, 그리핀의 표현대로 우리의 정신 경험이 '인간의 행동과 인간사 일반에서' 중요한 역할을 한다는 사실을 알 수 있다고 가정하고 있음을 상기하라―, 그리고 **만약** 이 정도까지 받아들인다면, 진화론의 주요 입장을 감안해보았을 때, 동물의 정신적 삶이 그들의 행동에서 인간에서와 유사한 역할을 하고, 이를 이해하지 못한다고 생각하는 것은 비절약적이다. 하지만 설령 그렇다고 해도, 이 정도를 받아들이는 것 자체가 과연 어떠한 동물을 가장 합당하게 정신적인 삶을 영위할 수 있는 동물로 간주할 수 있는지에 관한 곤란한 질문(이는 아래 1.9에서 제기되는 질문이다)을

37) 같은 책, p. 74.

해결해주는 것은 아니다. 그럼에도 이는 일부 인간 아닌 동물이 언어 사용 능력과 무관하게 의식을 가지고 있다고 보는 관점의 이론적 토대를 제공한다.

진화론의 관점을 이용해 동물의 인식에 관한 질문에 접근하는 것에서 얻게 되는 또 한 가지 이점이 있다. 사람들은 마치 동물이 어떻게 행동하는지를 관찰하기만 해도 이러한 질문을 해결할 수 있는 것처럼 이러한 질문에 접근한다. 그들은 예컨대 **단지** 계단에서 나는 주인의 발자국 소리에 대한 개들의 들뜬 행동을 인용함으로써, 혹은 예컨대 **단지** 돌고래의 충직한 행동을 주목함으로써 흔히 이러한 질문에 완전히 답할 수 있다고 생각한다. 여기서 우리는 이러한 사례가 별다른 역할을 하지 못한다고 앞서 언급한 내용을 기억할 필요가 있다(1.2). 본질적으로 다른, 서로 양립이 불가능한 이론들이 동물의 어떤 행동 방식을 모두 적절히 설명할 수 있다. 데카르트와 다윈의 이론은 그 예이다. 그렇기에 단지 행동 방식에 관한 어떤 하나의 혹은 몇몇 사례들을 인용함으로써 개와 돌고래가 의식을 가지고 있음을 증명할 수 있다고 가정하는 것은 명백한 실수이다. 비록 그들의 행동 방식이 그들처럼 행동하는 이유에 대한 적절한 이론적 설명과 일관성을 갖추어야 하는 것은 분명하지만, 동물에게 의식을 귀속시키는 것은 그들의 행동 방식 **외의** 추가적인 근거에 바탕을 두고 있어야 한다. 동물의 행동이 관찰되는 방식을 통해 우리는 그들이 정신적 삶을 영위한다는 믿음을 가질 수 있다. 하지만 그들에게 의식을 귀속하는 입장의 타당성은 궁극적으로 의식을 귀속하는 대상 동물의 본성에 관한 이론에 좌우되어야 한다. 그리고 이 이론은 다른 이론들과 마찬가지로 **하나의 이론**으로 평가되어야 한다. 만약 일관되지 못한 이론들과 호응을 이루는 사실들을 인용하는 데 만족할 경우, 우리는 그 이론을 하나의 이론으로 평가하지 못하게 된다.

1.8 데카르트의 몰락

진화론은 동물에게 정신적 삶을 귀속시키는 이론적 토대를 제공한다. 그러나 데카르트의 이론은 그렇지 않다. 어떤 이론이 더 나은가? 분명 이 질문은 복잡한 질문이다. 그 이유는 이론을 평가하는 방법 자체가 논쟁의 여지가 적지 않기 때문이다. 그럼에도 이 문제와 관련해서 두 가지를 고려해보면 좋을 것이다. 첫 번째는 단순성이다. 다른 것들이 동등할 경우, 더 많은 것을 가정하는 이론보다 가정을 적게 하는 이론을 선택하는 것이 합리적이다. 두 번째는 설명력이다. 다른 것들이 동등할 경우, 더 광범한 사실을 설명하는 이론을 선택하는 것이 합리적이다. 이 두 가지 고려 사항이 뜻하는 바는 데카르트의 이론을 평가하는 데 적용해봄으로써 조금 더 선명하게 드러날 것이다.

앞의 논의가 시사하고 있는 바와 같이 데카르트는 이원론자이다. 그는 실재가 두 가지 기본적이고 독립적이며 환원 불가능한 것들, 즉 마음과 육체로 이루어졌다고 본다. 그는 마음을 육체적 속성이 없는 것으로 간주한다. 따라서 마음은 크기, 무게, 모양 등과 같은 속성을 지니지 않는다. 마음은 비물질적이거나 정신적인 것이며, 이에 따라 공간에서 위치를 차지하지 않는다. 내 마음은 무엇인가의 왼쪽이나 오른쪽에 있지 않다. 말 그대로 내 마음은 어디에 있는 것이 아니다. 또한 데카르트에 따르면 마음은 "생각하는 것들"이며, 그가 서술하고 있듯이 생각할 수 있는 이것은 "이해하고, 믿고, 긍정하고, 부인하고, 의도하고, 거부하고, 또한 상상하고, 그리고 지각하는 무엇이다."[38]

38) Descartes, *The Meditations*(New York: The Liberal Arts Press, 1951), p. 25.

이와 대조적으로 육체는 데카르트에 따르면 육체적 속성[39]을 가지고 있다. 이들은 크기와 모양을 갖추고 있다. 이들은 연장성(延長性)을 갖는다. 육체에 없는 것은 생각이다. 육체는 생각을 전혀 하지 못한다는 의미에서 '말을 하지 못한다.' 육체는 마음이 아니며 의식이 아니다. 이 말은 모든 육체와 개별 육체에 동일하게 적용된다. 바위는 나무나 개의 육체와 다를 바 없이 의식(사고)을 가지고 있지 않다. 이러한 맥락에서 인간의 육체 또한 다를 바 없다. 이 모두는 똑같이 '말을 하지 못한다.'

이렇게 보았을 때 본질적으로 인간의 육체 자체는 다른 종류의 육체와 다르지 않다. 인간의 육체가 다른 종류의 육체와 다른 점은 마음, 곧 인간의 마음과 연결되어 있다는 것이다. 데카르트에 따르면 다른 모든 육체들은 마음과 연결되어 있지 않다. 데카르트에 따르면, 우리 인간이 고통을 느끼는 반면 개는 그렇지 않은 이유는, 우리의 육체가 개의 육체와 본질적으로 다르기 때문이 아니라 우리 육체가 개의 육체와는 다르게 비육체적, 비물질적 마음과 연결되어 있기 때문이다.

데카르트의 이원론은 잘 알려진 문제들에 직면하게 된다. 여기서는 단 하나만 살펴보도록 하자. 바로 상호 작용의 문제이다. 우선 (1) 우리 육체 안에서 또는 우리의 육체에서 일어나는 일이 우리가 인지하는 바에 변화를 일으키고, (2) 우리의 정신생활에서 일어나는 일이 흔히 우리의 신체 행동에 변화를 일으킨다는 것은 일상적인 경험의 상식이다. (1)의 실례로 압정을 밟은 상황을 고려해보자. 날카로운 금속 물체가 내 피부를 뚫고 발에

..

39) (옮긴이) 'physical properties'는 '물리적 속성' 또는 '물질적 속성'으로 많이 번역된다. 육체는 수많은 물리적인 것 중 하나일 뿐이다. 그러나 지금 논의 맥락에서는 물리적인 것 중 육체와 정신만을 비교하고 있으므로, '육체적 속성'으로 번역한다.

박힌다. 이것은 내 육체에 일어난 일이다. (예를 들어 내 발이 마취되지 않은 경우와 같은) 보통의 경우에는 내가 고통의 감각을 경험한다. 이러한 고통의 경험은, 데카르트에 따르면, 내 육체 내에서 혹은 육체에서 일어나는 별개의 일이 아니다. 반대로 나는 의식적으로 통증을 인식하고 있기 때문에 이를 내 마음속에서 인식해야 한다. 이처럼 적어도 내 육체 안에서 일어난 일(압정이 내 발에 박힌 일)은 내 마음에 감각을 불러일으키는 것처럼 보인다. 앞의 (1.1)에서 인용한 데카르트의 말을 빌리자면 감각은 "영향을 받은 육체 기관과 마음의 연합에 기인한 즉각적인 정신적 결과물"로 발생한다.

상호작용이 일어난다는 사실이 제기하는 한 가지 문제는 데카르트의 심신 이론이 이와 같은 추정된 심신의 연합이 어떻게 일어날 수 있는지, 그리고 이와 같은 그들 간에 추정된 인과적 상호 작용이 어떻게 일어날 수 있는지에 대해 조금의 단서도 제공하지 않는다는 것이다. 우리의 신경계 내에서 일어나는 것과 같은 육체적인 과정은 육체적 변화를 가져올 수 있다. 이는 확실하고, 데카르트는 분명 이를 인정할 수 있다. 전혀 확실하지 않은 것은 어떻게 육체적인 과정이 육체가 아닌 것에 변화를 가져올 수 있는가이다. 이는 데카르트의 이론에 따르면, 발에 박힌 압정이 고통의 감각을 일으킬 때 나타나는 현상이다. 질문은 "이러한 현상이 어떻게 발생**하는가?**"가 아니라 "이러한 현상이 어떻게 발생**할 수 있는가?**"이다. 데카르트가 주장하고 있듯이, 마음은 비물질이고 육체는 물질이라고 주장할 경우 데카르트는 의심의 여지없이 분명 일어나고 있는 일이 어떻게 일어날 수 있는지를 설명할 수 없다. 그의 이론을 통해서는 "영향을 받은 육체 기관과 마음의 연합"의 가능성을 설득력 있고 이해 가능하게 설명할 수 있는 방법이 없다.

데카르트의 상황은 반대 방향, 그러니까 정신이 육체에 영향을 끼치는 측면에서 보았을 때에도 마찬가지로 심각하다. 내가 치과 진료를 가기 위해 잠자리에서 일어나야 한다고 가정해보자. 내가 이를 특별히 바라는 것은 아니지만 자리에 여전히 누워 있으면서 주어진 선택지들을 검토했고, 치과에 가고 싶지 않은데도 일어나기로 결심한다. 데카르트의 이론에서 보았을 때, 이러한 결정은 마음의 사건이다. 이는 내 마음속에서 일어나는 일이다. 내가 결정한 후에 이어지는 것은 내 몸이 특정 방식으로 움직인다는 것이다. 예를 들어 나는 이불을 걷어차고 자리에서 일어난다. 그러나 어떻게 내 마음속의 정신적인 사건인 내 결정이, 그리하여 데카르트에 따르면 비물질적인 매체 내에서 일어나는 어떤 것이, 물질적인 내 육체를 움직이게 할 수 있는가? 아마도 내 마음속에서 일어나는 사건은 다른 정신적 사건을 일으킬 수 있을 것이다. 하지만 비물질적인 것(내 결정)이 물질적인 것(나의 육체적인 운동)을 야기한다고 여기는 것은 아무리 잘 평가해도 신비스러운 사실을 받아들이는 것이고, 최악으로 평가한다면 자연의 법칙에 위배되는 사실을 받아들이는 것이다. 심신이 어떠한 방향으로 상호 작용을 하든 간에, 육체적 과정이 정신적 사건을 일으키든 혹은 정신적 사건이 육체적 행동을 일으키든 간에, 심신에 대한 데카르트의 관점은 이것이 어떻게 일어날 수 있는지를 설명할 수 없다. 만약 마음(의식)과 육체가 상호 작용한다면, 그리고 이러한 상호 작용이 어떻게 가능한지 설명할 수 있어야 적절한 심신 이론이라고 할 수 있다면, 데카르트의 심신 이론은 그러한 이론이라고 평가받을 수 없다. 간단히 말해 현재 비판을 받고 있는 데카르트의 이원론은 설명력이라는 시험을 통과하는 데에 실패한다.

이러한 결과를 피할 방법이 한 가지 있다. 이는 데카르트의 추종자들 중 일부가 취하는 방법이다. 이는 인간 심신의 상호 작용을 아예 부정하는 것이다. 이 방법을 사용하는 것이 성공적일 경우, 우리는 분명 위에서 비판한 데카르트의 이원론을 구할 수 있다. 심신이 실제로 상호 작용하지 않으면 데카르트가 상호 작용을 설명하지 못한다는 지적은 데카르트에 대한 적절한 비판이 아니다. 하지만 이와 같은 상호 작용 자체보다 더 심각한 문제가 있다. 내 발에 박힌 압정이 나의 고통을 야기하는 원인이 아니라면 이 감각은 어디에서 오는가? 이불을 걷어차는 행동을 야기하는 것이 나의 결정이 아니라면, 이러한 육체적 운동은 어디에서 비롯하는 것일까?

일부 데카르트주의자들이 선호하는 한 가지 대응 방법은 **기회 원인론**(occasionalism)으로 알려져 있는데, 우리는 이를 이원론 옹호 노력이 직면하는 어려움을 보여주기 위한 사례로 활용할 수 있을 것이다. 기회 원인론에 따르면 고통의 감각은 압정이 나의 발에 박혀 느껴지는 것이 아니다. 이에 따르면 침대에서 일어나겠다는 나의 결정은 그 자체가 내 몸을 움직이게 하는 것이 아니라 내가 그렇게 행동하게 만드는, 신에게 주어진 기회이다. 이와 마찬가지로 압정이 내 발에 박히는 것 또한 **나에게 고통을 야기할, 신에게 주어진 기회**이다. 신은 전능하기에 내 몸을 잠자리에서 일으키고, 내 발에 고통을 야기하는 등 무엇이든 할 수 있다. 신은 전지(모든 것을 아는)하기에 내가 언제 일어나기로 결정했는지 알고 있고, 마찬가지로 내가 언제 압정을 밟았는지를 확실하게 알고 있다. 이론적으로 보자면 기회 원인론자들이 전지전능한 존재, 전지전능한 신이 행한다고 말하는 것들을 그 신이 하지 못할 이유가 없다.

그러나 이는 문제를 한 단계 뒤로 미루어놓을 따름이다. 그리하여 다음과 같은 질문이 여전히 제기될 수 있다. 만약 인간의 심신 간에 상호 작용이 일어나지 않는다면 신과 인간의 마음, 그리고 신과 인간의 육체 사이에 어떻게 상호 작용이 일어나는가? 상호 작용의 '역학'이 모호하고, 우리가 지적으로 이해할 수 없다고 말하는 것("신은 신비한 방식으로 놀라운 일을 행한다")은 어떤 설명을 제시하는 것이 아니다. 다시 말해 내가 압정을 밟는 것이 나의 고통에 대한 경험과 어떻게 연결되는지를 이해하는 데 가까워지지 못한 것이다. 사실상 우리는 이를 이해하는 데에서 더욱 멀어지게 된다. 하나의 신비는 또 다른 신비를 이용한다고 설명되는 것이 아니다. 그리스인들은 '기계 속의 신(deus ex machina)'[40]이라는 어구를 사용했다. 이는 연극 속에서 위험에 처해 있지만 자신의 힘으로는 안전을 확보할 수 없는 등장인물을 인위적으로 구출하는 신을 가리킨다. 이렇게 부르는 이유는 신의 역할을 하는 등장인물이 (묶인 채로 기차 궤도에 놓여 죽음에 직면한 여주인공이 마지막 순간에 '좋은 남자'에게 구출되는 것처럼) 실제로 기계를 통해 무대 위로 내려옴으로써 드라마 속의 영웅이 신속하게 탈출할 수 있게 되기 때문이다. 철학자들 또한 유사한 방법으로 이론을 구조하려는 노력을 기울이고 있다. 기회 원인론의 방식으로 신의 개입 메커니즘을 도입해 데카르트주의 이원론을 구하려는 노력은 철학에서 확인되는 이와 같은 현상의 고전적인 사례이다.

고려해볼 만한 또 다른 논점이 있다. 절약의 원리는 우리가 알고 싶은 것을 설명하는 데 필요 이상의 가정을 하지 말 것을 요구한다. 인간의 심신을 관장하는 인과 관계의 중재자로서의 신을 도입하기 전까지는 이원론이 상당히 많은 가정을 하는 것처럼 보이지 않는다. 정신들이 있고, 다음으로 육체들이 있다. 꽤 간단해 보인다. 하지만 신이 제3의 인물로 도입될 경우 매우 논란이 될 소지가 있는 가정이 추가된다. 이 경우에는 단지 신의 존재가 전제되고 있을 뿐만 아니라, 신이 우주의 전화 교환원 역할을

. .

40) (옮긴이) 원문에는 "deux ex machina"로 되어 있는데 오타인 듯하다. 레건은 이것을 영어로 God in a machine이라고 말하는데 God from a machine이 정확한 번역이다.

맡아 모든 마음에서 오는 신호를 모든 육체에, 그리고 모든 육체에서 오는 신호를 모든 마음으로 전달해야 한다. 이렇게 됨으로써 단순성을 갖춘 모델이었던 이론은 이제 이론 자체가 가정하고 있는 압박에 질식하게 된 것처럼 보인다. 예를 들어, 누군가가 육체적 고통을 경험할 때마다 "신이 교환 임무를 수행한다"라고 가정해야 한다면 이원론의 표면적인 단순성은 더 이상 유지되기가 힘들다.

데카르트의 몰락으로 얻게 되는 교훈이 있다. 이 교훈은 마음을 '비물질적인 것', 즉 영혼으로 보면 우리가 분명 곤경에 처하게 된다는 것이다. 이렇게 말하는 이유는 겉보기와 다르게, **모든 것**이 비물질적이라고 주장하려 하지 않는 이상, 상호작용의 문제는 발생할 것이기 때문이며, 원리적으로 상호작용이 일어나는지 일어나지 않는지, 일어난다면 상호작용이 어떻게 일어나는지에 대한 질문에 지적으로 만족할 만한 대답을 제공할 수 없는 이론이 남게 되기 때문이다. 의식의 기원과 진화에 대한 진화론적 관점을 받아들이는 장점 중 하나는 심신과 관련한 이원론에 빠지지 않게 된다는 것이다. 그렇다고 이것이 진화론이 진실임을 입증하지는 않지만 적어도 이러한 입장은 가능한 반박의 원천 하나를 제거한다. 진화론이라는 배경 관점에서 볼 때, 동물이 "마음을 가지고 있다"라고 말하는 것이 그들이 "비물질적이면서 불멸의 영혼을 가지고 있다"라고 말하는 것은 아니다.

1.9 동물에게 의식이 있음을 옹호하는 누적 논증

이 장의 첫 부분에서 지적한 것처럼, 동물에게 의식이 있다는 믿음은 상식에 해당한다. 그러나 이렇게 말한다고 해서 동물의 의식 문제가 해결되는 것은 아닌데, 그 이유는 어떤 경우에는 상식도 잘못일 수 있다는 것 또한 사실이기 때문이다. 하지만 상식적 믿음을 버리는 것이 합당하다고 말하기 전에 그것을 반대하는 강력한 근거를 제시해야 한다. 동물의 의식 문제라는 특정한 경우나 일반적인 경우나 할 것 없이 상식에 호소하는 일이 어떤 믿음이 진리임을 혹은 합당함을 보증하지는 않는다. 하지만 이는 상식을 부정하는 쪽에 왜 부정할 수 있는지에 대한 입증의 책임을 부과한다. 동물의 의식이라는 주제에 대한 데카르트의 언급은 앞에서 언급한 이유로 이러한 요구 조건을 만족시키지 못한다. 그는 우리의 상식적 믿음을 버려야만 하는 그럴듯한 이유를 제시하지 못했다. 상식적 믿음과 반대되는 그의 논증은 심각한 문제가 있는데, 선결문제를 요구하지 않고서도, 다시 말해서 동물의 의식에 대한 상식적 믿음이 진리라거나 타당하다고 미리 가정하지 않고서도 그렇다는 것을 입증했다. 이런 점에서 볼 때, 적어도 상식의 판단을 몰아내려는 데카르트의 시도는 실패했다.

두 번째 언급할 점은, 이 또한 앞서 말했지만, 동물이 정신적 삶을 영위함을 함의하는 방식으로 동물에 대해 말한다고 해서 일상 언어가 상황을 왜곡하지 않는다는 것이다. 가령 영어에 능숙한 사람이라면 강아지 피도가 배가 고프다든가 어미 사자가 심하게 장난을 치는 새끼 사자 때문에 화가 났다는 말이 무슨 뜻인지 완벽하게 잘 이해한다. 그러나 다시 한번 말하자면, 우리가 일상적으로 그렇게 말한다고 해서 꼭 그런 식으로 말해야 하는 것은 아니다. 일상 언어가 교정이나 개선이 필요할 수도 있다. 그러나 상식에 기댄 경우와 마찬가지로 일상 언어에 기대는 경우도 마찬가지이다. 다시 말해 일상 언어의 습관을 고쳐야 한다고 주장하는 사람이 고쳐야 하는 강력한 이유를 제시할 입증의 책임이 있는 것이다. 예를 들어 어떤 맥락에서 우리가 말하는 방식이 명쾌하고 효과적으로 의사소통을 하는 데 방해가 된다면, 우리는 일상적으로 말하는 방식을 수정하고 변경해야 한다. 그러나 우리가 동물에게 정신적 삶을 부여하는 말하기 방식이 명쾌하고 효과적으로 의사소통하는 데 방해가 되는가? 동물에 대해 좀 더 명쾌하고 좀 더 신중하고 덜 '의인화하여' 말하는 방식이 있는가? 이에 답하고자 할 때 오늘날의 심리학자 헵(D. O. Hebb)의 발견보다 더 적절한 것을 찾을 수는 없을 것이다. 여키스(Yerkes) 영장류 생물학 실험실의 동료들과 함께 2년 기간의 성체 침팬지를 연구하는 프로젝트를 진행할 당시 그는 "의인화한 서술"을 피하면서 "기질 연구를 진행"하려 했다.[41] 헵에 따르면, "실험의 공식적인 목표는 성체 침팬지의 실제 행동을 기록한 다음에 그 기록에서 동물과 인간의 차이점에 대한 객관적 진술을 얻어내는 것"이었다. 그런데 '의인화한 서술'을 사용하지 않을 경우 그 결과는 거의 쓸모가 없었다. 헵은 계속해서 다음과 같이 말을 이어갔다. "결과적으로 얻은 것이라고는 거의 끝없이 나열되는 구체적인 행동뿐이었어요. 여기에서 우리는 아무런 질서도, 아무런 의미도 발견할 수 없었죠. 그러나 감정과 태도에 대한 '의인화한 서술'이 허용되자, 동물 한 마리, 한 마리의 특이점들을 빠르고 쉽게 서술할 수 있게 되었고, 신참 연구자들은 이 정보를 가지고 동물을 별문제 없이 다룰 수 있었는데, 이는 그러한 정보가 없었다면 불가능했을 것입니다." 미국의 현대 철학자 개리스 B. 매튜스(Gareth B. Mattews)는 헵의 발견에 다음과 같은 의견을 제시했다. "연구자들은 방법론적인 양심의 가책을 느끼지 않으면서 어떤 동물은 두려워하고, 또 어떤 동물은 신경질적이고,

..

41) D. O. Hebb, "Emotion in Man and Animal," *Psychological Review* 53(1946): 88(Gareth B. Matthews, "Animals and the Unity of Psychology," *Philosophy* 53, no. 206[October 1978]: 440)에서 인용.

또 어떤 동물은 부끄러워한다는 데에 꽤 쉽게 동의할 수 있었습니다. 그들은 어떤 동물이 성미는 급하지만 인간에게 우호적이라고 자연스럽게 묘사했고, 또 다른 동물은 우리가 흔히 말할 때처럼 인간을 **미워한다**고 묘사했어요."[42]

헵과 그의 동료들의 경험이 말해주는 것은, 우리가 여러 동물들에 대해 말할 때 일상적으로 쓰는 정신주의적(mentalistic) 언어 대신에 객관적이라고 생각되는, 비정신주의적(nonmentalisic) 언어를 사용할 경우 아무것도 얻지 못하고 상당히 많은 것을 잃게 되리라는 것이다. 동물에 대해 말할 때 일상 언어가 적절하고, '의인화된 서술'이 없는 언어가 실패한다고 해서 그 자체가 동물이 정신적 삶을 영위한다는 것을 보여주지는 않는다. 이들이 보여주는 바는, 어떤 동물에 대해 일상적으로 말하는 방식을 명쾌하고 효율적인 의사소통에 방해가 된다는 이유로 바꿀 합당한 이유가 없다는 것이다. 사실 헵과 그의 동료들의 실험이 한 예시가 될 수 있다면, 그 반대가 맞는 말이다. 일상 언어가 수정될 필요가 있는 것은 맞지만, 여기에서의 경우는 그럴 필요가 있는 경우가 아니다.

동물에 정신적 삶을 부여하는 것을 옹호하는 것과 관련해서 언급할 세 번째 점은 (최소한 지구상에 살고 있는 생명체 중에서) 단지 인간에게만 의식을 한정해서 부여하려는 데카르트와 같은 시도는 실패한다는 것이다. 의식과 관련해서 인간이 특별하다고 본다면 그런 주장을 지지하는 논증을 제시해야 할 것이다. 그러나 그런 논증은 어떤 형태를 취해야 할까? 그런 논증은 인간과 동물의 엄격한 이분법, 다시 말해 인간에게 다른 동물과 종류가 아예 다른 본성을 부여하는 이분법을 옹호해야 할 것이다. 분명 이런 '특별한

42) 같은 곳.

본성'은 진화론적 용어로는 설명할 수 없는데, 진화론적 견해는 인간이 특수한 본성을 갖는다는 것을 부인하기 때문이다. 특히나 인간만이 의식적인 존재라고 보는 사람들은 이런 믿음의 근거를 인간 생물학, 생리학, 해부학적 고려에서 찾을 수 없는데, 그 이유는 인간 본성의 이러한 측면들에서는 우리의 의식과 관련이 있으면서 동시에 특별히 인간만의 것은 찾아볼 수 없기 때문이다. 그렇다면 인간이 그리고 인간만이 의식적이라는 논제를 옹호할 수 있는 바로 위에서 언급한 방법이 아닌 다른 방법이 있을 수 있을까? 이는 비생물학적이고 비생리학적이며 비해부학적이라고 일컬어지는 어떤 것, 한마디로 인간의 비육체적인 특성에 의존해야만 가능하다. 이것이 바로 데카르트가 선택한 길인데, (비물질적인) 인간 영혼의 불멸성에 대한 그의 견해를 보았을 때 그가 왜 그런 선택을 했는지 이해할 수 있다. 그러나 코팅엄의 적절한 표현을 사용하자면, 그의 선택은 사람들을 "철학적 혼란"에 빠지게 한다.[43] 인간의 의식에 관한 이런 견해(의식은 비물질적인 마음 또는 영혼을 규정하는 특성이라는 견해)에서는 압정에 찔릴 때 느끼는 고통처럼 일상생활에서 아주 흔하게 일어나는 일이 원칙적으로 신비로운 것이 되고 만다.

물론 동물들의 행동을 관찰하는 방식이 우리가 동물이 정신적 삶을 영위한다고 생각하는 바와 상충한다면, 우리의 구상은 틀어지게 될 것이다. 예컨대 며칠 굶은 생쥐에게 치즈를 줄 경우 생쥐가 예측할 수 없는 방식으로 제멋대로 행동한다면, 비데카르트주의자들은 이 동물이 결국 제멋대로 구는 '기계'가 아닐까 하고 의아해할 것이다. 그러나 실제로 동물은 제멋대로 행동하지 않으며, 원칙적으로 예측 불가능하지 않다. 예를 들어 생쥐는

∴

43) Cottingham, "Descartes' Treatment of Animals," p. 558.

우리가 의식이 있는 생명체에게 자연스럽게 기대하는 바에 따라 치즈를 먹을 것이고, 만약 그러지 않는다면, 생쥐의 예측불가능한 행동은 어떤 뜻밖의 조건(가령 감각 능력의 결여) 때문일 것이다. 이렇게 보았을 때, 동물의 행동 방식은 그 자체가 동물이 정신적 삶을 영위한다는 것을 입증하지는 않지만 그런 식으로 생각할 근거를 제공한다.

상식에 입각한 판단, 그리고 정신주의적 용어를 이용해 동물에 대해 말하는 방식이 분명히 유용하다는 사실이 진화론이 함의하는 바에 부합하듯이, 이러한 발견 또한 진화론이 주장하는 바와 부합한다. 거칠게 말해서, 진화론은 인간뿐만 아니라 많은 동물들이 비물질적인 영혼을 가지고 있기 때문에(혹은 그들이 이러한 영혼을 가지고 있는 경우에만) 의식을 가지고 있다고 주장하는 이론이 아니다. 어떤 동물들이 의식을 가지고 있다고 정당하게 말할 수 있는 이유는 우리 인간이 의식을 가지고 있기 때문이고, 또한 진화론의 핵심적인 취지가 인간의 정신적 삶(인간 심리)이 동물과 그 종류에서 다르지 않기 때문이다.

이렇게 보았을 때, 우리가 어떤 한 가지 이유를 들어 어떤 동물에 의식이나 정신적인 삶을 부여할 수는 없다. 이렇게 하는 데는 여러 가지 이유가 있는데, 이것을 모두 모으면 **동물의 의식에 대한 누적 논증**(cumulative argument for animal consciousness)이라고 부를 수 있는 것이 된다. 그 논증은 다음과 같다.

1. 어떤 동물에게 의식을 부여하는 것은 상식적 세계관의 일부이다. 이런 믿음을 버리려는 시도는, 데카르트의 시도가 보여주는 것처럼, 적절한 정당성을 결여하고 있음이 입증되었다.
2. 어떤 동물에게 의식을 부여하는 것은 일상적인 언어 사용에 잘 부합한다.

헵과 그의 동료들의 실험이 보여주는 것처럼, 이런 말하기 방식을 개선하고 변경하려는 시도 역시 적절한 정당성을 결여하고 있음이 입증되었다.

3. 동물들에게 의식을 부여하는 것은 동물이 불멸적(비물질적)인 영혼을 가지고 있다는 것을 함의하거나 가정하지 않으며, 그래서 사후 세계에 대한 종교적 신념과 무관하게 제시되고 옹호될 수 있다.

4. 동물의 행동 방식은 동물이 의식을 갖는다고 보는 것과 일관된다.

5. 의식에 대한 진화론적인 이해는 인간 이외의 동물에게 인식 능력을 부여하는 이론적인 근거를 제공한다.

위의 내용이 동물이 인식을 갖추었음을 보여주는 엄격한 증명은 아니며, 그런 증명이 어떤 모습을 취할지도 분명하지 않다. 이들은 어떤 동물에게 의식을 부여하기 위한 적절한 이유들의 집합이다. 만약 이런 근거들의 적절함이 착각에 불과하다는 사실이 드러난다면, 혹은 적절하기는 해도 1에서 5까지의 의식에 관한 주장이 거짓이라면, 또한 적절하거나 참이기는 해도, 인간에게는 의식을 인정해도 동물에게는 부인할 만한 더 나은 이유가 있다면, 누적 논증은 결함이 있음이 드러날 것이다. 이와 같은 반론이 제기되고 유지되지 않는 이상, 데카르트와 결별하고 어떤 동물에 의식 ─ 정신, 정신적인 삶 ─ 을 부여하는 원칙적인 이유가 있다.

1.10 어떤 동물이 의식이 있는가?

누적 논증은 인간이 아닌 존재에게 의식을 부여하는 근거를 제공한다. 하지만 이러한 논증은 어떤 동물이 의식이 있는지, 다양한 동물들의 의식이 얼마만큼 고도로 발달했는지는 미결 문제로 남겨 두고 있다. 다음 장에서 우리는 이 질문 중 두 번째 질문에 주목할 것이다. 지금 우리가 관심을 가질 질문은 어떤 동물이 의식적이냐는 첫 번째 질문이다.

누적 논증은 위의 1부터 5까지의 논점을 통해 동물에게 의식을 귀속시키는 입장이 강화될 경우 그러한 귀속을 정당한 것으로 판단한다. 다시 말해 다음 조건이 만족되면 어떤 동물이 의식이 있다고 본다. (1)의식 귀속이 상식적 세계관과 일치한다. (2)정신주의적 용어로 동물에 대해 말하는 것이 일상 언어와 잘 어울린다. (3)동물에 의식이 있다고 본다고 해서 동물에 비물질적인 마음(영혼)을 부여하는 견해를 취하는 것은 아니다. (4)동물의 행동은 동물에 의식을 귀속하는 것과 일관된다. (5)동물에 대한 상식적인 믿음들, 동물에 대한 우리의 일상적 말하기 방식, 동물의 행동은 모두 진화론의 원리에 입각해 옹호할 수 있다. 이런 조건들이 만족될 경우, 특히 포유류를 포함한 수많은 동물 종의 개체들은 합당하게 의식이 있다고 말할 수 있다. 분명 이런 동물들은 의식과 관련해서 상식과 일상 언어를 사용하는 것이 매우 자연스러운 동물들이다. 그리고 이들은 진화론이 의식의 귀속을 가장 강력하게 지지할 수 있는 동물이기도 하다.

마지막의 논점은 다음과 같이 설명할 수 있다. 어떤 동물이 의식이 있는지를 결정하려면 우리가 가장 잘 아는 경우에서 출발해야 하는데, '다른 사람의 마음'에 대한 회의적인 비판을 제쳐놓을 경우, 의식을 갖는 존재의 전형으로 꼽을 수 있는 대상은 바로 인간이다. 그런데 인간의 의식과 인간 신경계의 구조 및 기능의 관계에 대해 우리가 아는 바를 기준으로 보자면, 우리의 의식이 우리의 생리적 특징 및 해부적 특징과 밀접하게 관련된다고 믿을 충분한 이유가 있다. 가령 척수에 손상을 입으면 우리 신체의 감수 기관에서 감각을 받는 것이 불가능해지고, 뇌를 심하게 다친 사람들은 더 이상 의식이 있다는 증거를 제공하지 못할 수도 있다. 우리 의식이 우리의 생리적, 해부적 특징과 밀접하게 연관되어 있다는 사실, 포유동물들이 생리적으로나 해부적으로 우리와 비슷하다는 사실, 의식이 적응적인 가치가 있고 덜 복잡한 형태의 생명에서 진화했다는 사실을 모두 감안한다면, 그리고 도덕철학에서 그렇게 하듯이, 인간 의식에 대한 회의적인 의심을 제쳐놓는다면, 포유류 역시 의식이 있다고 결론 내리는 게 합당하다. 그렇다고 해서 우리와 해부적으로나 생리적으로 비슷한 동물들만 의식이 있을 가능성이 있다는 것은 아니다. 그런 동물들에게 의식을 부여할 기반이 매우 튼튼하다는 뜻이다.

이보다 더 나아가서 포유류가 아닌 동물에게도 의식을 부여해야 할까? 이 질문에 대한 체계적인 대답은 현재의 연구 범위를 상당히 넘어서 있다. 여기서 언급할 수 있는 것은 앞서 논의하지 않은 채 지나갔던 사실, 다시 말해 진화론이 함의할 수 있는 바가 우리의 상식과 일상 언어와 충돌할 가능성이 있다는 것이 전부이다. 흔히 우리는 나무에 붙어 있는 달팽이가 거기 있기를 '원한다'고 생각하거나 말하지 않으며, 떼어내면 '화를 낸다'거나 (이 경우는 덜 분명하지만) 누르면 '고통을 느낀다'고 생각하지도 말하지도 않는다. 분명 우리는 달팽이보다 덜 발달한 동물에 대해서는 이렇게 말하지도 생각하지도 않는다. 그러나 앞에서 나는 단지 어떤 주어진 믿음이 상식적 세계관의 일부라고 해서, 또한 우리가 어떤 방식으로 말한다고 해서 우리의 믿음이 참이라고 말할 수는 없다고 주장했다. 우리가 그렇게 생각하고 싶지 않아도 달팽이나 우리와 덜 비슷한 동물에게도 의식이 있을 수 있다. 만약 그런 동물이 의식이 있다면, 그렇게 생각하는 이론적 근거는 포유동물에게 의식을 부여하는 근거와 같은 출처에서 와야 한다. 우리의 믿음은 진화론, 혹은 더 나은 이론이 발견된다면 그러한 이론에서 와야 한다.[44] 의식의 유무를 **가늠하는 선을 어디에 그어야 할지**를 결정하는 것은 쉬운 일이 아니다. 하지만 우리가 이 문제에 대해 솔직하게 자신 없어 한다고 해서 모든 경우에서의 우리의 판단이 쓸모없다고 생각해서는 안 된다. 어떤 사람의 나이와 키가 얼마나 되는지 정확히 말할 수 없다고 해서, 그 사람이 나이가 들었고 키가 크다는 사실을 알 수 없는 것은 아니지 않는가? 의식을 부여할 때 흐릿한 경계 부분에 대해 우리가 무지하다는 사실이 인간 그리고 우리와 적절한 측면에서 대체로 비슷한 동물들에게 의식을 부여했던 것을 철회할 이유가 되지는 않는다. (의식의 경계선을 긋는 문제는 앞으로 여러 곳에서 다시 등장하는데, 예를 들면 2.6, 8.5, 10.4이다.)

의인화와 인간 쇼비니즘

앞서 설명한 대로(1.2), 의인화는 인간에만 적용되는 특성들을 인간이 아닌 것에 부여하는 것을 말한다. 동물들에 대한 어떤 발언들이 의인적이라는 것은 의심의 여지가 있을 수 없다. 가령 과부인 에임스가 "우리 고양이가 중동의 긴장 상태와 핵 쓰레기 저장 문제에 관심이 있어서 먹지 않고 있어요"라고 말한다고 가정해보자. 가능한 한 최대한 점잖게 표현하자면 이 경우 과부는 고양이의 지적인 교양에 다소 과도하게 경도되어 있는 것처럼 보인다. **일부** 사람들이 동물에 대해 말하거나 믿는 **일부** 것들을 의인적이라고 판단함이 옳다는 사실을 인정한다고 해서, 그것이 **일부** 동물에 의식을 부여하는 것이 참임을 함의하는 것은 아니다. 누적 논증은 오직 인간만이 의식을 갖는 것은 아니라고 믿을 적절한 이유를 제시한다. 우리의

⋮

44) 이 점에 대한 사려 깊은 제안에 대해서는 Griffin, *Animal Awareness*, chap. 7을 보라.

지적인 눈살을 찌푸리게 하는 것은 이런 동물들에 의식을 부여하는 것이 아니라, 의식 부여를 거부하는 것이다. 앞서 인용한 적이 있는 동물 생리학자 그리핀은 다시 한번 가감 없이 이러한 부분을 지적한다.

> 동물들이 정신 경험을 할 가능성은 종종 의인화라고 묵살당한다. (…) 정신 경험이 단일 종에만 특별하게 부여된다는 이러한 믿음은 인색할 뿐만 아니라 자만심이 가득 찬 생각이다. 다른 많은 특성들과 마찬가지로 정신 경험은 널리 퍼져 있을 가능성이 그렇지 않을 가능성보다 더 커 보인다.[45]

그리핀이 자만심이라는 낱말을 쓰고 있는 것에 특별히 관심이 간다. 그는 동물이 정신적 삶을 영위한다는 사실을 우리가 인식하지 못하는 것은 그들이 결점을 갖기 때문이 아니라고 말하고 있다. 그런 인식을 막는 것은 우리 자신의 자만심이고, 우리가 당연하게 여기는 특별함이며, 과학적인 근거로는 옹호될 수 없고 종교적 근거로만 받아들여질 수 있는 이른바 특권이다. 그리핀의 지적은 동물의 정신적 삶에 대한 부정이 사실에 근거하지 않은 자만심의 표현임을 상기시킨다. 그는 이러한 지적을 통해 부풀어 오른 우리 종에 대한 자부심이라는 풍선을 터뜨린 것이다.

의인화라는 동전에는 간과된 다른 측면이 있다. 바로 인간 쇼비니즘이라는 측면이다.[46] 동전의 의인화 면에는 다음과 같이 쓰여 있다. **"오직 인**

••

45) 같은 책, p. 104. 강조는 추가함.
46) 내가 아는 한, 이 표현은 Val과 Richard Routley가 최초로 사용했다. 예를 들어 그들의 에세이 "Against the Inevitability of Human Chauvinism," *in Moral Philosophy and the Twenty First Century*, ed. K. Goodpaster and K. Sayre(Notre Dame University Press, 1979)를 볼 것. 나는 Routley가 나와 동일한 방식으로 '인간 쇼비니즘'을 사용하고 있음을 말하고 있지 않다.

간에만 속하는 특성을 비인간에 부여하는 것이 의인화이다." 동전의 인간 쇼비니즘의 면에는 다음과 같이 쓰여 있다. "비인간이 가지고 있는 특성들을 비인간에는 부여하지 않고 오직 인간만이 소유하고 있다고 고집 피우는 것은 쇼비니즘적이다." 다른 모든 형태의 쇼비니즘과 마찬가지로 인간 쇼비니즘은 우리 자신에게 또는 우리가 속한 집단의 구성원에게 가장 중요하거나 감탄스럽다고 생각되는 특성들을 우리 자신 또는 우리가 속한 집단의 구성원이 아닌 개체들 역시 소유하고 있다는 사실을 인정하지 못하거나 거부한다. 이것은 남성 쇼비니스트들이 자신들만이 훌륭한 특징들을 가지고 있는 것이 아님을 알지 못하거나 거부하는 경우와 유사하다. 이 장의 논증을 바탕으로 우리는 포유류에게 의식이 있음을 거부하거나 그들이 정신적 삶을 영위함을 거부하는 것이 사실상 인간 쇼비니즘을 표현하고 있는 것이라는 결론에 이르게 된다.

1.11 요약과 결론

이 장에서 나는 동물의 인식 문제를 검토하면서 일부 동물들을 우리처럼 의식적인 존재로 파악하는 입장의 합당함을 옹호하고자 했다. 1절에서 동물의 인식을 부정하는 데카르트의 유명한 논의를 소개했고, 그의 입장에 대한 도전을 회피하려는 다양한 방법들을 개괄했다(1.2). 데카르트와 그를 비판하는 사람들 간의 핵심적인 의견 차이는 동물이 왜 그렇게 행동하는지에 대한 설명과 관련한 것임이 확인되었다. 데카르트는 동물의 행동을 기계의 작동 방식과 다를 바 없이 순전히 기계론적인 용어로 설명할 수 있다고 생각한다(1.3). 라 메트리는 데카르트의 논의에서 한 걸음 더 나아간다(1.4). 그는 동물뿐 아니라 인간의 행동까지도 (명시적이든 은연중이든) 마음이나 의식을 언급하지 않으면서 묘사하고 설명할 수 있다고 주장한다. 데카르트는 이를 부정한다. 그는 인간의 언어 행동이 지상 생물 중에서 오직 인간만이 의식적임을 보여주고 있다고 생각한다(1.5). 나는 데카르트에 반대하여, 언어 사용 여부를 의식을 갖는지의 여부를 판단하는 결정적인 검사 방식으로 이용할 경우 몇몇 동물들(예: 침팬지와 고릴라)도 정신적인 삶을 가질 가능성을 열어놓게 된다고 주장했다. 또한 더욱 근본적인 측면에서 나는 데카르트가 의식에 대한 적절하지 못한 검사 방식에 의존하고 있다고 주장하기도 했다. 그 이유는 만약 개인들이 언어 사용에 앞서 의식적이지 못했다면, 그들은 아예 언어를 습득하지 못했을 것이기 때문이다.

이 시점에서 라 메트리 입장에 서서 단순히 동물뿐만 아니라 인간 또한 '의식 없는 짐승'이라고 주장할 수도 있다. 일부 맥락에서는 이 문제에 대해 더 많은 검토가 이루어져야 할 이론적 가능성이 있다. 하지만 여기에서는 그러한 검토가 필요하지 않다. 우리가 알 수 있는 모든 도덕 이론은 인간이 정신적인 삶을 영위하고 있다고 가정한다(예를 들어 우리가 욕망이나 목표를 가지고 있고, 만족하거나 좌절하고, 감정을 느끼고, 즐거움과 고통을 경험한다고 가정한다). 이를 가정하지 않을 경우 도덕 이론은 어떤 것에 대한 이론이 될 수 없다. 이렇게 보았을 때, 제기될 수 있는 회의적인 도전에 일일이 대응하지 않으면서 인간이 정신적인 삶을 영위한다고 가정하는 것은 적극적으로 동물권을 옹호하고자 하는 작업에서만 살펴볼 수 있는 특이 사항은 아니다(1.6).

진화론은 데카르트의 입장에 대한 합당한 이론적 대안이다. 진화론에 따르면 의식은 입증 가능한 적응적 가치를 가진 진화된 특성이며, 이에 따라 호모사피엔스 종 성원들뿐만 아니라 많은 종 성원들이 공유하고 있는 것으로 합당하게 간주되는 무엇이다. 이론이라는 측면에서 평가해 볼 경우 (1.8), 데카르트의 입장은 설득력이 부족하다. 만약 이론을 단순하게 유지한다면(즉 우리가 [인간과 비인간] 육체, 그리고 인간의 마음이라는 두 가지 종류의 기본적인 지상의 실체가 있다고 가정한다면), 데카르트의 입장은 자신이 비물질적으로 간주하는 마음이 어떻게 육체와 상호작용을 할 수 있는지 합리적으로 설명하지 못한다. 만약 설명력이라는 조건을 만족시키지 못한 것에 대한 대응으로, 데카르트주의적 기회 원인론자가 인간의 심신이 어떻게 상호작용을 하는 듯이 보이는지를 설명하기 위해 전지전능한 신의 개입에 호소할 경우, 이론은 단순성의 외관을 모두 상실하게 된다. 마음의 본질, 그리고 어떤 생명체가 정신적인 삶을 영위하는지에 대한 질문과 관련된 데카르트주의와 다윈주의 이론 간의 경쟁에서 패배를 하게 되는 것은 데카르트주의이다.

의식에 관한 가톨릭의 입장을 지지하는 데카르트의 관점을 거부하는 사람들은 자신들의 입장을 지지하는 단 한 가지가 아닌, 몇 가지 이유가 있다 (1.9). 상식과 일상 언어는 많은 동물에게 의식과 정신적인 삶을 즐겨 귀속한다. 논리적인 측면에서 보았을 때, 의식의 소유 여부는 누가 또는 무엇이 비물질적인(불멸의) 영혼을 가지고 있는지에 대한 질문과 별개이다. 이에 따라 의식에 관한 내용이 포함된 질문은 종교적 편향성과 무관하게 접근할 수 있다. 동물의 행동은 그들을 의식적인 대상으로 보는 것과 조화를 이룬다. 그리고 진화론은 전형적인 의식적 존재(즉 인간)와 가장 유사한 동물이 의식을 가진 존재라는 점에서 인간과 유사하다고 보는 견해를 지지한다. 다른 종류의 동물들도 의식적일 수 있을 가능성을 열어두면서, 포유류가 의식적 인식을 할 수 있다고 생각하는 것은 의인화가 아니다. 또한 이러한 사실이 데카르트의 표현에 따르면 "우리가 아주 어렸을 때부터 익숙해져 있는 편견"의 손아귀에 있음을 보여주는 것도 아니다. 사실 그 반대가 참이다. 호모사피엔스 외에 다른 많은 동물을 정신적인 삶을 영위하는 존재로 보는 것은 합리적이다. 이를 인정하기를 거부하는 사람들은 편견에 빠진 자들이며, 인간 쇼비니즘, 즉 우리(인간)가 너무 특별하며, 지구상에서 유일하게 의식을 가지고 있는 이 땅에 살고 있는 생명체라는 자만심의 희생양들이다. 이 장에서 제시한 논증과 분석을 통해 나는 이러한 자만심을 드러내 보이고자 했다.[47]

---

47) 조지 피처(George Pitcher)는 도움이 되는 비판을 해줌으로써 이 장과 다음 장에서 범할 수 있는 수많은 오류에서 나를 구해주었다. 그의 도움에 감사한다. 하지만 나는 그가 포기할 것을 조언한 몇 가지 착상을 그대로 유지했는데, 그 때문에 나는 내가 견지하는 모든 입장에 그가 동의하리라 생각하지 않는다. 감사해야 할 또 다른 사람은 내 동료 해롤드 레빈(Harold Levin)이다. 그는 나와 함께 동물의 인식의 다양한 측면에 대해 이야기를 나누었다.

제2장

동물 인식의 복잡성

앞 장의 끝부분(1.8)에서 펼친 누적 논증은 어떤 동물에게 의식을 부여하는 것 이상을 지지한다. 그 논증은 포유동물[1]이 믿음과 바람을 가질 수 있다는 견해와, 그 동물들이 왜 그렇게 행동하는지를 설명할 때 종종 그들이 가진 믿음과 바람을 통해 설명할 수 있다는 견해를 옹호하는 데도 사용할 수 있는 것이다.[2] 상식과 일상 언어 모두 이 견해에 동의한다. 그리고 이 동물들에게 믿음과 바람을 부여하는 것은 그 동물이 불멸의 (비물질적인) 영혼을 갖고 있느냐의 여부와 논리적으로 무관하다. 또 이 동물들의 행동은 그 동물에게 믿음과 바람을 부여하는 것과 일관된다. 그리고 진화론은 동물들이 자신이 바라는 것을 바라기 때문에 또한 자신이 믿는 것을 믿기 때문에 종종 그렇게 행동한다는 견해를 지지한다. 그리핀이 다음과 같이 말한 데에는 일리가 있다. "우리가 다른 동물들과 진화론적으로 관련이 있다는 사실을 받아들일 때, 정신적인 경험이 한 종에는 어떤 영향을 끼치는데 다른 종에는 전혀 끼치지 않는다고 주장하는 엄격한 이분법적 해

••

1) 다른 말이 없으면, '동물'이라는 말은 포유류 동물을 가리키는 데 쓰인다. 이 용법에 대한 더 자세한 논의는 2.5를 보라.
2) (옮긴이) 철학자들은 보통 정신의 감각적인 측면과 인지적인 측면을 구분해서 보는데, '의식'이 전자에 해당한다면 '믿음'과 '바람'은 후자에 해당한다.

석을 가정하는 것은 절약의 원리에 위배된다."[3] 누적 논증이 제공하는 누적적 지지는, 동물이 믿음과 바람을 갖는다는 것을 부정하는 쪽에 입증 책임을 지우는 데 정당하게 사용할 수 있을 정도로 아주 강하다. 비판자들이 동물이 믿음과 바람을 갖는다는 것을 부정하는 이유가 누적 논증이 제공하는 이유보다 더 나은 이유라는 것을 보여줄 때까지, 우리는 동물이 믿음과 바람을 갖는다고 정당하게 합리적으로 믿어도 된다.

이런 도전에 맞서려는 철학자는 별로 없다. 실제로 상식이나 일상 언어가 가축이든 야생동물이든 동물에게 믿음과 바람을 부여하는 쪽에 있다는 것을 부정하는 방법으로 이 도전에 맞서려는 철학자는 전혀 없다.[4] 그리고 의식은 비물질적이고 불멸의 영혼을 가진 존재에게만 가능하다는 데카르트적 가정을 하거나, 이 가정을 근거로 입증 책임을 다하려고 시도하는 철학자는 거의 없다. 그러나 동물에게 믿음과 바람을 부여하는 것과 믿음과 바람으로 동물의 행동을 설명하는 것의 적절성에 전반적으로든 부분적으로든 이의를 제기하는 반대는 드물지 않게 있다. 이 모든 반대를 고려할 수도 없고, 그 과정에서 드러난 모든 논쟁을 완벽하게 살펴볼 수도 없다. 그렇지만 반대를 고려할 때는 가장 약한 것이 아니라 가장 강한 것을 공평무사한 대표로 삼을 것이고, 논쟁이 되는 생각들을 살펴볼 때도, 완벽하지는 않더라도 관련되는 상황에 적절한 정도로 철저하게 대하겠다고 희망해본다.

∶∙

3) Griffin, *Question of Animal Awareness*(1장 주석 26), p. 74.
4) 야생동물에게 믿음, 바람, 의도를 부여하는 것에 대해서는 Thomas A. Long, "Hampshire on Animals and Intentions," *Mind* 72, no. 287(July 1963): 414~416을 보라.

2.1 믿음-바람 이론

옹호할 주장을 충분히 서술하는 것으로 시작해보도록 하자. 아래(2.3)에서 더 충분히 살펴보겠지만, 메릴랜드 대학교의 철학자인 스티븐 스티치(Stephen P. Stich)는 동물에게 믿음을 부여하는 입장에 의심의 눈길을 던지고 있는데, 이 입장을 "우리의 직관적인 '믿음-바람 이론'"이라고 지칭하며 특별히 명쾌하게 규정한다. 그의 언급을 상세히 인용하는 게 도움이 될 것이다.[5]

이 이론은 정상적인 주체라면 상당히 많이 비축하고 있는 믿음과 바람이라는 서로 다른 두 가지 기능적 상태를 가정한다. 바람은 여러 가지 방식으로 생길 수 있다. 바람이 생기는 전형적인 방식 중 한 가지는 결핍의 결과이다. 음식이나 물이나 성적(性的) 발산이 결핍된 유기체는 음식이나 물이나 성적 발산의 바람을 획득할 것이다. 이때 바람이 얼마나 강한가는 일반적으로 그 유기체가 결핍되어 있는 시간이 얼마나 긴가에 따라 달라진다. 또한 유기체는 일반적으로 고통스러운 자극에서 벗어나려는 강한 바람을 가지고 있다. 이뿐만 아니라 바람은 믿음과 여타의 바람이 상호 작용해서 생길 수도 있다. 예를 들어, 개가 무언가 먹을 것을 원하고 옆방에 고기가 붙은 뼈가 있다고 믿는다면, 그 개는 옆방으로 가는 바람을 획득할 것이다. 그러나 이 바람을 꼭 획득할 필요는 없다. 예컨대 옆방으로 가면 심하게 놀랄 것이라고 믿을 수도 있는데, 그러면 뼈가 있다고 해도 옆방으로 가기를 바라지 않을 것이다. 그 개는 고통을 피하려는 바

5) Stephen P. Stich, "Do Animals Have Beliefs?," *Australasian Journal of Philosophy* 57, no. 1(March 1979): 17~18.

람처럼 더 중요한 바람의 영향이 없는데도 바람을 형성하지 못할 수도 있다. 그 개가 꽤나 어리석은 개이거나, 아마도 (우리 대부분이 때때로 그렇듯이) 뼈에 대한 믿음을 사용하지 못했을 수도 있기 때문이다. 그 믿음을 '깜빡 잊어버렸을' 수 있다.

바람 또는 바람 중 일부는 행동을 야기할 수 있다. 일반적으로, 유기체가 자신의 몸을 특정 방식으로 움직이길 원하고 그것과 충돌하는 다른 것을 원하지 않는다면, 자신의 몸을 그러한 방식으로 움직일 것이다. 주인에게 문을 열어 달라는 바람과 같은 상위 차원의 바람은 몸의 움직임을 야기할 수 있는 하나 이상의 하위 차원의 바람을 (적절한 믿음과 협력하여) 만듦으로써 행동을 낳을 수 있다. (⋯)

믿음도 바람처럼 여러 가지 원인을 갖는다. 가장 명료한 두 가지 원인은 지각과 추론이다. 개 주인이 고기가 붙은 뼈를 개 밥그릇에 둔다면, 개가 일어나고 있는 일들을 뚜렷이 보고 있다면, 개가 주의를 집중하고 있고 심리적으로 정상이라면, 개는 밥그릇에 고기가 붙은 뼈가 있다는 믿음을 형성할 것이다. 또 개는 주인의 활동을 관찰한 결과 지속적인 것이든 순간적인 것이든 또 다른 다양한 믿음 역시 틀림없이 형성할 것이다. 비슷한 방식으로 지각은 유기체의 비축된 믿음에서 특정 믿음을 제거하기도 한다. (⋯)

믿음은 다른 믿음에 의해 생성될 수도 있다. 어느 정도 일관성이 있을 때, 믿음이 또 다른 믿음을 생성하는 과정은 추론으로 간주된다. 예를 들어, 피도가 자신이 문을 긁으면 주인이 문을 열 것이라고 믿고, 문이 열리면 뼈까지 갈 수 있다고 믿을 수 있다. 피도는 이 두 가지 믿음으로부터 자신이 문을 긁으면 뼈까지 갈 수 있을 것이라고 추론할 수 있다.[6]

∵

6) 같은 글, pp. 15~17.

스티치는 지금 인용한 것이 상세한 심리학 이론이 아님을 분명히 한다. 그것은 심리학 이론의 가장 기본적이고 폭넓은 개요를 보여주고 있다. 그렇다고 하더라도 그의 언급은 "동물 행동에 대한 최선의 심리학적 설명은 직관적인 믿음-바람 이론의 일반적인 패턴을 따르는 이론에 의해 제시될 것이다"[7]라는 주장에 의미를 부여하기에 충분하다. 스티치는 데카르트에 대한 라메트리의 반박(1.4)을 그대로 따라서 "믿음과 바람에 호소하지 않고 고등 동물의 행동을 설명하도록 이론이 만들어질 수 있다면, 그리고 이러한 이론이 **인간의** 행동을 설명하도록 조정될 수 **없다면**, 이는 실로 놀라운 일일 것이다"[8]라고 말한다. 그리고 진화론의 함의에 대한 그리핀의 언급을 따라서 "인간과 고등 동물 사이의 진화론적 관련성과 행동적 유사성에 비추어볼 때, 믿음-바람 심리학이 인간의 행동만 설명할 수 있고 동물의 행동은 설명할 수 없다는 것을 믿을 수 없다. 만약 인간이 믿음을 갖는다면 동물도 믿음을 갖는다"[9]라고 말한다.

스티치가 방금 인용한 논증에서 "**만약** 인간이 믿음을 갖는다면 동물도 믿음을 갖는다"라는 조건문으로 끝맺은 것은 특별한 의미가 있다. 스티치 자신은 인간에게 믿음을 부여하는 것을 지지하는 어떤 논증도 제시하지 않았고, 우리도 그렇게 하지 않을 것이다. 앞서(1.6) 말한 것처럼, 어떤 도덕철학의 연구든 인간의 정신생활에 대해서는 어느 정도 가정을 해야 하는 측면이 있다. 인간은 때때로 어떤 것을 원하거나, 인간이 자신의 바람을 만족시키려면 그렇게 하는 것이 필요하다고 믿기에 때때로 그렇게 행동

••
7) 같은 글, p. 17.
8) 같은 글, p. 18.
9) 같은 곳.

하거나, 때때로 다른 사람의 믿음과 바람을 고려하는 등의 가정을 하는 것이 그러한 예이다. 다른 사람의 마음 존재에 대한 우리의 믿음에 대한 반박처럼, 이러한 가정에 대한 반박은 여기서 성공은 고사하고 시도조차 될 수 없다. 지금은 도덕철학의 어떤 연구에서나 흔한 이러한 가정들이 동물권 연구에서 삐딱하거나 해로운 의미에서 특별한 것이 아니라는 것을 지적하는 것으로 충분하다. 인간의 모든 행동을 외부 또는 내부 '자극'에 대한 '선천적'이거나 '조건화된' '반응'으로 환원하는 견해[10]는 어떤 경우에는 비판적 관심을 지속적으로 보일 수 있을 만한 가치가 있는 (또는 없는) 이론적 가능성이 있다는 데에 동의하자. 그러나 지금은 그런 경우가 아니라는 데에도 역시 동의하자.

그러면 대안이 되는 윤리 이론의 옹호자들이 가정하듯이, 우리의 직관적인 믿음-바람 이론을 인간과 인간의 행동에 적용한다고 가정했을 때, 그리고 앞에서 개괄한 누적 논증의 집단적인 위력에 비추어볼 때, 우리가 입증 책임은 이 이론을 동물과 동물의 행동에 적용하는 데 반대하는 쪽에서 진다고 주장하는 것은 옳다. 이런 반론에 대처하기 위해서, 가령 동물의 행동을 자극-반응 이론으로 일관되게 해명**할 수 있을지도 모른다**고 주장하든가, 믿음과 바람을 인간의 경우에는 인정해도 되지만 동물의 경우에는 부정하는 다른 이론에 의지하는 것으로는 충분하지 못하다. 이 반대에 대처하는 방법으로는, 믿음-바람 이론이 동물의 행동에 적용된다는 것을 부인하는 것이 타당하지만 인간 행동에는 그런 부인이 적용된다는 것이 함의되지 않는다는 것을 보여주는 것**밖에 없다.**

∴

10) (옮긴이) 믿음-바람과 같은 정신적 상태를 가정하지 않고 자극과 반응만을 가정하는 이론을 말한다.

이 입증 책임을 해소하려고 시도하는 사람들이 애쓰는 방식에는 적어도 두 가지가 있다. 첫째는, 동물은 인간과 달리 믿음이나 바람을 갖지 못할 뿐만 아니라 가질 수 없다는 단순한 이유로 동물의 행동을 믿음-바람 이론으로 설명할 수 없다고 주장할 수 있다. 둘째, 동물은 믿음을 갖기는 하지만, 동물이 **무엇을** 믿는지 말할 수 없기에 동물이 믿는 것을 언급함으로써, 그리고 바람이 믿음을 가정한다면 동물이 바라는 것을 언급함으로써, 동물의 행동을 설명할 수 없다고 주장할 수 있다. 스티치는 두 번째 방식으로 주장한다. 리버풀 대학교의 철학 교수인 프레이는 첫 번째 방식으로 주장한다. 이러한 철학자들이 제시하는 논증이 누적 논증이 제기하는 입증 책임을 해소하는 모든 가능한 시도를 망라하는 것은 아니지만, 앞서 말한 것처럼, 이들은 이 논증을 공정하게 대표하기에 앞으로 제시할 논증들이 '논점을 회피한다'거나 허수아비 공격을 하고 있다고 반대하는 것은 공정하지 못하다. 나는 가장 약한 것이 아닌 가장 강한 반대 입장을 검토하기를 바란다. 우리는 먼저 프레이의 논증을 고찰할 것이다(2.2). 이어서 스티치의 입장을 제시하고 비판적으로 평가한 다음에(2.3), 동물이 무엇을 믿는지를 말할 수 있는 우리의 능력을 부정하는 또 다른 여러 반대를 고찰할 것이며(2.4), 동물의 믿음의 내용에 대해 의문을 품는 (2.3에서 제시될) 적극적인 접근법을 옹호할 것이다. 이런 설명과 이런 옹호의 결과는 (가령 기억과 같은) 관련된 동물의 인지적 능력을 다루는 의문과, 동물이 의도를 갖는 행위자라고 합당하게 말할 수 있느냐를 다루는 의문과 관련될 것이다.

2.2 언어와 믿음

프레이는 주장하기를, 동물은 가령 음식, 물, 성적 발산의 필요를 포함해서 필요를 갖는다. 그러나 필요는 바람과 다른데, 필요를 소유하는 것은 바람을 소유한다는 것을 가정하거나 함의하지 않는다. 식물도 자동차 라디에이터처럼 물을 필요로 하지만, 우리는 식물이나 라디에이터가 물을 바란다고 가정하지는 않는다. 프레이의 견해로는 동물에 대해서도 똑같이 말할 수 있다. 동물은 필요는 가지고 있지만 바람이 없다. 그러므로 믿음- 바람 이론은 동물의 경우에 타당하게 적용되지 않는다. 동물에게는 바람이 없으므로, 동물의 행동은 동물이 바람을 가지고 있다고 전제하는 방식으로는 설명될 수 없다.

프레이는 동물에 바람을 부여하는 것에 반대하는 몇 가지 논증을 제시한다. 그중 하나('프레이의 대표 논증'이라고 부르자)는 다음과 같은 형식을 띠고 있다.

1. 믿음을 가질 수 있는 개체들만이 바람을 가질 수 있다.
2. 동물은 믿음을 가질 수 없다.
3. 따라서 동물은 바람을 가질 수 없다.

나는 다른 곳에서 전제 1을 지지하는 프레이의 논증에 이의를 제기한 바 있다.[11] 나는 여기서 그것을 반복하지는 않겠다. 그 대신에 주로 전제 2를

••
11) Tom Regan, "Frey On Why Animals Cannot Have Simple Desires," *Mind* 91(1982): 277~280.

집중적으로 비판할 것이다. 전제 1은 누군가가 어떤 경우에 어떤 것을 바랄 경우, 그 뒤에는 숨겨진 믿음이 있고 또 있어야 한다는 것을 함의한다. 예를 들어 나는 산딸기 타르트를 먹기 바란다거나 불의 열기로 따뜻해지기를 바란다고 말할 수 있다. 그러나 나는 산딸기 타르트가 먹을 수 있는 것이라거나 불이 따뜻함을 줄 것이라고 믿지 않는다면, 그리고 어떤 다른 믿음(예컨대 산딸기 타르트나 불 또는 둘 다가 내 건강에 영향을 끼친다는 믿음)을 가지지 않는다면, 이러한 것들을 바랄 수 없다고 주장할 수 있다. 더 일반적으로 말하면, X에 대한 나의 바람은 "내가 X를 원하면 나는 Y를 해야 한다"나 "내가 X를 원하고 Y는 X인 것 같으므로, 나는 Y를 얻어야 한다"[12]라는 형식의 믿음을 필요로 한다고 생각할 수 있다. 이 견해에서 나나 다른 어떤 사람도 할 수 없는 것은 바라는 것에 대해 무언가를 믿지 않고서 어떤 것을 바라는 것이다. 그런데 프레이의 견해에서 동물은 아무것도 믿을 수 없으므로(대표 논증의 전제 2를 보라), 아무것도 바랄 수 없다.

그러나 왜 동물은 아무것도 믿을 수 없는가? 프레이에 따르면 동물에게 믿음이 없는 까닭은, 믿는 것(믿음의 대상)은 주어진 문장이 참이라는 것이고, 동물은 언어에 능숙하지 못하기에 어떤 문장이 참이라는 것을 믿을 수 없기 때문이다. 그런 까닭에 동물은 어떤 것도 믿을 수 없고, 따라서 믿음이 바람을 위해 꼭 필요하다는 것을 감안하면 동물은 어떤 것도 바랄 수 없다.

∴

12) 이런 형식의 믿음이 바람의 분석에 등장한다는 것은 Joel Feinberg가 "The Rights of Animals and Unborn Generations," *Philosophy and Environmental Crisis*, ed. W. T. Blackstone (Athens: University of Georgia Press, 1974), pp. 43~68(Joel Feinberg, *Rights, Justice, and the Bounds of Liberty: Essays in Social Philosophy*[Princeton: Princeton University Press, 1980], pp. 159~184에 재수록)에서 제안했다. 프레이는 R. G. Frey, *Interests and Rights: The Case Against Animals*(Oxford: The Clarendon Press, 1980), pp. 55 이하에서 이 분석에 대해 찬성한다.

프레이가 동물에게서 믿음을 제거하며 제시한 이유는 데카르트의 언어 검사(1.5를 보라)를 꽤 많이 떠오르게 한다. 그러나 둘 사이에는 적절한 차이가 있다. 데카르트는 언어를 사용할 수 있는지의 여부가 의식이 있는지의 여부를 결정하는 시금석이라고 주장했음을 기억할 것이다. 프레이는 동물은 의식이 있다고 주장한다.[13] 그가 주장하고 있는 것은 언어를 사용하는 능력은 믿음을 가지기 위해서 꼭 필요하다는 것이다. 그리고 그의 견해에서 믿음을 갖는다는 것은 바람을 가지기 위해서 꼭 필요하기 때문에 언어를 사용하는 능력 역시 믿음을 가지기 위해 꼭 필요하다. 그런데 동물에게는 언어를 사용하는 능력이 없으므로 믿음과 바람 모두 없는 것이다. 프레이의 견해에서는 입증 책임이 충족되었다. 믿음-바람 이론은 동물과 동물의 행동에는 적용되지 않는 것이다.

침팬지를 비롯한 유인원의 언어 능력을 끌어들여 이들 동물은 '언어가 없지' 않고, 그래서 믿음과 바람을 가질 수 있다는 것을 보임으로써 프레이를 비판할 수 있다. 그러나 이런 식으로 프레이에게 비판을 던지는 것에 지적할 점이 두 가지 있다. 첫째, 앞 장(1.5)에서 언급한 것처럼, 유인원에 언어 능력을 부여하는 것을 둘러싸고 엄청난 논쟁이 있다. 그렇다면 우리가 유인원에게 언어 능력이 있다고 믿는다고 해서 유리한 고지에 서게 되는지는 의문거리이다. 둘째, 이게 더 근본적인 점인데, 유인원이 언어를 사용할 수 있다는 것을 보여준다고 해도, 그것은 항상 그런 것이 아니라 예외적인 것임이 드러날 것이다. 확실히 대부분의 포유동물을 포함해서 대부분의 동물은 프레이의 논증에서 핵심을 차지하는 '언어'의 의미로 언어를 사용한다거나 획득한다고 볼 만한 조짐이 없다. 우리가 프레이를 비판할 근거,

13) 예를 들어 Frey, *Interests and Rights*, pp. 108~110을 보라.

다시 말해서 포유동물에 일반적으로 믿음을 부여하는 데 동의할 만한 근거를 찾고 있다면, 프레이의 입장을 다른 곳에서 다른 방식으로 비판할 필요가 있다. 그곳은 믿는 **것**(믿음의 대상)[14]은 문장이 참이라고 하는 그의 견해이다. 이 주장은 프레이의 입장에서 아주 핵심적인 것인데, 프레이가 믿는 것은 주어진 **문장**이 참이라는 것을 우리에게 설득할 수 없다면, 우리는 어떤 개체가 믿음을 가지는지 여부 또는 가질 수 있는지 여부에 관해 그와 동의할 이유가 없기 때문이다.

이제 우리가 무엇인가를 믿을 때마다 우리가 믿는 것은 어떤 문장이 참이라고 하는 견해를 지지하기 위해 프레이가 제시하는 이유로 돌아가 보자. 프레이는 예를 통해 첫 번째 이유를 제시한다. 우리는 프레이가 구텐베르크 성경을 소유하기를 바란다고 상상하려고 한다. 이 바람은 그가 자기에게 구텐베르크 성경이 없다고 믿지 않는다면 가지지 못하는 바람이라고 가정하겠다. 그렇다면 "내가 믿는 것은 무엇인가?"라고 물을 수 있는데, 프레이는 다음과 같이 대답한다.

나는 나의 수집품에 구텐베르크 성경이 없다는 것을 믿는다. 즉 나는 "나의 수집품에 구텐베르크 성경이 없다"라는 문장이 참이라고 믿는다. "나는 …라고 믿는다"라는 형식의 표현에서, '라고' 앞에 들어가는 것은 문장이고, 내가 믿는 것은 그 문장이 참이라는 것이다. "그는 …라고 믿는다"라는 형식의 표현에 대해서도 똑같이 말할 수 있다. '라고' 앞에 들어가는 것은 문장이고, 문제의 '그'가

••

14) (옮긴이) '내가 믿는 것(what I believe)'에서 '것(what)'을 강조하는 것은 내가 믿는 행위가 아니라 내가 믿는 것의 대상, 다른 말로 믿음의 내용에 주목하라고 말하기 위해서이다. 프레이에서 믿는 것의 내용은 '어떤 문장이 참이라는 것'이다.

믿는 것은 그 문장이 참이라는 것이다.[15]

이것이 믿는 것은 어떤 문장이 참이라는 프레이의 견해를 지지하는 그의 첫 번째 논증의 전부이다. 이 논증의 구조는 명료하지 않다. 사실 논증이 제시되었는지도 분명하지 않다. 프레이가 한 말은 그 본성상 선언에 더 가까운 것 같다. 그러나 프레이에게 공정하게 말하자면 그가 믿는 바는 (1)"나는 …라고 믿는다"와 "그는 …라고 믿는다"라는 형식의 문장에서 '라고' 앞에 특정 문장이 들어간다는 것과, 그 때문에 (2)믿는 것은 '라는' 앞에 들어가는 문장이 참이라는 것이 **따라 나온**다는 것이다. 그리고 프레이가 믿는 것의 설명을 옹호하는 논증을 제시했다고 생각한 이유는 아마도 (2)가 (1)로부터 따라 나온다고 믿었기 때문이다.

이 논증을 평가하기 전에, 프레이는 우리가 **때때로** 문장에 대한 믿음을 가지고 있다고는 말하지 않았음을 지적할 필요가 있다. 우리가 때때로 문장에 대한 믿음을 가지고 있음은 논쟁의 여지가 없다. 예컨대 내가 "잭과 질은 언덕을 올라갔다"라는 문장이 한국어의 문장이라고 믿는다고 가정해 보자. 이 경우에 내 믿음은 문장에 대한 믿음이다. 이것은 프레이의 견해가 아니다. 그의 견해에 따르면, 내가 **무언가**를 믿을 **때마다** 내가 믿는 **것**은 어떤 문장이 참이라는 것이고, 이것은 사람들이 때때로 문장에 대한 믿음을 갖는다는, 논란의 여지가 없는 견해와 구별되며, 그 견해로부터 함의되지도 않는다.

프레이의 견해는 논란의 여지가 있을 뿐만 아니라 거짓이기도 하다. 내 아들이 고무 뱀을 가지고 있고, 기차를 기다릴 때 주머니에서 뱀을 꺼내

••
15) 같은 책, p. 87.

바닥에 놓았다고 상상해보자. 다른 여행객이 걸어와서 뱀을 보고 화들짝 놀라며 비명을 지른다. 나는 뱀을 집어 여행객에게 사과하고, 그 사람은 뱀이 자신을 해칠 것이라고 믿었다며 아들을 꾸짖는다. 이 모든 것은 완벽히 이해될 수 있는데, 명백히 참인 것(여행객은 뱀이 자신을 해칠 것이라고 믿는다는 것을 우리는 안다)이 어떻게 참일 수 있는지 설명하라고, 믿음의 대상─프레이가 말한 것까지 포함해서─에 대해 철학적인 해석을 요구해야 한다. 다음과 같은 가능성을 덧붙인다면 프레이가 진술한 것으로는 이것을 설명할 수 없다. 뱀에 놀란 사람, 그러니까 뱀이 자기를 해칠 것이라고 믿는 사람은 영어만 하는 반면에 나는 한국어만 하는 가능성이 그것이다. 그 이유는, 프레이가 우리로 하여금 가정하도록 만든 것처럼, 이 사람이 믿는 **것**은 "뱀이 그를 해칠 것이다"라는 문장이 참이라는 것이고, 바로 그 남자가 한국어를 전혀 모른다고 한다면, 그는 "뱀이 그를 해칠 것이다"라는 특정한 한국어 문장을 포함해서 한국어 문장이라면 **어떤 것이라도** 참이라는 것을 전혀 믿을 수 없다는 결론이 나오기 때문이다. 특정 언어를 이해하지 못하고 그래서 그 언어로 된 문장이 참이라고 믿을 수 없는 사람에게 믿음을 올바르게 부여할 수 있는 것을 우리는 분명히 할 수 있는데, 프레이의 견해는 그가 진술한 것을 보면 이것이 어떻게 가능한지 설명하지 못한다.

방금 지적한 비판에 대해 가능한 답변은 그 여행객이 어떤 언어(영어)에 능통하다고 가정하는 것이다. 그러면 프레이의 견해는, 여행객이 뱀이 자신을 해칠 것이라고 믿는다면 "뱀이 그를 해칠 것이다"라는 **한국어** 문장이 참이라고 틀림없이 믿을 수 있는 것이 아니라고 반대할 수 있다. 그가 틀림없이 믿고 있는 것은 **영어로 된 똑같은 문장**이 참이라는 것이다. 더 일반적으로 말해보면 프레이는 아마도 다음과 같은 것을 믿고 있다. 즉 우리가 어떤 개인(A)이 무엇인가를 믿는다고 말할 때 우리가 긍정하는 것은 A가, 한국어로 된 특정 문장이든 영어나 독일어로 또는 여타 언어로 된 문장이든 동일한 **어떤** 문장이 참이라고 믿는다는 것이다. 이런 식으로 프레이는 믿는 것에 대해 다소 부주의하게 규정한 것을 수정할 수 있고, 그럼으로써 위에서 제기된 비판에 답변할 수 있다고 주장할 수 있다.

프레이의 입장은 처음에는 단순함 때문에 주목할 만했는데 이렇게 수정해놓고 보니 이제는 미처 알려지지 않은 복잡함에 묻혀버릴 위험이 있다. 서로 다른 언어를 쓰는 서로 다른 사람이 자신의 믿음을 서로 다른 언어의 서로 다른 말로 표현함에도 불구하고 같은 것을 믿을 수 있다면, 그들 각자가 믿는 **것**은 특정 언어의 특정 문장이 참이라는 믿음(예를 들어 "뱀이 그를 해칠 것이다"라는 **한국어** 문장)으로 환원될 수 없다. 그리고 믿는 것이 특정 언어의 특정 문장이 참이라는 믿음으로 환원되지 못한다면, 믿는 것은 **한** 문장이 참이라는 것이라고 고집스럽게 주장하는 것이 무슨 의미가 있는지 매우 불분명하다. 문장은 믿는 것이지만, 이 문장이 특정 언어로 된 문장이 아니라는 생각은 우리의 이해력을 한계에 이르게 한다고 말해도 지나치지 않다.

프레이에 대한 또 다른 반론은 다음과 같은 형식이다. 뱀을 보자 공포에 화들짝 놀라서 어떤 언어도 말할 수 없고 이해할 수도 없는 사람을 가정해보자. 그 사람은 신체적으로나 지적으로나 언어 사용을 획득할 필수적인 수단이 부족하다고 가정하자. 수정된 프레이의 견해에서도 우리는 이 사람에게 어떤 믿음도 부여할 수 없다. 그는 언어 능력이 전혀 없으므로 어떤 언어로 된 어떤 문장이라도 참이라고 (또는 거짓이라고) 믿을 수 없다. 프레이의 견해에서는 그는 어떤 것도 믿을 수 없다. 눈이 튀어나오고 화들짝 놀라고 얼굴에는 극도의 공포가 드러나는 사람이 있다고 하자. 이 사람이 무엇인가를 믿겠는가? 우리의 동료 여행객이 두려워할 것이 있다고 믿게 만드는 어떤 것이 있는가? 프레이의 견해에서는 없다. 그 사람은 언어가 없기에 믿음도 없다. 그는 어떤 것도 믿지 못할 뿐 아니라 어떤 것도 믿을 **수 없다.**

이와 같은 결론에 이르게 하는 견해에 대해 뭐라고 말해야 할까? 이성적으로 생각하면 이러한 거부를 못마땅하게 바라보지는 않을 것이다. 문장을 만들거나 이해하는 능력이 없는 개인에게 믿음을 부여하는 것이 왜 잘못인지 이유를 보여줄 수 없다면(프레이는 이것이 잘못인 이유를 보여주지 못했다), 여행객의 행동은, 누적 논증의 다른 주장들과 공조하여 이해할 때, 그 사람에게 믿음을 부여하는 충분한 이유가 된다. 그리고 이런 식으로 말하는 적절성을 부인하며 이의를 제기하는 사람들은 여행객에게 믿음이 없다는 것을 보여주지 못할 것이다. 그 사람들이 보여준 것은 여행객이 "그는 p라고 믿는다"라는 형식의 문장을 일상적으로 사용하는 것을 이해하지 못한다는 것일 뿐이다.

프레이는 이 마지막 반론을 부정적인 시각으로 보고 싶을 것이다.[16] 그는 자신의 견해에서는 여행객이 "뱀이 그를 해칠 것이라고 믿는다"라고 말해서는 안 된다고 주장하면서 자신의 '언어적 직관'은 다르다고 말하고 싶을 것이다. 그러나 그는 이것이 **누구의** '언어적 직관'이 옳은지 해결해주지 못하기 때문에 아무것도 해결해주지 못한다고 말할 것이다. 게다가 프레이는 언어적으로 결함이 있는 여행객의 경우를 믿음 부여의 '정상적인 경우'에서 상당히 벗어나 있는 '이례적인 경우'라고 판단하고 싶을 것이다.

••

16) 프레이가 여기에 묘사하는 것처럼 답변할 것 같다고 예측하는 근거는 그가 바람의 분석에 대한 비슷한 반론에 대해 답변하는 방식에 있다. 앞의 책, pp. 55 이하.

그리고 여행객의 경우를 무시하고 그것이 믿음의 분석과 갖는 관련성을 대단치 않게 생각하는 까닭은 그것이 다름 아니라 프레이의 견해에서 이례적인 경우이기 때문이다. 만약 프레이의 분석이 정상적인 경우에 잘 들어맞는다면, 이례적인 경우를 들먹이며 그의 분석을 비판하는 것이 어떻게 타당할 수 있겠는가? 이것이 언어적으로 결함이 있는 여행객과 관련된 논증에 프레이가 대답하는 방식일 것 같다.

프레이의 이러한 가능한 대답은 믿음 부여의 '정상적인 경우', 다시 말해서 어떤 개인에게 믿음을 부여할 때 믿음의 부여가 명확하게 정당화되는 경우가 있다고 전제한다.[17] '이례적 경우'는 이렇게 정상적인 경우에 믿음이 부여되는 개인과 어떻게든 다르게 부여되는 경우를 말한다. 이렇게 정상적인 경우에 믿음이 부여되는 개인은 어떤 사람들인가? 프레이의 주장은 이런 개인은 언어를 사용할 수 있고, 이 언어로 자신의 믿음을 언어적으로 표현할 수 있는 정상적인 성인이다. 앞에서 든 예에서 언어적으로 결함이 있는 여행객은 이례적인 경우에 해당한다. 즉 그 사람은 정상적인 성인이 아니고 언어를 구사하는 데 결함이 있는 것이다. 그리고 프레이는 "우리 가운데 이례적인 사람 … (의 경우) … 에 매달려"[18] 정상적인 경우에 잘 들어맞는 믿음의 분석이 적절한지 따져보아서는 안 된다고 주장할 것 같다.

여기서 세 가지 답변이면 충분할 것이다. 첫째, 무엇을 '정상적'인 경우로 간주하고 무엇을 '이례적'인 경우로 간주하느냐의 문제를 프레이는 명백히 중립적이라고 전제하지만, 실상은 그렇지 않다. 프레이가 이 개념을 이해한 바로는 언어적으로 결함이 있는 여행객은 이례적인 경우이다. 그러

17) 가령 같은 책, p. 58을 보라.
18) 같은 책, pp. 57~58.

나 이것은 프레이가 보여줄 의무가 있는 것 중 상당 부분을 전제하는 것이다. 왜냐하면 믿음 부여의 근거에 대한 어떤 설명에서는 (예를 들어 유기체가 어떤 방식으로 행동하는 것만으로 그에게 충분히 믿음을 부여할 수 있다면) 여행객은 이례적인 경우가 아니라 정상적인 경우에 해당하기 때문이다. 다시 말하면, 프레이가 자신의 믿음을 언어적으로 표현하는 개인에게 믿음을 부여하는 경우가 **정상적인 유일한** 경우라고 구분하는 것이 정당화되기 **전에는**, 믿음 부여의 근거에 대한 다른 설명은 결함이 있다는 것을 보여주어야만 하는 것이다. 믿음의 대상과 관련해서 프레이가 선호하는 견해를 단순히 지지만 해서는 이 견해가 옳다는 것을 보여주지 못한다. 이것이 정상적인 경우에 대한 프레이의 이해와 관련해서 가장 먼저 짚고 넘어가야 할 점이다.

둘째, 동물의 믿음에 대한 특정 질문은 차치하고, 어려운 생각에 대해 제안된 분석을 어떻게 평가하는지를 프레이가 전반적으로 이해한 것을 보면 철저히 보수적이다. 프레이는 근본적으로 다음과 같은 것을 믿고 있다. 즉 제안된 분석이 '정상적인' 경우에 해당한다면, **그것으로 충분하고**, 이러저러한 '이례적인' 경우를 들먹이며 그 적절성을 문제 삼는 것은 아주 적절하지 못하다는 것이다. 이것은 철학자들이 취하는 견해치고는 꽤 놀랄 만한 것인데, 이러저러하게 '정상적인' 경우에서 벗어나서 '이례적인' 경우가 되는 가능한 반례를 고려함으로써 제안된 분석을 검사하는 친숙하고 정당한 방법을 배제하기 때문이다. 프레이의 견해는 예컨대 "팔이 두 개이다"가 인간의 '정상적인' 조건이라는 이유로 그것을 인간의 분석에 포함하는 것을 아마도 지지할 것 같다. 팔이 하나인 사람을 끌어들여 이런 분석을 문제 삼으려고 하면, 프레이의 입장을 받아들이는 사람은 팔이 하나인 사람은 '이례적인' 경우이고, 그래서 제안된 분석을 냉정하게 평가할 때 쓸모가 없다는 이유로 문제 제기를 무시할 수 있다. 경쟁적인 분석의 평가 방법에 대한 이러한 견해는 철학자들이 선호하지 않을 것이다. 개념 분석이 하려는 일 중 하나는 주어진 개념을 적절하게 적용할 수 있을 때 만족해야만 하는 조건을 드러내는 것인데, 그때 우리는 어떤 적용이 '정상적'인지만을 알고 싶은 것이 아니라, 이해 가능한 적용의 **한계**를 알고 싶어 하는 것이다. 개념의 '정상적인' 적용을 분명하게 **하기만 하면** 그 한계를 찾을 수 있다고 가정하는 것은 완전히 혼동을 한 것이다. (이는 현재 생존하고 있는 사람의 '정상적인' 기대 수명을 밝히면 최고령자의 나이를 알아낼 수 있다고 생각하는 것과 비슷하다.) '정상적인' 성인이 (a) 믿음을 가지고 (b) 자신의 믿음을 언어적으로 표현할 수 있으며 때때로 표현하는 것이 참이라고 하더라도, 믿음을 언어로 표현할 수 있는 개인들만이 믿음을 가질 수 있다는 것이 **논리적인** 참이라는 것은 따라 나오지 않는다. 프레이가 '이례적인' 경우의 적절성을 무시하는 이유는 선결문제를 요구하는 한편, 개념이나 생각을 분석할 때 그것의 요점이나 그것을 평가하는 적절한 방식에 대해 지나치게 편협한 시각을 노정한다.

셋째, '정상적인' 경우에 대한 프레이의 이해는, 믿음의 대상에 대한 그의 견해와 연합해서 보면, 어느 누구도 언어를 배울 수 없다는 결론에 이르게 된다. 그리고 이것은 또 믿음의 대상이 프레이가 말한 것처럼 특정 문장이 참이라는 것**이라면**, 어느 누구도 아무것도 믿을 수 없다는 반갑지 않은 결과에 이르게 된다. 이것을 보여주는 논증의 첫 번째 부분은 다음과 같이 형식화할 수 있다.

1. 무엇인가를 믿기 위해서 어떤 문장이 참이라고 믿어야 한다면, 문장을 이해하지 못하는 개인은 아무것도 믿을 수 없다.

2. 어린아이들은 언어를 배우기 전에 문장을 이해하지 못한다.

3. 따라서 어린아이들은 아무것도 믿을 수 없다.

단계 1은 믿음의 대상에 대한 프레이의 견해를 단순히 재진술했다. 단계 2는 아주 뻔한 소리를 제시했다. 단계 3은 1과 2로부터 따라 나오는 결론이다. 이 논증에서 어떤 결론이 나올까? 앞 단계들을 바탕으로 다음 단계가 따라 나온다.

4. 어린아이들이 믿음을 가질 수 없다면, 그들은 언어 사용을 배울 수 없다.

5. 따라서 어린아이들은 언어 사용을 배울 수 없다.

가장 중요한 단계는 단계 4인데, 이것을 옹호하기 위해서는, 어떻게 보면 앞 장의 데카르트의 언어 검사(1.5)에서 논의한 것을 연상시키는 다음과 같은 관찰을 포함해야 한다. 어린아이들에게 한국어와 같은 언어의 사용을 가르칠 때 무엇이 포함되어야 하는지 생각해보자. 사물들을 잡거나 가리키면서 그 이름을 대며 시작하는 것이 전형적인 방식이다. '공', '엄마', '개', '병'처럼 말이다. 아이가 올바른 이름을 댈 수 있다면 우리가 가르치려고 시도한 것을 이해한 것이다. 우리가 잡거나 가리킨 대상이 공일 때 아이가 "공"이라고 말한 것이다. 아이가 이것을 어떻게 이해했는지 설명한다는 것은 확실히 쉬운 작업이 아니며, 그 업무를 수행하는 것은 지금 할 일을 훌쩍 넘어선다. 지금 지적할 필요가 있는 유일한 점은, 아이가 '공'이라는 말을 할 때 가리키는 특정 사물이 있다는 것을 믿지 않는다면, '공'이라는 말의 사용을 가르치는 모든 방식은 쓸모가 없다는 것이다. 아이는 정말로 말의 의미를 배우지 못할 것이다. 우리가 '공'이라고 말할 때 공이 가리키는 대상이라고 가려내는 **언어 이전의** 믿음이 없다면, 언어 교육을 시작할 수 없다. 단계 5가 분명히 말하는 것처럼, 아이는 분명히 '언어 사용을 배울 수 없는' 상황에 부닥치게 될 것이다.

믿음의 대상에 대한 프레이의 견해는 아이를 바로 이러한 운명에 처하게 만든다. 그의 견해에서 아이는 언어 능력을 획득하지 못할 뿐만 아니라 획득할 수도 없다. 그 이유는, 프레이에 따르면, 어떤 것을 믿는 것은 어떤 문장이 참이라고 믿는 것인데, 이것은 아이가 언어 사용을 획득하기 전에는 절대로 할 수 없는 것이기 때문이다. 그런 이유로 언어를 배우기 위해서 아이는 가리켜지는 것에 대한 믿음을 가져야만 하며, 프레이의 견해에서는 믿음을 갖는다는 것은 어떤 문장이 참이라고 믿는 것이기에 아이는 문장으로 말하거나 생각하는 것을 배우기 전에는 가리키는 것에 대한 어떤 믿음도 배울 수 없다는 것이 따라 나온다. 그리고 여기에서 아이가 언어 사용을 획득하려면 그런 믿음을 가져**야만 한다**는 전제가 있기에 아이는 언어 사용을 배울 수 없고, 실제로 프레이의 믿음 대상 견해에 따르면 어떤 믿음도 가지게 될 수 없다는 것이 따라 나온다. 인간이 말의 의미를 이미 알고 있고 어떤 말이 어떤 사물을 가리키는지 이미 알고 있는 세계에 태어난다고 가정 — 프레이를 포함해서 어느 누구도 받아들이지 않을 가정 — 하지 않는 이상 프레이의 입장은 아무도 어떤 것도 믿을 수 없다는 결론에 이르게 된다.

프레이에 대한 지금까지의 비판은, 만약 올바르다면, 프레이의 믿음 분석 어딘가에 심각하게 잘못된 부분이 있다는 것을 보여준다. 그가 '이례적인' 경우에 대해 생각하는 것과 별개로, 프레이는 성인 인간은 믿음을 가지고 있고 어린이의 언어 능력 획득은 흔한 일이라고 틀림없이 생각할 것이다. 프레이라고 하더라도 상식에 노골적으로 반하는 견해를 받아들인다고 생각할 수 없다. 그렇다면 프레이는 믿음의 대상에 대한 자신의 견해를 포기해야만 한다. 특히 언어 획득의 가능성에 대한 설명이 보여준 것처럼 프레이는 인간 어린이가 언어 사용을 배우기 **전에** 믿음 형성 능력을 틀림없이 갖고 있다는 것을 인정해야만 한다. 그렇지 않으면 어린이는 언어를 배울 수 없기 때문이다. 더 일반적으로 말해서, 프레이는 비언어적인 믿음, 다시 말해서 언어 습득과 독립적으로 갖는 믿음이 있다는 것을 인정해야만 한다. 아이는 우리가 하는 말을 배우기 전에 우리가 가리키는 것이 무엇인지 이해하기 위해 우리가 말과 몸짓으로 지시하는 것에 대해 충분히 믿어야 한다. 이상을 충분히 인정한다면, 동물을 이와 다르게 보는 것은 일관되지 못하다. 만약 인간이 비언어적인 믿음을 가질 수 있다면, 동물도 마찬가지이다. 인간의 경우에 이런 가능성을 허용하면서 동물의 경우에는 부정하는 것은 독단적이다.

그전에는 아니더라도 이 시점에서, 프레이는 동물은 어떤 것도 믿을 수 없다는 자신의 견해를 지지하기 위해 스스로 '추가 논증'이라고 부른 것이 체계적으로 무시되었다고 불평할 수 있다. 프레이는 주장하기를, 어떤 것이 사실이라고 믿기 위해서는 참인 믿음과 거짓인 믿음을 구별할 수 있어야 하는데, 동물은 그것을 할 수 없기 때문이다. 동물은 이 능력이 결여되어 있기 때문에 마찬가지로 믿음도 결여되어 있는 것이다.[19]

이 '추가 논증'은 적어도 두 가지 점에서 논쟁의 여지가 있다. 첫째는 프레이가 동물이 참인 믿음과 거짓인 믿음을 구별할 수 있다는 것을 부정하

---

19) 같은 책, pp. 89~91. 비슷한 논증으로는 Donald Davidson, "Thought and Talk," in *Mind and Language*, ed. S. Guttenplan(Oxford: The University Press, 1975), pp. 7~23 을 보라.

는 근거와 관련된다. 프레이에 따르면 동물은 "언어가 결여되었기"[20] 때문에 이것을 할 수 없다. 그러나 이것이 동물이 참인 믿음과 거짓인 믿음을 구별할 수 있는 능력이 결여되었다고 주장하는 이유라면, 프레이의 '추가 논증'은 추가 논증이 전혀 아니다. 그것은 어떤 것이 사실이라는 것을 믿기 위해서 이러저러한 문장이 참이라는 것을 믿어야 한다고 **전제하는** 것이다. 우리는 이러한 프레이의 입장을 거부할 이유가 충분하므로, 이것을 받아들여야만 하는 논증도 역시 무시해도 괜찮다. (참인 믿음과 거짓인 믿음을 구별하는 동물의 능력에 대한 추가 언급은 2.4를 보라.)

프레이의 '추가 논증'을 반대하는 두 번째 이유는 다음과 같다. 믿음을 위해서는 참인 믿음과 거짓인 믿음을 구별할 필요가 있다는 견해는 무한 후퇴로 빠져든다. 이것은 프레이가 우리가 언어와 '세계' 사이의 관계를 어떻게 파악하는지에 대해 말한 것을 생각해보면 알 수 있다. 프레이의 견해에서는 우리가 세계에 대해서 무언가를 믿으려면 한편에서는 참인 문장과 거짓인 문장, 다른 한편에서는 '세계 사이의 관계'를 파악해야만 한다. 이런 파악은 "꼭 필요하다."[21] 프레이는 이러한 "연결을 파악하기는 어렵다"[22]라고 말한다. 확실한 것은 우리가 그것을 '파악하지' 못하는 한 세계에 대한 믿음을 가질 수 없다는 것이다.

프레이가 이러한 연결을 파악하기 어렵다고 말한 것은 이러한 견해를 주장하는 사람에게는 어려움이 없을 것이라고 말한 것이다. 나의 '이러한 연결 파악'이 무엇을 말하는지 신뢰할 수 있도록 설명하려면 언어와 세계

••
20) 같은 책, p. 90.
21) 같은 책, p. 91.
22) 같은 곳.

가 어떻게 연결되는지에 **대해 내가 믿음을 갖는다**는 것을 말해야 할 것이다. 한편에서는 내가 '이 연결을 파악한다'라는 것을 믿고, 다른 한편에서는 언어와 세계가 어떻게 '연결되는지'에 **대한 믿음**을 갖는다는 것을 부인하는 것은 어찌해볼 도리 없이 이해 불가능하다. 내가 '연결을 파악한다'면, 나는 둘 사이의 '연결'에 대한 믿음을 가져야만 한다. 이것만은 확실하다. 이제 내가 가지고 있는 이러한 믿음(즉 언어와 세계가 어떻게 연결되어 있는지에 대한 믿음)은, 프레이의 견해에서는, 그것이 믿음인 한 어떤 문장이 참이라는 믿음이어야 한다. 프레이의 견해에서는 이것은 틀림없이 참인데, 우리가 어떤 것을 믿는다는 것은 어떤 문장이 참이라는 것을 믿는 것이기 때문이다. 그러나 내가 언어와 세계 사이의 연결에 대한 믿음을 가지려고 한다면, 나는 그 경우에도 다른 모든 믿음의 경우에 가져야만 한다고 프레이가 함의하는 것을 가져야만 한다. 즉 나는 (a) 이 연결이 이러이러하다고 믿는 것과 (b) 내가 잘못 믿을 수 있는 것을 구분해야 한다. 다른 말로 하면, (a´) "'언어와 세계는 이러저러한 방식으로 연결되어 있다'는 참이다"라는 형식의 문장을 믿는 것과 (b´) "'언어와 세계는 이런 방식으로 연결되어 있다'는 거짓이다"를 믿는 것을 구분해야 한다. 만약 내가 믿는 것에서 실수할 수 있다는 생각을 파악하지 못한다면, 언어와 세계 사이의 연결에 대해 내가 믿는 것에 대한 참인 믿음과 거짓인 믿음의 구분을 파악하지 못할 것이다. 그리고 이러한 연결에 대한 나의 믿음의 경우에서 내가 **이러한** 구분을 파악하지 못한다면, 믿음의 개념에 대한 프레이의 견해에서는 내가 이러한 연결에 대해 믿음을 갖는다는 것을 거부할 이유가 충분하다.

그런데 이제 문제가 있다. 내가 (a´)와 (b´)를 구분한다면, (b´)에 대해서는 믿지 않는 어떤 것을 (a´)에 대해서는 믿어야만 하기 때문이다. 한편에서는 내가 (a´)과 (b´) 사이의 **구분을 파악한다**'라고 믿고, 다른 한편에서는 내가 그 둘에 대한 **서로 다른 믿음을 갖는다**는 것을 부인하는 것은 이해할 수 없다. 따라서 내가 '언어와 세계 사이의 연결을 파악하기' 위해서는, 프레이의 견해에서는, 내가 둘 사이의 '연결'에 대한 믿음을 가져야 할 뿐만 아니라 둘 사이의 '연결'에 대한 나의 믿음에 대한 믿음도 가져야 한다. 그리고 프레이와 같은 입장에서는 여기서 멈출 수 없다. 내가 문제가 되는 연결에 대한 나의 믿음에 대해 참인 믿음이라고 생각하는 것과 이 연결에 대해 거짓 믿음이라고 생각하는 것을 구분해야만 하기 때문에, 이 연결에 대해 무언가를 믿으려고 한다면, 이 연결에 대한 나의 믿음에 대한 나의 믿음에 대한 믿음 역시 가져야만 한다. 그리고 이러한 믿음에 대한 믿음도 가져야 한다. 그리고 이러한 믿음들에 대한 믿음도 가져야 하고, 이는 무한히 계속된다. 그 결과는 내가 '언어와 세계 사이의 연결을 파악하려고' 한다면, 내가 참이라고 생각하는 무한한 수의 믿음들과 내가 거짓이라고 생각하는 무한한 수의 믿음들을 구분**해야만 한다**는 것이다. 그리고 아무도 이런 요구를 만족시킬 수 없으므로, 언어와 세계 사이의 '연결을 파악하기' 위해서는 참인 믿음과 거짓인 믿음의 구분을 파악해야만 한다는 견해는 이러한 연결을 파악하지 못하게 하고, 그래서 믿음과 언어 사이의 관계에 대한 프레이의 견해에 따르면 세계에 대해 무언가를 믿지 못하게 한다. 아무도 만족시킬 수 없는 요구를 동물이 만족시킬 수 없다고 주장함으로써 세계에 대한 믿음을 동물에 부여하는 것에 반대하는 것은 타당하지 못하다. 프레이의 요구는 이렇게 바람직하지 못하므로 동물에 믿음을 부여하는 데 반대하는 근거로 좋지 못하다.

지금까지 간략하게 보여준 후퇴를 멈출 방법이 있다. 그것은 어떤 믿음이 참이라는 우리의 믿음과 그 부정인 거짓이라는 믿음 사이의 구분, 다르게 말하면, 참이라는 믿음과 잘못 믿을 수 있는 가능성을 인정하는 것 사이의 구분을 요구하지 않으면서 우리가 가질 수 있는 그런 믿음이 있다는 것을 보여주는 것이다. 예를 들어, 어떤 개인 A가 세계에 대한 믿음을 가지기 위해서 한편에서는 어떤 것이 사실이라고 믿는 것과 다른 한편에서는 사실이 아니라고 믿는 것을 구분해야 한다는 것을 보여줄 수 있다고 가정하자. 그리고 세계에 대한 믿음의 경우에는 이것이 꼭 필요하지만, 언어와 세계 사이의 관계에 대한 믿음의 경우에는 또는 그런 믿음에 대한 믿음의 경우 등등에서는 이것이 꼭 필요하지 않다는 것을 주장한다고 가정해보자. 이것을 보여줄 수 있다면 후퇴는 멈출 수 있고, 프레이와 같은 견해를 취한다면, 동물은 언어가 없으므로 세계에 대한 믿음을 가질 수 없다고 주장할 수 있다.

어쩌면 이것이 프레이가 믿는 것일지도 모른다. 어떤 상황에서든 옳다고 주장해야 하는 것이 지지 논증이다. '세계에 대한 믿음' 중에서 **자신의 경우에는** 참인 믿음과 거짓인 믿음을 구분하는데(만약 그런 믿음이 있다고 할 때), **다른 모든 믿음**(가령 언어와 세계 사이의 연결에 대한 믿음)**의 경우에는 구분하지 않아도 된다**고 말하는 것을 타당하게 만드는 것이 무엇일까? 믿음 구분의 요구를 세계에 대한 믿음에**만** 제한을 두면서 지지하는 논증이 없는 한, 이런 믿음에만 제한을 두는 것은 극도로 자의적일 것이다. 프레이는 지지 논증을 제시하는 데 실패했다고 말하는 게 공정해 보이며, 논증이 어떤 형태를 띠어야 요구한 대로 자의적이라는 비판을 피할 수 있는지는 아주 불분명하다. 프레이가 동물은 '언어를 결여하므로' 참인 믿음과 거짓인 믿음 사이를 구분할 수 없다고 부정할 때 선결문제를 요구하고 있다는 비판은 제쳐둔다고 하더라도, 세계에 대한 믿음을 갖는다는 것에 포함된 것이 무엇인지에 대한 그의 견해는 무한 후퇴로 이어지거나, 이 후퇴가 동물이 믿음을 가지지 못하게 하는 어느 지점에서 멈춘다고 한다면 자의

적이 된다. 어느 경우든 동물이 믿음을 가지지 못한다는 프레이의 '추가 논증'은 실패한다.

이 절에서 살펴본 프레이의 논증은 동물이 믿음을 가질 수 없다는 그의 부인을 합당하게 옹호해주지 못한다. 따라서 바람이 믿음을 전제하고 있다면 동물이 바람을 가질 수 없다는 그의 부인도 충분히 옹호해주지 못한다. 누적 논증의 입증 책임은 믿음-바람 이론을 동물에게 적용하는 것을 부인하는 쪽에 있었는데, 프레이는 그 책임을 다하지 못했다.

2.3 믿음의 내용

앞(2.1)에서 언급한 것처럼, 프레이가 믿음-바람 이론을 동물과 동물의 행동에 적용하는 것을 비판한 유일한 사람은 아니다. 스티치도 이 이론을 동물의 경우에 적용하는 데 반대하는 이유가 있다고 믿는다. 그러나 스티치에 따르면 주된 어려움은, 프레이가 말한 것처럼 동물이 무언가를 믿을 수 없다는 데 있는 것이 아니라, 우리가 동물이 무엇을 **믿는지** 말할 수 없고, 그래서 동물이 믿는 것을 참고하여 그리고 믿음이 바람을 위해 꼭 필요하다면 동물이 바라는 것을 참고하여, 그 행동을 기술하거나 설명할 수 없다는 데 있다. 믿음-바람 이론을 동물에게 적용하는 것이 타당하다는 것을 스티치가 반대하는 이유는 프레이가 반대하는 이유와 다르므로, 스티치의 반대가 적절한지 그렇지 않은지는 프레이의 논증에 제기됐던 비판과는 독립적으로 그 자체로 평가되어야 한다. 이번 절은 이런 필수적인 평가에 착수한다.

스티치는 자신의 입장을 분명하게 하기 위해서, 믿음에 부여하는 "완전히 다른 두 가지 종류의 속성"이라고 자신이 부르는 것을 구분한다. 그는 이렇게 말한다.

한편에서 우리는 믿음이 완전히 특별한 종류의 기능적 또는 심리적 상태라고 생각한다. 믿음은 바람과 지각, 그리고 서로와 상호 작용하는 상태이다. (…) 따라서 믿음(그리고 바람)을 갖는 주체의 심리적 모형은 (믿음-바람 이론)과 들어맞을 것이다. 다른 한편에서 믿음은 내용을 갖는 상태이다. 믿음은 명제적 태도이다. 어떤 상태가 믿음이라면, 우리는 그 상태가 **이러저러한** 믿음이라고 기대한다. 우리는 그 내용을 표현할 방식이 있다고 기대한다.[23]

이제 동물 믿음의 문제 — 스티치가 한때 "동물 믿음의 딜레마"[24]라고 부르던 것 — 는, 스티치에 따르면, 믿음-바람 이론에서 동물이 믿는다고 우리가 말하는 것의 내용을 우리는 정말로 명시할 수 없다는 것이다. 생각해보면 스티치는 "(동물이) 믿는 것이 무엇인지 전혀 말할 수 없는 처지에 있다"[25]라고 생각하며, 우리가 이것을 말할 수 없으므로, 동물이 무언가를 믿는다고 우리가 말한다면 그리고 그럴 때, 우리가 동물에 부여하는 것이 **무엇인지**도 알지 못한다. 스티치는 이것으로부터 동물이 믿음을 갖지 못하며 가질 수 없다는 결론을 내리지는 않는다. 그는 논문을 시작하면서 던진 "동물은 믿음을 갖는가?"라는 질문을 마지막에도 던지는데, "우리 아들 말로 바꾸어서 표현하면, '얼마만큼은 가지고, 얼마만큼은 못 갖는다'"[26]라

••
23) Stich, "Do Animals Have Beliefs?" p. 25.
24) 같은 글, p. 26.
25) 같은 곳.
26) 같은 글, p. 28.

고 대답한다. 우리는 스티치의 대답 중 "얼마만큼은 못 갖는다"라고 말한 이유에 관심이 있다. 다른 말로 하면, 동물 믿음의 내용을 명시할 수 없다는 것을 보여주는 그의 논증에 관심이 있는 것이다. (프레이도 비슷한 반대를 했는데, 이것 역시 고려해볼 것이다.)

스티치는 처음에 자신의 주장을 진술하면서 두 가지 다른 논증을 펼친다.[27] 첫째는, 피도는 어떤 뼈(가령 가운데귀 뼈)가 뼈**라는** 것을 인식하지 못할 때가 종종 있어서 뼈와 마주쳤을 때 가끔 당황하므로 틀림없이 뼈의 개념을 가지고 있지 않다는 결론이 따라 나온다는 것이다. 둘째 논증은 피도가 뼈를 봤을 때 뼈라고 제대로 인식했다고 하더라도 가령 뼈에는 해부학적 기능이 있고 그 기능을 하게끔 생겨났다는 점을 포함하여 뼈에 대한 기초적인 사실을 모르기 때문에, 피도가 뼈의 개념을 이해했다고 믿어서는 안 된다는 것이다. 이 두 논증에 대해 피도만 그런 것이 아니라는 대답을 하고 싶은 생각이 든다.[28] 개뿐만이 아니라 인간 중 상당수도 뼈를 보았을 때 실수를 할 수 있는데, 예컨대 공룡 뼈가 신의 창조물이라고 믿는 사람이 많았으며 지금도 그렇게 믿는 사람들이 있다. 이런 대답이 일리는 있지만, 스티치가 동물 믿음을 논의하면서 끌고 온 근본적인 가정, 즉 그가 뼈의 개념과 같은 이러저러한 바로 그 개념이 있다는 것에 줄곧 의존한다는 것을 언급하지 않고 있다. 이 가정을 고찰하지 않는 한 그리고 고찰할 때까지는, 동물에 믿음을 부여하는 데 반대하여 스티치가 처음에 전개한 두 가지 논증에 대해 우리가 제기하고 싶은 생각이 드는 반대는 스티치의 주

••

27) 같은 글, p. 18~19.
28) Richard Routley가 스티치를 비판적으로 논의하면서 이 점을 지적했다. 그의 "Alleged Problems in Attributing Beliefs and Intentionality to Animals," *Inquiry* 24, no. 4(December 1981): 385~417을 보라.

장을 정면으로 다루지 못하는 것처럼 보인다.

그렇다면 스티치에 따른 뼈의 바로 그 개념은 무엇인가? 스티치가 내놓은 대답은 흥미롭게도 스스로 설득력을 떨어뜨린다. 스티치가 분명하게 믿는 것(가령 그의 두 논증을 보라)은 어떤 x에 대해 x의 개념은 x에 대한 믿음들의 집합으로 이루어져 있다는 것이다. 예를 들어 뼈의 개념은 가령 뼈에는 해부학적 기능이 있고 그 방식대로 생긴다는 믿음을 포함하여 뼈에 대한 믿음들로 이루어져 있다. 그러나 뼈의 바로 그 개념을 이런 식으로 해석하는 데에는 분명히 어려움이 있다. 뼈에 대해 믿어왔고 믿고 있는 것은 같은 시기의 다른 장소에서 그리고 같은 장소의 다른 시기에 따라 상당히 변하기 때문이다. x의 바로 그 개념이 x에 대한 믿음들의 집합으로 이루어져 있다고 이해하는 것은 어떤 것의 바로 그 개념이 있다는 생각의 설득력을 떨어뜨린다. 개념을 이런 식으로 생각하는 것은 믿는 것에 영속성이 있다고 제안하거나 가정하는 것인데 역사는 이것을 용인하지 않는다. 우리는 '뼈의 개념'(또는 '지구의 개념', '별의 개념' 등)은 기껏해야 같은 시간이나 장소 또는 다른 시간이나 장소에 있는 다양한 개체들에 의해 이해되는 것으로 말해야 한다. 따라서 스티치가 '뼈의 바로 그 개념'이라고 쓴 것은 '지금까지 살아온 모든 사람이 받아들인 뼈의 개념의 집합'을 뜻하는 것으로 해석해서는 안 된다. 뼈에 대한 개념과 관련해서 만장일치는 없으므로 이런 해석은 뼈의 바로 그 개념이 우리 눈앞에서 사라지게 만들 것이다. 스티치는 그 대신에 '뼈에 대해 내가(즉 스티치가) 갖는 개념과 우연히 같은 개념을 갖는 사람들이 공유하는 뼈에 대한 개념들의 집합'을 뜻했음이 틀림없다. 이제 스티치는 독자들이 뼈에 대해 자신과 같은 믿음을 가지며 그래서 같은 개념을 가질 것 같다고 가정하기에, 이 개념을 '우리 개념'이라고 지시할지도 모르는데, 실제로 가끔 그렇게 한다.

우리가 스티치의 믿음을 공유한다고 가정해보자. 스티치가 '뼈의 바로 그 개념'이라고 가리킬 때 그는 '**우리의** 뼈 개념'을 뜻한다고 말이다. 그리고 더 나가기 전에 그가 '뼈의 개념'을 말한 것을 이런 식으로 해석하는 것은 그가 동물에게 믿음을 부여하는 것에 반대하는 처음의 두 가지 논증과 관련해서 앞서 반대하고 싶다고 말한 것에 대해 그가 어떻게 답변할지 분명하게 해준다는 것을 간단하게 언급하자. 예를 들어 어떤 인간이 뼈의 해부학적 기능에 대해 아무것도 모른다고 반대하고, 스티치가 피도는 뼈에 대한 믿음이 없으므로 뼈의 개념이 없다고 부인하면서 그 인간은 개념을 가지고 있다고 허용하기 때문에 스티치는 편파적이라고 주장한다면, 스티치의 답변은 분명할 것이다. 피도**도** 인간**도** 우리의 뼈 개념을 가지지 **못한다**고 말이다. 더구나 스티치가 "이 논증은 필요한 부분만 약간 수정하여 고기, 마당, (…) 묻기에 대해서도 똑같이 말할 수 있다"라고 했기 때문에, 스티치는 이 개념을 피도**에게도** 또한 "피도만큼 어찌해볼 도리 없이 무지한 인간"[29]**에게도** 부여해서는 **안 된다**고 주장할 것이다. 간단히 말해서 스티치는 우리의 개념을 누가 가지고 있느냐 또 누가 가지고 있지 않느냐에 관해서는 편파적이지 않다. 모든 동물뿐만 아니라 인간 중 일부도 개념을 가지고 있지 못하다. 스티치의 처음의 논증에 대해 하고 싶었던 반대는 이 점을 무시하는데, 그래서 그는 진짜 반대가 되지 못한다고 응답할 것이다.

이 시점에서 우리가 취할 수 있는 서로 다른 두 가지 비판적 접근이 있다. 첫 번째는 동물과 일부 인간은 우리가 스티치와 공유하는 **우리의** 뼈 개념과 여타의 개념들을 갖지 않지만, 그럼에도 이 동물과 인간은 **자신의** 개념을 갖기에, 그들이 우리의 개념을 갖기 위해 만족해야 하는 기준에 미

∴

29) Stich, "Do Animals Have Beliefs?" p. 19.

치지 못한다는 것은 그들의 입장에서 심각한 결함이 아니라고 주장함으로써 스티치에 반대하는 것이다. 두 번째 접근은 적어도 어떤 동물은 정말로 우리의 뼈 개념을 가지며, 이 정도를 보여줄 수 있다면 우리의 다른 개념도 역시 갖는다고 주장하는 것이다. 이 두 번째 비판은 신통해 보이지 않는데, 프레이가 이것은 즉각 무시할 수 있다고 생각한 것은 처음부터 그럴듯하지 않다고 판단했기 때문이다. 그는 다음과 같이 말한다.

> 우리가 동물에게 믿음을 부여할 수 있다고 할 때, 동물의 믿음의 내용을 어떻게 정확히 파악할 수 있겠는가? 우리가 "고양이는 공이 끼어 있다고 믿는다"라고 말할 때, 고양이가 우리의 '공' 개념과 '끼어 있다'라는 개념을 소유하고 있다고 정말로 주장하고 싶은가? 분명히 아니다.[30]

그러나 이 "분명히 아니다"는 왜 맞는 말인가? 프레이는 계속해서 말하기를, "고양이는 **우리의** '육체적 대상'이나 '물질적 대상'이나 '독립적 사물'이나 '내 시야에 있는 형체가 있는 존재' 개념을 (…) 소유할 가능성이 거의 없기"[31] 때문에 **우리의** '공' 개념을 가지지 않는다. 스티치의 견해에서처럼 프레이의 견해에서 고양이가 우리의 뼈, 공, 또는 우리가 가진 것의 개념을 '분명히' 결여한 이유는 고양이가 다른 동물들처럼 뼈, 공 등에 대한 우리의 믿음을 결여하고 있기 때문이다. 또는 적어도 이런 동물들이 이런 개념을 가지고 있을 '가능성은 거의 없기' 때문이다. 이러한 이유들 때문에 이런 점에서 스티치에 대해 제기할 수 있고, 함축적으로 프레이에게도 제기

30) Frey, *Interest and Rights*, pp. 111~112.
31) 같은 책, p. 113.

할 수 있는 두 번째 비판은, 그럴듯하지 않아 보인다. 그러나 우리는 프레이와 마찬가지로 스티치가 심각한 위협이 될 수 있는 비판은 첫 번째 비판이 아니라 두 번째 비판뿐이라고 어떻게 주장할지 상상할 수 있다. 왜냐하면 동물에게 믿음이 있다고 충심으로 믿기 위해서는 동물이 믿는 것의 내용을 명시할 수 있어야 하므로, 그리고 이것을 명시하는 시도에서 우리는 **우리의** 개념(가령 '공'이나 '뼈')을 압축한 언어를 사용해야만 하므로, 또한 우리의 뼈 개념이 가령 뼈는 어떤 해부학적 기능이 있고 어떤 방식으로 생긴다는 믿음(동물이 공유한다고 가정할 이유가 없는 믿음)을 포함한다고 가정한다면, 어떤 동물도 우리의 뼈나 여타의 것의 개념을 가질 수 없다는 것은 아주 확실해 보이기 때문이다. 그렇기 때문에, 동물에게 믿음을, (이른바) **동물의** 개념을 포함하는 믿음을 고집스레 부여하는 것 ─ 스티치의 주장에 첫 번째 방식으로 비판하는 사람들의 버릇처럼 ─ 은 기껏해야 비논리적으로 보인다. 아마 '공'과 '끼어 있다'는 개념은 결여되어 있지만 '공이 끼어 있다'라고 믿는다고들 하는 고양이에 대한 프레이의 의견을 사용하자면, 이 첫 번째 접근이 남긴 것은 "그것이 무엇이고 어떻게 만들어지는지 전혀 짐작할 수 없는 [이른바] 고양이의 개념"[32]이다. 그러므로 스티치에 대한 첫 번째 비판적 접근은 시도하려고 착수한 것, 즉 동물 믿음의 **내용**을 명시하는 일에 실패할 운명으로 보인다. 동물이 우리의 개념과 공유한다고 믿을 이유가 있을 때만 이것을 이룰 수 있다고 스티치는 주장할 수 있다. 그리고 첫 번째 비판적 접근을 따라 스티치의 주장을 비판하려는 시도에 의해서가 아니라 두 번째 비판적 접근을 강조함으로써 **이것**을 주장할 수 있다.

스티치가 바로 이러한 말로 대답할지는 확실하지 않지만, 그렇게 할 수

⁝

32) 같은 책, p. 108.

있다는 것은 확실하다. 어떤 경우에도, 앞으로 추구해야 할 것은 동물 믿음에 대한 스티치의 견해에 (그리고 앞으로 더 분명하게 보겠지만 프레이의 견해에도 역시) 두 번째 방식으로 비판적으로 접근하는 것이다. 나는 비판적 평가를 시작하기 전에 충고성의 이야기를 해야겠다. 철학의 다른 논쟁적인 영역에서처럼 개념의 개념을 분석하는 특정 경우에 대안이 되는 견해가 부족하지는 않다. 경쟁하는 모든 대안 견해들을 고찰할 수도 없겠지만, 그렇게 하라고 요구하는 것도 공정하지 않을 것이다. 현재 논의를 시작한 동기는 **동물의 믿음과 바람의 문제를 명쾌하게 말해주는 주요 논증의 장점을 고찰하는 것**인데, 비록 개념의 개념과 관련해서 이 문제의 흥미 있는 함의가 있는 다른 입장들이 있기는 하지만, 여기서 우리의 탐구 영역을 당면한 주요 논증, 즉 스티치의 논증, 그리고 앞으로 보겠지만, 프레이의 논증의 평가에만 한정하는 것은 불합리하지 않다. 그 이상을 하려고 노력하면 더 적은 것을 이룰 것이다.

마지막 예비 의견 하나. 우리가 동물이 어떤 것을 믿는다고 가정하더라도 동물이 믿는 것을 우리가 말할 수 있다는 것을 부인하는 사람들의 견해에 이의를 제기할 때, 이러한 견해가 의존하는 개념의 개념을 분석하는 유형을 받아들이거나 아니면 이런 분석을 거부할 수 있다. 후자를 선택하는 것은 확실히 스티치(그리고 프레이)의 반대에 부딪치는 것이고, 누구의 개념의 개념 분석이 '올바른 것'인지 논쟁하는 것은 확실히 현재 우리의 논쟁을 불러일으킨 문제 — 즉 동물이 믿음을 갖는다고 가정했을 때 동물이 무엇을 믿는지 말할 수 있느냐는 문제 — 에서 훌쩍 멀어져 가는 것처럼 보인다. 그렇다면 현재 목적을 위해서는 이런 비판자들에게 그들 스스로가 의존하는 분석 유형을 인정하고, 그다음에 우리가 이렇게 많이 양보하**더라도** 동물이 무엇을 믿는지 말할 수 없다는 결론은 따라 나오지 **않는다**는 것을 보여주는 것이 낫다. 이것은 우리가 해야 하는 것보다 이 비판자들에게 더 많은 것을 양보하는 것일 수 있지만, 그렇다고 덜 양보하는 것이 생산적이 지는 못할 것임은 확실하다.

개념의 개념

우리는 다음과 같은 질문을 고려해야 한다. 어떤 x(가령 뼈)에 대한 모든 믿음을 공유하지 않는 두 그룹 G_1과 G_2가 있다고 가정하자. 이러한 차이 자체만으로 그들이 뼈에 대해 같은 개념을 가지고 있지 않다고 결론을 내려도 될까? 우리가 개념과 그 획득에 대해 **모 아니면 도 견해**(the all-or-nothing view)라고 부를 수 있는 것을 받아들인다면 그래도 된다. 이 견해는 G_1과 G_2 사이에서 x에 대해 갖는 믿음에 차이가 있다면 같은 개념을 갖지 못하게 하는 데 충분하다. 예를 들어 스티치주의자(스티치가 뼈에 대해 믿는 모든 것을 믿는 사람들)는 우리가 믿는 모든 것을 믿는 데 비해, 화학 이전 시대 사람들은 화학에 무지하기 때문에 뼈에 칼슘이 포함되어 있다는 것을 믿지 않는 것을 제외하고는 우리가 믿는 것을 모두 믿는다고 한다면, 모 아니면 도 견해에 따르면 우리 스티치주의자와 화학 이전 시대 사람들은 뼈에 대해 완전히 다른 개념을 갖는다. 모 아니면 도 견해에 대안이 되는 것은 **정도의 차 견해**(more-or-less view)이다. 이 견해는 어떤 개념을 갖는다는 것은 모 아니면 도 견해가 함의하듯이 갖거나 아니면 못 갖거나 하는 상황이 아니라고 주장한다. 정도의 차 견해에서는 서로 다른 그룹과 서로 다른 개체는 같은 개념을 더 많은 정도로 또는 더 적은 정도로 가질 수 있다. 이 견해에서 화학 이전 시대 사람들은 스티치주의자(우리)의 뼈 개념을 완전히는 아니지만 가지며, 화학 지식이 똑같이 없지만 가령 공룡의 뼈가 어떻게 생겼는지 모르는 사람들도 화학 이전 시대 사람들보다 훨씬 적기는 하지만 우리의 뼈 개념을 어느 정도 가지기는 한다. 짧게 말하면 정도의 차 견해에서 **누가 어떤** 개념을 가지느냐는 정도의 문제이다. 그러나 정도의 차 견해에서도 어떤 그룹이나 개체가 우리의 개념을 완전히 못 갖는다고 말하는 것이 허용될 때가 있다는 점은 주목할 만하다. 예를 들어서 본헤드[33]가 뼈는 살아 있는 육체가 다치거나 죽을 때 그리고 그때만 일종의 마술적인 자연 발생에 의해 존재하게 되었다고 믿으며, 뼈에는 우리 스티치주의자들이 인정하는 해부학적 기능이 있다는 것을 분명히 부인한다면, 뼈는 우리가 믿는 방식으로 생겼다는 것을 부인하는 것이고, 마찬가지로 뼈를 정의한다고 우리가 생각하는 나머지 모든 것을 부인하는 것이다. 그러면 우리가 정도의 차 견해를 받아들이더라도, 본헤드 또는 본헤드와 같은 사람들은 우리의 뼈 개념을 완전히 결여하고 있다고 말해야 한다.

우리는 나중에(2.4) 본헤드의 경우로 돌아갈 것이다. 지금은 결정해야 할 더 근본적인 쟁점이 있다. 모 아니면 도 견해와 정도의 차 견해는 같은 개념을 소유하는 것이 무엇인지를 두 가지 서로 다른 방식으로 설명한다. x의 개념은 x에 대한 믿음의 집합이라고 가정할 때, 어느 견해를 선택하는 것이 더 합리적일까? 정도의 차 견해를 선택하는 것이 분명히 더 합리적으로 보인다. 이 견해는 우리의 뼈 개념을 가지고 있느냐를 통해 우리가 화학 이전 시대 사람들과 본헤드의 차이를 변별할 수 있게 해줄 뿐만 아니라 (왜냐하면 우리는 화학 이전 시대 사람들과 본헤드가 자신의 개념을 각자 소유하게 될 때 **똑같이 결함이 있는 것은 아니라고** 말하고 싶기 때문이다), 주어진 개념

∴

33) (옮긴이) bonehead는 '멍청이'를 뜻하는데, 어리석은 믿음을 가지기 때문이기도 하고 낱말에 '뼈(bone)'가 들어 있어서 이 이름을 쓴 것으로 보인다.

을 개체들이 각 단계에서 시간에 따라 조금씩 더 이해해가는 것이 어떻게 가능한지 설명해줄 수 있다. 이것은 정도의 차 견해에서는 허용하지만 모 아니면 도 견해는 배제하는 가능성이다.

설명을 위해 미치가 오랫동안 '뼈'와 '벼'의 차이를 구분하는 데 오랜 시간이 걸려, 초심자들이나 할 만한 예상할 수 있는 실수란 실수는 모두 저지른 탓에 뼈가 무엇인지에 대해 아주 조금밖에 이해하지 못했다고 가정해보자. 미치가 시작은 이렇게 미미했지만 그 후 발전을 보여서, 이제는 비록 어떻게 보아도 전문가는 아니고 화학과 관련한 문제는 여전히 한심할 정도로 무지하기는 하지만 뼈에 대해 상당히 많이 안다고 상상해보자. 우리의 (스티치주의자의) 뼈 개념에 대한 미치의 이해는 전혀 모르는 상태에서 상당히 아는 것이 많은 상태로 발전을 보였다고, 미치의 개념 이해는 향상되었다고 이해하는 것이 아주 자연스럽다. 정도의 차 견해는 이것을 설명할 수 있지만, 모 아니면 도 견해는 설명할 수 없다. 모 아니면 도 견해에서 미치는 우리의 뼈 개념에 대한 한정된 이해에서 출발해서 우리가 뼈에 대해 믿고 있는 것에 대해 더 많이 알게 됨에 따라 이 개념의 이해가 꾸준히 늘어나게 된 것은 아니다. 모 아니면 도 견해에 따르면, 미치가 우리의 뼈 믿음을 아주 조금만 가지고 있을 때는, 이 견해에서 우리의 개념을 가지기 위해서 우선 가져야만 하는 뼈에 대한 **모든** 개념을 가지고 있는 것은 아니므로 우리의 개념을 전혀 가지고 있지 못한 것이다. 미치가 우리가 뼈에 대해 가지고 있는 믿음을 추가적으로 획득하더라도 우리의 개념에 대한 이해가 늘어난 것은 아니다. 그가 우리 믿음을 아주 조금만 가지고 있을 때 우리 개념이 완전히 결여되어 있기에, 믿음을 추가로 획득하더라도 우리 개념의 파악을 늘리지 못한 것이다. 개념 파악이 늘어나도 미치는 새로운, 별개의 개념을 획득했을 뿐이다. 미치가 모 아니면 도 견해에서 우리의 뼈 개념을 가지기 위해서 가져야만 하는 뼈에 대한 개념을 모두 가지게 되었다고 가정되는 때는 우리의 개념을 처음으로 파악한 때이고, 그날은 바로 운명의 날이다. 짧게 말해서 모 아니면 도 견해에 따르면 이 운명의 날에 미치는 아무것도 안 가지고 있다가 (즉 우리의 뼈 개념을 파악하지 못하다가) 모든 것을 갖게 되는 (즉 우리의 개념을 완전히 파악하게 되는) 것이다.

모 아니면 도 견해가 개념과 그 획득에 대한 믿을 만한 견해라고 어떻게 주장할 수 있는지 — 프레이의 아주 멋진 표현을 쓰자면 "이론에 휘말리지" 않는다면 — 이해하기 어렵다. 미치는 우리의 뼈 개념의 목록을 완성하게 되는 기념일에 이르기 전에 **분명히** 어느 정도 진보를 했다. 학습의 모험이 끝나갈 무렵에 미치는 분명히 우리의 뼈 개념을 **파악하는 일에서 완성에** 다가가고 있는 것이지, 우리의 개념 획득에 처음으로 다가가고 있는 것은 절대로 **아니다**. 만약 우리의 뼈 개념을 정의하는 것이 우리가 뼈에 대해 가지고 있는 믿음이라면, 미치는 도중에 우리의 개념을 이해하는 것이 늘어나고 있다고 말하는 것이 타당하다. 정도의 차 견해는 이렇게 말하는 것에 동의하겠지만, 모 아니면 도 견해는 그렇지 않을 것이다. 그러면 우리가 원하는 것은 이것을 말할 수 있게 해주는 개념과 개념 획득에 대한 견해이므로, 경쟁 이론보다 정도의 차 견해를 선택할 만한 원리적인 이유가 있다.

올바른 질문 하기

이제 정도의 차 견해를 받아들이게 됨으로써 우리의 뼈 개념을 피도에게 부여하려고 할 때 대답할 필요가 있는 질문을 분명하게 진술할 수 있게 되었다. 왜냐하면 개체들이 이 개념을 많든 적든 가질 수 있다면, 피도가 우리 개념을 정의하는 믿음들의 집합 중 **한 가지** 믿음만 가진다고 주장할 이유가 있다고 할 때, 개체들이 개념을 가질 수 있다는 가능성만으로 피도가 이 개념을 가진다는 것을 보여주는 데 **충분하기** 때문이다. 피도가 그런 믿음을 하나만 갖는다고 하면, 피도의 이 개념 이해는 이 개념을 모두 갖는 존재와 비교할 때 빈약하고 빈곤하고 초보적일 것이다. 그러나 이것은 피도의 이해가 다른 존재보다 덜하다는 것을 보여줄 뿐 이해를 전혀 못한다는 것을 보여주는 것은 아니다. 그렇다면 정도의 차 견해가 타당하다는 것을 인정한다고 할 때 우리가 물어야 할 질문은 다음과 같다. 피도가 우리의 뼈 개념을 정의하는 뼈에 대한 믿음 중 적어도 하나를 가지고 있다고 주장할 만한 이유가 있는가? 있을 것 같지 않다. 긍정적인 대답을 하려는 가장 분명한 두 가지 시도는 한심할 정도로 효과가 없다. 첫 번째 시도는 피도가 뼈를 보았을 때 실수하지 않는 것은 아니지만 그래도 꽤 잘 구분한다고 언급함으로써 시작한다. 피도는 뼈를 보았을 때 보통은 그것을 안다. 피도가 여기에서 성공했으므로 적어도 최소한으로 우리의 뼈 개념을 가지고 있다고 결론을 내릴 수 없는가? 그럴 수 없다고 대답해야만 한다. 왜냐하면 피도는 뼈를 보았을 때 그것을 인식하는 것은 잘하지만, 이 성공 자체가 **피도의** 뼈 개념에 대해 무엇인가를 말해주지는 않기 때문이다. 다시 말해서 그 성공 **자체로는** 피도의 관점에서 어떤 것이 뼈가 된다는 것이 무엇인지에 대해 우리에게 알려주는 것이 없기 때문이다. 피도의 뼈 구별 능력이 아주 좋다고 하더라도, 우리는 피도가 어떤 것이 뼈라고 믿을 때 피도가 무엇을 믿는지 예전만큼이나 여전히 말하지 못한다. 개념과 개념 획득에 대한 정도의 차 견해가 더 낫다고 가정하더라도, 그리고 피도가 뼈를 능숙하게 구별한다고 하더라도, 우리는 피도가 **우리의** 뼈 개념을 최소한 도라도 가지고 있다고 주장할 이유가 아직은 없다.

이 첫 번째 논증의 실패에 대한 자연스러운 대응은 피도가 뼈라고 인식한 뼈의 특성을 결정하려고 시도하는 것이다. 이것은 과학적인 방식으로 접근할 수 있다. 뼈는 무게를 달 수 있고 화학적으로 분석할 수 있고 모양을 기록할 수 있다. 그렇게 하면 결국에는 일종의 '피도 뼈 프로필'에 도달할 것인데, 이것은 '피도가 인식하지 못하는 뼈'와 대비되는 '피도가 인식하는 뼈'의 화학적, 기하학적 그리고 여타 특성들을 제시한 기록이다. 그러나 우리의 목적을 달성했다고 하더라도 우리의 뼈 개념을 피도에게 부여하는 근거가 되지 못하는데, 스티치가 비슷한 기획에 대해 반대한 것처럼[34] 우리는 피도가 뼈에서 인식한다고 우리가 생각하는 화학적, 기하학적 그리고 여타 이론 의존적 특성들에 대한 개의 믿음을 통해 피도의 뼈 개념을 볼 수 없기 때문이다. 피도 자신이 자신의 '뼈 프로필'에 나타나는 화학적, 기하학적 그리고 여타 요소들에 대한 것이라면 무엇이든 이해할 수 있다고 믿을 좋은 이유가 없고, 그것을 부정할 아주 좋은 이유도 없기 때문에 우리는 이것을 할 수 없다.

그렇다면 스티치가 '동물 믿음의 딜레마'라고 부른 것은 다음과 같다. **피도**가 뼈를 봤을 때 그것을 인식할 능력 **그 자체**는, 피도가 뼈를 인식하게 만드는 뼈의 특성이 무엇이라고 믿는지를 드러내 보이지 못한다. 그리고 이런 특성이 무엇인지 말하려는 **우리의** 노력은 뼈가 소유하고 있다고 피도가 믿는 것은 고사하고 이해할 수 있다고 가정할 이유가 없는 특성들의 목록을 제공할 뿐인 것 같다. 짧게 말해서 이런 접근 중 어떤 것도 피도가 어떤 것이 뼈라고 믿을 때 피도가 믿는 것의 **내용**을 명시하려는 목적에 도달하게 해줄 수 없다. 나중에(2.4) 뼈가 갖는 특성에 대한 피도의 믿음과

34) Stich, "Do Animals Have Beliefs?" pp. 23~24.

관련된 무지는 양날을 지닌 칼이라는 점이 지적될 것이다. 그리고 우리는 그 두 번째 날이 얼마나 날카로운지 설명하기를 원할 것이다. 현재로는 뼈에 대한 피도의 믿음의 내용을 명시하는 방법도 가능하지 않아 보이고, 그래서 우리의 뼈 개념을 개에게 부여하려는 근거도 가능해 보이지 않는다.

피도에게 자격 주기

이런 점에서 피도에게 자격을 주려는 가장 분명한 노력은 비록 앞서 제시한 이유로 실패했지만, 그렇다고 피도가 뼈에 대한 믿음을 우리와 공유할 수 없다고 결론을 내리는 것은 너무 이를 것이다. 왜냐하면 (1)우리의 뼈 개념을 정의하는 믿음들의 집합의 한 구성원이며, (2)피도가 가지고 있다고 주장할 충분한 이유가 있는 뼈에 대한 믿음이 있기 때문이다. 문제가 되는 믿음은 뼈의 화학 조성과 같은 이론 의존적인 특성에 관한 것이 아니다. 그 믿음은 피도가 뼈를 보았을 때 구별할 수 있는 능력으로 환원되지도 않는다. 그 믿음은 그보다는 뼈가 바람과 그 만족에 어떻게 관련되는지, 더 구체적으로는 어떤 상황에서 뼈의 선택이 어떻게 선호되는 선택이 되는지, 다시 말해서 바람을 만족시키기 위해서 어떻게 선택되어야 하는지에 관한 것이다. 이것을 더 분명하게 하기 위해, 먼저 우리가 어떤 바람을 만족시키거나 어떤 목적을 달성하기 위해 뼈를 선택할 때 인간 활동 영역에서 일어나는 일들을 떠올려 보자. 이 바람이나 목적은 가령 뼈가 시간의 변화에 따라 어떻게 썩는지 알고 싶을 때부터 따뜻한 곰국을 만들고 싶을 때까지 각기 다를 수 있다. 그렇지만 뼈가 무엇이든지 간에 우리가 바람과 목적을 가지고 있다면 이러한 바람을 만족시키고 이러한 목적을 달성하기 위해 뼈를 선택해야 하는 상황이 일어난다. 이제 뼈와 바람의 만족 사이의 이러한 관계를 인식하는 것은 뼈에 대한 믿음을 가지는 것이다. 이 믿음은 뼈의 화학 조성이나 해부학적 기능에 대한 믿음은 확실히 아니지만, 그럼에도 뼈에 대한 믿음이다. 더구나 이 믿음, 그러니까 어떤 바람을 만족시키려면 뼈를 선택해야 한다는 믿음은 우리의 개념을 집합적으로 정의하는 믿음들의 집합을 이루는 한 구성원**이다.** 이것은 미치가 이 개념의 이해에서 뼈에 해부학적 기능이 있다고 이해하는 수준까지는 나아갔으나, 맛있는 곰국을 간절히 바란다고 할 때 솥에 소뼈와 소금 중 무엇을 더 넣을지 질문하면 무엇을 넣어야 하는지 모르고 곰국의 맛과 뼈의 맛 사이에 어떤 관련이 있는지 이해하지 못한다고 대답하는 것을 상상함으로써 알 수 있다. 만약 미치가 이 연결의 이해가 통탄할 만한 수준으로 부족하다는 것이 드러난다면, 그는 우리의 뼈 개념을 파악하지 못했다고 말하는 것이 아니라 그 개념을 완전히 파악하지 못했다고 말하는 것이 옳을 것이다. 그는 한편에서는 뼈가 지닌 맛들 사이의 관계를 파악하지 못했고, 다른 한편에서는 이런 사실이 그가 가지고 있다고 가정하는 바람을 만족시키려면, 그 자신이 있는 상황에서, 다른 것보다 뼈를 선택해야 하는 이유와 어떻게 관련되어 있는지 파악하지 못했다. 다르게 말하면, 이런 연결을 이해하는 데 바탕이 되는 믿음(이것을 **선호-믿음**이라고 부르자)은, 적어도 지금 시점까지는, 뼈와 관련된 미치의 믿음 목록에서 빠져 있다.

그러나 피도는 어떤가? 피도는 미치에게는 없는 선호-믿음을 가지고 있는가? 피도는 (a) 어떤 맛에 대한 바람을 만족시키는 것과 (b) 뼈를 선택하는 것 사이에 연결이 있다고 믿고 있는가? 물론 피도에게는 언어가 없으므로 피도가 이 믿음을 가지고 있는지 우리에게 말할 수도 없고 말할 수 있으리라고 기대하는 것도 타당하지 못하다.[35] 사건의 성격상, 미치에게는 없는 선호-믿음을 가지고 있는가는 우리가 판단의 근거로 삼는 유일한 것, 즉 피도의 비언어적 행동에 주목함으로써 공정하게 판단할 수 있다. 그렇다면 우리가 묻고 싶은 것은 피도의 행동을 관찰함으로써 피도가 어떤 맛에 대한 자신의 바람을 만족시키기 위해 뼈를 선택해야 한다고 믿는다고 타당하게 결론을 내릴 수 있느냐이다. (이 질문에 대답을 하기 전에, 동물이 무언가를 믿거나 바란다는 것을 부인하는 대표적인 논증을 앞 절 2.2에서 살펴보았지만 만족스럽지 못했다는 것을 되새겨 보라. 그러므로 예컨대 동물 행동에 대한 자극-반응 설명에 매혹된 사람들은 피도나 동물 일반이 무언가를 믿거나 바랄 수 없다는 견해를 지지하기 위해 그런 논증에 기댈 수 없다.)

　　일단 적절한 용어로 질문을 던지고, 이 시점까지 진행된 논증의 시각에서 개념적 그리고 경험적 지형을 분명하게 바라본다면, 대답은 분명하다. 어느 모로 보나 피도는 때때로 뼈에 있다고 아는 맛을 바란다. 여기서 추천한 견해에서 보면 이것은 피도에 대한 사실이다. 즉 무모한 사변이나 무분별한 의인화가 아니라 우리가 피도에 대해 알고 있는 어떤 것이다. (이 주장은 2.4에서 더 자세하게 옹호된다.) 더구나 피도가 어떻게 행동하느냐에 주목함으로써 피도가 자신의 바람을 성취하는 방식으로 무엇을 선택하는지 관찰할 수 있다. 그것은 말하자면 냉장고도 아니고 이웃집의 잔디깎이도 아니다. 피도가 자신의 바람을 성취하는 방식으로 선택하는 것은, 바로 뼈이다! 그러므로 우리는 피도의 행동을 바탕으로 피도는 뼈가 자신의 바람이나 선호와 다음과 같은 방식으로 관련된다는 것을 믿는다고 주장할 이유가 있다. 곧 뼈는 피도가 가지는 어떤 바람을 만족시키며 그런 바람

∴

35) 피도는 언어가 결여되어 있고, 그래서 믿음도 결여되어 있다고 프레이는 믿기에, 프레이는 믿음을 가지고 있지 않으리라고 생각할 것이다. 그러므로 프레이는 피도가 임의의 특정 믿음을 (가령 선호-믿음을) 갖는다는 것을 딱 잘라 부인할 것이다. 프레이가 이렇게 부인하는 근거가 부족하다는 사실은 앞 절(2.2)에서 살펴보았다.

을 만족시키기 위해 선택된다. 피도가 뼈에 대한 이러한 믿음을 하나 가지고 있음을 우리가 받아들인다고 해도, 피도가 뼈를 보았을 때 인식하는 뼈가 가지고 있는 다양한 특성들에 대한 문제를 피도의 관점에서 해결하지는 못한다. 피도가 뼈와 연관을 짓는 그런 특성들은, 가장 명백하게는 어떤 후각적인 특성을 포함해서 매우 많을지도 모르며, 실은 절대로 틀림없이 그럴 것이다. 그러나 이런 특성이 무엇인가 하는 문제는 재미있을 수는 있지만, 피도가 뼈를 고르는 것과 뼈 맛을 바라는 것을 만족시키는 것 사이에 연결이 있다고 믿는다고 우리가 생각하기 **전에는** 대답해서는 안 되는 질문이다. 이 특성들이 얼마나 다양하든지 간에, 누적 논증의 배경에서 보았을 때 우리는 개가 어떻게 행동하는가를 바탕으로 피도가 때로는 뼈가 어떤 맛에 대한 자신의 바람을 만족시킬 것이라는 믿음으로 뼈를 고르리라고 주장할 충분한 이유가 있다. 그리고 피도에 대해 이것을 아는 것은 현재로는 충분히 아는 것이다. 왜냐하면 이것을 충분히 안다면 피도가 뼈에 대해 **무엇**을 믿는지 구체적인 어떤 것을 말할 수 있기 때문이다. 즉 우리는 뼈에 대한 피도의 개념의 **내용**을 적어도 어느 정도는 **명시**할 수 있다. 피도가 어떤 것을 뼈라고 믿는다면, 피도가 믿는 것의 적어도 일부는 뼈가 특정 맛에 대한 자신의 바람을 만족시킬 것이며, 그래서 그 바람을 만족시키기 위해서는 선택해야 한다는 것이다.

이제 피도가 뼈에 대한 이런 믿음을 가지리라는 것은 무의미하지 않다. 반대로, 지금까지 언급한 것처럼, 선호-믿음은 뼈에 대한 **우리의** 믿음의 일부이다. 왜냐하면 만약, 뼈도 그대로이고 미치의 바람도 우리가 상상한 그대로인데, 미치가 특정 맛에 대한 자신의 바람을 만족시키려면 뼈를 선택해야 한다는 것을 한결같이 인식하지 못한다면, 그는 우리의 뼈 개념을 완전히 파악한 것이 아니기 때문이다. 그러나 **피도가** 미치에게는 없는 뼈에 대한 선호-믿음을 가지고 있다고 해보자. 더 나아가 이 믿음은 **우리의 뼈** 개념의 내용을 정의하는 믿음 중 하나라고 해보자. 마지막으로 개념과 그 획득에 대한 정도의 차 견해가 타당하다고 해보자. 그러면 피도는 **우리의 뼈** 개념을 적어도 어느 정도 정말로 가지고 있다는 것이 따라 나온다. 동물에 대한 우리의 믿음 부여와 관련해서 사실이 '분명히 아니다'라고 프레이가 주장한 것은, 다시 말해서 동물이 어떤 것에 대한 **우리의** 개념을 가진다는 것은 사실이 '분명히 아니다'라고 한 것은, ('분명히'는 아니더라도) 그 반대임이 드러난다. 비록 한계가 있는 파악이라고 하더라도, x에 대한 개념이 x에 대한 우리의 믿음으로 이해된다는 것을 가정할 때, 피도는, 우리가 그러는 것처럼, 뼈에 대한 **우리의** 개념을 가지고 있다.

2.4 세 가지 반론

여러 가지 반론들을 예상할 수 있는데, 각각 가령 피도가 어떤 개념, 어떤 경험, 어떤 믿음을 갖는다고 볼 수 있느냐와 관련된 것이다. 이 각각을 방금 말한 순서대로 살펴볼 것이다. 세 번째 반론에 들어갈 때 피도의 선호-믿음에 대한 앞선 언급을 보충할 수 있을 것이다.

결여된 믿음과 결여된 개념

첫째, 피도가 우리의 뼈 개념을 정의하는 믿음 중 하나만을 (적어도 위에서 주장하는 것으로 보아서) 소유하고 있는 것으로는, 비록 정도의 차 견해를 선호하는 것이 합리적이라고 하더라도, 우리 개념을 피도에게 부여하는 충분한 근거가 되지 못한다고 반론할 수 있다. 확실히 스티치는 한때 "주체가 우리가 필요로 하는 만큼의 믿음을 **결여하고** 있다면 (…) 내용 부여는 설득력이 약화된다"[36]라고 말했으므로 이러한 반론을 할 것 같다. 그러나 이런 입장은 주체가 "우리가 필요로 하는 만큼의 믿음을 결여한다"라는 말의 두 가지 의미를 구분하지 못하고 있는 데 근거하고 있다. 첫 번째 의미는 **부정의 의미**라고 이름 붙일 수 있는 것으로, 앞서(2.3) 논의한 대로, 본헤드가 뼈에 대해 우리 스티치주의자가 받아들이는 '필요로 하는 만큼의 믿음을 결여한다'라는 의미이다. 기억나겠지만, 본헤드는 우리 스티치주의자가 뼈를 보았을 때 긍정하는 모든 믿음을 **부정하기** 때문이다. 본헤드는 확실히 뼈에 대한 '우리가 필요로 하는 만큼의 믿음'을 결여하고 있고, 따라서 우리의 개념을 가지지 못한다. '필요로 하는 만큼의 믿음을 결여한다'의 두 번째 의미는 **비부정의 의미**이다. 이런 의미에서 '우리의 믿음을 결여한' 주체는 어떤 믿음도 **부정하지** 않는다. 주체는 단지 문제가 되는 믿음을 **가지지 않을** 뿐이다. 예를 들어 미치는 우리의 뼈 개념을 배우는 초기 단계에서 확실히 우리의 뼈 개념을 상당히 많이 결여하고 있지만 그것을 제외한 나머지 개념들은 전혀 부정하지 않는다. 미치는 본헤드와 달리 우리가 뼈에 있다고 믿는 해부학적 기능을 뼈가 갖는다는 것을 부정하지 않는다. 뼈가 해부학적 기능을 **갖느냐 갖지 않느냐**의 문제는 미치의 조기 교육에서 아직 꺼내지 않은 생각이다. 본헤드는 부정의 의미에서 '우리가 필요로 하는 만큼의 믿음을 결여하기' 때문에 그에게 뼈 개념을 부여해서는 안 되는 게 맞지만, 그렇다고 해서 미치의 경우에도 똑같이 해야 된다는 말은 아니다. 실제로 정도의 차 견해가 타당하다고 가정할 때, 미치는

••

36) Stich, "Do Animals Have Beliefs?" p. 23.

'믿음을 결여한다'의 비부정의 의미에서 그 개념을 정의하는 많은 믿음들을 결여하고 있기는 해도 우리 개념을 제한된 정도에서 가지고 있다고 주장할 만한 원리적인 이유가 있다. 미치가 우리 개념을 정의하는 믿음들 중 적어도 하나를 갖는 한, 그리고 그가 우리의 다른 개념을 명시적으로 부정하거나 그 부정을 함의하는 뼈에 대한 다른 믿음을 유지한다고 가정할 이유가 없는 한, 우리 개념을 그에게 부여할 이유가 충분히 있다.

피도가 뼈에 대한 '우리가 필요로 하는 만큼의 믿음을 결여'하므로 우리의 뼈 개념을 피도에게 부여할 수 없다고 반대하는 것은, 지금까지 주장한 것을 전제로, 피도가 부정의 의미에서 '우리가 필요로 하는 만큼의 믿음을 결여한다'라고 믿을 이유가 있을 때만 타당한 반론일 **수 있다**. 즉 피도가 **선호-믿음뿐만 아니라 우리의 다른 믿음들을 명시적으로 부정하거나 그 부정을 함의하는 뼈에 대한 다른 믿음들을 가지고 있다고 가정할 이유가 없다면**, 피도는 우리 개념을 가지고 있다는 것을 부인할 수 없다. 따라서 우리가 피도에 대해 이렇게 믿을 이유가 충분한지 물어보자. 피도가 뼈에 대해 가진 다른 믿음들에 대한 우리의 이른바 무지 중 두 번째, 무시되었던 날[37]이 드러나는 곳이 여기이다. 스티치가 옳다면 우리의 무지는 진짜이기 때문이다. 앞서 언급한 것처럼,[38] **피도가 뼈를 성공적으로 인식한다고 해서 그것만으로는 피도가 뼈를 봤을 때 그것을 인식하게 하는 특성들이** 무엇인지 드러내지 않으며, 이 특성들이 무엇인지 발견하려는 **우리의** 시도는 우리 장치를 가지고서는 피도가 뼈가 가지고 있다고 믿는 것은 고사하

••

37) (옮긴이) '올바른 질문 하기' 절의 마지막 단락에서 언급한 "양날의 칼"에서 "두 번째 날"을 말함.
38) (옮긴이) '올바른 질문 하기' 절의 마지막 단락.

고 이해할 수 있다고 가정할 이유가 없는 특성들(예컨대 화학적 그리고 기하학적)의 목록만을 줄 수 있을 뿐이다. 그러나 이와 관련해서 **우리의 추정된 무지**는 피도가 선호-믿음은 가지고 있지만, '결여한다'의 부정의 의미에서 뼈에 대한 우리의 다른 믿음들을 **결여한다**고 정당하게 주장할 수 없다는 것을 보여준다. 뼈에 대하여 피도가 **어떤** (다른) 믿음을 가졌는지 우리는 알지 못하기에, 스티치의 견해에 따르면, 우리는 이런 믿음들이 우리의 다른 믿음들을 명시적으로나 암묵적으로 부정하는지 알지 못한다. 그리고 우리가 이것을 알지 못하므로, 피도가 선호-믿음을 가졌으며 이 믿음은 우리의 뼈 개념을 부분적으로 정의하고 개념과 개념 획득에 대한 정도의 차 개념을 받아들인다고 언제나처럼 가정한다면, 피도가 이 개념을 가지고 있다는 것을 부정할 이유가 없다. 우리가 이것을 모두 받아들이고, 우리의 뼈 개념을 피도는 가지지 못하지**만 그럼에도** 미치는 가지고 있다고 주장한다면, 우리는 편파적**일 것**이며 다소 노골적으로 해로운 방식으로 그렇다.

편파적이라는 이러한 비판은, 우리의 뼈 개념을 정의하는 믿음 자체가 다양한 논리적 특성을 가지고 있다는 것을 보여주는 논증을 당장 쓸 수 있다면 해소될 수 있다고 생각할지도 모른다. 특히, 뼈에 대한 해부학적 믿음을 갖는다는 것이 우리의 뼈 개념을 갖기 위해 논리적으로 필요한 조건이라고 주장한다고 가정해보자. 그렇다는 것을 보여줄 수 있다면, 피도가 우리와 뼈에 대해 적어도 한 가지 믿음을 공유한다고 하더라도 우리는 피도가 어떻게 우리의 뼈 개념을 결여할 것인지를 보여줄 수 있다. 더구나 논리는 편파적이지 않으므로 피도가 자의적이지 않게 배제될 것 같다. 그러나 피도가 배제되는가? 해부학적 믿음을 갖는 것이 우리의 뼈 개념을 갖기 위해 필요한 조건이라는 결론에 우리가 어떻게 이를 수 있는지 정확히 알고 싶을 것이다. 피도가 이런 개념을 가질 수 없기 **때문에** 그렇다고 한다면, 논점을 결정하는 근거는 분명히 편파적일 것이다. 그러나 의심받는 바로 그 편견을 다시 끌어들이지 않으려고 한다면, 해부학적 믿음이 필요하다는 결론을 이미 받아들이지 않는 사람의 생각을 바꿀 수 있는 논증은 있을 수 없다. **만약** 있다면, 미치가 이런 특정 믿음을 결여하고 있을 때 뼈에 대한 아무리 많은 다른 믿음을 우리와 공유하고 있다고 하더라도 그는 우리의 뼈 개념을 가지지 못한다고 부득이하게 말해야 한다. 이미 제시한 이유로 이것은 해부학적 믿음의 특정 경우에 만족스럽지 못한 견해이다.

해부학적 믿음에 대해 참인 것은 뼈에 대한 다른 믿음에 대해서도 참일 수 있다. 즉 우리가 뼈에 대해 가지고 있는 특정 믿음이 있다고 할 때, 그런 특정 믿음을 갖는 것은 적어도 어느 정도 우리의 뼈 개념을 갖기 위해 필요한 조건은 아니라는 것이 참일 수 있다. 그러나 해부학적 믿음에 대해 참인 것이 우리가 뼈에 대해 가지고 있는 모든 다른 믿음에 대해서는 참이 아닐 수도 있다. 즉 누군가가 우리의 개념을 가지려고 한다면, 우리가 뼈에 대해 갖는 적어도 한 가지 믿음이 꼭 필요, 필수적일 가능성이 남는다. 그러나 그런 믿음이 만약 있다면 어떤 것일 수 있을까? **만약** 그런 믿음이 있다면, 어떤 것도 선호-믿음보다 '필수 믿음'이라는 이름에 더 큰 권리를 가지고 있지 못하다. 결국 누가 우리의 뼈 개념을 가지고 있느냐는 물음은 믿음-바람 이론에 대한 더 넓은 논의 맥락에서 일어난다. 따라서, 다시 말하면, 우리의 개념을 소유하는 데 필수적인 뼈에 대한 믿음이 있다**면**, 그 믿음은 한편에서는 어떤 것이 뼈라고 믿는 것, 다른 한편에서는 이 믿음을 갖는 것이 주어진 바람을 만족시키기 위해 뼈라고 믿는 것을 선택하는 것과 맺는 관련, 이 둘 사이의 관계에 관한 것이어야 한다. 그리고 **그것**은 정확히 선호-믿음을 규정하는 것인데, 그 믿음을 가지는 것은 우리가 뼈라고 믿는 것이 특정 취향이나 맛을 위한 우리의 바람을 만족시키려고 다른 것보다 우선해서 선택해야 한다고 믿는 것이기 때문이다. 그러므로 우리의 뼈 개념을 가지는 데 필수적인 뼈에 대한 믿음이 없다면, 피도는 우리와 한 가지 믿음(선호-믿음)만을 공유한다는 근거로 우리의 개념을 가질 자격을 박탈당할 수 없다. 반면에 우리의 뼈 개념을 소유하는 데 필수적인 한 가지 믿음이 있다면 선호-믿음은 다른 믿음들 못지않게 그 이름에 대해 적어도 강한 권리를 주장할 수 있다. 어떤 대안이 선택되든 간에, 우리는 우리의 뼈 개념의 파악을 피도에게 부여할 합리적인 근거를 갖는다. 피도는 뼈에 관한 한 본헤드가 전혀 아니다.

동물의 경험

두 번째 반대는, 만약 우리가 뼈를 바라고 맛보는 것이 어떤 것인지를 피도가 바라고 맛보는 방식대로 안다고 한다면, 우리는 선호-믿음을 개에게 부여할 수 있고 그래서 피도가 어떤 것이 뼈라는 것을 믿을 때 믿는 것에 내용을 부여할 수 있다고 주장한다. 그러나 우리는 실제로는 피도가 무언가를 경험하는 것이 어떤 것인지 알지 못하므로, 피도에게 선호-믿음을 부여하지 못하게 된다는 것이다.

동물이 의식을 갖는다는 것을 부인하는 데카르트의 신빙성 없는 근거 말고, 위와 같은 반대 의견을 주입하는 회의론의 근거는 어떤 것이 있을 수 있을까? 한 가지 가능성은, 피도는 언어 사용자가 아니기에, 그리고 피도의 경험을 기술하려는 우리 자신의 노력은 **필연적으로** 언어로 표현될 것이기에, 우리는 피도가 바람과 맛 따위를 경험하는 것이 어떤 것인지를 알 수 없다는 결론이 나온다는 것이다. 이것을 **언어 논증**이라고 부르자. 이것은 허울만 그럴듯한 논증이다. 만약 이 논증을 받아들이면, 언어 사용자는 언어가 결여된 어떤 것을 기술한 것이 참이라는 것을 알 수 없다는 견해를 받아들이게 된다. 예를 들어서 우리가 10원짜리 동전이 갈색이라고 말한 다면, 언어 사용자인 우리는 언어 사용자가 아닌 동전을 부분적으로만 기술한 것이다. 우리의 기술이 언어적이고 개는 언어 사용자가 아니므로 우리는 피도가 바람 따위를 경험하는 것이 어떤 것인지 알 수 없다고 주장한 다면, 10원짜리 동전도 언어가 결여되어 있으므로 그것이 갈색이라는 것을 알 수 없다고 말해야 한다. 그러나 이것은 터무니없다. 따라서 그런 결론에 이르게 하는 견해 역시 터무니없다. 피도의 경험에 대해 알 수 있다는 것에 회의적인 이유가 우리는 언어를 사용하지만 피도는 사용하지 않기 때문이라는 것은 합리적일 수 없다. 시러큐스 대학교의 철학자인 조너선 베넷 (Jonathan Bennett)의 논증을 약간 비틀면, 우리는 언어를 사용하지만 개는 사용하지 못하기 때문에 우리가 개의 경험에 대해 알 수 없다고 한다면, 우리는 개의 소화 체계에 대해서도 박식하게 기술할 수 없다.[39]

피도가 바람 따위를 경험하는 것이 어떤 것일지 우리가 이해할 수 있는 방식을 막는 것은 언어가 아니라 우리의 상상력의 한계라는 대답이 아마도 가능할 것이다. 우리는 상상을 통해 피도의 세계로 들어갈 수 없고, 세상을 피도가 경험하는 것처럼 경험할 수도 없다는 것이다. 그렇게 하려는 노력은 모두 실패로 끝나기 마련인데, 개의 눈을 통해 세상을 바라보는 것을 상상한다고 하더라도, 우리가 기껏 성공하는 것은 개의 눈을 통해 바라보는 **우리 스스로**를 상상하는 것이지 그렇게 바라보는 **피도**를 상상하는

39) Jonathan Bennett, *Linguistic Behavior*(Cambridge: Cambridge University Press, 1976), p. 118.

것은 아니다. 우리는 필수적인 상상력 수단이 결여되어 있기 때문에, 피도가 무언가를 경험하는 것이 무엇인지를 피도가 이해하는 것처럼 이해할 수 없는 것이다.

이 논증(상상력 논증) 역시 받아들일 사람이 별로 없는 회의적인 함의를 낳는다. 아마도 내가 해낼 수 있는 것은 기껏해야 피도의 몸에 살면서 (그렇게 상상하면서) 무언가를 맛보는 나 자신을 상상하는 것이므로 무언가를 맛본다는 것이 어떤 것일지 피도가 맛보는 것처럼 상상할 수 없다고 한다면, 나 자신이 가령 피델 카스트로[40]라고 상상하려고 할 때와 어떻게 다를 수 있는가? 나의 상상력에 대한 노력과 성공이 아주 강력하다고 하더라도, 나는 피델의 경험을 여전히 가지지 못할 것이다. 내가 기껏해야 가질 경험은 내가 쿠바 지도자의 경험이라고 생각하는 나 자신의 경험이다. 그러므로 나는 피델이 시가를 피우고 싶어 하고 브랜디를 맛보고 싶어 하는 것이 어떤 것인지 알지 못한다고 말해야 할까? 만약 그가 어떻게 경험하는지에 대한 나의 지식이, **내가** 경험하는 것이 **그의** 경험이라고 말할 수 있을 정도로 내가 그 사람이라고 상상할 수 있는 나의 능력과 운명을 같이한다면, 알지 못한다고 대답**해야 한다.** 그러나 우리는 회의론에 그렇게 무제한의 자유가 주어져 있다고 생각하지 않는다. 우리가 성취하기 불가능한 지식의 요구 조건을 성취할 수 없다는 이유로 무언가를 알지 못한다고 말해야 한다고 우리는 믿지 않는다. 우리가 피델의 경험을 우리의 경험처럼 상상할 수 없다는 이유로 그가 어떻게 바람이나 맛 따위를 경험하는지에 대해 회의적이 되는 것은 타당할 수 없다. 그렇다면 비슷한 근거로 피도의 경험

40) (옮긴이) '피도'와 비슷한 이름을 가진 사람 이름. '피도'가 Fido이기 때문에 그것과 비슷한 사람 이름으로 쿠바의 지도자인 피델(Fidel)을 예로 들었다.

에 대해 회의적이 되는 것도 타당할 수 없다.

어떤 사람들은 다음과 같이 항의할 것이다. (그리고 우리는 여기서 **종 논증**을 만나게 된다.) "그럼에도 피델과 피도의 경우는 다르다. 내가 피델의 바람을 경험할 수 없고 내 경험만 경험할 수 있다는 것은 인정한다. 그렇지만 나는 인간이 된다는 것이 무엇인지에 대해 충분히 안다. 나는 피델이 시가를 피우고 싶을 때의 그의 경험이 내가 담배를 피우고 싶을 때의 경험과 비슷하다는 것을 아는 것처럼 직접적인 지식을 가지고 있는 것이다. 피도의 경우는 뚜렷하게 다르다. 나는 개의 경험과 공유하는 것이 없고, 따라서 개가 무언가를 어떻게 경험하는지 알지 못한다. 피도는 내가 속한 종의 구성원인 피델과 달리 개이다."

그러나 서로 다른 개체가 서로 다른 종에 속한다는 이유로 공통의 경험을 공유하지 못한다는 것이 맞는 말인가? 정말 그렇다면 우리는 실제로나 이론적으로나 곤란한 지경에 빠지게 될 것이다. 개와 고양이는 서로 다른 종에 속하므로 공통의 경험을 공유하지 못한다고, 예를 들어 개와 고양이의 고통이나 개와 고양이의 성적 바람이 **완전히** 다른 현상이라고 믿는 사람은 아마도 아무도 없을 것이다. 물론 이 동물들이 비슷한 고통과 성적 행동을 보이더라도 거기에 따르는 정신 상태는 완전히 다르다는 게 **논리적으로** 가능하다. 그러나 우리의 관행이나 절약의 원리는 이러한 가능성을 사실이라고 보는 데 반대한다. 우리가 서로 다른 종의 동물들이 비슷한 경험을 한다는 믿음을 입증하는 방식으로 행동하는 것(예를 들어 고양이와 개의 고통이 같거나 적절하게 비슷한 것**처럼** 우리는 행동한다)은 말할 것도 없다. 그리고 우리가 이런 식으로 행동하는 것이 잘 들어맞는다는 것(고양이와 개가 같거나 비슷한 경험을 하는 것처럼 다루는 것은, 가령 다리가 부러진 개를 효과적으로 치료할 때와 비슷하게 다리가 부러진 고양이를 효과적으로 치료할 때처럼 그들과 실제로 효과적인 방식으로 상호 작용할 수 있게 한다) 또한 말할 것도 없다. 더 나아가서, 개와 고양이의 경험을 적절하게 비슷하다고 간주하는 것은 그 자체로 견실한 이론이기도 하다. 왜냐하면 우리는 경험의 종류(개의 경험, 고양이의 경험 등)를 필요 이상으로 늘려서는 안 되기 때문이다. 서로 다른 종의 동물들이 공통의 또는 적절하게 비슷한 경험을 갖는다는 믿음이 그들의 관찰된 행동과 일관적이라면, 절약을 근거로 해서 이러한 믿음을 받아들이는 것이 타당하다. 서로 다른 종의 동물들이 공통의 또는 적절하게 비슷한 경험을 갖는다는 믿음은 종종 그들을 관찰한 행동과 일관적인데, 이것은 이러한 믿음을 받아들이는 실제적인 이유가 될 뿐만 아니라 이론적인 이유가 되기도 하는 것이다. 그 반대로 생각한다면 우리는 절약의 원리를 내버리는 꼴이 된다.

그러나 **인간**과 동물에게 공통의 경험을 부여하는 것이 인간과 동물의 행동과 일관적일까? 이것은 인간과 동물이 어떻게 행동하는가를 관찰함으로써 해결될 문제이다. 우리가 알고 싶은 것은 우리가 인간이 가령 물, 따뜻함, 음식, 휴식을 바란다는 것을 알 때 인간이 행동하는 방식과 닮은 방식으로 동물이 행동하는지이다. 누적 논증의 다른 주장들을 전제한다고 할 때, 그리고 '다른 사람의 마음'의 지식에 대한 회의적인 의심을 제쳐놓는다고 할 때, 흄이 한 말로 말해보면, "동물의 외부 행동이 우리 스스로가 수행하는 행동을 닮은 것으로부터 동물의 내부 정신 역시 우리의 정신을 닮았다고 판단한다(할 수 있다)."[41] 동물의 행동이 우리의 행동을 닮았다고 한다면 그리고 누적 논증의 다른 주장들을 전제로 한다면, 단순성은 다시

∴

41) David Hume, *A Treatise Concerning Human Nature*, ed. L. Selby-Bigge(Oxford: The Clarendon Press, 1941), p. 176.

공유하는 경험을 부여하는 쪽 편을 들 것이다. 이제, 방금 언급한 인간의 바람과 관련된 행동을 놓고 볼 때 동물의 행동이 인간의 행동을 닮았다는 것을 부인할 사람은 아무도 없을 것이다. 내가 당신이 목이 마르고 물을 마시고 싶다는 것을 안다면, 나는 당연히 당신이 선택을 할 수 있을 때 컵에 든 모래를 들이켜는 것이 아니라 컵에 든 물을 마시리라 기대한다. 목이 마를 때의 인간의 행동에 해당하는 동물의 행동이 있으며, 그래서 나는 동물도 비슷한 선택을 할 것이라고 기대한다. 목이 마를 때(또는 맛을 볼 때 등)의 인간의 경험과 목이 마를 때(또는 맛을 볼 때 등)의 동물의 경험이 비슷하다고 주장할 때 우리가 주장하는 것은 인간의 행동과 동물의 행동에 대해 관찰 가능한 사실과 비일관적이지 않다. 그러므로, 다시 한번 말하지만, 단순성의 원리에 의해 나는 경험의 종류를 필요 이상으로 늘려서는 안 되기 때문에, 가령 개의 맛 경험과 완전히 다른 인간의 맛 경험을 가정해서는 안 된다. 반대로 개와 인간이 완전히 다른 종에 속하지만 공통의 맛 경험을 공유한다고 가정해야만 한다.

이것은 인간의 모든 경험에 해당하는 동물의 경험이 있다거나, 더 나아가 모든 동물의 경험은 언제나 어떤 인간의 경험과 적절하게 비슷하다고 말하는 것은 아니다. 그리고 그렇게 말할 필요도 없다. 인간의 모든 경험에 해당하는 동물의 경험이 있다고 말하는 것이 아닌 까닭은, 예컨대 피도가 내가 가지고 있는 정치적 우려나 응원하는 축구팀이 이겼을 때의 기쁨 같은 것을 가지고 있다고 가정할 이유가 없기 때문이다. 그리고 모든 동물의 경험이 언제나 어떤 인간의 경험과 적절하게 비슷하다고 말하는 것이 아닌 까닭은, 우리 경험과는 아주 이질적인 동물 경험의 형태가 있어서 우리는 적절하게 비슷한 경험을 동물과 공유하지 못할 뿐만 아니라 그런 경험을 한다는 것이 무엇인지 이해조차도 할 수 없기 때문이다. 이 점은 미국의 철학자인 토머스 네이글(Thomas Nagel)이 「박쥐가 된다는 것은 무엇인가?」라는 도발적인 논문에서 강력하게 제시했다. 네이글은 이렇게 말한다.

대부분의 박쥐(정확히는 작은박쥐류[42])는 외부 세계를 주로 음파 탐지 또는 반향 위치 측정을 통해 지각하는데, 즉 빠르고 민감하게 조절된 고주파 소리가 범위 내에 있는 물체에서 반향된 것을 탐지한다. 박쥐의 뇌는 외부로 내보내는 충격을 그에 뒤따르는 반향과 연결하도록 설계되어 있으며, 박쥐는 그렇게 획득된 정보 덕분에 거리, 크기, 모양, 운동, 질감을 우리가 시각으로 구분하는 것에 비견할 수 있을 정도로 정확하게 구분할 수 있다. 그러나 박쥐의 음파 탐지는, 분명히 지각의 형태이기는 하지만, 그 작동에서 우리가 소유하는 감각과 비슷하지 않으며, 우리가 경험하거나 상상하는 무언가와 주관적으로 비슷하다고 가정할 이유가 없다.[43]

그러나 지금 문제는 **어떤** 동물이 인간의 경험과 완전히 다른 **어떤** 경험을 하느냐는 것이 아니다. 그것은 논쟁에 참여하고 있는 모두가 인정할 수 있는 것이다. 문제는 **어떠한** 동물이든 인간의 어떤 경험과 적절하게 비슷한 **어떠한** 경험이든 하는지 믿을 만한 이유가 있느냐이다. 가장 특별하게는 피도를 포함한 어떠한 동물이든 우리가 경험하는 방식과 비슷하게 바람과 맛보기를 경험하느냐는 것이다. 적절한 동물의 행동은 인간의 행동

••

42) (옮긴이) 과일박쥐 등 큰박쥐류는 반향 위치 측정 대신 시각에 의존한다.

43) Thomas Nagel, "What Is It Like to Be a Bat?" in *Mortal Questions*(Cambridge: Harvard University Press, 1979), p. 168.

을 닮았기 때문에, 그리고 우리는 피도와 같은 동물이 정신적 삶을 가지고 있는 것으로 볼 만한 독립적 이유가 있기 때문에, 그리고 단순성의 원리는 필요 이상으로 경험의 종류를 늘리지 말라고 요구하기 때문에, 이러한 동물의 경험이 인간의 경험에 해당한다고 볼 만한 강한 잠정적인 이유가 있다. **강한** 잠정적인 이유라고 말한 까닭은, 비슷한 정신 상태를 추론하는 것이 부당하다는 것을 보여주는 논증이 곧 나올 **수 있음**을 우리가 인정하기 때문이다. 예를 들어 인간의 행동과 동물의 행동이 충분히 비슷하지 않은 경우가 있기 때문이다. 언어 논증, 상상력 논증, 종 논증의 세 가지 논증은 만약 올바르다면 이러한 추론을 막을 것인데, 우리는 이를 검토해보았다. 각각은 부족한 면이 드러났다. 물론 다른 논증이 있을 수도 있다. 그러나 이 추론이 합리적으로 보았을 때 결함이 있다는 것을 보여주는 논증이 나오지 않거나 나올 때까지는, 서로 다른 종의 의식적 존재들의 행동에서 보이는 유사성은 누적 논증의 다른 주장들과 결합되었을 때 성공을 보장해준다.

행동과 믿음의 내용

마지막 반론은 동물의 행동을 근거로 동물 믿음의 내용을 명시하는 우리의 능력에 관한 것이다. 현재 문제가 되는 점은 동물의 행동 **그 자체가** 동물이 기능적 상태 또는 심리적 상태로 이해되는 믿음을 갖는다는 주장을 지지하는 근거로 충분하냐는 것이다. 앞선 논의에서는 동물에게 정신적 삶을 부여하는 것은 동물이 어떻게 행동하느냐 **이상의** 고려 사항(예를 들어 진화론의 함의뿐만 아니라 '바라다', '믿다', '미워하다' 등과 같은 말의 일상적 사용에 대한 고려 사항)에 의존한다고 주장했다. 현재 문제가 되는 점은 동물의 관찰된 행동을 근거로 **어떤** 동물이 믿는다고 말할 수 있고, 동물의 믿음의 **내용**을 명시할 수 있는 능력이 우리에게 없다는 주장에 관한 것이다. 스티치는 우리가 동물의 믿음의 내용을 명시할 수 있다는 것을 부인하기 때문에 동물이 어떻게 행동하느냐를 근거로 동물이 믿는 바를 말할 수 없다는 생각을 내비친다. 스티치가 부인하는 근거는 이미 살펴보았고 반박을 했다(2.3). 프레이도 이 문제를 언급하는데 부정적인 답변을 내놓는다. 우리가 동물은 믿음(즉 기능적 상태나 심리적 상태의 의미로서의 믿음)을 갖는다고 가정하더라도, 프레이는 동물이 어떻게 행동하느냐를 근거로 동물이 **무엇을** 믿는지 말할 수 없다고 주장한다. 그가 이렇게 부인하는 근거는 다음과 같은 구절에서 제시된다.

나는 어떻게 행동이 나의 개가 p라는 믿음을 소유하고 있음을 **보여줄** 수 있는지, 바로 그 같은 행동이 q라는 믿음이나 r라는 믿음이나 s라는 믿음과 양립할 수 없는 방식으로 p라는 믿음과 연결되지 않는 한, 이해하지 못한다. 왜냐하면 만약 개의 행동이 p라는 믿음과 세 가지 다른 믿음들 모두와 양립 가능하다면, 나는 그 행동을 근거로 개가 가지고 있는 것은 p라는 믿음이라는 것을 이해하지 못하기 때문이다. 예를 들어서, 몇 달 전에 개는 주인이 문에 있을 때, 또 밥을 주었을 때, 또 일식이 일어났을 때 꼬리를 미친 듯이 흔들었다. 내가 아는 한 그 행동은 첫 번째나 두 번째나 세 번째나 똑같았고, 그 행동을 근거로 개가 갖는 것은 (⋯) 주인이 문에 있다는 믿음이라는 결론을 어떻게 내릴 수 있는지 전혀 분명하지 않다.[44]

∴

44) Frey, *Interest and Rights*, pp. 114~115. 프레이는 두 번째 논증도 제시하는데, 나는 그것이 내가 살펴본 논증과 마찬가지 방식과 마찬가지 이유로 결함이 있기에 다루지 않는다. 즉

여기서 여러 가지 질문이 생기는데, 가장 중요한 것은 프레이가 행동, 특히 개의 경우나 여타의 경우에 특정 믿음을 부여하는 행동적인 근거와 관련이 있을 때의 행동을 충분히 잘 이해했는가이다. 우리는 메리(인간)가 어떤 소리를 듣고서 문으로 걸어가는 것을 보았다고 가정하자. 우리는 단지 그가 문으로 가는 것을 근거로 그가 문에 있는 것이 누구이거나 무엇이라고 믿는지와 관련된 특정 믿음을 그에게 합리적으로 부여할 수 있는가? 우리는 분명히 그럴 수 없다고 대답해야 한다. 그러나 그 까닭은 그의 행동에 대해 우리가 알고 싶은 것은 다 알고 있지만, 메리가 믿는 것은 우리가 합리적으로 말할 수 없다는 것을 알고 있기 때문이 아니다. 그보다는 우리는 개별적인 행동 하나하나를 지금이나 과거나 미래나 행동이 일어나는 더 큰 맥락에서 분리하여 이해할 수 없기 때문이다. 맥락과 동떨어져서 본다면, 메리가 문으로 가는 행동은 **행동**이라고 보기 거의 어렵다. 어떤 방향으로 가는 일련의 움직임과 거의 다름없다. 그러나 무슨 목적으로? 그 소리는 친숙한 소리인가? 그는 누군가를 기다리고 있는가? 그는 문을 열기 전에 망설였는가? 이것들이 메리가 문에 누구 또는 무엇이 있다고 믿는다고 합리적으로 말할 수 있기 전에 물어야 할 종류의 질문들이다. 동물의 경우뿐만 아니라, 곧 설명하겠지만, 인간의 경우에도, 개체가 어떻게 행동하느냐를 근거로 특정 믿음을 합리적으로 부여하기 위해서는 행동에 대한 원자적인 견해가 아니라 전체론적인 견해라고 부를 수 있는 것이 필요하다.

프레이의 개는 프레이가 문에 있을 때뿐만 아니라 매우 다양한 환경에서 꼬리를 미친 듯이 흔든다고 했다. 그렇다면 프레이는 꼬리를 흔드는 것

∴

그 논증은 동물의 행동을 전체적이 아니라 원자적으로 다루기에 동물의 행동에 대해 적절하지 않은 질문을 한다.

이 프레이가 문에 있다는 것을 피도가 믿는다는 것을 '**보여줄 수 있는지**' 알고 싶어 한다. 그러나 이것은 피도의 경우뿐만 아니라 어떤 경우에도 적절하게 묻는 것이 아니다. 행동을 이해하려고 한다면 맥락 속에서 전체론적으로 이해해야 한다. 개가 프레이가 문에 있다고 믿는다고 말하고 싶을 때 우리는 개가 어떤 **기대**를 가지고 있다는 것을 함의해야 하는데, 이 기대는 개가 가지고 있다면 개의 미래의 행동에 의해 드러날 기대를 말한다. 만약 개가 이런 믿음을 갖는다면, 개는 어떤 사람, 가정하자면 자신과 정감 있는 관계를 유지하고 그래서 기쁜 마음으로 고대하는 그런 사람이 들어온다고 기대한다. 이러한 믿음을 피도에게 부여하는 것은 그 개가 이러한 기대를 갖는다고 믿을 이유가 있다는 것을 통해서 이해될 **수** 있고, **우리**가 이것을 믿을 이유가 있다는 것은 가령 계단이나 문에서 친숙한 소리가 났을 때처럼 적절하게 비슷한 환경에서 개가 어떻게 행동하는지에 (또는 피도와 비슷한 다른 개가 어떻게 행동하는지에) 대한 우리의 과거 관찰로부터만 나올 **수** 있다. 왜냐하면 이러한 종류의 배경 정보 없이 피도가 문에 누가 또는 무엇이 있다고 믿는지 근거를 가지고 말할 수 없는 것은, 우리가 똑같이 무지할 때 메리가 문에 누가 또는 무엇이 있다고 믿는지 근거를 가지고 말할 수 없는 것이나 마찬가지이기 때문이다. 우리가 개에 대해서 잘 알고, 그래서 개는 귀에 익은 자기 친구의 소리가 날 때 꼬리를 흔든다고 해석한다고 가정하자. 프레이가 문에 있다는 믿음을 피도에게 부여하는 근거로 작용하는 것은, 태양 아래 있는 모든 것과 동떨어져서 단독으로 고려된 꼬리 흔들기가 **아니다**. 이런 믿음을 지금 피도에게 부여하는 근거를 제공하는 것은, 적절하게 비슷한 환경이 주어졌을 때 피도가 꼬리를 흔든다는 것**과**, 친구가 문에 있다는 것과 연관된 어떤 기대를 갖는 그런 환경에서 피도의 과거 행동이 보여준 것 사이의 알려진 연관이다. 우리가 메리에게 친구 노라가 문에 있다는 믿음을 부여하는 것이 옳은 것은 그가 문에 친구가 있다고 믿는다면 가졌을 기대를 갖는다고 믿을 이유가 있을 때인 것처럼, 피도가 문에 있는 사람은 친구라고 믿는다면 가졌을 기대를 지금 가지고 있다고 우리가 믿을 이유가 있다면 피도에게 이런 믿음을 부여하는 것은 옳다. 그러나 메리가 소리가 들렸을 때 문으로 걸어가는 것만을 근거로 그가 믿는다고 말할 수 없는 것처럼, 피도의 동떨어진 하나의 행동만 보고서 피도가 **무엇을** 믿는지를 말할 수는 없다.

　동물에게 특정 믿음을 부여하기 위한 행동의 근거를 이렇게 설명하는 것은 세 가지 점을 더 알게 되면 추가적인 지지를 받게 된다. 첫째, 여기서 추천한 설명은 믿음 부여의 정확성을 검사하는 방법을 제시한다. 우리가 피도에게 프레이가 문에 있다는 믿음을 부여할 때 피도가 어떤 식별 가능한 기대를 가지고 있음을 함의하므로, 만약 피도의 미래 행동이 피도가 문에 있는 것이 자기 친구라고 믿는다면 가졌을 기대를 가졌다고 보여준다면 이러한 믿음을 부여하는 것은 정확하다고 (검증되었다고, 확증되었다고) 볼 수 있다. 만약 피도가 프레이를 알아봤다는 것을 드러낸다면, 프레이가 돌아올 때 신난 동작을 보여준다면, 그리고 다른 습관적인 '의례적' 인사 행동에 참여한다면, 피도는 자기 친구가 문에 있다고 정말로 믿는다고 말하기 위해 가질 수 있는, 그리고 가져야만 하는 모든 이유를 가지고 있다. 왜냐하면 이것이 바로 피도가 프레이를 기대했다면 행동했을, 그리고 피도가 문에 있는 것이 프레이라고 믿는다면 프레이를 기대했을 **바로 그** 방식이기 때문이다. 그러나 피도가 들어오는 사람에게 으르렁거리며 물려고 하며 짖으면서 맞는다면, 피도는 문에 있는 것이 프레이라고 믿지 않는다고 결론을 내리기 위해 가질 수 있는, 그리고 가져야만 하는 모든 이유를 가지고 있다. 프레이와 프레이의 개 사이에 약간의 적대감이 있지 않다면, 이것은 개가 프레이가 들어온다고 생각할 때 행동할 만한 방식이 아니다. 어느 경우가 됐든, 우리의 믿음 부여가 정확한지 결정할 것은 어떤 사람이 문으로 들어오기 **전**뿐만 아니라 **그다음**에 개가 어떻게 행동하느냐이다. 그가 들어오기 전의 행동은 그의 믿음이 무엇인지에 대한 신호를 주고, 따라서 그의 기대가 무엇인지에 대한 신호도 준다. 그러나 그가 들어온 다음의 행동은 우리가 그 신호를 정확히 읽었는지를 결정하는 결정적 검사를 제공한다.

둘째, 특정 믿음을 동물에게 부여하는 이 같은 설명은 의도적 맥락에서 동물에게 믿음을 부여하는 것을 말하는 것이 무엇이고, 그것의 정확성을 어떻게 측정하는지 분명하게 보여준다. 동물이 어떠한 것을 하기 위해 다른 어떠한 것을 할 때마다 의도적으로 행동한다고 해보자. 예를 들어 피도가 벽을 긁고, 빠져나가고, 우리가 무언가를 묻은 장소로 즉각 뛰어가고, 맹렬히 판다면, 피도의 행동은 무슨 일이 있어도 의도적인 행동으로 보인다. 개는 무언가를 묻은 곳에 가기 **위해서** 나가기를 원했고, 묻힌 것을 찾기 **위해서** 그곳을 판다. 피도가 어떤 믿음―예를 들어서 뼈가 발견될 것이고 **그리고** 나가서 그것을 찾아야 한다는 믿음―을 가지고 있기 때문에, 그런 행동을 하는 것이라고 말하는 것은 자연스러울 것이다. 그런 (의도적) 믿음을 개에게 부여하는 것이 합리적인가? 우리가 피도에게 부여하는 믿음을 피도가 가지고 있고 피도가 가지고 있을 기대를 그 개가 가지고 있다고 믿을 이유가 우리에게 있다고 한다면, 합리적이다. 그리고 개의 행동에 대한 우리의 과거 관찰을 근거로 개가 적절하게 비슷한 환경에서 어떤 방식으로 행동하고 그래서 개가 적절하게 비슷한 기대를 갖는다는 것을 드러낸다는 것을 우리가 알게 되면 우리의 믿음 부여는 타당할 것이다. 우리의 믿음 부여가 정확한지는 개가 실제로 어떻게 행동하는지를 관찰함으로써 검사할 수도 있다. 만약 우리가 마당에 묻은 것이 콜라병이라면, 그리고 피도가 평범한 개라면, 피도는 그것을 팠을 때 뼈를 발견했을 때와 완전히 다르게 행동할 것이고, 훈련된 동물 행동학자의 눈이 아니더라도 그 차이를 알아낼 수 있을 것이다. 개가 뼈를 기대했는데 콜라병을 발견했다면, 자기 기대가 무너지는 사람이 그러는 것처럼 행동할 것이다. 만약 피도가 평범한 개라면, 그 개는 분명 실망할 것이다. 그의 행동은 그 개가 자기 믿음('뼈가 있다')이 거짓이라는 것을 알게 되었을 때 우리가 기대하는(예측하는) 것일 테고, 그래서 우리는, 이것에 반대하는 올바른 논증이 없고 프레이의 부인(2.2)이 있음에도, 피도(그리고 비슷한 동물)에게 참인 믿음과 거짓인 믿음을 구분하는 능력을 부여할 수 있다.

셋째, 특정 믿음을 동물에게 부여하는 것과 그 부여를 검사하는 것의 근거에 대한 설명이 갖는 일반적 특성 때문에, 피도의 선호—믿음 파악에 대하여 애초(2.3)에 가능했던 것보다 이제 더 많은 것을 말할 수 있다. 피도가 이 믿음을 갖는다고 할 때, 우리는 뼈를 고르는 것과 뼈가 주는 맛에 대한 자기 바람을 만족시키는 것 사이의 연결을 피도가 파악하고 있다고 주장한다. 그러나 이런 믿음을 피도에게 부여하는 것이 옳은가? 그 답은 피도가 뼈가 어떤 맛에 대한 자신의 바람을 만족시킨다고 믿는다면 가졌을 뼈에 대한 기대를 피도가 가지고 있다고 말할 이유가 있는지에 달려 있다. 이러한 기대에는 뼈에 입을 가져다 대고, 씹고, 핥고, 맛을 보고, 일반적으로 유쾌한 이러한 일련의 경험을 한다는 것이 포함된다. 이러한 믿음을 피도에게 부여한 것이 얼마나 **정확한가**는 피도가 이러한 기대를 가졌다면 했을 방식대로 뼈와 관련을 맺는다는 것을 우리가 아느냐에 달려 있다. 정확도를 결정하는 간단한 검사는 다음과 같다. 고기가 달린 뼈를 준비해서 피도에게 잘 보이는 곳에서 다른 사람이 들고 있다가 내려놓는다. 개가 어떻게 행동하는지 관찰한다. 개가 뼈에 관심을 보이는가? 개가 당장 뼈에 입을 대려고 하는 것처럼 보이는가? 또는 뼈를 향해 짖거나, 잠이 들거나, 이 무서운 것을 보기만 했는데도 구석에 웅크리는가? 만약 피도가 평범한 개라면, 우리는 피도가 기대하는 것을 아주 잘 알기 때문에 무엇을 기대할지 아주 잘 안다. 개는 뼈를 씹으면서 즐거운 시간을 보내기를 기대할 것이다. 그렇다면 우리가 피도에게 선호-믿음을 부여하는 것이 정확한가는 피도에게 그 믿음이 있다면 가졌을 기대를 가지고 있다고 생각할 관련 있는 근거가 우리에게 있느냐에 의해서만 결정될 수 있다. 정확성 검사의 결정적인 부분은 개를 풀어 놓았을 때 어떻게 행동하느냐에 의존할 것이다. 우리가 개에게 선호-믿음을 부여했을 때 개가 가지리라고 우리가 생각하는 기대를 개가 가지고 있다고 개의 행동으로 보여줄 가능성이 크다.

여기서 p라고 믿는 것과 어떤 기대를 갖는 것 사이에 주장되는 관계는 동일성 관계가 아니라는 것을 강조하는 것이 중요하다. "A는 p라고 믿는다"는 "A는 이러저러하게 기대한다"를 뜻하는 것이라고 주장하는 것은 아니다. 이 경우에 그 둘이 동일하다고 주장하면 우리가 기대하는 것을 설명하거나 정당화하는 방식으로 우리의 믿음을 인용하는 것을 이해하지 못하게 된다. 메리가 문에서 나는 소리를 들었을 때, 누가 있는지 먼저 확인하지 않고 문을 열었더니 전혀 모르는 사람이 쳐들어와서 귀중품을 훔쳐 갔다고 가정하자. 메리에게 왜 누군지 확인하지 않고 문을 열어주었느냐고 묻자 그는 친구 노라를 기대했다고 대답했다고 가정하자. 그러면 메리에게 **왜** 노라를 기대했느냐고 묻는 것은 완전히 합리적이고, 우리가 메리에게 원하는 것은 그러한 기대를 가지는 것과 관련 있는 믿음을 이야기하는 것이다. 이제 그의 기대가 의존하는 믿음이 기대 그 자체와 같다면, 그가 믿음을 이야기할 때 할 수 있는 것은 그가 그 믿음을 가졌기 때문에 그 기대를 가졌다고 말하는 것이 전부이다. 이것은 그가 명시적으로 하는 것이 아니다. 그의 믿음은 그가 가지고 있는 기대를 갖기 위한 근거가 된다. 따라서 p라고 믿는 것, q라고 믿는 것 따위는 자기가 기대하는 것을 기대하는 것과 동일하지 않다. 그러므로 특정 믿음을 피도에게 부여하는 것이 근거해야 하는 것은 피도의 기대에 대한 우리의 지식이라고 주장할 때, 더 나아가 이러한 부여의 정확도는 우리가 피도에게 부여하는 것을 피도가 믿는다면 가졌을 기대를 피도가 가졌다고 할 때 했을 행동을 피도가 하느냐를 근거로 검사해야 한다고 주장할 때, 피도가 p라고 믿는 것은 피도가 이러저러하다고 기대하는 것과 동일하다고 주장하지는 않는다. 우리 모두와 마찬가지로 피도는 자신이 믿는 것을 믿기 **때문에** 자신이 기대하는 것을 기대하고, 그래서 피도가 어떤 기대를 가지는지 말하는 것은 피도가 무엇을 믿느냐와 관련은 있지만 구분된다.

특정 믿음을 동물에게 부여하는 것이 앞서 주장한 방식대로 이해될 때, 그리고 동물 행동을 해석할 때 전체론적 관점을 취한다면, 프레이의 우려를 누그러뜨릴 수 있다. 피도는 자기 꼬리를 여러 상황에서 흔든다. 그 점은 동의한다. 개가 이것**만** 하는 것은 개에게 다양한 믿음들을 부여하는 것과 양립 가능하다는 것도 동의한다. 그리고 개가 꼬리를 흔드는 것을 관찰한 것만을 근거로 피도가 믿는 것이 무엇인지 말할 수 없다는 것도 동의한다. 그러나 피도가 꼬리를 흔드는 것만을 근거로 피도가 무엇을 믿는지 우리가 말할 수 없는 것은 개가 믿는 것이 무엇인지 말할 수 있게 하는 피도의 행동 목록의 결함이나 행동 근거의 부족을 의미하지 않는다. 오히려 개의 행동이 일어나는 맥락과 독립해서 그 행동의 특징에만 주목해서 개가 믿는 것이 무엇인지 말하려고 **노력해야** 한다고 가정하는 것은, 프레이의 편에서 보면 행동이 무엇인지 이해하지 못하고, 행동의 더 세심한 평가가 특정 믿음을 동물에게 부여하는 데나 그 부여를 검사하는 데 필요한 근거를 어떻게 검사하는지 이해하지 못한다는 것을 가리킨다.[45] 동물의 행동에 대한 전체론적 견해는 동물에게 언제 믿음을 부여할지, 어떤 믿음을 부여할지, 어떤 환경, 어떤 시점에 부여할 이유가 있는 믿음이 다른 환경, 다른 시점에서 부여할 이유가 있는 믿음과 같은지, 다른지 결정하도록 해준다. 만약 가령 피도가 평범한 개라면, 피도는 자기 먹이에 대한 믿음이 있을 것이고, 이 믿음은 자기 친구에 대한 믿음과 다를 것이다. 따라서 피도는 먹이가 앞에 있다고 믿을 때는 문에 친구가 있다고 믿을 때와 다른 기대를 가질 것이다. 그리고 이렇게 서로 다른 믿음을 가지기 때문에 서로 다르게 행동할 것이다. 만약 프레이의 개가 평범한 개라면, 그 개는 친구를 맞지 않고 자기 먹이를 먹을 것이다.

2.5 동물 의식의 복잡성

앞 절에서 선호-믿음을 피도에게 부여하는 세 가지 유형의 반론을 살펴보았고 부족함이 있음을 알았다. 이번 절에서는, 앞서 주장한 것처럼 선호-믿음을 개에게 부여할 좋은 이유가 있고 부여의 정확성을 결정할 신뢰성 있는 방법이 있다면 따라 나올 더 중요한 함의를 개략적으로라도 보여

∵

45) 프레이는 행동에 대한 원자적 견해를 이용하여 어떤 사람이 행동하는 것을 근거로 그가 믿는 것을 말할 수 없다고 주장하는 유일한 사람은 아니다. 프레이가 도움을 받았다고 말하는 해리슨(Bernad Harrison)은 행동이 믿음의 부여 근거가 된다는 베넷(Jonathan Bennett)의 주장에 비슷하게 반대한다. 베넷의 *Linguistic Behavior*에 대한 해리슨의 서평(*Mind*, October 1977, pp. 600~605)을 보라.

주겠다. 앞으로 보겠지만, 피도가 선호-믿음을 갖는다는 최소한의 사례를 보여주는 것으로부터 상당히 많은 것이 도출될 것이고, 그 대부분은 특별히 피도뿐만 아니라 동물의 정신적 삶에 대한 우리의 이해에 도움이 될 것이다.

지적할 만한 가치가 있는 첫 번째 사항은 다음과 같다. 피도의 선호-믿음 파악과 관련된 논증은 분명히, 피도가 어떤 맛에 대한 바람을 만족시키기 위해 어떤 것들을 어떻게 선택해야만 하느냐에 대한 것뿐만 아니라 피도가 가지고 있는 다른 바람들, 가령 휴식, 따뜻함, 동료와의 교류를 만족시키기 위해 여러 다른 것들을 어떻게 선택해야만 하느냐에 대해 개가 가지고 있는 다른 많은 믿음의 내용을 제공할 수 있도록 일반화될 수 있다. 두 번째, 이 같은 형식의 논증은 분명히 다른 포유동물에게도 일반화될 수 있고 적용될 수 있다. 만약 피도가 뼈와 관련된 선호-믿음을 가지고 있기에 믿음을 갖는 동물의 집합에 당당히 입성할 수 있다면, 예컨대 고양이, 소, 돼지, 말, 라마, 호랑이, 기린, 하마, 고래도 뒤처질 수 없다.

피도처럼 믿음을 갖는 동물들을 보면, 그들이 틀림없이 갖는 인지 능력과 관련해서 상당히 중요한 것이 따라 나온다. 그것은 "피도가 선호-믿음을 가지고 있다면, 이것은 어떻게 가능한가?"라는 선험적 논증[46] 방식으로 제시된다. 피도가 이 믿음을 가지고 세상에 태어났다고 가정하는 것은 터무니없다. 개가 뼈의 맛이 어떤지 **알고서** 태어났다고 진지하게 주장하는

••

46) (옮긴이) 어떤 경험적인 사실을 받아들일 때 그것이 가능하기 위해서 가능한 조건을 찾는 논증 방법. 보통은 외부 세계의 존재에 대한 회의론에 반대하기 위한 논증을 가리킨다. 즉 우리가 경험을 한다는 의심할 수 없는 사실이 가능하기 위해서는 외부 세계가 존재해야 한다고 주장하는 것이다. 여기서도 동물이 믿음을 갖는다는 경험적 사실이 주어졌을 때, 그것이 가능하기 위한 조건을 찾고 있다는 점에서 선험적이다.

사람은 없을 것이다. 피도가 이것을 알기 위해서는 우리 모두와 마찬가지로 뼈에 혀를 대보아야 한다. 피도가 그렇게 했지만, 개는 기억력이 없다고 가정해보자. 그러면 피도는 선호-믿음을 형성할 수 없고, 뼈의 맛과 자기 바람의 만족 사이의 연결에 대해 믿고 있는 것이 있을 때 행동하던 것처럼 행동할 수 없다. 선호-믿음은 이런 연결에 대한 일반적 믿음이기 때문에 피도는 이렇게 할 수 없는 것이다. 만약 개가 기억력이 없다면, 어떤 일반적인 믿음도 형성할 수 없고, 따라서 선호-믿음도 파악할 수 없다. 피도가 이런 믿음을 갖는다고 보는 것이 합리적이므로 적절한 경험, 곧 뼈의 맛을 본 경험을 기억하는 능력을 갖는다고 보는 것이 합리적이다. 비록 피도는 우리와 달리 자신이 그런 능력이 있다고 말은 할 수 없지만 말이다.

그러나 피도가 선호-믿음을 파악할 수 있다면 기억력 이상의 것을 틀림없이 가질 수 있다. 뼈를 틀림없이 인식할 수 있는 것이다. 그러나 피도가 뼈를 인식하기 위해서는 개별적인 뼈를 (감각으로 단지 찾기만 해서는 안 되고) 지각할 수 있어야 할 뿐만 아니라,[47] 개별적인 사례에서 추상화하고 일반적인 개념(이를테면 뼈의 개념)을 형성하고 이 개념을 특정 사례에 적용할 수 있는 능력이 있어야만 한다. 이러한 능력이 없다면 피도가 어떻게 선

••
47) 프레이는 *Interests and Rights*에서 "지각은 감각에 의한 발견뿐만 아니라 정신에 의한 파악 (…) (또는) (…) 감각의 자료를 개념 아래 포괄하고 그에 따라 분류하는 것까지 포함한다"(p. 119)라고 말한다. 그래서 프레이는 그런 개념이 없으면 지각도 없고 오로지 '감각에 의한 발견'만 있다고 주장한다. 그리고 프레이의 견해에서는 동물이 어떤 개념을 가질지 또는 개념을 가지거나 할지 말할 수 없기 때문에, 동물이 무언가를 지각할 수 있느냐 또는 실제로 지각하느냐는 문제에 대해서도 회의적이어야 한다. 앞에서 제시한 논증이 옳다면, 피도와 그와 비슷한 동물은 일반적 개념을 가져야만 하고, 우리는 적어도 어떤 경우에는 개념의 내용에 대해서 무엇인가를 말할 수 있다. '지각'과 '감각에 의한 발견'의 차이점을 받아들이더라도, 우리는 피도나 다른 많은 동물들이 지각한다고 말할 수 있다. 지각하지 못한다면 선호-믿음을 형성할 수 없다.

호-믿음을 파악하는지 합리적으로 설명할 수 없다. 그러면 우리가 이 믿음을 피도에게 부여하고, 피도가 왜 그렇게 행동하는지 설명하려고 할 때 피도의 이 믿음을 가리킬 수 있는 좋은 이유가 있으므로, 일반적 개념을 형성할 수 있는 능력까지 그에게 부여하는 좋은 이유 역시 가지고 있다.

그러나 피도는 미래에 대한 믿음을 가질 수 있는가? 만약 이미 주장한 것처럼 피도가 무엇이 일어날 것인가에 대한 기대와 이 기대와 관련된 믿음을 갖는다면, 피도는 확실히 미래에 대한 믿음을 갖는다. 이것은 피도가 의도적으로 행동한다고 합리적으로 볼 수 있는가와 관련된 물음을 살펴봄으로써 강화될 수 있는 결론이다. 만약 어떤 개체 A가 이러한 능력을 가지고 있다는 것이 우리에게 합리적으로 보인다면, A는 어떤 목적(예컨대 어떤 바람을 만족하는 것)을 달성하기 위한 의도를 가지고 행동하고 있다고 보는 게 합리적이다. 피도가 이것을 할 수 있을까? 만약 우리에게 피도가 믿음을 가질 수 있다는 것을 부인할 좋은 이유가 있다면, 우리에게는 피도가 의도적으로 행동할 수 있다는 것을 부인할 똑같이 좋은 이유가 있을 것이고, 만약 우리에게 개가 믿는 것이 무엇인지 명시할 수 있다는 것을 부인할 좋은 이유가 있다면, 피도가 행동한 것을 가정한다고 하더라도 어떤 의도로 행동했는지 말할 수 있다는 것을 똑같이 좋은 이유로 부인할 수 있을 것이다. 누적 논증은 피도와 여타 포유동물이 기능적 또는 심리적 상태로 이해되는 믿음을 우리처럼 가지는 것으로 볼 수 있는 좋은 근거를 제공해주며, 동물의 행동은 동물이 **무엇을** 믿는지 말하는 데 필요한 근거를 제공해준다. 그런 까닭에 피도가 가령 뼈가 있다고 믿는 곳을 파기 **위해서** 나가고 싶어 한다고 보는 데 논리적으로 방해가 되는 것은 전혀 없으며, **그리고** 뼈가 주는 맛의 바람을 만족시키기 위해서 나가고 싶고 땅을 파고 뼈를 묻다고 보는 데 논리적으로 방해가 되는 것은 전혀 없다. 간단히 말해서 피도가 **자신의** 목적을 달성하기 위한 의도를 가지고 행동한다고 보는 데 논리적인 걸림돌은 없는 것이다. 그러나 **만약**, 반복해서 언급되는 사실이지만, 어떤 도덕철학의 저술에서도 핵심적으로 가정하듯이 우리가 인간을 의도적인 행위자로 본다면, 우리는 피도를 그렇게 볼 **수** 있을 뿐만 아니라, 그렇게 **보아야** 한다. 우리가 일단 인간의 경우에 이것을 받아들인다면, 그리고 동물에게 앎과 믿음을 부여하는 것에 대한 주된 반박에 잘 대처한다면, 그리고 동물의 행동을 알기 쉽게 기술할 수 있는 방법과 동물이 믿고 바라는 것을 언급하여 경제적으로 기술할 수 있는 방법을 설명한다면, **그렇다면** 우리는 동물 역시 의도적으로 행동하는 개체로 보기 위해 우리가 합리적으로 할 수 있는 모든 것을 한 것이다. 그리고 우리가 일단 이런 주장을 한다면, 인간의 경우에 미래에 대한 믿음을 가지고 있다고 본다면 피도와 여타 비슷한 동물도 마찬가지로 가지고 있다고 볼 이유를 추가로 가지게 될 것이다. 현재 자신의 미래에 대한 바람을 만족시키려는 의도를 가지고 행동한다고 (피도가 우리가 묻었다고 믿는 뼈에 입을 대는 행위를 통해 자신의 바람을 만족시키기 위해 밖으로 나가는 방식으로 행동할 때처럼) 말하기 위해서는 피도나 여타 동물이 그런 믿음을 가지고 있어야 하기 때문이다.

포유동물이 의도적 행위자의 지위가 있다고 인정하면 그 동물이 자기의식도 있다고 보아야 한다고 인정하는 길을 닦게 된다. 개체 A가 어떤 미래의 시점에서 자신의 바람을 만족시키기 위해서 지금 행위하는 것은, A가 적어도 자신이 지금 행위하는 결과로서 미래에 만족하는 것은 **자신의** 바람이라는 것을 믿고 있는 정도로 자기의식이 있다고 전제할 때만 가능하다. 다른 말로 하면, 의도적 행위는 자기의식이 있는 존재에게만 가능하다. 피도 그리고 적절하게 비슷한 동물이 의도적으로 행위할 수 있다고 합리적으로 볼 수 있기 때문에, 그것들이 자기의식이 있다고 보는 것이나,

그래서 다른 경우에서처럼 이 경우에서도 그것들을 인간 정신 능력의 '모형'으로 보는 것도 마찬가지로 합리적임이 틀림없다. 믿음, 바람, 의도 등의 경우처럼 자기의식도 호모사피엔스의 배타적인 속성은 아니다. 개리스 매튜스의 주장에 공감할 때, 앞서 말한 것은 그가 **심리적 연속성의 원리**라고 부르는 것을 지지한다. 그 원리는 "인간의 심리는 일반적으로 동물 심리의 한 부분이다"[48]라는 내용이다.

앞에서 말한 마지막 함의는 주목할 만하다. 동물에 믿음을 부여하는 것이 타당하고 그 믿음의 내용을 명시하는 능력이 우리에게 있음은 동물이 감정적인 삶을 가지고 있다고 보는 것이 적절함을 뒷받침한다. 감정적인 삶은 예컨대 다윈이 반복해서 강조한 점이고, 만약 헵과 그의 동료들에게 배운 내용(1.8)을 상기해보면 강화될 수 있는 것이다. 그 자체가 예외이고 통상적인 것이 아닌 병리학적 사례를 제외하고는, 가령 두려워하는 것은 **특정한 어떤 일이 일어나리라고** 두려워하는 것이고, 화가 나는 것은 일어난 일 때문에 **어떤 사람 또는 어떤 것을 향해서** 화가 나는 것이다.[49] 다시 말해서 일반적으로 사람들은 이를테면 어떤 일이 일어날 것이라거나 일어날 것 같다고 믿지 않으면서, 일어나리라고 두려워하지 않는다. 놀랍지도 않게 프레이는 동물이 믿음을 가질 수 있다거나 실제로 갖는다는 것을 부인하기 때문에 감정을 가질 수 있다거나 실제로 갖는다는 것을 '의심한다.' 그러나 프레이가 감정 또는 "적어도 (감정 중) 상당 부분"[50]이 믿음 없이는

48) Gareth Mattews, "Animals and the Unity of Psychology," *Philosophy* 53, no. 206 (October 1978), p. 440.
49) 이것은 막연한 불안이 있다는 것을 부정하는 것은 아니고, 그런 현상은 바로 앞에서 규정한 종류의 믿음을 포함하지 않은 경우, 곧 정상적인 감정이나 느낌의 경우에서 벗어난 경우이기 때문에 비정상적이라고 주장하는 것뿐이다.
50) Frey, *Interests and Rights*, p. 122.

가능하지 않다고 주장할 때는 진실의 편을 드는 것처럼 보이는 반면에, 그가 동물의 감정적 삶을 부인하거나 동물은 믿음이 없기에 감정을 갖는다는 것을 '부인'할 때는 비슷한 위치에 있지 않다. 이러한 부인을 지지하는 어떤 좋은 논증도 제시되지 않았고, 동물에게 믿음을 부여하는 강한 잠정적 이유가 있다. 따라서 다윈이 포유류 동물의 공포, 의심, 애정, 질투를 언급할 때,[51] 그가 말한 것은 과학적인 경계를 허문 채 마음에 관해 가볍게 의인화한 것이라고 합리적으로 묵살할 수는 없다. 헵의 말로 하면 "인간과 동물의 감정을 인정하는 것은 근본적으로 다르지 않다."[52]

마지막으로 앞 장에서 살펴본 문제와 비슷한 문제를 논의해야 한다. 앞 장의 문제는 의식적인 동물과 그렇지 않은 동물 사이의 경계를 어디에 그어야 하느냐와 관련 있었다. 진화론의 함의를 포함해서 누적 논증에 호소하여 결정해야 한다는 것이 제시된 대답이었다. 어떤 동물과 전형적인 의식적 존재(즉 정상적인 능력을 지닌 인간)의 해부학적, 생리학적 유사성이 크면 클수록, 이 동물이 의식의 물질적 토대를 갖는다는 점에서 우리와 비슷하다고 볼 이유가 더 커진다. 또 이 동물이 이러한 점에서 우리와 비슷하지 않으면 않을수록, 그것이 정신적 삶을 갖는다고 볼 수 있는 이유는 적어진다. 어떤 동물들은 종종 이러한 점에서 우리와 아주 근본적으로 다르기 때문에, 그것들이 의식을 완전히 결여한다고 보는 것은 불합리하지 않다. 전기 신호를 감지하면 열리는 자동 주차장 문이나 게임 참가자의 아주 격렬한 동작을 감지하면 '틸트'라는 불이 켜지는 핀볼 기계처럼, 어떤 동물은

51) Charles Darwin, "Comparison of the Mental Powers of Man and the Lower Animals," chaps. III and IV in *The Descent of Man*(London: 1971, *Animal Rights*, ed. Rean and Singer에 재수록), pp. 72~81.
52) Hebb, "Emotion in Man and Animal"(chap. 1, n. 29, p. 88을 보라).

의식하지 못하고서도 이 세상에서 '행동적인 움직임'을 한다고 합리적으로 볼 수도 있다. 확실히 어떤 동물이 의식적이라고 주장한다고 해서 모든 동물이 의식적이라는 견해에 동의하는 것은 아니다.

현재 문제는 여러 동물의 의식적 삶이 보이는 상대적 복잡성과 관련해서 선을 어디에 그려야 하느냐는 것이다. **어떤** 동물이 자신의 환경을 알고, 믿음과 바람을 가지고, 기억과 미래에 대한 기대(따라서 미래감)를 가지고, 자신의 바람과 목적을 달성하기 위해 의도적으로 행동할 수 있다고 주장하기 위해서, **모든** 의식적 동물이 동등하게 타고났다는 견해에 동의할 필요는 없다. 진화론의 핵심 요지를 고려해볼 때, 어떤 의식적 동물이 과거에 대한 기억도 없고 미래에 대한 의식적 예측도 하지 못하면서 평생 허울만 그럴듯하게 현재만 살지만 (물론 우리의 추측일 뿐이지만) 그래도 어떤 사건이 일어날 때 자신의 몸에서 쾌락과 비슷한 어떤 것과 고통 비슷한 어떤 것을 경험하는 초보적인 정신적 삶을 산다는 것은 가능할 뿐만 아니라 개연성이 매우 높다. 만약 우리가 진화론이 함의하는 대로 더 복잡한 형태의 의식적 삶은 덜 복잡한 의식적 삶으로부터 진화했다고 가정한다면, 기본적인 정신적 삶을 사는 동물의 존재는 불가피하다. 물론 이 경우 그리고 유사한 경우에 선을 어디에 그리느냐는 확실히 논란이 될 문제이다. 그리고 가령 단세포 동물은 의식이 완전히 없고, 중추 신경계가 원시적인 동물은 초보적인 의식이 최소한도로 있다고 합리적으로 확신할 수 있다. 그러나 우리 목적을 위해서는 모든 경우에 선을 어디에 긋느냐는 결정적인 문제가 아니다. 포유류 동물이 의식과 감응력이 있을 뿐만 아니라 믿음, 바람, 기억, 미래감, 자기의식, 감정적 삶을 가질 수 있고 의도적으로 행위할 수 있다는 것을 함의하는 방식으로 선을 그을 수 있는 좋은 이유가 있느냐가 결정적 문제이다. 이번 장이 명료하게 하고 옹호하려고 한 답변은 다음

세 마디로 요약할 수 있다. 그럴 수 있다.

선 긋기의 문제는 실제로는 지금까지 지적한 것보다 더 복잡하다. 포유류 동물이 방금 기술한 대로 복잡한 정신적 삶을 가진 개체라고 볼 수도 있지만, 육체가 발달하거나 퇴보하는 모든 단계에서 이런 식으로 보는 것은 필수적이지도 않고 합리적이지도 않기 때문이다. 예컨대 수정의 단계나 심각한 뇌 손상을 겪은 다음의 고양이나 개는 믿음이나 바람, 목표나 선호, 감각이나 감정이 있다고 합리적으로 볼 수 없다. 그것들이 막 태어났을 때 이러한 복잡성에 근접하는 정신적 삶을 가지고 있느냐 역시 논란이다. 특정 포유동물의 생물학적 삶 중에서 이러한 정신적 능력들이 정확히 언제 나타나고 언제 사라지는지, 다시 말해서 **이** 점과 관련해서 선을 정확히 어디에 그어야 하는지는 인간과 관련된 비슷한 질문과 마찬가지로 성가신 문제이다. 인간의 태아가 가령 수정의 순간에 믿음과 감정이 있다거나, 육체적으로 성숙한 인간이 회복 불가능한 혼수상태에 빠졌을 때 계속해서 복잡한 정신적 삶을 가질 수 있다고 주장하는 사람은, 태아의 생명권을 가장 열렬히 주장하는 사람을 포함해도, 없을 것이다. 간단히 말해서 포유동물처럼 인간은 앞 장에서 논의된 정신적 능력을 얻을 수도 있고 잃을 수도 있다. 이런 동물의 경우에서처럼, 인간 개체가 이러한 능력을 언제 얻고 언제 잃는지 선을 긋는 어려운 문제는 해결할 수 없다.

그러나 이 문제를 해결할 수 없지만, 그 어려움은 이 시점에서 본질적인 점에서 선결문제를 요구하지 않고서 완화할 수 있다. 인간의 태아가 발달의 후반 단계에서 기억, 믿음, 바람이 있는가는 논란이 있는 문제라는 점에 동의하자. 그러나 한 살 이상의 아이가 이러한 능력이 있는지는, 아이가 정신적으로 심각하게 쇠약하지 않다고 가정한다면, 우리가 믿음이나 바람 따위의 개념을 잘못 분석하지 않는 한 심각하게 의심할 거리가 아니다.

마찬가지로 태아 단계거나 갓 태어난 개가 이런 능력이 있는지는 아마도 다들 한마디씩 하는 토론거리가 될 것이다. 그러나 앞에서 전개한 분석과 논증이 올바르다고 가정한다면 한 살 이상의 정상적인 개의 경우에는 그렇지 않다. 그렇다면 우리는 이 시점에서 개체의 수준에서는 선을 긋는 문제를 대답하지 않은 채 남겨두는 보수적 방책을 채택할 수 있는데, 이것은 비록 이 문제는 해결하지 못하더라도 전진할 수 있게 하는 방책이다. 그 방책은 간단하게 말해서, 인간이나 동물을 언급할 때 언급되는 인간이나 동물은, 문제가 되는 정신적 능력을 가진 존재와 결여한 존재를 합리적으로 구분하는 '선을 그을' 수 있는 지점을 **충분히 넘었다**고 가정하는 것이다. 즉 다른 말이 없다면, **인간**이라는 말은 아주 심각한 지적 장애나 아주 현저한 정신적 저하(예컨대 영구적 혼수상태)가 없는 한 살 이상의 호모사피엔스를 가리키는 데 쓸 것이다. 그리고 다른 말이 없다면 **동물**이라는 말은 정신적으로 정상인[53] 한 살 이상의 포유동물을 가리키는 데 쓸 것이다. 이 시점에서 **인간**과 **동물**이라는 말을 어떻게 사용할지 가정하는 것은 앞으로 표현의 경제성을 추구하기 위한 것이므로, 오해를 일으켜서는 안 된다. 그래도 혹시 모르니까 앞으로 계속 상기는 시킬 것이다. 의사소통에 도움을 주기 위해서, 앞으로 제시되는 동물권 옹호 논증이 지금 가정한 **동물**이라는 말이 포괄하는 동물에 거의 분명히 적용되지만, 그 외의 동물을 다룰 때에도 중요한 도덕적 제약이 적용되는 이유를 설명하기 위해 관련이 있는 사항들을 숙고해볼 것이다(특히 9.3~9.4를 보라).

∴

53) (옮긴이) 장애인이 아닌 사람은 '비장애인'으로 부르는 것이 정치적으로 올바른 언어이다. 그러나 이 책에서 'normal'은 핵심적인 용어로 쓰이고 있기에 구분을 위해 부득이하게 '정상'이라는 말을 쓴다. 이 책에서 '정상적인'은 '평균'의 의미로 받아들여야 한다. 실제 영어의 normal은 '정상적인'과 '평균'의 의미가 모두 있다.

2.6 요약과 결론

포유동물을 우리처럼 믿음과 바람을 갖는 개체로 보는 것은 여러 가지 이유로 타당하다. 먼저 진화론이 그렇듯이 상식과 일상 언어는 이것을 지지한다. 또 포유동물의 행동은 이러한 견해와 일관적이다. 그리고 이런 동물의 정신이 상대적으로 정교하고 능력이 있느냐고 묻는 것은 이들이 비물질적이고 불멸하는 영혼을 가지고 있느냐고 묻는 것과 혼란스럽게 엮여 있을 뿐이다. 이러한 이유들이 함께 모여 (그래서 누적 논증이다) 입증 책임 논증의 근거가 된다. 즉 이런 동물이 믿음과 바람이 있다는 것을 부인할 더 좋은 근거가 있다는 것을 보여주지 않거나 보여줄 때까지는 우리는 동물이 믿음과 바람을 지니고 있다고 합리적으로 믿을 자격이 있는 것이다. 스티븐 스티치가 "우리의 직관적인 믿음-바람 이론"이라고 부른 것은, 반박을 하는 쪽에서 그것이 졌다는 것을 보여주지 않는 한, 이긴 것이다.

프레이는 입증 책임을 다 하려고 노력한 철학자 중 한 명이다. 프레이의 견해에서 동물은 바람을 가질 수 없기에 바람을 가지지 않는다. 그는, 바람을 갖는다는 것은 믿음을 갖는다는 것을 포함하며 '언어를 갖는' 개체들만 믿음을 가질 수 있기 때문에, 동물은 참된 의미에서의 믿음을 가질 수 없다고 생각한다. '언어가 결여된' 존재는 믿음이 불가능하다는 프레이의 입장은, 무엇보다도 무언가를 믿을 수 있는 사람은 아무도 없다는 터무니없는 결론에 이르기 때문에 지지될 수 없음이 드러났다. 프레이의 견해에서는 (적어도 문장을 만들거나 이해할 수 있는 수준까지) 언어를 숙달하지 않고서는 믿음이 있을 수 없기 때문에, 그리고 언어 학습을 위해서는 배우는 것에 대한 언어 이전의 믿음이 있어야 하기 때문에, 아무도 언어를 배울 수 없다는 결론을 내려야 하고, 따라서 그의 견해에서는 무언가를 믿을 수 있는 사람은 아무도 없게 되는 것이다. 믿음의 설명을 통해 믿음을 갖는 개체의 집합에서 동물을 배제하려다가 이 집합이 공집합이 되는 결론에 이르게 되는 것은 잘해 봐야 너무 많은 희생을 치르고 얻은 승리일 뿐이다.

스티치는 믿음-바람 이론을 동물에게 적용하는 것에 대한 두 번째 유형의 반론을 대표한다. 스티치는 믿음과 바람이 심리적 상태임을 인정하는데, 그는 누적 논증이 한두 살의 정상적인 포유류 동물이 믿음과 바람을, 그의 용어로 말하면 "상당히 많이 비축하고 있다"라고 보는 견해를 지지한다고 분명히 주장한다. 그러나 믿음과 바람은 내용 역시 가지고 있다. 무언가를 믿는다는 것은 어떤 것이 사실**이라고 믿는** 것이다. 그리고 바로 이러한 연결 때문에 동물의 믿음이 우리에게 파악되지 않는 것이라고 그는 생각한다. 동물이 심리적 상태라고 이해되는 믿음을 가지고 있다고 가정할 이유가 상당히 많은데도 우리는 동물이 **무엇을** 믿는지는 간단하게 말할 수 없다. 스티치의 편을 들어 말해보면, 믿음-바람 이론은 동물에게 적용했을 때 기껏해야 반쪽짜리 이론이다.

우리는 동물이 무엇을 믿는지 말할 수 없다고 주장하는 스티치의 근거는 개체들이 같은 개념을 가질 때에 대한 만족스럽지 못한 이해에 의존하고 있다는 것을 보았다(2.3). 두 개체는 같은 개념을 정도의 차이가 있게 가질 수 있다. 그 둘은 x에 대한 같은 개념을 공유하기 위해서 x에 대한 같은 개념을 모두 그리고 오직 그것만 공유할 필요는 없다. 예를 들어 화학을 전혀 모르는 어린이라고 해서 우유나 병에 대해 우리와 완전히 다른 개념을 갖는 것은 아니다. 이런 식으로 봤을 때 한 살 이상의 정상적인 포유류 동물은 우리의 개념과 상당 부분을 공유하고 있다고 보는 것이 합리적이다. 피도의 뼈 개념을 사용하여 일반적인 문제점을 보여줄 수 있다. 우리의 뼈 개념을 알려주는 믿음 중 적어도 하나(즉 어떤 맛에 대한 바람을 만족시키기 위해 뼈를 선택해야겠다는 선호 믿음)는 피도가 공유한다고 믿을 좋은 이유가 있는 개념이기 때문에, 그리고 스티치가 옳다고 가정한다면 피도가 우리의 개념을 구성하는 뼈에 대한 여타의 믿음들을 모두 부정한다고 주장할 이유가 없기 때문에, 그 개는 적어도 제한된 정도에서 우리의 개념을 갖는다고 합리적으로 볼 수 있다. 따라서 뼈에 대한 피도의 개념과 그것에 대한 믿음의 내용은, 그리고 개의 경우를 일반화해서, 일반적으로 포유동물에서 다른 많은 것에 대한 내용과 믿음은 원리적으로 적어도 '약간은' 결정 가능하다. 광범위한 경우에서 동물은 우리가 믿는 것을 믿는다.

이러한 결론은 여러 가지 방식으로 비판받을 수 있다. 그 하나로 동물이 행동하는 방식에 근거해서 동물이 믿는 것을 우리가 말할 수 있느냐는 비판을 살펴보았다(2.4). 다른 하나는 우리가 알고 있는 것은 동물의 비언어적 행동이 전부이기에 동물의 경험이 어떠한지에 대해 우리가 말할 수 있느냐는 비판이다. 두 번째 비판과 관련해서는 경험의 종류를 필요 이상으로 늘리는 것(개의 경험, 고양이의 경험, 인간의 경험 등)은 절약의 원리에 어긋난다고, 다시 말해서 가령 개의 맛 경험이 우리의 맛 경험과 분명히 다르다고 가정한다면 우리는 뭔가 잘못을 한 것이라고 주장했다. 첫 번째 반대에는 행동은 원자론적으로가 아니라 전체론적으로 이해해야 한다는 점을 지적했다. 만약 우리가 동물의 믿음 내용을 고정하기 위해 동물의 행동을 사용한다면, 우리는 프레이가 말하듯이 분리된 동물의 행동(예컨대 개 꼬리의 흔들림)에 주목하지 않도록 확실히 해야 한다. 우리는 스스로에게 동물에게 부여한 믿음을 동물이 갖는다**면** 동물은 예측한 대로 행동할 것인지를 물어야 하는데, 이 물음은 우리가 동물의 행동을 전체론적으로 보는 시간을 가질 때만 (예컨대 개가 꼬리를 흔드는 것 외에 무엇을 더 할 수 있고, 어떻게 흔들고, 언제 흔들고 따위를 탐구할 때) 대답할 수 있는 것이다. 우리가 동물에게 믿음을 부여하는 것이 얼마나 정확한지는, 동물이 우리가 부여하는 믿음을 갖는다면 이러저러하게 행동할 것이라는 우리의 기대를 동물의 행동이 보여주는지에 의존하고, 그것을 참조해서 검사할 수 있다. 그것은 바로 그 동물이 적절한 기대를 가지게 되는 경우 행동한다고 합리적으로 예측되는 방식으로 행동하는지 결정함을 통해 원리적으로 결정할 수 있는 것이다. 간단하게 말해서 적어도 상당히 많은 경우에 동물 믿음의 내용은 경험적으로 결정 가능하다.

피도와 같은 동물들을 (언제나 그렇듯이) 인간처럼 믿음과 바람을 갖는 개체로 보는 견해를 옹호한 다음에, 더 중요한 일부 함의를 대략 설명했다 (2.5). 이 동물들은, 인간도 이와 비슷하게 생각된다면, 의도적으로 행동하는 능력을 가졌다고 보는 게 합리적이다. **동물**은 이것을 원하고 저것을 추구하기 때문에 행동을 시작하고, 이러한 바람을 만족시키려고 그렇게 하기에 행동을 한다. 동물은 식물이 빛을 향해 구부러지는 것처럼 외부 자극에 단순히 반응하는 것은 아니다. 더구나 선호 믿음과 같은 믿음은 바람의 선택과 만족 사이의 연결에 대한 일반적 믿음이기 때문에, 이러한 동물들은 개별적 대상(가령 이 뼈)을 지각할 수 있을 뿐만 아니라 분명히 기억할수도 있고 과거의 경험을 토대로 일반적인 개념을 형성할 수도 있다. 그리고 동물이 갖는 많은 믿음은 미래에 대한 기대를 가지는 것을 포함하기 때문에, 이 동물들은 미래감, 즉 자신의 미래에 대한 의식 역시 분명히 갖는다. 미래에 자신의 바람을 만족시키려는 의도를 가지고 현재의 일련의 사건을 일으키는 개체처럼, 이러한 동물들은 **자신**의 미래를 파악하고 있다고 (즉 자신의 미래에 대한 믿음과 그에 상응하는 기대를 가지고 있다고) 보는 게 합리적이다. 따라서 그 동물들은 의식이 있을 뿐만 아니라 자기의식이 있다고 보는 게 합리적이다.

지각, 기억, 바람, 믿음, 자기의식, 의도, 미래감, 이것들은 한 살 이상의 정상적인 포유류 동물의 정신적 삶에 부여하는 가장 중요한 속성들이다. 이 목록에 하찮지 않은 감정의 범주들(가령 두려움과 미움)과 쾌락과 고통을 경험할 수 있는 능력이라고 이해되는 감응력을 덧붙이면, 이런 동물들의 정신적 삶을 공정하게 대하기 시작한 것이다. 인간의 경우에는 복잡한 정신적 삶을 인정하면서 동물의 경우에는 가령 동물의 행동에 대한 자극-반응 이론을 지지하며 복잡한 정신적 삶을 부인하는 것이 **이론적으로** 가능하기는 하다고 동의하자. 그러나 인간과 동물을 그렇게 다르게 보는 견해를 지지하는 논증이, 다시 말해서 누적 논증이 제기한 입증 책임을 만족시키는 논증이 필요하다. 이 장은 동물의 믿음과 바람의 문제를 명시적으로 언급하는 주요 논증들을 고찰했다. 가능한 모든 것을 고찰할 수는 없었지만, 그리고 지금까지 쭉 논의한 모든 논쟁이 철학적으로 종결된 것은 아니라고 기꺼이 인정하지만, 아무쪼록 이런 주요 논증들이 입증 책임을 만족시키지 못했다는 것을 충분히 보여주었기를 바란다. 계속 말하자면, 이런 논증들이 실패했는데도 불구하고 동물에게는 자극-반응 이론을 적용하고 인간에게만 믿음-바람 이론을 적용하는 것은, 또는 더 심각하게 믿음-바람 이론을 이용하여 동물과 동물의 행동을 이해하는 사람들을 '의인화한다'라고 폄하하는 것은, 편견을 폭로하는 것이 아니라 오히려 편견에 사로잡혀 있음을 보여주는 것이다. 동물에게는 '원시적인' 정신적 삶을 인정하거나ㅡ우리 가운데는 드러나지 않은 데카르트주의자가 있기 때문이다ㅡ혹은 동물에게 **어떤** 정신적 삶도 인정하지 않는 것은 슈테판 로흐너의 그림이 결코 진짜 사자를 그린 것이 아닌 것처럼, 이러한 동물이 된다는 것이 어떤 것인가에 대해 결코 정확한 개념을 가지지 못한 것이다.

제3장

동물의 복리

포유동물에게는 복리(welfare)가 있다.[1] 그들은 삶을 편히 살거나 어렵게 살아가는데, 모든 것을 종합해보았을 때, 일부 동물들의 삶은 경험이라는 측면에서 다른 동물들의 삶보다 낫다. 이는 특별할 것이 없는 이야기이다. 하지만 흔히 그런 것처럼, 이와 같은 특별할 것 없음이 복잡한 문제들을 은폐한다. 이에 관한 한 가지 사례로 들 수 있는 것은 동일성(identity)이다. 피도가 평생을 편히 살아가거나 어렵게 살아간다고 말할 때, 우리는 어떤 날과 다음 날, 그리고 삶의 상이한 단계에서 피도가 '동일한 개'임을 전제하고 있다. 이는 특별히 주목할 바가 아니다. 현재 피도가 해충 때문에 불편을 느끼고 있다는 진단을 받았고, 우리가 적절한 처방을 해줘서 피도의 불편이 누그러졌다고 가정해보자. 우리가 도움을 줘서 이익을 얻은 개는, 현재 겪고 있는 불편함을 미래에는 느끼지 않을 그 개는 피도 **외의** 다른 동물이 아니다. 그 개는 **다른** 개가 아닌 것이다. **우리가** 도움을 주려는 대상은 피도이다. 우리는 **그 개의** 삶의 질을 개선하고자 도움을 준다. 상식

..

1) (옮긴이) welfare는 복리 또는 복지로 번역되는데, 전자의 사전적 의미는 행복과 이익이고, 후자는 행복한 삶이다. 이 문장은 영어로 "Mammalian animals have a welfare"인데, 여기서 레건이 포유동물들이 충족해야 할 일정한 조건이 있음을 이야기하고자 한다는 점을 감안한다면 복리로 번역하는 것이 좋을 듯하다.

과 일상적인 관행에 바탕을 두고 판단해본다면 피도가 미래에 현재의 그 개여야 한다는 것이 그다지 주목할 만한 사실은 아니다. 만약 피도가 다른 개가 된다면 그것이야말로 특이한 경우일 것이다.

설령 이러한 이야기에서 특별히 눈에 띄는 점이 없어도, 그렇다고 주목할 만한 철학적 문제가 없는 것은 아니다. 여기서 중요한 질문은 "어떻게 무엇인가가 변하지만 그럼에도 계속 동일하게 남아 있는가?"를 설명하는 해묵은 문제이다. 피도가 열 살이 되면 그의 몸에는 태어났을 때 나 있던 털과 동일한 털이 하나도 남아 있지 않을 것이다. 그의 몸속 세포의 수도 과거와 동일하지 않을 것이고, 행동 또한 달라질 것이다. 과거에 비해 피도의 시력은 떨어질 것이고, 다른 감각의 민감성도 줄어들 것이다. 이 모든 변화가 이루어지는 과정에서 우리가 "저것이 변하지 않는 피도이다. 이로 인해 피도는 과거와 현재가 동일하며, 내일도 십중팔구 같다"라고 지적할 수 있는 곳은 구체적으로 어디인가?

이와 같은 성가신 질문은 다른 것들의 동일성에 관한 질문들과 근본적으로 다르지 않다. 다시 말해 이러한 질문이 가령 의자, 나무의 동일성에 관한 것이든 인간의 동일성에 관한 것이든 별다른 차이가 없다는 것이다. 하지만 논의를 진행하면서 언급했던 다른 문제들과 마찬가지로, 이 문제 역시 이곳에서 상세히 다룰 수 없다. 여기서 우리는 피도와 같은 개별 동물과 개별 인간을 포함한 개체들이 일정 기간 자신들의 동일성을 유지한다고 가정해야 한다. 모든 도덕 이론은 한결같이 이것이 인간의 경우에 참이라고 가정하고 있으며, 이때 아무런 도덕적 선결문제를 요구하지 않는다(다시 말해, 무엇이 도덕적으로 옳거나 그르며, 좋거나 나쁜지에 관한 선결문제를 요구하지 않는다). 이와 유사하게, 피도와 같은 동물이 인간과 다를 바 없다고 가정할 때에도 도덕적 선결문제를 요구하지 않는다. 다시 말해 이러한 동물들이 자신들의 동일성을 일정 기간 유지한다고 가정한다고 해서 동물을 어떤 방식으로 대하는 것이 잘못이라거나, 혹은 어떤 동물이 도덕적 권리를 갖는다고 가정하고 있지는 않다는 것이다. 하지만 앞의 장에서 상세하게 언급했던 여러 이유들에 따르면, 피도와 같은 동물들은 복잡한 정신생활을 영위하는―다윈의 표현을 빌리자면 우리와 질적인 차이는 아닌 정도의 차이가 있는―생명체이다. 그리고 이 때문에 우리는 이러한 동물들의 동일성에 대한 개연성 있는 설명을 제시할 수 있을 것이다. 동물들의 동일성에 대한 설명은 그러한 설명이 밝히고자 하듯이, 그들의 육체적인 동일성뿐만 아니라 심리적인 동일성까지도 집중적으로 다루어야 한다. 육체적인 동일성**만을** 다루는 설명은 기껏해야 이러한 동물들의 동일성에 관한 절반의 이야기만을 할 수 있을 따름이다. 그 이유는 그와 같은 설명은 잘해봤자 동물이 가진 특징의 절반만을 다룰 것이기 때문이다.

두 번째 문제는 동물 복리의 본질에 관한 것인데, 이에 대해서는 비교적 상세히 검토해볼 것이다. 이와 관련해서는 이익(interests), 이득(benefits) 그리고 해악(harms)이라는 개념에 천착해볼 것이며(3.2~3.4), 이에 앞서(3.1) 동물에게 자율성을 귀속하는 근거를 밝혀볼 것이다. 논의가 진행되면서 더 명료해지겠지만, 일정 기간 자신의 정신적, 육체적 동일성을 유지하는 개체로서의 동물은 자율적으로 (다시 말해 자신들의 선호에 따라) 행동할 능력과 관련된 복리를 갖는다. 동물 복리에 대한 분석에서는 죽음의 역할을 검토할 것이며(3.5), 이와 더불어 두 가지 심층적인 문제도 검토할 것이다. 그중 한 가지는 동물들에게 온정적으로 행동하는 것이 가능한지(3.6)의 문제이고, 나머지 하나는 안락사 개념을 동물들에게 적용할 경우 어떻게 이해해야 할 것인지(3.7)에 대한 문제이다. 이 장에서는 어떤 도덕적 결론에도 도달하지 않을 것이다. 하지만 여기서 검토하는 쟁점들은 앞으로 이어질 논의에서 옹호하고 있는 도덕적 결론에서 중요한 한 축을 담당할 것이다. 가령 안락사를 적절하게 분석해보는 일은 쓸데없이 소동만 벌이는 것이라고 간과해서는 안 된다. 이것을, 그리고 이 장에서 논의하는 다른 생각들을 분명히 정리해놓지 않을 경우, 우리는 우리를 기다리고 있는 도덕적 문제들을 제대로 파악하지 못하게 될 것이다. 나아가ー그리고 이는 이 장의 주요 목적을 보여주는데ー동물 복리 개념에 대한 분석은 이러한 동물 복리 개념이 본질적으로 인간의 복리와 유사하다는 사실을 드러내 보여줄 것이다. 결론적으로 동물 복리 개념을 검토해볼 경우, 우리는 인간과 동물 사이의 또 다른 중요한 유사성을 확인할 수 있게 될 것이다. 이러한 유사성은 양자를 이해하는 데에 불필요하다고 말할 수 없다.

3.1 동물의 자율성

우리는 자율성을 여러 방식으로 이해할 수 있다. 칸트의 저술에서 고전적인 진술들을 찾아볼 수 있는 한 가지 해석에 따르면, 개체들은 '오직 유사한 상황에 처한 다른 개체들이 따를 것을 의욕할 수 있는 이유들에 따라 행동할 수 있을 경우'에만 자율적이다. 예를 들어 내가 약속을 지켜야 할 도덕적 의무가 있는지를 판단하고자 한다면, 칸트가 생각하기에 나는 나와 유사한 상황에 놓여 있는 (다시 말해, 약속을 한) 다른 모든 사람들이 나와 동일한 이유로 나처럼 행동할 수 있음을 내가 의욕할 수 있는지를 물어야 한다. 달리 말해 내가 무엇을 행해야 할지를 물으면서 나는 다른 사람들이 무엇을 할 수 있는지를 알 수 있어야 하는 것이다. 또한 내가 자율적인 개체로 간주될 수 있는 경우는 오직 내가 이런저런 방식으로 행동하는 것의 장점을 철저히 고찰해보면서 반성적으로 평가할 수 있는 (즉 약속을 지킬 것인지 말 것인지를 결정할 수 있는) 능력을 갖추었으며, 이러한 평가를 하고 나서 나의 고찰에 근거하여 판단을 내릴 능력을 갖춘 경우에 한한다.

어떤 동물이 칸트적 의미에서 자율적일 가능성은 매우 희박하다. 그런 존재가 되려면 동물들이 다른 동물들(아마도 자신이 속한 종에 속하는)이 유사한 상황에서 무엇을 할 수 있거나 혹은 해야 하는지에 대해 심사숙고해볼 수 있는, 실로 상당히 복잡한 수준의 사유 능력을 갖추어야 할 것이다. 이를 위해서는 공평무사한 관점을 가지고, 대안이 될 수 있는 행동의 장점들을 평가할 수 있는 능력이 요구된다. 의심스러운 것은 동물들이 이러한 일을 행하는 데에 요구되는 능력을 갖추었는지의 여부만이 아니다. 그들이 그러한 능력을 갖추고 있다고 해도, 과연 우리가 그들이 그러한 능력을 갖추었음을 확증할 수 있는지도 의심스럽다. 설령 동물의 행위에 대한 전체론적 해석으로 보완한다고 해도, 우리가 요컨대 누적 논증에 기초하여 **이러한 능력을** 동물에게 어느 정도까지 합당하게 귀속시킬 수 있는지는 분명하지 않다. 그리고 우리가 어떤 동물에게 칸트적 의미에서의 자율성을 부여할 경우, 이는 성숙한 포유류에게 이성이 허용하는 것 이상으로 많은 것을 귀속시키는 격이 되는 듯하다.

하지만 칸트적 의미의 자율성만이 유일한 의미의 자율성은 아니다. 또 다른 견해로는 '개체들이 선호를 갖고, 이를 충족할 목적으로 행동할 능력을 가지고 있을 경우 자율적'이라는 입장이 있을 수 있다. 자율성에 대한 이와 같은 해석을 받아들일 경우(이를 선호 자율성이라 부르자), 다른 어떤 유사한 상황에 처해 있는 개체가 행해야 할 바가 무엇인지를 묻기 위한 예비 조건으로 자기 자신의 바람, 목표 등으로부터 추상화할 수 있는 능력을 갖출 필요가 없다. 이러한 자율성 개념을 충족하려면 개체가 자신이 가지고 있는 바람이나 목표(그것이 옳든 그르든)를 이루기 위해 행동할 능력을 갖추고 있고, 자신의 바람 혹은 목적이 특정 방식으로 행동함으로써 충족되거나 달성되리라 믿는 것만으로도 충분하다. 어떤 개체가 칸트적 의미의 자율성을 가지려면 공평무사하게 생각할 수 있는 능력을 갖출 것을 요구하는 데 반해, 선호적 의미는 그렇지 않다.

칸트적 의미의 자율성과 선호적 의미의 자율성은 동일 종의 일부 개체들을 자율적 존재의 부류에 포함시키지 않는 것이 분명하다. 가령 바위, 구름, 강 그리고 식물은 두 가지 의미의 자율성을 갖지 못한다. 하지만 칸트적 의미의 자율성을 갖지 못하는 일부 개체들이 선호적 의미의 자율성을 가질 수 있으며, 특히 여러 동물들은 이러한 의미의 자율성을 갖는다. 지난 장의 말미에서 언급했던 여러 이유로(2.5), 포유류는 적어도 선호 자율성을 소유할 자격을 갖춘 생명체로 합당하게 간주될 수 있을 것이다. 이러한 동물은 바람과 목표를 갖는 데 필요한 인지적 조건을 갖추고 있다고 합당하게 말할 수 있다. 그들은 지각을 하고, 기억을 하며, 일반적인 믿음을 형성하고 적용할 수 있는 능력을 갖추고 있다. '이러한 사실'과 '이러한 동물들을 선호적 선택을 할 수 있는 능력을 갖춘 존재로 합당하게 인정하는 것'의 거리는 아주 가깝다. 다음에서 살펴볼 두 유형의 사례는 이러한 동물들이 선호적 선택을 할 수 있는 능력을 갖춘 존재로 보는 것이 타당함을 예시해준다. 첫 번째 사례는 이것 또는 저것을 할 기회가 주어졌을 때, 동물들이 주어진 방식으로 일정하게 행동하는 경우이다. 예를 들어 피도가 배가 고프고, 최근 들어 밖에 나갈 기회가 없었는데, 그가 음식과 밖에 나가는 것 중에서 하나를 선택해야 하는 상황에서 계속해서 음식을 선택한다면, 우리는 피도가 그와 같은 경우에 밖에서 뛰어노는 것에 비해 먹는 것을 선호하며, 결과적으로 그에 따른 행동(즉 선택)을 한다고 말할 수 있다.

이는 행동을 설명하는 적절한 근거이다. 두 번째 사례는 주어진 경우가 최초의 상황이라 일정한 행위 패턴이 만들어지지 않은 상황이다. 피도는 배가 고프고, 우리가 그의 앞에 그가 일상적으로 먹던 음식 한 그릇과 삶은 가지를 가져다 놓았다. 이때 예측할 수 있는 바와 같이 피도가 자신이 일상적으로 먹던 음식을 선택했다고 한다면, 우리는 여기서 또다시 피도가 가지에 비해 자신이 평소에 먹던 음식을 선호하고, 이러한 선호에 따라 행동(선택)한다고 말할 수 있을 것이다. 이 또한 행동을 설명하는 적절한 근거이다. 물론 이것이 피도가 그와 같은 선택 상황에 놓이게 된 유일한 경우였을 수 있다. 그럼에도 우리는 합당하게 이와 같이 주장할 수 있을 것이다.

자율성을 선호의 의미로 파악할 경우, 우리는 많은 동물들이 자율성을 갖추었다고 생각할 수 있을 것이다. 어떤 동물을 합당하게 자율적으로 파악할 것인지는 첫째, 그들을 바람 혹은 목표, 다시 말해 선호를 갖는 존재로 파악하기 위한 합당한 근거가 있는지에 좌우될 것이다. 둘째, 이는 그들의 선호를 말함으로써, 그리고 그들이 갖는 선호로 어떤 선택을 한다고 말함으로써 그들이 다양한 상황에서 어떻게 행동하는지를 명료하게 서술할 수 있는지에, 또한 절약적으로 설명할 수 있는지에 좌우될 것이다. 비교해볼 수 있는 다른 문제들과 마찬가지로, 어디에 경계선을 그을지가 쟁점이 되는 것은 말할 것도 없다. 하지만 행동을 전체론적으로 파악해야 할 필요성을 포함해 앞의 두 장에서 도달한 결론은 적어도 한 살 혹은 그 이상 된 정상적인 포유동물들—설령 다른 동물들은 아닐지라도—에게 선호 자율성을 부여하는 것이 합당하다는 생각을 강화한다.

이제 우리는 두 가지 의미—칸트적 의미와 선호적 의미—의 자율성이 있음을 알게 되었다. 양자는 중요한 의미에서 서로 다르다. 만약 칸트적 의미가 유일하고 참된 의미의 자율성임을 보일 수 있거나, 아니면 선호적 의미가 어이없고 혼란스러우며 혹은 그 이상으로 문제가 있음을 보일 수 있다면, 우리는 동물들이 자율성을 갖추지 못했다고 정당하게 주장할 수 있을 것이다. 하지만 이러한 선택지 중 어느 쪽도 전망이 밝지 못하다. 자율성에 대한 칸트의 해석은 어떤 개체가 어떤 의미에서도 자율적이기 위해 충족해야 할 조건을 제시하고 있지 않다. 그 해석은 어떤 개체가 자율적인 **도덕 행위자**이기 위해 충족해야 할 조건을 제시하고 있을 따름이다. 다시 말해 이는 자신이 수행하거나 수행하지 못한 행위에 대해 도덕적으로 책임 질 수 있는 개체이기 위해 충족해야 할 조건을 제공하고 있을 뿐이며, 또한 적절하게 비난받거나 칭찬받을 수 있는, 혹은 비판받거나 욕을 먹을 수 있는 개체이기 위해 충족해야 할 조건을 제공하고 있을 따름이다. 칸트적 의미의 자율성은 "자율적 개체들이 스스로의 개인적인 선호에 관한 생각을 넘어설 수 있으며, 자신들의 고찰에 대한 공평무사한 이유를 마련하여 스스로의 도덕적 의무가 무엇인지를 생각해볼 수 있다"라는 것을 그 핵심으로 하고 있다. 자율성에 관한 이와 같은 (한편으로는 개인적인 선호에 관한, 다른 한편으로는 개인들의 도덕적 의무에 관한) 두 가지 생각은 구분된다. 예를 들어 내가 당신이 죽거나 공개적인 망신을 당하기를 선호한다고 해도, 나 혹은 다른 사람이 당신을 죽일, 혹은 당신을 공개적으로 망신을 줄 도덕적 의무를 갖는다고 할 수는 없다. 그리고 도덕적 의무 중에서 내가 개인적으로 행하길 선호하지 않는 행동(예를 들어 약속을 지키는 것)도 많이 있다. 어쨌거나 당신이 도덕 행위자의 지위를 갖추고자 한다면 칸트적 의미에서의 자율성을 갖추어야 한다는 데에 동의했다고 가정해보자. (도덕 행위자 개념에 대한 추가적인 언급은 5.2를 확인해보라.) 그런데 그렇다고 해서 **어떤** 의미에서든 자율적이기 위해 **칸트적** 의미에서 자율적이어야 한다고 말할 수는 없다. 누군가가 자신의 선호에 따라 행동할 수 있는 능력이 있는 한에서, 그에게 자율성을 귀속하는 것은 이해할 수 있으며, 이를 귀속하는 것은 확인이 가능하다. 한 살 혹은 그 이상의 정상적인 포유동물은 칸트적 의미에서 자율적으로 보이지 않으며, 그 때문에 이들은 도덕 행위자로 합당하게 파악되지 않는다. 하지만 그들은 합당하게 선호적 의미에서 자율적으로 파악된다.

3.2 이익

동물이 자율적 존재라는 입장의 적절함을 지적(知的)으로 파악하는 것은 동물의 복리를 제대로 이해하고자 할 때 매우 중요한 함의를 갖는다. 이러한 함의는 인간과 동물 모두에게 적용되는 복리라는 일반적인 개념을 검토함으로써 가장 뚜렷하게 확인된다. 이를 확인하기 위한 유용한 출발점은 누군가(A)가 무엇(X)에 대해 "이익을 갖는다(having an interest)"를 말할 때의 모호성에 주목해보는 것이다. 적어도 이를 통해 의미하고자 하는 서로 다른 두 가지는 (1) "A가 X에 대해 관심이 있다(A is interested in X)"라는 것과 (2) "X가 A에게 이익이 된다(X is in A's interest)"라는 것이다. 이 두 가지는 논리적으로 구분된다. 우리 친구 존스가 자신의 이익이 아닌 무엇인가에 대해 관심을 가질 수 있다. 예를 들어 그가 자신의 건강에 해로운 약을 먹는 것에 관심을 가질 수 있다. 그리고 우리의 친구 스미스가 자신에게 이익이 되는 무엇인가에 대해 관심을 가지지 않을 수 있다. 예를 들어 그는 자신에게 이득이 돌아감에도 운동을 하는 데에 관심을 갖지 않을 수 있다. 이 두 가지를 선호-이익(preference-interests)과 복리-이익(welfare-interests)으로 구분해보자. 여기서 나는 전자를 통해 개체들이 관심을 갖는 것, 그가 좋아하고, 바라고 원하는 것, 한마디로 말해 갖기를 선호하는 것을 의미하고자 하며, 또한 그가 싫어하는 것들, 피하고자 하는 것, 한마디로 말해 갖지 않기를 선호하는 것을 의미하고자 한다. 미국의 철학자 랠프 바턴 페리(Ralph Barton Perry)는 이익의 특징을 "좋아하거나 싫어한다는 공통의 특징을 갖는 특정 부류의 행동이나 상태"로 규정했는데, 이때 그는 바로 이와 같은 의미의 이익 — 선호-이익 — 을 염두에 두고 있다.[2] 하지만 페리가 규정한 이익의 특징은 전적으로 만족할 만한 것은 아니다. 그가 염두에 두고 있는 것은 우리가 '일시적인 이익(episodic interest)'이라고 이름 붙일 수 있는 이익임이 분명하다. 이는 예를 들어 "지금 바나나를 원하고 있어(wanting a banana)"처럼 내가 처해 있는 현재의 정신 상태를 말할 수 있다. 그러나 개체들은 현재 어떤 것을 좋아하거나 싫어하는 정신 상태에 있지 않으면서도 선호-이익을 가질 수 있으며, 현재 이에 비견되는 정신 행위를 수행하고 있지 않으면서도 선호-이익을 가질 수 있다. 내 친구들 중에는 식물에 관심이 있는 친구들이 있다. 하지만 내가 "돈(Don)은 식물에 관심이 있어"라고 말할 때, 내가 말하는 바의 옳고 그름은 돈의 현재 정신 상태가 어떤지, 혹은 그가 현재 수행하고 있는 정신 행위가 무엇인지에 따라 달라지지 않는다. 선호-이익은 누군가의 정신적 삶에서의 삽화적인 사건일 수도 있고, 원하고 좋아하는 등의 **성향**(dispositions)일 수도 있다. 내가 내 친구 돈이 식물에 관심이 있다고 말할 때의 이익은 이와 같은 의미의 선호-이익, 즉 성향적 의미의 이익이다. 그런데 페리가 이익을 규정할 때는 선호-이익의 성향적 특징이 고려되고 있지 않은 것처럼 보인다.

∵

2) R. B. Perry, *Realms of Value*(Cambridge: Harvard University Press, 1954), p. 7.

복리-이익은 선호-이익과는 다르다. 복리-이익의 경우, "A가 X와 관련된 이익을 갖는다"라고 말하는 것은 "일시적 혹은 성향적 의미에서 X에 대한 선호 이익을 갖는다"라고 말하는 것이 아니며 반드시 함의하는 것도 아니다. 그렇다면 복리-이익의 경우 이렇게 말하는 바가 뜻하는 것은 무엇일까? 이는 X를 갖거나 행하는 것이 A에게 이득이 될 것이라는 (혹은 우리가 그러리라고 생각한다는) 뜻이다. 혹은 X를 갖거나 행하는 것이 A의 복리에 기여할 것이라는 뜻이다. 이러한 의미에서의 '이익'의 경우, 한 개체가 문자 그대로 이익을 갖기 위한 필요조건은 개체가 복지(well-being), 즉 복리를 누릴 수 있는 능력을 갖는다는 것이다. 동물, 그리고 그들과 유사한 인간은 적절한 측면에서 이러한 조건을 충족한다. 그 때문에 우리는 문자 그대로 이들이 복리-이익을 갖는다고 말할 수 있을 것이다. 또한 앞 장들에서 상세하게 제시한 여러 이유들로 보았을 때, 인간과 동물은 모두 바람을 갖는다고 합당하게 말할 수 있으며, 이에 따라 우리는 말 그대로 그들이 선호-이익을 갖는다고도 말할 수 있을 것이다. 어떤 것들은 **그들에게 이익이 되며**, 어떤 것들은 그들의 **관심의 대상**이다. 어떤 것이 한 개체(A)에게 이익인 경우, 이는 A에게 이득이 된다. 반면 A에게 이익이 되지 않는 것은 A에게 해악이 되는데, 바로 이와 같은 이유로 우리가 개체의 일반적인 복리 개념을 이해하려면 이득과 해악 개념을 검토해보아야 한다.

3.3 이득

개체는 이득으로 인해 스스로의 능력 범위 내에서 좋은 삶을 영위할 수 있게 되고, 그런 삶을 영위할 기회가 증진되기도 한다. "개체(A)의 복리를

가능하게 하는 어떤 것이 A에게 이득이 돌아가게 하는 것"이라는 말은 특정 조건이 충족되지 않을 경우, A가 누릴 수 있는 좋은 삶과 비교해 A가 잘 살아갈 기회가 훼손되거나, 감소되거나, 제한되거나, 혹은 무화되어 버린다는 뜻이다. 달리 말해, 잘 살아갈 **수 있는** 어떤 개체가 그렇게 살아갈 실질적인 기회를 갖기 위해서는 일정한 조건이 필요하며, 일정한 기본 조건이 충족되어야 한다는 것이다. 이러한 조건이 무엇인지는 서로 다른 개체들의 서로 다른 능력, 그리고 그들이 살아가는 환경의 크고 작음에 따라 어느 정도 달라질 수 있을 것이다. 예를 들어 A가 전형적인 인간이고, 그가 잘 살아갈 실질적인 기회를 얻기 위해서는 일정 수준의 교육을 받는 것이 중요하다. 마치 어떤 사람이 알아야 할 것이 그가 살아가고 있는 문화적 환경에 따라 다른 것처럼(우리는 전철을 타기 위해 어떻게 옥수수를 심어야 하는지를 알 필요가 없으며, 그 반대도 마찬가지이다), 어느 정도의 수준이 필요한지는 그가 어디에 살고 있는지(티베트의 어떤 마을에 살고 있는지 아니면 브롱크스[3]에 살고 있는지)에 따라 차이가 있을 수 있다. 하지만 여러 차이가 있을 수 있음에도 불구하고, 잘 살기 위한 합당한 기회를 갖는 데 필요한 일정한 조건은 모든 인간과 동물에게 공통적이다. 예컨대 적절한 영양분, 보금자리, 물, 휴식은 그러한 조건들이다. 이들은 인간과 동물 양쪽 모두의 기본적인 생물학적 필요를 이루고 있다. 우리는 어떤 것이 바람을 갖는다고 생각하지 않으면서도 그것에 필요를 귀속할 수 있다는 프레이의 주장을 상기해볼 수 있을 것이다. 이는 참이다. 앞에서 살펴본 바와 같이 (2.2), 우리는 자동차와 꽃이 물에 대한 바람을 갖는다고 생각하지 않으면서도 이들이 물을 필요로 한다는 말은 이해할 수 있다. 하지만 동물이 바

..

3) (옮긴이) 뉴욕시 북부의 한 자치구.

람을 갖는다는 사실을 부정하는 프레이의 입장을 받아들이지 않을 경우, 우리가 동물들이 기본적인 필요에 관한 일시적인 그리고 성향적인 이익을 갖는다는 점에서 우리와 다를 바 없음을 부정할 이유가 없다. 꽃과 마찬가지로, 동물은 물과 영양에 관한 기본적인 생물학적 필요를 가지고 있다. 하지만 우리와 마찬가지로 동물은 이러한 필요를 충족하지 않는 경우보다 충족하는 경우를 **선호**하는데, 이러한 측면에서 꽃과는 다르다. 간단하게 말해, 동물은 우리와 다를 바 없이 이러한 기본적인 필요와 서로 연결된 바람을 갖는다. 음식과 물이 동물에게 **이익이 되듯이**, 그들은 음식과 물에 **관심을 가지기도** 한다.

일부 '하등' 동물의 경우는 기본적인 생물학적 필요를 충족하는 것만이 유일한 바람 혹은 선호일 수 있다. 만약 이것이 사실이라면 그러한 개체의 복리는 이러한 바람들을 얼마만큼 조화롭게 충족하는가와 밀접하게 관련이 있을 것이다. 조화로운 충족이라는 개념은 중요하다. 어떤 동물이 자신이 원하는 물은 원하는 만큼 취하지만 음식을 전혀 취하지 못하는 경우, 혹은 음식은 원하는 만큼 취하지만 물을 전혀 취하지 못하는 경우는 그 동물에게 충분하지 못하다. 그 동물이 자신의 모든 바람을 드물게 충족하는 것 또한 충분하지 못하다. 자신의 능력을 기준으로 잘 산다는 것은 조화롭고 통합된 방식으로 자신의 여러 바람을 충족하는 것을 말한다. 이러한 바람은 간헐적이 아닌 정기적으로 충족되어야 하며, 이에 따라 단지 오늘만이 아니라 자신의 정신적, 육체적 동일성을 유지하는 시간을 통틀어 전반적으로 충족되어야 한다. 인간의 복리와 마찬가지로, 어떤 동물의 복리는 일반적인 경향을 말하는 것으로, 이는 단절된 사건을 말하지 않는다. 이는 계속되는 삶(살아가고 경험하는 것으로서의)의 지배적인 특징을 말하는 것이다. 동물의 경우든 인간의 경우든, 자신이 도달할 수 있는 범위 내의 훌륭한 삶의 유형을 기준으로 잘 살아갈 기회는 자신의 바람을 만족시킬 기회를 조화롭게 가질 수 있는지의 정도에 좌우될 것이다. 만약 동물들이 자연환경(예를 들어, 홍수, 가뭄, 불) 때문에, 혹은 인간의 개입(예컨대 자연 서식지 파괴) 때문에 이러한 기회를 갖지 못한다면, 그들이 잘 살 수 있는 기회는 그에 비례하여 줄어들 것이다.

일부 인간 아닌 동물의 선호가 무엇인지와 상관없이, 전형적인 인간은 분명 기본적인 생물학적 필요와 관련된 것들 이상의 선호를 가지고 있다. 미술, 음악 그리고 문학에 대한 관심과 관련된 바람과 목표의 연결망은 이의 분명한 사례들이다. 의식적인 생명체의 복잡성이 증가할수록(다시 말해, 그 바람과 목표의 숫자와 복잡성이 커지면 커질수록), 그 생명체가 잘 산다는 개념이 더욱 복잡해지게 되고, 그 생명체가 잘 살아갈 실질적인 기회를 가지려면 그 생명체가 충족해야 할 조건의 수가 더 커져야 한다. 잘 산다는 것에는 일정 기간을 살아가면서 자신의 바람과 목표를 조화롭게 충족한다는 의미가 포함되어 있다. 이에 따라 가지고 있는 바람과 목표의 수가 크면 클수록, 이들을 조화로운 방식으로 충족하는 것이 상대적으로 더 어려워지게 된다. 실제로 바람과 목표의 수와 복잡성이 증가하면 증가할수록, 그러한 개체들이 활용할 수 있는 훌륭한 삶의 구체적인 특징에 관해 도움이 될 만한 무엇인가를 확립하기가 어려워질 것이다. 인간이 잘 산다는 것이 무엇인지를 말하는 것은 극히 어려우며, 이는 수 세대 동안 전해져 내려오는, 이러한 문제를 다루고 있는 방대한 문헌에서 확인되는 것 이상의 어려움인데, 이는 인간에게 '좋은 삶'이라는 관념이 얼마만큼 복잡한지를 보여주는 적절한 지표이다. 우리는 전형적인 인간처럼, 바람과 목표의 연계가 극히 복잡한 생명체의 '좋은 삶'의 본질을 놓고 격렬한 논쟁이 끊이지 않고 있다고 해서 놀라워해서는 안 된다.

이 책에서 이러한 논쟁을 해결할 수는 없으며, 심지어 적절하게 소개할 수도 없다. 우리가 여기에서 할 수 있는 것은 물이나 보금자리에 대한 필요와 같은 기본적인 생물학적 필요가 포함된 내용들, 그리고 인간의 복리 개념과 밀접하게 연결되어 있는 더 중요한 일부 내용들에 대한 일반적인 논의이다. 우리가 살펴보게 되겠지만, 이러한 생각들을 개괄해보는 것은 동물의 복리 개념을 조명하는 데에도 어느 정도 도움이 될 것이다. 기본적인 생물학적 필요를 넘어서 있는 인간의 좋은 삶을 구성하는 일부 요소들은 이러한 동물들의 좋은 삶을 구성하는 요소이기도 하다. 이러한 사실은 우리가 논의를 진행하면서 제시할 이유들이 뒷받침해줄 것이다.

심리적, 사회적 필요

인간에게 '좋은 삶'의 구체적인 특징이 무엇인가에 대해서는 사람들 간에 의견이 다르다. 하지만 설령 그렇다고 해도, 대부분의 사람들은 전형적인 인간이 유사한 내용의 심리적, 사회적 필요를 가지고 있다는 데에는 동의한다. 여기에는 친교, 안정, 자유 등에 대한 필요가 포함되어 있을 것이다. 이러한 필요가 상호 작용할 수 있는 것은 분명하다. 친교를 맺지 못하게 된 개인(예를 들어 방치된 아이)은 다른 사람들을 대하는 것을 불안해할 수 있고, 자신의 방치된 상태를 두려워할 수 있다. 반면 든든한 동료들이 뒷받침해주는, 안전하다는 확실한 느낌을 싹 틔울 수 있는 환경에서 성장한 사람들은 자신의 의지에 따라 행동하는 데 필요한 자신감을 가질 가능성이 상대적으로 크다. 그런데 동물 또한 인간의 이러한 필요와 유사한 필요를 갖는다. 기본적인 생물학적 성향뿐만 아니라 심리적, 사회적 필요는 인간에서와 마찬가지로 동물 본성의 일부이기도 하다. 앞에서 논의한 바와 같이(2.5), 예를 들어 동물에게도 정서적인 삶이 있는데, 여기에는 애정과 미움, 두려움과 분노, 안전하다는 느낌과 외로움 등이 포함된다. 동물들은 자신들의 필요와 관련된 선호들을 만족시킬 기회가 제공되는 환경 속에서 살아가는 정도에 비례해서 이득을 누린다. 달리 말해 그와 같은 환경 속에서 살아가는 것은 그러한 동물의 복리-이익에 해당한다.

한 개체의 복리는 단지 잘 살 수 있게 하는 이득을 누리는 것만으로 충족되지 않는다. 모든 것을 고려해 좋은 삶을 살아가고자 할 경우, 인간이든 동물이든 개체들은 살면서 만족을 느껴야 한다. 그리고 이를 위해서는 그들 자신이 원하는, 선호하는, 바라는 바 등을 빈번하게 취할 수 있어야 할 것이다. 왜냐하면 이것이 충족되지 않을 경우 그들의 삶은 좌절, 그리고 이와 연결되는 모든 것으로 특징 지어질 것이기 때문이다. 하지만 비록 개체들의 복리에 바람 혹은 선호의 조화로운 만족이 포함되기는 해도, 이러한 바람이 각각의 그리고 모든 경우에 충족되고, 또한 각각의 그리고 모든 경우에 이러한 바람의 만족을 의식할 수 있다고 해서, 그것이 그들의 복리에 기여하거나 이익이 되리라는 보장은 없다. 앞에서 언급한 바와 같이(3.2), 어떤 개체가 관심을 갖는 (즉 원하거나 바라는) 바를 얻는다고 해서 그것이 반드시 그 개체에게 이익이 되는 것은 아니며, 설령 그 개체가 자신이 관심을 갖는 바에 대한 최고의 판관이라고 할지라도, 그가 이익에 대한 최고의 판관이 아닌 경우가 심심치 않게 있다. 예를 들어 피츠버그 대학교의 철학자 니콜라스 레셔(Nicholas Rescher)가 말하고 있듯이, "나는 나보다 내 건강에 더 관심이 있는 사람을 알지 못하며, 심지어 내 주치의마저도 예외가 아니다. 그럼에도 나의 의사는 내 건강의 회복을 위해, 혹은 육체적 안녕의 유지를 위해 무엇을 해야 할 것인지를 판단하는 데에서 흔히 나보다 더 많은 지식을 확보하고 있다."[4] 미국의 법철학자 존 클라이니히(John

Kleinig)가 밝히고 있듯이, 복리-이익의 경우는 '판단'과 '전문적 지식'이 필요하고 "어떤 개체 자신의 감정을 고려하지 않으면 안 되지만, 그럼에도 그러한 감정이 결정적인 것은 아니다."[5] 내가 우연히 관심을 갖게 된 바(나의 선호-이익)와는 달리, 나에게 이익이 되는 바(나의 복리-이익)의 경우에 대해서는 다른 사람들이 나보다 훌륭한 판관인 경우가 있다. 이는 인간의 경우에서 참인데, 이것이 동물에서는 참이지 말아야 할 하등의 이유가 없다. 가령 피도는 삶의 질을 향상할 것이 무엇인지에 대한 최고의 판관이 아니다. 이는 우리가 아래에서 다시 검토하게 될 논점이다(3.6).

인간이 언제나 자신들에게 이익이 되는 바에 대한 최고의 판관은 아니라는 생각을 받아들인다고 해서 우리가 판단 능력을 갖춘 인간의 삶에 개입할 수 있으며, 특히 빈번하게 그렇게 할 수 있다는 견해를 받아들이는 것은 아니다. 이는 그 사람의 행동 결과가 그의 이익을 거스를 것이라 믿기 때문에 그렇게 할 경우에도 그러하다. 달리 말해 온정주의적[6] 간섭은 어떤 판단 능력을 갖춘 사람이 스스로의 복리에 유해한 방식으로 행동하는 경우가 있다는 근거만으로는 정당화되지 않는다. 우리가 타인의 삶에 지나칠 정도로 온정주의적 간섭을 하는 것을 거부해야 할 한 가지 이유는 개인의 자유를 최대한 허용하는 것 자체가 일종의 이득이기 때문이다. 이처럼 자유를 누릴 수 있게 됨으로써 사람들은 자기 주도적인 삶을 살아간다는 느낌을 가질 수 있게 된다. 이와 같이 자유를 대폭 허용할 경우, 개인

••

4) Nicholas Rescher, *Welfare: The Social Issues in Philosophical Perspective*(Pittsburgh: University of Pittsburgh Press, 1972), p. 16.

5) John Kleinig, "Crime and the Concept of Harm," *American Philosophical Quarterly* 15, no. 1 (January 1978): 38.

6) (옮긴이) 윗사람이 아랫사람의 미숙함을 일깨워주고 교정하고자 아랫사람의 삶에 개입하거나 국가가 개인의 사생활에 간섭하려는 태도. '부권적 간섭주의'라고도 한다.

은 자신이 잘 선택했다는 데에서 취할 수 있는 (다시 말해 사람들이 자신의 입장에서 자신이 원하는 바를 얻게 되는) 만족을 얻을 수 있게 된다. 이는 개인의 자유 자체가 부정되거나 축소되는 정도에 비례해서 부정되거나 축소될 수 있는 만족의 원천이다. 만약 동물에게 개체적 자율성 개념을 의미 있게 적용할 수 없다면, 이와 유사하게 동물을 개체에게 주어지는 커다란 자유가 이득인 개체들로 보는 것 또한 의미가 없어질 것이다. 그런데 이 장의 첫 번째 절(3.1)에서 동물을 일종의 자율성을 가진 생명체, 다시 말해 선호 자율성을 갖는 생명체로 보는 입장을 합당하게 정당화했다. 즉 그들은 자신들의 바람과 선호를 충족하기 위해 행동할 수 있는 것이다. 그들 또한 만족을 취한다고 가정하지 말아야 할 이유가 없다. 그저 목표에 도달하고자 하거나 바람을 충족하고자 하는 측면에서뿐만 아니라, '자신의 믿음이나 확신에 따라' 만족을 취한다고 가정하지 말아야 할 이유가 없는 것이다. 사육사가 정기적으로 먹을거리를 주는, 사로잡힌 늑대는 먹을거리에 대한 바람을 충족함이 분명하다. 하지만 먹을거리에 대한 바람을 충족하기 위해 어느 정도의 노력과 독창성을 발휘하는 늑대는 이러한 과정에서 먹을거리에 대한 바람만을 충족하는 것이 아니다. 늑대는 무리의 다른 성원들과 함께 먹을거리에 대한 바람을 충족하기 위해 맡은 일을 하면서 만족을 느끼기도 하는데, 원칙적으로 우리는 이를 부인할 이유가 없다.

동물의 경우에서와 마찬가지로, 인간의 경우에서도 이득과 만족은 구별되어야 한다.[7] 이득은 그 자체를 만족이라고 보기보다는, 만족을 가능하게

••

7) '어떤 바람을 만족시키는 것'이 곧 '바람을 충족하는 개체에게 이득(즉 이득이 되는)'이라고 말할 수 있는 이득이라는 단어의 쓰임이 있다. 이 책에서 이득은 이런 의미로 사용하지 않는다. 왜냐하면 이런 의미로 사용할 경우 우리가 '이득 1'(만족을 발견할 수 있도록 하거나 만족의 기회를 확장하도록 하는 것)과 '이득 2'(이런저런 데서 만족을 찾음으로써 얻게 되는 이득

하는 것으로 보거나 혹은 만족의 기회를 증진하는 것으로 보는 편이 좋다. 예를 들어 만약 부(富), 여가, 선천적 재능이 이를 가진 인간들에게 이득이 된다면, 이것들은 삶에서 가능한 만족을 느낄 수 있는 원천의 범위를 확장하기 때문에 이득이다. 이것들이 헛되이 사용되거나 무시될 수 있는데, 이 경우 이들이 가능하게 하는 유형의 만족은 결코 실현되지 않거나 최적의 정도 이하로 실현된다. 우리는 이러한 사람들이 자신의 재능, 돈, 여가 등을 낭비한다고 말한다. 그들은 자신들이 마땅히 취해야 할 태도보다 이득을 가벼이 보고, 그리하여 자신들의 삶을 가벼이 본다.

이득과 만족은 구별되지만, 우리는 이득을 얻게 되거나 확보하면서 만족을 얻을 수 (또는 찾을 수) 있다. 만약 내가 부를 원하거나 혹은 승진하기를 바라면서 매우 열심히 일한다면, 나는 소기의 목적을 달성할 경우 만족을 얻을 수 있을 것이다. (물론 반드시 그런 것은 아니다. 때로는 우리가 어떤 것에 대한 성취가 아니라 그것을 위한 분투 자체가 만족의 원천이었음을 발견하기도 한다. 그리고 일단 목표를 이루고 나면 우리가 작업해온 목표가 사실상 원했던 바가 아니며, 이에 따라 만족의 원천이 아니었음을 발견하기도 한다.) 또한 이득을 얻는 것이 이를 얻는 자에게 가능한 만족의 원천을 증진하는 역할을 하는 것과는 별개로, 단순히 주어진 이득을 얻는다는 자체가 만족의 원천이 될 수도 있다. 육체적으로 아주 건강한 사람이 단지 그 상태에 있는 것만으로도 만족을 얻는 것은 그 예이다. 물론 우리는 특정 이득을 얻거나 확보하는 것만으로 만족을 얻을 수 있고, 실제로 간혹 만족을 얻기도 한다. 하지만 이러한 이득들이 단순히 이를 소유함으로써 얻는 만족만으로 환원

효과)를 구별해야 할 것이기 때문이다. 이러한 구별에 대해서는, T. M. Benditt, "Benefit and Harm," *Philosophy and Phenomenological Research* 37, no. 1(1976): 116~120을 보라.

할 수 없는 가치를 가지고 있다는 것은 여전히 사실이다. 건강, 부, 재능 그리고 이와 관련된 인간의 이득이 이득인 이유는 이것이 이를 소유한 사람들의 삶에서 찾아낼 수 있는 만족의 범위를 확장하기 때문이다. 그래서 우리는 예를 들면 부유한 구두쇠가 자신의 부를 잘못 이해하면서 잘못 사용한다고 판단한다. 그는 자신이 가진 이득(돈)을 최적의 방법으로 이용하여 삶을 풍요롭게 만들지 못하고, 만족의 범위를 단순히 소유로 제한함으로써 자신의 삶을 황폐화한다.

동물의 복리에 대한 우리의 생각에도 동일한 유형의 구별이 적용된다. 동물에게 주어지는 이득은 만족과 구별된다. 이득은 만족을 느낄 수 있는 원천의 범위를 넓힌다. 예를 들어 육체적 건강은 이러한 상태에 있는 동물들에게 이득이다. 이는 그들의 복리에 기여한다. 그러나 육체적 건강이 주로 기여하는 바는 그것이 무엇을 가능하게 하는가에 대한 관점에서 이해해야 하는 것이지, 육체의 건강 상태 혹은 상황 자체의 관점에서 이해해서는 안 된다. 건강한 동물들은 아픈 동물들보다 더 많은 것을 할 수 있고, 그들이 더 많은 것을 할 수 있기 때문에 만족을 느낄 수 있는 더 많은 원천을 가지고 있다. 바로 이와 같은 사실로 인해 건강은 이러한 동물들과 우리 모두에게 이득이 되는 것이다.

인간에게 좋은 삶의 본질을 구체적으로 기술하는 것은 이 책의 한계를 넘어선다. 그럼에도 앞의 내용을 바탕으로 인간이 잘 사는 것이 무엇인지를 일반화하고, 이것이 무엇인지에 대한 일부 형식적 특징을 개괄해볼 수는 있다. 인간은 (1)자신들이 선호하는 것을 얻거나 추구하고, (2)자신들이 선호하는 것을 추구하고 얻는 데에 만족하며, 또한 (3)자신들이 추구하거나 얻는 것이 자신들에게 이익이 될 경우 잘 살게 된다. 이러한 조건은 경험과 관련된 복리(experiential welfare)를 갖는 정상인과 정상이 아닌 사람들 모두에게 적용된다. 육체적으로든 정신적으로든 장애가 있는 사람들은 자신들이 선호하는 것을 추구할 기회가 줄어들고, 심지어 자신들이 선호하는 어떤 것들이 (다른 것들은 아니지만) 장기적으로 보았을 때 자신들에게 (복리) 이익임을 이해하지 못하는 경우마저도 있다. 유전적인 운과 우연한 사고라는 측면에서 운이 좋았던 우리에 비해 이러한 사람들이 영위할 수 있는 좋은 삶은 어느 정도 축소된다. 하지만 이는 우리가 운이 더 좋았음을 보여줄 따름이며, 이러한 사람들이 복리를 갖지 않는다거나 위에서 제시한 형식적 특징을 그들의 경우에 적용할 수 없다는 것은 아니다.

이는 동물의 경우에도 마찬가지이다. 우리와 마찬가지로 그들은 (1) 자신들이 선호하는 바를 추구하고 획득하는 정도에 비례해서, (2) 자신들이 선호하는 것을 추구하고 획득하는 데에서 얻는 만족의 정도에 비례해서, 그리고 (3) 자신들이 추구하고 획득하는 것이 그들에게 이익이 되는 정도에 비례해서 잘 살아간다. 물론 그들이 느낄 수 있는 만족의 범위는 우리보다 적다. 하지만 설령 그렇다고 해도 이러한 사실이 그들의 복리가 온갖 중요한 측면에서 우리와 다름을 보여주는 것은 아니다. 이러한 사실은 우리가 관심을 갖는 **일부** 대상들(예를 들어 예술과 과학)이 우리가 아는 한 우리에게 독특한 것이며, 그 결과 이와 관련한 이익이 우리의 복리를 충족하는 데에 기여함에 반해, 동물의 경우에는 기여하는 바가 없다는 사실을 보여줄 따름이다. 하지만 설령 동물과 인간이 일부 측면에서 다르다고 해도, 양자 간의 유사성은 차이 못지않게 주목할 만하다. 동물들은 일련의 생물학적, 사회적, 심리적 이익을 우리와 공유한다. 우리가 이러한 이익을 조화롭게 만족시킬 수 있는 기회를 늘리는 정도에 비례해서 이득을 얻는 것과 마찬가지로, 동물 또한 그러하다.

3.4 해악

개체들은 자신들의 복리가 심각하게 줄어들 때 해악을 입는다. 하지만 모든 해악이 동일하게 해악을 주는 것은 아니며, 모든 해악이 동일한 방식으로 해악을 주는 것도 아니다. 우리는 두 가지 유형의 해악을 구분할 수 있는데, 고통 야기와 박탈이 그것이다.

고통 야기

격심한 혹은 만성적인 육체적 내지 심리적 고통(suffering)은 고통 야기로 이해되는 해악의 한 패러다임이다. 고통은 단순히 아픔(pain)[8]이기만 한 것이 아니다. 만약 내가 발에 경련이 일어나서 격심하지만 일시적인 아픔을 경험한다면, 나는 아픔을 느낄 것이지만 그것이 반드시 고통스러운 것은 아니다. 이는 설령 발 경련 때문에 고통을 느껴도 (즉 설령 발에 경련이 생기는 지속적인 경향이 있다고 해도) 그러하다. 만약 이런 경향이 있다면 내게는 정상적인 경우보다 경련이 더 자주 일어날 것이다. 그러나 특정한 상황으로 인해 고통을 받는 것은 어떤 결과로서 고통을 받는 것과 같지 않으며, 이를 함의하는 것도 아니다. 고통에는 상당한 강도의 장기간의 아픔이 수반된다. 고통이 고통으로 자리 잡기에 앞서 얼마만큼 오랫동안 혹은 얼마만큼 강렬한 아픔이 있어야 하는지에 관한 정확한 양적 매개 변수를 제

..

8) (옮긴이) 대체로 suffering은 사람이 고난, 역경 또는 질병이나 골치 아픈 일 등 다양한 일로 힘든 시기를 보낼 때 사용하는 단어임에 비해 pain은 문자 그대로 고통, 즉 어딘가 육체에 손상을 입어서 육체적인 고통이 전해진다든지 또는 정신적으로도 심한 상처를 받았을 때 사용한다.

시하기란 불가능하고, 이것이 필요하지도 않다.[9] 인간이 심각한 굶주림, 중화상, 신체의 절단, 마비 상태에 있을 경우, 장암(腸癌)과 폐기종(肺氣腫)과 같은 중병에 걸렸을 경우, 잔혹한 고문을 당했을 경우, 친구나 사랑하는 사람이 죽거나 심각한 질병에 걸렸을 경우, 자존심에 크게 손상을 입은 경우, 대중들에게 조롱을 당해 수치심을 느끼는 경우, 심각한 우울증에 걸렸을 경우 등은 고통을 느끼는 전형적 사례들이다. 이러한 것들이 인간 고통의 전형적 사례라고 말하면서, 우리는 이러한 고난을 견디는 사람들이 결과적으로 고통을 받는다는 사실을 의심하기가 심리적으로 불가능하다는 것, 그리고 우리가 그들의 고통에 쉽사리 공감하게 된다는 것을 모두 전달하려고 한다. 건강 염려증 환자와는 달리 이러한 경우에 고통을 겪는 사람들은 자신의 아픔에 과도하게 신경을 쓰는 사람들이 아니다. 한편 직견적으로 보았을 때, 그러한 고통을 견뎌야 하는 것이 자신의 운명인 사람들은 해악을 입는다. 다시 말해, 곧바로 삶의 질 개선으로 이어지지 **않는 이상**, 그들의 고통은 삶의 질 혹은 복리의 축소로 이어질 것이다. 여기서 개선이란 그들이 계속 고통을 당할 경우 이어가게 될 삶의 질을 상당한 정도로 넘어서는 것을 말한다. 물론 어떤 주어진 상황에서 실제로 고통을 받고 있다는 사실을 알기란 극히 어려우며, 심지어 실제로 그러함을 어떻게 알 수 있는지를 말하는 것조차 어려운 일이다. 그럼에도 일부 고통받는 사람들은 자신들이 고통을 받고 있다고 말한다. 간혹 고통은 앞서 살았던 삶의 방식의 천박함을 일깨워주며, 사람들이 더욱 새롭고 충만하고 만족스러운 방향으로 나아가는 계기를 마련해주기도 한다. 이런 의미에서 고통

9) (옮긴이) 쉽게 말해 얼마만큼의 강도나 지속도의 아픔이 고통으로 이어지는지에 대한 정확한 수치는 없으며, 이것이 필요하지도 않다는 것.

도 '좋은 것', '전화위복'의 계기가 될 수 있으며, 개체의 복리에 대한 종합적인 평가라는 측면에서 고려해보았을 때, 고통은 고통 덕에 가능하게 된 미래의 만족으로 상쇄되는 것 이상의 의미를 가질 수 있다. 그러나 모든 고통이 행복한 결말로 이어지는 것은 아니다. 고통은 사람들의 복리가 아래로 지속적으로 기우는 기점으로 작용하면서 사람들의 삶의 근간을 흔들 수 있으며, 실제로 그러한 경우가 드물지 않다. 이런 경우에 고통은 언뜻 보았을 때에만 해로운 것이 아니라 진정으로 해롭다.

　동물도 우리와 마찬가지로 복리가 있으므로, 고통이 우리에게 해악을 끼치듯 그들에게도 마찬가지일 수 있음을 부정하는 것은 극히 이례적인 일이라 할 것이다. 19세기 영국의 철학자 제러미 벤담이 동물의 도덕적 지위에 관한 자신의 견해를 제시하고 있는, 자주 인용되는 구절에서 동물의 아픔이 아니라 고통에 초점을 맞추고 있다는 것은 의미심장하다. 그는 다음과 같이 쓰고 있다.

　　인간 아닌 동물들이 폭군의 손이 아닌 이상 그 누구에게도 **빼앗기지 않을 권**리를 획득하게 될 날이 **올지도 모른다**. 프랑스인들은 피부 색이 검다는 사실이 괴롭히는 사람이 제멋대로 행동함으로써 입게 된 피해를 아무런 보상 없이 방치해도 무방하다고 말할 수 있는 이유가 될 수 없음을 이미 깨닫고 있다. 언젠가는 다리의 숫자, 피부에 융모가 있는지의 여부, 또는 천골(薦骨) 끝 모습 등이 감각을 느낄 수 있는 존재가 동일한 운명을 맞이하도록 방치하는 이유가 될 수 없음을 깨닫게 될 날도 올 것이다. 그렇다면 다른 어떤 기준이 무시할 수 없는 구분 기준인가? 이성 능력인가? 그렇지 않으면 담화를 나눌 수 있는 능력인가? 하지만 완전히 성장한 말이나 개는 갓난아기 또는 생후 일주일이나 한 달이 된 유아에 비해 훨씬 합리적이며, 우리와 의사소통이 원활하게 이루어진다. 그런데 설령 그들의 능력이 생각과 다르더라도 무슨 문제가 있겠는가? 문제는 그들에게 이성적으로 사고할 능력이 있는지, 또는 **대화를 나눌** 능력이 있는지가 아니다. 문제는 **그들이 고통을 느낄 수 있는가**이다.[10]

영민하게도 벤담은 아픔보다는 고통의 관점에서 문제를 제기하고 있다. 아픔을 경험할 수 없는 사람은 아무도 고통을 느낄 수 없지만, 모든 아픔에 대한 경험이 고통을 이루는 것은 아니다. 가벼운 두통, 근육통, 그리고 살갗이 벗겨진 손가락 마디는 (어느 정도) 아프지만, 이들을 고통이 느껴지는 경우로 파악하려면 건강 염려증 환자의 신경증적 반응 능력을 갖추어야 할 것이다. 아픔은 충분히 심각하고 충분히 계속 이어지지 않으면 합당하게 고통으로 파악되지 않는다.[11]

동물의 아픔과 고통에도 동일한 이야기가 적용된다. 우리와 다를 바 없이 그들 또한 아픔을 선호하지 않는다. 그러나 그들을 아프게 하는 것은 그들을 고통스럽게 하는 것과 같지 않고, 이를 함의하는 것도 아니다. 그들이 견뎌야 할 아픔이 고통을 야기하는지의 여부는 그러한 아픔의 심각성과 지속 기간에 달려 있다. 동물에게 고통이 되려면 아픔이 얼마나 지속되고 심해야 하는지를 정확히 말할 수는 없지만, 우리에게 이것의 전형이 되는 경우가 있듯이 그들에게도 (예를 들어 넓은 범위에 걸쳐 입은 화상이나 깊은 상처처럼) 이것의 전형이 되는 경우가 있다. 이러한 관점에서 볼 때, 벤담

••

10) Jeremy Bentham, *The Principles of Morals and Legislation*, chap. XVII, Sec. I(1789; reprint, New York: Hafner, 1948), p. 311n.

11) 이러한 논점을 심층적으로 언급한 내용을 확인하고자 한다면, 졸고 "The Moral Basis of Vegetarianism," *The Canadian Journaal of Philosophy* 5, no. 3(1975)을 보라. 이는 Tom Regan, *All That Dwell Therein*(Berkeley, Los Angeles, London: University of California Press, 1982)로 재발간되었다.

이 아픔과 구별되는 고통이라는 측면에서 제기하는 '무시할 수 없는 구분 기준'에 대한 질문에는 새로운 의미가 부여된다. 벤담이 동물 문제를 거론하면서 던진 질문은 단순히 "동물에게 아픔을 줄 수 있는가?"가 아니다.[12] 이에 대해서는 탁상공론을 일삼을 뿐인 데카르트주의자를 제외하고는 누구나가 "그럴 수 있다"라고 답할 것이다. 정말로 궁금한 점은 우리가 그들에게 고통을 느낄 만큼 매우 강렬하고 오래 지속되는 아픔을 야기할 수 있는가이다. 이는 더욱 중요한 도덕적인 질문이다. 왜냐하면 만약 우리가 동물들에게 고통을 야기할 수 있다면, 우리가 그들에게 하는 것이 그들에게 상처를 줄 수 있을 뿐만 아니라 그들에게 해악을 끼칠 수도 있기 때문이다. 그리고 만약 우리가 하는 것이 동물에게 해악을 야기할 수 있다면, 이는 일정 기간을 살아가는 그들의 경험과 관련된 삶의 질을 떨어뜨릴 수 있다. 그리고 만약 동물에게 고통을 야기하는 것이 해악을 끼칠 수도 있다면, 우리는 이러한 동물들을 일정 기간을 살아가며 자신들의 동일성을 유지하는 존재로, 그리고 그들 나름의 좋음이나 나쁨을 가지고 있는 존재로 보아야 할 것이다. 벤담이 아픔보다는 고통의 관점에서 의문을 제기하고 있다는 사실은 그가 동물과 인간이 모두 상처를 받을 수 있다는 점보다는, 동물과 우리 사이에 더욱 심층적이고 참된 유사성이 있다는 것을 깨달았음을 시사한다. 즉 동물과 우리 모두 해악을 입을 수 있음을 깨달았다는 것이다.

"오직 사람만이 해악을 끼친다(끼칠 수 있다)"라는 주장을 보면 해악이 전적으로 도덕적인 개념인 것처럼 느껴지는데, 우리는 해악이 그런 개념이

⋯

12) 이 주장은 벤담 자신이 실제로 이와 같은 견해를 갖고 있었다는 것이 아니라, 인용된 구절에서 말한 바에 대해 그에게 질문을 하면 그가 그렇게 해석할 수 있다고 답을 했으리라는 것이다.

아님을 깨달을 필요가 있다.[13] 해악이라는 개념을 오직 사람만이 야기할 수 있는 무엇인가에 국한해서 사용하는 것은 자의적이다. 사람뿐만이 아니라 자연도 해악을 야기할 수 있다. 홍수, 허리케인, 태풍, 지진, 화재, 질병, 선천성 기형을 포함한 자연적인 원인이 초래하는 엄청난 양의 고통은 해악을 야기할 수 있으며, 흔히 실제로 해악을 야기하기도 한다. 언뜻 보았을 때, 나의 이웃이 내 다리를 부러뜨리는 경우와 다를 바 없이, 넘어지는 나무가 내 다리를 부러뜨리면 나는 이웃이 그렇게 한 것과 다를 바 없이 많은 해악을 입는다(다시 말해 나의 복리는 동일한 정도로 부정적인 영향을 받는다). '자연 때문에' 고통을 받게 되는 경우를 도덕적으로 그르다고 할 수 없음은 분명한 사실이다. 자연은 도덕 행위자가 아니며, 따라서 자연은 옳은 일도, 그른 일도 할 수 없다. 그러나 자연이 일으킨 결과로 고통을 받는 것도 직견적으로 보았을 때 해악을 입은 것이다. 설령 나에게 도덕적으로 그른 일을 하는 사람들이 모두 나에게 해악을 끼친다는 것이 참이라 할지라도, 나에게 해악을 끼치는 모든 것들이 나에게 도덕적으로 그른 일을 한다는 주장은 참이 아니다. 이러한 논점은 우리가 박탈로 파악되는 해악에 대한 이어지는 논의에서 재차 살펴보게 될 것이다.

박탈로 인한 해악

개체는 고통을 야기하는 것이 포함되지 않는 방식으로 해악을 입을 수 있다. 예를 들어 아버지가 무분별하게 재산을 탕진하여, 나중에 그의 아

:·

13) John Kleinig, "Crime and Harm," p. 27. 클라이니그 자신은 이러한 방식으로 해악을 제한하지 않는다.

들이 자신의(아들의) 이익에 해당하는 교육을 받을 기회를 갖지 못하게 된다면, 결과적으로 아들이 고통을 받지는 않더라도 그의 복리는 축소된다(다시 말해 아들은 직견적으로 보았을 때 해악을 입는다). 또 다른 예를 들자면 어떤 총명하고 젊은 여성이 고통이 느껴지지 않는, 쇠약해지는 약물 주사를 맞음으로써 만족한 바보의 상태로 전락한다면, 그녀는 고통을 받지는 않지만 상당한 해악을 입게 된다. 간단히 말하자면 단순히 상처를 주는(hurt) 방법보다는 해악을 끼치는 방법이 더 많다. 상처를 주는 모든 것이 해악을 야기하는 것은 아닌 것과 마찬가지로, 모든 해악이 상처를 주는 것은 아니다.

상처를 주지 않는 해악은 어떻게 이해해야 할 것인가? 가장 유망한 접근 방식은 이러한 해악을 '이득의 **박탈이나 상실**'로 파악하는 것이다.[14] 이렇게 보았을 때, 도박꾼의 아들은 교육을 받을 수 있는 기회를 박탈당했기 때문에 해악을 입는다. 교육의 기회는 그에게 이득이 되는 무엇이었을 것이다. 왜냐하면 교육은 그에게 도움이 되는 만족의 원천을 확장했을 것이기 때문이다. 마약 투여의 희생양인 젊은 여성도 해악을 입는다. 왜냐하면 그녀의 정신 상태가 나빠짐으로써 이전에 그녀가 가지고 있었던 이득들(예를 들어 칸트적 의미에서의 자율적 행동 능력)을 상실하게 되기 때문이다. 정리하자면, 개체들은 일반적으로 자신들이 가지고 있는 이득을 박탈당할 경우 해악을 입는 것으로 볼 수 있다. 또한 소유하고 있는 능력과 관련지어 보았을 때 개체들이 잘 살 수 있는 현실적인 기회를 갖기 위해 필요한 이득들이 어느 정도 있는데, 다른 개체들의 행동을 포함한 주변 상황 때문

..

14) Thomas Nagel도 유사한 입장을 견지하고 있는 듯하다. 그의 논문 "Death," in *Mortal Questions*(chap. 2, n. 36)를 보라.

에 이러한 이득을 누리지 못하게 될 경우에도 직견적으로 해악을 입게 된다. 인종, 종교, 성별을 들어 아이들에게 평등하게 교육을 받을 기회를 주지 않거나, 이와 유사한 이유로 능력 있는 성인에게 취업의 기회를 제공하지 않는 것은 필수적인 이득을 누릴 기회를 차단함으로써 그들에게 해악을 끼치는 것이다. 피해자가 반드시 이러한 해악을 의식해야 할 필요는 없고, 결과적으로 반드시 육체적으로나 심리적으로 고통을 받아야 하는 것도 아니다. '만족해하는' 가정주부와 집에서 부리는 '행복한' 노예는 자신이 해악을 입고 있다는 사실을 모르는 채 해악을 입고 있을 수 있다. 실제로 피해를 본 사람들이 자신들에게 행해진 해악을 **의식하지 못하기** 때문에 해악이 더 큰 경우가 있다.

개체가 모르는 채 해악을 입을 수 있다는 사실은 동물에 대한 처우를 적절하게 평가하는 데 중요한 의미를 갖는다. 예를 들어 현대의 (이른바 공장식 농장이라고 부르는) 농장은 자연스럽지 못한 조건에서 동물을 사육한다.[15] 동물들은 돼지의 경우처럼 비좁은 우리에서 밀집 사육되거나, 송아지처럼 격리되어 사육되는 경우가 많다. 이 동물들이 접하는 유일한 환경은 그들이 살고 있는 인공적인 환경이다. 그 때문에 그들은 자신들이 무엇을 놓쳤는지 모르며, 이에 따라 그들이 전혀 모르는 다른 환경을 포기해야 하는 것 때문에 상황이 더 나빠질 수 없다는 주장이 제기되기도 한다. 여기서 은연중에 가정되고 있는 바는 "당신이 모르는 것이 당신에게 상처

---

15) 공장식 농장을 설명하고 있는 책 중에서 오늘날의 고전으로 꼽을 수 있는 것은 Ruth Harrison, *Animal Machines: The New Factory Farming Industry*(London: Stuart, 1964), 그리고 Peter Singer, *Animal Liberation*(New York: A New York Review Book, distributed by Random House, 1975, cloth, and New York: Avon Books, 1978, paper) 이다. 더욱 최근의, 그리고 내 생각에 최고의 연구로는 아직 발간되지 않은 Jim Mason and Peter Singer, *Animal Factories*(New York: Crown Publishers, 1980)를 들 수 있다.

를 줄 수 없다"가 아니라, "당신이 모르는 것이 당신에게 해악을 끼칠 수 없다"이다. 이러한 가정은 거짓이다. 가령 내가 아들을 편안한 우리에서, 그의 기본적인 생물학적 바람이 충족되도록 유의하면서 어떤 경우에도 그가 불필요한 고통을 경험하지 않도록 상당한 노력을 기울여 키운다고 하자. 하지만 나는 아들을 다른 사람들과의 접촉을 차단하면서 격리하여 키운다. 이때 나는 아들에게 상처를 준다는 이유로 비판받을 수 없다. 하지만 내가 아들에게 해악을 끼쳤을 것임은 어느 정도 분명하며, 그것도 매우 심각한 방법으로 해악을 끼쳤을 것이다. 내가 "아들이 무엇을 놓치고 있는지 몰랐으며", 그래서 그가 나에게 해악을 당하지 않았다고 반박한다면 이는 매우 어설픈 대응이 될 것이다. 그가 무엇을 놓쳤는지 모른다는 사실은 내가 그에게 가한 해악의 일부에 해당한다. 이번에는 집약적으로 사육되는 동물들이 무엇을 놓쳤는지 모른다고 가정해보자. 그렇다고 해서 그것이 그들이 살고 있는 환경에 의해 그들이 해악을 당하지 않았음을 보여주는 것은 아니다. 이와 반대로, 내 아들의 경우와 마찬가지로, 우리는 동물들 자신이 해악을 당하고 있음을 모르는 것이 그러한 동물들에게 공장식 영농이 끼치는 해악의 일부라고 말해야 한다.

고통에 대한 고찰과는 별개로, 만약 우리가 많은 동물들이 음식, 물, 휴식 등에 대한 기본적인 생물학적 바람 이상의 필요와 수행 욕망을 가지고 있음을 기억한다면, 해악이 박탈의 형태를 취할 수 있고, 동물들이 이러한 해악을 입을 수 있음은 어렵지 않게 파악할 수 있다. 우리는 인간이 사회적 동물이라고 말하지만, 오직 인간만이 사회적 동물은 아니다. 우리가 길들인 동물과 야생동물에 대해 더 많이 알게 되면 될수록, 우리는 그들의 삶을 특징짓는 사회적 필요와 생활 방식들에 더 깊은 인상을 받게 된다.[16] 제대로 연구해보지 않은 사람이 보기에 늑대 무리는 구성원들 간에 애정으로 맺어진 유대도 없고, 사냥할 때와 같은 공동의 목적을 달성하기 위한 어떤 구조도 갖지 않는 카누스 루푸스(*canus lupus*) 종[17]의 표본들을 모아놓은 데에 불과한 것으로 보일 수 있다. 오늘날 이러한 동물들에 대해 조금이라도 알고 있는 사람이라면 더 이상 이러한 믿음을 계속해서 견지할 수 없다. 심지어 닭처럼 '하등'한 동물마저도 식별이 가능한 사회 구조를 가지고 있고, 사회적 필요와 이에 수반되는 바람이 있음을 암시하는 방식으로 행동한다. 이러한 바람을 가지고 있는 동물을 이와 같은 바람이 충족될 수 없는 환경 속에 두는 것, 예를 들어 비좁은 비인가 동물원(roadside zoo)[18]에 늑대를 가두어 두는 것은 그들이 고통을 받든 그렇지 않든, 그들에게 직견적으로 해악을 가하는 것이다. 왜냐하면 이는 친교를 나눌 수 있는 기회, 혹은 움직일 수 있는 육체적 자유의 바람을 충족할 기회를 부정하는 것이기 때문이다. 만약 집약형으로 사육되거나 우리에 갇힌 동물들이 고통을 받는다고 가정하거나 실제로 고통받을 때, 그들이 해악을 입게 되는 것은 단지 야기된 고통 때문만이 아니다. 그들은 심하게 감금되어 만족을 느낄 기회를 잃게 되기 때문에도 직견적으로 해악을 입게 되는 것이다. 설령 이러한 동물들에게 고통을 주지 않았다고 해도, 이는 단지 그들이 상처를 입지 않았음을 보여줄 뿐, 그들이 해악을 입지 않았음을 보여주는 것은 아니다. 그뿐만 아니라 그들이 감금됨으로써 개체적인 복리와 관련된 상당한 이득(다시 말해 감금되어 있을 경우 얻을 수 없을 이득)을

∴

16) 예를 들어 Barry Holstum Lopez, *Of Wolves and Men*(New York: Scribners, 1978)을 보라.

17) (옮긴이) 늑대의 학명이다. 개도 학명이 같다.

18) (옮긴이) roadside zoo를 그대로 우리말로 옮기면 '길가 동물원'인데, 대체로 사람들이 많이 모이는 관광지의 길가에 있기에 이런 이름이 붙었다. 이런 동물원은 동물들을 좁은 우리에 가두고, 원치 않는데도 사람들의 구경거리가 되게 하는 등 극도로 열악한 환경에서 사육한다.

얻게 되지 못한다면, 앞의 사례에서의 내 아들과 마찬가지로, 이러한 동물들은 해악을 입게 된다. 혼자 고립되거나 감금되어 살아야 하는 것이 운명인 늑대나 돼지, 또는 다른 동물들이 막대한 해악을 입는다는 사실을 어떻게 부정할 수 있는지를 상상하기란 어렵다.

박탈로 간주되는 해악들이 반드시 아픔이나 고통을 야기하거나 이를 포함할 필요는 없다. 이 점은 분명하다. 그러나 박탈로서의 해악은 흔히 아픔이나 고통을 야기하거나 이를 포함함이 분명하다. 달리 말해, 많은 경우 박탈은 두 가지로 해석되는 해악이라 할 수 있다. 첫째, 개체에게 끼치는 해악이 있다. 이렇게 말하는 이유는 개체가 박탈로 인해 다양한 원천으로부터 만족을 얻을 기회를 얻지 못하게 되기 때문이다. 그런데 개체에게서 이러한 기회를 박탈하는 데 사용되는 방법이 야기한 고통 때문에 겪게 되는 해악도 있다. 동물을 단독으로 혹은 빽빽이 감금하는 것 또한 두 가지 유형의 해악의 분명한 사례에 해당하는데, 그 이유는 가령 우리에 갇힌 늑대가 (예컨대 늑대가 주사를 맞아서 망연자실한 상태에 있는 경우처럼) 고통을 받지 않는다고 해도, 자신의 자율성을 행사할 기회가 없어짐으로써 해악을 입을 수 있고, 다른 수많은 동물원 동물들과 마찬가지로, 일반적으로 늑대들이 철장에 감금됨으로써 고통을 받는 것이 분명하기 때문이다. 고통은 박탈로 파악되는 해악과 구별되기는 하지만, 고통으로 인해 박탈이 포함된 효과가 나타날 수 있다는 것도 분명하다. 예를 들어 집약형으로 사육되는 가축들은 다양한 소화기 관련 질환에 직간접적으로 시달리는데, 궤양이나 만성적 설사를 포함한 이런 질환들은 그들의 본성과 필요에 맞지 않는 사료 때문이다.[19] 또한 그들은 고통 그 자체로 인해, 그리고 건강이 쇠약해짐

∶∙

19) Mason and Singer, *Animal Factories*, pp. 21 이하를 보라.

으로써 자신들이 하고 싶은 일을 할 수 있는 능력, 그리고 행함으로써 만족을 느낄 수 있는 바를 행할 수 있는 능력이 줄어든다. 철망이나 콘크리트 바닥에 서 있을 때 심하게 고통을 받게 되는 젖소는 고통 야기로 인한 해악(서 있음으로써 느끼게 되는 극심한 아픔)을 무릅써야 할 뿐만 아니라, 활동이 줄어듦으로써 느끼게 되는 박탈로서의 해악 또한 무릅써야 한다.

3.5 죽음

해악이 야기된다고 해서 반드시 상처를 입는 것이 아님을 깨닫는 것은 동물의 죽음, 그리고 도축과 관련해 중요한 의미가 있다. 동물들이 고통 없이 죽임을 당하는 한, 그들이 죽으면서 고통받지 않는 한, 우리가 이를 도덕적인 측면에서 반대해서는 안 된다는 주장이 있다. 이러한 견해는 고기를 얻기 위한 동물 도축의 '자비로운' 대안이 무엇인지를 놓고 벌어지는 논쟁에서, 또한 과학적 목적을 위한 동물 사용의 윤리적 논쟁에서 흔히 거론된다. 예를 들어 후자의 경우에서 우리는 동물이 마취되면 아무 느낌도 없고, 그래서 고통을 받지 않는다는 이야기를 흔히 듣게 된다. 그리고 검사나 실험 혹은 시연이 마무리되고 난 후 이 동물이 의식을 회복하기 전에 '희생'된다면, 모든 것이 도덕적으로 전혀 문제가 없다는 말을 듣는다. 이 장에서 살펴본 이득과 해악에 대한 설명을 바탕으로 우리는 이러한 견해가 심각한 문제를 갖는 이유가 무엇인지를 설명할 수 있다. 이와 같은 견해는 우리가 동물들에게 가할 수 있는 유일한 해악이 그들에게 고통을 초래하는 것이라고 가정하고 있다. 이러한 견해는 우리가 동물들에게 줄 수 있는 또 다른 유형의 해악, 즉 박탈을 통해 끼치는 해악을 완전히 간과하고 있기도 하다. 때아닌 죽음은 매우 근본적이면서 돌이킬 수 없는 유형의 박탈임이 분명하다. 죽음이 돌이킬 수 없는 이유는 한번 죽으면 영원히 죽는 것이기 때문이다. 죽음이 근본적인 이유는 이것이 만족을 구할 수 있는 **모든** 가능성을 차단해버리기 때문이다. 일단 죽으면 선호를 가졌던, 이것 또는 저것에서 만족을 구할 수 있었던, 그리고 선호 자율성을 행사할 수 있었던 개체가 더 이상 이를 충족할 수 없게 된다. 죽음이 궁극적인 해악인 이유는 궁극적인 상실, 즉 생명 자체를 상실하는 것이기 때문이다. 그런데 이는 최악의 해악이 아닐 수 있다. 어떤 것들은 죽음보다 더 나쁘다. 치료할 수 없는, 오래 지속되는 강렬한 고통으로 점철된 삶, 고통 경감이 약속되지 않는 삶은 그 분명한 사례이다. 하지만 그렇다고 해서 이것이 우리에게 선택권이 있다면 그런 삶을 계속 견디기보다 죽음을 택해야 한다거나, 고통 속에서 살고 있는 사람이 계속 살아 있기를 원한다고 해도 그의 삶을 종식해야 한다는 뜻은 아니다. 이는 죽음이 궁극적인 상실이기 때문에 궁극적인 해악이기는 하지만, 있을 수 있는 최악의 해악은 아닐 수 있음을 **이해**해야 한다는 주장일 따름이다.

　루스 시그먼(Ruth Cigman) 교수는 동물의 죽음에 대한 이와 같은 견해에 반대한다.[20] 여기서 그녀가 그렇게 생각하는 이유를 검토하는 것은 유익할 것이다. 그녀가 사용하는 용어를 사용하자면, 죽음이 어떤 개체에게 '불행'이 되려면, 그러한 개체는 시그먼이 버나드 윌리엄스(Bernard Williams)를 따라 "정언적 바람(categorical desires)"이라고 부르는 바를 소유할 수 있는 능력을 갖추어야 한다.[21] 그녀는 이것이 다음과 같은 바람이라고 적고 있다.

• •

20) Ruth Cigman, "Death, Misfortune and Species Inequality," *Philosophy and Public Affairs* 10, no. 1(Winter 1980): 47~64.

정언적 바람은 단순히 살아 있음을 전제하는 바람이 아니라(어떤 존재가 배고
플 때 먹고 싶은 바람처럼), 살아남고 싶은가라는 질문에 답하는 바람이다. 우리
는 이 질문에 긍정적으로 혹은 부정적으로 대답할 수 있다. 윌리엄스는 자신이
합리적인 미래지향적 자살 바람이라고 부르는 개념에 대해 논한다. 이러한 자
살 바람이 정언적인 이유는 그것이 어떤 존재의 계속됨의 문제를 전제하기보다
는 (부정적으로) 해결해주기 때문이다. 이러한 방식 외에 우리는 예를 들어 아이
를 키우거나 책을 쓰려는 바람을 통해 이 문제를 긍정적으로 해결할 수도 있다.
이러한 바람은 삶을 계속 살아갈 수 있는 한 가지 이유가 되며, 삶을 살아가는
'장점'이 되거나 삶에 의미를 부여한다. 대부분의 사람들은 살아가면서 상당 기
간 이와 같은 바람을 가지고 있다.[22]

시그먼은 동물들이 "생명을 위협받을 때 심한 공포증을 나타내며", "생
명에 맹목적으로 매달리지만" 정언적 바람을 가질 능력은 가지고 있지 못
하다고 주장한다.[23] 왜냐하면 정언적인 바람을 갖는다는 것은 삶과 죽음에
대한 이해를 전제하는데 동물은 이러한 이해가 가능하지 않기 때문이다.
"우리가 먼 미래의 가능성에 대한, 가치의 대상으로서의 삶 자체에 대한,
의식, 행위 주체, 그리고 이들의 소멸에 대한, 그리고 비극과 이와 유사한
불운에 대한 개념들을 연결시켜 파악하지 못할" 경우 우리는 죽음을 불행
혹은 해악으로 파악할 수 없다. 왜냐하면 "정언적 바람을 갖는 주체가 되
려면 그러한 이해가 필요"하기 때문이다. 그런데 동물은 이러한 이해 능력

••

21) Bernard Williams, "The Markropolous Case," in *Problems of the Self*(Cambridge:
   Harvard University Press, 1973).
22) Cigman, "Death, Misfortune," p. 58.
23) 같은 책, p. 57.

과 바람을 가질 능력을 갖추지 못했다. 따라서 그들에게 죽음은 불행이 아니다. 다시 말해 죽음은 그들에게 해악이 아닌 것이다.[24]

이와 같은 그녀의 입장에는 분명하지 않은 내용들이 상당수 포함되어 있는데, 일부 경우에는 심각할 정도로 그렇다. 시그먼은 죽음이 어떤 개체에게 불행이 되려면, 그 개체는 '먼 미래의 가능성'에 대한 일련의 감각을 가지고 있어야 한다고 주장한다. 하지만 여기서 '먼'은 얼마나 긴 것을 말하는 것일까? 이는 쓸데없는 질문이 아니다. 앞에서 우리는 동물을 자신의 미래에 대한 감각을 소유한 존재로 보기 위한 근거들을 살펴본 바가 있다. 그들은 미래에 자신들의 바람을 충족시킬 목적으로 현재에 행동한다. 동물이 미래를 파악한다고 했을 때, 이는 '먼 미래의 가능성'을 파악하는 것으로 간주할 수 있을 만큼 충분히 긴가? 예를 들어 늑대가 특정 방향으로 여러 시간, 혹은 며칠 동안 달려갔고, 특정한 장소에 도착해서 가던 길을 멈추고 기다린다. 그리고 얼마 있지 않아 이리저리 이동하는 순록 무리가 시야에 들어오게 되었다고 가정해보자. 이때 우리가 늑대들의 행위를 '미래의 가능성'에 대한 감각으로 간결하게 서술하고 설명할 수 있지 않을까?[25] 일단 그렇게 할 수 있다고 가정해보자. 이 경우 늑대들이 미

∴

24) 같은 책, p. 59. 나는 인간과 동물에게 적용될 때 불행(misfortunes)과 해악의 외연이 같다고 생각한다. 무언가가 메리에게는 불행이지만 그녀가 그것으로 인해 해악을 입지 않았다고 말하거나, 무언가에 의해 그녀가 해악을 입었음에도 불행은 겪지 않았다고 말하는 것은 이치에 맞지 않을 것이다. 나는 Cigman이 동물에게 죽음이 불행임을 부인할 때, 그녀가 죽음이 그들에게 해악이 되지 않음을 함의하고 있다고 생각한다. 내가 사태를 이런 식으로 보는 것은 그것이 건실하든 아니든 유별난 것은 아니다. Nagel("Death") 외에 L. W. Sumner의 "A Matter of Life and Death," *Nous* 10(May 1976): 145~171을 보라.

25) Lopez, *Of Wolves and Men*은 늑대의 이와 같은 행위 사례를 여럿 제시하고 있다.

래의 가능성을 파악함이 시그먼의 기준을 충족할 만큼 충분히 미래 지향
적이어서 거기에 미래의 가능성에 대한 감각을 포함할 수 있는가? 시그먼
스스로가 명확하지 않은 생각의 의미를 어느 정도 명시적으로 밝히지 않
는 이상, 혹은 밝히기 전까지는 우리가 이렇게 저렇게 말할 수 없다.

그러나 동물들이 이런 측면에서 부족하다고 가정해보자. 즉 그들의 미
래의 가능성에 대한 감각에는 결코 그들이 먼 미래의 가능성을 파악하는
것이 포함되는 경우가 없다고 가정해보자. 이로부터 귀결되는 바는 무엇
인가? 그것은 동물들이 장기적인 계획을 세울 수 없다는 것이거나, 혹은
일단 장기적인 목표를 세운 후 이러한 계획이나 목표를 실현할 의도를 가
지고 행동을 개시할 수 없다는 것이다. 시그먼의 사례를 사용하자면, 책을
쓰는 것은 장기적인 계획이다. 우리는 자기가 설정한 목표에서 출발하여
미래로 나아가면서 그 계획에 따라 작업을 해나가야 한다. 만약 우리가 먼
미래의 가능성에 대한 감각과 이해력을 갖추고 있지 못하다면, 그런 목표
를 스스로 정할 수 없을 것이다. 이 정도까지는 어느 정도 확실하다. 그러
나 그렇다고 먼 미래의 가능성을 파악하지 못하는 개체들이라고 해서 먼
미래의 가능성이 전혀 없다고 말할 수는 없다. 반대로, 설령 시그먼의 의미
에서 동물들이 장기적인 미래의 가능성을 충분히 풍부하게 파악하지 못한
다고 해도, 동물들은 분명 일정 기간을 살아가면서 정신적, 육체적 동일성
을 갖추고 있다. 예상치 못한 발전이 이루어지는 경우를 제외한다면 피도
는 내일도 동일한 개일 것이고, 모레도 동일한 개일 것이며, 그 이후로도
쭉 동일한 개일 것이다. 그러므로 이러한 개의 때아닌 죽음은 살아 있는
생명체가 생물학적으로 더 이상 살아 있지 않다는 의미에서뿐만 아니라,
더욱 적절하게 말해, 특정한 심리적인 존재가 더 이상 살아 있지 않다는
의미에서 그 개체의 삶을 단축하는 것이다. 그리고 해악이나 불행한 죽음

이 그들에게 무엇을 의미하는지를 설명하는 데에서 매우 중요한 것은 동물들 스스로가 자신들의 먼 미래의 가능성에 대한 감각을 가지고 있는지의 여부가 아니라, 바로 그들의 삶을 단축한다는 사실이다. 그들에게 죽음이 박탈, 손실일 경우 죽음은 불행이자 해악이며, 그들의 죽음이 복리 이익에 반할 때 죽음은 해악의 의미가 된다. 심지어 동물들 자신이 살아남거나 죽음을 피하는 것과 관련해서 아무런 선호 이익을 가지고 있지 않다고 가정해도 그러하다.

죽음이 **동물들**에게 불행임을 부정하는 시그먼의 근거가 부적절하다는 것과는 별개로, 그녀의 입장을 받아들인다고 했을 때, 새로 태어난 그리고 곧 태어날 **인간**이 어떻게 살아갈지에도 주목해야 한다. 모든 것은 시그먼이 정언적인 바람을 가질 수 있는 자질을 갖추었다(그녀의 표현으로)는 개념을 어떻게 이해하는가에 달려 있다. 시그먼은 이를 통해 잠재력을 의미할 수 있고, 그래서 예를 들어, 인간의 태아와 어린아이들이 비록 당장은 정언적인 바람을 가지고 있지 않지만 그럼에도 이러한 바람을 가질 수 있는 능력을 갖추고 있다고 말할 수 있을 것이다. 하지만 시그먼의 표현이 그 대신 그런 바람을 갖는 능력을 의미할 수도 있는데, 이 경우에는 우리가 실제로 정언적 바람을 가지고 있는 경우에만 그러한 바람을 가질 수 있는 자질을 갖출 수 있다. 그가 자질이라는 중요한 개념을 어떻게 이해하느냐에 따라 차이가 생기게 됨은 분명하다. 만약 능력이 그가 받아들이는 해석이라면, 인간의 태아뿐만 아니라 어린아이들, 그리고 정신적으로 쇠약하거나 노쇠한 수많은 사람들도 죽음과 관련해서 시그먼이 동물들을 포함시킨 범주와 동일 범주에 속하게 될 것이다. 왜냐하면 동물들과 다를 바 없이 이러한 사람들 역시 정언적인 바람을 갖지 못하며, 그들의 죽음 또한 동물들의 죽음과 마찬가지로 불행이 아닐 것이기 때문이다. 이는 직관에 크게 위배된다. 어린아이의 때아닌 죽음이 해가 되지 않고 불행도 아니라는 견해를 지지할 사람은 소수일 것이다. 대부분의 사람들은 어린아이의 때아닌 죽음을 죽음이 갖는 비극적 측면의 전형―죽음이 초래하는 최악의 고통―이라고 생각할 것이다. 그런데 시그먼이 잠재력 해석을 수용함으로써 이와 같은 입장을 받아들일 수 있다. 즉 어린아이들은 정언적인 바람을 가질 수 있는 잠재력을 가지고 있기 때문에 죽음이 그들에게 불행이라고 생각할 수 있는 것이다. 하지만 안타깝게도 이러한 선택은 시그먼의 입장을 감안한다면 해결하는 것보다 더 많은 문제를 초래할 것이다. 왜냐하면 단지 어린아이들뿐만 아니라 인간의 태아 또한 정언적인 바람을 가질 수 있는 잠재력을 가지고 있기 때문이다. 그리고 시그먼 교수는 죽음이 태아에게 불행이라고 믿지 않고 있음이 **매우** 분명하다.[26]

그러나 아직도 제기해야 할 더욱 근본적인 질문이 있으며, 이는 시그먼 교수가 불행으로서의 죽음이라는 핵심 개념을 어떻게 이해하는지와 관련된다. 독특하게도 그는 불행으로서의 죽음을 하나의 '비극'으로, '비극적인' 무엇이라고 적고 있다. 죽음을 이렇게 볼 경우 적어도 대부분 동물들의 죽음이 불행이 아니게 되는 것이 상당히 확실한데, 그 이유는 각각의 그리고 모든 동물의 죽음을 '비극'으로, '비극적'인 것으로 보는 시각은 믿음이 덜 가기 때문이다. 그러나 그렇다고 우리가 동물의 죽음이 그 동물에게 불행이나 해악이 될 수 없다고 말할 수 있는 것은 아니다. 다만 죽음이 해악이나 불행이려면 '비극적'이어야 한다는 입장은 근본적으로 만족스럽지 못한 구석이 있다는 것이다.

모든 **인간**의 죽음을 비극으로 볼 경우 비극은 값싼 개념이 되어버린다.

26) 같은 책, p. 55.

이것이 가장 분명하게 드러나는 경우는 치료될 수 없는, 끊임없이 이어지는 고통과 고뇌의 삶으로부터 죽음 자체가 자비로운 해방이 될 수 있는 사람들의 경우이다. 여기에서 더욱 적절하게 비극으로 간주할 수 있는 것은 그들의 죽음이 아니라 그들이 살면서 처했던 상황이다. 특히 자신이 기대했던 바에 견주어본 삶의 충만함의 정도도 차이를 만든다. 반 고흐의 죽음은 비극적이었다. 그는 줄 것이 너무 많았는데 이를 줄 시간이 너무 부족했다. 그러나 비극을 찾고자 하는 사람 중 그 누구도 예컨대 피카소의 죽음이 비극적이라고 생각하지는 않을 것이다. 모차르트의 죽음은 비극적이었지만 헨델의 죽음은 그렇지 않았다. 케네디 형제의 죽음은 비극적이었다. 하지만 라이트 형제의 죽음도 그러했던가? 많은 사람이 보기에 전형적인 비극적 죽음이라 할 수 있는 어린아이들의 죽음은 비극적이다. 왜냐하면 죽음은 돌이킬 수도, 회복할 수도 없는 방식으로 그들이 충만한 삶을 살 기회를 주지 않기 때문이다. 이러한 아이들은 '정언적 바람'을 잠재적으로 가질 수 있을지는 몰라도, 그러한 바람을 실제로 가질 수는 없다. 그럼에도 이러한 아이들의 죽음은 비극인데, 이러한 사실은 그러한 바람을 갖는다는 것이 어떤 사람의 죽음이 비극이게 하는 필요조건이 아님을 보여준다. 이는 피카소의 죽음이 비극이 아니라는 사실이 정언적 바람을 갖는 것 혹은 그러한 바람을 충족하기 전에 죽는 것이 죽음을 비극이게 하는 충분조건이 아님을 보여주는 것과 다를 바 없다.

이러한 사실을 인정한다고 해도 비극적이지 않은 죽음이 반드시 해악이 아니거나 불행이 아니라고 말할 수는 없다. '비극'과 '해악과 불행'은 의미하는 바가 다른 개념이다. 그리하여 가령 "피카소의 죽음은 비극이 아니다"라는 말이 "그의 죽음은 해악이나 불행이 아니다"와 동일한 것은 아니다. 더 오래 사는 것이 피카소에게 이익이었을 수 있는데, 이 경우 고통스럽든 그렇지 않든, 그의 죽음은 그것이 나타내는 손실 때문에 해악이었다. 그러나 비극의 개념을 그의 죽음에 적용하는 것은 그러한 개념이 적합하게 적용되지 않는 곳에 이를 강제로 적용하는 것이다. 비극적인 모든 죽음은 해악이나 불행이지만, 후자에 해당하는 모든 죽음이 전자는 아니다. 만약 이것이 사실이라면, 심지어 동물의 죽음이 결코 비극일 수 없다는 시그먼 교수의 견해를 받아들인다고 해도(그리고 우리가 그에게 이와 같은 중요한 양보를 해야 하는지는 분명하지 않다),[27] 개별 동물에게 죽음이 해악 혹은 불행일 수 있음을 부정해야만 하는 것은 아닐 것이다. 동물들이 때아닌 죽음을 맞이하는 것이 고통 없이 이루어진다면 그로 인해 그들이 상처를 입지는 않을 것이다. 그러나 그들은 해악을 당한 것이다. 그리고 우리가 윤리적인 측면에서 관심을 가져야 할 것은 흔히 활용되는 고통을 주는 방법들뿐만이 아니라, 때아닌 죽음이 해악이라는 점이다.

3.6 온정주의와 동물

앞에서(3.2) 우리는 우리가 관심을 갖는 것이 항상 우리의 이익에 부합하는 것은 아니며, 우리가 항상 우리의 이익에 대한 최선의 판관은 아니라는 점에 주목한 바 있다. 그러나 이러한 논점들 중 그 어떤 것도 능력을 갖

---

27) 예를 들어 철학자들이 '비극'은 동물의 죽음에 적용될 단어가 아니라고 주장한다고 해서, 고래를 구하기 위해 일하는 사람들이 자신들이 말하는 방식을 바꿀 것 같지 않다. 이 사람들은 계속해서 상업용 포경업자들이 고래를 도살하는 것을 정말 비극이라고 생각하고, 또한 그렇게 말할 것이다. 비극을 이런 식으로 사용하는 것의 타당성을 부정하는 것은 비극에 대한 어느 정도 협소한 분석임이 틀림없다.

춘 성인에게 간섭하는 온정주의를 정당화하지 못한다. 왜냐하면 우리가 폭넓은 개체적 자율성을 갖는다는 것 자체가 커다란 이득이기 때문이다. 이러한 자율성을 통해 우리는 우리의 삶이 나아갈 방향을 정함으로써 얻을 수 있는 만족을 느낄 수 있게 된다. 그러나 동물에 대한 온정주의적 태도는 어떻게 생각해야 할 것인가? 그들이 원하는 바를 하도록 허용하는 것이 그들에게 항상 최선의 이익이 되는 것이 아님은 분명하다. 너구리는 자신이 발견한 먹이를 **원할지** 모르지만, 그가 먹이에 다가가 집게덫의 치명적인 쬠쇠에 걸려들게 된다면, 그가 원하는 바는 그의 이익에 전혀 도움이 되지 않을 것이다. 우리가 너구리를 겁주어 쫓아 버린다면, 우리는 그의 이익에 부합하는 방식으로 그의 삶에 개입한 것이다. 하지만 이 경우 우리가 온정주의적으로 행동한 것일까?

현대 철학자 버나드 거트(Bernard Gert)와 찰스 컬버(Charles M. Culver)는 우리가 동물에게 문자 그대로 온정주의적으로 행동할 수 있음을 부정한다. 이들은 "일부 동물과 유아에 대한 처우가 온정주의와 유사한 측면이 있음"을 인정하면서도, "동물과 유아에 대한 온정주의적 행동을 인정하는 것은 개념적 물만 흐리게 할 따름"[28]이라고 강조했다. 컬버와 거트는 동물들과 유아들이 온정주의적 행동이 이루어지는 데에 필요한 조건을 충족시키지 못한다고 주장한다. 그들의 견해에 따르면 우리는 오직 다음과 같은 경우에 한해 주어진 개체 S에게 온정주의적으로 행동할 수 있다. S가 "일반적으로 무엇이 스스로에게 선이 되는지를 안다"라고 우리가 (어쩌면 잘못되게) 믿을 이유가 있는 **경우**.[29] 컬버와 거트에 따르면 동물들은 인간의 유

* *

28) Bernard Gert and Charles M. Culver, "Paternalistic Behavior," *Philosophy and Public Affairs* 6, no. 1(Fall 1976): 53, 강조가 추가되었다.

아들과 마찬가지로 이러한 조건(이하에서는 이러한 조건을 **믿음 조건**이라고 부르겠다)을 충족하지 못한다. 이것이 우리가 동물에게 온정주의적으로 행동할 수 없는 이유이다.

오직 거트나 컬버만이 이런 방식으로 동물과 유아들을 배제하는 것은 아니다. 현대 미국의 정치학자 앤 팔메리(Ann Palmeri)도 믿음 조건에 대해 "불만이 없다"라고 털어놓는다. 그녀는 다음과 같이 적고 있다. "분명 우리는 자기 자신을 위하는 것이 무엇인지에 대해 생각조차 할 수 없는 대상들에게 온정주의적으로 행동할 수 없다." 바로 이것이 컬버나 거트와 마찬가지로, 팔메리의 입장에서 보았을 때 "나는 식물들의 선을 위한다는 말을 흔히 하는데, 그렇다고 내 식물들을 가지치기하면서 그들에게 온정주의적으로 행동한다고 말하는 것은 온정주의라는 단어를 지나칠 정도로 확대해서 적용하는 것"이라고 보는 이유이다."[30]

여기에서는 상당한 '개념적 혼란'이 빚어지고 있는데, 이를 컬버, 거트, 팔메리가 찾아낸 것은 아니며, 그들이 제안하는 방식으로 정리할 수도 없다. 일부 혼란은 매우 다른 부류의 개체와 사물—유아, 동물, 식물—을 함께 뭉뚱그림으로써 초래되고 있다. 유아나 동물은 **식물이 아니며**, 정상적이고 성숙한 포유동물과 평생 유아 상태에 머물러 있는 인간을 정신적으로 동급으로 간주되어야 한다고 가정하거나 제안하는 것은 극히 잘못된 길로 우리를 인도할 수 있다. 우리가 식물에 대해 말 그대로 온정주의적으

: :

29) 같은 책, p. 50.

30) Ann Palmeri, "Childhood's End: Toward the Liberation of Children," in *Whose Child?: Children's Rights, Parental Authority, and State Power*, ed. William Aiken and Hugh LaFollette(Totowa, N. J.: Littlefield, Adams & Co., 1980), p. 107. 컬버와 커트는 "식물들의 선을 위한다"를 '온정주의'가 문자 그대로 적용될 수 없는 사례로 인용하고 있기도 하다.

로 행동할 수 있다는 주장은 사실이 아니지만, 우리가 동물에 대해 말 그대로 온정주의적으로 행동할 수 있다는 주장은 참이다. 이는 논의가 진행됨에 따라 더욱 분명해질 것이다.

컬버와 거트가 깨닫고 있듯이, 온정주의적 행동 개념의 중심에는 어떤 유형의 동기가 자리 잡고 있다. 내가 S에 대해 온정주의적으로 행동하고자 한다면, 나는 S의 선이나 복리를 위해 행동할 동기가 있어야 하지, 내 (또는 다른 사람들)가 이득을 얻고자 그렇게 행동해서는 안 된다. 이른바 온정주의적 행동은 자신에 대한 관심이 아니라 타자에 대한 관심의 결과여야 하며, 우리가 이득을 주기 위해 행동하는 대상이 되는 다른 개체는 우리가 개입하는 삶을 살아가는 바로 그 개체여야 할 것이다. 이러한 조건을 만족시키는 행동을 **온정주의적으로 동기 부여된**(paternalistically motivated) 것이라고 부르도록 하자. 그리하여 예를 들어 오토바이 운전자에게 보호용 헤드기어를 쓸 것을 요구하는 법률은 의도된 수혜자가 (가령 헬멧 제조업자이기보다는) 오토바이 운전자인 경우, 그리고 이 법이 그들의 이익으로 여겨지는 것에 대한 고려에 의해 동기 부여되는 경우에 온정주의적으로 동기 부여된 것이다. 물론 단지 온정주의적으로 동기 부여가 되었다고 해서 이러한 행동(또는 다른 유사한 동기가 부여된 행동들)이 정당화되지는 않을 것이다. 다만 이러한 행동(그리고 이와 유사한 동기가 부여된 다른 행동들)이, 정당화되든 그렇지 않든 간에, 온정주의적 행위로 간주될 수 있다는 것이다.

컬버와 거트에 따르면 적절한 동기를 갖는 것은 어떤 행동을 온정주의적으로 간주하기 위한 충분조건이 아니라 필요조건이다. 그들의 관점에서 필요한 또 한 가지는 믿음 조건이다. 즉 우리는 우리가 개입하는 삶을 사는 개체들에게 이득을 주려는 의도를 가져야 하고, 그들에게 이득을 주고 싶어 하기 때문에 개입하려 한다는 동기를 가져야 할 뿐만 아니라, 그들이 그들 자신의 선을 위한 것이 무엇인지 알고 있다고 믿어야 한다. 이는 유아와 동물이 충족하지 못하는 조건이다. 우리는 그들의 선을 위해 그들의 삶에 개입할 수 있고, 실제로 간혹 개입하기도 한다. 이에 따라 우리의 개입이 온정주의적 행동에 필요한 동기적 특징을 공유하고 있는 경우도 있다. 하지만 그러한 개입은 진정한 온정주의로 간주될 수 없고, 기껏해야 '유사한 태도'에 지나지 않는다.

컬버와 거트는 동물들이 믿음 조건을 충족시키지 못한다는 자신들의 견해를 옹호하는 어떠한 논증도 제시하지 않는다. 그러나 그러한 논증은 필요하다. 동물들은 믿음을 가지고 있으며, 때때로 그들이 믿음에 대한 믿음을 가지고 있는 것으로 합당하게 여겨지기도 하기(예를 들어 주어진 믿음이 거짓이라는 믿음. 2.5 참조) 때문에, 우리는 동물들이 어떤 것을 믿을 수 없거나 혹은 그들이 어떤 2차적인 믿음(즉 믿음에 대한 믿음)을 가질 수 없다는 이유로 믿음 조건을 충족할 수 없다고 가정해서는 안 된다. 물론 동물들이 행동을 통해 스스로가 장기적인 자기 이익 개념을 가지고 있음을 보여주지 못할 수 있고, 그리하여 행동을 통해 스스로가 장기적으로 자신의 선을 위한 것이 무엇인지를 알고 있음을 보여주지 못하는 경우가 흔할지 모른다. 하지만 그들이 단기간의 자신의 선에 대해 유사한 믿음을 가질 수 없다는 것은 비교적 확실하지 않다. 예를 들어 분명 우리는 포식 동물들이 성공적인 사냥 전략을 기억할 수 있음을 부인할 적절한 이유를 발견할 수 없으며, 현재 그들이 원하는 바를 얻기 위해 그러한 전략을 사용할 수 있음을 부인할 마땅한 이유도 발견할 수 없다. 그렇다면 포식 동물들이 과거의 성공에 근거한 믿음에 의존하는 것이 현재에도 '자신들에게 도움이 될 것'임을 '대체로 알고 있다'라고 믿을 수 **없어야** 하는 이유는 무엇일까? 만약 컬버나 거트처럼 믿음 조건을 받아들이면서 동물이 이를 충족시킨다는 점을 부인하고자 할 경우, 우리에게는 이러한 가능성을 배제하는 이유를 뒷받침할 논증이 필요하다.

밝혀진 바와 같이, 그러한 조건은 매우 역설적인 함의를 가지고 있기 때문에 우리가 받아들여서는 안 된다. 식물뿐만 아니라 인간의 유아, 그리고 (만약 컬버와 거트가 옳다면) 동물들은 믿음 조건을 충족하지 못하고, 어린아이들도 마찬가지이다. 이렇게 보았을 때, 만약 믿음 조건의 충족이 온정주의적 행동을 하기 위한 필요조건이라면, 이로부터 우리는 **그들에게** 온정주의적으로 행동할 수 없다고 결론을 내리게 될 것이다. 그런데 이는 온정주의 개념을 정확히 밝히기보다 왜곡하는 것이다. 이러한 주장의 의미를 더욱 뚜렷하게 파악하고자 한다면, 당신의 세 살짜리 아들이 당신 집 지붕 위에 올라가 '날고' 싶다고 하는 경우를 상상해보라. 당신은 그러한 비행이 중력을 거스르고, 아들이 새도 슈퍼맨도 아니며, 날려고 하면 심각한 상처를 입을 것이라는 등의 이야기를 하면서 온갖 방법을 동원해 아들을 만류할 것이다. 아이는 세상에 대한 경험이 미천하고 상상력에 제한이 있으므로 자신의 최초의 비행을 포함한 많은 행동들, 특히 새롭게 해보는 행동들이 초래할 수 있는 예측 가능한 결과들을 받아들이거나 상상할 수 없다. 그런데 당신의 아들을 만류하려는 시도가 실패하고, 아들이 날아가리라는 믿음으로 발을 내디디려 한다. 그 순간 당신이 아들을 붙잡음으로써 거의 확실하게 일어났을 불행한 착륙을 막았다.

아들의 삶에 대한 당신의 개입은 온정주의적이었는가? 컬버와 거트의 입장은 분명 그렇지 않았음을 함의한다. 왜냐하면 설령 당신이 온정주의적 행동이 요청하는 방식으로, 아들이 원하는 대로 행동하지 못하게 하려는 동기를 가졌을 수 있어도, **아들**이 믿음 조건을 충족시키는지가 전혀 분명하지 않기 때문이다. 만일 당신의 아들이 세 살짜리에게는 정상이라고 생각되는 정도로 세상에 대한 경험과 상상력이 부족하다면, 우리는 그가 아직 자신의 선을 위한 것(즉 그의 전반적인 복리에 도움이 되는 것)에 대한 개념을 형성했다고 믿을 이유가 없다. 이러한 사실로 미루어 보았을 때, 우리는 아이가 대체로 자신에게 무엇이 이익인지를 안다고 믿을 수 없다는 결론에 도달한다. 다른 모든 사람들처럼, 당신의 아들은 자신이 어떤 개념도 가지고 있지 않은 것에 대한 믿음을 가질 수 없다. 당신 아들이 자신의 선에 대한 개념을 갖추고 있지 못하다고 가정한다면(이러한 가정은 합리적인 것으로 보이는데), 그리고 "우리는 자신의 선을 위한 것이 무엇인지를 알고 있다는 믿음을 갖지 못하는 누군가를 대상으로 온정주의적으로 행동할 수 없다"[31]라는 컬버와 거트의 견해에서 보자면, 당신 아들을 막았을 때 당신은 온정주의적으로 행동하지 않았을 뿐만 아니라, 그렇게 행동했을 수 없다는 결론에 도달한다.

이러한 결론은 매우 반직관적이다. 컬버와 거트가 주장하고 있는 바와 같이 "아이들, 특히 **비교적 나이가 많은** 아이들에게 온정주의적으로 행동할 수 있다"[32]라고 말하는 것만으로는 충분하지 않다. 사람들은 세 살짜리 아이에게도 온정주의적으로 행동할 수 있다고 말할 수 있어야 하며, 그렇지 않을 경우 아버지가 아이들에게 온정주의적으로 행동할 수 없다는 강력한 역설에 직면하게 된다. 온정주의라는 단어의 근본적인 의미(『웹스터 신 국제 사전 제3판』에 따르면 paternalism은 '아버지의' 혹은 '아버지와 관련된'을 의미하는 라틴어 *paternus*에서 온 단어로, 아버지의 관심과 배려를 뜻한다)를 크게 훼손한다. 우리가 안전하게 아들의 사례를 일반화할 수 있으려면 그 이

••

31) 같은 책, p. 54.
32) 같은 책, p. 53, 강조가 추가되었다.

상을 이야기해야 한다. 우리는 **어린아이**에 대해서도 온정주의적으로 행동할 수 있다고 이야기해야 하는 것이다. 그런데 이와 같은 어린아이들은 앞에서 제시한 여러 이유들로 믿음 조건을 충족하는 데에 거의 틀림없이 실패한다. 간단히 말해 컬버와 거트가 말하는 조건은 어떤 행동이 진정으로 온정주의적이기 위해 우리가 받아들일 수 있는 필요조건을 포괄할 수 없다.

믿음 조건을 거부하는 것 자체는 당신이 아들의 일에 개입하는 것이 유사 온정주의이기보다는 진정한 온정주의의 사례로 간주해야 하는 이유를 밝혀주지 않는다. 다음은 모두 합하면 온정주의적이기 위한 충분조건이 되며, 컬버와 거트가 온정주의를 분석한 것의 대안이 될 수 있다. 이는 컬버와 거트의 분석이 성공하지 못한 지점을 드러내 밝혀준다.

한 개체 A의 행위는 만약 A가 또 다른 개체 S의 삶에 개입하면서 다음과 같은 조건을 충족할 경우 온정주의적이다.

    (a) A는 S가 특정한 선호를 가지고 있음을 알고 있다.

    (b) A는 S가 자신(S)의 선호를 만족시킬 것이라 믿는 방식으로 행동할 수 있는 능력이 있음을 알고 있다.

    (c) A는 S가 자신을 막지 않는 이상 자신의 선호를 만족시킬 것이라고 믿는 방식으로 행동할 것임을 알고 있다.

    (d) A는 S가 이런 방식으로 행동하는 것이 S의 복리에 해로운 결과를 가져올 것임을 알고 있다.

    (e) A는 S의 선을 위한 것이며, S를 위한 관심 때문에 개입한다는 믿음을 가지고, 자신이 S의 선을 위해 개입하지 않을 경우 S가 선택하려 했을 행동을 하지 못하도록 개입한다.

아들이 지붕 위에서 뛰어내리지 못하도록 개입하는 경우에 관한 앞의 사례는 이러한 조건들을 충족해주며, 이에 따라 여기서 제안한 입장에 따르면 진정으로 온정주의적인 것이다. 반면 '식물의 선을 위해서 행동하는' 경우는 그렇지 않다. 식물들이 자신들을 만족시키기 위해 행동할 수 있다는 것은 말할 것도 없고, 그들이 선호(바람)를 가지고 있다고 믿을 만한 충분한 이유도 없다. 따라서 팔메리의 말을 이용하자면, "나는 식물들의 선을 위한다는 말을 흔히 하는데, 이 때문에 내 식물들을 가지치기하면서 그들에게 온정주의적으로 행동한다"라고 생각할 근거가 없어진다. 간단히 말해 여기서 **권장하는 견해**(이는 우리가 적절한 동기를 가지고 어린아이들의 선을 위해 행동할 때 그들에게 온정주의적으로 행동함이 분명하다는 바람직한 함의를 가지고 있는데)는 '식물들의 선을 위해' 행동한다는 것이 식물에게 온정주의적으로 행동함을 함의하지 않는다.

동물들의 상황(예컨대 앞의 사례에 나오는 너구리)은 당신 아들의 상황과 같고 식물의 상황과는 다르다. 이러한 동물들이 일종의 자율성, 즉 선호 자율성을 갖는 존재로 합당하게 간주된다는 견해에 대해서는 이미 옹호가 이루어진 바가 있다(3.1). 즉 그들은 어떤 것을 바라며, 여기서 더 나아가 방해를 받지 않을 경우 자신들이 바라거나 선호하는 바를 확보하기 위해 행동할 수 있고, 또한 분명 그렇게 행동한다. 만약 그렇다면, 우리는 그들이 현재 가지고 있는 주요한 바람을 좌절시키는 방법으로 그들의 삶에 개입할 수 있고, 실제로 분명 빈번하게 개입하고 있다. 우리는 동물 자체의 복리에 대한 관심이라는 동기를 갖지 않으면서 이와 같이 개입하기도 한다. 예를 들어 정육 공장에서 동물을 도축하는 사람들은 일반적으로 동물들의 이익을 위해 행동하려는 동기를 가지고 동물을 도축하지는 않는다. 이러한 경우에 인간의 개입을 온정주의적이라고 하는 것은 잘못이다. 그러나 우리의 개입이 타자에 대한 관심이라고 적절하게 말할 수 있는 경우가 있다. 아프거나 다친 동물들이 행동으로 저항함에도 적절한 의료 서비스를 제공한다는 차원에서 고통스러운 검사나 치료를 해주는 경우가 그 예이다. 이러한 경우에 우리가 우리의 행동을 온정주의적이라고 특징짓는다면, 우리는 견고한 개념적 기반 위에 서 있는 것이다. 즉 우리는 '개념적 물을 흐리지 않고 있는' 것이다. 왜냐하면 이러한 경우는 진정한 온정주의에 대한 위의 (a)에서 (e)까지의 조건을 만족시키고 있으며, 모든 적절한 측면에서 당신 아들의 비행 계획에 대한 온정주의적 개입의 경우와 유사하기 때문이다.

아들의 경우와 동물의 경우 사이에 적절한 차이가 있다는 반론이 제기될 수 있다. 이러한 주장에 따르면 아들이 자신의 먼 미래의 가능성을 마음에 품는 능력이 부족하고, 이와 더불어 자신의 선에 대한 일반적인 개념 또한 결여되어 있는 것은 사실이다. 하지만 그는 자신의 가까운 미래가 어떠하기를 바라는지에 대한 믿음을, 그리고 자신이 믿는 바가 자신의 단기적인 이익에 해당하는지에 관한 믿음을 (설령 잘못될 수 있을지라도) 분명 가지고 있다. 이러한 의미에서, 그리고 이 정도만큼 아들은 '자신의 선을 위해서'라는 개념을 분명 가지고 있고, 대체로 무엇이 자신의 선을 위한 것인지를 알고 있다고 믿거나, 적어도 믿을 수 있다는 주장을 제기할 수 있다. 이러한 반론은 "이 정도까지를 받아들일 경우 당신 아들은 믿음 조건을 충족할 수 있지만 동물들은 그렇지 못하다"라고 결론 맺는다.

믿음 조건을 구하기 위한 이러한 시도가 성공하려면 당신의 아들, 그리고 다른 유사한 인간의 아이들뿐만 아니라 동물들 또한 믿음 조건을 충족시킨다는 대가를 치르고서야 비로소 가능하다. 우리에게는 당신의 아들이 믿음 조건(단기적 선에 관한 믿음을 포함하도록 수정할 경우)을 충족할 개념적이고 지적인 수단을 가지고 있다고 가정할 이유가 많지 않으며, 오히려 적다고 가정할 이유가 있을 것이다. 마치 우리가 우리에게 특별한 이익이 되었고, 계속 그럴 동물들, 다시 말해 한 살 혹은 그 이상 되는 정상적인 포유류 동물을 그렇게 가정할 이유가 없는 것처럼 말이다. 만약 믿음 조건이 수정되어 어린아이들이 이를 충족할 수 있게 된다면, 이러한 동물들도 이를 충족할 수 있게 될 것이다. 반면 이러한 조건을 바꾸지 않아서 동물에 대한 온정주의적 행동이 이루어질 수 있음을 배제하게 된다면, 이러한 조건은 어린아이들에 대한 온정주의적 행동이 이루어질 수 있음도 배제하게 될 것이다. 어떤 경우를 고려해봐도, 온정주의와 그 함의에 관한 진리가 컬버와 거트가 발견했다고 생각하는 그 지점에 있다고 판단하는 것이 과연 설득력이 있는지에 대해 의문을 품는 것은 타당해 보인다. 특히 동물에게 온정주의적 태도를 가질 수 없다는 입장을 고려해보았을 때 그러하다.

3.7 안락사와 동물

선호 자율성, 죽음, 그리고 온정주의에 대한 앞에서의 분석 결과는 안락사 개념을 동물들에게 적용하는 착상이 어떤 것인지를 밝혀준다. 우리는 '안락사당한다'라고 언급되는 동물의 수를 상기해볼 필요가 있다. 미국에서 '안락사당하는' 고양이와 개의 총 개체 수는 보수적으로 평가해도 매년 1,500만 마리로 추산되고 있다. 게다가 미국에서 살아가는 6억 8,000만 마리의 동물 중 상당 비율이 과학적인 목적을 위해 사용되는 것으로 추정되며, 전 세계적으로 2억 마리의 동물들이 치명적이지 않은 방법으로 활용되고 나서 '안락사당한다.' '동물을 안락사시키는' 관행은 분명 많은 수의 동물들에게 영향을 미친다. 우리의 현재 관심은 이러한 관행의 도덕성을 판단하는 데에 있지 않으며, 동물의 삶을 의도적으로 종식시키는 것이 안락사로 **적절히 분류될 수 있는지**의 여부, 그리고 분류될 수 있다면 그 시기가 언제인지를 이해하는 데 있다. 뒤에서 내릴 주요 결론을 미리 이야기하자면, 제대로 생각해볼 경우 동물들이 '안락사당한다'라고 **일컬어지는** 상황의 대부분(하지만 모두는 아닌)이 사실상 안락사에 해당하지 않는다는 점을 확인할 수 있다.

'안락사(euthanasia)'라는 단어는 '좋은 죽음'이라는 의미로 가장 잘 번역될 것 같은 두 그리스 단어에서 유래했다.[33] 한 개체를 안락사시킨다는 것은 직접적으로 살해하거나(이른바 적극적 안락사) 죽도록 내버려 둠(이른바 소극적 안락사)으로써 그 개체가 '좋은 죽음'을 맞이하게 하는 것이다.[34] 수동적 안락사의 경우는 개체가 살아 있는 상황에서, 특별한 수단(예컨대 인공호흡기 또는 인공 신장)을 이용해 이루어진다. 이러한 필수적인 생명 유지 시스템을 환자로부터 제거하는 것은, 다시 말해 '플러그를 뽑는 것'은 자연이 자신의 길을 가도록 내버려 둠으로써 환자를 죽게 하는 것이다. 희귀한 예외(예컨대 소중한 경주마를 인공적인 수단을 이용해 살릴 수 있다)를 제외하고는, 동물을 안락사시키는 관행은 그들의 삶을 적극적으로 종식시키는 것을 포함하지, 그들이 죽도록 수동적으로 내버려두는 것을 포함하지 않는다. 바로 이러한 이유로, 이어지는 내용에서는 오직 적극적인 안락사만이

∵

33) (옮긴이) 영어 단어 euthanasia는 그리스어 eu(잘)와 thanatos(죽음)를 합한 말이다.
34) 안락사에 대한 현재의 논의는 James Rachels의 논문 "Euthanasia," in *Matters of Life and Death*, ed. Tom Regan(New York: Random House, 1980), pp. 28~66에 도움을 받은 바 크다.

우리의 관심사가 될 것이다.

안락사는 고통 없이, 혹은 최소한의 고통으로 다른 개체를 죽이는 것 이상을 요구한다. 만약 세드릭이 버사 고모를 아픔이나 고통을 야기하지 않고 (가령 그가 그녀가 잠자는 동안 그녀의 체내에 치명적인 양의 펜토탈소듐을 주입함으로써) 살해했지만 고모가 죽었을 때 자신이 받게 될 유산 때문에 그렇게 했다면, 버사 고모가 숨을 거둔 것은 안락사에 해당하지 않는다. 이는 살인 사건이다. 개체의 삶을 능동적으로 종식시키는 데에 안락사 개념을 적용하려면, 개체의 삶이 단지 올바른 (즉 가장 고통스럽지 않은) 수단뿐만 아니라 **올바른 이유로** 종결되어야 한다. 적극적으로 다른 개체를 안락사시키려면 그것이 그 개체의 이익을 위한 것이고, 그 개체를 위한 관심에서 그렇게 하는 것이라는 믿음을 바탕으로 그 개체를 죽이는 것이어야 한다. 이처럼 안락사는 이를 실행하려는 사람이 자기 자신이 아니라 타인을 존중하는 동기를 가져야 하고, 또한 죽이는 사람이 위하려는 다른 개체는 죽임을 당하는 바로 그 개체여야 한다. 세드릭이 버사 고모를 고통 없이 죽음에 이르게 하려 하지만, 자신의 아이들이 유산을 물려받을 수 있도록 하기 위해 그렇게 한다면, 설령 그가 개인적으로 얻고자 하는 바에 대한 생각 없이 그렇게 하는 것이라고 해도, 그리고 그의 행동은 타인을 배려하는 것이지만 이는 여전히 살인일 것이다.

결과적으로 어떤 개체의 삶을 적극적으로 종식시키는 경우가 안락사라는 자격을 갖추기 위해서는 최소한 다음과 같은 조건을 충족해야 한다.

(1) 가능한 한 최소한으로 고통을 주는 수단을 이용해 개체를 죽여야 한다.
(2) 죽이는 자는 죽임을 당하는 개체의 죽음이 죽임을 당하는 개체에게 이익이라고 믿어야 한다.

(3) 죽이는 자의 동기는 죽임을 당하는 개체의 이익이나 선이나 복리에 대한 관심에 따라 죽임을 당하는 개체의 삶을 종식하는 것이어야 한다.

물론 이와 같은 조건들조차도 충분하다고 볼 수는 없다(두 번째는 조금 있다 보강할 것이다). 하지만 이들 세 가지 조건은 왜 '동물을 안락사시키는' 수많은 경우가 진정한 안락사가 아닌지를 보여주기에 충분하다. 일부 경우(예를 들어 감압실에서 개를 '영면에 들게 하는[put to sleep]'[35] 경우)는 동물을 죽이는 데 **사용되는 수단**이 이용 가능한 최소한의 고통을 야기하는 경우가 아니고, 다른 경우(예를 들어 테이블 가장자리와 같은 예리한 모서리에 실험용 쥐의 머리를 부딪쳐 생명을 잃게 하는 경우) 동기가 적절하게 상대를 배려한 것이 아니다. 이러한 관행을 고집스럽게 "동물들을 안락사시키는 것"이라고 하는 것은 명백한 죽임을 거짓된 언어의 표지로 포장하는 것이다.

고찰해보면 조건 (2)는 그 자체만으로는 너무 약하다. 누군가의 삶을 종식시키는 것이 안락사가 되려면 그 개체가 죽는 것이 그 개체의 이익이라고 **우리가 믿는** 것만으로는 충분하지 않다. 그러한 믿음은 **참이어야 한다**. 안락사를 시킨다는 동사는 달리 말해 성취 동사(achievement verb)[36]이며, 죽음이 희생자의 선을 위한 것이라는 믿음이 참이지 않은 이상 안락사

··

35) (옮긴이) 영어에서는 안락사의 시행을 'put to sleep'이라고 표현하기도 하는데, 이는 euthanize의 우회적인 표현이다. 이를 '영면에 들게 하다'로 번역했는데 그 이유는 저자가 이 장의 요약과 결론이 시작되기 전에 이러한 표현이 안락사에 대한 미사여구라고 설명하는 부분이 있기 때문이다.
36) (옮긴이) 성취 동사는 어떤 활동이 수행되었다는 것뿐만 아니라, 그러한 활동을 통해 어떤 것이 성취되었다는 것을 동시에 포함하는 동사를 말한다. 예를 들면 의사가 환자의 병을 고쳤다(cure)는 그 의사가 환자에게 치료를 실시했을 뿐만 아니라, 그 결과 환자가 나았다는 의미도 포함하고 있다.

가 성취(실행)되지 않는다. "그는 그녀를 안락사시켰다고 생각했지만, 그렇지 않았다. 그녀가 살았더라면 그녀에게 더 좋았을 것이다"라는 말은 전적으로 합당하다. 사실상 이는 누군가가 희생자에 대한 선의의 관심에서 고통 없이 희생자를 죽였지만, 죽음이 희생자의 이익에 부합된다는 잘못된 믿음으로 그렇게 했다고 말하는 것이다. 설령 피해자의 복리에 대한 관심으로 살해하려는 동기를 가지게 되었다고 해도, 설령 사용된 수단이 활용할 수 있는 것 중에서 가장 고통이 덜한 것이었다고 해도, 설령 피해자가 살아 있는 것보다 죽는 것이 낫다는 믿음에서 행한 행동이라고 해도, 만약 안락사를 시행하는 사람의 믿음이 거짓이라면 이러한 살해는 안락사에 해당하지 않는다. 따라서 조건 (2)는 다음과 같이 수정되어야 한다.

(2) 죽이는 자는 죽임을 당하는 개체의 죽음이 죽임을 당하는 개체에게 이익이라고 믿어야 하고, 이것이 참이어야 한다.

곧 확인하겠지만, 동물을 안락사시켰다고 주장하는 사람들은 흔히 이러한 조건이 부과하는 요건을 충족하지 못한다.

간혹 안락사에 관한 문헌에서 (a) 자발적(voluntary) 안락사와 (b) 비자발적(nonvoluntary) 안락사를 구별하는 경우가 있다. (만약 '반자발적[involuntary] 안락사'와 같은 것이 있다면, 그것은 **당사자가 밝힌 바람을 공공연히 무시하고 그 사람을 그의 의사에 반하여** 살해하는 것이다. 이는 안락사가 아니라 살인이 될 것이며, 그래서 '반자발적 안락사'는 이하에서 제시되는 분석에 포함되지 않을 것이다.) 가장 확실한 자발적 안락사의 사례는 (1)에서 (3)까지의 조건을 충족하는 것 외에, 죽는 개체가 반응 능력이 있고, 어쨌든 곧 죽게 될 것이며, 죽음을 요구하는 경우이다. 안락사 요청은 공식적으로 작성된 요청서, 명시적인 구두 변론 또는 적절한 질문에 대한 인지 가능한 끄덕임에 이르기까지 여러 형식으로 이루어질 수 있다. 특정 상황에서 이러한 명시적인 요구에 응하는 것의 도덕성을 어떻게 판단하든, 우리가 자발적인 안락사를 온정주의적인 것으로 특징지을 경우, 이는 개념적인 물을 흐릴 것이 분명하다. 죽음을 요청했을 때 반응 능력이 있는 개체의 요구에 따르는 것은 소금을 달라고 한 사람에게 소금을 건네주는 것과 마찬가지로 온정주의적인 태도가 아니다. 두 경우 모두 우리는 개체 스스로의 명시적 요구에 따르는 것이며, 이에 따라 우리가 따른다고 해서 온정주의적으로 행동한다고 말할 수 없다.

어떤 형태로 자신의 죽음을 요구하든, 이와 같은 요청은 (a)자기 자신이 언젠가 죽는다는 것을 이해하고, (b)자신의 삶을 종식하기를 바라는 바람을 명확하게 표현할 수 있는 수단이 있는 사람들만이 할 수 있음이 분명하다. 어떤 동물이 이 두 가지 조건을 충족할 수 있을지는 의심스럽다. 그리고 모든 동물들이 언어 능력을 갖추지 못하고 있거나 그럴지 모른다는 점을 감안한다면, 우리가 어떻게 동물들이 그러한 조건을 충족할 수 있으며 실제로 충족하는지를 결정할 근거를 마련할 수 있을지가 확실하지 않다. 시그먼의 표현을 빌리자면 동물들이 생명을 위협받고 있는 상황에 처해 있음을 깨달을 때 '삶에 집착하지만', 그들이 죽음을 피하기 위해 그렇게 하는지, 아니면 그들이 현재 겪고 있는 고통, 두려움, 고뇌가 끝날 것이라는 믿음에서 그렇게 하는지는 명확하지 않다. 그들의 행동이 이와 같이 중요한 측면에서 처리하기 어려울 정도로 애매하기 때문에, 우리는 행동을 근거로 동물이 조건 (a)와 (b)를 만족시킬 수 있음을 보일 수 없다. 이렇게 보았을 때, 일반적으로 이해되는 의미에서의 자발적인 안락사 개념을 동물이 안락사되는 경우에 적용할 수 없다고 주장하는 것은 별다른 문제가 없어 보이며, 이에 따라 동물이 안락사당한다고 했을 때, 해당 안락사는 비자발적인 안락사인 것처럼 보일 수 있다.

그러나 여기에는 심각한 개념상의 문제가 있다. 전형적인 비자발적 안락사의 사례들은 그것이 적극적이든 소극적이든 돌이킬 수 없을 정도로 혼수상태에 빠진 인간의 삶을 종식하는 경우이다. 이러한 개인들은 자신들이 처한 상황 때문에 적극적인 안락사 정의의 일부인 자신의 죽음을 요청할 수도 없고, 살게 해달라는 요청을 할 수도 없다. 자신들이 처한 상황 때문에 그들은 아무것도 요청할 수 없다. 물론 '식물' 상태로 전락한 사람들이 자신들이 돌이킬 수 없을 정도로 혼수상태에 빠지게 되면 어떻게 해달라고 이전에 지시를 내려놓았을 수도 있다. 만약 그렇게 했다면, 그리고 그러한 상황에서 죽음을 요청했다면, 그들의 알려진 바람을 따르는 것이 되기 때문에, 곧바로 그들을 죽이는 것은 자발적 안락사의 한 형태로 분류될 수 있을 것이다. 반면 이전에 자신들의 삶을 적극적으로 종식시키지 말아달라고 요청했음에도 곧바로 그들을 죽이는 것은 반(反)자발적인 안락사의 한 형태로 분류할 수 있을 것이다. 이러한 고찰과 더불어, 환자가 돌이킬 수 없을 정도의 혼수상태에서 자신이 무엇을 선호하는지 말할 수 있는 **경우**, 과연 **우리가 그들이** 무엇을 원하는지를 파악할 수 있는 능력을 가지고 있는지에 관한 의문은 분명 문제를 복잡하게 만든다. 그리고 어떤 검토를 통해 안락사를 완전하게 정리하고자 한다면, 그러한 검토는 이러한 문제들을 상세히 확인해봐야 할 것이다. 그러나 우리가 소기의 목적을 달성하고자 할 때 인상적인 사실은, 그리고 강조해야 할 사실은 해당 개인들이 돌이킬 수 없을 정도로 혼수상태에 빠진 상황에서는 선호를 경험하지 않는다는 점이다. 그들은 계속적으로 일어나는 바람이나 갈망의 대상을 경험하고 있지 않으며, 이러한 측면에서의 어떤 성향도 유지하고 있지 않다. 심리적인 측면에서 보자면 그들은 사망한 것이다. 그리고 인간을 대상으로 하는 비자발적인 안락사의 전형적인 사례들은 같은 측면에서 동물이 안락사당한다고 일컬어지는 표준적인 사례들과 다르다. 이렇게 말하는 이유는 일상적으로 우리나 보호소에서 '영면에 들게 되는' 동물들, 그리고 실험실에서 '인도적으로 희생된' 많은 동물들이 회복할 수 없을 정도로 혼수상태에 빠져 있는 것은 **아니기** 때문이다. 그들은 전혀 혼수상태에 빠져 있지 않다. 그렇기 때문에 그들을 죽이는 것은 돌이킬 수 없을 정도로 혼수상태에 빠진 인간을 죽이는 경우와 적절한 측면에서 유사하지 않다. 이러한 사람들과 동물들은 모두 자신을 죽여 달라거나 살게 해달라고 요청할 수 없고, 이에 따라 그들은 흔히 이해되는 바로서의 자발적, 비자발적 안락사의 가능한 대상자들로 분류되지 않는다는 측면에서 서로 유사하다. 하지만 이른바 안락사의 상황에서 동물들이 계속 심리적 동일성을 유지함에 반해, 해당 인간들은 이러한 동일성을 상실한다는 측면에서 양자는 서로 다르다. 이러한 인간과 이러한 동물 **모두를** 안락사시키는 사례들을 비자발적인 안락사로 분류하는 것은 이와 같은 중요한 차이를 부각하기보다는 은폐한다. 우리가 동물들을 대상으로 시행하는 안락사를 이해하고자 한다면 이전에 눈에 띄지 않았던 범주의 안락사에 주목할 필요가 있다. 두 범주의 안락사에 대해서는 이어지는 내용에서 개괄적으로 다룰 것이다.

선호 존중 안락사

동물들이 치료할 수 없는 극심한 고통의 상태에 있는 경우가 있다(예를 들면 백혈병 말기의 고양이들). 이러한 상황 속의 동물들은 현재의 고통을 인식할 뿐만 아니라, 가능한 한 빨리 자신들의 고통을 없애고 싶은 바람을 가질 것이다. 여기서의 바람은 그들의 가까운 미래와 관련된, 선호와 관련된 바람이다. 지금 살펴보고 있는 유형의 사례에서 동물들이 다양한 약물 사용으로 죽거나 영구적으로 의식을 잃게 되지 않는 한, 그들의 미래 상황은 현재의 상태와 다를 바 없이 고통스러울 것이고, 치료가 가능하지 않을 것이다. 이는 가혹한 현실이다. 우리가 알고 있는 것은 그들이 앞으로 경험하게 될 의식적 삶은 동일할 것이고, 그들이 미래에 갖게 될 지배적인 바람은 현재 그들이 가지고 있는 바람과 계속 동일하리라는 것이다. 동물들이 아무리 오래 살더라도, 그들의 지배적인 바람은 자신들의 극심한 고통을 종식시키는 것이 될 것이다. 이런 상황에서 동물을 죽이는 것은 분명 그들에게 이익이 될 것처럼 보이는데, 그 이유는 그들에게는 죽음보다 더 나쁜 운명이 기다리고 있기 때문이고, 이러한 동물들이 처한 상황은 바로 그러한 상황이기 때문이다. 가차 없는 육체적인 고뇌로 점철된 삶을 사는 것보다는 죽는 것이 더 낫다. 앞서 인용한 안락사에 대한 분석의 일부인 세 가지 조건이 충족된다고 가정해보자. 우리가 가능한 한 고통 없이 동물들을 죽인다. 우리가 그들의 죽음이 그들의 이익에 부합한다는 참된 믿음에서 그렇게 한다. 그리고 우리가 그들의 이익에 해당하는 것이 무엇인지에 대한 관심에서, 타자를 배려하는 이유로 그들의 삶을 종식시키고자 하는 동기를 갖는다. 이미 제시된 이유로 미루어보았을 때, 이 동물들에 대한 자비로운 죽임은 자발적인 안락사의 한 사례가 아니다. 왜냐하면 동물들은 스스로가 자신들의 죽음을 요청할 수 없기 때문이다. 그런데 이는 비자발적인 안락사의 사례도 아니다. 왜냐하면 영구적으로 혼수상태에 빠지는 경우와는 달리, 이 동물들은 이른바 안락사를 당하면서 자신들의 심리적 동일성을 유지하기 때문이다. 만약 이것이 사실이라면 필요한 것은 이 동물들에게 문자 그대로 적용될 수 있는 새로운 범주의 안락사일 것이다. 필요한 범주의 안락사를 **선호 존중 안락사**라고 부르도록 하자. 이를 선호 존중이라고 부르는 것의 적절성은 다음과 같은 방식으로 옹호할 수 있다.

우리가 상상한 조건 속의 동물들이 원하는 것은, 그리고 그들이 선호하는 것은 자신들의 고통이 멈추는 것이다. 이것은 고통이 계속되는 한 이 동물들이 계속 원하는 것이다. 추정해보건대 이처럼 그들의 고통은 계속 의식이 있는 한 약해지지 않고 이어질 것이기 때문에 그들은 계속해서 가까운 미래에 자신들의 고통이 줄어들기를 원할 것이다. 이 상황에서 우리가 **그들에게** 가장 중요한 선호가 되는 것을 존중할 수 있는 유일한 방법은 의식을 갖춘 개체로서의 그들의 삶을 종식시키는 것이다. 이러한 동물들을 죽일 때 우리는 분명 그들의 선호—그들의 죽고 싶다는 바람이 아니라 —를 존중하는 것이다. 이와 같이 말하는 이유는 동물들이 자신들이 이해하지 못하는 것을 바랄 수 없다는 데에 우리가 동의했으며, 이에 따라 동물들이 그들 자신의 죽음을 이해하지 못한다고 가정한다면, 그들은 그들 자신의 죽음을 바랄 수 없기 때문이다. 오히려 우리는 이러한 동물들의 선호, 즉 그들이 갖는 현재의 선호와 그들이 계속 갖게 되리라 예상하는 선호를 충족하도록 우리가 해줄 수 있는 유일한 것을 행함으로써—즉 죽임으로써 그들의 선호를 중시하거나 존중한다. 이러한 의미에서, 그리고 이러한 이유들로, 우리는 다룰 수 없을 정도로 극심한 육체적 고뇌가 삶이 되어 버린 동물을 안락사시키거나, 이를 확장하여 어린아이를 안락사시키는 것을 선호 존중 안락사로 적절히 파악할 수 있을 것이다.

선호 존중 안락사는 온정주의적이지 않다. 현재 개체들이 원하고, 앞으로도 계속 원하는 바를 해줄 수 있는 유일한 방법은 그들의 삶을 종식시키는 것이다. 이렇게 보았을 때, 안락사 시행은 사실상 **그들의** 선호를 존중하는 것이다. 물론 우리는 그들 스스로 할 수 없는 것을 그들을 위해 행하지만, 우리가 '그들 자신의 선을 위해서'라는 명목으로 **우리의 의지를 그들에게 강요하지는 않는다.** 오히려 그들이 자신의 선호를 만족시키려면 해야만 할 일을 우리가 행하기 때문에, 우리는 우리가 아는 바에 따라 **그들의 의지에 따르는 것이다.** 우리가 행하는 일이 그들을 위하는 것이지만, 그렇다고 우리가 하는 일이 온정주의적인 것은 아니다.

온정주의 안락사

우리는 온정주의적으로 행동하지 않으면서 동물들을 위해 그들을 죽일 수 있다. 하지만 이것이 가능한 경우의 범위는 제한되며, 여기에 집에서 키우는 동물을 안락사시킨다고 할 때와 같은, 더욱 흔한 유형의 안락사는 포함되지 않는다. 가장 흔한 안락사의 사례에는 **건강한** 동물들, 가령 유기동물들과 원치 않는 반려동물을 죽이는 것이 포함된다. 이러한 동물이 처한 상황은 안락사가 선호 존중에 해당하는 상황과 중요한 차이가 있는데, 그 때문에 우리는 건강하지만 원치 않는 동물을 '안락사시키는' 관행을 어떻게 이해해야 하는지 물을 필요가 있다.

동물들은 선호를 가지고 있지만, 장기적으로 자신을 위한다는 개념을 갖는 데 필요한 인지적 요구 조건을 갖추고 있지 못할 수 있다. 이것이 사실이라고 가정할 경우, 동물들 스스로가 자신들의 먼 미래에 대한 아무런 선호도 가질 수 없다는 결론이 도출된다. 즉 그들은 어떤 개념도 가지고 있지 않은 대상에 대한 선호를 가질 수 없는 것이다. 우리가 동물의 현재와 미래의 중요한 바람이 오직 그 동물의 심리적 생존을 종식시킴으로써만 충족될 수 있음을 알고 있는 경우를 제외하고는, 다시 말해 동물을 안락사시키는 것이 선호 존중일 경우를 제외하고는 어떤 동물을 '그 자신의 선을 위해' 살해하는 경우는 온정주의적이다. 이 경우 우리는 우리가 생각하는 그 동물의 선을 위해 그 동물에게 **우리의** 의지와 **우리의** 판단을 강요하는데, **온정주의 안락사**는 이런 유형의 안락사에 적합한 이름이다.

일반적인 안락사가 그러하듯이, 온정주의 안락사도 최소한의 고통을 야기하는 활용 가능한 수단에 의해 죽음을 야기해야 한다는 기준 이상이 필요하고, 상대를 고려하는 적당한 동기를 가져야 한다는 기준 이상이 필요하며, 우리가 죽임을 당한 대상들의 이익을 위해 죽음을 야기했다고 믿는 것 이상이 필요하다. 이때의 믿음은 분명 참이어야 한다. 그렇지 않으면 우리는 안락사가 아니라 (기껏해야) 선의로 죽이는 일을 하게 된다. 원하지 않는 건강한 애완동물이 안락사당했다고 일컬어지는 사실상 모든 경우는 안락사로 분류될 자격을 갖추고 있지 못하다. 이러한 동물들은 건강하므로 그들을 죽이는 것을 선호 존중으로 잘못 분류하고 있을 따름이다. 그리고 이러한 동물들을 죽여야 할 상황에 놓인 사람들은 이 동물들이 책임감 있는 사람의 집에 입양될 때까지 키우는 정책 등을 마련하면서 안락사시키길 거부할 수 있다. 실제로 일부 보호소들은 그렇게 한다. 이와 같은 사실로 미루어 보자면 **이러한** 동물들(즉 이미 보호소에 수용되어 있으면서 죽임을 당할 상황에 놓여 있는 동물들)이 살아 있는 것보다 죽는 것이 낫다는 생각은 잘못이다. 반대로 보호소를 운영하는 사람들이 입양될 때까지 동물들을 제대로 보살펴줄 것이라고 가정한다면, 이러한 동물들은 살아 있는 편이 더 나으리라고 믿을 충분한 이유가 있다.

어떤 비판자는 보호소가 동물이 입양될 때까지 키우는 정책을 마련할 경우, 혹은 선호 존중 안락사에 해당하는 경우에만 동물을 안락사시킬 경우, 보호소가 받아들일 수 없는, 수많은 원하지 않는 동물들이 겪게 될 암울한 삶의 가능성을 위의 입장이 간과하고 있다고 비판할 것이다. 이 비판에 따르면 현실적으로 공간과 예산이 부족하고, 개인적으로 운영되는 보호소가 동물에게 제공할 수 있는 것들에는 한계가 있다. 이와 같은 한계를 감안하자면, 충분히 운이 좋아 보호소 내에 머물 장소가 있는 동물들에게는 방금 옹호했던 정책이 안식처를 제공할 수 있을 것이다. 하지만 이 정책이 시행됨으로써 혼자 힘으로 삶을 꾸려나가기 위해 노력해야 하는 수많은 동물들은 비참한 운명을 짊어지게 될 것이다. 간단히 말해 운이 좋은 소수에게 만족을 주기보다는 어찌할 도리가 없는 다수에게 도움을 주는 편이 낫다는 것이다.

이러한 비판은 논점을 놓치고 있다. 여기서 문제는 어떤 정책이, 다시 말해 건강한 동물들이 일정 기간 안에 입양되지 않을 경우 일상적으로 죽임을 당하는 정책, 아니면 죽임을 당하지 않게 되는 정책 중 어떤 정책이 **도덕적으로** 더 나은지가 아니다. 여기서의 문제는 **개념**에 관한 것이다. 다시 말해 동물 보호소에서 일정한 시간이 지난 후에도 동물이 입양되지 않을 경우 그들을 죽이는 관행에 의존한다면, 이때 우리가 동물들이 **안락사당한다고** 말할 수 있는지의 **여부**가 문제인 것이다. 대답은 분명 "아니다"여야 한다. 설령 그들이 가능한 한 고통스럽지 않은 방법으로 죽임을 당한다고 하더라도, 그리고 죽이는 사람들이 동물에 대한 적절한 존중의 동기를 가지고 있다고 하더라도, 그들이 자신들이 죽이는 동물들의 이익을 위해 행동하고 있다고 믿는다는 것을 인정한다고 하더라도, 그들이 **행하는 것**은 안락사가 아니라고 말하는 것이 올바르다. 인간 보호소에서 다른 부랑자들을 위한 공간을 만들어주기 위해 기존의 부랑자들을 '영면에 들게 하는 것'은 잘못이다. 이와 마찬가지로, 동물 보호소에서 다른 고양이와 개를 위한 공간을 만들어주기 위해 고양이와 개들을 '영면에 들게 하는 것' 또한 잘못이다. 물론 이러한 주장이 '(건강한) 동물들을 영면에 들게 하는 것'이 반드시 잘못**이어야 함**을 함의하는 것은 아니다. 나는 그저 방금의 주장을 통해 이러한 관행의 도덕성을 뚜렷하게 조망하는 데 방해가 되는 수사적 표현 하나를 제거하고자 했을 따름이다. 물론 이러한 동물들이 안락사**당한 것이 아니라** 사실상 죽임을 **당했음**을 인정한다고 해서 동물 보호소에서 일하는 사람들이 직면하는 도덕적 딜레마가 해결되는 것은 아닐 것이다. 그럼에도 이러한 사실을 받아들이는 것은 새롭게 재검토가 이루어지는 데 도움이 될 것이다.

3.8 요약과 결론

대개 포유동물은 일정 기간을 살아가면서 정신적, 육체적 동일성을 가지며, 이를 유지하기도 한다. 그렇기에 우리는 포유동물들의 선이나 복리에 대해 말할 때, 비유가 아니라 문자 그대로의 뜻으로 이러한 단어를 사용한다. 그들은 우리와 마찬가지로 경험과 관련된 삶의 과정을 잘 살아가거나 못 살아간다. 이 장의 주요 목표는 복리 개념을 분석해보는 것이었다. 이는 우리가 이러한 동물들과 분명 다르기는 하지만, 그럼에도 인간과 동물의 복리가 본질적으로 다르지 않은 이유가 무엇인지를 설명하는 데 도움이 되는 개념이다.

동물 복리에 대한 분석과 평가에 포함된 것은 자율성이다(3.1). 동물들은 욕망, 믿음 그리고 목표를 추구하면서 행동할 수 있는 능력을 가진 개체로, 일종의 자율성, 즉 선호 자율성을 가지고 있다. 동물들이 잘 살아가거나 못 살아가는 것은 얼마만큼 자율성을 행사할 수 있는가에 어느 정도 좌우되는데, 이렇게 말하는 이유는 동물들이 선호하는 바를 행할 기회를 부정하여 그들의 의지를 꺾어버릴 경우 좌절감을 느끼게 될 것임에 반해, 그들이 선호하는 바를 행할 수 있도록 허용할 경우, 그들은 자신들이 원하는 바를 획득하게 될 뿐만 아니라, 자신들의 욕망에 따라 이를 획득하면서 만족을 느끼게 될 것이기 때문이다.

선호 자율성은 동물의 이익에 대해 생각하는 출발점이 된다(3.2). 앞서 언급한 바와 같이, 동물들은 다양한 것들에 관심이 있을 뿐만 아니라(즉 원하고, 바라고, 선호할 뿐만 아니라), 다양한 것들이 그들에게 이익이 된다(즉 그들의 선이나 복리에 기여한다). 두 종류의 이익(선호 이익과 복리 이익)이 구별되기는 하지만, 그럼에도 양자는 동물(그리고 인간)의 복리 분석에서 중요한 역할을 담당한다. 이는 개체의 복리 개념이 이득과 해악이라는 측면으로 어느 정도 분석될 수 있음에 주목함으로써 확인되었다. 이득은 개체들이 자신들의 능력 범위 내에서 좋은 삶을 살아갈 수 있게 하거나 그러한 기회를 증진한다(3.3). 반면 해악은 그러한 가능성을 부정하거나 그러한 기회를 감소한다(3.4). 인간과 다를 바 없이, 포유동물은 생물학적, 사회적, 심리적 이익을 가지고 있다. 이러한 동물들(혹은 우리 인간)은 이와 같은 이익 군(群)들을 충족할 수 있는 상황에 놓여 있는 정도에 비례해서 이득을 얻으며, 거꾸로 이러한 이득이 부정되는 정도에 비례해서 그만큼의 해악을 입는다.

자신의 능력에 맞게 잘 산다는 것에는 이득을 얻는 것 이상의 것들이 포함된다. 우리는 간헐적으로뿐만 아니라, 일정 기간을 살아가면서 이득을 얻는 데에서, 혹은 이득을 활용하는 데에서 만족을 느끼며 살아가기도 한다. 잘 산다는 것은 생물학적, 사회적, 심리적 이익을 고려하여 자신의 바람, 목적 등을 조화롭게 만족시키는 것을 특징으로 하는 삶을 사는 것이다.

더욱 일반적으로 말하자면, 동물(그리고 인간)이 잘 살아가는 것은 (1)자신들이 선호하는 바를 얼마만큼 추구하고 획득하느냐, (2)자신들이 선호하는 바를 얼마만큼 추구하고 획득하면서 만족을 얻느냐, 그리고 (3)그들이 선호하고 획득하는 것이 얼마만큼 그들의 이익에 부합하느냐에 따라 달라진다.

해악은 고통 야기 또는 박탈로 분류할 수 있다(3.4). 고통 야기의 전형적인 사례로는 극심한 육체적 혹은 정신적 고통을 주는 경우를 들 수 있다. 둘 다 아픔을 포함하지만 아픔이 항상 고통이나 해악이라고 생각하는 것은 잘못이다. 아픔을 합당하게 고통이나 해악으로 보려면 그것이 충분히 강렬하고 충분히 오래 지속되어야 한다.

동물의 고통을 줄이는 것이 중요함에도, 우리는 모든 해악이 상처를 주는 것이 아님을 주지할 필요가 있다. 박탈로 파악되는 해악들은 이들이 간헐적으로 야기하는 아픔이나 고통과는 별개로, 한 개체의 복리를 손상한다. 박탈로서의 이러한 해악들은 이득의 상실(예를 들어 자신의 자율성을 개발하거나 행사할 수 있는 기회의 상실)로 이해해야 한다. 나는 인간과 동물 양자 모두에서, 설령 우리가 모르는 것이 우리에게 상처를 줄 수 없다고 하더라도, 우리가 모르는 것이 우리에게 해악을 끼칠 수 있다고 주장했다. 이렇게 보았을 때 인간 혹은 동물을 그들의 생물학적, 사회적, 혹은 심리적 이익을 무시하는 환경에 두면서, 혹은 그들을 어떤 것(예컨대 자율성이나 사회 관계에 관한 이익)을 희생하면서 또 다른 어떤 것(예컨대 음식에 대한 바람)을 충족하는 환경에 두면서 다음과 같이 주장하는 것은 전혀 정당화 논변이 될 수 없다. "이러한 개체들은 자신들이 무엇을 놓치고 있는지를 모르며, 따라서 자신들이 놓친 바를 얻지 못해서 힘들어할 수 없다."

해악이 박탈의 형태를 취할 수 있음을 파악하게 될 경우, 우리는 왜 죽음이 해악이고, 언제 죽음이 해악인지를 이해할 수 있게 된다(3.5). 죽음은 궁극적인, 되돌릴 수 없는 해악이다. 왜냐하면 죽음을 통해 한 개체는 궁극적인, 되돌릴 수 없는 상실을 겪게 되고, 어떤 만족을 구할 수 있는 모든 기회를 차단당하기 때문이다. 이러한 주장은 죽음이 서서히 고뇌를 주면서 찾아오는 것이든, 신속하면서도 고통 없이 찾아오는 것이든 참이다. 물론 죽음보다 더 나쁜 운명이 있기는 하다. 하지만 때아닌 죽음은 인간이든 동물이든 희생자들의 이익에 부합하지 않으며, 이는 그들이 자신의 죽음을 이해하고 있는지의 여부와 무관하게, 따라서 그들 자신이 계속 살고 싶은 바람이 있는지와 무관하게 그러하다. 어린아이들은 그들과 유사한 정신 발달이 이루어진 동물들과 마찬가지로, 먼 미래에 대한 복리 개념을 가지고 있지 못하고, 정언적 바람을 형성할 능력도 없음이 거의 확실하다. 그들은 자신의 죽음에 대한 감각 또한 갖추고 있지 못하다. 그럼에도 때아닌 죽음은 어떤 쪽에든 해악이다. 이러한 생각을 "죽음이 해악이나 불행이 되려면 반드시 '비극적'이어야 한다"라는 요구를 통해 피하고자 하는 것은 죽음을 언제 그리고 왜 맞이하게 되는 것이 해악이 되거나 불행인지를 분명히 하기보다는 왜곡한다. 게다가 손실로 간주되는 때아닌 죽음이 어떤 개체에게 미치는 해악은 죽음에 포함된 아픔과는 별개이다. 이렇게 보았을 때, 예컨대 음식으로 활용하기 위해 동물을 도축하는 관행, 그리고 과학 분야에서 그들을 사용하는 관행에 대한 윤리적 질문들은 그들을 죽이는 데 사용되는 방법이 얼마나 '인도적'인가를 묻는 데에 한정되지 않는다. 동물 사용 관행들에 관한 질문들을 검토해볼 경우(이들은 각각 이하의 9.1, 9.4에서 상세하게 다루어진다), 우리는 동물들에게 때아닌 죽음을 초래하는 윤리적 문제 또한 고찰해야 함을 알 수 있게 된다.

동물에게 복리가 있고, 우리는 때때로 복리 이익이라는 명목으로, 동물의 현재 선호를 거슬러 그들의 삶에 개입하는데, 이런 이유로 우리는 그들에게 온정주의적으로 행동할 수 있다고 확고하게 믿는다. 컬버, 거트, 팔메리 교수는 이러한 믿음을 받아들이지 않지만, 나는 그들이 부정하는 근거에 문제가 있다고 주장한 바 있다(3.6). 마치 "어떤 것이 어떤 사람의 장기적인 미래에 이익이 된다"가 참이기 위해 그가 장기적인 미래에 일어날 가능성과 관련한 '개념'을 가질 필요가 없듯이, 다른 사람들이 어떤 사람에게 온정주의적으로 행동할 수 있음이 참이기 위해 그가 대체로 무엇이 자신에게 이익이 되는지를 '안다'고 믿을 필요가 없다. 우리가 동물이나 어린 아이들이 원하는 바가 그들 자신에게 해악이 될 것이기 때문에 그들이 원하는 바를 행하지 못하게 막을 때, 그리고 우리가 그들의 복리에 대한 관심으로 그들을 위해 개입할 때, 우리는 단지 유사-온정주의가 아니라 그들에 대한 진정한 온정주의를 실천하는 것이다.

우리가 동물들에게 행할 수 있는 온정주의적 행동 중 하나는 죽음이 그들의 이익에 부합할 때 그들을 죽음에 이르게 하는 것이다. 이러한 문제를 검토하기 위해서는 안락사 개념에 대한 분석이 이루어져야 했다(3.7). 인간을 대상으로 한 안락사의 표준적인 유형들(즉 자발적, 비자발적 안락사)은 동물의 안락사를 조명하는 데에 적절하지 않다. 자발적인 안락사는 어떤 사람이 자신을 죽여 달라고 요청할 것이 필요한데, 동물들은 관련된 요구를 할 수 없다는 단순한 이유로 이러한 안락사에서 배제된다. 그리고 비자발적인 안락사라는 단어는 개체들이 심리적으로 죽어서 죽여 달라고 요청하지 못하는 경우에 전형적으로 사용되기에 안락사되었다고 일컬어지는 대부분의 동물들은 이러한 안락사에서 배제된다. 안락사가 시행될 때 그들이 심리적으로 살아 있다는 단순한 이유 때문이다. 동물들에게 적용될 수 있는 안락사 개념을 이해하기 위한 노력의 일환으로 선호 존중 안락사와 온정주의 안락사라는 두 가지 유형의 새로운 안락사를 제시했다. 두 가지 유형의 안락사는 모두 다음을 전제하고 있다. (1)안락사당한 동물들은 가능한 한 가장 고통스럽지 않은 수단으로 죽임을 당한다. (2)그들을 죽이는 사람은 그 죽음이 그들의 이익에 부합된다는 참된 믿음을 가지고 그들을 죽음에 이르게 한다. (3)그들을 죽이는 사람은 그 동물들에 대한 관심에서, 그리고 그들에게 이익이 되는 바를 위해 그들을 죽음에 이르게 한다. 선호 존중 안락사는 이 세 가지 조건을 충족하는 것 외에, 우리가 어떤 동물의 미래가 지속적이고 극심한 고통으로 특징지어질 것임을 알았을 경우에 시행된다. 이러한 동물을 안락사시키는 것은 이 동물의 현재의 선호, 그리고 예측 가능한 선호를 충족하고자 할 때 행해져야 할 바를 행하는 것이다. 이런 유형의 안락사는 피해자가 원하는 바(즉 고통 제거)를 얻고자 할 때 행해져야 할 바를 행하는 것이기 때문에 온정주의적인 것이 아니다. 온정주의 안락사는 동물들 자신의 이익을 위해 동물들을 죽이는 것을 포함하지만, 예견할 수 있는 그들의 미래가 끊임없는 고통으로 특징지어지지는 않는 상황에서의 죽임이다.

매년 수백만 마리 이상의 동물들이 안락사당한다고 하지만, 이 장에서 제시된 분석 결과는 이러한 주장의 정확성에 의문을 제기한다. 때로는 최소한의 고통을 야기하는 수단을 사용하지 않기 때문에 죽임을 당하는 동물들이 사실상 안락사를 당하는 것이 아닐 때도 있다. 때로는 상대를 존중하는 동기가 없기 때문에 안락사를 당하는 것이 아닐 때도 있다. 또 살아있는 경우보다 죽는 경우가 더 낫다는 것이 거짓이기 때문에 (예를 들어 도시의 동물 유치소 혹은 동물 보호소에서 추가적인 동물을 위한 공간을 만들어준다는 명목으로 기존의 동물들을 '영면에 들게 하는' 경우) 안락사를 당하는 것이 아닐 때도 있다. 만약 이러한 조건 중 어떤(혹은 모든) 조건에 해당한다면,

'영면에 들게 되는' 동물은 말 그대로 안락사를 당하는 것이 아니라 죽임을 당하는 것이다. 이러한 동물들의 때아닌 죽음으로 마무리되는 행동을 안락사로 부르기를 고집하는 것은 그 행동이 유감스러운 만큼 정확성을 결여하고 있다.

만약 이 장의 분석과 논증이 건실하다면, 우리에게는 인간과 동물의 복리가 질적인 측면에서 다름을 부정할 충분한 이유 그 이상이 있다. 동물과 인간은 모두 선호 이익과 복리 이익이 있으며, 일부는 생물학적인 것, 일부는 심리적인 것, 일부는 사회적인 것이다. 인간과 동물은 자신들이 원하는 바를 추구하기 위해 의도적으로 행동을 할 수 있으며, 양자 모두 이늑을 얻거나 해악을 입을 수 있다. 만약 후자의 경우라면, 그들이 경험하게 된 바 때문에(고통 야기로서의 해악), 혹은 그들이 부정된 바 때문에(박탈로서의 해악) 해악을 입는다. 또한 양자 모두 쾌락 혹은 고통, 만족 혹은 좌절로 특징지어지는 삶이 있다. 각각의 삶의 전반적인 분위기 혹은 삶의 질은 어느 정도 그러한 선호들을 조화롭게 만족시켰는지와 관련이 있으므로 이를 충족하는 것은 각자에게 이익이다. 물론 인간 대부분이 누릴 수 있는 만족의 원천은 동물이 누릴 수 있는 것보다 그 수가 많고 다양하다. 심지어 밀도 "배부른 돼지보다 배고픈 인간이 낫다"라는 유명한 말로 이를 인정한다.[37] 그런데도 인간 복리와 관련된 가장 일반적인 특징을 드러내는 개념 범주들(이익, 이득, 해악 등)은 동물의 복리에도 동일하게 적용할 수 있다. 이러한 유사성을 놀랍다고 생각하는 사람들이 일부 있다고 해도, 그들은 놀라워해서는 안 된다. 우리 자신의 동물성을 감안해보았을 때, 우리가 놀라는 것이 적절한 경우는 오직 인간의 복리가 동물의 복리와 **질적으로**

••

37) John Stuart Mill, *Utilitarianism*(New York: The Liberal Arts Press, 1957), p. 14.

다른 경우일 것이다. 이러한 관점에서 보자면, 우리가 최종적으로 도달하게 된 그다지 놀라워할 것이 없다는 입장은 적어도 이 장에서 도달한 주요 결론에 담긴 작은 진리이다.[38]

..
38) 이 장에서 논의된 주요 착상들은 시드니 젠딘(Sidney Gendin)과의 논의에서 도움을 받았다.

제4장

윤리적 사고와 이론

처음 세 장에서는 동물의 본성에 대한 질문을 살펴보았다. 어떤 동물은 논란이 있기는 해도 의식이 결여되어 있지만, 다른 동물은 의식이 있고 감응력이 있지만 이 모든 것을 가능하게 하는 믿음이 분명히 결여되어 있다. 또 다른 동물은 의식적이고 감응력이 있을 뿐만 아니라, 믿음. 바람, 기억, 미래감, 감정적 삶, 일종의 자율성(즉 선호 자율성), 지향성, 자기의식을 부여함으로써 그 행동을 지적으로 기술하고 절약의 원리에 의해 설명할 수 있다. 여러 범주에 속하는 동물들 사이 어디에 선을 긋느냐는 어려운 문제인 반면에, 앞서 제기한 논증은 적어도 한두 살 먹은 정상적인 포유동물이 이러한 범주에 속한다고 볼 근거를 제공해준다. 더구나 동물이 시간이 지나도 자신의 동일성을 유지한다는 도덕적으로 논란이 없는 전제를 받아들일 때, 그 동물이 개별적인 복리를 갖는 정신적, 육체적 개체라고 보는 것은 합리적이다. 복리를 갖는다는 개념, 다시 말해서 편안한 삶 또는 고된 삶을 산다는 개념은, 다른 개체의 이익의 대상이 되는 것과는 논리적으로 독립된 개체로서 고려했을 때 **시간에 걸쳐** 더 낫거나 더 나쁜 삶을 사는 개체에 명료하게 적용되는 개념이다. 동물의 복리는 그 종류로 보았을 때 인간의 복리와 전혀 구분이 안 된다고 주장했다.

이 장은 새로운 종류의 질문들, 곧 도덕적 질문들에 집중해야만 한다.

다음과 같은 방식으로 접근할 것이다. 나는 먼저 도덕적 질문에 답할 때 채택해서는 안 되는 몇 가지 방식을 규정하려고 한다(4.1). 그러고 나서 이상적인 도덕 판단이라는 개념을 규정하겠다(4.2). 이 규정은 결국 도덕적 또는 윤리적 ('도덕'과 '윤리'를 자유롭게 바꿔 쓸 것이다) 원리라는 이념으로 이어질 것이고, 이렇게 되면 나는 그 원리를 합리적으로 평가할 수 있는 방법에 대해서 무엇인가를 말하지 않을 수 없게 될 것이다(4.3). 이렇게 한 다음에 나는 가장 중요한 윤리 이론 몇 가지를 규정할 것이고(4.4, 4.5), 도덕 원리를 평가하는 것에 대한 앞선 언급이 경쟁하는 윤리 이론을 평가하는 데 어떻게 적용되는지 보여줄 것이다(4.6). 이번 장에서는 이런 경쟁하는 이론들의 적합성에 대해 어떤 결론도 내리지 않을 것이다. 이번 장의 목표는 경쟁하는 윤리 이론의 평가를 위한 바탕을 단단히 하는 것이다.

4.1 도덕적 질문에 답할 때
채택해서는 안 되는 몇 가지 방식

도덕 판단과 개인적 선호

어떤 사람은 고전음악을 좋아하지만 다른 사람은 좋아하지 않는다. 어떤 사람은 버번위스키가 훌륭하다고 생각하지만 다른 사람은 그 맛을 싫어한다. 어떤 사람은 해변의 뜨거운 태양 아래에서 오후를 보내는 것을 아주 곤혹스러워하지만, 다른 사람은 전혀 나쁘다고 생각하지 않는다. 이 모든 의견의 차이에 선호가 존재한다. 어떤 사람은 무언가를 좋아하고 다른 어떤 사람은 그렇지 않다. 도덕적인 불일치, 곧 어떤 것이 도덕적으로 옳은지 그른지에 대한 불일치는 선호에서의 불일치와 같은가?

그렇게 보이지 않는다. 우선 한 가지 이유는 한 사람(가령 리)이 무언가를 좋아한다고 말한다고 해서 그가 다른 사람(제인)이 그것을 좋아하지 않는다고 말한 것을 부인하는 것은 아니기 때문이다. 리는 "나[리]는 버번위스키를 좋아한다"라고 말하고 제인은 "나[제인]는 버번위스키를 좋아하지 않는다"라고 말했다고 해보자. 그때 제인은 분명히 리가 말한 것을 부인하지 않는다. 제인이 리가 말한 것을 부인하려면 "너[리]는 버번위스키를 좋아하지 않는다"라고 말해야 하는데, 제인이 이렇게 말한 것은 아니다. 따라서 일반적으로 두 사람이 상반되는 개인적 선호를 표현할 때, 한 사람은 다른 사람이 긍정하는 것을 부인하지 않는다. 두 가지 상반되는 개인적 선호의 표현 중 동시에 참이 되는 것은 완전히 가능하다.

그러나 두 사람이 어떤 것의 도덕성에 대해 상반되는 판단을 표현할 때는 그 불일치가 다른 종류라는 점이 중요하다. 리는 "낙태는 언제나 잘못이다"라고 말하는 데 비해 제인은 "낙태는 결코 잘못이 아니다"라고 말한다고 해보자. 그러면 제인은 리가 긍정하는 것을 부인하고 있다. 제인은 낙태가 언제나 잘못이라는 것을 **부인하고** 있으며, 그래서 제인이 말한 것이 맞다면 리가 말한 것은 거짓이어야만 할 것이다. 어떤 철학자들은 이것을 부인했다. 그들은 도덕 판단은 개인적 선호의 표현으로 이해해야 한다고 주장했다.[1] 이 주장은 사려 깊게 살펴볼 만한 가치가 있지만, 옳다고 생각되지는 않는다. 사람들이 어떤 것이 도덕적으로 옳거나 잘못이라고 말할 때, 그 판단을 지지하는 이유, 그러니까 자신의 판단이 옳다고 받아

..

1) (옮긴이) 에이어(A. J. Ayer) 또는 스티븐슨(C. L Stevenson)의 정서주의(emotivism)를 가리킨다.

들이는 이유를 제시하라고 요구하는 것은 언제나 적절하다. 그러나 개인의 선호의 경우에는 그런 요구는 적절하지 않다. 만약 리가 바닷가에 가는 것을 좋아한다고 말할 때 자신의 판단을 지지하는 이유를 제시하라고 압력을 가하는 것은 적절하지 않아 보인다. 그가 어떤 **판단**을 했다고 보이지도 않는다.[2] 그러나 만약 그가 낙태는 언제나 잘못이라고 말한다면 판단을 표현한 것이고, 리를 보고 왜 그렇게 표현했는지 이유를 제시하라고 압력을 가하는 것은 매우 적절하다. 만약 그가 자신은 아무 이유도 없고 단지 낙태를 좋아하지 않는다고 대답한다면, 그가 잘못된 방식으로 말하고 있다고 불평해도 부적절하지 않다. 리는 낙태가 잘못이라고 말함으로써 듣는 사람에게 단지 자신에 대한 어떤 사실을 표현한 것이 아니라 낙태에 대한 어떤 판단을 했다고 믿도록 한 것이다. 만약 자신은 낙태를 개인적으로 좋아하지 않는다는 것이 그가 말하려고 한 것의 전부라면, 그는 그렇게만 말한 것이지 낙태가 잘못이라고 말한 것은 아니다.

상반되는 개인적 선호와 상반되는 도덕 판단 사이의 이러한 차이는 도덕적 질문에 대해 대답해서는 안 되는 한 가지 방식을 말해준다. 도덕 판단이 개인의 선호에 불과한 것이 아니라면, 도덕적으로 옳고 잘못임은 특정 사람, 가령 리의 개인적 선호에 대해 무엇인가를 발견한다고 해서 결정될 수 없다. 이것은 우리 자신의 선호의 경우에 대해서도 맞는 말이다. 우리의 개인적 선호는 확실히 중요하지만, 우리가 무엇을 좋아하고 싫어하는지를 말함으로써 도덕적 질문에 대답하지는 않는다.

∴

2) (옮긴이) 여기서 '판단'이란 참, 거짓을 부여할 수 있는 것을 말한다. 정서주의는 도덕 판단이 이런 의미에서 판단이 아니라 단순히 그것에 대한 호불호의 정서를 드러낸다고 주장한다.

도덕 판단과 느낌

　개인의 선호와 밀접하게 관련된 것은 개인의 느낌인데, 어떤 철학자들은 **옳다**거나 **잘못이다**라는 낱말은 우리가 무언가에 대한 느낌을 표현하기 위해 사용하는 장치라고 주장한다. 이 견해에서는 제인이 낙태는 결코 잘못이 아니라고 말할 때 그는 낙태에 대한 어떤 긍정적인 느낌을 가지고 있다(또는 적어도 부인의 느낌은 전혀 가지고 있지 않다)는 것을 전달하고 있고, 리가 낙태는 언제나 잘못이라고 말할 때 그는 부인의 느낌을 가지고 있음을 전달한다. 이런 입장은 앞 절에서 제기한 것과 같은 종류의 문제와 맞닥뜨린다. 어떤 도덕 판단을 어떻게 지지할 것인지 묻는 것은 언제나 적절하다. 그러나 단순한 느낌의 표현의 경우에는 지지를 묻는 것이 적절하지 않다. 실제로 리가 진지하다면 우리는 그가 낙태에 대해 강한 부정적 느낌을 가지고 있다고 추론할 수 있다. 그러나 낙태가 언제나 잘못이라는 그의 말은 정말로 자신의 느낌을 터뜨리는 방식으로 보이지 않는다. 사람의 선호의 경우에서처럼, 사람의 느낌의 경우에서도 그것 자체만으로는 도덕적 질문에 답을 하지 못한다.

그렇게 생각한다고 해서 그렇게 되지 않는 이유

　누군가가 생각하는 것에 대해서도 똑같다. 리는, 어떻게 느끼는지와 완전히 별개로, 만약 진지하다면 낙태는 언제나 잘못이라고 생각한다. 그런데 그의 판단("낙태는 언제나 잘못이다")이 낙태가 잘못임에 대한 도덕적 판단이라면, 그가 의도한 바는 "나는 낙태가 잘못이라고 생각한다"일 수 없다. 만약 그렇다면, 제인이 "낙태는 결코 잘못이 아니다"라고 말하면서 부인하는 어떤 것을 긍정하지 않을 것이다. 각자는 자신이 어떤 것을 생각하고 있다고 말하고 있을 뿐이며, 리가 낙태는 언제나 잘못이라고 생각하는 것과 제인이 낙태는 결코 잘못이 아니라고 생각하는 것 둘 다 동시에 참이 되는 것이 확실히 가능하다. 그러므로 리가 제인이 긍정하는 것을 부인한다면, 그는 낙태가 언제나 잘못이라고 생각한다고 단순히 말할 수는 없다. 따라서 낙태가 잘못이라는 리의 생각은 낙태가 잘못임을 규명하는 것과 관련해서 그것에 대한 느낌만큼이나 무관하다. 그리고 그가 우연히 생각하는 것에 관해서도 똑같다. 어떤 것을 옳거나 잘못이라고 생각한다고 해서 옳거나 잘못이 되지는 않는다.

통계는 통계일 뿐

어떤 사람이 도덕적 주제에 대해 생각하거나 느끼게 된 것은 문제를 해결하지 못하지만, 모든 또는 대부분의 사람이 생각하거나 느끼게 된 것은 해결한다고 생각하는 사람이 있을 것이다. 한 개인은 하나의 목소리일 뿐이다. 대부분 또는 모든 사람이 생각하거나 느끼는 것은 그보다 훨씬 많다. 그 수에 힘이 있다. 따라서 옳고 잘못임에 대한 질문에 대답하는 올바른 방법은 대부분의 또는 모든 사람이 생각하거나 느끼는 것을 찾는 것이다. 여론조사를 수행하여 통계를 내야 한다. 그렇게 해야 진리가 드러날 것이다.

도덕적 질문에 대한 이러한 접근은 결함이 있다. 여론조사가 드러내는 바는 모든 또는 대부분의 사람이 어떤 도덕적 질문, 가령 사형 제도는 도덕적으로 옳은가 잘못인가에 대해 어떻게 생각하거나 느끼고 있다는 것이 전부이다. 그런 여론조사는 모든 또는 대부분의 사람이 그런 주제에 대해 생각한 것이 합리적인지, 혹은 모든 또는 대부분의 사람이 적절한지를 결정하지 못한다. 수에는 힘이 있을 수 있지만, 진리는 그렇지 않다. 적어도 반드시 그렇지 않다. 그렇다고 해서 우리가 생각하는 (또는 느끼는) 것이 도덕적 질문에 대답할 때 무관하다는 뜻은 아니다. 실제로 나중에(4.3) 어떤 조건을 만족시켰을 때 우리가 생각하는 것은 옳고 잘못인 것을 찾기 시작할 장소를 제공해주며, 더 나아가 경쟁하는 윤리 이론의 적절성을 검사한다는 것(4.6)을 보여줄 것이다. 그런데 모든 (또는 대부분의) 사람이 가령 사형 제도가 도덕적으로 정당화된다고 생각한다고 밝히기**만** 하는 것은 그것이 도덕적으로 정당화된다고 밝히는 것은 아니다. 과거에는 대부분의 (아마도 심지어 모든) 사람이 지구가 평평하다고 생각했다. 그리고 아마도 대부분의 (또는 모든) 사람은 지구가 이런 모양이라고 생각하면서 기쁘거나 편안함을 느꼈을 것이다. 그러나 그들이 생각하거나 느꼈다고 해서 지구가 평평하다는 것이 진리가 되는 것은 아니다. 지구의 모양에 대한 질문은 대부분의 사람이 어떻게 생각하거나 느끼는가를 아는 것만으로는 대답할 수 없다. 도덕적 질문이 이런 점에서 다르다고 믿을 이유가 없다. 옳고 잘못임에 대한 질문은 단순히 머릿수를 세는 것으로 대답할 수 없다.

도덕적 권위에 호소하기

어떤 사람(가령 리)이 생각하거나 느끼는 것을 찾는 것만으로는 혹은 모든 또는 대부분의 사람이 생각하거나 느끼는 것을 찾는 것만으로는 도덕적 질문에 대답할 수 없음을 인정한다고 가정하자. 결국 리와 같은 한 개인이나 그와 같은 대부분 또는 모든 사람은 다르게 생각하거나 느껴야 할 때, 한 가지 방식으로 생각하거나 느꼈을 수 있다. 그러나 도덕적 질문에 대해서라면 절대로 틀리지 않는 사람이 있다고 가정해보자. 이 사람이 어떤 것이 도덕적으로 옳다고 판단하면, 그것은 정말로 도덕적으로 옳고, 도덕적으로 잘못이라고 판단하면 그것은 정말로 도덕적으로 잘못이다. 어떤 실수도 하지 않는다. 그런 사람을 **도덕적 권위**[3]라고 부르자. 도덕적 권위에 호소하는 것은 도덕적 질문에 대답하는 만족스러운 방법일 수 있을까?

　도덕적 권위가 있다고 생각하는 대부분의 사람은 이런 존재가 평범한 사람이 아니라 신이라고 생각한다. 이러면 즉각 문제가 생긴다. 신이 (또는 신들이) 존재하는가는 매우 논쟁적인 질문이고, 옳고 잘못임의 문제를 신이라고 하는 존재가 말하는 바에 의존하여 해결하는 것은 이미 지적으로 불확실한 토대에 도덕을 세우는 것이다. 그러나 이것보다 더 어려운 점이 있는데, 도덕적 권위인 신이 있다고 하더라도 사람들이 이 권위가 옳고 잘못임에 대해 말하는 것을 이해했느냐(또는 이해할 수 있느냐)라고 하는 매우 심각한 의문이 틀림없이 생기기 때문이다. 유대교도나 크리스트교도가 성경(신이 인간에게 계시된 것)을 참조할 때 존재하는 어려움이 이것을 생생하게 보여줄 수 있다. 해석의 문제는 숱하게 많이 발생한다. 음주가 잘못이라고 생각하는 사람은 성경에서 신이 그렇게 생각한다는 증거를 찾았다고 생각한다. 반면에 신이 그렇게 생각하지 않는다는 증거를 찾았다고 생각하는 사람도 있다. 신이 동성애는 잘못이라고 분명히 말했다고 생각하는 사람은 지지한다고 생각하는 장과 구절을 인용한다. 반면에 신이 동성애가 잘못이라고 생각하지 않는다고 생각하는 장과 구절을 인용하는 사람

．．

3) (옮긴이) '도덕적 권위(moral authority)'는 '도덕 전문가(moral expert)'와는 다르다. 도덕 전문가는 도덕적 물음을 세심하게 연구하여 다른 사람을 합리적으로 설득할 수 있는 논증을 제시할 수 있는 사람을 말하는 데 비해, 도덕적 권위는 도덕적 질문에 대해 단순히 그 사람이 말했다는 이유로 권위를 인정받는 사람을 말한다.

도 있고, 같은 구절을 인용해서 다르게 해석해야 한다고 주장하는 사람도 있다. 이것과 비슷한 해석의 문제들이 얼마나 심각한지를 과소평가해서는 안 된다. 도덕적 권위가 있다고 하더라도, 그리고 유대교도나 크리스트교도가 숭배하는 신이 이러한 권위라고 하더라도, 어떤 것이 옳고 잘못인지를 찾는 일은 간단한 문제가 아니다. 이러한 문제에 대해 신이 어떻게 생각하는지 찾는 문제가 여전히 남아 있는 것이다. 성경의 올바른 해석에 대해 오랜 세월 동안 근본적인 불일치가 있는 것을 볼 때, 이것은 절대 쉬운 문제가 아니다.

해석의 문제는 제쳐놓더라도, 도덕적 질문에 대답하는 올바른 방법은 도덕적 권위가 말하는 것을 발견하는 것이 아님은 분명하다. 도덕적 권위가 있다고 하더라도 도덕적 권위가 아닌 사람은 이러한 전문가라고 하는 존재의 판단이 참인지 또는 정당한지 검사할 수 없다면 그런 권위가 있다고 생각할 이유가 없고, 그 참이나 정당성을 전문가라고 하는 존재가 말하는 것에 의존하지 않고 알 수 있는 방법이 없다면 그것을 검사하는 것은 가능하지 않다. 그러나 도덕적 판단이 참이거나 정당한지를 아는 독립적인 방법이 틀림없이 있다면, 도덕적 권위를 끌어들이는 것은 도덕적 질문에 대답하는 성공적인 방법이 되지 못할 것이다. 그 방법은 도덕적으로 옳고 잘못인 것을 도덕 전문가라고 하는 존재와 독립적으로 알 수 있는 방법을 보여주어야지, 그런 권위에 의존해서 알 수 있는 방법을 보여주어서는 안 될 것이다. 바로 이런 이유 때문에 우리는 이 책 전반에 걸쳐 도덕적 권위에 호소하지 않을 것이다.

4.2 이상적인 도덕 판단

지금까지 펼친 주장의 결과는 대체로 부정적이다. 그것은 도덕적 질문에 어떻게 대답해서는 안 되느냐에 관한 것이다. 우리가 도덕적 사고에서 진보를 이루려면, 부정적 결과 이상의 것이 있어야 한다. 도덕적 질문에 어떻게 접근하는지에 대해 긍정적인 설명을 제시해야만 한다. 그것이 우리가 지금 맞닥뜨린 도전이다. 나는 "이상적인 도덕적 판단을 하기 위해서는 어떤 요구 조건을 만족시켜야 하는가?"라는 질문에 대답해보면서 시작할 것이다. 다시 말해서, 이상적으로 생각할 때 가능한 한 오류가 없는 도덕적 판단에 도달하기 위해서 만족시켜야만 하는 조건은 무엇인가? 자, 그 본성상 **이상적인** 도덕적 판단은 그저 이상일 뿐이다. 아마 이상으로 제시된 요구 조건을 모두 완전히 만족시켰거나 만족시킬 사람은 아무도 없을 것이다. 그렇다고 해서 가능한 한 이상에 다가가기 위해 분투하는 것이 비합리적이지는 않다. 우리가 도착선에 결코 도달할 수 없다고 하더라도 출발선으로부터 조금은 이동할 수 있는 것이다.

이상적인 도덕 판단을 설명할 때 반드시 자리를 차지하는 이상이 적어도 여섯 가지가 있다. 각각을 짧게 논의해보자.

개념적 명료성

개념적 명료성의 중요성은 명백하다. 누군가 안락사는 언제나 잘못이라고 말한다면, 우리는 안락사가 무엇인지 이해하기 전에는 그 진술이 참인지 아닌지를 결정할 수 없다. 다른 논쟁에도 비슷한 말이 적용된다. 가령 낙태의 경우에 질문은 태아가 사람인지 아닌지를 중심으로 진행되고, 그것은 또 사람이란 무엇인지, 다시 말해서 '사람'이라는 개념을 어떻게 분석해야 하는지를 중심으로 진행된다고 생각하는 사람이 많다. 명료성은 그 자체로는 충분하지 않을 수 있지만, 명료성 없이 사고를 더 깊이 있게 할 수는 없다.

정보

우리는 밀실에서 도덕적 질문에 대답할 수 없다. 도덕적 질문은 실제 세계에서 생기며, 그 질문에 합리적인 대답을 진지하게 찾으려고 한다면 그것이 생기는 실제 세계의 환경에 대한 지식은 꼭 필요하다. 예를 들어 사형 제도의 도덕성에 대한 논쟁에서 어떤 사람은 유죄 선고를 받은 살인자는 사형 집행이 되어야 한다고 주장하는데, 만약 그렇지 않으면 가석방될 수 있고, 가석방되면 석방된 다른 흉악범보다 살인을 다시 저지를 가능성이 높기 때문이다. 이것은 참인가? 이것은 사실인가? 이것에 대답하기 위해서는 (또는 다른 사람이 연구를 통해 내놓은 답변을 찾기 위해서) 우리는 밀실에서 나와야 한다. 그리고 사형 제도의 도덕성에 대해 정보에 입각한 판단을 내리기 위해서는 그것에 대답해야 한다. 사실 파악과 정보 획득의 중요성은 사형제의 경우에만 국한되는 것은 결코 아니다. 도덕적 탐구의 모든 영역에 적용된다.

합리성

합리성은 분석하기에 어려운 개념이다. 그러나 근본적으로 이것은 서로 다른 개념들 사이의 관련성을 인식하고, 어떤 진술이 참이면 다른 어떤 진술은 참이고 또 다른 진술은 거짓이어야 한다는 것을 이해하는 능력과 관련된다. 어떤 진술이 다른 진술로부터 도출된다고 말해주는 규칙을 제시하는 것은 논리학이고, 합리적이라는 사람을 때때로 논리적이라고 하는 까닭은 바로 이것 때문이다. 우리가 합리적일 필요성에 대해 말할 때, 우리는 논리학의 규칙을 지킬 필요가 있다고 말하는 것이다. 따라서 이상적인 도덕적 판단에 도달하기 위해서는 정보와 개념적 명료성을 배경으로 판단을 내리려고 애써야 할 뿐만 아니라, 우리의 믿음이 우리가 믿거나 믿지 않는 다른 것들과 논리적으로 어떻게 관련되는지 탐구하도록 주의해야 한다. 예를 들어서 리가 모든 낙태는 도덕적으로 잘못이라고 생각한다고 상상해보자. 그리고 그의 부인인 메리는 최근에 낙태를 했다고 가정해보자. 그런데 리가 메리의 낙태에 대해 비도덕적인 것이 전혀 없다고 믿는다면, 그는 합리적이지도 논리적이지도 못하다. 합리적으로 볼 때 그는 한편에서는 이것을 믿으면서 또 다른 한편으로는 그가 믿는다고 우리가 가정하는 다른 것들을 믿을 수 없다. "모든 낙태는 도덕적으로 잘못이다"와 "제인의 낙태는 도덕적으로 잘못이 아니다"라는 두 진술이 동시에 참인 것은 논리적으로 불가능하다. 어떤 사람이 동시에 참일 가능성이 없는 몇 개의 믿음들을 받아들인다면 그 사람은 **모순**에 빠진다고 말할 수 있다. 그러면 리는 모순에 빠진 것이다. 모순에 빠짐으로써 이상적인 도덕적 판단에 도달하지 못하는 것은 도덕 판단에서 가장 심각한 문제를 드러내는 것이다.

공평무사성

공평하지 못함은 다른 사람 또는 다른 대상보다 어떤 사람 또는 어떤 대상을 편애하는 것을 말한다. 예를 들어 아버지가 자식 중 한 명을 공평하지 못하게 대한다면, 그는 다른 자식보다 편애하는 자식에게 더 많은 것을 주는 경향이 있을 것이다. 공평하지 못함은 가끔 훌륭한 것이 될 때도 있다. 그러나 다른 사람을 생각으로나 또는 관심을 보이는 것으로나 배제하는 것은 이상적인 도덕적 판단에 필요한 것과 거리가 멀다. 예컨대 어떤 사람이 해악을 입었다는 것은 우리가 그 사람을 편애하든 하지 않든 언제나 적절한 고려 사항이 되는 것처럼 보인다. 그러므로 도덕적 질문에 올바른 대답을 하려고 애쓸 때는 극단적이고 아무 의심 없이 받아들여지는 공평하지 못함이 생기지 않도록 애써야 한다. 그렇지 않다면 우리의 판단은 심한 편견으로 흐려질 위험에 빠질 것이다.

공평무사성의 이상은 때때로 **정의의 형식적인 원리**라고 언급되는 것, 다시 말해서 비슷한 개인을 비슷하게 처우하는 것이 정의이고 다르게 처우하는 것이 부정의라는 원리가 핵심이다. 이 원리가 정의의 형식적 원리를 표현한다고 하는 것은, 그 자체로는 개체를 비슷하거나 다르다고 결정하는 데 적절한 요소를 규정하지는 못하기 때문이다. 이것을 결정하기 위해서는 정의의 형식적 원리를 정의에 대한 실질적이거나 규범적인 해석으로 보충해야 할 것이다. 한 가지 대안이 되는 해석을 7장에서 평가해볼 것이다. 그러나 현재 시점에서도 정의의 형식적 원리가 도덕적 옳고 잘못임에 대한 논증에서 가질 수 있는 풍부한 잠재력을 인정할 수 있다. 예컨대, 누군가가 인간에게 고통을 유발하는 것은 잘못이지만 동물의 경우에는 잘못이 아니라고 말한다면, 두 경우가 왜 다르냐고 묻는 것이 아주 적절할 것이다. 왜냐하면 우리가 가정하고 있듯이 다른 처우가 허용된다면 인간과 동물은 분명히 다를 것이기 때문이다. 만약 우리의 질문에 대한 대답으로 인간과 동물이 고통을 겪는 상황이 다르다고 대답한다면, 생물학적 차이, 즉 인간과 동물이 속한 종과 관련된 차이가 두 상황에서 다르게 처우해도 되는 도덕적 차이를 만드느냐고 묻는 게 다시 적합하다. 만약 고통을 유발하는 것이 잘못이라면, 고통을 누가 받는가와 상관없이 그것은 잘못이고, 인간의 경우에만 그것이 잘못이라고 제한하려는 시도는 자신이 속한 종의 구성원에게 명백한 편파성을 보여주려는 조짐이다. 정의의 형식적 원리는 그 자체로 언제 비슷한 처우이고 언제 다른 처우인지 결정해주는 적절한 요소가 무엇인지를 말해주지는 않지만, 우리가 이상적인 도덕적 판단을 하기 위해서는 반드시 지켜야 하는 원리이다. 그것을 지키지 않는 것은 편견의 조짐으로, 우리가 가능한 한 가장 나은 도덕적 판단을 하기 위해서 확인해야 하고 극복해야 하는 추론상의 결함이다. 나는 앞으로 여러 곳에서 정의의 형식적 원리를 언급할 기회가 있을 것이다.

냉정함

우리 모두는 화가 한창 났을 때 어떤 행동을 하고서 나중에 후회하는 것이 어떤 기분인지 안다. 또 우리는 아주 흥분해서 어떤 행동을 했는데 나중에 그렇게 하지 않았으면 하고 후회한 경험이 틀림없이 있을 것이다. 감정은 그 위력이 강력하고, 삶은 감정이 없다면 지루한 황무지에 불과하겠지만, 우리는 그것 중 더 변덕스러운 것들이 우리를 잘못 인도할 수 있음을 인정해야 한다. 강한 감정은 최선의 행동(또는 판단)을 하기 위한 신뢰할 만한 인도자가 아니다. 이러한 이유로 우리는 '냉정할' 필요가 있다. 여기서 **냉정하다는 것**은 "감정적으로 흥분한 상태에 놓여 있지 않고 감정적으로 차분한 상태에 있다"라는 뜻이다. 우리가 더 뜨거워질수록 (감정에 더욱 고조될수록) 잘못된 도덕적 결론에 이르기 쉬우며, 우리가 더 냉정해질수록 (더 차분해질수록) 실수를 저지르지 않을 가능성이 더 높아진다는 뜻이다.

상식적인 경험은 이러한 입장을 지지한다. 심하게 흥분된 상태에 있는 사람은 합리성을 유지하지 못할 수 있다. 감정적으로 깊이 개입되어 있기 때문에 공평무사성을 유지하지 못할 수 있다. 그리고 흥분된 감정 상태이기 때문에 어떤 일이 일어났고 왜 일어났는지에 신경도 쓰지 못할 수 있다. 먼저 쏘고 나중에 물어보라고 하는 속담처럼, 냉정함이 없는 사람은 사실에 대해 먼저 판단하고 나중에 묻게 되기가 쉽다. 그렇다면 냉정할 필요성은 우리의 목록에서 자리를 차지할 만한 가치가 있다.

정당한 도덕원리

도덕원리 개념은 여러 가지 방식으로 분석되어왔다. 그러나 적어도 이만큼은 확실해 보인다. 어떤 원리가 (가령 과학 또는 법의 원리와 구별되어) **도덕**원리라고 할 수 있기 위해서는, 모든 도덕 행위자는 어떤 방식으로 행동할 필요가 있다고 규정해야 하며, 그럼으로써 우리가 살아가면서 하는 행동에 합당한 지침을 제공해야 한다. 도덕원리에 대해서, 그리고 이어서 도덕 행위자에 대해서 더 많이 이야기할 것이다(예컨대 5.2를 보라). 지금으로서는 도덕 행위자는 자신이 어떻게 행위해야 하는지 결정하는 데 공평무사한 이유(공평무사성의 요구 조건을 존중하는 이유)를 제시할 수 있는 사람이라고 말하면 충분하다. 공평무사한 이유에 근거해서 이해하거나 행동할 수 있는 능력이 없는 개체(가령 어린아이)는 도덕 행위자라고 할 수 없다. 그런 사람은 도덕적으로 옳거나 잘못인 것을 해야 하거나 하지 않아야 하는 의무를 갖는다고 의미 있게 말할 수 없다. 오직 도덕 행위자만이 이러한 지위를 갖는데, 도덕원리는 도덕 행위자가 어떻게 행동할 수 있는지 결정하는 데만 적용된다.

정당한 도덕원리라는 생각은 이상적인 도덕 판단이라는 개념과 어떻게 연결이 될까? 이상적인 도덕 판단에서, 그 판단이 완전한 정보, 완전한 공평무사성, 완전한 개념적 명료성 등에 의존하는 것으로는 충분하지 않다. 그 판단이 **정당하고 올바른** 도덕원리(들)에 근거해야 하는 것 역시 필수적이다. 이상적으로 보자면 우리는 올바른 판단을 해야 할 뿐만 아니라 올바른 이유를 가지고 그 판단을 해야 한다. 그러나 우리가 받아들일 수 있는 가능한 여러 도덕원리들 중 어느 것이 올바르거나 가장 합리적인 원리일까? 이것은 우리가 어떤 원리를 **우연히** 좋아한다거나, 모든 또는 대부분의 사람이 어떤 원리를 **우연히** 받아들인다거나, 도덕적 권위라고 하는 사람이 어떤 원리를 공표하는 것이라고 말한다고 해서 대답할 수 있는 것은 아니다. 도덕적 질문에 이런 식으로 대답하는 것은 이미 진지한 고려 대상에서 배제되었다는 뜻이다. 서로 충돌하는 윤리적 원리들 사이에서 합리적으로 평가하고 선택할 수 있는 기준이 필요하다. 이하의 절에서는 여러 가지 기준을 규정하고 그 적합성을 옹호할 것이다. 어떤 것도 완전하다고 주장하지 않을 것이고, 여러 기준을 각각의 영향력이나 중요도에 따라 체계적으로 등급을 매기는 일도 하지 않을 것이다. 물론 후자와 관련해서 약간의 제안은 하겠지만 말이다. 현재 그리고 앞으로의 목표와 관련해서는 앞으로 논의할 기준들이 합당하다고 주장하는 것만으로 충분할 것이다.

4.3 도덕원리를 평가하는 기준

일관성

어떤 윤리 원리에 대해서든 최소한의 요구 조건은 일관적이어야 한다는 것이다. 일관성은 둘 또는 그 이상의 진술의 **가능한 진리의 결합**과 관련된다. 둘 또는 그 이상의 진술들의 임의의 조합(이것을 **진술들의 임의의 조합**이라고 부르자)이 일관적일 필요충분조건은 그 집합을 구성하는 모든 진술들이 동시에 참인 것이 가능하다는 것이다. 일관적인 집합의 사례는 다음과 같다. ('잭'은 어떤 개체를, '질'은 다른 어떤 개체를 같은 상황에서 동시에 가리킨다고 가정한다.)

집합 A (1) 잭은 질보다 키가 크다.
　　　　(2) 질은 잭보다 키가 작다.

비일관적인 집합의 사례는 다음과 같다.

집합 B (3) 잭은 질보다 키가 크다.
　　　　(4) 질은 잭보다 키가 크다.

(1)과 (2)가 동시에 참일 수 있으므로 집합 A는 일관적이다. (1)이 참이라고 해서 자동으로 또는 필연적으로 (2)를 거짓으로 만드는 것은 없고, 그 역도 마찬가지이다. (1)도 (2)도 틀림없이 참인 것은 아니지만 (잭과 질의 키가 같을 수 있다) (1)과 (2)의 연언[4]은 모순이 **아니다.** 그러나 (3)이 참이면

(4)는 거짓일 것이고 (4)가 참이면 (3)은 거짓일 것이므로 집합 B는 비일관적이다. 즉 필연적으로 (3)과 (4)는 동시에 참일 수 없다. (3)과 (4)의 연언은 모순**이다.**

그런데 정당한 도덕원리는 일관적이어야 한다. 이 말이 맞는 말인 이유는, 그런 원리는 우리에게 어떤 행동이 옳고 어떤 행동이 잘못인지 합리적으로 결정할 때 참고할 근거를 제공해주기 때문이다. 그러나 만약 제안된 원리가 일관적이지 못한 것으로 드러난다면, 일관적이지 못하다는 사실은 애초에 윤리 원리를 도입한 취지, 즉 무엇이 옳고 무엇이 잘못인지를 결정할 때 합리적 지침을 제공한다는 취지를 훼손할 것이다.

제안된 원리가 비일관적이라고 주장하는 한 가지 방법은 그것이 동등한 행동이 옳으면서 동시에 잘못일 수 있음을 함의한다는 것을 보여주는 것이다. **윤리적 상대주의**라고 부르는 견해의 한 가지 해석이 (그러나 결코 유일한 해석은 아니다) 이런 함의를 갖는다. 이 해석에서 한 사회의 다수가 어떤 행동을 각각 괜찮다고 생각하거나 마뜩잖게 생각할 때 그 행동은 옳거나 잘못이다. 이 해석에서 윤리적 상대주의가 무엇에 도달하는지 분명히 하는 것이 중요하다. 그 주장은 한 사회에서 다수가 어떤 행동을 괜찮다고 생각하면 그것은 옳다고 **생각된다는** 것이 아니다. 한 사회의 다수가 괜찮다고 생각하는 행동이 **그 사회에서** 옳다는 것도 아니다. 이보다는 어떤 행동은 한 사회의 구성원 중 다수가 마침 그 행동을 승인할 때 지금 검토하고 있는 해석에 따라 **무조건적으로 옳다**는 것이다.

옳음과 잘못임을 이런 식으로 보는 것은 같은 행동이 옳으면서 동시에

⁞

4) (옮긴이) 두 명제를 '그리고'로 연결하는 것. 곧 (1)과 (2)의 연언은 "잭은 질보다 키가 크고, 질은 잭보다 키가 작다"이다.

잘못일 수 있음을 함의한다. 이 점을 분명하게 하기 위해 한 사회의 다수가 우연히 외국인을 죽여서 먹는 것을 괜찮다고 생각하지만, 다른 사회의 다수는 우연히 그것을 마뜩잖게 생각한다고 가정해보자. 그러면 우리가 논의한 윤리적 상대주의의 해석에 따르면 우리가 (a) 외국인을 죽여서 먹는 것이 옳다는 것과, (b) 외국인을 죽여서 먹는 것이 옳지 않다는 것이 동시에 따라 나온다. 즉 그 원리는 (a)와 (b) **모두** 참이라는 것을 함의한다. 그러나 (a)와 (b)는 **비일관적**이기 때문에, 그 둘은 동시에 참일 **수 없다**. 그러면 여기서 이해된 윤리적 상대주의도 정당한 윤리적 원리일 수 없다.

범위의 적절성

윤리적 원리에 대한 또 다른 요구 조건은 적절한 범위를 가져야 한다는 것이다. 윤리적 원리가 무엇이 옳고 잘못인지를 결정할 때 우리에게 실천적인 지침을 제공한다고 가정했음을 상기해보면 그 이유는 분명해진다. 우리는 그런 결정을 내려야만 하는 굉장히 다양한 상황에 처하게 되므로, 주어진 원리는 이런 상황들에서 적용할 수 있는 한도에 비례해서 지침을 제공하는 데 성공할 것이고, 이것은 그 원리의 범위에 달려 있다. 원리의 범위가 넓을수록 잠재적인 활용도 커진다. 그 범위가 좁을수록 적용 영역은 좁아진다. 원리가 적절하다는 자격을 갖추기 위해서 원리의 범위가 얼마나 넓어야 하는지를 정확히 규정하는 것은 가능하지 않지만, 범위의 적절성을 관련된 기준으로 보는 것은 합당하며, 이것은 논의를 진행해감에 따라 앞으로 점점 더 뚜렷하게 확인하게 될 것이다.

정확성

우리가 윤리적 원리로부터 원하는 것은 넓은 영역의 사례들에 관한 모호한 지시가 아니다. 우리는 구체적 또는 결정적 명령을 기대한다. 이런 정확성이 없다면 원리의 유용성은 심각하게 감소할 것이다. 예컨대 '사랑'과 '해악'이 무엇을 뜻하는지, 그리고 사랑과 관련해서 '이웃'이 무엇을 뜻하는지 분명하고 도움이 되는 방식으로 말하지 않는다면, "이웃을 사랑하라"나 "해악을 끼치지 말라"는 전혀 도움이 되지 않는다. 어떤 원리가 상당한 영역의 사례들에서 요구하는 것이 모호하다면, 우리는 무엇을 요구하는지 확신하지 못할 것이다. 그리고 우리가 확실해하지 못하는 만큼, 우리는 현재 이 원리가 명령하는 것을 따라야만 하는지에 대해서도 그리고 우리가 과거에 했던 행동이 그 원리를 준수했는가에 대해서도 역시 자신이 없을 것이다. 따라서 합리적인 수준의 정확성은 어떤 윤리적 원리도 만족시켜야 하는 정당한 요구 조건이다. 동시에 과도한 정확성이나 잘못된 종류의 정확성은 정당하지 못한 요구 조건이다. 윤리학은 기하학이 아니다. 우리는 기하학적 개념들(가령 '삼각형'이나 '원')의 정의만큼의 정확함을 도덕적 개념들(가령 '사랑'이나 '해악')의 정의에 기대하거나 요구해서는 안 된다. 또 도덕적 원리가 피타고라스 정리와 같은 방식으로 정확하거나 증명 가능해야 한다고 요구해서도 안 된다. 우리는 언제나 아리스토텔레스의 현명한 충고를 명심해야 한다. "주제의 본성이 허락하는 한에서 사물의 각 종류의 정확함을 찾는 것이 교육받은 사람의 특징이다."[5] 우리는 앞으로 여러 차례에 걸쳐 이 기본적인 지혜를 상기할 기회가 있을 것이다.

..

5) Aristotle, *Nicomachean Ethics*, 1094: 25.

우리의 직관에 부합함

경쟁하는 윤리적 원리들을 평가하는 마지막 근거는 그것들이 우리의 도덕적 직관과 부합하는지와 관련된다. 이것은 우리가 살펴보고 사용할 기준 중 단연코 가장 쟁점이 되고 있다. 어떤 철학자들은 이것이 합리적인 검사가 되지 못한다고 단호히 거부한다. 다른 철학자들은 이것이 정당하다고 주장한다. 어떤 입장을 취하고 취해야 하든지 간에, 현재 상황에서 그것이 무엇을 의미하는지 분명하게 해둘 필요가 있다. 이것은 한가한 의미론적 호기심 이상의 것이다. 직관의 개념은 도덕철학에서 다양한 방식으로 이해되었는데, 그중 일부는 '직관에의 호소'가 윤리적 원리를 검사하는 합당한 방식으로 인식될 때 그 개념이 쓰이는 의미와 논리적으로 구분되고 그래서 혼동되어서는 안 된다. 예컨대 영향력이 큰 20세기 영국 철학자 무어는 **직관**이라는 낱말을 그의 견해에서 '증명할 수 없는'이라는 윤리적 명제를 가리키기 위해 썼는데,[6] 무어의 동료인 로스(W. D. Ross)는 도덕적 직관을 '자명한' 도덕적 진리로 규정했다.[7] 직관에 대한 무어의 견해나 로스의 견해, 또는 둘 다에 대해 말하고 싶은 것이 무엇이든지 간에, 앞으로 더 자세하게 보겠지만, 무어의 의미도 로스의 의미도 어떤 윤리적 원리가 우리의 도덕적 직관에 부합하는가 또는 그것과의 부합이 윤리적 원리의 합리적 신임장의 정당한 검사라고 주장하는가를 물을 때 의미하는 점이 아니라는 것은 아주 명백하다.

• •

6) George Edward Moore, *Principia Ethica*(Cambridge: Cambridge University Press, 1903), p. x.
7) W. D. Ross, *The Right and the Good*(Oxford: The Clarendon Press, 1930).

도덕철학에서 '직관'은 '우리의 검토되지 않은 도덕적 신념'을 종종 뜻하는데, 이것이 직관의 세 번째 의미이다. 여기에는 어려운 도덕 사례에 대한 우리의 처음의 반응이나 즉각적인 대응도 포함된다. 사람들이 평범하지 않은 사례나 상황을 서술한 다음에, 네 직관은 무엇이냐고 물을 때 (가령 어떤 사람이 살기 위해서 자신의 손자를 죽이고 먹어야 할 상황에서 그렇게 해야만 하느냐는 질문) 이 말이 쓰이는 의미가 이것이다. 이런 의미의 '직관'은 확실히 무어와 로스가 쓴 의미와 구분되는데, 그 이유는 우리가 처음 반응을 보이면서 질문에 대답할 때 우리가 말한 것이 명백히 참이라거나 증명 불가능하다는 입장을 취한 것은 결코 아니기 때문이다. 더 중요한 것은, 이런 의미에서의 우리의 직관은 무엇이 옳고 잘못인지에 대한 우리의 반성 **이전**의 판단이다. 다른 말로 하면 이런 의미에서 우리의 직관에 대해 질문을 받았을 때, 주어진 질문에 대해 아주 충분히 생각해본 **다음에**, 즉 그 사례에 대한 이상적인 도덕적 판단을 하기 위해 우리가 힘닿는 대로 최대한 노력한 **다음에**, 우리가 생각한 것을 말하라고 요청받은 것은 아니다. 반대로 우리가 요청받은 것은 그 사례에 대해 상당히 상세하게 생각하기 **전에**, 따라서 그것에 대해 이상적인 도덕적 판단을 내리려고 혼신의 노력을 하기 전에 생각한 것이다. 편의를 위해 이런 의미의 직관을 **반성 이전의 직관**이라고 부르자. 무어나 로스의 직관 이해와 마찬가지로 이런 반성 이전의 의미 역시 우리가 도덕적 원리는 우리의 도덕적 직관에 부합해야 한다고 요구할 때 포함된 의미는 아니다.

거기에 포함된 의미는 우리가 **반성적 의미**라고 부르는 것이다. 이런 의미에서의 우리의 직관은 이상적인 도덕적 판단을 내리는 기준으로, 앞서 열거한 다섯 가지 기준을 만족시키기 위해 성실하게 노력한 **다음에** 우리가 갖게 된 도덕적 믿음이다. 다시 말해서 우리가 냉정하게, 공평무사하게, 개념적 명료성을 가지고, 우리가 합리적으로 획득할 수 있는 한 많은 적절한 정보를 가지고 우리의 믿음에 대해 생각하려고 성실하게 노력했다고 가정한다는 것이다. 이런 노력을 한 **다음에** 내리는 판단은 우리의 '직감적인 반응'도 아니고 단순히 우리가 **우연히** 믿게 된 것을 표현한 것도 아니다. 그것은 우리가 공평무사하고 합리적이며 냉정하게, 그리고 여타의 노력을 다한 후에 그리고 그럴 때만 갖게 되는 우리의 **숙고된** 믿음이다. 따라서 대안이 되는 도덕원리들이 우리의 반성적 직관에 얼마나 잘 부합하는지 검사하는 것은 우리의 숙고된 믿음에 부합하는지 검사하는 것이고, 경쟁하는 두 도덕원리 사이에 다른 점이 모두 같다면(즉 두 이론이 범위, 정확성, 일관성에서 같다고 가정한다면), 우리의 반성적 직관에 가장 잘 맞는 원리를 합리적으로 선호해야 한다.

그러나 이론적으로 보았을 때, 주어진 원리가 윤리적 원리를 평가하는 모든 검사를 통과했으면서도 우리가 처음에 숙고된 믿음이라고 간주한 하나 이상의 믿음들과 어울리지 못하는 일이 가능하다. 더구나 도덕원리를 평가하는 적절한 기준을 만족시키면서 이러한 직관을 설명할 수 있다는 점에서 이 원리보다 더 낫다고 증명할 수 있는 다른 도덕원리를 아는 것 또한 가능하다. 그 경우에 우리는 애초에 숙고된 믿음이라고 생각하던 믿음들에 대해 매우 회의적이어야만 한다. 어떤 만족할 만한 도덕원리가 그것들과 어울린다는 것을 보여줄 수 없다면, 우리는 비록 노력했지만 이런 믿음들에 대한 초기 평가에서 실수를 했다는 것에 동의하라고 지혜는 명령할 것이다. 다른 말로 하면 우리가 애초에 숙고된 믿음으로 여긴 믿음들이 수정이나 폐기가 필요한 위치에 있다는 것을 알게 되는 것이다. 하버드의 철학자 존 롤스의 유익한 표현을 사용해서 말하면, 우리가 애를 써서 이루어야 하는 것은 한편에는 우리의 숙고된 믿음을, 다른 한편에는 우리의 도덕원리들 사이의 "반성적 평형"이다.[8] 이런 믿음들 중 일부는 다른 측면에서 만족스러운 원리에 맞지 않을 수 있기 때문에 무시할 수 있고, 이런 믿음들 중 일부는 만족스러운 다른 원리들이 수용할 수 있는 직관에 어울리지 못하기 때문에 묵살해야 할 것이다. 그러므로 어떤 원리든 각각의 그리고 모든 반성적 평형에 어울리지 못한다는 이유**만으로** 부당하다는 것을 보일 수 없다. 그러나 어떤 원리가 **넓은 범위의 사례들에서** 우리의 직관에 어울리지 못한다면, 그리고 이 직관들이 다른 적절한 기준에 호소해서 정당화되는 여타 원리에 **어울린다면**, 그 원리는 부당하다는 것을 **보이게** 된다. '우리 직관에의 호소'가 우리의 숙고된 믿음들, 이미 설명된 의미와 방식에서 우리의 최선의 반성적 고려의 열기 아래 서 있는 믿음들에 호소하는 것이라고 이해한다면, 그렇게 하지 않아야 하는 좋은 논증이 있지 않는 한 우리는 이런 믿음들에 부합해야 한다고 요구하는 것이 도덕원리의 정당성의 정당한 검사임을 포기해서는 안 된다.

나는 곧 몇 가지 비판을 고려할 것이다. 그러나 먼저 우리의 반성적 직관의 두 번째 사용법에 주목할 필요가 있다. 우리가 다양한 우리의 숙고된 믿음들이 무엇인지 알았다고 가정하자. 그렇게 한 다음에 우리는 그것들의 그럴듯한 공통 근거를 찾는 윤리적 원리들을 만듦으로써 그것들을 통합하려고 시도할 수 있다. 예를 들어 만약 어떤 사람에게 우리 자신의 복지에 반대되게 특정 일을 하도록 강요하는 것은 잘못이고, 시민들에게 당시의 골치 아픈 정치적, 사회적 문제를 논의할 기회를 빼앗는 것은 잘못이고, 민주주의 사회의 일부 시민들에게 피부색이나 출신지를 이유로 투표할 기회를 부정하는 것은 잘못이고, 비슷한 그룹의 구성원들에게 교육, 레

---

8) John Rawls, *A Theory of Justice*(Cambridge: Harvard University Press, 1971).

크리에이션, 문화적 기회를 부인하는 것은 잘못이라는 믿음이 우리의 숙고된 믿음들에 포함된다면, 이런 다양한 직관들의 적절한 공통 근거를 찾음으로써 다음과 같은 원리(자유의 원리)를 그것들을 통합하는 원리로 간주하는 것은 합당하다. 그것은 다른 모든 것이 같다면 개인의 자유를 제한하는 것은 잘못이라는 원리이다. 물론 이 원리의 적절성은 원리를 명료하게 표현한다고 해서 보장되는 것은 아니다. 우리는 그것을 정말로 매우 조심스럽게 검사해야 할 의무가 있는데, 가령 그 일관성을 묻고 그것이 다른 숙고된 믿음들과 얼마나 잘 어울리는지 물어야 한다. 자유의 원리의 합당함은 지금 다룰 주제는 아니다(나중에 8.1에서 다룰 것이다). 현재로는 우리의 반성적 직관에 호소하는 것이 도덕 이론에서 하는 두 번째 역할을 설명하는 수단으로서만 언급된다.

몇 가지 비판들

직관에 호소하여 원리의 정당성을 검사하는 방법을 비판하는 사람들은 자신들이 그런 호소를 인정하는 것에 반대하는 좋은 논증을 가지고 있다고 생각한다. 이런 논증들 중 일부는 심각하게 혼란스럽다. 그것들은 '직관' 개념이 도덕철학에서 사용되는 여러 의미들을 분명하게 구분하지 못하고 있다. 이것은 옥스퍼드의 철학자 헤어(R. M. Hare)와 그의 제자인 오스트레일리아의 철학자 피터 싱어가 제시한 일부 논증들에 대한 공정한 해석인 것 같다. 헤어의 경우 직관에의 호소를 편견의 호소라고 반복해서 혹평한다.[9] 그가 이렇게 해야만 하는 이유는 이해가 되는데, 앞서 설명한 것처

----

9) 예컨대 R. M. Hare, "Justice and Equality," in *Justice and Economic Distribution*, ed.

럼 직관에의 호소는 때때로 우리가 냉정하게 또는 공평무사하게 믿는 것에 대해 생각하지 않고서 우리가 생각하는 것에 대해 말하는 것으로 초대하는 것이기 때문이다. 그런 호소가 **이런** 식으로 이해된다면, 그것은 편견에의 호소와 구분되지 **않는다**. 그러나 합리적이고 정보를 입수하려는 등의 성실한 노력을 함으로써 우리의 믿음들을 신중하게 숙고했다면, 우리의 직관에 호소하는 것은 우리가 단순히 우연히 생각한 것에 호소하는 것이 **아니다**. 그것은 그런 반성의 검사를 견디는 믿음들에 호소하는 것이다. 우리가 이 점에 관해 성실한 노력을 한 다음에 갖게 되는 믿음을 편견이라고 부르는 게 적절한지는 극히 불분명하다. 가장 분명한 의미에서 **편견**은 그것을 받아들이는 이유에 대해 비판적으로 생각해보지 않고서 우리가 받아들이는 믿음을 의미한다. 만약 우리가 우리의 믿음에 대해 생각하려는 성실한 노력을 이상적으로 기울인 **다음에도**, 우리가 여전히 편견에 빠져 있다고 말한다면, 편견의 개념은 분명한 혹은 유용한 의미를 잃게 된다. 이런 식으로 해석한다면 사람들이 믿는 어떤 것도 편견으로 규정될 것이다. 우리가 반성적 의미에서 우리의 직관에 호소할 때, 그것을 편견으로 보지 않을 충분한 이유가 있다.

싱어 역시 직관에 호소하는 것을 못 견뎌했다. 그는 최근에 쓴 『사회생물학과 윤리』에서 "철학은 우리의 도덕적 직관을 체계화하는 것 이상을 할 수 없다"[10]라고 믿는 철학자들을 비판한다. 그런 믿음은 가령 로스처럼 ('자명한 진리'라고) 도덕적 직관을 이해하는 철학자들뿐만 아니라 여기서 선

∴

    John Arthur and William H. Shaw(Englewood Cliffs, N. J .: Prentice-Hall, 1978)를 보라.

10) Peter Singer, *The Expanding Circle: Ethics and Sociobiology*(New York: Farrar, Straus & Giroux, 1981), p. 70.

호하는 방식처럼 숙고된 믿음으로 직관을 이해하는 철학자들이 주장할 **수** 있는 입장들이다. 그러나 로스의 직관 이해와 도덕철학에 대한 그의 일반적 접근의 정당함을 겨누는 논증들은 이런 이해와 접근의 핵심을 건드리지 않을 것이다. 그러므로 싱어처럼 "우리 직관의 생물학적 근원을 찾는 것은 직관이 자명한 도덕적 공리[나] (…) 도덕적으로 자명하게 절대적인 것이라고 (…) 생각하는 것에 대해 회의적이게 만들 것이다"[11]라고 주장하는 것은 (우리는 여기서 직관에 호소하는 것에 반대하는 두 번째 논증을 만난다) 우리의 도덕적 직관에 대한 **로스**의 이해를 의심스럽게 할 것이다. 그러나 그런 발견은 **반성적** 의미에서의 직관에 호소하는 것이 적절한지는 의심스럽게 하지 않는데, **이런 의미에서의** 직관은 '자명한 도덕적 진리'나 '도덕적으로 자명하게 절대적인 것'이라고 이해되지 않기 때문이다.

직관에 대해 제기되는 세 번째 비판은 그것이 도덕적 보수주의를 조장한다는 것이다. "우리 문화의 유물을 도덕성의 시금석으로 삼으려는 윤리에 대한 이런 접근에 내재된 보수주의"를 매도하면서 도덕철학이 "우리의 확고한 신념의 데이터에 어울려야"[12] 한다고 생각하는 사람들에게 반대하는 싱어가 그 증거이다. 이 비판은 우리의 반성적 직관은 우리와 가까이 있는 가족과 사회 그룹의 환경적인 영향과 함께, 특정 시기에 특정 가치들이 모인 우리 문화의 산물이라는 견해에 근거한다. 이러한 영향이 전하는 가치가 도덕적 현상 유지를 선호하는 경향이 있으므로 그것은 도덕적으로 보수적인 경향이 있을 것이라고 가정된다. 예를 들어서 우리가 미국 남북

••

11) 같은 책, pp. 70~71.
12) Peter Singer, "Utilitarianism and Vegetarianism," *Philosophy and Public Affairs* 9, no. 8 (Summer 1980): 326. 싱어는 이 점을 그의 "Sidgwick and Reflective Equilibrium," *The Monist* 58, no. 3 (July, 1974): 특히 515~517에서 길게 논의한다.

전쟁 이전에 남부의 재산 있는 백인 노예 소유주로 태어났다면, 우리가 배운 가치들은 그 계급의 가치를 반영할 것이고 본성상 보수적일 것이다. 도덕적 현상 유지를 위협하는 가치들(가령 모든 인간은 평등하다)을 배우는 대신에 우리는 그것을 조장하는 가치들(가령 백인은 그 가치에서 흑인보다 우월하다)을 배웠을 것이다. 이 가르침이 일단 정착되면, 우리는 백인이 흑인보다 뛰어나다는 것을 '명백히 참'이라고 간주할 것이며, 이 믿음은 우리의 '도덕적 직관들'의 모임에 통합될 것이다.

싱어의 이러한 논증에는 두 가지 대답을 할 만하다. 첫 번째는 대인 논증[13]이다. 그의 입장을 비판하는 일부 사람들은 그가 직관에 호소하는 것의 정당성에 이의를 제기하는 바로 그 같은 이유로 그 입장의 적절성에 이의를 제기했다. 즉 거기에 내재된 도덕적 보수주의가 그것이다. 미국 철학자 댄 브록(Dan W. Brock)은 「공리주의」라는 논문에서 싱어가 주장하는 입장인 선호 공리주의를 이러한 근거에서 다음과 같이 반박한다.

사람의 바람과 선호는 생물학적 필요와, 사람들을 사회, 국가, 여러 사회 집단에 가입시키는 사회화 과정의 산물이다. 그것은 이미 존재하는 사회적 합의, 권력, 권위 관계, 자신의 환경에서의 기대에 의해 중요하게 결정되며 다시 그것들을 강화하는 경향이 있다. 결과적으로 존재하는 선호를 최대한 만족하도록 공식화된 공리주의는 존재하는 사회 구조를 강화하는 역할을 한다. 즉 공리주의는 상당히 보수적인 편견을 가지게 될 것이다. 예를 들어서 인종차별주의적이

----

13) (옮긴이) 대인 논증(ad hominem)은 1.2에서도 나왔듯이 어떤 주장을 하는 사람의 개인적인 특성 때문에 그 주장 자체를 반대하거나 찬성하는 논증을 말한다. 여기서는 대인 논증 중에서도 싱어가 비판하는 보수주의 논변을 싱어 스스로 쓰고 있다는 피장파장 논증을 말한다.

고 성차별주의적인 사회는 구성원들에게 인종차별주의적이고 성차별주의적인 선호를 조장하며, 선호 공리주의는 이런 선호의 만족을 추구하는 것을 추종하는 듯하다.[14]

선호 공리주의에 내재된 '상당히 보수적인 편견'이 일으키는 문제의 심각함은 싱어가 채식주의자가 되어야 하는 의무를 근거 지으려는 시도를 앞으로 내가 비판하는 곳에서 다룰 것이다(6.4를 보라).

두 번째, 그리고 좀 더 근본적으로, 도덕원리가 "우리의 고착된 도덕적 신념들의 데이터에 어울리는가"를 물어서 검사하는 방법은 싱어가 이 비난에 대해 제기하는 폄하적인 의미에서 보수적일 필요는 없다. 믿음은 변화를 거부하는 만큼 '보수적'이다. 그러나 직관에의 호소가 이루어질 때 호소의 대상이 되는 믿음들이 이런 의미에서 보수적이라고 가정할 이유는 없다. 어떤 반성 이전의 믿음들은 일단 우리가 시간을 들이고 그들에 대해 최선의 판단을 하기 위해 우리가 할 수 있는 노력을 기울이면 수정될 필요가 있는 것처럼 보일 수 있다. 아메리카 원주민은 인간이 아니므로 인간에게 할 수 있는 일을 명시한 원리들이 적용되지 않는다는 믿음이 그런 예이다. 그리고 이런 노력을 기울인 결과로 우리가 갖게 되는 믿음들은 우리가 믿는 것을 믿으라고 배웠기 때문에 갖게 되는 것은 아니다. 반성 이전의 직관과 반성적인 직관을 구분하는 적절한 검사를 통과했기 때문에 갖게 되는 것이다.

반성적 직관에의 부합 여부로 도덕원리의 정당성을 검사하는 것에 대한

14) Dan W. Brock, "Utilitarianism," in *And Justice for All*, ed. Tom Regan and Donald VanDeVeer(Towota, N. J.: Rowman and Littlefield, 1981), p. 223.

또 다른 반론으로 그것은 윤리적 사고를 뿌리 깊게 주관적으로 만든다는 점이 있다.[15] 모든 사람이 반성 이전의 또는 반성적 직관을 똑같이 갖지는 않기 때문에, 이 검사를 사용할 때 우리가 도달할 수 있는 최대한의 것은 우리 각자의 직관에 맞는 원리이지, 모든 사람에게 맞는 원리가 아니라고 주장한다. 그 결과, 서로 다른 직관을 가진 서로 다른 개인들만큼이나 많은 '정당한' 도덕원리가 있게 될 것이다. 정당한 도덕원리는 모든 도덕 행위자에게 적용되어야 하므로 이 결과는 **정당한** 도덕원리가 있다는 가능성을 파괴한다고 비판자들은 주장한다.

이 비판은 (a) 윤리적 원리가 모든 도덕 행위자에게 정당**하다**는 것과 (b) 주어진 원리가 모든 도덕 행위자들에게 정당하다는 것을 우리가 **아는** 것 사이의 차이점을 알아차리지 못하고 있다. 이 차이점의 중요성은 다음과 같이 설명될 수 있다. 우리가 어떤 윤리적 원리를 일관성, 범위, 정확성, 우리의 반성적 직관과의 부합함을 검사받게 한다면, 그리고 이상적인 도덕 판단을 내리기 위해 성실한 노력을 기울이면서 이것을 한다면, 그 원리가 모든 도덕 행위자에게 구속력이 있다는 우리의 믿음을 정당화할 위치에 있기 위해 합당하게 요구되는 모든 것을 한 것이다. 그러나 평범한 인간은 완전하지 않으므로 우리는 정당화의 과정에서 언제나 실수할 수 있음을 인정해야만 한다. 가령 기초적인 논리적 실수가 눈에 띄지 않을 수도 있고 혹은 우리가 반성적 직관이라고 여기는 직관을 수정할 필요가 있을 수도 있다. 따라서 우리의 판단이 최선이라고 가정할 때 일관성, 정확성 등을 통과하는 원리들은 우리가 모든 사람들을 구속하는 원리가 될 **충분한 이유가 있다**고 주장할 수 있지만, 그 보편적인 적용이 정당화되었음을

∴

15) Singer, "Sidgwick and Reflective Equilibrium," p. 494.

우리가 **알고 있는** 충분한 이유가 있다고 주장할 수는 없다. 우리가 충분한 이유를 가지고 주장할 수 있는 것은 앞에서 개략적으로 말한 방식으로 정당화한 원리들은 어떤 원리들을 받아들여야 하는지에 대해 이상적인 도덕 판단을 내리는 모든 사람들에 의해 받아들여지는 원리라는 것이다. 다른 말로 하면 우리가 주장하는 것은 어떤 원리가 모든 사람에게 구속력이 있는지와 관련해서 **모든 이상적 판단자들 사이의 합의**이다.

그런 합의가 곧 나올 것이라고 충분한 이유를 가지고 주장하는 것과, 그것이 실현되리라는 것을 안다고 주장하는 것은 전혀 다르다. 그 합의가 이상적인 판단자들 사이에서 이루어진다고 주장되기 때문에, 그리고 우리는 이상적 판단을 내리는 모든 조건들을 결코 완전히 만족시킬 수는 없기 때문에, 우리는 결코 모든 이상적 판단자가 어떤 원리들을 선택할지 **안다고** 주장할 위치에 결코 있지 못한다. 나의 경우에 이상적으로 판단하려고 최선을 다해 노력했음에도 내가 그런 원리들을 선택하는 데 실수할 수 있음을 인정해야 한다. 그리고 다른 원리들을 선택하는 당신은 비슷한 실수의 가능성을 인정해야만 한다. 그러나 이와 관련해서 오류 가능성을 인정한다고 해서, 우리가 받아들이는 원리들이 현재 살펴보는 비판이 제기하는 의미에서 '주관주의'를 틀림없이 보여준다는 결론은 따라 나오지 않는다. 나의 오류 가능성을 인정한다고 해서, 내가 **나에게만 정당한** 원리들을 옹호한다는 결론이 따라 나오지도 않고, 당신이 비슷하게 인정한다고 해도 당신이 **당신에게만 정당한** 원리들을 옹호한다는 결론이 따라 나오지도 않는다. 그것은 윤리학에서 가장 해로운 종류의 주관주의**일 것이다.** 그러나 반성적 직관을 포함해서 위에서 개략적으로 보여준 윤리적 원리들을 정당화하는 기준은 그런 종류의 주관주의를 전혀 함의하지 않는다. 우리가 반성적 직관을 통과했는지 검사하는 것을 포함해서 윤리적 원리를 정당화하기 위해 합당하게 할 수 있는 모든 것을 했을 때, 우리 각자는 그 원리가 **모든 존재들에게 정당하다고** 할 충분한 이유를 가지고 주장하게 된다. 우리는 그것이 정당하다는 것을 우리가 안다고 주장하는 것은 아니다. 아무리 애를 써도 우리는 이상적 도덕 판단자에게 요구되는 조건을 결코 완전하게 완수하지 못할 수 있고, 그것을 안다고 주장할 만한 위치에 있지 않을 수도 있으며, 따라서 우리가 정직하다면 어떤 윤리적 원리들이 정당한지와 관련해서 뿌리 깊은 불확실성의 요소가 있음을 인정하고 그것과 함께 살아가야 한다. 우리가 할 수 있는 모든 것은 최선을 다하는 것이고, 이것은 이상적으로 할 수 있는 것보다는 못하다. 그러나 이 점과 관련해서 우리가 공통으로 갖는 한계를 인정하는 것은 윤리적 주관주의를 함의하는 것이 아닐뿐더러 그것의 권위를 인정하는 것도 아니다. 우리의 반성적 직관을 통과하는지 검사하는 데 어떤 어려움이 있어도 거기에 정당하게 맞서야 하지만, 그것이 윤리적 주관주의를 함의한다는 비난은 그런 어려움이 아니다.

윤리적 원리들을 정당화하기 위해 직관에의 호소를 사용하는 것에 대한 마지막 반론은, 그리고 이것이 가장 기본적인 반론인데, 우리의 직관을 이런 식으로 보는 것은 일을 거꾸로 하고 있다는 것이다. 우리는 윤리적 원리들을 검사하기 위해 직관에 호소하기보다 직관을 검사하기 위해 건실한 윤리적 이론에 호소해야 한다는 것이다. 이것은 싱어가 옹호하는 견해이다. 그는 "우리는 건실한 이론으로부터 실천적 판단으로 작업을 해야지 거꾸로 해서는 안 된다"[16]라고 말한다. 싱어의 이런 가정은 우리의 반성적 직관에 호소하지 않고서도 건실한 윤리적 이론에 도달**할 수 있다**는 것이다.

∴

16) Singer, "Utilitarianism and Vegetarianism," p. 327.

그러나 그럴 수 있는가? 그렇게 할 수 있다는 증명은 확실히 누군가 그렇게 했다는 것을 보여야만 하는데, 그렇게 하지 않는다면 우리가 싱어가 옹호하는 방향으로 작업할 수 있다는 (그리고 해야 한다는) 주장은 적절한 지지가 부족하기 때문이다. 싱어의 윤리 이론을 살펴볼 때 자세하게 설명할 이유로(6.3 이하), 비록 싱어 자신은 우리의 직관을 가지고 윤리 이론을 검사하지 않는 일을 일관되게 잘하고 있는 것이 참이라고 하더라도 — 실은 참도 아니지만 —, 막상 그 자신은 '건실한 이론'을 보여주지 못한다.[17]

싱어가 방금 말한 구절에서 내놓은 답변은 입증 책임 논증으로 구성할 수 있는데, 그때 입증 책임은 싱어처럼 우리의 직관과 독립적으로 우리가 건실한 윤리적 이론을 구성해야 한다고 보는 쪽에 정확하게 있다. 싱어가 보여주어야 하는 것은 (a)반성적 직관에 호소하지 않는 윤리 이론을 개발할 수 있다는 것과, (b)그가 옹호하는 이론이 건실한 이론이라는 것이다. 앞으로 논의하겠지만, 싱어는 조건 (b)를 만족시키지 못했고, 우리의 반성적 직관에의 호소를 윤리 이론을 정당화하는 합법적인 수단이라고 보는 것과 관련해서 제기된 반론이 약하다는 것을 감안하면, 그의 항의에 반대할, 결정적이지는 않아도, 굳건한 근거가 있게 된다.

4.4 결과론적 윤리 이론

이 마지막 비판은 나로 하여금 윤리 이론의 주제를 꺼내게 만든다. 윤리

17) Peter Singer, *Practical Ethics*(Cambridge: Cambridge University Press, 1980), p. 87을 보라.

이론은 윤리적 사고에 최대한의 질서를 가져오려고 시도하고, 그러한 기획이 본성적으로 그러하듯이 우리의 합리적인 동의를 얻기 위해 경쟁하는 선택지들은 전혀 부족하지 않다. 윤리 이론은 크게 두 가지 주된 이론으로 분류할 수 있는데, **결과론적** 윤리 이론(가끔 **목적론적** 윤리 이론이라고도 한다)과 **비결과론적** 윤리 이론(가끔 **의무론적** 윤리 이론이라고도 한다)이 그것이다. 나는 먼저 전자의 유형 이론들을 규정하고 설명할 것이며, 후자의 유형에 대한 논의는 나중으로 미루겠다(4.5를 보라).

결과론적 윤리 이론들은 우리가 하는 일의 옳거나 잘못임이 궁극적으로 우리가 하는 일의 결과에 그리고 결과에**만** 의존한다고 주장한다. 이런 유형의 이론으로 (a) 도덕적으로 의무인 것, (b) 도덕적으로 옳은 것, (c) 도덕적으로 잘못인 것을 구분할 수 있다. 이것을 분명하게 하기 위해, 한 행위가 나머지 두 행위보다 더 나은 결과를 낳을 때 그 세 가지 행위 중 하나를 수행하도록 선택해야 한다고 가정하자. '더 나은 결과'라는 개념은 잠시 모호하게 놔두고, 결과론적 이론들은 우리에게 그 행위를 수행해야 할 적극적인 도덕적 의무가 있고 다른 두 행위를 수행하지 말아야 할 소극적 의무가 있다고 주장한다. 반면에 다른 두 행위가 똑같이 좋은 결과를 낳**고**, 둘 다 세 번째 대안을 수행했을 때 나오는 것보다 더 좋은 결과를 낳는다고 가정해보자. 그러면 우리는 이 세 번째 행위를 하지 말아야 할 도덕적 의무가 있지만, 앞의 두 선택 중 **이것이 아닌 저것을** 해야 할 의무는 없다. **어떤** 선택을 해도 도덕적으로 옳다. 다시 말해서 어느 쪽을 해도 다른 쪽을 수행해서 낳는 결과만큼 좋은 결과를 낳을 것이다. 따라서 우리의 의무는 그런 행위들 중 옳은 행위를 하는 것이지만, 이 행위가 아닌 저 행위를 해야 할 의무는 없다.

결과론적 윤리 이론을 제기하려는 사람이 선택할 수 있는 이론은 몇 가지 있다. 첫째, 어떤 대안이 최선의 결과를 낳느냐를 결정할 때 **누구의** 결과를 고려할지와 관련해서 선택지들이 있다. **윤리적 이기주의**(가끔 **합리적 이기주의**라고도 한다)는 직접적인 도덕적 의미가 있는 것은 개별 행위자의 결과뿐이라는 견해이다. 이 견해에서는, 내가 도덕적으로 해야 하는 것이 무엇인지 물을 때 그 대답은 나에게 가능한 선택지들 중에서 나에게 최선의 결과를 가져올 것이 어떤 것인지 결정하는 것이고, 당신에게 이 질문을 하면 그 대답은 당신에게 최선의 결과를 가져올 것이 어떤 것인지를 결정하는 것이다. 내가 하는 일이 당신에게 어떻게 영향을 끼치느냐는, 내가 하는 일이 당신에게 영향을 끼쳐서 결국에는 나에게 영향을 끼치게 되는 경우를 제외하고는 도덕적으로 부적절하다. 그리고 당신이 하는 일이 어떻게 나에게 영향을 끼칠 것이냐와 관련해서도 똑같이 말할 수 있다. 나에게 영향을 끼치는 당신의 일이 당신에게 영향을 끼치지 않는 한 그것은 당신이 해야 할 일에 관련이 없는 것이다. 나는 윤리적 이기주의를 다음 장에서 더 자세하게 고려할 기회가 있을 것이다(5.3).

공리주의는 결과론자들이 고를 수 있는 두 번째 선택지이다. 공리주의는 개별적인 행위자에게만 직접적인 도덕적 의미가 있는 결과들에만 한정하는 것이 아니라, 가능한 선택지들의 결과에 의해 영향을 받는 모든 존재의 결과가 직접적인 도덕적 의미가 있다고 주장한다. 공리주의자에게, 도덕적으로 옳거나 잘못임과 의무를 결정하는 것은 **효용성의 원리**(the principle of utility)이다. 우리가 도덕적으로 해야 하는 것은 행위하는 행위자뿐만 아니라 결과에 의해 영향을 받는 모든 존재의 최선의 전체 결과를 가져오는 행위를 하는 것이다.

그런데 공리주의에 생기는 한 가지 질문은 '결과에 의해 영향을 받는 모든 존재'의 범위와 관련된다. 어떤 개체들까지 포함해야 할까? 공리주의에 대한 어떤 주석가는 공리주의를 인간 중심적인 이론으로 그리는데, 인간 그리고 오직 인간만이 '모든 존재'의 범위에 포함된다. 이러한 규정이 주도적인 형태의 공리주의와 얼마나 멀리 떨어져 있는지는 우리가 모든 결과론자들이 내재적 가치 이론이 필요함을 탐구한 후에 더 분명하게 드러날 것이다.

어떤 형태든 결과론 이론을 옹호하는 사람들은 내재적 가치와 짝이 되는 이론을 제시해야 한다. 그 이유는 그들이 도덕적 옳음, 잘못, 의무가 최선의 결과에 의존하고 어떤 결과를 다른 결과보다 더 낫게 만드는 것은 궁극적으로 어떤 결과가 내재적으로 가치가 있거나(선) 가치가 없는 것(악)에 의존하기 때문이다. 내재적 가치 개념은 '그 자체로 바라는 것', '다른 모든 것과 떨어져 존재하더라도 좋은 것', '그 자체를 위해 존재해야만 하는 것', '그 자체로 가치 있거나 선호되는 것'을 포함해서 여러 가지 방식으로 정의되어왔다. 이런 규정들이 다르기는 하지만, 각각은 (a)다른 어떤 것의 수단으로서만 긍정적 가치를 갖는 어떤 것과 (b)다른 어떤 것의 수단이 되는 것과 **독립적으로** 좋은 어떤 것의 차이점을 뚜렷하게 표현하고자 한다. 도구적 가치와 같은 것들이 전자의 범주에 들어가고, 긍정적인 내재적 가치와 같은 것들은 후자의 범주에 들어간다. 수단으로서 유용하면서 동시에 그 자체로 좋은 것이라면 어떤 것이든 도구적 가치와 내재적 가치를 모두 갖는다.

결과론자들의 입장에서 내재적으로 가치 있거나 가치 없는 것은 무엇인가? 모든 결과론자들이 같은 대답을 내놓는 것은 아니다. 현재 목표로는 공리주의자들이 내놓은 대답 중 두 가지가 특별히 중요한데, 둘 다 앞으로 6장에서 공리주의를 논의할 때 등장할 것이기 때문이다. 첫 번째는 고전적 공리주의자인 제러미 벤담과 존 스튜어트 밀이 옹호한 가치 이론이다. 두 번째 이론은 우리가 **선호 이론**이라고 이름 붙인 것이다. 이 이론은 긍정적인 내재적 가치는 바람 또는 목표라고 이해되는 선호의 만족이고, 부정적인 내재적 가치는 그것의 좌절이라고 주장한다. 이것이 특히 싱어와 헤어를 포함해서 최근의 공리주의 사상가들에 의해 함의되는 가치 이론이다. 공리주의자들이 어느 쪽 가치 이론을 받아들이든 그것은 공리주의가 '인간 중심적'이라는 견해를 비판하는 근거를 제공한다. 이것은 공리주의 사상의 주된 요지를 정확하게 묘사할 수 없는데, 왜냐하면 (a) 대부분의 공리주의자들은 가치 쾌락주의나 선호 이론 중 하나를 받아들이기 때문이고, (b) 이런 공리주의자들은 인간이 아닌 동물은 고통이나 쾌락을 경험할 수 있**거나** 만족하거나 좌절할 수 있는 선호를 가질 수 있다고 인정하기 때문이다.[18] '짧게 말해서 결과에 의해 영향을 받는 모든 존재에게 최선의 전체 결과'를 가져오게 하라는 공리주의의 명령에서 '모든 존재'의 영역은 인간에게만 한정되는 존재로 이해되어서는 안 되고, 쾌락과 고통을 경험할 수 있는 모든 존재(쾌락주의적 공리주의의 견해)나 만족하거나 좌절할 수 있는 선호를 가질 수 있는 모든 존재(선호 공리주의의 견해)를 포함하는 것으로 이해되어야 한다.

공리주의자들은 여러 면에서 다르다. 그들은 어떤 결과가 다른 결과에 비해 더 낫게 만드는 것이 무엇인가에 대해 의견이 다를 뿐만 아니라, 효용성의 원리를 어떻게 사용하느냐에 대해서도 서로 다르고 양립 불가능한

18) 전부는 아니어도 대부분의 공리주의자들은 이 두 견해 중 하나를 선호한다. 무어는 어떤 의식 상태의 내재적 가치는 그것이 포함하는 쾌락이나 만족으로 환원되지 않는다고 주장하며 중요한 반례를 제시한다. 이런 형태의 공리주의는 앞으로 살펴보지 않을 것이다. 비판으로는 나의 "A Refutation of Utilitarianism," *Canadian Journal of Philosophy*(출간 예정)를 보라.

입장을 취한다. 이른바 **규칙 공리주의자들**은, 대충 말하면, 이 원리가 우리 모두가 어떤 행동 규칙을 따라야 하는지 결정하는 데 쓰여야 한다고 주장하고, 이른바 행위 공리주의자들은, 대충 말하면, 효용성의 원리가 각 개체의 경우에 규칙 공리주의자들이 선호하는 규칙에 호소하는 것과 무관하게 의무가 무엇이고, 옳고 잘못인 행위가 무엇인지를 결정하는 데 쓰여야 한다고 주장한다. 두 가지 공리주의에 대한 규정은 다소 개략적이다. 행위 공리주의나 규칙 공리주의를 선호하는 사람들이 이용할 수 있는 섬세한 입장을 제대로 이용한 것도 아니다. 이것은 앞으로 이 이론들을 논의하면서 지속적으로 비판적 평가를 받을 때 더욱 분명해질 것이다(행위 공리주의에 대해서는 6.2~6.3, 규칙 공리주의에 대해서는 7.7을 보라). 현재의 우리 목표로는 공리주의자들이 어떤 결과를 '최선'으로 만드는 것에 대해서뿐만 아니라 효용성의 원리에 호소함으로써 무엇을 평가하려고 하는지 — 개별 행위의 도덕적 지위인가(행위 공리주의), 어떤 규칙의 도덕적 지위인가(규칙 공리주의) — 에 대해서도 의견이 다르다는 사실을 깨닫기만 하면 된다.

4.5 비결과론적 윤리 이론

비결과론적 윤리 이론들은 부정적으로 정의될 수 있다. 이 이론들은 도덕적 옳고 잘못임, 그리고 의무가 우리가 해야 하는 일의 결과의 가치 — 우리 개인들만을 위한 것이든(윤리적 이기주의), 결과에 의해 영향받는 모든 존재를 위한 것이든(공리주의) — 에만 의존한다는 것을 부인한다. 그러나 모든 비결과론적 이론들이 우리가 무엇을 해야 하는가를 결정할 때 결과의 가치가 어떤 역할을 하는지에 대해 동의하는 것은 아니다. 어떤 이론들

(우리가 극단적 의무론적 이론이라고 부를 수 있는 이론들)은 결과의 가치가 이런 결정을 할 때 완전히 부적절하다고 주장하는 반면에, 다른 이론들(온건한 의무론적 이론들)은 결과의 가치가 적절하기는 하지만 다른 것들도 적절하다고 주장한다. 독일의 철학자 임마누엘 칸트(1724~1804)는 극단적 의무론적 이론의 사례를 보여주었다. 칸트는 자신이 '정언명령'이라고 부르는 도덕성의 최고의 원리가 있다고 주장한다. 이 원리는 그가 여러 가지이기는 하지만 똑같다고 생각한 방식으로 정식화될 수 있다. **보편 법칙의 정식**이라고 하는 것은 우리 행위의 준칙이 너의 의지에 의해 보편 법칙이 되어야 하는 것처럼 행위하라고 말한다. 칸트는 우리 행위의 '준칙(maxim)'으로 우리가 하는 대로 행위하는 이유 또는 의도를 뜻한다. 그렇다면 이 정식이 요구하는 것은 모든 사람이 우리가 하는 일을 우리가 가지고 있는 이유나 의도로 할 수 있는지 스스로 물어야 한다는 것이다. 만약 우리가 모든 사람이 우리의 사례를 따르도록 의욕할 수 없다면, 말하자면 우리의 준칙이 모든 사람이 따를 수 있는 보편 법칙으로 의욕할 수 없다면, 우리가 하고 있는 것은 잘못이다. 우리가 하는 대로 행위하는 것의 결과의 가치에 대해 묻는 것은, 우리 스스로에 대해서든 모두에 대해서든, 전혀 관련이 없다. 적어도 정언 명령의 이러한 정식화에 따르면 결정적인 검사는 우리가 우리의 준칙이 보편 법칙이 되는지를 의욕할 수 있느냐이다.

칸트 스스로가 내놓은 사례가 그의 입장을 더 분명하게 보여준다. 내가 당신에게 돈을 약간 빌렸고, 갚겠다고 약속은 했지만 나는 그럴 의사가 조금도 없다고 가정해보자. 이제 나의 거짓 약속이 옳은지 잘못인지 판단하기 위해서 내가 하지 말아야 할 것이 있다. 당신이 내게 돈을 빌려주면 나에게 유익한 결과가 있을지 물어보지 (윤리적 이기주의자의 충고) 말아야 하고, 또 당신의 즐거움이나 선호가 어떻게 영향을 끼칠지를 포함하여 거래의 결과로 인해 모든 사람에게 얼마나 좋은 결과가 있을지에 대해서도 물어보지(공리주의자의 접근) 말아야 한다. 그 대신에 나는 나의 준칙이 보편법칙이 된다면 모든 사람이 이를 따를 수 있는지를 물어야 한다. 누군가가 무엇인가(가령 돈)를 돌려주려는 의도가 조금도 없는데도 빌려주기를 부탁하라는 보편 법칙이 있을 수 있는가? 칸트는 우리가 할 필요가 있는 것은 그런 법칙이 불가능한지 알아보기 위해서 질문을 던지는 것뿐이라고 믿는다. 만약 언제든 누구든 자신의 약속을 지키겠다는 의도가 조금도 없는데도 자신이 요청한 무엇인가를 빌려달라고 한다면, 어느 누구도 모든 사람의 약속을 애초부터 믿지 않을 것이다. 만약 누군가로부터 신뢰를 받지 못하면 아무도 약속조차 하지 못할 것이라는 것이 사실이라면—아마 사실일 텐데—, 나의 준칙을 보편 법칙으로 만든다는 것은 약속을 할 바로 그 가능성을 애초에 무효로 만든다. 그러므로 칸트에 따르면 거짓 약속을 하는 것은 잘못이며, 그렇게 하는 것의 잘못은 어떤 주어진 경우에 어떤 결과를 발생시키는 것의 결과가 얼마나 좋은지 나쁜지를 우리가 결정하는 것과는 완전히 독립적으로 확립될 수 있다. 칸트에 따르면, 결과의 가치에 대한 고려는 우리의 의무가 어디에 있는지 결정하는 것과는 완전히 무관하다.

비결과론적 윤리 이론의 두 번째 보기는 우리가 **권리 견해**라고 이름 붙인 것이다. 이 이론에 따르면 어떤 개체는 도덕적 권리(가령 생명권)를 가지며, 그들이 그것을 가졌다고 인식하는 것에서 따라 나오는 결과의 가치에 대한 고려와는 무관하게 그런 권리를 갖는다. 다른 말로 하면, 권리 견해에서 권리는 효용성보다 더 기본적이고 그것과 무관하며, 따라서 가령 살인이 잘못인 주된 이유는 희생자의 생명에 대한 도덕적 권리를 어겼다는 데에 있을 뿐이고, 그 행위의 결과로 누가 쾌락이나 고통을 얻을 것이고 누구의 선호를 만족시키거나 좌절시킬 것인가에 대해서는 고려하지 않는다. 권리 견해를 받아들이는 사람들은 모든 도덕적 권리가 다른 도덕적 고려에 의해 절대 압도되지 않는다는 의미에서 절대적이라고 주장할 필요가 없다. 예를 들어서, 다수의 권리를 존중하는 현실적인 유일한 방식이 소수의 도덕적 권리를 압도하는 것일 때, 그 권리를 압도하는 것은 정당화된다고 주장한다. 그러나 누군가가 그런 상황에서 도덕적 권리가 압도 가능하다고 주장하려고 한다고 해도, 그것은 애초에 이런 권리를 인정하는 비결과론적 근거를 양보하는 것과 같지는 않다. 권리 견해에 따르면, 개체들은 개체 차원이든 모든 존재의 차원이든 결과의 가치와 무관한 이유로 자신이 갖는 도덕적 가치를 갖는다.

4.6 윤리 이론 평가하기

앞에서 언급한 다른 이론들처럼 칸트의 견해와 권리 견해는 다음 장들에서 길게 살펴볼 것이다(각각 5장과 8장). 이 이론들은 비결과론적 윤리 이론의 사례를 제시하므로, 현재로는 이 이론들을 간단하게 규정하는 것으로 충분하다. 더구나 대안이 되는 윤리 이론들에 관해서라면 앞서 대강 살펴본 네 가지 이론들은 우리가 이론들이 너무 많아 고통받고 있다는 것을 분명하게 한다. 그런 이론들 중 단 하나가 아니라 몇몇이 우리의 합리적 합의를 놓고 경쟁하는데, 우리가 직면한 문제는 이런 대안이 되는 이론들을 평가할 근거―합리적 기준―가 있느냐는 것이다. 그런 기준들이 있다면 대안 이론들 중 모든 것을 고려했을 때 가장 적합한 하나를 선택하는 일은 적어도 접근 가능하다. 그런 기준들이 없다면 합리적으로 평가하는 일은 시작조차 할 수 없다. 그러나 어떤 기준이 적합하거나 혹은 합리적인가? 그 답은 앞서 도덕원리를 평가하기에 적합한 기준 ― 일관성, 적합한 범위, 정확성, 우리의 반성적 직관과의 부합 ― 을 논의할 때(4.3) 일부 제기했다. 이 기준들은 (1) 어떤 도덕원리도 만족시켜야 하고, (2) 모든 윤리적 이론들이 자신이 선호하는 도덕원리(들)를 경쟁 이론들보다 합리적으로 선호할 수 있게끔 제시하기 때문에 적합한 검사이다. 그러므로 근본적인 도덕원리라고 주장하는 이 원리들을 일관성, 적합한 범위, 정확성, 우리의 반성적 직관과의 부합의 기준에 따라 평가하고 검사하는 것은, 다른 도덕원리를 이 기준에 따라 평가하고 검사하는 것만큼이나 합리적임에 틀림없다. 그러나 경쟁하는 윤리 이론들을 평가하는 수준에서, 합당하게 적용할 수 있는 기준이 적어도 하나 있다. 바로 단순성의 기준이다. 그것이 이론 평가에서 하는 역할을 다음과 같이 설명할 수 있다.

경쟁하는 과학 이론들이 비슷한 정확도로 같은 범위의 사실을 설명하는 일이 가끔 있다. 한 이론이 다른 이론보다 미래의 일을 더 잘 예측할 수도 있다면, 그래서 예측력이라는 것이 더 크다면, 더 큰 예측력은 경쟁 이론보다 이 이론을 선택할 이유가 된다. 그러나 경쟁하는 두 이론이 일관성, 범위, 정확성, 예측력 측면에서 유의미하게 유사한 일이 가끔 일어난다. 이런 일이 일어날 때, 경쟁 이론들을 평가하는 다른 기준, 즉 **단순성의 원리**(**절약의 원리**라고도 한다)에 호소하는 것이 관례이다. 앞 장(1.3)에서 설명한 것처럼, 이 원리는 다른 것들이 같다면, 더 단순한 이론을 선택해야 한다고 주장한다. 이제 더 단순한 이론은 전제들을 더 적게 쓰거나 증명되지 않은, 아마도 증명할 수 없는 전제들을 더 적게 쓰는 이론이다. 단순성의 원리는 대단히 현명해 보인다. 결국 전제들(과학의 경우에 존재하는 것에 대한 전제들)을 더 적게 쓸 수 있는데 더 많이 쓰는 것이 합리적일 수 있겠는가?

그 존재가 우리가 설명하기를 원하는 것을 설명하는 데 명백히 불필요한 존재자들로 왜 세상을 과밀화하는가?

단순성 역시 윤리적 이론을 평가하는 데 적절한 기준이다. 이론적으로, 전제나 원리가 더 적게 필요할수록 더 좋다. 원리들이 많으면 많을수록, 우리가 기억해야 할 게 많고 원리들 사이에 의미 있는 충돌이 생길 기회도 많아진다. 이것은 우리의 윤리적 의사 결정을 엉망으로 만들 수 있는데, 예수가 예언자의 율법을 요약해 달라는 요청에 대답한 것을 보면 아주 잘 설명된다. 상기해보면, 예수는 신을 사랑하라는 율법과 너의 이웃을 사랑하라는 단 두 율법을 인용하면서 대답한다. 예수의 의도는, 옳은 일을 하고 잘못인 일을 피하려면, 이 두 율법만 잘 지키면 충분하다는 것인데, 이것은 그 당시 예언자의 율법을 성문화한 것으로 인정되는 서로 다른 윤리적 원리들이 200개가 넘게 있던 것을 상기해보면 단순성의 방향으로 진정하게 급진적으로 움직인 것이다. 예수의 요약이 단순하다는 것으로부터 그가 제시한 두 원리가 모든 것을 고려했을 때 적절한 이론이라는 것이 도출되지는 않는다(한 가지 지적하면 사랑의 개념을 엄밀하게 설명하지 않으면 그 원리들은 정확성이 부족하다). 단순성은 윤리적 이론들을 평가하는 기준이기는 하지만 유일한 기준은 아니다. 그럼에도 경쟁하는 두 윤리적 이론들이 다른 면에서는 모두 같다면(즉 두 이론이 모두 원리들을 평가하는 다른 기준을 똑같이 만족시키고 있다고 가정한다면), 더 복잡한 이론보다 더 단순한 이론—증명이 안 된 (그리고 아마 증명될 수 없는) 전제를 가장 적게 가지고 있는 이론—을 선택해야 한다. 이것은 경쟁하는 과학적 이론들을 평가하는 경우에서처럼 경쟁하는 윤리적 이론들을 평가하는 경우에서도 아주 현명하고 합리적으로 잘 확립된 것이다.

4.7 요약과 결론

이 장은 도덕적인 질문에 대해 생각하는 나의 초기 접근 방식을 나타낸다. 나는 도덕적 질문에 대답해서는 안 되는 몇 가지 방식을 살펴보았고 (4.1), 그러고 나서 이상적인 도덕 판단을 하기 위해 만족시켜야 하는 조건들을 추적했다(4.2). 이상적 판단은 올바른 판단이어야 할 뿐만 아니라, 올바른 이유로 옳아야 한다. 윤리 이론들은 행위들이 옳고 잘못이며 의무라고 판단하기 위한 '올바른 이유'가 무엇인지 규정하고자 한다. 그런 이론들은 두 가지 주된 부류로 나뉜다. 결과론적 이론(4.4)은 옳음, 잘못, 의무가 우리가 하는 일의 결과의 가치에 그리고 결과의 가치에**만** 의존한다고 주장한다. 비결과론적 이론들(4.5)은 옳음, 잘못, 의무가 결과의 가치에 전혀 (극단적 비결과론적 이론) 또는 완전히(온건한 비결과론적 이론) 의존하는 것은 아니라고 주장한다. 결과론적 이론의 두 가지 보기를 제시했는데, 윤리적 이기주의(옳음, 잘못, 의무가 개별적 행위자에게 최선의 결과를 가져오는 것에 의해 결정된다는 이론)와 공리주의(옳음, 잘못, 의무가 결과에 의해 영향을 받는 모든 존재에게 최선의 전체 결과를 가져오는 것에 의해 결정된다는 이론인데, 주도적인 공리주의 이론은 이때 '모든 존재'에 인간뿐만 아니라 인간이 아닌 동물도 포함한다)가 그것이다. 내재적 가치에 대한 두 이론을 개략적으로 살펴보았는데(4.4), 쾌락 그리고 쾌락만이 내재적으로 좋고, 고통 그리고 고통만이 내재적으로 악이라고 주장하는 가치 쾌락주의와, 내재적으로 좋은 것은 바람이나 목표로 이해되는 선호의 만족이고 그것의 좌절은 부정적인 내재적 가치라고 주장하는 선호 이론이 그것이다. 비결과론적 윤리 이론들 중에서 첫 번째(칸트의 이론)는 우리가, 우리가 하는 일의 결과의 가치에 대해 묻는 것과 완전히 무관하게 도덕적인 옳음, 잘못, 의무를 결정할 수 있고,

그 대신에 우리 행위의 준칙(우리가 하는 일을 하는 이유 또는 의도)이 보편적 법칙으로 의욕될 수 있는지를 물어야 한다고 주장한다. 두 번째 비결과론적 이론(권리 견해)은 어떤 존재가 어떤 도덕적 권리들(가령 생명권)을 가지며, 이런 권리들을 소유한다고 인정하는 근거는 공리주의이나 여타 결과론적 고려와 무관하다고 주장한다. 그렇다면 이 견해에서 어떤 행동은 개체의 도덕적 권리를 어겼을 때 잘못이다.

각자가 행위의 옳음, 잘못, 의무를 판단하는 올바른 이유를 제시한다고 주장하는 윤리 이론들이 여럿 있다는 것을 감안하면, 그것들 중에서 합리적으로 선택하는 기준이 필요하다. 다섯 가지 기준을 나열하고 설명했는데(4.3, 4.6), (1) 일관성, (2) 범위의 적합성, (3) 정확성, (4) 우리 직관과의 부합, (5) 단순성이 그것이다. 네 번째 기준이 특히 결정적임을 보여주었는데, 어떤 철학자들은 그것이 특별하게는 윤리 이론들에 대한, 일반적으로는 도덕원리에 대한 정당한 검사임을 부인하고, 다른 철학자들은 옹호한다. '직관에의 호소'가 의미하는 것이 무엇인지를 명확히 하는 데 중점을 두었고, 특히 반성 이전의 직관(우리의 '직감적인 반응')과 우리의 반성적 직관(우리의 숙고된 믿음)을 구분했다. 후자와 같은 방식으로 이해했을 때 직관에의 호소는 도덕원리를 합리적으로 평가할 때 정당한 역할을 한다고 주장했고, 이 견해에 반대하는 주된 논증들은 결함이 있음을 증명했다. 그러고 나서 옹호하는 윤리 이론을 만들고 검사하는 일반적인 접근법을 다음과 같이 요약했다. 먼저 반성 이전의 직관들, 곧 옳고 잘못임에 대해 우리가 우연히 갖는 믿음들을 숙고하는 것으로 시작한다. 그다음에는 이러한 믿음들에 대해 우리가 할 수 있는 한 최선을 다해 검토하려는 성실한 노력을 하고, 이때 우리 생각에서 비일관성과 의심하지 않은 편파성을 없애기 위해 노력하며, 최대한의 개념적 명료성과 모을 수 있는 최선의 적절한 정보를 바탕으로 할 수 있는 한 합리적이고 냉정하게 생각한다. 이런 요구 조건을 만족시키기 위한 성실한 노력을 기울인 다음에 우리가 갖게 되는 도덕적 개념들이 숙고된 믿음이고 우리의 반성적 직관이며, 넓은 사례들의 영역에서 우리의 숙고된 믿음에 어울리지 못하는 윤리 이론은 모든 것을 고려했을 때 최선의 이론이라고 합당하게 판단할 수 없다. 적절하게 이해했을 때, 윤리 이론은 얼마나 잘 '우리의 숙고된 믿음들을 체계화하는지'로 평가되어야 한다. 모든 것을 고려했을 때 최선의 이론은 이것을 가장 잘하고, 이것을 가장 잘하는 이론은 (1) 숙고된 믿음들을 최대한 많이 체계화해서 최대한의 범위를 가지고, (2) 그 믿음들을 정합적인 방식으로 체계화해서 일관성을 달성하며, (3) 이때 도덕원리(들)에 합당하게 요구되는 수준의 정확성을 훼손하지 않고, (4) 그렇게 할 때 필요한 전제들을 가능한 한 적게 만들면서 이런 다른 기준들을 만족시켜서 단순성의 기준을 만족시킨다.

제5장

간접적 의무 견해

어떤 진지한 도덕철학자도 우리가 동물들을 마음대로 처우할 수 있다는 입장에 수긍하지 않는다.[1] 그들은 모두 동물에 대한 우리의 처우를 정당하게, 도덕적으로 제약할 수 있다는 데에 동의한다. 그러나 이러한 제약의 근거를 탐구해보았을 때, 합의는 곧바로 갈등에 자리를 내주고, 경쟁하는 견해들의 적정성을 반성적으로 평가해야 하는 과제에 직면하게 된다. 이 장과 다음 장에서 검토하는 입장들은 중요한 측면에서 다르지만, 모두 하나의 중요한 특징을 공유하고 있다. 각각의 입장은 동물들에게 행하는 잘못에 대해 우리가 동물권에 호소하지 않으면서 적절히 설명할 수 있다고 단언하거나 함의한다. 이 장은 동물에게 권리를 부여하지 않으려는 주요 시도들, 하지만 분명히 유일한 것이 아닌 시도들을 비판적으로 검토하는 과제에서 출발한다.

∴

1) 추신: 달리 명시하지 않는 한, 동물이라는 단어는 한 살 혹은 그 이상 나이의 정상적인 포유류를 가리킨다.

5.1 간접적 그리고 직접적 의무 견해

우리가 염두에 두고 있는 관점을 권리 견해라고 한다면, 이러한 관점의 주요 선택지는 두 개의 유형으로 나누어볼 수 있다. 첫째, **간접적 의무 견해**라고 부를 수 있는 것이 있다. 이 견해가 공통적으로 말하고 있는 바는 우리에게 동물에 대한 직접적 의무가 없다는 것이다. 동물들은 우리가 비(非)동물, 즉 우리 자신, 다른 사람들, 혹은 일부 견해에 따르면 신에게 갖는 직접적 의무를 수행하는 데에 성공하거나 실패하게 할 수 있는 일종의 매개체이다. 이러한 견해에 따르면 우리에게는 동물이 관여되는(involving) 의무는 있지만, 그들에 대한(to) 의무는 없다. 다른 분야에서의 사례는 방금했던 주장을 분명하게 하는 데 도움이 될 수 있을 것이다. 우리는 예술 작품, 가령 피카소의 〈게르니카〉[2]에 대한 직접적 의무를 갖지 않는다는 입장을 견지할 수 있다(그리고 일부 사람들은 실제로 이와 같은 입장을 견지한다).[3] 이 경우에서 우리는 현재 우리가 신뢰하고 있는 예술에 관한 최고의 사례들을 보존하고 보호해야 할, 미래 세대의 인간을 포함해 인간에 대한 직접적 의무를 갖는다. 이런 견해에서 본다면 우리에게는 〈게르니카〉가 **관여되는** 의무는 있지만, 작품 자체에 **대한** 의무는 없다. 이 그림을 보존해야 할 의무는 인간에 대한 간접적 의무이다. 그런데 간접적 의무 견해에 따르면, 동물들이 관여되는 우리의 의무 또한 간접적이다. 예를 들어 희귀종이

∴

2) (옮긴이) 피카소의 대표작 가운데 하나로, 1937년 독일의 폭격으로 폐허가 된 에스파냐의 북부 도시 게르니카를 그린 작품이다.

3) 예술 작품, 건축물, 자연에 관한 우리의 의무가 인류(여기에는 인류의 미래 세대가 포함된다)에 대한 간접적인 의무라는 입장은 예를 들어 Feinberg의 "The Rights of Animals and Unborn Generations"(chap. 2, n. 11)에서 확인할 수 있다. Feinberg는 동물에게 간접적인 의무를 갖는다는 입장을 견지하고 있지 않다.

나 멸종 위기종의 경우, 만약 그들을 보존할 의무가 있다면, 이는 동물 자체에게 갖는 의무가 아니라, 예를 들어 인간에게 마땅히 가져야 하는 간접적 의무이다. 멸종 위기에 처해 있는 동물들을 보존하여 사람들(현재와 미래 세대 모두)이 그들을 보면서 행복을 느낄 수 있게 하는 것은, 혹은 그들을 연구함으로써 세상에 대한 지식을 증진할 수 있도록 필요한 노력을 기울이는 것은 우리가 인간에게 마땅히 가져야 하는 의무이다.

　나는 권리 견해와 상충되는 두 번째 유형의 주요 이론이 취하는 견해를 **직접적 의무 견해**라고 부르고자 한다. 우리가 고려해보아야 할 간접적 의무 견해와 마찬가지로, 직접적 의무 견해도 동물들의 권리에 호소하여 우리의 동물에 대한 도덕적 처우를 근거 지으려 하지 않는다. 그러나 간접적 의무 견해와는 달리, 직접적 의무 견해는 우리가 동물에 대한 직접적 의무를 갖는다고 주장한다. 직접적 의무 견해는 우리가 어떤 직접적 의무를 가지고 있는지, 왜 우리가 그런 직접적 의무를 가지고 있는지에 대해 서로 입장이 다를 수 있다. 예를 들어 두 가지 직접적 의무 견해는 희귀종이나 멸종 위기종을 보존해야 하는 의무의 근거에 대해 상충하는 설명을 제시할 수 있다. 그러면서 이들 견해는 가령 시베리아 호랑이의 보존이 오직 인간이나 신에게만 마땅히 직접적으로 가져야 하는 의무가 아니라 호랑이에 대해 마땅히 가져야 하는 직접적 의무라는 데에 함께 동의할 수 있다. 공리주의, 그리고 잔혹함과 친절함에 대한 고려를 바탕으로 동물에 대한 의무를 근거 지으려는 시도는 직접적 의무 견해의 가장 주목할 만하고 영향력 있는 사례들이다. 이들은 다음 장에서 검토할 것이다. 이 장에서는 오직 대표적인 간접적 의무 견해만을 반성적으로 평가하고 있다.

5.2 도덕 행위자와 도덕 수동자

논의를 도덕 행위자와 도덕 수동자의 구별에서 출발하는 것이 유익할 것이다(도덕 행위자에 대해서는 앞의 4.2에서 간략하게 설명했다). 도덕 행위자는 다양하고 복잡한 능력을 가진 개체들로, 이러한 능력에는 특히 모든 것을 고려하여 도덕적으로 무엇을 해야 하는지를 결정하는 데에서 공평한 도덕원리를 활용하고, 이러한 결정을 하고 나면, 자신들이 염두에 두는 도덕이 요구하는 바에 따라 자유롭게 선택하거나 선택하지 않는 능력이 포함된다. 도덕 행위자들은 이러한 능력을 갖추었고, 특정 상황에서 그들이 하는 것과 같은 행동의 상황이 달리 행할 것을 명하지 않는다고 가정한다면, 그들이 하는 바에 대해 도덕적인 책임을 묻는 것은 공정하다. 만약 어떤 행동이 강압, 강요, 피할 수 없는 무지의 결과 또는 심리적인 손상(예를 들어 일시적 정신 이상)의 결과라면, 개체는 그 상황에서 자신이 하는 행동에 책임을 지는 것에 대해 상당 부분 용서받을 수 있을 것이다. 그러나 이와 같은 용서받을 조건이 없는 경우, 도덕 행위자들은 자신들의 행위에 대해 책임을 져야 하며, 이는 정당하고 공정하다. 그들이 하는 바를 최종적으로 결정하는 것은 그들 자신이므로 그것을 하는 (혹은 하지 않는) 데 대한 도덕적 책임을 져야 하는 것도 그들 자신이다. 정상적인 성인은 도덕 행위자로 여겨지는 전형적인 개체들이다. 이러한 믿음을 옹호하려면, 예를 들어 자유의지가 존재하는지의 문제, 그리고 이성이 얼마만큼 의사 결정에 압력을 가하여 행동 방식에 영향을 미칠 수 있는지 등의 문제를 다루어야 하는데, 이 경우 우리는 현재의 탐구에서 멀리 벗어나 버리게 될 것이다. 많은 것을 추측하는 것일 수도 있지만, 나는 정상적인 성인들을 도덕 행위자라고 가정할 것이다. 현재의 논의에서 이와 같이 가정하는 것은 이론적인 편파성이 아니다. 그 이유는 이 장과 다음 장에서 검토되는 모든 이론도 이와 같이 가정하고 있기 때문이다.

도덕 행위자들은 옳거나 잘못인 행위를 할 수 있을 뿐만 아니라, 다른 도덕 행위자의 옳거나 잘못인 행위의 영향을 받는 쪽이 될 수도 있다. 만약 그렇다면 도덕 행위자들 간에는 그들 간에 견지되는 일종의 호혜성이 있을 수 있다. 나는 옳거나 잘못인 행위를 할 수 있는데, 나의 행위는 당신에게 영향을 줄 수 있으며, 당신이 관여될 수도 있다. 당신 또한 옳거나 잘못인 행위를 할 수 있고, 당신의 행위가 나에게 영향을 주거나 내가 관여될 수 있다. **도덕 공동체** 개념을 직접적인 도덕적 관심의 대상이 되는 모든 개체들로 이루어진 모임, 혹은 도덕 행위자가 직접적 의무를 갖는 모든 개체들로 이루어진 모임으로 정의해보자. 이 경우 누가 도덕 공동체에 속해 있는지에 대한 가능한 한 가지 설명은 **모든, 그리고 오직 도덕 행위자만**이 여기에 속해 있다는 것이다. 이는 모든 간접적 의무 견해가 공통적으로 가지고 있는 도덕 공동체 개념이다. 이러한 견해에 따르면 도덕 행위자가 아닌 개체는 누구나 직접적인 도덕적 관심의 범위 밖에 있으며, 어떤 도덕 행위자도 그러한 개체에 대한 직접적인 의무를 가지지 않는다. 어떤 경우에도 도덕 행위자가 아닌 개체가 관여되는 의무는 도덕 행위자에게 간접적 의무이다.

도덕 행위자와 대조적으로, **도덕 수동자**는 스스로의 행동을 통제할 수 있기 위한 전제 조건, 즉 자신들이 하는 일에 도덕적인 책임을 질 수 있는 행동을 할 수 있기 위한 전제 조건을 갖추고 있지 못하다. 도덕 수동자는 가능한 많은 행동들 중 어떤 것이 옳거나 적절한지에 대해 심사숙고하면서 도덕원리를 정하는 일은 말할 것도 없고, 이를 적용하는 능력 또한 갖추지 못했다. 도덕 수동자들은 한마디로 옳은 행위를 할 수 없고, 잘못된 행위를 할 수도 없다. 물론 그들이 하는 행동이 다른 사람들의 복리에 해로울 수 있다. 예를 들어 그들은 심각한 고통을 야기할 수 있고, 심지어 누군가를 죽일 수도 있다. 또한 어떤 상황에서 도덕 행위자가 자신을 방어하기 위해서든, 타인을 방어하기 위해서든, 그러한 해악이 행해지는 것을 막기 위해 무력이나 폭력을 사용해야 하는 경우가 있을 수 있다는 것도 분명한 사실이다(8.7 참조). 그러나 도덕 수동자가 타인에게 상당한 해악을 끼치는 경우에도 도덕 수동자가 잘못을 행하는 것은 아니다. 오직 도덕 행위자만이 잘못을 행할 수 있다. 인간의 유아, 어린아이들 그리고 정신 착란이나 쇠약이 있는 모든 연령대의 사람들은 인간 도덕 수동자들의 전형적인 사례들이다. 논란이 되는 것은 인간의 태아와 미래 세대의 인간들이 도덕 수동자로 분류될 수 있느냐는 것이다. 그러나 우리의 목적을 위해서는 일부 사람들이 합당하게 도덕 수동자로 분류된다는 사실을 아는 것만으로도 충분하다.

　도덕적인 의미라는 측면에서 도덕 수동자인 개체들은 서로 다르다. 특히 중요한 것은 (a) 의식적이고 감응력(즉 쾌락과 고통을 경험할 수 있는 능력)이 있지만 다른 정신 능력이 결여된 개체들과, (b) 앞 장에서 논의된, 의식적이고 감응력이 있으면서, 다른 인지적 및 의지적 능력(예컨대 믿음과 기억)을 소유하고 있는 개체들 사이의 구별이다. 이미 언급한 이유로 일부 동물들은 범주 (b)에 속하고, 다른 동물들은 아마도 범주 (a)에 속할 것이다. 범주 (a)에 해당하는 동물들의 도덕적 지위는 이어지는 장(7.4, 9.2, 9.4)에서 다룰 것이다. 이 장과 다음 장에서 우리의 일차적인 관심은 범주 (b)에 속하는 동물의 도덕적 지위이다. 이어지는 논의에서 거론되는 도덕 수동자 개념은 범주 (b)의 동물, 그리고 적절한 측면에서 이러한 동물들과 동일한 다른 도덕 수동자에게 적용되는 것으로 이해해야 한다. 다시 말해 바람과 믿음을 가지고 있고, 인지하고, 기억하고, 의도적으로 행동할 수 있으며, 자기 스스로의 앞날을 포함해 미래에 대한 감각을 가지고 있는(즉 자기 인지적 혹은 자기 의식적인) 존재, 또한 정서 생활을 영위하고, 정신적, 육체적 동일성을 가지고 살아가며, 일종의 자율성(다시 말해 선호 자율성)을 갖는 존재, 그리고 3장에서 명확히 했던 유형의, 경험과 관련된 복리를 갖는 존재에게 적용되는 것으로 파악해야 하는 것이다. 일부 **인간** 도덕 수동자들은 이러한 기준을 충족한다. 예를 들어 어린아이들 그리고 다양한 정신적 장애를 겪어서 도덕 행위자로 분류되지 못하지만, 그럼에도 방금 열거한 능력을 가지고 있는 사람들이 그들이다. 이러한 능력을 가진 인간과 그렇지 않은 인간 사이에 선을 긋는 것은 확실히 어려운 문제이고, 정확한 선을 그을 수 없을지도 모른다. (이 문제에 대해서는 9.4 참조.) 그러나 인간의 경우에서 이 문제에 접근하는 방식은 동물의 경우에서 이 문제에 접근하는 방식과 동일하다. 우리가 알고 싶은 것은 인간의 행동이 동물을 특징짓는 유형의 능력(바람, 신념, 선호 등)을 거론하면서 정확하게 묘사되고 간결하게 설명될 수 있는가 하는 점이다. 어떤 사람의 행동을 방금 언급한 용어들로 기술하고 설명할 수 있다고 주장할 수 있을 경우, 그리고 그 사람이 도덕적 행위자가 되는 데 필요한 능력을 갖추지 않았다고 말할 수 있는 추가적인 이유들이 있을 경우, 우리는 그 정도만큼 그 사람을 이른바 네 발 달린 도덕 수동자, 즉 동물로 간주할 이유가 있게 된다. 앞서 주장했듯이, 일부 인간은 적절한 의미에서 도덕 수동자이고, **이 장에서 그리고 이후 '도덕 수동자'라는 이야기가 나왔을 때 지칭되고 있는 대상들은 그 개체가 인간이든 혹은 비인간이든, 바로 이러한 의미에서 도덕 수동자인 개체들(앞서 열거한 능력을 가지고 있는 존재)만을 말한다.**

나는 도덕 수동자들이 옳거나 잘못인 것을 행할 수 없다고 말한 바 있으며, 바로 이런 점에서 그들은 도덕 행위자와 근본적으로 다르다. 그러나 도덕 수동자들은 도덕 행위자의 옳거나 잘못인 행위의 영향을 받는 대상이 될 수 있으며, 바로 이러한 측면에서 도덕 행위자와 유사하다. 예를 들어 어떤 어린이에게 야만적인 폭력을 행사하는 것은 잘못이다. 이는 어린이 자체가 잘못을 행할 수 없더라도 그러하다. 이는 노쇠한 사람이 더 이상 옳은 일을 할 수 없더라도, 그 사람의 기본적인 생물학적 필요에 관심을 기울이는 것이 분명 옳은 것과 마찬가지이다. 그런데 이렇게 볼 경우, 도덕 행위자들 사이에서 견지되는 관계와는 달리, 한쪽은 도덕 행위자, 다른 쪽은 도덕 수동자 사이에서 맺어지는 관계의 경우는 상호적이지 않다. 도덕 수동자들은 도덕 행위자에게 영향을 미치거나 도덕 행위자가 관여되는 옳거나 잘못인 일을 행할 수 없지만, 도덕 행위자들은 도덕 수동자에게 영향을 미치거나 도덕 수동자가 관여되는 방식으로 옳거나 잘못인 일을 행할 수 있다.

정리하자면 간접적 의무 견해는 도덕 공동체의 구성원 자격을 모든 그리고 오직 도덕 행위자로 제한한다. 이러한 견해에서는 도덕 수동자들은, 심지어 전형적인 도덕 수동자들(어린이와 정신적으로 쇠약해진 사람들)조차도 아무런 직접적인 도덕적 중요성을 갖지 않는다. 우리는 그들에 대한 **직접적** 의무를 갖지 않는다. 만약 우리에게 인간 도덕 수동자들까지 포함한 도덕 수동자가 관여되는 의무가 있다면, 그러한 의무들은 우리가 도덕 행위자들에게 갖는 간접적 의무들이다.

간접적 의무 견해가 동물을 직접적인 도덕적 관심의 대상에서 배제하고 있는 이유를 이해할 수 있는 것은 바로 이와 같은 배경에서이다. 동물은 도덕 공동체의 경계 밖에 놓여 있는데, 그 이유는 이러한 견해에 따르면 동물은 도덕 수동자이기 때문이고, **또한** 오직 도덕 행위자들, 즉 서로 간에 호혜적인 관계를 맺을 수 있는 존재들만이 이러한 공동체의 일원이기 때문이다. 이러한 주장이 우리가 동물들에게 행할 수 있는 바에 도덕적 제약이 없음을 의미하는 것은 아니다. 이는 우리가 도덕 수동자인 인간들에게 행할 수 있는 바에 도덕적 제약이 없음을 의미하지 않는 것과 다를 바 없다. 이러한 주장은 동물을 이런 방식으로 처우해서는 안 되지만 저런 방식으로 처우해도 되는 근거를 동물들에게 미치는 직접적인 영향을 두어서는 안 된다고 말하고 있을 뿐이다. 동물을 처우하는 어떤 방법은 허용되지만 다른 방법은 허용되지 않는다는 판단이 도덕적 토대를 가질 수 있는 경우는 그들에게 행한 바가 **도덕 행위자**에게 영향을 미치는 경우에 한한다.

만약 종 차별주의라는 용어를 오직 생물학적 고찰에 바탕을 두고 도덕적인 경계를 긋고자 하는 시도로 이해한다면, 여기서 이해된 바로서의 간접적 의무 견해는 **종 차별주의**(speciesist)가 아니다.[4] 종 차별주의의 입장, 적어도 전형적인 종 차별주의의 입장은 어떤 동물도 '올바른' 종, 즉 호모 사피엔스에 속하지 않기 때문에 도덕 공동체의 일원이 아니라고 선언하는 형태를 취한다. 하지만 도덕 행위자가 아니라는 이유로 동물들에게 도덕 공동체의 성원이 될 자격을 부여하지 않는 것은 오직 그들이 올바른 종에 속하지 않는다는 이유만으로 성원이 될 수 없다고 하는 것이 아니다. 동물들을 공동체의 성원으로 받아들이지 않는 이유는 그들이 상호 간의 관계를 맺는 데에 필요한 인지적 요건, 그리고 그 외 다른 요건들을 갖추고 있지 않기 때문이다. 간접적 의무 견해에 따르면 이는 오직 도덕 공동체의 성

••
4) 리처드 D. 라이더(Richard D. Ryder)는 다른 사람들과 자신이 본질적으로 인종차별, 성차별에서의 편견에 비견된다고 믿는 동물에 대한 편견을 포착하기 위해 이러한 용어를 처음 도입했다. 그의 *Victims of Science: The Use of Animals in Research*(London: Davis-Poynter, 1975)를 보라. 종 차별주의에 대한 심도 있는 논의는 8.11을 보라.

원인 개체들, 즉 도덕 행위자 사이에서만 견지되는 관계이다. 누가 직접적인 도덕적 관심의 대상이고, 누가 아닌지를 판단하는 이와 같은 방식은 종차별주의가 아닌데, 이러한 사실은 **일부 인간**이 호모사피엔스임에도 성원으로서의 자격을 갖추지 못한다는 사실을 떠올릴 경우 분명해진다. 도덕 공동체의 성원 자격을 모든 그리고 오직 도덕 행위자만으로 제한하려는 시도에 다른 편견들이 작용하고 있을 수도 있다. 하지만 그러한 편견들에는 적어도 전형적인 형태로서의 종 차별주의가 들어가 있지는 않다.

간접적 의무 견해들에 대해서는 다른 종류의 비판이 제기되는데, 일부는 개별 이론들에 제기되고, 다른 것들은 이러한 이론 모두에 공히 제기된다. 이 중에서 후자와 같은 유형의 비판은 가장 근본적이기는 하지만 그와 동시에 논란의 여지가 매우 크다. 이렇게 이야기하는 이유는 그러한 비판이 반성적 의미의 직관에 호소하는 데에 의존하기 때문인데, 이들은 우리가 앞 장(4.3)에서 보았듯이, 일부 철학자들에 따르면 결함이 있는 방법이다. 나는 대표적인 간접적 의무 견해가 갖는 개별적인 장점에 대한 검토를 마칠 때까지 이러한 근본적인 비판에 대한 판단을 미루어둘 것이다. 나의 우선적인 목표는 직관에의 호소에 의존하지 않으면서 대표적인 간접적 견해의 적절치 못함을 폭로하는 것이다. 만약 직관에의 호소에 의존하여 그와 같은 작업을 한다면, 나는 우리가 검토하는 견해를 견지하는 철학자가 그러한 방법이 적합하다고 판단하는 경우에 한해 그러한 작업을 할 것이다. 이렇게 할 경우 나는 간접적 의무 견해 지지자들로부터 자신들에게 불리하도록 사전 준비를 했다는 혐의를 받지 않게 될 것이다.

본격적인 논의에 앞서 미리 언급해야 할 것이 두 가지 있다. 첫 번째는 완전성과 관련된다. 이어지는 내용에서 검토되고 있는 견해 외에 분명 또 다른 간접적 의무 견해가 있다. 이렇게 본다면 검토되는 이론의 숫자라는 측면에서 보자면 나의 검토는 분명 불완전하다는 판정을 받아야 한다. 그러나 논의되는 입장의 상대적인 중요성이라는 측면에서 보자면, 논의는 합당한 완전성을 갖추었다고 자부할 수 있다. 왜냐하면 우리가 검토하고자 하는 입장이 간접적 의무 견해의 사례 중에서 가장 취약한 것이 아니라 가장 강력한 것이기 때문이다.

둘째, 앞으로 이루어질 다수의 논의들은 동물의 도덕적 지위에 초점을 맞추고 있다. 하지만 오직 동물의 도덕적 지위만이 검토의 대상이 되는 것은 아니다. 간접적 의무 견해에 따르면 **인간** 도덕 수동자들은 적절한 측면에서 동물들과 동일한 위치를 점하고 있다. 우리가 간접적 의무 견해의 부당성을 낱낱이 털어내 동물들의 직접적인 도덕적 중요성을 파악하려 하는 것도 맞지만, 우리는 이것 못지않게 인간 수동자들의 직접적인 도덕적 중요성을 파악하려 하기도 한다. 동물들의 도덕적 지위에 관심을 갖는 태도를 비판하는 사람들은 분명 이를 깨닫지 못할 것이다. 하지만 동물의 '편'이 된다고 해서 반드시 인간과 '반대편'이 되는 것은 아니다. 반대로 간접적 의무 견해를 반박하게 될 경우, 이는 우리가 동물의 도덕적 지위를 적절히 고려해보는 데 어느 정도 도움이 될 뿐만 아니라, 인간 도덕 수동자의 도덕적 지위를 이해하는 데에도 도움이 된다. 우리가 '반대하는' 것은 인간성(humanity)이 아니라, **일부** 인간—도덕 행위자인 사람들—이 특권적인 도덕적 지위를 누릴 수 있다는 가정이다. 설령 이러한 가정이 왜 자의적인지를 더 잘 이해하게 된다고 해도, 그러한 사실 자체로 인해 동물이나 인간 도덕 수동자가 도덕 행위자에 의해 더 나은 처우를 받게 되지는 않을 것이다. 하지만 이는 그들의 처우에 관한 도덕적 진보를 이루는 데 도움이 될 수 있고, 어쩌면 이를 이루기 위한 필수적인 전제 조건이 될지도 모른다.

이하에서는 세 가지 간접적 의무 견해를 검토할 것이다. 검토할 입장은 현존 캐나다의 철학자 잰 나비슨이 제시하고 있는 (1)합리적 이기주의, (2)존 롤스가 이해한 것으로서의 계약주의, (3)칸트의 입장이다. 우리는 방금 언급한 순서에 따라 이들 입장을 탐구하고, 각각의 이론이 갖는 장점을 평가해볼 것이다. 이 장의 후반(5.6)에 가서는 **모든** 간접적 의무 견해에 치명적인 비판을 제기하고 이를 옹호할 것이다.

5.3 나비슨의 관점: 합리적 이기주의

나비슨이 옹호하는 입장은 자신이 **합리적 이기주의**(rational egoism)라고 부르는 것인데, 그는 이러한 입장이 간접적 의무 견해를 지지한다고 생각한다. 이러한 입장에 따르면 "모든 이성적 존재자는 그들이 누구이든, 자신의 실익을 극대화하기 위해 노력한다. 즉 자신의 바람, 이익 등을 충족하기 위해 노력한다는 것이다."[5] 나비슨에 따르면 이러한 입장을 채택한 결과 개별적인 합리적 이기주의자는 "(모든 사람들의) 행위를 제약하는 것을 놓고 다른 합리적 이기주의자들과 합의할 필요성을 느낀다."[6] 왜냐하면 그렇게 하는 것이 개별적인 이기주의자가 자신의 실익을 극대화하는 데 도움이 되기 때문이다. 나비슨은 우리가 현재 '도덕성'으로 의미하는 것이 바로 이와 같은 일련의 제약들이라고 믿게 하고자 한다. 나비슨에 따르면 권리 역시 자기 이익에 기반을 두고 있다. 그는 "권리에 대해 이야기하

..

5) Jan Narveson, "Animal Rights," *The Canadian Journal of Philosophy* 7, no. 1(March 1977): 177.
6) 같은 책.

는 것은 (…) 우리가 제기해야 하고, 분명 제기하고 있는 서로 다른 정도의 이기적인 이유를 갖는 주장들의 토대를 이야기하는 것이다"[7]라고 말한다. 그는 개별 이기주의자의 주장을 다른 합리적 이기주의자들이 귀담아들어야 할 이유에 대해서도 말하는데, 그에 따르면 사람들이 추측하듯이 그렇게 하는 것이 자신들이 합리적으로 자기 이익을 도모하는 데 도움이 되기 때문이다. "그들에게는 우리가 자신들을 존중해주는 것이 이익이 된다. 이러한 이익은 이른바 거래 성사를 합리적으로 유도하고, 우리가 그들을 존중하는 대가를 치르는 데 힘쓰게 만든다."[8]

나비슨의 입장을 받아들이면 그 결과로, 합의에 동참할 수 없고, 자기 이익과 관련된 주장을 할 수 없으며, 일단 주장을 하고 나서 다른 사람들이 자신의 주장을 인정받게 하기 위해 적절한 압력을 가하지 못하는 개체들은 권리를 가질 수 없게 된다. 그런데 나비슨에 따르면 동물들은 이러한 요건을 충족하지 못하기 때문에 권리를 소유할 자격이 없다. 한 걸음 더 나아가 나비슨은 도덕을 이루고 있는 여러 제약들로 동물들을 직접적으로 보호하지 못한다고 생각한다. 나비슨이 주장하는 바와 같이, '이러한 시각'을 취할 경우, 즉 합리적인 이기주의의 입장을 취할 경우, "우리는 동물들이 고통을 받을 수 있다는 등의 사실을 전혀 부인하지 않으면서도 그들에게 도덕의 손길을 건네지 않게 된다. 합리적 이기주의는 동물들을 도덕적 배려의 범위 내에 두는 대신, 솔직하면서도 냉정하게 동물들의 고통을 도덕적 고려의 기준으로 인정하지 않겠다는 입장을 지지한다."[9]

..

7) 같은 책.
8) 같은 책, p. 177.
9) 같은 책, p. 178.

피상적으로 나비슨의 입장을 살펴볼 경우, 우리는 그가 동물들을 도덕 수동자로 분류하는 것조차 부정하고 있는 듯이 느끼게 된다. 하지만 그가 언급하고 있는 일부 심층적인 내용들을 살펴보면 우리는 그가 동물들에게 도덕 수동자로서의 지위를 분명 허용하고 있음을 확인할 수 있다. 그는 "거기(다시 말해 합리적 이기주의)에는 우리가 동물을 존중할 경우 더 나은 사람이 될 것이라고 주장할 여지가 충분히 포함되어 있으며, 동물이 정말 사랑스럽고, 잠재적 먹을거리이기보다는 애완동물로 처우하는 것이 더 낫다는 등의 주장을 할 수 있는 여지가 충분히 있다"[10]라고 지적한다. '등'을 좀 더 분명하게 드러내는 것, 예를 들어 합리적 이기주의자들이 동물에게 미적, 과학적, 정서적, 생태적 측면에서 관심을 가질 수 있음을 담고 있는 이와 같은 언급은 나비슨이 우리에게 동물에 대한 의무가 있음을 부정하지 않으며, 단지 우리가 그들에게 직접적 의무를 가질 수 없다고 생각하는 데에 그치고 있음을 뚜렷하게 보여주고 있다.

나비슨이 우리가 원하는 만큼 이 점을 명시하고 있는 것은 아니다. 하지만 그가 동물에 대한 우리의 의무를 설명하는 방식은, 적절한 '합리적인 능력'을 갖추지 못했기 때문에 합리적 이기주의자로 분류될 수 없는 사람에 대한 우리의 의무를 설명하는 방식과 본질적인 측면에서 동일하다. 이와 같은 사람으로는 어린아이들 그리고 모든 연령대의 지적 장애인들을 들 수 있다. 그들에 대해 우리가 갖는 의무는 간접적인 것이고, 나비슨은 이러한 도덕 수동자들이 관여되는 의무의 근거를 자신이 어떻게 설명하고 있는지를 개괄한다. 만약 인간 도덕 수동자에 대한 그의 입장이 문제가 있어 보인다면, 우리는 이러한 인간과 적절한 측면에서 유사한 동물에 관한 그

10) 같은 책.

의 견해에 대해서도 동일한 판결을 내릴 수 있을 것이다. 이것이 앞으로 이어질 비판적 논의에서 내가 활용할 주요 전략이다. 하지만 나는 그 과정에서 다른 비판도 아울러 제시할 것이다.

나비슨이 어린이와 모든 연령층의 지적 장애인들에 대한 간접적인 의무를 인정하고 있는 이유는 다음 구절에 명시되어 있다.

도덕의 영역을 유아나 지적 장애인 등으로 확장하는 간단한 이유가 있다. 우리는 이러한 영역을 아이들에게까지 확장하기를 원한다. 왜냐하면 우리 대부분은 자신의 아이들이 보호 등을 받기를 원하기 때문이다. 그리고 다른 사람들의 자녀들에 대한 공격을 허용함으로써 실제로 얻을 것이 전혀 없기 때문이다. 우리는 다른 사람들의 아이들이 적절한 보살핌을 받는 데에 관심을 갖는다. 왜냐하면 그들이 범죄자나 비행자 등으로 성장하는 것을 원하지 않기 때문이다. (우리는 그들이 재미있고 유용한 사람이 되기를 원한다.) 그리고 우리는 지적 장애인이 일반적으로 존중받기를 원할 것이다. 그 이유는 우리 스스로가 그렇게 될 수 있기 때문이고, 지적 장애인들이 존중받는지의 여부에 따라 정서적 이익(sentimental interest)[11]에 영향을 받는 그들의 이성적인 친척을 존중하기 때문이기도 하다.[12]

나비슨의 입장은 얼마만큼 설득력이 있는가? 그렇게 설득력이 있는 것 같지 않다. 모든 인간이 합의할 수 있는 것은 아니라는 믿음이 나비슨의

··

11) (옮긴이) 예를 들어 지적 장애인의 부모는 자식이 피해를 보게 될 경우 분노를, 행복할 때 기쁨을 느낄 것이다. 이처럼 부모는 자식이 어떤 상황에 놓이느냐에 따라 희로애락을 느끼게 되는데, 이와 관련한 이익을 정서적 이익이라고 부르고 있다.
12) 같은 책, p. 177.

이기주의 설명의 한 가지 특징인데, 그는 여기서 합의를 도덕 규칙들과 동일하다고 주장한다. 예를 들어 갓 태어난 아기는 그와 같은 합의를 할 수 없다. 그러한 합의를 할 수 있기 위해서는 어린아이들이 미처 도달하지 못한 일정 정도의 신체적, 정신적, 정서적 성숙이 필요하다. 성장하는 아이가 정확히 어느 시점에서 필요한 성숙도에 도달하는지를 말할 수 없을지 모르지만, 네 살짜리 아이가 그러한 수준에 도달하지 않았다고 가정하는 것은 별다른 문제가 없어 보인다.

나비슨은 이 나이의 정상인 아이의 이익을 보호해야 하는 여러 이유들을 제시한다. 그러한 이유들은 위의 장문의 인용문에 제시되어 있다. 그러나 이 즈음해서 이 나이의 아이가 지적 장애가 있지만, 동물이 소유하는 욕망, 믿음, 정서 그리고 기타 능력을 갖추고 있다고 할 경우, 그의 이익을 보호해야 하는 이유에 대해 질문해보자(2.6). 나비슨이 제시하는 이유 중의 하나는 "우리 스스로가 그렇게(지적 장애를 갖게) 될 수도 있다"라는 것이고, 이에 따라 우리 스스로가 지적 장애인들의 이익을 보호하는 것에 대한 이익을 갖는다는 것이다. 그런데 나비슨이 가리키는 '우리'는 누구일까? 이는 오직 합리적 이기주의자들, 달리 말해 모든 것을 고려해 무엇이 자신들에게 이익인지를 결정할 수 있고, 그리하여 유리한 합의를 할 수 있을 정도의 성숙 단계에 도달한 사람만으로 제한된다. 일단 지적 장애를 갖게 될경우 이익을 보호받지 못한다는 합의에 도달하는 것이 합리적 이기주의자에게 이익이 되지 않을 것임을 받아들인다고 가정해보자. 우리는 이러한 사실이 합리적 이기주의자로서의 우리가 유사한 지적 장애를 가지고 있는 다른 사람들의 이익을 보호할 이유가 되는지 물어볼 수 있다.

답은 '아니다'이다. 어떤 합리적 이기주의자도 일단 "자신의 이익에 바탕을 둔 합의에 도달할 수 있을 정도로 성숙한 수준의 인간은 나중에 지적 장애를 갖게 된다고 해도 자신들의 이익을 보호받게 될 것이다"라는 조건에 합의할 경우(그리고 이러한 합의가 지켜진다고 가정할 경우), 자신이 지적 장애를 갖게 되었을 때 좋은 처우를 받을 이익에 반하는 방식으로 행동할 수 없다. 하지만 이러한 보호는 무엇이 자신에게 이익인지에 바탕을 둔 합의에 도달할 정도로 충분히 성숙하기에 **앞서** 이미 지적 장애가 있는, 혹은 지적 장애를 갖게 된 사람에게는 확대 적용되지 않을 것이다. 그 때문에 답은 "아니다"가 되는 것이다. 합리적 이기주의자가 우연히 지적 장애를 갖게 된다면(그리고 그러한 합의가 존중된다고 가정한다면), 이러한 계약을 맺는 것은 아마도 합리적 이기주의자의 이익과 상충하지 않을 것이다. 왜냐하면 이러한 합의를 하게 되는 **그의** 능력 자체가 **이미 그가** 합의 조건에 따라 이익을 보호받아야 하는 사람 중 하나임을 보증하고 있기 때문이다. 비유컨대 **그는** 아주 적은 비용으로 상당한 보험금을 타낼 수 있다. 그리고 예컨대 선천적인 지적 장애인이 많은 것을 잃는다는 사실이 그의 이성과 양심을 흔들지는 않는다. 이렇게 말하는 이유는 합리적 이기주의의 관점에서 보았을 때 한편으로는 합의를 전혀 할 수 없었던 사람들의 이익을 보호하지 않으면서, 다른 한편으로 과거에 자신에게 이익이 되는 합의를 할 수 있었지만 현재는 정신적으로 불완전한 사람들의 이익을 보호하는 데에는 아무런 논리적 모순이 없기 때문이다. 그러한 사실이 그의 양심을 흔들 필요가 없는 또 다른 이유는 그가 이기주의자라는 점을 감안한다면, 그가 해야 할 일은 그저 그가 행하고자 하는 바, 다시 말해 자신의 이익 극대화에 도움이 되는 합의에 도달하는 것이기 때문이다. 만약 합리적 이기주의가 지적 장애를 가진 상태로 태어난 사람을 포함한 모든 지적 장애인들의 이익을 보호하기 위한 근거를 마련하고자 한다면, 이러한 보호를 뒷받침하는 근거는 그가 후일 지적 장애인이 될 경우 잘 처우받는 것에 관한, 그리고 자신의 이익을 보호받는 것에 관한 이기주의자의 이익 외의 다른 어떤 곳에서 찾아보아야 한다.

이러한 상황으로 인해 우리는 나비슨이 제시하는 두 번째 이유를 살펴보게 된다. 그 이유는 다음과 같다. 지적 장애가 있는 아이들을 포함해 모든 아이들의 합리적인 친척들은 이러한 아이들이 좋은 처우를 받는 것과 관련된 '정서적 이익'을 가질 것이며, 일반적으로 친척들의 이와 같은 이익을 존중하는 데 도움이 되는 것은 무엇이든 우리 스스로에게도 이익이 될 것이다. 이러한 이유 때문에 합리적 이기주의자로서의 우리는 지적 장애가 있는 아이들을 포함한 모든 아이들의 이익을 보호할 이유가 있다. 또한 (이는 나비슨이 지적하지 않았지만 지적할 수 있었던 논점인데) 우리가 도덕 수동자들과 친척 관계라면 우리는 그들의 이익이 보호받기를 원할 것이다. 하지만 합리적 이기주의자로서 우리는 자신이 하고 싶지 않은 일을 타인들이 행해주기를 기대할 수 없다. 이와 같은 후자의 이유에 대해서는 나비슨이 제시하는 이유와 더불어 검토해볼 것이다.

나비슨이 제시한 첫 번째 이유가 성공적이지 못했음을 감안한다면, 그는 일반적으로는 어린이 그리고 특별하게는 지적 장애인의 이익 보호를 타인들의 '정서적 이익'에 근거 지으려고 해야 할 텐데, 그런 시도는 어떤 것도 치명적인 반대에 직면한다. '정서적 이익'에 호소할 경우, 이와 같은 도덕 수동자들을 보호해야 할 의무는 **전적으로 우연적인** 것이 되어버린다. 즉 다른 사람들이 도덕 수동자들과 관련된 '정서적 이익'을 가지고 있고, 또한 계속해서 가지고 있다는 우연적인 사실에 좌우되어버리게 된다는 것이다. 이 경우 '정서적 이익'이 존재하지 않는 곳에서는 이러한 의무에 대한 이기주의적 토대 또한 존재하지 않게 될 것이다. 그런데 유감스러운 일이기는 하지만, 명백하게도 이러한 이익이 존재하지 않을 수 있을 뿐만 아니라,

실제로도 눈에 띌 정도로 존재하지 않는다. 스미스가 우연히 혈연으로 맺어지게 된 한 아이의 삶과 복리에 관심이 없다고 가정해보자. 가령 스미스에게 지적 장애가 있는 아들이 있고 그가 아들을 몹시 싫어한다고 해보자. 그리고 아들을 하찮으면서도 엄청나게 고통스러운 연구에 참여시킬 경우, 스미스가 개인적으로 커다란 이득을 얻게 될 것이라고 가정해보자. 이 경우 왜 스미스가 자기 아들을 기꺼이 내어 줘서는 안 되는지, 그리고 스미스의 거래 성사를 돕는 것이 내 개인적인 이익에 해당한다면 내가 그를 도와주지 말아야 하는 이유는 무엇인가라는 질문에 이기주의를 옹호하는 사람들은 어떻게 답할 수 있을까? 스미스가 매우 부도덕한 그와 같은 행위의 당사자가 된다는 것이 자기 이익에 부합하지 않는다고 말할 것인가? 그렇게 말한다면 그 사람은 순진한 것이다. 올바른 행동의 톱니바퀴는 그릇된 일을 함으로써 개인적으로 이익을 얻을 수 없을 정도로 자기 이익의 톱니바퀴와 빈틈없이 맞물려 있지 않다. 그렇다면 우리 아이들의 삶과 행복에 '정서적 이익'을 갖는 것이 인간의 본성이고, 이에 따라 그와 같은 상상 속 사례는 결코 일어날 수 없다고 말할 것인가? 이 경우 그는 인간 존재의 가혹한 현실에 정면으로 도전하는 것이다. 이른바 정상인 아이들마저도 결코 적지 않은 수가 원하는 대상이 되지 못하고, 사랑받지 못하고 보호받지 못한다. 지적 장애인의 경우도 다르지 않다. 이러한 답변을 들을 경우 그는 "설령 그것이 사실이라 할지라도, 아이들에게 해로운 방식의 처우를 허용하는 것이 우리에게 이익이 될 것임을 결코 확신할 수 없다"라고 대응할 것인가? 이러한 답변은 인간의 교활함과 현명함을 과소평가하는 것이다. 실제로 아이들에게 해악을 끼치는 것이, 혹은 다른 사람이 그렇게 하도록 방치하는 것이 우리의 실익을 극대화한다고 너무나도 분명하게 확신할 수 있는 경우가 있고, 실제로 그런 경우가 있기도 하다. 스미스와 내가 스미스의 아들에 대해 '정서적 이익'을 가지고 있지 않다고 가정해보자. 또한 그의 아들이 해악을 입도록 방치하는 것이 우리에게 유리할 것이라고 가정해보자. 그리고 위에서 주장한 바와 같이 나비슨의 첫 번째 이유가 지적 장애 아동들의 이익을 보호하기 위한 합리적인 근거를 제공하지 못한다는 사실을 상기해보자. 나비슨이 옹호하는 이기주의의 전략을 감안해보았을 때, 이 경우 스미스와 나는 스미스 아들의 이익을 보호할 의무가 없다는 결론에 도달하게 된다.

어떤 도덕 이론도 그 자체로 사람들이 옳음을 행하고, 잘못을 행하지 않을 것을 보장할 수 없다는 반박을 제기할 수 있을 것이다. 이는 앞선 반대가 가정하고 있는 것이라고 주장할지 모른다. 그러나 이와 같은 반박은 지금까지 주장했던 내용이 갖는 힘을 오해하는 격이 될 것이다. 지금까지 주장했던 바는 지적 장애인들에 대한 우리들의 간접적인 의무, 즉 나비슨이 염두에 두면서 설명하고자 하는 의무를 근거 지으려는 시도가 합리적인 측면에서 보았을 때 결함이 있다는 것이다. 나비슨에 대한 비판은 어떤 이론에도 요구해서는 안 될 바를 그의 이론이 이행하지 못한다는 것이 아니다. 즉 그의 이론이 모든 사람들이 옳음을 행할 것을, 그리고 잘못을 행하지 않을 것을 보장해주지 못한다는 비판이 아닌 것이다. 여기서 제기하고 있는 비판은 이보다는 그의 이론을 긍정적인 측면에서 고려해봐도(다시 말해 심지어 이러한 의무가 실제로 간접적인 의무라고 **가정한다고 해도**), 지적 장애인이 관여되는 우리의 의무에 대한 만족스러운 설명을 제시하지 못한다는 것이다. (이와 같은 유형의 논증은 '정상인' 아이들에 대한 의무를 다른 사람들의 '정서적 이익'에 근거 지으려는 시도에 반대할 때도 제시할 수 있다.)

하지만 도덕을 합리적 이기주의의 명령으로 축소하려는 나비슨의 시도에는 더욱 심층적인 문제들이 산적해 있다. 여기서 문제들이란 그의 이론이 도덕 행위자에 대한 처우와 관련해 허용할 수 있는 바에 관한 것이다. 나비슨의 입장에서 보았을 때, 어떤 합리적 이기주의자가 다른 사람들과 무엇에 합의해야 하는가는 그가 자신에게 (아마도 장기적인) 이익이 되는 것이 무엇인지를 어떻게 판단하는가에 좌우된다. 부, 여가, 교육, 최고의 의료 서비스, 그리고 상위 중산층을 규정하는 다른 선들을 갖춘 이기주의자를 상상해보자. 그리고 소수의 합리적 이기주의자들이 이러한 이득을 누리지 못하면서 가난하고 비참하게 살고 있는 데 반해, 대부분의 합리적 이기주의자들은 모두 유사하게 이득을 누리고 살고 있다고 가정해보자. 마지막으로 대다수의 합리적 이기주의자들이 모든 것을 고려해보았을 때 다음과 같은 합의가 자신들의 이익에 가장 도움이 될 것이라고 판단하고 있다고 가정해보자. 그 합의란 그들 자신이 부를 계속 유지하고, 교육 등에 접근하는 데에 우호적인, 그러면서 현재 이러한 기회를 박탈당한 소수의 합리적 이기주의자들에게 이러한 이득이 돌아가지 못하게 하는 정책을 제도화해야 한다는 것이다. 이 상황에서 이득을 얻는 사람들은 이득을 얻지 못하는 사람들을 제자리에 있게 함으로써 자신들이 이루고자 하는 바를 더욱 증진하려 하고, 이를 위해 필요한 사회적, 법률적 장치를 포함하여 엄격한 계급제도 혹은 카스트 제도를 채택하는 데에 합의한다. 여기서 우리는 이러한 합의가 과연 현재 이득을 얻고 있는 합리적 이기주의자들의 장기적 이익에 진정으로 부합할 수 있느냐는 의문을 제기할 수 있다. 그러나 이것이 불가능할 이유는 없다. 심지어 예컨대 이득을 얻지 못한 사람들이 반란을 일으킬 가능성이 상존하기 때문에, 현시점에서 이득을 얻는 사람들이 자신들의 안전을 확보하기 위해 어느 정도 대가를 치러야 한다는 것을 인정해도 그러하다. 이 밖에 이득을 얻고 있는 사람들이 잘 훈련되고 충성스러운 핵심 요원들인 변호사, 법 집행관, 입법자 들을 이용해 이익을 효과적으로 보호하기 위해 자신들의 시간과 부를 어느 정도 포기해야 할 수도 있다. 이처럼 비용이 든다고 해도, 여기서 거론되는 합의는 모든 것을 고려해보았을 때 이득을 얻는 각각의 합리적 이기주의자들의 이익에 여전히 도움이 될 것이고, 각각의 이기주의자들이 실제로 그렇게 판단할 수 있다.

이러한 합의가 담고 있는 의미는 우리의 정의감에 분명 불편을 야기한다. 물론 이득을 얻는 사람들의 이익을 그렇지 못한 사람들의 이익보다 소중히 여기는 사회적, 정치적 장치가 모든 경우에 정의롭지 않은 것은 아닐 수도 있다. 하지만 이득을 얻는 사람들이 누리는 이득(예를 들어 부와 적절한 의료 관리)을 이득을 얻지 못하는 사람들이 누리지 못하게 하고, 이와 동시에 이득을 얻는 사람들에게 도움을 주는 것을 최우선의 목표로 설계한 사회적, 정치적 장치는 사회적, 정치적 불의의 전형이다. 이러한 장치는 이득을 얻으며 살아가는 사람들의 이익을 증진하기 위해 일부 사람들을 자의적으로 차별하고, 그리하여 엄청나게 불공평하고 정의롭지 못한 사회, 정치 제도를 양산해낸다. 어떤 도덕적 입장이 이와 같은 장치를 도덕적으로 허용할 수 있음을 시사한다는 것은 그러한 도덕적 입장에 대한 가장 심각한 도덕적 비판을 제기할 근거가 된다.

나비슨의 합리적 이기주의는 바로 이와 같은 의미를 담고 있다. 이득을 누리고 있는 합리적 이기주의자인 나는 오직 내 개인적인 이익이 무엇인지 혹은 내가 무엇을 그렇게 판단하는지에 바탕을 두고 다른 합리적 이기주의자들과 합의할 것인지를 결정할 수 있고, 또한 어떤 것에 합의할 것인지를 결정할 수 있다. 이러한 상황에서 나는 소수의 다른 합리적 이기주의자를 계속 이득을 누리지 못하는 현재의 입장에 두는 처사가 바람직하다는 입장을 현재 이득을 누리고 있는 합리적 이기주의자들과 공유하게 될 것이다. 그리고 그 결과 그러한 목적을 달성하기 위해 필요한 억압적 도구를 제도화하는 것이 바람직하다는 입장에 대해서도 그들과 의견을 함께하게 될 것이다. 결국 나는 나와 유사하게 이득을 누리는 합리적 이기주의자들만으로 나의 합의를 한정하지 말아야 할 합당한 이유를 제시할 수 없게 되어 버린다. 이 경우 합리적 이기주의는, 적어도 나비슨이 개괄한 모습으로 파악되는 유형의 합리적 이기주의는, 받아들일 수 없는 함의를 갖는다. 설령 그러한 입장의 함의를 도덕 행위자를 어떻게 처우해야 하는지에 제한한다고 해도 이는 마찬가지이다. 합리적 이기주의자들이 아닌 인간 도덕 수동자를 적절히 수용하지 못하는 '도덕에 대한 설명'은, 또한 합리적 이기주의자에 대한 공평한 처우를 보장하지도 못하는 설명은 종합적으로 판단해 볼 때 만족스러운 도덕 이론이 될 수 없다. 그렇다면 그러한 이론은 '동물을 배제하는' 만족할 만한 근거로서의 역할도 할 수 없다.

나비슨은 이와 같은 마지막 비판에, 그리고 지적 장애인이 관여되는 의무에 관한 자신의 견해 비판에 가장 확실하게 대응할 수 있는 방법을 활용할 수 없다. 그 대응 방법이란 무엇이 그른지 혹은 정의롭지 못한지에 대한 우리의 직관이 도덕 이론의 적절성을 평가하는 데에서 어떤 역할도 해서는 안 된다는 것이다. 비록 일부 철학자들이 이러한 입장을 견지하지만 나비슨은 그중 하나가 아니다. 그는 우리의 직관이 이론 구축을 시작하는 합당한 지점을 제공하며, 일단 구축된 이론을 실험해볼 수 있는 신뢰할 수 있는 시금석을 제공한다고 생각하면서 대체로 우리의 직관에 호소하는 태도에 긍정적인 태도를 취한다.[13] 그런데 설령 이 정도를 인정해준다고 해도, 나비슨은 자신의 이론이 이러한 직관에 얼마나 잘 부합하는가를 기준

13) 같은 책, p. 164.

으로 자신의 이론을 평가하는 것의 정당성을 반박하려 하지 않을 것이고, 그렇게 할 수도 없다. 그런데 자신의 이론이 직관에 적절히 부합하지 못한다는 사실을 발견할 경우, 그는 그러한 사실이 자신의 이론이 갖는 심각한 결함임을 깨달아야 한다.

5.4 롤스의 입장: 계약주의

나비슨의 합리적 이기주의에 대해 제기된 마지막 비판 중에는 그의 입장이 "이득을 얻게 되는 합리적 이기주의자들이 자신들의 이익을 부당하게 불리는 제도적 장치에 합의하는 것을 옹호하게 될 수 있다"라는 비판이 포함되어 있다. 그러한 합의가 이루어질 경우 이득을 누리는 합리적 이기주의자들은 타인의 접근을 거부하면서, 일정한 이득(예를 들어 부나 여가)에 정의롭지 못하게 접근할 수 있게 될 것이다. 그런데 우리가 관심을 갖는 합리적 이기주의자들이 이 세상 사람들이 아니라고 상상해보자. 우리는 그들이 이 세상 너머에 또는 이 세상 이전에 존재하는, 육신을 벗어난 사람들이라고 상상해볼 수 있다. 여기서 한 걸음 더 나아가 그들의 앞에 놓여 있는 과제가 언젠가 그들이 '육신을 갖게 되었을 때' 살아가게 될 사회의 기본 제도를 관장하는 정의의 원리를 선택하는 것이라고 상상해보자. 마지막으로 이 사람들이 육신을 벗어난 상태에서 자신들이 이후 육신을 갖게 되었을 때 어떤 사람이 될지에 대한 어떤 특별한 사실들을 알지 못한다고 가정해보자. 나비슨의 합리적 이기주의자들과는 달리, 이와 같은 새로운 유형의 합리적 이기주의자들은 자신들이 기본적인 정의의 원리를 선택해야 하는 그 사회에 태어나게 될 때, 가령 흑인이 될지 백인이 될지,

남성이 될지 여성이 될지, 부자가 될지 가난한 사람이 될지를 알 수가 없다. 심지어 그들은 어느 날 자신들이 시민이 될 그 사회가 물질적으로 번영을 누리는 사회임은 알고 있지만, 그들이 언제 태어날지도 알지 못한다. 이러한 합리적 이기주의자들은 그들 자신의 복리를 증진하거나 약화할 수 있는 다양한 이득과 제한을 얼마만큼 받게 될 것인지를 전혀 알지 못한다. 이 때문에 그들은 나비슨류의 합리적 이기주의자들이 행할 수 있는 바를 행할 수 있는 위치에 있기가 아주 어렵다. 나비슨이 말하는 합리적 이기주의자는 현재 이득을 얻지 못하고 있는 사람들이 동등하게 이익을 얻을 수 있는 사회적, 정치적 장치보다는, 자신들의 이익을 공정하지 못한 방법으로 늘릴 사회적, 정치적 장치를 선택할 가능성이 높다. 그런데 롤스가 말하는 이와 같은 새로운 유형의 합리적 이기주의자는 그렇게 할 수 없다. 이러한 합리적 이기주의자들은 이기적인 방식으로 행동하려 할 때 자신들이 어떻게 될지에 대한 특별한 사실을 전혀 모르고 있는데, 이 때문에 그들은 가령 가난한 사람들보다 부유한 사람들에게 도움이 되게 하는 정의의 원리를 자의적으로 선택할 수 있는 입장에 서지 못한다. 사실상 그들은 스스로가 부자가 될지 빈자가 될지를 모르기 때문에, 그들의 입장에서 한 부류의 성원들에 비해 다른 부류의 성원에게 도움이 되는 원리를 선택하는 것은 현명하지 못하다. 결론적으로 합리적 이기주의자들을 이렇게 파악할 경우, 그들은 나비슨류의 합리적 이기주의에 대해 제기되었던 마지막 비판을 벗어날 수 있을 듯하다.

존 롤스의 『정의론』에 대해 익히 들어 알고 있는 사람들은 앞 단락에서 서술한 가상의 상황이 롤스가 말하는 "원초적 입장"[14]을 해석하는 한 가지

<hr/>

14) (옮긴이) 존 롤스가 제안한 용어로, 사회계약이 문제가 되는 최초의 상황을 말한다. 이는 역사

방법임을 알 수 있을 것이고, 롤스가 왜 이러한 발견 장치(heuristic device)를 도입하는지를 파악하는 데 어느 정도 도움을 받을 수 있을 것이다. 정의에 대한 일반 이론을 제시할 때 롤스가 의도하고 있는 바는 정의의 원리에 대한 선택 자체가 공정성을 반드시 보장해야 한다는 것이다. 정의의 원리를 선택하는 사람들 자신이 어떤 사람이 될 것임을 알 수 있다고 가정해보자. 가령 자신들이 여유 있는 계층의 교육받은 백인 남성이 될 것임을 알 수 있도록 허용한다고 가정해보자. 자신의 이익을 증진할 가능성이 가장 큰 것에 대한 관심을 바탕으로 정의의 원리를 선택할 것임을 감안해보았을 때, 그들은 자신들이 속한 특정 집단 구성원들의 이익을 가장 크게 하는 원리를 선택하려 할 것이다. 그러나 만약 '무지의 장막'[15] 뒤에서 작업을 한다면, 원초적 입장에 처한 개인들은 자신들이 갖게 될 이후의 정체성에 대한 **특별한** 사실을 알지 못할 것이며, 자신들의 특별한 이익을 자의적으로 증진하는 원리를 선택할 수 있는 위치에 있을 수 없다. 이처럼 무지의 장막은 기본적인 정의의 원리를 선택하기 위한 공평무사한 토대를 확보할 목적으로 전제되고 있다.

원초적 입장에 있는 사람들이 자신의 미래의 정체성에 대한 어떤 특별한 사실을 알아서는 안 된다는 조건은 '타고난 운(natural lottery)'에 대해서도 알아서는 안 된다는 조건으로까지 확대 적용된다. 그들은 아름답게 태어나거나 못생기게 태어날 수 있고, 지적으로 재능을 갖추었거나 저능으로

상 실재했던 상황이 아니라 순전히 가상적인 상황(hypothetical situation)인데, 우리가 자신의 상황을 알지 못할 때 내리게 될 도덕 판단과 정의감을 설명하기 위한 개념이다. 상호 무관심한 합리성과 무지의 장막이라는 두 조건이 필요하다.

15) (옮긴이) 관련 이해 당사자들이 사회를 이끌어가는 특정한 제도 채택을 둘러싸고 합의를 하려 할 때 자신이 합리적 이기주의자라는 것 외에 자신의 처지나 상황에 대해 아무것도 모르는 가상의 상황을 말한다.

태어날 수도 있으며, 육체적인 재능을 타고나거나 장애를 가지고 태어날 수도 있다. 개인들은 세상에 올 때 선천적으로 주어진 능력을 갖추게 될 (혹은 갖추지 못하게 될) 그 무엇도 하지 않았기 때문에, 그러한 능력의 소유 (혹은 비소유)는 정의의 기본 원리 선택의 기저를 이루는 정당한 근거가 될 수 없다. 각 개인이 이러한 능력의 소유의 유무에 대해 몰라야 한다는 조건은 공평무사성을 확보하기 위해 이러한 개인들이 무지의 장막 뒤에서 작업을 할 때, 그리고 그러한 개인들이 정의의 원리를 선택할 때 알지 못하는 바에 포함되어야 한다. 롤스가 생각하기에 사람들이 알고 있는 것들에 분명 포함되는 사실은, 언젠가 스스로가 결정한 기본적인 정의의 원리가 적용되는 사회의 구성원이 될 것이라는 사실, **그리고** 이러한 사회의 미래 구성원으로서 자신들이 인간이 되리라는 사실이다.

앞서 언급한 내용을 감안해보았을 때, 사람들은 "원초적 입장에 있는 사람들이 선택한 정의의 원리가 **모든** 인간, 즉 인간 도덕 행위자와 인간 도덕 수동자 양자 모두에게 **마땅히 적용**될 것이며, 이들이 모두 직접적인 정의의 의무 대상이 될 것이다"라고 생각할 것이다. 그러나 사실상 롤스는 분명 이와 다르게 생각하고 있다. 『정의론』 이전에 발표했던 논문에서 롤스는 정의와 관련된 직접적 의무를 마땅히 갖는 대상을 도덕 행위자로 명시적으로 제한하고 있다. 그는 누군가가 "최소한의 정도로 정의감을 가질 수 있는 능력을 갖추는 것은 직접적 의무의 대상으로 분류되기 위한 필요충분조건이다"라고 쓰고 있다.[16] 다시 말해, 누군가가 마땅히 정의의 의무의 대상이 되려면, 그는 적어도 최소한의 정도일지라도 정의가 무엇인지를 이해해야 하고, 정의에 대한 고찰을 자신의 숙고와 그에 따른 행동에 적용

..

16) John Rawls, "The Sense of Justice," *Philosophical Review* 72(1963): 284.

할 수 있어야 한다. 이미 앞에서 설명한 용어들로 동일한 내용을 바꾸어본다면, 사람들이 마땅히 다른 도덕 행위자의 정의의 의무의 대상이 되기 위해서는 도덕 행위자여야 한다. 그런데 모든 사람이 도덕 행위자, 혹은 롤스의 의미에서 '인격체(persons)'는 아니기 때문에, 이전의 논문에서 롤스가 제시한 이와 같은 견해를 감안해보자면, 모든 인간이 마땅히 정의의 의무의 대상이 되는 것은 아니다.

롤스는 『정의론』에서 이와 같은 이전의 입장에서 물러설 것임을 암시하는 몇 가지 언질을 준다. 이러한 측면에서 가장 중요한 것은 그가 "정의감을 가질 수 있는 능력"(여기서 제시한 해석에 따라 동일한 것을 말하자면, 도덕 행위자가 되기 위한 능력)이 "마땅히 정의의 의무의 대상이 되는 데 필요하다"[17]라는 입장을 더 이상 견지하지 않는다고 말하고 있다는 점이다. 그러나 이러한 주장은 롤스가 정의감을 갖지 못하는 개체들에 대해 계속해서 하는 말과 아귀가 잘 맞아떨어져야 한다. 그는 다음과 같이 말한다. "우리는 그러한 능력을 갖지 못한 존재를 엄격한 정의의 의무의 대상으로 삼을 수 없을 **듯하다.**"[18] 뉴올리언스 대학의 철학자 에드워드 존슨(Edward Johnson)은 롤스에 대한 비판적 논의에서 다음과 같이 쓰고 있다. "이러한 주장은 곤혹스럽다. 정의감을 갖는 것이 마땅히 정의의 의무 대상이 되는 데 필요하지는 않지만, 그럼에도 "우리가 이러한 능력을 갖추지 못한 생물들을 엄격한 정의의 의무의 대상으로 삼을 필요는 없다." 그렇다면 그다음에는 어떻게 하라는 것인가? 그들은 정의의 의무의 대상이 될 자격을 '상실'하는가? 아니면 정의의 의무 대상이 전혀 아니라는 것인가?"[19] 의심스

••
17) Rawls, *A Theory of Justice*(chap. 4, n. 4를 보라), p. 512.
18) 같은 책, 강조 추가.

러운 것은 롤스가 단숨에 철회한 것을 자신이 곧바로 재차 승인하고 있는 것이 아닌가 하는 점이다. 이렇게 말하는 이유는 만약 생명체들이 정의감의 능력을 갖추는 것이 그들에게 정의의 의무를 마땅히 가져야 할 필요조건**처럼 보이는 것일** 따름이라면, 정의감의 능력을 갖추지 못한 생명체들에게 엄격한 정의의 의무를 마땅히 갖지 않는 것 또한 그렇게 **보이는 것**일 따름일 수 있기 때문이다. 이에 따라, 이전 논문에서의 롤스와 달리, 『정의론』에서의 롤스는 이러한 능력을 갖는 것이 정의의 의무 대상이 되는 데에 필요하다는 점을 명시적으로 주장하기를 자제하지만, 가용한 증거로 미루어보았을 때, 그는 이러한 견해에 여전히 매혹되어 있다. 이러한 의혹은 우리가 『정의론』에서 롤스가 "결정적인"(즉 직접적인 정의의 의무 대상이 되는 것과 관련해서 결정적인) "유일한 우연성은 정의감의 능력을 갖거나 갖지 않는다는 것이다"[20]라고 말하고 있다는 점에 주목했을 때 더욱 강화된다. 그러나 만약 정의감의 능력을 갖는 것이 결정적인 **유일한** 우연성이라면, 이러한 능력을 갖는 것은 이러한 의무의 대상이 되기 위한 충분조건으로만 볼수 없다. 이를 갖는 것은 필요조건으로도 보아야 하는 것이다. 이렇게 보았을 때, 롤스가 제대로 중심을 잡고 있지 못하고 있음에도, 그가 정의감을 갖는 것, 또는 도덕 행위자가 되기 위한 능력을 갖는 것이 정의의 의무의 대상이 되는 개인이 되기 위한 필요충분조건이라고 가정하고 있다고 계속 해석하는 것이 그리 잘못된 해석만은 아닐 것이다.

　롤스는 이와 같은 중요한 문제에 대해 분명한 입장을 취하지 않고 있다.

19) Edward Johnson, *Species and Morality*, Ph.D. dissertation, Philosophy, Princeton University, July 1976(University Microfilms International, 1977: Ann Arbor, Michigan), pp. 155~156. 나는 이 논문에서 영감을 얻었으며, 이를 타인의 관심의 대상이 되게 했다.
20) Rawls, *A Theory of Justice*, p. 511.

그 때문에 공평무사하게 그리고 신중하게 고찰해보고자 한다면 우리는 그가 견지할 수 있는 두 가지 입장, 즉 강한 입장과 약한 입장을 구별해보아야 할 것이다. 먼저 강한 입장이란 도덕 행위자가 된다는 것이 정의의 의무 대상이 되는 필요충분조건이라는 것이다. 반면 약한 입장이란 도덕 행위자가 된다는 것이 정의의 의무 대상이 되는 충분조건이지만 그것이 필요조건인 것처럼 '보일' 따름이라는 입장이다. 어느 쪽이든, 현실 세계에 존재하는 동물에게 함의하는 바는 그리 긍정적이지 않다. 강한 입장은 동물이 도덕적인 행위자가 아니기 때문에 우리가 그들에게 정의의 의무가 없음을 함의한다. 반면 약한 입장은 우리에게 그러한 의무가 없는 듯이 '보임'을 함의한다. 이어지는 내용에서 논의하게 되겠지만, 이들 입장 중 그 어떤 것도 롤스가 "자연적 의무(natural duties)"[21]라고 부르는 바에 대한 자신의 설명과 일관성을 유지하지 못한다. 또한 정의의 문제와 관련해서는 롤스의 두 가지 입장이 모두 동물, 그리고 어떤 적절한 측면에서 그들과 다를 바 없는 인간의 직접적인 도덕적 중요성을 자의적으로 부정하는 데에 의존하고 있다. 그러나 이러한 문제로 눈을 돌리기에 앞서, 해석과 관련해서 우리의 주의가 요구되는 더욱 심층적인 문제를 검토해볼 필요가 있다.

롤스의 관점은 위에서 그 특징을 살펴본 약한 입장이나 강한 입장 모두 동물을 포함한 도덕 수동자에 대해 아무런 의무가 없음을 함의하고 있지 않다.[22] 롤스가 분명하게 하지 못한 문제는 우리가 동물에 대해 가지고 있

• •

21) (옮긴이) 기본적인 도덕 능력을 가진 사람이라면 어떤 사람에게든지 요구되는 의무이다. 그 예로는 자신에게 지나친 손실의 위험만 없다면 궁핍하고 위기에 처한 타인을 도와야 할 의무, 타인을 해치거나 상해하지 않아야 할 의무, 그리고 불필요한 고통을 야기하지 않을 의무를 들 수 있다.
22) 같은 책, p. 517.

는 의무들이 직접적 의무인지 아니면 간접적인 의무인지의 여부이다. 이렇게 본다면 롤스가 간접적 의무 견해를 옹호하는 사람들에 포함되어야 하는지의 여부는 분명하지 않다. 그러나 이어지는 내용에서 나는 롤스의 전반적인 입장(자신이 이해하는 바로서의)이 일관성을 갖추려면, 그가 사실상 간접적 의무 견해를 취해야 함을 보여주는 이유들을 제시할 것이다.[23] 이를 보여주기 위해 나는 우선 롤스가 잔인하지 말아야 할 의무를 직접적인 의무로 가정하고 있다고 전제할 것이다.[24] 이어서 이렇게 할 경우 롤스의 전반적인 입장(다시 한번 자신이 이해하는 바로서의)이 일관성을 상실하게 될 것임을 보여줄 것이다. 이를 보인 후, 나는 도덕 수동자 일반의 도덕적 지위, 특히 동물의 도덕적 지위에 대한 롤스의 견해에 부정적인 영향을 미치는 자의성이 어디서 유래했는지를 진단해볼 것이다.

롤스는 『정의론』에서 도덕 행위자가 아닌 생명체에게 "엄격한 정의 차원의 처우를 할 필요가 없어 보인다"라고 언급한 후, 다음과 같이 말한다.

> 그렇다고 그들(즉 동물)과 관련해 아무런 요구 사항이 없는 것은 아니다. (…) 확실히 동물을 잔인하게 대하는 것은 잘못이며, 전체 종을 멸종시키는 것은 커다란 악이 될 수 있다.[25]

∴

23) 원초적 입장을 재해석할 경우, 우리는 롤스와 유사한 입장을 취하면서, 복리를 가진 동물에게 직접적 의무를 갖는다는 입장의 토대를 마련할 수 있을지 모른다. 이에 대해서는 Donald VanDeVeer, "Of Beasts, Persons, and the Original Position," *The Monist* 62(1979): 368~377을 참조할 것. 이 논문은 나에게 많은 도움을 주었다. 그러나 나는 롤스의 입장과 마찬가지로, VanDeVeer의 입장 또한 이하에서 제기되는 모든 형태의 계약주의에 대한 비판(8.12 참조)에 적절하게 대응하기 어렵다고 생각한다.

24) 나는 동물을 잔인하게 처우하지 말아야 할 직접적 의무를 이야기하는 데에 반대하지만, 이어지는 논의에서는 이런 식으로 이야기하는 것을 허용할 것이다. 내가 반대하는 이유에 대해서는 다음 장 (6.1)의 첫머리에 나오는 잔인함–친절함 견해에 대한 논의를 참조하라.

이처럼 비록 동물들이 도덕 행위자가 아니고, 이에 따라 그들이 엄격한 정의의 의무의 대상이지도 않지만 — 혹은 적어도 그들이 의무의 대상인 것처럼 보이지 않지만 — , 우리는 그들에게 책임이, 특히 잔인하지 말아야 할 의무가 포함된 책임이 분명 있다. 잠시 이러한 의무가 우리가 동물에게 갖는 직접적인 의무라고 가정한다면, 롤스의 입장을 다음과 같이 정리해볼 수 있을 것이다. 동물들이 도덕 행위자(즉 인격체)는 아니지만, 우리는 동물에 대한 직접적인 의무가 어느 정도 있다. 하지만 그들에 대한 정의의 의무는 없으며, 적어도 그들에게 그러한 의무를 갖지 않는 것처럼 '보인다.'

한편으로 우리가 정의의 의무를 마땅히 가져야 할 대상과, 다른 한편으로 잔인하지 말아야 할 의무를 마땅히 가져야 할 대상 사이의 이와 같은 차이를 말하는 것은 롤스가『정의론』의 다른 곳에서 이러한 의무들에 대해 말하는 바와 상충한다.『정의론』19절('개인에 대한 원리: 자연적인 의무')에서 롤스는 그가 자연적인 의무라고 부르는 바의 두 가지 특징을 제시한다. 첫째, "이러한 의무는 우리가 자발적인 행위를 하는지와 상관없이 우리에게 적용된다." 둘째, "그러한 의무는 사람들이 귀속되는 제도적 장치(institutional arrangements)와 무관하게 그들에게 적용된다."[26] "이는 평등한 도덕적 인격체로서의 모든 사람 사이에서 성립한다." 첫 번째 특징 때문에 자연적 의무는 약속을 지키는 의무와 같은, 자발적 행위 수행의 결과로 발생하는 의무와 구별되고, 두 번째 특징 때문에 자연적인 의무는 고용인에 대한 피고용인의 의무와 같은 제도적 장치 속에서 우리가 특정한 직위를 취득함으로써 갖게 되는 의무와 구별된다.

..

25) Rawls, *A Theory of Justice*, p. 512.
26) 같은 책, pp. 114~115.

롤스는 자연적인 의무의 사례를 열거한다. 현재의 목적상 특히 중요한 것은 이 목록에 "잔인하지 말아야 할 자연적 의무"[27]와 "정의의 의무"[28]가 모두 포함되어 있다는 점이다. 이미 여기에서 롤스가 불가피하게 직면하게 되는 딜레마가 명백해진다. 그에 따르면 자연적인 의무는 모든 인격체들 사이에서, 다시 말해 "평등한 도덕적 인격체로서의 모든 사람 **사이에서**" 성립한다. 그러나 동물은 인격체가 아니고, 이는 우리가 반드시 그들에게 '엄격하게 정의로울' 필요가 없으며, 혹은 적어도 그들에게 반드시 '정의로울 필요가 없는 듯이 **보이는**' 이유이다. 그러나 만약 잔인하지 말아야 할 의무와 정의의 의무가 모두 자연적인 의무라면, 또한 자연적인 의무가 모든 인격체들 사이에서 동등하게 성립한다면, 그리고 동물이 인격체가 아니라는 사실이 우리가 그들에게 갖는 정의와 관련한 자연적인 의무에 의혹을 제기하거나 그러한 의무를 훼손한다면, 동물이 인격체가 아니라는 사실은 우리가 동물에게 갖는 잔인하지 말아야 할 자연적인 의무에 의혹을 제기하거나 그러한 의무를 훼손해야 한다. 그런데 롤스는 우리가 동물에게 잔인해서는 안 될 의무가 있음을 받아들인다. 하지만 동물들이 인격체가 아니라는 사실 자체가 우리가 동물들을 잔혹하게 처우하는 데에 반대하는 자연적인 의무를 갖지 않음을 보여주지도 **못하고** 이에 의혹을 제기할 수 **없다고** 가정해보자. 이 경우 이와 동일한 사실은 그 자체로 우리가 동물들에게 자연적인 정의의 의무를 갖는다는 것을 보여줄 수 없으며, 이에 의혹을 제기할 수도 없다. 그럼에도 롤스는 우리가 동물들에 대한 정의의 의무를 갖는다는 것을 부정하거나(강한 입장), 적어도 그러한 의무를 갖

27) 같은 책, p. 114.
28) 같은 책, p. 115.

는 것처럼 '보이지' 않는다고 단언한다(약한 입장). 이 경우 롤스가 직면해야 하는 딜레마는 그가 쉽게 양다리를 걸칠 수 없다는 것이다. 즉 인격체임이 우리가 자연적 의무를 갖는 혹은 갖는 것처럼 '보이는' 대상을 결정하는 결정적인 고려 사항이거나, 혹은 인격체임이 결정적인 고찰이 아니어야 하는 두 가지 선택지 중 하나를 선택해야 하는 것이다. 첫 번째 선택지를 선택할 경우 그는 우리가 동물들에게 잔인해서는 안 될 직접적 의무를 갖는다고 믿을 수 없고, 두 번째 선택지를 선택할 경우 그는 강한 입장이든 약한 입장이든, 동물에 관한 의무와 정의의 의무를 옹호할 수 없다. 롤스가 어떤 선택지를 고르든, 그것은 이것 아니면 저것이어야지, 양자 모두여서는 안 된다.

이러한 딜레마를 해소하고자 하는 두 가지 답변은 검토해볼 가치가 있다. 첫째, 정의의 의무는 서로에게 이러한 의무를 가질 수 있는 개체들 사이에서만 통용될 수 있으며, 이것이 '잔인하지 말아야 할 의무'와 '정의의 의무'를 나누는 적절한 차이라는 반박을 제기할 수 있다. 이와 같은 반박에 따르면 잔인하지 말아야 할 의무의 경우 동물이 우리에게 이러한 의무(혹은 어떤 다른 의무)를 갖지 않음에도 불구하고, 우리가 동물에게 이와 같은 의무를 갖는다. 반면 정의의 의무의 경우에는 우리가 동물에게 이러한 의무를 갖지 않는다. 동물이 우리에게 이러한 의무를 가질 수 없기 때문이다.

이러한 답변은 지금 문제가 되는 두 자연적인 의무가 서로 다른 성격을 갖는다는 입장을 옹호하는 데 아무런 도움이 되지 않는다. 사람들은 다음과 같이 묻고 이에 대한 설명을 요구한다. "동물들이 사람들에게 잔인해서는 안 된다는 의무를 가질 수 없다는 사실이 동물들이 그러한 의무의 대상이 되는 경우를 배제하지 않는다(혹은 배제하지 않는 것처럼 '보인다')고 생각해보자. 만약 이를 받아들인다면 동물들이 정의의 의무를 가질 수 없다는 사실이 동물들이 그러한 의무의 대상이 되는 (혹은 적어도 그렇게 '보이는') 경우를 배제하는 이유는 무엇인가?" 그런데 방금 개괄한 반박은 그러한 설명을 제시하지 못하며, 그러한 설명이 어떤 모습일지 상상하기도 어렵다. 자연적인 의무에 대한 롤스의 분석으로 볼 때, 그는 가장 유망한 두 유형의 설명을 활용할 수 없다. 우리는 동물들이 어떤 실질적인 정치적 장치 혹은 다른 유형의 제도적 장치의 밖에 있다는 이유로 동물에 대한 정의의 의무가 없다고 말할 수 없다. 자연적 의무의 구속력은 그러한 장치에 의존하지 않는다. 또한 우리가 실제 세계에서, 실제 인격체로서 동물들과 어떤 '합의'도 하지 않았다는 이유로 동물에 대한 정의의 의무를 갖지 않는다고 말할 수도 없다. 자연적인 의무의 존재는 실제 세계에서 살고 있는 어떤 사람이 자발적으로 행동을 하거나 하지 않는 것에 좌우되지 않는다. 이를 인정할 경우, 우리는 정의에 관한 자연적인 의무 혹은 어떤 다른 자연적 의무에 관한 한, **우리의** 행동이나 **우리의** 제도에 대한 어떠한 호소도 동물들의 권리를 박탈할 근거를 제공할 수 없음을 뚜렷하게 파악할 수 있어야 한다.

두 번째 답변은 실제 세계의 우연성을 무시하면서, 그 대신 원초적 입장이라는 가상적 상황에 호소한다. 이러한 두 번째 답변에 따르면 우리가 동물에게 잔인하지 않을 의무는 있지만 그들에 대한 정의의 의무를 갖는 것은 아니다. 왜냐하면 정의의 의무는 원초적 입장에 있는 사람들이 이르게 될 판단이기 때문이다. 요컨대 원초적 입장에서의 계약자들은 현실 세계에서 '육화되면' 자신이 인간이 될 것임을 아는 이기적인 인간들이기 때문에, 그들은 자신들이 장차 될 것임을 아는 '인간'으로서의 자기 이익을 촉진할 수 있는 계산된 방식으로 정의의 의무를 바라볼 것이다. 이렇게 보았을 때, 정의의 의무를 가지는 대상에서 동물을 배제한다고 해서 원초적 입장에서의 계약자들의 자기 이익이 훼손되는 것은 아니다.

　이 시점에서 이러한 반대에 대한 두 가지 답변을 살펴볼 만하다. 첫째, 원초적 입장에 있는 사람들이 도달한 합의란 우리가 동물에게 잔인해서는 안 될 자연적인 의무를 갖지만, 그럼에도 우리가 정의에 관한 자연적인 의무를 동물에게 갖는다는 사실을 부정하는 것을 말하는데, 이에 호소하는 것은 간단히 말해 앞서 제기했던 딜레마를 해결하는 데 실패한다. 어떤 합의에 도달하든, 원초적 계약자들은 적어도 자신들이 그러한 합의에 도달하는 데에서 견지하는 근거가 일관되어야 한다. 그리고 어떤 적절한 차이를 언급하지 않은 채 그러한 계약자들이 인격체임이 자연적 의무(정의)의 대상이 됨을 정하는 결정적 고려 사항이라고 **단언**하면서, 인격체임이 누가 또 다른 자연적 의무(잔인해서는 안 될 의무)의 대상이 되는지를 정하는 결정적 고려 사항임을 **부정**할 경우, 그들은 방금 언급한 측면에서의 일관성을 가질 수 없다. 그저 원초적 입장에 있는 사람들의 가설적 합의에 호소하는 방법을 활용할 경우, 현재 논의 중인 두 가지 자연적 의무의 범위와 관련한 적절한 차이를 옹호하는 것은 말할 것도 없고, 제시할 수 없게 된다. 그 때문에 그와 같이 호소하는 방법을 통해서는 롤스에 반대하여 제기되었던 딜레마로부터의 탈출구를 마련하지 못한다. 둘째, 우리가 롤스를 따라 원초적 입장에 있는 사람들이 실제 세계에서 '육화'될 때 자신들이 인간이 될 것임을 알고 있다고 가정해보자. 이 경우 우리는 어떤 근거로 원초적 계약자들이 잔인하지 말아야 할 자연적인 의무에 동물에게 잔인하지 말아야 할 **직접적** 의무를 포함시키는 데 동의하는지를 물을 필요가 있다. 이러한 계약자들이 인정할 의무들은 어떤 의무를 인정해야 자신들에게 이익이 되는지의 문제에 좌우되어야 한다. 그런데 만약 원초적 입장에 있는 사람들 자신이 절대로 동물이 되지 않을 것임을 알고 있다면, 아마도 그들은 동물에게 잔인하지 말아야 할 직접적 의무를 파악할 이기적인 이유를 갖지 못할 것이다. 여기에서의 의무란 인간의 이익과 **무관하게** 직접적으로 동물에게 마땅히 가지게 되는 의무를 말한다. 이처럼 만약 잔인하지 말아야 할 의무가 롤스가 말하는 자연적인 의무라면 ― 롤스는 그렇다고 말한다 ―, 그리고 우리에게 동물에 대한 직접적 의무가 있다면 ― 이것은 우리가 롤스가 그렇게 믿는다고 가정하는 것이다 ―, 동물에 대해 직접적 의무를 갖는 근거들은 원초적 입장에 놓인 이기적인 인격체들 간에 맺어진 이른바 '가상적인 합의의 산물'에 대해 물음으로써 찾을 수 없다. 만약 의무들을 선택하는 유일한 근거가 인간의 이익이라는 척도라면 동물에 대한 직접적 의무가 포함된 계약이 맺어질 수 없다. 결론적으로 두 번째 대응에 반대해 제기된 두 반론을 근거로 보았을 때, 롤스는 원초적 입장에서 일어나거나 일어나지 않는 사실에 호소함으로써 자신에게 제기되는 딜레마의 곤경을 피할 수 없다.

결과적으로 롤스가 생각하기에 동물에게 잔인하지 말아야 할 의무가 우리가 동물에게 갖는 직접적 의무라면, 앞에서 제기된 딜레마는 뿔을 꺾거나 무디게 하려는 시도에 완강하게 대응하고 있는 것처럼 보인다.[29] 그러나 롤스가 이러한 의무를 간접적인 의무로 본다면 이러한 딜레마를 회피할 수 있다. 그런데 그가 이러한 의무를 그런 식으로 보는지는 확실하지 않다. 『정의론』의 한 곳에서 롤스는 "쾌락과 고통의 감정 및 동물들이 취할 수 있는 삶의 형식들에 대한 능력은 분명 동물에게 잔인하지 말아야 할

..

29) (옮긴이) 딜레마를 비판하는 방법 중 하나로 딜레마의 선택지들 중 하나 또는 둘 다가 성립하지 않는다고 비판하는 것을 '뿔 꺾기'라고 말한다.

의무를 포함하여 **일부** 의무를 우리에게 부과한다"라고 주장한다.[30] 이러한 주장에 대한 자연스러운 해석은 동물들과 관련한 **이러한 사실 자체**가 우리에게 어떤 의무를 부과한다는 것이다. 이때 이러한 사실이 부과하는 의무는 우리가 동물 자체에게 갖는 직접적 의무인 것처럼 보인다. 롤스가 동물에 대한 일부 의무들을 이러한 방식으로, 다시 말해 직접적 의무로 보고 싶어 할 수 있다. 하지만 이미 제시된 이유들로, 그는 자신이 이해하는 바로서의 자신의 입장을 일관성 없게 만드는 대가를 치르지 않고서는 그렇게 하지 못한다. 이제 롤스가 (1) 정의와 동물에 관한 자신의 약한 또는 강한 입장을 포기하거나 (2) 적어도 동물에 관한 일부 의무들이 직접적 의무라는 자신의 추정적인 견해를 포기해야 하는 선택지 중에서 선택해야 할 상황에 직면했다고 가정해보자. 이때 롤스는 자신이 이해하는 바로서의 자신의 전반적인 입장을 최소한으로 훼손하는 선택지를 선택하려 할 것인데, 이 상황에서 그가 두 번째 선택지를 선택할 것이라고 가정하는 것은 불합리하지 않다. 롤스가 실제로 이러한 선택을 한다면 우리는 적어도 그가 동물, 그리고 다른 도덕 수동자에 관한 우리의 의무 문제에서 뚜렷하게 일관성 있는 입장을 취한다고 인정하게 될 것이다. 하지만 그의 입장의 적절성에 대해 제기되는 심각한 의문은 여전히 남는다.

먼저 롤스가 인간 도덕 수동자를 정의의 의무의 대상이 되는 구성원들의 집합에서 배제한 것은 (1) 정의의 원리에 대한 대안들 사이에서 **선택**하는 데에 필요한 능력과 (2) 정의의 의무를 **가질 대상이 되고자** 할 경우에 필요한 능력을 명확히 구분하지 못한 데서 비롯된다.[31] 분명 롤스는 정의

30) 같은 책, p. 512.
31) (옮긴이) 도덕적 배려의 대상이 되는 존재와 도덕적 행위 능력을 가진 존재는 차이가 있다.

의 원리를 선택하라는 요구를 받은 원초적 입장에 있는 사람들이 정의감을 가져야 한다고 믿으며, 전반적인 삶의 계획으로 표현되는 자신들 나름의 선에 대한 개념을 가져야 한다고 믿는다는 측면에서 확실히 옳다. 각각의 사람들이 실제 세계에 오게 되었을 때 갖게 될 실질적인 계획의 구체적인 세목들에 대해 알지 못한다고 해도 그러하다.[32] 그런데 설령 이 정도를 받아들인다고 해도, 도덕 행위자만이 정의의 의무의 대상이 되어야 하거나, 그들만이 정의의 의무의 대상이 되어야 하는 것처럼 '보이는' 것은 아니다. 실제로 이러한 결론이 따라 나오지 않을 뿐만 아니라, 원초적 입장에 있는 사람들이 이를 부정할 이기적인 이유를 가질 것이라고 믿을 충분한 이유가 있다. 다음을 고려해보라. 원초적 입장에 있는 사람들은 '육화될' 때 자신들이 어떤 타고난 운을 가지고 태어날지 모르며, 그 결과 어떻게 삶을 영위할지 모른다. 도덕 행위자로서의 능력을 갖추었음에도 불구하고, 그들이 육화되기 이전의 상황에서 알고 있는 것이라고는, 자신들이 장차 세상에 태어났을 때 인간 도덕 **수동자**가 될 수 있으리라는 것이다. 원초적 입장에 있는 사람들이 스스로가 육화되고 난 **후에** 무엇이 자신에게 이익이 될 것인지를 고려하여 정의의 원리를 선택한다고 가정해보자. 이때 그들은 인간 도덕 수동자를 직접적인 정의의 의무 대상으로 파악하는 원리를 선택하는 편이 좋을 것이다. 그렇게 하지 않는 것은 육화되었을 때 자신의 이익을 적절히 보호받지 못하는 심각한 위험을 무릅쓰는 것이다. 예컨대 누군가가 우둔한 사람으로 태어났다고 생각해보라. 또한 원

∴

가령 인간 성인은 양자 모두에 해당하지만, 아기는 오직 전자에만 해당할 뿐 도덕적 행위 능력을 갖추지 못했다. 동물 또한 마찬가지이다.

32) 같은 책 참조, p. 506.

초적 입장에 있는 사람들이 인간으로 태어난다면, 그들은 정상인으로 태어나든 그렇지 않든 간에 삶의 어느 순간에 어린아이**일 것**이다. 현명한 계약자는 도덕이 어린이들에게 제공하는 보호를 어른들의 '정서적 이익'에 우연히 좌우되도록 내버려 두기보다는, 어린이들을 어떻게 처우해야 하는가의 문제에서도 정의의 의무를 부과하는 원리를 채택할 것이다. 이러한 원리를 **선택하는 사람들**은 정의감을 가져야 하지만, **정의의 의무 대상이 되는 사람들**은 그럴 필요가 없다. 그러한 의무의 대상이 되기 위한 **충분**조건은 무엇이 복리인지에 대한 개념을 가지고 있는지와 무관하게, 그들이 복리를 가지고 있다는 사실 — 개체로서 사람들이 잘 살아가든 못 살아가든 삶의 주체가 됨을 경험한다는 사실 — 이다. 무지의 장막 뒤에서 이기적 계약자의 입장을 취하면서 정의의 원리를 선택하고 정의의 의무를 누구에게 마땅히 가져야 하는지를 결정하라는 요구를 받은 사람에게는 이러한 조건을 충분하다고 파악하는 것이 지극히 합리적인 태도로 여겨질 것이다. 원초적 입장에 있는 사람들이 인간 도덕 수동자가 아니라 오직 인간 도덕 행위자에게만 정의의 의무를 지게 된다고 주장할 이기적 이유를 가질 수 있는 경우는 오직 그러한 입장에 있는 사람들에게 자신들이 도덕 수동자가 아니라 도덕 행위자가 될 것이라는 앎이 허용될 경우에 한한다. 그러나 누구를 정의의 원리들의 적용 대상으로 삼을지를 포함해 공평무사함을 보장하고자 할 경우, 무지의 장막은 그와 같은 앎을 허용하지 않을 것이다.

일단 우리가 '원초적 입장에 있는 사람들이 인간 도덕 수동자들에 대한 정의의 의무를 마땅히 져야 하는 이기적 이유를 가질 것'임을 파악하게 되었다고 가정해보자. 이 경우 우리는 적절한 측면에서 이러한 인간들과 다를 바 없는 동물들에게 자의적이지 않은 방식으로 이러한 의무를 마땅히 가져야 함을 아울러 파악하게 될 것이다. 원초적 계약자들이 동물의 경우를 다르게 판단할 수 있는 유일하고도 명백한 경우는, 롤스가 그렇게 하고 있듯이, 원초적 입장에 있는 사람들 스스로가 도덕적 행위자든 수동자든 인간이 될 것임을 알고 있다고 가정할 경우로 한정된다. 그러나 이는 애초부터 동물에 대한 정의의 의무를 인정하는 데 반대하는 편견을 갖는 격이다. 원초적 입장에 있는 사람들에게 자신이 어떤 종에 속하게 될지를 알 수 있도록 허용하는 것은 그들에게 어떤 인종이나 성이 될지를 알 수 있도록 허용하는 것과 다를 바 없는 지식을 허용하는 것이다. 정의의 원리를 선택하는 공정한 절차를 보장하기 위해 무지의 장막으로 이러한 지식, 즉 인종이나 성 등과 관련한 세부 사항에 대한 지식을 배제해야 한다면, 종과 관련한 세부 사항에 대한 지식 또한 배제해야 한다. 만약 우연한 것들에 대한 지식이 정의의 원리를 선택하는 데에서 편견을 갖게 할 수 있다는 이유로 살면서 겪거나 알게 되는 수많은 우연적인 특별한 것들을 알지 못하도록 막고, 그러면서 무지의 장막이 사람들에게 호모사피엔스 종에 속할 것임을 알도록 허용할 경우, 이러한 장막은 충분히 두껍다고 할 수 없다. 자신의 이론에 대한 롤스의 설명으로 미루어보았을 때 동물들에게 엄격한 정의의 의무를 마땅히 갖지 않는다는 것은, 혹은 그러한 의무를 마땅히 갖지 않는 것처럼 '보인다'는 것은 그다지 놀라운 일이 아니다. 원초적 입장에서의 선택지들은 동물들에게 상당히 불리한 것들이다.

원초적 입장에 있는 사람이 인간 아닌 동물이 될 수 있다는 가정은 원초적 입장이라는 **바로 그** 지점을 일관되지 못하게 만들 것이라는 비판이 제기될 수 있다. 그러한 위치에 있는 사람들은 정의의 기본 원리, 다시 말해 자신이 갖는 정당한 자격으로 수혜자가 된다고 의미 있게 일컬을 수 있는 사람들의 해악과 이득 분배를 관장하는 사회적, 정치적 제도의 토대를 만드는 것과 관련된 원리를 선택하라고 요청을 받는다. 그 때문에 이 상황에서 동물들은 고려의 대상에서 배제될 수 있다. 우리가 동물에 대해 말하고 싶은 다른 것이 무엇이든 동물들은 '좋은 삶'을 누릴 수 없으며, 따라서 적절한 의미에서 수혜자가 될 수 없다는 주장을 제기할 수 있다. 이 경우 그들에게 정의의 의무를 마땅히 갖고 있음을 부정하는 것은 자의적이지 않다.

이러한 대응은 어느 정도 일리가 있다. 가령 메뚜기나 벼룩이 합당하게 자신들에게 더 좋거나 나쁜 삶을 영위할 수 있는지의 여부는 기껏해야 의문의 대상이 될 따름이다. 그러나 다른 동물의 경우는 이들과 중요한 측면에서 다르다. 특히 포유류가 의식적이고 감응력이 있다는 사실에 대해서는 옹호 논의가 이루어진 바가 있으며, 그들이 만족하거나 좌절할 수 있는 욕망이나 선호를 갖는다는 사실에 대해서도, 기억 및 믿음을 형성하는 능력이 포함된, 그리고 스스로의 미래에 관한 믿음이 포함된 다양한 상위 수준의 인지 능력을 가진다는 것에 대해서도 옹호 논의가 이루어진 바가 있다. 이 밖에 포유류가 자신들의 욕망이나 선호의 만족을 추구하기 위해 의도적으로 행동할 수 있다는 의미에서 이 세상 속에서의 행위 주체라는 사실, 그리고 그들이 일정 시간 동안 정신적, 육체적 동일성을 갖는 개체라는 사실에 대한 옹호 논의도 이루어진 바 있다. 따라서 이러한 동물들을 복리를 갖는 개체로서의 존재로 보는 것은 전적으로 합당하다. 즉 다른 존재들이 자신들에게 일어나는 것의 가치를 파악하는지의 여부와 논리적인 측면에서 별개로, 그들을 실험적인 삶을 살아가면서 잘 살거나 못 사는 존재로 보는 것은 전적으로 합당한 것이다. 이렇게 보자면, 설령 제한된 지적 능력으로 인해 스스로가 장기적인 복리 개념을 형성할 수 없고, 정의감을 갖지 못할 수 있으며, 정언적 바람을 갖거나 합리적인 생활을 계획할 수 없는 것이 사실이라 할지라도, 이러한 동물들은 자신들의 본성에 비례하는 좋은 삶을 영위할 수 있으며, 그리하여 적절한 의미에서 수혜자가 될 수 있다. 결과적으로 원초적 입장에 있는 자들이 정의의 원리를 선택한다고 가정할 때, 특히 한 개인이 훌륭한 삶을 영위하는 데 없어서는 안 될 해악과 이득의 분배와 관련된 원리를 선택한다고 가정할 때, 그들의 선택은 정의의 의무를 갖는 데에서 단지 일부 동물만을 배제할 따름이다. 한 살 혹은 그보다 나이가 많은 정상적인 포유류에게는 선택된 원리가 적용되거나 적어도 적용되어야 할 것이다. 자의적이라는 비판에 대해서는 여전히 적절한 답변이 이루어지지 않은 것이다.

이에 대한 대응으로, 심지어 이러한 포유동물에게도 정의의 의무를 갖지 않는 근거로 삼을 수 있는 것은 정의가 아니라 형이상학이라는 반박이 제기될 수 있다. 원초적 입장에 있는 사람이 개 또는 침팬지로 '육화될' 수 있다고 가정하는 것은 동일성에 대한 표준적인 형이상학적 관점을 위배하는 것이라는 주장이 제기될 수 있다. 형이상학적으로 보았을 때, 개나 침팬지는 한때 원초적 입장에 있던 개인들과 동일한 개체가 될 수 없다. 그러므로 동물을 정의의 의무를 가지는 대상에서 배제하는 것은 자의적이 아니라는 주장이 제기될 수 있다. 그 이유는 심지어 원초적 계약자들에게도 형이상학적 진리, 즉 '육화되었을' 때 현실 세계에서 어떤 일이 일어나든, 자신들이 (인간 아닌) 동물로 전락할 수 없다는 진리가 포함된 형이상학적 진리를 아는 것이 허용될 수 있기 때문이다.

제3장의 시작 부분에서 언급한 바와 같이, 동일성의 문제는 분명 어려운 문제이지만 그 어려움은 현재의 경우에서 양면성을 갖는다. 원초적 입장에 있는 사람이 현실 세계로 올 때 백치나 그보다 더 상태가 좋지 않은 사람으로 태어날 수 있고, 그러면서도 그가 여전히 원초적 입장에 있었던 경우와 동일한 개인일 수 있다(아마도 롤스는 이를 받아들일 것이다). 그런데

만약 이것이 사실이라면 도덕적 인격성을 규정하는 중심적 특징(정의감)을 갖추고 있다는 사실이 개인의 동일성의 기준이 될 수 없다. 그렇다면 원초적 입장에 있는 사람이 개 또는 침팬지로 '육화되는' 데에 반대할 이유로는 어떤 것이 있을 수 있을까? 인간 백치가 정의감을 갖추고 있지 않음에도 원초적 입장에 있는 인격체들 중 한 사람과 다를 바 없는 개체라고 주장하면서, 이와 동시에 인지적, 도덕적 측면에서의 부족함을 감안할 때 개나 침팬지는 정의감을 가질 수 없으며, 이에 따라 원초적 입장에 있는 한 명의 인격체와 동일할 수 없다고 주장하는 것은 명백한 이중 잣대가 될 것이다. 또한 원초적 입장에 있는 사람들이 아무리 장애가 있어도 인간이 될 것임을 '그냥 알고 있다'고 가정함으로써 이와 같은 자의성을 드러내지 않고 은폐하려는 것은 문제에 답하기보다는 선결문제를 요구하고 있는 것이다.[33] 그 이유는 현재의 논점이 어떻게 **자의적이지 않은 방식으로** 정의의 의무 대상이 되는 존재들에서 동물들을 제외할 수 있느냐이기 때문이다. 원초적인 계약자들이 '육화될' 때 자신들이 어떤 종에 속할 것인가를 '그냥 알고' 있을 뿐이라고 가정함으로써 이러한 질문의 핵심을 회피하려고 하는 것은 문제를 해결하기보다는 되풀이하는 것이다. 무지의 장막이 원초적 입장에 놓인 사람들 스스로가 어떤 종에 속할 것인지를 알 수 있도록 허용하는 것이 **자의적**이라는 지적에 대해서는 적절한 답변이 제시되지 않은 것이다.

우리는 동물에 관한 의무를 롤스가 어떻게 설명했는지를 다음과 같이 요약하고 결론지을 수 있을 것이다. 롤스의 입장은 우리가 동물에게 직접

..

33) (옮긴이) 증명하고자 하는 주장이 이미 참이라고 전제하기 때문에 발생하는 오류이다. 실제 세계에서 인간이 된다는 것은 증명해야 하는 것인데 전제하고 있기 때문에 선결문제 요구의 오류이다.

적인 자연적 정의의 의무를 가지고 있음을 부인하거나, 우리가 그런 의무를 갖지 않은 것처럼 '보이게' 한다. 그런데 이와 같은 입장은, 만약 이러한 의무가 동물에게 직접적으로 마땅히 갖는 자연적인 의무라고 가정할 경우, 우리가 동물에게 잔인하지 않을 의무가 있다고 하는 롤스 자신의 견해와 상충한다. 롤스는 동물에게 잔인하지 말아야 할 의무까지 포함된 동물에 대한 우리의 모든 의무가 간접적이라고 주장함으로써 이러한 모순을 벗어날 수 있었다. 그리고 그는 이러한 동물들과 적절한 측면에서 유사한 인간 도덕 수동자에 관한 우리의 의무에 대해서도 유사한 입장을 취할 수 있었다. 그러나 설령 그의 입장이 이 수준에서 일관된다고 해도, 만약 그가 간접적 의무 견해를 옹호한다면, 그의 입장은 다른 측면에서 적절하지 않게 된다. 특히 누가 직접적 의무의 대상이 되는지를 결정하는 수단으로 롤스가 의존하는 접근 방식(가상의 '원초적 입장'에서 이기적인 계약자가 이르게 될 합의)은 **경험과 관련된 복리**를 갖는 인간 도덕 수동자가 직접적인 정의의 의무의 대상이 된다는 결과를 산출하거나 혹은 산출해야 할 것이다. 그 이유는 만약 원초적 계약자들이 현실 세계에서 어린이가 되는 경우처럼 인간 도덕 수동자가 될 수 있다면, 이러한 계약자들이 정의를 이용하여 자신들의 이익을 확실히 보장해야 개인적으로 이익을 얻게 될 것이기 때문이다. 그러나 이 정도를 인정할 경우, 어떻게 경험과 관련된 복리를 갖는 인간 아닌 동물들에게 이와 같은 동일한 의무를 마땅히 가지게 됨을 자의적이지 않은 방식으로 부정할 수 있는지에 의문이 생긴다. 원초적 계약자들에게 자신들이 인간이 될 것임을 알도록 허용하는 것은 인간에게 유리한 방향으로 편향된 숙고를 하게 하는 것이며, 이는 무지의 장막으로 배제해야 한다. "원초적 입장에 있는 사람들이 동물이 될 수 있다는 생각은 동일성에 관한 형이상학의 법칙에 위배된다"라는 이유로 동물이 될 수 있음을 부정함으로써 이러한 비판에 대응하려는 시도는 롤스 자신이 동일성을 통해 의미하고자 하는 바와 명백하게 조화를 이루지 못한다. 이렇게 보았을 때, 심지어 롤스의 입장을 간접적 의무 견해로 해석하여 그 일관됨을 받아들이려 해도, 그리하여 어떤 적절한 도덕 이론이 통과해야 하는 한 가지 시험을 통과하게 된다고 해도, 이는 원칙적인 이유로 여전히 또 다른 중요한 검사―즉 공평무사성 검사―를 통과하지 못한다.(4.2 이하 참조) 정의의 의무 대상이 되는 집합에서 동물을 배제할 경우 롤스는 일관성을 갖추게 된다. 그런데 만약 일관성을 갖추게 되었다면, 이는 동물을 배제하는 근거가 자의적이기 때문에 가능한 것이다. 모든 것을 고려해보았을 때 어떤 윤리 이론이 명백하게 자의적이라면 그 이론은 합당한 이론이 될 수 없다. 그런데 롤스의 이론이 많은 장점을 가지고 있음에도 명백하게 자의적이라면 그의 이론에 만족하는 것이 최선은 아닐 것이다. 일관성을 갖추기 위해 동물에 대한 의무가 간접적이어야 함을 요구한다는 사실은 그의 이론이 갖는 가장 중요한 장점 중 하나라기보다는 중대한 약점 중 하나이다.

5.5 칸트의 입장: 목적 자체로서의 인간성

동물에 대한 우리의 의무가 어떠해야 하는지에 대한 견해가 분명하지 않은 롤스와는 달리, 칸트는 간접적인 의무에 대한 자신의 입장을 명시적으로 드러내고 있다. 칸트가 이와 같은 입장을 견지한다는 것은 놀라운 일이 아니다. 이는 칸트 도덕 이론의 직접적인 귀결로, 그 개략적인 내용은 다소 투박하기는 하지만 간략하게 요약할 수 있다(4.5 참조). 칸트의 관점에 따르면, 그가 도덕 행위자를 지칭하는 의미로 쓰는 이성적 존재자는 목적 그 자체이다(즉 그들이 다른 사람들에게 얼마만큼 유용한지와는 별도로, 그 자체로 독립적인 가치 혹은 값어치를 갖는다). 어떤 도덕 행위자도 결코 그 자체로 단지 수단으로만 처우되어서는 안 된다. 이렇게 말한다고 해서 도덕 행위자가 가령 정비공, 배관공, 외과 의사로서 가지고 있는 능력의 소산으로서의 기술이나 서비스를 사용할 수 없다는 것이 아니다. 이는 단지 결과적으로 이득이 돌아온다는 이유로 힘, 강제 혹은 기만을 통해 도덕 행위자에게 우리가 그들이 행하기를 원하는 바를 강제해서는 안 된다는 말이다. 힘, 강제, 기만 등의 방법으로 도덕 행위자를 처우하는 것은 그들을 그 자체로 아무런 가치를 가지고 있지 않은 듯이 처우하는 것이거나, 그들을 사물인 듯이 처우하는 것이다. 칸트가 말하고 있듯이 "자신의 삶의 방식을 의지가 아니라 자연에 의지하는 존재라고 하더라도 비이성적(비합리적) 존재라면 상대적인 가치를 가질 뿐이며, 이에 따라 사물이라 불린다."[34] 도덕 행위자는 비이성적이지 않고, '상대적인 가치만을' 갖지 않으며, 사물 또한 아니다. 도덕 행위자(이성적 존재자)는 목적 그 자체이다.

칸트가 생각하기에 자신이 '정언명법'이라고 부르는 법칙은 불완전한 이성적 존재자들이 그들 자신이나 서로를 어떻게 처우해야 하는가를 결정하는 올바른 원리이다. 앞서 칸트가 취하는 입장의 특징을 언급하면서 지적한 바와 같이, 다른 도덕 행위자와의 상호 작용에서 정언명법이 나에게 요구하는 것은 결코 다른 이성적 존재자들이 모두 그에 따라 행동하도록 의지할 수 없는 이유들에 따라 행동함으로써 나 자신을 위한 예외를 만들어

∴

34) Immanuel Kant, *The Ground work of the Metaphysic of Morals*, trans. by H. J. Paton (New York: Harper and Row, 1964), p. 96.

서는 안 된다는 것이다. 예를 들어 나는 다른 사람을 기만하여 이익을 얻기를 바라는 마음을 가지고 약속을 하면서 나의 이유(칸트가 나의 '주관적인 준칙[subjective maxim]'[35]이라고 부르는 것)를 보편화할 수 없다. 왜냐하면 만약 모든 도덕 행위자들이 내가 갈망하는 일, 즉 기만을 통해 이익을 얻으려 한다면, 그런 약속이 맺어졌을 때 아무도 그러한 약속을 믿지 않게 될 것이기 때문이다. 만약 내가 예외(기만적인 약속)를 보편화한다면, 나는 규칙(신뢰할 수 있는 약속을 하는 것)을 파괴할 것이다. 이렇게 보았을 때, 나는 내가 기만적인 약속을 하는 이유를 보편화할 수 없으며, 그렇기에 그러한 약속을 하는 것은 잘못이다. 내가 확실하게 잘못을 범하지 않으려면, 나는 정언명법의 첫 번째 정식인 **보편 법칙의 정식**을 따라야 한다. "나 또한 나의 준칙이 보편적 법칙이 되어야 한다는 것을 의지할 수 있는 방식 외의 다른 방식으로 절대 행동해서는 안 된다."[36]

칸트가 생각하기에 기만적인 약속의 부도덕성은 도덕 행위자가 소유하고 있는 가치의 유형을 배경으로 파악해보고자 함으로써 드러나기도 한다. 앞에서 밝힌 바와 같이, 이성적인 존재자가 가치가 있다고 해서 그들의 기술이나 서비스마저 활용할 수 없다는 것은 아니다. 이성적 존재자의 가치는 다만 그들을 우리가 이용할 수 있는 용도 이상의 가치가 없는 듯이 처우하지 못하게 할 따름이다. 예를 들어 도덕 행위자들이 모르는 것이 내게 이익이 된다는 이유로 그들에게 합리적 판단을 하는 데에 적절한 정보를 제공하지 않을 경우 나는 잘못을 범하는 것이다. 예를 들어 내가 앤에

..

35) (옮긴이) 준칙이란 개인적으로 정해놓은 행위 원리를 말하는데, 가령 내가 매일 아침 운동을 하겠다고 정해놓은 규칙은 일종의 준칙이다.
36) 같은 책, p. 70.

게 빌리고 싶은 돈을 돌려주겠다고 약속하면서 갚지 않으려는 나의 의도를 드러내지 않는다고 가정해보자. 이 경우 나는 앤이 나에게 돈을 빌려줄지에 대한 합리적인 판단을 하는 데에 필요한 정보를 앤에게 제공하지 않고 있다. 그리고 나는 그녀가 모를 경우 이득을 얻기 때문에 거짓 약속을 하고 있다. (만약 돈을 갚지 않으려는 나의 의도를 그녀가 안다면, 아마도 그녀는 돈을 빌려주지 않을 것이다.) 이때 나는 단지 나의 목표나 목적에 부합하는 수단으로서의 가치를 지녔을 뿐인 듯이, 다시 말해 마치 하나의 사물인 양 앤을 처우하고 있는 것이다. 칸트는 그녀를 이와 같은 방식으로 처우하는 것이 잘못이라고 생각한다. 그 이유에 대해 칸트는 우리가 항상 "인간성을 목적으로 대해야지, 결코 수단으로서만 대해서는 안 되기 때문이다"라고 적고 있다.[37] 이것, 다시 말해 칸트가 제시하는 정언명법의 두 번째 정식은 **목적 자체의 정식**이라고 부른다.[38]

칸트는 위에서 제시한 두 가지 정언명법이 등가의 정식이라고 생각한다. 그가 이렇게 생각하는 이유는 도덕의 최고 원리가 여럿이 아닌 하나라고 믿기 때문이다. 그는 보편화 가능성(보편 법칙의 정식) 검사를 통과하지 못하는 준칙에 바탕을 둔 행위는 어떤 것이라도 목적 자체의 검사를 통과하지 못하며, 그 반대도 마찬가지라고 생각한다. 또한 그는 전자의 검사를 통과하는 행위는 후자도 통과할 수 있으며, 그 반대도 마찬가지라고 생각한다. 칸트가 생각하기에 한쪽 검사를 통과하지 못하면서 (혹은 통과하

----

37) 같은 책, p. 76.
38) (옮긴이) 공리주의와 칸트의 의무론은 모두 보편주의적 특징을 가지고 있지만, 전자가 모든 존재의 쾌락과 고통을 동등하게 생각하라는 의미에서 보편주의라고 한다면, 후자는 모든 이성적 존재자를 하나의 인격체로 간주하라고 요구한다는 측면에서 보편주의적 특징을 가지고 있다.

면서) 다른 쪽 검사를 통과하는 (혹은 통과하지 못하는) 행위는 없다. 이처럼 그는 두 가지 정언명법의 정식을 동등하다고 가정하고 있는데, 이 문제는 칸트의 입장에 대한 논의의 결론 부분에서 우리의 시선을 끌 것이다.

나비슨이나 롤스와 달리, 칸트는 이기주의적인 측면에서 도덕을 정초하고 있지 않다. 칸트의 생각에 따르면 합리적이고 이기적인 개인들이 장기적으로 자신에게 이익이 된다는 이유로 도달한 합의(계약)로부터 도덕이 탄생한다고 상상해서는 안 되며, 합의를 준수하는 것으로 이루어진다고 상상해서도 안 된다. 칸트가 보기에 도덕이 자기 이익에 정초되어 있다고 파악하는 것은 사실상 도덕이 갖는 생명의 피를 빼내는 것이다. 그의 견해에 따르면 도덕이 전제하는 바는 개별 도덕 행위자가 자신이 얻게 되는 바에 대한 어떤 고려와도 무관하게, **행하는 것이 옳기 때문에** 옳은 일을 행할 수 있다는 사실이다. 개인들이 행하는 바가 도덕적 가치를 갖는 경우는 개인들이 오직 **자신들의 의무이기 때문에** 의무를 행할 때이다. 나비슨이나 롤스처럼 도덕의 기초가 자기 이익이라고 가정하는 것은 칸트가 보기에 도덕의 가능성 자체를 무너뜨리는 것이다. 칸트의 입장에 따르면 도덕 행위자들이 호혜적인 관계에 놓여 있는 것은 분명 사실이다. 여기서 호혜적인 관계란 내가 어떤 도덕 행위자에게 갖는 근본이 되는 직접적인 의무가 그러한 도덕 행위자가 나에게 갖는 의무와 동일하다는 것을 의미한다. 그럼에도 내가 당신의 독립적인 가치에 걸맞게 당신을 존중할 의무는 호혜적인 방식으로 당신이 나를 처우하는 것에 영향을 받지 않는다. 내가 당신에게 갖는 직접적인 의무는 설령 당신이 나에게 영향을 주는 당신의 의무를 이행하지 못한다고 해도 증발해 버리거나 줄어들지 않을 것이다. 그 반대도 마찬가지이다. 나비슨과 같은 입장에서는 당신이 나에 대한 의무를 수행하지 않게 될 경우, 우리 사이에 존재하는 도덕적 관계의 토대가 무너질 것이다. 하지만 칸트의 입장에서는 이처럼 의무를 수행하지 않게 된다는 사실은 조금의 미동도 야기하지 못한다. 나는 가령 게임을 함으로써 내가 얻는 이득 때문에 도덕 게임에 참여한 사람이 아니다. 이렇게 보았을 때, 게임 규칙은 당신이 이들을 파괴하는 방식으로 행동한다고 해서, 그리고 당신이 내게 해악을 끼치는 방식으로 행동한다고 해서 폐지되거나 느슨해지지 않는다. 내 입장에서 나는 개인적인 이익을 얻기 위해서가 아니라 옳은 것에 대한 존중으로부터 도덕이 요구하는 바에 따라 계속 행동해야 한다.

칸트의 도덕 이론은 이기주의 이론의 한 형태가 아니다. 하지만 우리가 직접적인 의무를 갖는 개체들이 누구인지 상세하게 파악해보았을 때, 그의 이론은 나비슨의 합리적 이기주의, 그리고 롤스의 계약주의와 어느 정도 친화성을 가지고 있다. 우리가 살펴본 바와 같이, 합리적 이기주의 모델에서 우리가 직접적 의무를 갖는 개체들은 합리적 이기주의자들 각각이 상호 간의 행동 규제를 위해 선택한 '합의'에 스스로 도달할 수 있는 개체들, 그리고 오직 그러한 개체들로 한정된다. 여기에 도덕 수동자 일반, 특히 동물은 포함되지 않는다. 칸트의 입장에서 보았을 때, 이들을 제외하는 것은 비록 다른 이유 때문이기는 하지만 마찬가지이다. 도덕 행위자들은 자신들이든 타인들이든 오직 도덕적인 행위자에 **대해서만** 직접적 의무를 갖는다. 그 이유는 칸트의 입장에 따르면 존재하기는 하지만 비이성적인 존재는 '단지 상대적인 가치'를 가질 뿐이며, 그리하여 목적 자체가 될 수 없기 때문이다. 그들은 독립적인 가치를 갖지 못하기 때문에, 우리에게는 목적 자체인 존재들(이성적인 존재, 도덕 행위자)을 처우하는 의무 구속적 방식으로 목적 자체의 정식에 따라 그들을 처우할 직접적 의무가 없다. 만약 우리에게 비합리적인 존재에 대한 의무가 있다면, 이는 간접적인 의무,

다시 말해 도덕적인 행위자인 우리 자신 또는 타인들에 대한 직접적 의무를 이행하는 데에 간접적으로 관련이 있는 의무임이 분명하다.

이렇게 보자면 우리는 칸트가 동물이 관여되는 의무의 문제에서 간접적 의무 견해를 선택할 것이라고 생각해야 한다. 간접적인 의무 이상을 염두에 두는 것은 그가 숙고해서 도달한 도덕의 본질과 토대에 대한 입장을 거스르게 될 것이다. 실제로 칸트는 그렇게 생각하고 있다. 그는 다음과 같이 적고 있다.

동물들에 관한 한, 우리는 직접적 의무가 없다. 동물들은 자의식이 없고 단지 목적을 위한 수단일 뿐이다. 그 목적은 인간이다. (…) 동물에 대한 우리의 의무는 단지 인간에 대한 간접적인 의무일 따름이다. 동물의 본성은 인간의 본성과 유사성이 있고, 우리는 인간의 본성 발현과 관련한 동물에 대한 의무를 행함으로써 인간에 대한 의무를 간접적으로 행하게 된다. 그리하여 개가 주인을 오랫동안 충실히 섬겼다면 그의 섬김은 인간의 섬김과의 유비를 통해 보상받을 만하며, 개가 너무 늙어서 섬길 수 없게 되었을 때에도 주인은 죽을 때까지 개를 지켜줘야 한다. 그러한 행동은 우리가 의무를 가져야 하는 인간에 대한 우리의 의무를 행하는 데 도움이 된다. 만약 동물의 어떤 행동이 인간의 행동과 유사하고 동일한 원칙에서 나온다면, 우리는 동물에 대한 의무를 가지게 된다. 왜냐하면 이와 같은 의무를 행함으로써 우리는 그에 대응하는 인간에 대한 의무를 함양하게 되기 때문이다. 더 이상 섬길 능력이 없다고 해서 개를 총으로 쏘아 버릴 경우 주인이 개에 대한 의무를 저버리는 것은 아니다. 왜냐하면 개는 판단을 할 수 없기 때문이다. 하지만 그의 행동은 비인간적이고, 인류에게 보여줘야 할 의무인 인간성을 훼손하는 것이다. 만약 자신의 인간적 감정을 질식시키지 않으려면 우리는 동물에게 친절을 베풀어야 한다. 동물에게 잔인한 사람은 사람을 대하는 것도 힘들어지고, (…) (반면에) (…) 멍청한 동물에 대한 부드러운 감정은 인간에 대한 인정 어린 감정을 발달시키기 때문이다.[39]

동물이 관여되는 우리의 의무에 대한 칸트의 일반적인 설명을 평가하기에 앞서, 세 가지 비판을 예비적으로 제기해볼 만하다. 첫째, 칸트가 "동물은 자기의식이 없다"라고 주장하는데, 이는 실수이다. 앞에서(2.5) 우리는 동물이 자기의식을 갖는다는 사실을 이해할 수 있고, 또한 확인할 수 있다는 논의를 살펴본 바 있다. 둘째, '판단'이 무엇을 의미하는지에 대한 한 가지 해석에 따르면 개, 그리고 개와 유사한 동물들이 '판단할 수 없다'라는 주장은 거짓이다. 어떤 것을 뼈라고 판단하기 위해서는 (a) 뼈에 대한 (심지어 우리가 갖는) 개념을 가지고 있어야 하고, (b) 어떤 상황에서 그 개념을 적용할 수 있어야 한다. 다시 말해 "저것은 뼈이다"라고 판단할 수(믿을 수) 있어야 하는 것이다. 만약 그렇다면 2장에 제시된 이유로 "동물은 판단할 수 없다"라고 하는 주장은 거짓이다. 만약 칸트가 이 주장이 아닌, 특별히 염두에 두고 있는 어떤 다른 종류의 판단이 있다면, 특히 그가 정언명법을 염두에 두면서 동물이 도덕 판단을 할 수 없음을 의미하고자 한다면, 이때 그가 말하는 것은 의심의 여지없이 참이다. 그러나 도덕 수동자에 대해서도 마찬가지 이야기를 할 수 있고, 이에 따라 칸트 자신 또한 기꺼이 모든 도덕 수동자를 배제할 의사가 없는 이상, 도덕 판단을 내릴 수 없다는 이유로 동물을 직접적인 도덕적 관심의 대상에서 배제할 수는 없다. 그

39) Immanuel Kant, "Duties to Animals and Spirits," in *Lectures on Ethics*, trans. Louis Infield(New York: Harper and Row, 1963), pp. 239~241; reprint in *Animal Rights*, ed. Regan and Singer(chap. 1, n. 2를 보라)에서 재발간.

리고 아래에서 논의가 이루어지겠지만, **인간** 도덕 수동자들을 배제하는 것은 칸트의 입장 일반에 실로 심각한 문제를 초래할 것이다. 셋째, 방금 인용한 구절에서 칸트는 동물이 '단순히 목적을 위한 수단으로' 존재한다는 자신의 주장을 뒷받침하지 못하고 있다. 여기서의 목적은 '인간'인데, 칸트가 어떻게 이와 관련해 설득력 있는 주장을 제기할 수 있는지를 알기 어렵다. 동물들에게는 적절한 측면에서 자신과 유사한 인간과 다를 바 없이 자신에게 더 좋거나 나쁠 수 있는 자신만의 삶이 있다. 이를 인식하기 시작하면서 오직 동물이 인간의 목적에 기여하는 경우에만, 혹은 기여하기 때문에 가치 있는 존재로 보는 입장의 타당성은 줄어든다. 이는 다른 존재들에 대한 동물들의 효용 가치와 무관하게 그러하다. 이렇게 보았을 때, 칸트가 그렇듯이 이러한 동물들과 적절한 측면에서 유사한 인간들을 동일하게 판단할 의사가 없는 한, **동물들의** 가치가 인간에 대한 효용성으로 남김없이 환원될 수 있다고 가정하는 것이 어떻게 옳을 수 있는지는 매우 불확실하다. 이에 대한 논의는 곧바로 더욱 상세히 다루도록 하겠다.

일단 이런 문제들에 대한 논의는 잠시 접어두고, 동물이 관여되는 우리의 의무에 대한 칸트의 일반적인 설명에 대해 우리는 어떤 이야기를 할 수 있을까? 잘 알려진 예외(일부 나치들은 동물들에게 엄청 친절했다)에도 불구하고, 심리와 관련된 칸트의 일반적인 논의가 옳을 수 있다. 즉 자신들이 동물들에게 야기하는 고통에 무관심한 사람들은 얼마 있지 않아 무관심이라는 습관을 형성할 수 있으며, 이에 따라 인간의 고통에 대해서도 마찬가지로 무관심해질 수 있는 것이다. 거꾸로 동물을 처우하면서 그들의 상황을 민감하게 느끼는 습관을 개발한 사람들은 인간을 처우하는 데에서도 민감하게 느끼는 습관을 발달시킬 것이다. 이러한 논의는 분명 논쟁의 여지가 있는데, 동물을 잘 처우해야 한다고 생각하는 일부 저명한 사람들—

예컨대 조지 버나드 쇼(George Bernard Shaw)[40] — 은 적절한 측면에서 칸트와 같은 입장에 의존하여 과학 분야에서의 동물 사용을 전적으로 반대하고 있는 듯이 보인다. 쇼는 "우리는 자신의 품성을 시험해보면서 단지 '내가 이러한 특정한 실험을 하면 어떻게 될까?'만이 아니라 '그러한 실험을 행하면 나는 어떤 유형의 인간이 될까?'도 자문해봐야 한다"[41]라고 적고 있다. 칸트의 입장에서는, 그리고 쇼 또한 마찬가지일 듯한데, 우리의 품성이 인간을 처우하는 방식에 미치는 영향은 동물들에 대한 특정 방식의 처우를 도덕적으로 승인하거나 거부하는 근거가 된다.

현대 영국 철학자 알렉산더 브로디(Alexander Broadie)와 엘리자베스 파이버스(Elizabeth M. Pybus)는 칸트를 두 가지 논점에서 비판하고 있는데, 그럼에도 이들 비판 중 어느 것도 칸트의 심리에 관한 성찰의 정확성에 대해서는 이의를 제기하지 않는다. (심리에 관한 칸트의 변형된 논의들은 다른 맥락인 9.1과 9.4에서 제시할 것이다.) 첫째, 그들은 칸트의 입장이 "동물들에 대한 처우와 관련된 건실한 상식적인 견해, 즉 고통을 느낄 수 있는 능력을 갖춘 동물들이 직접적인 도덕적 관심의 대상이라는 견해와 근본적으로 상충한다"라고 주장한다.[42] 둘째, 그들은 동물이 관여되는 우리의 의무와 관련된 칸트의 관점이 터무니없는 입장으로 귀결되고, 칸트가 자신의 윤리이론에서 제시하는 다른 원리들과 내적으로 조화를 이루지 못한다고 주장한다. 이 중에서 전자의 비판은 근거가 탄탄하다. 하지만 후자의 비판이

40) (옮긴이) 조지 버나드 쇼(1856~1950)는 1925년 노벨 문학상을 받은 아일랜드의 극작가이자 문학 비평가로, 대표작으로 『인간과 초인』, 『피그말리온』 등이 있다.

41) 이는 John Vyvyan, *The Dark Face of Science*(London: Michael Joseph, 1971), p. 29에서 인용한 바와 같다.

42) Alexander Broadie and Elizabeth M. Pybus, "Kant's Treatment of Animals," *Philosophy* 49(1974): 345.

과연 그러한지는 의심스럽다. 브로디와 파이버스가 두 번째 비판을 지지하기 위해 정리해놓은 근거는 다음과 같다.

> 간단히 말해 [칸트의] 논의는 인간이 동물을 학대할 경우 (그 자신이나 다른 사람들이 갖춘) 합리성을 수단으로 활용하는 경향을 갖게 된다는 취지의 논의이다. 그러나 칸트에 따르면 동물은 전문적인 의미에서 사물이며, 결과적으로 우리가 수단으로 사용해야 할 바로 그 대상이다. 이렇게 보았을 때 그의 주장은 어떤 사물을, 다시 말해 동물을 수단으로 사용할 경우 우리가 인간을 수단으로 이용하게 되리라는 것이다.[43]

위의 인용문은 무엇인가가 잘못됐다. 칸트는 동물을 **수단**으로, 예를 들어 짐을 짊어지는 짐승으로 사용하는 것이 결코 옳지 않다고 주장하지 않는다. 그가 주장하는 바는 동물을 학대하는 사람들은 다른 사람들을 비슷한 방법으로 대하게 되기 때문에 동물에 대한 **학대**가 잘못되었다는 것이다. 그리고 칸트는 한편으로는 동물을 학대하는 개념과, 다른 한편으로는 동물을 수단으로 사용한다는 개념을 같거나 논리적으로 동치인 개념으로 가정 ─ 방금 인용한 구절에서 브로디와 피버스가 칸트가 가정하고 있다고 잘못 생각하고 있는 것처럼 ─ 하고 있지 않다. 왜냐하면 칸트의 관점에서 보았을 때, 가령 맹인이 맹인견을 사용하지만 그 개를 사랑과 헌신으로 대하는 경우처럼, 우리는 동물을 학대하지 않으면서 동시에 동물을 수단으로 사용할 수 있기 때문이다.

이와 동일한 실수는 위 저자들이 칸트를 비판할 때, 즉 그가 터무니없으

..

43) 같은 책, p. 382.

며 일관되지 못하다고 비판하는 근저에 깔려 있다. 그들은 다음과 같이 쓰고 있다.

> 따라서 만약 [칸트가] 동물을 수단으로 사용할 경우 합리성을 **수단**으로 이용하게 될 것이라는 논증을 활용하려면 그는 이를 일반화해야 하고, 다른 사람을 대할 때 우리의 행동에 미치는 영향 때문에 어떤 것도 수단으로 사용해서는 안 되며, 그렇게 사용하지 말아야 할 간접적인 의무가 있다고 말해야 한다. 이는 단순히 불합리한 것에만 그치는 것이 아니라, 자신의 기술(skill)에 대한 명법에 반하는 입장이기도 하다(강조가 추가되었다).[44]

그러나 여기서 중요한 점은 칸트가 동물을 **수단**으로 사용하는 것이 지금 문제가 되는 효과를 가져온다고 주장하고 있**지 않다**는 것이다. 그가 그러한 효과를 가져오리라고 주장하는 것은 동물에 대한 **학대**이다. 이렇게 본다면 브로디와 파이버스는 칸트가 "우리에게 동물을 수단으로 사용해서는 안 되는 간접적인 의무가 있다"라는 입장을 견지한다는 이유로, 그의 입장이 "우리에게 어떤 것도 수단으로 사용하지 말아야 할 간접적인 의무가 있다"라는 터무니없는 결과로 귀결된다고 주장할 수 없다. 그들은 여기에서의 칸트의 입장이 자신의 기술에 대한 명법과 조화를 이루지 못한다고 말할 수도 없다. 왜냐하면 칸트가 말하는 바로부터 우리에게 어떤 것이라도 결코 수단으로 활용해서는 안 될 간접적인 의무가 있다는 입장이 귀결되지는 않기 때문이다. 그의 입장으로부터 귀결되는 바는 만약 우리가 학대의 결과로 우리 자신이나 다른 사람들의 합리성을 단지 수단으로만 활

━━

44) 같은 책, p. 383.

용하게 된다면, 우리는 어떤 것도 **학대해서는** 안 되는 간접적인 의무를 갖게 된다는 것이다.

칸트를 옹호해주고자 하는 이와 같은 시도에 대해 브로디와 파이버스는 대응책을 마련해놓고 있다. 그들은 다음과 같이 쓰고 있다.

> 칸트에게는 그 자체가 목적이 아닌 것은 직접적인 도덕적 관심의 대상이 될 수 없다. 그러나 칸트는 동물이 그 자체로 목적이 아니라는 입장을 견지한다. 이에 따라 그는 동물 학대에 대해 말할 때 우리가 직접적인 도덕적 관심의 대상이 아닌 어떤 대상에 대한 학대를 말하는 것이라 생각하고자 한다. 그런데 만약 학대가 대상들을 그 본성에 맞지 않는 방식으로 처우하는 것을 지칭한다면 학대는 도덕적인 개념이다. 하지만 만약 동물들이 직접적인 도덕적 관심의 대상이 아니라면 동물 학대에 해당하는 것은 무엇일 수 있을까?[45]

이러한 주장으로부터 우리가 추정해보게 되는 것은 동물이 어떻게 학대당할 수 있는지에 대한 설명을 칸트가 허용하지 않으리라는 것이다. 하지만 이것이 참인가? 아닌 듯하다.

여기서 강조해야 할 문제는 칸트가 동물을 어떻게 처우할 수 있는지에 대한 납득할 만한 설명을 제공하고 있는지의 여부가 아니다. 여기서 문제는 그의 윤리 이론이 어떤 설명이라도 제시할 **가능성**을 허용하고 있는지의 여부이다. 그의 이론은 이를 허용하고 있는 듯이 보인다. 칸트가 주장할 수 있는 바는 단지 수단으로서만 가치가 있는 것들을 대상으로 한 학대의 핵심이 그들의 수단으로서의 가치를 감소시키는 방법으로 그들을 처우하

:•

45) "Kant and the Maltreatment of Animals," *Philosophy* 53(1978): 560.

는 데에 놓여 있다는 것이다. **그러한 것들**이 갖는 유형의 가치를 감안해보 았을 때, 이러한 처우는 "**그러한 것들**의 본성에 맞지 않는다"라는 것이다. 이어서 칸트가 **사물**은 단지 수단으로서의 가치를 가지고 있을 따름이며, 그 때문에 '본성에 맞지 않는' 방식으로 처우할 경우에도 **사물에게는** 그에 따른 도덕적 잘못을 행한 것이 아니라고 주장할 수 있다. 사물을 언제 그 리고 왜 학대하는 것이 도덕적으로 잘못인가를 물을 경우 칸트는 그것이 얼마 있지 않아 목적 자체로 존재하는 개체를 학대하는 방향으로 도덕 행 위자를 이끌게 되기 때문이라고 답할 것이다.

다음 사례는 이러한 주장의 의미를 더욱 명료하게 만들어줄 것이다. 화 가 난 아이가 자신의 미술 용구들을 망가뜨릴 경우, 그는 목적 자체로 존 재하는 무엇인가를 망가뜨린 것이 아니다. 그는 단지 수단으로서의 가치 를 갖는 어떤 사물을 부순 것이다. 여기서 단지 수단으로서의 가치만 있는 용구들은 그리기에 사용할 물건으로, 아이는 미술 용구들을 '그들의 본성 에 맞지 않는' 식으로 처우했다. 그러나 그렇게 처우한 것이 **그것들에게** 도 덕적 잘못을 행한 것은 아니다. 아이는 용구들에 마땅히 가져야 할 직접적 의무를 거스르고 있지 않다. 그러나 그렇다고 해서 우리가 그의 행동을 도 덕적으로 무관심한 것으로 보거나 그렇게 보아야 한다고 말할 수 없으며, 그의 행동이 왜 미연에 방지되어야 하는지를 설명하고자 하는 칸트의 전례 를 따를 수 있는 것도 아니다. 요컨대 우리는 자신의 감정이 자신을 이기 도록 내버려두어서는 안 되는데, 그 이유는 단지 분노가 폭발할 때 어리석 은 짓을 하게 되기 때문만이 아니라(예를 들어 미술용품을 망가뜨릴 경우 나중 에 후회하게 되는 경우처럼), 그러한 행위를 반복할 경우 얼마 있지 않아 우 리가 도덕적으로 불쾌한 방법으로 직접적 의무를 지고 있는 개체들을 몰 아붙이게 될 수 있기 때문이다. 단지 수단으로의 가치만을 갖는 무엇인가를 불필요하게 훼손하는 것은 그 사물을 '본성에 맞지 않는' 방식으로 처우하는 **것이다**. 하지만 이러한 훼손에 반대하는 **도덕적** 정당화 방법은 칸트 특유의 느낌이 나는 것처럼 보인다. 이렇게 보자면 반대 의견이 있음에도 칸트는 단지 수단으로의 가치만 있는 사물에 대한 잘못된 처우와 관련해 일관된 입장을 가질 수 있게 된다. 이 정도를 인정하면서 동물에 대한 **칸트의** 관점을 고려해본다면 동물 학대에 대한 그의 입장도 그의 윤리 이론의 일반 원리들과 조화를 이룬다는 사실을 파악하기란 어렵지 않다.

이렇게 말하는 이유는 칸트가 보기에 동물은 브로디와 파이버스가 주목하고 있듯이 **사물**이며, '상대적 가치'를 갖는 데 불과하기 때문이다. 그렇다면 우리가 동물들을 인간—칸트의 관점에서 동물은 애초에 인간을 위해 존재한다—을 위한 수단으로서의 가치를 축소하는 방식으로 대할 경우, 우리는 동물을 사물로서 잘못 처우하는 것이다. 칸트의 관점에서 보았을 때, 우리의 목적에 부합하는 수단으로 존재하는 것이 동물들의 본성이기 때문에, 우리에 대한 효용을 감소하는 방식으로 동물을 처우하는 것은 실로 '그들의 본성에 맞지 않는' 방식으로 그들을 처우하는 것이다. 그러나 "동물 학대는 우리가 동물에게 갖는 어떤 직접적 의무에 반한다"라는 것이 칸트가 동물 학대에 반대하는 근거는 아니며 그가 일관성 있게 가질 수 있는 근거도 아니다. 오히려 미술 도구를 이유 없이 망가뜨리는 행동에 관한 유사 사례에서처럼, 칸트의 동물 학대 반대 근거, 또한 이에 반대하여 일관성 있게 가질 수 있는 근거는 이러한 학대가 우리의 품성에 미치게 될 (추정된) 효과에서 찾아볼 수 있으며, 그의 견해에 따르면 동물을 잔인하게 다루는 습관이 이내 우리가 직접적 의무를 갖는 대상—즉 우리 자신, 그리고 다른 사람들—에 대한 우리의 의무를 이행하지 못하게 하는 데에서 찾아볼 수 있다.

칸트의 가정을 감안해보았을 때, 그의 입장의 내적 일관성을 옹호하는 것과 적절성을 옹호하는 것은 완전히 별개이다.[46] 그의 입장은 적절할 수 없는데, 이는 동물이 **사물**이라는 가정, 그리고 이와 관련해서 그들이 '단순히 목적'(여기서의 목적은 인간이다)을 위한 수단으로서의 가치만을 가지고 있다는 가정이 적절하지 않은 것과 마찬가지이다. 동물이 사물이라는 가정은 기껏해야 거짓이다. 제3장에 제시된 이유로, 동물이 인간의 목적을 증진하기 위한 인간의 사용과 논리적으로 연결되지 않는 복리를 갖는다고 보는 것은 합당하다. 또한 동물들이 도덕 행위자가 되기 위해 필요한 유형의 자율성을 갖추고 있지 못하다는 것은 인정할 수 있지만 어떤 의미에서의 자율성도 갖추지 못한다는 생각은 잘못이다. 그 이유는 동물들이 선호를 가질 뿐만 아니라, 그러한 선호를 충족하기 위해 스스로 행동할 수도 있기 때문이다. 칸트가 그러했던 것처럼, 그들을 미술 도구와 같은 사물로 보는 것은, 그리하여 동물들이 미술 도구처럼 인간의 욕망과 목적에 비례하는 가치만을 갖는다고 보는 것은, 그들이 어떤 존재인지를 근본적으로 왜곡하는 것이다. 브로디와 파이버스와 달리, 설령 칸트의 입장이 일관된다는 사실을 인정한다고 하더라도, 그의 입장을 적절한 것으로 보아야 한다고 말할 수는 없다.

우리는 칸트가 가정하고 있는 **인간** 도덕 수동자들의 도덕적 지위를 고려함으로써 그의 가정이 잘못된 토대 위에 놓여 있음을 더욱 뚜렷하게 확인할 수 있을지 모른다. 정의상, 인간 도덕 수동자들은 도덕 행위자가 아니며, 그리하여 칸트의 원리에 따르면 이성적인 존재자가 아니다. 그들은 이

⋮

46) (옮긴이) 설령 논리적인 일관성을 갖추고 있다고 해도, 어떤 입장이나 이론은 도덕적으로 문제가 있을 수 있다.

성적인 존재자가 아니기 때문에 그 자체로 아무런 가치도 가질 수 없으며, 그 대신 그들을 '그저 목적을 위한 수단으로서의' 가치를 갖는 사물로 보아야 한다. 이러한 생각은 우리가 어떤 인간 도덕 수동자들에게도 직접적인 도덕적 잘못을 저지를 수 없다는 입장으로 귀결된다. 그러한 인간들에 대한 도덕적 처우에 대해 말할 수 있는 것이라고는 그들이 관여되는 우리의 의무가 이성적인 존재자에 대한 간접적인 의무라는 정도에 머문다. 그리하여 내가 몇 시간이고 계속해서 **어떤 아이**를 고문한다고 해도, 나는 그 아이에게 도덕적 잘못을 저지르는 것이 아니다. 이와 같은 고문에 반대할 수 있는 도덕적 근거는 다른 곳에서, 즉 이렇게 고문하는 효과가 내 성격에 미칠 영향에서 찾아야 한다. 칸트는 고문과 같은 행동이 인간 도덕 행위자에 대한 처우를 '냉정'하게 만든다고 가정한다. 하지만 다음과 같은 경우를 가정해보자. 내가 내 인생에서 단 한 명의 인간 도덕 수동자를 고문하려 한다. 처음에는 역겨움을 느끼지만, 내가 평소에 가지고 있는 감수성을 억누르고 모든 상상력을 발휘해 아이를 공포에 떨게 한다. 그리고 내가 예상한 것이 참임에 스스로 만족하고는, 다시 말해 내가 고문에 대한 취향이 없음을 확인하고는, 나의 포로를 풀어주고 다시는 어떤 인간도 고문하는 데 탐닉하지 않는다고 가정해보자. 잔인함의 습관은 내 가슴에 영원히 자리 잡지 않는다. 그런데 이 경우 내가 한 명의, 그리고 유일한 고문 희생자에게 아무런 잘못도 범하지 않았다고 말할 수 있는가? 이러한 생각이 아무리 그럴듯하게 보이지 않아도, 칸트의 입장은 이 질문에 대한 답이 '그렇다'임을 시사한다.

그러나 칸트의 입장은 그럴듯하지 않은 이상으로 문제가 있다. 그의 입장은 자의적이다. 논의를 위해 내가 인간 도덕 수동자들에게 고통을 야기하는 데에서 얻는 즐거움의 결과로 얼마 있지 않아 가학적인 습관을 개발하게 되었고, 이로 인해 내가 인간 도덕 행위자에게 고통을 야기하게 되었다고 가정해보자. 도덕 수동자와 도덕 행위자에게 행한 바에 대한 반응 사이에 아무런 유사성이 없다면, 한쪽을 함으로써 다른 쪽을 하게 되었다는 사실은 아무리 좋게 말해도, 꽤 주목할 만한 일이 될 것이다. 예를 들어 인간 도덕 수동자를 극도로 괴롭히는 것이 그들에게 상처를 준다는 아무런 행동적 증거를 산출하지 않는다고 가정해보자. 이 경우 내가 어떻게 인간 도덕 행위자를 극도로 괴롭히는 것이 고통을, 다시 말해 가학자로서 내가 초래하기를 즐기는 고통을 산출한다고 합당하게 추론할 수 있을까? 적어도 인과적인 이야기를 그럴듯하게 만들려면[47] 우리는 인간 도덕 행위자와 마찬가지로 인간 도덕 수동자들 또한 고통을 받을 수 있으며, 고통을 느끼게 할 때 그들 또한 인간 도덕 행위자와 유사한 방식으로 자신들의 고통을 행동으로 드러낼 수 있다고 가정해야 한다. 그러나 만약 양자의 행동이 유사하다면(내가 한쪽에게 고통을 야기하는 경우로부터 다른 쪽에게 고통을 야기하는 경우로 옮아가게 되려면 그래야 하는데), 그들의 고통 또한 우리의 것과 유사하다고 믿는 것이 합당하다. 그러나 만약 그 고통이 비슷하다면, 그리고 도덕 행위자에게 이를 야기하는 것이 (칸트가 인정하는 것처럼) 그들에게 마땅히 갖고 있는 직접적 의무를 위반하는 것이라면, 이 경우 어떻게 우리가 **자의적이지 않은 방식으로** 인간 도덕 수동자에게 고통을 주는 것이 그들에게 마땅히 갖고 있는 직접적 의무를 위배한다는 결론을 피할 수 있을까? 도덕 행위자는 정언명법에 따라 행동할 수 있지만 인간 도덕 수동자들은 그렇게 할 수 없다고 답하는 것은 참이지만 적절치 못하다. 여기서 중

47) 내 기억으로 이러한 논점을 처음으로 분명하게 파악하게 된 것은 동료 W. R. 카터와 칸트의 견해에 대해 이야기를 나누던 중이었다.

요한 것은 그들의 다른 능력이 아니라, 그들이 도덕 행위자들과 **공유하고 있는** 고통을 느낄 수 있는 능력이다. 도덕 행위자에게 불필요한 고통을 야기하지 않을 의무가 그들에게 마땅히 갖는 직접적 의무라면, 인간 도덕 수동자에게 불필요한 고통을 야기하지 말아야 할 의무 또한 그러한 의무임이 분명하다. 그렇게 생각하지 않는 것은 정의의 형식적인 요건을 무시하는 것이다. 다시 말해 우리가 고려해야 할 **적절히** 유사한 사례들을 다르게 처우하는 입장을 허용하는 것이다. 칸트의 입장은 이러한 조건을 거스르고 있으며, 이를 거스르는 것은, 우리가 잠시 후에 좀 더 상세하게 살펴보게 될 바와 같이, 그의 이론에서 확인되는 도덕적 자의성의 피할 수 없는 결과이다.

칸트를 옹호하는 사람은 이것이 칸트에 대한 오해라고 반박할 수 있다. 그는 동물을 포함해 수단에 불과한 가치를 갖는 사물이 존재하는 이유는 **단지 인간 도덕 행위자를 위해서뿐만이 아니라, 인간성 일반**을 위해서라는 입장을 견지한다. 칸트를 옹호하는 사람의 입장에 따르면 단지 도덕 행위자만이 아닌 **모든** 인간이 목적 그 자체로 존재하며, 이에 따라 마지막 단락에서의 비판은 근거가 없다. 물론 칸트가 인간 도덕 수동자들을 포함한 모든 인간이 목적 그 자체로 존재한다고 **생각할** 수도 있다. 하지만 그가 **일관되게** 그와 같이 생각하고 있다고 할 수는 없다. 그 이유는 인간 도덕 수동자들은 도덕 행위자이기 위한 합리성과 관련한 전제 조건을 갖추고 있지 못하기에 그들은 오직 '상대적인 가치'만을 가질 수 있으며, 이에 따라 이 문제에 대한 칸트의 이해를 감안하자면, 그들은 사물로 간주되어야 하기 때문이다. 결국 칸트를 옹호하기 위한 논의는 불발에 그치며, 이와 같은 옹호 방법은 그가 직면해야 할 딜레마 상황을 더욱 첨예하게 만들 따름이다. 즉 칸트는 인간 도덕 수동자를 목적 자체로 봄으로써 인간 도덕 행위자가 된다는 것이 목적 자체가 되기 위한 (충분조건이 될 수는 있지만) 필요조건이 되지 않도록 하는 입장을 취하거나, 그렇지 않으면 그러한 인간들을 '상대적인 가치만이 있을 뿐'이라고 보는 입장을 취하는 경우 중에서 양자택일해야 하는 것이다. 만약 그가 전자의 선택지를 택한다면, 우리는 인간 도덕 수동자에 대한 직접적 의무를 가질 수 있게 된다. 반면 그가 후자의 선택지를 택한다면 우리는 그런 의무를 가질 수 없다. 그런데 칸트에게는 어떤 선택지도 유익하지 않다. 만약 전자가 선택된다면, 그는 자신의 윤리 이론의 핵심 입장, 즉 오직 이성적 존재자들(즉 도덕 행위자들)만이 목적 자체로 존재한다는 입장을 포기하지 않을 수 없게 된다. 만약 후자가 선택된다면 그의 입장은 도덕적으로 자의적이라는 비판을 받게 된다.

어떤 선택지도 칸트주의자들에게는 환영할 만한 입장이 아니지만, 자의적이지 않은 쪽을 선택할 경우 나름대로의 훌륭한 의미와 이유가 확보된다. 인간 도덕 수동자는 **사물이 아니다.** 그들은 **그 자체로** 경험에 관한 복리를 갖는 개체들이다. 그리고 도덕적 행위 능력이라는 조건은 직접적인 도덕적 관심의 대상이 되기 위한 필요조건이 **아니며,** 논리는 편향성을 띠지 않는다. 이에 따라 인간 아닌 다른 도덕 수동자들도 도덕적 행위 능력이 없다고 해서 직접적인 도덕적 관심의 대상이 되지 못하는 것은 아니다. 만약 인간 도덕 수동자들에게 직접적 의무가 있다면, 그들과 유사한 동물들에게도 적절한 측면에서 그와 같은 의무가 있어야 한다. 우리가 경험에 관한 복리를 가지고 있는 동물들에게 직접적 의무를 가지고 있음을 부정하는 것, 그러나 이러한 동물들과 다르지 않은 인간 도덕 수동자들에게 이러한 의무가 있음을 긍정하는 입장은 도덕에 대한 지지할 수 없는 종 차별주의적 이해의 징후를 드러내는 경우**일 것이다.**

마지막으로 논의해볼 것은 칸트의 자의성의 깊이를 측정해보는 것과 관련되는데, 이는 논의를 계속해 나가기 전에 우리가 관심을 기울여봐야 할 문제이다. 앞서 언급했듯이, 칸트는 자신이 정언명법과 다를 바 없다고 간주하는 대체 가능한 정식들을 제시한다. 그가 생각하기에 어떤 행위가 보편 법칙의 검사를 통과할 수 있다면 그 행위는 목적 자체의 검사 또한 통과하며, 그 반대도 마찬가지이다. 이와 마찬가지로 어떤 행위가 한쪽을 통과하지 못할 경우 다른 쪽도 통과하지 못한다. 나는 이것을 거짓임을 보일 수 있는 입장이라 생각한다. 내가 채식주의자가 될지를 고민하고 있다고 가정해보자. 이러한 고민을 하는 이유는 내가 내 건강을 염려해서가 아니라, 내가 생각하기에 가축을 집약적으로 사육하는 것이 잘못이고, 동물들을 가혹하게 처우하는 것이 잘못이기 때문이다. 내가 보편 법칙의 정식을 활용하려 할 경우, 그 어떤 사람도 집약적인 사육을 통해 생산된 고기를 구입함으로써 그와 같은 사육을 지지해서는 안 된다는 적절한 주관적인 준칙을 보편화하지 못할 이유가 없다. 하지만 이제 내가 목적 그 자체의 정식을 활용해보고자 한다고 가정해보자. 이러한 정식은 나에게 내 자신의 인격 혹은 다른 사람의 인격에서의 **인간성**을 동시에 항상 목적으로 대우할 것이며, 결코 단지 수단으로서만 대해서는 안 된다고 알려준다. 그러나 내가 **어떻게 이러한** 정언명법의 정식을 이용하여 공장식 영농을 도덕적으로 반대한다는 것의 도덕성을 평가할 수 있을까? 내가 염려하는 존재들은 인간이 아니기 때문에 칸트의 정식은 나에게 가능한 지침을 제공하지 않는다. 그러나 만약 그것이 나에게 가능한 지침을 제공하지 않는다면, 두 정식, 즉 보편 법칙과 목적 자체의 정식은 결국 동등하지 않다. 그 이유는 동물에 대한 집약적 사육을 지지하지 않는다는 나의 주관적인 준칙이 보편 법칙의 검사를 통과하지만, 동물에 대한 집약적 사육을 지지하는 도덕은 목적 자체의 정식을 통과하기는커녕, 심지어 이러한 정식으로 검사

될 수조차 없기 때문이다. 이처럼 칸트의 입장을 특징짓는 도덕적 자의성은 가장 근본적인 수준에서 ― 즉 근본적인 도덕원리에 대한 그의 해석 수준에서 ― 그와 같은 특징이 감지된다. 칸트가 근본적인 도덕원리(보편 법칙에 관한 도덕원리)를 확장하여 정식화한 것 ― 이것은 동물들을 어떻게 처우할 것인지에 관한 우리의 준칙을 직접적으로 검사할 수 있게 한다 ― 이 근본적인 도덕원리(목적 자체에 관한 도덕원리)를 제약적으로 정식화한 것 ― 이것은 동물들을 어떻게 처우할 것인지의 문제에 직접적으로 함의하는 바가 없다 ― 과 동등하다고 가정할 수 있는 경우는 오직 그가 옹호할 수 없는 편견을 갖는 경우에 한한다. **인간**을 어떻게 처우해야 하는가로 도덕에 관한 최고 원리의 직접적인 범위를 제한하는 것은 이러한 원리가 자의로 다른 존재들을 배제하고 있듯이, 인간 개체들을 자의로 선호하고 있는 것이기도 하다.

5.6 모든 간접적 의무 견해의 도덕적 자의성

앞의 세 절에서 우리는 대표적인 간접적 의무 견해들을 살펴봤고, 검토해본 개별 견해들이 갖고 있는 특징적인 이유들 때문에 (예를 들어 방금 살펴본 칸트의 정언명법의 두 정식이 동등하지 않은 것과 같은) 문제가 있음을 확인했다. 그러나 앞에서 살펴본 세 가지 입장 모두에 대한 논의에서 확인된 공통적인 문제는 도덕적 자의성이라는 문제였는데, 이는 마지막 절인 이곳에서 더욱 충분히 살펴볼 필요가 있을 것이다. 이는 간접적 의무 견해를 최종적으로 정리한다는 차원에서, 또한 다음 장에서 직접적 의무 견해에 대한 검토를 준비하기 위해 필요하다. 여기서 개진해보고자 하는 논의에는 우리의 직관에 대한 호소가 포함된다. 우리는 이러한 절차, 즉 직관에 대한 호소가 철학적으로 논란의 여지가 있음을 알고 있으며, 이것이 앞에서 직관에의 호소를 이용하지 않으면서 대표적인 간접적 의무 견해를 비판했던 이유이다. 그러나 만약 직관에의 호소가 허용된다면, 우리는 직관에 호소함으로써 나비슨, 롤스, 칸트에게서 발견되는 간접적 의무 견해에 이의를 제기할 수 있을 뿐만 아니라(그리고 우리는 여러 곳에서 이러한 호소를 통해 각각의 입장에 대해 이의를 제기한 바 있다), **어떤** 간접적 의무 견해에 대해서도 치명적인 주장을 제기할 수 있을 것이다. 바로 이것이 지금부터 우리가 관심을 갖고 살펴볼 논의이다.

적절한 출발점으로 삼을 수 있는 지점은 로스의 "만약 우리가 동물들에게 특정한 방식으로 행동해야 한다고 생각한다면, 우리가 그렇게 행동해야 하는 것은 주로 그들의 감정(feeling)에 대한 고려 때문이다. 우리는 그들을 덕을 쌓기 위한 훈련장으로 생각하지 않는다"라는 주장이다.[48] 로스의 주장은 적절한 측면에서 동물들과 같은 모든 도덕 수동자(즉 신념, 바람, 기억, 정신적·육체적 동일성, 복리 등을 갖는 개체들)들을 포함하는 데까지 확장될 수 있다. 예를 들어 어린아이도, 지적 장애인들도 도덕 행위자가 덕을 추구하는 데에 필요한 '훈련장'은 아니다. 만약 우리가 이러한 인간들을 특정한 방식으로 처우하는 것이 잘못되었다고 생각한다면, 우리는 대체로 그러한 처우가 '**그들의 복리**를 중요하게 고려하지 않기' 때문에 (여기서 우리는 로스가 논지를 전개하는 방식에서 이탈한다) 잘못되었다고 생각한다. 로스는 인간과 동물이 모두 직접적인 도덕적 관심의 대상이며, 그들에 대한 직접적 의무를 어느 정도 갖는다고 생각한다.

● ●

48) Ross, *The Right and the Good*(chap. 4, n. 3을 보라), p. 49.

로스는 분명 동물들의 도덕적 지위에 대해 일부 사람들이 어떻게 생각하는지를, 그리고 암묵리에 이러한 동물과 적절한 측면에서 다를 바 없는 인간에 대해 어떻게 생각하는지를 적절하게 서술하고 있는 듯하다. 문제는 모든 사람이 그렇게 생각하는 것은 분명 아니라는 것이다. 특히 간접적 의무 견해에 찬성하는 사람들은 분명 그렇게 생각하지 않는다. 간접적 의무 견해가 함의하는 바에 따르면 도덕 수동자들을 잘 처우하거나 잘못 처우하는 것은 우리가 그 개체에게 직접적으로 가지고 있는 의무를 수행하는 것이 아니다. 물론 이러한 관점이 "도덕 수동자에 대한 우리의 처우 방식은 단지 도덕적 행위자들끼리의 진지한 도덕 게임을 위한 일종의 도덕적 준비운동에 지나지 않는다"라는 입장을 취한다고 주장하는 것은 과장일 수 있다. 그럼에도 간접적 의무 견해는 우리가 도덕 수동자를 어떻게 처우하는지의 문제를 직접적인 도덕적 중요성이 없는 것으로 파악한다. 그러나 문제는 단지 도덕 수동자들의 도덕적 지위에 대해 누가, 어떻게 생각하느냐만이 아니다. 문제는 우리 앞에 놓인 선택지들—도덕 수동자들이 직접적인 도덕적 중요성을 갖는다는 견해와 그렇지 않다는 견해—중에서 어떤 것이 더 합리적인 관점인가 하는 것이다. 이는 로스의 '우리가 생각하는 바'에 대한 서술을 그 자체로 고려해볼 경우에는 답할 수 없는 질문이다. 왜냐하면 많은 사람들, 어쩌면 대부분의 사람들이 우리가 도덕 수동자에 대한 어떤 직접적 의무를 가지고 있다고 생각하지만, 그렇다고 우리가 이러한 의무를 실제로 행하는 것은 아니기 때문이다. 우리의 반성 이전의 직관은 합리성을 갖추고 있지 않다. 하지만 설령 현재 검토하고 있는 문제에 대한 반성 이전의 믿음의 합리성이 단지 우리가 이러한 믿음을 가지고 있다는 사실만으로 보장되지 않는다고 해도, 반성 이전의 믿음이 사려 깊게 생각해보고 내린 긍정적인 판단과도 잘 맞아 떨어진다는 주장을 뒷받침할 여러 이유들을 제시할 수 있다.

우리는 앞 장(4.3)에서 개괄한 반성 이전의 직관을 검사하는 절차를 여기에서 적절하게 활용해볼 수 있을 것이다. 여기서 우리는 합당하게 얻을 수 있는 적절한 정보를 최대한 확보하고, 합리적이면서 일관성 있게 생각해야 한다는 사실에 유념하며, 가능한 한 최선의 판단에 도달하기 위해 양심적으로 노력하되, 반성 이전의 믿음을 공평무사하고도 냉정하게 판단하면서 이러한 노력을 기울인다고 가정해야 한다. 다음 단계로 우리는 어떤 직관(만약 있다면)이 비판적 평가 과정이라는 뜨거운 열기를 견딜 수 있는지를 결정하기 위해 우리의 여러 직관들을 반성적으로 검토한다. 현재의 문제를 놓고 이와 같은 노력을 기울일 경우, 우리는 다음과 같은 믿음이 숙고된 믿음으로서의 특징을 갖는 데 필요한 자격을 갖추었다고 생각해볼 수 있다. "다른 모든 것들이 동일할 때, 도덕 행위자를 죽이고, 도덕 행위자에게 고통을 가하고, 바람을 만족시키는 것(예를 들어 기본적인 육체적 건강을 확보하거나 기술, 교육 혹은 필요한 법률적 자문을 얻을 기회를 확보하는 것)이 이익이 됨에도 그들에게 그러한 욕망을 충족할 기회를 주지 않는 것은 잘못이다." 그런데 이러한 믿음, 그리고 이외의 다른 믿음들은 중요한 특징을 공유한다. 이들은 모두 도덕 행위자에게 해악을 끼치는 것에 대한 금지를 포함한다. 이렇게 말하는 이유는 앞의 장(3.3)에서 이미 논의한 바와 같이, 여러 해악들은 어떠한 개체에게 불필요한 고통을 야기함으로써, 혹은 바람을 충족시키거나 자신의 복리에 기여할 수 있는 목적을 이행하지 못하게 함으로써 고통 야기 혹은 박탈의 형태를 취할 수 있기 때문이다. 이러한 믿음들이 이와 같은 공통적인 특징을 공유하기 때문에 이들을 통합하는 일반 원리(**해악의 원리**)를 명시적으로 제시할 수 있게 된다. 이러한 원리에 따르면 우리는 **개체들에게 해악을 끼치지 말아야 할 직견**

적인[49] **직접적 의무**를 갖는다. 우리가 **직접적** 의무를 갖는다고 말하는 것은, 우리가 그러한 대상 자체에게, 즉 이러한 원리의 적용 범위 내에 속하는 대상들에게 해악을 끼치지 말아야 할 마땅한 의무를 갖는다는 것을 의미한다. 반면 이러한 의무가 직견적이라고 말하는 것은 비록 이러한 의무가 일부 경우(예를 들어 자기방어가 필요할 때)에 압도당할 수 있지만, 그럼에도 압도당할 수 있다고 이야기하는 사람이 왜, 그리고 어떻게 그것이 가능한지를 제시해야 한다는 것을 의미한다. 언제 그리고 어떻게 이러한 원리가 압도당할 수 있는지는 이후의 장(8.7 이하)에서 상세하게 다룰 문제이다. 지금 이 시점에서 우리의 관심은 해악의 원리의 적용 범위가 얼마나 되는지, 특히 그것이 모든, 그리고 오직 도덕 행위자에게만 적용되는지를 확인해보는 것이다.

만약 우리가 로스가 말하는 반성 이전의 직관들을 공유한다면, 우리는 도덕 수동자에 대한 의무가 간접적이라고 믿지 않는다. 이러한 직관들을 공유한다면, 우리는 도덕 수동자들을 고통스럽게 하지 않을, 혹은 여타의 방법으로 그들에게 해악을 끼치지 않을 직견적인 직접적 의무가 있다고 믿게 된다. **또한** 우리는 다른 사람들(예를 들어 아이들과 이해관계가 있는 친척들 또는 애완동물 주인)이 어떻게 느끼는지 때문이 아니라, **도덕 수동자인 개체들에게 행한 해악 때문**에 가해진 해악을 잘못이라고 믿는다. 간접적인 의무 견해를 받아들이는 사람들은 우리의 여러 직관들이 잘못되었다

..

49) (옮긴이) 직견적인 의무는 행위자의 직관적 판단에 따라 때로는 다른 의무보다 중요하다고 판단되어 우선시되기도 하고, 때로는 다른 의무보다 덜 중요하다고 판단되어 보류되기도 하는 의무이다. 이와 같은 입장에 따르면 주어진 상황에서 어떤 조건부 의무가 다른 조건부 의무와 상충하지 않는다면 그 의무는 그 상황에서 실제적 의무가 되어 실천이 이루어져야 한다.

고 생각해야만 한다. 직접적 의무 견해와 간접적 의무 견해 간의 이와 같은 불일치에 대해 우리가 합리적으로 판단할 수 있는 방법은 무엇일까? 먼저 도덕 수동자들이 **해악을 입을 수 없음**을 간접적 의무 견해를 옹호하는 사람들이 보여줄 수 있다면, 버려야 할 것은 그들의 견해가 아닌 우리의 직관이어야 할 것이다. 이러한 개체들이 원천적으로 해악을 입을 수 없다면 우리가 특정 개체들을 도덕적인 방식으로 처우할 때 해악의 원리를 적용할 수 있다고 합당하게 주장할 수 없게 될 것임이 분명하다. 그런데 3장에서 우리는 동물이 불필요한 고통을 당할 경우, 혹은 자신에게 이익이 되는 상황에서 선호 자율성을 행사할 기회를 박탈당할 경우 동물이 해악을 입을 수 있을 뿐만 아니라 실제로 해악을 입기도 한다는 입장을 옹호할 수 있음을 살펴본 바가 있다. 이에 따라 이러한 동물들, 그리고 이들과 유사한 인간들에게 마땅히 가지고 있는 직견적인 직접적 의무에 대한 우리의 반성 이전의 직관을 뒤집으려는 시도는 실패하고 만다.

이에 대한 대응으로 도덕 수동자들이 해악을 입을 수 있지만, 그들이 입는 해악은 결코 도덕 행위자에게 야기된 해악과 동일하지 않다는 반론을 제기할 수 있다. 도덕 행위자들에게 자신들의 선호 자율성을 행사할 기회를 주지 않거나 그들을 죽이는 경우는 도덕 수동자들에게 자유를 행사할 기회를 주지 않거나 그들을 죽이는 경우에 비해 훨씬 더 심각한 해악을 끼치는 것이라는 주장이 제기될 수 있는 것이다. 이와 같은 입장에 따르면 도덕 수동자들의 도덕적 지위를 도덕 행위자의 지위와 동등하다고 보는 것은 잘못이다. 해악을 끼치지 말아야 할 의무는 도덕 행위자에게 마땅하게 갖는 직접적인 의무이다. 그런데 이러한 의무는 도덕 수동자의 경우에는 간접적인 의무이다. 왜냐하면 도덕 행위자와 도덕 수동자의 도덕적 지위가 동등하지 않기 때문이다.

이러한 대응에는 중요한 혼란이 담겨 있다. 여기서 문제의 핵심은 다른 모든 것이 동등할 경우, 도덕 행위자를 죽이는 것과 도덕 수동자를 죽이는 것이 동등하게 해악인지의 여부가 아니다. 여기서 문제는 우리가 도덕 수동자들에게 과연 직접적인 의무가 있느냐는 것이다. 이 문제는 도덕 수동자에게 어떤 방법으로 해악을 가하는 경우와 이와 유사한 방법으로 도덕 행위자에게 해악을 가하는 경우의 **상대적인 크기**(comparative magnitude) 문제와는 논리적으로 구분된다. 왜냐하면 어느 쪽을 해치든 그것이 직접적인 잘못일 수 있지만, 그럼에도 우리가 도덕 행위자에게 무엇인가를 행하는 것(예를 들어 어떤 도덕 행위자를 죽이는 것)이 동일한 무엇을 도덕 수동자에게 행할 때의 해악에 비해 크다는 것이 여전히 참일 수 있기 때문이다. 가령 내가 당신에게 해악을 끼치는 어떤 방법(예를 들어 당신을 이틀 동안 벽장에 가두기)은 비록 잘못이기는 하지만, 그럼에도 다른 방법(여러 주에 걸쳐 당신을 고문하여 죽이기)으로 당신에게 해악을 끼치는 방법에 비해 상대적으로 **덜** 잘못된 것일 수 있다. 그런데 단지 이러한 이유로 **오직** 후자의 경우만이 내가 당신에게 행해야 할 직접적 의무를 위반하는 것이라고 말할 수는 없다. 두 가지 행위가 초래하는 해악의 상대적인 크기는 두 가지 경우에서 위반하는 의무가 직접적 의무인지 혹은 간접적 의무인지와 관련해서 어떤 것도 해결하지 못한다. 이는 현재 검토 중인 대응 방법이 파악하지 못하고 있는 사실이다. (도덕 행위자와 수동자에게 끼치는 해악의 크기에 관한 문제는 이하의 8.10에서 더욱 충분히 다루게 될 것이다.)

우리가 도덕 수동자에게 직접적 의무를 갖는다는 견해에 대한 또 다른 비판은 도덕 수동자들이 해악을 입을 수 있음을 부정하지 않는다. 하지만 이러한 비판은 그들이 도덕 행위자와 같은 방식으로 해악을 입을 수 있음을 부정한다. 이러한 비판에 따르면 도덕 행위자인 개인들은 고등 교육을 받을 기회를 박탈당하거나, 정부가 관여하는 일에 다른 사람들과 동등하게 목소리를 내지 못하게 됨으로써 해악을 입을 수 있다. 반면 도덕 수동자들은 이런 방법으로 해악을 입을 수 없다. 이러한 비판은 도덕 행위자에게 끼치는 해악이 그들에게 직접적으로 행해지는 잘못이지만, 도덕 수동자에게 끼치는 해악은 그렇지 않다고 결론짓는다. 정리하자면 전자에서의 의무는 직접적 의무이지만, 후자에서의 의무는 간접적이라는 것이다.

이러한 옹호는 어느 정도까지 옳다. 도덕 행위자인 우리는 고차원의 지적 능력과 그 외의 다른 능력을 갖추고 있음으로써 도덕 수동자들이 가능하지 않은 방식으로 해악을 입을 수 있다. 그러나 둘 다 유사한 방법으로 해악을 입을 수도 있다. 도덕적인 행위자나 도덕 수동자가 기본적인 영양 상태를 유지하지 못하게 되는 경우, 불필요한 고통을 받을 경우, 혹은 때 아닌 죽음을 맞이하게 되는 경우는 한쪽 못지않게 다른 쪽에게도 분명 해악이 될 수 **있다**. 물론 도덕 행위자들이 해악을 입을 수 있는 일부 방법들이 도덕 행위자들에게 특유한 것임을 인정할 수 있다. 그럼에도 그들이 해악을 입을 수 있는 일부 방법들은 도덕 수동자들에게도 공통된다고 주장할 수 있다. 이와 같은 일반적인 해악이 논의의 대상이 될 경우, 우리에게 도덕 행위자가 해를 입지 않게 할 직접적 의무가 있지만 도덕 수동자에게는 그렇지 않다고 주장하는 것은 유사한 경우들을 유사하지 않게 처우할 것을 요구하면서, 형식적인 정의나 공평무사성이 갖추어야 할 조건을 무시하는 태도를 견지하는 것이다. 이러한 태도를 취하는 것은 이상적인 도덕 판단을 내리는 것과는 거리가 멀다.

정반대의 결론을 옹호하는 논증이 실패했으며, 더 나은 논증이 나오지 않고 있음을 고려해볼 때, 해악의 원리의 적용 범위에 동물 그리고 이러한 동물과 적절한 측면에서 유사한 인간 도덕 수동자가 포함된다는 입장을 견지하는 것이 정당화된다. 도덕 수동자를 배제하기 위해 이러한 원리의 적용 범위를 좁히는 방법은 어떤 경우에도 **자의적**이다. 결론적으로 우리가 로스가 말하는 이러한 도덕 수동자에 관한 반성 이전의 직관을 공유하지 **않으려** 하는 경우마저도, 또한 이러한 도덕 수동자에게 해악을 끼치지 말아야 할 직접적 의무가 없다는 의견을 **애초부터** 견지하고 있는 경우에도, 우리가 일관성을 유지하려 한다면, 그리고 해악의 원리를 받아들이려 한다면, 방금 살펴봤던 비판적인 성찰은 우리에게 의견을 바꾸라고 요구할 것이다.

여기서 옹호하고 있는 입장 ─ 도덕 수동자에게 해악을 끼치지 않을 의무가 우리가 그들에게 마땅히 가져야 하는 직접적인 의무라는 입장 ─ 은 이상적인 도덕 판단이 갖추어야 할 조건들에 호소함으로써 더욱 강화될 수 있을 것이다. 이러한 조건들을 각각 순차적으로 고찰해보자. 우리가 그러한 원리가 함의하는 바를 '냉정하게' 평가했는가? 그렇지 않다는 비판이 어떻게 제기될 수 있는지를 상상하기란 어렵다. 극도로 감정적인 주장은 전혀 제기되지 않았으며, 열정적인 수사도 활용되지 않았다. 시종일관 시도했던 바는 해악을 끼치지 말아야 할 의무가 한 살 혹은 그 이상 된 정상인 포유류들, 그리고 적절한 측면에서 이러한 동물과 유사한 다른 도덕 수동자에게 마땅히 가져야 하는 직접적 의무임을 보이려는 것이었으며, 이를 정제되고 선동적이지 않은 방식으로 옹호하고자 했다. 이와 같이 하여 적어도 이상적인 도덕 판단을 내리기 위한 한 가지 조건이 충족되었다.

두 번째 조건은 우리가 일관적이어야 하며, 일관적이지 않은 명제를 주장하거나 함의하지 말아야 한다는 것이다. 사람들이 항상 자신들의 비일관성을 포함한 이성적인 결함에 대해 가장 잘 판단하는 것은 아니다. 그 때문에 지난 절에서 논의한 어떤 비일관성이 발견될 수 있는지에 대해서는 다른 사람들의 판단을 기다리는 것이 최선일지도 모른다. 그러나 내 경험으로 미루어보건대 내가 일관되지 못하다는 비판이 어떻게 견지될 수 있는지를 알 수도, 상상할 수도 없다는 것은 주목할 가치가 있다고 할 것이다.

세 번째 조건은 내가 정의의 형식적 원리에 따른다는 의미로 해석하고 있는, 유사한 경우를 유사하게 처우하는 것과 관련한 공평무사성이다. 이는 단 한 번도 망각된 적이 없는 조건이다. 반대로, 앞에서 논의된 세 가지 간접적 의무 견해들이 공통적으로 가지고 있는 한 가지 결함은 **이들이** 이러한 조건을 충족하지 못한다는 것이다. 실제로 일단 도덕 수동자들이 해악을 입을 수 있음이 밝혀지고, 일부 경우에 도덕 행위자들이 해악을 입을 수 있는 방법과 유사하게 그들이 해악을 입을 수 있음이 밝혀지면, 공평무사성이라는 조건에 대한 존중은 양자에게 해악이 되는 처우를 유사하게 판단하기를 요구할 것이다. 논의의 맥락에서 이해해보자면, 이러한 조건을 충족하지 못한다는 혐의를 받는 사람들은 도덕 수동자에게 직접적 의무를 가지고 있다는 것을 인정하는 사람들이 아니라, 이를 부정하는 사람들이다.

넷째는 정보를 갖추어야 하고, 적절한 경험적 고려 사항을 숙지하고 이해해야 한다는 조건이다. 물론 이상적으로는 우리가 적절한 **모든** 경험적 문제들을 잘 알고 있어야 하며, 앞의 논의가 이러한 이상을 완전히 충족하고 있다고 말할 수는 없다. 그럼에도 앞의 장들에서 동물들이 경험과 관련된 복리를 갖는다고 보는 입장을 뒷받침하는 여러 경험적 고려 사항들이 확인되고 옹호되었음에 유념할 필요가 있다. 이러한 동물들, 그리고 적절한 측면에서 그들과 유사한 인간 도덕 수동자들은 의식적이고, 감응력을 갖추었으며, 바람과 선호를 가지고 있고, 기억과 다양한 믿음들(자기 자신의 미래에 대한 믿음을 포함한)을 형성하는 능력을 비롯해 다양한 인지 능력을 가지고 있다. 또한 그들은 자신들의 바람 혹은 선호를 의도적으로 혹은 목적을 가지고 만족시키기 위해 행동할 수 있다는 의미에서 이 세상에서 살아가는 행위자이기도 하다. 그들은 자각 능력이나 자기의식 능력을 갖추었고, 일정한 시간에 걸쳐 정신적, 육체적 동일성을 갖는다. 이외에도 그들은 여러 능력을 갖추고 있다. 우리는 동물이 이러한 특징을 갖춘 존재로 파악할 수 있는 경험적 근거를 확인해보았고, 이러한 발견에 도전하는 대표적인 논거들을 고찰해보았으며, 그것들이 문제가 있다는 사실을 확인했다. 물론 이것만으로는 여기에서 옹호하고 있는 동물들을 바라보는 관점에 대한 반박할 수 없는 증거를 제시한 것이라 할 수 없다. 하지만 이러한 방식으로 동물들을 바라보는 관점을 옹호하는 것은 예컨대 칸트에게서 확인할 수 있는 옹호보다 더 심도 있고 주의 깊게 탐구가 이루어졌다고 말하는 편이 공정할 것이다. 설령 '완전한 정보'라는 이상이 실현되지 않았어도, 그렇다고 이러한 이상을 간과한 것은 아니다.

이상적인 도덕 판단을 내리기 위한 다섯 번째 조건은 올바르거나 타당한 도덕원리에 의존하는 것이다. 앞 장에서 나는 도덕원리를 평가하기 위한 가장 중요한 일부 기준들, 그리고 이러한 기준들을 일부로 포함하는 이론들을 개괄했는데, 그러한 기준들을 해악의 원리에 적용해보면 유익할 것이다. 첫 번째 기준은 도덕원리가 일관성이 없을 경우 적절하다는 판정을 받을 수 없다는 것이다. 특히 동일한 행위가 동시에 옳고 그를 수 있음을 도덕원리가 함의할 경우에는 그러하다. 그런데 해악의 원리는 이를 함의하고 있지 않다. 해악의 원리에 따르면 도덕적으로 책임이 있는 행위 주체가 어떤 행동을 하든, 그 행위가 언제 행해지든, 어디에서 행해지든, 고통받을 수 있는 대상에게 불필요한 고통을 가하는 것은 잘못이다. 이는 그 대상이 도덕 행위자든 도덕 수동자든 마찬가지이다. 해악의 원리는 가령 어떤 행동을 영국에서 하는 것은 잘못이지만 캘리포니아에서 하는 것은 별 문제가 없다는 식으로 판정을 내리지 않는다.

두 번째 기준은 적절한 범위에 관한 것이다. 해악의 원리는 관련된 근거들을 찾아내어 광범위한 사례들을 통합하고 있으며, 이에 따라 우리가 의사 결정을 해야 하는 수많은 상황에서 호소하고 의존할 수 있는 원리인가? 적용 범위가 넓어질수록 원리의 활용 가능성은 더 커진다. 해악의 원리는 **모든** 도덕 행위자 **혹은** 수동자를 어떻게 처우하는지에 적용되며, 이에 따라 상당한 범위를 포괄함이 분명하다. 물론 이러한 원리가 모든 도덕 문제를 자체적으로 다루기에 충분한 것은 아니며, 이어지는 장들에서 제시되는 이유를 살펴보면 해악의 원리가 그러하다는 사실을 부정할 근거가 분명 있다. 그러나 설령 그렇다고 해도 해악의 원리의 적용 범위는 상당히 넓으며, 이에 따라 많은 곳에 사용하기에 적용 범위가 너무 좁다는 이유로 배척할 수 없음은 여전히 사실이다.

정확성은 도덕원리의 평가와 관련된 세 번째 기준이다. 도덕원리가 무엇을 의미하는지 명확하게 알고 있지 않는 한, 우리는 그것이 무엇을 필요로 하는지를 결정할 명확한 방법을 가질 수 없게 된다. 이렇게 보자면 정확성은 필수 조건이다. 그런데 해악의 원리는 도덕원리에 기대하고 요구하는 것이 합당한 만큼의 정확성을 갖추고 있다. 해악 개념에 대해서는 상세하게 설명한 바 있는데, 그러한 설명을 적절히 이해하고 있는 사람은 해악의 원리가 직견적으로 잘못이라고 배제하는 것들이 무엇인지도 파악할 수 있을 것이다. 물론 해악 개념이 예컨대 기하학에서 정확히 정의하는 정사각형 개념만큼 정확하게 정의할 수 있는 개념은 아니다. 그러나 도덕은 기하학이 아니며, 아리스토텔레스가 서로 다른 학문 분야에서 지식인이 얼마만큼의 정확성을 기대하며 또한 기대해야 하는지를 검토하면서 언급하고 있는 바와 같이 해악의 개념을 수학적 정확도로 정의하라고 요구하는 것은 불합리한 처사이다.

앞에서 제시한 마지막 기준은 얼마만큼 우리의 (숙고된, 반성적인) 직관에 부합하느냐에 관한 것이었다. 이 문제에 대해서는 이미 상당히 많은 것들을 언급했다. 해악의 원리는 우리가 갖추고 있는 수많은 반성적 직관들의 관련 근거들을 밝혀내어 이들을 통합한다. 이러한 직관들 중 다수에는 도덕 행위자에게 마땅히 가져야 하는 직접적 의무에 대한 믿음(예를 들어 도덕 행위자들을 죽이거나 이들의 자유를 박탈하는 것이 직견적으로 잘못이라는 믿음)이 포함된다. 결론적으로 만약 해악의 원리를 포기할 경우 ─ 이를 거부할 경우 ─, 우리에게는 적절한 측면에서 (즉 범위, 일관성, 정확성 그리고 우리의 반성적 직관과 부합된다는 측면에서) 해악의 원리에 필적하거나 더 나은 **또 다른** 원리를 찾아야 하는 과제가 남게 될 것이다. 그러한 원리가 있을 수 있다는 것이 **논리적으로** 불가능한 일은 아니다. 그리고 현재의 논의 단계에서 동등하게 좋거나 더 나은 다른 원리가 없다고 주장하는 것은 설령 그럴 수 있다고 해도 정당화되지 않을 것이다. 그럼에도 현재의 상황에서 입증의 책임은 해악의 원리가 최선이라고 생각하지 않는 사람들이 져야 한다. 해악의 원리가 도덕원리를 평가하기 위한 관련 기준을 충족시킨다는 추정에 대해서는 강력한 지지가 이루어졌으므로, 만약 이러한 기준을 동등한 정도로, 혹은 더 나은 수준으로 충족하는 다른 원리가 있음을 보여주고자 하는 도전은 해악의 원리를 부정하거나 대체하려는 사람들이 충족시켜야 한다.

지금까지 제시한 내용은 해악의 원리를 지지하는 엄격한 증거, 예를 들어 기하학에서 제시할 수 있는 유형의 증거에는 해당하지 않는다. 그러나 우리가 기하학에서 찾아볼 수 있는 만큼의 정확성을 갖춘 도덕에 대한 정의를 기대하는 것이 비합리적인 것과 마찬가지로, 도덕에 대해 동일한 종류의 입증을 기대하는 것 또한 비합리적이다. 이렇게 말한다고 해서 해악의 원리를 자명한 것으로 간주해야 한다는 말은 아니다. 그럼에도 이러한 원리를 받아들이는 이유들을 제시할 **수는 있다**. 이 절에서 시도한 것은 바로 이것이다. 만약 보여줄 수 있다면, 해악의 원리가 도덕원리를 평가하는 데 적절히 활용할 수 있는 기준들을 충족한다는 사실을 보여주는 것, 그리고 지금까지 우리가 시도한 바와 같이(4.6), 우리가 호소했던 가장 논란이 되는 기준, 즉 반성적 직관에의 부합이라는 기준을 충족시키는지를 확인하는 것은 우리가 해악의 원리에 합당하게 기대할 수 있는 최대한의 것이다. 비록 기하학의 입증에 필적할 만한 도덕원리에 대한 입증을 제시할 수 없고, 또한 제시할 수 있으리라고 기대해서는 안 되지만, 우리에게는 해악의 원리가 자명하다고 주장하지 않고서도 해악의 원리를 받아들일 **충분한 이유**가 있다.

해악의 원리를 옹호하는 논의가 포함하고 함의하는 모든 것을 감안해보았을 때, 그 원리의 수용을 옹호하는 것은 간접적 의무 견해의 신뢰가 훼손되었음을 의미한다. 자의적으로 제한하지 않는 이상, 해악의 원리는 모든 그리고 오직 도덕 행위자만으로 적용 범위를 제한할 수 없다. 이러한 원리는 해악 야기인지 아니면 박탈인지와 무관하게, 해악으로 인해 경험과 관련한 복리에 부정적인 영향을 받을 수 있는 모두에게 적용되어야 한다. 도덕 행위자들은 방금 언급한 방식으로 해악을 입을 수 있고, 우리도 그들에게 해악을 미치지 않을 직견적인 직접적 의무를 갖는다. 그러나 동물도 이러한 방식으로 해악을 입을 수 있으며, 적절한 측면에서 이러한 동물과 유사한 인간 도덕 수동자들도 해악을 입을 수 있다. 이와 같이 하여 도덕적 정당화가 이루어질 수 있는 한에서, 동물들에게도 해악을 끼치지 않을 직접적인 직견적 의무가 있음을 인정해야 한다는 입장의 정당성이 입증되었다. 해악의 원리가 합당함을 감안해보았을 때, 이를 부정하는 것은 도덕적으로 자의적인 입장을 취하는 징후로 볼 수밖에 없다. 정의상 **모든** 간접적 의무 견해는 우리가 도덕 수동자에 대해 직접적 의무를 가지고 있음을 부정한다. 이에 따라 어떠한 간접적 의무 견해도 적절한 도덕 이론으로 자리매김할 수 없다. 이와 같이 하여 대표적인 간접적 의무 견해에 대한 앞에서의 논의에서 반복해서 확인된 '자의성'은 그러한 견해들을 모두 성가시게 하는 도덕적 자의성의 생생한 사례임이 확인된다. (간접적 의무 견해의 도덕적 자의성에 대한 진단은 이하의 8.12에서 다룬다.)

5.7 요약과 결론

이 장은 직접적 의무 견해와 간접적 의무 견해를 구분하는 데에서 출발했다(5.1). 전자는 동물이 관여되는 우리의 의무 중 적어도 일부는 우리가 동물에게 직접적으로 갖는 의무라고 주장한다. 후자는 우리가 동물과 관련해 갖는 모든 의무가 다른 대상들(예를 들어 신)에게 갖는 간접적인 의무라고 주장한다. 이 장에서는 오직 간접적 의무 견해에 대해서만 논의했다. 만약 동물들이 도덕 행위자가 될 수 없다는 이유로 그들에 대한 직접적 의무를 부정한다면 그와 같은 견해는 종 차별적이 아닌데, 왜냐하면 (예를 들어 어린이와 지적 장애인 같은) 수많은 인간 또한 이러한 지위를 갖추고 있지 못하기 때문이다. 동물과 마찬가지로, 이러한 인간 역시 도덕 수동자(5.2)이다. 그들은 옳거나 잘못된 바를 행할 수 없지만 이른바 타인들이 행한 옳거나 잘못된 행동을 싫든 좋든 받아들이는 쪽에 있게 된다. 간접적 의무 견해는 우리가 도덕 수동자들에게 옳거나 잘못인 무엇인가를 직접적으로 행하거나 행할 수 있음을 부정하면서, 다른 한편으로 도덕 수동자가 관여되는 우리의 의무를 설명하고자 한다.

나는 대표적인 간접적 의무 견해들을 고찰해보면서 이들을 거부했다. 먼저 잰 나비슨의 합리적 이기주의(5.3)는 여러 이유들 중에서 도덕 행위자들만이 혜택을 누리는 대단히 정의롭지 못한 제도적 장치를 승인할 수 있기 때문에 거부했다. 존 롤스(5.4)의 계약주의를 거부한 이유는 다른 무엇보다도 원초적 입장에 놓인 사람들이 자신들이 '육화될' 때 동물이 되지 않는다는 사실을 알 수 있음이 자의적으로 허용되고 있기 때문이다. 그리고 임마누엘 칸트의 인간성에 대한 존경(5.5) 또한 거부했는데, 왜냐하면 여러 이유들 중에서 이러한 이론이 동물이 어떤 존재인지에 대한 빈약한 이해에 좌우되고 있기 때문이다.

간접적 의무 견해가 자의적임을 입증할 수 있는데, 이는 도덕 행위자와 도덕 수동자 양자 모두에 대한 우리의 처우에 적용되는 도덕원리(해악의 원리)(5.6)를 조명해보는 배경이 되어주었다. 이 원리는 적절한 측면에서 유사한 해악을 입을 수 있는 개체, 즉 믿음이나 욕망을 갖는, 의도적으로 행위할 수 있는, 그리고 그 외 여타의 능력을 갖는 개체, 그리고 경험과 관련된 복리를 갖는 개체에게 해악을 끼치지 말아야 할 직견적인 직접적 의무가 있음을 규정한다. 나는 이러한 원리가 도덕원리 평가를 위해 제시된 관련 기준(일관성, 적절한 범위, 정확성, 그리고 우리의 반성적 직관과의 부합성)을 충족하는 데에 성공했음을 보여줌으로써, 또한 이러한 원리의 타당성에 대한 판단이 이상적 도덕 판단이 갖는 관련 조건(공평무사성, 합리성, 정보 및 '냉정함')에 부합한다는 사실을 설명함으로써 이러한 원리 수용을 옹호하고자 했다. 해악의 원리를 지지하기 위해 제시된 논증은 비록 피타고라스의 이론이 유클리드 기하학에서 증명될 수 있는 방법으로 증명되지는 않았지만, 그 원리를 받아들일 훌륭한 이유가 된다. 모든 것을 고려해보았을 때, **도덕 행위자와 도덕 수동자**에게 해악을 끼쳐서는 안 된다는 우리의 직견적인 직접적 의무를 설명하지 못하는 윤리 이론은 어떤 것이라도 적절한 이론이 될 수 없다. 이렇게 본다면 간접적 의무 견해는 어떤 경우에도 우리의 합리적인 동의를 이끌어낼 수 없다. 어떤 직접적 의무 견해가 이러한 검사를 통과할 수 있는지는 우리를 기다리고 있는 다음 장에서 검토할 핵심적인 질문이다.

제6장

직접적 의무 견해

앞 장에서 살펴본 견해들과 달리 이번 장에서 살펴볼 견해는 도덕 수동자에 대한 직접적 의무를 적어도 일부라도 인정하며, 그러기에 모든 형태의 간접적 의무 견해에 치명적인 도덕적 자의성이라는 반론을 쉽게 받지는 않는다. 그러나 직접적 의무 견해는 간접적 의무 견해들이나 마찬가지로 도덕 수동자들의 권리에 호소하지 않고서도 그들과 관련된 우리의 의무를 적절하게 설명할 수 있다고 공공연하게 옹호하거나 암시한다. 그러므로 직접적 의무 견해의 부적절성을 증명하는 것은 도덕 수동자의 권리를 옹호하기 위한 예비 작업으로서 필요하다. 앞서 간접적 의무 견해를 살펴볼 때도 그랬던 것처럼, 직접적 의무 견해들을 모두 살펴볼 수는 없지만, 앞선 경우처럼 가장 약한 이론이 아닌, 가장 강한 이론을 살펴볼 것이다.

두 견해를 살펴볼 것이다. (1)행위 공리주의와 (2)잔인함을 금지하고 친절함을 명령함으로써 동물과 관련한 우리의 의무를 설명하려고 시도하는 입장이 그것이다. 두 번째 입장은 일반적으로 받아들여지는 이름이 없지만, 하나 붙이는 게 유용할 것이다. 그것을 **잔인함-친절함 견해**라고 부르겠다. 이 견해의 결점을 먼저 드러낼 것이다.

6.1 잔인함-친절함 견해

특히 동물에 대한 더 나은 처우를 위해 노력하는 단체에 속한 사람들은 종종 동물에게 잔인하게 굴지 말고 오히려 친절해야 한다는 입장을 자주 밝힌다. 이런 견해를 밝히는 사람들은, 가령 칸트가 그랬던 것처럼, 이런 사람이 되어야 하고 저런 사람이 되어서는 안 되는 이유가 그러한 처우가 우리가 인간을 처우하는 방식에 끼칠 영향 때문이라는 믿음을 따르지 않는다. 이런 견해의 지지자들은 이러한 것이 우리가 동물에게 직접적으로 마땅히 가져야 할 의무이고, 잔인함 금지는 동물에 대한 우리의 소극적인 의무(동물을 어떻게 **처우해서는 안 되는지**)를 한마디로 압축해놓은 것이며, 친절 명령은 동물에 대한 우리의 적극적인 의무(동물을 어떻게 **처우해야 하는지**)를 한마디로 압축해놓은 것이라고 믿을 것 같고 대부분의 경우에 실제로 그렇게 믿는다. 우리는 오직 이런 방식으로 이해될 때만 잔인함-친절함 견해에 관심을 가질 것이다.

이 견해에 동의하는 사람들이 적절한 측면에서 동물과 비슷한 인간 도덕 수동자에 대한 우리의 처우를 포함하도록 그 견해를 기꺼이 일반화할 수 있을지는 분명하지 않지만, 자의적이지 않으면서 어떻게 이것을 피할 수 있는지는 알기 어렵다. 만약 우리가 그런 경우에 잔인함에 반대하고 친절함에 찬성하는 의무를 갖는 것이 동물이 동물이어서가 아니라 도덕 수동자이기 때문이라면, 우리는 인간 도덕 수동자에 대해서 이와 같은 동등한 의무를 직접 가져야만 한다. 그렇다고 하더라도 우리는 인간 도덕 수동자에게, 가령 아이에게 교육 기회를 제공해야 하는 의무와 같은 다른 의무를 가질 수 있다. 그러나 우리가 인간 도덕 수동자에게 얼마나 많은 다른 의무를 갖든 간에, 우리가 동물의 경우에 갖는 것과 같은 의무를 그 경우에도 가지며, **그리고** 잔인함-친절함 견해를 옹호하는 사람들은 이런 공통의 의무들 중에서 잔인함 금지와 친절함이라는 두 의무를 당장 인정할 것이라고 가정하는 것이 합리적이다. 그러나 아래에서의 논의를 위해서는, 이런 견해를 옹호하는 사람들이 이 견해가 동물에게 지는 의무와 같은 직접적 의무를 인간 도덕 수동자에게 꼭 인정해야 한다고 말할 필요는 없다. 이런 견해를 옹호하는 사람들은 (a)우리는 동물에게 소극적이고 적극적 의무를 직접 갖는다는 것과, (b)이런 직접적 의무들은 잔인함을 금지하며 친절함을 명령하는 것을 각각 참조하여 적절하게 설명할 수 있다고 믿으면 충분하다. 이러한 견해는 앞으로 분명해질 이유 때문에 동물에 대한 우리의 소극적이고 적극적인 의무에 대해 충분한 근거를 제공하지 못한다. 이것은 먼저 잔인함의 금지가 이 점에 관해서 결함이 있음을 드러냄으로써 입증될 수 있다.

잔인함

잔인함을 찬성하는 사람을 찾기는 어려울 것이고, 개인들과 단체들이 동물에 대한 학대를 비난함으로써 동물 복리라는 대의를 위해 싸울 때 공감을 불러일으킨다. 그러나 이론적인 측면에서 볼 때 동물에 대한 우리의 소극적 의무가 잔인함을 금지하는 것에 안주한다면 그것은 적절한 토대에 서지 못할 것이다. 이것은 잔인함 자체에 대한 생각을 점점 분명하게 파악함에 따라 더 분명해질 것이다.

잔인함은 여러 가지 방식으로 드러난다. 사람들은 자신이 한 일이나 하지 않은 일로, 그리고 자신이 느끼거나 느끼지 못한 일로 잔인하다고 마땅히 평가받을 수 있다. 잔인함의 핵심적인 사례는, 로크의 적절한 구절로 말해보면,[1] 다른 존재를 고통스럽게 하면서 "겉으로 볼 때 일종의 쾌락을" 느끼는 것이다. 가학적인 고문은 아마도 이런 의미에서 잔인함의 가장 분명한 사례가 될 것이다. 그것은 고통을 일으키기 때문만이 아니라 (가령 치과 의사나 의사가 그러하다) 그렇게 하는 것을 즐기기 때문에 잔인하다. 이것을 **가학적인 잔인함**이라고 부르자.

모든 잔인한 사람이 이런 의미에서 잔인한 것은 아니다. 어떤 잔인한 사람은 다른 존재를 고통스럽게 하면서 쾌락을 느끼지는 않는다. 실제로 그들은 아무것도 느끼는 것 같지 않아 보인다. 그들의 잔인함은 고통을 일으킬 때의 쾌락보다는, 동정심이나 자비심처럼 자신들이 고통스럽게 한 개체의 곤궁에 대해 적절하다고 판단되는 느낌이 부족해서 나타나는 것이다. 그들은 마치 자신이 가하는 고통을 **고통**으로 알지 못하거나 고통으로 인식하지 못하는 것처럼 고통에 무감각하고 냉정한데, 이는 예컨대 사자들이 피식자에게 주는 고통을 알지 못하는 것처럼 보이고, 따라서 민감하지 않은 것처럼 보이는 것이나 마찬가지이다. 사실 우리는 동물에게는 무관심을 기대하지만 사람에게는 연민이나 자비를 기대하기 때문에, 자신이

••

1) 로크는 다음과 같이 말했다.

"내가 어린이에게서 종종 관찰하는 한 가지는, 가엾은 생명체를 손에 넣었을 때 그것을 나쁘게 사용하는 경향이 있다는 것이다. 어린이들은 손에 넣은 어린 새나 나비나 다른 불쌍한 동물을 **괴롭히고** 매우 거칠게 다루며 거기에서 겉으로 볼 때 일종의 쾌감을 느낀다. 나는 이 점을 그들에게서 지켜봐야 한다고 생각하며, 만약 그들이 그런 **잔인함**의 경향이 있다면 반대의 습관을 가르쳐야 한다. 짐승을 괴롭히고 죽이는 습관은 인간을 향한 마음도 점차 굳어지게 할 것이기 때문이다. 그리고 하등한 생명체의 고통과 파괴에 기쁨을 느끼는 사람은 동족에게 동정심도 없고 온화하지도 않을 것이기 때문이다(…)" (John Locke, *Some Thoughts Concerning Education*, 5th ed. (London: printed for A. and C. Churchill, 1905). James Axfell, ed., *The Educational Writings of John Locke*(Cambridge: Cambridge University Press, 1968), sec. 116, 225~226도 보라.

일으킨 고통에 무감각하며 잔인한 사람들을 종종 '동물' 또는 '짐승'이라고 부르고, 그러한 사람들의 성격이나 행동은 '동물과 같다'거나 '비인간적'이라고 말한다. 따라서 예컨대 특히 무시무시한 살인을 '동물의 소행'이라고 일컫는데, 이는 인간의 동정심이나 자비심에 의해 움직이는 어떤 누구도 이러한 행동은 할 수 없다는 것을 암시한다. 다른 존재에게 일으키는 고통을 즐기기보다는 무관심함을 수반하는 잔인함을 우리는 **동물적인 잔인함**이라고 부를 것이다.

가학적 잔인함이든 동물적인 잔인함이든 잔인함은 적극적인 또는 소극적인 행동으로 드러날 수 있다. 소극적인 행동은 해야만 하는 일을 하지 않는 부작위(不作爲)를 말하고, 적극적 행동은 어떤 행동을 저지르는 행위를 말한다.[2] 화낼 이유가 없는데 개를 때려 기절시키는 사람은 적극적으로 잔인하고, 반면에 부작위로 개의 건강이 나빠질 지경에 이르기까지 자기 개에게 먹이를 주지 않은 사람은 소극적으로 잔인한데, 자신이 한 일 때문이 아니라 하지 않은 일 때문에 그렇다. 적극적 잔인함이나 소극적 잔인함은 둘 다 그 경계가 모호하다. 예를 들어 한 여인이 자기 고양이에게 가끔 먹이를 주지 않는다면 잔인하지 않다. 그러나 대부분의 시간 동안 먹이를 주지 않는다면 잔인**하다**. 그러나 정확히 얼마만 한 시간과 얼마만 한 비율이 있어야 잔인한지를 말할 수는 없지만, 전형적인 잔인함은 있다.

그렇다면 우리에게는 적어도 두 가지 종류의 잔인함(또는 '잔인함'이라는 말의 두 가지 의미)이 있고, 잔인함이 드러나는 두 가지 다른 방식이 있다.

* *

2) (옮긴이) '해야만 하는 일을 하지 않는 것'의 원문은 omission과 negligence인데, 법률 용어로는 '부작위'라고 한다. '어떤 행동을 저지르는 것'의 원문은 commission인데, '행위' 정도에 해당할 것이다.

그러므로 이론적으로 잔인함은 적어도 네 가지로 분류하는 것이 가능하다. (1) 적극적인 가학적 잔인함, (2) 소극적인 가학적 잔인함, (3) 적극적인 동물적 잔인함, (4) 소극적인 동물적 잔인함. 모든 종류의 잔인함은 비난받아야 하고 단념시켜야 한다는 것을 인정하자. 이것을 인정한다고 해도 남는 질문은, 잔인함에 대한 반대가 어떤 형태가 됐든 간에 동물에 대한 우리의 소극적인 의무에 적절한 근거를 제공해주느냐는 것이다. 그렇지 않다. 잔인함은 어떤 형태가 됐든 간에 한 개체의 정신 상태, 즉 다른 존재에게 고통을 일으키거나 고통을 받게 할 때 쾌락을 느끼는가 또는 무관심한가에 대한 언급을 필연적으로 수반하기 때문이다. 따라서 잔인함에 대한 반대가 동물에 대한 우리의 소극적인 의무에 근거로서 제시된다면, 우리가 동물에게 잔인하지 않은 한, 다시 말해서 동물에게 고통을 일으키거나 고통을 받게 하는 것을 즐기지 않거나 무관심하지 않은 한, 동물에 대한 소극적인 의무를 다한다는 것이 따라 나올 것이다. 이것은 명백히 부적절하다. 자신이 하는 일에 대해 어떻게 **느끼느냐**는 자신이 **무엇**을 하는가를 도덕적으로 평가하는 것과 논리적으로 구분된다. 동물을 고통스럽게 하는 것이 그 고통에 무관심하지 않다는 근거만으로 또는 동물을 고통스럽게 하는 것을 즐기지 않는다는 근거만으로 정당화되지 않는다. 다른 말로 하면, 동물을 고통스럽게 하는 것이 동물을 고통스럽게 하는 존재가 어떤 형태로든 잔인하지 않다는 근거만으로 정당화되지 않는다는 것이다. 따라서, 우리는 잔인함은 비난받아야 하고 단념시켜야 한다는 데 동의할 수 있지만, 잔인함에 대한 금지가 동물에 대한 우리의 소극적 의무에 만족스러운 근거를 제공한다는 데에 동의해서는 안 된다.

친절함

친절함은 동물에 대한 우리의 처우를 논의할 때 널리 통용되는 것 중에서 아마도 잔인함 다음 가는 생각일 것이다. 우리는 '동물에게 친절하라'라는 명령을 부과받으며, 이 명령의 정신에 이의를 제기하는 사람은 거의 없을 것이다. 그러나 잔인함에 대한 반대와 마찬가지로 친절하라는 처방은 일부 사람들이 거기에 얹고 싶어 하는 무게를 견디지 못한다. 그것은 동물에 대한 우리의 적극적 의무를 근거 짓는 일을 하지 못할 것이다.

'잔인하다'라는 말처럼 '친절하다' 또는 그와 유사한 말은 우리가 사람의 행위나 성격을 평가하고 기술하는 데 쓰는 도덕적 평가 용어이다. 친절한 사람은 자기 이익의 이유 때문이 아니라, 이익이 향상되는 개체에 대한 사랑, 애정, 동정심의 이유에서, 다른 개체의 이익을 향상하려는 의도로 행동하려는 경향(성향)이 있는 사람이다. 한마디로 친절한 사람은 이기적이지 않은 사람이다. 곧 자신의 이익이 향상될 때만 다른 존재의 이익을 향상하는 행동을 하는 사람이 아니다.

그렇다면 동물에게 친절하라는 명령은 무슨 의미일까? 그것은, 이러저러한 개별적인 행위를 할 때 이기적인 동기가 아니라 동물에 대한 사랑, 애정, 동정심에서 동물의 이익을 향상하려는 의도로 동물을 처우해야 한다는 뜻이든가, **또는** 그런 개별적인 행위를 통해 이러한 이유로, 이러한 방식으로 동물을 처우하는 성향을 길러야 한다는 뜻이다. 그리고 우리 앞에 놓인 이 두 가지 방식 중 하나로 해석되는 친절하게 하라는 명령의 이상이 갖는 도덕적 가치를 부인할 수 없다. 그러나 잔인함에 대한 반대가 동물에 대한 우리의 소극적 의무의 근거로 만족스럽게 작용한다는 견해에 반대하는 이유와 다르지 않게, 동물을 친절하게 처우하라는 명령이 우리의 적극적인 의무에 만족스러운 근거를 제공하지는 못한다.

첫째, 친절함은 잔인함처럼 '행위자의 마음', 곧 행위자의 동기와 의도와 개념적으로 연결되어 있다. 그리고 이것은 앞서 잔인함의 경우에서 아주 적절했던 관찰과 동일한 것을 친절함의 경우에도 끌어들인다. 즉 사람이 무엇을 하는가의 도덕성(그 사람의 행위의 옳거나 그름)은 그 행동이 나오게 된 동기나 의도를 포함한 '정신적 상태'와 논리적으로 구분되고 그것과 혼동되어서는 안 된다는 것이다. 친절하게 행동하는 사람은 도덕적으로 찬사를 받을 만하지만, 그 찬사는 그 사람이 그럼으로써 옳은 것을 했기 때문에 받을 만한 것이 아니다. (그는 옳은 행동을 했을 수도 있지만 하지 않았을 수 있다.) 그는 사람으로서의 자신의 선을 드러냈기 때문에 칭찬받을 만한 것이다. 따라서 잔인하다는 악이 잔인한 행위를 잘못이라고 판단하는 것과 구분되어야 하는 것처럼, 친절하다는 선은 친절한 행위를 옳다고 판단하는 것과 구분되어야 한다.

둘째, 동물에게 친절하라는 명령은 우리가 동물을 어떤 식으로 처우해야 하는 **의무를 진다**는 생각을, 동물을 이러저러하게 처우하는 것은 우리가 동물에게 **마땅히** 해야 하는 어떤 것이라는 생각을 포착하거나 설명하지 못함이 분명하다. 친절함은 우리가 모두에게 져야 하는 의무가 아니고 **모두가** 마땅히 해야 하는 것도 아니기 때문에, 문제가 되는 명령은 이것을 포착하거나 설명하지 못한다. 친절한 행동의 수혜자가 되는 것은 일반적으로 복을 받는 것이 틀림없지만, 어느 누구도 다른 누군가에게 친절함을 요구할 권리는 없다. 친절함은 정의가 아니며, 동물들에게 친절하게 대하라는 명령을 동물들이 정의로운 처우를 마땅히 받아야 하는 정도까지(아래 7.6 이하를 보라) 동물에 대한 우리의 의무의 이 차원을 설명하는 원리로서 혹은 설명하는 데 도움을 주는 원리로서도 기대할 수 없다. 그렇다면 이러한 이유로 동물에게 친절하라는 명령은 동물에 대한 잔인함을 금지하는 명령과 마찬가지로 동물에 대한 우리의 직접적인 의무가 근거하는 원리의 역할을 할 수 없다.

잔인함-친절함 견해가 동물에 대한 우리의 의무에 적절한 근거를 제공할 수 없음을 통해서 배우는 바가 있다. 어떤 견해도 행위자의 마음(행위자의 동기나 의도)을 언급하기를 요구한다면 이런 의무를 적절하게 설명할 수 없다는 것이다. 이 장에서 고려해야 할 두 번째 견해―공리주의―에 대해 뭐라고 언급할 수 있을지 모르겠지만, 적어도 이러한 이유로 잘못되었다고 말할 수는 없다.

공리주의가 단일한 견해인 것처럼 말하는 것은, 앞서 공리주의 이론을 간략하게 서술한 데서(4.4) 알게 된 것처럼, 다소 대충 말하는 것이다. 공리주의자들 모두는 결과가 그리고 결과만으로 우리가 하는 일의 도덕성을 결정한다는 데 동의한다. 그리고 그들 모두는 우리가 목표로 삼아야 할 바가 결과에 의해 영향을 받는 모두의 '최선의' 결과라는 데 동의한다. 그러나 모든 공리주의자가 무엇이 어떤 결과가 다른 결과보다 더 낫게 하는지 또는 효용성 원리를 개별적인 행위에 직접 적용해야 하는지 또는 규칙을 검증하는 데 사용해야 하는지에 대해 동의하는 것은 아니다. 나는 벤담과 밀과 같은 쾌락주의적 공리주의자들의 입장을 먼저 살펴볼 것이다. 이 장에서는 그 후에 이 견해에 대한 현대의 대안으로서 피터 싱어가 발전시킨 **선호 공리주의**를 논의할 것이다(6.3). 문제가 되는 공리주의가 행위 공리주의와 규칙 공리주의 중 어느 쪽으로 해석되어야 하는지는 언제나 분명하지 않지만, 나는 이 장 전체에 걸쳐 행위 공리주의에 논의를 집중하겠다. 그러므로 '공리주의' 또는 그와 유사한 말이 나올 때, 이것을 '행위 공리주의' 또는 그와 유사한 말을 줄인 말로 이해해야 한다. 규칙 공리주의는 다음 장(7.7)에서 살펴볼 것이다.

6.2 쾌락주의적 공리주의

고전적인 공리주의자는 쾌락주의자이다. 그들은 쾌락 그리고 쾌락만이 본질적으로 선이고, 고통 그리고 고통만이 본질적으로 악이라고 주장한다. 그들은 어떤 상황에서 최선의 결과가 무엇인지 결정하기 위해서는, 우리에게 주어진 대안 중 어떤 것이 결과에 의해 영향을 받는 모두에 대해서 쾌락에서 고통을 뺀 최적의 값을 가져오는지 결정해야 한다고 생각한다. 그러한 대안이 있다면 그것이 우리가 선택해야 하는 의무이다. 만약 똑같이 좋은 결과를 생산하는 두 선택지가 있고 어느 쪽도 더 낫지 않다면, 어느 쪽을 선택해도 상관없지만 그중 하나를 도덕적으로 선택해야만 한다. 우리가 절대 하지 말아야 하는 것, 언제나 잘못인 것은, 쾌락에서 고통을 뺀 최적의 값보다 못한 것을 가져오는 선택지를 고르는 것이다.

결과에 의해 영향을 받는 모두에 대해서 쾌락에서 고통을 뺀 최적의 값을 말하는 것은 모든 형태의 공리주의가 갖는 **총합적인 본성**을 보여주는 것이다. 나에게 개인적으로 최선의 결과를 가져오는 것이 무엇인지 — 이것은 합리적인 이기주의인 경우에 내가 물어야 하는 것인데 — 를 묻는 대신에, 나는 관련된 모든 사람에게 최선의 결과를 가져오는 것이 무엇인지를 물어야 하며, 모든 사람에게 최선의 **총합적** 결과를 가져오는 선택지를 고르는 것은 나에게 개인적으로 최선의 결과를 가져오는 선택지를 고르는 것과 같지 않다. 이 점은 다음과 같은 추상적인 사례를 통해 보여줄 수 있다.[3] 쾌락에는 양의 점수('+')를, 고통에는 음의 점수('−')를 부여한다고 가정하자. 행동에 의해 영향을 받을 개인들이 네 명(블랙, 화이트, 옐로, 레드)이 있다고 가정하자. 화이트는 두 선택지(A_1과 A_2) 사이에서 무엇을 할지 결정해야 하는 개인이라고 가정하자. 그가 A_1과 A_2를 각각 고른 결과는 다음과 같다고 가정하자.

A_1을 고른 결과

개인	쾌락	고통	개인별 결괏값
블랙	+5	−20	−15
화이트	+30	−10	+20
옐로	+5	−20	−15
레드	+5	−20	−15

A_2를 고른 결과

개인	쾌락	고통	개인별 결괏값
블랙	+15	−10	+5
화이트	+10	−15	−5
옐로	+20	−25	−5
레드	+20	−25	−5

화이트는 A_2를 고를 때보다는 A_1을 고를 때 그 결과가 분명히 더 낫다 (A_2를 고르면 −5이고, A_1을 고르면 +20이다). 그러나 쾌락주의적 공리주의에서 화이트가 골라야 하는 선택지는 그것이 아니다. 모든 도덕 행위자가 해

••

3) 여기서 그리고 앞으로의 논의 내내 이른바 전체 공리주의가 주제이다. 다른 형식(가령 이른바 평균 공리주의)을 논의하는 것은 논증을 불필요하게 복잡하게 할 것이다. 모든 형태의 공리주의의 고질적인 어려움은 Dan W. Brock, "Utilitarianism"(chap. 4, n. 9를 보라)에서 명료하게 강조된다.

야 하는 것은, 결과에 의해 영향을 받는 **모두**에게 최선의 총합적 결과—쾌락에서 고통을 **뺀** 최적의 값—를 가져올 선택지를 고르는 것이다. 그렇다면 화이트 한 명뿐만이 아니라 관련된 네 명 모두의 결괏값을 합해보면 알 수 있듯이 화이트는 A_2를 골라야 한다. A_1은 +20과 -45의 총합으로 결괏값이 -25이고, A_2는 +5와 -15의 총합에 결괏값이 -10이다. 비록 화이트는 A_1을 골랐을 때 개인적으로 더 낫겠지만, 쾌락과 고통의 더 나은 총합값은 A_2를 골랐을 때 얻을 수 있다. 그렇다면 화이트가 **도덕적으로** 해야만 하는 일은 A_2이다. 그는 불평할지 모른다. 그러나 도덕이 하라고 하는 일을 하는 것이 언제나 쉽다고 아무도 말하지 않았으며, 쾌락주의나 다른 형태의 공리주의는 우리가 하고 싶지 않은 일을 해야 한다고 요구할 수 있다는 것에 이의가 없다. 도덕적으로, 우리가 이루려고 목표해야 하는 바는 최선의 **총합**값이지, 우리에게 개인적으로 최선의 것이 아니다.

쾌락주의적 공리주의는 우리에게 동물에 대한 직접적 의무가 있다고 생각하는 누구에게나 마음에 드는 입장으로 보여야 한다. 결국 우리가 하는 일의 결과에 의해 영향을 받는 **모든 사람**의 쾌락과 고통을 고려해야 한다. 이 입장은 어떤 사람(가령 우리의 친구와 동료 시민)의 쾌락과 고통을 고려하면서 다른 사람(가령 모르는 사람이나 외국인)의 쾌락과 고통은 무시하지 말라고 할 것이다. **모든 사람**의 고통과 쾌락을 헤아려야[4] 한다면, 동물이 쾌락과 고통을 감각하는 것으로 보는 것이 합당하다고 할 때, 이 입장은 동물의 고통과 쾌락 역시 헤아려야 함을 함의할 것이다. 더구나 공평무사성

••

4) (옮긴이) 영어의 'count'는 '세다'라는 뜻도 있지만 '간주하다', '중요하다'라는 뜻도 있다. 개체 하나하나를 센다는 것은 그 개체를 중요하게 간주한다는 뜻이다. 그래서 여기서는 두 뜻을 모두 담기 위해 '헤아리다'로 번역한다.

은 적절한 측면에서 유사한 경우에 비슷한 판단을 내릴 것을 요구한다. 만약 동물의 고통과 쾌락이 도덕 행위자의 그것과 적절한 측면에서 유사하다는 것이 사실이라면, 우리는 동물의 쾌락과 고통을 도덕 행위자의 쾌락과 고통과 동등한 것으로 간주해야만 한다. 어떤 경우에는, 특히 극심한 신체적 고통의 경우 동물과 도덕 행위자가 경험하는 것이 적절한 측면에서 유사하기 때문에, 그들이 경험하는 것의 가치나 부정적 가치를 헤아려야 할 뿐만 아니라 **동등하게 헤아려야** 한다. 종 간에 경계가 없다는 주장인 강한 평등주의는 쾌락주의적 공리주의로 규정된다. 벤담의 유명한 말처럼, "각자는 하나로 헤아리며, 아무도 하나 이상으로 헤아리지 않는다." 쾌락주의적 공리주의의 관점에서는, 그 둘의 쾌락과 고통이 동등할 때 동물은 세상의 도덕적 문제에 도덕 행위자의 한 표와 동등한 한 표를 갖는다. 아마도 칸트의 관점에 잠재되어 있는 전형적인 종 차별주의는 이러한 공리주의에 발을 디딜 곳이 없다. 인간이든 동물이든 **모든** 감각이 있는 생명체는 도덕 공동체의 구성원이며, 모두 어떤 동등한 권리를 직접적으로 가질 자격이 마땅히 있다.

고전적 공리주의자들은 동물 복지의 이상을 위해 싸워왔는데, 동물의 더 나은 처우를 위해 일해온 모든 사람은 오랫동안 그들에게 빚을 지고 있다. 그러나 그들의 효과적인 노력에도 불구하고, 그리고 동물에게 평등하게 권리를 부여하는 그들의 시도가 처음에는 매력적으로 보였지만, 쾌락주의적 공리주의는 극복할 수 없는 반론에 부딪힌다. 그리고 그것은 좋은 일이다. 비록 겉으로는 이런 형태의 공리주의가 동물의 복리를 충분히 보호하는 것 이상의 일을 하는 것처럼 보이지만, 실상은 그렇지 않기 때문이다. 쾌락주의적 공리주의가 오랫동안 기다려온 한 모금의 진리인 것처럼 보이는 것은 오로지 간접적 의무 견해에서 동물이 차지하는 메마른 풍경 때문일 것이다. 우리가 그것이 담긴 컵을 자세히 들여다본다면, 마시기 전에 다시 한번 생각해봐야 한다.

도덕 행위자 죽이기

나는 이 평가를 시작하기에 앞서 먼저 도덕 행위자에 대해 쾌락주의적 공리주의가 함의하는 바를 고려할 것이다. 우리에게는 도덕 행위자에게 해악을 끼쳐서는 안 되는 직접적 의무가 있는데, 여기에는 죽여서는 안 된다는 의무도 포함된다. 이것은 앞 장(5.6)에서 옹호된 입장이다. 적절한 윤리 이론이라면 이 의무의 엄격함을 설명할 수 있어야 한다. 쾌락주의적 공리주의는 설명할 수 없다. 이것을 보여주는 논증은 다음과 같다.

쾌락주의적 공리주의자는 도덕 행위자를 죽이는 도덕성에 관한 질문에 어떻게 접근해야 하는가? 희생자의 쾌락과 고통은 확실히 고려되어야만 하는데, 여기에는 그가 죽지 않았다면 가졌을 예측 가능한 쾌락과 고통도 포함되어야 한다. 그러나 희생자의 쾌락과 고통은 다른 모든 사람의 동등한 쾌락과 고통보다 도덕적 무게가 더 크지 않다. 그의 쾌락과 고통을 더 무겁게 헤아리는 것은 고전적 공리주의의 미덕 중 하나로 주장되는 평등주의에 의해 배제된다. '각자는 하나로 헤아리며, 아무도 하나 이상으로 헤아리지 않'기에, 희생자는 그를 죽이는 것이 잘못인지 여부를 결정할 때 말하자면 한 표 이상을 가질 수 없다. 바로 그 행위자를 죽임으로써 고통을 뺀 쾌락의 적절한 총합값이 확보된다고 가정한다면, 쾌락주의적 공리주의는 죽임에서 아무런 도덕적 잘못을 찾을 수 없을 뿐만 아니라 그 이론은 그렇게 하라고 적극적으로 요구한다.

그런 결과는 죽임의 잘못에 대한 우리의 반성적인 직관과 충돌한다. 우리는 도덕 행위자를 죽이는 것이 매우 심각한 도덕적 잘못으로서, 매우 특별한 상황에서만(가령 자기방어, 8.10 이하를 보라) 정당화될 수 있다고 생각한다. 그런데 쾌락주의적 공리주의의 입장에서는 죽임을 정당화하기가 너무 쉬워진다. **예외적인** 상황에서만 죽임이 허용 가능한 것이 아니라, 아주 **일상적인** 상황에서도 죽임을 허용할 것이다.

쾌락주의적 공리주의자들은 자신의 이론이 굳건한 도덕적 믿음에 완전히 반대되는 것 같다는 것을 모르지는 않는데, 그들이 적어도 이 이론을 구하려는 시도에서 기발한 주장을 전개하는 것은 그들 스스로가 이 문제를 심각하게 본다는 표시이다. 그들의 주요 논증은 다음과 같다. 우리는 도덕 행위자로서 우리 자신의 도덕감을 가지고 있다. 우리는 우리가 적어도 이 행성에서 영원한 삶을 살 운명이 아니라는 것을 이해하고 있으며, 때때로 이것에 대해 걱정하는데, 그때는 불쾌하거나 고통스러운 정신적 동요가 일어난다. 도덕 행위자가 때때로 다른 도덕 행위자를 **죽인다**는 것을 우리가 안다는 것은 우리 자신의 죽음에 대한 걱정거리에 기여하는 것들 중 하나이다. 이런 앎은 다른 사람을 대할 때 불안감을 유발하고, 이런 불안감은 관련된 모든 사람에게서 쾌락에서 고통을 뺀 최선의 값을 만들겠다는 쾌락주의적 공리주의의 목표에 해롭다. 그러므로 죽임의 도덕성을 평가하기 위해서는 직접 관련된 사람들, 곧 죽이는 사람과 희생자만의 쾌락과 고통이 아니라 그 이상의 것을 설명할 필요가 있다. 죽임이 일어났다는 것을 아는 다른 사람에게 일으키는 우려, 걱정, 불안감까지 설명할 필요가 있는 것이다. 쾌락주의적 공리주의자들은 우리가 일단 이렇게 하면, 죽임은 대체로 그 **부작용** 때문에, 곧 그 사건을 알고 있는 생존자에게 일으키는 우려와 여타의 불쾌감 때문에 그것이 잘못이라는 것을 인식하게 된다고 주장한다. 모순적이게도 도덕 행위자를 죽이는 것이 잘못인 주된 이유는 희생자에게 끼치는 해악 때문이 아니라, 주로 생존자들에게 끼치는 해악 때문인 것이다.

이러한 답변은 쾌락주의적 공리주의자가 자신의 이론에 가하는 무게를 감당할 수 없다. 그 결함은 은밀하게 이루어지는 죽임을 고려했을 때 가장 잘 부각된다. 아무도 모르게 죽이는 일이 성공한다면 쾌락주의적 공리주의자가 죽임의 잘못을 설명할 때 두드러지게 나타나는 부작용은 일어날 수 없다. 살인이 은밀하게 저질러진다면, 일반 대중은 그것을 알지 못하기에 그 일로 잠을 설칠 일이 없다. 만약 발각되지 않은 살인이 그 결과에 의해 영향을 받는 모두에게 쾌락에서 고통을 뺀 최적의 값을 가져온다고 상상한다면, 쾌락주의적 공리주의자는 거기에 반대할 도덕적 근거를 가질 수 없다. 실제로 **쾌락주의적 공리주의**는 그것을 **정당화한다**. 이 결과 역시 죽임의 잘못에 대한 우리의 반성적 직관과 충돌한다. 살인의 은밀함은 살인의 잘못에 아무런 도덕적 차이를 만들지 않으며, 만약 어떤 차이를 만든다면 그것은 그 잘못을 줄이기보다는 더 심각하게 만든다. 은밀하게 살인을 한 사람은 그 범죄로 처벌받아야 마땅하기에, 그리고 그 행위의 은밀함 때문에 그 사람은 결코 발각되거나 처벌받지 않을 것이기에, 이 경우에 정의가 실현되지 않으며 이것은 그가 한 행동에 도덕적 불쾌감을 더한다. 따라서 쾌락주의적 공리주의는 은밀한 살인에 의해 저질러진 잘못, **그리고** 알려지지 않은 범죄자가 처벌을 빠져나가는 데서 생기는 잘못 **두 가지**를 설명하지 못한다. 쾌락주의적 공리주의자들 스스로가 자신의 이론이 죽임의 잘못에 대한 우리의 직관을 설명할 수 있음을 보여주려 하기 때문에, 자신의 이론의 적합성을 평가하면서 이런 직관에 호소하는 것은, 비록 그런 호소가 독립적으로 정당화될 수 없다고 하더라도, 전적으로 적합하다.

도덕 수동자 죽이기

도덕 행위자를 죽이는 것이 그르다는 것을 쾌락주의적 공리주의가 설명하지 못한다는 사실은 도덕 수동자를 죽이는 경우에서도 심각한 도덕적 문제가 일어난다고 믿는 사람들에게 중요한 실패가 된다. 만약 쾌락주의적 공리주의가 도덕 행위자를 죽이는 경우를 적절하게 설명할 수 있다면, 그것은 도덕 수동자를 죽이는 것의 도덕성을 만족스럽게 설명한다는 함의를 피하기 어렵고, 그것은 도덕 수동자를 죽이는 것을 반대하는 확고한 근거를 원하는 사람에게 반갑지 않은 결과가 될 것이다. 그 이유를 위해 다음을 생각해보자. 만약 죽임의 도덕성이 어떤 개체의 죽임이 다른 개체에게 얼마나 큰 정신적 고통을 일으키느냐에 따라 적절하게 평가된다면, 인간이 됐든 동물이 됐든 도덕 수동자를 죽이는 일이, 특히 고통스럽지 않게 수행된다면, 엄청나게 허용될 것이다. 벤담이 "그들(곧 동물)이 우리 손에 의해 겪는 죽음은, 자연의 피할 수 없는 과정에서 기다리는 죽음보다, 보통 그리고 언제나 더 빠를 수 있으며, 그러면 덜 고통스러울 수 있다"[5] 라고 말할 때, 동물의 경우에 쾌락주의적 공리주의가 이러한 함의가 있음을 분명하게 알았다. 그러나 동물은 이것이 들어맞는 유일한 도덕 수동자가 아니다. 사랑받지 못하거나 원하지 않은 아이 또는 어떤 연령대든 부담스러운 정신 무능력자는 같은 기준에 호소해서 '인도적으로' 죽일 수 있다. 고통 없는 죽음은 "자연의 피할 수 없는 과정에서 기다리는 죽음보다, 보통 그리고 언제나 더 빠를 수 있으며, 그러면 덜 고통스러울 수 있다." 실제로 똑같은 논증을 어떤 어린아이가 됐든 '인도적으로' 죽이는 것으로 확

··

[5] Bentham, *The Principles of Morals and Legislation*, chap. XVII, sec. 1.

장할 수 없는 이유는 없다. 벤담이 인정하듯이 어린아이를 죽이는 것은 "그 본성상 가장 소심한 상상력에 조금의 불평등도 주지 않는 것"[6]이기 때문이다. 피터 싱어는 "우리가 이 정책을 이해할 수 있을 정도로 나이가 들면, 우리는 그 정책의 위험을 받지 않게 된다"[7]라고 말한다. 그러나 인간 도덕 수동자를 죽이는 것은 벤담의 노선을 따르면 정당화될 수 있기는 하지만, 동물의 지위는 특별한 주의가 요구된다. 결국 인간은 국가의 도살장에서 농장 동물을 작업 본보기로 사용하는 노동자들이 언젠가 인간을 도살하게 되리라는 것을 심각하게 걱정할 리가 없기 때문에, 우리가 이러한 동물들이 죽는다는 것을 안다고 해도 우리 가슴에 '조금의 불편함도' 일으키지 않는다. 더구나 이러한 동물들이 도살되는 시기에 육체적인 분리(가령 새끼를 어미에게서 떨어뜨려 놓는다)의 결과로 **다른** 동물에게 일으키는 고통은 이미 과거에도 일어난 적이 있다. 그러므로 이런 동물들을 실제로 죽이는 것이 살아남은 동물들에게 (상당한) 걱정거리나 불안함을 일으킬 가능성은 거의 없다. 쾌락주의적 공리주의의 **외관상의** 매력은 그것, 외관뿐이다.

그릇으로서의 개체

만약 우리가 쾌락주의적 공리주의가 죽임을 정당화하기 너무 쉽게 만든다는 데 동의한다면, 우리는 계속해서 이 입장에서 무엇이 이런 불행한 결과로 이끌었는지를 물을 수 있다. 그 근본적인 약점을 진단하는 한 가지

6) 같은 책, p. 264.
7) Singer, *Practical Ethics*(chap. 4. 7. 12를 보라), p. 124.

방식은 이 이론이 도덕 행위자와 수동자 모두가, 싱어의 유익한 용어를 사용한다면, 긍정적 가치(쾌락)와 부정적 가치(고통)를 갖는 **한갓 그릇**이라고 가정한다는 점을 지적하는 것이다. 그들은 자기 자신의 가치를 갖지 못한다. 가치를 갖는 것은 그들이 담는 것(곧 그들이 경험하는 것)이다. 다음과 같은 비유가 도움이 될 것 같다. 도덕 행위자와 수동자를 단 음료(쾌락) 또는 쓴 음료(고통)를 붓는 컵으로 생각하자. 언제든지 각 컵은 어떤 쾌락의 맛을 낼 것이다. 다시 말해서 컵이 담은 음료는 어느 정도 달거나 쓸 것이다. 이제 쾌락주의적 공리주의에 따르면 우리가 가져오려고 목표하는 것은 이런저런 특정 개체에서 가장 맛이 좋은 음료가 아니다. 우리가 성취하려고 목표하는 것은 우리가 하는 일의 영향을 받는 모든 개체에서 단맛과 쓴맛의 최선의 총합값이다. 그것은 우리가 실현하려고 목표하는 단맛에서 쓴맛을 뺀 **최선의 총합값**이다. 그런 까닭에 주어진 컵의 내용물을 다른 컵들에 재분배하지 않을 이유가 없으며, 실제로 주어진 컵('그릇')을 완전히 깨뜨리지 않을 이유가 없다. 언제나처럼 모든 컵의 단 음료와 쓴 음료를 평등하게 고려하고 헤아린다고 가정한다면, 쾌락주의적 공리주의자는 그런 재분배나 파괴가 관련된 모든 컵에서, 총합적으로 생각할 때, 단맛에서 쓴맛을 뺀 최선의 값을 가져오는 데 필요하다면 거기에 반대할 수가 없다. 이것이 쾌락주의적 공리주의가 성공적인 은밀한 죽임을 승인할 수 있는 방법이고 이유이다. 깨뜨린 결과의 영향을 받는 컵들이 그렇지 않았을 때보다 단맛(쾌락)에서 쓴맛(고통)을 뺀 최선의 총합값을 얻는다는 결과가 있을 때, 그릇 하나('컵' 하나)가 깨진다는 것이다. 그렇다면 최선의 결과를 가져오라는 공리주의적 명령과 더불어, 쾌락주의적 공리주의자들이 직접적인 도덕적 관심의 대상인 개체를 보는 바로 이 방식 때문에, 근본적으로 고약한 도덕적 함의가 나오는 것이다. 이런 시각에서 보면 만약 쾌락주의를, 그리고 함의에 의해 직접적인 도덕적 관심의 대상인 개체들이 한갓 그릇이라는 견해를 포기한다면, 공리주의가 이러한 함의를 피할 수 있다고 생각하는 사람이 있을 수 있는 이유를 쉽게 이해할 수 있다. 바로 그런 형태의 공리주의는 싱어에 의해 발전되었는데, 이제 그 적극적인 입장을 살펴볼 차례이다.

6.3 선호 공리주의

싱어는 자신의 입장을 **선호 공리주의**라고 지칭한다. 그의 견해에서 우리가 만들려고 목표로 해야 하는 결과들, 곧 '최선'인 결과들은, 모든 것을 감안할 때, '영향받는 존재들의 이익(곧 바람과 선호)을 향상하는' 것이다. 그리고 그는 이것이 "고전적인 공리주의"와는 다르지만 "일종의 공리주의이다"라고 말한다.[8] 그렇다고 가정하자. 이런 형식의 공리주의가 죽임이 잘못인 이유를 설명하는 데 어떻게 사용될 수 있을까? 싱어가 파악하고 있는 바와 같이, 선호 공리주의 설명의 핵심은 어떤 개체들이 지금 당장 무엇인가를 선호할 뿐만 아니라 자신의 미래와 관련된 선호, 특히 **삶을 계속하고 싶은 선호**를 갖는다는 것을 인식하는 데 있다. 선호 공리주의자가 "어떤 존재의 선호에 반대하는 행위는 이 선호가 더 강한 반대 선호에 의해 능가되지 않는 한 잘못이다"라고 주장하기 때문에, '다른 모든 것이 같다면, 계속 사는 것을 선호하는' 개체를 죽이는 것은 '잘못이다'라는 결론이 나온다. 싱어는 계속해서 이렇게 말한다. "고전적 공리주의와 다르게,

∴

8) 같은 책, p. 12.

선호 공리주의는 죽임이 자신의 선호에 반대되는 행위이기 때문에 그것은 **죽는 존재(개체)에게 직접 행해지는 잘못**이다. 희생자의 선호가 무시된 사실을 한탄하는 행위 이후에 희생자가 곁에 없다는 것은 상관이 없다."[9]

 그렇다면 싱어의 견해에서 임의의 개체 A를 죽이는 것이 A에게 직접적으로 잘못인지는 A가 삶을 계속하려는 바람을 가지고 있는가(삶을 계속하려고 선호하는가)에 달려 있다. 달리 말하면, 이런 **특정** 바람을 갖는 것은 죽임이 직접적인 잘못이 되기 위해 필요하면서도 동시에 충분한 조건이다. 싱어는 이 바람을 필요조건으로 만듦으로써 왜 우리가 동물 그리고 동물과 적절한 측면에서 유사한 인간 도덕 수동자에게 해악을 끼치지 않을 직견적인 직접적 의무를 가지고 있는지를 설명하지 못한다. 계속해서 살고 싶다고 바라는 것은 자기 자신이 언젠가는 죽는다는 것에 대한 개념을 가지고 있다고, 곧 자신의 궁극적인 죽음을 예측할 수 있다는 것을 가정하는 것이다. 그리고 그것은, 자신이 예측하는 삶의 전망과 함께 자신의 죽음이 어떤 것과 관련되었는지를 고려했을 때, 죽는 것보다 계속해서 살기를 바란다는 것까지 가정하는 것이다. 지금 문제가 되는 도덕 수동자가 자신의 죽음을 상상하거나 싱어의 견해가 요구하는 비교 판단을 내릴 수 있는 지적인 능력을 가지고 있는지 매우 의심스럽다. 앞서 죽음이 직견적으로 해악이라고 논의할 때 지적한 것처럼(3.5), 동물이 '죽음을 벗어나기 위해 몸부림치는' 것은 자기 자신이 언젠가는 죽는다는 것에 대한 개념이 있다는 것을 추론할 증거로서 충분하지 않다. 이것은 싱어가 바늘에서 벗어나려는 물고기의 시도에 대해, 그 동물이 "위험과 고통을 벗어나기 위해 몸부

9) Peter Singer, "Animals and the Value of Life," in *Matters of Lift and Death*, ed. Tom Regan(chap. 3, n. 26을 보라), p. 238, 강조는 추가됨.

림치는 것이 물고기가 자신의 미래의 비존재보다 존재를 더 선호할 수 있다는 것을 말해주지는 않는다"[10]라고 의견을 말하면서 주장한 점이다. 그러나 만약 **물고기**의 행동이 물고기가 **이런 특정 선호**를 가지고 있음을 확실히 하는 데 충분하지 않다고 한다면, **다른** 동물의 행동은 그런 선호를 가짐을 보여줄 수 있는가? 일부 동물이 어떻게 행동하는지를 그 동물이 자기 자신의 미래에 대해 **어떤** 선호를 가지고 있음을 함의하는 방식으로 지적으로 기술하고 경제적으로 설명하는 것 ─ 우리는 이미 그렇게 했다 ─과, 그들이 싱어가 결정적이라고 생각하는 특정 선호 ─ 곧 죽기보다는 계속 살고 싶다는 선호 ─를 갖는다고 주장하는 것은 완전히 별개이다.

동물이 선호를 한다고 합당하게 볼 수 있는 것에는 이렇게 중요한 제약이 있지만, 싱어는 어떤 동물을 죽이는 것이 직접적으로 잘못**이라고** 주장한다. 그는 일부 동물들은 자의식적이라고 주장한다. 그들은 스스로가 "세상의 다른 존재와 구분된다"는 것을 알고, "과거와 미래"의 "시간에 걸쳐 존재한다는 것을 안다."[11] 그러나 다른 동물들은 의식적이기는 해도 자의식적이지는 않다. 이것은 이 책의 앞선 장들에서 명백하게 입증되었고 옹호된 주장들이다. 따라서 싱어는 지금까지는 옳다. 그러나 그가 자의식적인 동물을 죽이는 것은 그 동물에게 직접적으로 잘못이라고 말할 때, 그가 말한 것은 죽임의 직접적 잘못에 대한 그의 분석에 의해 뒷받침되지 못한다. 왜냐하면 자의식적인 동물은 자신의 미래와 관련된 어떤 바람을 가지고 있지만, 자기 자신이 언젠가 죽는다는 것에 대한 개념까지 가지고 있을 가능성은 거의 없고, 그러면 관련된 의미에서 '계속해서 살고 싶은 바람'을

∴

10) Singer, *Practical Ethics*, p. 81.
11) Singer, "Animals and the Value of Use," p. 235.

가질 수 없기 때문이다. 만약 싱어가 자의식적 동물을 죽이는 것이 직접적으로 잘못이라고 주장하고 싶다면, 그가 해야 할 일은 자신의 요구 조건을 수정하는 것이다. 그러나 어떻게? 가장 분명하고, 그리고 죽음이 직견적으로 해악이라는 앞선 논의에서 제공하는 이유로 볼 때(3.5), 가장 합리적인 수정은 다음과 같을 것이다. A를 죽이는 것이 A에게 직접적으로 잘못이 되기 위한 충분조건은, 삶의 존속이 **A의 이익**, 다시 말해 A에게 이득이 되는 경우이다. 여기서 이득은 자의식적 동물의 경우에 만족시키는 것이 그 동물에게 이익이 되는 바람을 만족시키게 하는 어떤 것이다. 싱어의 입장을 이런 식으로 수정했을 때, 비록 자의식적인 동물 자신은 '계속해서 살기를 바라지'는 못하지만, 그 동물을 죽이는 것이 직접적으로 잘못이라는 것을 함의**할 것**이다. (싱어는 죽임이 직접적으로 잘못인 또 다른 충분조건은 희생자가 자신이 고른 특정 바람―곧 계속해서 살고 싶은 바람―을 가진다는 것이라고 계속 주장할 수 있는데 이는 맞는 말이다. 그러나 그가 지금 제안한 방식대로 자신의 주장을 수정하지 않는다면, 자의식적 동물을 죽이는 것이 직접적으로 잘못이라고 보는 근거를 제시하지 못할 것이다.)

대체 가능한 그릇으로서의 개체

만약 싱어가 위에서 제안한 대로 자신의 입장을 수정한다면, 그러면 적절해질까? 그 성공은 싱어가 쾌락주의적 공리주의의 근본적 결함, 곧 직접적 도덕적 관심의 대상인 개체들이 가치의 **한갓 그릇**이라는 견해를 피하는지 여부에 달려 있다. 싱어는 자의식적인 개체가 한갓 그릇이라는 것을 명시적으로 부인한다. 따라서 그가 쾌락주의적 공리주의의 함의를 얼마나 잘 피하는지는 그가 자의식적 개체를 자신의 방식대로 보는 이유들이 적절한지에 달려 있다. 그러니 이 이유들이 무엇인지 생각해보자.

싱어는 감각적이지만 자의식적이지 않은 존재들(앞으로 **의식적 존재들**이라고 지칭하겠다)은 좋은 것(쾌락)과 나쁜 것(고통)을 담는 한갓 그릇**이라고** 믿는다. 그들은 시시각각 쓴맛(고통)이나 단맛(쾌락)을 담는 '컵'이며, 그것을 깨뜨리는 것은 가치 있는 것(경험)을 담는 어떤 것을 깨뜨리는 것일 뿐이다. 일반적인 요점을 쉽게 설명하기 위해, 어떤 의식적 존재 X의 총체적인 삶의 점수가 +25의 쾌락과 -4의 고통으로, 최종 +21이라고 상상해보자. 더 나아가, X를 죽인다면 총체적인 삶의 점수가 +21이거나 더 높은 또 다른 존재 Y를 존재하게 하는 충분한 이익이 생긴다고 상상해보자. 그러면 X를 죽이면 Y의 쾌락의 최종 총합은 X의 쾌락의 최종 총합과 같아지거나 그보다 더 나아지므로 잃는 가치는 전혀 없게 된다. 싱어가 의식적 존재를 가치의 **대체 가능한** 그릇이라고 간주한 것은 이런 의미에서이고, 이런 이유 때문이다. 자의식적인 존재의 상태는 다르다고 주장된다. 싱어는 "의식적이지만 자의식적이지 않은 존재들", "자기 자신의 삶을 이끄는 개체가 아니라 쾌락과 고통의 경험의 그릇으로 정당하게 간주될 수 있는" 존재들과 달리, "합리적인 자의식적 존재는 자기 자신의 삶을 이끄는 개체로서 (…) 어떤 양의 행복을 담는 한갓 그릇이 **아니다**라고 말한다."[12] 의식적인 존재를 죽이는 것이 그 존재의 선호에 반대되는 어떠한 것도 하지 않는데 비해(정의상 싱어의 견해에서 단순히 의식적이기만 한 존재는 선호가 없다), 자의식적인 존재는 일단 죽으면 그 선호가 어떻게 좌절되었는지 조바심 낼

..

12) 같은 곳. 싱어는 "Killing Humans and Killing Animals," *Inquiry* 22, nos. 1~2(1979)에서 "자의식의적 존재는 (…) 쾌락의 어떤 성질을 담는 한갓 그릇이 아니며 대체 가능하지 않다"라고 비슷한 주장을 한다.(p. 153)

수 없다는 것을 인정하다고 해도, 그 존재를 죽이는 것은 그 선호를 좌절시키는 어떤 것을 하는 것이고, 이것은 그 존재에게 직견적으로 직접 잘못을 하는 것이다. **자의식적인 존재**는 자신의 미래에 대해 선호를 갖기 때문에, 그릇 이상인 것이다.

여기서 심각한 문제가 있다. 영국의 철학자 하트(H. L. A. Hart)가 처음 말한 것처럼, 싱어는 자의식적 개체는 한갓 그릇이 아니라는 견해를 지지하는 논증을 제시하지 않았다. 하트는 선호를 갖는다는 것은 쾌락을 경험하는 것과는 다르지만, 자의식적인 존재는 "어떤 의미에서 쾌락이나 고통의 경험이 아니라 선호를 담는 (…) 한갓 그릇이다"[13]라고 주장한다. 싱어의 입장이 실제로 공리주의의 일종이라고 한다면, 다시 말해서 우리가 최선의 결과(관련된 모든 존재에 대해 선호의 만족에서 선호의 좌절을 뺀 최적의 총합값)를 가져올 수 있게 행위하도록 명령한다면, "수와 강도를 참조하여 선호 공리주의를 목적으로 평가되는 그런 선호는 다른 것에 의해 능가되지 않을 뿐만 아니라 다른 것에 의해 대체될 수 없다는 것을 보여줄 수 있는 것은 없다"[14]라고 하트는 주장한다. 대체 가능성에 대한 하트의 주장을 더 분명하게 하기 위해, 어떤 자의식적인 개체 A의 총체적 삶의 점수는 그가 천수를 누린다면 만족될 선호 +80, 좌절될 선호 −15로 최종 점수는 +65인데 반해, 우리가 그를 죽인다면 그의 최종 점수는 +50이라고 상상해보자. 더 나아가 우리가 최종 삶의 점수가 그 점수들보다 더 높은, 가령 +93인 또 다른 의식적 존재를 존재하게 할 수 있다고 상상해보자. 다른 것이 같

13) H. L. A. Hart, "Death and Utility," *The New York Review of Books*, 27 no. 8(15 November 1980), p. 30.
14) 같은 곳.

다면, 선호 공리주의자는 그 견해에서 A가 B에 의해 대체될 수 있고 대체되어야 하기 때문에 A를 죽여야 한다고 주장해야만 한다.

더구나 싱어의 반대에도 불구하고, 선호 공리주의에 따르면 자의식적인 존재는 '그릇'**이라고** 하트는 주장한다. 이것을 인정한다고 해도, 우리는 무엇을 해야만 하는지 결정하기 전에 그런 존재의 선호를 고려해야만 하고 평등하게 헤아려야 한다. 그럼에도 이렇게 했을 때 관련된 모든 존재에 대해 선호의 만족에서 좌절을 뺀 최적의 값이 A를 죽이는 것에 의해 달성되지 않을 수 있다는 것이 참이 아닐 이유는 없다. 이것이 하트가 선호 공리주의에 따르면 선호는 '수와 강도에 의해' 평가되어야 한다고 말할 때의 요점이다. 그리고 이것은 싱어가 "어떤 존재의 선호에 반대되는 행위는, 이 선호가 반대되는 더 강한 선호에 의해 능가되지 않는 한, 다른 모든 것이 같다면 잘못이다"라고 말할 때 그 자신이 말하려고 한 바이기도 하다. 여기서 핵심적인 구절은 "이 선호가 반대되는 더 강한 선호에 의해 능가되지 않는 한"이다. **누구의** 선호인가? 특정 개체만의 선호(가령 더 살고 싶은 A의 선호)일 수는 없다. 공리주의자는 결과에 의해 영향을 받는 **모든 사람**의 선호를 고려하라고 하기 때문에, '반대되는 선호'는 A의 죽음을 가져옴으로써 최적으로 만족되는 선호를 가진 사람들의 선호일 수 있다. 만약, 모든 사람의 선호를 고려하고 그것을 모두 동등하게 헤아렸을 때, 우리가 A를 죽이는 것이 선호의 만족의 최적의 값을 가져올 것을 알게 된다면, 모든 것을 고려했을 때, 선호 공리주의에서는 그것이 우리가 해야만 하는 것이다. 간단히 말해서 그 견해에서는 A는 그 자신의 독립적인 가치는 없고 가치(선호 만족)를 갖는 것의 그릇일 **뿐이다.**

선호 공리주의에서 자의식적 개체를 대체 가능한 그릇으로 보는 견해가 함의하는 바는 쾌락주의적 공리주의보다 더 나은 형태의 공리주의를 제시하려는 싱어의 시도에 맞지 않다. 우리가 이미 보았듯이 쾌락주의적 공리주의의 핵심 문제는 자의식적 존재를 죽이는 것이 그 결과에 의해 영향을 받는 존재들의 쾌락에서 고통을 뺀 최적의 합계값을 가져온다면 정당화된다는 것이었다. 그리고 **그것**은 죽임을 정당화하기 너무 쉽게 만들었다. 싱어는 분명히 이것을 피하고 싶었고, 쾌락주의를 폐기하고 공리주의는 유지함을 통해 그렇게 할 수 있다고 생각했다. 그러나 싱어의 입장은 이것을 피하지 못한다. 자의식적인 개체는 쾌락주의적 공리주의에서나 마찬가지로 선호 공리주의에서도 똑같이 대체 가능한 그릇**이다**. 유일한 차이점은 쾌락주의적 공리주의에서는 쾌락과 고통을 가진 대체 가능한 그릇이고, 선호 공리주의에서는 선호를 가진 대체 가능한 그릇이라는 점이다. 이런 점에서 선호 공리주의는 쾌락주의적 공리주의보다 조금도 나아지지 않았다. 두 이론 모두 우리의 반성적 도덕 직관에 부합하는지 묻는 검사를 통과하지 못했다.

우리는 싱어가 윤리 이론은 반성 이전의 것이 됐든 반성적인 것이 됐든 우리의 직관에 얼마나 잘 부합하느냐는 검사를 거쳐야 한다는 것을 믿지 않음을 안다(4.3을 보라). 그는 이 입장과 일관되게 선호 공리주의가 함의하는 의미에 대해 그냥 참고 넘어갈 수 있었다. 만약 도덕 행위자가 선호 만족 점수가 동일한 다른 존재로 대체될 수 있거나, 실제로 이미 존재하는 도덕 행위자의 선호가 결과로서 만족되는 한, 다른 것이 같다면 그의 입장이 도덕 행위자를 죽이는 것을 허용하며 이것이 잘못이라고 생각한다고 우리가 지적한다면, 싱어는 바뀌어야 할 것은 그의 이론이 아니라 우리의 직관이라고 대답할 수 있다. 더구나 우리가 앞 장에서 한 것처럼(5.6) 그런 죽임의 잘못에 대한 우리의 직관을 반성 이전의 지위에서 반성적 직관으로 바꾸는 논증을 제시한다고 하더라도, 싱어는 여전히 자신의 입장을 고수할 수 있다.

싱어가 직관에 대한 호소를 거부하는 이유는 앞서 고려했고, 결함이 있다고 판단했다(4.3). 그러나 싱어가 처음부터 그 정당성을 의심할 것이 확실한 지점에서 그의 이론에 이의를 제기하기보다는, 그도 자신의 정당성에 합리적으로 이의를 제기할 수 없는 관점에서 그의 입장에 도전하는 것이 더 생산적일 것이다. 그 관점은 일관성의 관점으로서, 이는 어떤 윤리 이론이든 우리의 합리적인 승낙에 대해 어떤 주장을 하기 위해서는 반드시 갖춰야 하는, 논쟁의 여지가 없는 최소한의 요구 조건이다(4.6을 보라). 엄격하게 해석하면 싱어의 이론은 이 요구 조건을 만족시키지 못한다. 이 결함을 극복하는 방식으로 그의 이론을 해석한다면 지지를 받지 못한다. 간단히 말해 그것이 내가 막 시작하려고 하는 논증의 목적지이다.

싱어의 딜레마

공리주의는 해악(악)과 이득(선)의 불공평한 분배를 허용한다는 이유로 종종 공격받는다. 이 이론이 설정한 목적은 총합적이므로(우리는 결과에 의해 영향을 받는 모두에게, 모든 것을 고려했을 때, 좋은 결과에서 나쁜 결과를 뺀 최선의 총합을 가져오도록 행동해야 한다), 비판자들은 이 원리를 따르게 되면 다수의 이득을 총합한 것이 소수의 극심한 손실을 보상하는 것 이상이 되는 경우 다수가 개별적으로 약간의 이득을 얻을 수 있게 약간의 소수가 상당히 고통을 받도록 요구할 수 있다고 주장한다. 죽임의 잘못에 대한 앞선 논의와 이것이 공리주의자에게 일으킨 문제들은 공리주의를 공격하는 일반적인 노선의 특수한 한 가지 사례이다. (나는 이 점에 대해 6.5, 8.10 이하에서 더 말할 것이다.) 그러나 평등한 분배에 관한 논쟁에서 나타나는 것 이외의, 그리고 그것보다 더 기초적인 평등의 개념과 원리 들이 있다. 평등한 분배에 관한 논쟁은 다양한 개체들에게 선과 악을 분배하는 정의와 관련되는데, 분배적 관심에 앞서, 영향을 받는 개체들은 평등하게 처우받는다고 가정한다. 벤담이 그의 유명한 "각자는 하나로 헤아리며, 아무도 하나 이상으로 헤아리지 않는다"라는 선언으로 보여준 것은 정의로운 처우에 대한 이러한 **분배 이전의** 요구 조건이고, 이것은 싱어가 "제러미 벤담부터 J. J. C. 스마트까지 공리주의자들이 (…) 도덕적 문젯거리들을 결정할 때 (…) 공리로 삼았다"[15]라고 말한 평등의 이해이다. 공리주의를 비판하는 사람들은, 공리주의의 좋지 못한 분배적 함의에 근거하여 반대 입장을 표명하는 과정에서, 이 벤담파의 평등 개념이 공리주의 이론 전반과 특히 싱어의 공리주의 이론에 제기하는 문제에 똑같은 시간을 할애하지 못했다. 이러한 문제들이 무엇인지 이제부터 살펴보겠다.

벤담파의 평등 개념은 싱어의 생각에서 중요한 부분이다. 우리의 첫 번째 질문은 그가 이 개념을 어떻게 이해하느냐와 관련 있다. 그것은 사실적 차원의 평등이 아니다. 예를 들어서 인간이 평등하다고 우리가 말할 때 우리는 인간의 능력, 피부색, 팔의 개수가 똑같다고 말하는 것이 아니다. 만약 우리가 이것을 의도했다면, 평등의 선언은 명백히 틀렸다. 싱어가 염두에 둔 종류의 평등은 그 대신에 그 "평등의 기본적인 도덕원리"[16]라고 언급한 것에 의해 표현되는데, 이것은 "인간들 사이의 사실적 차원의 평등이라

∵

15) Singer, *Practical Ethics*, pp. 10~11.
16) Peter Singer, "All Animals Are Equal," *Philosophical Exchange* 1, no. 5(Summer 1974); *Animal Rights*, ed. Regan and Singer(chap. 1, n. 2를 보라)에 재수록, p. 148. 페이지 참조는 재수록된 책을 따랐다. 싱어는 더 최근에 출판된 책에서 평등을 도덕적 또는 윤리적 원리로 계속 규정한다. 그가 "평등은 기본적인 윤리적 원리이지 사실에 관한 주장이 아니다"라고 말한 *Practical Ethics*, p. 18을 보라.

고 주장되는 기술(記述)이 아니라, 인간을 어떻게 평등하게 처우해야 하는지에 대한 처방"[17][18]이다. 싱어는 여기에 인간이 아닌 많은 동물도 포함해야 한다고 주장한다. 이 원리가 처방하는 것은, "행위에 의해 영향을 받는 모든 존재의 이익을 고려해야 하고, 다른 존재의 유사한 이익과 같은 무게를 주어야 한다"[19]라는 것이다. 편의를 위해 방금 인용한 원리를 **평등의 원리**[20]라고 부르자. 그러면 이 원리는 싱어에 따르면 (a)기술적이지 않고 처방적이며, (b)기초적이고, (c)도덕적이며, (d)고려하는 이익의 모든 범위와 관련되고("행위에 의해 영향을 받는 모든 존재의 이익을 고려해야 한다"), (e)평등한 이익은 평등하게 헤아리라고 처방한다.

평등의 원리가 기본적인 도덕원리라는 그의 견해를 따른다면 싱어에게는 두 가지 선택이 가능하다. 하나는 그가 다른 어떤 도덕원리로부터 도출될 수 없다는 의미인, '기본적'의 논리적 의미에서 그 원리를 기본적 도덕원리로 간주할 수 있고,[21] 다른 하나는 그 원리가 도출 가능하기는 하지만 특

∴

17) 같은 책, p. 152.

18) (옮긴이) '기술(description)'은 무엇이 어떠어떠하다고 '사실적 차원'에서 말하는 것이고, '처방(prescription)'은 무엇이 어떠어떠해야 한다고 '규정'하는 것을 말한다. '기술'과 '처방'의 영어는 각운이 맞는데, 우리말 번역에는 그것이 반영되지 못해 아쉽다.

19) 같은 책, p. 152.

20) (옮긴이) 싱어는 이 원리를 구체적으로 "이익의 평등한[동등한] 고려의 원리"라고 부른다.

21) 나는 효용성의 원리와 평등 사이의 논리적 관계의 문제가 '인지주의자'인 공리주의자와 '비인지주의자'인 공리주의자에게 똑같이 생길 수 있고 생길 것이며, 따라서 이 문제는 비인지주의적인 메타 윤리를 옹호하는 싱어와 같은 유형의 공리주의자에 의해 피할 수 없다고 가정한다. 비인지주의적 공리주의자들이 서로 다른 도덕적 처방들 사이에 논리적 관계가 성립한다는 것을 받아들일 수 있고 받아들일 것이라고 가정하면서, 나는 비인지주의적 공리주의자들 스스로가 고백한 것을 가정한다. 이 점에 대해서는 R. M. Hare, *The Language of Morals*(Oxford: The Clarendon Press, 1952), 특히 chaps. 2, 3; 그리고 J. J. C. Smart가 *Utilitarianism: For and Against*(Cambridge: The University Press, 1973)에 쓴 글 중 특히 pp. 7~9를 보라.

별히 결정적인 도덕적 중요성이 있다는 의미인, 비논리적인 의미에서 기본적으로 간주할 수 있다. 놀랍게도 싱어의 저술 중 일부는 그가 전자를 선택하는 경향이 있다는 것을 보여주는데, 다음이 그 예이다.

> 내가 주장하는 유일한 평등의 원리는 어떤 행위에 의해 영향을 받는 모든 존재의 이익을 고려하고 거기에 다른 존재의 비슷한 이익과 같은 무게를 주어야 한다고 주장하는 원리이다. (…) 공리주의는 이 원리를 전제한다.[22]

마지막 문장을 보면 싱어가 평등의 원리와 효용성 사이에 논리적 관계가 성립한다는 견해를 수용함을 알 수 있다. 그가 공리주의는 평등의 원리를 **전제한다**고 말할 때 우리가 평등의 원리의 정당성을 가정하지 않으면 공리주의는 도덕적인 또는 논리적인 기반이 없다는 것을 의미한다. 간단히 말해서 인용된 구절은 평등의 도덕원리가 효용성의 원리에 의존하는 것이 아니라 그 반대가 맞는다는 것을 의미한다. 효용성의 원리는 더 기본적인 평등의 도덕원리에 의존하는 것이다.

어떤 일관적인 공리주의자도 이것을 믿을 수 없다. 공리주의자에게는 당연하겠고 싱어도 말한 것처럼, 만약 효용성이 "도덕성의 **유일한** (도덕적) 근거"[23]라면, 모든 다른 도덕적 원리들은 그것으로부터 도출 가능해야만 하고, 그것은 결국 다른 더 기본적이거나 동등하게 기본적인 도덕원리를 전제할 수 없다. 공리주의자가 다르게 주장하는 것은 공리주의를 정합적이지 않게 만드는 것이다. 그러므로 싱어는 어떤 대가를 치르더라도 첫 번

••

22) Singer, "Utilitarianism and Vegetarianism"(chap. 4, n. 8를 보라), pp. 328~329.
23) 같은 책, p. 329.

째 선택은 피해야 한다.

두 번째 선택은 더 매력적일 것이다.[24] 만약, 이 선택이 주장하는 것처럼, 평등의 원리가 효용성의 원리 자체를 제외한 다른 모든 도덕원리처럼 효용성의 원리에서 도출 가능하다면, 이 선택지를 고름으로써 적어도 정합적인 형태로 보이는 공리주의로 나아갈 수 있게 된다. 그러나 이 두 번째 선택의 매력은 환상에 불과하다. 평등의 원리를 효용성의 원리에 근거 지으려고 시도하는 것은 평등의 개념을 이익에 적용할 때 그것을 심각하게 왜곡되게 한다. 두 개체 A와 B의 이익의 같거나 다름은 개별적인 이익이 **그들에게** 얼마나 중요한지에 달려 있는데, 그들의 이익이 A와 B에게 똑같이 중요하면 A의 이익은 B의 이익과 같으며, 그렇지 않으면 A의 이익과 B의 이익은 같지 않다. A의 이익과 B의 이익이 같거나 다르다고 생각되면, 그들의 이익의 같거나 다름은 다른 개체들의 이익이 어떻게 영향을 받느냐에는 의존할 수 없다. 만약 그렇다면, A와 B의 이익을 서로 다른 시기에 다르게 간주함으로써 다른 개체들의 이익이 다르게 영향을 받으므로, 우리는 A와 B의 **같은** 이익을 어떤 때는 같고 어떤 때는 다르다고 마음대로 간주할 것이다. 이것은 평등의 개념이 이익에 적용될 때 그것을 엉망으로 만드는 것이다. 그러나 평등의 원리를 존중해야 하는 의무를 효용성의 원리로부터 도출하는 것이 가능하다면, 이것이 바로 우리가 평등한 이익을 이해하게 되는 바이다. A의 이익과 B의 이익 자체는 변하지 않지만, 그것을 같게 헤아리는 효용성은 시시때때로 변할 수 있기 때문이다. 따라서 효

••

24) **가능한** 선택이기는 하지만, 나는 이것을 선택하는 공리주의자를 알지 못한다. 확실히 싱어는 그것을 선택하지 않는데, 그에게 다행이다. 그것을 선택하면 무엇보다도 그의 동물 해방 옹호가 훼손되는데, 고통을 피하는 인간의 이익과 동등한 고통을 피하는 동물이 이익을 헤아리는 효용성이 현저하게 달라질 수 있기 때문이다.

용성이 우리의 지침이라면, 같은 이익을 어떤 경우에는 같게 헤아리고 어떤 경우에는 다르게 헤아리는 것이 허용된다. 이것은 평등한 이익의 개념을 알아볼 수 없을 정도로 왜곡하는 것이다.

앞서 말한 것의 결과는 싱어의 입장에 좋지 않은 징조이다. 그가 맞닥뜨려야 하는 딜레마는, 공리주의를 일관적이지 못하게 만드는 효용성과 평등의 도덕원리 사이의 관계에 대한 관점을 제시해야 하는지(첫 번째 선택에 반대해서 제시하는 논증), 아니면 비일관성의 비난을 피하면서 이 두 원리 사이의 관계에 대한 설명을 제시하지만 그 대신에 평등한 이익 개념을 심각하게 왜곡하는 대가를 치러야만 하는지(두 번째 선택에 반대해서 제시하는 논증)를 고르는 것이다. 싱어처럼 평등의 원리가 **도덕**원리라고 주장하는 공리주의자들은 이 두 선택 중에 하나를 고를 수밖에 없다는 점을 강조해야 한다. 왜냐하면 그때는 그 원리가 도출되지 않는다거나 도출된다고 인식될 텐데, 전자라면 비일관성의 비난이 적용될 것이고, 후자라면 왜곡의 비난이 퍼질 것이기 때문이다. 그러므로 싱어처럼 공리주의자들이 평등의 원리를 도덕원리로 본다면 둘 중 어떤 경우에도 평등의 원리는 공리주의 안에 자리를 잡을 수 없다.

형식적 원리로서의 평등

싱어를 포함하여 공리주의자들에게는 이런 결과를 피할 수 있는 분명한 방법이 있다. 이것은 평등의 원리를 실질적인 원리가 아니라 **형식적인** 도덕원리로 간주하는 것인데, 형식적 원리란 우리가 해야 할 일에 대한 도덕적 의무를 스스로 정하지 않고 대신 그러한 의무를 정해야 하는 실질적인 도덕원리가 충족해야 하는 조건을 제시하는 원리를 말한다. 다른 말로 하면, 평등의 원리에 대한 이러한 견해에 따르면 이 원리에는 적어도 어떤 원리가 도덕과 상관없는 원리가 아니라 언제 도덕원리가 되는지 결정하는 부분적인 검사가 포함되어 있다. 이 검사를 통과하는 원리는 도덕원리의 자격이 있고, 그렇지 못한 원리는 그런 자격이 없다. 따라서 효용성의 원리는 검사를 통과하는 것 같지만, 적어도 나비슨이 이해하는(5.3) 합리적 이기주의는 적절하게 이해된 도덕원리의 검사를 통과하지 못한다.

평등의 원리를 형식적 도덕원리로 간주하면, 싱어처럼 그 원리를 실질적인 도덕원리로 간주하는 공리주의자들은 치명적인 딜레마를 피하게 된다. 이런 식의 공리주의 옹호의 어려움은 평등의 원리가 위에서 설명한 의미에서의 형식적 도덕원리라는 것이 틀렸다는 데 있다. 그 원리는 (i) 고려해야 할 이익의 영역에 관련된 것이고("행위에 의해 영향을 받는 모든 존재의 이익을 고려해야 한다"), (ii) 평등한 이익은 평등하게 헤아려야 한다고 규정한다. 만약 평등의 원리를 형식적 도덕원리라고 한다면, (i)과 (ii)를 따르지 못하는 원리는 도덕원리의 자격이 없다. 이것은 거짓이다. 예를 들어서 싱어가 염두에 둔 이익, 곧 선호 이익(3.2를 보라)에 대한 고려는 우리의 도덕적 의무가 어디에 있는지 결정할 때 적절하지 않다고 주장하는 칸트는 도덕성에 대한 잘못된 시각을 발전시켰을 수 있다. 그러나 칸트를 극렬하게 비판하는 사람도 정언 명령이 도덕원리의 지위를 가지고 있지 않다고 주장하지는 않을 것이다. 그렇게 주장하려면 그것은 틀렸을 수도 있지만 적어도 **도덕원리로서** 틀렸다는 것을 보여야 한다. (다음 장에서 비공리주의적 도덕원리인 존중의 원리를 설명하고 옹호할 것이다. 이 원리는 공리주의자들이 해석하는 식으로 한다면 평등의 원리를 충족하지 못한다.) 그렇다면 (i)과 (ii)를 따르지 못하는 원리라고 하더라도 도덕원리일 수 있으므로, 평등의 원리가 위에서 설명한 의미에서 형식적 도덕원리라는 것은 거짓이다.

조건부 형식적 원리로서의 평등

만약 평등의 원리가 형식적 도덕원리가 아니고, 앞에서 싱어의 견해에 대해 논의할 때 제시된 이유 때문에 이 원리가 공리주의 이론 내에서 실질적인 도덕원리로 합당하게 간주될 수 없다면, 공리주의자는 무엇을 해야 하는가? "각자는 하나로 헤아리며, 아무도 하나 이상으로 헤아리지 않는다"라는 벤담식의 단서 조건은 공리주의자에게는 '공리'와 같다고 말할 수 있지만, 역설적이게도 그 이론 내에서 자리를 찾을 수는 없어 보인다.

공리주의를 버리지 않는 마지막 대안이 하나 남아 있다. 이것은 공리주의자가 평등의 원리를 조건적인 형식적 원리로 간주하는 것이다. 조건적이라고 말하는 것은 어떤 조건이 만족될 때만 작동하게 된다고 말하는 것이다. 싱어는 우리 각자가 "(우리) 자신의 이익이 관심의 대상이 되어야 한다는 매우 자연스러운 관심"[25]을 가지고 있다고 보았을 때 이런 조건들이 어떠한 것이 될 수 있는지 단서를 제공한다. 우리가 이런 자연적 성향을 인정한다고 가정하자. 그러면 우리는 확실히 다른 사람들이 우리의 이익에 주목을 하고 그것을 평등하게 저울질하기를, 다시 말해서 우리의 이익이 단지 자신의 이익이 아니라는 이유로 그 중요성을 무시하지 않기를 원할 것이다. 만약 x에 대한 나의 이익이 당신의 이익과 같다면, 나는 당신이 당신의 이익에 주는 무게와 같은 무게를 나의 이익에도 주기를 원할 것이다. 만약 당신이 그렇지 않다면, 당신은 이기주의에 빠지게 될 것이고, 이는 당신이 도덕적 관점을 취하지 않는다고 말하는 것과 같다. 도덕적 관점을 취하기 위해서는 자신의 가치 판단을 기꺼이 일반화할 의향이 있어야

25) Singer, *Practical Ethics*, p. 13.

하기 때문이다. 그러나 이 요구 조건은 다른 사람뿐만 아니라 나에게도 해당한다. 만약 내가 x에 대한 나의 이익에 어떤 가치를 부여한다면, 나는 다른 사람의 비슷한 이익에도 비슷한 가치를 인정해야만 한다. 그리고 만약 나에게 중요하기 때문에 다른 사람들이 나의 이익에 주목하게 하려고 한다면, 나는 다른 사람의 이익도 그들에게 중요하다는 것을 인정하고 거기에 주목해야 한다. 그렇다면 우리는 이렇게 해서 이제야 조건적인 형식적 원리로 간주될 뿐인 평등의 원리에 도달하게 된다.

평등을 이렇게 보는 방식을 **조건부 평등**이라고 부르고, 이 원리를 다음과 같이 표현해보자. 즉 내가 다른 사람들에게 나의 이익을 고려하고 그것을 평등하게 헤아리게 하려고 한다면, 그리고 내가 도덕적 관점을 취해야 한다면, 나는 영향을 받는 모든 사람의 이익들을 고려하고 평등한 이익을 평등하게 헤아린다는 입장을 추종한다. 칸트처럼 한 개체의 선호-이익이 우리의 의무가 어디에 있는지 결정하는 데 관련이 없다고 생각하는 사람들은, 그런 이익에 대한 고려와 도덕적 관점을 취하는 것을 섞어서는 안 된다고 주장하면서, 평등의 원리를 이런 식으로 보는 것에도 불쾌한 시선을 보낼 것 같다. 그러나 당분간 이런 식의 논쟁은 건너뛰기로 하고, 어떤 개체(A)가 조건부 평등을 이해할 뿐만 아니라 실제로 받아들인다고 가정하자. 즉 A가 다른 사람들이 자신의 이익을 고려하고 그것을 평등하게 저울질하게 **할 것**이라고, A가 도덕적 관점을 취**할 것**이라고, 이 두 가정의 결과로 A 자신도 틀림없이 다른 사람의 이익을 조사하고 평등한 이익들을 평등하게 헤아릴 것이라는 데 **분명히** 동의할 것이라고 가정하자. 이 모든 것을 인정하면서, 우리는 계속해서 어떻게 A가 효용성의 원리를 파악할 수 있는지에 대해 물을 수 있을 것이다.

두 가지 선택이 준비되어 있다. 첫 번째는 조건부 평등을 받아들이는 것이 공리주의와 **일관적**이라는 것이다. 이것은 표면적으로는 조건부 평등을 받아들이는 것과 일관적인 다른 실질적인 도덕관―가령 직견적 의무의 규칙들이 많이 있다고 보는 로스의 견해―보다 공리주의를 선택해야 할 이유를 제공하지 않기 때문에 약한 선택이다. 두 번째, 강한 선택은 조건부 평등의 원리를 받아들이는 것이 효용성의 원리를 **논리적으로 추종하게** 한다는 것이다. 이 강한 선택 자체는 두 가지 형태가 있는데, 조건부 평등을 받아들이는 것은 다른 실질적인 도덕원리를 **배제할 정도로** 효용성의 원리를 받아들이는 것을 추종하게 한다고 주장하는 SO_1과, 조건부 평등을 받아들이는 것은 효용성의 원리 외에 사람들이 일관적으로 받아들일 수 있는 **다른** 도덕원리가 **있을 수 있는** 가능성을 열어 두지만 효용성을 최소한의 도덕원리로 받아들이는 것을 추종하게 한다고 주장하는 SO_2가 그것이다. 헤어는 아마도 SO_1을 받아들일 것이다. 여기서 '아마도'라고 말하는 것은 이 점에 관한 헤어의 숙고된 견해가 무엇인지 전혀 분명하지 않기 때문이다.[26]

..

26) 헤어는 한 곳에서 공리주의가 '옳다'와 '해야 한다'와 같은 용어의 도덕적 쓰임새의 의미에 관한 자신의 견해와 일관적이라고 말했는데, 그러면 이것은 내가 '약한 선택'이라고 이름 붙였던 것을 받아들일 것임을 뜻한다. 그의 "Principles," *Proceedings of the Aristotelian Society*(1972~1973), p. 15를 보라. 그는 다른 곳에서 내가 조건부 평등의 원리라고 이름 붙인 것이 공리주의로 '이어진다'라거나 공리주의를 '낳는다'라고 주장하는데, 그러면 이것은 그가 '강한 선택'을 받아들이리라는 것을 뜻한다. 그의 "Ethical Theory and Utilitarianism," in *Contemporary British Philosophy*, ed. H. D. Lewis(London, 1976), pp. 116~117을 보라. 내가 여기서 이 점을 주장하지는 않겠지만, 나는 헤어의 논증이 조건부 평등의 원리로부터 공리주의를 산출하려고 시도한 싱어에게 제기된 반론을 똑같이 받을 여지가 있다고 믿는다. 싱어 자신은 조건부 평등으로부터 공리주의를 얻으려는 생각을 사용한 데 대해 헤어에게 빚을 지고 있다고 인정하겠지만, 그는 그 논증이 헤어가 가정한 만큼 보여주지 못한다고 생각하는 것을 분명하게 한다는 것 역시 지적할 만하다. "이익 또는 선호에 토대를 둔 잠정적인 공리주의 옹호 논증은 헤어의 'Ethical Theory and Utilitarianism'에 빚을 지고―물론 그 논문은 그런 논증까지 가지고 있지는 않지만―있다." (*Practical Ethics*, p. 222) 그러면 싱어는 헤어가 내가 'SO_1'이라고 이름 붙인 것, 곧 '강한

그러나 다음과 같이 말하는 것을 보면 싱어는 SO₂를 분명하게 받아들인다.

공리주의 입장은 최소한의 것으로서, 자기 이익에 따른 의사 결정을 보편화함으로써 도달하는 첫 번째 지점이다. 우리가 윤리적으로 생각하려고 한다면 이런 첫 단계를 취하기를 거부할 수 없다.[27]

여기서 싱어는, 우리 개인의 이익에서 출발할 때 도덕적 관점을 취한다면 효용성을 받아들**여야만** 하지만, 우리가 효용성 이외에 다른 도덕원리가 있을 **수 있음**을 허용한다. 왜냐하면 우리의 자기 이익에서 출발하여 그런 관점을 취하는 것은 조건부 평등의 원리를 추종하는 것이고, 이것은 다시 공리주의를 추종하는 것이기 때문이다. 적어도 이것은 다음 구절에서 공리주의를 받아들이는 결정적 논증을 자연스럽고 동시에 공평무사하게 만드는 해석인 것처럼 보인다.

내가 나 자신의 이익이 단순히 내 것이라는 이유로 다른 사람의 이익보다 하나 이상으로 헤아릴 수 없다는 것을 인식할 정도로 윤리적으로 생각하기 시작했다고 가정해보자. 나는 이제 나 자신의 이익 대신에 나의 결정에 의해 영향을 받는 모든 이들의 이익을 고려해야 한다. 이것을 위해서는 이러한 이익들을 저울질하고 영향받는 모든 이들의 이익을 가장 최대화할 것 같은 행동 방침을 채택할 필요가 있다. 따라서 나는 모든 것을 감안할 때 영향받는 모든 이들에게 최선의 결

∴

선택,'을 선택한다고 해석하는 것이 분명하다. 나는 이것이 헤어에 대한 가장 합당한 해석이라고 믿는다.
27) Singer, *Practical Ethics*, p. 12.

과를 갖는 행동 방침을 선택해야 한다. 이것은 '최선의 결과'가 모든 것을 감안할 때 단순히 쾌락과 고통을 증가시키기보다는 영향받는 이들의 이익을 증진한다는 것을 의미하는 것으로 이해된다는 점에서 고전적 공리주의와 다르다.[28]

그렇다면 우리가 SO$_2$ ─ 다시 말하면 조건부 평등의 원리를 받아들이면, 필연적으로 유일한 실질적 원리로서는 아니더라도 최소한의 도덕원리로서 효용성을 적어도 받아들이게 된다는 견해 ─를 싱어가 지지할 수 있다고 분명히 믿는 것은 방금 인용한 논증 덕분이다.

이것을 참이라고 가정하자. 우리가 도달한 곳은 어디인가? 우리는 기껏해야 **하나의** 결과론적 원리에 도착했다. 우리가 인식해야 하는 **하나의** 도덕적 원리는 모든 것을 감안할 때 영향받는 이들의 이익(바람 등)을 증진하는 방식으로 행동하는 원리이다. 논리적으로 이것은 실제로 공리주의, 싱어의 말에 따르면 효용성이 "도덕성의 **유일한** (도덕적) 근거"라는 견해와 거리가 먼 부분이다. 우리가 아는 바로는, 그리고 싱어 자신이 인정하듯이, 그가 도착한 결과론적 원리를 받아들일 수 있으면서 공리주의와 구분되는 다른 도덕 이론들이 있을 수 있다. 더구나 이 논증이 보여줄 **수** 있는 것이라고는 **만약** 우리가 우리 자신의 이익을 증진하는 관점에서 도덕적 사고를 하기 시작한다면, 그리고 **만약** 우리가 도덕적 관점을 취한다면, 우리는 싱어가 제시한 결과론적 원리를 추종하게 된다는 사실뿐이다.[29] 이

∵

28) 같은 책, pp. 12~13.
29) 내가 다른 곳에서 제시한 이유에 따르면, 나는 싱어가 그의 가정들을 주장한다는 것을 인정한다고 하더라도 이런 결과론적 원리를 추종하는 사람은 아무도 없을 것이라고 생각한다. 실제로 선호 공리주의가 선호 가치 이론에 의존하는 만큼, 싱어의 결과론적 원리는 그가 지지하기 위해 제시한 이유로부터 따라 나오지 않을 뿐만 아니라, 그 원리는 정말로 선호 가치 이론과 비일관적이다. 이 문제에 대해서는 나의 "Equality and Utility: Some Neglected

논증이 보여주지 못한 것은 우리가 개별적인 자기 이익의 관점에서 출발하는 우리의 도덕적 사고를 하기 시작**해야** 한다는 점이다. 이런 관점에서 출발해서 우리가 추종하게 되는 도덕원리는 왜 **타당한** 도덕원리일까? 이것을 보여주는 논증은 어디에 있는가? 싱어에게 공평하게 말한다면, 그는 그것을 보여주지 못했다고, **그리고** 그는 그렇게 하지 못한 것을 보충해야 한다고 말해야 한다. 우리에게는 도덕적 사고를 시작할 다른 장소가 있으며, 우리가 다른 방식으로 시작할 경우 도달할 다른 원리들이 있다. 칸트는 대안이 되는 접근법과 대안이 되는 원리를 제시했다. 다음 장에서 그 대안을 제시할 것이다.

그렇다면 상황은 다음과 같다. 어떤 일관적인 공리주의자도 평등의 원리를 도덕원리로 간주할 수 없으며, 아직 결과론적 도덕원리를 추종하지 않는 사람들은 평등의 원리에 대한 공리주의자의 해석을 모든 도덕원리가 만족해야 하는 형식적 원리로서 받아들이지 않을 것이다. 더구나, 우리가 싱어가 분명히 표현한 결과론적 원리를 추종한다고 주장한다고 하더라도, 만약 우리가 다른 사람들로 하여금 우리의 선호를 고려하게 하고 그것을 평등하게 헤아리게 한다면, 그리고 우리가 도덕적 관점을 취한다면, 우리가 공리주의―다시 말해 효용성의 원리가 "도덕성의 **유일한** (도덕적) 근거"라는 견해―를 지지한다**거나** 우리는 이러한 관점에서 우리의 윤리적 사고를 시작해야 한다**거나** 우리가 이런 식으로 출발하면 도착할 원리는 타당한 도덕원리라는 결론은 따라 나오지 않는다. 그렇다면 이러한 이유

••

Problems," *The Journal of Value Inquiry*(출간 예정)을 보라. 비록 내가 그 논문에서 비일관적이라고 말한 비난이 잘못되었다고 하더라도, 싱어가 옹호한 결과론 원리의 수용을 거부하는 이유가 충분하고도 남는다. 예컨대 아래 8.12에서 제시된 논증을 보라.

때문에 선호 공리주의는 완전한 공리주의의 형태가 되기에는 설득력 있는 지지가 아직 부족하다. 왜 이것이 동물에 대한 더 나은 처우를 위해 노력하는 사람들에게 좋은 소식이 되어야 하느냐가 지금부터 내가 다룰 주제이다.

6.4 싱어의 채식주의 옹호 근거

이 장 전체에 걸쳐 나는 싱어의 입장을 직접적 의무 견해, 즉 우리가 동물에 대해 직접적 의무를 갖는다고 주장하지만 동물이 어떤 권리를 갖는다는 것은 부정하는 입장의 한 가지 사례로 해석했다. 싱어의 이전 저작 중 일부에 익숙한 독자들은 싱어가 오해를 받고 있다고 생각할 수 있다. 예컨대 그의 유명한 논문인 「모든 동물들은 평등하다」에서 싱어는 벤담의 유명한 구절인 "문제는 그들(즉 동물들)에게 이성적으로 사고할 능력이 있는지, 또는 대화를 나눌 능력이 있는지가 아니다. 문제는 그들이 고통을 느낄 수 있는가이다"를 인용한 후 다음과 같이 의견을 단다.

> 벤담은 이 구절에서 고통을 느끼는 능력을 어떤 존재에게 평등한 고려의 권리를 부여하는 핵심적인 특징으로 지적한다.[30]

여기서 이와 같은 해석에 반대하여 싱어는 평등한 고려에 대한 권리의 토대로 특정 능력―즉 고통의 능력 또는 그가 몇 줄 뒤에서 말하는 것처

30) Singer, "All Animals Are Equal," p. 148.

럼 '고통 그리고[또는] 즐거움의 능력'—을 지적한다고 이의를 제기할 수 있다. 공리주의적 고려에 대해서는 어떤 언급도 없다. 거꾸로 싱어가 어떤 존재는 **자신의 본성 때문에,** 다시 말해서 그 본성상 고통 또는 즐거움 또는 둘 모두를 느낄 수 있는 능력을 갖기 때문에 이익의 평등한 고려에 대한 권리를 갖는다고 생각한다고 말하는 것은 부자연스러운 해석은 아닐 것이다. 거의 틀림없이 싱어는 감응력 있는 동물은 기본적인 도덕적 권리, 곧 자신의 이익에 대한 평등한 고려를 요청할 권리를 갖는다고 생각한다고 해석할 수 있다.

이 권리가 싱어가 언급하는 유일한 권리는 아니다. 종 차별주의의 편견을 피하기 위해, 우리는 "모든 적절한 측면에서 (인간과) 비슷한 존재는 생명에 대한 비슷한 권리를 갖는다는 것을 허용"[31]해야 한다. 적어도 어떤 동물들은 '모든 적절한 측면에서' 인간과 충분히 비슷**하다.** 그래서 적어도 어떤 동물들은 생명에 대한 권리를 갖는다고 싱어는 함의한다. 그러나 만약 우리가 인간과 바로 그 동물이 생명에 대한 권리를 평등하게 주장하게 만드는 그 측면들이 무엇이냐고 묻는다면, 그것은 바로 그 존재들의 자연적인 능력이며, 이러한 대답은 적어도 어떤 동물들은 모든 또는 적어도 대부분의 인간과 마찬가지로 어떤 자연적인 또는 기본적인 권리—이 경우는 생명에 대한 권리—를 갖는다고 싱어를 해석하는 것을 지지한다고 주장할 수 있다.

이런 해석이 자연스럽기는 하지만, 싱어는 그것이 자신이 숙고한 입장을 포착하는 데 실패한다고 분명히 말했다. 싱어는 그가 권리의 본성에 대해 별로 말하지 않는다는 비판자의 불평에 응답하면서 다음과 같이 썼다.

∷

31) Singer, *Animal Liberation*(chap. 3, no. 10을 보라), p. 21.

480

내가 권리의 본성에 대해 별로 말하지 않는다는 것이 왜 놀라운 일인가? 그것은 나의 동물 해방 옹호가 권리, 특히 권리를 동물에게까지 확장하는 생각에 기반하고 있다고 가정하는 사람들에게나 놀라울 것이다. 그러나 이것은 나의 입장이 전혀 아니다. 권리는 나의 논증에서 중요하지 않기 때문에 나는 권리에 대해 말할 것이 별로 없다. 나의 논증은 평등의 원리에 기반하고 있으며, 이것에 대해서는 내가 할 말이 꽤 많다. 나의 기본적인 도덕적 입장은 (내가 쾌락과 고통을 강조하고, 벤담을 인용한 것을 보면 독자들이 짐작할 수 있듯이) 공리주의이다. 나는 『동물 해방』에서 '권리'라는 낱말을 거의 쓰지 않았으며, 나는 그 말을 완전히 쉽게 포기할 수 있었다. 내가 동물에 부여한 유일한 권리는 이익에 대한 평등한 고려의 '권리'이며, 그 권리에 대해 말함으로써 표현되는 것은 동물의 이익에 비슷한 인간의 이익과 동등한 고려가 주어져야 한다는 주장으로 똑같이 잘 표현될 수 있다고 생각한다. (뒤늦게 깨달은 것이기는 하지만, 나는 이 시점에서 내 일에 불필요하게 끼어들 수 있는 권리의 개념을 허용한 것을 후회한다. 내가 대중적인 도덕적 미사여구에 이런 양보를 하지 않았다면 오해를 피할 수 있었을 것이다.)

그렇다면 동물권 주제에 대한 동물 해방 논쟁에 휘말린 혐의에 대해, 나는 무죄라고 주장한다. 누가 진짜 범인인지에 대해서 (…).[32]

이 구절은 싱어가 어떻게 생각하는지에 대해 의심할 여지를 거의 남기지 않는다. 그는 자신이 이전에 '동물권'을 언급한 것은 자신의 공리주의 입장에서 불필요할 뿐만 아니라, 합리적 호소가 아니라 개탄할 만한 것이라고,

32) Peter Singer, "The Parable of the Fox and the Unliberated Animals," *Ethics* 88, no. 2 (January 1978): p. 122.

"대중적인 도덕적 미사여구에 양보"를 했다고 '후회'하는 어떤 것이라고 생각한다.

아마도 그럴지도 모른다. 아마도 '동물권'에 호소하는 것은 싱어가 자신의 초기 작업에 내린 진단을 견뎌야 한다. 이 시점에서 어떤 판단을 하는 것은 너무 이를 것이다. 동물권을 인정하는 긍정적 논증은 여전히 고려되어야 한다. 우리가 현재 할 일은, 싱어가 동물에 대한 우리의 의무에 관한 자신의 견해를 '미사여구적인' 과잉 없이 얼마나 잘 방어하는지 물어보는 것으로 제한된다. 그의 공리주의적인 입장의 부적절성은 그가 우리가 갖는다고 주장하는 의무, 곧 채식주의가 되어야 한다는 의무에 집중함으로써 잘 드러날 수 있다. 그의 입장의 부적절성이 이 주제와 관련하여 인정된다면, 그것이 다른 것들, 예를 들어 과학에서 동물의 사용, 싱어 역시 도덕적 예외로 받아들이는 동물 사용에 적용되었을 때 얼마나 비슷하게 부적절한지 쉽게 알 수 있을 것이다.

동물의 처우를 주제로 연구하는 사람이라면 싱어에게 커다란 빚을 지고 있음을 분명 인정할 것이다. 공장식 농장의 소름 끼치는 세세한 정보에 대해 대중의 인식이 커진 것은, 적지 않게, 특히 그가 쓴 『동물 해방』이 정당하게 끌어모은 폭넓은 독자들 덕분이다. 우리 모두는 현재까지 닭이 놀랍게도 밀집된, 자연스럽지 못한 환경에서 사육된다는 사실을, 일부러 빈혈을 유도하는 식이요법으로 길러진 송아지는 혼자서는 몸을 닦기 위해 움직일 수도 없고 대부분의 삶을 어두운 곳에 갇혀 있다는 사실을, 돼지와 소를 포함한 동물들이 점점 더 많이 사육되고 있다는 사실을, 이제는 알고 있고, 적어도 알게 될 기회가 있었다. 그러나 싱어의 업적에 대한 이런 빚이 그의 채식주의 도덕적 옹호 논증이 적절하다는 것을 함의하지는 않는다. 그가 그 논증을 도덕적 목적지로 몰고 가는 방법은 다음과 같다.

내가 말한 것처럼, (동물을 집약적으로 기르는) 이런 관행들 중 어떤 것도 우리의 입맛의 즐거움 이상을 충족하려고 하지 않기 때문에, 동물을 먹기 위해 기르고 죽이는 우리의 관행은 우리 자신의 사소한 이익을 만족시키기 위해 다른 존재의 가장 중요한 이익을 희생하는 분명한 사례이다. (…) 우리는 이 관행을 멈춰야 하며, 우리 각자는 그것의 지지를 멈춰야 할 도덕적 의무가 있다.[33]

여기에는 여러 가지 문제가 있다. 첫 번째는 싱어가 "우리의 입맛의 즐거움"을 "사소한 이익"이라고 판단하는 근거와 관련된다. 꽤 사려 깊은 사람들을 포함해서 많은 사람들은 이 상황을 이런 식으로 보지 않는다. 많은 사람들은 맛있는 음식을 준비하거나 맛있는 음식을 먹을 수 있는 '최고의 식당'을 찾기 위해 많은 고생을 한다. 싱어는 음식의 맛에 그렇게 중요성을 두는 사람들은 가치관이 뒤틀렸다고 말했을 수도 있다. 그리고 그들의 가치관을 그렇게 볼 수도 있다. 그러나 만약 그렇다면 그것은 싱어의 출판된 저술에서는 찾아볼 수 없는 다소 정교한 논증을 필요로 하는 어떤 것이다. 이것은 우리가 맛있는 음식을 먹을 때의 이익이 고통이나 죽음을 피하려고 하는 우리의 (또는 동물의) 이익만큼 중요하다고 말하는 것은 아니다. 그것은 단지 싱어가 맛있는 음식을 먹는 우리의 이익이 그의 말처럼 '사소하다'라는 것이 불분명하기도 하고 싱어는 그것을 보여주는 논증을 제시하지 않았다고 말하는 것뿐이다.

둘째, 맛있는 음식을 먹는 우리의 이익이 사소하다는 싱어의 가정을 인정한다고 하더라도, 그가 공리주의자로서, 우리가 **p의 목적**에 대한 어떤 진술 때문에 동물을 집약적으로 기르는 관행(앞으로 이 관행을 p로 기호화하

33) Singer, "All Animals Are Equal," p. 155.

겠다)을 지지하지 말아야 하는 도덕적 의무를 갖는다고 어떻게 주장할 수 있는지 분명하지 않다. 공리주의자가 대답해야 하는 질문은 (a) "p의 목적은 무엇인가?"가 아니다. 그것은 (b) "모든 것을 고려했을 때, p의 결과는 무엇이고, 그 결과는 p의 대안이 채택되고 지지될 때 따라 나올 결과의 가치와 어떻게 비교할 수 있는가?"이다. 그러므로 싱어가 p가 '우리의 입맛의 즐거움 이상의 것을 충족하려고' 하지 않는다는 이유로 거기에 반대할 때, 그는 (a)에 대답을 한 것이지, 우리가 공리주의자에게 기대하는 (b)에 대답을 한 것은 아니다. 두 질문과 각각의 대답의 차이점은 중요하지 않은 것이 아니다. 왜냐하면 p의 목적은 우리의 입맛의 (사소한) 즐거움을 충족하려고 하는 것이라고 올바르게 기술될 수 있지만, 그렇다고 해서 이것이 우리가 p에 제기할 수 있는 공리주의적 반론이라거나—반론이 아니다 —**또는** 특별히 공리주의적인 반론이 제기되었을 때 그것은 p의 목적에 대한 싱어의 규정을 잘 반영한 것이라고 할 수 없기 때문이다. 또한 그의 규정은 공리주의적 관점에서 볼 때 p의 도덕성을 결정하는 것과 매우 관련이 있다고 판단되어야 하는 많은 것을 빠뜨리고 있다.

동물 산업은 큰 사업이다. 거기에 직간접적으로 관여하는 사람이 정확히 얼마나 많은지는 확실하지 않지만, 확실히 그 수는 쉽게 수만 명에 이를 것이다. 가장 먼저, 그리고 가장 명백하게, 실제로 동물을 기르고 파는 사람들이 있다. 그러나 그 외에 매우 많은 사람들이 있는데, 사료 제작자와 판매자, 우리 제작자와 설계자, 성장 촉진제와 여타 화학 약품 생산자 (가령 질병을 예방하거나 통제하려는 목적의 사람들), 싱어가 도덕적 면죄부를 줄지도 모르는 (실제로 그는 밀집 사육 양계장의 암탉이 낳은 달걀에 면죄부를 준다) 고기나 달걀이나 여타 축산물을 도살하고 포장하고 운반하는 사람들, 동물 산업의 성패와 함께 살아가는 농업 지도원과 수의사가 그들이다.

또한 이런 고용주들이나 피고용인들이 부양하는 가족들의 수를 생각해보라. 이 사람들이 동물을 집약적으로 기르면서 '평범하게' 갖는 이익은 입맛의 즐거움을 넘어서며 결코 사소하지 않다. 이 사람들은 동물 산업에서, 직업을 갖거나 가족을 부양하거나 자녀의 교육 또는 은퇴를 위해 저축하는 것만큼이나 기본적이고 중요한 이해관계를 가지고 있다. 만약 우리가 또는 그들이 자신이나 우리의 방식에서 잘못을 알고 채식주의자가 된다면, 이 사람들은 어떤 직업으로 자기 자신이나 부양가족의 생계를 꾸려 나가겠는가? 어떤 사람들이 그것에서 이익을 얻는다고 주장하는 것은 확실히 부도덕한 관행을 옹호하는 것이 아니다. 예를 들어 노예제의 경우에 단지 농장주들이 그것이 이익이 된다는 것을 알았다는 것을 우리가 알게 되었다는 이유로 그것에 대한 비난을 멈추지는 않을 것이다. 그러나 우리가 알기에는 싱어는 도덕적 직관에 호소하는 것을 무시하기에 이런 호소를 이용할 수 없다. 더구나 동물을 집약적으로 기르는 것의 도덕성이라는 특수한 경우에 싱어는 **선호 공리주의자로서** 이 관행에 관련된 사람들, 곧 현재 삶의 질이 거기에 얽매여 있는 사람들의 이익이 관련이 없다고 말할 수는 없다. 만약 선호의 만족이 무엇이 옳고 무엇이 잘못인지를 가늠하는 척도라면, 모든 사람의 선호 만족을 헤아려야 하고 그것도 평등하게 헤아려야 하는데, 이것은 동물 산업을 반대하는 사람뿐만 아니라 그것에 관련되고 그것의 지원을 받는 모든 사람의 선호를 계산에 넣어야 한다는 뜻이다. 이 산업에 반대하는 사람보다 지속되기를 선호하는 사람이 훨씬 많기 때문에, 전자의 선호가 후자의 선호를 능가할 수 있는지는 전혀 분명하지 않다. 농장 동물의 선호가 더해진다면, 상황은 잘해봐야 흐려질 뿐이다. 동물 산업에 관여하는 인간들이 그것이 지속되고 번창하기를 바라는 것은 사소한 이유 때문만은 아니다. 그들에게 **중요한 이익**이 걸려 있으며, 앞선 맥락(4.3)에서 암시했던 선호 공리주의의 **의미 있는 보수적 편견**이 선호 공리주의자들이 사람들이 살아가는 방식에 중대한 변화를 요구할 때 그 지지자들의 노력을 무너뜨리면서 시야에 들어오는 것은 바로 이 시점이다. 선호 공리주의자들은 사람들이 자신들의 의무가 어디에 있는지 결정할 때 현재의 식생활과 여타의 선호가 관련이 있음을 부인하지 않으면서 채식주의자가 될 의무가 있다는 것을 보여줄 수 있다고 생각할지도 모른다. 그러나 어떤 선호 공리주의자도 이것을 보여주지 못했다고 말하는 것이 공정해 보인다.

싱어와 같은 선호 공리주의자가 겪는 어려움은 사실 앞에서 제시한 것보나 훨씬 복잡하다. 싱어는 이러한 형태의 공리주의 때문에 **부작용** — 즉 동물 산업에 직접 관련된 사람뿐만 아니라 그것을 바꾼 결과에 의해 영향을 받는 **모두의 이익** — 이 도덕적 고려 사항이라고 주장해야만 한다. 예를 들어서, 많은 수의 사람들이 채식주의로 갑작스럽게 또는 점진적으로 바꾸었을 때 단기적으로 그리고 장기적으로 세계 경제에 주는 영향을 공리주의자라면 심각하게 탐구해야 한다. 채식주의자들이 가끔 그렇게 하듯이, 곡물을 집약적으로 기르는 동물에게 먹이는 데 사용하지 않고 굶는 인류에게 사용할 **수 있다**고 지적하는 것으로 충분하지 않다. 공리주의자는 이 가능성이 적어도 개연성이 있는지 그리고 공리주의적 근거에서 판단했을 때 바람직한지를 보여줄 수 있는 신빙성 있는 자료가 있어야 한다. 기아 구제가 바람직한지에 대한 싱어와 개릿 하딘[34] 사이의 논쟁은 공리주의적 원리에서 판단했을 때 현시점에서 살펴볼 만한데, 공리주의에 의존하여 채

••

34) (옮긴이) 개릿 하딘(Garrett Hardin, 1915~2003)은 공유지의 비극을 주장한 미국의 생물학자이다. 그는 싱어와 달리 해외 기아 구제에 반대한다.

식주의를 옹호하려는 모든 사람들이 직면하는 과제의 심각성을 지적한다.[35] 비록 관련된 문제들이 매우 복잡하고 이 상황에서 평범한 토론에 이를 수 있는 것도 전혀 없지만 한 가지는 확실하다. 즉 모든 것을 고려했을 때, 집약적인 사육 방법을 포기하고 우리 모두가 (또는 우리 대부분이) 채식주의자가 (모두 함께 또는 섬신적으로) 된다고 해시 영향을 받는 모든 사람의 결과들의 총합이 더 나아진다는 것은 **분명히** 사실이 아니라는 것이다. 이것을 보여주기 위해서는 몇 가지 멋진 계산이 필요하다. 그것 없이는 공리주의에 기반한 채식주의는 우리의 합리적 동의를 이끌어낼 수 없다. 아무리 동정적인 독자라도, 심지어 채식주의 운동의 '길동무'[36]라도 싱어의 저술에서 필요한 계산을 찾지 못할 것이다. 그 계산은 찾기 쉽게 거기 있는 것이 아니다.

싱어나 그의 입장을 옹호하는 사람은 이 시점에서 자신이 이해한 대로의 공리주의가 이익의 평등의 원리—"어떤 행위에 의해 영향을 받는 모든 존재의 이익을 고려하고 거기에 다른 존재의 비슷한 이익과 같은 무게를 주어야 한다"는 원리—를 받아들인다는 것을 지적함으로써 항의하리라고 예상된다. 우리는 싱어가 자신의 선호 공리주의에서 이 원리의 자리를 찾는 데 어려움을 겪는 것을 이미 보았다. 이런 어려움은 여기서도 그를 괴롭힌다. 이 원리의 한 가지 문제는, 우리가 영향을 받는 모든 당사자의 이

35) Garrett Hardin, "Lifeboat Ethics: The Case Against Helping the Poor," *Psychology Today*(September 1974)와 Peter Singer, "Famine, Affluence and Morality," *Philosophy and Public Affairs* 1, no. 3(Spring 1972)를 보라. 두 논문 모두 *World Hunger and Moral Obligation*, ed. W. Aiken and H. LaFollette(Englewood Cliffs, N. J.: Prentice-Hall, 1977)에 재수록되어 있다.
36) (옮긴이) fellow travelers. 주로 정치적인 조직에 조직원으로 직접 참여하지는 않지만 그 이념에 동의하고 협조하는 사람을 가리키는 말이다.

익을 고려하고 평등한 이익을 평등하게 헤아릴 때 우리가 무엇을 해야 할지 알려주지 않는다는 것이다. 그 원리가 말해주는 것은 이것이 우리가 해야 하는 어떤 것이라는 점이 전부이다. 이런 원리 외에 효용성의 원리까지 주어진다고 하더라도, 우리는 여전히 채식주의자의 의무에서 다소 멀리 있다. 왜냐하면 우리가 보여주었어야 하는 것은, 그리고 싱어가 보여주지 못한 것은, 위에서 주장했듯이, 채식주의 생활 방식을 채택한 모든 또는 대부분의 사람들이 그렇지 않은 사람보다 모든 것을 고려했을 때 더 낫다는 것이다. 이것은 평등한 이익이 평등하다고 주장하는 것만으로는 보여주지 못한다.

싱어의 옹호자는 중요한 논증이 무시되었다고 반대할 수 있다. 싱어는 우리가 더 지적이고 더 자의식적인 동물에게 해도 된다고 허락받은 행동을 저능한 인간에게는 해도 된다고 허락하지 않을 것임을 여러 번 주장했다. 예컨대 우리는 사소하지만 고통스러운 실험을 유인원에게 수행하는 것은 허락하면서 이런 인간에게 수행하는 것은 허용하지 않을 것이다.[37] 우리는 이 방법 및 유사한 방법으로 끔찍한 형태의 편견(종 차별주의)을 저지른다. 그러면 우리는 도덕적 관점에서 매우 일관성이 없게 되는 것이다.

싱어의 이러한 견해는 상당한 도덕적 무게가 없는 것은 아니지만, 채식주의 또는 더 일반적으로 동물에 대한 더 인도적인 처우를 옹호하는 그의 명백히 **공리주의적**인 근거를 강화하지 않는다. (종 차별주의에 대한 비공리주의적 비판은 아래 8.11에서 제시된다.) 도덕적 일관성을 옹호하는 이 논증이 동물을 인도적으로 처우하라는 **공리주의적인** 근거를 제공하기 위해서, 싱어는 어떤 방식으로 동물을 처우하는 것은 인간을 비슷한 방식으로 처우

37) 가령 Singer, "All Animals Are Equal"을 보라.

하는 것만큼이나 **공리주의적 근거에서** 잘못되었다는 것을 보여야만 할 것이다. 그러나 싱어는 첫째, 위에서 기술한 방식대로 인간을 처우하는 것이 잘못이라는 것을 공리주의적 근거에서 보여주지 않으며(여기서 그는 이것을 하는 것이 잘못이라는 우리의 확고한 신념에 호소할 뿐인데, 그런 호소를 자신이 비판한 것을 감안할 때 이것은 이례적인 조치이다), 둘째, 이러한 인간들을 처우하는 것처럼 동물을 처우하는 것은 공리주의적 근거에서 잘못이라는 것을 보여주지 않는다. 간단히 말해서 싱어는 그가 종 차별주의 관행에 도전하기 위해 이용하는 논증에 대한 공리주의적 근거, 곧 확실한 또는 개연성 있는 결과를 판단하는 근거를 제시하지 못했다.

이익의 평등 원리는 문제가 되는 인간과 동물을 다르게 처우하는 것에 의해 침해됨에 틀림없다고 가정하는 것만으로는 싱어를 변호하지 못할 것이다. 그것은 공리주의적 근거로 가정되어서는 안 되고 증명되어야 하는데, 다음과 같은 것이 가능하지 않을 이유가 없기 때문이다. 집약적으로 사육되는 동물의 이익은 비슷한 환경에서 식용으로 사육될 수 있고 적절한 측면에서 동물과 비슷한 인간의 이익과 동등하게 헤아려지지만, 이런 식으로 동물을 처우하는 결과는 최적이어도(즉 선에서 악을 뺀 최선의 값을 만들어낸다), 이 인간을 집약적으로 사육한 결과는 그렇지 않을 수 있다. 더 일반적으로, 같은 이익을 가진 존재들에 대한 **다른 처우**는 매우 다양한 결과를 가져올 수 있다. 그래서 우리가 동물들이 일상적으로 처우받는 방식대로 이 인간들을 처우하는 것을 승인하지 않을 것이라고 인정하더라도, 그리고 인간과 동물 자체는 고통과 죽음을 피하는 이익이 같다고 가정하더라도, 우리가 채식주의를 옹호하는 공리주의적 근거나 일반적으로 동물들을 더 인도적으로 처우해야 하는 이유를 제시했다는 것은 귀결되지 않는다. 어떤 상황(가령 동물 연구)에서 동물과 인간 도덕 수동자의 이익을 평등하게 헤아리는 것에 더하여 그들을 **평등하게 처우해야** 한다는 요구는 싱어가 암묵적으로 받아들이지만 정당화에는 실패한 요구이다.

싱어의 역설

지금까지의 논의는 싱어가 채식주의가 되어야 하는 의무에 대해 적절한 공리주의적 근거를 제시하지 못했다는 것을 지적하는 데 치중했다. 이제 그렇게 하려는 그의 시도가 매우 역설적인 결과—곰곰히 생각해보면 애초부터 그 시도를 망치는—를 초래한다는 것을 보여줄 것이다. 한 사람이 고기 구매를 거부하는 것은 공장식 농장에서 동물들이 처우받는 방식에 어떤 변화도 가져올 수 없을 것이기에 채식주의자가 된다는 것은 공리주의자 개인에게 대체로 상징적인 몸짓이라는 여러 비판자들의 이의 제기에 대해, 싱어는 가령 닭의 경우에 이렇게 응답한다. "채식주의자들의 수가 양계 산업의 크기에 변화를 가져오는 어떤 지점이 틀림없이 있다. 얼마나 많은 공장식 농장이 존재할 것인지를 결정하는, 유통 시장 체제에 가려진 일련의 임계점이 틀림없이 있다. 이 경우에 한 사람이 더 채식주의자가 된다고 해도 기존의 채식주의자들에게 합류한 그 개인이 새로운 공장식 농장이 시작되는 (또는 산업이 쇠퇴한다면 기존 산업이 생산을 유지하는) 임계점 아래로 수요를 감소시키지 않는 한 전혀 차이를 만들어낼 수 없다."[38] 이 '임계점'이 어디인지를 우리가 아는지의 여부는 현재 목적에서 논란의 여지가 있는 문제이다. 지금 강조해야 하는 점은 채식주의자가 되어야 하는 의무에 대해 싱어가 제시한 공리주의적 근거의 이 측면이 역설적인 성격이

..

38) Singer, "Utilitarianism and Vegetarianism," p. 335.

있다는 점이다. 중요한 것은, 충분히 많은 다른 사람들도 채식주의자가 되어 그들이 고기를 구매 거부한 영향이 내가 구매 거부한 영향과 결합하여 공장식 농장에서 길러질 일부 닭들이 그 운명을 면하는 일이 일어날 **때만** 나는 채식주의자로서 내가 해야 할 일을 다 한다는 것이다. 반면에 우리의 집단적인 구매 거부의 영향이 집약적으로 길러지는 닭들의 수에 아무 차이도 만들어내지 못한다면, 우리는 채식주의자로서 우리가 해야만 할 일을 다하지 못하는데, 우리의 역할을 하지 못하기 때문이 아니라(우리가 다른 사람을 매우 열심히 설득하려고 했지만 실패했다고 가정한다), 고기의 수요가 우리의 구매 거부를 더 많이 상쇄하게 되는 다른 사람들(즉 비채식주의자들)의 영향 때문이다. 그러나 채식주의자들이 하는 일의 옳음이 채식주의자들이 개탄하는 일을 하는 바로 그 사람들의 결정에 의존한다는 것—그리고 싱어의 견해는 이것을 함의한다—은 기껏해야 역설적이고, 이 견해에서 비채식주의자들이 개인적으로 채식주의자가 될 의무를 확실히 피하기 위해 해야 할 일은, 이 의무가 채식주의자가 공장식 농장에 끼치는 영향에 의해 결정되기 때문에, 그들이 현재 하는 일, 곧 고기를 먹는 일을 정확히 계속하는 것이라는 것을 알게 되었을 때 더욱 역설적이다! 왜냐하면 이 견해에서는 너무 적은 사람이 고기를 그만 먹는다면 고기를 그만 먹을 의무가 없기에, 고기를 먹는 사람들이 어떤 잘못도 하는 것이 아니기 때문이다. 그리고 만약 어쩌면 채식주의자들 집단이 공장식 농장에 끼치는 그들의 집단적 영향이, 다른 것들이 모두 같다면, 이러저러한 집약적 사육 방식을 종결할 수 있을 정도로 증가한다면, 싱어의 입장에서는 비채식주의자들이 여전히 채식주의의 의무를 벗어나기 위한 조치를 취할 수 있을 것인데, 이것은 공장식 농장에 끼치는 채식주의자들의 영향에 의해 평가되는 것이다. 비채식주의자는 **더 많은 고기를 먹음**으로써 채식주의자들의 집단적 영향을 부정하고, 그래서 싱어의 견해에서 고기를 먹는 사람이 채식주의자가 되어야 하는 의무를 부정하는 일만 하면 된다. 우리는 고기를 먹는 사람이 이 경우에 옳은 일을 할 것이라고 말해서는 안 된다. 그 반대이다. 싱어는 공장식 농장의 대안이 되는 식습관이 거기에 끼치는 영향에 호소해서 그들이 잘못된 일을 하고 있다고 주장할 수 없음을 말해야 한다. 그건 그렇고, 채식주의자인 사람들의 수는 공장식 농장에서 길러지는 동물들의 수와 관련이 있다. 또 채식주의자는 자신의 개인적인 그리고 집단적인 영향이 결국에는 길러지는 동물들의 수를 줄일 것이라고 깊이 바라야만 한다. 그럼에도 불구하고, 채식주의가 되는 의무는 싱어의 견해가 물려받은 억설의 대가를 치르지 않고서는 이런 고려에 근거할 수 없다. 이 의무에 어떻게 근거를 제시할 수 있는지 아래에서 설명하고 옹호할 것이다(9.1).

6.5 공리주의와 종 차별주의

이 장의 앞(6.3)에서 공리주의가 종종 매우 불공평한 선과 악의 분배를 승인할 수 있다는 이유로 공격을 받는 것을 보았다. 그 이론이 정한 목적은 총합적이어서 우리에게 영향받는 모든 존재의 선에서 악을 뺀 최선의 값을 가져오라고 요구하기 때문에, 비판자들은 어떤 사람들은 다른 사람들이 내재적 가치를 종합적으로 최대화할 수 있도록 불평등한 악의 몫을 짊어질 수도 있다고 주장한다. 죽임의 도덕성과 관련해서 쾌락 공리주의와 선호 공리주의 모두에 대해 제기되는 반론은 이런 종류의 반론의 사례이다. 한 개체가 죽었고, 그 결과 모든 것을 감안했을 때 최적의 총합적 결과가 생겼다. 생존자는 이득을 얻었고, 희생자는 모든 것을 잃었다. 이 상황을 근본적으로 불공평하다고 느껴야 하는데, 부작용을 포함한 결과가 최적이라면, 행위 공리주의자(이 장 내내 우리가 우려해온 공리주의의 형태)는 틀림없이 자신의 입장으로는 도덕적 불만을 제기할 힘이 없다고 주장할 것이다. 비슷하게 불공평한 처우를 허용하는 행위 공리주의의 사례들(예컨대 모든 것을 고려했을 때 최적의 결과를 보장하기 위해 무고한 사람을 처벌할 수도 있음을 허용하기)은 많다. 이 모든 반론을 여기서 반복하지 않을 것이다. 여기서는 싱어와 같은 입장이 스스로가 명시적으로 제외하려고 한 바로 그것, 곧 종 차별주의를 허용할 수 있다는 것을 지적하는 것이 적절하다.

겉으로 보기에는 공리주의가 가장 공정하고 가장 편견이 덜한 견해인 것처럼 보인다. 모든 사람들의 이익을 헤아리고, 어떤 사람의 이익도 다른 사람의 비슷한 이익보다 더 많이 헤아리지 않는다. 문제는, 우리가 이미 본 것처럼, 모든 사람들이 평등의 원리를 준수하는 것과 모든 사람들이 자신의 이익을 평등하게 향상하는 것 사이에 필연적인 연결 고리가, 예정 조화가 없다는 것이다. 반대로 효용성의 원리에 의존하는 것은 어떤 개체들이 자신의 이익에 상당히 불리한 방법으로 영향을 끼치게 하는 방식으로 행동하는 것을 허용할 수 있다. 최적의 총합적 결과를 가져오기 때문에 그들이 죽는 것이 그런 예이다. 공리주의 비판자들은 공리주의의 원리가 선과 악의 불평등한 분배를 잠재적으로 허용하는 것이 인종차별주의나 성차별주의 같은 제도화된 부정의까지 허용할 수 있고, 평등의 원리를 존중한다고 해도 이런 가능성을 제외하지 않을 것이라고 주장한다. 이런 편견은 여러 가지 형태를 띨 수 있고 서로 다른 방식으로 표현될 수 있다. 특정 인종이나 성별의 구성원의 이익을 고려하는 것의 적절성까지 부인하는 것이 한 가지 형태이다. 그 적절성을 인정하기는 하는데 '우등한' 인종이나 성별의 구성원의 비슷한 이익과 평등하지 않게 헤아리는 것이 또 다른 형태이다.

평등의 원리에 의존하는 (이런 의존이 정당화될 수 있다고 가정하면서) 공리주의는 어느 쪽 견해도 허용하지 않을 것이고, 싱어는 그것을 강력하게 비난한다. 그러나 이런 편견이 취할 수 있는 세 번째 형태가 있다. 이 형태에서 '열등한' 인종이나 성별의 구성원의 이익은 고려되고 평등하게 헤아려진다. 다만 우리가 특정 인종이나 성별의 구성원들에게 유리한 방식으로, '열등한' 인종이나 성별에 속하는 구성원들에게 해로운 방식으로 선을 분배한다면, 모든 것을 고려할 때, 전반적인 선의 총합이 최대한으로 증진되는 일이 일어날 뿐이다. 평등의 원리에 의존한 공리주의가 제외한 것처럼 보였던 편견인 인종차별주의와 성차별주의가 다시 살아날 수도 있으며, 실상이 어떤 방식으로 드러난다면, 다시 말해서 '열등한' 인종이나 성별보다 '우등한' 인종이나 성별을 선호하는 방식으로 선과 악을 분배하는 것이 최선의 결과를 낳는다면, 그 편견들은 정당화될 것이다. 만약 공리주의자가 이런 식으로 분배된 선과 악은 이익의 평등 원리 등을 틀림없이 위반하며, 자신의 견해에서는 그렇게 하는 것이 금지되어 있다고 대답한다면, 우리는 그에게 서로 다른 처우는 그 원리를 위반하는 것과 같지 않으며 그것을 함의하지 않는다는 것을 상기시켜야 한다. 예를 들어서 흑인과 백인의 이익을 똑같이 헤아리지만(그래서 평등의 원리를 존중하지만), 누가 무엇을 갖느냐를 결정할 때 백인은 물건의 가장 큰 몫을 받고 흑인은 남은 것을 받는 식으로 인종을 여전히 차별하는 것이, 선의 **분배**에서의 그런 차별이 공리주의자의 목적을 도모한다는 이유로 이루어진다는 것이 이론적으로 가능하다. 공리주의자들이 현실 세계에서는 이러한 종류의 것이 정당화되는 것에 반대되는 것이 실상이라는 것을 보여줄 수 있는지는 현시점에서 미결 문제이며, 다음 장(7.7)에서 다소 다른 맥락에서 검토할 것이다. 여기서 겸손하게 주장하는 것은, 공리주의자가 평등에 대해 그렇게 강조하더라도,

만약 그 실상이 어떤 식으로 드러난다면 알아볼 수 있는 성차별주의와 인종차별주의의 형태를 승인할 것이라는 점이다.

종 차별주의와 관련된 상황은 이와 같으며, 더 심각할 뿐이다. 우리는 공리주의자로서 동물의 이익을 고려해야 하고 그것을 평등하게 헤아려야 한다. 따라서 어떤 종류의 종 차별주의(가령 동물의 이익이 적절하다고 간주하지도 않는 종 차별주의)는 배제한다. 그러나 평등의 원리를 존중한다고 해서 효용성의 원리를 고려할 때 분배의 문제와 관련해서는 동물이 평등하게 처우받으리라는 보장을 못한다. 예를 들어서 인간과 달리 동물을 집약적으로 사육하는 것은, 이런 식으로 동물을 사육하는 것에 반대하는 특별히 **공리주의적인** 논증이 되지 못한다. 왜냐하면 동물을 이런 식으로 처우하는 것은, 모든 것을 고려했을 때, 인간을 이런 식으로 처우할 때와 달리 최선의 결과를 가져올 수 있기 때문이다. 그러므로 이론적으로 공리주의는 우리가 알 수 있는 종 차별주의 관행을 옹호하는 근거를 제공할 수 있다. 그것이 실제로 그러한가는 이런 식으로 동물을 처우하는 결과가 모든 것을 고려할 때 더 나은가에 달려 있음이 분명하다. 예를 들어 싱어는, 우리가 동물을 집약적으로 사육하는 것을 멈추었을 때 관련된 모든 사람의 이익을 고려하면, 모든 것을 고려한 경우 그 결과가 더 나은지를 보여주는 경험적 자료를 제공하지 못했기 때문에, 우리가 아는 바로는 일종의 종 차별주의―나중에(8.11) 더 완전하게 설명될 것이다―를 반영하는 이런 처우가 싱어의 공리주의와 같은 형태의 공리주의에서 실제로 정당화될 수 있다는 것으로 귀결된다. 모든 것을 고려했을 때 이와 같은 입장은 진짜 '동물 해방'의 토대를 제공하는 것과 어느 정도 거리가 있다. 나는 규칙 공리주의를 고찰할 때(7.7) 이 주제로 돌아올 것이다.

6.6 요약과 결론

우리는 이 장에서 대표적인 직접적 의무 견해들을 살펴보았다. 검토된 견해들은 완벽하지는 않지만, 일반적으로는 도덕 수동자 그리고 구체적으로는 동물에 대한 우리의 직접적 의무를 그들의 권리에 호소하지 않고서도 가장 잘 설명할 것으로 보인다. 잔인함-친절함 견해는, 행위자의 정신 상태나 성향(동기나 의도)은 그가 하는 일의 옳음 또는 잘못을 결정한다고 가정함으로써 도덕 행위자의 가치에 대한 고려를 그의 행위의 도덕성에 대한 고려와 헷갈리기 때문에 실패한다고 주장했다(6.1). 쾌락 공리주의든 선호 공리주의든 행위 공리주의는 이런 혼동은 피하지만, 해악을 끼치지 않을 직견적인 직접적 의무의 엄격성에 대해 적절한 근거를 제공하지 못했다(6.2~6.3). 모든 형태의 행위 공리주의가 직면해야 하는 많은 문제들 중에서 특별히 한 가지, 즉 은밀하게 죽이는 문제에 집중했다. 은밀하게 죽이기 때문에 알려진 죽임이 일으키는 부작용(산 사람들 사이의 우려와 불안)에는 호소할 수 없으며, 따라서 행위 공리주의는 그런 고려와 무관하게 은밀하게 죽이는 것의 부도덕성을 설명해야 한다. 쾌락주의적 공리주의는 이 점에서 실패하는데, 희생자가 잃는 쾌락이 가해자가 얻는 쾌락에 의해 보상되기 때문이다. 그리고 선호 공리주의는 왜 그런 죽임이 잘못인지 마찬가지로 설명할 수 없는데, 왜냐하면 여기서도 희생자 쪽에서의 선호 만족의 상실은 가해자의 증가된 만족을 포함하여 다른 사람들의 이익에 의해 역시 보상될 수 있기 때문이다.

두 번째 주된 논증은 검토된 잔인함-친절함 견해와 여러 가지 형태의 행위 공리주의 모두가, 만약 받아들여진다면, 동물 그리고 적절한 측면에서 동물과 비슷한 인간 도덕 수동자를 더 잘 처우하려고 노력하는 사람들이 찾는 확실한 근거를 제공하지 못한다는 것을 보여주고자 했다. 만약 잔인함-친절함 견해가 가정하듯이 이런 도덕 수동자에 대한 우리의 소극적 의무가 그들에게 가학적으로 또는 잔혹하게 잔인하지 말 것만을 요구한다면, 이 개체들에게 해악을 끼치지만 그들에게 공감이나 동정심을 느끼는 사람들을 도덕적으로 비난할 수 없을 것이다. 그들의 **행위**는 도덕적으로 흠이 없었다. 더구나 지금까지 살펴본 모든 형태의 공리주의의 경우에 이런 도덕 수동자들에게 행해진 해악은, 그들에게 끼친 해악이 선(가령 쾌락)에서 악(가령 고통)을 뺀 최적의 총합 — 불안을 예감하지 못하는 경우(가령 유아 살해와 음식을 위한 농장 동물의 도살)에 의해 기름칠이 된 정당화의 톱니바퀴 — 을 가져오는 것과 인과적으로 관련이 있는 한, 도덕적으로 비판할 수 없다. 그러므로 잔인함-친절함 견해도 공리주의도 우리가 이 개체들이 가지고 있는 직접적 의무에 만족스러운 근거를 제공하지 못한다.

공리주의는 종종 각자는 하나로 헤아려지며 어느 누구도 하나 이상으로 헤아리지 않는다는 평등주의 때문에 칭송받는다. 따라서 그 옹호자들은 공리주의가 이런 식으로 성차별주의, 인종차별주의, 종 차별주의라는 해로운 편견을 피한다고 가정한다. 이 모든 말은 매우 좋게 들린다. 문제는 공리주의자가 이런 평등의 개념에 뿌리박힌 원리를 **어떻게** 얻으며 그 원리가 공리주의 이론 내에서 어떤 위치를 가질 수 있는지 물을 때 생긴다. 어떤 공리주의자도 관련된 존재들의 이익(선호, 쾌락)을 고려하고 평등한 이익을 평등하게 헤아리는 것 등을 **의무**라고 생각할 수 없는데, 이 의무는 (a) 기본적(도출되지 않은)이거나 (b) 기본적이지 않기(도출된) 때문이다. 만약 전자라면, 효용성 **그리고 오로지 효용성만이** 공리주의에 대해 기본적이기에 공리주의를 비일관적이라고 여긴다. 후자라면, 임의의 두 이익(쾌락 등)의 평등과 불평등은 이런 쾌락이나 이익 그 자체를 평등하거나 불평등하다고 헤아리는 것의 효용성이 아니라 이런 쾌락이나 이익 그 자체에 의존해야만 하기 때문에 평등의 개념은 왜곡된다. 마찬가지로 평등의 원리가 형식적 원리라는 주장도 결함이 있는데, 공리주의자가 아닌 사람들이 평등의 공리주의적 해석을 받아들이지 않고서도 도덕원리를 내세울 수 있기 때문이다. 공리주의자가 이해하는 평등의 원리는 기껏해야 조건부 형식적 원리로 볼 수 있다. 즉 **만약** 다른 사람들이 자기 자신의 이익을 평등하게 고려하기를 원한다면, 그리고 **만약** 우리가 도덕적 관점을 취한다면, **그러면** 우리는 그 결과에 의해 영향받는 존재들의 이익을 향상하도록 행동하는 결과론적 원리를 추종한다고 주장할 수 있는 것이다. 그러나 우리가 이 원리를 추종한다고 주장하더라도, 방금 설명한 조건들에 만족한다고 할 때, 우리가 **공리주의**(효용성이 도덕성의 **유일한** 근거인 견해)를 추종한다는 것**이나**, 우리가 추종하는 원리가 타당한 도덕원리라는 것**이나**, 도덕원리를 정하는 (자기 자신의 바람 등에서 출발하는) 이런 접근이 타당한 접근이라는 것은 귀결되지 않는다. 공리주의가 조건적 평등의 원리를 받아들이는 것에 근거해서 옹호될 때, 대답이 되기보다 다시 질문을 하게 만든다.

마지막으로 채식주의가 되어야 한다는 의무를 공리주의에 기초 지으려는 피터 싱어의 시도를 고찰했다(6.4). (평등의 원리가 그의 선호 공리주의에 맞는다고 가정했을 때) 평등의 원리는, **사전** 분배적 원리이기에, 분배와 관련해서 선에서 악을 뺀 최선의 값을 어떻게 가져오는지 결정하게 되었을 때 개체들을 완전히 다르게 처우하는 것과 일관적이다. 그러므로 우리는 사람들이 동물들과 적절한 측면에서 비슷한 인간 도덕 수동자를 기꺼이 다르게 처우한다고 해서 평등의 원리를 위반했다고 가정할 수 없다. 싱어는 공리주의자로서, 자신의 이득의 측면에서 의미 있게 비슷한 개체들에게

조차 그 여러 개체들을 다르게 처우하는 문제는 결과에 달려 있다는 것을 인정해야만 한다. 그러므로 농장 동물의 집약적 사육의 특정 경우에 싱어를 포함한 공리주의자들에게는 그런 처우가 잘못인지는 도덕적으로 미결 문제이며, 이 동물들이 받는 처우를 기꺼이 용인하는 사람들이 적절한 측면에서 이런 동물들과 비슷한 인간 도덕 수동자를 비슷하게 처우하는 것을 용인하지 않는다면 이런 동물들이 받는 처우가 잘못이라고 가정할 수 없다. 왜냐하면 두 경우에 그 **결과들**이 똑같아야만 한다고 가정할 이유가 없으며, 평등의 원리가 만족되었을 때 공리주의자에게 도덕적으로 결정적인 것은 결과이기 때문이다.

그러므로 선호 공리주의의 관점에서 보았을 때 우리가 채식주의자가 되어야 하는 도덕적 의무가 있다는 것을 보여주기 위해서, 싱어는 우리가 채식주의자가 아닐 때보다 채식주의자일 때 관련된 모든 존재에게 결과가 더 낫다는 것을 보여주어야 한다. 싱어는 이것을 보여주지 못하는데, 다른 것이 아니라 필요한 경험적 세부 사항들을 제시하지 못했기 때문이다. 더구나 그의 강력한 종 차별주의 (그리고 성차별주의와 인종차별주의) 비난에도 불구하고, 그의 입장은 이러한 편견들 중 쉽게 알아볼 수 있는 형태를 허용한다(6.5). 우리가 종 차별주의를 피하려고 한다면, 예컨대 돼지와 어린 아이의 평등한 이익을 평등하게 헤아리는 것만으로는 충분하지 않다. 우리가 이것을 단순히 평등의 원리를 존중하는 것만으로는 보장되지 않는 어떤 것을 한 **다음에** 둘 다를 공정하게 처우하는 것 역시 꼭 필요하다. 마지막으로 싱어의 선호 공리주의 입장에 반대해서 채식주의자가 되려는 한 개인의 결심은 대체로 상징적인 몸짓이라는 비난에 대한 그의 대답은 고기를 먹는 사람들이 고기를 더 많이 먹으려는 단순한 편법으로 채식주의자가 되는 의무를 피할 수 있다는 역설적인 결과가 초래된다는 것을 보여줄 수 있다. 만약 싱어에게 제시된 비판이 공정하고 그 목표가 정확하다면, 채식주의자가 되려는 의무의 확고한 근거를 찾으려는 사람도, 건실한 이론을 찾으려는 사람도, 그의 선호 공리주의에서 그것을 찾지 못할 것이다.

제7장

정의와 평등

이상적인 도덕 판단의 한 가지 조건(4.2를 보라)은 정의[1]의 형식적 원리에 부합하는 것으로 이해되는 공평무사성을 갖추는 것이다. 정의의 형식적 원리에 따르면 모든 개체는 그들이 마땅히 받아야 할 바를 받아야 한다. 이러한 원리는 유사한 개체들이 유사하지 않은 방식으로 처우될 경우 제대로 지켜지지 않게 된다. 이러한 원리 자체는 개체들이 무엇을 마땅히 받아야 할 것인지를 명시하지 않고 있기 때문에 형식적인 원리라고 일컬어진다. 이러한 원리는 도덕적으로 적절한 차이(그것이 무엇이든 간에)를 제시하지 못하면서 개체들을 다르게 처우할 경우, 정의가 실현되지 않을 것임을 함의하고 있다.

형식적인 원리로 이해되는 정의만으로는 충분하지 않음이 분명하다. 개개인이 무엇을 마땅히 받아야 할 것인지를 결정할 수 있는 어떤 합당한 근거가 없는 한, 우리는 두 명 혹은 그 이상의 개인이 도덕적으로 적절한 측면에서 유사한지 혹은 그렇지 않은지를 결정할 수 있는 주요한 근거를 갖

1) (옮긴이) 정의(正義, justice)의 사전적 정의는 '사회나 공동체를 위한 옳고 바른 도리'이다. 일반적으로 이와 같은 정의는 오늘날 사회정의를 말하는데, 구체적으로 이것이 무엇을 말하는지는 시대와 장소, 혹은 이론 등에 따라 다르다. 이 책에서는 대체로 정의가 사람과 동물 등의 개체가 마땅히 받아야 할 처우에 대한 논의에 초점이 맞추어져 있다.

지 못할 것이다. 그리고 이러한 근거를 갖지 못할 경우, 우리는 엄격한 정의의 차원에서 각각의 개인들이 무엇을 마땅히 받아야 할 것인지를 결정할 수 있는, 원칙적인 근거 또한 갖지 못할 것이다. 이와 같은 이유로 정의에 대한 **규범적인 해석**[2]을 해야 할 필요성이 제기된다.[3]

놀랄 것도 없이 정의에 대한 유일무이한 해석이나 이론은 없다. 이는 어떤 학문 분야에서든 경쟁 관계에 있는 이론들의 본질에 해당한다. 이는 도덕철학에서만 나타나는 특이한 현상은 아니다. 하지만 의견이 불일치한다고 해서 밀과 겉껍질을 분리할 수 있는 합리적인 방법이 없다고 생각해서는 안 된다. 사실 이 장의 가장 중요한 목표는 바로 이와 같은 작업을 하는 것이다. 나는 이 장에서 다음과 같이 논의를 진행하고자 한다. 먼저 정의에 대한 세 가지 해석을 설명하면서 이를 비판적으로 평가할 것인데(7.1~7.2), 셋 중에서 둘(완전주의와 공리주의)은 거부할 것이고, 나머지 하나(개체 간의 평등)를 옹호할 것이다. 개체 간의 평등에 대한 해석은 특정 개체가 다른 것들과 구분되는 유형의 가치(본래적 가치)를 가지고 있다는 전제에 의거하고 있는데, 나는 이러한 가치의 본질과 이를 귀속하는 기준을 모두 설명할 것이다(7.2~7.5). 이러한 고찰은 존중의 원리(7.6)를 받아들이는 근거가 될 것이다. 여기서 존중의 원리란 본래적 가치를 지닌 모든 개체를 대상으로 사람들이 마땅히 가져야 하는, 직접적 정의의 의무를 규정하는 원리이다.

•••

2) (옮긴이) 정의를 사실의 측면이 아니라 당위라는 측면에서 해석할 필요가 있다는 말이다. 다시 말해 정의는 '이러이러하다'라는 측면에서가 아니라 마땅히 '어떠어떠해야 한다'라는 측면에서 다루어져야 한다는 것이다.

3) 이 장에서의 정의와 평등에 대한 논의는 이 주제를 다루고 있는 데이비드 A. J. 리처드(David A. J. Richards)의 논문에서 도움을 받았다. 그의 "Justice and Equality," in *And Justice for All*, ed. Regan and VanDeVeer(chap. 4, n. 9)를 보라. 내가 리처드 교수가 이 장에서의 결론에 동의할 것이라고 주장하려는 것은 아니다.

나는 이러한 원리가 도덕 행위자와 도덕 수동자 **모두를** 처우하는 방식에 적용되고, 그것도 동일하게 적용된다고 주장할 것인데, 왜냐하면 도덕 행위자와 수동자는 이어지는 내용에서 제시하는 이유로 동등한 본래적 가치를 소유하는 존재로 봐야 하기 때문이다. 존중의 원리와 이러한 원리가 의거하고 있는 본래적 가치를 상정하지 않으려는 시도에 대해서는, 특히 규칙 공리주의가 제시하는 다른 입장에 대해서는 고찰과 반박이 이루어질 것이다(7.7). 나는 존중의 원리를 타당한 도덕원리로 간주하고 옹호할 것이며 (7.8), 이러한 원리와 해악의 원리 사이의 연관성을 설명할 것이다(7.9).

7.1 공리주의와 완전주의 정의 이론

비록 공리주의라는 이름을 사용하지는 않았지만, 우리는 앞 장에서 공리주의가 해석한 형식적 정의를 접한 바 있다. 공리주의자들이 각각의 사람을 한 명으로 헤아리는 것, 그리고 어떤 사람도 한 사람 이상일 수 없음에 부과하는 중요성을 떠올려 보라. 이는 그 뜻과 의도라는 측면에서 지극히 정의로우며, 지극히 평등주의적인 입장으로 보인다. 즉 공리주의자들은 어떤 개체도 적절한 측면에서 유사한 다른 개체들이 받게 되는 동등한 고려 이상 혹은 이하로 대우를 받을 수 있는 대상으로 파악하지 않는 것이다. 여기서 공리주의자들에게 동등한 고려란 **사전 분배적**(predistributive) 조건임을 강조하는 것이 매우 중요하다. 예를 들어 쾌락주의적 공리주의자들의 입장에서 개체들이 동등하게, 또한 정의가 요구하는 바에 따라 처우되는 경우는 개체들의 쾌락과 고통이 다른 개체(들)의 유사한 쾌락과 고통과 그 중요성에서 동등한 것으로 고려되고 간주되는 경우이다. 이는 정의라는 차원에서 모든 개체가 마땅히 받아야 할 처우이다. 어떤 개체들의 동등한 쾌락을 동등하게 고려하고 저울질하지 않을 경우, 그 개체들은 쾌락주의적 공리주의의 입장에서 자신들이 부당한 처우를 받았다고 정당하게 주장할 수 있으며, 실제로 자신들을 위해 그렇게 주장해왔다. 나는 이 장에서 공리주의의 정의관에 대해 더 많은 이야기를 하게 될 것이다(특히 7.7을 보라).

오직 공리주의만이 정의에 대한 규범적인 해석을 하고 있는 것은 아니며, 모든 이론이 공리주의가 열망하는 바와 같이 평등주의적인 것은 아니다. 예를 들어 고대 그리스의 철학자 아리스토텔레스와 19세기 독일의 철학자 프리드리히 니체는 **완전주의 정의 이론**을 개진했다. 이러한 이론에 따르면 정의라는 측면에서 개체들이 마땅히 받아야 할 바는 그들이 지적인 그리고 예술적인 재능을 얼마만큼 소유하느냐, 그리고 영웅적 행위나 격조 높은 행위로 표현되는 품성을 얼마만큼 소유하고 있는지에 따라 달라진다. 정의라는 측면에서 볼 때, 그러한 덕을 풍부하게 소유하고 있는 사람은 이를 제한적으로 소유하거나 전혀 소유하지 않은 사람보다 더 많은 것을 가질 자격이 있다. 이렇게 보았을 때 '완전주의 정의론을 받아들이는 것'과 '이러한 이론이 선호하는 덕목을 얼마만큼 소유하느냐에 따라 개체들을 매우 차등적으로 처우하는 것' 사이의 거리는 얼마 되지 않는다. 예를 들어 아리스토텔레스는 이와 같은 정의 개념에 매료된 나머지, 어떤 인간은 천성적으로 노예라고 생각했는데, 이는 놀랄 일이 아니다. 즉 그들은 노예로 태어나기 때문에 예술적, 지적 그리고 다른 덕에 대한 최소한의 능력조차 가지고 있지 않다는 것이다. **그들의** 기능은 더욱 덕스러운 자들의 더욱 우등하고 가치 있는 이익에 봉사하는 것이다. 예를 들어 그들은 식량을 재배하고 쓰레기를 치우는 일처럼 자신들의 지적, 미적 빈약함과 자연스레 맞아떨어지는 일들을 수행한다. 또한 그들은 덕스러운 사람들이 이처럼 낮은 수준의 일을 하면서 시간을 보내야 할 필요성을 덜어주는 일을 하며, 이를 통해 덕스러운 사람들이 예술적이고 지적인 덕을 최적으로 개발하는 데 필요한 여가를 제공한다. 태어날 때부터 주인을 섬기게 되어 있는 이러한 사람들은 정의가 존재하지 않는다고 불평할 수도 없다. 그들은 자신들이 마땅히 받아야 할 처우를 정확하게 받는다. 정의로운 사회는 덕을 갖춘 사람들의 완벽함을 증진할 수 있는 제도적 장치를 필요로 하기 때문에, 선호되는 덕을 갖추지 못한 사람들은 자신들이 처해 있는 상황, 즉 예술적, 지적인 엘리트들의 필요에 기여하도록 되어 있는 자신들의 상황이 정의롭지 못하다는 사실에 대해 불평할 수 없다.

완전주의자들의 정의론은 도덕적으로 위험하며, 실제로 가장 반대할 만한 형태의 사회적, 정치적, 법적 차별, 예컨대 노예를 재산으로 간주하는 제도, 엄격한 카스트 제도, 그리고 한 국가 내 시민들 사이에서 확인되는 삶의 질의 엄청난 차이를 뒷받침해주는 토대를 제공한다. 그런데 우리가 완전주의 이론을 이보다 더 심층적인 차원에서 반대할 수 있다. 개체들이 사람들이 선호하는 덕(예를 들어 고등 수학을 할 수 있는 능력)을 획득하는 데 필요한 재능을 가지고 있는지의 여부는 개체들의 통제를 벗어난다. 개체가 가지고 있는 자연적 재능은, 이와 관련된 롤스의 구절을 재차 인용해보면 '타고난 운'이 제공한 결과이다. 지적 또는 예술적 재능을 타고난 사람들은 그들 자신이 선호의 대상이 되는 대우를 받을 만한 어떤 것도 하지 않았다. 이는 그러한 재능을 갖추지 못한 사람들이 자신들의 복리를 도모하는 데에 필수적인 이득을 얻지 못할 그 무엇도 하지 않은 것과 다를 바 없다. 이와 같은 우연적인 토대 위에 정의를 정초하는 정의론은 그 어떤 것도 적절한 이론이라는 판정을 받을 수 없다. 그와 같은 이론은 보통 사람들의 중대한 이익보다 일부 사람들의 '우등한' 이익을 더 도모하는 경우를 인정하며, 심지어 후자에 의해 전자가 노예가 되는 지경에까지 이르는 것을 허용함으로써 **정의의 이름으로** 자유와 여타 이득이 심각하게 줄어드는 지경에까지 이르게 할 수 있다. 철학적 토론을 주고받는 집단에서 합의는 드물지만, 앞에서 제시한 바와 같은 이유들로 오늘날의 철학자들 중에서 (비록 이러한 이유들뿐만은 아니지만) 완전주의 이론을 옹호하는 사람은 있다고 해도 소수일 것이다. 이어지는 논의에서 우리에게는 완전주의의 위험성과 이러한 이론을 피해야 할 필요성을 떠올릴 기회가 있을 것이다. 그러나 또 다른 맥락에서는 한 개체가 얼마만한 크기의 능력을 갖추었고, 일마만큼 나양한 능력을 갖추었는지가 일부 예외적인 경우에서 도덕적으로 적절한 고려 사항이라고 주장하기도 할 것이다(8.13 참조).

완전주의 정의론과 대비해보았을 때, "각자는 하나로 헤아리며, 아무도 하나 이상으로 헤아리지 않는다"라는 벤담의 선언은 신선한 평등주의의 숨결로 인식해야 한다. 공리주의 철학이 가지고 있는 이와 같은 측면은 특히 19세기의 영국이 더욱 평등한 사회의 방향으로 나아가기 위한 핵심적인 정치적, 법적, 경제적 변화를 일으키는 데에 크게 기여했는데, 이는 그다지 놀랄 일이 아니다. 공리주의가 추진했던 평등주의가 이끌어낸 실제 결과는 오늘날 칭찬받아 마땅해 보인다. 하지만 앞 장(6.3)에서 설명한 바와 같이, 공리주의 이론에서 말하는 평등의 원리가 갖는 위상은 상당히 다른 문제이다. 여기에서 이들에 대해 언급하지는 않겠지만 이와 관련한 논의들은 우리가 뒤에서 다루게 될 것이다(7.7). 여기서 나는 형식적 정의에 대한 다른 해석을 제안하려 하는데, 이는 확실히 비완전주의적이고, 평등주의적이기는 하지만 비공리주의적이다. 여기에서 옹호하는 정의에 대한 해석이 완전주의와 공리주의의 정의 이론과 어떻게 다른지는 논의를 진행해가면서 설명할 것이다. 이러한 해석을 옹호하려면 그것이 무엇인지를 명확히 할 필요가 있다(7.8을 보라).

7.2 평등한 가치의 개체들

여기서 내가 옹호하는 형식적 정의에 대한 해석은 이하에서 **개체들의 평등**(equality of individuals)이라고 부를 것인데, 여기에는 특정 개체들을 그 자체로 가치 있는 존재로 보는 입장이 포함된다. 나는 이러한 유형의 가치를 **본래적 가치**(inherent value)[4]라고 부를 것이고, 맨 먼저 도덕 행위자에 귀속된 본래적 가치에 초점을 맞춤으로써 이에 대한 논의를 시작할 것이다.

개별적인 도덕 행위자가 갖는 본래적 가치는 그들이 경험하는 바에 부여하는 내재적(intrinsic) 가치(예를 들어 그들의 쾌락 또는 선호 만족)와 개념적으로 구별되는 것으로, 후자와 같은 유형의 가치로 환원될 수 없으며, 그러한 유형의 가치와 비교 불가능한(incommensurate with) 것으로 이해해야 한다. 본래적 가치가 한 개체의 경험이 갖는 내재적 가치로 환원되지 않는다고 하는 것은 우리가 경험이 갖는 내재적 가치를 합산함으로써 개별 도덕 행위 주체의 본래적 가치를 결정할 수 없음을 의미한다. 이렇게 보자면 더 즐겁거나 행복한 삶을 영위하는 사람들이라고 해서 삶이 덜 즐겁거나

---

4) (옮긴이) inherent value는 'instrumental value(도구적 가치)'와 대비되어, 다른 어떤 것의 수단으로 쓰여서 생기는 가치가 아니라 그 자체가 가지고 있는 가치를 뜻하므로 '본래적 가치'로 번역한다. 반면에 intrinsic value는 extrinsic value(외재적 가치)와 대비되어 외부에서 부여되는 가치가 아니라 내부에 가지고 있는 가치를 뜻하므로 '내재적 가치'로 번역한다.

덜 행복한 사람들에 비해 본래적 가치를 더 크게 갖는 것은 아니다. 또한 더욱 '세련된' 선호(예를 들어 예술과 학문에 대한)를 갖는 사람들이라고 해서 더 큰 본래적 가치를 갖는 것도 아니다. 개별적인 도덕 행위자의 본래적 가치가 그들(또는 다른 사람의)의 경험이 갖는 내재적 가치와 비교 불가능하다고 말하는 것은 두 종류의 가치가 비교될 수 없고, 서로 교환될 수 없음을 의미한다. '사과와 오렌지'라는 영어 관용구처럼, 이 두 종류의 가치는 동일한 비교 척도로 측정되지 않는다. 우리는 얼마만큼의 내재적 가치가 개체의 본래적 가치의 값어치에 해당하는지를, 다시 말해 얼마만큼의 내재적 가치가 개체의 본래적 가치와 같은지를 물을 수 없다. 어떤 도덕 행위자의 본래적 가치는 어떤 내재적 가치의 합계와도 같지 않다. 즉 그 개체의 경험들이 갖는 내재적 가치의 합계와도, 다른 모든 도덕 행위자들의 경험들이 갖는 내재적 가치의 합계와도 같지 않은 것이다. 이렇게 보았을 때, 도덕 행위자가 본래적 가치를 가지고 있다고 보는 것은 그들을 내재적 가치를 담는 단순한 그릇 이상의 무엇으로 보는 것이다. 그들은 그 자체로서의 가치를 가지고 있는데, 이러한 가치는 그릇으로서, 혹은 그릇으로서 그들이 겪었던 경험의 가치와 구별되고, 환원될 수 없으며, 그러한 경험의 가치와 비교 불가능한 가치이다.

도덕 행위자의 가치에 대한 공리주의적–그릇 견해와 본래적 가치를 상정하는 입장 사이의 차이는 컵에 대한 유비를 떠올리면 더욱 명확하게 파악할 수 있을 것이다(6.2를 보라). 가치에 대한 그릇 견해에 따르면, 가치를 가지고 있는 것은 **컵 안에 들어가는 내용물**(예를 들어 쾌락 혹은 선호 만족)이다. 컵 자체(즉 개체 자신)는 가치가 없다. 그런데 본래적 가치를 상정하는 입장은 대안을 제시한다. 컵(즉 개체)은 가치를 가질 뿐만 아니라, 컵에 들어가는 내용물(예를 들어 쾌락)로 환원할 수 없는, 그리고 그것과 비교 불가능한 종류의 가치를 갖는다. 컵(즉 개체)은 가치 있는 내용물(예를 들어 쾌락)을 '담지만'(경험하지만), 컵의 가치(개체)는 컵에 담기는 값진 것 하나 혹은 이의 합계와 같지 않다. 본래적 가치를 상정하는 입장에 따르면 **개별적인 도덕 행위자 자체는 다른 것과 구별되는 유형의 가치를 가지고 있지만,** 공리주의자들이 추종하는 그릇 견해에 따르면 그렇지 않다. 가치 있는 것은 컵이지, 그저 그 안에 들어가는 내용물이 아니다.

　도덕 행위자가 본래적 가치를 소유하는 것과 관련하여 두 가지 선택지가 있을 수 있다. 첫째, 도덕 행위자들이 각자 다양한 정도로 이러한 가치를 가지며, 이에 따라 어떤 사람들이 다른 사람들에 비해 이러한 가치를 더 많이 갖는 것으로 생각해볼 수 있다. 둘째, 도덕 행위자들이 이러한 가치를 동등하게 가지고 있는 것으로 생각해볼 수 있다. 이성적인 판단에 근거해보았을 때, 후자의 견해가 더 그럴듯하다. 만약 도덕 행위자들이 다양한 정도의 본래적 가치를 가지고 있는 것으로 파악된다면, 어떤 도덕 행위자들이 얼마나 많은 본래적 가치를 가지고 있는지를 결정하는 일정한 근거가 있어야 할 것이다. 이론적으로 그 근거는 부(富)나 '올바른' 인종이나 특정 성(性)에 속하는 것과 같은 것이라는 주장이 제기될 수 있다. 이보다 더 그럴듯하게는 그 근거가 아리스토텔레스가 선호하는 바와 같은, 특정한 덕이나 탁월성을 소유하는 것이라는 주장을 제기할 수도 있다. 본래적 가치에 대한 이와 같은 후자(완전주의자)의 설명에 따르면 풍부한 지적 능력이나 예술적 기능을 가진 사람은 이러한 덕을 조금 가지고 있는 사람보다 더 많은 본래적 가치를 지닐 것이며, 이러한 덕을 조금 가지고 있는 개체들은 전혀 갖추지 못한 사람보다 더 많은 가치를 지니게 될 것이다. 도덕 행위자의 본래적 가치에 대한 이러한 입장을 받아들일 경우, 완전주의자의 정의론에 유리한 상황이 조성된다. 즉 상대적으로 본래적 가치를 갖지 못한 사람들에게 더 많은 본래적 가치를 가진 사람들의 필요와 이익에 기여하라고 **정당하게** 요구할 수 있게 되는 것이다. 설령 그와 같은 기여가 그렇게 하는 사람들에게 이익이 되지 않을지라도 말이다. 그리고 이 경우 예속된 사람들은 자신들이 받는 처우의 부당함을 불평할 근거를 찾을 수 없다. **그들은** 상대적으로 적은 본래적 가치를 가지고 있으므로, 자신이 받을 만큼만 받게 될 것이다. 우리는 이와 같은 정의 해석을 받아들일 수 없으며, 완전주의 정의론의 토대로 활용할 수 있는 도덕 행위자가 갖는 본래적 가치에 관한 견해 또한 그 어떤 것이라도 받아들일 수 없다. 우리는 도덕 행위자들이 다양한 정도의 본래적 가치를 가지고 있다는 관점을 받아들여서는 안 된다. 모든 도덕 행위자는, 만약 그들이 본래적 가치를 가지고 있다면 동등한 본래적 가치를 갖는다.

방금 도달한 결론에서 추론해볼 수 있는 세 가지에 대해 주목할 필요가 있다. 첫째, 도덕 행위자의 본래적 가치는 그들이 자신들의 노력에 의해 얻을 수 있는 것, 또는 그들이 하거나 하지 못한 바에 의해 잃을 수 있는 것으로 볼 수 없다. 만약 범죄자와 성인(聖人)이 모두 도덕 행위자이고, 도덕 행위자가 본래적 가치를 지니고 있다면 범죄자는 성인 못지않은 본래적 가치를 갖는다. 둘째, 도덕 행위자의 본래적 가치는 그들이 다른 사람들의 이익에 얼마만큼 유용한지에 따라 강화되거나 약화될 수 없다. 가장 자비로운 자선가라 할지라도 가령 부도덕한 중고차 판매원 이상이나 이하의 본래적 가치를 갖지 않는다. 셋째, 도덕 행위자의 본래적 가치는 그들이 다른 사람의 이익에 도움이 되는지의 여부와는 무관하게 주어진다. 본래적 가치에 관한 한, 어떤 사람이 다른 사람의 선호의 대상이 되는지, 존경의 대상이 되는지, 혹은 다른 어떤 방식으로 소중한 대상으로 여겨지는지는 중요하지 않다. 다른 사람들과의 우호적인 관계를 누리는 사람들에 비해 외롭고 버림받고 원치 않고 사랑받지 못하는 사람들 또한 그들 이상도 이하도 아닌 본래적 가치를 갖는다. 이렇게 보았을 때, 모든 도덕 행위자가 동등한 본래적 가치를 갖는다고 보는 것은 분명 평등주의적이고 비완전주의적인 입장이다.

　여기서 다음과 같은 질문을 제기할 수 있다. "하지만 우리가 모든 도덕 행위자가 동등한 본래적 가치를 갖는다는 관점을 공리주의적 입장의 평등주의에 비해 선호해야 할 이유는 무엇인가?" "양자 모두 동등하게 평등주의적인데, 공리주의에 비해 **본래적 가치를 상정하는 입장**(여기서 옹호되고 있는 관점에 이름을 붙이자면)을 선택해야 하는 이유는 무엇인가?" 이러한 질문은 공리주의를 받을 만한 몫 이상으로 긍정적으로 인정해주는 것이다. 이렇게 이야기하는 까닭은 앞 장(6.3)에서 개진한 이유들 때문에, 공리주의 이론이 어떻게 그 이론의 틀 내에서 자신의 평등에 대한 입장을 설명할 여지를 발견**할 수 있는지**가 확실하지 않기 때문이다. 그러나 공리주의 이론이 함의하는 바와 본래적 가치를 상정하는 입장 사이에는 전자를 약화하면서 후자는 강화하는 더욱 심층적인 차이가 있다. 행위 공리주의의 불미스러운 도덕적 함의를 상기해보라. 특히 도덕 행위자에 대한 은밀한 살해를 공리주의적으로 정당화하는 경우를 생각해보라. 행위 공리주의자의 입장에서 보자면, 모든 사람들의 이익을 공평하게 계산하고 측정한다는 전제하에, 선에서 악을 뺀 최선의 총합값을 관련된 모든 사람에게 가져올 목적으로 도덕 행위자를 죽일 경우 우리는 어떤 불의도 저지르지 않은 것이다. 윤리적 판단에 대한 이와 같은 접근 방식은 정의와 관련된 관심의 범위 내에 드는 유일한 종류의 가치가 말하자면 그릇에 '들어가는' 종류의 것(예를 들어 즐거운 경험)이라고 가정한다. 그러나 본래적 가치를 상정할 경우, 정의에 대한 관심은 다른 종류의 가치에 대한 것이어야 한다. 만약 도덕 행위자들이 본래적 가치를 가지고 있다면, 우리는 어떤 처우가 정의롭거나 그렇지 못한지를 결정하려고 할 때 결코 그러한 가치를 무시해서는 안 된다. 특히 이러한 종류의 가치는 그릇에 '들어가는' 유형의 가치와 동일하지 않고 그것으로 환원되지 않으며, 그러한 가치와 비교 불가능하다. 그 때문에 단지 행위의 도구적 측면, 다시 말해 선에서 악을 뺀 최선의 총합값을 결과에 의해 영향을 받는 모두에게 가져온다는 측면에서만 처우의 정당화가 이루어진다는 주장을 제기할 경우, 우리는 정의가 요구하는 바에 따라 도덕 행위자를 처우하고 있다고 말할 수 없다. **만약 처우의** 정당화 방식이 도덕 행위자가 단순히 그릇에 불과하다고 가정하고 있다면, 도덕 행위자를 살해하는 것은 그것을 은밀히 행하든 그렇지 않든, 어떤 경우에도 정의로울 수 없다. 이러한 주장이 도덕 행위자를 살해하는 것이 항상 잘못이어야 함을 뜻하는 것은 아니다. 그것이 의미하는 바는 도덕 행위자들이 본래적 가치를 가지고 있는데, 이를 옹호하는 방식이 행위 공리주의적인 것이라면 도덕 행위자를 살해하는 것이 정의의 요구 조건에 부합할 수 없다는 것이다. 이러한 유형의 옹호 방식은 도덕 행위자들이 단지 그릇일 뿐이라고 가정하는데, 본래적 가치를 상정하는 입장에서는 그들은 결코 그러한 존재가 아니다. 본래적 가치를 상정하면 도덕 행위자를 은밀하게 살해하는 경우에 대한 행위 공리주의의 반직관적인 함의를 피할 수 있게 되는데, 분명 이는 도덕 행위자를 본래적 가치가 있는 것으로 보는 데에 반대하기보다 옹호하는 논점으로 간주되어야 한다.

이와 유사한 주장은 도덕 행위자들이 도덕 행위자들에게 끼치는 다른 해악들을 정당화하는 논의에도 적용될 수 있다. 예를 들어 도덕 행위자에게 고통을 야기하거나 그들의 자유를 박탈하는 것은 단지 결과에 의해 영향을 받는 모두에게 선에서 악을 뺀 더 나은 값을 가져온다는 데에 호소하는 것만으로는 옹호될 수 없다. 이와 다르게 생각하는 것은 또다시 도덕 행위자들을 가치 있는 경험을 담는 한갓 그릇일 뿐이라고 생각하는 것이며, 그리하여 희생자들이 정의롭지 못한 처우를 받지 않으면서 그러한 가치들을 최적화하는 방법으로 처우될 수 있다고 가정하는 것이다. 공리주의의 입장에서 보았을 때, 정당한 처우를 보장하기 위해 필요한 것은 결과의 영향을 받는 모두의 선호(쾌락 등)를 고려해야 한다는 점, 그리고 동등한 선호(쾌락 등)를 동등하게 계산해야 한다는 점이다. 그러나 도덕 행위자가 그들 자신의 가치나 다른 사람들의 경험으로 환원될 수 **없는**, 혹은 그것과 비교 불가능한 가치를 가지고 있다고 가정해보자. 만약 도덕 행위자들이 정당하게 처우받아야 한다면, 그들을 어떻게 처우해야 하는지는 단순히 관련된 모두의 바람 등을 동등하게 측정하면서 고려해보는 것만으로는 결정될 수 없다. 만약 이것이 사실이라면 도덕 행위자에 대한 처우 방식은 관련된 모두에게 선에서 악을 뺀 최적의 값을 산출하는 선택지를 택함으로써 결정할 수 없다. 이와 달리 가정하는 것은 개별적인 도덕 행위자들의 가치를 무시하는 방법을 통해 정당한 처우와 관련된 여러 문제들에 답할 수 있다고 보는 것이며, 만약 도덕 행위자들을 본래적 가치를 갖는다는 측면에서 동등하다고 간주한다면 그와 같은 입장은 한마디로 참이 아니다. 게다가 모든 도덕 행위자들은 동등한 본래적 가치를 갖는다. 그래서 만약 사람들이 실제로 그러한 가치를 가지고 있다면, 일부 사람들에게 적용되는 정당한 처우 방식은 예컨대 인종이나 성과 무관하게 모든 사람에게 적용된다. 본래적 가치를 상정하는 입장에서 보았을 때, 도덕 행위자에게 끼치는 해악은 어떤 경우에도 단지 결과에 의해 영향을 받는 모두에게 최선의 결과를 산출한다는 이유만으로 정당화될 수 없다. 이와 같은 방식으로 도덕 행위자에 대한 그릇 견해를 부정하고 동등한 본래적 가치를 상정하는 견해를 받아들일 경우, 우리는 행위 공리주의의 반직관적 함의를 피할 수 있게 된다.

7.3 "모든 동물은 평등하다"

지금까지 나는 오직 도덕 행위자의 본래적 가치만으로 제한하여 본래적 가치를 언급했다. 우리는 본래적 가치 개념 혹은 이와 관련된 일부 관념들(예를 들어 도덕 행위자를 '목적 그 자체'로 생각하는 것)이 모든 도덕 행위자에게 적용되고, 오직 이러한 행위자들에게만 적용된다고 생각할 수 있다. 실제로 일부 사람들은 이전 장(5.5)에서 설명한 여러 이유들로 그렇게 생각했는데, 특히 칸트가 그러했다. 그러나 본래적 가치가 있는 존재를 오직 도덕 행위자만으로 제한하려는 시도는 자의적이다. 간접적 의무 견해(5.6)에 대한 앞에서의 논의를 살펴본 바와 같이, 우리가 지금까지, 그리고 앞으로도 계속 관심을 가질 도덕 수동자(한 살 이상 나이의 정상인 포유동물, 그리고 이러한 동물과 적절한 측면에서 유사한 인간 도덕 수동자)에 대한 직접적 의무가 있음을 부정하는 입장은 어떤 것이라도 합리적인 측면에서 보았을 때 문제가 있다. 동물에 관한 의무 중 일부는 우리가 그들에게 마땅히 가져야 하는 직접적인 의무들이다. 게다가 앞에서 주장했던 바와 같이(5.6), 이러한 도덕 수동자에게 끼치는 해악 중 일부는 도덕 행위자에게 끼치는 해악과 같은 종류의 해악이다. 이렇게 본다면 우리는 도덕 행위자와 수동자가 적절한 측면에서 유사한 방법으로 해를 입을 수 없다고 결코 일관성 있게 주장할 수 없다. 그들은 분명 해를 입을 수 있는 것이다. 이렇게 보았을 때, 다음과 같은 가정이 옳다고 생각할 경우 도덕 수동자를 본래적 가치를 갖지 못한 존재로 간주하는 것은, 또한 그들이 단순히 그릇의 지위를 가지고 있다고 가정하는 것은 자의적인 처사가 될 것이다. 첫째, 모든 도덕 행위자가 동등한 본래적 가치를 가지고 있다고 볼 경우. 둘째, 관련된 모두에게 최적의 결과를 이끌어낼 경우 일부 도덕 행위자에게 끼치는 해악을 정당화할 수 있음을 부정하고, 이와 동시에 개체가 본래적 가치를 갖는다는 설명에 의존하여 행위 공리주의의 반직관적 함의를 피하고자 할 경우. 셋째, 도덕 행위자에게 끼친 이러한 해악들의 일부가 도덕 수동자에게 끼친 해악과 동일한 유형의 해악일 경우. 마지막으로 도덕 행위자든 도덕 수동자든 이러한 방식으로 해악을 끼쳐서는 안 된다는 의무가 각각의 개체들에게 직접적으로 갖는 직견적인 의무일 경우. 간단히 말해, 만약 도덕 행위자에게 본래적 가치를 상정한다면, 우리는 자의적이지 않은 방식으로 도덕 수동자가 가지고 있는 본래적 가치를 부정할 수 없다.

　어떤 사람들은 도덕 행위자에게 본래적 가치를 상정할 경우 도덕 수동자 또한 본래적 가치를 **어느 정도** 갖는다고 봐야 함을 인정한다. 하지만 그들은 도덕 수동자의 본래적 가치가 도덕 행위자가 갖는 것과 동일하다는 것을 부정한다. 그러나 이와 같은 입장을 옹호할 수 있는 이유는 이러한 입장을 취하는 사람이 개체의 본래적 가치를 (a)그들의 경험이 갖는 상대적인 가치, (b)어떤 선호되는 덕들(예를 들어 지적 또는 예술적 탁월성)의 소유, (c)타인의 이익에 얼마만큼 부합하는지에 좌우되는 그들의 효용성, 또는 (d)그들이 다른 사람에게 이익이 됨과 혼동하고 있기 때문임이 분명하다. 이와 같은 혼동은 도덕 수동자가 도덕 행위자에 비해 본래적 가치를 덜 가지고 있다는 관점을 옹호하려는 모든 시도에 치명적일 것이다. 도덕 행위자의 본래적 가치는 **그들이 느끼는** 상대적인 행복 혹은 **그들의** 선에서 악을 뺀 총합에 따라 강해지거나 약해지지 않는다. 이렇게 보았을 때,

도덕 수동자가 덜 행복한 삶을 영위하기 때문에, 혹은 그들의 선에서 악을 뺀 총합이 도덕 행위자의 그것보다 적기 때문에 (설령 이러한 주장이 일부 경우에서는 참이 아니지만, 대체로 참이라고 할지라도) 도덕 행위자보다 도덕 수동자가 본래적 가치를 덜 갖는다고 주장하는 것은 자의적이 될 것이다. 더구나 도덕 행위자가 선호되는 덕을 가지고 있는 정도에 따라, 혹은 얼마만큼 다른 사람의 이익에 도움이 되는 효용성을 가지고 있는가에 따라 다양한 정도의 본래적 가치를 갖는다고 생각할 경우, 우리는 필연적으로 더 많이 가진 사람들이 덜 가진 사람들을 부당하게 처우—신뢰할 수 없는 완전주의 정의 이론이나 허용할 처우—하는 토대를 마련하게 된다. 이렇게 보았을 때, 우리는 도덕 수동자가 가지고 있는 본래적 가치의 양이 그들이 덕을 소유하고 있는 정도, 혹은 그들이 다른 사람들을 위해 얼마나 많은 효용성을 가지고 있는지에 달려 있다고 **자의적이 아닌** 방식으로 주장할 수 없다. 도덕은 적절한 측면에서 유사한 것에 대한 이중 잣대 사용을 결코 용납하지 않을 것이다. 우리가 도덕 행위자에게 본래적 가치를 상정하고, 그들이 본래적 가치를 동등하게 소유하고 있다고 볼 필요성을 인정한다면, 우리는 도덕 수동자에게도 동일한 입장을 취해야 한다고 생각하는 편이 합당할 것이다. 본래적 가치를 가지고 있는 **모든** 개체는 도덕 행위자든 도덕 수동자든 누구나 똑같이 이와 같은 가치를 가지고 있다. '동물'과 '평등' 개념이 제대로 이해되어 '동물'이 모든 (적어도 지상의) 도덕 행위자와 수동자를 지칭할 경우, 그리고 '평등'이 이들이 본래적 가치를 동등하게 소유한다는 것을 가리킬 경우, 모든 동물은 평등**하다**고 말할 수 있다.[5] 이처

..

5) 싱어는 사람들에게 자극이 될 수 있는 "모든 동물은 평등하다(all animals are equal)"라는 제목의 논문을 썼다. 싱어가 염두에 두고 있는 평등은 자신의 평등의 원리에서 말하는 평등이며,

럼 본래적 가치는 **정언적인**(categorical) 개념이다. 어떤 대상은 이러한 본래적 가치를 가지고 있거나 가지고 있지 않거나 둘 중의 하나이다. 중간은 없다. 또한 이러한 가치는 모두가 똑같이 소유한다. 이를 소유하는 데에는 정도의 차이가 나지 않는다.[6]

7.4 본래적 가치와 생명에 대한 외경

칸트처럼 오직 도덕 행위자만이 본래적 가치를 갖는다고 주장하는 사람들은 이러한 가치를 갖는 대상을 오직 도덕 행위자가 반드시 갖추어야 할 능력을 갖춘 개체들, 특히 의사 결정에서 공평한 이유를 제시할 수 있는 능력을 가진 개체만으로 제한한다. 본래적 가치를 상정하는 입장에서 말하는 본래적 가치 개념은 적용 폭이 더 넓으며, 이에 따라 도덕 행위자가 되는 데에 요구되는 능력이 부족한 개체(예를 들어 인간 도덕 수동자)에

∵

따라서 동등한 이익을 동등하게 계산한다는 의미의 평등이다. 개체의 평등—개체가 그 자체로 동등한 본래적 가치를 갖는다는 의미의—은 싱어가 "모든 동물은 평등하다"라고 말할 때 의미하는 바가 아니다. 이 책에서 평등이 의미하는 바는 본래적 가치를 소유한다는 의미에서의 평등이다.

6) 이전의 논문에서 나는 이 책에서 제시하고 있는 견해와 일치하지 않는 견해를 제시했다. 거기서 나는 다음과 같이 썼다. "정상적인 성인은 심각한 지적 장애를 입은 사람이 획득할 수 없는 일련의 가치들(예를 들어 도덕적 덕)을 가질 수 있는 삶을 영위할 수 있다. 그러므로 지적 장애를 가지고 있는 사람들과 비교해보았을 때, 그들이 커다란 본래적 가치를 갖는 것으로 간주할 수 있다고 주장하는 것은 설득력이 없지 않다."("An Examination and Defense of One Argument Concerning Animal Rights," *Inquiry* 22, nos. 1~2 [1978]: 210; Regan, *All That Dwell Therein*[chap. 3, n. 6을 보라], p. 137에 재발간.) 이로 인해 나는 부지불식간에 정의에 관한 완전주의 이론에 빠져든 것인데, 현재 나는 이러한 견해를 거부하며, 진작 거부해야 했다.

까지 적용된다. 그런데 도덕 행위자와 도덕 수동자가 차이가 있음에도 동등한 본래적 가치를 가지고 있는 것으로 간주된다고 가정해보자. 이때 우리는 그들에게 본래적 가치 부여를 이해할 수 있게 하는, 그리고 자의적이지 않게 하는, 그들 사이의 어떤 적절한 유사성을 제시하길 요구할 수 있으며, 이는 불합리하지 않다. 이러한 유사성은 특성상 개체마다 다른 어떤 것이어서는 안 된다. 그럴 경우 그들의 본래적 가치가 그 다름에 따라 차이가 나게 될 수 있기 때문이다. 따라서 그 어떤 육체적 특징(예를 들어 두 개의 눈이나 다섯 개의 손가락을 갖는 것)도 적절한 징표가 될 수 없으며, 특정 종의 구성원이라는 사실(예를 들어 카누스 루푸스[*Canus lupus*][7] 또는 호모사피엔스 종에 속하는 것)만으로도 충분하지 않을 것이다. 또한 더 일반적인 생물학적 분류 범주에 포함된다는 사실(예를 들어 동물이라는 사실)도 그런 징표가 될 수 없을 것이다. 모든 도덕 행위자와 도덕 수동자가 공유하는 우리가 관심을 갖는 한 가지 특징은 그들이 **살아 있다**는 것이고, 일부 사상가들은 분명 이러한 특징을 갖는다는 사실이 본래적 가치를 갖는 개체의 부류와 그렇지 않은 부류를 구분하는 기준이라고 생각한다. 앨버트 슈바이처(Albert Schweitzer)는 아마도 이러한 해석을 도입한 가장 유명한 사상가일 것이며, 그의 유명한 '생명에 대한 외경(reverence for life)' 윤리는 단지 도덕 행위자로서의 우리가 호혜적인 관계 속에서 서로를 어떻게 대해야 하는가에 관한 토론뿐만 아니라 우리가 어떻게 살아야 하는가에 대한 수많은 공개 토론에서 폭넓은 인기를 누리고 있다. 여기에는 우리가 도덕 수동자를 포함한 다른 생명체들을 어떻게 처우해야 할 것인가에 관한 토론도 포함된다. 그러나 슈바이처의 원리는 그 범위와 정확성에서 문제가

••

7) (옮긴이) 늑대와 개 모두 이 종에 속한다.

있는데, 그중 일부는 해결되지 않은 채 다음의 인용문에서 확인된다. 이는 슈바이처 스스로가 의식하지 못한 것일지도 모른다.

진정한 철학은 의식에 대한 가장 직접적이고 이해 가능한 사실에서 출발해야 한다. 이는 다음과 같이 정식화할 수 있다. "나는 살고자 하는 의지를 갖는 생명이고, 살고자 하는 의지를 갖는 생명들의 한가운데에 존재한다." (…) 살고자 하는 내 의지 안에는 더 나은 삶에 대한 갈망이 있다. 이 갈망은 쾌락이라 불리는 저 신비한 의지의 고양에 대한 갈망이기도 하고, (반대로) 살고자 하는 의지의 절멸과 상처에 직면하여 느끼는 공포, 즉 고통을 회피하려는 갈망이기도 하다. 나와 마찬가지로, 동일한 갈망이 내 주변의 살고자 하는 의지를 가진 모든 존재에게도 있다.

그리하여 윤리는 내가 나 자신의 삶에의 의지를 향해 경외를 실천할 필요성을 경험하듯이, 다른 모든 삶에의 의지를 향해 동일한 경외를 실천할 필요성을 경험하는 데에서 확인된다. 거기에 이미 내게 필요한 근본적인 도덕원리가 존재하고 있다. 생명을 유지하고 소중히 여기는 것은 **선**이요, 삶을 파괴하고 좌절시키는 것은 **악**이다. (…) 인간은 자신이 구할 수 있는 모든 생명을 도울 목적으로 자신에게 주어진 제약에 따를 때, 그리고 살아 있는 어떤 것에도 상처를 주지 않기 위해 자신의 길을 나설 때에만 진정으로 윤리적이다. 그러한 사람은 이 생명이나 저 생명이 그 자체로 가치가 있기 때문에 동정을 받을 만한지를 묻지 않으며, 그러한 생명이 얼마만큼 느낄 수 있는가를 묻지도 않는다. 그에게는 생명 그 자체가 신성하다. 그는 햇빛에 반짝이는 얼음 결정을 분쇄하지 않고, 나무에서 잎을 따지도 않으며, 꽃을 꺾지 않고, 걸을 때 어떤 곤충도 밟아 뭉개지 않도록 조심한다. 만약 그가 한여름 저녁에 등불을 켜고 일을 한다면, 그는 날개가 그을고 주저앉아 버린 곤충이 줄지어 식탁에 떨어지는 것을 보기보다는, 창문

을 닫고 숨 막히는 공기를 들이쉬려 한다.[8)]

이 구절에서 분명하지 않은 많은 것들 중 하나는 모든 **생명**에 대한 외경심을 갖는 사람들이 왜 얼음 결정을 산산조각 내지 않도록 신경을 써야 하는가라는 것이다. 이렇게 말하는 이유는 얼음 결정이 '살아 있거나', '살고자 하는 의지'를 갖는다는 것의 의미가 무엇인지가 분명하지 않기 때문이다. 그러한 얼음 결정이 아름다울 수 있다는 사실, 그리고 이 세상의 양심적인 체류자들이 그러한 결정의 아름다움이나 살아 있지 않은 자연 일반의 아름다움을 이유 없이 파괴하지 않을 것이라는 생각을 반박하기란 쉽지 않지만 논쟁의 여지는 있다! 그러나 만약 아름다움의 대상이 살아 있지 않은 경우마저도 자연 질서의 아름다움을 파괴하지 말아야 한다면, 이때 우리에게는 '(모든) 생명에 대한 외경'보다 더 일반적인 원리가 필요하다. 더욱 중요한 사실은 생명에 대한 외경보다 더욱 일반적인 원리에 의존하게 될 경우, **'살아 있음'**이 어떤 것이 본래적 가치를 갖기 위한 필요조건이 되지 않으리라는 것이다. 그 결과 '생명에 대한 외경 윤리'는 그 옹호자들의 생각과 달리 **유일한** 근본 원리로 자리매김하지 못할 것이다.

이러한 난관에 대한 답변으로, **살아 있음**이 어떤 개체가 본래적 가치를 갖기 위한 **충분**조건이라는 주장이 제기될 수 있다. 이러한 입장은 살아 있음이 필요조건이라는 시각에서 비롯된 문제들을 피할 수 있겠지만, 논쟁에서 승리하기 위해서는 상당 정도의 분석과 논쟁이 필요하다. 우리가 왜 또는 어떻게 개별 풀잎, 감자, 암세포에 대한 직접적 의무를 갖는다고 합리

∙∙
8) Albert Schweitzer, *Civilization and Ethics, pt. II of The Philosophy of Civilization*, trans. C. T. Champion, 2d ed.(London, 1929), pp. 246~247.

적으로 말할 수 있을까? 이는 분명하지 않다. 그런데 모두가 살아 있으며, 그리하여 모두가 본래적 가치를 가지고 있다면 모두가 직접적 의무의 대상이어야 한다. 이 밖에 우리가 왜 또는 어떻게 그런 개체들의 집합, 즉 잔디, 감자밭, 혹은 암 종양 덩어리에 대해 직접적 의무를 갖는다고 합당하게 말할 수 있는지도 확실하지 않다. 만약 누군가가 이러한 어려움에 대한 대응으로 우리가 일부 생물들에게는 직접적 의무를 지지만 모두에게 지지는 않으며, 본래적 가치를 갖는 성원들은 일부 생물이라고 주장한다고 가정해보자. 이때 이러한 가치를 가지고 있는 생물들과 그렇지 않은 생물들을 구별할 수 있는 방법이 필요하며, 살아 있음이 그러한 가치를 갖기 위한 충분조건이라는 견해를 버려야 한다. 특히 현재의 목적을 위해서는 살아 있음이 그러한 조건이라는 견해를 버리는 것이 매우 중요하다. 살아 있음이 본래적 가치를 갖기 위한 필요조건이라는 견해와 이것이 충분조건이라는 견해 양자 모두에 내재된 어려움 때문에, 그리고 설령 도덕 행위자와 도덕 수동자가 살아 있음이라는 중요한 특징을 공유한다는 사실을 인정한다고 해도, 그러한 유사성을 모든 도덕 행위자와 수동자가 공유하는, 그들이 이를 통해 본래적 가치를 갖게 되는 적절한 유사성으로 볼 수 있는지는 극히 의심스럽다.

7.5 본래적 가치와 삶의 주체라는 기준

살아 있음을 도덕적으로 적절한 유사성으로 간주하는 방법의 대안은 **삶의 주체**(subject-of-a-life) **기준**이라고 부르게 될 것이다. 이하에서 뜻하고자 하는 의미에서의 삶의 주체에는 단순히 살아 있다는 것 이상과 단순히 의식을 갖는다는 것 이상이 포함된다. 삶의 주체가 됨은 이 저술의 전반부에서 확인한 특징에 의해 규정된다. 즉 믿음과 바람이 있을 경우, 지각, 기억, 자신의 미래를 포함한 미래에 대한 감각을 가질 경우, 쾌락과 고통의 느낌과 정서적인 삶을 영위할 경우, 선호와 복리와 관련된 이익을 가질 경우, 자신의 바람과 목표를 추구하면서 행동을 이끌어낼 수 있는 능력이 있을 경우, 시간의 흐름 속에서 정신적, 육체적 동일성을 유지할 경우, 또한 다른 사람들에 대한 자신들의 효용성과 논리적으로 무관하게, 그리고 자신들이 다른 사람들에게 이익이 되는 대상이 된다는 것과 논리적으로 무관하게, 경험적 삶이 자신들에게 좋게 또는 나쁘게 영위된다는 의미에서 개체로서의 복리를 가질 경우, 그 개체는 삶의 주체가 된다. 삶의 주체라는 기준 자체를 충족하는 개체들은 독특한 유형의 가치—본래적 가치—를 가지고 있으며, 그들을 단순히 그릇으로만 보거나 처우해서는 안 된다.

  "이러한 기준을 충족하는 개체들의 가치는 다른 개체들에 대한 효용성, 그리고 다른 개체들에게 주는 이익과 **논리적으로** 독립되어 있다"라는 주장은 이러한 기준을 충족하는 개체들의 복리가 자신이 지각하는 자신의 효용성이나 다른 개체에 대한 이익과 **인과적으로** 연결되어 있다는 의심의 여지 없는 사실과 거리를 유지해야 하며, 혼동되어서도 안 된다. 도덕 행위자나 수동자에게 이익을 주려는 것(예를 들어 바람을 추구하는 것이 이익이 될 경우에 이를 추구할 기회를 제공함으로써)이 직견적으로 그들의 복리에 기여하는 것과 마찬가지로, 이들에게 적극적으로 해악(예를 들어 불필요하게 도덕 행위자나 수동자에게 고통을 야기하는 것)을 야기하려는 것은 인과적인 측면에서 그들의 개체적인 복리에 손상을 가하게 된다. 특히 다양한 조건상의 제약으로 인해 자신에게 다양한 정도로 관심을 가질 수 없는 개체들인 인간 도덕 수동자들의 경우, 그들이 어떻게 삶을 영위하는지는 우리가 인과적 측면에서 그들에게 무엇을 행하는지 혹은 그들을 위해 무엇을 행하는지에 매우 크게 좌우된다. 예를 들어 어린아이들과 모든 연령대의 지적 장애인들은 삶을 제대로 살아가는 데에 필요한 지식이 부족하고, 때로는 자신들의 가장 기본적인 필요, 그리고 이와 관련된 바람을 충족하는 데 필요한 신체적 능력조차 갖추지 못했다. 만약 우리가 그들을 위해 행동하지 않을 경우 그들은 제대로 삶을 영위하지 못할 것이다. 하지만 심지어 이러한 개체들마저도 복리를 가지고 있다는 사실, 그리고 **자신들에게** 좋거나 나쁜 삶을 경험하는 주체라는 사실은 그들이 우리에게 주는 효용성이나 우리가 그들로부터 이익을 얻는 것과 논리적인 측면에서 독립되어 있다. 그들에 관한 이와 같은 사실은 우리가 그들에게 무엇을 하는지, 그들을 위해 무엇을 하는지에 인과적으로 좌우되지 않는다. 실제로 우리가 그들의 경험과 관련된 복리에 좋든 나쁘든 영향을 미치는 어떤 일을 할 가능성은 그들 스스로가 그러한 삶의 주체로서의 경험을 하고 있음을 **전제로 하고 있다**. 인간이 개입하지 않고서도 스스로를 돌볼 수 있는 도덕 수동자(예를 들어 야생동물)와 도덕 행위자인 사람들 또한 마찬가지이다. 물론 도덕 행위자로서의 우리가 서로에게 행하는 것은 우리가 개체로서의 삶을 어떻게 살아가는가에 인과적으로 영향을 미친다. 하지만 우리가 그러한 삶의 주체라는 사실은 다른 개체들이 우리에게 무엇을 하거나 우리를 위해 무엇을 하는지에 인과적으로 좌우되지 않는다. 도덕 수동자(인간이든 동물이든)와 마찬가지로, 우리는 이 세상에서 이와 같은 자신의 지위를 갖는다. **논리적인 측면에서 보았을 때**, 이러한 지위를 갖는 것은 우리 혹은 그들이 이 세상에 존재한다는 것의 일부이다.

삶의 주체라는 기준은 도덕 행위자와 수동자 사이에 존재하는 유사성을 드러내 밝혀준다. 그런데 이런 유사성은 이들에게 본래적 가치가 있다고 보는 관점을 이해할 수 있고, 또한 자의적이지 않게 하는 적절한 유사성인가? 이에 긍정적으로 답하는 근거는 다음과 같다. (1)동등한 본래적 가치를 가지고 있다고 상정되는 모든 존재들 사이의 적절한 유사성은 여기에서 그러한 가치를 가지고 있다고 간주되는 모든 도덕 행위자와 수동자가 공유하는 특징이어야 한다. 그런데 삶의 주체라는 기준은 이러한 요건을 충족한다. **모든** 도덕 행위자, 그리고 우리와 관계되는 **모든** 도덕 수동자는 타인에게 그들이 갖는 효용성과 논리적으로 무관하게, 그리고 그들이 타인에게 이익이 되는지와 논리적으로 무관하게, 앞에서 설명한 의미에서 자신들에게 좋을 수도 나쁠 수도 있는 삶의 주체**이다**. (2)본래적 가치는 정도의 차이를 허용하지 않는 정언적 가치로 파악되며, 이 때문에 우리가 추정하는 적절한 유사성은 그 자체로 정언적이어야 한다. 그런데 삶의 주체라는 기준은 이러한 요건을 충족한다. 이러한 기준은 사람들이 선호하는 일부 능력이나 덕(예를 들어 고등 수학을 할 수 있는 능력이나 예술적 탁월성과 결부된 덕)을 이를 충족하는 존재들이 얼마만큼 가지고 있느냐에 따라 크고 작은 정도로 삶의 주체라는 지위를 갖는다고 주장하지 않으며, 이를 함의하지도 않는다. 어떤 존재는 내가 설명했던 의미에서 삶의 주체**이거나 그렇지 않거나** 둘 중의 하나이다. 삶의 주체인 존재는 모두 똑같이 삶의 주체이다. 이처럼 삶의 주체라는 기준은 모든 도덕 행위자, 그리고 우리와 관계된 도덕 수동자가 함께 갖추고 있는 정언적 지위를 가르는 기준이 된다. (3)도덕 행위자와 수동자 사이의 적절한 유사성은 왜 우리가 양자에게는 직접적 의무가 있음에 반해, 왜 도덕 행위자도 도덕 수동자도 아닌 개체들—여기에는 심지어 우리가 도덕 행위자와 수동자라고 할 때 떠올리는 개체들과 다를 바 없이 생명을 가진 개체들도 포함된다—에게는 직접적 의무를 갖는다고 믿을 이유가 상대적으로 적은지를 밝히는 데 어느 정도 도움이 되어야 한다. 그런데 삶의 주체라는 기준은 이러한 요구 사항마저도 충족한다. 내가 설명한 의미에서 보았을 때, 모든 생명체가 삶의 주체는 아니다. 이러한 기준을 감안해보자면 모든 생명체들이 동등한 도덕적 지위를 갖는 것으로 파악해서는 안 된다. 이러한 기준은 일부 존재들(주체인 대상들)에게는 직접적 의무를 가짐에 반해, 다른 존재들(주체가 아닌 대상들)에게는 직접적 의무를 갖지 않는다는 우리의 확신 차이를 어느 정도 해명해주기도 한다. 이렇게 말하는 이유는 전자가 삶의 주체라는 기준을 충족함에 반해 후자는 그렇지 못하기 때문이다. 이상에서와 같은 이유들로, 삶의 주체라는 기준은 도덕 행위자와 도덕 수동자 사이의 적절한 유사성을 제시함으로써 옹호될 수 있는데, 이러한 기준을 적용함으로써 우리는 이해할 수 있는 방식으로, 또한 자의적이지 않은 방식으로 양쪽 모두에게 동등한 본래적 가치를 부여할 수 있게 된다.

본래적 가치라는 개념에 바탕을 둔 정의의 원리가 무엇인지를 명확히 하고, 또한 옹호하는 과제를 수행하기에 앞서 우리는 세 가지 추가적인 관점에 관심을 가질 필요가 있다. 첫째, 삶의 주체라는 기준을 만족시키는 것이 적절한 유사성의 지표가 되고, 이것이 이해할 수 있는 방식으로, 또한 자의적이지 않은 방식으로 도덕 행위자와 수동자에게 본래적 가치를 귀속시킬 수 있게 하는 것은 분명 사실이다. 그럼에도 삶의 주체라는 기준을 만족시키는 것이 본래적 가치를 갖기 위한 **필요조건**이라는 주장은 제기되지 않았고, 위에서 말한 어떤 것이 이러한 주장을 함의하는 것도 아니다. 비록 앞에서 설명한 의미에서의 삶의 주체가 아니지만, 그럼에도 본래적 가치, 즉 쾌락이나 선호 만족과 같은 가치와 개념적으로 구별되고, 그것으로 환원할 수 없으며, 그것과 비교 불가능한 종류의 가치를 가지고 있는 개체들, 혹은 개체들의 집합이 **있을 수도** 있다. 이와 관련된 문제들은 극도로 복잡하다. 내가 다른 곳에서 주장한 바와 같이, **환경 활용** 윤리와는 달리, 진정한 **환경 윤리**⁹⁾의 개발 가능성은 설령 자연적인 대상이 삶의 주체라는 기준을 충족하지 못한다고 하더라도 본래적 가치를 가질 수 있음을 입증할 수 있느냐에 달려 있다.¹⁰⁾ 이것이 개념적으로 불합리하다는 사실을 보여주려는 시도는 잘해 봤자 결론에 이르지 못하는데, 자연물이나 그러한 대상들의 집합들에 본래적 가치를 상정하는 것이 이해가 되기는 해도 불필요하다는 사실을 보여주려는 시도 또한 유사한 운명에 처한다. 그럼에도 자연물의 본래적 가치에 관한 납득되는 설명을 제시하는 것은 극도로 어렵다. 예를 들어 우리는 어떤 참나무가 그 나무 종 중에서 좋은 것인지(즉 참나무로서 좋은지)에 대한 기준을 제시할 수 있는데, 이러한 기준은 훌륭한 참나무가 다른 개체들에 대해 갖는 효용성¹¹⁾에 의존하지 않으며, 다른 누군가에게 이익이 되는 데에도 의존하지 않는다. 하지만 어떤 참나무가 그 나무 종 중에서 좋다는 사실은 어떤 암세포나 살인범이 그 유형들 중에서 좋다는 것이 도덕적 의미를 갖지 않는 것처럼 도덕적 의미를 갖지 않는다.¹²⁾ 그리고 참나무(혹은 암세포들, 또는 살인자들)의 집합에도 동일한 논리가 적용된다. 자연물(나무, 강, 바위 등)이나 그러한 대상들의 집합

..

9) (옮긴이) 환경 활용 윤리는 환경이 활용 가능한 대상임을 전제하고, 이를 어떻게 활용하는 것이 옳은지를 따져보는 윤리임에 비해, 환경 윤리는 환경 자체가 어떤 대상인지를 따지는, 그래서 이러한 환경이 도덕적 배려의 대상인지의 여부를 따지는 윤리를 말한다.

10) Regan, "The Nature and Possibility of an Environmental Ethic," *Environmental Ethics* 3, no. 1(Spring 1981): 19~34; Regan, *All That Dwell Therein*, pp. 184~205에 재수록.

11) 이러한 논점은 나의 "Feinberg on What Sorts of Beings Can Have Rights," *The Southern Journal of Philosophy* 14, no. 4(1976): 485~498; reprint in Regan, *All That Dwell Therein*, pp. 165~183에서 상세히 다루고 있다.

12) 나는 이전 주석에서 인용한 논문에서 이와 같은 논점을 놓고 혼란을 겪고 있으며, 주석 5에서 인용한 논문에서 이러한 혼탁함을 제거하기 위해 노력한 바 있다.

이 갖는 본래적 가치를 이용하여 진정한 환경 윤리를 고안해내고자 하는 사람들이 이곳에서 언급되거나 암시된 내용 때문에 과제 수행을 하는 것이 논리적으로 불가능한 것은 아니다. 이렇게 말하는 이유는 여기서 삶의 주체라는 기준이 본래적 가치의 귀속을 이해할 수 있고, 임의적이지 않게 만드는 (필요조건이 아닌) 충분조건으로 제시되고 있기 때문이다. 누구든 그러한 윤리를 만들어낼 수 있으며, 그 가능성을 부인할 수는 없다. 그럼에도 이를 만들어내기를 열망하는 사람들은 분명 애를 먹을 것이다(환경 윤리와 관련한 더 자세한 언급은 9.3을 참조하라).

둘째, 그리고 이는 앞의 내용과 관련이 있는데, 이 절에서의 논의가 삶의 주체라는 기준을 충족하지 못하면서도 본래적 가치를 갖는 인간과 동물들이 있을 가능성을 논리적으로 배제하지 않는다는 것이다. 이렇게 말하는 이유는 이 절에서 제시한 주장들이 단지 삶의 주체라는 기준을 충족하는 것이 본래적 가치의 귀속을 이해할 수 있고, 또한 임의적이지 않게 만드는 충분조건임을 보이기 위해 제시되었을 뿐이기 때문이다. 이에 따라 의식이 있지만 의도적으로 행동할 수 없는 동물, 또는 영구적으로 혼수상태에 빠진 인간은 본래적 가치를 갖는 존재로 파악될 수 있다. 그러나 의식이 없는 자연물이나 그러한 물체들의 집합과 같은 개체들에게 본래적 가치를 귀속시키는 것을 어떻게 이해할 수 있는지, 그리고 이를 어떻게 자의적이지 않은 것으로 만들 수 있는지는 극도로 불명확하다고 말해야 할 것이다. 앞선 논의에서 살아 있음을 그러한 가치를 갖는 필요조건 또는 충분조건으로 간주하는 것이 어렵다는 것을 은연중에 언급했는데, 그것은 이 절에서 마주할 수 있는 유형의 어려움을 예시한 것으로 간주할 수 있을 것이다(7.5 참조). 예를 들어 의식이 있고 감응력(즉 쾌락과 고통을 경험할 수 있는 능력)을 갖추었지만 기억력과 의도적으로 행동할 능력이 부족하고 바람이나 믿음을 가질 능력 또한 부족한 동물들은 그 자체로서의 가치를 갖지 못하면서 내재적인 가치를 갖는 것을 담는 그릇으로만 파악될 수 있을 것이다. 이 점에 대해서는 교조적인 태도를 보이지 말아야 한다. 어쨌든 이러한 문제를 해결하려는 시도는 현재의 작업 범위를 상당히 벗어나며, 여기서 나는 환경 윤리의 토대를 탐구하는 경우에서와 같이 어디가 불완전한지 그 지점을 확인시켜주는 정도에 머물고자 한다(이 문제에 대한 상세한 논의는 9.3을 보라). 하지만 이러한 불완전성을 이곳에서 설명한 의미의 충분조건으로 이해할 경우, 불완전성이 있다고 해서 삶의 주체라는 기준의 적절성에 문제가 생기는 것은 아니며, 한 살 혹은 그보다 나이가 많은 정상적인 포유동물뿐만 아니라 적절한 측면에서 이러한 동물과 유사한 인간들 또한 본래적 가치를 갖는다는 사실을 이해할 수 있는 방식으로, 그리고 자의적이지 않은 방식으로 파악할 수 있다는 사실을 훼손하는 것도 아니다.

셋째, 삶의 주체라는 기준을 옹호하는 앞에서의 논의가 '자연주의적 오류'를 범하지 않음을 강조하는 것이 중요하다. 자연주의 오류란 **아주** 대략적으로 말하면 사실로부터 가치를 추론해내는 것이 오류라는 입장이다. 위에서 옹호했던 입장은 다음과 같이 요약적으로 정리할 수 없다.

전제 (1) 일부 개체들은 타인에 대한 자신들의 효용성이나 타인에게 주는 이익과 논리적으로 무관하게 자신들에게 좋거나 나쁜 삶을 살아가는 주체들이다(하나의 사실).

결론 (2) 따라서 이러한 개체들은 본래적 가치를 갖는다(하나의 가치).

지금은 "자연주의적인 오류가 오류인가?"라는 문제를 해결할 적절한 시기가 아니다. 실제로 그런 때든 아니든 간에, 앞에서 살펴본 논증은 전제 (1)에서 결론 (2)를 추론하는 것이 시사하는 것보다 훨씬 복잡한 문제가 얽혀 있다. 특정 개체들(예를 들어 도덕 행위자)을 동등한 본래적 가치를 갖는 대상으로 보는 것은 하나의 **상정**(postulate), 즉 이론적 가정이다. 그러나 어떤 이론적인 가정도 그러하듯, 이는 이유 없이 만들어진 것이 아니다. 반대로 이는 도덕 행위자의 가치에 관한 대안 이론들, 특히 그들이 그 자체로서의 가치를 가지고 있지 않고, 그 자체로 가치 있는 경험을 담는 그릇일 따름이라는 견해(공리주의적 관점)와 경쟁하는 가정이다. 또한 이는 도덕 행위자가 그 자체로서의 가치를 가지고 있지만 선호되는 덕들을 얼마만큼 소유하느냐에 따라 개체들마다 그러한 가치에서 차이가 있다는 견해(완전주의자의 견해)와 경쟁하는 가정이기도 하다. 그리고 이러한 상정을 받아들이는 데에는 이유**가 있다**. 도덕 행위자들이 동등한 본래적 가치를 가지고 있다고 가정할 경우, 한편으로는 완전주의 이론이 갖는 극도로 비평등주의적인 함의를 피하기 위한 이론적 근거가 마련되고, 다른 한편으로는 모든 형태의 행위 공리주의가 갖는 반직관적 함의(예를 들어 결과에 의해 영향을 받는 모두에게 총합적인 결과를 최적화하는 은밀한 살인을 정당화하는 경우와 같은)를 회피하기 위한 이론적 근거가 마련되기도 한다. 삶의 주체라는 기준의 역할을 공정하게 평가하려면 이를 이상에서와 같은 더욱 커다란 배경에 비추어 생각해볼 필요가 있다. 모든 도덕 행위자와 수동자에 대해 동등한 본래적 가치를 상정하는 이유는 삶의 주체라는 기준과 논리적으로 구분된다. 이러한 기준은 도덕 행위자와 수동자가 동등한 본래적 가치를 갖는다고 상정하는 이유를 제시하기에 앞서 도입되는 것이 아니라 상정하고 **나서** 도입된다. 이렇게 보자면 삶의 주체라는 기준의 역할은 도덕 행위자 **혹은** 도덕 수동자의 동등한 본래적 가치를 '이끌어내는' 데에 있지 않다.

그 역할은 논쟁의 힘을 이용해 동등한 본래적 가치를 갖는 것으로 간주해야 할 개체들 간의 적절한 유사성을 구체적으로 명시하는 것이다. 이러한 유사성은 그들에 대한 본래적 가치 부여가 이해 가능하면서 자의적이지 않게 하는 특징이다. 앞에서 나는 삶의 주체라는 기준이 이러한 과제에 적합한 이유를 제시한 바 있다. 이렇게 보았을 때 앞에서의 논증을 전제 (1)에서 결론 (2)에 이르는 추론에 해당한다고 간주하는 것은 그 논증의 특징을 제대로 파악한 것이 아니다. 이는 그러한 논증을 어설프게 파악한 것이다.

7.6 정의: 개체 존중의 원리

도덕 행위자와 도덕 수동자가 동등한 본래적 가치를 가지고 있다는 입장 자체가 도덕원리는 아니다. 왜냐하면 이러한 입장이 그 자체로 이러한 개체들을 이런저런 방식으로 처우하도록 명하는 것은 아니기 때문이다. 특히 본래적 가치를 상정하는 것 자체가 정의의 형식적 원리에 대한 해석을 제공하는 것은 아니다. 여기서 정의의 형식적 원리란 각 개체가 받을 응분의 몫을 제공할 것을 요구하는 원리임을 떠올릴 수 있을 것이다. 그럼에도 본래적 가치를 상정하는 것은 분명 그러한 해석을 제공하기 위한 근거가 된다. 만약 개체들이 동등한 본래적 가치를 가지고 있다면, 정의의 차원에서 그들이 어떤 처우를 마땅히 받아야 하는지를 거론하는 원리는 그 어떤 원리라도 그들이 갖는 동등한 가치를 고려해야 할 것이다. 다음과 같은 **존중의 원리, 즉 우리가 본래적 가치를 존중하는 방식으로 본래적 가치를 가진 개체들을 처우해야 한다**는 원리가 바로 그 임무를 수행한다. 존중의 원리는 형식적 정의를 평등주의적이고 비완전주의적으로 해석한다.

이 원리는 우리가 본래적 가치를 지닌 일부 개체(예를 들어 예술적 또는 지적 덕을 가진 개체)를 어떻게 처우하는가에만 적용되지 않는다. 이는 본래적 가치를 가진 **모든** 개체를 그들의 가치를 존중하는 방식으로 처우하도록 명하며, 이에 따라 삶의 주체라는 기준을 만족시키는 모든 개체를 존중을 바탕으로 처우할 것을 요구한다. 그들이 도덕 행위자든 수동자든 간에, 우리는 동등한 본래적 가치를 존중하는 방식으로 그들을 처우해야 한다. 하지만 현재 존중의 원리가 갖추고 있는 형식은 도덕원리에 합당하게 요구되는 정확성을 갖추고 있지 못하다. 이러한 원리는 본래적 가치가 요구하는 존중이 **어떤 것**인지를 명시적으로 보여주지 않고 있다. 이제 이에 대한 일반적인 내용을 언급해보도록 하자.

먼저 문제를 가장 일반적이면서 부정적인 형식[13]으로 정리해보자. 우리가 본래적 가치를 지닌 개체를 그와 같은 본래적 가치를 **갖지 않은 것처럼** 처우할 경우, 또한 우리가 그러한 개체들을 단순히 **가치 있는 경험**(예를 들어 쾌락 혹은 선호 만족)**을 담는 그릇처럼** 대할 경우, 혹은 **그들의 가치가 타인의 이익에 대한 그들의 효용성에 좌우되는 것처럼** 그들을 처우할 경우, 우리는 본래적 가치를 갖는 개체들을 엄격한 정의의 차원에서, 마땅히 받아야 할 존경의 태도로 처우하지 못했다고 말할 수 있을 것이다. 이렇게 보았을 때, 특히 우리가 본래적 가치를 갖는 개체들에게 해악을 끼쳐 그러한 처우의 결과에 영향을 받는 모두에게 최선의 총합적인 결과를 가져오게 하려 할 경우, 우리는 어떠한 경우에도 그러한 가치를 가지고 있는 개체에게 적절한 존중의 태도를 보여주지 못하는 것이다. 그러한 처우가 존중의 태도가 아니며 정의롭지 못하다고 주장하는 근거를 분명히 해

13) (옮긴이) '~이다'의 방식이 아니라 '~이 아니다'의 형식으로 정리하는 것이다.

야 할 필요가 있다. 단지 결과에 의해 영향을 받는 모두에게 최선의 총합적인 결과를 제공하기 위해 본래적 가치를 지닌 개체들에게 해악을 끼치는 것은 정의롭거나 존중을 나타내는 태도일 수 없다. 이는 본래적 가치를 존중하는 것이 아니다. 이렇게 말하는 이유는 그러한 입장이 피해를 본 개체를 **단지** 가치가 있는 것(예를 들어 쾌락)을 담는 그릇으로 보는 격이기 때문이고, 또한 해악을 입은 개체들에게 귀속되어 있는 그러한 가치의 손실**이 그러한 가치를 잃은 개체들에게 끼치는 잘못 없이**, 다른 개체들이 얻게 된 그러한 가치의 합산을 통해 보상 혹은 보상 이상이 이루어질 수 있다고 보기 때문이다. 그러나 본래적 가치를 가진 개체들은 그들 자신의 것이든, 나른 개체들이 갖는 것이든 쾌락이나 선호 만족과 같은 가치와 구분되는, 그리고 그러한 가치로 환원할 수 없는, 그러한 가치들과 비교 불가능한 유형의 가치를 갖는다. 단지 관련된 모두에게 최선의 결과를 산출하기 위해서 본래적 가치를 갖는 개체들에게 해악을 끼치는 것은 잘못을 행하는 것, 즉 그들을 부당하게 처우하는 것이다. 왜냐하면 그렇게 할 경우 그들의 본래적 가치를 존중하지 못하게 되기 때문이다. 칸트로부터 일부 구절을 끌어온다면, 우리는 본래적 가치를 갖는 개체들을 결코 최선의 총합적인 결과를 얻기 위한 **수단으로만** 처우해서는 안 된다.

정의의 원리로서의 존중의 원리는, 결과에 의해 영향을 받는 모두에게 최선의 결과를 산출할 목적으로 일부 개체들에게 해악을 끼치지 않는 것 이상을 요구한다. 이러한 원리는 다른 개체들에 의해 불의의 희생양이 되는 개체들을 돕고자 우리에게 직견적인 의무를 부과하기도 한다. 이는 현재의 형식적인 정의 해석에만 특유한 것이 아니다. 언뜻 보기에 설득력 있는 윤리 이론들은 모두 스스로가 부당하게 행동하지 말아야 할 의무 외에도, 타인의 손에 의해 불의의 희생자가 될 수 있는 사람들을 도와야 할 의무가 있다는 사실도 인정하고 있다. 다시 말해 정의는 우리에게 해악을 끼치지 않을 의무뿐만 아니라 정의롭지 못함으로 인해 고통받는 개체들을 도울 의무로 간주되는 원조의 의무를 부과하기도 한다. 본래적 가치를 가진 모든 개체들에게는 정당한 몫을 주어야 하며, 그들이 받아야 할 정당한 몫이 우리의 도움인 경우도 있다. 나는 이 주제를 뒤(9.1)에서 다시 다룰 것이다.

형식적 정의에 대한 공리주의의 해석과 다를 바 없이, 존중의 원리가 제공하는 해석 또한 분배의 원리가 아니다. 이들은 모두 주어진 행위나 규칙의 결과로 발생하는 이익(선)과 해악(악)이 정당한 분배일 경우 반드시 충족해야 하는 조건을 제시하지 않는다. 그러나 본래적 가치를 갖는 개체들에 대한 존중이라는 관점의 정의 해석은 공리주의적 해석에 반대하여 **특정 방법으로 어떤 분배 방식에 도달하는 것의 허용 가능성을 사전에 차단한다**. 본래적 가치를 지닌 개체는 어떤 개체이든 결과에 의해 영향을 받는 모두에게 최적의 결과를 확보하기 위한 방편으로 그저 그릇으로 처우해서는 안 된다. 이득이 수혜자들에게 어떻게 분배되는가의 문제는 이득을 보장할 때 개입되는 부당성을 평가하는 것과는 무관하다. 결론적으로, 평등에 대한 공리주의적 해석과 존중의 원리는 양자 모두 사전 분배 원리이지만, 두 입장은 어떤 것을 허용할 수 있느냐라는 측면에서 근본적으로 다르다. 이는 우리가 논의를 진행해 나아감에 따라 점점 더 분명해지게 될 것이다(특히 8.12 참조).

7.7 규칙 공리주의와 정의

앞 장에서 공리주의에 제기된 비판, 그리고 공리주의와 현재 우리가 더 나은 입장으로 채택하고 있는 형식적 정의에 대한 해석 간의 대비는 행위 공리주의에 초점을 맞추었다. 그런데 처음 공리주의 이론을 살펴보면서 언급했듯이(4.4), 모든 공리주의자가 행위 공리주의자인 것은 아니다. 일부 사람들은 규칙 공리주의자이다. 규칙 공리주의는 주어진 행위의 옳고 그름을 그 행위가 타당한 도덕 규칙을 따르거나 따르지 않는 것으로 결정해야 한다는 입장을 견지한다. 이러한 입장에 따르면 (대략적으로 말해) 사람들이 일반적으로 규칙을 준수해서 결과에 의해 영향을 받는 모두에게 최선의 총합적인 결과가 초래된다면 그러한 규칙은 타당하다. 지금까지 행위 공리주의자들 사이에서 '최상의 결과'가 무엇인지에 대해 의견이 분분했는데, 이와 동일한 종류의 논쟁이 규칙 공리주의자들을 분열시키는 역할을 하고 있다. 그 결과 쾌락주의자인 규칙 공리주의자가 있고, 선호 공리주의자인 규칙 공리주의자도 일부 있으며, 이외에도 여러 유형이 있다. 여기에서 이와 같은 논쟁 못지않게 중요한 사실은 규칙 공리주의자들을 서로 구분하는 차이점이 무엇이 내재적(intrinsic) 가치를 가지고 있거나 가지고 있지 않은가의 문제를 넘어선다는 것이다. 일부 규칙 공리주의자들은 '이상적인 규칙 공리주의'를 옹호하는데, 이러한 입장에 따르면 많은 사람이 그럴 가능성이 거의 없음에도, 만약 모든 사람이 규칙들을 따르는 것이 최선의 결과를 **산출한다면** 그 규칙들을 타당한 것으로 간주한다. 다른 사람들은 도덕에 관한 이상적이지 않은 공리주의적 관점을 옹호하는데, 그들은 대부분의 사람들이 (정상적으로) 따르거나 적어도 (정상적으로) 따르겠다고 생각하는 합리적인 규칙이 어떤 것인가를 묻는 데에 골몰한다. 또 다른 사람들은 공리주의자로서 자신들이 정당화하고자 하는 규칙에 대해 또 다른 해석을 제시한다. 일일이 거론할 필요가 없을 정도로 명백한 이유로, 여기서 모든 유형의 규칙 공리주의를 평가하기란 불가능할 것이다. 현재로서는 일부 공리주의자들이 어떤 형태든 규칙 공리주의를 행위 공리주의보다 선호하는 듯이 보이는 이유가 무엇인지를 보여주고, 어떻게 규칙 공리주의자들이 내가 행위 공리주의에 대해 제기한 비판에 대응할 수 있는지를 보여주는 것만으로, 그리고 규칙 공리주의가 어떻게 본래적 가치를 상정할 필요에 반대하고, 이러한 상정에 의존하는 정의의 원리를 정식화할 필요에 반대할 수 있는지를 보여주는 것만으로도 충분할 것이다. 이어서 나는 규칙 공리주의가 갖는 뚜렷한 장점에도 불구하고, 이러한 공리주의의 적절성에 대한 주장이 실체이기보다는 환영에 가까운 이유가 무엇인지를 보이도록 하겠다.

은밀하게 행해진 살인의 경우를 생각해보자. 앞에서 나는 행위 공리주의자가 결과에 의해 영향을 받는 사람들에게 내재적인 선에서 악을 뺀 더 나은 총합값을 제대로 제공할 경우, 이러한 살인을 허용할 것이라고 주장한 바 있다. **만약** 그러한 희생자의 이익(쾌락 등)을 다른 사람들의 유사한 이익(쾌락 등)과 동등하게 고려하고 헤아릴 경우 희생자가 많은 것을 잃는다―사실상 모든 것을 잃는다―라는 사실은 도덕적 경각심을 불러일으킬 만한 요인이 아니며, 부정의하다고 탄원해야 할 경우에 해당하지도 않는다. 규칙 공리주의자는 이와 같은 주장에 반대할 것이다. 살인에 반대하는 규칙('죽이지 말라' 또는 '죽이는 것은 잘못이다')은 타당한 도덕 규칙이며, 살인이 은밀하게 행해질 경우에도, 혹은 살인자들이 내재적인 가치들을 더 많이 얻게 되어도, 다시 말해 희생자의 손실을 보상하는 것 이상의 이득을 얻을 경우에도 그러한 규칙의 타당성은 신비한 방식으로 사라지지 않는다. 이와 같은 규칙이 타당하기 때문에, 그리고 설령 결과에 의해 영향을 받는 모두에게 최상의 결과를 가져오더라도 은밀하게 살인을 하는 것이 이러한 규칙의 정당한 예외(예를 들어 자기 방어를 위한 살인은 예외일 수 있다)가 아니기 때문에, 규칙 공리주의자는 이와 같은 상황에서 살인을 하는 사람들이 잘못했다고 단언할 것이다. 이와 같은 방식으로 공리주의자 —다시 말해 규칙 공리주의자—는 그들이 하는 행위의 잘못됨을 설명할 수 있을 것이다.

그런데 규칙 공리주의자는 그러한 행위를 허용할 수 없다는 근거를 제시하면서, 굳이 특정 개체들이 '본래적 가치'를 가지고 있다고 상정하거나, 그러한 가치를 가진 개체들이 마땅히 받아야 할 '존중'을 받는 방법으로 정의를 해석할 필요가 없다고 주장할 수 있다. 규칙 공리주의자에 따르면 예컨대 살해하는 방법을 통해서든, 고통스럽게 하는 방법을 통해서든, 단지 최상의 총계적인 결과를 산출하기 위해 어떤 도덕 행위자를 해치는 것이 도덕적으로 부당하다는 사실은 이러한 방식으로 누군가를 해치는 것에 반대하는 타당한 도덕 규칙에 호소하여 잘 설명할 수 있으며, 이러한 규칙들의 타당성은 이러한 규칙들을 갖는 것의 효용성에 좌우된다. 규칙 공리주의를 옹호하는 사람들은 이런 사실로 미루어 보았을 때 규칙 공리주의가 특정 개체들이 본래적 가치를 가지고 있다고 상정하는 이론에 비해 단순한 이론이라고 주장할 것이다. 왜냐하면 규칙 공리주의는 일부 개체들이 본래적 가치를 갖는다는 추가적이고 불필요한 가정을 하지 않고서도 경쟁 이론이 설명하는 바를 설명할 수 있기 때문이다. 그리고 다른 모든 것들이 동등할 경우, 선택해야 할 이론은 단순한 이론(5.6 참조)이기 때문에 공리주의가 승리를 거두게 된다고 생각해볼 수 있다.

규칙 공리주의에 대해서는 낯설지 않은 비판이 존재한다. 예를 들어 이상적이지 않은 형태의 규칙 공리주의는 사실상 행위 공리주의와 구별될 수 없으며, 이에 따라 그러한 공리주의가 직면하는 모든 비판을 계승해야 한다는 비판이 제기될 수 있다. 또한 이상적인 유형의 규칙 공리주의가 과연 실제로 공리주의의 한 형태인지의 여부에 대한 비판이 있을 수 있다. 여기에서 우리는 이러한 비판들을 건너뛸 것이다.[14] 덜 친숙하지만 이러한 비판 못지않게 치명적이면서 우리의 관심을 끄는 규칙 공리주의에 대한 다른 비판들이 존재한다.

앞의 장(4.6)에서 나는 우리가 도덕 수동자들에게 **직접적** 의무가 있다는 입장을 옹호했다. 어떤 도덕 이론이 적절한 설명력을 갖추려면 이러한 의무들에 대한 믿을 만한 설명을 제시해야 한다. 그런데 규칙 공리주의는 이러한 조건을 충족하지 못한다. 물론 평등의 원리로 인정할 경우(이는 쉽지 않은 가정임에 유의해야 한다), 규칙 공리주의자들은 도덕 수동자들의 이익(쾌락 등의)을 도덕 행위자를 포함한 다른 개체들의 동일한 이익(쾌락 등의)과 동등하게 고려하고 헤아려야 한다는 입장을 견지하게 될 것이다. 하지만 우리가 살펴본 바와 같이, 이는 도덕 행위자와 도덕 수동자들 각자의 이익을 고려하고, 이러한 이익을 동등하게 헤아린다는 것 외에는, 우리가 도덕 행위자들에게 갖는 것과 동일한 직접적 의무를 도덕 수동자에게도 갖는다는 것을 그 자체로는 전혀 보장해주지 않는 **사전** 정의적 조건이다. 규칙 공리주의를 이용해 도덕 수동자들에게 해악을 끼치지 않을 의무를 가질 수 있는지—이런 견해를 따를 때 우리가 도덕 행위자에게 해악을 끼치지 말아야 한다는 것은 받아들이도록 하자—의 여부는 뚜렷한 공리

∴

14) Fred Feldman의 *Introductory Ethics*(Englewood Oiffs, N.J.: Prentice Hall, 1978), pp. 61 이하는 규칙 공리주의에 대한 표준적인 반대를 유달리 명료하게 개괄하고 있다.

주의적 근거들이 있어서 이들이 도덕 수동자에게 해악을 끼치지 말아야 하는 직접적 의무를 부과하는 규칙이 있음을 보여줄 수 있는지에 좌우되어야 한다. 그런데 규칙 공리주의는 우리가 도덕 수동자에게 그런 의무를 가지고 있음을 보여주지 못한다. **도덕 행위자**에게 해악을 끼치지 말아야 할 규칙에 대해 규칙 공리주의자가 주장할 수 있는 것은 다음과 같은 것이다. 우리가 일부 도덕 행위자들이 어떤 방식으로 해악을 입을 수 있는 반면, 다른 도덕 행위자들은 해악을 입지 않도록 보호를 받아야 한다는 규칙을 받아들이려 한다고 가정해보자. 이때 피해 집단에 속한 사람들은 당연히 화를 내면서 질시의 감정, 즉 헤어가 "유쾌하지 않은 것들을 하게 하는 유쾌하지 않은 마음 상태"라고 말한 바를 느낄 것이다.[15] 질시와 분개, 그리고 이러한 감정이 야기하는 '유쾌하지 못한 것'을 조장하고 장려하는 규칙을 허용하는 것은 관련된 모두에게 최선의 결과를 일궈내는 데 도움이 되지 않는다. 또한 규칙 공리주의자는 규칙의 적용을 받지 않는 도덕 행위자에게 미칠 결과, 그리고 그들에 의해 생기는 결과 때문에 일부 도덕 행위자에게 해악을 끼치면서 다른 행위자에게는 해악을 끼치지 않는 규칙을 채택하는 데에 반대할 수 있다고 (비록 쉽지는 않지만) 주장할 수 있다.

규칙 공리주의자들은 이러한 유형의 논의(이를 **질시로부터의 논증**[the argument from envy]이라고 부르자)를 해당 개체들이 도덕 수동자, 다시 말해 그들이 동물이거나 혹은 이러한 동물과 적절한 측면에서 유사한 인간 도덕 수동자인 경우 활용할 수 없다. 도덕 규칙이 어떤 사람들을 편애하는 처우를 인정한다고 해서 그 사람들에 대한 처우 방식을 질시하거나 자기 자신이 처해 있는 상황에 분개한다고 함은 관련된 사람들이 자신이 어

15) Hare, "Justice and Equality"(chap. 4, n. 5를 보라), p. 126.

떤 처우를 받는지 잘 검토할 수 있고, 규칙으로 인해 자신들이 받는 처우의 차이를 인식할 수 있으며, 이러한 인식의 결과로 질시하거나 분개할 수 있음을 전제로 하고 있다. 그런데 도덕 행위자는 이것이 가능하지만 도덕 수동자는 그렇지 않다. 도덕 수동자는 그렇게 할 정도의 지적인 복잡성을 갖추고 있지 않다. 그들은 어떤 규칙들로 인해 잘못된 **처우**를 받을 수 있다. 하지만 그 누구도 도덕 수동자가 이러한 규칙들로 인해 자신들에 대한 처우가 잘못되었다는 사실을 **파악**할 수 있거나 파악할 것이라고 주장하지 않을 것이다. 만약 이것이 사실이라면 도덕 수동자가 도덕 행위자와 더불어 처우의 잘못을 파악하면서 질시나 분개를 느끼리라고 주장하는 것 또한 설득력이 없다.

이른바 한계효용 체감에 호소하는 방법도 문제가 있는 것은 마찬가지이다. 헤어는 "다른 모든 것들이 동등하다면, 돈이나 물건을 이미 많이 가지고 있는 사람에게서 이것들을 빼앗아 별로 없는 사람에게 나누어줄 경우 전체적인 효용이 거의 항상 증가한다"[16]라고 쓰고 있다. 도덕 수동자에게 돈을 나누어주는 경우에 적용해볼 경우, 헤어가 주장하는 바는 엄밀히 말해 거짓이다. 우리가 도덕 수동자들에게 돈, 혹은 이와 비교 가능한 다른 재화를 준다고 해서 전체적인 효용이 증가하리라고 믿을 이유가 없으며, 이와 정반대되는 현상이 일어나리라고 믿을 아주 훌륭한 이유가 있다. 이러한 개체들은 자신들의 이익에 도움이 되는 방식으로 돈을 사용할 수 있는 능력을 충분히 발휘할 수 없다. 그 때문에 우리는 그들이 자신들의 이익을 증진하는 방식으로 재정 소득을 사용하면서 전체적인 효용을 증가시킬 수 있으리라고 믿을 이유가 없으며, 거꾸로 그들이 그렇게 하지 못하리라

••
16) 같은 책, pp. 124~125.

고 믿을 훌륭한 이유가 있다. 침팬지나 어린아이의 손에 돈이나 이와 비교 가능한 다른 재화들을 쥐어 주는 것은 효용을 극대화하는 데 도움이 되지 않을 것이다.

이러한 주장에 대해 "여기서 우리는 돈이나 이와 유사한 다른 재화들을 도덕 수동자에게 **직접** 주는 것을 말하고 있는 것이 아니라 도덕 수동자들을 보살펴주는, 능력 있는 사람에게 이러한 재화를 주는 것을 말하고 있다"라는 반론을 제기할 수 있다. 이와 같은 반론을 제기하는 사람들은 이런 방식으로 전체 효용성을 최적화할 수 있고, 그렇게 함으로써 도덕 수동자들에게 해악을 끼치는 데에 반대하는 규칙에 필요한 근거를 마련할 수 있음을 믿으라고 요구할 수 있다. 도덕 수동자들의 바람을 만족하거나 그들이 바라는 목적을 충족할 기회를 마련해주기 위해 사용되는 돈의 효용성은 우리가 다른 바람이나 목적을 추구하기 위해 지출할 수 있는 비교 가능한 효용성의 총합보다 크다.

이러한 반론이 타당하려면 사례의 본질상 규칙 공리주의자들이 매우 중요한 경험적 문제에 답을 할 수 있어야 한다. 즉 그들은 돈, 그리고 이와 비교 가능한 재화가 이런 식으로 분배될 경우 모든 것을 고려할 때 어떤 결과가 초래될 것인지에 답할 수 있어야 하며, 우리가 이러한 분배에 반대하기로 결정했을 경우 초래되는 전체적인 결과와 비교해보았을 때 어느 쪽의 효용이 더 클지에 대해 답할 수 있어야 하는 것이다. 이에 제대로 답을 할 수 없는 한, 한계효용 체감에 호소함으로써 도덕 수동자들, 즉 자신들이 행하는 바로 효용을 증진할 능력을 영구히 상실한 경우가 대부분인 개체들(치매 환자가 일반 복리에 기여할 수 있는 바가 무엇인가?)에게 해악을 끼치는 데에 반대하는 규칙을 옹호할 수 있다고 가정하는 것은 자의적이다. 이렇게 말하는 이유는 우리가 그들 모두 혹은 일부에게 해악을 끼치는 데에 반대하는 규칙을 무시하기로 결정할 경우, 이로 인해 다른 사람들이 얻을 수 있는 이득이 그러한 개체들에게 끼치는 해악을 상쇄하는 것 이상일 경우가 있을 것이기 때문이다. 예를 들어 모든 것을 종합적으로 고려해보았을 때, 지적 장애인들을 대상으로 한 과학 연구를 허용하는 것이 더 나은 결과를 산출하게 되지 않을까? 어떤 사람의 입장이 우리가 그와 같은 규칙을 인정하거나 인정하지 않음으로써 초래되는 전체적인 결과에 대한 고찰에 좌우된다고 할 때, 이 문제에 대해 원칙적인 입장을 취하기 위해서는 관련된 경험에 관한 질문에 답할 필요가 있으며, 그것도 상세히 답할 필요가 있다. '거의 언제나' 그렇듯이(유사한 논점에 대한 6.4에서의 싱어 비판을 상기해보라) 공리주의자는 필요한 세부적인 사항들에 대한 지식을 가지고 있지 않다. 그리고 이는 공리주의자의 입장에 부정적으로 작용한다. 한계효용 체감에 대한 호소는 사실에 대한 지식이 허용되는 한에서만 힘을 발휘할 수 있다. 지식이 사색에 자리를 양보하는 곳에서는 이러한 호소들이 힘을 잃는다. 일부 맥락에서는 한계효용 체감에 대한 호소가 공리주의자의 승리를 허용하지만, 지금의 맥락에서는 그에 대한 호소가 빈약하고 효과적이지 못하다.

그렇다면 규칙 공리주의자가 도덕 수동자들에게 해악을 끼치지 않을 직접적인 직견적 의무를 가지고 있다는 사실을 설명할 수 있는 방법은 무엇일까? 항상 대기하고 있던 한 가지 답변이 이제 무대의 중심으로 나서게 된다. 물론 도덕 수동자들이 차별을 정당화하는 규칙으로 인해 질시나 분개를 느낄 수는 없다. 그리고 이 때문에 그들에게 질시로부터의 논증을 적용할 수는 없다. 하지만 도덕 수동자들에게 해악을 끼치는 데에 반대하는 규칙을 인정하지 않으려 할 경우 **다른** 개체들이 화를 내며 격분할 것임이 **매우 확실하다**. 예를 들어 인간 도덕 수동자들의 부모, 친척, 친구들은 분명 이러한 감정을 느낄 것이고, 동물을 더 잘 처우하기 위해 분투하는 사람들은 이러한 규칙이 없을 경우에 허용될 종 차별주의적 관행에 대한 반응으로 이와 유사한 감정을 드러낼 것이다. 그런데 질시와 분개의 감정과 마찬가지로, 이러한 감정들 역시 유쾌하지 못하고, 이러한 감정을 느끼는 사람들은 이로 인해 불쾌한 일을 하게 될 가능성이 높다. 이와 같은 불쾌한 일들을 하는 것이 일상화될 경우―우리가 도덕 수동자들에게 해악을 끼치는 데에 반대하는 규칙을 인정하지 못할 경우 실제로 일상화될 수 있다(고 가정하자)―총합적인 효용을 최적화하는 데에는 분명 도움이 되지 않을 것이다. 그런데 도덕 수동자에게 해악을 끼치는 데에 반대하는 규칙을 인정하는 데에 필요한 공리주의적인 뒷받침이 제시되고, 이것이 공리주의자의 입장에서 요구하는 것이 합당할 만큼의 경험적 확실성에 의해 뒷받침된다는 주장이 제기될 수 있다. 실제로 도덕 행위자들은 안 좋은 방식으로 행동할 것이다. 그 이유는 만약 도덕 수동자들에게 해악을 끼치는 데에 반대하는 규칙이 없어서 그들을 보호하는 데에 실패할 경우, 도덕 행위자들이 화를 내고 격분**할** 것이기 때문이다. 우리는 이러한 사실을 알고 있다. 이는 단순한 추측이 아니다.

이러한 답변은 아무리 그럴듯해 보여도 만족스럽지 않다. 이는 도덕 수동자들에게 해악을 끼치지 않을 우리의 직견적인 **직접적** 의무를 **간접적인** 의무로 전환하는 결과를 초래한다. 이러한 답변에 따르면, 도덕 수동자들에게 해악을 끼치는 데에 반대하는 규칙을 인정해야 하는 이유는 도덕 수동자들에게 직접적으로 끼치는 해악 때문이 아니고, 그들이 결과적으로 다른 사람에게 끼칠 해악 때문도 아니다. 그 이유는 그러한 규칙을 인정하지 않았을 경우 그것이 다른 사람들(부모, 친구 등)에게 미칠 역효과, 그리고 그 결과로 그들이 취할 행동 때문이다. 5장에서의 간접적 의무 견해에 대한 비판적 논의에서 상세하게 개진된 이유들로 보면 **도덕 수동자들에게 해악을 끼치지 말아야 할 의무는 그들에게 갖는 직접적 의무**이고, 어떤 이론의 적절성은 그 이론이 이러한 직접적 의무를 과연 잘 설명할 수 있는지, 만약 설명할 수 있다면 얼마만큼 잘 설명할 수 있는지에 따라 결정된다. 그런데 규칙 공리주의자가 방금 확인한 바와 같은 답변에 의지한다는 사실은 규칙 공리주의가 이러한 조건을 충족하지 못함을 보여주는 징후이다.

규칙 공리주의에 대한 지금까지의 비판적 논의는 다음과 같은 딜레마를 제기함으로써 요약해볼 수 있다. (1)규칙 공리주의자들이 도덕 수동자들에게 해악을 끼치는 데에 반대하는 도덕 규칙, 다시 말해 도덕 수동자들에게 해악을 끼치지 말아야 하는 직접적 의무를 산출하는 도덕 규칙이 있다고 주장한다고 하자. 이 경우 규칙 공리주의자들은 이러한 규칙의 토대를 세워야 하는데, 질시로부터의 논증에 호소하는 방법을 활용하든(도덕 수동자들은 자신들을 차별하면서 다른 사람들을 선호하는 규칙들 때문에 질시하거나 분개할 수 없다), **혹은** 한계효용 체감에 호소하는 방법을 활용하든(이는 모든 핵심적인 경험적 문제를 미리 옳다고 가정해 버리게 되는 호소이다) 그들은 이러한 규칙의 토대를 세울 수 없다. 또한 그들은 단순히 도덕 수동자들이 감내하는 해악(예를 들어 고통)에 호소함으로써 이러한 규칙의 토대를 세울 수도 없다. 그 이유는 현재 당면하고 있는 문제는 우리가 **규칙 공리주의에 의거해 판단해보았을 때** 이러한 개체들에게 해악을 끼치지 말아야 하는 직접적 의무가 있는지의 여부인데, 규칙 공리주의가 도덕 수동자들에게 해악을 끼치는 데에 반대하는 도덕 규칙을 갖는다고 해서 과연 해악을 입는 도덕 수동자의 손실을 보상하는 것 이상으로 타인들이 이득을 얻게 될지에 이론의 여지가 있기 때문이다. 도덕 수동자들의 질시, 그리고 질시가 초래할 수 있는 불유쾌한 행위들이 아니라면, 도덕 수동자들 **자신에 관한** 어떤 **다른** 사실이 그들에게 해악을 끼치지 말아야 직접적 의무를 인정하게 하는 공리적 이유를 제공할 **수** 있을까?

어떤 것도 쉽게 떠오르지 않는다. 물론 앞의 논의가 결정적으로 그러한 사실을 찾을 수 없다는 것을 입증하지는 않지만, 입증의 책임은 분명 규칙 공리주의자에게 있다. 규칙 공리주의자가 그렇게 하지 않는 한, 또는 그렇게 할 때까지―사실 그가 그렇게 할 가능성은 거의 없다고 말하는 것이 공정한데―**도덕 수동자들이** 해악을 입게 된 결과로 **그들이** 느끼는 바, 혹은 **그들이** 행하는 바에서 초래되는 비효용(disutility)[17]에 근거해서 도덕 수동자에게 해악을 끼치는 것에 반대하는 규칙의 근거를 마련하려는 시도는 분명 효율적이지 못하다는 사실이 밝혀질 것이다.

이것이 규칙 공리주의자가 갖는 딜레마의 첫 번째 뿔이다. 두 번째 뿔은 다음과 같다. (2)방금 요약해서 설명한 심각한 어려움에 직면해, 규칙 공리주의자들이 도덕 수동자(예를 들어 자녀)에게 해악을 끼치지 않을 의무를 이끌어내는 규칙을 찾지 않고 **타인들**(예를 들어 부모)의 마음에 들어설 '불편함'에 호소한다고 가정해보자. 이때 규칙 공리주의는 과연 그러한 규칙을 갖는 것에 대한 **하나의** 공리주의적 이유를 가질 수 있게 될 것이다. 하지만 그러한 규칙에서 도출된 의무는 더 이상 도덕 수동자에게 갖는 **직접적** 의무로 간주될 수 없을 것이다. 그런데 규칙 공리주의자는 이미 도덕 수동자에게 직접적 의무가 있음을 옹호했으므로, 어떻게든 (2)를 회피해야 한다. 결과적으로 규칙 공리주의의 적절성은 도덕 수동자들에게 해악을 끼치지 말아야 할 **직접적인** 직견적 의무를 얼마나 잘 설명할 수 있느냐에

..

17) (옮긴이) 재화나 용역이 사람에게 만족을 가져다주지 아니함을 뜻한다.

좌우된다. 그런데 (1)에서 제시된 이유를 고려해보았을 때, 규칙 공리주의가 이러한 시험을 통과할 수 있음을 부인해야 하는 매우 강력한 이유가 있다. 규칙 공리주의는 도덕 수동자들에게 가지고 있는 직접적인 책임을 근거 지을 뾰족한 수가 없다.

규칙 공리주의자들은 앞서 제기한 간접적인 의무 견해에 반대하는 우리의 논의, 특히 사람들의 직관에의 호소가 포함된 부분들에 대한 논의에 이의를 제기함으로써 이러한 딜레마에 답할 수 있을지 모른다. 이러한 공리주의자들은 싱어의 주장을 되풀이하면서, 사람들이 원하는 바는 우리의 직관을 검사하기 위한 '건실한 이론'이지, 어떤 이론의 건실성을 검사하기 위한 방법으로 우리의 직관에 대한 호소를 널리 확산하는 것이 아니라고 말할지도 모른다. 이러한 입장은 매우 그럴듯하게 **들리지만**, 입증의 부담은 자신들이 이루길 원하는 바를 이룰 수 있음을 보여주기 위해 그와 같은 주장을 하는 사람들에게 있음을 상기해야 할 것이다. 우리가 우리의 반성적 직관에 호소하지 않고 '건실한 이론'을 획득**할 수 있을까**? 이러한 질문은 규칙 공리주의에 대한 일련의 최종적인 비판들로 이어진다. 즉 언제 그 이론이 스스로의 힘으로 설 수 있을지, 다시 말해 반성적 직관에 대한 호소에 바탕을 둔 비판에 영향을 받지 않는다고 할 수 있는지와 관련된 비판으로 연결되는 것이다.

앞 장(6.3)에서 평등의 원리의 지위를 설명하라는 요청을 받았을 때, 공리주의자가 겪은 어려움을 상기해보라. 평등의 원리는 특정 공리주의자가 개진하는 가치 이론에 의존하여 내재적인 선(예를 들어 선호 만족, 혹은 쾌락)이 누구의 것이든 이를 고려해야 하며, 동등한 측정 방식이 지켜져야 한다고(다시 말해 동등한 쾌락 또는 선호는 동등하게 헤아려야 한다고) 요구할 것이다. 그러나 어떤 유형의 **규칙** 공리주의든, 그 이론 내에서 평등의 원리가 차지하는 **지위**는 어떤 것일까? 그 안에서 평등의 원리는 근본적인 도덕원리가 될 수 없다. 왜냐하면 규칙 공리주의 안에서는 효용성의 원리, 그리고 오직 그 원리만이 그러한 지위가 있다고 가정하고 있기 때문이다. 평등의 원리는 파생적인 도덕원리, 즉 '타당한 규칙(valid rule)'이 될 수도 없다. 왜냐하면 쾌락, 선호, 이익 등의 평등이나 불평등은 이들을 평등하다거나 불평등하다고 측정하는 것의 효용성에 좌우될 수 없기 때문이다. 요컨대 평등의 원리는 규칙 공리주의 이론 내에서 도덕원리(또는 규칙)의 지위를 가질 수 없다. 이는 **형식적** 원리, 즉 도덕원리로 추정되는 어떤 도덕원리가 진정한 도덕원리로서의 자격을 갖추기 위해 반드시 충족해야 하는 원리의 지위도 가질 수 없다. 존중의 원리는 도덕원리의 지위를 가지고 있지만, 이러한 원리가 동등한 선호, 쾌락 등을 동등하게 헤아리도록 명하지는 않는다. 규칙 공리주의자들이 이해하고 있는 바로서의 평등의 원리는 기껏해야 **조건부의 형식적 원리**라는 지위를 가질 수 있을 따름인데, 이는 우리 자신의 개체로서의 이익, 쾌락 등에서 출발하여 도덕적 관점을 취하려고 할 경우 받아들여야 하는 원리다.

그러나 앞선 논의(6.3)에서 언급한 바와 같이, 이러한 주장은 기껏해야 자기 이익의 관점에서 윤리적 사고를 시작하는 사람들이 **하나의** 결과주의 원리를 따를 것임을 확실하게 보여줄 수 있을 따름이다. 다시 말해 그렇다고 해서 공리주의의 효용성의 원리가 도덕의 **유일한** 기반이라는 견해가 타당하다고 말할 수는 없는 것이다. 이렇게 보자면 규칙 공리주의자들은 자신들이 이해하는 바로서의 조건부 평등의 원리를 받아들인다(그렇게 추정했을 때)는 데에 의존하여 공리주의를 확실하게 따르도록 할 수 없다. 또한 현재의 목적을 위해서는 더욱 근본적으로, 우리가 개인적 이익이라는 관점에서 도덕적이거나 비도덕적인 것이 무엇인지 생각하기 시작해야 하는 **이유**가 무엇인지를 제시해야만 한다. 요컨대 우리가 **왜** 거기서 시작해야 하는가? 만약 그 시점에서 시작하여 우리가 건실한 도덕 이론에 도달할 수 있음을 보여줄 수 있다면, 이는 분명 설득력 있는 이유가 제시되는 경우일 것이다. 하지만 방금 재차 제시된 이유들을 근거로 생각해보자면, 어떤 사람이 자기 자신의 이익에서 출발할 경우, 그는 효용성의 원리가 **유일무이한** 타당한 도덕원리라는 입장에 도달하지 못한다(즉 효용성의 원리를 추종하지 못한다). 이에 따라 우리 자신의 이익에서 단순히 윤리적 사고를 시작할 수 있다는 것이 아니라 시작해야만 하는 이유를 보여줄 책임은 이곳을 출발 장소로 옹호하는 사람들이 짊어져야 한다. 그곳에서 우리를 출발시키고자 하는 사람들은 그러한 책임을 제대로 짊어지지 않았는데, 나비슨류의 합리적 이기주의자들, 롤스류의 원초적 계약자들, 그리고 선호 공리주의자들 혹은 다른 공리주의자들이 모두 그렇다. 결과적으로 앞에서의 평등의 원리와 행위 공리주의에 대한 논의에서와 마찬가지로, 현재 나는 설령 우리가 조건부 평등의 원리를 받아들인다고 해도, 규칙 공리주의자들이 우리에게서 공리주의를 추종하겠다는 입장을 이끌어낼 수 없다고 생각한다(이 점에 대해서는 곧바로 추가적으로 언급하도록 하겠다). 본래적 가치 상정을 포함하는 이론과 비교해보았을 때, 규칙 공리주의가 더욱 단순하고, 이에 따라 선호할 만하다고 주장하는 것은 규칙 공리주의자들이 막상 보여주어야 할 커다란 부분을 미리 전제하는 것이다. 다시 말해 공리주의자들은 우리가 갖는 그러한 의무들을 갖는 이유가 무엇인지를 해명한다는 측면에서 자신들의 이론이 적어도 경쟁 이론들과 동등하다는 것을 보여주어야 한다(규칙 공리주의는 이러한 과제 수행에 적합하지 않은데, 왜냐하면 무엇보다도 이러한 이론은 도덕 수동자에게 해악을 끼치지 말아야 할 우리의 직접적 의무를 적절하게 설명하지 못하기 때문이다). 또한 그러한 의무에 관한 우리의 직관에 비추어 그러한 이론을 검사해보는 것과 별개로, 공리주의자들은 자신들의 이론을 건실한 것으로 파악하게 하는 **독립적인** 근거가 있음을 보여주어야 하는데, 공리주의자들은 이를 그저 가정하고 있다. 간단히 말해, 규칙 공리주의자들은 자신들의 이론을 받아들여야 하는 설득력 있는 이유를 제시해야 하는데, 우리는 이러한 이론을 거부할 훌륭한 이유를 가지고 있다. 물론 규칙 공리주의 이론이 본래적 가치의 상정을 포함하는 이론보다 단순할 수 있다. 하지만 단순함이 전부는 아니다. (조건부 평등의 원리를 받아들이지 말아야 하는 이유에 대해서는 8.13을 참조하라.)

7.8 존중의 원리 옹호

윤리 이론을 다루었던 이전의 장에서 우리는 여러 대안적 윤리 원리의 타당성을 검사하기 위한 한 가지 절차를 개괄해보았다. 우리는 검토되지 않은 우리의 도덕적 신념(반성 이전의 직관)에서 출발하여, 이러한 신념들을 이상적으로 판단하기 위한 성실한 노력을 기울임으로써 비판적 평가 과정을 시작한다. 우리는 가능한 한 공평무사하고, '침착하고', 합리적이고, 개념적으로 명확하고자 하며, 얻을 수 있는 최대한의 정보를 얻고자 애쓴다. 이러한 비판적 평가 과정을 견뎌내는 신념들을 '그저 우연히' 확보하는 것으로, 혹은 편견으로 치부될 수 있는 신념들로 간단하게 기술해 버리는 것은 공정하지 못한 처사이다. 이것들은 고찰 과정을 거친 신념들, 혹은 반성이 이루어졌다는 의미에서의 직관들이며, 우리는 이러한 신념들을 여러 직관들을 종합하는 일반 도덕원리를 찾아내는 토대로, 그리고 경쟁하는 윤리 원리들을 시험해보는 시금석으로 사용할 수 있을 것이다. 또한 이러한 믿음들을 다른 측면에서 타당해 보이는 원리들로 설명할 수 없을 경우, 그 일부를 수정하거나 포기해야 한다는 단서에 따라야 한다는 것도 기억해둘 필요가 있다. 이와 같은 비판적 성찰 과정을 거칠 경우, 우리는 존중의 원리를 합당하게 받아들일 수 있게 될 것이다.

　우리의 반성 이전의 직관들 중에는 도덕 행위자에게 해악을 끼치는 것이 잘못인 경우가 언제인지와 관련되는 것들이 있다. 우리는 (이미 공리주의에 대한 충성을 맹세하지 않은 이상) 결과에 의해 영향을 받은 모두에 대한 최선의 총합적인 결과를 확보할 수 있기 때문에 도덕 행위자를 살해하는 것을 잘못이라고 믿는다. 이와 유사한 이유로 도덕 행위자에게 다른 방식으로 해악을 끼치는 것도 잘못이다. 예를 들어 결과에 의해 영향을 받는 모두에게 선에서 악을 뺀 최적의 값을 가져올 것이라는 이유로 도덕 행위자에게 엄청난 고통을 야기하거나, 그러한 주체의 기본적인 바람 충족을 방해하거나 중요한 기술을 획득하지 못하게 하는 것은 잘못이다. 이러한 신념들은 우리가 이들에 대해 비판적으로 반성하기 전은 물론, 이들을 비판적으로 고찰하기 시작하고 나서도 견지하는 신념들이다. 우리가 이러한 신념을 줄곧 견지하는 이유는 과도하게 정서적으로 휩쓸리기 때문이 아니고, 자의적으로 일부 도덕 행위자들(가령 여성 혹은 미국인)을 다른 도덕 행위자들에 비해 선호하기 때문도 아니며, 우리가 '도덕 행위자'나 '해악'이라는 개념에 대해 흐릿한 생각을 가지고 있기 때문도 아니다. 또한 우리가 적절한 사실들에 관한 정보를 제대로 가지고 있지 못하기 때문도 아니다. 그리고 이러한 믿음들이 일관되지 못한 결과로 귀결되기 때문에 불합리하다고 주장할 수도 없다. 이러한 믿음들은 **숙고된** 믿음들이 될 자격을 갖추었으며, 이에 따라 반성을 통해 대안이 될 수 있는 윤리 원리를 정식화하는 데에서, 그리고 평가하는 데에서 정당한 역할을 해야 한다.

존중의 원리는 이러한 믿음들의 관련 토대를 밝혀냄으로써 이러한 믿음들을 해명하고 통합한다. 이러한 원리는 도덕 행위자를 마치 그 자체로 어떤 가치도 갖지 않는, 단순히 가치를 담는 그릇인 것처럼 처우하지 말 것을 우리에게 요구한다. 만약 우리가 단지 결과에 의해 영향을 받는 모두에 의해 확보된 내재적 선에서 내재적 악을 뺀 최적의 총합값에 호소함으로써 어떤 도덕 행위자에게 끼치는 해악을 정당화할 수 있다고 가정할 경우, 우리는 사람들을 가치를 담는 그릇처럼 처우하는 것이다. 존중의 원리는 이를 허용하지 않을 것이다. 본래적 가치를 가진 사람들은 내재적 가치를 갖는 그들 자신의 경험에 비할 수 없는, 또한 다른 사람들의 그러한 가치와 구별되고, 그것으로 환원할 수 없으며, 그래서 내재적 가치와 비교 불가능한 종류의 가치를 소유한다. 우리는 그러한 개체들을 본래적 가치를 갖는 존재로 처우해야 하며, 그들이 마땅히 받아야 할 존중의 태도로 그들을 처우해야 한다. 도덕 행위자들에게 본래적 가치를 상정한다는 기준으로 보았을 때, 그들을 이러한 가치를 갖지 않는 어떤 것, 다시 말해 그 자체로 어떤 가치를 갖지 않는, 단지 가치를 담는 그릇과 같은 존재로 간주한다면, 분명 우리는 그들을 본래적 가치를 갖는 존재로 처우하는 것이 아니라고 할 것이다. 존중의 원리는 도덕 행위자에게 해악을 끼치는 것이 잘못이라는 우리의 숙고된 믿음을 체계화하는 목표에 부합하고, 이러한 목표를 달성하는 데 일조할 것이다.

그러나 우리는 도덕원리가 이보다 더 많은 적절한 기준을 충족하기를 원한다. 윤리 이론을 다룬 이전 장에서 제시하고 옹호한 타당한 윤리 원리가 충족해야 할 다른 적절한 기준들이 있다. 존중의 원리는 이들을 충족한다. 존중의 원리는 확실히 **일관성**을 갖는다. 이러한 원리는 우리가 다른 도덕 행위자들(예를 들어 백인 앵글로색슨 개신교 신자들)을 단순히 그릇인 것처럼 처우할 수 있다고 주장하거나 함의하지 않으며, 그러면서 일부 도덕 행위자들(예를 들어 유대인)에 대해서도 마찬가지 입장을 취한다. 이는 엄격한 정의라는 측면에서 어떤, 그리고 모든 도덕 행위자들이 어떻게 처우되어야 하는지에 관한 조건을 제시한다. 모든 도덕 행위자는 그가 마땅히 받아야 할 처우를 받아야 하며, 엄격한 정의라는 측면에서 각각의 사람들이 마땅히 받아야 할 처우는 다른 모든 사람이 마땅히 받아야 하는 것과 동일한 존중의 처우이다. 이렇게 보았을 때, 존중의 원리는 뚜렷하게 평등주의적이고, 이는 각각의 사람을 한 사람으로 헤아리며, 그 이상으로 헤아리지 않는다는 벤담의 선언에 대한 대안으로서의 해석을 제공한다. 이러한 원리는 도덕 행위자에 대한 우리의 모든 처우 방식에 적용되기 때문에 **적절한 적용 범위**를 가지고 있다고 할 수 있다. 이러한 원리가 매일 적용되는 사례들은 말 그대로 수십억 건이다. 이는 가령 브리지 게임을 할 때만, 혹은 주빈(主賓)석에 앉아 있을 경우에만 작동하게 되는 것이 아니다.[18] **정확성**과 관련해 존중의 원리는 명확하고 이해할 수 있는 조건을 제시한다. 즉 단지 결과에 의해 영향을 받는 모두에게 야기되는 최적의 총합적인 결과에 호소하여 정당화가 이루어지는 방식으로 어떤 도덕 행위자를 처우해서는 **안 된다**는 조건을 제시하고 있는 것이다. 지금과 같은 형태의 존중의 원리는 오직 부정적인 방식으로 방향을 제공할 **따름이다**. 이는 그 자체로는 언제 도덕 행위자를 해치는 것이 정당하며, 만약 정당하다면 그 이유는 무엇인지에 대한 필요한 지침을 제공하지 못한다. 이러한 문제들은 다음 장에서 우리의 관심사가 될 사안들이다(8.7 이하 참조). 그러나 현재의 형태로도 존중

---

18) (옮긴이) 브리지 게임을 한다거나 주빈석에 앉는다는 것은 일상적이지 않은 특별한 상황을 가리킨다.

의 원리는 도덕원리에 대한 적절한 평가 기준을 충족한다. 즉 이는 일관성이 있고, 적절한 영역을 포괄하며, 정확성이 있고, 우리의 광범위한 반성적 직관에 부합하는 것이다. 현시점에서 이러한 원리가 어떤 논리적인 지위를 갖는지는 (즉 이것이 근본이 되는 도덕원리인지 아니면 파생된 도덕원리인지는) 아직 해결되지 않은 문제로 남아 있다(이 문제에 대해서는 8.12를 참조할 것). 이러한 원리의 특징을 드러내 밝혔음에도, 또한 이러한 원리가 광범위한 사례들에서 도덕 행위자에게 해악을 끼치는 것이 잘못인 경우가 언제인지에 대한 우리의 숙고된 믿음을 어떻게 통합하고 조명하는지를 설명했음에도, 범위, 정확성, 일관성에 관한 정당한 조건을 충족했음에도, 그리고 공평무사성, 합리성, 이상적인 도덕 판단에 내용을 부과하는 다른 조건들을 감정을 섞지 않고 체계적인 방식으로 존중했음에도, 다시 말해 이 모든 것을 해냈음에도, 존중의 원리 수용을 정당화하는 방향으로 어떤 조치도 취하지 못한 것이 아니냐고 진지하게 묻는다면 더 이상 할 말이 없다. 만약 전술한 고려 사항들이 존중의 원리를 받아들일 훌륭한 이유를 제공하지 않는다면, 도대체 무엇이 어떤 원리를 받아들일 수 있는 훌륭한 이유를 제공할 수 있는지 궁금할 따름이다.

도덕 수동자에 대한 존중

우리가 갖는 이론 이전의 믿음과 원리(존중의 원리와 같은) 사이의 상호작용은 양방향이며, 이에 따라 우리는 존중의 원리를 받아들이는 것이 어떤 함의를 갖는지 고찰해보아야 한다. 이러한 고찰은 우리가 우연히 갖게 된, 숙고가 이루어지지 않은 다른 믿음들이 어떻게 이러한 원리와 조화를 이룰 수 있는지를 질문해볼 것을 요청한다. 특히 이러한 고찰은 임의적이지 않은 방식으로 존중의 원리의 적용 범위를 도덕 행위자에 대한 처우에만 제한할 수 있는지 물을 것을 요청한다. 지난 세 장에서의 논의는 존중의 원리의 적용 범위를 도덕 행위자에 제한하려는 어떤, 그리고 모든 시도가 문제가 있다는 주장을 뒷받침하는 근거를 제공하고 있다. 거기에서는 간접적 의무 견해에 반대하여, 우리에게 도덕 수동자를 해치지 말아야 할 직접적인 직견적 의무가 있다는 주장이 제기되었다. 이렇게 보았을 때, 우리는 (a) 직접적 의무를 갖는 개체들을 처우하는 방식에만 존중의 원리가 적용된다는 입장을 견지할 수 없으며, (b) 도덕 수동자에 대한 아무런 직접적 의무를 갖지 않는다는 이유를 들어 존중의 원리가 오직 도덕 행위자를 처우할 때에만 적용된다는 입장을 취할 수도 없다. 이와 더불어 우리는 도덕 행위자와는 달리, 도덕 수동자가 본래적 가치를 가지고 있지 않거나 덜 가지고 있다는 이유를 들어 그들이 존중의 원리의 적용 범위 내에 들지 않는다고 생각할 수도 없다. 이렇게 할 수 없는 이유는 우리가 이러한 방식으로 도덕 수동자의 권리를 박탈하고자 할 경우, 완전주의 정의 이론의 토대를 구축하는 격이 될 것이기 때문이다. 이와 같은 완전주의 이론은 일부 도덕 행위자에 대한 부당한 처우를 승인하게 되며, 이러한 처우를 피하려면 오직 자의성이라는 대가를 치러야 한다. 간단히 말해, 존중의 원리를 받아들인다 함은 이러한 원리가 도덕 수동자에 대한 우리의 처우에도 적용된다는 사실을 파악하게 된다는 것을 말한다. **그들을** 단순한 그릇처럼 처우해서는 안 된다. 단지 관련된 모든 사람들의 내재적인 선에서 내재적인 악을 **뺀** 최적의 총합값을 산출할 것이라는 이유만으로 **그들에게** 해악을 끼치는 것을 정당화할 수 없다. 우리는 친절함의 발로가 아니라, 그리고 타인의 '감정적 이익' 때문이 아니라, 정의가 요구하기 때문에 존중의 태도로 그들을 처우해야 한다. 만약 모든, 혹은 일부 도덕 수동자들을 어떻게 처우할 수 있는지에 대한 우리의 반성 이전의 직관들이 그들을 어떻게 처우해야 하는지에 대한 존중의 원리의 입장과 다르다면, 이때 기존의 믿음들은 바뀌어야 할 것이다. 가장 최근에 제시한 논의들을 감안해보았을 때, 그리고 존중의 원리를 받아들인다고 가정했을 때, 이러한 믿음들을 바꾸지 않는 것은 편견을 가지고 있다는 비판을 감수해야 하며, 그러한 비판을 받는 것은 정당하다.

이러한 존중의 원리가 갖는 함의들—즉 엄격한 정의라는 측면에서 도덕 수동자들 일반, 특히 동물들이 존중받아야 하며, **또한** 존중이 그들이 마땅히 받아야 할 처우라는 함의—을 어떤 사람들은 매우 이상하게 느낄 수 있다. 그들은 존중의 원리와 그것이 의존하고 있는 본래적 가치 상정을 받아들이고 싶어 하지 않을 수 있다. 앞의 세 장에서 제시된 논의들의 누적된 힘은 존중의 원리, 그리고 본래적 가치 상정을 피할 수 있는 합리적이고 자의적이지 않은 방법이 있을 수 없음을 보여주고 있다. 만약 도덕 수동자들에게 해악을 끼치는 것이 직견적으로 잘못이고, 그들에게 해악을 끼치는 것이 관련된 모두에게 최적의 총합적 결과를 산출하는 데에 필요하다는 이유로 정당화될 수 없다고 믿는 것(이와 같이 믿는 것을 지지하는 이유들을 제시한 바 있다)이 합당하다면 말이다. 단지 이 정도만을 받아들인다 해도, 도덕 수동자에게 끼치는 해악을 도덕 행위자에게 끼치는 해악과 동일한 방법으로 파악하지 않을 수 있는 합리적이고 자의적이지 않은 방법은 없다. 그리고 일단 이 정도가 확인될 경우, 우리는 본래적 가치를 상정하지 않고, 또한 존중의 원리에 의존하지 않고 이러한 의무를 설명하려는 주요한 시도들이 부적절할 수밖에 없음을 확인할 수 있을 것이다(그리고 실제로 확인된 바 있다). 그러한 시도들이 부적절할 수밖에 없는 이유는 그것들이 도덕 행위자에게 마땅히 갖는 이와 같은 의무를 적절하게 설명할 수 없을 것이기 때문이고(이는 행위 공리주의와 합리적 이기주의가 실패했다고 여기는 주요한 이유이다), 그들이 도덕 수동자에게 마땅히 갖는 이와 같은 의무를 적절하게 설명할 수 없을 것이기 때문이다(이는 규칙 공리주의와 롤스와 칸트의 입장에만 해당하는 실패다). 마지막으로 만약 누군가가 반성적 직관이 편견이라는 이유를 들어, 혹은 이러한 직관에 의존하지 않고서도 건실한 윤리 이론을 구축할 수 있다는 이유를 들어 우리에게 이러한 직관에 호소하여 윤리 원리들을 정당화하거나 윤리 이론들을 검사해보려는 시도를 포기하라고 말한다면, 이에 대한 우리의 답변은 전자의 주장은 그저 참이 아니고, 후자는 '명시적으로 구체화해서 보여주지 않았다'여야 한다. 이상과 같은 이유들로 — 이 모두를 함께 취하고, 어떤 것도 나머지 것들로부터 분리해서 취하지 않으면서 — , 우리는 존중의 원리, 그리고 이의 바탕이 되는 본래적 가치의 상정, 그리고 이들을 받아들임으로써 도출되는 모든 함의를 받아들일 충분한 이유를 갖게 된다.

7.9 해악의 원리 도출

현시점에서 존중의 원리의 논리적 지위가 결정되지 않은 상태로 남아있지만, 이 원리는 해악의 원리보다 근본적이다. 왜냐하면 우리는 이 해악의 원리를 존중의 원리로부터 이끌어낼 수 있기 때문이다(존중의 원리의 논리적 지위에 대해서는 8.12를 참조할 것). 해악의 원리 도출 과정은 다음과 같이 진행된다. 존중의 원리는 본래적 가치의 상정에 의존하며, 우리는 삶의 주체라는 기준을 충족시키는 모든 대상이 이러한 종류의 가치를 갖는다는 사실을 지적으로, 그리고 자의적이지 않은 방식으로 파악하는 입장을 옹호한 바 있다. 이러한 기준을 충족하는 개체들은 다른 존재들에 대한 유용성, 그리고 다른 존재들에게 이익이 되는 것과 논리적으로 독립되어 있으면서 자신들에게 경험적으로 좋거나 나쁜 삶을 살아가는 주체이다. 요컨대 이러한 조건을 만족시키는 개체들은 **경험과 관련된 복리를 갖는 존재들**이다. 즉 자신들에게 무슨 일이 일어나는가에 따라, 자신들에게 무슨 일이 행해졌는가에 따라, 그리고 자신들을 위해 무슨 일이 행해졌는가에 따라 경험과 관련된 좋은 삶을 살아가기도 하고 나쁜 삶을 살아가기도 하는 개체들인 것이다. 이에 따라 이득과 해악의 개념은 이러한 개체들에 대한 우리의 생각과 이야기에 적용되는데, 여기서 이득은 이러한 개체들이 자신의 바람을 만족시킬 기회, 그리고 자신에게 이익이 되는 목적을 충족할 기회를 통해 얻어지고, 해악은 그들의 개체로서의 복리를 저해함으로써 초래된다. 복리를 갖는 개체들은 앞에서 설명했던 의미에서의 본래적 가치를 가지고 있으며, 본래적 가치를 가지고 있는 개체들은 이러한 가치가 존중되는 처우를 받아야 하는데, 바로 이와 같은 이유로 복리를 갖는 개체들은 자신들의 독특한 형태의 가치를 존중받는 처우를 마땅히 받아야한다. 이렇게 보자면, 우리가 그러한 개체들의 복리를 손상하는 방식으로, 다시 말해 그들에게 해악을 끼치는 방식으로 그들을 처우할 경우, 우리는 직견적으로 그러한 개체들의 가치를 존중하는 방식으로 그들을 처우하지 못하는 것이다. 간단히 말해, 우리는 경험과 관련된 복리를 갖는 개체들에게 해악을 끼치지 말아야 할 직견적인 직접적 의무가 있는데, 이는 바로 해악의 원리가 말하고 있는 바이다. 이 경우 존중의 원리는 도덕 행위자에게 해악을 끼치는 것이 잘못인 경우에 대한 우리의 숙고된 믿음에 부합하게 되고, 나아가 제2의 도덕원리(해악의 원리), 즉 앞의 맥락(5.6)에서 그 타당성을 옹호한 바 있는 직접적 의무의 원리가 도출될 수 있는 근거를 제공하기도 한다. 이는 존중의 원리를 합리적으로 수용하는 데에 찬성하는 추가적인 논점으로 간주되어야 함이 분명하다.

해악의 원리가 존중의 원리에서 도출될 수 있음을 보여주는 것은 어떤 상황에서도 타인에게 해악을 끼치는 것, 즉 도덕 행위자 혹은 도덕 수동자에게 해악을 끼치는 것이 잘못임을 보여주는 것과는 다르다. 이 문제는 다음 장(8.7 이하)에서 상세히 다루게 될 것이다. 그러나 이 시점에서도 다음과 같은 내용은 분명히 하고 넘어가야 한다. 설령 개체들이 정당하게 해악을 입을 수 있는 경우가 있다고 하더라도, 그러한 경우가 존중의 원리가 제기하는 정당한 처우 조건을 위반해서는 안 된다. 예를 들어 가해진 해악은 해악을 입은 개체가 그 자체가 갖는 권리로서의 어떤 가치를 결여한, 가치를 담는 단순한 그릇에 지나지 않는다는 전제에 의거해서 정당성을 확보해서는 안 된다. 이는 해악을 입은 개체를 존중의 태도를 보이지 않고 처우하는 것이기 때문에 부당하다. 그리고 만약 부당하다면 도덕 행위자나 수동자에게 끼치는 어떠한 해악도 결코 정당화될 수 없다.

7.10 요약과 결론

정의의 형식적 원리는 각 개체가 마땅히 받아야 할 바를 받아야 한다고 규정하고 있다. 여기까지는 논란의 여지가 없다. 논쟁은 우리가 개체들이 **마땅히 받아야** 할 바가 무엇인가를 물을 때부터 시작된다. 이 질문에 답하고자 할 때 정의에 대한 규범적 해석이나 이론이 제시된다. 나는 그러한 해석 중 세 가지를 고찰해봤다. (1) 개체들이 마땅히 받아야 할 바가 얼마만큼 일정한 덕(예: 지적 능력)을 갖추고 있는지에 좌우된다는 완전주의. (2) 개체가 마땅히 받아야 할 바가 그들의 이익(또는 쾌락 등)에 대한 동등한 배려라는 입장을 견지하는 공리주의. 그리고 (3) 개체가 마땅히 받아야 할 바가 동등한 본래적 가치에 대한 동등한 존중이라는 입장을 견지하는, 개체들이 평등하다는 관점. 완전주의는 더 많은 덕을 갖춘 사람들이 덕을 덜 갖춘(예를 들어 덜 지적인) 사람들을 부당하게 착취하는 관행을 정당화할 수 있기 때문에 부정되었다(7.1). 다음으로 공리주의의 해석은 도덕 행위자에게 행할 수 있는 모든 범위의 잘못된 행위를 설명하는 데 실패하거나(이전 6.2에서 행위 공리주의에 대해 제기되었던 주요 결함), 그들이 도덕 수동자에 대해 갖는 모든 범위의 직접적 의무를 설명하지 못하기 때문에(규칙 공리주의 주요 결함) 부정되었다(7.7). 개체들이 평등하다는 해석은 이러한 결함을 극복하는데, 이렇게 말하는 이유는 첫째, 이러한 해석이 본래적 가치를 지닌 모든 개체들이 이러한 가치를 동등하게 가지고 있다고 주장하기 때문이고(이에 따라서 완전주의의 불미스러운 함의를 피할 수 있다), 둘째, 행위 공리주의와 규칙 공리주의가 승인하거나 요구하는 방식으로 개체들을 대하려 할 경우, 그들이 소유하고 있는 본래적 가치에 대한 존중을 보여주지 못하게 될 것이기 때문이다.

　이 장에서 나는 본래적 가치 개념을 설명했다(7.2). 이와 같은 유형의 가치를 지닌 존재들은 모든 형태의 공리주의가 개체들과 그들의 가치(혹은 가치 결여)에 대해 취하는 공통된 견해, 즉 자신들의 경험에 부과하는 가치를 담은 그릇 이상의 존재들이다. 본래적 가치는 내재적 가치(예를 들어 쾌락)와 구별되고, 이로 환원되지 않으며, 이러한 가치와 비교 불가능하다. 본래적 가치를 상정하는 것은 이론적 근거를 바탕으로 옹호해야 하고, 그러한 정당성을 제시하기 위한 시도가 이루어졌다. 나는 본래적 가치를 상정하지 않을 경우, 도덕 행위자들이나 도덕 수동자들에게 해악을 끼치는 것이 잘못인 경우가 언제인지에 대한 우리의 숙고된 믿음(우리의 반성적 직관)을 적절히 설명할 수 없을 것이라고 주장했다. 이와 같이 본래적 가치를 상정할 경우, 우리는 일부 이론(예를 들어 공리주의)에 비해 덜 단순한 이론을 구축하지 않을 수 없게 될 것이다. 하지만 이는 모든 것을 고려해보았을 때, 가장 적절한 이론을 택하려면 기꺼이 지불해야 하는 대가이다.

나는 도덕 수동자들이 본래적 가치를 가지고 있음을 부정하거나, 그들이 도덕 행위자보다 본래적 가치를 덜 가지고 있다고 단언하는 것은 자의적이라고 주장했다(7.3). 이런 맥락 속에서 이해해보자면 "모든 동물은 평등하다"는 참이다. 한편 동등한 본래적 가치를 가진 모든 사람들이 공유하는 적절한 유사성이 무엇인가에 대한 질문이 제기되었다. 이러한 유사성은 가령 어떤 물리적 특성이나 생물학적 사실(예를 들어 종의 일원이라는)일 수 없다. 관련 유사성의 한 후보로 '살아 있음'이라는 견해를 고찰해보았지만 부정되었고(7.4), 삶의 주체라는 기준이 무엇인지를 명확하게 밝히고자 하면서 그 기준을 옹호했다(7.5). 만약 지각하고 기억할 수 있다면, 믿음, 바람, 선호가 있다면, 의도적으로 자신들의 바람이나 목표를 추구하면서 행동할 수 있다면, 감응력을 갖추고 있고 정서적 삶을 영위하고 있다면, 자신의 미래에 대한 감각을 포함한 미래 일반에 대한 감각을 가지고 있다면, 일정 기간 동안 존재한다는 정신적, 육체적 정체성을 갖는다면, 그리고 타인들에 대한 효용과 이익과는 논리적으로 독립된, 경험과 관련된 개체로서의 복리를 가지고 있다면 그 개체는 삶의 주체이다. 이러한 기준은 본래적 가치의 귀속을 자의적이지 않으면서 이해할 수 있는 것으로 만들기 위한 충분조건이다. 이것이 필요조건인지의 여부는 판단을 미뤄 두었다.

결국 우리는 엄격한 정의의 차원에서(7.6) 동등한 본래적 가치를 지닌 개체들을, 도덕 행위자이든 도덕 수동자이든, 그리고 도덕 수동자라면 인간

이든 동물이든 상관없이 동등하게 존중해야 할 것이다(7.6). 그러한 존중
은 각각의 개체들이 마땅히 받아야 할 무엇이다(7.8). 우리가 적절한 존중
을 나타내지 못하는 방식으로 그러한 가치를 갖는 대상을 처우할 경우(예를
들어 그들의 가치가 타인들을 위한 그들의 효용성으로 환원할 수 있는 것처럼 그
들을 처우할 경우) 부정의가 발생한다.

　도덕 행위자나 수동자들에게 해악을 끼치지 않을 직견적인 직접적 의무
를 부과하는 원리인 해악의 원리를 존중의 원리로부터 이끌어낼 수 있을
때는 다음과 같다. (1)삶의 주체라는 기준을 만족하는 개체들이 이해 가능
한 방식으로, 그리고 자의적이지 않은 방식으로 본래적 가치를 소유하고,
이에 따라 그들이 이해 가능한 방식으로, 그리고 자의적이지 않은 방식으
로 마땅히 존중받을 만한 대상들임을 파악할 때, (2)삶의 주체로서의 모든
개체들이 경험과 관련된 복리를 가지고 있음을 파악할 때(7.9). 이로 미루
어보자면 두 유형의 개체들에게 해악을 끼치는 어떤 일을 할 때 우리는 직
견적으로 그들을 존중하는 모습을 보여주지 못한다. 이 개체들에게 해악
을 끼치지 않을 의무를 과연 정당하게 침해할 수 있으며, 만약 그럴 수 있
다면 그 방법이 무엇인지는 검토해보아야 할 문제일 것이다. 하지만 만약
그러한 도덕 행위자 혹은 수동자에게 끼치는 해악이 정의롭지 못하다면,
그들에게 끼치는 해악은 그 무엇도 정당화될 수 없다. 결론적으로 해악을
입은 개체들을 단순히 가치를 담는 그릇으로 파악하거나, 그 가치가 타인
에게 주는 이익에 비례하는 효용성으로 환원 가능한 대상으로 개체들을
처우하면서 존중의 원리를 위배할 경우, 그 어떤 해악도 정당화될 수 없다.

제8장

권리 견해

이번 장에서는 도덕 행위자와 도덕 수동자의 권리를 옹호하는 데 따르는 문제가 드러날 것이다. 권리 견해를 진술하고 옹호하기 위해서는 앞 장에서 다다른 결론을 사용해야 한다. 그러나 그러기 위해서는 지금까지 하지 않았기에 오히려 두드러졌던 생각들, 가장 중요하게는 권리라는 개념을 탐구하는 것이 필요하다. 나는 다음과 같은 식으로 진행할 것이다. 먼저 도덕적 권리와 법적 권리를 구분할 것이다(8.1). 도덕적 권리는 그에 상응하는 의무와 관련된 정당한 요구를 통해 분석할 것이다(8.2~8.3). 본래적 가치를 갖는 모든 것에 존중받을 처우를 해야 한다고 요구하는 존중의 원리는 생득적인 정의의 의무를 제시하기 때문에, 본래적 가치를 가지고 있는 것들은 자신의 가치가 존중받도록 처우해 달라고 정당하게 주장할 수 있으며, 그래서 권리가 있다고 주장할 것이다(8.4). 도덕 행위자와 도덕 수동자 모두 이런 종류의 가치를 가지고 있고 그것도 평등하게 가지고 있기 때문에, 둘 모두 자신의 가치를 존중받도록 처우받을 도덕적 권리를 평등하게 갖는다는 것을 보일 것이다(8.5). 그리고 나서 첫 다섯 절의 논변에 반대하는 여러 반론을 살펴보고(8.6), 다음 절(8.7)에서 본래적 가치를 갖는 개체들의 모두 또는 일부가 결코 정당하게 해악을 입을 수 없다는 두 가지 원리를 분석하여 이들에 결함이 있다는 것을 보여줄 것이다. 도덕 수동자는 무고하다고 보는 견해의 중요성에 항의하는 또 다른 반론을 논박할 것이고(8.8), 무엇을 해야 할지 결정하기 위해 무고한 개체들의 수를 헤아리는 행위가 허용 가능하다는 데 반대하는 마지막 반론을 논박할 것이다(8.9). 도덕 행위자와 도덕 수동자는 해악을 입지 않을 직견적 권리를 평등하게 인정할 방식을 마련하고, 다음 절(8.10)에서는 이런 권리의 기각을 정당화하는 원리들을 세우고 입증하는 일로 돌아갈 것이다. 그리고 나서 권리 견해와 공리주의 사이의 근본적인 차이를 설명할 것이고(8.11), 권리 견해에 대한 여러 반론과 의미를 고려할 것이다(8.11). 마지막 절의 요약과 결론 이전에, 앞선 절에서 꺼냈지만 해결되지 않은 두 가지 문젯거리를 고려해볼 것이다(8.12).

8.1 도덕적 권리와 법적 권리

개인들이 법적 권리가 있는지 없는지는 그들이 사는 사회의 법률과 여타의 법적 배경(가령 헌법)에 의존한다. 어떤 나라(가령 미국)에서는 일정 조건을 만족시키는 시민은 선출직 공무원 투표도 할 수 있고 거기에 출마도 할 수 있으며, 어떤 나라(가령 리비아)에서는 시민이 그런 권리를 갖지 못한다. 더구나 이런 권리를 시민들에게 주는 나라에서조차도 그 조건은 언제나 같지 않고 변한다. 예를 들어 미국에서 시민들이 연방 선거에서 투표하기 위해서는 스물한 살이 넘어야 했는데, 지금은 열여덟 살이 되어야 한다. 흑인이거나 여성이거나 문맹자라면 투표할 수 없던 때도 있었으나 이제는 인종, 성별, 교육 수준과 상관없이 투표권을 갖는다. 따라서 법적 권리는 같은 시기에도 나라마다, 같은 나라에서도 시기마다 크게 변한다. 법적 권리라는 측면에서 본다면 모든 개인은 평등하지 않다. 이것은 놀랄 일이 아니다. 각 개인이 갖는 법적 권리는 인간의 창의적인 활동의 결과로 생겼다. 예컨대 권리장전[1]에 제시된 권리들은 이런 권리들이 작성되고 권리를 집행하기 위한 사법 조직이 자리를 잡기 전에는 미국 시민들이 법적인 권리라고 주장할 수 없던 것이다.

도덕적 권리 개념은 법적 권리 개념과 중요한 면에서 다르다. 첫째, 도덕적 권리는, 만약 그런 게 있다면, 보편적이다. 이 말은 어떤 개인 A가 그런 권리를 갖는다면 적절한 측면에서 A와 비슷한 어떤 개인도 이 권리를 갖는다는 뜻이다. 무엇을 적절한 점으로 간주하는가는 논란이 되는데, 우리는 8.4에서 이 점에 합의에 이를 것이다. 논란이 되지 않는 것은 적절한 특성에서 배제되는 특성이다. 개인의 인종, 성, 종교, 출생지, 거주 국가는 도덕적 권리를 갖기 위한 적절한 특성이 되지 못한다. 우리는, 법적인 권리의 경우와 마찬가지로, 어떤 개인이 어디에 사는가를 이유로 도덕적 권리의 소유를 부인할 수 없다.

도덕적 권리의 두 번째 특성은 동등하다는 것이다. 이것은 어떤 두 개체가 같은 도덕적 권리(가령 자유권)를 가지고 있다면, 그 권리를 동등하게 가지고 있다는 뜻이다. 도덕적 권리의 소유에서 정도의 차이가 있지는 않다. 그 권리를 가지고 있는 사람이라면 백인이든 흑인이든, 남자든 여자든, 미국 사람이든 이란 사람이든 동등하게 소유한다.

셋째, 도덕적 권리는 법적 권리와 다르게 한 개인(가령 폭군)이나 단체(가령 입법부)의 창의적인 행위의 결과로 생기지 않는다. 이론적으로는 도

••

1) (옮긴이) 권리장전은 명예혁명의 결과로 1689년 영국 의회가 승인한 법률을 가리키기도 하지만, 여기서는 1798년 제정된 미국의 수정 헌법 10개 조를 말한다.

덕적 권리와 일치하거나 그것을 보호하는 법적인 권리를 만드는 것이 가능하기는 하지만, 이것은 처음부터 도덕적 권리를 만드는 것과 같지 않다. 도덕적 권리가 있다면, 그것은 법적 권리처럼 '생기지' 않는다.

도덕적 권리에 관한 논쟁만큼 철학자들을 분열시키는 문젯거리도 없다. 예를 들어 싱어가 동물 해방 옹호 논쟁을 하는 도중에 권리를 언급하는 것을 후회하는 표현을 할 때(6.4를 보라), 그는 "정당성을 입증하는 수고를 하지 않고 정당성을 얻으려는 수사적 장치"라고 말한 19세기 영국 철학자 리치[2]처럼 도덕철학에서 권리에 호소하는 것을 폄하하는 일부 사상가의 편을 드는 경향을 분명히 보여준다. (리치는 계속해서 "이 장치는 선동가나 정당 언론인에게서 찾아볼 수 있지만 진지한 저술에서는 신뢰를 주어서는 안 된다"[3]라고 말한다.) 헤어는 '권리의 수사적 사용'을 더 신랄하게 비난하는데, 사람들이 "나는 무슨 권리를 갖는가?"라는 말을 자주 하는 것을 한탄한다. 그는 이렇게 말한다. "이런 (…) 질문을 하는 사람 중에는 자신이 속한 사회 집단의 이익이 되는 선의 분배를 도모할 이런 권리를 갖는다고 대답하는 사람은 거의 없을 것이다. 이런 질문이 낳는 권리의 수사학은 계급 전쟁과 시민전쟁을 일으키는 수단이다. 이런 권리를 추구하는 사람들은 정의가 권리를 필요로 한다고 확신하기 때문에 사회 전체와 스스로에게 거의 모든 해악을 끼친다."[4] 헤어의 견해에 따르면 권리에 호소하는 것이나 권리에 대한 믿음은 단순한 '수사적 장치'보다 확실히 더 해로울 수 있다.

∵

2) (옮긴이) 리치(D. G. Ritchie, 1853~1903). 동물 윤리학에서는 동물권을 인정한다면 잡아먹히는 동물권도 보호해야 하지 않느냐라는 이른바 '포식(predation)의 문제'를 제기한 것으로 유명하다.

3) D. G. Ritchie, *Natural Rights*(London: Allen & Unwin, 1894). 관련 문장은 *Animal Rights*, ed. Regan and Singer(chap. 1, n. 2를 보라), p. 182에 나온다.

4) Hare, "Justice and Equality"(chap. 4, n. 5를 보라), p. 130.

예를 들어서 우리가 공리주의의 옹호자라고 알고 있는 헤어와 싱어가 도덕적 권리에 의존하지 않아야만 한다고 생각하는 것은 우연이 아니다. 그들은 그렇게 함으로써 벤담의 유명한 선례를 따른다. 벤담은 말한다.

> 권리는 법 또는 법 단독의 산물이다. 법 없이는 권리는 없고, 법과 반대되는 권리도 없으며, 법에 앞서는 권리도 없다. (⋯) 법적 권리 이외의 것은 없다. 자연적 권리란 없고, 법이 만들어낸 것에 앞서거나 그것보다 우위에 있는 권리는 없다. 그런 권리를 주장하는 것은 부당한 논리이며 해로운 도덕이다.[5]

'인간의 권리'를 들먹이는 것은 '헛소리'보다 더 나쁜 **위험한** 헛소리인데, 벤담은 실제로 법적 권리가 아닌 권리를 "위태로운 헛소리(nonsense upon stilts)"[6]라고 규정했다. 이 공리주의자들이 도덕적 권리를 부인한 것 자체가 얼마나 '수사적인 장치'인가는 독자들이 결정할 문제이다.

공리주의자라고 해서 모두 도덕적 권리에 이론적으로 비호감인 것은 아니라는 것을 지적할 필요가 있다. 공리주의 이론이 도덕적 권리를 수용하는 일에 적절하다고 믿은 밀은 공리주의의 지배적인 경향에 분명히 반대하는 주장을 펼쳤다. 그가 그렇게 생각한 것이 옳은가는 나중에 살펴볼 것이다(8.6을 보라). 지금은 그가 권리에 대해 말한 것을 살펴보고 그것을 벤담의 견해와 비교해보는 것이 유용할 것이다. 나는 더 나아가 밀의 도덕적 권리 분석을 지지함으로써, 내가 어떤 공리주의자도 공감하지 못하는 분

••

5) Jeremy Bentham, "Pannomial Fragments," in *The Works of Jeremy Bentham*, ed. John Bowring(Edinburgh: W. Tait, 1843~59, V. III), p. 221.
6) (옮긴이) 직역하면 '목마 위에 탄 헛소리'라는 뜻이니 그냥 헛소리가 아니라 아주 위태로운 헛소리라는 뜻이다.

석을 사용하고 있다는 반박을 차단할 것이다. 이 전략은 도덕적 권리를 인정하는 공리주의자의 약점이 아니라 강점을 이용하는 것이다.

밀은 이렇게 말했다.

무엇인가를 어떤 사람의 권리라고 부르는 것은, 그 사람이 사회가 법의 집행을 통해 또는 교육이나 여론을 통해 권리를 소유한 자신을 보호해 달라는 정당한 요구(valid claim)를 할 수 있다는 뜻이다. 만약 그가 어떻게 생각해도 사회가 보장해야 할 어떤 것을 가지고 있다고 말할 수 있는 충분한 요구를 할 만하다고 생각이 된다면, 그는 권리를 가지고 있다고 말한다. (…) 그렇다면 권리를 갖는다는 것은 사회가 그것을 소유한 나를 보호해야 할 어떤 것을 가지고 있는 것이라고 나는 생각한다.[7]

벤담의 권리 견해와 달리 밀의 견해는 권리를 기존 사회에 존재하는 법이 승인하고 적절하게 집행하는 권리에 제한하지 않았다. 밀의 권리 분석에 따르면 어떤 사람이 어떤 것을 정당하게 요구하지만 (그래서 그것에 권리가 있지만) 사회가 이 요구의 정당성을 승인하지 않고 그래서 그것을 소유한 개인을 보호하지 못하는 일이 얼마든지 가능하다. 벤담의 견해에서는 법이 승인하는 권리(곧 법적 권리) 외에는 권리가 있을 수 없는 데 비해, 밀의 견해에서는 사회적으로 승인받지도 않고 법적으로도 집행되지 않는 권리(곧 도덕적 권리)가 있을 수 있다. 그리고 이것이 밀의 주장의 강점이다. 미국 철학자 데이비드 라이온스(David Lyons)가 지적한 것처럼, 권리에 호소하는 것이 하는 역할은 "사회 질서의 변화를 옹호하기 위해" 그것을 사

••

7) Mill, *Utilitarianism*(chap. 3, no. 27을 보라), p. 66.

용하는 것이다.[8] 벤담의 권리 분석은 이것을 글자 그대로 의미가 없다고, 다시 말해서 헛소리로 만드는데, 사회적으로 승인받고 집행되는 권리(곧 법적 권리)가 없을 때는 권리 자체가 있을 수 없기 때문이다. 밀의 분석에서는 그런 경우에도 권리에 호소하는 것이 의미가 있다. 단 그런 호소가 자기 확증적이지 않은데, 이러저러한 권리가 있다고 우리가 **주장한다고** 해서 우리 주장이 정당한 것이 되지도 않고, 문제의 그 권리를 갖는 것도 아니라는 뜻이다. 그 요구의 정당함이 증명되지 않거나, 더 심하게는 그 정당함을 증명하는 일을 진지하게 다루지도 못한다면, 리치가 한 말이 적절하다. 그의 말대로 "우리의 권리"에 호소하는 일은 "수사적 장치", 곧 "정당성을 입증하는 수고를 하지 않고 정당성을 얻으려는" 장치인 것이다. 그러나 꼭 **그렇다는** 이유도 없고, 어떤 (대부분이라고 하더라도) '권리에 호소하는 것'이 싱어와 헤어가 한탄한 것처럼 수사적이라고 해서 권리에 호소하는 모든 것을 곧바로 무시해야 할 이유도 없다. 밀은 효용성이 도덕성의 유일한 (도덕적) 근거라고 그렇게 주장했는데도 도덕적 권리에 호소하는 모든 시도에 비호감이 아니었다. 이것은 우리 모두가 본받을 만한 이론적 관용의 사례이다.

밀의 도덕적 권리 분석이 갖는 특성 중 두 가지를 더 말해야겠다. 첫째, 정당한 요구라고 이해되는 도덕적 권리는 그에 상응하는 의무가 있다. 가령 내가 자유에 대한 권리를 갖는다면, 밀의 말대로라면 당신과 사회는 "그것을 소유하는 나를 보호할" 의무를 일반적으로 갖는다. 나의 자유는 사회가 "그것을 소유하는 나를 보호해야 하는" 어떤 것이다. 그러므로 나의 도

..

8) David Lyons, "Human Rights and the General Welfare," in *Rights*, ed. David Lyons (Belmont, California: Wadsworth Publishing Co., 1979), p. 183.

덕적 권리를 승인한다는 것은 당신이 도덕 행위자로서 해야 하는 것과 하지 말아야 하는 것 모두와 관련해서 함의하는 바가 있다. 당신이 하지 말아야 하는 것은 나의 권리를 침해하는 것이고, 당신이 해야 하는 것은, 다른 것이 모두 같다고 할 때, 다른 사람들이 나의 권리를 침해하는 것을 막는 것이다. 따라서 당신이 나의 도덕적 권리를 승인한다는 것은 당신의 자유에 일정한 한계를 부여하고, 동시에 당신이 나에게 져야 하는 원조의 의무의 근거가 된다. 이러한 권리의 승인이 이렇게 중요한 일인 것은 개인이 갖는 도덕적 권리가 이러한 함의를 갖기 때문이다. '우리의 권리'를 무차별적으로 들먹이다 보면, 그 권리를 승인하는 경우 원조와 자제의 의무를 지는 사람을 짜증이 나게 하는 일이기에, 권리 개념의 가치가 떨어질 수 있다.

둘째, 밀이 하는 방식대로 도덕적 권리를 정당한 요구라고 규정하는 것은 이런 주장을 어떻게 정당화하는지를 해결하지 않은 상태로 둔다. 벤담이 도덕적 권리 개념에 환멸을 느끼는 것은 다른 사람들이 선호하는 정당화 방법을 받아들이지 못하는 것으로 일부 설명할 수 있다. 그 방법은 가령 도덕적 (자연적) 권리는 자연 그 자체로부터 주어진다든가, 자명한 것이라든가, 관련된 말이지만, '자연 이성의 순수한 빛'에 의해 발견되기 위해 거기에 있다든가 하는 것이다. 이것은 권리를 정당화하는 신뢰성 없는 절차이기는 해도 이 권리들을 정당화할 수 있다는 데에, 다시 말해서 권리들에 대한 어떤 요구를 정당한 요구라고 승인할 수 있는 좋은 이유를 제시할 수 있다는 데에 사람들은 동의할 수 있다. 밀은 다시 한번 어떻게 이 일을 할 수 있는지 지침을 준다. 그는 권리의 정당성은 그 정당성이 독립적으로 확립될 수 있는 도덕원리를 준수하느냐에 따라야 한다고 믿는다. 밀의 경우에 도덕원리의 정당화는 효용성의 정당화이다. 따라서 그가 다음과 같이 말했다고 해서 놀랄 일은 아니다.

그렇다면 내가 생각하기에 권리를 갖는다는 것은 사회가 그것을 갖는 나를 보호해야 하는 어떤 것을 갖는다는 것이다. 만약 반대하는 사람이 왜 그래야만 하느냐고 계속 묻는다면, 나는 일반적인 효용성 외의 다른 이유를 제시할 수 없다.[9]

그러나 밀의 정당한 요구로서의 권리 분석에서 이 요구의 정당화와 요구를 승인하는 효용성을 논리적으로 연결하는 것은 전혀 없다. 라이온스가 말한 것처럼, "일반적인 복리 표준을 거부했던 사람도 밀의 권리 분석(또는 이것과 비슷한 것)을 일관적으로 받아들일 수 있고, 관련된 요구를 정당화하기 위해 다른 근거를 사용할 수 있다. 이것은 그의 권리 분석이 (…) 일반적인 복리 표준과 독립적이기 때문이다."[10] 다른 말로 하면 어떤 도덕 원리가 권리를 정당화하느냐의 문제는, 권리가 무엇인지에 대한 밀의 분석에서 볼 때 미결정 상태이다. 밀의 공리주의적 정당화의 대안은 아래에서 (8.4) 제시될 것이다.

8.2 요구와 정당한 요구

도덕적 권리가 정당한 요구라는 견해의 초기 타당성의 정도는 높다. 권리를 갖는다는 것은 자신을 위해서 어떤 것을 마땅히 해야 한다고 요구할 위치에 있다는 뜻이고, 그때 한 요구는 누군가를 상대로 마땅히 하라거나

••

9) Mill, *Utilitarianism*(chap. 3, no. 27을 보라), p. 66.
10) Lyons, "Human Rights," p. 182.

하지 말라고 말하는 요구를 뜻한다. 밀은 이 주장의 본성에 대해 별로 말하지 않았지만, 유명한 미국 철학자인 조엘 파인버그(Joel Feinberg)는 말했다. 파인버그는 밀처럼 권리를 정당한 도덕원리 또는 '계몽된 양심의 원리'를 참조해서 정당화되는 ('요구되는') 요구로 분석한다.[11] 파인버그는 밀과 달리 권리 개념을 상세히 파고드는데, (1) 요구를 하는 것, (2) 무엇인가에-대한-정당한(valid claim-to) 요구를 하는 것, (3) 누군가를-상대로-정당한 (valid claim-against) 요구를 하는 것, (4) 모든 것을 고려해 정당한 요구를 하는 것으로 구분한다. 그의 분석에 따르면 마지막 경우에만 권리를 갖는데, 다른 경우도 권리가 무엇이고 권리가 어떻게 정당화되느냐를 해명하는 역할을 한다. 이런 여러 생각들이 어떻게 연결되는지 지금부터 설명하겠다.

요구를 한다는 것은 어떤 수행을 하는 것이다. 그것은 어떤 사람 스스로가 또는 다른 사람이 어떤 방식으로 처우받을 자격이 있으며, 그 처우는 바로 그 개인에게 직접 마땅히 해야 할 것이라고 주장하는 것이다. 따라서 요구를 한다는 것은 무엇인가에-대한-요구와 누군가를-상대로 하는-요구 모두와 관련된다. 그것은 마땅히 해야 한다고 주장하는 것을 하

· ·

11) Joel Feinberg, "The Nature and Value of Rights," *The Journal of Value Inquiry* 4 (Winter 1970); *Rights*, ed. David Lyons, p. 90과 Feinberg, *Rights, Justice, and the Bounds of Liberty*(chap. 2, n. 11을 보라)에 재수록. 나는 과거에 여러 차례 파인버그 교수의 연구에 큰 빚을 지고 있다고 표현한 바 있으며, 여기에서도 다시 한 번 그렇게 표현한다. 앞으로 나올 페이지들에 제시된 무엇인가에-대한-요구, 누군가를-상대로 한-요구 등에 대한 분석은 파인버그 교수의 분석과 본질적으로 동일하다고 믿는다. 그러나 가장 중요한 것은 파인버그의 견해의 정신과 문자에 대한 충실성이 아니라 이 분석의 적절성이다. 게다가 권리에 대한 나 자신의 견해가 파인버그의 해석에 상당한 영향을 받았지만, 특히 동물권의 경우 파인버그가 내가 내린 결론에 동의할지 여부는 불분명하다. 파인버그는 동물도 권리를 가질 수 있으며, 즉 동물에게 권리를 부여하는 것이 개념적으로 터무니없는 일이 아니라고 주장한다. 그러나 내가 알기로 그는 동물에게 권리가 있다고 주장한 적이 없다.

라고 또는 하지 말라고 어떤 개인이나 많은 개인을-상대로 하는-요구와 관련되며, 마땅히 해야 한다고 주장하고 있는 것에-대한-요구와 관련된다. 요구의 이런 두 가지 특성은 제시된 요구를 정당화하는 과정에서 필수적이다. 내가 누군가를-상대로-정당한 요구를 하지 않는다면 정당한 요구를 할 수 없으며(곧 권리를 가질 수 없으며), 그 개인이 나에게 마땅히 해야 한다고 주장되는 행위를 하라거나 하지 말라고 말할 의무를 나에게 지지 않는다면 나는 누군가를-상대로-정당한 요구를 할 수 없다. 이것이 바로 다른 사람의 자선 행위에 대한 정당한 요구를 할 수 없는 (권리를 가질 수 없는) 이유이다. 자선의 의무를 어떻게 이행해야 하느냐는 개인의 재량에 따라 상당히 다르다. 나는 옥스팸(Oxfam)과 빈민구호수녀회(Sisters of the Poor)에 기부하고, 당신은 케어(CARE)나 시에라 클럽(Sierra Club)에 기부할 수 있으며, 우리 둘 다 그것으로 자선의 의무를 어느 정도 수행할 수 있다.[12] 그러나 우리가 자선을 베풀어야 하는 의무를 갖기는 하지만, 자선 단체 자체는 우리에게 기부를 요구할 권리가 없으며, 단체는 이 점과 관련해서 우리를-상대로-정당한 요구를 하지 못하기 때문에 이것에 대한 권리를 가지고 있지 못하다. 예를 들어 유나이티드웨이(United Way)의 대표는 우리에게 특정 단체에 기부를 해야 할 자선의 의무가 있다고 주장할 정당한 근거를 가지고 있지 못하다.[13] 그리고 유나이티드웨이든 다른 자선 단체든 이 점과 관련해서 우리를-상대로-정당한 요구를 하지 못하기에, 어떤 단체도 우리에게 자선 행위를 요구할 권리가 없다. 마찬가지 이유로,

12) (옮긴이) 옥스팸과 케어는 국제 구호 개발 기구이고, 빈민구호수녀회는 빈민 구호 기구, 시에라 클럽은 환경 단체이다.
13) (옮긴이) 유나이티드웨이는 미국의 자선단체이다.

우리는 자연 질서와 관련해서 권리를 가지고 있지 못하다. 각 개인은 자연의 경과가 진행됨에 따라 일어난 일에 좋든 나쁘든 날마다 영향을 받지만, 자연이 자신의 권리를 침해했다고 합당하게 항의하는 사람은 아무도 없다. 우리가 자연을-상대로 하는-요구를 정당화할 수 있을 때만 자연은 우리의 권리를 침해**할 수** 있으며, 자연이 우리에게 마땅히 해야 하는 어떤 행동을 하라거나 하지 말라는 직접적 의무를 우리에게 가지고 있음을 입증할 수 있을 때만 우리는 자연을-상대로 하는-요구를 정당화할 수 있다. 그러나 자연은 그런 의무가 없다. 오직 도덕 행위자만 그런 의무가 있다. 우리는 자연이나 자연이 한 일을 '부정의하다'라거나 '불공평하다'라고 가끔 말하는데, 그것은 은유적으로 말하는 것이다. 자연법칙의 결과로 생기는 일은 그냥 일어날 뿐이다. 그것은 유익하거나 유해할 수 있고 종종 그러지만, 부정의하지도 않고 불공평하지도 않다. 자연이 우리의 권리를 침해하지 않는 것은 자연이 우리의 권리를 존중하지 않는 것이나 마찬가지이다.

권리에-대한-요구를 하고 정당화하는 특성 역시 중요하다. 요구를 한다는 것은 처우를 마땅히 해야 한다고 요구하는 것이다. 마땅히 해야 한다고 요구한 처우가 마땅히 해야 하는 것인지는, 그것이 마땅히 해야 한다고 요구되는 것을 하라거나 하지 말라고 요구되는 사람의 능력 안에 있는가에 부분적으로 달려 있다. 아카풀코(Acapulco)나 베일(Vail)에서의 휴가를 마땅히 해야 하는 것이라고 주장해도 소용없다.[14] 어떤 사람을 상대로 무엇에 대한 요구를 하는 것은, 그것이 만족될 수 없다면 정당한 요구가 될 수 없다.

••

14) (옮긴이) 아카풀코는 멕시코의 해양 관광 휴양지이고, 베일은 미국 콜로라도의 스키 휴양지이다.

그러므로 요구를 완전하게 정당화하는 것(곧 권리를 확고히 하는 것)은 분명히 어떤 요구를 하는 것 이상이 필요하다. 우리가 하는 요구는 무엇인가에-대한-요구와 누군가를-상대로 하는-요구 양 측면에서 정당화되어야 한다. 첫 번째 필요조건을 만족시키기 위해서는, 마땅히 해야 한다고 요구된 처우가 그 요구를 제기한 사람에게 그 사람이 만족할 수 있는 필요조건이 만족된다는 것을 보여주어야 한다. 두 번째 조건을 만족시키기 위해서는, 마땅히 해야 한다고 요구된 처우가 그 요구가 제기된 개인들이 마땅히 해야 할 일임을 보여주어야 한다. 이제 이 두 번째 조건을 만족시키기 위해서는 직접적 의무를 제시하는 정당한 도덕원리에 호소해야 할 것이다. 이것은 놀랄 일이 아니다. 다른 것이 아닌 어떤 것에-대한-요구를 한다는 것은 어떤 방식으로 행동해야 할 필요가 있다고 주장하는 것이기 때문에, 이러한 처우는 마땅히 해야 할 일임을 보여주어야 하고, 이것을 보여주기 위해서는 바로 이 처우는 직접적 의무의 정당한 도덕원리에 의해 필요조건이 만족되어야 한다는 것을 보여주어야 한다. 이것이 도덕적 권리에는 그에 상응하는 도덕적 의무가 있어야 하는 이유이다. 가령 내가 생명과 자유에 대한 권리를 갖는다면, 다른 사람들은 이런 권리와 관련해서 나에게 직접적 의무를 갖는다. 우리가 모든 것을 고려했을 때 정당한 요구(곧 도덕적 권리)를 갖는다는 것은 어떤 것에-대한-요구와 어떤 사람을-상대로 하는-요구가 적절한 정당한 도덕원리에 호소하는 것과 짝을 이룰 때뿐이다. 권리에 호소하는 것이 오명을 뒤집어쓴 것은 권리에 대한 여러 요구들이 이런 식으로 정당화되지 않았기 때문이다. 그러나 다시 말하면 정당화가 때때로, 심지어 자주 들어맞는다고 해서 권리에 대한 모든 호소를 올바른 정당화라고 해야 할 이유는 없다.

한 사람의 권리를 확고히 하는 것만으로는 어떤 실제 상황에서도 다른 사람의 의무를 확고히 하는 것이 아니다. 이것은 권리들 자체가 충돌이 되는 상황에서 가장 분명하게 드러난다. 예를 들어 나는 표현의 자유에 대한 권리를 가질 수 있지만, 그렇다고 해서 다른 사람들이 어떤 상황에서도 내가 하고 싶은 대로 말할 수 있도록 허용할 의무가 있는 것은 아니다. 다른 사람 역시 권리가 있으며, 내가 표현의 자유에 대한 권리라는 이름으로 행동하는 것은 사람이 꽉 찬 극장에서 (사실은 불이 안 났는데) "불이야!"라고 외치는 유명한 사례에서 보듯이 다른 사람의 권리와 충돌한다. 한 사람의 권리를 확고히 하는 것은 실제 사례에서 도덕적으로 행해야 하는 것이 무엇인지를 결정할 때 **그 권리가 도덕적인 적절성을 가진다는 것**을 확고히 하는 것이다. 다른 말로 하면, 어떤 행동을 해야 하느냐는, 이러저러한 개인들이 소유하는 이러저러한 권리를 끌어들이기만 해서 결정되는 것은 아니긴 하지만, 관련된 사람들의 권리를 고려하지 않고서 결정될 수는 없는 것이다.

8.3 획득적 의무와 생득적 의무

정당한 요구를 통한 권리 분석의 장점은 획득적 의무(acquired duty)와 생득적 의무(unacquired duty) 모두에 적용해보면 더 분명해질 수 있다. 생래적 의무(롤스가 "자연적 의무"라고 부른 것)는, 롤스의 규정을 사용하면, "우리의 자발적인 행위와 상관없이 우리에게 적용되고", "제도적 장치와 무관하게"[15] 성립한다. 획득적 의무는 그 반대이다. 우리의 자발적 행위나,

••

15) Rawls, *A Theory of Justice*(chap. 4, n. 4를 보라), pp. 114~115.

제도적 장치에서 우리가 차지하는 위치 때문에 가지게 된 의무이다. 약속을 지켜야 하는 의무와 계약을 존중해야 하는 의무는 획득적 의무이다. 다른 사람을 공정하게 처우해야 하는 의무는 생득적 의무이다. 정당한 요구를 통한 권리 분석은 두 종류의 의무에 적용된다. 예를 들어 약속의 경우에 약속을 받는 사람(피약속자)은 약속의 이행에-대한-정당한 요구와, 약속자를-상대로-그렇게 하라고 하는 정당한 요구를 할 수 있다. 약속자가 약속을 충실히 이행하는 것이 자신의 능력 안에 있다면 약속은 이 경우에 무엇인가에-대해-정당한 요구를 할 것이고, 지목 가능한 개인(곧 약속자)에게 요구가 이루어지고 '약속을 지켜라'라는 도덕 규칙이 정당하다면 (이 경우에는 정말 그렇다) 약속은 약속자를-상대로-정당한 요구를 할 것이다. 이 규칙이 왜 정당한가는 뒤에서(8.12) 설명할 것이다. 현재로는 약속의 예만으로, 정당한 요구를 통한 권리 분석이 획득적 의무의 분석에 적용될 수 있고, 일단 적용되면 그에 상응하는 권리의 존재가 확고하게 된다는 것을 충분히 설명할 수 있다. 앞으로 그 이유가 더 분명해지겠지만, 우리의 현재 관심은 이 분석을 생득적 의무에 적용하는 데 있다.

생득적 의무 중 다른 무엇보다 중요한 것은 정의의 의무, 곧 적절한 차이점이 없을 때는 개인들을 다르게 처우하지 않을 의무이다. 물론 앞 장에서 본 것처럼 정의의 이런 형식적 정의를 어떻게 규범적으로 해석하느냐는 열띤 논쟁을 불러일으킨다. 이 원리를 어떻게 해석해야 하느냐는 물음은 제쳐 놓더라도, 정의로워야 하는 의무는 가령 약속을 지켜야 하는 의무와 그 종류가 다르다. 롤스의 말로 하면 그것은 "우리의 자발적인 행위와 상관없이" 그리고 "제도적 장치와 무관하게" 우리가 가지고 있는 의무이다. 예를 들어 잰 나비슨은 자신의 합리적 이기주의에 의거해 우리가 생득적인 또는 자연적인 정의 의무를 가지고 있다는 것을 명백히 부인할 것이다. 만약 도덕성이 합리적 이기주의들이 맺은 '합의'로 이루어져 있다면, 정의의 의무가 달리 어떻게 파악될 수 있을지 알 수 없다. 이 입장에서는 우리가 서로를 정의롭게 처우한다는 합의에 이른다면, 그 처우가 어떻게 해석된다 하더라도 우리의 정의의 의무가 '우리의 자발적 행위'의 결과로 생기게 **될 것이기에** 정의의 의무를 획득하게 **될 것이다.** 앞서 나비슨의 관점을 논의할 때(5.3) 도덕성을 이렇게 보는 시각에 반대하는 이유가 제시되었다. 여기서 반복하지는 않겠다. 도덕성 일반에 대한 나비슨의 설명, 특히 직접적 의무를 지닌 개인을 도덕 수동자에서 자의적으로 제외하는 설명이 적절하지 않음은, 우리의 직접적인 정의 의무의 특정 경우도 적절하지 않다고 충분히 의심하게 만든다.

롤스의 계약론은 이 문제에 대해 덜 분명하다. 롤스는 정의의 의무가 자연적 의무라고 주장하지만, 그가 그다음에 '정의의 원리'에 대해 말하는 것을 보면 정의의 의무가 결국에는 **어떤** 사람의 '자발적인 행위', 즉 원초적 입장에 있는 사람의 가상의 행위에 의존하는지는 분명하지 않다. 그는 이렇게 말한다.

공정으로서의 정의 관점에서 보면 근본적인 자연적 의무는 정의의 의무이다. 이 의무는 우리에게 적용되는 정의로운 현행 제도를 지지하고 준수할 것을 요구한다. 또 큰 부담이 되지 않는 한 아직 세워지지 않은 정의로운 장치를 발전시키도록 요구한다. 따라서 사회의 기본 구조가 그런 환경에서 기대해도 될 만큼 정의롭다면, 모든 사람은 존재하는 체제에서 자신이 맡은 일을 해야 할 의무를 지고 있다. 각자는 수행을 하든 안 하든, 자신의 의도적 행위와 무관하게 이런 제도에 얽혀 있다. 따라서 의무의 원리가 계약론적 관점에서 도출되더라도, 그 원리는 그것을 적용하기 위해서 명시적이든 아니든 동의의 행위를 또는 실제로 자발적인 행위를 가정하지 않는다. 각 개인에게 성립하는 원리들은 제도에서 성립하는 원리들처럼 원초적 입장에서 인정될 원리들이다. 이 원리는 가상의 동의의 산물이라고 이해된다.[16]

이 구절은 해석하는 데 어려움이 있다. 정의의 의무는 자연적 의무라고, 다시 말해서 **우리의** 의도적인 행위에 의존하지 않는다고, 의무의 종류에 대한 주장으로 시작하고 있다. 그러나 인용된 구절의 중간쯤에서는 '의무의 원리'가 마찬가지로 우리의 의도적인 행위에 의존하지 않는다고 말하고 있다. 그리고 나서 롤스는 구절의 결론으로 "이 원리는 가상의 동의의 산물이라고 이해된다"라고 말한다. 이제 이 원리에 대해 말한 것을 정의의 의무에도 적용해보면, **우리가** 정의의 의무를 갖는다는 것은, **우리의** 의도적인 행위에 의존하지는 않지만, 원초적 입장에서 가상의 동의에 다다르게 되는 사람들의 행위에는 분명히 의존하게 된다. 이것은 대단히 만족스럽지 못하다. 우리가 정의의 의무를 갖는 것이 우리의 자발적 행위에 의존할 수 없는 것처럼, 이 의무를 갖는 것도 다른 사람의 '가상의 행위'에 의존할 수 없다. 그러므로 롤스의 관점은 **우리가 이런 의무를 갖는 것**이 원초적 입장에 있는 사람들이 결정하는 것에 의존한다는 것이 아닐 것이다. 그보다는 정의의 **원리**가, 다시 말해서 정의가 사람들로 하여금 하라거나 참으라고 요구하는 것이라고 말하는 것이, 원초적 입장에 있는 사람들에 의해 결정된다는 것이다. 이런 식으로 해석했을 때 롤스의 입장은 우리가 정의의 의무를 갖는 것이 우리의 자발적인 행위에 의존하지 않으며 **동시에** 우리가 이런 의무를 갖는 것이 다른 사람의 가상의 행위에 의존한다고 주장하는

16) 같은 책, p. 115.

것으로 해석되었을 때 생기는 모순의 느낌을 갖지 않게 된다. 그러나 이런 식으로 해석한다고 하더라도 롤스의 입장은, 적어도 우리가 이해한 바로는, 우리의 의무가 적용되는 사람을 충분히 설명하지 못한다. 나비슨의 설명처럼 롤스의 설명은 도덕 수동자를 정의의 의무가 적용되는 개인의 집합에서 제외한다는 점에서 명백히 자의적이다(5.4를 보라).

이제, 적어도 어떤 획득적 의무(예컨대 약속을 지켜야 하는 의무)는 거의 틀림없이 그에 상응하는 권리(예컨대 약속자를 상대로 피약속자가 갖는 권리)를 갖는다. 이것이 모든 획득적 의무에 대해 참인지는 현재 연구의 목표를 고려해봤을 때 여전히 미해결의 문제로 남아 있다. (이 문제는 8.9에서 '특별한 고려'를 논의할 때 파헤칠 것이다.) 미해결이 아닌 한 가지 문제는 모든 의무가 획득적 의무인가, 다시 말해서 우리의 자발적인 행위의 결과나 제도적인 장치에서 우리가 차지하는 위치 때문에 생긴 의무인가 하는 것이다. 어떤 의무는 이런 범주에 속하지 않으며, 그런 의무 중에서 현재 목표에서 봤을 때 가장 중요한 것은 도덕적으로 적절한 측면에서 유사한 모든 사람을 정의롭게 처우하는 것을 포함하는 의무이다. 도덕적으로 적절한 측면에서 유사한 사람들이 어떤 처우를 받아야 마땅한가는 정의의 형식적 원리가 어떻게 해석되느냐에 달려 있으며, 이것은 내가 곧 탐구할 주제이다. 여기서 언급할 만한 중요한 점은, 정의의 의무는 획득적 의무가 아니기 때문에, 정의로운 처우의 권리는, 만약 그런 것이 있다면(즉 정의로운 처우에 대한 주장이 정당한 요구라면), 생득적 의무, 곧 내가 **기본적 권리**라고 부를 권리로 보아야 한다는 것이다. 이런 권리는, 그에 상응하는 의무와 마찬가지로, 우리의 자발적 행위의 결과나 제도적인 장치에서 우리가 차지하는 위치 때문에 생긴 것으로 합당하게 볼 수는 없다. 이런 권리를 잘못 범주화하면, 다시 말해서 이 기본적 권리를 획득적 의무로 처우하면, 이런 권리를 정당화하려는 어떤 시도도 적절하지 않을 수 있다. 다음 장에서 제시할 이런 권리의 정당화는 이러한 근거에서 반박할 수 없다.

8.4 존중의 원리와 존중받을 처우의 권리

앞 장에서 정의의 형식적 원리의 규범적 해석을 제시하고 옹호했다. 이 해석은 본래적 가치의 상정에 의존하고 있는데, 이것은 삶의 주체 기준 (7.5)을 만족시키는 모든 개체는 자기 자신의 또는 다른 누군가의 경험(예컨 대 쾌락이나 선호 만족)과 구별되고 그것으로 환원되지 않고 그것과 비교 불 가능한 종류의 가치(본래적 가치)를 갖는 존재라고 이해할 수 있게 그리고 자의적이지 않게 간주되며, 이런 종류의 가치를 갖는 개체는 동등하게 갖 는다는 관점이다. 그러므로 이런 개체들은 엄격한 정의의 문제에 관해서는 자신이 갖는 가치를 존중받는 식으로 마땅하게 처우받아야 하고, 모든 개 체는 이 처우를 동등하게 받아야 한다고 주장한다. 특히 본래적 가치를 갖 는 개체는 가치 있는 경험(예컨대 쾌락)을 담는 한갓 '그릇'인 것처럼 처우받 아서는 안 된다. 그렇게 처우받아도 된다는 견해는 어떤 도덕 행위자나 수 동자가 결과에 의해 영향을 받는 쾌락의 총합이 고통의 총합보다 '최선의' 결과를 낳는다는 이유로 해악을 입어도 된다고 (예컨대 고통을 받아도 된다 고) 허용하게 된다. 정의의 사전 분배적인 규범적 원리로 해석되는 존중의 원리의 정당성은 그 원리를 지지하는 논증이 도덕원리를 평가하는 적절한 기준(범위와 정확성, 일관성, 반성적 직관과 부합함의 적절성)을 만족시킨다는 것을 보여줌으로써 지지되었다(7.8). 간단히 말해서 존중의 원리를 정의로 운 처우의 정당한 규범적 원리로서 합리적으로 수용하도록 옹호할 수 있는 한 최대한 옹호했다. 앞서 권리를 정당한 요구로서 분석했고 요구를 정당화하는 필요조건을 제시한 지금으로서는, 존중의 원리가 우리에게 필요하다고 제시한 존중의 처우를 받을 기본권이 본래적 가치를 갖는 사람들에게 있음을 옹호하는 일이 남아 있다. 이런 권리의 인정을 옹호하는 논증은 다음과 같이 제시될 수 있다.

첫째, 정의는 가령 자선과 달리 사람이 마땅히 해야 하는 것이라고 쉽게 주장할 수 있는 어떤 것이다. 유나이티드웨이의 대표는 내가 특별히 그 단체에 기부해야 할 의무가 있다고 주장할 정당한 근거는 없지만, 내가 정의가 요구하는 대로 그를 처우해야 하는 의무가 있다고 주장할 도덕적 근거는 있다. 이것은 정의가 어떻게 해석되느냐와 상관없이 참이다. 여기서 채택한 해석에서만 특별히 주장하는 것이 아니다. 완전주의 이론(7.1을 보라)마저도 정의는 정의롭게 또는 정의롭지 않게 처우받을 수 있는 누구나 마땅히 져야 하는 의무임을 받아들인다. 다만 완전주의 이론에서 마땅히 해야 하는 일은 서로 다른 개인들이 어떤 덕(가령 예술적 재능)을 얼마나 많이 또는 얼마나 조금 소유하는가에 따라 크게 달라질 뿐이다. 그러므로 본래적 가치를 가진 개체가 정의로운 처우를 받을 권리가 있기 때문에 정의로운 처우를 마땅히 받아야 하는 것이라고 주장할 수 있다고 해서, 또는 그들을 위해서 이런 요구를 했다고 해서, 개념적으로 이상한 것은 전혀 없다. 자신의 권리라고 주장되는 것은 마땅히 주어져야 하는 것으로 주장되는 어떤 것이기에, 그리고 정의의 의무는 생득적 의무이기에, 정의로운 처우에 대한 기본적 권리를 정의의 생득적 의무와 연결한다고 해서 논리적으로 이상할 것은 없다.

둘째, 정의로운 처우를 요구하는 것이 정당하다면, 그런 주장의 무엇인가에-대한-요구와 누군가를-상대로 하는-요구의 양 측면이 정당해야만 한다. 정의로운 처우에 대한 요구가 존중의 원리에서 핵심적인 존중 개념에 의해 알려졌을 때, 이 요구는 양 측면에서 정당화될 수 있다. 그런 요구는 먼저 무엇인가에-대한-정당한 요구이다. 나는 내가 마땅히 해야 한다고 내가 요구하고 있는 것(즉 존중의 원리와 상응하는 처우)이 **무엇이고**, 내가 마땅히 받아야 한다고 요구하는 처우는 내가 요구를 하는 상대방의 능력 안에 있다고 명시할 수 있다. 더 나아가 내가 하는 요구는 누군가를-상대로 하는-요구이다. 그 이유는 첫째, 내가 하는 요구의 상대, 다시 말해서 나와 도덕적 거래를 하거나 할 수 있는 모든 도덕 행위자를 특정할 수 있기 때문이다. 둘째, 내가 그 사람들을 상대로 하는 요구는 파인버그의 말로 하면 정당한 도덕원리, 곧 존중의 원리에 의해 '요구되기' 때문이다. 그러므로 존중받을 처우에 대한 나의 주장은 모든 것을 고려해보았을 때 정당한 주장이고, 따라서 정당한 주장으로서의 도덕적 권리 분석을 감안하면 나는 존중받으며 처우받을 도덕적 권리를 갖는다.

셋째, 존중받을 처우의 도덕적 권리는 나만의 것이 아니다. 적절한 측면에서 나와 비슷한 모든 개인은 틀림없이 이 권리를 가지고, 그것도 동등하게 가지며, 이런저런 국가의 법률이 인정하느냐와 무관하게 갖는다. 이것이 도덕적 권리에 대해 말하는 것의 의미 중 일부이며, 도덕적 권리나 그것의 정당화에 대한 설명 중 이 필요조건을 만족시키지 못하는 것은 어떤 것도 적절하지 못하다. **도덕 행위자**가 이 권리를 소유하는 것과 관련해서, 정당한 요구와 그것을 정당화하기 위해 제시된 절차로서의 권리 분석은, 이 검사를 통과한다. 적절한 측면에서 나와 비슷한 모든 도덕 행위자는 (본래적 가치를 가지며 그것도 동등하게 갖는 모든 사람은) 내가 갖는 것과 똑같이 존중받을 처우에 대한 권리를 가지며, 그것도 동등하게 갖는다. 더구나 이 권리에 대한 근거는 개인의 입법적인 행위와 무관하므로, 이런 권리를 갖느냐는 이런저런 국가의 법률이 인정하느냐와 무관하다. 실제로 이 권리의 근거는 국가의 법률과 무관하므로 이 권리에 호소하는 것은 라이온스가 인정한 방식대로 법률 그 자체를 포함해서 '사회 질서의 변화를 옹호하기 위한' 방식으로 사용될 수 있다.

이번 절에서 도달한 결론을 피하기 위해서는 존중의 원리는 정당한 도덕원리가 아니라거나, 아니면 정당한 요구로서의 권리 분석이 만족스럽지 못하다거나,[17] 아니면 존중받을 처우의 정당성, 따라서 그것의 권리를 인정하기 위해 방금 보여준 논증이 결함이 있다는 것을 보여주어야 한다. 존중의 원리의 옹호는 앞 장에서 제시되었기에 여기서는 반복하지 않을 것이다. 존중받을 처우에 대한 권리를 지지하기 위해 방금 보여준 논증은 제시된 대로 성립해야 할 것이다. 직접 지지하기 위한 더 이상의 논증은 제시하지 않을 것이다. 정당한 요구에 의한 권리 분석이 옳은지에 대해서는, 존중받을 처우에 대한 권리를 인정하는 완전한 함의가 제시된 다음에나 몇몇 반박을 고려할 것이다. 지금으로서는 '권리의 수사'를 비판하는 공리주의자들에게 우리가 정당한 요구로서 권리를 분석하면서 공리주의의 문헌에서 근거를 찾을 수 없는 분석은 하지 않았다고 다시 한번 말해주는 것으로 충분하다. 이것은 어쨌든 밀이 선호한 바로 그 분석이다.

..

17) 사실 이것은 권리 견해의 반대자들에게 필요한 것보다 더 많은 것을 주장하는 것이다. 도덕 행위자와 도덕 수동자의 도덕적 권리를 인정해야 한다는 논증과 양립할 수 있으면서, 정당한 권리로서의 분석과는 구별되는 도덕적 권리에 대한 대안적 분석이 존재하기 때문이다.

8.5 도덕 수동자의 권리

존중받을 처우에 대한 도덕 수동자의 권리를 인정하는 옹호 논증은 앞 절에서 제시한 논증과 유사하다. **존중받을 처우에 대한 요구의 정당성과, 따라서 그런 처우에 대한 권리를 인정하는 옹호 논증은 도덕 행위자의 경우에서보다 도덕 수동자의 경우에서 더 강할 수도 더 약할 수도 없다.** 도덕 행위자나 도덕 수동자 모두 본래적 가치를 가지고 있을 뿐만 아니라 그것을 동등하게 가지고 있다. 따라서 그 둘은 정의와 관련해서 존중받을 처우를 마땅히 받을 만하다. 더구나 도덕 행위자의 경우에 그런 처우에–대한–요구의 정당성이 증명되었기 때문에 도덕 수동자의 경우에도 그런 처우에–대한–요구의 정당성이 똑같이 증명된다. 모든 도덕 행위자들은 자신이 관계를 맺거나 그럴 수 있는 모든 도덕 수동자를, 본래적 가치의 소유자로서 마땅히 받아야 하는 존중으로 처우할 수 있는 능력을 가지고 있다. 도덕 행위자를–상대로–정당한 요구를 하는 도덕 수동자의 경우도 마찬가지이다. 주장이 제기되는 대상은 모두 도덕 수동자와 상호작용을 하거나 할 수 있는 도덕 행위자이고, 이 점에서 도덕 행위자를 상대로 제기되는 요구는 존중의 원리와 그 원리가 근거하는 본래적 가치의 상정에 호소해서 정당화된다. 도덕 수동자는 본래적 가치를 가지고 있으며 도덕 능동자가 가지고 있는 본래적 가치보다 더도 덜도 가지고 있지 않기 때문에, 도덕 수동자는 도덕 행위자가 소유한 것과 같은 존중받을 처우의 권리를 가지며, **그리고** 이 권리를 동등하게 가진다. 다시 말해서 도덕 행위자와 도덕 수동자는 존중받을 처우에 대한 동등한 권리를 가지고 있다. 더구나 도덕 행위자는 어떤 나라의 입법 활동(법)인가와 상관없이 이 권리를 가지기 때문에, 도덕 수동자의 경우에도 마찬가지이다. 그러므로 특히 동물의 경우에 문제가 되는 기본적인 도덕적 권리가 어떤 나라에서도 법적 권리로 인정된 적이 없다는 것을 근거로 그것에 반대하는 주장을 할 수는 없다.

그러므로 본래적 가치의 상정, 존중의 원리, 권리 분석을 받아들이고, 도덕 행위자의 경우에 존중받을 처우의 권리를 옹호하는 논증을 받아들이면서, 도덕 수동자가 이 권리를 갖는다는 것을 부인하는 것은 극도로 자의적이다. 도덕 행위자의 경우에 이 권리를 정당화하는 데 쓰이는 논증이 올바르다면, 동물을 포함해서 도덕 수동자 역시 이 권리를 갖는다. 이것은 이 책을 시작할 때부터 목표로 삼았던 바이다. 동물을 존중의 태도로 처우하는 것은 친절함의 행동이 아니다. 정의의 행동이다. 동물을 포함하여 어린이, 지적 장애인, 노인 능의 도덕 수동자에게 보이는 정의의 의무를 근거 짓는 것은 도덕 행위자의 '감상적인 관심'이 아니다. 그것은 그들의 본래적 가치를 존중하는 것이다. 도덕 행위자의 도덕적 지위가 특권이 있다는 신화는 벌거벗은 임금님 같은 것이다.

도덕 행위자와 도덕 수동자의 기본적인 도덕적 권리를 인정하는 논증이 이 권리를 인정하는 효용성에 의존하지 않는다는 지적은 눈여겨볼 만한 가치가 있다. 권리 견해의 애초의 규정(4.5)에서 말한 것처럼, 이 견해에 따르면 개체들이 어떤 권리를 갖는다고 간주하느냐는, 그것을 인정함으로써 생기는 결과의 가치에 대한 고려와 전혀 상관이 없다. 권리 입장에서 기본적인 도덕적 권리는 효용성보다 더 기본적이고 그것과 독립적이기에, 가령 도덕 행위자나 수동자를 죽이는 것이 잘못인 주된 이유는—그런 행동이 잘못이라는 가정하에—개체의 도덕적 권리를 어겼기 때문이지, 쾌락이나 고통을 받거나 받지 않을, 또는 만족하거나 좌절하는 선호를 갖거나 갖지 않을 다른 모든 개체를 고려하기 때문은 아니다. 이번 절의 논증은 권리 견해를 지지하는 사람들이 효용성과 독립적으로 자신의 입장을 어떻게 지지할 수 있는지를 분명히 해야만 한다. 어떤 개체는 자신이 갖는 가치(본래적 가치)의 종류 때문에, 다시 말해서 그 자체로 효용성과 독립적인 가치의 종류 때문에 존중받을 처우에 대한 기본적 권리를 가지며, 어떤 개체에게 그 가치를 이해할 수 있게 그리고 비자의적으로 부여하는 기준(삶의 주체 기준) 역시 가치를 인정하는 효용성을 참조하지 않고 그것과 독립적이다. 그렇다면 우리가 도덕 행위자와 수동자의 기본적 권리를 인정하고 정당화하는 것은 '**보편적인** 복리'에 호소하는 공리주의적인 이유 때문이 아니다. 그들의 기본적 권리는 본래적 가치를 소유하는 **개체**로서 엄격한 정의의 관점에서 마땅히 받아야 하는 존중에 호소하여 정당화된다.

8.6 여러 가지 반론들

많은 반론을 예상할 수 있으며 그것들을 언급할 가치가 있다. 어떤 반론은 정당한 요구로서의 권리 분석에 도전한다. 다른 반론은 권리가 어떻게 분석된다고 하더라도 그것을 인정해야 하는 필연성에 이의를 제기한다. 짧게 말해서 이 반론들은 같은 종류의 생각에 속하지는 않는다. 그러나 각 반론이 제기하는 이의에 응함으로써 반론을 받는 입장 자체가 더 분명해지고 그 타당함이 더 명백해질 것이라는 희망으로 반론을 하나씩 고려해 보자.

정당한 요구로서의 권리 분석에 대안이 있다. 오스트레일리아의 도덕 철학자인 맥클로스키(H. J. McCloskey)는 권리 자격 이론을 지지하고 정당한 요구로서의 권리 견해에 비판적이다. 우리는 맥클로스키의 주된 비판이 권리는 누군가를-상대로-하는 요구임을 부인함으로써 모든 도덕적 권리가 정당한 요구라는 견해를 반박하는 것임을 아는 것으로 만족해야 할 것이다.

종종 특정 개인이나 기관을 상대로 하는 특별한 권리가 있다. 약속이나 계약 등에 의해 생긴 권리가 그것이다. (…) 그러나 이것은 권리가 단순히 (…)에 대한 권리일 때 일반적인 권리를 (…) 특징짓는 (…) 것과 다르다.[18]

맥클로스키가 "특별한 권리"라고 하는 것은 우리의 자발적인 행위의 결과로 생기는 권리를 말한다. 그것은 획득된 의무와 짝을 이루는 획득된 권리이다. 만약 내가 당신에게 약속을 한다면, 나는 약속을 지켜야 하는 의무를 획득하고, 당신은 내가 약속을 지키게 만드는 권리를 획득한다. 생득적 의무의 경우(예컨대 정의의 의무)에도 그것과 짝을 이루는 생득적(기본적) 권리가 있다. 즉 나는 나의 자발적인 행위 때문은 아니지만 당신을 정의롭게 처우해야 하는 의무가 있고, 당신은 정의롭게 처우받을 권리가 있다. 따라서 맥클로스키가 부정하는 것처럼 보이는 것은, 획득된 (또는 특별한) 권리와 달리 생득적(기본적) 권리는 우리가 누군가를 **상대로** 가지는 권리가 아니라는 것이다.

이 반론은 실패한다. 획득된 의무와 권리의 경우에 권리는, 내가 약속

18) H. J. McCloskey, "Rights," *Philosophical Quarterly 15*(1965): 118. 자격으로서 권리를 분석하는 것은 결함이 있다. 당신이 어떤 것을 할 수 있는 자격이 있느냐라는 질문은 당신이 그것을 하는 것이 허용가능한가(즉 당신이 그런 행동을 하는 것이 잘못인지)에 의존하고, 당신이 그것을 할 자격이 있느냐(즉 당신이 그것을 하는 것이 당신 권리인지)는 그렇게 함으로써 다른 사람들이 당신을 상대로 가지고 있는 권리를 침해하는지에 의존한다. 따라서 '당신이 그렇게 할 자격이 있다'의 분석은 권리 개념을 **분석하는** 것이 아니라 그 개념을 **사용한다**.

을 지키도록 하는 나를 **상대로 하는** 당신의 권리라는 예에서 보듯이, 특히 누군가를-상대로-하는 권리라는 특징이 있다는 것은 맞는 말이다. 그러나 권리가 다른 누군가를-상대로-하는-권리라면, 모든 권리가 한 개체 또는 몇몇 개체를-상대로-하는-권리일 이유는 없다. 내가 존중받을 처우에 대해 가지고 있는 권리는 내가 존중의 태도로 처우해야 하는 권리이고, 이 개체 또는 저 개체뿐만 아니라 내가 도덕적인 거래를 하거나 할 수 있는 모든 도덕 행위자를 상대로 가지는 권리이다. 내가 이 권리를 가지고 있는 상대의 수가 적다고 하는 것은 내가 어떠한 개체든 상대로 그 권리를 갖는다는 것을 부인할 이유가 되지 못한다. 이런 견해에는 내가 글자 그대로 수백만의 사람을 상대로 이 권리를 갖는다는, 모순되게 들리는 함축이 있는 것은 사실이다. 그리고 이런 견해가 적어도 이상하다고 생각하는 사람도 있을 것이다. 그러나 파인버그는 이상하다는 분위기와 모순의 느낌을 날려 버리는 답변을 한다. 그것도 그 자체의 문제점이 있기는 하다. 그는 내가 많은 도덕 행위자들을 상대로 권리를 가지고 그들에 대한 의무를 갖는다는 생각에 "어떤 골칫거리도 없다"라고 말한다.

일반적인 도덕 규칙이 모든 사람을 상대로 어떤 측면에서 (가령) 간섭받지 않을 권리를 나에게 준다면, 그 측면에서 나를 향해 의무를 갖는 수억의 사람이 글자 그대로 있게 된다. 그리고 동등한 일반 규칙이 모든 다른 사람에게 동등한 권리를 준다면, 그 규칙은 나에게 수억의 의무를, 다시 말해서 수억 명의 사람을 향한 의무를 부여한다. 그러나 나는 이것에서 어떤 모순된 것도 알지 못한다. 결국 의무는 소극적인[19] 것이다. 그리고 나는 단지 내 일에만 신경을 쓰

..

19) (옮긴이) 여기서 negative는 '부정적'보다는 '소극적'이 더 정확한 번역어이다. 무엇인가를

면 단박에 그 모든 의무를 이행할 수 있다. 그리고 모든 인간이 하나의 도덕 공동체를 이루고 있고 수억 명의 사람이 있다면, 그들 사이에 성립하는 수억 개의 도덕적 관계가 있다고 기대해야 한다.[20]

파인버그는 답변에서 순전히 소극적인 의무와 소극적인 권리가 있다고 가정한다. 나의 간섭받지 않을 권리는 내 일에 간섭해서는 안 될 당신의 소극적인 의무와 짝을 이룬다. 당신이 간섭하지 않는다면, 당신은 이 점과 관련해서 나에 대한 당신의 의무를 수행한다는 것이 파인버그의 의도이다. 실제로 이 의무는 소극적이기 때문에, 당신은 글자 그대로 수백만의 사람들이 '내 일에만 신경을 쓰면 단박에' 의무를 이행할 수 있다. 파인버그는 이렇게 말하면서 권리, 심지어 소극적 권리의 다른 측면, 밀이 현명하게도 예민하게 반응했던 어떤 것, 즉 원조의 의무(8.1을 보라)를 경시한다. 당신이 간섭받지 않을 권리를 갖는다면, 이 점에서 당신에 대한 나의 의무는 내 일에만 신경을 쓰는 것으로 이루어져 있지 않다. 만약 다른 사람들이 당신이 이러한 권리를 행사하지 못하게 한다면, 나에게는 당신을 원조할 직견적 의무도 있다. 원조의 의무는 확실히 직견적 의무이다. 특정 경우에 이 의무를 무시하는 다른 도덕적 의무가 압도할 수 있는 것이다. 그러나 내가 '내 일에만 신경을 쓰면' 당신의 권리와 관련해서 내가 의무로 해야 할 일을 모두 다 했다고 자동적으로 생각하는 것은, 그림의 절반을 전체로 오인하는 것이다.

∙∙
적극적으로 해야 의무를 수행하는 것이 아니라, 소극적으로 하지 않기만 하면 의무를 수행한 것이기 때문이다.
20) Feinberg, "The Nature and Value of Rights," p. 91.

이렇게 말을 한 파인버그의 맥클로스키에 대한 답변은 여전히 유효하다. 의무를 가지고 있는 사람이나 나를 상대로 권리를 가지고 있는 사람의 수가 적다고 해서 내가 정당한 요구로 권리를 분석하는 것이 적절하지 않게 되는 것은 아니다. 간섭받지 않을 권리를 가지는 사람들은 글자 그대로 수백만의 사람들을 상대로 정당한 요구를 가지고 있고, 글자 그대로 수백만의 사람들은 이 경우에 간섭하지 않을 의무를 갖는다. 그러나 수백만의 사람들이 갖는 간섭하지 않을 의무는 직견적인 원조의 의무도 갖는다.

　파인버그는 인간에 한정해서 언급하고 있지만, 동물에 대한 우리의 의무나 우리를 상대로 하는 동물의 권리를 추가한다고 해서 그가 말한 것이 진실에서 멀어져야 할 이유는 없다. 그러한 경우에 우리가 갖는 주된 소극적 의무는 동물을 존중하지 않는 태도로 처우하지 않는 것이고, 동물이 우리를 상대로 갖는 짝을 이루는 소극적 권리는 자신의 동등한 본래적 가치를 무시하는 방식으로 처우받지 않는 것이다. 그러나 다른 존재의 생명에 간섭하지 말아야 하는 우리의 소극적 의무가 내 일에만 신경 쓰기로 이루어진 것이 아닌 것처럼, 동물의 존중받을 만한 처우와 관련된 우리의 의무는 동물을 존중의 태도로 처우하도록 주의하는 것 이상의 것을 포함한다. 동물은 존중의 처우를 정당하게 요구할 수 있기 때문에, 다른 존재가 동물권을 침해하는 방식으로 동물을 처우할 때 우리는 동물을 원조해야 할 직견적 의무가 있다. 우리는 아래에서 권리의 이러한 '다른 측면'을 다시 알려줄 기회가 있을 것이다.

　정당한 요구로서의 도덕적 권리 분석을 받아들이면서, 동물 그리고 그 함의로 도덕 수동자는 일반적으로 도덕적 권리를 갖는다는 것을 부인하는 것이 가능하다. 로스의 반론이 이런 형식을 띤다.

대체로 우리는 권리라는 말로 정당하게 요구할 수 있는 어떤 것을 의미하기에, 우리는 인도적인 처우에 대한 요구가, 만약 한다고 하더라도, 정당하지 않기 때문이 아니라 동물은 그런 요구를 할 수 없기 때문에, 동물은 권리를 전혀 갖지 않는다고 아마도 말해야 할 것이다.[21]

이제 동물이 권리를 갖는다는 것을 부인하거나, **동물**은 어떤 것도 정당하게 요구할 수 없기에 권리가 없다고 "아마도 말해야 할 것이다"라고 주장하는 것은 동물에게 더 많은 것을 배제하는 것이다. 모든 동물 수동자는 이런 점에서 똑같이 결함이 있고, 그래서 모두가 배제되어야 한다. 일단 이렇게 인식된다면 로스의 반론은 여러 혼란이 포함되어 있다고 볼 수 있다. 도덕 수동자가 갖는다는 것을 부인해도 불합리하지 않은 권리가 있다. 예를 들어 인간이 박사 학위에 대해 갖는 획득적 권리는 학위를 받는 데 요구되는 조건을 만족스럽게 마무리하면 갖는 권리이다. 도덕 수동자는 이런 권리를 갖지 못하지만, 그것을 주장할 수 없기 때문이 아니다. 도덕 수동자가 이런 권리를 갖지 못하는 이유는 그것을 획득하는 데 적절한 필요조건을 완수하지 못하기 때문이다. 도덕 수동자는 이런 점에서 부족하기 때문에 성공적인 후보들이, 롤스의 용어로 말하면, '자발적인 행위'의 결과로 또는 '제도적 장치'에서의 위치 때문에 획득하는 권리를 가지지 못한다. 그러나 생득적인 (즉 **기본적인**) 권리 일반과 특히 존중받을 처우의 기본적 권리의 경우에, 도덕 수동자를 배제하는 유사한 근거는 없다. 요구를 한다고 하는 것은 수행이라고 이미 말했는데, 기본적인 도덕적 권리의 존재를 이러저러한 자발적 행위의 수행에 따라 결정하게 하는 도덕적 권리의 설명

· ·

21) Ross, *The Right and The Good*(chap. 4, n. 3을 보라), p. 50.

은 적합하지 않다. 요구를 하는 것과 구분되게 정당한 요구를 하는 것은 어떤 종류의 도덕적 지위를 갖는 것이고, 우리는 그것을 요구하지 않고서도 심지어 요구할 수 없으면서도 도덕적 지위를 가질 수 있다. 도덕적 지위를 갖느냐는 자신의 권리를 요구할 수 있느냐에 의존하는 것이 아니며, 이것은 권리를 소유하는 개체의 측에서 그것을 요구하는 능력과 **상관없이** 이런 권리를 인정하기 위한 올바른 논증을 제시할 수 있느냐에 의존한다. 예를 들어 미국 법률에서는 어린이나 지적 장애인의 법적 권리의 경우에 이런 가능성을 인정한다. 그들은 자신의 법적 권리를 요구할 능력이나 심지어 자신이 그것을 가지고 있다는 것을 이해할 능력도 없지만, 법은 그들을 대신하는 다른 사람들(예컨대 법정 후견인)이 이런 도덕 수동자의 권리를 요구할 수 있다고 인정한다. 도덕 수동자의 기본적인 **도덕적** 권리의 경우에 다르게 판단해야만 하는 이유는 없다. 이런 개체들이 자기가 이해할 수도 없고 스스로 요구할 수도 없는 법적 권리를 가질 수 있는 것처럼, 같은 개체들은 자기가 이해할 수 없지만 자신을 대신하는 다른 사람들에 의해 요구될 수 있는 기본적인 도덕적 권리를 가질 수 있는 것이다. 그러므로 특정 동물의 경우에, 존중받을 처우를 이해하는 능력도 없고, 이러저러한 점과 관련해서 자신의 요구를 제기하거나 반복할 수 있는 힘이 없지만, 그 권리를 갖는다. 그 책임은 그들을 위해 일하는 사람들에게 있다.

지금까지 우리는 밀이 "권리를 갖는다는 것은 사회가 그것을 소유한 나를 보호해야 할 어떤 것을 가지고 있는 것"이라고 말한 중요한 통찰에서 벗어난 것은 전혀 말하지 않았다. 도덕 수동자의 경우에서처럼, 권리는 가지지만 스스로는 그것을 요구할 수도 보호할 수도 없을 때는, '사회'가 이런 개체들을 위해 그렇게 해줄 의무가 훨씬 더 커진다고 말할 수 있다. 개체들이 자신의 권리에 대해 덜 인지할수록, 자신을 보호할 힘을 덜 가지고 있고, 그럴수록 그들의 권리를 이해하고 인정하는 사람들이 그 권리를 옹호하기 위해 더 많은 일을 해야 한다. 이러한 의견을 통해 우리는 다른 존재의 기본적 권리를 존중하는 것은 원조의 직견적 의무를 포함한다는 것을 다시 일깨운다. 존중받을 만한 처우의 권리를 갖는 존재들은 이러한 처우에 대한 **권리**를 가지기 때문에, 그것에 대한 나의 의무는 그들에 대한 부당한 처우를 **내**가 피하는 것에**만** 한정되지 않는다. 나는 이런 권리를 '소유한 (존재를) 보호해야 할' 의무도 있으며, 이런 권리를 소유한 존재는 그럴만한 자격을 갖는다. 따라서 가령 동물이 과학 연구에서 존중받을 처우에 대한 권리를 침해당하는 방식으로 사용되는 경우, 나 자신이 그런 연구에 참여하지 않는다고 가정하더라도, 내가 도덕성이 나에게 요구하는 모든 것을 했다는 결론은 따라 나오지 않는다. 부정의의 희생자인 존재를 원조해야 하는 직견적 의무 역시 있으며, 자신의 권리를 존중받도록 보장할 힘이 동물에게 없다는 사실은 나에게 동물을 도울 의무를, 만약 있다면, 더 크게 만들지 더 적게 만들지는 않는다.

권리 인정은 불합리한 결과를 낳는다는 주장이 출판보다는 토론의 형태로 가끔 제시된다.[22] 만약 양이 권리를 갖는다면, 그 권리는 피식자에게 여러 가지 방식으로 (예컨대 극심한 고통을 유발하는 방식으로) 해악을 끼치는 늑대나 여타 포식 동물에 의해 침해된다는 주장이 제기된다. 그러나 우리에게 어떤 동물권을 침해하는 존재를 저지해서 그 동물을 원조할 의무가 있다면, 우리는 늑대가 뒤쫓지 못하게 할 의무, 말하자면 양을 보호할 의

••

22) 이런 논증이 출판된 예로는 Ritchie, *Natural Rights*(London: Allen & Unwin, 1916, 3d edition), pp. 107 이하(*Animal Rights and Human Obligations*, ed. Regan and Singer, pp. 181 이하에 재수록)를 보라. 또한 Michael Martin, "A Critique of Moral Vegetarianism," *Reason Papers* 3(1976): 13 이하도 보라.

무가 있는 것은 아닐까? 그러나 만약 우리가 그렇게 한다면 늑대는 필수적인 자양분에 접근하지 못하므로 수혜자가 될 수 없다. 만약 우리가 늑대가 양의 권리를 침해하는 것을 막기 위해 양을 원조할 의무를 수행한다면, 늑대의 권리를 침해하는 데는 성공할 수 있는 반면에 늑대가 양의 권리를 침해하도록 허용한다면 양을 원조해야 할 것을 하지 못한다. 그러므로 우리는 **어떻게 해도** 도덕적인 비난을 받게 되는데, 이는 불합리하다. 그리고 이런 불합리한 결과를 낳는 것은 동물에게 권리를 부여하기 때문이므로, 동물에게 권리를 부여하는 것을 그만두어야 할 합리적이고 원칙적인 이유가 있다는 것이다.

이 논변은 동물에게 권리를 부여하는 것을 공격할 때 쓰는 바로 그 터무니없음의 비난을 받을 수 있다. 앞서 도덕 행위자와 도덕 수동자를 논의할 때(5.2), 도덕 수동자는 의무를 **전혀** 가지지 않고 그래서 다른 존재의 권리를 존중할 특정 의무를 갖지 않는다는 주장을 제기하고 옹호했다. **오직 도덕 행위자만 의무를 가질 수 있으며**, 이는 도덕 행위자만이 자신이 하거나 하지 않은 일을 도덕적으로 책임을 지기 위해 필요한 인지적 및 여타 능력을 가지기 때문이다. 늑대는 도덕 행위자가 아니다. 늑대는 자신의 의사 결정과 관련된 공평무사한 이유를 제시할 수 없다. 다시 말해서 정의의 형식적 원리나 그것의 어떤 규범적 해석도 적용할 수 없다. 사정이 이렇기 때문에 늑대를 비롯한 도덕 수동자는 **그 스스로가** 일반적으로 누군가에게 의무를 갖는다고 말할 수 없고, 따라서 다른 동물이 소유한 권리를 존중할 특정 의무를 갖는다고도 말할 수 없다. 그러므로 우리가 **권리가 침해되는 동물을** 원조해야 할 직견적 의무를 갖는다고 주장할 때, 늑대는 누군가의 권리를 침해할 수도 없고 침해하지도 않기에, 늑대의 공격으로부터 양을 원조해야 하는 의무를 우리가 갖는다고 주장하는 것은 아니다. 동물에게 권리를 부여하는 것을 공격할 때 쓰는 터무니없는 결과는 전혀 나타나지 않는다.

권리 견해를 반박하는 또 다른 흔한 시도는 그것이 우리의 숙고된 믿음과 근본적으로 맞지 않는다고 주장하는 것이다.[23] 구명보트에 다섯이 생존해 있다고 상상해보자. 이 보트는 크기가 작아 넷만 태울 수 있다. 생존해 있는 존재는 몸무게가 거의 비슷하고 거의 같은 공간을 차지한다. 다섯 중 넷은 정상인 성인 인간이고, 나머지 하나는 개이다. 하나를 배 밖으로 던져야 한다. 그렇지 않으면 모두 죽게 된다. 누구를 던질 것인가? 모두가 존중의 태도로 처우받을 동등한 권리를 갖는다면, 제비뽑기를 해야 할까? 권리 견해에서는, 인간 중 한 명보다 먼저 개를 희생하는 선택을 하는 것이 불공정한 것은 아니지 않을까? 그리고 이것은 숙고된 믿음에 호소하는 것이 도덕원리를 검사하는 합당한 방법이라고 힘을 실어 주기 때문에, 권리 견해가 말하자면 자멸한다는 것을 보여주는 것은 아닐까? 개가 '생명에 대한 권리'를 인간과 동등하게 갖는다거나 동물에게도 생존을 위한 생존 기회가 동등하게 주어져야 한다고 생각할 합리적인 사람은 없을 것이기 때문이다. 이 반론은 해악을 입지 않을 권리를 무시하는 근거를 탐구한 후(8.7 이하)에만 적절하게 다룰 수 있으니 적절한 시기(8.13)를 기다려야 한다.

마지막 반론은 공리주의를 본래적 가치를 가정할 필요도 없고 존중의 원리를 통해 권리를 정당화할 필요 없이 모든 도덕적 권리를 설명할 수 있는 이론으로 부활시키려고 시도한다. 이것은 밀의 입장이고, 여기에 대해 할 말이 많다. 사회는 개체의 권리를 보호할 의무를 지며, 이런 도전의

••

23) 예컨대 W. R. Carter, "Once and Future People," *American Philosophical Quarterly* 17, no. 1 (1980): 66을 보라.

적어도 일부는 "법의 집행을 통해 또는 교육이나 여론을 통해" 효력을 발휘할 수 있다. 그러나 그렇다고 해서 이런 효력을 지지하기 위해 제시할 수 있는 유일한 근거가 밀이 제시하는 근거, 곧 '일반 효용성'이라는 것은 아니다. 실제로 도덕 수동자가 소유한 기본적 권리의 경우에, 이것이 유일한 근거일 수 없으며, 적절한 근거는 더욱 될 수 없다. 앞서 규칙 공리주의를 논의할 때 주장한 것처럼(7.7), 그 주장은 인간이든 동물이든 도덕 수동자가 마땅히 가져야 할 생득적인 직접적 의무를 만족스럽게 정당화하지 못한다. 그러므로 그 이론은 도덕 수동자의 권리를 정당화할 수 있는 규칙의 근거를 제대로 제공하지 못한다. 그 이론이 도덕 행위자가 소유하는 권리의 근거를 제공할 수 있는 최대한의 것은 (그리고 규칙 공리주의가 이런 일을 감당할지는 매우 의심스럽다) 정당한 도덕 규칙에 호소해서 **자신의** 경우에 정당화되는 권리이다. 그러나 모든 것을 고려해보았을 때 어떤 이론도 적절할 수 없기에, 도덕 수동자가 마땅히 가져야 하는 생득적인 직접적 의무와 그것과 짝을 이루는 권리를 설명하는 데 실패한다면, 규칙 공리주의는 우리가 찾는 적절한 이론일 수 없다. 행위 공리주의에 대해 말하자면, 정당한 요구로 생각되는 도덕적 권리는 권리에 대한 호소를 '수사법'이라고 보는 사람들의 생각에는 설 자리를 찾을 수 없다.

8.7 해악을 입지 않을 권리를 압도하기

본래적 가치를 가진 개체들은 존중의 태도로 처우받을 평등한 기본적 권리를 갖는다. 권리 견해에 따르면, 이것은 우리가 결코 정당하게 무시하거나 압도할 수 없는 권리이다. 우리가 도덕 행위자와 도덕 수동자를 도덕적으로 다룰 때는 언제나 본래적 가치를 소유한 존재로서 마땅히 받아야 할 존중의 태도로 그들을 처우해야 한다. 이것이 권리 견해의 근본적인 규율이다. 이것으로부터, 결과에 의해 영향을 받는 모두가 내재적인 가치(가령 쾌락)에서 내재적인 부정적 가치(가령 고통)를 뺀 '최선의' 총합 값을 그렇게 함으로써 보증할 것이라는 근거에서 본래적 가치를 가진 개체를 결코 해악을 입혀서는 안 된다는 결론이 따라 나온다. **이러한 이유에서** 누군가에게 해악을 끼치는 것은 그가 스스로의 가치가 부족한, 가치의 한갓 그릇에 불과한 것처럼 그를 처우하는 것이고, 따라서 이것은 그가 엄격한 정의의 관점에서 마땅히 받아야 하는 존중을 보여주지 못하는 방식으로 그를 처우하는 것이다. (존중을 보여주지 못하는 다른 방식은 아래 8.11~8.12와 9.1 이하에서 논의할 것이다.) 본래적 가치를 갖는 개체는 정당한 요구를, 따라서 이 경우에 존중받을 처우에 대한 기본적 권리를 가지기 때문에, 이런 종류의 가치를 갖는 것은 그런 개체에게 해악을 끼치지 않을 생득적이고 직견적인 직접적 의무를 도출하는 데 사용될 수 있기 때문에(7.8을 보라), **기본적** 권리는 생득적 의무의 타당한 도덕원리에 호소해서 정당화되기 때문에, 해악을 끼치는 것에 반대하는 주장은 무엇인가에-대한-정당한 요구와 누군가를-상대로-하는-정당한 요구이기 때문에, 본래적 가치를 갖는 개체는 정당한 요구 또한 가지며, 따라서 이 경우에 해악을 입지 않을 기본적인 직견적 권리 또한 갖는다는 것이 따라 나온다. 이 권리의 정당화는 결국 존중의 원리, 그리고 그 원리가 의존하는 본래적 가치의 가정에 의존한다. 이 권리가 직견적 권리라고 말하는 것은 (1)이 권리의 고려는 언제나 도덕적으로 적절한 고려이고, (2)다른 누군가에게 해악을 끼치려고 하거나 해악을 끼치도록 허용받은 사람이라면 (a)다른 정당한 도덕적 원리에 호소함으로써, 그리고 (b)이 원리가 이 경우에 해악을 입지 않을 권리를 도덕적으로 능가한다는 것을 보임으로써 그렇게 하는 것을 정당화할 수 있어야 한다고 말하는 것이다.

이 권리는 직견적일 뿐임을 부인하는 것이 가능하다. 누군가는 어떤 개체가 해악을 입지 않을 **절대적** 권리를 갖는다고, 즉 그 권리는 다른 어떤 것에 의해 **절대** 압도되지 않는다고 주장할 수 있다. 이것을 함의하는 원리는 (어떤 상황에서도 해로운 폭력을 사용해서는 안 된다는) **평화주의 원리**이다. 두 번째 원리(**무고함의 원리**, the innocence principle)는 더 제한적이다. 이것은 누군가에게 해악을 끼치는 것을 허용하지만, 해악을 입는 존재가 무고할 때는 결코 정당화되지 않는다. 이 원리는 어떤 상황에서도 무고한 존재에게 해악을 끼치는 어떤 일을 해서는 안 된다고 선언한다. 두 원리 모두 정당하지 않다. 이것을 보여주기 위해서 먼저 해악을 일으키는 것[24]이 우리의 숙고된 믿음에 호소해서 정당화될 수 있는 네 가지 상황을 고려해볼 것이다. 그것은 (1)무고한(innocent) 존재의 자기방어, (2)잘못을 한(guilty) 존재의 처벌, (3)무고한 방패, (4)무고한 위협자이다. 다섯 번째 유형의 사례(예방 상황)는 나중에 살펴볼 것이다(8.10). 지금 살펴보는 것은 인간과 관련된 상황에만 한정할 것이다.

무고한 존재의 자기방어

우리의 숙고된 믿음에 호소하는 것이 허용된다면 해악을 입지 않을 권리를 정당하게 압도하는 가장 명백한 경우는 무고한 존재에 의한 자기방

24) 문체상의 이유로 '다른 사람에게 해악을 끼치는 어떤 일을 한다'라는 더 번거로운 표현 대신에 '해악을 일으킨다', '다른 사람에게 해악을 끼친다' 등의 표현을 쓸 것이다.

어와 관련된다. 이것을 설명하기 위해 당신이 난폭한 폭행범의 공격을 받았다고 가정해보자. 당신이 스스로를 방어하기 위해 폭행을 쓴다면 폭행범에게 해악을 끼치는 것이 확실하다고 해도 그렇게 하는 것이 정당화될 수 있는가? 평화주의 원리를 받아들이는 사람은 그럴 수 없다고 말한다. 해로운 폭행을 사용하는 것은 언제나 잘못이기 때문에, 어떤 상황에서도 자기방어를 위한 폭행의 사용은 방어자가 무고한 때라도 도덕적으로 허용되지 않는다.

잰 나비슨은 평화주의 입장이 정합적이지 못하다고 주장한다.[25] 그는 만약 유해한 폭력의 사용이 잘못이라면, 이것이 미래의 더 큰 폭행을 막기 위한 유일한 방법인 경우 그것을 사용하지 않는 것은 분명히 잘못된 일이라고 주장한다. 그러나 그런 상황에서 폭행을 사용하지 않는 것이 잘못이라면, 그런 상황에서 폭행의 사용은 정당화되어야만 한다. 그리고 그런 상황에서 **정당화된다**면, 어떤 상황에서도 폭력의 사용은 잘못일 수 없다. 이렇게 평화주의자의 입장은 정합적이지 못하기에 부적절한 것으로 드러난다.

나비슨의 평화주의 비판은 모든 평화주의자는 **결과론자**라는 것을, 다시 말해서 폭력의 사용이 미래에 가져올 결과 때문에 그것을 금지하는 사람이라고 전제한다. 그런 평화주의의 입장에 반대하는 나비슨의 비판은, **만약** 해로운 폭력의 사용으로 미래의 폭력의 양이 줄어드는 때도 있으며 **그리고** 우리가 이것이 지금 상황에서 맞는 말이라는 것을 알 수 있다는 것을 기꺼이 인정하려고 한다면, 성공적이다. 나비슨이 반대하는 쪽 사람들이 이렇게 인정할지는 분명하지 않다. 그들은 해로운 폭력을 사용하면 미래에 **언제나** 더 많은 폭력을 낳게 되거나, 그렇지 않다는 것을 **결코 알**

25) Jan Narveson, "Pacifism: A Philosophical Analysis," *Ethics* 75(1965).

수 **없다**고 말할지도 모른다. 이것은 최소한으로 말해도 과감한 경험적 주장이고, 그런 다른 주장들처럼 조심스럽고 철저하고 증거가 제시되는 지지가 필요하다. 결과론적 경향의 평화주의자들이 지금까지 이런 요구 조건을 만족시킨 적은 전혀 없었으며, 그렇게 할 수 있다는 것도 분명하지 않다. 예를 들어 해로운 폭력을 사용했을 때 미래에 폭력의 대규모 사용(가령 전쟁)이나 덜 거창한 사용(가령 애들 싸움)과 같은 더 많은 폭력이 생긴다는 이러저러한 사례를 인용하는 것으로는 되지 않는다. 그 첫째 이유는 폭력의 사용이 더 많은 폭력을 낳는다고 우리가 알고 있는 **어떤** 사례를 지적할 수 있더라도 **모든** 경우에 그렇다고 말할 수 없기 때문이다. 둘째 이유는 현재 폭력의 사용이 미래에 더 많은 폭력을 낳는다고 밝히는 것**만으로는** 평화주의라는 명칭에 맞게 충분히 밝힌 것은 아니기 때문이다. 폭력을 사용하지 않더라도 미래에 폭력의 사용으로 이어질 수**도** 있고, **또** 현재의 비폭력적인 행동이 낳는 미래의 폭력의 양이 현재의 폭력의 사용이 낳는 해로운 폭력의 양보다 많을, 아마도 월등히 많을 가능성이 남는다. 지금까지 말한 것은, 만약 평화주의의 원리를 결과론의 원리로 간주한다면 그리고 평화주의자들이 나비슨의 비정합성 비판을 피하려고 한다면, 평화주의자들은, 자신들이나 자신들의 주장에 공평하게 말하면, 현재보다 더 많은 일을 해야 한다는 것이다. 어떤 원리가 광범위한 경험적 뒷받침이 필요한데 그러한 뒷받침이 부족하다면 그 원리를 정당하다고 간주하는 것은 불합리하다. 그런데 결과론적 원리로 해석되는 평화주의의 원리는 그런 뒷받침이 필요한데도 그것이 부족하기에, 평화주의의 명칭으로 지지되는 주장을 우리가 부인하는 것은 정당하다.

평화주의자에게는 선택권이 있다. 그는 해로운 폭력의 사용은 미래의 결과와 별개로 **그 자체로** 잘못이라고, 그것도 **어찌해볼 도리 없이** 그렇다고 주장할 수 있다. 즉 평화주의자는 **비**결과론적 시각의 평화주의를 지지할 수 있다. 이제 나비슨이 그런 것처럼 해로운 폭력의 사용은 미래에 실제로 폭력의 양을 감소하는 경우가 있을 수 있다고 주장함으로써 이런 시각의 평화주의를 반박하는 것은 비결과론자인 평화주의자들로부터 엄밀히 말하면 논점에서 벗어났다는 판단을 받을 것이다. 그들은 그 결과에 근거해서 폭력에 반대하는 것이 아니기 때문에, 결과에 호소해서 반대하는 것은 그들의 주장을 정면으로 반박하는 것이 아니라 비껴가는 것이다.²⁶⁾ 따라서 인정할 수 있는 형태의 평화주의는 모든 형태의 평화주의가 비정합적이라고 증명하는 나비슨의 시도에 영향을 받지 않는다.²⁷⁾ 만약 비결과론적 시각의 평화주의를 비판할 이유를 찾으려고 한다면, 정합성을 검사하기보다 다른 것을 찾아야 한다.

평화주 원리를 거부하는 근거 중 가장 강력한 것은 우리의 반성적 직관에 호소하는 것이다. 무고한 존재가 침략자로부터 스스로를 방어할 권리와 관련된 어떤 것은, 비록 이 방어가 폭력을 수반할지라도 그리고 폭력의 사용이 결과적으로 침략자에게 해악을 끼치게 될지라도, 우리의 숙고된 믿음 중 하나이다. 이것을 인정한다고 해도, 우리는 침략을 막기 위해서는 어떤 폭력적인 수단을 얼마만큼이든 써도 되는 도덕적인 자격이 있다고 믿지 않는다. 법에서처럼 도덕에서도 비례성의 원칙이 성립한다. 즉 긴장과 위급한 상황에서는 얼마만큼의 힘이 과도한지 정하기 어렵다는 것을 감안하더라도, 우리는 스스로를 방어하기 위해 물리적 힘을 써도 되지만 과도

26) 이 점을 Tom Regan, "A Defense of Pacifism," *The Canadian Journal of Philosophy* (September 1972)에서 훨씬 길게 주장했다.
27) 방금 개략적으로 말한 평화주의 옹호에 대한 답변은 Jan Narveson, "Violence and War," in *Matters of Life and Death*, ed. Tom Regan(chap. 3, n. 26을 보라), pp. 117 이하를 보라.

한 힘을 써서는 안 된다. 예를 들어 소매치기하는 도둑을 막기 위해 유독 가스를 사용하는 것은 직견적으로 과도하게 해롭다. 일시적으로 불능 상태로 만드는 장치(가령 곤봉)는 그렇지 않다. 우리는 어떤 평화주의자는 정합적인 입장을 주장할 수 있음을 인정할 수 있지만, 그 정도 말고는 그들 편을 들 수는 없다. 이런 입장은 넓은 영역의 사례에서 우리의 숙고된 믿음과 상충하기 때문에, 그리고 도덕원리를 검사하기 위해 우리의 반성적 직관에 호소하는 것이 합당함은 앞서 옹호되었기 때문에(4.3), 우리는 비결과론적 형태의 평화주의 원리를 거부할 그럴듯한 이유가 있다. 물론 평화주의자가 우리의 숙고된 믿음에 호소하는 것과 독립적으로 '올바른 이론'을 가지고 있음을 보여줄 수 있다면, 바꿔야 할 것은 평화주의자의 이론이 아니라 우리의 직관이다. 그러나 평화주의에 공평하게 말하자면, 어떤 평화주의자도 이것을 보여주지 못했고, 그것을 보여주어야 할 책임은 이런 입장을 믿는 사람에게 있으며, 믿음이 주장되는 진정성과 강렬함만 가지고는 이런 이의제기를 만족시키는 데 전혀 도움이 안 된다는 것을 말해야 한다. 결국 많은 나치주의자들도 자신의 입장을 아주 강렬하게 진지하게 믿었다.

잘못을 한 존재의 처벌

어떤 면에서는 위 사례와 관련된 두 번째 사례는 잘못을 한 존재의 처벌이다. 처벌은, 예컨대 벌금으로 재산에 일부 손해가 있거나 투옥이 되어 자유에 어느 정도 손해가 되거나 하는 식으로, 처벌받는 사람의 삶의 질에 어떤 손해나 감소(즉 그 사람에게 끼치는 어떤 해악)가 있지 않다면 처벌이 아니다. 비례성의 원리는 여기서도 적용된다. 처벌은 저지른 죄에 합당하게 내려져야 한다. 정의가 실현되려면 범죄자에게 끼치는 해악은 피해자에게 끼친 해악에 '비례'해야만 한다. 이것은 처벌에 **또 다른** 목적(예컨대 범죄자를 교화하거나 다른 사람들이 비슷한 범죄를 저지르지 못하게 하는 것)이 있느냐는 질문은 해결하지 못한 채로 남겨둔다. 처벌에 어떤 또 다른 목적이 있다고 하더라도, 범죄자가 특히 박탈의 형태로 해악을 입지 않는다면 처벌은 없으며, 따라서 또 다른 목적도 전혀 가질 수 없다. 어떻게 처벌해야 하느냐는 정의 그리고 누구를 처벌할까 선택하는 수단의 공정성은 도덕적 실망을 증가시키는 문제이지만, 정신적으로 정상 능력의 성인 범죄자가 처벌을 받을 만하다는 믿음은 대부분의 사람들이 숙고된 믿음으로 간주할 것 같은 신념이다. 우리가 실제로 이것을 믿는다면, 이것을 믿는 것이 얼마나 합리적인지는 다행히도 지금은 피해갈 수 있는 문제이다. 잘못을 한 사람을 처벌하는 것이 (그래서 해악을 끼치는 것이) 정당하다고 하더라도, 동물은 도덕 행위자가 아니기에 잘못을 했을 수 없으므로, 해악을 입지 않을 동물권을 압도하는 것은 이러한 근거들에서 옹호될 수 없기 때문이다.

지금은 권리 견해가 함의하는 모든 것을 완전히 설명할 때가 아니지만, 잘못을 했다고 선고받은 범인을 처벌한다고 할 때 권리 견해는 본래적 가치를 소유하는 존재로서 마땅히 받아야 하는 존중으로 처우하지 않는 처벌의 형태는 어떤 것도 승인하지 않는다고 지나가는 말로 언급할 가치가 있다. 왜냐하면 그 누구도 그 사람이 무엇을 하거나 하지 못하는 것으로는 본래적 가치를 얻거나 잃을 수 없기 때문이다. 그러므로 특히 이렇게 처벌하면 그 결과에 영향을 받는 모두에게 선에서 악을 뺀 최선의 총합값을 가져올 것이라는 근거로 범죄자를 처벌하는 것을 정당화할 수는 없다. 그것은 범죄자를 한갓 그릇으로 처우하는 것이고, 권리 견해에 따르면 그것은 정의가 요구하는 것과 상반된다. 이런 점에서 볼 때, 권리 견해는 어떤 사람들은 처벌을 받을 만하다는, 즉 자신이 끼친 해악 때문에 해악을 받을 만하다는 견해에 동조하지만, '범죄자의 권리'를 인정하는 데도 동조한다.

무고한 방패

비극적이게도 이 세상에는 불법 활동에 참여한 사람을 보호하기 위해 무고한 개체를 '방패'로 사용하는 상황이 일어난다. 예를 들어 은행 강도가 자신을 지키기 위해 창구 직원을 데려가거나 테러리스트가 인질을 잡는다. 두 경우 모두, 불법으로 일을 벌이는 사람은 무고한 존재가 사로잡혀 있는 한에는 자신을 공격하는 사람이 행동에 옮기기 전에 다시 한번 생각할 것이라는 믿음으로, 자신의 이익을 위해 무고한 존재를 이용한다. 인질이 무고하고, 무고한 존재에게 해악을 일으키리라는 예측되는 행동을 하는 것은 분명히 직견적으로 잘못이라는 것을 인정할 때, 어떤 상황에서도 이것은 언제나 잘못이라고 믿을 충분한 이유가 있는가? 만약 평화주의가 어떤 형태(결과론이나 비결과론)를 띠든 합리적인 입장이라면, 이 질문에 어떻게 직접적으로 대답할지 우리는 안다. 우리는 사로잡힌 사람에게— 또는 사로잡은 사람에게—해악을 끼치리라 예상되는 폭력적 수단을 절대 사용해서는 안 된다! 그러나 평화주의는 합리적인 입장이 아니다. 평화주의에 대한 대안은 해악을 끼치는 것을 허용하는 경우가 있지만, 해악을 입는 존재가 무고한 경우에는 전혀 허용하지 않는다. 이런 입장을 주장하는 사람은 **무고함의 원리**를 지지한다. 그것은 어떤 상황에서든 무고한 존재에게 해악을 끼치는 것은 언제나 잘못이라는 것이다. 다른 말로 하면, **무고한 존재**가 해악을 입지 않을 권리는 결코 압도되어서는 안 되는 절대적 권리이다.

무고함의 원리는 평화주의의 원리와 동등한 종류의 반론에 부딪힌다. 이 원리를 옹호하는 사람들은 결과론자이거나 비결과론자일 것이다. 만약 결과론자라면, 그렇게 하면 미래에 더 많은 수의 무고한 존재에게 해악을 끼치는 결과로 언제나 이어질 것이기 때문에, 무고한 존재의 해악을 입지 않을 권리는 절대로 압도되어서는 안 된다고 주장한다. 평화주의의 원리의 경우와 마찬가지로, 무고함의 원리는 결과론적으로 해석될 때 그 원리가 근거하는 경험적 주장만큼만 설득력이 있을 수 있는데, 무고한 존재의 권리를 압도하면 **언제나** 더 많은 무고한 존재가 해악을 입는 결과로 이어질지는 전혀 분명하지 않다. 이 상황을 상상해보자.[28] 한 테러리스트가 탱크를 점령하고, 그가 벽에 묶은 스물여섯 명의 무고한 인질들을 한 명씩 죽이기 시작했다. 인질 석방을 협상하려는 모든 시도는 단호히 거부되었고, 만약 아무 조치도 취해지지 않는다면 테러범이 모든 인질을 살해할 것이라고 믿을 이유가 충분하다. 이런 상황에서 인질들을 구할 수 있는 유일한 합리적인 방법은 탱크를 폭파하는 것이다. 탱크를 손쉽게 폭파할 방법이 있다고 가정하자. 테러리스트가 예방 조치로 무고한 다른 인질 한 명을 탱크에 묶어 두었다고 가정해보자. 탱크를 폭파하기 위해서는 어떤 방법을 쓰더라도 그 인질을 죽이게 될 것이다. 어떻게 해야 할까? 무고함의 원리의 결과론적 해석에 따르면 탱크를 폭파해서는 안 된다. 왜냐하면 (a) 그렇게 하면 한 명의 무고한 인질에게 해악을 끼칠 것이고, (b) 무고한 존재의 해악을 입지 않을 권리를 무시하게 되면 언제나 미래에 더 많은 무고한 존재에게 해악을 끼치는 결과에 이를 것이기 때문이다. 이 두 번째 주장은

∴

28) 이 사례는 Robert Nozick, *Anarchy, State, and Utopia*(New York: Basic Books, 1974), p. 35에서 말한 것을 윤색한 것이다.

현재의 경우에는 신뢰성이 없다. 적어도 예측 가능한 가까운 미래에는 한 명의 인질(무고한 방패)의 권리를 무시하면 남은 인질들에게 입힐 해악을 막을 것이다. 즉 테러리스트의 사례에서 무고함의 원리의 결과론적 해석을 지지하기 위해 제시된 경험적 주장에 반대하는 강력한 인식적 가정이 있다. 그렇긴 한데, 이런 시각의 무고함의 원리를 받아들이는 사람은, 단기간에 어떤 일이 일어난다고 하더라도, 우리가 이 경우에 무고한 방패의 권리를 무시한다면 **장기간에는** 더 많은 사람들이 해악을 입을 것이라고 주장할 수 있다. 그러나 입증의 책임은 이렇게 주장하는 쪽에 확실히 있다. 그쪽이 이런 믿음을 아무리 진지하고 열정적으로 주장하더라도, 그것을 신념으로 표현하는 것만으로는 충분하지 않다. 그렇게 광범위한 주장에는 상세한 경험적 뒷받침이 필요하고, 그것을 제시하지 못하면 결과론적으로 해석된 무고함의 원리에 대해 그것을 제시한 사람이 적절한 정보를 제시하는 목표를 달성하지 못했기에 그것의 타당성에 이의를 제기할 이유가 충분하다.

만약 이런 난점에 맞서 무고한 존재에게 해악을 끼치는 것은 그 결과와 별개로 어찌해볼 도리 없이 잘못이라고 주장한다면, 평화주의 원리의 유사한 해석의 경우에서 참인 것으로 드러났던 것처럼 무고함의 원리의 이런 해석은 넓은 영역의 사례들에서 우리의 숙고된 믿음과 근본적으로 상충한다는 이유로 일축될 수 있다. 무고한 존재는 해악을 입지 않을 권리를 가지기 때문에, 이런 권리를 갖는 것은 '권리를 소유한 자신을 보호하는' 우리 측 의무의 근거가 되기 때문에, 스물여섯 명의 인질은 무고하기 때문에, 그들은 스스로를 보호할 수 없기 때문에, 그들은 우리가 아무 일도 하지 않는다면 해악을 **입을 것이기** 때문에, 우리가 가능한 어떤 선택을 해도 직접 관련된 무고한 존재의 일부는 해악을 입을 것이기 때문에, 우리가 해야만 하는 일은 스물여섯 명의 죽음을 막을 수 있도록 행동하는 것이다. 만약 이것을 막을 조치를 취할 수 있을 때 **그들의** 해악을 입지 않을 권리가 무시되지 않는다고 보장한다면, 그렇게 하지 않는 것은 우리가 해야만 하는 것을 하지 않는 것이다. 유일한 인질이 무고한 방패라는 사실은 비극적인 상황을 가중한다. 그렇다고 해서 그에게 해악을 끼치는 것이 어찌해볼 도리 없이 잘못인 것은 아니다.

무고한 위협자

마지막 유형의 사례는 **무고한 위협자**와 관련된다. 이런 종류의 사례는 어린아이가 다른 존재에게 심각한 위협을 가하는 사례를 고려해봄으로써 설명할 수 있다. 어린이가 총알이 든 권총을 소지하게 되었고 우리를 향해 쏘았다고 상상해보자. 어린이는 도덕 행위자가 아니기 때문에 그의 도덕적 지위를 평범한 성인과 동등한 방식으로 볼 수는 없다. 즉 어린이는 잘못을 한 것이 아니다. 따라서 어린이를 '무고한 위협자'라고 부르는 것이 적절하다. 그런 상황에서 어린아이가 우리 생명을 심각하게 위태롭게 만드는 것을 막을 수단이 그 어린아이에게 해악을 끼치거나 끼칠 가능성이 있더라도 그 수단을 사용하는 것이 허용 가능한가? 우리가 이미 거부한 평화주의나 무고함의 원리에 호소하지 않고서 허용 불가능하다는 대답을 어떻게 옹호할 수 있는지 상상하기 어렵다. 우리는 이 사건과 관련된 어떤 행동에서도 무고한데, 어떻게 우리가 스스로를 보호하기 위해 해야 할 일을 하는 것이 잘못일 수 있는가? 그렇다고 해도, 과도한 폭력은 무고한 위협자에게 과도한 해악을 끼치거나 그럴 가능성이 있으므로, 우리는 과도한 폭력을 사용해서는 안 된다. 그럼에도 우리는 이 사건과 관련된 어떤 행동에서도 무고하고, 또 총을 쏘는 어린아이로부터 심각하게 위협을 받는 것은 사실이므로, 비폭력적인 선택이 있는지 공들여 살펴보았다고 가정한다면 (어린아이를 달래려는 시도는 실패했다고 가정한다면), 어린아이가 아무 잘못도 하지 않았다고 하더라도 어린아이에게 해악을 끼치는 것은 잘못일 수 없다.

지금, 네 가지 종류의 경우 중 두 가지, 즉 잘못을 한 존재의 처벌과 잘못을 한 존재에 대한 자기방어는 인간 도덕 수동자를 포함하지 않는다. 인간 도덕 수동자는 잘못인 일을 전혀 할 수 없기에, 처벌을 받을 만한 일을 할 수 없다. 정상 능력의 인간 성인이 법을 위반하는 것과 달리 인간 도덕 수동자는 처벌을 받을 만하지 못하며, 따라서 이러한 이유로 정당하게 처벌받을 수 없다. 마찬가지로 우리가 인간 수동자가 끼치는 위협에 정당하게 방어할 수 있지만, 우리의 방어를 잘못을 한 존재에 대해 무고한 존재가 방어하는 경우라고 보는 것은 심한 왜곡이다. 만약 인간 도덕 수동자가 끼치는 해악의 위협 때문에 그에게 예측 가능한 해악을 끼치는 일이 정당하다면, 그것은 무고한 **위협자**로부터 우리 스스로를 보호하는 경우임에 틀림없다. 더구나 인간 도덕 수동자는 무고하므로, 그가 **무고한 방패**라는 부럽지 않은 위치를 차지할 수 없는 이유는 없다. 그리고 무고한 방패에게 해악을 끼치는 것이 허용 가능한 경우가 있으므로, 우리의 판단이 바로 그 무고한 방패가 인간 도덕 수동자인 경우에 달라야 하는 이유는 없다.

8.8 도덕 수동자의 무고함

앞서 말한 내용에 대한 고려할 가치가 있는 반론은 평화주의나 무고함의 원리에 의존하지 않는다. 이 원리들에 근거한 반론은 인간 도덕 수동자를 포함해서 무고한 존재는 이 원리들에 예외를 허용한다면 **충분히 보호받지 못한다**고 주장한다. 고려하려고 하는 반론은, 인간 도덕 수동자들이 무고하다고 주장하기 때문에 그들에게 행할 수 있는 것에 제약을 둔다면 인간 도덕 수동자는 **너무 많이 보호된다**는 내용이다. 이 반론은 적어도 '무고함'의 도덕적으로 적절한 의미에서는 인간 도덕 수동자가 **무고하지 않으며**, 따라서 인간 도덕 수동자는 무고한 존재가 어떻게 처우받을 수 있는지 규정하는 원리에 의해 다루어져서는 안 된다고 주장한다.

이 반론을 제기할 수 있는 근거는 다음과 같다. 이러저러한 특정 경우에 도덕 행위자가 무고하다고 (즉 어떤 잘못된 일도 하지 않았다고) 보는 것은 완전히 타당하다. 그러나 이것은 도덕 행위자가 잘못된 일을 할 수 있다고 보는 것 역시 완전히 타당하기 때문이다. 도덕 행위자가 무고하다고 말하는 것은 **그가 잘못된 일을 할 수도 있지만** 하지 않았다고 말하는 것이다. 그러나 인간 도덕 수동자의 경우에는 똑같이 말할 수 없다. 그는 잘못인 것을 할 수 있는 능력이 없기 때문에 그가 "무고하다"라고 말하는 것은 그가 잘못할 수도 있지만 잘못하지 않았다는 것을 뜻할 수는 없다. '잘못을 한다'가 의미가 있을 때만 '무고하다'가 의미가 있다. 그리고 인간 도덕 수동자는 정의상 잘못을 할 수 없기에 무고할 수도 없다. 이 반론은 우리가 갓난아이에 대해 "정말 천진무구해(또는 그렇게 보여)"라고 말하듯이 세상일을 잘 모른다는 의미로 '무고하다'라는 말을 쓸 수도 있고 그렇게 가끔 쓴다는 것을 인정한다.[29] 그러나 이런 의미의 '무고하다'는 도덕적으로 적절한 의미, 곧 우리가 무고한 존재에게 해악을 끼치는 것은 직견적으로 잘못이라는 원리에 호소할 때 '무고하다'가 쓰이는 의미는 아니다. 그 의미는

⁘

29) (옮긴이) innocent는 '무고하다'라는 뜻도 있지만 '천진무구하다'라는 뜻도 있다.

잘못인 것을 할 수 있는 존재에게만 적용될 뿐, 인간 도덕 수동자처럼 그럴 수 없는 존재에게는 적용되지 않는다. 그러므로 무고함의 원리가 이런 인간에게도 적용된다고 가정하는 것은, 진지하게 받아들이지 않는다면 충분히 무해하고, 진지하게 받아들이면 도덕적으로 문제가 되는, 중의적인 말에 넘어가게 된다.

이 반론에도 어느 정도는 일리가 있다. 인간 도덕 행위자와 수동자는 잘못인 것(또는 옳은 것)을 하는 능력과 관련해서 차이가 있다. 반론은 이 점을 넘어서는 실패한다. 누군가가 무고하다는 것은 우리가 도덕 행위자에 대한 평가가 아닌 맥락에서 **도덕적** 위치를 찾는 생각이다. 그런 개체들은 부당하게 처우받을 수 있는 무고한 존재로 적절하게 볼 수 있고, 부당하게 처우받을 수 있는 개체들은 우리가 정의의 의무를 지고 있고 우리를 상대로 정당한 처우의 권리를 갖는 존재들이다. 그런 이유로, 정의의 의무는 인간 도덕 행위자와 수동자 모두에게 직접 있기에 그리고 둘 모두 정의가 요구하는 대로 처우받을 권리를 소유하기에, 누가 '무고한지'에 대한 이야기를 도덕 행위자에게만 한정하자고 약정하는 것은 극단적으로 자의적이다. 무고할 **수 있는** 존재가 **정말로** 무고한지는 (a) 그에게 권리가 주어졌는지, (b) 그가 그 권리를 직견적으로 침해하는 처우를 받는지, (c) 그가 이 처우에 걸맞은 무엇인가를 했는지에 달렸다. 만약 그가 이 처우에 걸맞은 방식으로 행동했다면 무고하지 않다. 만약 그렇지 않다면 무고하다. 따라서 인간 도덕 수동자가 그 권리를 직견적으로 침해하는 처우에 **걸맞은** 어떤 일을 할 능력이 없다는 것은 그가 무고할 수 없다는 것을 보여주지 않는다. 반대로 이것이 보여주는 바는, 인간 도덕 행위자와 달리 그가 **무고하지 않을 수 없다**는 것이다. 인간 도덕 수동자가 무고한 방패로 쓰이거나 위협자가 되는 어떤 경우처럼 우리가 인간 도덕 수동자의 해악을 입지 않을 권리를 정당하게 무시할 수 있는 경우라고 하더라도, 무고한 개체라는 그의 도덕적 지위는 그대로 남는다. 무고한 존재가 어떻게 처우받을 수 있는지와 관련해서 요구를 하는 도덕원리는 인간 도덕 수동자를 어떻게 처우할 수 있는지를 명백히 포함한다.[30]

동물의 도덕적 지위

동물의 경우에도 비슷한 논증이 가능하다. 동물은 도덕 행위자가 아니기 때문에 옳은 일도 잘못인 일도 할 수 없다. 따라서 인간 도덕 수동자처럼 동물은 자신의 권리를 직견적으로 침해하는 처우에 걸맞은 어떤 일도 할 수 없다. 그러나 동물권을 옹호하는 주장을 했기 때문에(8.5), 동물이 잘못인 일을 할 수 있는 능력이 없다고 해서 무고한 존재를 어떻게 처우해야 하는지 규정하는 원리에 의해 보호받지 못하는 것은 아니다. 반대로, 인간 도덕 수동자의 경우처럼, 이런 점에서 동물에게 능력이 없다는 것은 동물이 무고하지 않을 수 없다는 것을 보여준다. 무고한 존재에게 해악을 끼치는 것이 직견적으로 잘못이라는 원리는 우리가 동물을 다루는 행동에 명백히 적용된다.

앞서 나는 정당화된 예외를 허용하지 않으면서, 무고한 존재에게 해악을 끼치는 것에 대한 금지를 절대적인 것으로 간주하는 이유를 제시했는데, 이 점과 관련해서 동물의 지위가 다른 무고한 존재와 어떻게든 다르

•·

30) 도덕 수동자의 무고함에 대한 논평을 더 보고 싶으면 Dale Jamieson and Tom Regan, "On the Ethics of the Use of Animals in Science," in *And Justice for All*, ed. Regan and VanDeVeer(chap. 4, n. 9를 보라)를 보라. 나는 시드니 젠딘과 토론하면서 이 생각에 대한 도움을 받았다.

다고 가정하는 것은 자의적이다. 무고한 인간임에도 불구하고 그 인간에게 해악을 끼치는 것이 정당한 상황이 있기 때문에, 동물의 경우에 이 가능성을 부정하는 것은 왜곡이다. 특히 만약 인간 도덕 수동자가 무고한 위협자가 되거나 무고한 방패가 될 수 있기 때문에 해악을 입는 것이 정당화될 수 있다면, 동물이 그런 경우에 해악을 입는 것이 정당화될 수 없을 이유는 없다. 물론 인간 도덕 수동자에게 해악을 끼치는 것이 정당화되는 경우처럼, 잘못을 한 존재를 처벌하거나 그 공격으로부터 방어한다는 근거로 동물에게 해악을 끼치는 것을 정당화할 수는 없을 것이다. 현재 관련 있는 두 경우(무고한 위협자와 무고한 방패) 중에 전자가 일어날 가능성이 더 있다. 광견병 걸린 개가 우리 집 뒷마당에서 우리를 공격할 때 어떤 도덕적 죄도 범한 것이 아니다. 그러나 그 개는 분명히 위협을 한 것이고, 우리가 스스로를 보호하는 과정에서 그 동물에게 해악을 끼친다면 어떤 잘못도 한 것이 아니다. 무고한 방패인 동물에 대해서는 이것이 불가능하다고 생각하는 사람이 있을 수 있다. 예를 들어, 앞의 예에서 테러리스트가 암소를 탱크에 묶었다면, 소의 존재가 탱크 폭발을 조금이라도 억제한다고 생각하는 사람은 없을 것이다. 그러나 이것으로부터 소가 무고한 방패가 아니라고 또는 될 수 없다고 추론하는 것은 잘못이다. 분명히 그런 경우에 억제하는 것으로 기능하는 것은 억제하기를 희망하는 사람들의 믿음과 태도에 따라 달라진다. 그러나 기능하는 것이 방패 역할을 하도록 된 것의 도덕적 지위를 결정하지는 않는다. 은행 강도가 흑인을 무고한 방패 노릇을 하도록 하고, 법 집행관의 인종차별주의적 믿음과 태도 때문에 두 사람 모두 주저 없이 총에 맞는 것을 상상할 수 있다. 이것은 흑인인 인질이 무고한 방패가 아니라는 것을 보여주는 것이 아니라, 은행 강도의 선택이 그의 관점에서 보았을 때 현명하지 못했음을 보여줄 뿐이다. 탱크에 묶인 소의 경우에도 마찬가지이다. 대부분의 사람들이 주저없이 탱크를 폭파하는 것은 그 동물이 무고한 방패가 아니라는 것이 아니라 매우 효과적인 방패가 아니라는 것을 보여줄 뿐이다. 물론 동물을 무고한 방패로 사용하는 것이 효율적인 상황을 상상할 수도 있다. 만약 동물이 특별히 귀하다거나(가령 마지막 남은 수컷 독수리) 특히 소중히 여겨진다면(가령 사랑받는 애완동물), 그 동물은 아마도 평범한 성인 인간보다 더 효율적인 방패일 수도 있다. 그러나 **이 동물들이 단지 범죄자의 목적에 부합한다고 해서 무고한 방패이고**, 아니면 아니라고 추론하는 것 또한 잘못이다. 동물의 무고한 방패로서의 도덕적 지위는 억제 효과와는 무관하다. 그러나 동물이 무고한 방패로 사용될 때라고 하더라도, 그 동물에게 해악을 끼치는 짓을 하는 것은 잘못임에 틀림없다는 것이 따라 나오지는 않는다. 그것은 상황에 따라 달라질 것이다. 그래도, 동물의 무고함 때문에, 동물은 무고한 존재에게 해악을 끼치는 것에 반대하는 원리의 영역 안에 들어오지만, 다른 무고한 존재 이상으로 이 원리의 보호를 받을 수 없다. 도덕은 만약 받아들여진다면 동물에게 불리하게 작동하고, 안 받아들여진다면 동물에게 이득이 되는 이중 잣대를 용납하지 않는다.

　도덕 수동자를 무고하다고 보는 데 대한 마지막 반론은, 그런 견해에서는 옳거나 잘못일 수 없는 **어떠한 것이나** 무고하게 되고, 무고한 존재가 어떻게 처우받을 수 있는지에 관한 원리의 영역에 포함되어야 한다고 주장한다. 따라서 우리는 진흙, 머리카락, 먼지에도 의무를 갖게 되는데, 이는 터무니없다고 이 반론은 주장한다. 이 반론은 허수아비를 공격하고 있다. 도덕 수동자가 분명하게 무고하다고 생각되는 까닭은, 자신의 도덕적 권리를 직견적으로 침해하는 방식으로 처우받을 수 있기 때문이고, 그 권리를 침해하는 처우에 걸맞은 어떤 것을 할 수 없기 때문이다. 진흙, 머리카락,

먼지와 같은 대상이 침해할 수 있거나 침해할 수 없는 도덕적 권리를 갖는다고 믿을 이유가 없기 때문에 ─ 적어도 권리 견해 자체는 믿을 만한 이유를 제공하려고 열망하지 않는다 ─, 그것들의 경우는 이와 다르다.

8.9 수를 헤아려야 하는가?

무고함의 원리는 비록 결함이 있기는 하지만 중요한 진리를 포함하고 있다. 해악을 입지 않을 직견적 권리를, 잘못을 한 존재의 경우에는 그가 행한 잘못 때문에 정당하게 압도할 수 있지만, 무고한 존재의 경우에는 그렇지 않다. 더구나 무고한 존재에게 해악을 끼치리라 예측되는 행동을 하는 것은 아주 심각한 도덕적 문제이기 때문에, 우리는 무고한 존재의 해악을 입지 않을 권리를 예외적인 상황에서만 압도하도록 허용해야 하고, 그때도 그 권리를 압도하기 전에 합당하게 기대할 수 있는 모든 것을 해야만 한다(가령 탱크 사례에서 우선 테러리스트와 협상을 시도해야 한다거나, 총을 쏴서 무고한 사람을 위협하는 어린아이를 우선 달래려고 해야 한다). 이 권리를 언제 정당하게 압도할 수 있는지 분명하고 도움이 되게 진술하는 것은 확실히 어렵다. 아래에서 이 점에 관해 시도를 할 것이다(8.11~8.12). 그렇지만 우선은 고려해야 할 중요한 반론이 있다.

앞서 논의했던 사례들의 공통 주제는, 훨씬 더 많은 무고한 존재의 해악을 막기 위해 무고한 한 개체에게 해악을 끼쳐야만 한다는 것이다. 이런 의미에서 그 논의는 수─틀림없이 그냥 수가 아니라 무고한 존재의 수─를 헤아려야 한다고 가정한다. 이것은 합리적인 가정인가? 미국 철학자인 타우렉(John M. Taurek)은 그렇지 않다고 생각한다. 타우렉은 「수를 헤아려야 하는가?」[31]라는 도발적인 논문에서 많은 무고한 존재들을 구하기 위해 무고한 한 존재에게 해악을 끼치는 것이 정당하다는 견해에 일련의 반론을 제시한다. 그의 입장을 분명하게 하기 위해 다음 상황(나중에 **예방 상황**이라고 언급할 사례)을 상상해보자. 붕괴된 탄광에 51명의 광부가 갇혀 있고, 아무 조치도 하지 않으면 이른 시간 내에 확실히 죽는다. 정해진 시간 안에 갇힌 사람 중 50명에게 도달하는 유일한 방법이 있다고 가정하자. 정교하게 장착된 폭약으로 평행 갱도를 열면 갇힌 사람들이 탈출할 수 있다. 그러나 상황을 복잡하게 만드는 이런 문제가 있다고 가정하자. 즉 폭약이 사용되면 우연히 갱도에 갇힌 남은 한 명의 광부는 확실히 죽는다. 하지만 비슷한 폭약을 다른 광부들이 갇힌 갱도에 장착하면 이 한 명의 광부는 구할 수 있다. 그러나 그렇게 하면 그 갱도에서 50명의 광부가 모두 죽는 결과가 예측된다. 우리는 어떻게 해야 할까? '수를 헤아려야 한다'면, 비록 한 명에게 해악을 끼치는 것이 예측되더라도 50명을 구하는 행동을 해서는 안 되는 이유를 알기 어렵다. 타우렉은 이런 대답에 이의를 제기한다. 타우렉은 탄광 사례와 같은 상황에서 우리가 해야 할 일은 동전을 던져 어떤 쪽을 구해야 할지 결정하는 것이라고 생각한다. 앞면이면 50명, 뒷면이면 1명과 같은 식으로. 그는 "나는 그런 경우에 특별한 고려는 차치하고 동전을 던지겠다. 나는 수를 더하는 것만으로 어떤 것이 어떻게 그리고 왜 바뀌어야 하는지 알 수 없다."[32]

'특별한 고려'가 무엇인지는 타우렉이 모호하게 남겨놓기는 했지만, 그가 염두에 둔 것의 적어도 일부는 그런 경우에 **획득된 의무**, 즉 도덕 행위

∵

31) "Should the Numbers Count?" *Philosophy and Public Affairs* 6, no. 4: 293~316.
32) 같은 책, p. 306.

자가 자발적인 행위의 결과로서 갖거나 제도적 장치에서의 위치 때문에 갖는 의무가 있을 가능성이다. 이 점을 다음과 같이 설명할 수 있다. 광부들은 붕괴 이전에 구조 작업을 담당하는 사람들에게 탄광이 붕괴될 경우, 최대한의 광부를 구하는 데 모든 노력을 기울여야 한다고 지시했다고 가정하자. 이런 동의가 자발적으로 이루어졌다고 가정한다면 그것은 구조 작업을 담당하는 사람들에게 한 명이 아니라 50명을 구하라는 획득적 의무를 부여할 것이고, 타우렉의 견해에서 '특별한 고려'로, 곧 한 명이 아니라 50명 쪽으로 저울이 기우는 고려로 간주될 것이다. 그러나 이 방향으로 저울이 기우는 것은 50이 1보다 50배이기 때문은 아니다. 모두가 자발적으로 바로 그 동의에 이르렀기 때문이다. 예방 상황에서 이 선택지보다 저 선택지를 선호하는 '특별한 고려'가 없을 때는, 타우렉의 견해는 수를 헤아리지 않는다는 것이다. (아래 8.12에서 '특별한 고려' 주제로 돌아갈 것이다.)

그러나 왜 수를 헤아리지 않는가? 타우렉은 광산 붕괴와 같은 경우를 언급하면서 "내가 (그런 경우)에 대해 생각하는 방식은 본질적으로 내가 그것(이 경우에는 한 명의 광부의 죽음)을 예방하지 않으면 이 한 사람(즉 한 명의 광부)이 무엇을 잃거나 고통받을지 심각하게 고려하는 것이고, 또한 내가 그것을 예방하지 않으면 다른 사람들이 잃거나 고통받는 것과 함께 **그 한 명이** 잃거나 고통받는 것의 의미를 고려하는 것이다. 이러한 생각에는 이 상황에서 두 사람 각각의 손해를 합산한다는 생각을 진지하게 고려하지 않겠다는 의지가 반영되어 있다."[33] 달리 말해, 한 광부가 목숨을 잃는 것에 또 다른 광부가 목숨을 잃는 것이 더해지고, 여기에 또 다른 광부들이 목숨을 잃는 것 등이 더해져서 손해 또는 해악의 총합에 도달할 수 없

33) 같은 책, pp. 307~308.

다는 것이다. 타우렉의 견해에는 각 광부들이 겪는 손해만이 있다. 각각의 손해의 '총합'은 없다. 그리고 타우렉의 견해에서 그런 경우에 '수를 헤아리지 않는다'라는 결론으로 이끄는 것은 바로 이 사실—그런 손해는 합산될 수 없다는 사실—이다. 관련된 개인들 각자의 손해를 합할 방법이 없기 때문에, 특별한 고려는 차치하고, 50명을 구하는 것을 한 명을 구하는 것보다 선호해야 할 이유는 없다.

타우렉은 자신의 입장이 합당하다는 것을 보이고자 예를 제시한다. 우리는 전혀 모르는 당신이 '상당한 강도의 어떤 고통'을 겪는 것에 동의한다면, 내가 조금의 고통을 면하게 되는 상황을 상상해보려고 한다. 어떻게 하면 당신에게 승낙을 요청할 수 있을지 상상하기 어렵다. 그러나 이번에는 만약 당신이 우리 대신에 고통받는 것에 동의한다면 우리가 비교적 사소한 고통을 면할 수 있는 더 많은 사람들을 소개한다고 상상해보자. 타우렉이 보기에 이렇게 한다고 해서 달라질 것은 아무것도 없다. "만약 우리 중 어느 누구도 자신이 더 작은 고통을 면할 수 있게 당신이 더 큰 고통을 기꺼이 겪어야 하는 충분한 이유를 제시하지 못한다면, 집단이 고통을 면할 수 있게 당신에게 고통을 요청해야 할 좋은 이유는 전혀 없다. 고통은 이런 식으로 합산되는 것이 아니다. 사소한 두통을 경험하는 수많은 사람들의 불편함이 더해진다고 해서 편두통을 경험하는 사람의 불편함이 되지는 않는다. 이런 거래 상황에서 우리는 당신의 고통이나 손실을 집단의 고통이나 총합의 고통—그것이 정확히 어떤 것이든 간에—과 비교할 것이 아니라, **우리 중 어떤 한 명이** 겪거나 잃는 것과 비교해야 한다."[34]

타우렉이 고통에 대해 말한 것은 옳지만, 이것은 자신의 사례에 아무런

∴
34) 같은 책, p. 308.

보탬이 안 된다. 당신이 참으라고 요청받은 고통('심각한 강도의 어떤 고통')은 직견적으로 당신에게 해악을 끼치겠지만, **여러 사람이 경험하는 사소한 고통의 총합은 어느 누구에게도 해악을 끼치지 않는다.** 고통 사례가 탄광 붕괴 사례와 근본적으로 다르게 되는 것은 바로 이것 때문이다. 고통 사례와 대조적으로 탄광 붕괴 사례에서 우리는 하나는 무고한 존재에게 해악을 끼치고 다른 하나는 그렇지 않은 선택지 사이에서 선택을 하라는 요청을 받는 것이 아니다. 무고한 어떤 존재에게 해악을 끼치며 **또** 각각을 직견적으로 유사한 방식으로—즉 죽게 함으로써—해악을 끼치는 **모든** 선택지들 중에서 고르라고 요청받는 것이다. 그렇다면 "(그런 상황에서) 두 사람의 서로 다른 손실을 합산한다는 생각을 진지하게 고려하지 않겠다"라는 이유는 무엇인가? 타우렉의 고통 사례에서처럼 '손해'가 모두 해악을 수반하지 않을 때는 우리는 어떤 이유가 있는지 알 수 있다. 그러나 모든 선택지가 직견적으로 유사한 방식으로 무고한 존재에게 해악을 끼칠 때는? 왜 가령 광부 50명의 죽음을 가져오는 선택지를 고른다면 생길 해악을 손쉽게 합할 수 없는가? 타우렉은 그렇게 하는 것이 손쉽다는 것을 반대하는 이유를 분명히 제시하지 않았다.

아마도 타우렉은 다음과 같이 생각한 것 같다. 우리가 비록 해악이나 손실을 합할 수는 있지만, **그 합은 어느 누구에게도 해악을 끼치지 않는다.** 즉 합해진 개인, 말하자면 우리가 50명이 죽게 되는 선택지를 고른다면 해악을 입을 50명 각각의 광부의 합성물, 다시 말해 우리가 한 명의 광부가 죽음으로 끝나는 선택지를 고른다면 그가 겪을 해악보다 50배나 더 큰 해악을 겪을 개인은 없다. 51명의 각각의 광부들만이 있을 뿐이며, 각각이 겪을 손실은 그 개인에게는 다른 개인이 겪을 손실만큼이나 크다. 타우렉은 '수를 헤아리게 하라'라는 것은 한 명의 광부보다 50배나 크게 손실을 겪는 합해진 개인이 있다고 가정하는 것이라고 생각한다. 그러나 그런 개인은 없기 때문에 수를 헤아리게 할 수 없으며, 바로 그 이유 때문에 우리는 수를 헤아려서는 안 된다.

이것이 타우렉이 생각하는 것이라면, 그는 혼동하고 있다. 총합을 잃은 특정 개인이 있다는 것을 가정하지 않고서도 합해진 손실은 의미가 있다. 버트, 돈, 찰리가 모두 크라이슬러 사에 투자를 했고, 모두 각기 다른 액수의 돈을 잃었다고 한다면, 각자의 손실의 총합을 잃은, 세 명을 합한 네 번째 개인이 있다는 것을 가정해야만 그들의 손실이 의미가 있을 수 있다는 것은 따라 나오지 않는다. 이것을 가정하지 않고서도 그들 각자의 손실을 손쉽게 합할 수 있는 것은, 다섯 번째 사람(평균을 잃은 사람)이 태어났다고 가정하지 않고서도 그들의 총 손실의 평균을 계산할 수 있는 것과 마찬가지이다. 해악을 합하는 경우가 이런 점에서 달라야 할 이유는 없다. 우리는 해악의 총합을 경험하는 합성물, 곧 버트, 돈, 찰리 말고 또 다른 개인을 가정하지 않고서도, 세 명이 재정적 손해로 얼마나 많이 해악을 입었는지 손쉽게 물을 수 있으며, 그들의 해악의 총합은 다른 투자자 집단이 입은 해악의 총합과 같을 수도, 그것보다 많거나 적다고 하는 주장을 의미 있게 할 수 있다.

아마도 타우렉은 제안된 방식으로 해악을 합하는 것이 가능하지만 그렇게 해야 한다는 것을 부인한다고 주장할지 모른다. 해악을 합하는 것을 금지하는 것과 해악을 합할 수 없다고 주장하는 것이 항상 구별되는 것은 아니지만, 그래도 그렇게 금지하는 것은 그의 논증에서 두 번째 실마리이다. 이 점에 관한 그의 입장은 다음과 같다. 모든 광부를 똑같이 처우하기 위해서 우리는 광부 각자의 생존에 똑같이 관심을 가져야 한다. 그러나 각 광부에게 동등한 관심을 가지려면 우리는 숫자를 헤아리지 않도록 해야 한다. 만약 광부 한 명의 생존에 대한 나의 관심이 50명 각각에 대한 나의 관심과 동등하다면, 나는 그들 모두를 똑같이 처우해야 한다. 그리고 그들 모두를 똑같이 처우하려면 생존을 위한 복권 추첨에서 모두에게 동등한 기회를 주어야 한다. 말하자면, 타우렉의 견해에서는, 동전 던지기를 해야 한다.

이런 접근은 적어도 세 가지 서로 다른 이유에서 만족스럽지 못하다. 첫째, 그런 경우에 동전을 **딱 한 번** 던지는 것은 명백히 영향을 받는 모든 사람을 동등하게 처우하는 것이 아니다. 그 내기는 한 명에게는 유리하고 50명에게는 불리한 불공정한 것이다. 동전 던지기를 공평하게 하기 위해서는 한 명의 광부를 상대로 50명의 광부 **각각에 대해** 동전을 적어도 50번은 던져야 한다. 사실, 50명 각각이 하나의 개체를 이루는 것처럼 처우하는 것은 집단적인 운명을 단 한 번의 동전 던지기로 결정할 때 하는 일인데, 이것 자체는 그들 **각각에게** 앞으로 생길 손실을 신중하게 고려하라는 타우렉의 명령과 극렬하게 대립하는 것이다.

둘째, 광부 사례의 상황은 관련된 모든 사람을 동등하게 처우하기 위해 동전을 던진다 해도 그 결과를 수행할 합리적인 방법은 없을 것이다. 동전을 50번 던졌을 때 그 결과는 운에 따른다고 가정하자. 한 명의 광부는 50%의 확률로 이기고, 50명의 광부 중 25명이 나머지 50%의 확률로 이긴다. 어떻게 해야 하는가? 이 사례의 본질은 우리가 한 명을 죽이지 않고 25명을 구하는 것을 금지하는 것이다. 그리고 만약 그 한 명이 동전 던지기의 50%를 이긴다는 이유로 그를 구하려고 한다면, 이것은 말하자면 1대 1 경쟁을 했을 경우 한 명의 광부를 이길 25명의 광부를 확실히 죽이는 조치를 취하는 것이나 마찬가지이다. 앞면이 나오면 한 명의 광부를 구하고, 뒷면이 나오면 다른 광부들은 죽게 되는 결과에 모든 것을 맡기고 동전을 다시 던질까? 그러나 이런 대답은 애초의 방식에 제기되었던 것과 동등한 반론에 부딪힐 것이다. 그것은 한 명의 광부에게 불공정한 이익을 주기 때문에 관련된 모든 사람들을 동등하게 처우하는 것이 **아니다**.

그러나 셋째, 처우의 동등이 존중의 원리로서 해석될 때, 한 명이 아니라 50명을 구하는 쪽을 선택하면 동굴에 갇힌 사람들을 동등하게 처우하지 않는다는 것은 거짓이다. 광부들 각각은 본래적 가치를 소유하고 있기 때문에 동등한 존중을 받을 자격이 있다. 그리고 이것은 곧 제시될 이유 때문에 한 명을 희생하고 50명을 구할 때 성공하는 어떤 것이다.

8.10 최소 압도의 원리와 상황 악화의 원리

타우렉의 견해에 대한 비판에도 불구하고 그 견해에는 중요한 통찰이 들어 있다. 무고한 존재에게 해악을 끼쳐도 되는지, 가능하다면 언제 그래도 되는지 결정하는 한 가지 방식은 다음과 같다. 우리는 무고한 존재의 해악의 총합을 최소화하도록 행동해야만 한다(**최소 해악의 원리**). 따라서 가능한 모든 선택지가 무고한 존재에게 어떤 해악을 끼치는 상황이라면, 우리는 해악의 총합이 최소가 되는 결과의 선택지를 골라야 한다.

최소 해악의 원리는 우리의 숙고된 믿음과 충돌한다. 다음과 같은 예방 사례를 상상해보자. 우리가 A에게 아주 철저하게 해악을 끼칠 수 있고, **또는** 우리가 다른 수천의 사람에게 적당히 해악을 끼칠 수 있고, **또는** 우리가 아무것도 안 하지만 그 경우 A와 수천의 사람이 방금 말한 것처럼 해악을 입을 수 있다. 문제가 되는 해악에 수치를 매길 수 있다고 가정해보자. A의 해악은 가령 −125와 같고, 수천 명의 사람 각각이 −1의 해악을 입으면 그 합은 −1,000이고, 두 경우의 합은 −1,125이다. 이들 모두는 무고하다. 우리는 어떤 선택을 해야만 하는가? 우리가 이 문제를 최소 해악의 원리가 권고하는 원리에 의해 결정한다면, 우리가 해야 할 일은 A에게 해악을 끼치는 것이다. 그리고 그것은 대단히 불공평해 보인다. 그 선택을 고르면 그의 삶의 질은 결국 엉망진창이 될 것인 데 비해, 다른 사람의 복리는 개인으로 생각하면 온건하게만 감소될 것이다. 우리가 해야 할 일은 두 번째 선택을 고름으로써 A에게 큰 해악을 끼치지 않고 그 해악을 흩뿌리는 것이다.

이제 만약 그것이 우리가 해야 하는 것이라면, 우리는 최소 해악의 원리를 거부해야만 한다. 그러나 우리의 숙고된 믿음에 호소하는 것이 논란이 되기 때문에, 거기에 호소하지 않고 이 원리를 무효화할 수 있기를 원할 것이다. 해악을 합하는 가능성에 반대하는 타우렉의 논증은 우리의 직관에 호소하지 않고서 그 원리를 몰아내는 시도로 이해할 수 있다(그가 그렇게 의도했는지는 분명하지 않다). 해악이 합산**될 수 없다면**, 최소 해악의 원리를 거부할 굳건한 이유가 생기게 된다.

그러나 그렇게 하는 타우렉의 논증을 받아들이지 않고서도, 그리고 우리의 숙고된 믿음에 호소하지 않고서도 이 원리를 거부하는 것이 가능하다. 그것을 거부하는 근거는 존중의 원리와 그것이 의존하는 본래적 가치의 가정이 주는 함의를 생각해냄으로써 발견할 수 있다. 최소 해악의 원리는 우리에게 최악의 결과를 피하는 방식으로 행동하라고 알려주는 결과론적 원리이다. 이때 '최악의 결과'는 그 결과에 의해 영향을 받는 모든 무고한 존재들에게 끼치는 해악의 최대 합으로 이해된다. 따라서 최소 해악의 원리를 받아들이는 것은 도덕 행위자나 수동자가 가령 쾌락과 고통이 아니라 해악과 이득을 담는 **한갓 그릇에 불과해서**, 어떤 개체에게 끼치는 해악은 그렇게 함으로써 다른 존재에게 겪지 않게 하는 해악의 최대 합에 의해 보상된다고 가정하는 것이다. 권리 견해는 도덕 행위자와 수동자를 이런 식으로 보는 것을 거부한다. 본래적 가치를 갖는 개체들은 **어떤 것의 한갓 그릇으로 보아서는 안 되며**, 따라서 한갓 그릇이라고 가정하는 방식으로 처우될 수 없다. 그들을 그렇게 처우하는 것은, 그들이 본래적 가치를 지닌 소유자로서, 엄격한 정의의 관점에서 볼 때 그들이 기본적인 도덕적 권리의 처우를 받을 자격이 있다고 존중해야 하는 태도로 그들을 대하지 않는 것이다. 그렇다면 최소 해악의 원리의 근본적인 잘못은 그것이 서로 다른 개체의 서로 다른 해악을 합할 수 있다거나(타우렉의 반대에도 불구하고 합할 수 있다) **또는** 그 함의가 우리의 숙고된 믿음과 충돌한다는 것(실제로 충돌하지만)이 아니다. 그 근본적인 잘못은 도덕 행위자와 수동자가 그 자체로 독립적인 가치를 가지지 않는, 가치를 담는 한갓 그릇이라고 가정하는 데 있다. 그것이 바로 이 원리의 함의가 우리의 숙고된 믿음과 조화하지 않는 **이유**이다.

최소 해악의 원리를 거부하는 것만으로는 충분하지 않다. 권리 견해가 우리의 합리적인 동의에 어떤 주장을 하려고 한다면, 우리가 최소 해악의 원리에 의존하도록 만들고 싶은 그런 종류의 사례에 정확하게 지침을 제공할 수 있어야 한다. 즉 예를 들어 무고한 소수에게 해악을 끼치거나 아니면 다수에게 해악을 끼치는 것 중 선택해야만 하는 예방 사례가 그것이다. 권리 견해는 그런 사례에 적용되는 두 가지 원리를 인정하는데, 둘 모두 존중의 원리에서 도출 가능하다. 이런 도출의 근거를 준비하기 위해서는 앞서 해악을 분석한 결과 중 일부를 상기해야 한다(3.4를 보라).

유사한 해악

이전의 분석에서 고통 야기로서의 해악과 박탈로서의 해악을 구분했다. 박탈인 해악은, 한 개인이 만족감을 가져다줄 일을 할 수 있는 것이 그의 이익일 때, 그 기회를 빼앗는 것이다. 고통 야기인 해악은, 그것이 개인에게서 만족감의 기회만 빼앗는 것이 아니라, 그 개인의 전반적인 복리를 직접 손상하기 때문에, 개인의 삶의 질을 감소한다. 심신을 약하게 하는 고통이 전형적인 고통 야기 해악이다. 박탈인 해악에는 개인의 자율성의 제약이 포함된다. 어떤 범주에 속하든, 모든 해악이 동등한 것은 아니다. 예를 들어 이른 죽음은 자유의 일시적인 상실보다 직견적으로 훨씬 큰 해악인데, 그 이유는 직견적으로 훨씬 큰 상실을 남기기 때문이다. 그러나 해악은 같은 개체가 서로 다른 방식으로 해악을 입을 때만 동등하지 않은 것이 아니다. 한창때의 여자의 이른 죽음은 그의 나이 든 어머니의 죽음보다 직견적으로 훨씬 큰 해악이다. 둘 모두 목숨을 잃지만, 젊은 여자가 겪는 상실의 크기, 따라서 해악은 일견 더 크다.

앞서 해악 분석을 통해 해악의 크기와 강도를 구분할 수 있었던 것은 그 분석의 장점이다. 또 다른 장점은 유사한 해악의 개념에 내용을 부여할 수 있게 된 점이다. 두 해악이 한 개체의 복리를 또는 둘 이상의 개체의 복리를 동등하게 손상할 때 그 해악들은 유사하다(comparable). 예를 들어 어떤 종류와 강도의 고통이 일어나는 사건들의 유사한 조건은, 그것들이 같은 개체에서 서로 다른 시기에 또는 서로 다른 개체에서 같은 또는 다른 시기에 복리를 똑같이 감소할 때이다. 그리고 죽음이 일으킨 기회의 상실이 어떤 두 사례에서도 동등하다면 그 죽음은 유사한 해악이다. 그러나 개체의 다양성 때문에, 어떤 것에 해악을 끼치는 것이 다른 것에는 해악을 끼치지 않을 수 있거나, 해악을 동등하게 끼치지 않을 수 있다. 예를 들어 물리적 고통의 경우에, 어떤 사람은 다른 사람보다 더 잘 참고, 고통을 겪는 어떤 사람은 이것을 '위장된 축복'으로 금방 받아들이는 데 비해 다른 사람들은 그 결과로 삶이 산산조각 난다. 그러므로 우리는 직견적으로 같은 종류의 해악이 어떤 두 경우에서도 반드시 유사한 해악이 될 것이라고 당연하게 가정할 수 없다. 우리가 가정할 **수 있는** 것은, 유사한 해악이 될 것이라는 강한 추정이 있다는 점이다. 즉 다른 점이 같다면, 비슷한 해악은 비슷한 결과를 갖는다고, 다시 말해서 개체의 복리로부터 동등하게 빼앗으며 그래서 유사하다고 간주될 수 있다고 가정하는 것이 합리적이다. 만약 당신이 직장에 가는 길에 이웃의 들판을 가로질러 걷는 것에 익숙해졌는데, 내가 그 들판을 사서 담을 쳐서 당신이 들판을 돌아서 가야 하고 그래서 당신이 좀 더 일찍 일어나고 출근 시간이 좀 더 오래 걸린다면, 당신은 틀림없이 내가 한 행동 때문에 불편해질 것이고, 그것으로 인해 직견적으로 해악을 입은 것이다. 그렇다고 동의하자. 그러나 당신이 이 작은 불편함을 **얼마나 많이 느끼는지는** 당신 일이지 내 일이 아니다. 당신이 시간이 더 걸리게 되어 정신이 없게 되고, 그것을 걱정하고, 부인과 이혼하고, 우리 집에 불을 지르고, 인생을 망치고, 덤으로 감옥에서 인생을 보내야 한다면, 당신 뜻대로 되지 않은 많은 해악을 입은 것에 대해 나에게 도덕적으로 책임을 묻는 것은 터무니없다. 내가 담을 치겠다는 결정이 당신의 몰락과 **인과적으로** 연결되어 있으며, 나는 내가 한 결정에 도덕적인 책임을 져야 한다. 그러나 당신이 작은 해악으로부터 더 큰 해악을 만든 데 대해 내가 책임을 져야 한다는 것이 따라 나오지는 않는다. 그러므로 권리 견해가 직견적으로 유사한 방식으로 개체들에게 해악을 끼치는 것에 대해서 그리고 행위자가 거기에 대한 책임을 지는 것에 대해 이야기한다고 해서, 이것이 곧 다른 개체가 자신의 의지의 결과로 그 해악을 원래보다 더 큰 어떤 것으로 만드는 것에까지 행위자가 책임을 져야 한다는 것을 함의하지는 않는다.

최소 압도의 원리

유사한 해악이라는 개념을 사용해서, 권리 견해는 예방의 상황에서 결정할 때 호소할 수 있는 두 가지 원리를 정식화할 수 있다. 첫 번째 원리는 **최소로 압도하라는 원리**(the minimize overriding principle), 곧 **최소 압도의 원리**(miniride principle)로서 다음과 같이 말한다.

특별한 고려 사항은 차치하고, 무고한 다수의 권리를 압도하는 경우와 무고한 소수의 권리를 압도하는 경우 사이에서 선택해야만 할 때, 그리고 영향을 받는 개체들이 직견적으로 유사한 방식으로 해악을 입는다고 할 때,[35] 다수의 권리를 압도하는 쪽보다는 소수의 권리를 압도하는 쪽을 선택해야 한다.

이 원리는 존중의 원리로부터 도출 가능하다. 존중의 원리가 모든 도덕 행위자와 수동자는 해악을 입지 않을 직견적 의무를 직접 마땅히 가지고 있으며(5.6), 이런 의무를 마땅히 가지고 있는 모든 존재는 해악을 입지 않을 것에 대한 동등하게 정당한 요구를, 따라서 직견적인 도덕적 권리를 가

‥

35) 해악이 직견적으로 유사하다고 말하면서 어떤 개체도 다른 개체보다 더 상황이 악화되지는 않을 것이라고 가정한다. 어떤 개체가, 곧 얼마만큼의 수가 더 상황이 악화되는 사례인지는 뒤에서 논의한다.

지고 있다는 것(7.9)을 함축한다. 이제 이 권리가 동등하다는 **정확히 그 이유 때문에**, 두 개체가 겪는 해악이 직견적으로 유사할 때, 어떤 개체의 권리도 다른 개체의 권리보다 더 중요하지 않다. 따라서 A의 권리는 B의 권리나 C의 권리나 D의 권리보다 더 중요하지 않다. 그러나 첫째, A에게 해악을 끼치는 선택, 둘째, B, C, D에게 해악을 끼치는 선택, 셋째, 그들 모두에게 해악을 끼치는 선택의 세 가지 선택 중에 고르는 상황에 직면하고, 각 개체에게 예측 가능한 해악은 직견적으로 유사하다고 한다면, 수를 헤아린다. 각자는 하나로 헤아려야 하므로 어느 누구도 하나 이상으로 헤아려서는 안 된다는 **정확히 그 이유 때문에**, 우리는 B, C, D의 권리를 압도하는 선택이 A의 권리 하나만 압도하는 선택보다 더 낫다거나 못하다고 간주할 수 없다. 셋은 하나 이상이고, 네 개체가 해를 입지 않을 평등한 직견적인 권리를 가질 때, 그들이 겪는 해악이 직견적으로 유사할 때, 지금 특별한 고려를 할 필요가 없을 때, 관련된 개인들의 동등한 권리들을 동등하게 존중하려면 많은 쪽(B, C, D)의 권리보다 A(적은 쪽)의 권리를 압도해야 한다. 이 상황에서 많은 쪽의 권리를 압도하는 선택을 하는 것은, 권리를 한 번만 압도할 수 있게 선택할 수 있을 때 동등한 권리를 세 배 압도하는 것이고(즉 서로 다른 세 개체의 경우에), **그것은** 관련된 모든 개체의 평등한 권리에 동등한 존중을 보여주는 것과 일관적이지 못하다.

적은 쪽의 권리 압도를 선호하는 것은 각각을 하나로 헤아려야 하며 어떤 누구도 하나 이상으로 헤아려서는 안 된다는 요구 조건과 결코 어긋나지 않는다. 반대로, 특별한 고려 사항은 차치하고, 소수의 권리가 아니라 다수의 권리를 압도하라고 선택하는 것은 A의 권리를 하나 이상으로 헤아리는 것, 즉 적절한 측면에서 평등한 세 개체들의 권리를 압도하는 것과 같은 것이 될 것이다. 따라서 무엇을 해야 할지 결정할 때 한 개체가 적절한 측면에서 동등한 다른 개체보다 더 큰 목소리를 내도록 허용해서는 안 되기 때문에, 검토했던 종류의 예방 사례에서 우리가 해야 할 것은 무고한 존재라도 많은 쪽의 권리를 압도하기보다 소수 쪽의 권리를 압도하는 것을 선택하는 것이다. 그리고 이것이 바로 최소 압도의 원리가 명하는 것이므로, 그 원리는 존중의 원리로부터 도출 가능하다.

이런 도출에 대해 두 가지 반론을 예측할 수 있다. A의 권리가 B의 권리, C의 권리, D의 권리와 동등하므로, A의 권리는 B, C, D[36]를 하나로 합한 권리와 동등함에 틀림없다고 주장할 수 있다. 그러므로 이 반론은, B, C, D에게 해악을 끼치는 것보다 A에게 해악을 끼치는 일을 선호하는 것은 각각을 하나로 헤아리고 어떤 것도 하나 이상으로 헤아리는 것이 아니라고 주장한다. 이 반론에 대한 대답은 어떤 점에서는 앞서 타우렉에 대해 제기한 반론을 생각나게 한다. 요점은 간단하다. 해악을 입지 않을 권리를 갖는 합해진 개체─B, C, D의 합성물─란 없으며, 이것은 애초에 합해진 개인은 없다는 아주 단순한 이유 때문에 그렇다. 구분되고 개별적인 개체 B, C, D만 있으며, 이들 개체 각각은 A의 권리와 동등한 권리를 갖는다. 그렇다면 우리에게 닥친 문제는, A의 권리를 압도할 것인지 이 합성물인 개체의 동등한 권리를 압도할 것인지 사이에서 무엇을 선택해야 하는지가 아니라, A의 권리를 압도할 것인지 아니면 구분되고 개별적인 다른 세 개체의 동등한 권리를 압도할 것인지 사이에서 무엇을 선택해야 하는가이다. 세 개체를 마치 A와 같은 (동등한) 권리를 갖는 단일한 집합체인 개체인 것처럼 하나로 처우하는 것은, 각 개체가 해악을 입지 않을 권리를 갖는다는 생각에 의미를 부여하기 위해서 필요한 것이 아닐 뿐만 아니라, 영

36) (옮긴이) 원문에 A, B, C라고 되어 있으나 B, C, D를 잘못 표기한 것 같다.

향을 받는 개체들 각각을 동등하게 처우해야 하는 요구 조건과도 반대된다.

두 번째 반론은 다른 방법을 택한다. 이것은 최소 압도의 원리가 무고한 소수를 한갓 그릇으로 처우하는 것을 허용하는데, 이는 존중의 원리가 용납하지 않는 어떤 것이므로, 최소 압도의 원리는 존중의 원리와 상충한다고 주장한다. 우리는 A의 권리를 압도한다고 선택함으로써 B, C, D가 겪는 훨씬 더 큰 해악의 합을 예방하기 때문에, A의 권리를 압도하도록 허용하는 것은 A의 손실이 이 합만큼 나쁘지 않으며, 이는 A의 권리를 압도할 수 있다는 뜻임을 함의하는 것이다. 그래서 반론의 주장에 따르면, 이것은 최소 해악의 원리―앞서 주장한 것에 따르면 존중의 원리를 받아들인다면 거부해야만 하는 원리―에 따라 A가 한갓 그릇으로 처우되는 것과 같은 방식으로 그리고 동등한 이유로 A를 한갓 그릇으로 처우한다는 것이다. 따라서 존중의 원리를 받아들인다면 최소 압도의 원리를 거부해야만 한다.

이 반론은 최소 압도의 원리를 지키며 행동할 때 예측 가능한 결과에 대한 고려와, 권리 견해가 이 원리를 받아들이는 근거를 혼동한다. 무고한 다수의 권리를 우선해서 소수의 권리가 압도될 때 그 결과로 생기는 해악의 합이, 소수의 권리를 우선해서 다수의 권리가 압도될 때 그 결과로 생기는 해악의 합보다 덜 나쁘다고 (즉 해악의 합이 더 적다고) 예상 가능하다는 것은 참이다. 그러나 권리 견해에 따르면 전자를 선택하는 이유는 이런 선택을 했을 때 합산된 결과가 더 낫기 (즉 덜 나쁘기) 때문은 아니다. 그렇게 보는 것은 관련된 개체들을 한갓 그릇으로 보는 것이 **될 것**이다. 권리 견해가 소수의 권리를 압도하는 쪽을 선택하는 이유는, 이것이 동등한 본래적 가치 **그리고** 관련된 개체들의 동등한 직견적인 권리를 동등하게 존중한다는 것을 보여주려고 할 때 우리가 해야 하는 것이기 때문이다. 한마디로, 중요한 것은 결과에 의해 영향을 받는 모든 것을 합한 것이 아니다.

632

관련된 개체들이 동등함을 존중하는 것이다.

최소 압도의 원리는 권리 견해에서 왜 한 명의 광부가 아니라 50명의 광부를 구하는 행동을 해야 하는지 설명한다. 그 사례를 앞에서 논의할 때 각 광부가 만약 죽으면 입을 해악은 다른 광부가 입을 해악과 유사하다고 암묵적으로 가정했다. 그들의 손실이 직견적으로 유사하다는 것을 전제하면 그런 가정은 합리적이다. 이만큼을 인정하고, 당장 특별히 고려할 사항이 없다고 할 때, 최소 압도의 원리는 비록 다수를 구하는 것이 소수의 권리를 압도한다는 뜻이라고 할지라도 다수를 구하기 위해 해야 할 일을 해야 한다고 요구한다. 그리고 이렇게 요구하는 이유는 이런 선택을 했을 때 결과로 생기는 해악의 합이 다르게 선택하는 쪽을 선택했을 때보다 덜 나쁘기 때문은 아니다. 이것은 우리가 관련된 개체의 본래적 가치를 동등하게 존중함을 보여주려고 한다면, 그리고 그들의 동등한 권리를 동등하게 헤아리려고 한다면 우리가 해야만 하는 선택이기 때문이다.

상황 악화의 원리

권리 견해와 최소 해악의 원리의 근본적인 차이는 해악이 유사하지 않은 예방 상황을 고려하려고 할 때 더욱 뚜렷하게 부각된다. A에게 꽤 극심하게 해악을 끼치거나(-125), 1,000개의 개체들에게 보통으로 해를 끼치거나(각각 -1), 아무 일도 하지 않는 것 사이에서 선택해야 하는 앞선 예방 상황을 상기해보자. 그런 상황에서 관련이 있는 유일한 고려가 압도되는 권리의 수를 최소화하는 것이라면, 개체 하나는 1,000개 그리고 1,001개의 개체보다 그 수가 적기에 우리가 해야 하는 일은 A에게 해를 끼치는 것이다. 그러나 최소 압도의 원리는 **단순히** 압도되는 권리의 수를 최소화하라고 명령하지는 않는다. 그것은, 특별한 고려 사항은 차치하고, 모든 무고한 존재들이 직면하는 해악이 직견적으로 **유사하다는** 전제에서 그렇게 하라고 명령한다. 그러나 방금 제시한 사례에서 해악은 직견적으로 유사하지 않다. A가 겪는 해악은 1,000개 중 어떤 하나가 겪는 해악을 크게 넘어서고, 1,000개가 겪을 해악의 합은 어떤 하나의 개체에게도 해악을 끼치지 않으며, 따라서 A가 겪을 해악과 유사한 (또는 그것보다 훨씬 큰) 해악이 된다고 생각할 수 없다. 최소 해악의 원리는 A에게 해악을 끼치는 선택을 고르라고 요구할 것이다. 최소 압도의 원리는, 해악이 직견적으로 유사한 예방의 상황에만 적용되기 때문에, 모든 무고한 존재가 입는 해악이 직견적으로 유사하지 않은 이런 상황에는 적용할 수 없다. 따라서 권리 견해는 최소 압도의 원리와 구분되지만 일관적이고, 최소 해악의 원리와 구분되지만 그것으로 환원될 수는 없는 두 번째 원리를 필요로 한다. 다음 원리(**상황 악화의 원리**[the worse-off principle])가 그 요구 조건을 만족한다. (다음 규정은 '다수의 권리'와 '소수의 권리'라는 용어를 이용해서 제시된다. 그러나 상황 악화의 원리에서 [소수, 다수처럼] 꼭 수가 다를 필요는 없다. 그런 상황은 다음 절에서 고려할 것이다. 이 원리는 우리 스스로의 상황이 악화되는 것을 예방하기 위해 행동할 때도 적용된다. 이것은 9.11을 보라.)

특별한 고려 사항은 차치하고, 무고한 다수의 권리를 압도하는 경우와 무고한 소수의 권리를 압도하는 경우 사이에서 선택해야만 할 때, 그리고 다른 쪽을 선택한 경우 소수가 겪는 해악이 그들의 상황을 악화하는 정도가 다수가 겪는 해악이 그들의 상황을 악화하는 정도보다 클 때, 다수의 권리를 압도해야 한다.

최소 압도의 원리와 달리 상황 악화의 원리는 현재의 예가 설명하는 예방 상황의 유형에 적용되고, 최소 해악의 원리와 달리 상황 악화의 원리는 그렇게 하면 더 적은 해악의 합이 생긴다는 이유로 A의 권리를 압도하는 것을 승인하지 않는다. 상황 악화의 원리는, 비록 1,000개의 개체 각각이 무고할지라도 그리고 각 개체들의 권리를 압도함으로써 한 개체의 해악을 겪지 않을 권리를 압도하기보다 1,000개의 무고한 개체의 권리를 압도할지라도, 1,000개의 권리를 압도하는 것을 승인한다. 간단히 말해서 이런 종류의 상황에서 수를 헤아리지 않는다.

상황 악화의 원리는, 최소 압도의 원리처럼 존중의 원리에서 도출 가능하다. 먼저 존중의 원리는 1,000개의 개체들에게 **더 큰 합의 해악**을 입지 않게 할 것이라는 근거로 A에게 해악을 끼치는 것을 허용할 수 없다는 데 주목하라. A에게 끼치는 해악을 이런 식으로 정당화할 수 있다고 가정하는 것은 A를 한갓 그릇으로 처우하는 것이라고, 다시 말해서 A의 손실은 다른 개체들의 손실의 합에 의해 압도될 수 있다고 가정하는 것이다. 존중의 원리는 이를 허용하지 않는다. 만약 우리가 A를 엄격한 정의의 관점에서 그가 마땅히 받아야 할 존중의 태도로 처우한다면, 우리는 A의 손실을 단순히 합할 수 없고, 그러기에 A가 가지는 독특한 종류의 가치(본래적 가치)를 무시하는 대가가 아니고서는 1,000개의 손실의 합과 그것을 비교할 수 없다. 최소 해악의 원리를 긍정하는 의사 결정 방식은 존중의 원리에 의해 부인된다. 존중의 원리에 호소하는 것은, 다른 선택지를 골랐을 때 관련된 다른 개체들이 겪는 것보다 관련된 소수의 개체의 상황을 악화하는 선택지를 고르는 것을 정당화하지 않는다.

존중의 원리에 호소하면 현재 유형의 예방의 상황에서 다수의 권리를 압도하는 것이 정당화가 가능하다. 이것을 보여주기 위해서는 우선 간단한 사례를 고려하면 된다. 두 개체 M과 N이 마땅히 받을 만한 평등한 존중에 근거해서 해악을 겪지 않을 동등한 권리를 가지고 있다고 말한다고 해서, 그 둘이 입을 수 있는 각각의 그리고 모든 해악이 동등하게 해롭다고 말할 수는 없다. 다른 것이 모두 똑같다고 할 때, M의 죽음은 N의 편두통보다 더 큰 해악이다. 따라서 우리가 개체들의 가치와 권리를 동등하게 존중해야 한다는 것을 보여주려고 한다면, N의 더 적은 해악을 M의 더 큰 해악과 동등하다거나 그것보다 크다고 간주할 수는 없다. 두 개체의 동등한 권리를 동등하게 존중한다는 것을 보여주기 위해서는, 동등한 해악을 동등하게 간주해야지, 동등하지 않은 해악을 동등하게 간주해서는 안 된다. 여기서, 예방의 상황에서 다른 것이 모두 같다면, 어떤 선택을 했을 때 M에게 끼치는 해악이 다른 선택을 했을 때 N에게 끼치는 해악보다 클 때 M의 권리는 N의 권리를 압도해야 한다는 요구가 도출된다. 동전을 던지거나 M의 권리를 압도한다는 식으로 다르게 평가하는 것은 N에게 자신이 마땅히 받아야 하는 것보다 더 많은 것을 주는 것이다. M과 N은 본래적 가치에서 동등하기 때문에, 그 둘은 해악을 입지 않을 직견적인 권리를 동등하게 갖기 때문에, M에게 닥치는 해악이 N에게 닥치는 해악보다 크기 때문에, **정확히 이러한 이유들 때문에** 그 둘을 동등하게 존중하기 위해서는 M의 권리를 압도하는 쪽이 아니라 N의 권리를 압도하는 쪽을 선택해야 한다.

이제 그런 상황에서 수를 더하는 것은 아무런 차이를 낳지 않는다. 만약 앞의 예에서처럼 우리가 A에게 해악을 끼치고 1,000개의 다른 개체들에게는 해악을 피하게 하는 선택을 하는 경우 A가 다른 개체들 중 어느 누구보다 상황이 악화되었다면, 1,000의 해악을 합하는 것은 아무런 차이를 낳을 수 없다. 어떤 **다른** 누구도 1,000의 해악을 합함으로써 해악을 입지 않는다. 즉 어떤 합해진 개인이 있어서, 그 개인의 해악이 −1,000에 이르며, 그 개인의 해악을 입지 않을 권리가 A를 정당하게 압도한다고 생각되는 그런 개인은 없다. 단지 1,000개의 개체가 있고, 그 각각은 A가 겪는 해악보다 해악을 덜 입으며, 우리가 A에게 해악을 끼치기로 선택한다면 그들 중 누구도 A보다 상황이 악화되지 않을 것이다. 그렇다면 앞 문단에서 M의 권리가 N의 권리를 정당하게 압도하는 것처럼, A의 권리는 1,000개의 개체 각각의 권리를 압도한다. **누구의 권리가 누구의 권리를 압도할지 결정하는 것은, A와 1,000개의 개별적 구성원 각자에게 끼치는 해악의 크기이지, 1,000개의 해악의 합과 비교되는 A의 해악의 합이 아니다.** 가정에 따르면 A에게 끼치는 해악은 관련된 다른 개체에게 끼치는 해악보다 크고 이들보다 더 A의 상황을 악화할 것이기 때문에, 관련된 모든 존재의 동등한 권리와 가치에 대한 존중은 그 개체의 권리보다 다수의 권리를 압도할 것을 요구한다. 특별한 고려 사항이 없다면 그리고 우리가 소수의 권리를 압도하는 쪽을 선택했을 때 무고한 소수가 무고한 다수 중 어느 누구보다 상황이 악화될 것이라고 가정한다면, 존중의 원리는 다수의 권리를 압도하라고 요구한다. 그리고 이것이 상황 악화의 원리가 요구하는 것이기 때문에, 그 원리는 존중의 원리에서 도출 가능하다.

이 도출에 대한 반론, 그리고 앞서 살펴본 최소 압도의 원리의 도출에 대한 반론은 권리 견해가 비일관적이라고 주장한다. 권리 견해는 한편에서는 결과론의 도덕적 관련성을 부인하는데, 공리주의를 끊임없이 공격하고 최소 해악의 원리를 거부하는 것이 그 증거이다. 그러나 다른 한편에서는 유사한 해악의 개념에 의존하고 누가 가장 해악을 입을 것인가에 대한 고려를 언급하는데, 최소 압도의 원리와 상황 악화의 원리가 그 증거이다. 이것은 비일관적이라고 이 반론은 주장한다.

이 반론은 혼동 때문에 생겼다. 권리 견해가 부인하는 것은 도덕적 옳음과 잘못이 단지 어떤 대안적 행동을 결정하는지에 의해 결정될 수 있다는 것과, 규칙 공리주의의 경우처럼 어떤 규칙의 채택이 산출에 의해 영향을 받는 모든 존재에게 결과의 '최선의' 합을 가져온다 — '최선의' 결과가, 최소 해악의 원리에 따르면 실제로 그런 것처럼, '가장 덜 나쁠' 때조차도 — 는 것이다. 권리 견해는, 모든 결과론 이론이 결과가 그리고 오직 결과만이 도덕적 옳음, 잘못, 의무를 결정한다고 가정하기 때문에, 그것을 거부한다(위 4.5를 보라). 그러나 권리 견해는 결과에 대한 고려가 **도덕적으로 부적절하다**고 주장하지는 않는다. 특히 직접적으로 관련된 사람들이 **얼마나 많은** 해악을 입을지 결정하는 데 그러한 고려를 하지 않아도 된다고 주장하지 않는다. 그러나 그런 고려의 적절함을 주장하는 것은, 그 산출에 의해 영향받는 모든 존재에게 생기는 결과의 합이 도덕적 옳음, 잘못, 의무를 결정한다는 것과 같지도 않고 그것을 함축하지도 않는다. 결과가 적절한 이유는 그것에 주목하지 않고서는 직접 관련된 존재가 입는 해악의 양을 알아낼 수 없기 때문이다. 그렇기는 하지만, 이런 결과의 도덕적 적절함이 의존하는 도덕적 원리는, 그것의 채택이 산출에 의해 영향을 받는 모든 존재(공리주의)나 어떤 합의를 맺는 개체들(합리적 이기주의)에게 더 나은 결과를 가져올 것이라는 근거에서 그 타당성이 옹호되는 것은 아니다. 존중의 원리와 그 원리로부터 도출 가능한 원리들 — 해악의 원리(7.9) 그리고 최소 압도의 원리와 상황 악화의 원리(8.10) — 의 타당성은 본래적 가치의 가정에 달려 있지, 효용성의 원리나 합리적 이기주의자가 도달한 합의나 그 이외의 결과론적 윤리적 원리에 달려 있는 것이 **아니다**. 실제로, 권리 견해가 그러는 것처럼, 직접적으로 관련된 존재들 각각이 **얼마나 많이** 해악을 입을 것이냐가 예방 상황에서 **적절한** 고려 사항이라고 주장하는 것은, 관련된 **개체들의 동등한 권리**를 옹호하는 견해에 우리가 기대하고 요구하는 바로 그것이다. 이 **개체들의** 해악을 입지 않을 직견적인 권리가 관련된 다른 개체들의 평등한 직견적인 권리에 얼마나 잘 견줄만한지 고려하지 않고서 이 개체들 각각을 향한 동등한 존중을 보여줄 다른 방법이 있겠는가? 그리고 직접 관련된 이런 개체들 중 누가 해악을 겪을 것인가, 각각이 얼마나 해악을 입을 것인가 등을 고려하지 않고서 어떻게 이것을 결정할 수 있겠는가? 이런 고려의 의미 있음을 주장하는 것은 관련된 모든 존재가 그들이 마땅히 받아야 하는 동등한 존중의 태도로 처우받아야 할 필연성을 주장하는 것에 불과하다. 우리가 해서는 안 되는 것―권리 견해의 문자와 정신에 반대되는 것―은, 그렇게 하면 산출에 의해 영향을 받는 모든 존재의 선에서 악을 뺀 값이 더 커진다는 근거**만**으로 개체들의 권리를 압도하는 것을 승인하는 것이다. 그것은 본래적 가치를 갖는 존재를 단순히 이런 집단적인 목표의 수단으로 처우하는 것을 인정하는 것이고, 이것은 권리 견해에 따르면 권리를 소유한 존재를 한갓 그릇인 것처럼 처우하는 것이므로 금지된다. 권리 견해가 잘못일 수 있지만―미래의 도전만이 그것을 결정할 수 있다―, 비일관적이기 때문에, 적어도 주장된 이유 때문에 잘못인 것은 확실히 아니다.

권리 견해는 공리주의에, 심지어 도덕적 권리에 호소하는 데 반대하지 않는 밀과 같은 공리주의자에게도 적대적이다. 권리 견해는 어떤 측면에서 타우렉의 입장에 동조적인데, 특히 그와 함께 최소 해악의 원리의 타당성을 부인하는 점에서 그러하다. 그러나 해악이 합해질 수 있다는 것을 부인하지 않고서도, 그리고 '수'를 헤아린다는 것을 부인하지 않고서도 그 원리의 타당성을 부인할 수 있다. 최소 압도의 원리와 상황 악화의 원리는, 최소 해악의 원리와 그 원리가 자연스럽게 결부되어 있는 일반적인 공리주의적 성향을 부정하는 타우렉의 입장에 대안적인 근거를 제공하는데,[37] 그것은 결정적으로 비공리주의적이고, 오해를 받는다면 결과론이라고 오해를 받을 수 있는 대안이다. 더구나 이 원리는 위에서 제시된 이유로 볼 때 독자적이고 동떨어진 원리가 아니다. '자명한 도덕적 공리'도 아니고, '자명한 도덕적 법칙'도 아니며, '자명한 도덕적 절대자'도 아니다. 그것은 더 근본적인 원리(존중의 원리). 그 자체가 '자명하다'고 주장되는 것에 호소해서가 아니라 논증을 통해 옹호될 수 있는 원리로부터 도출될 수 있는 원리이다. 최소 압도의 원리와 상황 악화의 원리를 포함해서 이 원리들 중 어떤 것도 숙고된 믿음들 중 호감을 사는 집합에 맞게 그때그때 필요에 맞게 맞추어진 장치가 아니다. 이러한 이유에서 권리 견해에 반박하는 것은 근거도 없는 것만큼이나 공정하지 못할 것이다.

8.11 부작용은 헤아리지 않는 이유

권리 견해는 무고한 존재의 해악을 입지 않을 권리를 압도하는 것이 언제 정당화가 가능한지 결정할 때 부작용이 의미 있으니 고려해야 한다는 것을 단정적으로 부인한다. 부작용이 도덕적으로 적절하다는 것을 부정한다는 점에서 권리 견해는 모든 결과론 이론들과 근본적으로 다르다. 예를 들어 행위 공리주의자에게 무고한 존재를 죽이거나 해악을 끼치는 것이 잘

37) 나는 이것에 대해 언제나 명쾌한 것은 아니라는 것을 고백해야 하는데, 내가 권리는 최소 해악의 원리에 호소해서 정당하게 압도당할 수 있다는 것을 한 번 이상 말하거나 함축한 적이 있기 때문이다. 이 점에 대해서는 나의 "Animal Rights, Human Wrongs," *Environmental Ethics*(Summer 1980)(*Regan, All That Dwell Therein*[chap. 3, n. 6을 보라]와 *Ethics and Animals*, ed. Harlan Miller and William Williams[Clifton, N.J.: Humana Press, 1982]에 재수록)를 보라.

못인가 하는 문제는, 그렇게 했을 때 죽음을 당한 개체뿐만 아니라 그 결과에 의해 영향을 받는 모든 개체에게 생기는 결과에 의존함에 틀림없다 (6.2를 보라). 어떤 행위의 부작용(가령 직접 관련되지 않은 다른 사람들이 그 결과에 의해 어떻게 영향을 받는가)[38]은 그 행위의 결과 중 일부**이므로**, 행위 공리주의에 따르면 부작용은 행위를 도덕적으로 평가할 때 적절하며, 직접 관련된 개체들에게 그 행위가 끼치는 결과만큼 적절하다. 각자는 하나로 헤아려야 하고, 어느 누구도 하나 이상으로 헤아려서는 안 되므로, 직접 관련된 개체라고 해서 공리주의 이론 내에서 특별한 도덕적 위치를 차지하지 않는다. 그리고 이것은 우리가 제시하는 행위 공리주의 이론의 종류(예컨대 쾌락 공리주의, 선호 공리주의 등)와 상관없이 성립한다.

권리 견해는 이것을 허용하지 않는다. 결과에 의해 영향을 받는 모든 개체들의 결과를 단지 합산해서 무고한 개체에게 해악을 끼치는 것을 정당화할 수 있다고 가정하는 것은, 그 개체를 그릇인 것처럼 다루는 것이고, 따라서 본래적 가치의 소유자로서 엄격한 정의의 관점에서 마땅히 받아야할 존중에 어긋나는 것이다. 만약 해악을 받지 않을 권리를 압도한다면, 단순히 그렇게 하는 것이 모든 개체에게 최적의 결과를 낳기 위해 필요하다는 근거에서 압도할 수는 없다. 이것은 도덕 행위자를 **은밀하게** 죽이는 행동이 행위 공리주의에서는 정당화가 가능해도 권리 견해에서는 그렇지 않은 이유이다.

권리 견해와 결과론(가령 행위 공리주의)의 근본적인 차이는 다음과 같이

38) (옮긴이) 부작용에서 '부'의 한자를 '不'로 생각하여 부작용을 꼭 부정적인 작용인 것으로 생각한다. 그러나 '부'의 한자는 '副'로서 부작용은 부수적인 또는 부가적인 작용을 뜻한다. 이는 부작용의 영어인 side-effect에서도 확인할 수 있다.

설명할 수 있다. 우리가 무고한 개체 A에게 해악을 끼치는 행동을 하는 경우와 무고한 다른 개체 B에게 해악을 끼치는 행동을 하는 경우 중에서 선택해야 하는 상황에 있다고 상상해보자. 더 나아가 우리가 첫 번째 선택지를 골랐을 때 A는 우리가 후자를 선택해 B가 해악을 입을 때보다 **훨씬** 심하게 해악을 입는다고 상상해보자. A는 하루 동안 온몸이 마비된다고 가정하자. 그리고 마지막으로 A와 달리 B의 경우에는 이해관계자가 있다고 상상하자. 다시 말해서 B에게 무슨 일이 일어나는지 신경을 쓰는 개체들이 있지만 A를 신경 쓰는 개체는 없어서, B에게 해악을 끼치는 선택을 하면 그 이해관계자들이 좋아하지 않을 것이다. 어떤 선택을 해야 한다고 결정해야 할까? 행위 공리주의의 근거에서는 B에게 해악을 끼쳤을 때 이 이해관계자들에게 끼치는 부작용을 무시할 수 없다. 거꾸로 우리는 그들의 이익을 고려해야 하고 그들을 평등하게 헤아려야 한다. 이것을 인정한다면, **모든** 결과를 헤아리고 저울질했을 때, A에게 해악을 끼치는 선택을 했을 때 생기는 결과의 **총합**은 B에게 해악을 끼치는 선택을 했을 때 생기는 결과의 총합보다 덜 나쁘게 되는 일이 일어날 수 있다. 그리고 그 말이 맞는다면, 행위 공리주의에 따르면 A에게 해악을 끼치는 것이 우리가 해야만 하는 일이다.

권리 견해는 이것을 허용하지 않을 것이다. 우리가 가정한 것처럼, A가 입는 해악이 B보다 A의 상황을 더 악화한다면, 특별한 고려를 차치할 때, A의 해악을 입지 않을 권리를 압도하는 것은 잘못이다. 다른 개체들의 해악의 **총합**은 A가 해악을 입는 방식과 유사한 방식으로는 어떤 특정 개체에게도 해악을 끼치지 않으며, A의 해악이 B와 B의 이해관계자의 해악을 모두 합하면 정당화될 수 있다고 가정하는 것은 A를 한갓 그릇으로 보는 것인데, 권리 견해에서는 그렇게 볼 수 없다. 일반적으로, 모든 선택이 무고한 어떤 개체에게 해악을 끼치고 그중 한 선택이 다른 개체들보다 특정 개체의 상황을 악화한다고 할 때 이 중에서 선택해야만 한다면, 특별한 고려는 차치할 때, 우리는 후자를 선택해야 한다. 서로 다른 두 개체에게 해악을 끼치는 것 중 선택해야 하는 상황에서 상황 악화의 원리를 적용할 때, 그 원리가 요구하는 바는 이것이다.

적절하게 이해하면, 인종차별주의와 같은 최악의 형태의 도덕적 편견을 향해 원칙적인 반론을 할 때 철학적 토대를 제공해주는 이론은 공리주의가 아니라 권리 견해이다. 전형적인 형태의 도덕적 편견은 부작용에 호소해서, 가령 결과에 의해 영향을 받는 이익에 호소해서 다른 개체보다 어떤 개체의 상황을 악화하는 것이 정당화된다고 가정한다. 예를 들어서 인종 차별주의자는 **자신**이나 자신과 같은 부류의 사람들이 흑인보다는 백인을 더 좋아하기 때문에 흑인의 상황 악화를 기꺼이 허용한다. 공리주의 이론에서는 인종차별주의자의 쾌락, 선호 등을 헤아리고 **그것도** 동등하게 헤아려야 하기 때문에, 그리고 이 이론에서는 가장 좋은 총합의 결과를 생기게 함을 목표로 해야 하기 때문에, 공리주의는 **원리적으로** 인종차별주의에 적대적이지 않다. 권리 견해는 그 입구를 막는다. 이 견해는 어떤 개체에게 해악을 끼치는 것을, 특히 다른 개체들보다 어떤 개체의 상황을 악화하는 것을 정당화하기 위해, 결과에 의해 영향을 받는 모두에 대해 선에서 악을 뺀 값을 허용하지 않는다. 인종차별주의자들이 집단적인 이익과 손해의 합계를 마음껏 계산하게 해보라. 그렇게 해도, 해악을 입는 집단의 개별적인 구성원들이 결과에 의해 영향을 받는 다른 개체보다 더 상황이 악화될 때, 공리주의자들이 그 구성원들에게 하는 일을 정당화하는 데 도움이 되지 않을 것이다.

종 차별주의에서도 마찬가지이다. 동물에게 끼치는 해악은 다른 개체들이 얻는 선에서 악을 뺀 최적의 값에 호소해서 정당화될 수 없다. 정당화될 수 있다고 가정하는 것은, 개체로서 상황이 악화될 수 있는 동물들이 다른 개체들이 얻거나 피하는 선과 악을 계산함으로써 도덕적으로 상쇄되는 해로운 고통이나 박탈을 가지고 있다고 전제하는 것이다. 그리고 이것은 우리가 동물을 한갓 그릇이라고 보지 않는다면 할 수 없는 어떤 것이다. 그런 시각은 권리 견해와 그 견해가 근거하는 본래적 가치의 가정에서 보면 잘못된 가정이다. 따라서 예컨대 사람 아닌 동물을 사용하는 불치병 연구에서 동물이 맞이하는 죽음은 사람을 대신 사용하는 경우보다 훨씬 큰 손실과 해악을 일으킨다고 할 때 거기에 항의하는 근거―공리주의자에게는 없는―를 갖게 된다. 죽음이 일으키는 해악의 크기는 죽음이 빼앗은 만족을 위한 기회의 수와 다양성과 함수 관계에 있으며, 평범한 다 자란 동물의 죽음이 인지력이 떨어지는 지적 장애인―바람을 덜 소유하고, 의도적으로 행동할 수 있는 능력이 부족하고, 다른 사람과 환경에 일반적으로 반응을 덜 보이는―의 죽음보다 더 큰 손실, 곧 더 큰 해악이 아니라고 주장할 믿을 만한 근거가 없기 때문이다. 부작용이 의미가 있다고 주장하는 공리주의에 따르면 인간의 권리보다 동물권을 압도하는 것이 허용 가능하다는 함의가 생기는데, 결과에 의해서 영향받는 모든 사람의 결괏값의 총합이 인간의 권리가 압도될 때보다 더 좋게 나오면 그렇다. 그런 까닭에 공리주의자는, 모든 것을 고려해보았을 때 동물의 사용이 최적이 아니라는 것을 보여줄 입증 사실을 소유하고 있지 않다면, 효용성의 원리에 의존해서 동물을 이용한 연구에 도덕적 측면에서 반대할 수 없다. 공리주의자가 관련된 입증 사실을 소유하지 못하고 있다는 것은 중요하다(앞의 6.4를 보라. 거기서 채식주의의 강제성을 옹호하는 공리주의적 근거에 적용해서 제시된 논증은 과학에서 동물의 사용 문제에 동등한 효력으로 적용된다).

권리 견해는 종 차별주의 관행에 도덕적 측면에서 반대하기 위한 이러한 입증 사실이 필요 없다. 결정적인 것은 결과에 의해 영향을 받는 모든 존재들에게 선에서 악을 뺀 값이 아니기 때문이다. 결정적인 것은 직접 관련된 개체들에게 끼친 해악의 크기이다. 특별한 고려는 차치하고서, 죽음이 동물에게 주는 해악의 크기가 장애인에게 주는 크기보다 큰데도 불치병 연구에서 동물 사용을 고집하는 것은 종 차별주의**이며**, 그것은 얄궂게도 이 편견을 비난할 때 호소했던 바로 그 이론, 곧 공리주의에 의해 지지될 수 있는 종류의 종 차별주의이다. 그러나 불치병 연구나 여타 연구에서 동물과 인간을 사용하는 데 대한 권리 견해의 입장이 동물 대신에 운이 나쁜 인간을 사용하는 길을 열어준다고 생각되지 않게 하기 위해, 인간의 사용은 동물의 사용이나 마찬가지로 **단지 결과의 총합에 호소하는 것만으로는 옹호할 수 없다**는 것을 분명히 하자. 도덕 수동자인 이런 인간은 우리가 무고한 모든 존재를 다룰 때 적용한 바로 그 원리에 의해 보호되어야 한다.

공리주의가 동물을 더 잘 다루기 위해 요구되는 도덕 이론으로서 처음 보기에는 매력이 있다는 것을 앞서 지적했다(6.2). 동물은 감응력이 있기(곧 쾌락과 고통을 느낄 수 있기) 때문에, 그리고 선호를 가질 뿐만 아니라 그것에 따라 행동을 하기 때문에, 쾌락 또는 고통이나 선호–만족이나 좌절감이 도덕적으로 중요하다고 주장하는 견해라면 어떤 것이든 동물권 운동의 도덕적 토대를 찾는 사람에게는 분명히 매력적으로 보인다. 특히 동물은 가령 '효율적인' 공장식 농장이나 과학적 지식 추구에서처럼 인간의 목적을 추구하기 위해 고통을 겪어야 하기 때문에, 동물의 고통을 헤아리고 **그것도** 동등하게 헤아리라는 공리주의의 명령은 도덕적 심금을 울릴 수밖에 없다. 그러나 공리주의는 동물권 운동이 처음에 받아들일 수 있었던 그런 이론이 아니다. 이 이론은 동물권에 근거를 제시해주지 못하며, 그 대신에 이론 내에 자신이 타도하려고 했던 종 차별주의적 관행을 영속화하는 근거를 포함하고 있다. 동물권의 철학적 토대를 굳건히 하기 위해서는 공리주의를 버릴 필요가 있다.

8.12 추가적인 반론에 대답하다

세 가지 중요한 비판을 예상할 수 있다. 첫째, 비판자들은 권리 견해가 우리의 숙고된 믿음과 충돌하는 함의를 갖는다고 반대할 수 있다. A는 완전히 낯선 사람이고 B는 가족 중 한 명이거나 친구라고 상상해보자. 그리고 A에게 해악을 끼치는 일을 하는 것과, B에게 해악을 끼치는 일을 하는 것과, 아무 일도 안하여 A와 B 모두에게 해악을 끼치게 되는 것 중에서 선택해야 한다고 상상해보자. 두 해악이 모두 크지만, A가 겪는 해악이 B가 겪는 해악보다 조금 더 크다고 가정하자. 그렇다면 권리 견해는 사랑하는 사람을 희생하는 대신 낯선 사람이 피해를 겪지 않게 하는 함의를 갖는다고 주장할 수 있다. 그리고 이것은 반직관적이다.

이제 그 결과는 반직관적**이며**, 어떤 견해라도 그것을 피하는 것이 좋을 것이다. 그러나 올바른 이유로 피하는 것이 대단히 중요하다. 특히 부작용에 호소하는 것은 다시 한번 부적절하다. 다음과 같이 논증하는 것은 잘못일 것이다. 즉 사랑하는 사람에게 해악을 끼쳐서는 안 되는 이유는, 만약 그렇게 하면 그의 해악과 그에게 해악을 끼치겠다는 선택을 했을 때 당신이 겪을 해악을 합한 총합이 낯선 사람에게 해악을 끼치겠다고 선택했을 때 생길 해악의 합보다 크기 때문이라고 말이다. 이 경우에 그런 고려 사항을 참작하여 결정을 내리는 것은 잘못이다. 그 이유는 (1)관련된 모든 당사자들 — 낯선 사람, 사랑하는 사람, 당신 자신 — 이 모두 한갓 가치를 담는 그릇인 것처럼 처우하고 있기 때문이고, (2)이 경우 헤아리고 있는 부작용은 다른 존재가 그 결과에서 이익을 가지고 있는 경우라면 **모두** 헤아리게 만드는 문을 열게 하기 때문이다. 그리고 그것은 어떤 제삼의 이해 당사자라도 **누구나** 자신의 손실을 자신이 좋아하는 사람의 손실에 보태게 하고, 그러고 나서 이 더 커진 합에 호소함으로써 자신이 좋아하지 않는 것을 더 나쁘게 만드는 것을 정당화한다. 이것은 예컨대 편견이 심한 사람이나 광적인 사람에게 자신의 심한 편견이나 광신을 정당화하는 좋은 기회가 될 것이다.

이런 총합적 접근법에 대한 대안은 가족과 친구와의 도덕적인 연대를, 최소 압도의 원리와 상황 악화의 원리의 구속력 있는 적용을 정당하게 압도할 수 있는 **특별한 고려**로 보는 것이다. 이것은 이론이 스스로를 구하기 위해 지푸라기라도 잡는 경우가 아니다. 내가 나의 아내, 아이, 다른 가족, 친구에 대한 특별한 의무를 가지고 있는 이유가, 이것이 다른 사람들에게 — 사회 일반에게라고 한다면 더 말이 안 된다 — 생기는 유익한 부작용 때문이라고 가정하는 것은 터무니없다. 나는 친구와 가족과 특별한 개인적 관계에 있기 때문에 그들과 특별한 도덕적 관계에 있고, 친구와의 관계나 가족과의 관계 모두 명시적인 계약의 모형에 딱 들어맞지 않지만(다시 말해서 실제로 자리를 잡고 앉아 우리의 관계에 관한 조항을 작성하지는 않았다), 사랑하는 사람들과의 관계가 계약적인 협정과 완전히 동떨어지는 것은 아니다. 사랑하는 사람들과의 관계도 계약처럼 상호 신뢰, 상호 의존, 서로 간 이로운 행동의 수행에 의거하는 것이다. 보통 우리가 가장 많이 돕거나 해악을 끼치는 사람은 가장 가까운 사람들이고, 우리가 바로 그런 사람들이다. 그러므로 만약 우리가 그러한 관계 **안에서** 어떤 지위를 차지하고 있는 사람, 가령 친구에게 해악을 끼치는 것을 막기로 결정한다면, 이러한 관계 **밖에 있는** 누군가가 상황이 약간 더 악화될 때마다 이런 관계를 특징짓는 도덕적 유대를 중단하라고 요구하는 것은 도덕적으로 부질없을 것이다. 이렇게 말하는 것은 낯선 사람에게 닥친 해악을 막기 위해 사랑하는 사람에게 해악을 끼칠 일을 기꺼이 해야만 하는 상황이 가능하지 않다고 말하는 것은 아니다. 문제가 되는 해악의 크기가 크게 변한다면(가령 낯선 사람의 죽음을 막을지, 아니면 친구의 사소한 상처를 막을지의 문제), 친구를 향한 우정(곧 특별한 고려의 한 유형)은 무시하고 상황 악화의 원리의 정상적인 적용을 존중해야 한다. 만약 친구에 대한 의무는 **어떤 것도** 압도한다고 주장하는 친구가 이것을 이해하지 못한다면, 다른 데서 친구를 구하는 게 좋을 것이다. 이 주제는 어느 정도 불확실한 면이 분명히 있으며, 완벽하고 예외 없는 규칙을 바라는 것이 부당한지 판단이 필요한 경우도 있다. 권리 견해는 그런 규칙이 없고, 이 점에서 충분한 정보에 의한 동의를 위해 경쟁하는 모든 이론과 마찬가지로 한계가 있다. 그러나 이렇게 말한다고 해도 중요한 점은 남는다. 친구 그리고 사랑하는 사람과의 관계는 **특별하고**, 그래서 최소 압도의 원리와 상황 악화의 원리의 정상적 적용을 타당하게 막을 수 있는 '특별한 고려' 중 하나로 간주해야 한다. 그것이 적어도 대부분의 경우에 친구가 심각한 해악을 입지 않게 하는 것이 낯선 사람의 상황을 악화하게 될지라도 그렇게 하는 것이 정당화되는 이유이다. 우리가 그렇게 할 때 우리 행동의 정당화는 친구와 우리 자신의 손실의 총합을 내서 나온 것이 아니다.

획득된 의무에 대한 이러한 언급은 앞서(8.3) 지나가면서 제기한 문제를 해결할 기회를 제공한다. 그 문제는 잠정적인 획득된 의무와 그에 상응하는 권리의 타당성을 언제 그리고 어떻게 결정해야 하느냐는 것이다. 권리 견해의 입장은 다음과 같다. 부정의한 자발적 합의에 이르거나 부정의한 제도(가령 노예 무역)에 참여한 사람들은, 그런 제도에 자발적으로 참여한 결과로서 또는 그 제도를 영속화하는 사람들에 의해 도달한 합의의 결과로서, 어떤 의무도 획득하지 않았고 도덕적 권리도 획득하지 않았다. 이러한 합의나 제도(가령 노예 무역)에 영향을 받는 사람들은 마땅히 받아야 하는 존중을 받지 못하기에, 권리 견해에 따르면, 이 제도는 부정의하고, 그것을 영속화하는 사람에 의해 획득된 잠정적인 의무와 권리는 도덕적 타당성이 결여되어 있다. 이런 타당성이 결여되어 있기에, 그들은 최소 압도의 원리나 상황 악화의 원리의 정상적인 적용을 막는 것을 정당화하는 타당한 도덕적 고려의 자격이 없다. 예방 상황에서 노예 무역상이 노예에게 심하게 해악을 끼치거나 동료 무역상에게 덜 심하게 해악을 끼치는 것 중에서 선택해야 한다면, 무역상끼리 맺은 '계약'에 호소하는 것은 이 경우에 타당성을 결여한 '특별한 고려'이기 때문에, 해악을 입어야 하는 쪽은 노예가 아니라 동료 무역상이다. 계약이 이루어지는 제도는 속속들이 부정의하기 때문에, 그 계약은 타당한 도덕적 지위를 가지지 못한다. 그렇다면 권리 견해에서 획득된 의무에 호소하는 것이 무엇을 해야 하는 것을 결정할 때 합당한 역할을 할 **수 있는 필요충분조건**은, 이 잠정적 의무가 타당한 의무의 자격이 있고, 이것이 존중의 원리가 규정하는 정의로운 처우의 요구 조건을 만족시키는 의무라는 것이다. **만약** 이 요구 조건을 만족시킨다면, 누군가의 자발적인 행동과 제도 안에서의 그의 위치는 의무와 권리 모두를 획득하는 근거가 된다. 따라서 자발적으로 한 약속은 약속자 입장에서는 약속한 대로 수행할 획득된 의무를 만들고, 동시에 약속을 받은 상대방 입장에서는 마땅히 해야 할 것을 하라고 주장할, 그에 상응하는 권리를 만든다. 이때 합의에 이르는 사람과 그것에 의해 영향을 받는 사람 모두 마땅히 받아야 하는 존중으로 처우받는다는 조건을 만족시켜야 한다. 다른 말로 하면, 우리는 그렇게 하기로 약속을 했더라도(예컨대 능숙한 살인자가 공공심이 있는 특별 검사를 살해하는 '계약'을 했을 때처럼), 다른 존재의 권리를 침해할 도덕적 의무가 없고, 약속을 받은 상대방에게 수행을 요구할 획득된 도덕적 권리를 가지고 있지 않다. 약속이나 계약의 결과로 도달한 합의가 존중의 원리를 만족할 때만 참여자들은 도덕적 의무와 그에 상응하는 도덕적 권리를 획득한다. 이 조건을 만족시킬 때, 권리와 의무는 정당화된다. 권리 견해에 따르면 이것이 예컨대 약속을 지켜야 하는 의무가 정낭화되는 방식이다(8.3을 보라).

자발적인 행동과 제도가 타당한 도덕적 의무와 그에 상응하는 권리를 낳게 하기 위해서는 존중의 원리를 따라야 한다는 요구 조건은, 권리 견해에서 보았을 때 도덕의 기초를 이기적 개체들이 도달한 합의에 두려는 모든 시도(예컨대 나비슨의 합리적 이기주의나 롤스의 계약론)가 **분명히** 결함이 있음을 설명해준다. 권리 견해에서 합의나 계약이 도덕적으로 타당한 필요충분조건은 그것들이 존중의 원리가 규정하는 대로 정의로운 처우의 요구 조건을 만족시켜야 한다는 것이고, 그 원리의 타당성 자체는 (예컨대 무지의 장막 뒤에서) 그 합의에 누가 도달하느냐나 어떤 조건에서 거기에 도달하느냐에는 의존하지 않는다. 요점을 다르게 말하면, **합의나 계약의 도덕적 타당성은 그 자체가 계약이나 합의의 산물이 아닌 원리에 호소해서 보여주어야 한다.** 이런 식으로 도덕 수동자를 직접적 의무를 마땅히 갖는 대상에서 임의로 배제하는 것─정의로운 처우의 획득되지 않은 의무를 포함해서 모든 계약론을 규정하는 배제(5.6)─은 그 궁극의 근원까지 거슬러 올라간다. 그 이유는, 그 견해에서 정의로운 처우의 원리는 그 자체가 계약의 '산물'이고, 계약을 할 수 있는 존재만이 '엄격한' 정의를 마땅히 가질 수 있기에, 이 이론은 스스로 계약을 할 수 없는 존재는 엄격한 정의를 마땅히 갖는 대상에서 자의적이지 않게 배제될 수 있음을 함의하기 때문이다. 따라서 도덕 수동자는 인간이든 동물이든 배제된다. 권리 견해는 이것을 부인한다. 존중의 원리의 타당성은, 정의로운 처우의 원리로서, 계약론적인 고려와 무관하고, 이 원리의 범위는 본래적 가치를 소유한다고 합당하게 볼 수 있는 모든 존재를 포함한다. 여기에는 동물, 그리고 적절한 측면에서 동물과 비슷한 인간 도덕 수동자가 포함된다.

낙태와 영아 살해

두 번째 반론은 권리 견해가 낙태와 영아 살해와 관련해서 함의하는 주장 때문에 이 견해를 반대한다. 권리 견해에 따르면 삶의 주체가 아닌 개체들은 권리를 갖는 것으로 여겨지지 않고, 인간의 태아나 갓 태어난 영아는 삶의 주체가 아니므로 이 반론은 태아도 영아도 권리를 갖지 못한다고 주장한다. 그리고 이로부터 권리 견해는 우리가 인간의 태아나 영아에 대해 하고 싶은 일을 마음대로 할 수 있음을 함의한다는 것을 도출한다. 그러나 이러한 함의를 갖는 도덕 이론은 적절할 수 없기 때문에, 권리 견해는 그 옹호자들이 생각하는 적절한 이론이 아니다.

언급할 만한 대답이 여러 가지 있다. 첫째, 권리 견해는 삶의 주체 기준을 본래적 가치를, 그리고 함의에 의해 기본적인 도덕적 권리를, 소유하기 위한 필요조건이 아니라 충분조건으로 내놓았다는 것을 상기하라(7.5). 그렇다면 인간의 태아나 영아가 삶의 주체 기준을 만족시키지 못한다고 가정한다고 해서, 그들에게 도덕적 권리가 **틀림없이** 결여되어 있다는 것이 따라 나오지는 않는다. 권리 견해에서는, 자연물(가령 나무나 산쑥)이 권리를 소유하느냐가 미결 문제인 것처럼, 인간의 태아나 영아가 정말로 권리를 소유하는지도 미결 문제이다. 둘째, 권리 견해는 인간의 태아나 영아가 삶의 주체 기준을 만족시키지 못한다는 것을 부인하지 않음을 상기하라. 이전에(2.6) '인간'이라는 낱말을 정신적으로 심각하게 결핍되지 않은 한 살 이상의 호모사피엔스에 한정해서 쓰기로 결정했다. 그런 결정을 한 것은, 개별적 인간이 앞서 설명한 의미에서의 삶의 주체를 이루는 일련의 정신 능력들을 언제 획득하거나 잃는지와 관련해서 어디에 선을 그을지를 먼저 결정할 필요 없이 논의를 진행해 나가기 위해서였다. 거기서 인간의 태아와 영아가 ㄱ 섬과 관련해서 어떤 지위에 있는지는 논쟁거리였다. 갓 태어난 또는 곧 태어날 아이가 믿음, 바람 등을 갖는다는 것은 **분명히 참이** 아니고, 그들이 이러한 정신적 속성이 결여되어 있다는 것도 **분명히 참이** 아니다.[39] 간단히 말해서 그들에게 그것이 결여되어 있느냐는 미결 문제이고 많이 논의되는 질문이다. 이 논쟁에 끼어드는 것은 이 책의 범위를 넘어서는 것이지만, 권리 견해가 이 논쟁에 핵심적인 문제를 미결 문제로 남겨둔다는 것은 분명히 해야겠다. 그리고 그것은 이 견해의 단점이 아니라 장점이다.

셋째, 인간의 태아와 영아의 상대적인 정신적 발달에 대해 충분히 모름에도 불구하고 그들이 실제로 삶의 주체가 아니라고 전제하고 도덕적 권리가 결여되어 있다고 가정한다고 해서, 권리 견해가 우리가 그들을 마음대로 해도 되는 자유가 있다는 것을 함의한다는 것이 따라 나오지는 않는다.

••

39) Gareth Matthews는 "Animals and the Unity of Psychology"(chap. 1, n. 29를 보라)에서 태아의 심리적 능력과 관련해서 적절한 경험적, 개념적 문제의 일부에 관심을 쏟는다.

권리 견해는 각 개체들의 권리를 신중하게 고려하는 도덕적 분위기를 조성하는 조치를 취하고 있다. 그렇다면 도덕적 권리의 인식이 논점이 될 때 주의를 준다는 측면에서 틀릴 수 있는 정책을 채택하는 편이 낫다. 삶의 주체인 인간과 그렇지 않은 인간 사이 어디에 선을 그어야 할지 분명하지 않다는 바로 그 이유 때문에, 그리고 갓 태어난 인간과 곧 태어날 인간의 상대적인 정신적 수준에 대해 심각하게 무지하다는 점을 감안하면, 권리 견해는 영아나 독자 생존 가능한 태아가 삶의 주체인 것**처럼**, 기본적인 도덕적 권리를 가지고 있는 것**처럼** 간주하는 의심의 이득을 보이는 쪽을 옹호할 것이다. 그들을 그렇게 보는 것은 그들이 마땅히 받을 몫보다 더 주는 것임을 인정하는 것이지만 말이다.

갓 태어난 인간과 곧 태어날 인간에게 권리 소유자의 자격을 주는 이러한 논증은 부모, 친척, 여타 제삼자의 '정서적인 이익'에 호소하지 않는다. (이와 관련해서 '정서적 이익'에 호소하는 것에 반대하는 것은 5.3의 나비슨의 앞선 논의를 보라.) 갓 태어난 인간과 곧 태어날 인간에게까지 확장하여 진지하게 도덕적으로 보호해야 함을 지지해주는 것은 사람들의 '정서'가 어떠하든 각 개체의 권리를 존중하는 환경을 조성하는 것이 중요하기 때문이다. 낙태와 영아 살해와 관련된 전 영역에 대해 권리 견해가 어떤 함의를 갖는지 명시하는 것은, 특히 태아와 영아 등의 권리 사이에서 생기는 **가능한 갈등**을 탐구하는 것은, 이 책의 제한적 범위를 넘어서는 일이다. 그러나 여기서 말하는 것은, 제기되고 있는 비판과 반대로, 권리 견해가 인간 태아와 영아에게 마음대로 해도 된다는 것을 함의하지 않는 이유를 충분히 보여준다.

의무적 행동과 의무를 넘어선 행동

이번 절에서 고려할 세 번째 그리고 마지막 반론은 권리 견해에 다른 방면에서 도전하는데, 이 견해, 특히 상황 악화의 원리가 의무를 넘어선 행동 (supererogatory acts)이 엄격한 의무임을 함의한다고 주장한다. 이 반론은 다음과 같은 형식을 띤다. 경주용 자동차 운전자가 끔찍한 사고를 당해서 그를 구하기 위한 의료진이 없다면 확실히 죽게 될 것이라고 가정하자. 네명의 또 다른 환자가 그 의료진을 필요로 하고, 의료진이 운전자 대신에 그들에게 전념해야만 적절하게 치료받을 수 있고, 운전자를 구하려고 노력한다면 네 명 모두 죽지는 않겠지만 심하게 부상을 입는다고 (예컨대 한명은 팔을 잃고 다른 한 명은 몸의 일부가 마비되는 등) 가정해보자. 권리 견해는 무엇을 할지 결정하는 방법으로 서로 다른 개체들의 해악을 합하는 것을 허용하지 않기 때문에, 권리 견해를 받아들이는 사람은 네 명의 해악이 운전자 한 명이 입는 해악을 넘어선다는 이유로 네 명이 치료받아야 한다고 주장할 수 없다. 사실, 상황 악화의 원리는 개체의 상황이 악화되는 것을 막도록 지시하기 때문에, 특별한 고려는 차치하고, 그 원리는 우리가 그 네 명의 권리를 압도하고 운전자의 필요에 맞게 집행할 것과, 이 경우에 이 원리의 정당한 적용을 인식한 네 명은 운전자가 살 수 있도록 각자의 해악을 감수하는 데 합의해야 할 것을 요구한다고 주장한다. 따라서 이것은 권리 견해가 실패하는 원인이라고 이 반론은 주장한다. 왜냐하면 네명이 운전자가 살 수 있도록 각자의 해악을 참는 데 동의하는 것은 놀랄만한 자기희생의 표시이기는 하지만, 그 네 명이 그렇게 해야만 한다고, 곧 각자는 이와 관련된 의무가 있다고 주장하거나 함의하는 것은 터무니없기 때문이다. 그들이 자발적으로 자신의 커다란 해악을 참는 것은 자신들에게 주어진 의무를 넘어서는 것, 다시 말해서 의무를 넘어선 행동일 것이다. 그러나 권리 견해는 그 반대를 함축한다. 각자는 그렇게 해야 하는 의무가 있음을 함의하는 것이다.

권리 견해는 최소 압도의 원리와 상황 악화의 원리 모두에 포함된 '특별한 고려 사항은 차치하고'라는 단서를 다시 한번 적절하게 참조하면서 답변한다. 그 단서는 지금 상황을 포함해서 여러 상황에서 차이를 만들어낸다. 우리는 다음과 같은 점에 반드시 주목해야 한다. 자동차 경주를 포함한 고위험 행동을 자발적으로 하는 사람들은 그러한 활동을 자제하는 사람들이 자제하기로 선택한 특정한 위험에 노출되는 것을 분명히 선택한다. 그리고 추가 위험을 무릅쓰는 사람들이 위험이 실제로 일어날 때 곤경에서 구조될 수 있도록 그런 활동을 자제하는 사람들에게 상당한 해악을 입으라고 합리적으로 **요구할** 수 없다는 것은 그러한 행동에 착수하는 사람들에게 정의의 이름으로 적용되는 무언의 규칙의 일부이다. 다른 말로 하면 고위험의 행동에 자발적으로 참여하는 사람들은, 그들을 구하기 위한 수단으로 그러한 활동에 참여하지 않는 다른 사람들이 현저하게 해악을 입는다면, 상황이 악화되지 않을 권리를 포기한다. 이것은 그런 행동에 참여하지 않은 사람들이 위험을 무릅쓰는 사람을 구하기 위해 자유롭게 희생할 수 있다는 것을 부인하는 것은 아니다. 위험을 무릅쓰는 사람이 정당한 요구를 가지고 있다는 것을, 그래서 그들에게 그렇게 할 권리가 있다는 것을 부인하거나, 그들에게 그에 상응하여 이러한 희생을 할 의무가 있다는 것을 부인할 뿐이다. 만약 그들이 희생하기로 결심했다면, 그들은 의무가 요구하는 것을 넘어서 행동한 것이고, 반면에 그들이 그렇게 하지 않기로 결심했다면, 그들은 자신의 의무를 다하지 않은 것에 대해 비난받을 수 없다.

권리 견해는 최소 압도의 원리나 상황 악화의 원리를 포기하지 않고서도 의무를 넘어선 행동을 설명할 수 있다. 그리고 서로 다른 개체들의 해악을 합산하지 않고서도, 따라서 존중의 원리를 침해하지 않고서도 그렇게 할 수 있다. 고위험의 행동에 참여하지 않는 사람들의 권리가 그런 행동에 참여한 사람들의 상황이 악화되지 않게 하기 위해 압도되어서는 안 되는 이유는 그들의 해악이 위험한 상황에 처한 위험을 무릅쓰는 사람이 겪는 해악을 넘어설 것이기 때문은 아니다. 그런 행동에 자발적으로 참여하는 사람들이 **자신이 겪는 위험 중 하나가 단지 이것이라고 이해했음에 틀림없기** 때문이다. 다시 말해서 자신이 그런 행동에 참여한 결과로 위험한 상황에 처하게 되면 또는 그렇기 때문에, 그들의 상황이 악화되지 않을 권리는 더 이상 그런 위험을 겪는 선택을 하지 않은 사람들의 권리보다 자동적으로 더 크지 않기 때문이다.

특별한 고려 사항

이 절에서 첫 번째와 세 번째 반론에 대한 답변은 권리 견해가 인정하는 두 가지 종류의 특별한 고려 사항을 예시한다. 첫 번째는 획득된 의무와 권리와 관련된 것으로서, 둘 다 자발적인 합의의 결과(가령 약속이나 계약)나 어떤 제도적 구조 내에서 자발적으로 직책을 맡은 결과(가령 직업을 갖거나 입대를 하는 일)로 생긴다. 두 번째 종류의 특별한 고려는 고위험의 활동(가령 암벽 등반)과 경쟁적 활동(가령 장거리 경주)을 포함하는 어떤 종류의 활동에 자발적으로 참여하는 사람들과 관련된다. 권리 견해에 따르면 첫 번째 종류의 고려 사항은 특별한데, 정당한 요구와 그래서 모든 사람이 공유하는 기본적인 도덕적 권리 **외에** 특정 개체가 소유하는 권리와도 관련되기 때문이다. 따라서 이런 특별한 또는 획득적 권리를 갖는 존재들을 동등하게 처우하기 위해서는 그들의 **추가적인** 권리를 고려할 필요가 있다. 두 번째 종류의 고려 사항도 특별한데, 고위험이나 경쟁적 활동에 자발적으로 참여하는 사람들은 최소 압도의 원리와 상황 악화의 원리가 제공하는 정상적인 보호를 자발적으로 받지 않으려고 하기 때문이다. 간단히 말해서 첫 번째 종류의 고려 사항은 어떤 개체들(곧 획득된 권리를 갖는 개체들)의 주장에 **힘을 보태는** 고려 사항인 반면에, 두 번째 종류의 고려 사항은 다른 개체들(가령 고위험이나 경쟁적 활동에 자발적으로 참여하는 사람들)이 소유하는 주장에서 **힘을 빼기** 때문에 특별하다. 두 유형의 고려 사항은 우리가 동물권을 인정하는 도덕적 함의를 검토할 때 (9.1 이하) 그 중요성이 드러날 것이다.

세 번째 종류의 특별한 고려 사항은 우리에게 해악을 입지 않을 누구의 권리를 침해해야 하는지를 결정해야 하는 상황으로 이어지는 역사적 배경과 관련된다. 만약 관련된 어떤 개체가 현재의 곤궁에 빠진 이유가 관련된 다른 개체가 과거에 기본적인 권리를 침해했기 때문이라면, 이 과거의 침해는 최소 압도의 원리와 상황 악화의 원리를 적용할 때 도덕적 차이를 만들어낸다. 예를 들어 50명의 사람이 한 명을 강제로 노동을 시키면 이득을 얻을 수 있다고 믿었기에 그 한 명을 강제로 갱에 들어가게 해서 갱도에 갇히게 되었다면, 관련된 모든 사람이 일견 유사한 해악을 겪는다고 가정했을 때 50명은 최소 압도의 원리의 적용에 의해 보호받을 수 있는 자신의 권리를 잃었다. 또는 만약 한 명의 광부가 고아이고 사랑받지 못하며 정신 장애가 있는 노예인 반면에 50명은 아주 지적이고 사랑받고 존중받는 노예 소유주라면, 죽음이 노예 소유주와 노예인 광부에게 끼칠 해악을 비교해보았을 때 노예 소유주 50명 각각에게 직견적으로 훨씬 큰 해악을 끼치겠지만, 50명은 상황 악화의 원리가 제공하는 보호에 대한 정당한 요구를 가질 수 없다. 부정의를 영속화하는 사람들뿐만 아니라 만드는 사람들은 무고한 희생자와 도덕적 지위가 똑같지 않다. 같은 점을 다르게 말하면, 우리가 특별한 고려 사항의 한 종류가 과거에 어떤 사람들이 감수해야 했던 부정의와 관련된다는 것을 인정하지 못한다면, 최소 압도의 원리와 상황 악화의 원리는 부정의를 영속화하는 사람들의 권리가 그 희생자들의 권리를 압도하는 것을 **정의의 이름으로** 허용할 것이다. 정의와 개체의 권리에 대한 설명 중 이것을 허용하는 것은 어떤 것도 올바르지 않다. 어떤 사람도 다른 존재의 기본적인 권리를 침해해서 이득을 얻을 권리가 없다. 그런 부정의의 당사자는 최소 압도의 원리와 상황 악화의 원리가 제공하는 보호를 잃으며, 우리가 그들의 해악을 입지 않을 권리를 압도하고 과거의 부정의의 희생자가 해악을 겪지 않게 한다고 해서 불평할 정당한 근거가 없다.

특별한 고려에 대한 앞선 설명의 완전성과 관련해서는 여기서 어떤 주장도 하지 않았다. 그렇기는 해도, 특별한 고려 사항의 목록에 부작용은 들어 있지 않다는 것을 분명하게 해야 한다. 부작용이 설 자리를 내주는 것은 본래적 가치를 갖는 개체들이 권리 견해가 절대적으로 부인하는 어떤 것인 한갓 그릇이라고 가정하는 것이다. 그것이 부작용을 헤아리지 않는 이유이다. 최소 압도의 원리나 상황 악화의 원리를 정상적으로 적용하지 않는 것을 정당화할 수 있을 때(가령 가족이 개입될 때), 권리 견해는 그렇게 하는 근거가 특별한 고려 사항으로 타당하고 일관되게 간주되는 고려 사항들 중 하나로 드러난다는 것을 보여주려고 할 것이다. 권리 견해를 옹호하는 사람이 광범위한 경우에서 이것을 보여줄 수 없다면, 이런 경우에 권리 견해가 갖는 함의가 우리의 숙고된 판단과 일치하지 않는다는 것을 보여줄 수 있다면, 다른 측면에서 권리 견해와 동등한 대안 이론이 이런 확신을 체계화하고 이해하기 쉽게 해준다는 것을 보여줄 수 있다면, 권리 견해는 실제로 심각한 문제에 부딪힐 것이다. 권리 견해를 옹호하는 사람들이 다른 사람들이 제기한 반론에 맞서 그것을 옹호하는 일을 감당할 수 있는지는 도전 자체가 나올 때까지 기다려야 한다. 그 결과는 미리 결정할 수 없다. 미리 말할 수 있는 것은, 권리 견해에서 그 견해가 최소 압도의 원리나 상황 악화의 원리가 언제 압도될 수 있는지 결정하는 한 가지 방식으로, 대안이 되는 행동의 결과의 영향을 받을 모든 존재들의 고통, 선호-만족과 좌절 등을 우리가 합할 수 있다고 가정하거나 함의한다면, 어떤 고려 사항도 특별한 고려 사항의 자격이 없다는 것이다.

8.13 끝나지 않은 일

앞서 미뤄 두었던 두 가지 문제를 이제 말할 수 있겠다. 첫째는 구명보트 사례(8.6)이다. 그 상황을 되새겨 보자. 정상인 성인 네 명과 개 한 마리의 생존자 다섯이 있다. 이 보트의 공간은 넷만이 탈 수 있다. 누군가는 내려야 하거나 아니면 모두 죽을 것이다. 누가 내려야 할까? 애초의 믿음은 개였다. 권리 견해는 이런 반성 이전의 직관을 쉽게 설명하고 정당화할 수 있는가? 예방 사례의 앞선 논의는 어떻게 이게 가능한지 보여준다. 이들 모두는 동등한 본래적 가치를 가지고 있고, 해를 입지 않을 동등한 직견적인 권리를 가지고 있다. 이제 죽음이 스스로가 막는 만족에 대한 기회의 함수이고, 어떤 합리적인 사람도 네 사람 중 한 명의 죽음이 개의 죽음보다 직견적으로 더 큰 손실이 될 것이며, 따라서 직견적으로 더 큰 해악이 될 것임을 부정하지 않을 것이다. 짧게 말해서 개에게 죽음은 해악이기는 하지만 죽음이 인간 중 한 명에게 주는 해악과 비교할 수 없다. 인간 중 한 명을 배에서 던져 어떤 죽음을 맞닥뜨리게 하는 것은, 동물을 배에서 던졌을 때 개에게 끼치는 해악보다 그 개체의 상황을 악화할 것이다(즉 그 개체에게 더 큰 해악을 일으킬 것이다). 죽어야 하는 것은 개라고 하는 우리의 믿음은 상황 악화의 원리에 호소해서 정당화된다.

개를 던지기로 선택한 것은 동물의 동등한 본래적 가치나 개의 해악을 입지 않을 동등한 직견적인 권리를 인정하는 것과 충돌하지 않는다. 그것이 동물의 동등한 본래적 가치를 인정하는 것과 충돌하지 않는 까닭은, 집단으로서의 네 명의 사람이 피한 해악의 총합이 개체인 동물의 손실을 능가한다는 근거로 그 동물이 해악을 입은 것은 아니기 때문이다. 그리고 그것이 개의 해악을 입지 않을 동등한 직견적인 권리를 인정하는 것과 충돌하지 않는 까닭은, 해악을 입지 않을 동등한 직견적인 권리를 인정하는 것은 동등하지 않은 해악은 동등하게 헤아리지 말라고 요구하기 때문이다. 개를 구하고 인간 중 한 명을 배에서 버리는 것은 개에게 마땅히 받을 몫보다 더 주는 것이다. 그것은 개가 겪을 더 적은 해악을, 인간 중 한 명이 배에서 버려졌을 때 그가 겪을 해악과 동등하게 또는 그보다 더 크게 헤아리는 것이다. 동등한 직견적인 권리를 존중하라는 것은 이것을 허용하지 않는다. 개를 구하기 위해 자원해서 자신의 목숨을 던지기로 한 인간이 있다면 그는 엄격하게 요구되는 의무보다 더 많은 것을, 실제로 **아주** 많은 것을 한 것이다.

구명보트 사례는 우리가 개 한 마리와 인간 네 명 중에서 선택해야 하는 것이 아니라 이 인간들과 수많은 개들 중에서 선택해야 한다고 가정하더라도, **도덕적으로** 차이가 없을 것이다. 개의 마릿수는 원하는 만큼 늘려도 된다. 백만 마리라고 가정하자. 그리고 구명보트는 네 자리만 있다고 가정하자. 그러면 권리 견해는, 특별한 고려 사항은 차치하고, 백만 마리의 개를 배에서 던지고 네 명의 인간을 살려야 한다고 여전히 함의한다. 그 반대의 판단을 내리려고 시도하는 것은 불가피하게, 백만 마리의 개의 손실의 합이 인간들 중 한 명의 손실보다 크다고, 총합적인 고려를 해야 하는데, 이는 존중의 원리를 받아들이는 사람이라면 승인할 수 없는 접근이다.

개 한 마리 또는 백만 마리를 상대로 문제를 결정하는 것은 종 차별주의가 아니다. 한 마리 또는 백만 마리를 희생하기로 결정하는 것은 특정 종의 구성원인지에 근거하는 것이 아니다. 그것은 **각 개체**가 겪는 손실을 측정하고 **그리고** 그 손실을 **동등하게** 측정하는 데 근거하는데, 이것은 관련된 모든 개체가 소유하는 동등한 본래적 가치와 해악을 입지 않을 동등한 직견적인 권리의 인정과 일관적이고 그것에 의해 요구되는 접근이다. 마찬가지 이유로 개 한 마리와 백만 마리를 상대로 결정하는 것은 완전주의 정의 이론을 받아들이는 것이 아니다(이런 유형의 이론의 논의에 대해서는 7.1을 보라). 완전주의 이론은 덕이 더 있는 사람이 자신의 덕을 최적으로 개발할 수 있도록 덕이 덜 있는 사람을 **일상적으로** 종속하는 것을 허용한다. 권리 견해는 그런 종속을 허용하지 않는다. 권리 견해가 함의하는 것은 **예외적인** 사례—구명보트 사례를 포함한 예방 사례가 예외적인 사례**이다**—에서이고, 예외적이지 않은 사례로 정당하게 일반화될 수 없다. 더구나 권리 견해에 따르면 앞서 논의했던 사례들을 포함해서 구명보트와 여타 예방 사례는 완전주의의 원리에 의해 결정되지 않는다. 그것들은 관련된 개체들의 동등성을 인정하고 존중하는 원리들, 곧 그들의 동등한 본래적 가치(어떤 개체의 손실도 다른 개체들 그룹의 손실의 총합에 의해 능가될 수 없다)와 그들의 해악을 입지 않을 동등한 일견적 권리(어떤 개체의 더 작은 해악은 다른 개체의 더 큰 해악보다 더 헤아릴 수 없다)에 호소해서 결정된다. 이것은 완전주의가 아니다.

앞에서(6.3, 7.7) 미루어 두었던 두 번째 논점은 조건부 평등의 수용에 근거한 공리주의 옹호 논증과 관련되어 있다. 그 논증은 대충 말하면 다음과 같다. (1)**만약** 우리가 다른 존재에게 우리의 선호를 고려하게 하고 그것을 동등하게 헤아리게 한다면, 그리고 (2)**만약** 우리가 정상적인 관점을 취한다면, **그러면** (3)그 결과의 영향을 받는 모든 존재의 선호-만족에서 선호-좌절을 뺀 값을 극대화하는 결과를 어쩔 수 없이 선호할 수밖에 없을 것이다. 이 논증을 앞서 논의할 때, (1)과 (2)를 받아들이는 사람들은 공리주의-효용성의 원리가 도덕성의 유일한 도덕적 근거라는 견해-를 추종한다는 것을 보여주지 못한다고 지적했다. (1)과 (2)를 받아들이면 기껏해야 **하나의** 결과론적 원리를 추종할 것이라고 주장했다. 또한 언급한 것처럼 그렇게 함으로써 (3)을 추종한다면 애초에 (1)과 (2)를 받아들이는 데 반대하는 좋은 이유들이 있다. 그 이유는 (3)을 받아들이는 것이 **총합의 원리**, 곧 부작용을 포함해서 그 결과에 의해 영향을 받는 모든 존재의 결과의 합이 그렇지 않았을 때보다 선호-만족에서 선호-좌절을 뺀 값이 더 좋다면 무고한 어떤 존재에게 해악을 끼치는 것을 승인하는 원리를 추종하는 것이기 때문이다. 권리 견해에 따르면 이런 의사 결정 견해는 치명적이다. 그것은 도덕 행위자와 수동자가 스스로의 본래적 가치를 갖지 못하는, 가치의 한갓 그릇이라는 견해를 가정하고 영속화한다. '권리를 진지하게 생각하는' 어떤 누구도 이러한 총합적인 견해의 도덕적 의사 결정이나, 개체의 가치(또는 가치의 결여)를 옹호 없이 단순히 가정하는 견해를 받아들여서는 안 된다. 이 견해를 받아들이는 것은, 앞서 길게 제시했던 이유로, 도덕 행위자와 수동자의 권리에 신뢰할 만한 설명을 할 수 있는 바로 그 가능성을 훼손하는 것이며, 이러한 공리주의 옹호 논증을 제시한 사람들이 권리에 호소하는 것을 '수사적'이라고 경멸하는 것은 놀랄 일이 아니다. 그들의 출발점은 그런 결과를 사전에 결정한다. 합리적으로 생각해봤을 때, 이런 식으로 생각하는 사람들이 시작하는 곳에서 (즉 우리의 개인적인 편견을 가지고) 도덕적 사고를 출발하거나, 그들이 끝나는 곳에서 (모든 존재의 이득과 해악, 쾌락과 고통 등을 **합하는** 것을 허용하거나 요구하는 원리를 가지고) 끝내서는 안 된다는 것을 보여주는 것은, 지난 네 개 장의 논증들이 가졌던 주된 목표 중 하나였다.

셋째, 그리고 마지막으로, 존중의 원리(7.8~7.9를 보라)의 논리적 지위에 대한 문제가 있다. 이 원리는 확실히 해악의 원리, 최소 압도의 원리, 상황 악화의 원리보다 훨씬 기본적인데, 후자의 원리들이 존중의 원리로부터는 도출되지만 그 반대는 아니기 때문이다. 그러나 이것만으로는 존중의 원리가 어떤 다른, 더 근본적인 원리로부터 도출될 수 없다는 것을 규명하지는 못하며, 어떻게 이것이 어떤 방식으로든 증명될 수 있는지 말하는 것도 어렵다. 어떤 원리가 도출되지 **않았기** 때문에 도출될 **수 없다**고 보여줄 수는 없다. 권리 견해는 존중의 원리가 근본적이라고 간주하지만, (a) 존중의 원리를 포함하지 못하는 윤리적 이론은 적절하지 못하다는 것과, (b) 이 원리의 결과론적 도출은 원리상 가능하지 않다는 것만을 주장하며, 원리를 도출하는 문제는 미결인 상태로 남겨둘 준비가 되어 있다. 존중의 원리를 받아들임으로써 생기는 최적의 결과에 호소해서 그 원리를 도출하려고 시도하는 것은 열역학 제2 법칙을 비슷한 방식으로 도출하려고 시도하는 것과 똑같다. 이 법칙을 합리적으로 받아들이는 근거가 그것을 받아들일 때 이득이 되는 결과에 대한 고려와 구분되고 구분되어야 하는 것처럼, 훨씬 더 근본적인 원리로부터 가능한 도출을 포함해서 존중의 원리를 합리적으로 받아들이는 근거를 단지 결과론적 고려와 관련되는 것으로 잘못 여길 수 있다.

8.14 요약과 결론

이번 장에서 도달한 주된 결론은 모든 도덕 행위자와 수동자는 어떤 기본적인 도덕적 권리를 갖는다는 것이다. 이 개체들이 기본적인 (또는 태생적인) 도덕적 권리를 소유한다는 것은, (1) 그들이 그들 자신이 됐든 다른 사람이 됐든 누구든지 자발적인 행위와 상관없이, 그리고 그들이 어떤 제도적인 장치에서 차지하는 위치와 상관없이 어떤 권리를 소유한다는 점, (2) 이런 권리는 보편적이라는 점, 다시 말해서 그런 권리는 (1)에서 언급한 고려들과 상관없이 적절한 점에서 비슷한 모든 개체들이 소유한다는 점, (3) 이런 권리를 소유한 모두는 동등하게 소유한다는 점을 의미한다. 따라서 획득적 권리(예컨대 약속자를 상대로 피약속자가 갖는 권리)는 누군가의 자발적인 행위나 제도적인 장치에서의 위치의 결과로 획득하는 것이므로 기본적인 도덕적 권리는 획득적 권리**와도** 다르다. 또 법적 권리(예컨대 선거권)는 기본적인 도덕적 권리와 달리 동등하거나 보편적이지 않기에(8.1), 법적 권리**와도** 다르다.

기본적이든 획득적이든 도덕적 권리는 정당한 요구라고 분석된다 (8.2~8.3). 어떤 주장을 한다는 것은 어떤 처우가 자신에게 또는 다른 존재에게 마땅하다고 요구하는 것이다. 어떤 요구가 정당하기 위한 필요충분 조건은 (a) 부여할 수 있는 개체를 상대로-하는-정당한 요구이고, (b) 이 개체들이 마땅히 받아야 하는 처우에-대한-정당한 요구라는 것이다. 무엇에-대한 요구의 정당성은 궁극적으로 직접적 의무의 원리들의 정당성에 의존한다. 이번 장의 주된 관심은 기본적인 도덕적 권리의 문제이기 때문에, 이런 종류의 권리를 입증하는 데 큰 중점을 두었다.

모든 도덕 행위자와 수동자가 소유하는 주요한 기본적인 도덕적 권리는 존중의 처우에 대한 권리(8.4, 8.5)이다. 7장에서 제시한 이유로, 모든 도덕 행위자와 수동자는 특별한 종류의 가치(본래적 가치)를 갖는 것으로, 그리고 이 가치를 동등하게 갖는 것으로 알기 쉽게 그리고 자의적이지 않게 간주할 수 있다. 모든 도덕 행위자와 수동자는 언제나 이런 종류의 가치를 동등하게 소유한다고 인정하는 것과 일관된 방식으로 처우해야 한다. 이런 개체들은 존경의 처우에 대한 기본적인 도덕적 권리를 가지고 있는데, 그 이유는 그것에 대한 요구가 (a) 부여할 수 있는 개체들(곧 모든 도덕 행위자)을 상대로-하는-정당한 요구이고, (b) 존중의 원리에 호소하는 것에-대한-정당한 요구이기 때문이다. 그 원리의 타당성에 대해서는 이전의 맥락에서(7.8) 옹호했다. 존중의 처우에 대한 기본적인 도덕적 권리는 도덕 행위자나 수동자가 스스로의 가치가 결여된, 내재적 가치(가령 쾌락)의 한갓 그릇인 것처럼 처우하는 것을 금한다. 이런 개체들에 대한 그런 견해는 그 결과에 의해 영향을 받는 모든 다른 '그릇들'에 대한 총 결괏값이 '가장 좋을' 것이라는 근거로 어떤 존재에게 (가령 고통스럽게 만들어서) 해악을 끼치는 것을 허용하기 때문이다. 모든 도덕 행위자와 수동자가 해악을 입지 않을 직견적인 기본적 도덕적 권리를 가지고 있다는 것 역시 주장했다.

이 후자의 권리를 직견적인 권리라고 말하는 것은, (1) 그것을 침해하는 것이 허용되는 상황이 있지만, (2) 그것을 침해하려는 사람은 누구나 주어진 상황에서 이 권리를 침해하는 것을 보여줄 수 있는 타당한 도덕적 원리에 호소해서 그렇게 하는 것을 정당화해야만 한다는 것을 뜻한다. 이 권리를 직견적이라고 보는 데 대한 두 가지 반론, 곧 첫째, 우리는 해로운 폭력을 절대 사용해서는 안 된다는 견해(평화주의 원리)와, 둘째, 무고한 존재에게 절대 해악을 끼쳐서는 안 된다는 견해(무고함의 원리)를 검토하고(8.7), 결함이 있다는 것을 보여주었고, 두 도덕적 원리(최소 압도의 원리와 상황 악화의 원리)는 존중의 원리로부터 도출 가능하며, 무고한 존재의 해악을 입지 않을 권리를 정당하게 압도할 수 있는 타당한 원리라는 것을 확인했다(8.10). 최소 압도의 원리는, 특별한 고려 사항은 차치하고, 수를 헤아리는 것을 함축한다. 무고한 소수에게 해악을 끼치는 것과 다수에게 해악을 끼치는 것 중에서 선택해야 하는 상황에 맞닥뜨렸을 때, 그리고 해악을 입을 모든 존재가 직견적으로 유사한 해악을 맞닥뜨렸을 때, 우리는 소수의 권리를 압도하는 쪽을 선택해야 한다. 상황 악화의 원리는 특별한 고려 사항은 차치하고, 수를 헤아리지 않는 것을 함축한다. 특별한 고려 사항은 차치하고, 우리가 무고한 다수 또는 소수에게 해악을 끼치는 것을 선택해야 하는 상황에 맞닥뜨렸을 때, 그리고 소수가 겪는 해악이 다수가 겪는 해악보다 그들의 상황을 악화했을 때, 우리는 소수보다 다수의 권리를 압도해야 한다. (상황 악화의 원리는 단 두 개체만 관련된 상황에도 설명한 것처럼 적용된다.)

최소 압도의 원리와 상황 악화의 원리는 논리적으로 서로 구분되며, 최소 해악의 원리, 곧 모든 부작용을 포함해서 결과에 의해 영향을 받는 모든 존재에게 끼치는 해악의 총량을 최소화할 수 있도록 행동해야 한다는 원리와 혼동되어서는 안 된다. 권리 견해는 개체의 권리를 압도하는 근거로서 그러한 총합의 원리를 부인하는데, 그런 모든 원리는 도덕 행위자와 수동자가 가치를 담는 한갓 그릇이라고 가정하기 때문이다. 따라서 마찬가지 이유로, 권리 견해는 무고한 존재가 언제 정당하게 해악을 입을 수 있는지, 만약 그렇다면 왜 그러는지 결정하기 위한 공리주의적 접근에 반대하고, 동시에 그 대안을 제시한다(8.11).

정당한 요구로서의 권리 분석을 반대하는 반론부터 권리 견해는 우리의 숙고된 믿음과 일치하지 않는다는 함의를 갖는다고 주장하는 반론까지, 여러 반론들을 검토했다(8.6, 8.10). 권리 견해가 맞서야 하는, 또는 맞설 수 있는 모든 반론을 검토한 것은 아니지만, 언급한 반론들은 그중에서 가장 중요한 것들이다. 그 반론들이 권리 견해에 심각한 공격이 되지 못한다는 것을 보여주는 것은, 그 견해를 적절하게 방어한다는 목표를 향해 어느 정도 전진한 것이다.

나는 이와 같이 동물권을 옹호했다. 그 옹호가 올바르다면 동물도 인간처럼 어떤 기본적인 도덕적 권리를 갖게 되는데, 특히 여기에는 본래적 가치의 소유자로서 엄격한 정의의 마땅히 받아야 할 몫을 받아야 하는 존중으로 처우받아야 하는 근본적인 권리가 포함된다. 그러므로 이전에 제시한 논증들이 올바르다고 전제한다면, 동물은 우리처럼 내재적 가치(가령 쾌락이나 선호-만족)의 한갓 그릇으로 결코 처우되어서는 안 되며, 동물에게 가해진 해악은 동물의 동등한 본래적 가치와 동물의 해악을 입지 않을 동등한 직견적 권리의 인정과 일관적이어야 한다. 우리의 직관과 관행이 동물에게 그들이 마땅히 받아야 하는 정의를 주는지 묻는 일이 남아 있다. 그것은 다음 마지막 장에서 탐구할 주요 문제이다.[40]

∴

40) 나는 동료인 Maurice Wade와의 대화에서 존중의 원리의 일부 함의를 이해하는 데 도움을 받았다.

제9장

권리 견해의 함의

마지막 장에서 나는 동물에 대한 처우와 관련된 권리 견해의 몇 가지 함의를 설명하고 옹호하고자 한다. 인간의 행동과 제도가 동물들에게 영향을 미치는 엄청나게 다양한 방법들을 일일이 검토하기란 불가능할 것이다. 특히 로데오, 투우, 말과 개 경주, 그리고 동물들이 포함되는 여타의 대중 '스포츠'와 같은 활동들은, 그리고 아이들이 동물을 만질 수 있는 동물원, 비좁은 비인가 동물원, 아쿠아리움을 포함한 동물원, 서커스와 영화 산업에서 동물들을 활용하는 경우는 검토하지 않을 것이다. 이러한 동물 활용 방식이 중요하지 않아서가 아니라, 좀 더 흔하거나 더욱 잘 알려진 것들에 일차적으로 초점을 맞출 필요가 있기 때문이다. 권리 견해가 우리가 검토하는 활동 및 기관에 대해 어떤 입장을 취할 것인지를 분명히 할 경우, 검토 대상에서 빠진 많은 것들에 대해 권리 견해가 어떤 입장을 취할지가 분명해질 것이다.

　우리가 관심을 가질 분야는 크게 농장 동물 사육과 소비(9.1), 야생동물 사냥과 포획(9.2), 멸종 위기에 처한 동물 구조(9.3), 그리고 과학 분야에서의 동물 활용(9.4)의 네 가지이다. 멸종 위기종에 대한 논의를 하다 보면 우리는 환경 윤리, 그리고 이와 관련된 관심사들에 대해 더 많은 이야기를 할 수 있게 될 것이다.

9.1 채식이 의무인 이유

동물들이 해악을 입지 않을 권리는 무조건적인 것이 아니라 직견적인 것이다. 이 말은 곧 이러한 권리를 정당하게 침해할 수 있는 상황이 있다는 것이다. 동물은 도덕 행위자가 아니며, 그 때문에 그들의 권리가 잘못에 대한 처벌이나 방어를 이유로 압도당해서는 안 된다. 그러나 그들은 위협자가 될 수 있고, 무고한 방패로 이용당할 수 있는데, 이런 상황에서 무고한 존재의 권리가 간혹 압도당할 수 있음을 감안한다면 동물들의 권리 또한 압도당할 수 있다(8.7을 보라). 그러나 농장 동물들이 무고한 위협을 가한다거나 무고한 방패가 되는 난처한 상황에 놓여 있다는 이유를 들어 그들에게 끼치는 해악(예를 들어 집약적 사육 시스템이 초래하는 박탈감)을 옹호할 수는 없다. 농장 동물들에게 끼치는 해악을 도덕적으로 허용할 수 있는지를 검토하려 할 경우, 우리는 이들이 무고한 위협자나 무고한 방패가 아님을 전제로 이러한 해악을 어떻게 가장 그럴싸하게 옹호하려 할 수 있는지부터 검토해보아야 한다.

자유의 원리

권리 견해는 어떤 개체가 일정한 조건에서 다른 무고한 존재들과 비교해 상황이 악화되는 것을 피하기 위해 자신에게 필요한 행동을 할 권리가 있음을 인정하고 있다. 설령 그 행동에 무고한 존재들에게 해악을 끼치는 것이 포함되어 있다고 해도 말이다. 여기에 일정한 조건을 덧붙여야 함은 분명하다. 예를 들어 내가 이웃의 벤츠[1]를 손아귀에 넣지 않을 경우 나는 그보다 경제적 상황이 넉넉해지지 않을 것이다. 하지만 그렇다고 해서 내가 그의 차를 가질 권리가 있다고 할 수는 없다. 실제로 적절한 조건을 달지 않을 경우, 개인에게 이러한 권리가 있다고 선언하는 것은 도덕적 무정부 상태에 대한 면허증을 주는 격이 될 것이다. 이러한 권리(**자유의 원리**[the liberty principle])에는 다음과 같은 조건이 추가되어야 한다.

관련된 모든 존재들이 존중의 태도로 처우받는다면, 그리고 특별한 고려 사항이 없다고 가정한다면, 어떤 무고한 개체도 상황이 악화되는 것을 피하기 위해 행동할 권리가 있다. 설령 그렇게 함으로써 다른 무고한 존재들에게 해악을 끼치더라도 말이다.

'특별한 고려 사항'이라는 단서는 내가 이웃의 벤츠를 갖지 않을 경우, 이웃보다 경제적 상황이 나아지지 않으리라는 이유로 그의 벤츠를 가질 자유가 있지 않은 이유를 설명해준다. 이렇게 말하는 이유는 해악을 입지 않을 상호 간의 권리 **외에도**, 만약 이웃이 벤츠를 정당하게 획득했다고 가정한다면 벤츠는 이웃의 차이고, 그에게 권리가 있으며, 이와 같은 소유권을 갖는다는 것은 나의 자유를 제한하는 특별한 고려 사항이기 때문이다. 두 번째 단서, 즉 "관련된 모든 존재들이 존중의 태도로 처우받는다"라는 단서는 사람들을 존중하지 않는 여타의 경우들을 배제한다. 예를 들어 내가 삼촌을 하룻밤 동안 고문하는 쾌락을 포기할 경우 내가 삼촌보다 상황이 악화된다고 하더라도, 나는 관련된 권리를 행사한다는 명목으로

••
1) (옮긴이) 독일의 고급차 브랜드인 '메르세데스-벤츠'를 우리나라에서는 흔히 '벤츠'라고 부르고, 미국에서는 흔히 '메르세데스'라고 부른다. 원서에도 "Mercedes"라고만 하는데, 우리나라의 관례에 따라 '벤츠'로 옮긴다.

그렇게 하지 않을 것이다. 왜냐하면 단지 내가 얻을 쾌락을 근거로 삼촌에게 해악을 끼치는 것은 삼촌이 마땅히 받아야 할 존중의 태도로 삼촌을 처우하지 않은 격이 될 것이기 때문이다. 결론적으로 여기서 말하는 권리는 도덕적 무정부 상태를 허용하는 면허증이 아니라, 중요한 단서가 달린, 다시 말해 권리 견해에 의해 인정되고 정당화되는 중요한 단서가 달린 권리이다.

이러한 권리를 가지고 있다고 말하는 것은 우리에게 그러한 권리가 승인하는 방식으로 행동할 자유가 있다고 말하는 것이고, 그렇게 행동할 자유가 있다고 말하는 것은 그렇게 하는 것이 도덕적으로 허용된다고 말하는 것이다. 그런 권리를 행사하기를 거부할 수도 있지만, 만약 거부한다면 우리는 의무가 엄격하게 요구하는 것 이상을 하는 격이 될 것이다(즉 우리는 의무를 넘어선 행동을 하는 격이 될 것이다). 만일 내가 앞에서 제시한 단서를 준수하면서, 내 상황이 악화되는 경우를 피하는 데에 필요한 일을 하지 않으려 한다고 가정해보자. 이 경우 나는 관련된 다른 사람들에 비해 자발적으로 상황이 악화된 사람이 되어 버린, 자기희생적인 방식으로 행동한 사람이 될 것이다. 물론 내가 할 수도 있지만, 나는 그것을 해야 할 의무가 없고, 그 누구도 내가 그렇게 하는 것에 반대할 권리도 없다.

자유의 원리는 존중의 원리에서 이끌어낼 수 있다.[2] 본래적 가치를 지닌 개인으로서 나는 항상 존중받아야 하며, 따라서 결코 단순한 그릇으로, 혹은 단지 다른 사람의 이익에 주는 영향을 기준으로 가치를 갖는 사람으로 간주되거나 처우되어서는 안 된다. 더구나 다른 개인들과 마찬가지로 나

⁘

[2] (옮긴이) 자유의 원리에 비해 존중의 원리가 더욱 포괄적인 원리이며, 이에 따라 존중의 원리에 반할 경우 자유의 원리는 제약을 받게 되지만, 그 반대는 아니다.

는 복리를 가지고 있기 때문에 모든 도덕 행위자에게 적용되는 것과 동일한 도덕적 제약에 따르면서, 나의 복리를 늘리기 위해 필요한 것은 무엇이든 할 수 있다. 단지 내가 나의 복리를 추구할 경우 다른 사람들이 덜 유복해질 것이라는 이유로 복리를 추구할 나의 자유를 부정한다면, 나는 내가 마땅히 받아야 할 존중의 태도로 나를 처우하지 않는 것이다. 이것은 정의라는 측면에서 내가 마땅히 받아야 할 처우가 결과적으로 개별적으로나 집단적으로 사람들이 어떻게 영향을 받느냐에 좌우된다고 가정하는 것이다. 그러나 내가 마땅히 받아야 할 처우는 이러한 문제에 대한 고려에 좌우되지 않는다. 이는 집합적인(혹은 총합적인) 고찰에 좌우되지 않는데, 그 이유는 그러한 견해는 내가 단지 그릇으로서의 가치를 가지고 있다고 가정하는 격이기 때문이다. 그리고 내가 마땅히 받아야 할 처우는 다른 어떤 특정 개인에게 미치는 이익에 좌우되지 않는다. 왜냐하면 본래적 가치를 갖는 사람으로서의 **내가** 권리를 갖는 존중의 처우는 **다른 사람들에게** 미치는 이익에 좌우되지 않기 때문이다. 그렇다면 내 노력의 결과로 다른 사람(혹은 다른 사람들)이 어떻게 살아갈 것인지를 염려하면서, 그들의 상황 악화를 피하기 위해 내게 필요한 일을 하지 않을 수 있다고 주장하는 것(관련된 모든 사람들이 존중을 받고 특별히 고려해야 할 사항이 없다는 가정하에)은 내가 마땅히 받아야 할 존중의 태도로 나를 대하지 않는 것이다. 이는 이해 가능한 방식으로, 그리고 자의적이지 않은 방식으로 삶의 주체가 되는 것으로 파악되는 개체들 모두에게 적용되는 이야기이기도 하다. 그 어떤 사람도 그러한 개인이 단순히 그릇이라는 가정 때문에, 혹은 그저 타인의 이익에 미치는 영향에 비례하는 가치를 갖는다는 가정 때문에 자신의 자유를 제한받아서는 안 된다. 그러므로 본래적 가치를 가진 모든 사람들은 자유의 원리의 단서를 받아들이면서, 설령 다른 무고한 사람들에게 해악을 끼친다고 해도, 자신의 상황이 악화되는 것을 피하기 위해 필요한 것을 행할 동등한 권리를 가지고 있다.

분명히 짚어둘 필요가 있는 것은 어떤 개인의 자유권은 오직 이러한 권리를 행사하는 개인들이 직접적으로 타인들에게 해를 끼치는 경우에만 제한되는 것이 아니라는 점이다. 만약 A의 자유권이 B의 것을 해칠 경우, 그리고 A의 자유권이 B의 것을 해치지 않았을 경우 나의 상황이 B에 비해 더 어려워지게 된다고 가정해보자. 이런 상황에서 자유 원리의 다른 조건들을 충족시킨다는 전제하에 내가 A의 권리를 지지한다면, 나는 나의 권리 범위 내에서 행동하는 것이다. 내가 나의 상황이 더 악화되는 결과를 받아들이면서, 내 권리의 범위 내에서 행동하지 않기로 선택할 수 있다. 하지만 나는 그렇게 할 의무가 없으며, 해악을 입는 사람(B의 권리)은 내게 A를 도와줄 권리를 행사하지 않음으로써 나의 상황을 더 악화하라고 요구할 정당한 권리를 가질 수 없다.

이렇게 보자면 존중과 해악의 원리, 최소 압도의 원리, 상황 악화의 원리뿐만 아니라 권리 견해 또한 다섯 번째 원리인 **자유의 원리**를 받아들인다. 인간이 소비하기 위해 농장 동물을 사육하고 그들을 실제로 소비하는 관행을 옹호하기 위한 시도로 등장할 가능성이 가장 높은 것은 이러한 원리일 듯하다. 이렇게 말하는 이유는 영농인과 육식을 하는 사람들에게 자유의 원리가 허용하는 바에 따라 행동할 권한이 있고, 따라서 설령 동물에게 해악을 끼치는 관행, 혹은 동물에게 해악을 끼치는 사람들에 대한 지지가 포함되어 있다고 해도 그들에게는 자유의 원리가 허용하는 바에 따라 행동할 수 있는 권한이 있으며, 이에 따라 그들 각각에게 동물을 사육해서 먹을 수 있는 자유가 있다고 주장할 수 있기 때문이다. 이렇게 말하는 이유는 이와 같이 **하지 않을** 경우, 영농인과 육식을 하는 사람들은 그 과정에서 해악을 입는 개체들과 비교해보았을 때, 다시 말해 농장 동물과 비교해보았을 때 상황이 안 좋아질 것이기 때문이다. 게다가 지금 살펴보고 있는 경우에서, 관련된 많은 동물들에게 끼친 해악을 **총합함**으로써 영농인들과 육식을 하는 사람들이 이러한 권리를 행사하지 못하게 하려는 것은, 영농인들과 육식을 하는 사람들을 단순히 그릇인 것처럼 처우하는 경우일 것이다. 이는 권리 견해에서 보았을 때, 결코 해서는 안 되는 방식으로 그들을 처우하는 격이다. 이렇게 보자면 인간의 소비를 위해 동물을 사육하는 영농인들, 그리고 동물을 소비하는 사람들은 다른 사람들이 고기를 먹지 않겠다는 선택을 할 수 있음을 받아들일 수 있다. 그럼에도 그들은 자신들이 고기를 생산하거나 먹는 것은 자신들의 권리 안에 있고, 거기서 아무런 잘못을 범하고 있지 않다고 주장할 수 있다.

권리 견해는 이러한 결론을 도출한다고 추정되는 원리의 타당성을 인정하면서도 그와 같은 결론을 부정한다. 방금 제시된 논증은 오직 동물을 잡아먹기 위해 사육하고 그들을 잡아먹는 것이 자유 원리의 모든 조건을 충족한다고 말할 수 있는 경우에만 건실하다. 문제를 좀 더 면밀히 검토해볼 경우, 우리는 위의 논증이 그런 조건을 충족하지 못함을 확인할 수 있게 될 것이다.

동물에게 끼치는 해악이 자유의 원리에 호소함으로써 정당화될 수 있다고 주장하는 근거는 무엇인가? 관련된 일부 고려 사항들은 고기를 먹지 않을 경우 소비자들에게 끼칠 수 있다고 추정된 해악에 관한 것이다. 이 가운데 가장 흔히 거론되는 것은 다음과 같다.

(1) 동물의 살코기는 맛있고, 이를 먹지 않는 것은 미각의 어떤 쾌락을 포기하는 것이다.

(2) 맛있는 음식을 준비할 경우 개인적으로 보상이 주어지는데, 이는 우리가 고기를 먹지 않기로 결정할 경우 자제해야 할 이득이다.

(3) (어쩌면) 개인적으로나 문화적으로나 고기를 먹는 것은 우리의 습관이고, 이를 먹는 것은 편리하다. 이를 금하는 것은 포기의 고통과 편리함의 박탈을 견디는 격이다.

(4) 고기는 영양가가 있으므로, 이를 더 이상 먹지 않을 경우 건강을 해치게 되거나, 적어도 건강을 해칠 아주 심각한 위험을 무릅쓰게 된다.

육류산업과 관련된 고려 사항 중 주요한 것들은 다음과 같다.

(5) 일부 사람들(예: 영농인, 육류 포장업자, 도매업자)은 계속해서 농장 동물을 사육해야만 경제적 이익을 누릴 수 있다. 그들의 삶의 질은 말할 것도 없고, 그들이 부양하고 있는 사람들의 삶의 질마저도 현재의 식용 동물 시장의 지속 여부와 밀접하게 연결되어 있다.

(6) 대체로 보았을 때, 축산업과 직접적으로 연관된 사람들은 물론, 국가 또한 이러한 산업이 유지되고 성장해야 경제적 이익을 누릴 수 있다.

(7) 농장 동물들은 영농인들이 소유하고 있는 합법적인 재산이다. 이러한 사실은 설령 가축들에게 해롭더라도 영농인들에게 자신들이 원하는 대로 농장 동물을 처우할 수 있는 권리를 부여한다.

(8) 일부 농장 동물들, 특히 닭과 칠면조는 권리 견해가 규정하는 원리들의 직접적인 적용 대상이 아니다. 따라서 영농인들은 그러한 원리에 개의치 않고 이와 같은 동물들을 처우할 자유가 있다(그리고 비슷한 이유로 소비자들은 그들을 먹을 자유가 있다).

이와 같은 각각의 항목들을 검토하여 이들이 농장 동물에게 끼치는 해악을 얼마만큼 잘 또는 잘못 정당화할 수 있는지를 판단해보도록 하자.

미각, 요리와 관련된 비판

(1)이든 (2)이든, 혹은 두 가지 모두이든, 이들은 피해를 입지 않을 동물의 권리 압도를 정당화할 수 없다. 이는 몇 가지 이유로 명백하다. 첫째, 그리고 가장 확실하게 말할 수 있는 것은 그 누구도 어떤 것이 맛있다는 사실을 알았다고 해서, 혹은 잘 요리해서 만족감을 얻는다고 해서 이를 먹을 권리는 없다는 것이다. 예컨대 헤더가 게토[3] 아이들의 맛을 좋아한다고 해서 그녀에게 아이들을 요리할 권리가 있다고 말할 수는 없다. 우리가 헤더의 요리에 관한 신나는 경험을 막았을 때 자신의 권리를 압도한다고 그녀가 항의하는 경우에 대해서도 마찬가지 이야기를 할 수 있을 것이다. 만약 헤더가 아이들을 요리해서 먹으면서 요리의 대상이 되는 아이들의 권리를 침해한다면, 그녀는 우리가 그녀를 막음으로써 자신의 권리를 침해한다고 불평할 근거를 마련하지 못한다. 여기서의 쟁점이 "동물을 잡아먹을 **우리의** 권리가 해악을 입지 않을 **동물들의** 권리를 능가하는지의 여부"라고 가정하는 것은 중요한 선결문제를 요구하는 것이다. 이러한 입장은 애초에 우리가 이와 같은 권리를 가지고 있다고 가정하고 있다. 만약 우리가 이러한 권리를 가지고 있다면, 이러한 권리를 가지고 있다는 사실을 당연하게 여겨서는 안 되고, 논증을 통해 입증할 필요가 있다. 둘째, 고기가 포함된 음식들 외에도 다른 맛있는 음식들이 많이 있으며, 우리가 요리를

⋮

3) (옮긴이) 유대인 강제 거주 구역을 이른다.

통해 얻을 수 있는 보상은 고기를 사용하는 경우 못지않게 고기를 사용하지 않고서도 얻을 수 있다. 이렇게 본다면, 우리가 맛있는 음식을 먹으면서 맛있는 음식을 만드는 것에 만족하는 경우와 맛없는 음식을 먹으면서 맛있는 음식을 만드는 것에 만족하지 못하고 살아가는 경우 **중 하나를** 선택해야 하는 상황에 놓이는 것은 아니다. 달리 말하자면 우리는 고기를 먹고 요리하는 경우와, 미각의 즐거움을 느낄 기회를 박탈당하고, 좋은 음식을 잘 준비하는 것에 대한 자부심을 박탈당함으로써 우리 자신에게 해악을 끼치는 경우 중에서 하나를 선택하라는 요구를 받는 상황에 놓여 있지 않은 것이다. 그리고 **우리** 자신이 이와 같은 방식으로 박탈당함으로써 자신에게 해악을 끼치도록 요청받고 있는 상황이 아니라면, 이때 우리는 미각이나 요리와 관련한 보상을 받지 못함으로써 감내해야 할 어떤 해악을 내세워 동물에게 해악을 끼치는 사람들을 지지하는 입장을 정당화할 수 없다.

셋째, 우리가 고기를 먹고 준비하기를 포기함으로써 해악을 입는다고 가정해도, 우리가 감내해야 할 해악은 직견적으로 보았을 때 농장 동물들에게 끼치는 해악에 비교할 만한 것으로 합당하게 파악되지 않는다. 예를 들어 현대 공장식 농장에서 사육되는 동물들은 그들에게 야기되는 고통, 그리고 그들에게 부과되는 박탈감 때문에 피해가 일상화되어 있다. 우리가 육식을 포기함으로써 경험해야 할 어떤 '해악'에 비해 이 동물들에게 일상적으로 끼치는 해악은 직견적으로 보았을 때 훨씬 더 크고, 이에 따라 이러한 동물들의 삶은 직견적으로 보았을 때 더 악화된다. 이렇게 보았을 때, 고기로 요리를 하는 것과 관련된 이익 없이 살아가는 것이 우리의 상황을 악화할 것이라는 이유를 들면서 자유의 원리에 호소하여 농장 동물에게 해악을 끼치는 사람들을 계속 지지하는 것은 결코 정당화될 수 없을 것이다.

이 시점에서 세 가지 반대를 고찰해볼 필요가 있다. 첫째, 앞에서 언급한 내용이 "밀집식 사육 시스템에서 사육된 동물의 고기를 구입하지 않고 요리하지 않으려 할 때 우리가 입을 해악에 호소하는 방법은 그러한 시스템에서 사육된 동물들에게 해악을 끼치는 것을 정당화할 수 없음을 보여줄 따름"이라는 반박이 제기될 수 있다. 다시 말해 '인도적으로' 사육되는 동물들의 고기를 구입해서 먹는 것은 전혀 다른 문제라는 주장을 제기할 수 있는 것이다. 이러한 비판에 따르면 만약 우리가 오직 인도적으로 사육된 동물만을 먹고 요리하려는 노력을 기울인다면, 우리의 미각과 요리를 통해 얻는 즐거움은 정당화될 수 있을 것이다. 이와 같은 반대는 죽음이 우리뿐만 아니라 문제가 되는 동물들에게도 직견적으로 해악을 끼칠 수 있다는 사실을 쉽게 간과하는 것이다. 물론 죽임을 자비로운 행위, 즉 온정주의 혹은 선호 존중이라는 근거에서 옹호할 수도 있을 것이다(3.7). 하지만 이와 같이 파악하기에 앞서, 삶이 종식되는 동물은 설령 '인도적으로' 사육되고 도축된다고 하더라도, 직견적으로 보았을 때 해악을 입는다. 이러한 동물들이 미래에 느낄 만족에 대한 기대는 **모두** 부정된다. 반면 그들의 살코기를 먹지 않으려 할 경우, 우리는 상대적으로 소량의 만족을 포기하면 될 것이다. 결국 '동물들에게 끼치는 해악'을 '고기가 주는 행복한 맛을 느끼지 못하고, 고기 요리를 잘해보겠다는 도전 의식 없이 지낼 경우 무릅써야 할 해악'과 비교해보았을 때, 해악을 더 많이 입는 쪽은 직견적으로 우리가 아니라 이러한 동물들이다.

둘째, 앞에서 언급한 내용은 우리가 살아가고 있는 세상에서 고기를 적게 먹어야 함을 보여줄 뿐, 우리가 고기를 전혀 먹어서는 안 된다는 사실을 보여주지 않는다는 비판이 제기될 수 있다. 즉 우리가 고기 요리에 대한 선호와 동물권에 대한 존중 사이에서 어느 정도 (마지못한) 타협을 해야 한다는 것이다. 우리와 동물은 중간 지점에서 만나야 한다. 우리는 고기를 덜 먹으면서 어느 정도의 즐거움을 포기하고, 동물들은 자신들에게 가해지는 해악이 전부가 아님을 인정하는 것이다. 이러한 지점이야말로 공평한 중간 지대가 아닌가? 권리 견해에 의하면 이에 대한 답변은 '아니다'이다. (비록 관여된 수가 잘못을 더욱 악화하지만) 기본적으로 중요한 것은 동물의 수가 아니다. 중요한 것은 동물들이 밀집식 사육 방식으로 양육되었든, '인도적'으로 사육되었든, 인간의 소비라는 목적을 위해 그들이 때 이른 죽음을 맞게 된다는 것이며, 결과적으로 우리가 즐기는 고기 맛, 그리고 이를 잘 요리하는 즐거움을 포기했을 때 겪게 되는 해악에 비해 **더욱 커다란 해악이 식견적으로 야기된다**는 점이다. 설령 **단 한 마리**의 동물이 혀의 만족과 훌륭한 요리를 만들어보겠다는 이유로 도축된다고 하더라도 도덕적인 상황은 거의 바뀌지 않을 것이다. 이와 같은 이유로 수십억 마리의 동물을 죽이는 것은 수십억 마리의 동물들에게 부당하게 해악을 끼치는 수십억 번의 행동을 허용하는 것이다. 하지만 한 마리의 동물을 죽이는 것의 잘못은 많은 동물을 죽이는 것의 잘못에 좌우되지 않는다.

세 번째 비판은 중요한 요소가 체계적으로 간과되었다고 주장한다. 예를 들어 소 한 마리에서는 수많은 햄버거, 스테이크, 로스트 등이 나온다. 이렇게 보았을 때, 우리가 고기를 먹고 요리하는 것을 포기할 경우 다수의 '좋은 식사'와 요리에 관한 보상을 포기하라는 요구를 받게 될 사람은 단지 한 명이 아니라 여러 명이다. 그들이 입을 해악을 전체적으로 합산하면, 그리고 그 총합은 소가 감내해야 할 바를 크게 넘어설 것이다. 이와 같은 이유로 결국 양보해야 하는 것은 소라고 이러한 비판은 결론 맺고 있다. 다시 말해 그와 같은 한 마리의 동물이 겪게 되는 나쁜 상황이 여러 사람들이 겪게 되는 상황에 비해 나쁘지 않다는 것이다. 이러한 비판은 사람들이 고기가 주는 유쾌한 맛을 포기함으로써, 그리고 훌륭한 고기 요리를 만들어보겠다는 희망을 포기함으로써 해악을 입는다고 가정하는데, 이러한 가정은 앞서 제시한 이유로 매우 의심스럽다. 더욱 근본적인 측면에서 보자면, 이러한 비판은 여러 사람들에게 끼친 덜 해로운 행위의 총합이 한 개체에게 끼친 해악의 총합을 능가할 경우, 우리가 그러한 개체에게 더 큰 해악을 초래하는 것을 직견적으로 정당화할 수 있다고 가정하고 있다. 권리 견해는 이러한 접근 방식의 적절성을 단호하게 부정한다. 그러한 총합적인 계산에 근거하여 개체의 권리를 압도하는 것은 그 개체를 단순히 가치를 담는 그릇으로 간주하는 것인데, 권리 견해에 따르면 소와 같은 개체들은 그와 같은 존재가 아니다. 공리주의 이론에서 숭상하는 바(산출되는 바에 의해 영향을 받는 모두에게 미치는 결과를 총합하는 것)는 권리 견해가 금기로 삼는 바이다.

영양과 습관

고기가 영양가 있는 음식이라는 데에는 의심의 여지가 없다. 특히 이는 인간의 건강과 활력에 필수적인 아미노산을 모두 함유한 완전한 단백질 공급원이다. 만약 이러한 영양소들을 달리 얻을 수 없다는 것이 사실이라면, 심지어 권리 견해로 볼 때에도 육식 옹호는 견고한 바탕 위에 서게 될 것이다. 위의 (4)에서 주장하듯이, 우리가 채식주의자가 됨으로써 건강을 망칠 것이 확실하거나, 또는 그렇게 될 심각한 위험을 무릅써야 한다고 가정해보자. 그리고 우리의 건강이 악화됨으로써 농장 동물들에 비해 우리의 다양하고도 많은 만족의 기회가 사라진다고 가정해보자. 이러한 상황에서 우리가 채식주의자가 될 경우, 동물이 아니라 우리 스스로의 상황이 더욱 나빠질 것이다. 우리는 이와 같은 방식으로 자유 원리의 다른 단서들이 충족되었다고 가정하면서, 자유 원리에 호소하여 고기를 먹을 수 있는 근거를 마련할 수 있을 것이다.

건강에 좋은 식사를 하려면 고기를 먹어야 한다는 주장은 고기에 대한 과대평가이다. 필수 아미노산이 반드시 필요한 것은 사실이다. 하지만 이들을 얻는 다른 방법, 즉 육류를 섭취하지 않고서도 필수 아미노산을 얻을 수 있는 다른 방법이 있다. 불완전한 단백질을 결합하여 완전한 단백질을 생산하는 방법을 파악하는 데 필요한 지식은 소비자의 제한된 지력이 파악하기에 너무 복잡하니 그저 육류 산업이 "공공의 건강과 관련된 이익에 기여한다"라고 믿으라고 주장하는 것은 극단적으로 잘난 체하는 태도이다. 이러한 태도는 가령 지방과 탄수화물 간의 차이를 모르고 있을 뿐만 아니라, 배울 수 있는 지력이 부족하기도 한 '멍청한 주부' 신화를 영구화하고 강화하는 데 기여하기 때문에, 특히 페미니스트적 성향이 조금이라도 있는 주부에게 모욕이 될 수 있다. 어떤 아미노산은 우리의 건강에 필수적이다. 하지만 고기는 아니다. 그러므로 고기를 먹지 않으면 건강을 해칠 것이라는 이유를 들어 육식을 옹호할 수는 없으며, 심지어 우리가 고기를 삼가면 매우 심각한 위험을 무릅써야 할 것이라는 이유로도 육식을 옹호할 수 없다. 우리가 무릅써야 하는 어떤 '위험'은 우리가 고기를 먹지 않는 데 요구되는 사소한 불편을 받아들이면 쉽게 극복할 수 있다.[4]

..

4) 우리는 신뢰할 만한 여러 영양 안내 책자를 쉽게 구할 수 있다. 예를 들어, Francis Moore Lappé, *Diet for a Small Planet*(New York: Ballentine Books, 1975)을 보라. 채식주의에 대한 활발하면서도 일반적인 논의는 Jon Wynne-Tyson, *Food For A Future: The Complete Case for Vegetarianism*(London: Centaur Press, 1975)을 보라.

습관과 편리함

습관과 편리함을 들어 육식을 옹호(위의 (3))하는 방법은 단점이 뚜렷하다. 만약 무엇을 하는 습관이나 그것을 하는 편리함이 다른 무고한 개인들에게 해악을 끼치는 관행을 뒷받침할 경우, 우리가 무엇을 하는 습관을 가지고 있다는 것은, 혹은 그것을 하는 데에 편리함을 느낀다는 것은 우리가 하는 일의 도덕성을 정당화하는 데 아무런 도움이 되지 않는다. 인종차별, 성차별, 종 차별에 대한 싱어의 입장은 이와 같은 측면에서 어느 정도 인정받을 만하다. 이와 같은 문제에 대해 일부 사람들이 한때 차별적인 입장을 견지했다는 사실, 혹은 일부 사람들이 여성이나 소수 인종이 갖는 동등한 도덕적 지위를 무시하는 습관을 여전히 가지고 있다는 사실은 그러한 사람들의 마음 상태에 대해 무엇인가를 알려준다. 하지만 그들이 그러한 습관을 여전히 고수하고 있다는 사실이 그들이 자신들의 습관에 따라 행동하는 것을 정당화하지는 않는다. 인종차별이나 성차별의 정당성을 부정하는 논증에 대한 반박으로 다음과 같은 주장을 한다고 가정해보자. "인종차별주의자나 성차별주의자의 입장에서는 '잘못된' 인종이나 성별에 속하는 사람들에게 끼치는 해악의 적절성이나 중요성을 무시해 버리는 것이 '편리하다'." 이 경우 우리는 정의로운 처우의 문제는 개인의 혹은 집단의 편리함이라는 기준에 따라 결정되지 않는다고 대응해야 할 것이다. 권리 견해에 따르면 동물에 대한 처우라고 해서 달리 평가되어서는 안 되며, 합당하게 달리 평가될 수도 없다. 자유의 원리는 관여된 모두가 존중받아야 함을 전제한다. 그런데 만약 우리가 먹는 것에 관한 습관 혹은 그렇게 하는 것의 편리함에 호소함으로써 농장 동물들의 권리를 무시할 경우, 우리는 그들을 존중하지 못하게 될 것이다. 그뿐만 아니라 우리가 편리하게 만들 수 있는 음식들 중에서 영양가 있고 고기가 들어가 있지 **않으면서도** 맛있는 음식들이 이미 많이 존재한다.

경제적인 고려

이번에는 경제적인 고려의 문제로 관심을 돌려보자. 비판자들은 권리 견해가 내세우는 두 가지 원리—첫 번째는 상황 악화의 원리, 두 번째는 자유의 원리—를 감안할 경우 자신들이 왜 채식에 반대하는지가 명확해진다고 주장할 수 있다. 자유의 원리의 추정상의 역할을 검토하는 것은 이 절의 결론에 이르기까지 미루도록 하고, 우선 상황 악화의 원리에 집중해보도록 하자.

소비자들이 채식주의자가 됨으로써 영농인을 지원해주지 못하게 될 경우, 영농인의 상황이 자신들이 사육하는 동물들보다 악화할 것이라는 주장이 제기될 수 있다(위의 (5)). 결국 그는 무일푼이 되어 버릴 것이고, 이러한 손실로 인해 그가 입을 해악은 농부가 사육하는 어떤 한 동물, 심지어 밀집식 감금 속에서 사육된 동물이 감내해야 하는 어떤 해악보다도 클 수 있다. 또한 권리 견해는 다수의 적은 직견적인 해악을 취합하여 소수에 대한 커다란 직견적인 해악의 초래를 정당화하는 방법을 금한다. 그 때문에 권리 견해는 이 경우에 동물들에게 끼치는 적은 직견적인 해악의 취합을 허용할 수 없다. 여기서 우리가 고기 맛을 즐기거나 이를 먹는 습관을 가지고 있기 때문이 아니라, 우리가 **마땅히 영농인의 상황을 더 악화해서는 안 되기 때문에** 계속 고기를 **먹어야 한다**는 주장을 제기할 수 있다. 우리가 영농인이 생산한 육류 제품을 사지 않을 경우, 그들의 상황은 분명 악화될 것이다. 물론 우리는 이와 상관없이 그저 육류 섭취의 편리함은 물론, 고기 요리를 맛보는 즐거움을 계속 이어갈 수 있을 것이다. 그런데 이제 우리는 개인적인 선호나 습관처럼 얄팍한 것들이 아니라 가장 확실한 도덕적 방법으로 육식을 옹호할 수 있게 되었다. 즉 고기를 먹는 사람들은 영농인들에게 마땅히 해야 할 의무를 다하는 방법으로 육식을 옹호할 수 있게 된 것이다.

이와 같은 방식으로 육식을 옹호하는 것은 얼마만큼 적절한가? 이것이 상황 악화의 원리를 근거로 삼는 육식 옹호 방식이 될 수 있는가? 그렇게 될 수 없다. 상황 악화의 원리가 '특별한 고려 사항'(8.10)에 관한 단서를 포함하고 있음을 상기하라. 앞에서 살펴보았던 이와 같은 개념에 대한 논의에서 이미 설명한 바와 같이(8.12), 일부 특별한 고려 사항에는 획득적 의무(예를 들어 약속을 지켜야 하는 의무)가 포함되어 있는 반면, 다른 고려 사항들에는 자발적인 활동 참여, 다시 말해 참여자들이 이와 같은 활동에 참여함으로써 상황이 악화되지 않을 자신들의 권리를 포기하는 활동에 참여하는 것이 포함된다. 예를 들어 행글라이딩이나 클라이밍 같은 상당히 위험한 활동에 자발적으로 참여하는 사람들은 위에서 설명한 방식으로 이러한 권리를 포기한다. 그리고 이는 그들이 감내하는 위험 중 하나이다. 경쟁 활동에 자발적으로 참여하는 것도 비슷하다. 마라톤에서 승리는 풀코스를 달리고 결승선을 가장 먼저 통과하는 사람에게 돌아간다. **정의가 적절히 실현되는 경우는** 다른 주자들이 코스 진행에 부당하게 방해를 받지 않았다는 전제하에 가장 먼저 결승선을 통과한 **그 주자가** 상을 받게 되는 때이다. 이러한 경주에서 승자는 어떤 주자가 이기지 못했을 경우 상황이 악화될 것인지를 물어보는 방법으로 결정되어서는 안 된다. 그것은 경주를 무의미하게 만드는 것이다. 실제로 그렇게 할 경우 그 행사는 경쟁이 이루어지는 경주가 아닌 다른 것이 되어 버릴 것이다. 우승하지 못할 경우 상황이 악화될 주자라고 해서 다른 경쟁자들에 비해 더 큰 고려를 받을 자격은 없다. 그는 상을 받지 못하는 것이 자신의 복리에 얼마나 영향을 미칠지에 호소함으로써 그 상이 마땅히 **자신의** 몫이어야 한다고 주장할 수 없다. 자발적으로 경쟁에 참여한다는 것은 이러한 상황에서 누구의 상황이 더 악화될 것인지에 대한 고려가 이루어지지 않을 것임을 받아들이는 것이고, 경주에 참여했으면서 이 점을 이해하지 않거나 인정하지 않는 사람은 경쟁이 이루어지는 경주가 무엇인지를 이해하지 못하는 것이며, 사실상 그러한 경주에 참가하지 않은 것이다.

마라톤의 경우에 참인 것은 경쟁이 이루어지는 모든 활동에서도 참이다. 여기에는 자발적으로 어떤 사업을 하는 것이 포함되며, 사업용으로 동물을 사육하는 것도 포함된다. 이러한 사업 내지 다른 어떤 사업을 하는 것은 '이기지' 못할 (이러한 사업에 뛰어들어 돈을 벌지 못할) 위험을 무릅쓰는 것이다. 또한 이는 어떤 사람(사업 경쟁자든 소비자든)도 특정 개인의 제품을 구매하거나 서비스를 제공받아야 할 의무가 없음을, **그리고** 이와 같은 구매나 제공이 그와 같은 개인이 마땅히 받아야 할 몫이라고 주장할 수 없음을 암묵적으로 받아들이는 것이기도 하다. 사업가는 사람들이 자신의 제품이나 서비스를 구입해주지 않을 경우 상황이 악화될 수 있는데, 그럼에도 그에게는 자신의 사업을 유지하기 위해 누군가에게 필요한 구매를 요구할 수 있는 정당한 권리가 부여되지 않는다. 마라톤처럼 경쟁이 이루어지는 사업에 자발적으로 참여하는 사람들은 그러한 사업에서 상황 악화의 원리가 통용되고 있지 않음을 이해해야 하며, 이를 이해하지 못하겠다고 공언하는 사람은 사업에 참여한다는 것이 무엇인지를 이해하지 못하는 사람이다.

이렇게 보았을 때, 우리는 고기를 파는 **어떤 영농인으로부터 제품을 마**

땅히 구매할 의무가 없으며, 축산에 종사하는 **다른 어떤 사람들**—예컨대 정육 공장 운영자, 그리고 가공업자, 포장업자, 정육업자, 도매업자, 운송 업자, 소매업자 등—**이 생산하거나 파는 것을 구매할** 의무도 없다. 그리 고 그들 중 어느 누구도 우리에게 그렇게 하라고 요구할 수도 없다. 그들 에게 마땅히 취해야 할 태도는 우리가 다른 사람들에게 마땅히 취해야 할 태도와 다를 바 없는 존중이다. 우리가 이 이상으로 그들에게 마땅히 해 야 할 것은 없다. 그리고 만약 그들이 해악을 끼친 동물에 비해 그들의 상 황이 악화되지 않도록 그들의 제품을 마땅히 구입해준다면, 이는 그들에게 정당하게 받아야 할 몫 이상을 제공하는 격이다. 상황 악화의 원리는 사람 들이 자발적으로 경쟁 활동에 참여할 때 일시 중지되는데, 이는 어떤 사업 가나 여성이든 잘 이해할 수 있는 주장이다.

권리 견해에 따르면 수는 이와 같은 경우에서 차이를 만들어내지 않으 며, 경쟁에서 패한 사람들의 해악의 합계도 마찬가지이다. 설령 한 영농인 이 아니라 수천 명의 영농인들이 우리가 그들의 제품을 사는 것을 거부함 으로써 상황이 악화된다고 해도, 이는 도덕적 차이를 만들어내지 않을 것이 다. 그리고 설령 이 영농인들뿐만 아니라 앞에서 언급했던 다른 영농인들 (예를 들어 육류 가공업자들)까지도 영농인들의 실패에 포함된다고 해도, 권 리 견해에서 보았을 때 도덕적 평가가 달라지지 않을 것이다. 그들이 입은 손실의 합계가 아무리 커도, 우리는 그들의 제품을 사야 할 어떠한 의무도 갖지 않을 것이다.

우리가 모두 채식주의자가 될 경우, 육류 산업에 종사하는 사람들이 부 양하는 **피부양자들**의 상황이 그러한 산업 덕에 탄생하게 된 어떤 동물보 다도 악화되리라는 반박이 제기될 수 있다. 특히 이러한 피부양자들은 자 기 자신이 이 사업 분야에서 경쟁을 하기로 선택한 것이 아니다. 따라서 자발적으로 경쟁하기로 선택한 사람들의 권리와는 달리, 그들의 상황이 악화되지 않을 권리는 일시적으로 정지되지 않는다. 이렇게 보았을 때 다음과 같은 주장이 제기될 수 있다. "우리가 계속해서 고기를 구매해야 하는 이유는 고기 맛을 즐기거나 사용하기 편하다고 생각해서도 아니고, 관련 사업에 종사하는 사람들에 대한 의무가 있기 때문도 아니다. 그 이유는 축산업에 관여하는 사람들의 피부양자들에게 행해야 할 바를 행하고, 그렇게 함으로써 그러한 피부양자들의 상황이 악화되지 않게 하기 위해서이다."

육류 산업이 전체적으로 붕괴하거나 이런저런 농장, 정육 공장, 정육점이 망할 경우, 일부 개인들에게 피부양자들의 상황이 악화되지 않도록 피부양자들을 보호할 책임이 있는 것은 사실이다. 하지만 소비자 자격으로서의 소비자에게 이러한 책임이 있는 것은 아니다. 근본적인 측면에서 보았을 때, 이러한 피부양자들이 의존하고 있는 사람은 그러한 사업에서 실패할 경우에 피부양자들을 보호하기 위해 정의가 허용하는 범위 내에서 모든 것을 행할 책임이 있는 바로 그러한 사람들 — 다시 말해 자발적으로 육류 시장에서 경쟁하기로 선택한 사람들 — 이다. A가 B에게 획득적 의무를 갖는다는 것은 A가 정당하게 B를 특별하게 처우한다는 것으로, 이러한 의무는 설령 다른 누군가가 이로 인해 상황이 악화된다고 하더라도, A가 의무를 갖는 대상인 B가 큰 해악을 입지 않게 하기 위해 선택한 것이다(8.12 참조). 이에 따라 가령 A가 다른 사람들에게 이러한 의무를 갖게 될 경우, 이러한 특별 처우를 받을 권리가 있는 사람들에 대한 **A의** 도덕적 의무가 그렇지 않은 사람들에게 갖는 도덕적 의무보다 커진다. 요컨대 이 상황에서 A가 획득된 의무를 마땅히 가져야 할 대상들은 추가적인 권리를 획득하게 된다. 어떤 경우에는 획득적 의무를 특별히 배려해야 할 의무로 간주하면서, 막상 이러한 의무를 갖는 A가 자신이 이러한 의무를 갖는 사람들에게 타인들보다 더 큰 도덕적 책임을 지려하지 않는 것은 분명 공평한 처사가 아닐 것이다. 만약 이것이 적절한 시각이라면 육류 산업 일반, 혹은 그 일부가 실패할 경우 피부양자(예컨대 그들의 자녀들)의 상황이 악화되지 않도록 더욱 커다란 책임을 져야 하는 것은 소비자들이 아니라 육류 산업에 종사하는 사람들이다. 소비자들에게는 축산업자, 정육업자 등이 생산한 노동의 산물을 구입하여 축산으로 해악을 입게 되는 동물보다 그들의 친척들과 친지들의 상황이 악화되는 것을 막아야 할 의무가 없다. 축산업자나 정육업자에게는 자신의 사업이 실패하거나 일자리가 없어졌을 때, 피부양자들의 상황이 악화되지 않도록 하기 위해 무엇인가 행해야 할 의무가 있다. 그가 취하는 조치가 정당하고, 그가 취하고자 하는 조치가 부당하게 저지당하지 않는다고 가정할 때, 사업 실패와 관련된 개인적인 손실에 대해 책임을 져야 하는 사람은 바로 그런 사업을 하는 사람들이다.

권리 견해는 사업, 자유 기업, 시장 메커니즘 등에 반대하지 않는다. 권리 견해가 반대하는 것은 소비자들이 어떤 사업이든 그 사업의 재화나 용역을 구매해야 할 의무를 마땅히 가진다는 관점이다. 이러한 견해는 축산에 대해서도 예외를 인정하지 않는다. 또한 권리 견해는 사업에 실패한 사람들, 혹은 그로 인해 일자리를 잃은 사람들, 또는 두 경우 모두에 해당하는 사람들의 피부양자들을 보호하는 데 도움이 될 수 있는, 자발적으로 도달한 정당한 합의들을 존중하고 시행하는 것에 대해서도 적대적이지 않다. 권리 견해는 사업체를 소유하고 운영하는 사람을 보호하는 보험 정책, 노조 가입자의 실업 급여, 사람들이 새로운 기술을 갖추도록 고안된 프로그램, 그 외 유사한 조치들을 타인의 권리를 압도하지 않는 한에서 허용하기도 한다. 기업을 경영하거나 직업을 가진 사람들은 모두 망할 위험이 어느 정도 있음에도 피부양자들에 대한 획득된 의무를 갖는 일부 사람들은 이러한 의무 수행에 한심할 정도로 태만하다. 따라서 육류업에 종사하는 사람들, 그리고 이에 반대하는 사람들을 포함한 모든 사람들은 권리 견해 옹호자들의 수와 영향력이 커짐에 따라 가장 직접적으로 영향을 받게 될 사람들―예를 들어 소영농인, 소규모 정육업자들―을 돕는 공동의 목적에 참여하는 것이 합당하다는 사실을 깨달아야 한다. 물론 오늘날 이러한 운동이 축산업에 가할 수 있는 위협을 관련 산업에서 대수롭지 않은 걱정 거리쯤으로 여길 수 있다. 그럼에도 관련 산업에 종사하는 사람들이 이러한 위협의 잠재력을 최소한으로 축소하려는 태도를 취하는 것은 때가 무르익은 어떤 착상의 영향에 대비하지 않는 위험을 무릅쓰고 있는 격이라 할 것이다.

농장 동물의 권리를 인정하는 것에 반대하는 논증은 흔히 다음과 같은 형식을 취한다. "이러한 동물들은 영농인들이 그들을 사육하는 데에서 얻게 되는 경제적 이익이 아니면 존재하지 않을 것이다. 이렇게 보자면 그들을 어떻게 처우해야 하는지에 대한 결정권은 영농인들의 경제적인 이익이 쥐고 있다. 이를 인정할 경우 공장식 영농은 밀집형 농장 동물 사육이 영농인의 경제적 이익이 될 경우 정당화될 수 있다. 이러한 동물들에게 끼치는 해악은 영농인의 결정과 그들이 얻는 이익 덕분에 동물들의 수중에 떨어지게 되는 '존재하게 됨'이라는 몫에 대해 **지불하는 대가이다.**"

이러한 주장은 어떤 개체가 존재하게 되는 데에 인과적으로 책임이 있는 도덕 행위자들이 있고, 일단 그러한 개체가 존재하게 될 경우 도덕 행위자들이 그 개체에 대한 군주라고 가정하고 있다. 또한 이는 그 개체가 마땅히 받아야 할 처우가 애초에 그가 존재하게 되는 데에 관여했던 사람들의 이익에 의해 결정되어야 한다고 가정하고 있기도 하다. 그런데 이러한 가정은 그다지 신뢰가 가지 않는다. 내 아들은 아내와 나 자신의 과거의 결정과 행동이 없었다면 지금 존재하지 않을 것이다. 이런 의미에서 아들은 나와 아내에게 자신이 존재하게 된 것에 대한 신세를 졌다. 그러나 일단 그가 존재하게 되면, 그를 존재하게 했다고 해서 그의 부모인 우리가 스스로 좋아하는 무엇을 그에게 행할 권리가 있다고 말할 수 없다. 일단 그가 논리적인 측면에서 우리와 독립해서 자기 자신에게 좋거나 나쁘게 삶을 영위할 삶의 주체가 되었다고 한다면, 그리고 이 상황에서 정의가 요구하는 바에 따라 아들을 처우하려 한다면, 우리는 그의 본래적 가치를 인정하는 데에 바탕을 둔, 그를 존중해야 할 엄격한 도덕적 제한을 받아들여야 한다. 우리는 그의 도덕적 군주가 아니다. 그런데 도덕적인 측면에서 고려해보았을 때 농장 동물들도 이와 다르지 않다. 일단 어떤 동물이 자기 자신에게 좋거나 나쁘게 삶을 영위할 삶의 주체가 되면, 그 동물에게도 동일한 정당한 처우의 원리가 동일하게 적용된다. 영농인이 자신이 애초에 정당한 처우를 목적으로 동물을 존재하게 한 것은 아니라고 항변하려 한다면, 우리는 그러한 사실이 도덕적 차이를 만드는 것은 아니라고 대응할 수 있을 것이다. 일단 그런 동물을 보살피는 상황에 놓이게 되면, 그 동물이 존재하게 한 영농인의 과거의 동기와 의도는 동물이 마땅히 받아야 할 존중에 부합하는 권리를, 그리고 이에 요구되는 처우를 받을 권리를 압도할 수 없다. 자발적으로 농장 동물을 태어나게 할 경우, 우리는 자발적으로 이러한 동물들에 대한 획득적 의무를 갖게 된다. 이는 그렇게 하지 않았을 경우 갖지 않았을 의무이며, 그 동물을 존재하게 하려는 것이 그렇게 하려는 사람의 의도나 동기였든 아니었든 간에 갖게 되는 의무이다. 권리 견해의 시각에서 보자면, 영농인들은 자신이 사육하는 동물들의 번식을 허용하거나, 이를 허용한 타인들로부터 동물을 구입하면서 도덕적 부담을 떠맡게 된다. 마치 부모들이 자식을 갖거나 입양함으로써 도덕적 부담을 떠맡게 되는 것처럼 말이다. 아이들을 갖거나 입양하려 했을 때 사람들이 갖는 의도나 동기는, 그 의도나 동기가 어떤 것이었든 간에 아이들에게 해악을 끼칠 권한을 주지 않는다. 이와 마찬가지로 영농인들의 동기와 의도 또한 자신들이 돌보는 동물들에게 해악을 끼칠 권한을 주지 않는다. 영농인이 다른 의견을 가지고 있다는 사실은 그가 동물이 소유하고 있는 권리를 제대로 아는 경우와 얼마만큼 거리가 있는지를 보여줄 뿐, 이러한 동물들이 제대로 인정받아야 할 권리가 없음을 보여주는 것은 아니다. (이는 법적 재산으로서의 동물이라는 주제를 다루고 있는 이하의 논의에서뿐 아니라 실험동물을 사용할 수 있는 '인간의 권리'를 통속적인 방식으로 옹호하려는 입장에 대한 대응 논변으로 활용할 수 있을 것이다. 나는 뒤[9.4]에서 실험 현장에서의 동물 사용을 다루고 있는데, 거기에서는 이를 재차 언급하지 않을 것이다.)

마지막으로 살펴볼 문제는 영농인의 경제적 이익을 자유의 원리와 연결하는 고찰이다. 설령 우리가 영농인의 제품을 구입할 의무가 없음이 참이고, 설령 상황 악화의 원리에 호소하여 우리 자신의 육류 소비를 옹호할 수 없음을 인정해야 한다고 해도, 영농인은 여전히 "나는 나의 권리 내에서 동물을 식용으로 사육하고 있는 것이다"라고 주장할 수 있다. 만약 그가 동물을 키우지 않는다면 그는 상황이 더 악화될 것이기 때문에 설령 동물들에게 해악을 끼치더라도 그가 이들을 식용으로 사육하는 것이 허용된다. 자유의 원리에 대한 이와 같은 호소는 그 원리의 중요한 단서, 즉 '관련된 모두가 존중받을 경우'라는 단서를 간과하고 있다. 공장식 농장에서 사육되든, '인도적으로' 사육되든, 인간의 소비를 위해 농장 동물을 사육하는 현재의 관행은 이러한 조건을 충족시키지 못한다.

관행, 제도, 사업 또는 이와 유사한 것들이 개체들을 마치 **재생 가능한**

자원인 양 처우하는 것을 허용하거나 요구하는 것은 부당한 처사이다. 또한 선호 존중 혹은 온정주의적인 안락사 시행임을 들어 죽임을 옹호할 수 있는 상태 혹은 조건(3.7)에 도달하기에 앞서 개체들을 죽일 경우, 그리고 그들의 '자리'가 유사하게 삶을 마감할 다른 유사한 개체들에 의해 채워지고, 그 자리가 또다시 다른 개체들에 의해 채워짐을 반복할 경우, 그들은 **재생 가능한** 자원처럼 처우받는 것이다. 권리 견해에 따르면 그러한 제도는 존중의 원리를 침해하는 처우를 요구하고 있기 때문에 정당성을 갖추고 있지 못하다. 이와 같은 제도는 본래적 가치를 갖는 개체들이 그 자체로서의 독립적인 가치를 갖지 않는 듯이 처우할 것을 요구하고 있으며, 그들이 본래적 가치를 갖는 대신, 기존의 관행에 관여하는 사람들의 이익에 상대적으로 혹은 이를 지지하는 사람들의 선호에 상대적으로만 가치를 갖는다는 입장을 견지하고 있다. 그러한 관행은 이 개체들을 **재생 가능**한 대상으로 처우하고 있는데, 왜냐하면 이러한 관행이 죽임을 당하는 개체들에게 직견적으로 어떤 잘못도 범하지 않는다고 가정하면서 그들을 대체 가능한 대상으로 처우하고 있기 때문이다. 또한 이러한 관행은 그들을 **자원**으로 간주하고 있는데, 그 이유는 그러한 개체들이 소유하고 있다고 가정하는 가치가 다른 개체들의 이익에 주는 영향에 비례하는 그들의 효용성에 좌우된다고 보고 있기 때문이다. 그러나 본래적 가치를 지닌 개체들은 재생 가능한 자원이 아니며, 이에 따라 그들을 마치 그와 같은 자원인 양 처우해서는 안 된다. 그들은 다른 개체들의 이익에 주는 영향에 비례하는 자신들의 효용성과 구별되면서, 그러한 효용성으로 환원될 수 없는 유형의 가치를 소유하고 있다. 그들은 자신들의 독립적인 가치에 대한 존중을 보여주는 방식으로 항상 처우받아야 하며, 친절이나 동정심에서가 아니라, 엄격한 정의의 차원에서 그러한 처우를 받아야 한다. 이렇게 보았을 때, 본래적 가치를 지닌 개체들을 재생 가능한 자원인 양 처우하는 것을 허용하거나 필요로 하는 모든 관행, 제도 또는 사업은 본래적 가치를 지닌 개체들에 대한 존중의 원리를 침해하는 처우를 허용하거나 요구하는 것이다. 그러한 관행이 인정하는 처우, 그리고 그러한 관행은 그 자체로 부당하다.

권리 견해의 이와 같은 판정은 재생 가능한 자원으로 처우되는 개체들에게 야기되는 고통이나 괴로움에 대한 고려와는 별개로 이루어진 것이다. 물론 그들에게 야기된 고통이나 괴로움이 잘못을 가중시키지만 말이다. **이러한 관행이 근본적으로 부당한 것임을 드러내고 있는 것은 그러한 개체들이 견뎌야 할 고통이나 괴로움뿐만이 아니다. 그러한 개체들이 갖는 가치에 대한 빈곤한 관점 또한 이를 드러내고 있다.** 심지어 재생 가능한 자원들로 처우되는 개체들이 이미 설명한 의미에서 '훌륭한 처우를 받는다'라고 해도(예를 들어 불필요한 고통을 야기하지 않았다고 해도), 이것이 그러한 관행이 근본적으로 정의롭지 못하다는 사실을 바꾸지는 못할 것이다. 그와 같은 처우는 그러한 개체들을 불필요한 고통이나 괴로움을 야기하는 방식으로 해치는 관행이 초래하는 추가적인 잘못을 제거할 따름이다. 그와 같은 처우는 그러한 관행의 이행을 **덜** 나쁘게 만들 것이다. 하지만 그러한 관행에 깊숙이 박혀 있는 근본적인 부정의를 제거하지는 못할 것이다.

본래적 가치를 지닌 개체들을 재생 가능한 자원으로 처우하는 관행이 부당하다고 파악하는 근거는 그러한 관행이 가져올 결과에 대한 고려와는 구분된다. 권리 견해의 입장은 그러한 관행이 결과에 영향을 받는 모든 사람에게 최선이 되는 총합의 결과로 귀결된다고 주장하거나, 그럴 가능성이 높다고 주장하고 있지 않다. 그러한 관행이 초래할, 혹은 초래할 가능성이 높은 결과의 가치는 그러한 관행이 부당하다고 파악하는 것과는 별다른 관련이 없다. 얻을 수 있는 결과가 얻을 수 있는 '최선'이라고 할지라도, 그러한 관행은 부당한 것으로 남아 있을 수 있다. 왜냐하면 그러한 관행은 본래적 가치를 지닌 개체들이 마땅히 받아야 하는 존중과 조화를 이루지 못하는 방식으로 그들을 처우하는 것을 계속 허용하거나 요구하기 때문이다.

그와 같은 관행이 부당하다고 판단하는 근거는 어떤 행동이나 관행이 본래적 가치를 지닌 개체를 단순한 그릇으로 처우하기 때문에 잘못되었다고 판단하는 것과도 구분된다. 그러한 개체를 단순한 그릇으로 처우하는 것이 잘못인 이유는 그것이 부당하기 때문이며, 이것이 부당한 이유는 그들이 마땅히 받아야 할 존중의 태도로 그들을 처우하지 않기 때문이다. 그러나 그러한 개체를 단순한 그릇으로 처우하는 것은 적어도 재생 가능한 자원으로 처우하는 것에 비해서는 한 가지 이점이 있다. 즉 단순한 그릇으로 처우될 때, **그들의** 선(예를 들어 쾌락)과 **그들의** 해악(예를 들어 고통)은 도덕적인 측면에서 무엇을 행해야 하는지에 대한 결정과 **관련이 있는** 것으로 파악되는 것이다. 이러한 방식으로 볼 경우, 그들에게 끼친 해악이 '최선의' 총합적 결과에 대한 호소를 통해 정당화되는 경우가 있을 수 있다. 그러나 개체가 재생 가능한 자원으로 처우될 때에는 그들의 선과 그들의 해악은 **직접적인** 도덕적 중요성을 가질 수 없다. 여기서 그들이 갖는 중요성은, 만약 그들이 이러한 중요성을 가지고 있다면, 그들을 재생 가능한 자원으로 처우하는 사람들이 무엇을 자신들에게 이익이라고 생각하는지에 좌우된다. 따라서 본래적 가치를 갖는 개체들을 재생 가능한 자원으로 보는 것은 그들을 **심지어 단순한 그릇보다 별것 아닌** 무엇으로 보는 것이다. 권리 견해에서 보았을 때, 개체들을 단지 그릇처럼 처우하는 것은 그들을 존중하지 않는 것이기 때문에 부당한데, 그들을 심지어 이보다 더 하찮게 처우하는 것은 더욱 커다란 부정의이다.

인간의 소비를 위해 사육되는 농장 동물들은 오늘날 재생 가능한 자원으로 처우되고 있는데, 이는 이러한 동물들이 밀집식 감금 상태에서 사육되는지 아니면 '인도적으로' 사육되는지와 무관하게 이르게 되는 판결이다. 일상적으로 이러한 동물들은 자신들의 생명을 빼앗는 것이 자비로운 행위로 여겨질 수 있는 상태나 조건에 도달하기에 앞서 곧잘 죽임을 당한다. 생산 라인상의 그들의 위치는 다른 동물들에 의해 대체되고, 얼마 있지 않아 그러한 동물들도 생명을 앗아가는 것이 자비로운 행위로 여겨질 수 있는 상태나 조건에 이르기 전에 죽임을 당할 것이다. 이러한 시스템이 계속 유지됨에 따라, 다른 동물들이 원래 있던 동물들의 자리를 차지하는 과정이 되풀이될 것이다. 이러한 동물들은 의문의 여지없이 재생 가능하거나 대체 가능한 동물로 간주되고 처우된다. 그들이 오직 다른 존재들에게 제공하는 이익과 상대적인 가치를 갖는 자원으로 간주되고 처우된다는 것 또한 사실이다. 이러한 동물들에게 무엇이 해악인지 혹은 이득인지가 갖는 도덕적 중요성은 그들을 사육한 사람들의 이익을 기준으로 측정된다. 설령 돼지가 밀집식 감금 상태에서 사육되어 해악을 입는다고 해도, 만약 이러한 시스템이 영농인의 이익을 증진한다면 도덕적으로 문제가 되지 않는다. 또한 설령 소가 때 아닌 죽음으로 해악을 입는다고 해도, 만약 그러한 관행이 소 목장 주인의 이익을 증진한다면 이는 도덕적으로 문제가 되지 않는다. 이렇게 말한다고 해서 축산 영농에 관여하는 사람들이 자신들의 농장 동물을 고문하기를 매우 좋아하는 잔인한 사람이라고 말하는 것은 아니다(이것이 적절하지 않은 이유에 대해서는 앞의 6.1을 보라). 이는 이러한 동물들이 자원으로만 처우된다는, 즉 그들의 해악과 이익이 오직 영농인의 이익과 관련이 있을 때에만 도덕적 중요성을 획득한다는 간단한 논지를 드러내기 위해 언급되고 있는 것이다. 만약 동물들을 건강하지 않게 사육하는 것이 경제적으로 유리하다면, 현대 영농은 의심의 여지없이 그렇게 사육할 방법을 찾을 것이다. 실제로 그러한 영농 방식은 이미 시행되고 있다. 가령 송아지 고기로 사용되는 송아지를 보라.[5]

　농장 동물을 재생 가능한 자원으로 처우하는 것은 그들이 본래적 가치의 소유자로서 마땅히 받아야 할 존중의 태도로 그들을 처우하지 않는 것이다. 이는 그들을 부당하게 처우하는 것인데, 이와 같은 발견은 농장 동물을 인간의 소비를 위해 사육하는 것이 '자신의 권리 범위 안에' 있다는 영농인의 주장에 도덕적으로 문제가 있음을 보여준다. 자유의 원리를 기준으로 보자면, 그가 '자신의 권리의 범위 안에' 있는 경우는 자신이 하는 일에 의해 해악을 입는 대상들이(즉 그가 사육하는 동물들) **존중의 처우를 받는** 경우에 **한할** 것이다. 그러나 그들이 재생 가능한 자원인 양 처우되는 한 사실상 그들은 존중받지 못하고 있는 것이며, 존중받을 수도 없다. 바로 이것이 권리 견해에서 보았을 때, 인간의 소비를 위해 동물을 사육하는 영농인들이 부당한 관행에 관여하고 있다고 보는 이유이다. 그들은 도덕적인 측면에서 자신들의 권리를 **넘어서는** 행동을 하고 있다. 도덕적으로 보았을 때, 이러한 관행은 중단되어야 하고, 소비자들은 이를 지지하지 말아야 한다. 소비자들이 고기를 더 이상 구매하지 않을 경우, 농장 동물들의 상황과 비교해 소비자들의 상황이 악화되는 것이 참이라고 가정해보자(이는 사실이 아니지만). 설령 참이라고 하더라도, 소비자들이 고기 구매를

5) (옮긴이) 우리나라와 달리 서구에서는 연한 빛깔의 부드러운 송아지 고기를 찾는 사람들이 많은데, 이를 위해 송아지에게 인위적으로 철분을 공급하지 않아 빈혈을 일으킨다.

선택함으로써 부당한 처우를 허용하거나 요구하는 관행을 지지하기로 선택한다면, 그들은 '**자신들의** 권리의 범위 내에서 행동'하는 것이라고 말할 수 없다. 소비자들이 자신들의 권리의 범위 안에서 행동하는 경우는 그들이 동물들을 마땅히 받아야 할 존중의 태도로 대하는 경우에 국한될 것이다. 제시된 이유들로 미루어보았을 때, 인간의 소비를 위해 농장 동물을 사육하는 현재의 관행으로는 이와 같은 동물들을 존중의 태도로 처우하지 못한다. 이렇게 보자면 고기를 구매하면서 이러한 관행을 지지하고 있는 사람들은 사실상 동물들의 권리를 넘어서게 된다. 그들은 고기를 구매함으로써 부당한 관행을 영속화하는 당사자가 된다. 채식주의는 의무를 넘어서는 실천이 아니다. 이는 의무인 것이다.

이즈음해서 영농인, 정육업자, 도매업자 등의 경제적 이익만이 문제가 되는 것이 아니라, 국가의 경제가 육류 산업의 유지 및 성장과 직결되어 있다는 비판이 제기될 수 있다(위의 6항). 육류 산업에서 생산되는 제품 구매를 중단할 경우, 수백만 명의 복리에 부정적인 영향을 미치면서 경제적 재앙이 초래될 것이고, 그들 중 상당수는 스스로가 아무런 잘못도 하지 않으면서, 또한 육류 산업에 참여함으로써 겪게 될 위험을 스스로 감수할 생각이 없었으면서도 처지가 악화될 것이다. 우리가 계속해서 고기를 구매해야 하는 것은 바로 이와 같은 재앙을 피하기 위한 것이다.

권리 견해는 이와 같은 방법으로 육류 산업 지원을 옹호하는 데에 부정적인 입장을 취한다. 예컨대 부당한 제도나 관행으로 인해 어떤 사람들이 이득을 얻는다는 논거가 그러한 관행이나 제도에 대한 도덕적인 옹호가 아니듯이, 이러한 관행이나 제도가 사라짐으로써 어떤 사람들이 해악을 무릅써야 한다는 주장 또한 육류 산업을 계속 허용해야 함을 옹호하는 논거가 될 수 없다. 달리 말해, 해악을 당하지 않도록 보호받는 것에 다른 존재들의 권리를 침해하는 내용이 포함된다면, 그 누구도 관련 보호를 받을 권리가 없는 것이다. 앞에서 제시된 이유들로 미루어보았을 때, 현재와 같은 농장 동물 사육 관행은 엄격한 정의의 차원에서 마땅히 받아야 할 존중에 반하는 방식으로 이런 동물들을 처우하고 있기 때문에 이런 동물들의 권리를 압도한다. 육류 산업에 직접 관여하는 사람이든, 이러한 산업의 붕괴로 영향을 받을 사람이든, 어떤 사람도 그 자체로는 가축 산업의 지속을 허용함으로써 해악을 입지 않도록 보호받아야 할 권리를 갖지 않는다. 이러한 의미로, 그리고 이상과 같은 이유들로 권리 견해는 설령 (경제적) 낙원을 잃게 된다고 해도 정의가 반드시 실현**되어야 함**을 함의한다.

물론 경제적 낙원이 붕괴될 가능성은 극히 낮다. 우리가 깨어 보니 하룻밤 사이에 모든 사람들이 채식주의로 전환해 있는 모습을 발견할 것 같지는 않다. 이는 순식간에 전체 육류 산업이 붕괴되고, 이러한 육류 산업의 붕괴가 경제 침체를 촉발할 수 있는 사건이다. 두 단락 앞에서 개괄해본 이러한 시나리오가 실현될 가능성은 거의 없다. 우리가 아는 한 육류 산업의 해체는 한꺼번에 찾아오지 않고 점진적으로 찾아올 것이며, 국가와 세계의 경제는 식생활 방식의 변화에 적응할 시간을 가질 수 있을 것이다. 그럼에도 중요한 도덕적 논점은 여전히 남아 있다. 즉 그 누구도 타인의 권리를 압도하는 부당한 관행을 계속 유지함으로써 보호받을 권리를 갖지 못하는 것이다. 그리고 이는 그러한 관행에 적극적으로 참여하는 사람이든, 적극적으로 참여하지 않아도 그러한 관행으로부터 이익을 얻고 이를 중단할 경우 해악을 입게 되는 사람이든, 어떤 경우에도 참이다. 육식을 하는 사람들과 다를 바 없이, 전체 육류 산업이 곧바로 붕괴됨으로써 해를 입을 '채식주의자들'마저도 자신들이 입은 '부정의'에 대해 불평할 근거를 가질 수 없을 것이다. 육류 산업이 붕괴된다고 해서 '채식주의자들'에게 어떤 불의도 행해지지 않을 것이기 때문에 심지어 그들마저도 불만을 제기할 근거가 없다.

법적 재산으로서의 동물

이전까지는 아니더라도, 이 시점에서 영농인들이 동물을 **소유**하며—즉 농장 동물들은 그들의 **법적 재산**이다—, 이것이 모든 차이를 만들어낸다는 비판을 제기할 수 있을 것이다(위의 (7)항). 우리 집 담장의 색깔, 혹은 집을 팔기로 하는 나의 결정은 내가 마음대로 할 일이다. 왜냐하면 집은 나의 소유물이기 때문이다. 이와 마찬가지로, 영농인들이 자신의 동물들에게 행하는 일은 동물들이 그의 소유물이기 때문에 그의 일이라는 주장을 제기할 수 있다. 그리고 내가 하고 싶어 하는데도 내 담벼락을 칠할 권리나 내 집을 팔 권리를 침해하려는 사람은 나의 재산권을 부당하게 침해하게 될 것이다. 이와 마찬가지로 영농인이 자신의 농장 동물을 처우하는 방식을 제한하려는 시도 또한 그의 재산권을 부당하게 침해하는 것이라 할 수 있다.

이와 같은 논증에 대한 대응은 두 가지만으로도 충분할 것이다. 첫째, 설령 농장 동물의 현재 법적 지위가 재산임을 받아들인다고 해도, 심지어 그들의 재산으로서의 법적 지위가 변하지 않는다고 해도, 그렇다고 해서 동물에 대한 처우 방식을 다루는 법적 제약이 반드시 영농인들의 재산권을 침해한다고 할 수는 없다. 재산권은 절대적이지 않다. 담장을 칠하는 데 어떤 색을 선택하느냐는 나의 일이지만, 만약 내가 내 재산으로 무엇을 하느냐가 다른 사람에게 악영향을 미친다면, 내가 내 재산으로 무엇을 하기로 선택하는지는 내 자신만의 일이 아니다. 내가 교외의 한 구획에 살고 있다면 나는 마음대로 내 집을 성인 서점, 도박장, 성매매업소, 심지어 세븐 일레븐으로 바꾸지 못한다. 다른 권리는 말할 것도 없고, 내 이웃들이 가진 재산권은 내가 내 재산을 가지고 무엇을 할 수 있는지에 제한을 가한다. 동물에 대한 처우가 달라야 할 이유는 없다. 심지어 동물이 법적 재산으로 간주되고, 앞으로도 그러리라고 가정하더라도 동물에 대한 처우가 달라야 할 이유는 없다. 앞에서 장황하게 논의했듯이, 만약 동물들이 기본적인 도덕적 권리를 가지고 있다면, 이러한 권리는 어떤 영농인이 자신의 '재산권'을 행사한다는 명목으로 동물들에게 행할 수 있는 바에 엄격한 제한을 가하는 무엇으로 인식되어야 한다. 권리 견해의 입장에서 보자면 **이러한 변화는** 법의 개혁이고, 이러한 개혁은 열심히 노력하여 반드시 이루어내야 하며, 또한 이루어내게 될 것이다.

둘째, 그리고 더 근본적으로 이야기하자면, 농장 동물들을 계속해서 법적 재산으로 간주해야 한다는 바로 그 생각이 도전을 받아야 한다. 동물들을 법적 재산으로 본다는 것은 우리가 그들을 법인(法人, legal persons)[6]으로 간주한다는 입장을 이해할 수 없다는 것을 의미한다. 그러나 법의 역사는 법이 이러한 중대한 문제에 대해 얼마나 자의적일 수 있는지를 너무나도 잘, 그리고 너무나도 고통스럽게 보여주고 있다. 남북 전쟁 이전의 미

6) (옮긴이) Regan은 여기 legal person을 법률 용어인 '법인'의 의미로 썼을 수도 있고, 인간처럼 법적인 권리 능력을 부여받는 존재라는 의미로 썼을 수도 있다. 법률 용어로 '법인'은 생물학적 인간이 아닌데 법적인 권리 능력을 부여받은 단체를 가리킨다. 현재 민법에서는 생물학적 인간과 법인 외에는 모두 재산으로 처우한다. 따라서 동물을 재산으로 본다는 것은 법적인 권리 능력을 부여하지 않는다는 뜻이고, 그런 의미에서 (동물은 생물학적 인간은 아니므로) 법인이 될 수 없다는 뜻이다. 현재는 단체만 법인으로 인정하지만 만약 동물도 법적 권리 능력을 인정받게 되면, 동물 또한 법인의 하나로 인정받거나 생물학적 인간과 단체인 법인 외에 별도의 법인격체 자격을 부여받게 될 것이다.

국에서는 과거에 노예였던 사람들이 법적인 인간으로 인정받지 못했다. 동물들이 현재 이런 지위를 갖추고 있지 않다는 이유로 그들이 법인으로 간주될 수 없거나 그렇게 간주되어서는 안 된다고 가정할 이유는 없다. 만약 우리 선조들이 인간 노예들에게도 이와 같은 입장을 취했다면 노예들의 법적 지위는 변하지 않았을 것이다.

이곳에서는 동물을 법인으로 인정하라는 요구에 대한 한 가지 반론만을 고찰해보자.[7] 현재 자신들의 생계가 축산에 얽매여 있는 영농인들은 다음과 같이 말할 것이라고 생각해볼 수 있다. "만약 농장 동물들을 더 이상 재산으로 간주하지 못한다면, 우리는 더 이상 동물들을 사육하기 위한 충분한 경제적 동인을 갖지 못하거나 법적 보호를 받지 못하게 될 것이다. 이 경우 우리는 축산 이외의 다른 분야를 신뢰할 수 있는 수입원으로 볼 것이고, 그 결과 농장 동물들의 수는 더욱 줄어들 것이다. 이는 권리 견해가 얼마나 역효과를 내는지를 보여준다. 물론 권리 견해가 농장 동물 보호를 갈망한다고 말할 수 있다. 하지만 권리 견해가 소기의 목적을 달성할 경우 이는 궁극적으로 상업적 이익을 위해 동물을 사육하는 농장이 더 이상 존재하지 않게 되는 결과로 이어질 것이다. 그리고 우리가 극도로 보호하고자 하는 바로 그 생명체가 존재하지 않아서 더 이상 보호할 수 없다면, 과연 그것이 어떤 의미의 보호가 될 수 있을까?"

이런 반응은 권리 견해의 궁극적인 목적을 농장 동물에 적용할 경우 어떻게든 자멸적인 결과가 나타날 것임을 전제하고 있다. 그러나 이는 혼동에 따른 반응이다. 축산업이 현재와 같은 모습으로 이어질 경우 농장 동물

••

7) 동물의 법적 지위에 대한 더욱 상세한 논의를 보고자 한다면 나의 "Animals and the Law: The Need for Reform," in Regan, *All That Dwell Therein*(chap. 3, n. 6)을 보라.

들의 권리가 침해된다는 권리 견해의 판정에 입각해보자면, 권리 견해는 **우리가 알고 있는 바로서의 축산의 완전한 해체를 궁극적인 목표로 삼고 있으며,** 이는 분명 참이고 강조되어야 할 논점이다. 이러한 목표가 놀라운 것은 아니다. 권리 견해는 농장 동물을 전멸시킬 것을 요구하는 것이 아니라, 다만 그 동물들을 정의가 요구하는 바에 따라 처우하기를 요구할 따름이다. 만약 경제적으로 수익을 내는 어떤 기업도 이러한 조건을 충족할 수 없다면, 지구상에 이러한 동물들을 계속 남아 있게 할 동인은 사라지게 될 것이다. 그러나 이와 같은 동물들을 재생 가능한 자원으로 보는 이면에 놓여 있으면서 그들의 권리 침해를 야기하는 동인은 바로 그와 같은 것이기 때문에, 우리는 그와 같은 동인이 사라지는 것을 안타까워하기보다는 오히려 축하해야 한다. 여기서 한 걸음 더 나아가, 비록 반대되는 우울한 증거가 있음에도, 인간이 경제적 이유 외에 다른 이유로 행동하려는 동기를 갖는 경우가 있다. 그리고 설령 사람들이 농장 동물을 사육하면서 더 이상 경제적 이익을 얻지 못하는 날이 온다고 해도, 그때 이 동물들이 아예 존재하지 않게 되리라고 가정할 이유도 없다. 물론 지금보다 농장 동물의 수가 줄어들 것이고, 그 정도까지는 확실하다. 하지만 이는 우리의 도덕적 실패가 아니라 도덕적 진보의 지표가 될 것이다. 권리 견해는 결코 개별 농장 동물들의 삶의 질이 수많은 동물들이 존재한다는 사실과 논리적으로, 혹은 인과적으로 얽매어 있다고 주장하지 않으며, 이를 함의하지도 않는다. 이는 개별적인 인간의 삶의 질 문제를 생각해볼 때 사실이 아니다. 그리고 우리가 동물의 경우를 인간의 경우와 달리 판단할 이유가 없다.

  마지막으로 일부 농장 동물들, 특히 닭과 칠면조는 포유류가 아니며, 이에 따라 삶의 주체인 동물들의 권리 견해의 입장에서 보자면 이들이 권리 견해가 규정하는 원리의 범위 밖에 있다는 입장을 제기할 수 있다(위의 (8)항).

이 경우 설령 다른 농가는 권리 견해의 비난을 모면할 수 없음이 참이라고 할지라도, 적어도 양계 농가는 그러한 견해의 비난을 모면할 수 있다는 주장을 제기할 수 있다. 이러한 방식의 가금류 산업 옹호 논의는 주체로서의 삶이라는 기준을 충족하는 동물과 그렇지 않은 동물 사이에 선을 긋는 것의 어려움을, 또한 모든 농장 동물을 재생 가능한 자원으로 처우하는 우리 문화의 더욱 커다란 맥락을 감안해보았을 때 가금류 산업이 정당화될 수 없음을 충분히 고려하지 못하고 있다. 이들은 예컨대 과학 분야에서 포유류 아닌 동물을 사용하는 관행이나 사냥에서 동물을 수확하는 관행을 옹호하는 사람들의 공통된 결함이다. 나는 이와 같은 논의에 대한 권리 견해의 주요 대응 전략의 반복을 피하고자 하는데, 이를 위해 뒤에서 과학 분야에서의 포유류 아닌 동물 사용 관행을 옹호하는 사람들에 대한 유사한 대응을 제시할 때까지 나는 이와 같은 가금류 영농 옹호에 대한 반론 제시를 미루어놓고자 한다(9.4).

채식주의, 공리주의 그리고 동물권

이쯤 해서 독자들은 채식주의를 뒷받침하는 '권리 견해의 도덕적 토대'와 이에 대한 '공리주의의 도덕적 토대' 사이의 근본적인 차이를 뚜렷하게 파악할 수 있어야 한다. 공리주의에 따르면 행동이나 규칙의 결과에 의해 영향을 받는 모두의 이익(선호 또는 쾌락)을 고려하고, 또한 동등한 이익을 헤아릴 경우 정의가 실현된다. 그리고 해악을 야기하는 것이 결과의 영향을 받는 모두에게 선(예컨대 쾌락)에서 악(예컨대 고통)을 뺀 최적의 총합값을 가져오는 데에 필요하다면, 어떤 한 개체에게 끼치는 상당한 해악은 부당하지 않다. 이렇게 보았을 때, 공리주의자의 입장에서 농장 동물에게 끼치는 해악을 정당화할 수 있는지의 여부는, 심지어 공장식 농장에서 그들이 견뎌야 할 해악을 정당화할 수 있는지의 여부는 **도덕적으로 미결 문제**이다. 그는 총합값의 결과가 최적으로 판명될 **경우** 그 해악이 정당화된다고 주장할 것이다. 농장 동물들에게 끼치는 해악에 대한 공리주의자의 반대 논의가 갖는 설득력은 여러 사실들이 얼마만큼 설득력 있게 농장 동물들에게 끼치는 해악을 허용하고 있지 않는지를 보여주는 데에 좌우된다. 이와 같은 비판에 대처하기 위해 공리주의자는 적절한 사실을 잘 확보하고 있어야 하는데, 이는 다음을 의미한다. 공리주의자는 (1)모든 것을 고려해 농장 동물에게 가해진 해악의 결과에 의해 영향을 받는 모두에게 미치는 결과가 **무엇인지를** 우리에게 알려줘야 하며, 나아가 선(예를 들어 선호 충족)에서 악(예를 들어 선호 좌절)을 뺀 최적값이 무엇인지도 우리에게 알려줘야 한다. 또한 공리주의자는 (2)우리가 일시에 전격적으로, 혹은 점차적으로 채식주의자가 된다면, 모든 것을 고려해보았을 때 결과에 영향을 받는 모두에게 어떤 결과가 초래될 **것인지를** 우리에게 알려주어야 한다. 그리고 그들은 (3)모든 것을 고려했을 때, 이러한 후자의 결과가 전자보다 더 **나은지를** 알려줘야 한다. 공리주의에 근거해 채식의 의무를 정당화하려는 사람들에게 그러한 근거로 채식을 정당화하는 데에 필요한 사실들이 확보되지 않았다고 항변하는 것은 불공평한 처사가 아니다. 요컨대 공리주의 자체의 기준으로 판단해보았을 때, 채식주의의 공리주의적 기반은 설득력과는 거리가 멀다. 마지막으로 공리주의자의 입장에서 보았을 때 **내가** 고기를 구입하지 않는 것의 옳음은 나의 행동이 아니라, 얼마나 많은 다른 사람들이 동일한 행동을 하느냐에 좌우됨을 기억해둘 필요가 있다(6.4를 보라). 이렇게 주장하는 이유는 공리주의에 따르면 내가 옳음을 행하는 경우는 오직 충분히 많은 인원들이 삼가고, 오직 이처럼 삼가는 사람들의 숫자로 인해 해악을 입는 농장 동물들의 수가 줄거나, 그들에게 끼치는 해악의 크기가 줄어드는 경우에 한하기 때문이다. 비록 모든 사람의 마음을 아는 것은 불가능하지만, 이미 공리주의를 신봉하고 있는 사람이 아니라면 왜 채식주의가 의무인가에 대한 자신들의 생각을 공리의 원칙이 정당화한다고 믿지 않을 것이다.

권리 견해는 공리주의가 설명하지 못하는 것을 설명할 수 있다. 이러한 관점에 따르면 의무로서의 나의 행위가 요구하는 바는 얼마나 많은 사람들이 유사한 행동을 하느냐에 좌우되어서는 안 된다. 또한 이러한 관점에 따르면 어떤 채식주의자도 축산을 계속 지지하는 많은 사람들이 있다는 이유로, 혹은 어떻게 한 개인의 절제가 차이를 만들어낼 수 있는지, 만들어낼 수 있다면 언제 그리고 어떻게 그러한 차이를 만들어낼 수 있는지―예를 들어 그로 인해 얼마나 많은 동물들이 공장식 영농의 남용을 피할 수 있게 되는지―가 불확실하다는 이유로 자신이 가는 길을 포기해서도 안 된다. 권리 견해에 따르면 **얼마나 많은 사람들이 비슷한 행동을 하는지와는 상관없이, 개인은 다른 개체의 권리를 침해하는 산업 분야의 제품을 구입하지 않는 것이 옳다.** 또한 이러한 관점에 따르면 축산에 대한 반대는 그와 같은 개인이, 혹은 어떤 개인이 공장식 영농을 허용하거나 허용하지 않음으로써 영향을 받게 되는 모든 개체들에 대한 선에서 악을 뺀 최선의 총합값을 아는 것에 의해 지지 여부가 결정되지 않는다. 앞에서 제시한 이유로 축산은 활용하는 동물들의 권리를 일상적으로 침해하며, 이 때문에 관련 산업에서 생산된 동물 제품을 구입하는 것은 잘못이다. 바로 이것이 권리 견해가 채식주의를 도덕적 의무라고 생각하는 이유이며, 우리가 현대 공장식 농장이든, 그 밖의 다른 방식의 농장이든, 우리가 알고 있는 상업적 유축(有畜) 농업의 전면적인 해체보다 작은 것에 만족해서는 안 되는 이유이다.

구명보트 위의 생명

　권리 견해를 비판하는 사람은 앞에서 논의한 구명보트 사례를 다소 변경하여 제시함으로써 권리 견해에 비판을 가할 수 있을 것이다(8.13). 상황을 다시 한번 떠올려보자. 살아남은 개체가 다섯 있었고, 이 중에서 정상적인 성인이 네 명, 개가 한 마리이다. 그런데 구명보트에는 넷만 탈 수 있다. 만약 하나가 희생되지 않으면 모두가 희생될 것이다. 누구를 배 밖으로 던져야 하는가? 권리 견해의 답은 개이다. 앞에서 우리는 죽음이 일으키는 해악의 크기가 죽음이 빼앗은 만족을 위한 기회의 수, 그리고 다양성과 함수 관계에 있음을 살펴본 바 있으며, 승선한 사람들 중 누군가가 죽음을 맞이할 경우, 이것이 개보다 그들에게 직견적으로 더 큰 해악이 될 것이라고 주장하는 것은 종 차별주의적 발언이 아니다. 이 경우 개체의 수는 사실상 아무런 차이를 만들지 않는다. 만약 개별 동물들이 입은 작은 해악들의 총합이 이 사람들 중 어느 누구에게 죽음이 해를 끼치는 것에 비견되는 방식으로 어떤 동물에게도 해를 끼치지 않는다면, 필요할 경우 네 명의 정상적인 인간을 구하기 위해 100만 마리의 개들을 배 밖으로 내던져야 한다. 그러나 어떤 비판자는 이것이 배에 충분한 공간이 있는지의 문제가 아닐 수 있다고 생각할 수 있다. 이것이 다른 네 개체가 살아남으려면 어떤 개체를 먹어야 하는지에 대한 질문이라고 상상해보자. 누구를 잡아먹어야 하나? 다시 한번 권리 견해의 답은 개이다. 동물에게 죽음이 일으키는 해악은 이러한 사람들 중 어느 누군가에게 죽음이 일으키는 해악만큼 커다란 해악은 아니기 때문에, 이 경우에 잡아먹어야 하는 것은 개이다. 간단히 말해, 권리 견해에 따르면 구명보트의 경우에서 채식주의자가 되어야 할 의무는 정당하게 압도될 수 있다. 이런 긴박한 상황에서 설령 생존자들이 개를 죽여서 잡아먹기로 결정했다고 해도, 그들은 자유의 원리에 호소함으로써 정당화될 수 있는 권리 안에서 행동하는 것이다. 이들 중 누군가가 개를 죽이는 일원이 되기보다는 자신의 목숨을 희생하면서 개를 죽이지 않으려 할 수도 있다. 그러나 권리 견해에서 보자면 이는 의무가 아닌 무엇일 것이다. 이는 의무를 넘어선 행동일 것이다.

우리의 상상 속 비판자는 구명보트 사례에 대한 권리 견해의 평가가 현재의 축산 관행에 대한 권리 견해의 반대에 부정적인 영향을 미치고 있다고 생각할 수 있다. 그러나 적어도 이는 세 가지 서로 다른 이유로 사실이 아니다. 첫째, 세상 속에서 살아가고 있는 우리는 구명보트에 타고 있는 생존자들의 상황에 놓여 있지 않다. 구명보트의 상황에서 우리는 그들이 살아남고 건강하게 지내려면 고기를 먹는 방법 외에 다른 선택지가 없다고 전제하고 있다. 그런데 현실 속의 우리에게는 다른 선택지가 있다. 이렇게 보았을 때, 구명보트에 타 있는 경우와 같은 긴박한 상황에서 채식주의자가 되어야 할 의무가 압도될 수 있음을 인정한다고 해서, 이에 대한 의무감이 우리의 일상생활에서 약화되는 것은 아니다. 둘째, 그리고 이와 관련하여 어떤 이론이 함의하는 바가 예외적인 경우들(구명보트의 경우는 예외적인 경우이다)에 적용되어야 한다고 해서 이를 일반화하여 예외적이지 않은 경우들에 적용할 수는 없다. 만약 이것이 사실이라면, 권리 견해가 구명보트에 타고 있는 사람들이 개를 먹는 것을 정당화할 것임을 함의하고 있다고 해서, 그러한 관점이 이웃의 새끼돼지를 잡아 배불리 먹는 것을 정당화할 것임을 함의한다고 주장할 수는 없다. 그렇게 생각하는 것은 어떤 관점이 우리를 죽이려는 의도를 가진 사람을 살해하는 것을 정당화할 수 있을 경우, 그러한 관점이 우리가 죽이고자 하는 사람을 누구라도 살해하는 것을 정당화할 수 있음도 함의해야 한다고 가정하는 것과 유사할 것이다.

어느 누구도 자기 방어를 위해 살인을 허용하는 어떤 입장이 그러한 생각을 함의해야 한다고 가정하려 하지 않을 것이며, 가정해서도 안 될 것이다. 권리 견해가 구명보트에서 누가 잡아먹혀야 하는가에 대해 내린 판정이 빅맥을 먹고 싶은 충동에 대한 굴복을 정당화하는 면허라고 가정하려 하거나 혹은 가정해야 한다고 생각하는 사람이 있어서는 안 될 것이다. 셋째, 어떤 관점이 함의하는 바가 개별적이고, 예외적인 상황에서 행해질 수 있다고 해서 여러 관행이나 제도를 유사한 관점으로 볼 수 있는 것은 아니다. 물론 상황이 더 악화되는 경우를 피하기 위해 구명보트에 타고 있는 생존자들이 개를 먹는 것을 정당화할 수 있을 것이다. 그럼에도 예를 들어 돼지 사육농들이 "돼지 사육은 잘못이 아니다. 왜냐하면 우리는 상황 악화를 피하기 위해 돼지를 사육하고 있기 때문이다"라고 말할 수는 없다. 구명보트의 경우와 같은 예외적이고 개별적인 경우는 관행이나 제도가 아니며, 우리가 전자에 대해 내리는 판단을 후자에 그대로 적용할 수 있는 것은 아니다. 우리가 예외적인 상황에서 개인의 자유를 제한하는 것은 정당하지만(가령 어떤 사람이 일시적으로 정신이 나가서 타인의 안전을 위협하고 있으며, 우리가 이러한 위협을 극복할 수 있는 방법은 오직 강제적으로 그의 자유를 제한하는 것밖에 없는 경우), 그렇다고 우리가 개인적인 자유를 제한하는 제도나 관행을 일상적으로 허용하는 것을 정당화할 수는 없다. 즉 **예외적이지 않고, 일상적인 상황**에서 개인의 자유를 제한하는 것을 정당화할 수는 없는 것이다. 어떤 관행이나 제도의 정의로움은 이와 같은 방식으로 보일 수 없다. 이들이 정의로운지의 여부는 관련된 모든 사람들이 그들이 마땅히 받아야 할 존중의 처우를 받는지의 여부를 통해 확인된다. 우리가 알고 있는 축산 관행을 살펴보면 농장 동물들은 마땅히 받아야 할 존중의 태도로 처우를 받지 못하고 있기 때문에 그러한 **관행**은 부당하다. 구명보트에서 허용되는 것은 돼지농장에서 허용되는 것에 아무런 도덕적 차이를 만들어내지 못한다. 또한 돼지 영농인이 공리주의 이론에서 피난처를 찾음으로써 이와 같은 함의, 그리고 권리 견해의 일반적인 함의에서 벗어나고자 하는 유혹을 받지 않게 하려면, 그에게 공리주의가 그 자신을 포함해 **사람들을** 위한 적절한 도덕적 보호처를 제공하지 못한다는 사실을 상기시켜주는 편이 좋다.

우리가 알고 있는 상업적 축산의 해체는 분명히 채식주의자가 되겠다는 우리의 개인적인 약속 이상의 것을 요구한다. 도덕적 견지에서 육류 산업 제품 구입을 거부하는 것은 옳은 일을 하는 것이지만, 그렇다고 그것이 충분한 것은 아니다. 동물권을 제대로 파악하는 것은 그들의 권리를 침해하는 사람들에 반대하여 이와 관련된 동물 옹호 의무를 제대로 파악하는 것이고(8.6을 보라), 이러한 의무를 이행하는 것은 우리의 개별적인 자제 이상을 요구한다. 동물들의 권리를 침해하지 않으려면 필요한 변화를 가져오는 행동이 요청되는 것이다. 근본적으로 보자면, 우리는 우리 문화가 농장 동물들에 대해 가지고 있는 생각에서의 혁명, 그리고 우리 문화가 받아들이는 처우상의 혁명에 헌신적으로 기여할 필요가 있다. 여기서 또다시 밀의 주장을 시의적절하게 인용해볼 수 있을 것이다. 어떤 개인이 무엇인가에 대한 정당한 요구를 할 수 있고, 그래서 이에 대한 권리를 가지고 있을 때, '사회'는 '법의 집행을 통해 또는 교육이나 여론을 통해' 그러한 권리를 소유하는 것과 관련해서 그 개인을 보호해야 한다는 그의 통찰(8.1)을 떠올려보자. 이를 이용해서 우리에게 주어진 과제를 정리해보면 다음과 같다. 현재 축산을 지지하는 사람들을 대상으로 그들의 지지가 함의하는 바가 무엇인지를 알려주는 **교육**을 돕자. 우리가 알고 있는 바로서의 축산업이 농장 동물의 권리를 침해한다는 **여론 조성**을 돕자. 필요하다면 축산업에 필요한 변화를 가져올 수 있도록 **법에 힘을 실어보자.** 이는 결코 작은 과제가 아님이 분명하다. 하지만 동물들과 관련한 정의라는 이와 같은 목표를 달성하기 위해서는 더 많은 노력이 필요하다. 단순히 개인적으로 자제하는 데에 자기만족을 느끼는 것은 해결책의 일부가 되기보다는 문제의 일부가 되는 것이다.

9.2 사냥과 덫 놓기가 잘못인 이유

동물들이 우리에게 무고한 위협을 가할 수 있고, 그렇게 하는 경우에 그들의 권리를 침해하는 것은 정당화된다(8.8). 모든 사냥이나 덫 놓기가 잘못되었음이 분명하다고 가정할 수는 없다. 만약 포악한 여우들이 몇몇 아이들을 물었고 인근 숲에 있는 것으로 알려졌으며, 그들의 삶이 처한 상황으로 보았을 때 아무런 조치도 취하지 않을 경우 앞으로도 계속 공격을 가할 것이 확실하다면, 이 경우 권리 견해는 여우가 가하는 위협을 무력화하기 위한 제재를 가할 수 있음을 인정한다. 야생동물의 무고한 위협에 대해 스스로를 보호하는 경우와는 달리, 권리 견해는 상업적 이익을 위해서든 '스포츠'를 위해서든, 사냥과 덫 놓기에 대해서는 확고하게 부정적인 입장을 취한다. 사냥의 '즐거움'에 대한 표준적인 정당화 방식, 즉 사냥에 참여하는 사람들이 운동을 하게 되고, 자연과의 교감을 즐기게 되며, 친구들과의 동지애를 만끽하거나 목표물을 잘 조준한 발사에 만족하게 된다는 것은 권리 견해를 기준으로 보았을 때 별다른 설득력이 없다. 이 모든 즐거움은 어떤 동물도 죽게 되지 않는 활동에 참여함으로써도 얼마든지 얻을 수 있다(친구들과 카메라를 들고 숲속을 산책하는 것은 이러한 활동을 아주 잘 대체한다). 오직 이러한 동물들을 단지 그릇으로 보는 경우에만 사냥꾼들이 사냥에서 얻는 즐거움의 총합이 이러한 동물들의 권리를 압도할 수 있다고 생각할 수 있는데, 권리 견해에서 볼 때 동물들은 그릇이 아니다.

전통에 대한 호소―예컨대 영국에서는 여우 사냥을 지지할 때 이와 같은 방법을 사용한다―가 더 이상 동물 혹은 인간에 대한 다른 관습적인 남용에 별다른 힘을 발휘할 수 없듯이, 사냥에 대해서도 사정은 다를 바 없다. 이 경우 전통에의 호소가 시사하는 모든 것은, 그리고 이러한 호소가 관련 맥락에서 나타내는 모든 것은 동물을 그저 그릇 또는 재생 가능한 자원으로 보는 관점이 전통적인 태도라는 것이다. 달리 말하자면, 이와 같이 전통에 호소하는 방법은 그 자체가 동물들이 소유하고 있는 독자적인 가치에 대한 곤궁한 견해의 징후임을 보여주고 있으며, 이에 따라 동물들에게 해악을 끼치는 관행을 옹호하는 데에서 합당한 역할을 할 수 없다. 상업적 포경을 정당화하기 위해 일본이나 러시아가 내세우는 전통에의 호소,[8] 캐나다에서 매년 이루어지는 바다표범에 대한 도살을 변호하기 위해 내세우는 전통에의 호소가 문제가 있는 것처럼, 영국에서 여우 사냥의 '즐거움'을 정당화하기 위해 내세우는 전통에의 호소 또한 문제가 있다. 권리 견해에 비추어보았을 때, 이러한 관행은 사냥할 수 있는 범위를 초과하지 않는다고 해도 잘못이다. 이는 논의를 진행함에 따라 더욱 뚜렷해질 여러 이유들을 통해 밝혀지게 될 것이다.

물론 사냥을 하고 덫을 놓는 사람들은 다른 고려 사항들을 내세워 자신들의 주장을 뒷받침하기도 한다. 그들에 따르면 자신들이 하는 일은 **자신**

.:

8) 상업적 포경업에 대한 더욱 상세한 비판적인 논의는 나의 "Why Whaling is Wrong," in Regan, *All That Dwell Therein*에 포함되어 있다.

들의 쾌락 때문에 정당화하는 것이 아니고, **동물들을** 위해 행하는 인도적인 봉사라는 것이다. 그들이 우리에게 믿으라고 들려주는 상황은 다음과 같다. 만약 일정 수의 동물들을 사냥하거나 덫으로 잡지 않는다면, 수용하기에 지나칠 정도로 많은 일정 종의 동물들이 주어진 서식지에서 살아가게 될 것이다. 그렇게 되면 이들 동물의 일부는 서식지에서 살아가고 있는 다른 동물들과 성공적으로 경쟁할 수 없기 때문에 굶어 죽게 될 것이다. 이런 사실로 미루어보았을 때 이들 동물 중 일정 수를 도살하거나 수확[9]하는 것은 인도적인 목적을 달성하기 위함이며, 이러한 관행을 통해 동물들이 굶주리다가 죽음을 맞이하게 되는 시련을 덜게 되는 인도적인 목표를 달성한다. 이와 같은 지적에 대해 권리 견해, 또는 동물의 복리에 민감한 여타의 관점은 어떻게 반론을 제시할 수 있을까?

권리 견해는 사냥과 덫 놓기를 이런 식으로 옹호하는 것에 대해 여러 측면에서 비판을 가한다. 첫째, 사냥과 덫 놓기를 옹호하는 사람들은 사냥이나 덫에 걸려 맞는 동물들의 죽음이 굶주림으로 인해 맞게 되는 죽음에 비해 언제나 더 낫다고(다시 말해 항상 고통이 덜 수반된다고) 가정하고 있다. 이는 믿기 어려운 가정이다. 모든 사냥꾼들이 전문적인 포수는 아니며, 자신들의 덫을 책임감 있게 다루는 것도, 동물에 대해 '인도적인' 관심이 반영된 덫을 사용하는 것도 아니다. 악명 높은 집게덫[10]은 아마도 가장 흉악하다고 평가받는 덫의 한 사례일 것이다. 사냥꾼의 서투른 총격이나 어설

..

9) (옮긴이) 동물을 수확한다(harvest)라고 하는 것은 동물을 '죽인다'라는 표현의 부정적인 이미지를 최소화하기 위한 완곡어법이다.

10) (옮긴이) 틀의 중앙부를 밟으면 좌우 양쪽에 팽팽하게 걸려 있는 편자 모양의 쇠가 튕겨 나와 동물의 다리를 잡도록 되어 있는 덫이다. 다리가 분질러지거나 상처를 입은 동물은 즉사하는 것이 아니라 오랜 시간 동안 고통을 받으며 서서히 죽어간다.

픈 덫 사용으로 인해 서서히, 괴롭게 다가오는 죽음을 경험하는 동물이 굶어 죽는 동물보다 '더 나은 죽음'을 맞이하는 것이 분명한가? 이에 대한 긍정적인 답을 찾으려 해도 찾을 수 없다. 그런데 만약 그러한 답을 찾지 못한다면, 혹은 우리가 그러한 답을 찾을 때까지는 '좀 더 인도적으로' 죽인다는 이유로 사냥과 포획을 옹호하는 것은 허울에 지나지 않는다.

둘째, 야생동물 관리 일반뿐만 아니라, 오늘날의 사냥과 덫 놓기 관행이 지향하는 이념은 '인도적인 관심'에 대한 호소와 크게 상충한다. 지속 가능한 최대 생산량(maximum sustainable yield)[11]이라는 이념 또는 신념은 다음과 같은 방법으로 사냥과 덫 놓기에 적용된다. 사냥하는 사람들과 덫을 놓는 사람들은 특정 시기에 일정 수의 다양한 종의 야생동물을 '수확하거'나 '거두어들일' 수 있도록 법의 허가를 받으며, 이때 특정 시기에 허용된 전체 마릿수와 개별 사냥꾼에게 허용되는 마릿수는 다음 시기에 사냥하고 덫을 놓는 사람들이 동일 마릿수를 '수확'할 수 있는지의 여부, 그리고 최선의 자연사 추정치에 따라 정해진다. 이러한 방식으로 지속 가능한 최대 생산량에 대한 계획이 수립된다. 이러한 이념이 성공적으로 적용될 경우 사냥꾼들과 덫을 놓는 사람들은 과거에 다른 사람들이 허가받은 것과 동일한 일들을 미래의 여러 시기에도 합법적으로 계속할 수 있도록, 다시 말해서 특정 수(특정 할당량)에 이르기까지 죽일 수 있도록 허가받게 될 것이다. 다시 말해, 시기마다 죽이는 수에 제한을 가할 경우 일정 기간에 걸쳐 거두어들일 수 있는 동물의 **전체** 수가 더 많아질 것이다. 가장 단순하고 가장 완고하게 요점을 표현하자면, 지금 적은 수의 동물들을 죽일 경우, 미래 세

••
11) (옮긴이) 가령 특정 동물을 마구 잡지 않고 어린 개체들이 성장할 수 있도록 배려하여 자원의 전체 양에 변동이 없게 하는 범위 내에서 최대로 잡아들일 수 있는 양을 말한다.

대의 사냥꾼들은 더 많은 수(총합)의 동물을 죽일 수 있게 될 것이고, 이것이 더 좋은 선택지가 될 것이다. 지속 가능한 최대 생산량 이념이 갖는 이와 같은 함의는 동물에 대한 '인도적인 서비스'라는 미사여구의 진의가 무엇인지를 드러내 보여준다. 더 적은 수의 동물을 살처분하는 것이 공공연한 목표가 아니라, 더 많은 수의 동물을 살처분할 수 있게 하는 관행을 받아들이거나 그러한 관행에 관여하는 것이 공공연한 목표라는 사실은 인도적인 서비스라는 이상을 부당하게 왜곡하고 있는 것임에 틀림없다! 이와 같은 '인도적인 친구들'이 있으면 야생동물들은 분명 적들이 따로 있지 않아도 된다.[12]

본질적인 측면에서 보았을 때, 지속 가능한 최대 생산량이라는 신조가 성공을 거둘 경우 동물들이 감내해야 할 고통의 총합에 대해서도 동일한 이야기를 할 수 있다. 이러한 신조가 성공을 거둘 경우, 사냥꾼들의 서투른 총격으로 고통스러운 죽음을 맞이하게 될 동물들, 형편없이 관리된 '인도적인' 덫으로 비슷한 고통 속에서 죽게 될 동물들, 여기에 추가하여 자연적인 원인에 의해 죽는 동물들의 총합은 다른 선택지들이 채택되었을 경우보다 더 클 것이다. 이렇게 보았을 때, 인도적인 서비스에 호소하여 스포츠 사냥과 포획을 옹호하는 것은 일종의 도덕적인 연막술이다. 지속 가능한 최대 생산량이라는 신조를 빌미로 허용되는 행동들은 이를 옹호하는 고상한 말들보다 더욱 큰소리로 말해준다. 이러한 신조가 성공을 거둘 경우 더 적은 수가 아니라 더 많은 수의 동물의 죽임이 허용될 것이고, 더 적은 수가 아니라 더 많은 수의 동물이 인간의 손에 의해 죽거나 자연스레 끔찍한 죽음을 맞이하게 될 것이라고.

..

12) (옮긴이) 이와 같은 '인도적인 친구들'이 야생동물들을 대량으로 살상할 것이므로 그렇다.

그런데 지속 가능한 최대 생산량이라는 신조를 포고하는 것과 그것이 함의하는 것 사이의 불일치만이 그 신조가 무너졌음을 나타내는 것은 아니다. 이와 같은 접근 방식으로 야생동물 관리 정책에 관한 의사 결정을 내릴 경우, 야생동물의 권리를 인식하거나 존중하는 데 크게 실패하게 된다. 만약 야생동물에 대한 어떤 접근 방식이 해악과 이득의 총합에 바탕을 두고 정책을 결정해야 한다면, 그러한 접근 방식은 어떤 경우에도 도덕적으로 받아들일 수 없다. 특히 관련 결정은 최소 해악의 원리에 호소해서 내려져서는 안 된다(8.10 참조). 최소 해악의 원리는 칭찬을 받을 만한 목표, 다시 말해 해악 일반, 특히 고통의 총합을 최소화한다는 목표를 내세운다. 그러나 이러한 원리는 칭찬받을 만한 그와 같은 목표를 달성하는 방법에 어떤 제한을 두는 도덕적 수단이 부족하다. 또한 그러한 원리는 그와 같은 목표를 달성하기 위해 사용되는 수단을 평가할 수 있는 방법도 부족하다. 최소 해악의 원리는 전체 해악을 최소화하는 목표를 달성하는 데 도움이 된다면, 설령 개인의 권리가 침해되어도 이를 도덕적인 고려의 대상으로 삼지 않는다. 권리 견해는 의사 결정에 대한 이러한 접근 방식의 타당성을 단호히 부정한다. 개체들의 권리를 침해하는 대가를 치르면서 해악의 총합을 줄이는 정책들은, 그러한 개체들이 도덕 행위자인지 아니면 도덕 수동자인지에 관계없이, 그리고 만약 후자라면 인간인지 동물인지의 여부에 관계없이 잘못이다. 설령 지속 가능한 최대 수확량 이념을 채택할 경우 사육되지 않는 동물들의 죽음과 고통의 총합이 감소된다는 것이 사실이라고 할지라도(이는 사실이 아니다), 우리가 그러한 이념을 받아들여야 하는 것은 아니다. 그러한 이념은 야생동물의 권리를 체계적으로 무시하기에 그들의 권리를 체계적으로 침해하기도 한다.

권리 견해는 스포츠 사냥과 덫 놓기 관행을 단호하게 반대한다. 여기에 참여하는 사람들이 반드시 잔인하거나 사악한 사람들인 것은 아니다(잔인함에 대한 6.1에서의 논의를 상기하라). 하지만 그들이 하는 일은 잘못된 것이다. 그들이 행하는 바는 동물들을 자연적으로 되풀이해서 태어나는, 재생 가능한 자원인 양 처우하는 관행의 일부이기 때문에 잘못이다. 이 경우 동물들의 가치는 인간의 오락과 쾌락에 관한 이익, 그리고 미적, 사회적 이익과 여타 이익에 의해 측정되고 관리되어야 하는 것으로 간주된다. 동물들은 분명 자력갱생한다. 예를 들어 나무가 번식하는 데 인간의 도움을 필요로 하지 않는 것과 다를 바 없이, 동물 또한 일반적으로 인간의 도움을 필요로 하지 않는다. 그리고 야생동물들은 **우리를 위해 이 세상에 존재하는** 천연자원이 아니다. 그들은 인간의 이익과 별개의 가치를 지니고 있고, 그들의 가치는 우리의 이익에 미치는 그들의 효용성으로 환원될 수 없다. 그들을 스포츠 사냥의 대상으로 삼거나 덫으로 잡는 것은 잘못이다. 왜냐하면 이는 엄정한 정의의 측면에서, 그들이 마땅히 받아야 할 존중의 태도로 그들을 대하는 것이 아니기 때문이다.

사냥과 덫 놓기 관행을 옹호하는 사람들이 야생동물에 대한 '인도적인 관심'에 호소하는 방법이 설득력이 없다는 사실을 깨달았음에도, 자신들이 하는 일이 자연 상태에서 다른 동물들이 하는 것과 그 종류에서 다르지 않다고 반박할 수 있다. 동물들은 다른 종의 구성원들을 죽이는 것이 일상화되어 있다(비록 자신이 속한 종의 성원을 죽이는 경우는 간헐적으로 있을 뿐이지만). 그리고 그들이 다른 동물에 의해 맞이하게 되는 죽음은 심지어 굳어진 심장마저도 움찔하게 만들 정도로 끔찍하다. 종간(種間)의 관계에서 자연은 인정사정 보지 않는다. 만약 권리 견해가 스포츠 사냥과 덫 놓기를 공공연하게 비난한다면, 이러한 관점은 동물들 간의 치명적인 상호 작용에 관해서도 동일한 입장을 취해야 한다는 주장을 제기할 수 있다.

권리 견해는 이러한 주장을 거부한다. 동물은 도덕 행위자가 아니다(5.2 참조). 따라서 그들은 다른 동물의 권리를 존중하는 의무를 포함하여 도덕 행위자가 갖는 의무와 동일한 의무를 가질 수 없다. 비록 야기하는 해악이 충분히 현실적이기는 하지만 순록을 먹는 늑대들은 도덕적 잘못을 저지르지 않는다. 결론적으로 권리 견해에서 보았을 때 야생동물 관리의 핵심 목표가 지속 가능한 최대 수확량 보장이 되어서는 안 된다. 야생동물 관리의 목표는 야생동물을 그들의 권리를 압도하는 자들로부터 보호하는 것이어야 한다. 즉 스포츠 사냥꾼과 덫을 놓는 사람들, 경제적 이익이라는 명목으로 그들의 자연 서식지를 파괴하는 상업적 개발자들 등으로부터 보호하는 것이어야 하는 것이다. **간단히 말해 관리가 필요한 것은 인간의 잘못이지 동물 '수확'이 아니다.** 긍정적으로 표현하자면, 야생동물 관리의 목표는 야생동물들이 자신들의 권리를 제대로 누릴 수 있도록 보호하는 것이어야 한다. 그렇게 함으로써 그들은 '스포츠'라는 이름으로 행하는 인간의 약탈을 피할 수 있어야 하고, 이와 동시에 자신들이 할 수 있는 한 자력으로, 스스로의 삶을 살아갈 수 있는 기회를 얻어야 한다. 우리는 친절의 발로가 아니라, 또한 우리가 잔인함에 반대하기 때문이 아니라, 야생동물들의 권리를 존중하기 때문에 그들에 대한 이와 관련한 의무를 갖는다. 그런데 이에 대한 대응으로 누군가가 다음과 같이 주장한다고 가정해보자. "우리가 권리 견해가 요구하는 방식으로 야생동물들의 권리를 존중한다고 해서 고통받는 야생동물이 시간이 흐르면서 겪게 되는 고통의 총합이 최소화되는 것은 아니다." 이에 대한 우리의 답변은 "우리가 동물권을 진지하게 받아들인다면, 고통의 총합 최소화가 야생동물 관리의 가장 중요한 목표가 될 수 없다"일 것이다. 도덕적으로 개화된 야생동물 관리는 동물들이 야생에서 서로에게 야기하는 고통의 총합을 관심사로 삼지 않는다. 야생동물 관리자들은 자연에서의 행복을 계산하는 회계사나 관리자가 아니다. 그들은 이러한 '다른 국민들'[13]이 자신의 운명을 개척할 수 있도록 허용하면서, 인간 포식자들이 동물들의 일에서 손을 떼게 하는 데에, 그리고 동물들이 자신들이 살아가고자 하는 대로 내버려 두는 데에 주로 관심을 가져야 한다.

이제 동물을 이용한 스포츠에서 야생동물을 상업적으로 이용하는 관행으로 논의를 옮겨가 보도록 하자. 이러한 관행의 도덕적 상황은 다를 바 없는데, 다만 관련된 동물의 수가 더 많기 때문에 더 나쁘다. 권리 견해는 야생동물을 죽이는 사업에 비판적인 입장을 취한다. 사업에 실패할 경우 야생동물 사업에 직접 관련되어 있는 사람들이 현재 누리는 삶의 질이 더 악화된다는 것이 사실이라 할지라도, 이것이 곧 그러한 사업을 계속 허용해야 할 이유가 되는 것은 아니다. 사업계에 뛰어드는 여느 사람들과 다를 바 없이, 야생동물을 죽이는 것이 사업인 사람들은 자신들이 사업에 뛰어듦으로써 상황이 더 악화되지 않을 권리를 포기하는 것임을 이해해야 한다. 우리는 그들의 제품을 살 의무가 없고, 그들은 자신들의 사업이나 현재의 삶의 질을 유지하도록 우리에게 요구할 권리가 없다. 야생동물을 죽이는 것이 자신들의 일인 사람들을 지지하는 방편으로 피부양자의 복리가 축소될 위험이 있다는 주장에 호소하는 방법은, 유축 농업에서 이러한 방법이 설득력이 없었던 것과 다를 바 없이, 현재 다루고 있는 문제에서도 별다른 설득력이 없다. 우리와 마찬가지로 이러한 분야에 종사하는 사람들 또한 상황이 더 악화되는 것을 피하기 위해 할 수 있는 일을 할 권리가

13) 야생동물을 "삶과 시간이라는 그물에 우리와 함께 갇혀 있는 다른 국민들, 또한 화려하면서도 고통스러운 지구의 동료 죄수들"로 보는 입장은 Henry Beston, *The Outermost House: A Year of Life on the Great Beach of Cape Cod* (New York: Viking Press, 1971), p. 25에서 왔다.

있다. 하지만 우리와 마찬가지로, 만약 그들이 하는 일이 다른 존재들의 권리를 침해한다면, 그러한 침해가 일어나지 않도록 하는 것은 그들이 자신의 상황 악화를 피하기 위해 일할 권리를 능가한다. 그런데 돈벌이를 위해 야생동물을 착취하는 관행은 그러한 동물들의 권리를 극단적으로 침해한다. 이러한 관행 속에서 야생동물들은 재생 가능한 자원으로 처우된다. 야생 동물은 오직 동물들의 사체로 생계를 꾸려가는 사람들의 경제적 이익에 비례하는 가치를 갖는 듯한 처우를 받는 것이다. 권리 견해는 이유를 불문하고 돈벌이 차원에서 이루어지는 야생동물 수확 관행을 비판한다. 이는 이 일에 뛰어든 사람들이 잔인하거나 사악한 사람들이기 때문이 아니라, 그들이 하는 일이 잘못되었기 때문이다. 정의는 이러한 상업적 목적의 사업이 더 이상 계속되지 않을 때, 그리고 오직 그때에만 실현될 수 있을 것이다.

우리는 어떤 사람이 앞에서 언급한 내용의 자구(字句)는 받아들이면서 막상 그 정신은 받아들이지 않는 경우를 상상해볼 수 있다. 이렇게 말하는 이유는 요컨대 스포츠나 상업용으로 죽임을 당하는, 이 장과 앞 장을 통틀어 동물이라는 단어가 사용되었던 제한된 의미에서의 동물들이 아닌, 수많은 인간 아닌 동물들이 있기 때문이다. 다시 말해 한 살 혹은 그 이상 된 정상적인 포유류가 아닌 동물들이 있다는 것이다. 그리하여 예를 들어 오리 사냥을 지지하거나 새끼 바다표범의 상업적 착취를 옹호하는 목소리가 들려올 수 있다. 이와 유사한 비판은 다른 맥락에서도 제기될 수 있는데(예를 들어 과학 분야에서의 비포유류에 대한 처우, 농업 분야에서의 가금류에 대한 처우에 대해 포유류에 대한 처우에 적용되는 바와 동일한 원리를 적용해서는 안 된다는 주장을 제기할 수 있다), 이러한 동물들에 대한 사냥과 덫 놓기를 옹호하는 입장은 뒤에서 검토해볼 것이다(9.4의 마지막 몇 단락들과 주석 50을 보라).

여기에서는 간단하게 의문을 제기해보는 것만으로도 충분할 것이다. 새로 태어난 야생 포유동물(예: 새끼 물개)이 삶의 주체라는 기준을 충족하지 못한다고 가정해보자. 그럼에도 그들은 분명 그런 기준을 충족할 가능성이 있다. 만약 그렇다면, 그들을 어떻게 처우해야 하는지에 적용되는 도덕 기준이 인간 유아들을 어떻게 처우해야 하는지에 적용되는 것과 어떤 식으로든 달라야 하는 이유는 무엇일까? 권리 견해는 두 대상을 다르게 처우하는 것을 정당화하기 위해 끌어들일 수 있는, 자의적이지 않은 차이가 있음을 부정한다. 스포츠나 이익을 얻기 위해 인간 유아에게 해악을 끼치는 것을 기꺼이 허락하지 않는 한, 새끼 포유동물들에 대한 유사한 처우를 결코 받아들일 수 없다.

포식 동물 조절[14] 문제를 언급하지 않을 경우, 사냥과 덫 놓기에 대한 부분적인 평가조차도 적절하지 않을 수 있다. 예를 들어 미국 남서부에서 양을 사육하는 영농인들은 포식 동물, 특히 방목하는 양을 공격하고, 때로는 생존에 필요한 양보다 더 많은 양을 해치는 코요테 때문에 골머리를 앓고 있다. 피해를 당한 영농인들은 경제적인 손실에 대해 공개적으로 격렬하게 항의를 했고, 이러한 포식자들을 조절하기 위해 연방의 자금과 인력의 도움을 받아 조치를 취해왔다.

권리 견해를 받아들이는 사람들은 이러한 포식 동물 조절 프로그램을 종식하기 위해 노력해야 한다. 이러한 프로그램은 포식자들이 정당한 사업, 즉 축산에 종사하는 사람들에게 손실을 입힌다고 가정하면서 자신의

··

14) (옮긴이) 포식 동물 조절(predator control)이란 영농인들이 사육하는 동물들에게 피해를 주는 포식 동물들을 살해하는 등의 방법을 통해 수를 줄임으로써 피해를 줄이려는 노력을 말한다.

입장을 공식적으로 정당화한다. 권리 견해는 이러한 산업이 채택하고 있는 동물 처우 방식의 도덕적 정당성을 부인하는데, 이러한 기준으로 보았을 때, 관련 산업에 종사하는 사람들의 재정적 손실을 최소화한다는 명목으로 포식 동물들에게 끼치는 해악은 도덕적으로 비난받아야 한다. 축산에 관련된 사람들, 그리고 축산이라는 명목으로 사용되는 땅 주변에 서식하는 포식 동물들과의 투쟁에서, 떠나야 할 것은 포식 동물이 아니라 관련 산업이다. 그리고 이러한 산업에 종사하는 사람들이 자신들의 토지에 대한 법적 권리, 그리고 사업에서 자신들이 갖는 동물들에 대한 법적 소유권에 호소할 경우, 권리 견해를 받아들이는 사람들은 첫째, 법적 권리에 대한 호소는 그 자체로 어떤 도덕적 문제도 해결하지 못하며, 둘째, 권리 견해가 변화시키고자 하는 전통 중의 하나가 바로 소유 재산으로서의 농장 동물들이 갖는 현재의 법적 지위 자체라고 답해야 한다.

9.3 멸종 위기종에 관심을 갖는 방법

권리 견해는 '개체들'의 도덕적 권리를 다루는 견해이다. 종은 개체가 아니며, 권리 견해는 종에 대해서는 생존을 포함한 어떤 것에 대해서도 도덕적 권리를 인정하지 않는다. 이러한 관점이 인정하는 것은 개체들이 해를 입지 않을, 이에 따라 죽임을 당하지 않을 직접적인 권리이다. 어떤 개별 동물이 최종적으로 남아 있는 특정 종의 구성원이라는 사실은 그러한 동물에게 더 많은 권리를 부여하지 않으며, 그와 같은 동물이 해악을 입지 않을 권리는 그러한 권리를 가진 다른 동물들의 권리와 동등하게 무게를 측정해야 한다. 멸종을 예방해야 할 상황에서 우리가 멸종 위기에 처한 종의 마지막 두 마리를 구해야 하는 경우와, 풍부한 종에 속하는 개체이지만 그 한 마리 개체의 죽음이 그 개체에게 끼칠 해악이 멸종 위기에 처한 두 마리의 죽음이 그들에게 끼칠 해악에 비해 직견적으로 더 큰 경우 중에서 어느 한쪽을 선택해야 한다면, 권리 견해는 더 큰 해악을 입게 될 개체를 구할 것을 요구한다. 이런 경우에 수는 아무런 차이도 만들어내지 않는다. 두 개체가 마지막 천 마리 종의 성원이건, 백만 마리 종의 성원이건, 이는 아무런 도덕적 차이를 만들어내지 않을 것이다. 그들의 더 적은 해악들의 총합은 그 어떤 개체에게도 이 고독한 개체에 가해질지도 모를 해악과 직견적으로 비교될 수 있는 방식으로 해악을 끼치지 않는다. 다른 이해당사자들이 당할 손실의(예를 들어 인간의 미적 혹은 과학적 이익) 총합 또한 아무런 차이를 만들어내지 않는다. 이런 손실들의 총합은 우리가 어떤 개체의 권리를 압도하려 했을 때 그 개체에게 끼칠지도 모를 해악과 직견적으로 비교될 수 있는 방식으로 해악을 끼치지 않는다.

권리 견해는 멸종 위기에 처한 종을 구하기 위한 노력에 반대하지 않는다. 이 견해는 단지 그렇게 하는 이유를 잘 파악해야 한다고 주장하고 있을 따름이다. 권리 견해에 따르면 멸종 위기에 처한 동물 종들의 성원을 구해야 하는 이유는 그 종이 멸종 위기에 처해 있기 때문이 아니라, 각각의 동물들이 정당한 요구를 가지며, 이에 따라 예컨대 자연 서식지를 파괴하려는 사람, 혹은 이국적인 동물들을 밀렵하고 밀매하는 등 죽은 동물의 사체로 생계를 꾸려가는 사람에게 반대할 권리를 가지고 있기 때문이다. 그런데 설령 권리 견해가 동물권을 보호하려는 어떠한 시도에 대해서도 우호적인 시각을 견지해야 하며, 그리하여 멸종 위기종을 보호하려는 노력을 지지해야 하는 것이 사실일지라도, 유달리 멸종 위기종의 성원들을 보호하는 데에 초점이 맞추어져 있는 노력은 그 자체가 권리 견해가 갖는 함의에 반하는 사고방식을 조장할 수 있다. 만약 어떤 동물이 멸종 위기에 놓인 종에 속해 있는 **경우에 한해서** 그러한 동물들에게 끼치는 해악이 도덕적으로 중요하다고 믿도록 부추긴다면, 이 경우 우리는 다른 동물들에게 끼치는 해악을 도덕적으로 받아들일 수 있는 것으로 간주하려는 추동을 받게 될 것이다. 이와 유사한 방식으로 사람들은 가령 희귀 동물의 포획은 심각한 도덕적 문제를 야기하는 반면, 수가 많은 종에 속한 동물들의 포획은 그렇지 않다고 생각하도록 추동을 받을 수 있다. 이는 권리 견해가 함의하고 있는 바가 아니다. 어떤 동물이 속한 종의 개체 수의 상대적인 크기 자체는 그 종에 속한 개별 동물에게 권리를 귀속시키는 근거를 마련하는 데에서, 혹은 그러한 동물권을 정당하게 보호하거나 압도하는 경우를 결정하는 근거를 마련하는 데에서 별다른 도덕적 차이를 만들어내지 않는다.

앞에서 이미 언급했지만 다음은 반복해서 언급할 필요가 있다. **권리 견해는 멸종 위기에 처한 종을 구하기 위한 노력에 무관심하지 않다. 권리 견해는 그러한 노력을 지지한다.** 그러나 이는 이러한 동물들의 수가 적어서가 아니다. 권리 견해가 그와 같은 노력을 지지하는 이유는 그러한 동물들의 가치가 본래적인 가치를 갖는 우리 자신을 포함한 모두의 가치와 동등하기 때문이며, 그들이 존중받을 기본적인 권리를 우리와 공유하기 때문이다. 그들은 단지 우리에게 사용되기 위해 이곳에 있는 그릇 혹은 재생 가능한 자원이 아니기 때문에, 영리를 추구하는 상업적 목적의 개발자들, 밀렵자들, 그리고 제3의 이해 당사자들로부터 이끌어낸 서로 다른 개별 이익들을 합산하는 것만으로 그들에게 끼치는 해악을 정당화할 수는 없다. 바로 이와 같은 이유로 멸종 위기에 처해 있는 종의 상업적 활용이 잘못인 것이지, 종이 멸종 위기에 처해 있기 때문에 그런 것은 아니다. 권리 견해는 희귀하거나 멸종 위기에 놓인 동물에 대한 도덕적 평가에도 풍부한 동물 종에게 적용하는 것과 동일한 원리를 적용하며, 해당 동물이 야생동물인지, 길들인 동물인지와 상관없이 동일한 원리를 적용한다.

권리 견해는 멸종 위기에 처한 희귀종이나 야생동물에 대한 인간의 미적, 과학적, 영성적 그리고 기타 관심의 중요성을 인정하는 것에 대해 부정을 하지도 반감을 갖지도 않는다. 권리 견해가 부정하는 것은 (1) 멸종 위기에 처한 동물들의 가치가 이와 같은 인간의 이익에 대한 총합적인 만족으로 환원될 수 있거나 상호 교환될 수 있다는 생각, 그리고 (2) 이러한 동물들을 그 수가 많은 동물들보다 먼저 구해야 한다는 생각을 포함하여, 멸종 위기 동물들을 어떻게 처우해야 할 것인가에 대한 결정이 그러한 동물들과 관련된 인간의 이익(개별적이든, 총합적이든)이라는 잣대로 결정되어야 한다는 생각이다. 이와 같은 두 가지 논점은 어떻게 동물들이 처우를 받을 수 있거나 없는지와 관련해서 어떤 방식으로든 쓰일 수 있다. 권리 견해에 따르면 특히 인간의 총합적인 이익이라는 이름으로 행해지는, 희귀하거나 멸종 위기에 처한 동물에게 끼치는 모든 해악은 잘못인데, 그 이유는 그것이 존중받아야 할 개별 동물의 권리를 침해하기 때문이다. 야생동물 문제에 대해 권리 견해가 권하는 일반 정책은 '**그냥 내버려 두라!**'이다. 이러한 정책은 희귀종이나 멸종위기에 처한 종들에 위협을 가하는 **사람들**의 행위에 더 많은 개입을 요구할 것이다(예를 들어 훨씬 강력한 벌금과 장기 징역형을 부과하면서 자연 서식지의 파괴를 중단시킨다든가 밀렵에 대한 더욱 면밀한 감시를 요구하는 등의 방법을 통해). 권리 견해는 관련된 사람들이 마땅히 받아야 할 존중의 처우를 받는다는 전제하에 이러한 개입에 찬성한다. 너무 미온적인 개입만으로는 충분하지 않다.

권리와 환경 윤리: 여담

이제 앞서의 맥락(7.5)에서 넌지시 언급한, 권리에 기초한 환경 윤리를 개발하는 것이 왜 어려운지, 그리고 그 함의가 무엇인지가 충분히 선명해져야 하며, 앞으로 나아가기 전에 이를 간단히 언급해보면 좋을 것이다. 도덕적 권리가 갖는 **개체주의적** 특성과, 많은 선도적인 환경 사상가들이 강조하는 자연에 대한 전체론적인(holistic) 시각을 조화시키는 데에는 어려움이 내재해 있다. 알도 레오폴드(Aldo Leopold)[15]의 입장은 전체론적인 시각을 잘 보여주는 한 사례이다. 그는 다음과 같이 말하고 있다. "어떤 것은 생명 공동체의 온전성(integrity), 안정성, 아름다움을 보존하는 경향이 있을 때 옳다. 그것이 다른 경향을 나타낼 때는 잘못이다."[16] 이러한 견해가 담고 있는 내용 속에는 생명이라는 더욱 커다란 선을 위해 '생명 공동체의 온전성, 안정성, 아름다움'이라는 이름으로 개체를 희생할 수 있다는 뚜렷한 시각이 포함되어 있다. 일면 감정을 자극하는 함축적 의미를 갖는 '환경 파시즘'이라는 이름이 붙은 견해 내에 어떻게 개체의 권리라는 개념을 정착시킬 수 있는지를 파악하기란 어렵다. 레오폴드의 말을 인용하자면, 인간은 "생명 팀(biotic team)의 일원일 **따름**"[17]이며, '팀'의 다른 '구성원'과 동등한 도덕적 지위를 가지고 있다.[18] 극단적이고 공상적이지만, 그럼에

..

15) (옮긴이) 알도 레오폴드(Aldo Leopold, 1887~1948)는 미국의 환경주의자로 '환경 윤리의 아버지'라고 불린다. 대표 저서로 『모래군의 열두 달(*A Sand County Almanac*)』이 있다. 인간이 대지에 대한 윤리 의식을 가져야 한다는 '대지 윤리(land ethics)'를 주장한 것이 이 책의 핵심이다.

16) Aldo Leopold, *A Sand County Almanac*(New York: Oxford University Press, 1949), p. 217.

17) 같은 책, p. 209, 강조 추가.

도 바라건대 부당하지 않은 한 예를 들자면, 우리가 희귀한 야생화 한 송이를 죽이거나, (무수히 많은) 인간 중의 한 명을 죽이는 경우 중에 선택해야 하는 상황이고, 만약 야생화가 '팀 구성원'으로서 인간보다 '생명 공동체의 온전성, 안정성, 아름다움'에 더 기여한다면, 이 경우 인간을 죽이고 야생화를 구한다고 하더라도 잘못을 범한 것은 아닐 것이다. 그런데 권리 견해는 이러한 입장을 견지할 수 없다. 이는 권리 견해가 무생물체가 권리를 가질 수 있음을 단언적으로 부정하기 때문이 아니다(이에 대한 추가적인 설명은 곧바로 이루어질 것이다). 권리 견해가 이러한 입장을 취할 수 없는 이유는 그러한 견해가 권리를 갖는 개체들에게 행해져야 할 바에 대한 총합적인 고찰(여기에는 무엇이 '생명 공동체의 온전성, 안정성 및 아름다움에 대한 기여'를 극대화하거나 극대화하지 못할 것인지에 관한 계산이 포함되는데)에 호소하여 결정의 우선순위를 정하는 것을 부정하기 때문이다. 온전성 등과 같은 고려 사항은 개체의 권리를 넘어서는 안 된다(이는 그러한 권리를 절대로 넘어설 수 없다는 말이 아니다). 환경 파시즘과 권리 견해는 물과 기름과 같다. 이들은 뒤섞이지 않는다.

권리 견해는 집합체로서의, 혹은 시스템으로서의 자연물이 본래적 가치를 가질 수 있을 가능성을 부인하지 않는다. 즉 그러한 자연물이 어떤 개체의 쾌락, 선호 만족 혹은 일정 개체들에게 제공되는 그 선의 총합과 동일하지 않고, 그것으로 환원되지 않으며, 그것과 비교 불가능한 종류의 가치를 가질 수 있는 것이다. 예를 들어 생태적으로 균형 잡힌, 교란되지 않

..

18) (옮긴이) 레오폴드는 모든 생명체가 자연의 일부이며, 인간도 자연으로부터 독립된 존재가 아니라 자연을 구성하는 일부라고 보는데, 이렇게 보았을 때 인간을 포함한 모든 생명체들은 생명 팀의 구성원들이다.

은 숲의 아름다움은 이런 종류의 가치를 지니고 있는 것으로 파악될 수 있다. 그런데 이러한 생각은 분명 논쟁의 여지가 있다. 어떻게 **집합체**로서의 나무나 생태 시스템에 도덕적 권리를 의미 있게 귀속시킬 수 있는지의 여부는 확실함과 거리가 있다. 양쪽 모두 개체가 아니기 때문에 도덕적 권리 개념을 어떻게 의미 있게 적용할 수 있을지가 분명하지 않다. 물론 이러한 난관을 극복할 가능성은 열려 있다. 그러나 윤리 분야의 주요 저술가 중에서 이와 같은 난관을 극복한 사람은 아직 아무도 없다.[19)]

전형적인 권리 보유자는 개체들임에 반해, 환경에 관한 오늘날의 노력(예컨대 황무지 보존)의 지배적인 추세는 부분(즉 개체)보다는 전체에 초점을 맞추고 있기 때문에, 환경 보호론자들은 '권리를 진지하게 받아들이기'를 주저하거나, 적어도 권리 견해가 사람들이 권리에 대해 취해야 한다고 생각하는 정도로 진지하게 받아들이기를 주저하는데, 이는 이해할 만하다. 그럼에도 이는 환경 보호론자들이 나무를 보면서 숲을 보지 못하는 경우일 수 있고, 좀 더 정확히 말하면, 숲 때문에 나무를 보지 못하는 경우일 수 있다. 활동성이 없는 개별 자연물(예를 들어 이 삼나무)이 '본래적 가치를 존중한다는 의미에서의 처우를 받을 수 있는 기본적인 도덕적 권리를 가지고 있다고 주장하는 환경 윤리는 환경론자들의 환영을 받아야 한다. 즉 환경론자들은 권리에 기초한 환경 윤리의 성공적인 발전과 이것이 함의하는 바를 환영해야 하는 것이다. 만약 개별 나무들이 본래적 가치를 가지고 있다면, 나무는 다른 존재들이 느낄 쾌락, 선호 만족 등의 내재적 가치와

:.

19) 이 문제에 대한 더욱 상세한 논의는 졸고, "What Sorts of Beings Can Have Rights?"와 "The Nature and Possibility of an Environmental Ethic"을 보라. 모두 *Regan, All That Dwell Therein*에 수록되어 있다.

동일하지 않고, 그것으로 환원되지 않으며, 그것과 비교 불가능한 유형의 가치를 가지고 있어야 할 것이다. 그리고 권리에 기초한 환경 윤리는 총합적인 경제적, 교육적, 오락적인 이익이든, 인간의 여타 이익이든 그와 상관없이, '인간의 발전'이라는 이름으로 미개척지를 개발하려는 사람들의 개발을 막으려 할 것이다. 개체의 권리는 단지 결과에 의해 영향을 받는 모두의 그러한 가치들을 모아놓은 것에 의해 침해당할 수 있는 것으로 파악되어서는 안 되기 때문이다. 그런데 이러한 논리를 무생물인 자연물에 이르기까지 성공적으로 확장할 수 있다고 가정해보자. 이때 권리 견해를 취하는 사람들이 선택할 미개척지에 대한 일반 정책은 바로 보존주의자들이 원하는 바일 것이다. 다시 말해 "그냥 내버려 두라!"가 될 것이다. 환경 보존을 옹호하는 사람들은 환경 분야에서 더욱 흔히 거론되는 전체주의적 견해를 옹호하면서 권리 견해를 무시해 버리기에 앞서 두 입장이 갖는 함의를 재고해볼 필요가 있다. 그렇게 하지 않을 경우 자칫 벼룩을 잡으려다가 초가삼간을 다 태우는 우를 범할 위험이 있을 것이다. 사실 권리에 바탕을 둔 환경 윤리는 아직 검토해봐야 하는 선택지로, 비록 확립된 입장과는 거리가 멀지만, 지속적으로 탐구해볼 가치가 있다. 환경 보호론자들이 지향하는 목표에 대체적으로 적대적인 입장을 취하고 있다고 해서 이러한 환경 윤리가 무시당해서는 안 된다. 사실 이러한 환경 윤리는 결코 환경 보호론자들에게 적대적이지 않다. 우리가 생명 공동체를 구성하는 개체들의 권리에 적절한 존중을 나타내고자 할 경우, 결국 그러한 **공동체**가 보존되지 않을까? 그리고 이와 같은 보존이 더욱 전체주의적이고 시스템 지향적인 환경론자들이 원하는 바가 아닐까?

9.4 과학 분야에서의 동물 사용에 반대하여

과학의 목적을 위한 동물 사용을 둘러싼 논쟁은 전통적으로 생체 해부에 대한 찬성이나 반대의 입장을 표명하는 형식으로 이루어져 왔다. 그러나 **생체 해부**(vivisection)에 대한 검토는 우리의 목적에 제대로 부합하지 않는다. 어떤 동물을 해부한다는 것은 동물을 살아 있는 동안 절단하고 자르는 것을 말하는데, 우리의 주의를 요하는 모든 관행에 생체 해부가 포함되는 것은 아니다. 동물 사용이 일상화되어 있는 과학 영역은 크게 세 분야이다. (1) 생물학 교육과 의학 교육, (2) 인간에게 해로울 수 있는 신제품과 의약품의 영향을 동물을 대상으로 먼저 시험해보는 독성 시험, (3) 독창적인 연구와 응용 연구. 여기에는 각종 질병의 원인과 치료뿐만 아니라 생체의 기초적인 생화학적 특징과 행동에 대한 연구가 포함된다.[20] 우리는 예컨대 생물학 실험실에서 시간을 보낼 때부터 동물을 교육용으로 사용하는데에 익숙해지며, 독창적인 연구 그리고 응용 연구에서 일어나는 일들에 대해서는 신문에서 읽은 것들이나 여타의 매체를 통해 외부인의 눈으로 어렴풋이 파악하는 경우가 대부분이다. 마지막으로 동물을 독성 시험에 사용하는 문제는 이하에서 이른바 LD50 검사를 포함한 다양한 독성 시험을 살펴볼 때 더욱 명확해지게 될 것이다.

어떤 사람들은 과학 분야에서의 동물 사용이라는 포괄적인 제목 아래

••

20) 이 세 가지 분야는 Andrew W. Rowan in *Alternatives to Laboratory Animals: Definition and Discussion*(Washington, D. C.: The Institute for the Study of Animal Problems, 1980)에서 더욱 상세히 규명되고 논의되고 있다. 나는 Rowan 박사와의 논의에서 도움을 받았는데, 그렇다고 해서 그가 과학에서의 동물 사용에 관한 나의 입장에 동의할 것이라는 말은 아니다. 세 가지 범주를 세분화하길 원하는 사람이 있을 수 있다. 하지만 이러한 세분화가 이어지는 내용에서 개진되는 논의에 영향을 미치지는 않을 것이다.

에 동물들을 사용하는 세 가지 방법을 포함하는 데에 반대할 수 있다. 특히 일부 과학자들은 과학의 영역에 대한 협소한 시각을 가질 수 있는데, 이러한 입장에 따르면 오직 독창적인 연구와 응용 연구만이 '진정한 과학'으로 간주될 수 있다. 이러한 관점에 따르면 교육적 맥락이나 독성 시험에서 동물을 사용하는 것은 과학이 아니거나 이른바 '진정한 과학'이 아니다. 만약 과학을 오직 독창적인 가설을 고안하고 시험하는 분야라는 관점으로만 본다면 이와 같이 과학에 대한 협소한 개념을 갖는 이유를 이해할 수 있다. 그러나 살충제, 식품 첨가제, 헤어스프레이, 오븐 클리너의 독성을 결정하는 것이 마법이나 점성술이 아니라는 사실은 여전히 변함이 없다. 이는 응용과학이 다루는 문제인 것이다. 그리고 생물학의 표준 과정과 연계된 실험 수업이 개설되는 것은 언어학이나 회계학 전공자들을 배출하려는 데에 목적이 있는 것이 아니다. 이는 생물학 전공자들을 교육하는 데에 목적이 있다. 이렇게 보자면 독성 시험이나 교육용 실험이 과학이 아니라는 주장도 어느 정도 일리는 있지만, 이러한 실험들이 과학자나 과학 교사로서 과학자들이 수행하는 활동의 일부로 간주되는 영역이라는 주장도 또 다른 의미에서 분명 일리가 있다. 이와 같은 이유로 동물을 과학이나 과학적 목적을 위해 사용하는 방법에 대한 도덕성을 조사하고자 할 경우, 우리는 세 가지 영역 모두에서의 동물 사용 방법을 평가해보아야 할 것이다. 다시 말해 생물학 및 의학 교육, 독성 시험, 그리고 독창적, 응용적 연구라는 세 가지 영역 모두에서의 동물 사용을 평가해보아야 하는 것이다. 지금부터 각각의 영역을 방금 제시한 순서에 따라 고찰해보도록 하겠다.

교육 분야에서의 동물 사용

교육 분야에서는 수많은 종류의 동물을 다양한 방식으로 사용한다. 여기에는 과학 전람회, 고등학교와 대학의 생물학, 동물학 및 관련 분야의 교과 과정에 활용되는 표준적인 실험, 학생들이 진행하는 연구 프로젝트, 의대와 수의대의 수술 실습, 이 밖에 여러 항목들이 포함된다. 이와 같은 수많은 활용 방식을 거의 남김없이 검토하기란 불가능하다. 동물을 이용하는 한 가지 방법(즉 고등학교 및 대학 연구실에서의 살아 있는 동물 해부)에 집중해볼 경우, 특히 권리 견해의 입장에 비추어 연구와 독성학 분야에서의 동물 사용을 판단해볼 때, 우리는 별도로 다루지 않아도 될 만큼 분명하게 여타의 동물 활용 방식에 대해 권리 견해가 어떤 입장을 취할 것인지를 확인할 수 있을 것이다.

농장 동물과 야생동물은 인간의 이익을 합산하는 것에 근거하여 권리가 압도되어도 상관없는 단순한 그릇이나 재생 가능한 자원으로 간주되어서는 안 되며, 실험용 포유동물 또한 그와 같이 파악되어서는 안 된다. 지식 획득은 좋은 것이지만, 지식을 획득함으로써 얻게 되는 가치가 그 자체로 다른 존재에게 해악을 끼치는 것을 정당화하지는 않는다. 특히 이러한 지식을 다른 방법으로 획득할 수 있을 때는 더욱 그러하다. 고등학교와 대학교의 생물학, 동물학 그리고 관련 과정 연구실에서 획득되는 포유동물의 해부학적, 생리학적 지식은 굳이 경험에 의존하지 않고서도 획득할 수 있다. 학생들은 동물들의 해부학적, 생리학적인 사실을 배우기 위해 이미 관련 사실이 잘 알려져 있는 동물들을 해부할 필요가 없다. 동물의 해부학적, 생리학적 지식을 습득할 수 있는 상세한 도면은 이미 풍부하게 존재하며, 대개 이와 같은 내용을 다루는 교과 과정에서 사용되는 문헌 속에 포함되어 있다. 권리 견해에서 보았을 때, 살아 있는 포유동물들의 해부가 포함된 표준적인 연구실 수업을 계속하는 것은 정당하지 않으며, 불필요하기도 하다.

이러한 입장에 반대하는 세 가지 의견을 예상해볼 수 있다. (1) 첫 번째는 살아 있는 동물을 해부하지 않고도 관련 사실에 대한 지식을 얻을 수 있지만, **해부의 경험**은 해부라는 방법이 아니면 획득할 수 없다는 주장이다. 그와 같은 경험은 오직 직접 해부를 해봐야만 얻을 수 있다. 이는 사실이지만 적절한 논점은 아니다. 도덕적인 측면에서 보았을 때, 어떤 일을 하는 것은 단지 어떤 사람이 그것을 하지 않고는 그에 대한 경험을 얻을 수 없다는 이유만으로 정당화될 수 없다. 만약 경험을 얻을 수 없다는 이유만으로 충분히 정당화할 수 있다면 우리는 강간에서부터 살인에 이르기까지 어떤 것이든, 그리고 무엇이든 정당화할 수 있을 것이다. 왜냐하면 내가 강간 사건에 직접 관여하거나 누군가를 살해할 경우에만 그것을 경험해볼 수 있을 것이기 때문이다. 여기서 말하고자 하는 일반적인 논점은 간단하다. 즉 어떤 일을 하는 것을 정당화하기 위해서는 어떤 일을 하지 않고는 경험할 수 없다는 지적과 별개로, 자신이 하는 일을 정당화할 수 있어야 하는 것이다. 이렇게 보자면, 학생들이 살아 있는 동물을 해부하지 않고서는 해부를 경험할 수 없는 것은 사실이지만, 이러한 사실 자체는 해부의 필요성은 물론, 정당화에도 도움이 되지 않는다. 우리는 어떤 행동을 잘못으로 볼 것인지 그렇지 않은 것으로 볼 것인지에 어떤 이유가 있는지를 물어야 하며, 이러한 물음에는 경험을 해보는 것이 '경험하는 데 필요한 바를 행하는 것을 정당화하기에 충분한지'에 대한 질문이 포함될 것이다. 권리 견해는 해부를 하는 데 반대하는 이유가 이를 찬성하는 이유를 능가한다는 입장을 견지한다. 살아 있는 포유동물을 해부하는 것은 흔히 고통을 야기하며, 대개 그 동물의 때아닌 죽음의 서곡이 되면서 그러한 동물에게 해악을 끼치게 된다. 그 때문에 해부 경험의 가치에 호소하여 해부를 옹호할 경우 우리는 그러한 동물들을 단지 그릇이나 재생 가능한 자원인 것처럼 보게 되고, 이는 권리 견해에서 보았을 때 심각한 잘못이다. 권리 견해에서 보자면 살아 있는 동물을 해부하여 해부 경험을 하는 것은 부당하기 때문에 잘못이다.

(2) 이에 대응하여 다음과 같은 주장을 제기할 수 있다. 물론 실험실의 **포유**동물들에게 끼친 해악은 정당화되지 않는다. 하지만 실험 과정에서 사용되는 동물들은 대부분 포유류가 아니다. 그런데 권리 견해에 따르면 포유류가 아닌 동물들은 삶의 주체(권리 견해가 이해하는 의미에서의)가 아니다. 이렇게 본다면 권리 견해의 지지자들은 이러한 동물들의 사용을 합당한 근거로 반대할 수가 없다.

권리 견해는 설령 포유류가 아닌 동물이 이미 설명한 의미에서의 삶의 주체가 아니라고 하더라도(8.5) 그들 중 상당수는 의식이 있고 고통을 경험할 수 있다는 점에 주목함으로써 대응을 시작한다. 앞(3.8, 8.5)에서 한 번 이상 인정한 바와 같이, 의식의 존재 여부와 관련하여 **선을 긋는 것**은 다른 경우에서 우리가 선을 긋는 것(예를 들어 키가 크다면 얼마나 커야 하는지, 누군가가 나이가 많다면 얼마나 많아야 하는지)과 어떤 측면에서 유사하다. 누구의 키가 크거나 나이가 많다는 것을 개별적으로 규정하는 정확한 키나 나이는 없다. 그럼에도 키가 크거나 나이가 많다고 분명하게 말할 수 있는 경우가 있다. 이와 유사하게, 어떤 개체들이 의식이 있고 감응력이 있는지가 분명한 경우도 있지만, 어떤 개체가 의식이 있는지의 여부, 혹은 고통을 경험하는지의 여부를 확신에 가깝게 말하는 것이 가능하지 않은 경우도 있다. 그러나 두 경우는 어떤 측면에서는 유사해도, 다른 측면에서는 다르다. 일반적으로 개인이 키가 큰지, 나이가 많은지의 여부는 도덕적인 측면에서 다른 처우를 하는 데에 영향을 미치지 않는다. 도덕적인 측면에서 다른 처우를 하는 데 중요한 것은 어떤 개인이 의식을 가지고 있는지, 고통을 경험할 수 있는지의 여부이다. 그런데 의식을 가지고 있는지의 경계가 어디인지는 불확실하기 때문에, 도덕적으로 신중할 것을 요청하는 정책을 옹호하는 것은 불합리하지 않다. 만약 우리가 이러한 입장을 따른다면, 어떤 반대되는 설득력 있는 사례를 제시하지 않는 이상, 포유류 아닌 동물이 의식을 가지고 있고 고통을 경험할 수 있는 **것처럼** 처우해야 할 것이다. 반대의 사례가 제시되지 않는 이상, 다시 말해 비록 포유류는 아니지만, 그럼에도 관련 있는 해부학적, 생리학적 특징(예를 들어 중추신경계를 가지고 있는 것과 같은)을 포유동물과 공유하는 동물에게 의심의 이득을 갖게 하는 정책을 옹호하는 것은 불합리하지 않다. 이러한 입장을 받아들일 경우, 의식이 있는 전형적인 존재와 적절한 측면에서 유사한, 마취되지 않은 동물들의 해부를 허용해야 하는지 혹은 요구해야 하는지의 여부와 관련해 커다란 차이가 발생할 것이다. 만약 우리가 이러한 동물들에게 의심의 이득을 준다면, 우리는 이러한 동물들이 의식이 있고 고통을 분명히 경험한다는 가정에서 행동해야 할 것이다. 그리고 그러한 가정에서 행동한다면, 우리는 그들이 마취되지 않았을 때 행하는 해부를 그들에게 고통을 야기하는 것으로 파악할 것이고, 그리하여 도덕적으로 용납해서는 안 된다는 입장을 견지해야 할 것이다. 우리가 지식을 확보하게 된다는 사실이 동물 해부를 정당화하는 것은 아니다. 그러한 지식은 누구에게도 고통을 주지 않고 획득할 수 있다. 이렇게 보았을 때 우리가 의심의 이득을 부여하는 동물들에게 지식 습득의 명분으로 야기하는 추정상의 고통은 도덕적으로 너무 크다고 할 수 있다. 또한 해부가 고통을 야기한다고 추정될 경우,

해부 경험을 하는 것의 가치를 내비침으로써 해부에 요구되는 정당화가 이루어지는 것은 아니다. 왜냐하면 그러한 경험은 고통을 야기하지 않으면서도 얻을 수 있기 때문이다. 이러한 동물들에게 의심의 이득을 주는 입장은 마취제를 사용하지 않을 경우 동물들에게 고통이 야기**되며, 그것도** 불필요한 고통이 야기된다고 가정하고 있다. 학생들에게 마취제를 사용하지 않고 '하등' 동물들을 해부하도록 요구하거나 허용하는 것은 도덕적으로 정당하지 않다.

하지만 '하등' 동물들을 마취할 경우는 어떻게 생각해야 할 것인가? 이에 대해서도 동일한 고찰 방법을 적용해볼 수 있을 것이다. 포유류가 아닌 동물들은 어떤 면에서 해부학적으로 그리고 생리학적으로 우리와 다르지만 다른 면에서는 우리와 닮았고, 일부 경우에는 차이점보다 닮은 점이 더 중요할 수도 있다. 가령 우리는 개구리가 욕망, 목표, 믿음, 의도 등으로 가득 찬 삶의 주체일 수 있다는 생각을 그저 **무시하는 태도**를 보일 수 있는데, 현재 우리가 이러한 태도를 정당화할 만큼 충분히 많은 것들을 알고 있는 것은 아니다. 우리의 무지가 매우 크고 치러야 할 도덕적인 대가가 매우 클 경우, 그러한 동물들을 우리의 존중을 마땅히 받아야 할 주체인 것처럼 처우하면서 그들에게 의심의 이득을 주는 것은 불합리하지 않다. 특히 그렇게 하는 것이 우리에게 해악을 끼치지 않을 경우에는 그러하다. 이러한 정책을 채택할 경우 변화가 나타날 것이다. 그 변화는 가령 개구리에게 마취제를 투여하는 정도만으로는 충분하지 않다. 그 이유는 삶의 주체인 동물의 때 아닌 죽음은 그 동물에게 해악을 끼치며, 이에 따라 실험실에서 이러한 동물이 맞이하는 일상적인 죽음은 도덕적인 측면에서 검토해보아야 할 문제가 되기 때문이다. 진정으로 개구리에게 의심의 이득을 주고자 한다면, 우리는 마취제를 사용하여 개구리의 불필요한 고통을 덜어

주는 것에 유의하는 데에 머물지 않고, 개구리를 죽이지 않도록 유의하거나 불필요하게 죽게 내버려 두지 않도록 유의해야 할 것이다. 다시 말해 우리는 해부라는 목적을 위해 이들을 사용하지 말아야 할 것이다.

(3) 비판자들은 "개구리가 권리를 갖는다"라는 낮은 가능성을 두고 양심을 자극하는 것은 지나친 처사라고 주장하면서, 개구리에게 의심의 이득을 **줄 가치가 없다**고 항변할 수 있다. 이와 같은 비판자는 "포유류 사용은 금하자. 하지만 마취제를 사용한다는 전제에서 포유류 아닌 동물들의 사용은 무제한으로 허용하자"라고 주장한다. 이러한 대응은 세 번째 논점으로 이어진다. 가령 생물학 실험실에서 일어나는 일은 진공 상태에서 일어나는 것이 아니다. 이는 지배적인 문화가 갖는 인간 아닌 존재들에 대한 믿음, 태도, 전통의 영향인데, 이는 이들에 영향을 미치는 원인으로 작용하기도 한다. 이러한 믿음과 태도를 획득하고 이들 전통에 스며드는 것은 문화적 적응 과정의 일부이다. 권리 견해는 일부 이러한 믿음, 태도, 전통에 반대한다는 함의를 갖는다. 이러한 견해는 적어도 포유동물이 단지 그릇이나 이용하기에 편리한 재생 가능한 자원이라는 관점을 거부하며, 그들이 인간의 이익과 무관하게 본래적 가치를 가지고 있다고 단언한다. 권리 견해를 얼마만큼 문화적으로 수용하는지는 과학 수업 과정을 포함한 우리 문화의 교육 체계 내에서 그것이 얼마나 잘 받아들여지고 전달되는가에 어느 정도 좌우될 것이다. 실제로 바로 이러한 수업 과정들이야말로 그 무엇보다도 권리 견해의 문화적 수용을 권장할 수 있는 매우 커다란 잠재력을 갖추고 있다. 어떻게 하면 이러한 잠재력이 교육적인 측면에서 가장 완전하게 개발될 수 있을까? 적어도 살아 있는 동물을 계속 해부하도록 학생들에게 요구하는 방법을 통해서는 아니다. 동물들이 마취가 되었든 안 되었든, 그리고 포유류이든 아니든, 특히 해부를 하지 않고서도 지

식을 얻을 수 있음에도 그들을 해부하는 방법을 통해서는 아닌 것이다. 살아 있는 동물 해부를 요구하는 것은 사실상 **인간 아닌 동물들을 도덕적으로 헤아리지 않는다**는 믿음을 부추기는 효과를 갖는데, 이러한 믿음은 더 이상의 도움이 필요하지 않을 정도로 충분히 연구실 밖의 지배적인 문화의 영향이 부추기고 있다. 연구실 밖에는 빅맥, 켄터키 프라이드 치킨, 주말 사냥 여행, 상업용 포경, 모피 코트, 로데오, 닭싸움, 동물 보호소 등의 세계가 펼쳐져 있다. 이들은 우리 문화가 동물을 그냥 쓰고 버려도 된다는 입장을 취하고 있음을 보여주는 온갖 징후들이다. 여기에 활용되는 민감한 동물들은 마치 생필품이나 **물건**인 양 처우되고 있다. 해부를 하지 않고서도 지식을 획득할 수 있는 경우에도 학생들에게 동물을 해부하라고 요구하는 것은 사실상 방금 언급한, 쓰고 버려도 된다는 태도에 빠져드는 것이다. 동물 해부를 요구하지 않는 것은 반대 방향을 향하는 중요한 발걸음을 내딛는 것이다.

칸트의 심리학적 고찰을 다소 변경한 입장은 이 점을 드러내 밝히기에 적절하다. 독자들은 '동물에 대한 잔인함'을 금지하는 이유가 동물 자체에게 잔인한 처우를 하지 말아야 할 의무가 있기 때문이 아니라, 그들을 잔인하게 대하는 사람들이 얼마 있지 않아 잔인함의 습관, 다시 말해 인간을 잘 처우하지 않게 되는 습관을 개발하게 되기 때문이라는 칸트의 입장을 기억할 것이다(6.5). '동물에 대한 잔인함'과 '인간에 대한 잔인함'의 관련성에 관한 칸트의 사색이 그럴듯한지와 무관하게, 학생들에게 어떤 동물을 직접적인 도덕적 의미가 없는 것처럼 대하도록 요구할 경우, 그들이 동물에 대한 이러한 사고와 행동 습관을 형성하게 될 가능성이 크다. 지배적인 문화가 이미 그러한 방향으로 크게 기울어지도록 영향력을 행사하고 있음을 감안한다면 더욱 그러하다. 고등학교와 대학교 실험실에서 가장 빈번하게 해부의 대상이 되는 동물들이 권리가 부족하다는 것이 사실이라 할지라도, 학생들에게 계속해서 해부를 요구할 경우, 이로 인해 분명 학생들은 권리를 가지고 있는 동물들의 권리를 압도하는 관행에 참여하는 습관을 키울 가능성이 커질 것이며, 그런 관행에 참여하는 사람들을 지원하면서 묵인할 확률이 커질 것이다. 이러한 습관의 발달을 막을 수 있는 한 가지 방법(이는 중요하지 않은 방법이 아니다)은 학생들에게 어떤 동물도 해부할 것을 요구하지 않고, 생물학, 동물학 등의 학문 분야가 연구 대상 동물들이 매우 하찮고 가치가 없어서 해부의 대상이 될 수 있고, 해부할 필요가 없을 경우 폐기해 버릴 수 있다는 입장을 견지하고 있지 않음을 지적하는 것이다. (위의 (2), (3)과 유사한 고찰은 권리 견해가 닭과 칠면조를 재생 가능한 자원인 양 처우하는 데에 반대하는 근거의 일부가 된다. 706쪽 참조, 796쪽의 주석 52도 참조할 것.)

이러한 판단은 고등학교와 대학교에서 생명과학 교과 과정을 가르치는 일부 사람들의 커다란 열정을 거스르고 있는 듯하다. 대개 그들은 학자들과 마찬가지로 학문의 자유를 소중히 여길 것이고, 이는 분명 옳다. 그들이 실험실에서 요구하거나 허용하는 바에 이의를 제기하는 것은 이와 같은 자유의 침해로 파악될 가능성이 크다. 그들이 다음과 같이 말할 수가 있다. "우리는 철학자들에게 어떻게 그들의 교과 과정을 가르쳐야 하는지를 말하지 않는다. 마찬가지로 철학자들 또한 우리가 어떻게 우리의 교과 과정을 가르쳐야 하는지를 말해서는 안 된다!" 이러한 말은 어느 정도 일리가 있다. 철학자들은 분명 과학 강좌에서 어떤 텍스트를 사용해야 하는지, 어떤 과학적 생각을 강조해야 하는지, 혹은 과학 지식들을 어떤 순서로 제시해야 하는지를 선택할 수 있는 입장에 있지 않다. 그런데 위에서 말한 바는 이러한 입장을 전혀 부정하지 않는다. 철학자가 합당하게 할 수 있는 일은 도덕적 근거를 바탕으로 일상적인 관행을 비판하는 것이다. 이때 제시되는 이유들은 이런저런 과학 분야의 전문 지식이 필요하지 않다. 만약 과학자들이 도덕적으로 문제가 있다고 생각하는 관행을 철학 강의실에서 발견한다면, 과학자들도 똑같이 비판을 제기할 수 있다. **중요한 것은 도덕적 논의를 누가 제시하느냐가 아니라 그 논의의 건실성이다.** 앞의 내용은 권리 견해를 이용해 과학 교육 분야에서 흔히 받아들이는 관행을 어떻게 비판할 수 있는지를 보여주고자 하고 있다. 권리 견해를 수용하는 이유에 대해서는 앞의 장에서 상세히 기술한 바 있다. 만약 그러한 견해가 합당하고 현재의 경우에 이를 적용하는 것이 타당하다면, 살아 있는 동물의 해부를 요구하거나 허용하는 실험실 수업은 중단되어야 한다. 교사들이 생명 과학 분야에서 채택하고 있는 우리 교육에서의 일부 관행의 중단을 요청하는 것은 자신들의 학문적 자유를 포기하는 경우가 아니라 그러한 자유권을 행사하는 경우에 해당한다.[21]

21) 미국생물과학연구소는 1981년 4월 미국생물학교사협회(NABT)가 정한 살아 있는 동물 이용에 관한 대학 이전 수준의 지침(*Bioscience* 31, no. 4 [April 1981]: 330)을 승인했다고 발표했다. 이 지침은 초등학교와 중학교에서 척추동물에게 고통을 주는 실험을 더 이상 시행하지 말 것을 요구한다. 이것은 환영할 만한 진전이지만, 만약 앞에서의 논의가 건실하다면 이것이 마땅히 도달해야 하는 곳까지 도달한 것은 아니다. '불필요한 아픔이나 고통'을 일으키는 실험을 억제하는 것만으로는 충분하지 않다. 또한 도덕적인 측면에서 보았을 때, 동물의 때아닌 죽음을 초래하는 활동도 관심의 대상이어야 하는데, 이는 어떤 마취로도 무마할 수 없는 것이다. 그럼에도 NABT의 입장은 전통을 거부함으로써 어떻게 학문의 자유를 제대로 행사할 수 있는지를 보여준다. 이는 중요하다. 이와 견줄 수 있는 대학 수준의 과학 단체들이 어떤 유사한 조치를, 만약 있다면, 취할지는 두고 볼 일이다.

독성학

흔히 동물들은 인간이 사용하거나 소비하기 위해 상업용으로 제조된 다양한 제품이 미칠 수 있는 독성학적(말 그대로, 독이 있는) 위험을 검사하는 데에 활용된다. 이때 두 가지 종류의 물질, 즉 치료용 물질과 비치료용 물질이 검사 대상이 된다. 전자는 병리학적 상황(예를 들어 통풍, 궤양, 고혈압)을 완화하거나 치료할 수 있는 약품이다. 비치료용 제품에는 그 밖의 모든 것이 포함된다. 다음은 독성 시험이 이루어지는 대표적인 비치료용 제품의 목록이다: 살충제, 농약, 부동액, 브레이크액, 표백제, 크리스마스트리 스프레이, 교회 양초, 은 표백제, 오븐 클리너, 탈취제, 화장용 피부 청결제, 아기 화장품, 거품 목욕용 물비누, 주근깨 크림, 제모제, 눈 화장품, 크레용, 소화기, 잉크, 선탠 오일, 매니큐어, 마스카라, 헤어스프레이와 린스, 지퍼 윤활제, 페인트, 체온계, 조그만 싸구려 아동용 장난감.[22] 단순화를 위해 이하에서 나는 치료용품을 그저 약품이라고 부를 것이고, 비치료용품은 제품이라고 부를 것이다.

독성 시험의 여러 유형

미국의 의사인 댈러스 프랫(Dallas Pratt)은 독성 물질을 다음과 같이 정의한다.

..

22) Gleason, Gosselin, Hodge, and Smith, *Clinical Toxicology of Commercial Products* (London: Williams and Wilkins, Ltd.). Ryder, *Victims of Science*(chap. 5, n. 3을 보라), pp. 39~40에서도 인용. Ryder 박사의 저술은 내게 도움이 되었다.

어떤 물질을 먹거나 흡입하거나 피부로 흡수했을 때 그 화학 작용에 의해 신체 구조에 손상을 주거나 기능에 문제가 생기거나 양쪽 모두가 일어날 경우 독성이 있는 것으로 정의된다.[23]

표준적인 시험 절차에는 (1)급성 독성, (2)아급성 독성,[24] (3)만성 독성 시험이 포함된다. 프랫은 급성 독성 시험을 "대량 투여 수준에서 나타나는 뜻밖의 반응을 확인하기 위한 조사"로 정의하고 있다.[25] 반면 아급성 시험에 대해서는 "일반적으로 … 화합물이 생물학적 활동에 미치는 영향, '효과가 나타나지 않는' 투여량 측정, 최대 허용 복용량 등을 정하는 검사"로 정의한다.[26] 일반적으로 아급성 시험은 3개월에 걸쳐 수행되며, 급성 독성 시험은 시간이 덜 걸린다. 일반적으로 어떤 소량의 물질이 미치는 장기적인 독성 효과는 대략 2년이 소요되는 만성 독성 시험 방식으로 평가된다. 동물에 대한 발암성 시험은 이와 같은 마지막 유형의 시험에 해당한다. 이 밖에 눈과 피부 자극 시험을 포함하는, 어떤 제품(예를 들어 화장품)에 대한 다른 표준적인 시험도 있다.

미국에서 독성 시험에 사용되는 동물의 수는 확인된 바 없다. 하지만 프랫은 이용 가능한 영국의 통계 자료를 바탕으로 미국에서 과학적인 목적으로 사용되는 1억 마리의 동물 중 약 20%가 독성 시험에 활용되고 있다고 추정하고 있다. 이는 대략 2,000만 마리의 동물들을 대상으로 시험이

23) Dallas Pratt, *Alternatives to Pain in Experiments on Animals*(New York: Argus Archives, 1980), p. 202. 모든 동물을 가리지 않고 사용하는 것에 대한 대안이 없다고 말하는 사람들은 Pratt 박사의 저술을 읽어보기를 권한다.
24) (옮긴이) '아급성'은 급성과 만성의 중간 정도를 말한다.
25) 같은 책, p. 203.
26) 같은 책, p. 208.

이루어진다는 말이다. 프랫은 어떤 물질이 실험동물에 미치는 독성 효과의 일반적인 징후들을 다음과 같이 열거하고 있다: "비정상적인 발성, 안절부절못함, 경련, 떨림, 마비, 경련, …. 경직, 무기력, 침 분비, 눈물 흐름, 성기관과 가슴의 부어오름. 피부 발진, 눈, 코, 입에서의 출혈을 포함한 액체 배출. 비정상적인 자세, 쇠약."[27] 독성 시험은 동물에게 요컨대 급성 또는 만성적인 고통이나 직접적인 고통을 유발할 뿐만 아니라, 동물들이 가지고 있는 능력을 만족시킬 수 있는 기회를 박탈하는데, 이로 인해 동물에게 해악을 끼친다. 기절한 동물들은 고통을 받지 않을 수도 있지만, 그렇다고 이 말이 그들이 해악을 입지 않는다는 뜻은 아니다.

많은 서적들이 이러한 시험들을 상세히 기록하고 있다.[28] 여기서 우리는 오직 한 가지 유형의 시험, 즉 LD50 검사로 알려진 급성 독성 시험에 대한 다소 상세한 설명을 확인해보는 데에 만족해야 할 것이다. 그 누구도 싱어가 제시하고 있는 서술보다 나은 설명을 제시할 수는 없을 것이다.

독성 혹은 어떤 물질이 갖는 독성의 크기에 대한 표준적인 시험은 일반적으로 LD50으로 약칭되는 '치사량(Lethal Dosage) 50' 실험이다. 이 시험의 목적은 실험동물의 50%가 죽게 되는 용량의 수준을 결정하는 것이다. 흔히 이러한 과정은 실험동물의 절반이 죽음을 맞게 되고, 나머지 절반은 살아남기에 앞서 매우 아프게 된다는 것을 의미한다. 동물의 절반을 죽게 할, 그다지 해가 없는 물질의 농도를 찾는 것은 여전히 좋은 절차로 간주된다. 결과적으로 엄청난 양의

· ·

27) 같은 책, p. 205.
28) Pratt 외에 Ryder, *Victims of Science*, and Peter Singer, *Animal Liberation*(chap. 3, n. 10)도 보라.

물질을 동물들에게 강제로 먹여야 하고, 단지 동물들에게 주어지는 부피가 크기 때문에, 혹은 농도가 진하기 때문에 동물들이 죽게 될 수 있다. (…) 동물이 죽음을 맞이할 때까지, 처음부터 끝까지 독살 과정이 완전히 진행되도록 내버려 두는 것도 정상적인 관행이다. 죽어가는 동물들을 고통에서 벗어나게 하는 것은 다소 부정확한 결과를 산출할 수 있다.

유사한 이유로, 표준적인 독성 시험에서 마취를 하는 것은 권장하지 않는다. 마취를 할 경우 "다소 부정확한 결과가 산출될 수 있기 때문이다." LD50 검사에서 얻은 정보는 많은 제품에 '**위험: 독성**', '**경고**' 그리고 '**주의**'라는 라벨을 붙이는 근거가 된다.[29]

LD50과 같은 **특별한** 시험을 수행하기 위한 **법적** 요건은 일부 제품(예를 들어 화장품)의 경우 기껏해야 애매하게 규정해놓는 데 그친다. 그러나 프랫이 주장하고 있는 바와 같이 "심지어 정부의 규제에 의해 강제되지 않는 경우에도, 의약품과 소비재 제조업자들은 과실로 인한 소송에 대비하는 방법이라고 생각하면서 대개 시험을 활용하고 있다."[30]

이와 같은 짧은 언급을 배경으로 삼아, 이제 동물에 대한 독성 시험을 도덕적인 측면에서 평가하는 과제로 넘어가 보도록 하자. 먼저 제품에서 시작해보자.

..
29) Singer, *Animal Liberation*, p. 50.
30) Pratt, *Alternatives to Pain*, p. 206.

제품의 독성 시험

동물을 이용한 제품의 독성 시험은 과학적 타당성이 제한적이라는 이유로 비판을 받을 수 있으며, 또한 받아왔다.[31] 동물을 대상으로 한 시험 결과로부터 사람에 대한 효과를 외삽[32]하는 문제는 악명이 높다. 예를 들어 일부 제품(예를 들어 벤젠과 비소)은 실험동물을 대상으로 할 때 뚜렷한 독성학적 효과가 나타나지 않음에 비해, 인간에게는 매우 독성이 강하다. 왜 이런 현상이 나타나는지는 확실하지 않지만 시험의 결과는 시험이 수행된 시간대, 동물들이 무엇을 먹었는지, 그리고 다른 미묘한 변수에 따라 달라진다는 사실이 밝혀졌다.[33] 또한 강산(強酸)과 알칼로이드의 독성에 대해서는 이미 많은 것이 알려져 있으며, 어느 한쪽을 함유하고 있는 신제품은 굳이 추가 시험을 하지 않아도 이미 인간에게 독성이 매우 강하다는 사실이 확인된 상태이다. 반면 다른 제품들, 가령 다수의 화장품들은 양성(良性)인 것으로 알려진 화학물질을 함유하고 있으므로, 이러한 제품들은 추가 시험 없이 독성이 없다는 사실이 확인된 상태이다. 이러한 경우 시험은 불필요하며, 따라서 그 효용이 의문시될 수 있다.

이러한 두 가지 방법으로 동물을 대상으로 한 제품의 독성 시험을 공격할 경우, **불필요한 시험을 폐지하거나 외삽의 문제가 극복되기만 하면**, 동물을 대상으로 한 독성 시험이 도덕적으로 허용될 것이라는 의도하지 않

⁝

31) 가령 Ryder, *Victims of Science*를 보라.
32) (옮긴이) 외삽(extrapolation)의 문제는 이미 알려진 사실로부터 모르는 문제를 추정하는 문제를 말한다. 여기서는 동물에게 한 시험 결과가 인간에게도 적용될 수 있는지의 문제를 말한다.
33) 가령 H. Magalhaes, ed., *Environmental Variables in Animal Experimentation*(New Jersey: Associated Universities Presses, Inc., 1974)을 보라.

은, 그리고 권리 견해의 시각에서 보았을 때 부당한 인상을 줄 수 있다. 독성 시험을 수행하고 지지하는 사람들은 외삽의 문제에 대한 대응으로 현재의 한계를 받아들이면서 다음과 같이 주장할 수 있다. "현재의 시험이 **신뢰할 수 없다는** 사실 자체가 기존의 방법이 갖는 단점을 극복하기 위해 시험이 추가적으로 이루어져야 함을 정당화한다." 만약 실험용 동물을 보호하려는 사람들이 현재의 과학 분야에서 확인되는 추가적인 시험의 필요성에 반대하려 할 경우, 그들은 적절한 지식도 없이, 그리고 '반과학적'이라는 비판을 받게 될 방식으로, 매우 복잡한 과학의 문제를 예단하고 있다는 비난을 정당하게 받게 될 것이다. 만약 실험동물을 보호하고자 한다면, 이러한 시험에 반대하는 이유들로 일부 뻔하고도 불필요한 시험(물론 이러한 실험이 있기는 하겠지만)을 거론하는 데에만 멈춰서는 안 되며, 현재 적용되는 방법론의 뚜렷한 결함을 드러내 밝히는 데에 머물러서도 안 된다(비록 이러한 절차는 당연히 있어야겠지만). 우리는 이러한 시험을 관장하는 제도 자체의 도덕적 토대를 공격해야 한다.

권리 견해가 밝혀내고 옹호하는 원리에 대응해서 이러한 시험을 정당화하려면 어떻게 해야 할까? 다음과 같은 논의 방식이 단연 가장 그럴듯해 보인다. 만약 동물을 이용해 독성을 미리 시험해보지 않고 신제품을 시장에 출시한다면, 인간이 무릅써야 할 해악의 위험은 크게 증가하게 될 것이고, 직견적으로 보았을 때, 이 경우에 야기되는 해악은 어떤 실험동물에게 끼치는 해악보다 클 것이다. 예를 들어 헤어스프레이를 사용할 경우 눈이 멀게 될 수 있고, 시험하지 않은 오븐 클리너를 흡입하면 호흡기 결함이 생길 수 있는데, 어떤 경우건 이는 실험동물보다 인간의 상황을 악화할 것이다. 게다가 권리 견해에 따르면 적은 해악의 총합은 어떤 특정 개체에게 해악을 끼치지 않는다. 그 때문에 우리는 실험동물들에게 끼친 작은 해악들을 합산하면서 이것이 가령 시각장애가 어떤 사람에게 끼치는 해악보다 더 큰 해악을 산출한다고 가정할 수 없다. 인간에게 독성이 있는 것으로 판명된 제품을 사용함으로써 인간의 상황이 더 악화될 위험을 최소화하기 위해 해야 할 일은 동물을 이용해 독성 시험을 미리 해보는 것이다.

권리 견해는 크게 두 가지 근거에서 이러한 옹호 방식에 반대한다. 첫째, 권리 견해는 인간이 새로운 것을 사용할 경우 무릅써야 할 위험을 드러내 밝히거나 줄이기 위해 해악을 입을 수 있는 상황에 동물을 둘 수 있다는 생각, 혹은 그들에게 해악을 끼치는 것을 허용할 수 있다는 생각에 이의를 제기한다. 이러한 논의는 단지 신제품 시험에만 적용되는 것이 아니라 이러한 목적을 위해 수행되는 **어떤** 독성 시험**에도** 적용되므로, 관련 논의를 뒷받침하는 진술과 옹호는 신약의 독성 시험을 검토하는 곳까지 미루어놓도록 하겠다. 위의 옹호 방식에 반대하는 두 번째 근거는 특별히 동물을 이용한 신제품 독성 시험에 적용된다. 이러한 반대는 상황 악화의 원리에 호소하여 제시되는 이러한 검사 옹호 논의에 주목함으로써 출발한다. 이 논의는 시장 출시에 앞서 독성 실험이 이루어지지 않을 경우, 신제품이 출시되고 난 후 어떤 일이 벌어질 것인가에 호소함으로써 동물에게 해악을 끼치는 이러한 시험이 정당화될 수 있다고 가정하고 있다. 하지만 도덕의 작동 방식은 이러한 옹호 논의가 작동한다고 가정하는 방식과 다르다. 이전의 사례(8.9)를 다시 언급하자면, 광산이 붕괴되고 **난 후** 어떤 광부 한 명이 죽게 되더라도 50명을 구하는 것은 정당하다. 그러나 그렇다고 해서 내가 애초에 광산을 붕괴시킬 수 있다고 말할 수는 없다. 이와 유사하게, 비록 어떤 제품이 시판되는 경우에 어떤 일이 일어날 수 있는지에 호소함으로써 동물에게 행해지는 유해한 독성 시험이 정당화될 수 있다고 하더라도, 그 제품을 **개발하여 판매**하려는 결정이 정당하다고 말할 수는 없다. 후자의 경우에서 먼저 필요한 것은 제품 개발에 대한 도덕적 정당화이다. 그런데 그 성격상, 그와 같은 정당화는 제품이 이미 시판되고 난 후에 일어날 수 있는 해악에 호소해서는 이루어질 수 없는 정당화이다.

이러한 시험을 옹호하기 위한 노력으로 제조업체들이 호소할 가능성이 가장 높은 원리(상황 악화의 원리)는 그 자체가 이러한 시험이 정당화되지 않음을 보여준다. 이러한 생각에 대한 옹호는 소비자들이 쉽게 활용할 수 있는 립스틱, 아이섀도, 오븐 클리너, 페인트, 브레이크 오일, 크레용 및 기타 제품들이 **이미** 시장에 **많이** 출시되어 있다는 점에 주목함으로써 시작된다. 우리가 신제품을 구매함으로써 확보되는 입증 가능한 인간의 필요는 없으며(물론 제조사의 경제적 이익은 제외하고), 또 크리스마스트리 스프레이나 매니큐어를 빼앗김으로써 어떤 소비자가 해악을 입을 것이라고 믿을 만한 근거도 없다. 거론되는 박탈 중 가령 LD50 검사에서 동물에게 끼친 해악에 직견적으로 비할 것은 없다. 또한 설령 소비자들이 선택하고자 하는 신제품을 구입하지 못함으로써 해악을 당할 것이라고 가정해도, 직견적으로 보았을 때 소비자들이 감수하는 이러한 작은 해악의 총합은 실험동물에게 끼치는 해악에 비견되는 방식으로 특정 개인에게 해악을 미치지 않는다. 이렇게 보았을 때, 상황 악화의 원리에 대한 호소는 이러한 시험이 정당화된다는 사실을 보여주는 것이 아니라 정반대의 경우가 정당화된다는 사실을 보여준다. 여기서의 쟁점은 시장에 출시하기 **이전의** 신제품 개발이 동물에게 해악을 끼칠 경우 그러한 개발이 정당화될 수 있는지의 여부이기 때문에, 또한 이는 **애초에 신제품을 개발하기로 결정하는** 것이 정당한지를 놓고 벌어지는 질문이기 때문에, 그러한 제품이 시판된 **후에** 초래될 수 있는 해악은 여기서의 문제와는 관련이 없다. 이는 광산 붕괴가 이루어진 후에 내가 행하는 것 중 정당화될 수 있는 것이 무엇인지가 내가 애초에 광산 붕괴를 야기하는 것이 정당화될 수 있는지를 판단하는 문제와는 아무런 관련이 없는 것과 다를 바 없다. 만약 방금 전의 논의가 설득력이 있다면 여기서 핵심이 되는 도덕적 논점은 다음과 같다. 설령 신제품이 도입되지 않는다고 해도 실험동물보다 상황이 악화되는 소비자는 없을 것이다. 만약 이것이 사실이라면 신제품 출시와 관련된 모두가 존중받는다고 가정할 경우, 그리고 특별한 고려 사항이 없다고 가정할 경우, 우리가 해야 할 바는 시장 출시에 앞선 신제품 개발 과정이 어떤 소비자보다도 동물의 상황을 악화한다면 신제품을 아예 출시하지 **않는** 것이다. 상황 악화의 원리는 동물에게 유해한 독성 시험을 정당화하기보다는, 그러한 실험이 정당화되지 않음을 보여준다.

어떤 사람들이 제품 제조 사업과 관련된 사람들이 경제적으로 이익을 얻게 된다는 점을 들어 동물을 대상으로 한 독성 시험을 허용해야 한다고 주장할 수 있다. 권리 견해를 옹호하는 사람들은 가장 중요한 기본적인 도덕적 권리의 침해가 문제가 될 경우 경제적인 이익에 대한 고려가 도덕적 고려 사항이 되어서는 안 된다고 생각한다. 예를 들어 설령 동물 대상 독성 시험을 금지했을 때 화장품 산업 종사자들이 미래에 얻게 될 이익을 어느 정도 잃게 된다고 하더라도, 이로 인해 도덕적 차이가 발생하게 되지는 않을 것이다. 그 이유는 첫째, 설령 그들이 이익을 얻지 못한다고 해도, 이것이 실험동물에 끼친 해악에 버금가는 해악이 되지는 않을 것이기 때문이고, 둘째, 이러한 산업과 관련된 누군가가 이러한 동물들에게 끼친 해악에 직견적으로 비견되는 방식으로 해악을 입는 것이 사실이라 할지라도―심지어 이러한 개인이 동물보다 상황이 더 악화되었다고 가정해도―이것이 이 시험의 지속을 정당화하지는 못할 것이기 때문이다. 자발적으로 사업에 참여하는 사람들은 사업이 실패할 경우 상황이 악화될 수 있는 등의 일정한 위험을 자발적으로 떠맡는다. 이렇게 본다면 가령 화장품 산업에 관련된 누군가가 동물을 대상으로 한 화장품 독성 시험을 중단할 경우 상황이 악화된다고 해도, 그것이 시험의 지속을 정당화하지는 못할 것이다.

권리 견해에 따르면, 동물을 활용해 제품의 유해 독성 시험을 하는 것은 잘못인데, 이는 그러한 시험이 인간에게 독이 되는 것이 무엇인지를 평가하기 위한, 신뢰할 수 없는 수단이기 때문이 아니다(비록 인간에 대한 안전성 확립이라는 측면에서 보았을 때, 이러한 시험의 한계는 충분히 현실적이기는 해도). 또한 시험 전에 미리 결과를 예측할 수 있음에도 굳이 해보는 경우에 한해 시험이 잘못인 것도 아니다(이것 또한 잘못이지만). 이러한 시험은 근본적으로 실험용 동물의 권리를 침해하기 때문에 잘못이다. 이러한 시험이 이루어지지 않을 경우 상황이 더 악화할 것이라고 주장할(이 주장이 아무리 설득력이 없다고 해도) 유일한 사람들(즉 신제품 제조와 관련된 사람들)은 자신들이 관련 사업에 자발적으로 참여함으로써 상황이 악화되지 않을 권리를 자발적으로 포기하는 바로 그 사람들이다. 또한 어떤 소비자도 이러한 시험이 중단되어 신제품을 '빼앗긴다'고 해서 시험용 동물보다 상황이 악화되지는 않을 것이다. 이 때문에 상황 악화의 원리를 적용해봐도 이러한 시험은 도덕적으로 정당화될 수 없다. 이와 같은 유해한 시험은 해악을 입지 않을 동물들의 기본적인 도덕적 권리, 즉 해악을 입지 않을 권리를 침해한다. 도덕적인 측면에서 보았을 때, 해악을 끼치는 시험은 중단되어야 한다.

권리 견해는 소비자나 노동자 보호에 적대적인 입장을 취하지 않는다. 이러한 견해는 각각의 개인이 작업을 하는 장소와 시장에서 무릅써야 할 건강상의 위험을 최소화하려는 노력에 원칙적으로 반대하지 않는다. 소비자와 노동자의 안전을 추구하는 것은 칭찬받아 마땅하다. 그리고 인간의 본성이 어떠하든, 대중들을 희생하여 손쉽게 돈을 벌려는 비양심적인 사업에 대응하여 사회가 대중이 사용할 제품을 제조하는 사람들에게 규제를 가하여 대중을 보호하는 것은 불합리한 처사가 아닐지도 모른다. 권리 견해가 반대하는 것은 '공익'이라는 이름으로 개체의 기본권을 압도하는 관행이다. 동물에게 해악을 끼치는 신제품 독성 시험은 이러한 범주에 속한다. 검증되지 않은 제품의 시장 출시를 '도덕적으로 옹호할 수 없다'라는 이유로 권리 견해에 반대하는 사람은 핵심을 놓치게 된다. 누군가의 권리를 침해하는 시험에 의존하는 것은 도덕적으로 옹호할 수 없는 관행이다. 이 경우 우리에게 주어지는 선택지는 이러한 시험을 계속 이어가거나 검사받지 않은 제품을 출시하거나 둘 중의 하나가 아니다. 제삼의 선택지는 **동물을 대상으로 한 시험이 이루어질 경우 제품의 시장 출시를 허용하지 않는 것**이다. 이는 지금 검토 중인 방식으로 권리 견해에 이의를 제기하려는 사람들이 파악하고 있지 못한 선택지이다.

권리 견해가 동물을 이용한 한 표준적인 독성 시험을 비판한다고 해서 돈을 벌기 위한 사업까지 반대하는 것은 아니다. 권리 견해는 모든 제조업자들이 어떤 신제품이건 시장에 출시할 수 있음을 용인하고 있고, 이러한 제품이 이미 시장에 나와 있는 다른 제품들과 경쟁할 수 있음을 받아들이며, 자유 기업의 바다에서 가라앉거나 헤엄칠 수 있는 자유를 거부하지 않는다. 권리 견해가 거부하는 것은 신제품의 독성을 동물들에게 해로운 방식으로 사전에 시험해볼 수 있다는 생각이다. 권리 견해는 **동물을 사용하지 않는 선택지**를 배제하지 않는다. 반대로 권리 견해의 입장에서는 이러한 선택지의 발전을 장려해야 한다. 이는 공공의 이익을 위해, 그리고 제조업체가 합법적으로 법적 이익을 취하게 하기 위해 그렇게 해야 한다. 상업적 회사들은 이와 같은 시험 방법을 개발하기 위해 상당한 재정적, 과학적 재원을 투입해야 한다. 이러한 입장에 대응하여 어떤 사람들은 식품의 약품안전처와 같은 정부 규제 기관이 이와 같은 시험을 필요로 하며, 제조업체들은 법이 요구하는 바를 행하고 있을 따름이라는 주장을 제기할 수 있다. 이러한 주장에 대한 권리 견해의 주요 답변은 **이들 규제 기관이 신제품의 생산을 요구하고 있지 않다는 것**이다. 이러한 기관이 요구한다는 데에서 위안을 구하려는 방법은 신제품 출시도, 동물을 대상으로 하는 독성 시험도 도덕적으로 정당화하지 않는다. 권리 견해는 동물을 대상으로 신제품의 독성을 시험하는 현재의 관행을 비난하지만, 그렇다고 예컨대 화장품 제조업자들에게 현재 제조해놓은 모든 제품을 선반에서 제거할 것을 요구하지는 않는다. 과거에 저지른 잘못은 돌이킬 수 없다. 중요한 점은 그것이 앞으로 계속되도록 내버려 두지 않는 것이다. 제조업체들은 이러한 태도가 반기업적이거나 자유기업제도의 정신에 반하는 것이라고 불평할 수 없다. 시장에서 경쟁하고 있는 회사들이 이미 보유하고 있는 상품들을 가지고 경쟁하게 하자. 이러한 경제 이념에 더욱 부합되게 말하자면 다음과 같이 제안할 수 있을 것이다. 그들이 동물을 이용하지 않는 선택지를 개발하게 함으로써 서로 경쟁하게 하자. 그리고 역시 이러한 이념에 부합하도록 말하자면, 이러한 시험이 적절한 규제 기관이 인정하는 과학적 타당성을 가질 수 있도록 회사들이 노력하게 하자. 이러한 유형의 경쟁은 자유 기업 제도의 최고의 패러다임이 될 것이다.

이러한 입장에 반대하여 동물을 이용하지 않는 타당한 선택지가 존재하지 않는다는 주장이 제기될 수 있다. 이는 거짓이다. 예를 들어 화장품 분야에서 '뷰티위다웃크루얼티'라는 회사는 선구적인 작업을 추진했는데, 이 회사는 인간에게 영향을 미치는 독성 시험을 사전에 동물을 대상으로 수행하지 않는, 매력적이면서 신뢰할 수 있는 제품을 제조하고 판매하는 것이 가능하다는 사실을 추호의 의심도 없이 보여준다.[34] 한편 현재 동물을 대상으로 하지 않는 시험이 존재하지 않는 영역의 경우, 이러한 시험이 있는지 탐색해보지 못할 이유가 없다. 이러한 시험을 개발하기에 앞서 발견될 것이 없다고 주장하는 것은 동물 독성 시험을 비판하는 일부 사람들과 다를 바 없이 반과학적이라는 비판을 비껴갈 수 없다. 보지 않으려는 사람만큼 눈이 먼 사람은 없다. 그런데 그러한 시험 방법이 발견되든 그렇지 않든, 찾아지든 그렇지 않든, 다음과 같은 권리 견해의 입장은 타협적이지 않다. **유해한 신제품 독성 시험은 실험실 동물의 권리를 침해하므로 중단되어야 한다.** 소비자로서의 우리가 이 목표를 달성하기 위해 할 수 있는 최소한의 것은 동물을 대상으로 한 독성 시험 제품이 아님을 알게 되지 않는 한, 지금부터 시장에 출시된 어떤 신제품도 구입하지 않는 것이다. 여기에는 이른바 오래된 것을 새롭게 개량한 품종도 포함된다. 이 정도는 실험 동물들의 권리를 존중하는 사람이라면 누구나 기꺼이 감내해야 할, 그다지 크지 않은 박탈이다.

신약 독성 시험

어떤 사람은 다음과 같이 주장할 수 있다. "동물을 대상으로 한 신제품 독성 시험에 대한 앞에서의 비판을 받아들인다. 하지만 **새로운 치료 약물**을 검증하기 위해 그러한 시험을 행하는 것은 도덕적으로 적절한 측면에서 다르다." 예를 들어 새로운 브레이크 오일이나 페인트를 사용하지 못하게

34) (옮긴이) Beauty Without Cruelty는 영국에 본사를 둔 회사로, 동물에 대한 사전 테스트를 거치지 않으면서 동물성 제품이 들어 있지 않은 화장품을 제조, 판매하는 회사이다. 그들이 생산하는 상품 목록은 'Beauty Without Cruelty'에 편지를 보내면 얻을 수 있다.

됨으로써 LD50 검사에서 실험동물에게 야기되는 해악에 직견적으로 견줄 수 있는 방식으로 해악을 입는 사람은 없을 것이다. 그러나 어떤 사람들은 지금 당장 여러 병리학적 질환으로 해악을 입는다. 그리고 우리가 이러한 질환의 원인, 처방 그리고 치료법 등을 조사하지 못하면 더 많은 사람들이 해악을 입을 수 있다. 실제로 일부 사람들은 이러한 질병 때문에 오늘 당장 목숨을 잃을 수 있고, 이들의 원인과 치료법을 조사하지 못할 경우 미래에는 더 많은 사람들이 목숨을 잃을 수 있다. 이와 같은 이유로 실험동물을 대상으로 한 신약의 독성을 시험해볼 필요성이 제기된다. 만약 우리가 동물을 대상으로 모든 신약의 독성을 시험해보지 않는다면, 이러한 약을 사용하는 사람들은 약을 동물들에게 미리 시험해보았을 경우에 비해 상황이 악화될 위험성이 훨씬 커질 것이다. 이에 따라 다음과 같은 주장을 제기할 수 있다. 우리가 해야 할 일은 어떤 질병에 대한 치료법이 없는 경우보다 있는 경우에 환자의 상황이 악화될 위험을 줄이는 것이다. 그런데 그렇게 하기 위해서는 사람들이 약을 복용**하고 나서**가 아니라 복용하기 **전에** 신약의 독성에 관한 특징을 제대로 파악해야 한다. 상황의 특성상 우리는 동물 실험에 앞서서 어떤 약이 인간에게 독성이 있는지를 알 수 없다 (만약 할 수 있다면 애초에 시험을 할 필요가 없을 것이다). 사실 우리는 동물들을 대상으로 사전에 약을 시험해본 후에도 모든 위험들을 제거할 수 없다 (탈리도마이드[35]는 비극적인 사례이다). 우리가 할 수 있는 최선의 방법은 가능한 한 최대로 약을 사용하는 인간이 직면하는 위험을 최소화하는 것이며,

---

35) (옮긴이) 1957년 독일에서 입덧 완화제로 개발되었으나, 이 약을 복용한 산모에게서 1만 명 이상의 기형아가 태어났다. 이 약은 동물 실험을 통과했기 때문에 동물 실험의 타당성을 비판하는 예로 자주 거론된다.

이는 동물을 대상으로 한 그 약의 독성 시험을 필요로 한다.

권리 견해는 이러한 방식의 시험 옹호를 거부한다. **도덕적인 측면에서 보았을 때, 위험은 이러한 옹호 방식이 가정하는 것처럼 자발적으로 위험을 감수하기로 선택하지 않은 대상들에게 이전할 수 있는 것이 아니다.** 만약 내가 행글라이더를 탄다면, 나는 머리에 심각한 부상을 입을 가능성을 포함하여 어느 정도의 위험을 무릅쓰게 된다. 그리고 내가 신중하다면, 나는 보호 헬멧을 확실히 착용함으로써 나의 위험을 최소화하고자 한다. 그런데 행글라이더를 타지 않는 당신은 다양한 헬멧 디자인의 안전성을 확립하여 행글라이더의 위험을 줄이려는 실험에 참여하는 데에 동의할 의무가 없다. 또한 행글라이더를 타는 사람 또는 행글라이더에 대한 열정을 가진 사람들의 이익에 기여하는 사람들이 당신을 그러한 실험에 강제로 참여시키거나 참여하도록 강요할 경우, 당신은 권리를 침해당할 수 있다. 당신이 **얼마나** 해악을 입는지는 중요하지 않다. 중요한 것은 타인들의 위험을 줄인다는 명목으로 **당신이 당신의 의지에 반하여 해악을 입을 위험에 처하게 된다는 것**인데, 이 위험은 타인들이 자발적으로 감수하려는 것이고, 따라서 그들이 단순한 방법으로, 즉 그들이 애초에 위험을 무릅쓰지 않는 선택을 함으로써(이 경우 행글라이더를 타지 않기로 선택함으로써) 자발적으로 감수하지 않을 수 있는 위험이다. 당신을 대상으로 한 실험이 행글라이더를 타는 사람들의 상황을 악화할 가능성을 줄일 수 있을 것이라는 사실은 당신이 해악을 입을 위험에 처하게 되는 것을 전혀 정당화할 수 없다. 행글라이더를 타는 사람들은 그러한 스포츠에 참여함으로써 이득을 보는 사람들이며, 따라서 그들은 그러한 스포츠에 참가함으로써 겪을 수 있는 위험을 무릅써야 하는 사람들이다. 그들은 자신들이 감당해야 하는 위험을 줄이기 위해 할 수 있는 것은 무엇이든 할 수 있다. 하지만 이는 타인들을 강제하여 이러한 위험이 무엇인지를 찾아내지 않는 범위 내에서, 혹은 그들을 강제하여 그러한 위험을 줄이는 방법을 알아내려 하지 않는 범위 내에서 허용되는 것이다.

위험성이 높은 활동의 경우에 참인 것이 위험성이 낮은 활동의 경우에는 참이 아니라고 가정하는 것은 잘못일 것이다. 토스터 플러그를 꽂거나, 승강기를 타거나, 수도꼭지에서 나오는 물을 마시거나, 맑은 계곡물을 마시는 경우, 스카이다이빙을 하거나 계류에서 카누를 타는 사람들 정도까지는 아니지만, 나는 언제나 약간의 위험을 감수한다. 그러나 심지어 내가 자진해서 사소한 위험을 감수하는 경우마저도, 다른 사람들이 자발적으로 나를 위해 위험을 감수하거나 최소화할 의무는 없다. 자신의 의지에 반하여 이를 강요당하는 사람은 자신의 권리를 부당하게 침해당한 격이 될 것이다. 예를 들어 내가 내 차를 운전하면서 감수하는 위험은 가장 성능이 좋은 안전벨트, 그리고 충돌을 가장 잘 막아주는 자동차 설계와 제조 방법을 통해 최소화될 수 있다. 그러나 그렇다고 해서 나의 위험을 최소화한다는 명목으로 다른 사람에게 충돌 실험에 참여할 의무가 있는 것은 아니며, 그렇게 하도록 강요당한 사람은 상해를 입든 그렇지 않든, 자신의 권리가 침해당했다고 주장할 만한 충분한 이유가 있다. 만약 시험 대상이 그와 같은 주장을 내세울 수 없다면, 다른 사람들이 그러한 대상을 대변해줄 충분한 이유가 있을 것이다. 이런 상황에서는 "아무런 해악도 가해지지 않았다"가 옹호 논변이 될 수 없다.

도덕적인 측면에서 보았을 때, 신약을 사용하는 사람들이 동물들을 대상으로 시험을 함으로써 자신들이 무릅써야 할 위험을 최소화하는 것은 이러한 경우와 다르지 않다. 약을 복용하기로 선택한 사람은 누구나 자발적으로 특정한 위험을 감수하기로 선택한 것이다. 우리가 감수하기로 선택한 위험을, 혹은 우리가 도덕 수동자들을 위해 대신 선택한 위험을, 그리고 도덕적인 측면에서 고려해보았을 때 우리가 선택한 무릅써야 할 위험을 다른 사람들에게 이전할 수 없다. 다른 사람들에게 강제로 해악을 끼치는 것은, 혹은 자발적으로 위험을 감수하기로 선택한 사람들의 위험을 식별하거나 최소화하기 위해 사람이든 동물이든 다른 대상들을 위험에 빠뜨리는 것은 해당 인간이나 동물의 권리를 침해하는 것이다. 중요한 것은 실험 대상자가 **얼마만큼** 해악을 입게 되느냐가 아니다(물론 해악이 클수록 가한 해악은 더욱 나쁜 것이 되겠지만). 중요한 것은 동물들이 사람들의 위험 수위를 정하거나 위험을 최소화하기 위해 강제적으로 이용된다는 사실이다. 이러한 동물들을 해악을 입을 위험한 상황에 둠으로써 사람들, 다시 말해 자발적으로 일정한 위험을 감수하기로 선택했고, 또한 자발적으로 그러한 위험을 무릅쓰지 않기로 선택할 수 있는 사람들이 스스로 무릅써야 할 위험을 최소화하는 것은, 실험동물을 본래적 가치의 소유자로서 마땅히 받아야 할 존중의 태도로 처우하지 않는 것이다. 신제품에 대한 독성 실험과 마찬가지로, 동물을 대상으로 한 신약 실험에는 동물을 심지어 그릇**보다 못한 대상으로** 처우하는 태도가 개입된다. 즉 그들의 가치가 마치 타인들의 이익을 산출할 수 있는 상대적 효용성으로 환원될 수 있기라도 한 것처럼 처우하는 태도가, 이 경우에는 자발적으로 약을 복용하는 사람들이 위험을 최소화하는 데에서 얻게 되는 이익에 비례하는 효용성으로 동물의 가치를 환원할 수 있기라도 한 것처럼 동물을 처우하는 태도가 개입되는 것이다.

실험동물들은 하버드 대학의 철학자 로버트 노직(Robert Nozick)[36]의 말

..

36) (옮긴이) 로버트 노직(Robert Nozick)은 미국의 자유지상주의 정치철학자로, 1974년 발간된 유명한 첫 저서 『아나키에서 유토피아로』에서 국가의 권력이 더 이상의 자유를 제약해서

을 빌리자면 "다른 사람들을 위한 자원이 아닌, 타자와 구분되는 개체들이다."[37] 우리가 위험의 정도를 판단하기 위해, 혹은 최소화하기 위해 그들을 활용하는 것은, 특히 동물들이 이러한 위험을 감수하지 않도록 하는 결정이 애초에 우리의 권한 내에 있을 때 그렇게 하는 것은 그들을 '다른 존재들을 위한 자원', 특히 우리를 위한 자원인 양 처우하는 것이다. 그리고 동물들이 해악을 입지 않는 경우도 있다는 이유로 이러한 시험을 옹호하는 것은 여우가 도망치기도 한다는 이유로 여우 사냥을 옹호하는 것과 마찬가지로 도덕적으로 문제가 있다. 권리 견해는 신약 복용과 관련된 위험을 최소화하려는 노력에 원칙적으로 반대하지 않는다. 권리 견해는 누구의 권리도 침해하지 않는 경우에 한해 독성 실험을 허용한다. 특정 질병으로 고통스러워하진 않지만 실험 대상이 되겠다고 사전 동의를 한 인간 자원봉사자를 이용하는 것은 가능하지만, 일반적으로 권장해서는 안 된다. 건강한 인간 피험자의 활용 가능성과 약학 및 관련 학문의 발전을 연결하는 것은 그 자체가 일부 사람들이 다른 사람들을 참여시키기 위해 기만적이거나 강압적인 수단을 사용할 수 있는 등 상당한 위험이 수반된다. 부유한 계층이 자원봉사를 기꺼이 떠맡으려 할 가능성은 설령 있다고 해도 거의 없다. 자원봉사자들은 가난하고 교육받지 못한 사람들, 그리고 자신들을 보호해주기에 충분할 정도의 '감정과 관련된 이익'을 갖지 않은 친척들이 있는 인간 도덕 수동자들로 이루어질 것이다. 이처럼 착취당할 위험이 큰 대상은 가장 힘없는 사람들이기 때문에, 자원봉사자를 확보하는 방

∴

는 안 된다는 자유주의 국가론을 주장했다.
37) Nozick, *Anarchy, State, and Utopia*(chap. 8, n. 22를 보라), p. 33. 이런 말을 할 때 Nozick은 동물을 염두에 두고 있지는 않았다.

법보다 훨씬 더 바람직한 것은 그 누구에게도 해악을 끼치지 않는 독성 시험, 즉 인간이든 동물이든, 도덕 행위자이든 도덕 수동자이든 그 누구에게도 해악을 끼치지 않는 시험 방법을 개발하는 것이다. 지금 이 순간에도 전망이 밝은 대안들이 개발되고 있다.[38] 물론 과학적으로 이러한 대안들을 검증해보는 것은 결코 작은 일이 아니다. 하지만 신약이 시장에 유통되기에 앞서 사람들이 그 독성을 계속 시험해보기를 원하거나 그러한 시험을 필요로 한다면 이는 어떻게든 충족되어야 한다. 건강한 인간 자원봉사자들을 대상으로 신약을 실험해보는 것은 아무리 잘해도 위험하다. 강제로 건강한 동물들과 인간 도덕 수동자를 대상으로 신약을 실험해보는 것은 잘못이다. 도덕적인 측면에서 보았을 때 남은 선택지는 타당한 대안들을 찾아내는 것이다.

이러한 입장에 대한 여러 반대를 예상해볼 수 있다. 어떤 사람은 위험이 첩첩으로 쌓여 있다고 주장한다. 신약의 독성 시험을 중단할 경우에 사람들이 신약을 복용함으로써 겪게 될 위험성을 생각해보라! 어떤 재앙이 초래될 것인지를 누가 말할 수 있겠는가? 권리 견해도 이러한 주장에 동의한다. 만약 약물에 대한 사전 시험이 이루어지지 않는다면, 그야말로 사람들은 더 큰 위험을 무릅써야 할 것이다. 그러나 (a) 권리 견해가 모든 사전 시험에 반대하는 것은 아니다(일부 대상들을 강제로 활용함으로써 다른 대상들이 무릅쓰거나 무릅쓰지 않기로 선택할 수 있는 위험을 줄일 수 있는 시험만 반대한다). 그리고 (b) 시험되지 않은 약물을 사용할 수 있다고 가정할 경우, 이러한 약물을 사용할 선택을 할 수 있는 사람들은 **스스로** 이를 복용하지 않기로 결정함으로써 이를 복용하는 것과 결부된 위험을 무릅쓰지

.. .

38) 이 문제에 대해서는 Ryder, *Victims of Science*, 그리고 Pratt, *Alternatives to Pain*을 보라.

않을 선택을 할 수 있다. 실제로 최악의 상황을 제외하고는, 우리는 이런 식으로 신중하게 행동할 것이다.

물론 검증되지 않은 약품들이 시중에 유통되었을 때 사람들이 신중하게 행동한다면, 새로운 (검증되지 않은) 약품의 판매는 줄어들 것이다. 그리고 우리는 제약 산업에 종사하는 사람들이 권리 견해의 함의를 탐탁지 않게 바라보리라고 예상할 수 있는데, 그들은 대중들의 건강상의 필요에 기여하는 직업을 선택했고, 제약 산업의 안정성, 그리고 관련 산업의 성장과 결부된 경제적 이익을 가지고 있기도 한 사람들이다. 이러한 문제에 대해서는 네 가지 간단한 답변만으로도 충분하다. 첫째, 동물을 대상으로한 독성 시험을 지속하는 것이 허용되지 않을 경우에 이러한 회사들이 직면하게 되는 재정적 손실이 어떤 것이든, 이는 도덕적 중요성을 갖지 않는다. 왜냐하면 여기서 생각해봐야 할 것은 우리가 최우선적으로 고려해야할 기본적인 도덕적 권리이기 때문이다. 동물권을 존중할 경우 이러한 회사들이 금전적 손실을 볼 수도 있다는 사실은 그들이 무릅써야 할 위험 중하나이다. 둘째로, 동물을 대상으로 하지 않는 시험이 이루어질 경우, 이러한 회사들이 손해를 보기는커녕 돈을 절약할 수 있다는 증거가 날로 늘어나고 있다. 동물들을 사용하는 시험은 돈이 많이 든다. 동물 시험을 하고자 하는 사람들은 그들을 태어나게 하거나 구입하여 먹이고 물을 주어야 하며, 그들의 거처를 정기적으로 청소해주어야 한다. 또한 그들의 환경은 통제가 이루어져야 하며(그렇지 않으면 통제되지 않는 변수가 초래할 수 있는 과학적 위험을 무릅써야 한다), 이외의 여러 가지 문제들이 있다. 이러한 문제들로 인해 회사는 사업장의 건설, 확장 및 유지 보수를 시작할 때부터 대규모의 자본을 지속적으로 쏟아부어야 할 뿐만 아니라, 적절한 수의 숙련된 직원을 고용해야 한다. 반면 예컨대 조직과 세포 배양은 훨씬 비용이 덜 든다. 이와 같은 사실로 미루어보았을 때, 상업적 제약 회사들의 경제적 이익이 실험동물들의 권리가 존중됨으로써 이루어지게 될 변화와 반드시 상충된다고 할 수는 없다. 셋째, **단지** 관련 규제 기관(예컨대 식품의약품안전처)이 이러한 시험을 요구한다는 주장만으로 현재의 독성학 관련 관행을 옹호하는 사람은 핵심이 되는 도덕적 논점을 놓치고 있다. 비록 규제 기관들이 전과 다름없이 동물을 이용하지 않는 시험을 자신들의 규정을 충족하는 것으로 인정하지 않고 있지만, 그럼에도 이런 기관들이 어떤 제약 회사에 신약을 제조할 것을 요구하고 있지는 않다. 신약 제조 여부는 각각의 회사가 스스로 결정하고 책임을 져야 하는 도덕적 결정이다. 넷째, 만약 우리에게 관련 법률이 부당하다고 믿을 훌륭한 이유가 있다면 관련 법률이 요구하는 바에 호소하는 것은 도덕적 의미를 가질 수 없다. 그리고 우리에게는 신약 관련 동물 시험 문제에 의문을 제기할 훌륭한 이유가 있다. 실험실 동물이 갖는 이 세상에서의 도덕적 지위는 인간의 이익을 위해 봉사하는 '자원'[39]이 아니다. 그들은 타인들의 이익에 비례하여 갖거나 갖지 않을 수 있는 효용성과 논리적인 측면에서 별개인 존재로, 개체로서 자신들의 삶을 잘 영위하거나 그렇지 못하는 삶의 주체들이다. 그들은 다른 것과 구분되는 종류의 가치 ─ 본래적 가치 ─ 를 우리와 공유하며, 우리가 그들에게 무엇을 행할 때, 그 행동이 어떤 것이든, 엄격한 정의의 차원에서 그들의 가치를 존중해주어야 한다. 그들의 가치가 인간의 이익, 심지어 인간의 중요한 이익에 비례하는 효용성으로 환원될 수 **있는 것처럼** 처우하

· ·

39) 동물을 재생 가능한 자원으로 처우하는 관행은 동물 영농 분야에서만 살펴볼 수 있는 것이 아니다. 실험실 동물 일반, 특히 동물을 독성 테스트에 사용하는 경우에서도 마찬가지이다. 이 주제는 기초연구 분야에서의 동물 사용에 대한 이어지는 논의에서 충분하게 다룰 것이다.

는 것은 그들을 부당한 방식으로 처우하는 것이다. 우리가 자발적으로 무릅써야 할 (그리고 우리가 자발적으로 감수하지 않을 수 있는) 위험을 최소화하기 위해 그들을 활용하는 것은 그들의 기본적인 도덕적 권리, 즉 존중의 태도로 처우받아야 하는 그들의 권리를 침해하는 것이다. 법이 그러한 시험을 실제로 요구한다는 사실이 그와 같은 시험이 도덕적으로 용인될 수 있음을 보여주지는 않는다. 법이 그러한 시험을 요구한다는 사실이 보여주는 것은 법 자체가 부당하고 바뀌어야 한다는 것이다.

권리 견해가 반과학적이고 반인간적이라는 비판도 제기될 수 있다. 그런데 이는 수사(修辭)에 지나지 않는다. 권리 견해는 반인간적이지 않다. 인간으로서 우리는 피해를 입지 않을 동등한 직견적 권리, 즉 권리 견해가 드러내 밝히고 옹호하려는 권리를 가지고 있다. 하지만 우리가 다른 사람이나 동물들에게 강제로 해악을 끼치거나 강제로 그들을 해악을 입을 위험에 처하게 할 권리를 가지고 있는 것은 아니며, 그렇게 함으로써 우리가 자발적으로 내린 결정의 결과로 우리가 무릅써야 하는 위험을 최소화할 수 있는 것도 아니다. 그렇게 하는 것은 그들의 권리를 침해하며, 그 누구도 그렇게 할 권리가 없다. 권리 견해는 반과학적이지도 않다. 이러한 견해는 **과학 분야에서 시도해볼 만한 가치가 있는** 목표를 제시한다. 즉 약학자와 관련 과학자들에게 개체의 권리를 침해하지 않으면서 공익을 위해 도움이 되는, 과학적으로 유효한 방법을 찾으라는 목표를 제시하는 것이다. 약학 분야가 가장 중요한 목표로 삼아야 하는 것은 약을 사용하지 않는 대상들에게 해악을 끼치지 않으면서 약을 사용하는 사람들의 위험을 줄이는 것이다. 이를 이루기 위한 일치단결된 노력을 해보기도 전에 이를 이룰 수 없다고 주장하는 사람들은 진정으로 비과학적인 사람들이다.

독성 시험에 동물을 사용하지 말아야 한다는 요구에 대응하는 논변으로 가장 흔히 제시되는 것은 이득 논증(benefits argument)[40]일 것이다.

  1. 인간과 동물은 동물을 대상으로 한 독성 시험의 이득을 누려왔다.
  2. 따라서 이러한 시험은 정당화된다.

　전제가 생략된 모든 논증과 마찬가지로, 모든 것은 그 전제가 무엇인지에 따라 그 타당성이 달라진다. 만약 위의 논증의 숨은 전제가 "이 시험들은 동물의 권리를 침해하지 않는다"라면, 우리는 독성 시험에 대한 흥미로운 옹호 방법을 취하는 길을 가는 격일 것이다. 그러나 이러한 시험을 지지하는 사람들에게 불행하게도, 그리고 이 시험에 사용된 동물들에게는 더 불행하게도, 그러한 전제는 사실이 아니다. 이 시험은 이하에서 제시하는 이유들로 실험동물들의 권리를 침해한다. 권리 견해에 따르면, 이 시험이 사람들에게 주는 이득은 개별 동물들의 권리를 침해하기 때문에 부당한 것으로 판정해야 한다. 인간의 경우에서와 마찬가지로 동물에서도 '일반 복리'에 호소하는 방법으로 권리를 침해하는 것은 옹호될 수 없다. 달리 말하자면, **어떤 대상들**이 얻는 이득들이 도덕적인 것으로 간주되려면 **다른 개체**의 권리도 침해하지 말아야 한다. 신약의 독성 시험은 실험실 동물의 권리를 침해하기 때문에, 사람들이 얼마나 많은 이득을 받았는지에 호소하는 것은 도덕적으로 적절하지 못하다.[41]

⁙

40) (옮긴이) 인간이 여러 이득을 얻을 수 있게 되었음을 이야기함으로써 동물 실험을 정당화하려는 논증.

41) 간혹 수의사들이 이득 논증을 제시하기도 하는데, 이는 다른 동물들에게 이득이 돌아갈 수 있다는 바람으로 이루어지는, 일부 동물을 대상으로 한 약물의 독성 시험을 옹호하기 위해 개진된다. 이러한 시험이 어떤 동물들에게 시행됨으로써 일부 다른 동물들이 이득을 받는 것은 사실이지만, 이것이 그러한 시험의 도덕적 정당성을 보장하는 것은 아니다. 실험실에서

여기서 한 걸음 더 나아간 반대는 그 본성상 개념에 관한 것이다. 다음과 같은 주장을 제기할 수 있다. "동물들은 독성 시험에 참여하는 자원봉사자가 될 수 없고 거부할 수도 없다. 이에 따라 그러한 시험에 강제적으로 참여할 수 없으며 참여하도록 강요당할 수도 없다. 이러한 측면을 고려해보았을 때, 권리 견해가 동물 사용을 반대하는 것은 어리석음의 소치다." **일부** 인간과는 달리, 동물들은 독성 시험에 대해 사전 동의를 할 수도 없고 안 할 수도 없다. 그러나 이는 동물들에게 적절한 방법으로 정보를 전달할 수 없기 때문이다. 그들에게 pH 인자나 발암 물질에 대해 알리려 해도 아무 소용이 없다. 그들은 이해**할 수 없기**(can not) 때문에 이해**가 되지 않을**(will not) 것이다. 하지만 그렇다고 해서 동물들이 자신들이 원하지 않는 무엇을 강요받아도 되고, 강제되어도 되는 것은 아니다. 우리는 이러한 동물들이 선호 자율성을 가지고 있다고 명료하게 파악할 수 있기 때문에 (위의 3.1 참조), 그들이 원하는 것, 선호하는 것, 목표로 하는 것, 의도하는 것 등을 명료하게 거론할 수 있으며, 이들에 대해 이루어진 진술의 적절성을 판단할 수 있다. 그러므로 우리는 그들이 하고 싶지 않은 일을 강제하거나 강요하고 있다고 말하는 것에 완벽하게 뚜렷한 의미를 부여할 수 있다. 예를 들어 LD50 검사에 사용되는 동물들은 의심의 여지없이 자신들이 하고 싶은 일을 하고 있는 것이 아니며, 이 실험에서 이들을 이용하는 사람들은 힘이나 강요를 통해 그렇게 하는 것이다.

동물을 이용하지 않는 독성 시험의 과학적 타당성을 확립하는 일은 확실히 어려운 목표이며, 오직 과학자들만이 충족할 수 있는 목표이다. 어떤

··

사용되는 동물이 인간에게 이득을 준다는 명목으로 이용될 수 있는 자원이 아니듯이, 이들을 다른 동물들에게 이득을 주기 위해 이용할 수 있는 자원으로 보아서도 안 된다.

도덕철학도 이를 행할 수 없다. 도덕철학이 할 수 있는 것은 도덕적으로 허용되는 과학의 수단이 무엇인지를 분명히 밝히고 옹호하는 것이다. 만약 권리 견해가 제시하는 이유가 가장 설득력이 있어 보인다면, 우리는 이와 같은 관점을 사용해 독성 시험에서 무엇이 허용되고 허용되지 않는지를 평가해야 한다. 권리 견해가 갖는 함의는 분명하다. **동물을 이용한 신제품과 약물에 대한 독성 시험은 도덕적으로 정당화되지 않는다. 이러한 시험은 시험용으로 사용되는 동물들의 권리를 침해한다. 도덕적인 측면에서 보았을 때, 그러한 시험은 허용할 수 없다. 관련된 모든 시험은 중단되어야 한다.**

과학 연구

우리는 동물을 사용하는 독성 시험에 반대하는 논의를 받아들이면서도 과학 연구에서는 이러한 시험이 반드시 필요하다고 생각하는 누군가를 상상해볼 수 있다. 과학 연구에서 동물을 사용하지 못하게 하는 것이 과학 발전과 연결된 의학 발전을 중단시키는 것이라는 주장이 제기될 수 있으며, 이것이 과학 연구에서 동물을 사용해야 하는 충분한 이유라고 생각해볼 수 있다. 그런데 관련 분야의 발전을 '중단시킬' 것이라는 주장은 과장된 것임이 분명하다. 과학 연구 분야에서의 오늘날의 지배적인 경향을 고려해보았을 때, 권리 견해가 관련 연구에서의 방향 수정을 대대적으로 요구한다고 주장하는 것은 과장이 아니다. 여기서 말하고 있는 지배적인 경향에는 동물에게 해악을 끼치는 일상화된 관행이 포함된다. 권리 견해가 이러한 경향이 지속되는 상황에 대해 원칙적으로 반대 입장을 취하고 있다는 사실은 놀랄 일이 아니다.

최근 신경 생물학 연구 분야에서 동물의 무제한적인 사용을 옹호하는 경우가 있었는데, 이는 권리 견해와 극명하게 대조된다. 나는 이를 기초 연구 분야에서의 동물 사용을 비판적으로 평가하는 출발점으로 삼고자 한다. 펜실베이니아 대학교의 심리학자인 갤리스텔(C. R. Gallistel)은 관련 분야에서 확인되는 현 상황의 특징을 다음과 같이 정리하고 있다.[42] "행동 신경 생물학[43]은 신경계가 행동과 관련된 현상을 중재하는 방식을 확실하게 규명하고자 노력한다. 이러한 분야는 다음과 같은 절차 중 하나 혹은 그 이상이 야기하는 행동상의 결과에 대한 연구를 통해 소기의 목적을 달성하고자 한다. (a)특정 기관의 신경계 파괴, (b)특정 기관에 대한 자극, (c)신경 기능을 변화시키는 약물의 투여. 이러한 세 가지 기술은 관련 학문 분야만큼 그 역사가 오래되었다. 최근에 추가된 것은 (d)전기 활동(electrical activity)을 기록하는 것이다. 이 네 가지는 모두 동물을 최소한 일시적으로 고통스럽게 한다. 과거에는 이들이 종종 극심한 고통을 야기했고, 지금도 가끔 그런다. 이들은 흔히 동물의 기능을 손상하기도 하는데, 어떤 경우는 일시적으로, 또 다른 경우는 영구적으로 손상한다."[44] 이러한 절차에 따라 실험 대상이 되는 동물은 한마디로 말해 해악을 입는다. 그러나 신경 생물학 지식의 발전과 관련해 갤리스텔은 "일정한 실험적 수술 없이는 신경계와 행동 사이의 관계를 확립할 수 있는 방법이 없다"라고 말하고 있는데, 여기서 그가 '실험적 수술'로 의미하고자 하는 것에는 방금 언

∴

42) C. R. Gallistel, "Bell, Magendie, and the Proposal to Restrict the Use of Animals in Neurobehavioral Research," *American Psychologist*(April 1981), pp. 357~360.
43) (옮긴이) 인간과 다른 동물의 행동에 대한 생리적, 유전적 발달 메커니즘 연구에 생물학 원리를 적용하는 분야.
44) 같은 책, p. 357.

급한 네 가지 절차들이 분명 포함된다. 갤리스텔의 생각에 우리가 고민해 봐야 하는 문제는 그러한 수술을 허용하느냐 마느냐가 아니다. 고민해봐야 하는 것은 동물들의 사용에 어떤 제한을 두어야 하느냐이다. 이 문제에 대해 갤리스텔은 제한을 둘 필요가 없다고 생각한다.

갤리스텔은 연구 분야에서 동물을 무제한적으로 사용하는 관행을 옹호하면서 "돌이켜보건대, **일반적인 과학 실험과 마찬가지로** 신경 생물학자들이 행하는 대부분의 실험은 새로운 통찰을 입증하지도, 산출하지도 않았다는 의미에서 시간 낭비였다고 볼 수 있다"라고 주장한다. 하지만 갤리스텔은 "확실함으로 다가가는 과정에서 무엇인가를 밝혀주는 실험과 시간 낭비의 실험을 사전에 뚜렷하게 구별할 수 있는 방법은 없다"라고 말한다.[45] 갤리스텔이 생각하기에 이러한 판단의 논리적 귀결은 "살아 있는 동물을 대상으로 하는 연구를 제한할 경우 신경 계통과 행동에 대한 이해의 발전을 저해할 것임이 확실하다"이다. 결론적으로 그는 "살아 있는 동물 실험 제한을 옹호할 수 있는 경우는 오직 이러한 과학적 지식의 도덕적 가치, 그리고 이로부터 도출되는 수많은 인간이 얻게 되는, 그리고 인도적인 이득의 가치가 쥐의 고통을 능가할 수 없다고 믿는 경우로 국한된다"라고 결론짓는다. 갤리스텔은 자전(自傳) 형식으로 쓴 글에서 이러한 옹호를 "자신의 윤리적 감수성에 대한 모욕"이라고 밝히고 있다.[46]

내 생각에 심지어 권리 견해에 설득되지 않은 사람들조차도 갤리스텔의 주장의 모든 논점에 이의를 제기해야 한다. 그가 주장하고 있듯이 "일정한 실험적 수술 없이는 신경계와 행동의 관계를 확립할 수 있는 방법이 없다"

45) 같은 책, p. 358.
46) 같은 책, p. 360.

라는 것이 사실인가? 예컨대 상처를 입은 사람들에 대한 임상 관찰에서 이러한 연관성에 대해 아무것도 배울 수 없을까? 또한 자신이 무엇을 찾으려 하는지 모르고, 설령 이를 발견했어도 알아보지 못할 무능한 연구자가 주어진 제안서를 작성했다고 **사전에 결코 말할 수 없다**는 것이 사실인가? 갤리스텔의 견해가 받아들여질 경우, 연구 제안서에 대한 동료 검토의 근거가 될 수 있는 것은 무엇인가? 왜 대신 제비뽑기를 하지 않는가? 갤리스텔이 옹호하는 무제한적 허용이라는 접근 방식은 무한정 동물을 사용하는 데에서 벗어나서 자신의 연구 계획을 개선하고(이를 통해 이른바 불필요한 실험을 제거하고), 사용되는 동물의 수를 감소하는 방법 등을 통해 과학 공동체 내에서 기존의 관행을 흔들어보려는 입장의 사람들을 전혀 지지하지 않을 것이다. 그의 견해에 따르면 실험에 앞서 과학적인 알갱이와 쭉정이를 구분할 수 있는 방법이 없는데, 우리가 수정과 정리를 염려해야 할 이유는 무엇이고, 동물의 수 감소를 염려해야 할 이유는 무엇인가?

이러한 문제들은 일단 제쳐두고, 권리 견해는 갤리스텔의 접근방식을 더욱 근본적인 수준에서 거부한다. 권리 견해에 따르면 쥐를 해침으로써 '수많은 인간이 얻게 되는 인도적인 이득'을 합산하는 것**만으로** 한 마리의 쥐에게 해악을 끼치는 것을 정당화할 수 없다. 왜냐하면 이미 언급한 바와 같이, 이는 쥐가 단지 그릇으로서의 가치만을 가지고 있다고 생각하는 격이고, 권리 견해에서는 이것이 참이 아니기 때문이다. 또한 갤리스텔이 활용하고 있는 이득에 관한 논의는 결함이 있다. 심지어 단 한 마리의 쥐라도 그 쥐의 가치가 제공할 수 있는 효용성으로 환원될 수 있는 것처럼 쥐를 처우해서는 안 된다. 다시 말해 사람들의 이익에 얼마만큼 기여할 수 있는지에 대한 **효용성**으로 환원될 수 있는 것처럼 처우해서는 안 되는 것이다. 만약 우리가 무엇인가를 '입증'할 수 있고, 새로운 '통찰력'을 얻을 수 있으며, 다른 사람들에게 '이득'을 **줄 수 있다는** 이유로 쥐에게 의도적으로 해악을 끼친다면, 이때 우리는 제공할 수 있는 효용성이라는 관점에서 쥐를 처우하고 있는 것이다.

여기서 연구용 동물 사용에 대한 권리 견해의 비판이 관련 문제를 다루는 문헌에서 동물 사용에 반대하는 일부 입장과 다르다는 사실을 강조할 필요가 있다. 어떤 사람들은 현재 잘 알려져 있는 어려움, 즉 동물 실험의 결과를 호모사피엔스 종에 적용하는 데 어려움이 있으며, 이 때문에 동물 실험의 결과가 인간에게 이득을 줄 가능성이 희박하다고 주장하면서 방법론적인 근거를 비판한다. 다른 사람들은 동물들이 연구라는 이름으로 칼에 베이고, 눈이 멀고, 기형이 되고, 불구가 되고, 충격을 받고 '습득된 무력감(learned helplessness)'[47] 등을 겪게 되는 여러 실험들이 과연 필요한지에 의문을 제기한다. 이러한 비판적 접근들은 각기 분명 타당하기는 하지만, 그럼에도 도덕과 관련된 문제의 핵심을 건드리지 못하고 있다. 그 핵심은 방법론이 의심스럽다는 것도 아니고(비록 그렇기는 하지만), 상당수의 연구가 착수하기에 앞서 시간 낭비로 파악된다(갤리스텔의 입장은 반대임에도)는 것도 아니다. 주목할 점은 이 두 가지 비판 모두 **동물 연구가 지속될 수 있다고** 생각한다는 것이다. 이렇게 말하는 이유는 후자의 경우 연구가 진행되기에 앞서 시간 낭비라고 알려진 연구만을 배제할 것이기 때문이고, 전자는 현재의 방법론의 부족함을 극복하고자 하는 바람으로 연구자들에게 동물 시험을 계속할 수 있는 백지 수표를 줄 것이기 때문이다. 우리가 연구 분야에서의 동물 사용에 진지하게 도전하고자 한다면, 개별 연

∙∙
47) (옮긴이) 자신의 환경을 통제할 수 없는 경험을 하고 나면 다음에는 상황이 변했음에도 스스로 통제하려는 시도를 포기하는데, 이를 습득된 무력감이라고 한다.

구 사례 혹은 현재의 방법론이 갖는 문제점뿐만이 아니라 **연구가 이루어지는 것** 자체에 도전해야 한다.

권리 견해는 바로 이와 같은 비판을 제기한다. 연구 분야에서 동물 사용을 일상화하는 것은 그들의 가치가 타자들의 이익에 주는 영향에 비례하는 상대적인 효용성으로 환원될 수 있다고 가정하고 있는 것이다. 동물들을 재생 가능한 자원으로 처우하는 제도들이 정당하지 않다고 말할 때와 마찬가지로, 권리 견해는 동물과 그들의 가치에 대한 이와 같은 견해도 거부한다. 동물은 자신들만의 가치를 가지고 있는 존재로, 우리와 다를 바 없이 다른 존재들에 대한 효용성, 그리고 다른 존재들에게 이익이 된다는 것과 논리적인 측면에서 독립적인 존재이다. 그러므로 그들의 가치를 존중하는 방식으로 그들을 처우하고자 할 경우, 우리는 그들의 가치가 우리의 이익에 비례하는 효용성으로 환원될 수 있기라도 하듯 그들을 처우하는 태도를 제도화하고 있는 관행을 받아들이지 말아야 한다. '인간이 얻게 되는 인도적인 이득'이 가능하다는 명분을 내세워 동물들을 일상적으로 해치는 관행이 과학 연구에 포함되는 경우, 이는 존중의 마음을 담은 처우라는 조건을 위배한다. 동물은 단순한 그릇이나 재생 가능한 자원으로 처우되어서는 안 된다. 그런데 동물을 이용한 과학 분야에서의 연구 관행은 동물을 그러한 방식으로 처우함으로써 그들의 권리를 침해한다. 권리 견해에 따르면 그러한 연구는 중단되어야 한다. 양심적으로 동물을 사용하지 않는 대안을 찾다가, 찾지 못하면 동물을 이용하는 것만으로는 충분하지 않다.[48] 물론 이러한 접근 방식은 칭찬할 만하며, 그러한 방식을 취하는 것

..

48) 이는 Jamieson and Regan, "On the Ethics of the Use of Animals in Science"(chap. 8, n. 23)에서 권장하는 입장이다. 앞서 개진했던 이와 같은 입장으로부터의 이탈은 오직 나 자신

이 상당한 발전임은 분명 사실이다. 하지만 그것만으로는 충분하지 않다. 이 입장은 동물을 사용하지 않기 위해 최선을 다할 경우, 동물들의 가치가 다른 존재들의 이익에 비례하는 효용성으로 환원될 수 있는 것처럼 동물들을 사용하는 관행을 허용할 수 있다고 가정하고 있다. 권리 견해의 입장은 "최선을 다하라"는 주장을 내걸면서 우리에게 더 나아가길 요구할 것이다. **동물을 사용하지 않는 측면에서 우리가 할 수 있는 최선은 동물을 아예 사용하지 않는 것이다.** 그들의 본래적 가치는 우리가 어떤 목표를 추구하면서 그들에게 해악을 끼치지 않을 방법을 찾다가 찾지 못했다고 해서 사라지지 않는다. 그들의 가치는 이러한 목표, 그리고 이를 달성함으로써 산출되는 효용성과는 무관하다.

설령 이전까지는 아니더라도, 이 시점에서 앞서 논의한 변형된 구명보트 사례(8.6, 8.13, 9.1 참조)를 적절히 활용해볼 수 있을 듯하다. 구명보트에 정상인 어른 네 명과 개 한 마리가 타고 있다고 가정해보자. 이번에는 식량이 풍부하고, 공간도 충분하다. 그런데 개는 건강한 데 비해 인간은 퇴행성 뇌 질환을 앓고 있다고 가정해보자. 그리고 구명보트에는 사람들이 오랫동안 기다려온 질병 치료제일지도 모르는 신약이 실려 있다. 이 약은 아직 검증되지 않았지만 치명적일 수 있는 화합물을 일부 함유하고 있는 것으로 알려져 있다. 그런데 개를 퇴행성 질병에 걸리게 할 수 있는 수단이 존재한다. 이런 긴박한 상황에서, 개를 퇴행성 질병에 걸리게 한 다음 약을 투여해서 치료 효과를 평가해도 괜찮을까?

아마도 대부분의 사람들은 긍정적으로 대답할 것이다. 적어도 처음에는 그럴 것이다. 하지만 권리 견해에 동의하는 사람들은 그렇지 않다. 동물들

∵

만의 입장 표명이다. 나는 Jamieson 교수를 대변할 입장에 있지 않다.

은 그들의 가치가 **그저** 인간의 이익에 미칠 수 있는 효용성으로 환원되는 것처럼 처우되면 안 되는데, 만약 보트 위의 사람들이 자신들을 대신해서 건강한 개(결국 아무것도 얻지 못하고 모든 것을 잃게 되는)에게 위험을 무릅쓰게 한다면 실험 대상이 되지 않고 살아남은 사람들은 개를 그렇게 처우한 격일 것이다.

어떤 사람들은 권리 견해의 이와 같은 입장이 자신들이 권리 견해에 대한 치명적인 비판이라고 여기는 바를 촉발한다고 생각할 수 있다. 대부분의 사람들은 그 약을 개에게 투여하는 것이 괜찮다고 생각하며, 권리 견해는 대부분의 사람들이 생각하는 바에 대한 호소를 대안으로서의 도덕원리와 이론들을 시험하기 위한 방법으로 받아들인다. 그리고 대부분의 사람들은 이 경우에 생각하는 바가 권리 견해의 의견과 모순된다고 생각한다. 이와 같은 이유로 일부 사람들은 해악을 끼치는 연구에 동물들을 사용하는 관행이 정당화될 수 있다고 생각할 수 있는 것이다.

이에 대해서는 세 가지 답변만으로도 충분하다. 첫째, 대부분의 사람들이 앞에서 서술한 대로 개를 처우해야 한다고 해서(대부분의 사람들이 그렇게 생각한다고 해서), 그들이 이 문제에 대해 제대로 판단한다고 말할 수는 없다. 앞 장(4.3 이하 참조)에서 설명한 바와 같이, 우리의 반성 이전의 직관은 이상적인 도덕 판단에 도달하고자 하는 신중한 노력을 기울이는 과정을 거치면서 반성적으로 검사받아야 하고, 이를 통해 얼마나 견고한 토대 위에 서 있는지가 결정되어야 한다. 이러한 시도가 이루어지지 않을 경우, '대부분의 사람들이 생각하는 바'에 대한 호소에 만족하는 사람들은 어떤 주어진 사례에 대해 대부분의 사람들이 생각하는 바가 공통된 무지, 공통된 편견, 혹은 공통된 비합리성에 바탕을 두고 있지 않다고 가정할 합당한 이유가 없다. 달리 말해, '대부분의 사람들이 생각하는 바'에 **단순히** 호소하는 것은 지금 다루고 있는 문제, 혹은 여타의 문제를 도덕적으로 검토해보는 상황에서 결정적인 논의가 되지 못한다.

둘째, 무지와 편견 등이 부지불식간에 미친 효과를 제거하기 위한 성실한 노력을 기울이고 **나서도** 사람들 대부분이 어떤 믿음을 계속 견지할 수 있는데, 이런 노력을 기울였음에도 여전히 해당 믿음이 잘못되어 이를 수정하거나 포기해야 할 수가 있다. 그 이유는 어떤 믿음이 타당성을 평가하기 위한 관련된 시험(다시 말해 적용 범위, 정확성, 일관성, 그리고 반성을 거친 다른 여러 직관에의 부합 정도 등)을 통과한 도덕원리에 부합하지 않을 경우, 우리는 그러한 믿음, 그리고 적절한 측면에서 이와 유사한 믿음의 합리적인 근거를 의심할 수밖에 없기 때문이다. 그렇다면 단순히 문제에 대해 성실하게 관심을 기울였음에도 여전히 구명보트 사례에서 언급한 대로 개를 처우해야 한다고 생각한다고 밝히는 것만으로는 권리 견해, 혹은 이 경우에 대한 권리 견해의 의견에 심각한 문제를 제기하는 것이 아니다. 만약 심각한 문제 제기가 이루어지려면 이 경우에 대한 자신의 막연한 믿음을 제시하는 것 외에, 그러한 믿음을 뒷받침할 수 있는 일반 원리들을 제시해야 하며, 이러한 원리들이 그 자체로 범위, 정확성 등의 시험을 거치면서 권리 견해와 동등하거나 우월하다는 점을 밝혀낼 수 있어야 한다.

세 번째로, 그리고 나는 여기에서 이전의 입장(9.1)을 반복하게 되는데, 예외적인 경우에 대한 개인의 판단을 일반화함으로써 정책이나 관행의 정당성이 보장되는 것은 아니다. 그런데 앞서 언급한 구명보트 사례는 예외적인 경우이다. 이러한 경우에 대한 일반화의 위험성을 더 명확히 하기 위해, 구명보트에 비범한 사람 네 명과 평균적인 사람 한 명이 타고 있다고 상상해보자. 그리고 이 네 명이 각각 인류에게 엄청난 건강상의 이익을 가져다주는 발견을 하기 직전인 뛰어난 과학자라고 가정해보자. 나머지 한 명의 남성은 브루클린의 소매점에 트윙키$^{49)}$를 배달하는 사람이다. 그런데 네 명의 과학자들은 퇴행성 뇌 질환을 앓고 있는 데 반해 트윙키 배달부는 그렇지 않다. 이 경우 배달부를 병에 걸리게 한 다음 그에게 약을 우선 투여하여 그 효능을 시험해도 괜찮을까? 의심의 여지없이 많은 사람들이 이에 긍정적으로 답하는 경향이 있을 것이다(반복해서 말하지만 권리 견해에 동의하는 사람들은 그렇지 않을 것이다). 그러나 이런 예외적인 상황에서 배달원이 널리 알려진 기니피그$^{50)}$의 역할을 해야 한다고 생각하는 사람들 중에서 이러한 흔하지 않은 경우를 일반화하여 보통 사람을 대상으로 연구를 하는 정책이나 관행을 옹호하고, 이를 통해 매우 총명한 사람이 혹은 커다란 사회적 공헌을 할 수 있는 사람이 이득을 받게 하려는 사람은 없을 것이다. 아마도 조금이라도 평등주의적 성향이 있는 사람이라면 그럴 것이다. 그러한 관행은 완전주의의 쓴맛이 느껴진다(7.1 참조). 권리 견해는 과학에서든 다른 영역에서든, 인간과 관련된 관행의 정의로움을 평가하기 위한 근거로 완전주의를 활용하는 것을 단호히 배격한다. 그리고 우리 모두가 그래야만 한다. 완전주의는 인간과 관련된 관행의 정의로움을 평가하기 위한 정당한 근거로 활용할 수 없다. 마찬가지로 이는 동물이 포함되어 있는 관행의 정의로움을 평가하기 위한 근거로도 활용할 수 없다. 동물들의 '더 낮은' 가치를 인류의 '더 커다란' 가치를 위해 '희생'하면서, 연구 분야에서 동물을 유해한 방식으로 사용할 수 있다는 생각을 부추기는 것은 사실상 완전주의에 암묵적으로 충성하는 격이다. 권리 견해는 본래적 가

∴

49) (옮긴이) 노란색의 작은 케이크 안에 크림이 채워져 있는 미국 과자이다.
50) (옮긴이) 실험동물로 많이 쓰이는 설치류로, 이름과 달리 돼지처럼 생기지 않고 햄스터처럼 생겼다. 예전에는 '모르모트'라고 불렀다.

치를 지닌 모든 대상들의 본래적 가치를 동등하게 인정하는 입장을 바탕으로 삼고 있으며, 더 작은 가치와 더 커다란 가치의 구분이 이루어져야 한다는 입장을 부정한다. 그런데 완전주의의 입장에서는 연구 분야에서의 동물 사용 관행을 옹호하고자 할 경우 이러한 구분이 필요하다. 권리 견해를 옹호하는 사람이 동물 사용 관행이 계속되고 있는 데에 안타까움을 금치 못하는 것은 바로 이러한 이유 때문이다.

권리 견해는 병든 동물(또는 인간)을 치료하기 위해 성실하게 노력하여 얻은 성과를 다른 동물(또는 인간)에 대한 치료를 촉진하고 개선하기 위해 사용하는 데 반대하지 않는다. **이러한** 측면에서 권리 견해는 의학 그리고 이와 연계된 연구에서 산출되는 '인도적이며, 인간이 얻게 되는 수많은 이득'에 이의를 제기하지 않는다. 권리 견해가 반대하는 것은 인도적이면서 인간에게 이득을 줄 수 있는 무엇인가를 찾고자 하여 실험용 동물에게 의도적으로 해악을 끼치는 관행(예를 들어 기능 부전, 쇼크, 절단, 중독, 수술, 굶김, 감각 박탈을 통해)이다. 이 관행이 산출해내는 이익은, 그것이 어떠한 것이든, 이러한 관행의 비극적인 부당함을 평가하는 데에서 감안할 바가 아니다. 실험실 동물들은 우리가 활용하는 품질 검사기가 아니다. 우리는 그들의 왕이 아닌 것이다.

이 즈음해서 반과학적이라는 진부한 비판이 다시 한번 대기를 가득 채울 듯하다. 이는 도덕을 빙자한 연막이다. 만약 연구에 사용되는 동물들에게 해악을 끼치지 않거나 그들을 해악을 입을 위험에 빠뜨리지 않는다면, 권리 견해는 동물을 활용하는 연구에 반대하지 않는다. 그러나 이러한 목표는 단순히 실험동물을 마취하거나, 고통을 완화하기 위해 수술 후 약물을 투여하는 방법을 통해, 또는 깨끗한 우리에 수용하면서 충분한 음식과 물을 공급하는 등의 방법만으로는 달성되지 않으리라고 말하는 것이 적절하다. 왜냐하면 문제가 되는 것은 고통과 괴로움만이 아니기 때문이다(물론 이것도 분명 문제가 되지만). 문제가 되는 것은 이외에도 수술로 인한 박탈의 결과로 동물들이 감내해야 할 복리를 누릴 기회의 감소, **그리고** 그들의 때아닌 죽음 등의 **해악**이다. 연구 분야에서 동물을 **자애로운 방식으로** 활용할 수 있는지, 만약 가능하다면 이를 실천하도록 과학자들을 설득할 수 있는지는 확실하지 않다. 이러한 문제를 고려할 때, 또한 계속된 인간 자원봉사자들의 공급에 의존할 경우에 무릅써야 할 심각한 위험성을 고려할 때, 연구는 도덕 행위자나 수동자를 사용하는 방향에서 멀리 벗어나야 한다. 만약 동물을 사용하지 않는 대안을 활용할 수 있다면 그러한 방법을 활용해야 하고, 그러한 방법을 활용하는 것이 가능하지 않다면 발견하기 위해 노력해야 한다. 이는 권리 견해에서 볼 때 연구 분야에서 지향해야 할 도덕적 의미를 갖는 도전이다. 그리고 가장 심층적인 차원에서 반과학적인 사람들은 과학적인 차원에서 시도해보려 애쓰기도 전에 "가능하지 않다"라고 항변하는 과학자들—과학 분야에 전념하려는 자세가 부족하고, 이러한 분야에 대한 믿음을 갖지도 않는, 탐구에 대한 열정이 필요한 사람이 아니라—이다. 자신들이 무엇을 볼 것인지를 이미 확신했기 때문에 망원경을 들여다보지 않았고, 따라서 볼 필요가 없다고 판단했던 갈릴레이의 동시대인들처럼, 연구 분야(혹은 독성 실험 등)에서 동물 사용에 대한 실천 가능한 과학적 대안이 있을 수 없다고 확신하는 과학자들은 진정한 과학이 혐오하는 정신적 습관에 사로잡힌 사람들이다.

권리 견해는 반과학적인 입장과는 거리가 멀다. 독성 시험의 경우에 그랬던 것처럼, 연구 분야에서도 그 반대이다. 권리 견해는 과학자들이 '동물 모델'에 의존하는 데에서 벗어나, 동물을 사용하지 않는 대안을 개발하고 사용하는 방향으로 자신들이 참여하고 있는 여러 분야의 전통적인 관행을 재정립하고, 이를 바탕으로 **과학을 할 것**을 요구한다. 권리 견해가 금하는 것은 개체의 권리를 침해하는 과학뿐이다. 그리고 만약 이러한 금지가 우리가 배울 수 없는 것들이 있음을 의미한다면 그렇게 해야 한다. 인간의 권리를 존중한다면, 인간을 사용하여 배울 수 없는 것들도 있다. 권리 견해는 단지 이러한 측면에서 도덕적 일관성을 요구하고 있을 따름이다.

반인간적이라는 이유를 들어 권리 견해가 연구에서의 동물 사용에 대해 취하는 입장을 비판하는 것은 정당하지 못하다. 이 문제에 대한 권리 견해의 함의는 합리적인 사람이 마땅히 예상해볼 수 있는 것들로, 특히 자연이 우리의 권리를 존중하지도 위반하지도 않는다는 사실을 상기해보았을 때 그러하다(8.2 참조). 오직 도덕 행위자만이 권리를 존중하거나 위반한다. 사실상 오직 도덕 행위자만이 그렇게 **할 수** 있다. 그런데 자연은 도덕 행위자가 아니다. 만약 그렇다면 우리는 우리가 물려받은 자연 질병에 의해 피해를 보지 않을, 자연에 대항하는 아무런 기본적 권리도 갖지 않는다. 우리는 인간성을 거스르는 것과 관련한 어떤 기본적인 권리도 가지고 있지 않다. 현시점에서 확보할 수 있는 최소한의 것은 이러한 질병 치료에 자신을 자발적으로 제공하기로 한 사람들이 공정한 처우를 받게 할 권리이다. 이는 다른 사람들(예를 들어 아메리카 원주민)에게 해악을 끼치면서 일부(예를 들어 백인)가 우대 조치를 받는 것을 용납하지 않을 권리이다. 자연적으로 야기된 질병(그리고 예를 들어 오염 물질과 같은, 인간이 원인이 되어 야기되는 정신적, 육체적 질병)에 대한 공정한 치료를 받을 권리는 **획득적 권리**로, 이는 의료계에서 자발적으로 역할을 맡음으로써 공정한 치료를 제공할 의무를 갖게 된 도덕 행위자에 대해 우리가 갖는 획득적 권리다. 그러나 이러한 직업에 종사하는 사람들뿐만 아니라 건강관리 방법을 개선할 수 있다는 희망을 가지고 연구를 하는 사람들은 연구 과정에서 다른 사람들의 **기본권**—여기서 다른 사람이 갖는 기본권이란 어떤 제도적 장치 내에서 그들이 처한 입장과 독립적으로, 그리고 누군가가 행하는 어떤 자발적인 행동과 독립적으로 사람들이 갖는 권리(8.3 이하 참조)를 말한다—을 침해할 도덕적인 권한을 가지고 있지 않다. 그럼에도 이와 같은 기본권 침해는 매년 의학과 연계된 연구를 포함한 이른바 과학 연구라는 이름이 붙은 서비스를 제공하는 분야에서 말 그대로 수백만 마리의 동물들을 대상으로 이루어지고 있다. 이러한 행동이 가능한 이유는 이와 같은 연구가 이들 동물의 가치를 다른 사람들의 이익에 미칠 수 있는 상대적인 효용성으로 환원될 수 있는 것으로 간주하기 때문이다. 이와 같은 입장을 취함으로써 이러한 연구는 존중받아야 할 동물들의 기본권을 일상적으로 침해한다. 과거에 이루어졌던 이러한 연구를 통해 오늘날 확보된 이익의 수혜자로 간주되는 사람들은 이러한 연구가 중단될 경우 적어도 단기적으로는 미래에 얻게 될 이익을 어느 정도 상실할 각오를 해야 할지도 모른다. 그럼에도 권리 견해는 이러한 연구의 완전 폐지가 아니라면 만족하지 못할 것이다. 향후 동물을 이용한 이와 같은 유해한 연구가 중단될 경우 현재 실험실 동물이 감내해야 할 해악보다 우리가 직견적으로 더욱 커다란 해악을 입게 된다고 해도, 심지어 이러한 관행을 계속 유지함으로써 이익을 얻게 되는 인간의 수, 그리고 여타 동물의 수가 이러한 관행에서 사용되는 동물의 수를 초과한다고 하더라도 이러한 관행은 정의롭지 못하기 때문에 여전히 잘못일 수밖에 없다.

여기서 한 걸음 더 나아간 비판은 뚜렷하게 계약주의의 느낌을 주는 비판이다. 하나의 사회로서의 우리가 과학적인 목적을 위해 동물을 사용하는 것을, 심지어 유해한 방식으로 사용하는 것마저도 허용하기로 결정했다는 주장이 제기될 수 있다. 이러한 논의는 다음과 같이 전개된다. 공적

자금을 사용하여 과학을 지원하는 국가에서 과학자가 되는 사람은 누구나 **여론의 뜻에 기여할 의무를 갖게 되며,** 대중은 과학자에게 그러한 의무와 관련한 권리를 갖는다. 그런데 과학이 사회와의 계약 조건을 이행하기 위해서는 과학이 목적하는 바를 추구하는 과정에서 동물을 유해한 방식으로 사용해야 하는데, 이러한 계약을 맺었다는 사실은 과학 분야에서의 계속된 동물 사용을 정당화하는 특별한 고찰에 해당한다.

    권리 견해가 계약, 그리고 다른 자발적인 협정에 호소하여 획득된 의무, 그리고 이와 상호 관련되는 권리의 타당성을 확보하기 위한 토대를 확보하는 입장에 동조하지 않는 것은 아니다. 그러나 이러한 문제들에 대한 이전의 논의에서 확인한 바와 같이(8.12), 계약이나 기타 자발적 협정의 도덕적 타당성은 특정한 개체들이 자발적으로 특정한 합의에 이르렀다는 것만으로는 확인되지 않는다. 도덕적인 타당성은 그 협정을 체결한 사람들뿐만 아니라 모든 관련자들을 존중하는 방식으로 처우하는 데에 좌우된다. 노예상이 약속된 노예를 의뢰인에게 공급했다고 해서 옳은 일을 한 것은 아니며, 그렇게 하겠다고 약속했어도 그렇게 할 정당한 도덕적 의무가 있는 것도 아니다. 도덕적인 측면에서 보았을 때, 노예 제도는 노예를 존중하지 않는 방식으로 처우하기 때문에, 이러한 제도를 영구화한다는 취지로 이루어진 약속은 무효이다. 사회가 과학과 맺은 '계약', 그리고 일부 동물을 해침으로써 인간과 동물이 모두 이득을 누리게 하겠다는 협정이 지향하는 목적을 따라야 하는 과학자의 추정적인 의무도 마찬가지이다. 권리 견해에 따르면 이러한 '계약'은 도덕적 타당성이 없다. 그 이유는 이러한 계약이 실험용 동물을 마땅히 받아야 할 존중의 태도로 처우하지 않기 때문이다. 이와 같은 목표를 추구하면서 동물들에게 일상적으로 해를 끼치는 과학은 도덕적으로 타락한 것인데, 그 이유는 그 핵심적 가치가 정당하지 못하기 때문이다. 이는 사회와 과학 사이의 '계약'에 대한 어떤 호소도 바꿀 수 없다. 필요한 것은 기존의 계약 때문에 널리 착취당하고 있는 대상들을 배려하고 존중하는 새로운 계약이다. 만약 이러한 계약이 교육과 여론을 매개로 맺어져 집행될 수 없다면 법의 형식을 빌려 맺어져야 한다. 오직 그때가 되어야만 비로소 사회가 과학과 맺은 계약이 특별하면서도 타당한 고찰을 담게 될 것이다.

이러한 새로운 계약 조건을 만들어내기 위해서는 많은 사람들의 노력이 필요하지만, 특히 수의사들의 노력이 중요하다. 수의사들은 사회가 그리는 동물 보호에 대한 도덕적으로 깨어 있는 역할 모델이 될 수 있는 대상들에 가장 가깝다. 이러한 직업의 성원들이 동물권 침해를 일상화하고 있는 산업, 예를 들어 축산업과 실험동물 산업에 종사하거나 서비스를 제공하는 모습이 점차 많이 발견되고 있는데, 이는 우리에게 깊은 고뇌를 안긴다. 권리 견해에서 보았을 때, 수의사들은 자신들과 자신들의 직업을 이러한 산업들에 옭아매는 재정적인 굴레에서 벗어나야 하고, 자신들이 돌보는 대상의 권리를 존중하는 프로젝트에 **치료자로서**, 또한 **의사로서** 광범위한 의학 지식과 기술을 제공해야 할 의무가 있다. 정의(正義)와 동물이 포함된 새로운 계약에는 수의학이라는 직업에 속하는 사람들이 최초로 서명해야 한다. 관련 문제에서 앞장서지 못하는 것은 도덕적 비전의 부족이나 용기 부족(혹은 양자 모두)의 징후가 될 것이고, 이는 존경의 대상이 되는 이러한 직업과 이에 종사하는 사람들의 이미지를 영원히 더럽히는 것이다.

마지막 비판은 원칙적으로 권리 견해가 포유동물을 스스로 말하는 핵심적 의미에서 삶의 주체로 파악하는 것(7.5 참조)이 합당해지는 육체적 성숙에 이르기 전에 과학의 목적 일반을 위해, 특히 연구를 위해 사용하는 것에 반대할 수 없다고 강조한다. 예를 들어 새로 태어난 포유동물의 사용은 권리 견해에서 제시한 금지의 범위 밖에 있다.

이러한 비판의 절반은 맞는다. **만약 일정 조건이 충족된다면**, 권리 견해는 신체 발달의 특정 단계에 놓인 포유동물을 과학에서 사용하는 관행을 인정할 수 있다. 그러나 앞에서 한 번 이상 언급했듯이, 어디에 선을 긋는지는 논란의 여지가 있다. 즉 어떤 종의 동물을 삶의 주체가 될 자격을 갖춘 성원에 포함시키는지에 대해서는, 그리고 주어진 동물이 그러한 주체가 되는 데 필요한 능력을 획득하는 시기가 언제인지에 대해서는 논란의 여지가 있는 것이다. 우리는 두 경우 모두에서 정확히 어디에 선을 그어야 할지를 확실하게 알지 못한다. 이처럼 우리가 매우 중요한 도덕적 의미를 갖는 문제에 대해 잘 알지 못하는 것이 너무 확실하기에, 우리는 인간뿐만 아니라 동물의 경우에도 지나치다 싶을 정도로 신중할 필요가 있다. 발육의 초기 단계에 있는 포유동물의 태아를 의식적이고 지각 있는 동물 등으로 간주하는 것은 전혀 타당하지 않다. 하지만 이러한 동물이 의식, 지각, 감응력 등의 기초가 되는 육체적 기반을 갖추면서 신체적으로 성숙해짐에 따라 이러한 생각은 점차 신뢰를 잃게 된다. 현재 진행하고 있는 작업을 통틀어 우리의 관심은 대부분 한 살 내지 그 이상의 정상적인 포유류에 국한되어 있다. 하지만 그렇다고 해서 우리가 원하는 방식으로 한 살 미만의 동물들을 처우할 수 있는 것은 아니다. 우리는 선을 정확히 어디에 그어야 할지 모르기 때문에, 삶의 주체가 됨의 바탕이 되는 육체적 특징을 획득한 한 살 미만의 포유동물들에게도 의심의 이득을 주는 것이 좋다. 이 경우 이러한 동물들에 대한 권리 견해의 입장은 그들을 과학의 목적을 위해 사용하는 데에 반대하는 것이 된다.

갓 태어난 포유류와 곧 태어날 포유류를 과학 분야에서 사용하는 데에 반대하는 입장에 힘을 더하는 근거가 있는데, 이는 칸트의 입장과 유사하다. 과학의 목적으로 이러한 동물들을 일상적으로 사용하는 것을 허용할 경우, 동물들 대부분이 그저 '모델'일 뿐이고, 단지 '도구'일 뿐이며, 단지 '자원'일 뿐이라는 태도를 조장할 가능성이 크다. 동물권을 존중하는 마음을 양성하는 데 해로운 태도는 뿌리를 내릴 수 있도록 하는 것보다, 근원적으로 뿌리를 뽑는 편이 낫다. 이 때문에 권리 견해는 인간 낙태와 유아 살해라는 유사 영역(8.12)에서와 마찬가지로, 개별 동물의 권리를 존중하는 태도를 강화하는 방침을 선호한다. 설령 이러한 태도를 갖게 하는 것이 권리를 갖지 않을지도 모르는 일부 동물들을 마치 권리를 가진 것처럼 처우하도록 요구하더라도 그러하다.

마지막으로 권리 견해는 과학 분야에서 발달 초기 단계의 태아 포유동물을 사용하는 것에 대해서마저도 백지 수표를 발행하지 않는다. 그 이유는 설령 우리에게 이러한 태아를 정당하게 처우할 의무가 없다고 해도, 권리 견해에서 보았을 때 우리는 연구자들이 원할 것 같은 수만큼의 태아를 생산해야 하는 동물들을 정당하게 처우할 의무를 분명 가지고 있기 때문이다. 성숙한 동물이 '태아 생산 기계'로 사용되고, 그 결과 원하는 속도로 번식해야 하는 환경에서 사육될 경우, 이들의 권리가 존중될 가능성은 거의 없다. **이러한** 동물들이 예컨대 자신들의 선호 자율성을 바탕으로 행동하는 데에 도움이 되는 물리적인 환경을, 혹은 자신들의 사회적 필요에 우호적인 물리적 환경을 제공받을 가능성은 극히 희박하다. 또한 선호 존중 혹은 온정주의 안락사임을 내세워 이러한 동물 살해를 옹호할 수 있는 시기가 오기에 앞서, 때아닌 시기에 이러한 동물의 목숨을 끊으려 할 가능성도 매우 크다. 일단 번식을 더 이상 하지 못하게 되면, 그들은 죽임을 당할 가능성이 크다. 이와 같은 성숙한 동물들을 오직 인간의 목적에 비례하는 정도의 가치를 갖는 것처럼 처우해야 한다고 믿을 수 있는데, 권리 견해는 그렇게 믿는 정도만큼 포유동물의 태아를 과학 분야에서 사용하는 데 반대할 것이다. 이렇게 반대하는 이유는 이러한 포유동물들의 태아가 권리를 침해당할 수 있기 때문이 아니라, 종축(種畜)으로 사용되는 성숙한 동물이 권리를 침해당할 수 있기 때문이다. 권리 견해는 태아 발달의 가장 초기에 있는 포유동물을 사용하려는 사람들이 그렇게 하는 것을 허용할 수도 있다. 하지만 오직 다음과 같은 단서를 모두 충족할 경우에만 그렇게 할 것이다. (1) 그러한 사람들이 태아를 출산하는 실험실 동물을 그들이 마땅히 받아야 할 존중의 태도로 처우할 경우, 그리고 (2) 포유류 태아의 사용이 연구를 포함해 과학의 목적으로 성숙한 포유동물들을 사용하도록 과학자들을 고무하는 믿음과 태도를 조장하지 않는 경우. 과학이 첫 번째 조건을 충족하는 정책들을 만들어낼지는 확실하지 않다. 반면 두 번째 조건을 충족하는 정책은 분명 도입될 수 있다. 이는 과학이 더 이상 직접 해악을 끼칠 수 있는 방식으로 삶의 주체들인 포유동물들을 사용하지 않는 경우가 될 것이며, 그들을 더 이상 해악을 입을 위험에 처하지 않게 하면서, 혹은 해악을 끼치는 것이 허용되는 환경에서 양육되지 않게 하면서 활용하는 경우가 될 것이다. 이는 권리 견해가 허용할 수 있는 정책이다.[51]

∵

51) 지난 세 단락에서 제시했던 내용과 유사한 답변은 새로 태어난 동물, 그리고 곧 태어날 동물을 포함하여 한 살 미만의 농장 동물을 먹는 것에, 혹은 야생동물을 사냥하거나 포획하는 것에 별다른 문제가 없다는 입장에 대응해서 제시할 수 있음에 주목하라. 우선 농장 동물에 대해 말하자면, (1) 이러한 어린 동물들이 삶의 주체가 아니라는 것을 확실함에 가깝게 알 수 없기 때문에, (2) 그리고 그들이 삶의 주체이든 아니든 간에, 우리는 삶의 주체인 동물들에 대한 존중의 처우로 이어지는 믿음과 태도를 장려하고자 하기 때문에, 마지막으로 (3) 영농 분야에서 '태아 생산 기계'로 사용될 성체 동물들이 마땅히 받아야 할 존중을 받지 못할 가능성이 높기 때문에 권리 견해는 이와 같은 육식 옹호 입장에 반대한다. 논점 (1)과 (2)는 새로 태어난 야생동물을 사냥하고 포획하는 데 적용되는데, 이들은 가령 새로 태어난

이는 과학 분야가 아직 도입하지 못했지만, 앞으로 도입해야 할 정책이다.

과학 분야에서의 동물 사용, 공리주의 그리고 동물권

과학 분야에서 동물을 사용하는 경우에서처럼 공리주의와 권리 견해의 근본적인 차이가 확연하게 드러나는 경우는 없다. 공리주의자들의 입장에서 보았을 때, 과학이 지향하는 목적을 추구하기 위해 동물에게 끼치는 해악이 정당화되는지의 여부는 결과에 의해 영향을 받는 모두에게 미치는 결과의 총합적인 득실에 좌우된다. 만약 동물들에게 해악을 끼친 결과가 선에서 악을 뺀 최선의 총합값을 산출한다면, 이 경우 유해한 실험은 의무가 되어 버린다. 초래되는 결과가 적어도 다른 경우에 획득할 수 있는 바와 다를 바 없다면, 이 경우 유해한 실험은 허용될 수 있다. 공리주의의 입장에서는 유해한 실험이 오직 최선의 결과를 산출하는 경우보다 적은 결과를 산출하는 경우에만 잘못일 것이다. 그러므로 공리주의자가 유해한 시험을 반대하거나 지지하기 위해서는 적절한 사실을 알아야 할 필요가 있다. 예컨대 누가 이득이나 해악을 입는지, 얼마만큼 입는지 등을 알아야 하는 것이다. 공리주의자에 따르면 시험을 행하거나 연구를 수행하는 사람들의 이익, 그들의 고용인, 이러한 사람들의 자손들, 소매상과 도매상, 동물 육종가, 그리고 그 외의 사람들을 포함한 모든 사람들의 이익이 고려되어야

∴

물개 도살에 반대하기 위해 제시되는 권리 견해의 주요한 (하지만 유일하지는 않은) 이유이다. 권리 견해는 스포츠라는 이름으로, 혹은 이윤을 추구한다는 명목으로 비(非)포유동물(예를 들어 온갖 종류의 새와 물고기)을 죽이는 것에 대한 비판을 정당화하기 위해 동일한 종류의 이유를 제시한다. 설령 새와 물고기가 삶의 주체가 아니라고 가정해도, 오락을 목적으로, 또는 경제적 이익을 목적으로 그들에 대한 착취를 허용하는 것은 사실상 삶의 주체인 동물권을 압도하는 습관과 관행의 형성을 장려하는 격이다.

하며 동등하게 헤아려져야 한다. 공리주의자들에게는 이와 같은 **부수 효과가 중요하다.** 실험에 사용되는 동물들은 아무런 특권화된 도덕적 지위를 갖지 않는다. 그들의 이익은 분명 고려의 대상이 되어야 하지만, 그 외 다른 개체들의 이익 이상으로 고려의 대상이 되어서는 안 된다.

'거의 항상' 그렇듯이, 공리주의자들은 우리에게 필요한 바를, 다시 말해서 그들의 이론을 감안할 때 과학에서의 동물 사용이 정당화될 수 있는지의 여부를 결정하기 위해 우리가 알아야 할 적절한 사실을 제공하지 못한다. 또한 어떤 공리주의자가 "실험자가 어떤 실험에 덜 영리하고 덜 의식적인 인간을 사용하지 않으려 하면서, 더 영리하고 더 의식적인 동물을 기꺼이 사용하려 한다면, 그와 같은 실험은 무엇인가가 잘못되었음이 분명하다"라고 주장하거나 이를 함축한다면 그는 사실상 공리주의적 토대를 갖추고 있지 못한 것이다. 우리가 아는 한에서, 그리고 공리주의자가 지금까지 우리에게 알려준 한에서, 모든 것을 고려해보았을 때, 그러한 동물을 사용한 결과는 인간을 사용하여 초래된 결과에 비해 나은 결과를 산출할 것이다. 공리주의 이론의 입장에서 중요한 것은 **누가** 사용되었는지가 아니다. 중요한 것은 **결과이다.**

권리 견해는 매우 다른 입장을 견지한다. 동물이든 인간이든, 그 누구도 마치 단순히 그릇처럼 처우해서는 안 되며, 어떤 대상의 가치가 다른 대상들에게 미칠 수 있는 효용성으로 환원될 수 있는 것처럼 처우해서도 안 된다. 다시 말해, 그저 '최선의' 총합으로서의 결과를 산출할 것이라는 이유로, 혹은 산출할 수도 있다는 이유로 개체에게 해를 끼쳐서는 절대 안 된다. 그렇게 하는 것은 개체의 권리를 침해하는 것이다. 이것이 과학의 목적을 추구하기 위해 동물에게 끼치는 해악이 잘못인 이유이다. 산출된 이득은 충분히 실질적인 것이다. 하지만 일부 이득은 잘못된 방식으로 얻은 것이며, 부당하게 확보되는 모든 이득은 잘못된 방식으로 얻은 것이다.

바로 이러한 이유로 권리 견해는 과학에 종사하는 사람들에게 문제를 제기한다. 권리 견해를 취하는 사람들은 지식을 발전시키고 일반 복리를 위해 일하는 것은 받아들이지만, 개체의 권리를 침해하는 관행을 허용함으로써 그렇게 하는 것은 허용하지 않는다. 우리는 이것이 과학과 사회 간의 새로운 계약 조건이라고 말할 수 있을 것이다. 비록 때늦은 감이 없지 않지만 이제 이러한 계약에는 동물권을 대변하는 사람들의 서명이 담겨 있다. **권리 견해를 받아들이는 사람들은, 그리고 동물을 위해 서명을 한 사람들은 과학 분야, 즉 교육, 독성 실험, 기초 연구 분야에서 유해한 방식으로 동물을 사용하는 관행을 완전히 폐지하지 않는 이상 만족지 않을 것이다.** 권리 견해는 예외를 인정하지 않는다. 권리 견해는 어떤 존재가 도덕 행위자이건, 도덕 수동자이건 그 존재의 권리를 침해하는 어떤 과학의 관행도 받아들이지 않는다. 그리고 이 장에서 인간 아닌 존재에 대해 개진한 입장과 유사한 이유로, 일부 사람들—새로 태어난 아이와 곧 태어날 아이—에게도 동일한 입장을 적용한다. 우리의 무지가 주는 무게를 감안한다면 이들에게는 권리 소유에 관한 의심의 이득이 주어져야 한다. 권리 견해를 받아들이는 사람들은 과학을 하는 사람들이 이른바 '자원들'이라 생각하는 이러한 대상들에 대한 가능한 어떤 활용 방식도 받아들이지 않는다. 그리고 이렇게 하는 이유는 우리가 잔인함을 부정하기 때문이 아니고(비록 부정하기는 하지만), 친절함을 선호하기 때문도 아니다(비록 선호하기는 하지만). 이렇게 하는 것은 정의가 이를 요구하기 때문이다.

9.5 요약과 결론

이 장에서 필자는 권리 견해의 함의를 몇 가지 추적해보았다. 이러한 관점에 따르면 우리가 알고 있는 축산업은 부당한데(9.1), 그 이유는 이러한 농업이 농장 동물들을 오직 인간의 이익에 비례하는 가치를 갖는 재생 가능한 자원으로 처우하면서, 마땅히 받아야 할 존중의 태도로 그들을 처우하지 않기 때문이다. 우리가 알고 있는 축산업의 잘못은 농장 동물들이 공장식 농장에서 밀집된 채 감금되어 사육되는 경우에 국한되지 않는다. 설령 농장 동물들이 '인도적'으로 사육되어도 축산업은 잘못이다. 그 이유는 이러한 경우에도 대개 농장 동물들은 선호 존중이나 온정주의적 안락사라는 이유보다는 인간의 이익 때문에 때아닌 죽음을 맞이하기 때문이다. 고기를 구입함으로써 오늘날의 축산업을 사실상 지지하고 있는 사람들은 그렇게 하지 말아야 할 도덕적 의무를 갖는다. 설령 소비자들이 채식주의자가 된다고 해도, 이로 인해 농장 동물들보다 상황이 악화된다고 주장할 아무런 신뢰할 만한 이유가 없으며, 설령 축산업이 망할 경우 현재의 삶의 질이 관련 산업의 번영과 밀접하게 연결되어 있는 사람들의 상황이 악화될 수 있다고 해도, 이러한 산업에 자발적으로 참여하고 있다는 사실은 그들이 사업이 망했을 때 상황이 악화되지 않을 권리를 포기한다는 것을 시사한다. 우리는 영농인, 육류 가공업자, 혹은 도매상들의 제품을 구입해야 할 짐을 지고 있지 않으며, 그들의 자손들에게 이러한 짐을 지고 있지도 않다. 일단 농장 동물을 사육할 적절한 경제적 동인이 사라질 경우 영농인들이 상업적 이득을 취할 목적으로 사육하는 동물들은 소수(만약 있다면)에 그치게 될 것이라는 주장도 권리 견해에 대한 비판이 될 수 없다. 이렇게 말하는 이유는 도덕적으로 중요한 것은 사육 동물들의 수가 아니라, 개별 동물들의 처우 방식과 관련된 정의이기 때문이다. 법적 재산으로서의 농장 동물을 그들의 법적 소유자가 적절하다고 판단하는 어떤 방식으로도 처우할 수 있다는 생각을 옹호하는 것은 어설프다. 왜냐하면 첫째, 법적인 것이라고 해서 반드시 도덕적인 것은 아니기 때문이고, 둘째, 권리 견해가 법적 소유로서의 동물 개념 자체를 받아들이지 못하기 때문이다. 권리 견해는 채식주의자가 되어야 할 의무라는 측면에서 공리주의와 극단적으로 대립되는데, 권리 견해는 얼마나 많은 사람들이 채식을 하는지와 무관하게, 그리고 고기 시장에 대한 채식주의의 영향이 얼마나 크거나 작은지를 아는 것과 무관하게, 개인이 채식주의자로서의 삶을 영위할 의무를 갖는다는 입장을 견지한다. **설령 타인에 대한 권리를 침해하는 제도에 대한 지지를 유보하는 유일한 사람이라 할지라도, 그 개인은 그러한 지지를 유보하는 것이 옳다.** 하지만 채식주의를 옹호하는 공리주의자와 마찬가지로, 권리 견해를 받아들이는 사람들도 개별 채식주의자들에게 단순히 삼가는 것 이상을 할 것을 요구한다. **권리 견해는 우리가 알고 있는 축산업이 전적으로 해체되지 않는 이상 만족하지 않을 것이다.**

우리는 권리 견해를 이용하여 스포츠 목적과 상업적 목적의 사냥과 덫놓기를 평가해보았다(9.2). 양자에 대해서는 가차 없는 비판이 제기되었다. 이러한 스포츠를 통해 얻게 되는 쾌락(예를 들어 자연과의 교류)은 동물들을 죽이지 않고서도 확보할 수 있으며, 야생동물을 상업적으로 이용하는 사람들은 동물들의 가치가 인간의 이익, 특히 경제적 이익에 비례하는 효용성으로 환원된다는 잘못된 가정을 하고 있다. 이러한 비판에 대한 대응으로 지속 가능한 최대 수확량이라는 이념에서 도피처를 찾으려는 노력은 실패로 귀결된다. 그러한 이념은 야생동물들이 오직 인간의 이익에 비례하는 가치를 갖는, 재생 가능한 자원이라는 견해를 영속화하는 데에 기여한다. 결과적으로 그러한 이념은 야생동물들이 갖는 가치에 대한 빈약한 견해를 바꾸어놓기보다는 영속화하는 데에 기여한다. 또한 지속 가능한 최대 수확량이라는 이념이 성공적으로 실천에 옮겨질 경우, 굶주림, 사냥꾼의 잘못된 사격 등으로 초래될 '나쁜 죽음'의 총수를 줄이기보다는 극대화하는 결과가 초래된다. 돈을 벌기 위해, 그리고 스포츠로 사냥을 하고 덫을 놓는 사람들은 지속 가능한 최대 수확량이라는 이념을 실행에 옮기면서 야생동물들에게 어떤 호의를 베푸는 것이 아니며, 그들이 '야생동물의 동반자'일 수도 없다. 이러한 이념을 받아들이는 야생동물 관리자들은 문제를 해결하는 사람들이 아니라 그들 자체가 문제의 일부이다. **일반적으로 권리 견해는 야생동물을 그냥 내버려 두라는 입장을 견지한다. 야생동물 관리는 사냥꾼, 덫을 놓는 사람, 그리고 다른 도덕적 행위 주체로부터 야생동물을 보호하도록 고안되어야 한다.** 이는 온갖 상업용 야생동물 활용 관행(예를 들어 모피 산업과 포경)의 해체뿐만 아니라 합법화된 사냥과 덫 놓기 전통의 폐지를 요구할 것이다.

권리를 보유하는 전형적인 대상들은 개체들이며, 개체들은 설령 그들이 희귀한 혹은 멸종 위기의 종에 속해 있다고 해도 더 많은 권리를 갖지 않는다. 이에 따라 권리 견해는 일부 희귀 동물 혹은 멸종 위기종 동물 성원들에 대해 예외적인 도덕적 지위를 인정하지 않는다(9.3). 하지만 권리 견해는 희귀 동물이나 멸종 위기 동물을 구하려는 노력에 반대하지 않는다. 권리 견해는 이러한 동물들이 희귀하거나 멸종 위기에 있기 때문이 아니라, 그들이 동물이기 때문에 보호되어야 한다고 주장할 따름이다. 특히 희귀종과 멸종 위기종을 보호하기 위한 노력이 자칫 수많은 여타 동물들의 가치를 등한시하는 믿음과 태도를 조장할 수 있는 한, 권리 견해는 그 정도만큼 그러한 경향에 강한 도덕적 부정을 표명해야 한다. 모든 동물들은 그 수가 많든 희귀하든 모두 동등하다.

권리 견해는 **개체**에게 최고의 중요성을 부여하는데, 이러한 사실은 권리 견해를 받아들여 환경 윤리를 개발하고자 하는 사람들에게 풀어야 할 숙제를 던져준다. 적어도 이론의 차원에서 보자면 권리 견해는 상당수의 현대 환경 사상의 특징인 전체론적 혹은 시스템적 접근(이른바 환경 파시즘)과 조화를 이루지 못한다. 특히 권리 견해는 레오폴드의 이론과 같은 전체론적인 함의를 갖는 이론, 즉 공동체에 '최선'의 결과를 초래하는 바를 받아들이고, '최선'보다 적은 결과를 초래하는 바를 거부하는, 생명 공동체의 성원들에 미치는 결과를 합산함으로써 우리가 행하는 바의 도덕성을 평가하고자 하는 접근 방식을 거부한다. 권리 견해는 그와 같은 전체론적인 접근 방식이 받아들이는 도덕적 의사 결정 방식, 그리고 이것이 의존하는 개체에 대한 가치 이론을 거부한다. 권리에 바탕을 둔 환경 윤리는 적절한 평가는 말할 것도 없고, 아직 정식화도 되지 않은 상황이다. 그럼에도 이와 같은 환경 윤리는 설득력 있는 유효한 이론적 선택지로 간주되어야 하며 쉽게 간과해서는 안 된다.

권리 견해의 주요 함의를 적용해본 마지막 영역은 과학 분야에서의 동물 사용이었다(9.4). 권리 견해는 여러 이유로 교육 분야에서, 신제품과 신약의 독성 시험에서, 그리고 연구 분야 등에서 동물을 사용하는 것에 단호하게 반대한다. 고등학교와 대학교 실험실에서 행해지는 살아 있는 포유 동물 해부는 비난받아 마땅하며, 이러한 관행을 통해 얻는 관련 지식은 이러한 관행 없이도 확보할 수 있기 때문에 더욱 그러하다. 이 동물들을 마취한다고 해서 권리 견해의 비판을 피해갈 수 있는 것은 아니다. 왜냐하면 도덕적으로 유의미한 것은 단지 그들의 고통 혹은 아픔이 아니라, 동물들의 때아닌 죽음이기 때문이다. 고등학교와 대학교 실험실에서 사용되는 대부분의 동물들이 포유류가 아니며, 그리하여 권리 견해가 옹호하는 원리의 적용 범위 내에 들지 않는다는 비판에 대해 나는 (1)삶의 주체인 동물과 그렇지 않은 동물들 간의 경계선을 어디에 긋는지가 전혀 확실하지 않고, 이에 따라 현재의 경우를 포함해 수많은 경우들에서 우리가 동물들에게 의심의 이득을 주면서 매우 신중해야 함을 지적했으며, (2)비포유류들을 일상적으로 사용하는 경우마저도 포유동물들을 존중하지 않는, 그리하여 그러한 동물들의 권리를 침해하는 믿음과 태도를 조장할 수 있다는 점을 지적했다. 이와 같은 두 가지 이유는 모두 고등학교와 대학교의 생명과학 교과 과정에서 이루어지는 정규 실험을 중단해야 한다는 설득력 있는 근거가 된다.

독성 시험용으로 동물을 사용하는 것에 반대하면서 제시한 이유들 중에서 가장 중요한 것은 이와 같은 동물 사용이 전제하고 있는 방식으로 동물에게 위험을 전이할 수 없다는 것이다. 신제품이든 신약이든, 개인들은 어떤 위험이 도사리고 있는지를 확인하기 위해 자발적으로 자신들이 무릅쓰거나 무릅쓰지 않기로 선택함으로써 규명하거나 최소화할 수 있는 것들에 타인들을 강제할 권리가 없다. 다른 개체들에게 좋은 결과를 초래한다는 (혹은 초래할 수 있다는) 사실은 독성 시험을 도덕적으로 정당화하는 것과 관련이 없다. 이는 비난할 만한 수단을 통해 훌륭한 목적을 달성하게 되는 다른 사례들과 다를 바 없다. 우리는 설령 선이 산출된다고 해도 부정의를 행해서는 안 되며, 어떤 사람들을 강제로 해악을 입을 위험에 처하게 하거나 실제로 해악을 끼쳐 다른 사람들이 처하게 될 위험을 규명하거나 최소화하려 해서는 안 된다. **실험실 동물들을 대상으로 한 독성 시험을 승인하는 것은 그들의 권리를 일상적으로 침해하는 관행을 승인하는 것이다. 권리 견해에 따르면 그와 같은 실험은 모두 중단되어야 한다.** 물론 이것이 독성 시험이 종지부를 찍어야 한다는 말은 아니다. 이와 반대로 권리 견해는 우리가 신제품이나 신약을 사용하기로 결정한다고 했을 때 무릅써야 할 위험을 최소화하는 것이 바람직하다고 생각한다. 이에 따라 권리 견해는 이와 관련된 상업적 이해 당사자들이, 그리고 이러한 문제에 영향을 받는 정부 규제 기관들이 가정과 일터에서 인간을 보호하는 데에 양심적으로 헌신하면서 우리의 관련 이익을 보호하는 타당한 과학적 절차를 개발하는 데에 찬사를 보낸다. **권리 견해가 금지하는 것은 개체들의 권리를 침해하는 절차들이다. 권리 견해가 바라는 것은 실험에서 요구되는 동물 수의 축소가 아니며, 사람들의 실험 계획서를 개선하라는 것도 아니다. 권리 견해는 독성 실험에서의 동물 사용을 전적으로 폐지하기를 요구한다.**

권리 견해는 연구 분야에서 동물을 사용하는 관행에 대해서도 동일한 입장을 견지한다. 타인을 위해 도움이 되는 무엇인가를 발견할지도 모른다는 이유로 동물에게 해악을 끼치는 것은 마치 그들의 가치가 타인의 이익에 비례하는 가치를 갖는 효용성으로 환원될 수 있는 것처럼 그러한 동물들을 처우하는 것이고, 소수가 아닌 무수히 많은 동물들에게 이렇게 하는 것은 영향을 받은 동물들이 마치 재생 가능한 자원인 것처럼 그들을 처우하는 것이다. 여기서 '재생 가능함'을 말하는 것은 아무런 잘못을 범하지 않으면서 대체할 수 있다고 생각하기 때문이고, 자원을 말하는 것은 그들의 가치가 타인에 주는 이익의 상대적인 정도에 따라 차이가 있는, 그들이 갖는 효용성과 밀접한 관련이 있다고 가정하고 있기 때문이다. **권리 견해는 연구 분야에서 동물을 대상으로 시행하는 유해한 시험을 극히 혐오하고, 이의 전적인 폐지를 요구한다.** 동물들을 연구에 사용하는 것은 부당하며, 다음과 같은 이유로 잘못이다. 첫째, 그들은 타인의 이익에 비례하는 효율성과 동일하지 않고, 그것으로 환원될 수 없으며, 비교 불가능한 유형의 가치를 가지고 있다. 둘째, 엄격한 정의의 측면에서 보자면 그들은 당연히 자신들의 가치가 존중되는 처우를 받아야 한다. 셋째, 그들을 일상적으로 사용하는 것은 그들이 마땅히 받아야 할 존중의 처우를 하지 않는 것이다. 인간과 동물 모두에게 도움이 되는 수많은 참된 이득을 포함하여, 과학이 이룬 칭찬받아 마땅한 성과는 이를 이루기 위해 활용되는 부당한 수단을 정당화하지 않는다. 다른 경우들과 마찬가지로, 이 문제에서도 권리 견해는 과학 연구를 중단하라고 요구하지 않는다. 과학 연구는 계속되어야 한다. 하지만 실험실 동물의 희생을 대가로 계속되어서는 안 된다. 과학 연구 분야에서의 가장 중요한 당면 과제는 이와 유사한 독성학 분야에서의 과제 혹은 여타의 모든 과학 분야에서의 당면 과제와 동일하다. 즉 인간이든 동물이든 그와 상관없이, 누군가의 권리를 침해하지 않으면서 과학을 하라는 것이다.

원칙적으로 권리 견해는 연구 분야를 포함한 과학 분야에서의 포유류 배아 사용을 정당화할 수 있음을 부정하지 않는다. 권리 견해에 따르면 발달 초기 단계의 태아들은 사용될 수 있다. 단 이러한 사용은 그들의 사용 허용이 권리를 갖는 동물들의 권리, 특히 씨를 받을 동물로 사용되는 동물들의 권리를 압도하는 처우를 허용하는 믿음과 태도를 조장하지 않는다고 믿을 만한 훌륭한 이유가 있을 경우로 제한된다. 이러한 조건을 충족할 수 있는지는 분명하지 않다. 하지만 과학자 자신이 포유류 배아와 성숙한 동물 모두를 계속 사용할 경우 이러한 조건을 충족할 수 없을 것임이 분명하다. 이렇게 보았을 때, 우리는 "과학자들은 성숙한 포유동물들(혹은 한 살 미만이지만 의심의 이득을 주어야 하는 다른 포유동물들)을 사용해서는 안 된다"는 것을 포유류 배아 사용 정당화에 필요한 핵심적인 기준으로 삼을 수 있을 것이다. 권리 견해는 과학자들이 배아 단계 이후의 시기에 놓인 포유류들을 더 이상 사용하지 않을 때에야 비로소 포유류 배아 사용 옹호 논의를 진지하게 고려할 것이며, 그렇게 될 때까지는 진지하게 고려하지 않을 것이다. 입증의 책임은 자신의 입장을 개진하는 측에 있다.[52] [53]

..

52) (옮긴이) 권리 견해는 포유류 배아 사용에 반대하는데, 누군가가 이를 사용하고자 한다면 그 사람이 이의 정당성을 입증해야 한다는 것.

53) 베이츠(Bates) 대학의 심리학 교수인 Henry Shapiro의 논평을 통해 나는 동물에 대한 처우의 도덕성을 평가하는 것에서의 위험 감수의 적절성과 중요성을 알게 되었다. 내 동료 Donald VanDeVeer와의 권리에 대한 유익한 논의 덕에 나는 권리가 무엇인지에 대한 더 나은 이해로 서서히 나아갈 수 있었다.

에필로그

    권리 견해는 이미 확립되어 있는 문화적 관행에 대한 비판을 제기하고 있다. 하지만 이러한 관점은 돈을 벌기 위한 사업에 반대하지 않고, 개인의 자유에 반대하지 않으며, 과학에 반대하지도 인간에 적대적이지도 않다. 이러한 관점은 동물권을 존중하는 데 이르기까지 정의의 적용 범위를 확대해야 한다고 주장할 따름이다. 정의가 오직 도덕 행위자 혹은 인간에게만 국한되어 적용되어야 한다고 주장하면서 권리 견해에 반대하는 것은, 또한 우리가 동물들을 재생 가능한 자원, 혹은 대체 가능한 그릇, 도구, 모델, 혹은 사물로 대할 때에만 우리 스스로의 권리를 행사하는 것이라고 주장하면서 권리 견해에 반대하는 것은 권리 견해가 반대자들에게 제기하는 비판에 대한 적절한 응전이 아니다. 이상의 입장에서 권리 견해에 반대하는 것은 적절한 대응이 아닌 것이다. 거꾸로 권리 견해에 반대하는 것은 반대자들이 수행하는 작업이 밝혀내고 반박하고자 하는 대상이었던 바로 그러한 편견을 부지불식간에 드러내는 것이다.

    하지만 편견은 좀처럼 쉽사리 사라지지 않는다. 특히 현재의 경우처럼 널리 확산되어 있는 세속적인 관습과 종교적 믿음에 둘러싸여 있을 때, 거대하고 강력한 경제적 이익이 지탱해주고 있을 때, 그리고 관습법이 보호하고 있을 때에는 더욱 그러하다. 변화에 저항하는 이와 같은 힘이 집합적으로 가지고 있는 엔트로피를 극복하는 것은 결코 쉬운 일이 아닐 것이다. 그런데 동물 권리 운동은 겁쟁이들에게 적합한 운동이 아니다. 이러한 운동이 성공하려면 우리 문화가 견지하는 사고와 행동에서 혁명이 일어나야 한다. 하지만 문화의 혁명이 이루어지는 현시점에서 우리는 동물의 도덕적 지위에 대한 정확한 개념을 제대로 파악하지 못하고 있다. 이는 슈테판 로흐너가 사자에 대한 정확한 이미지를 갖지 못했던 것과 유사하다. 우리가 동물에 대한 주요 오해를 어떻게 변화시킬 수 있는가는 상당 부분 정치적인 질문이다. 힘이 옳음을 만들어내지는 않는다. 힘이 만들어내는 것은 법이다. 도덕철학은 정치적 행동을 대체할 수 없다. 그럼에도 이러한 철학이 정치적 행동에 기여할 수는 있다. 도덕철학의 전달 수단은 관념이다. 일상 속에서 인상을 남기는 것은 실천을 하는 사람들, 즉 편지를 쓰고, 탄원서를 제출하고, 데모를 하고, 로비를 하고, 여우 사냥을 못하게 하고, 해부 혹은 수술 연습에 동물을 사용하지 않으려 하거나 여타의 방식으로 실천하는 사람들이기는 하다. 그럼에도 역사는 관념이 분명 차이를 만들어냈음을 보여주고 있다. 동물권에 대한 깨달음을 촉발하는 데에 도움을 준 것은 분명 과거의 사람들—솔트[1] 지지자들(the Salts), 쇼 지지자들(the Shaws), 그리고 더욱 최근의 사상가들—의 착상들이다. 이 책의 모토로 사용된 밀(Mill)의 말을 빌리자면, 이러한 문제를 조롱의 단계를 지나 논의의 단계로 전환시킨 것은 그들인 것이다. 나는 이 책의 출간이 이러한 위대한 운동, 즉 동물권 운동이 세 번째이자 마지막 단계인 채택의 단계로 나아가게 하는 데에 일조하기를 바란다. 저명한 미국의 사진사인 안셀 애덤스(Ansel Adams)가 다른 맥락에서 사용한 말을 빌리면 "우리는 새로운 계시,

··

1) (옮긴이) 헨리 솔트(Henri Salt, 1851~1939)로, 영국의 작가이자 동물권 주창자이다.

새로운 깨달음의 문턱에 있다. 하지만 우리가 위대한 전투에 합류하여 승리하면 지금까지 우리가 이룬 성과를 수천 배로 늘려야 한다."

옮긴이 해제[1]

동물들이 도덕적 고려의 대상일 수 있다는 견해에는 흔히 '동물의 권리', 곧 '동물권(animal rights)'이라는 꼬리표가 붙어 다닌다. '여성의 권리'가 수십 년 전에 그랬던 것처럼 '동물의 권리'라는 말은 동물의 곤경에 관심을 기울이게 하는 손쉬운 방법이다. 그러나 많은 사람은 동물권을 존중한다고 말할 때 '동물을 인도적으로 대우해야 한다'라는 정도의 의미로 쓸 뿐, 동물이 사람의 생명권처럼 절대 압도할 수 없는 권리를 갖는다고 생각하지는 않는다. 실제로 일반인은 물론이고 동물권 운동가라고 하더라도 필요에 따라, 예컨대 방역이나 인간의 건강을 위해서 동물의 생명을 해칠 수 있음을 인정한다. 하지만 동물권은 매우 구체적인 철학적인 입장을 지칭하는 말이다. 철학에서 '권리'라고 할 때는 흔히 마땅히 누려야 하고 다른 무엇인가에 의해 압도될 수 없는 자격의 의미로 쓰이는데, 동물의 권리, 곧 동물권이라고 할 때도 인간의 생명권처럼 동물에게도 절대적인 생명권

••

[1] 이 해제는 옮긴이 중 한 명인 최훈이 《윤리학》(제11권 제2호, 2022)에 발표한 「동물 윤리 기말고사: 요약하고 비판적으로 평가하라」라는 논문을 해제에 맞게 수정하였다. 따라서 해제의 해석과 주장은 옮긴이 모두의 의견이 아니라 최훈의 의견임을 밝힌다. 발표한 논문은 "톰 레건의 동물권 주장을 요약하고 비판적으로 평가하라"라는 문제를 주고 답안을 작성하는 형식으로 되어 있으나, 해제에서는 그것을 뺐다.

이 있음을 인정한다.

이와 같은 동물권 이론은 『동물권 옹호(*The Case for Animal Rights*)』에서 톰 레건[2]이 가장 설득력 있게 제시했다. 동물에 대한 윤리적 대우를 주장하는 모든 철학자가 동물에게 그런 권리가 있다고 주장하지는 않는다. 전문 철학자들뿐만 아니라 대중에게 더 널리 알려진 피터 싱어의 '동물 해방론'[3]은 똑같은 이익이라면 그것이 인간의 이익이든 동물의 이익이든 똑같이 고려해야 한다는 입장이지만, 인간의 큰 이익을 위해서라면 동물의 이익을, 그것이 생명이라고 하더라도 압도할 수 있다고 주장하기에 레건이 말한 권리는 인정되지 않는다. 그런 점에서 레건의 동물 권리론은 동물 윤리학 내에서도 특별하고 주목할 만한 주장이다.

톰 레건은 1938년에 미국 펜실베이니아주의 피츠버그에서 태어났다. 1960년에 같은 주에 있는 리버럴아츠 대학인 실 대학(Thiel College)를 졸업하고 1966년에 버지니아 대학교에서 박사학위를 받았다. 1967년부터 2001년까지 노스캐롤라이나 주립대학교에서 철학을 가르쳤다. 싱어는 1975년에 『동물 해방』을 출간했다. 그러나 싱어는 그 전에 《뉴욕 리뷰 오브 북스》에 동물권 관련 책의 평론을 실어 이미 유명해져 있었다. 레건은 싱어를 만나 의기투합하여 함께 『동물권과 인간의 의무(*Animal Rights and Human Obligation*)』라는 논문 선집을 1976년에 출간한다. 그 후 1983년에 레건은 『동물권 옹호』를 출간한다. 그의 자전적 에세이인 「새장 속의 새」에는 이 책을 쓸 당시 1년 동안 하루 18시간씩 집필하고 한 문장 한 문장을

··

2) Regan은 학자에 따라 '레건'(노희정·노희천, 「레건의 '삶의 주체'에 대한 비판적 고찰」), '리건'(최훈, 『동물을 위한 윤리학』), '레간'(맹주만, 「톰 레간과 윤리적 채식주의」) 등 여러 가지로 표기되었다. 이 번역본은 고등학교 『생활과 윤리』 교과서의 표기를 따라 '레건'으로 표기했다.

3) 싱어(2012).

한 번 이상 다듬었다고 회고한다. 그리고 집필을 시작할 때는 가령 불필요한 동물 실험을 반대하고 필요한 경우에만 인정하는 입장이었으나, 집필을 끝낼 무렵에는 육식이나 동물 실험처럼 동물의 권리를 존중하지 않는 모든 관행을 폐지해야 한다는 강경한 입장으로 선회했는데, 이를 일종의 '종교적 계시'를 경험한 것이라고 말한다.

레건은 평생 17권의 책을 쓴 열정적인 학자이다. 대부분이 동물권을 주제로 하지만, 영국의 철학자인 무어(G. E. Moore)를 주제로 한 책을 세 권 쓰기도 했다. 그는 학자일 뿐만 아니라 활동가이기도 했다. 그는 부인인 낸시와 함께 비정부 기구인 '문화와 동물 재단(Culture & Animals Foundation)'을 만들었다. 1985년에는 미국 국립보건원의 지원을 받은 펜실베이니아 대학교의 동물 실험 연구가 정부 방침을 어긴 것을 알고 다른 활동가들과 함께 국립보건원 건물에서 5일 동안 항의 농성을 하기도 했다. 1990년에는 워싱턴에서 수만 명의 사람이 참여한 동물권 촉진 행진을 이끌기도 했다. 또한 두 편의 동물 관련 영화를 감독하기도 했다. 레건은 2017년에 죽었다.

『동물권 옹호』는 여느 철학책과 마찬가지로 선언이 아니라 논증으로 이루어져 있다. 같은 철학책이지만 싱어의 『동물 해방』이 동물 학대의 실상을 보여주고 채식 요리법까지 소개해서 읽기에 수월한 데 견주어, 『동물권 옹호』는 무미건조한 논증으로 이루어져 읽기에 좀 지루할 수도 있다. 간단하게 정리할 수 있다고 생각되는 언명들도 저자의 노파심 때문인지 몇 쪽에 걸쳐 서술된 곳도 꽤 있다. 그래도 엄격한 개념 정의와 원리의 도출로 이루어진 논증들을 따라가다 보면 철학책 읽기의 정수를 느낄 수 있을 것이다. 『동물권 옹호』는 1983년에 출간되었지만, 2004년에 새로운 서문을 붙여서 다시 출간되었다. 이 번역은 2004년 판을 기준으로 했다. 각 장을 김성한과 최훈이 나누어 번역하고 서로 검토하였다. 아카넷의 박수용 팀장과 정민선 씨 덕분에 여러 잘못된 곳을 바로잡을 수 있었다. 그래도 있을 잘못은 옮긴이들 책임이다. 계속 고쳐나갈 수 있도록 날카로운 지적 바란다.

1. 본래적 가치와 삶의 주체

레건이 동물에게 권리를 부여하는 방식은 세 단계로 정리할 수 있다. 첫 번째 단계에서는 '본래적 가치'라는 개념을 상정한다. 공리주의와 완전주의가 직관과 어긋나는 상황을 지적하고, 이 문제를 해결하기 위해서는 내재적 가치가 아니라 본래적 가치를 상정해야 한다고 주장한다. 두 번째 단계에서는 '삶의 주체' 개념을 도입한다. 모든 개인이 본래적 가치를 평등하게 갖게 만드는 것은 무엇인지 묻고, 그 이유는 개인들이 삶의 주체이기 때문이라고 대답한다. 그리고 포유동물 대부분도 삶의 주체라고 말한다. 세 번째 단계에서는 본래적 가치를 갖는 존재에게 권리를 부여한다. 레건은 '존중의 원리'를 통해 본래적 가치를 갖는 존재를 한갓 그릇으로 처우하는 것을 금지하는 의무를 부여한다. 이 원리를 통해 '정당한 요구'로서의 권리가 만들어진다. 결국 레건에서 핵심 개념은 본래적 가치, 삶의 주체, 그리고 그것을 뒷받침하는 원리이다. 이것들을 하나씩 검토해보자.[4]

레건의 동물권 이론은 공리주의와 완전주의에 대한 반론에서 시작한다.

∴

4) 이 해제에서 레건의 주장을 정리한 1장과 2장의 아주 초기 형태는 최훈, 『동물을 위한 윤리학』, 41쪽 이하에 제시되었다.

그는 『동물권 옹호』의 4장에서 도덕원리를 평가하는 기준으로 일관성, 범위의 적절성, 정확성, 우리 직관에 부합함 따위를 제시하는데, 공리주의와 완전주의는 특히 우리 직관에 부합하지 않는다고 비판한다. 이것은 꼭 레건만이 제시하는 것이 아니라 공리주의에 대해 흔히 제기되는 비판인데, 쾌락 공리주의에 따르면 어떤 사람을 죽였을 때 고통을 뺀 쾌락의 총합값이 적절하게 확보된다면 그 행위에서는 아무런 도덕적 잘못을 찾을 수 없을 뿐만 아니라 오히려 그렇게 하라고 적극적으로 요구된다. 은밀하게 이루어져서 대중에게 공포감을 일으키지 않는 살인이 그런 예이다(454쪽).[5] 물론 쾌락 공리주의자가 아니라 선호 공리주의자인 싱어는 이런 비판에 대해 그것은 죽는 사람의 살고자 하는 선호를 빼앗으므로 잘못이라고 대답할 것이다.[6] 그러나 선호 공리주의에 따르더라도 죽임을 당하는 사람의 선호보다 죽이는 사람의 선호가 더 높다는 것을 상상할 수 있으므로 여전히 사람을 죽이는 것을 허용할 수 있다(463~465쪽). 레건에 따르면 쾌락 공리주의든 선호 공리주의든 이런 반직관적인 결론에 이르게 된 것은 그 이론이 한 개인을 '한갓 대체 가능한 그릇'으로 보기 때문이다. 개인은 그 자체로 독립적이고 자율적인 가치를 갖는 존재가 아니라 쾌락이나 선호와 같은 가치를 담는 그릇이고, 이것은 깨지면 다른 그릇으로 대체하면 그만이라고 보는 것이다(457쪽 이하).

공리주의는 각각의 사람을 한 명으로 헤아리고 어떤 사람도 한 사람 이

---

5) 앞으로 『동물권 옹호』를 인용할 때는 본문에 쪽수만 표기하겠다.
6) 싱어는 『실천 윤리학』의 판이 바뀜에 따라 쾌락 공리주의자에서 선호 공리주의자로 입장을 바꾸는데, 최근에 카타르지나 드 라자리-라덱와 함께 쓴 『공리주의 입문』에서는 다시 쾌락 공리주의자로 입장을 바꾸었다. 그러나 레건이 싱어를 비판하는 시점에서는 선호 공리주의를 지지했으므로 그 해석을 따르기로 한다.

상으로 헤아리지 않는 평등주의를 지향하지만, 완전주의 이론은 그와 반대이다. 아리스토텔레스와 니체로 대표되는 이 이론은 지능이나 재능, 품성을 얼마나 소유하고 있는지에 따라 사람들이 마땅히 받아야 할 자격이 있는지를 정한다. 레건은 완전주의는 노예 제도나 카스트 제도를 허용한다는 점에서 문제가 있지만, 더 심각하게는 사람들을 '타고난 운(natural lottery)'에 따라 대우하기 때문에 정의롭지 못하다고 비판한다(507쪽).[7] 지적 또는 예술적 재능을 타고난 사람들은 완전주의가 말하는 대우를 받을 만한 어떤 일도 하지 않았는데, 운에 의해 그 대우가 정해지는 것은 정의롭지 못하다는 것이다.

　레건은 쾌락이나 선호처럼 경험하는 것에 부여하는 가치를 **내재적 가치**(intrinsic value)라고 부르고, **본래적 가치**(inherent value)는 이것과 다르다는 것을 강조한다. 본래적 가치는 그 자체로서 갖는 가치로서, "내재적 가치(…)와 개념적으로 구별되는 것으로, [내재적 가치]와 같은 유형의 가치로 환원될 수 없으며, 그러한 유형의 가치와 비교 불가능한 것으로 이해해야 한다"(509쪽).[8] 내재적 가치와 본래적 가치의 이러한 차이는 여러 번 강

∴

7) '타고난 운'은 롤스의 용어이다.
8) '내재적 가치'와 '본래적 가치'의 번역은 류지한 교수의 제안을 따랐다(카타르지나 드 라자리-라덱·피터 싱어, 『공리주의 입문』, 83~84쪽의 옮긴이 주). 류 교수에 따르면 intrinsic value의 경우 '내재적 가치'로 번역할 수도 있고 '본래적 가치'로 번역할 수도 있는데, intrinsic value의 상대어로 extrinsic value가 사용되는 경우는 '내재적 가치', instrumental value가 사용되는 경우는 '본래적 가치'로 번역해야 한다고 말한다. 그런데 레건의 경우에서는 inherent value가 instrumental value의 상대어로 사용되고 있고 intrinsic value는 extrinsic value의 상대어로 사용되고 있으므로, intrinsic value는 '내재적 가치', inherent value는 '본래적 가치'로 번역하겠다. 한편 노희정·노희천은 「레건의 '삶의 주체'에 대한 비판적 고찰」에서 intrinsic value와 inherent value의 의미 차이를 심도 있게 설명하면서도 둘 다 '내재적 가치'로 번역한다.

조되는데, '환원될 수 없다'라는 것은 경험이 갖는 내재적 가치를 합산함으로써 개별 도덕 행위 주체의 본래적 가치를 결정할 수 없음을 의미하고, '비교 불가능하다'라는 것은 서로 교환될 수 없음을 의미한다(509~510쪽). 두 가지 가치의 차이점은 앞서 든 그릇 비유로 구체적으로 설명할 수 있다 (510~511쪽).[9] 공리주의나 완전주의처럼 내재적 가치만을 강조하는 견해에서는 그 내용물에 가치가 있지 그릇 자체에는 가치가 없다. 그릇은 깨지면 대체하면 그만이다. 반면에 본래적 가치를 상정하는 입장은 그릇은 거기에 들어가는 내용물(예를 들어 쾌락)로 환원할 수 없고 그것과 비교 불가능한 종류의 가치를 갖는다고 주장한다. 그릇은 가치 있는 내용물을 담기는 하지만(곧 쾌락을 경험하지만), 그릇의 가치는 거기에 담기는 값진 것과 같지 않다.

이 본래적 가치는 레건도 인정하듯이 무엇인가를 설명하기 위해서 상정된 것, 다시 말해서 '이론적 가정'이다(531쪽). 내재적 가치가 아닌 본래적 가치를 상정했을 때 공리주의나 완전주의가 직관에 부합하지 않는 문제를 해결할 수 있기 때문이다. 모든 개인은 쾌락이나 선호에서 압도되어서도 안 되고 타고난 재능으로 차등되어서도 안 되며, 평등한 가치를 가져야 한다. 합리적이지 못하다고 생각되는 인간도 가져야 하고, 다른 인간에게 더 많은 쾌락을 준다는 이유로 압도되어서는 안 되는 것을 가져야 하는데, 그것이 바로 본래적 가치인 것이다. 레건이 직관과 부합하지 않는 것을 설명하기 위해 본래적 가치를 상정한다고 할 때 직관은 검토되지 않은 직관이 아니라 '반성적 직관'(326쪽)이다. 다시 말해서 레건의 방식은 우리의 숙고된 믿음과 도덕원리 사이의 '반성적 평형'을 거친 것이다(328쪽).

••

9) 레건은 여기서 그릇과 컵을 섞어 쓴다. 이 책의 다른 곳에서도 마찬가지이다.

레건은 여기서 모든 개인이 본래적 가치를 평등하게 갖게 만드는 것은 무엇인지 묻는다. 완전주의와 다르게 평등주의를 지향하는 공리주의는 그것을 쾌락과 고통을 느끼는 '감응력'으로 생각하겠지만, 위에서 보았듯이 직관적이지 못한 함축을 띤다. 그래서 레건은 모든 개인을 평등하게 만드는 적절한 유사성은 **삶의 주체**(subject-of-a-life)라고 대답한다. 모든 인간이 공통으로 갖는 성질은 삶(생명, life)을 누리고 있다는 사실이다. 그는 다음과 같이 말한다.

> (⋯) 삶의 주체에는 단순히 살아 있다는 것 이상과 단순히 의식을 갖는다는 것 이상이 포함된다. (⋯) 즉 믿음과 바람이 있을 경우, 지각, 기억, 자신의 미래를 포함한 미래에 대한 감각을 가질 경우, 쾌락과 고통의 느낌과 정서적인 삶을 영위할 경우, 선호와 복리에 관련된 이익을 가질 경우, 자신의 바람과 목표를 추구하면서 행동을 이끌어낼 수 있는 능력이 있을 경우, 시간의 흐름 속에서 정신적, 육체적 정체성을 유지할 경우, 또한 다른 사람들에 대한 자신들의 효용성과 논리적으로 무관하게, 그리고 자신들이 다른 사람들에게 이익이 되는 대상이 된다는 것과 논리적으로 무관하게, 경험적 삶이 자신들에게 좋게 또는 나쁘게 영위된다는 의미에서 개체로서의 복리를 가질 경우, 그 개체는 삶의 주체가 된다. 삶의 주체라는 기준 자체를 충족하는 개체들은 독특한 유형의 가치 — 본래적 가치 — 를 가지고 있으며, 그들을 단순히 그릇으로만 보거나 처우해서는 안 된다.(524쪽)

삶의 주체는 단순히 살아 있거나 감응력만 있어서는 안 된다. 그것보다 훨씬 더 많은 것을 가져야 한다. 그런데 이 해제에서 지금까지 모든 '개인'은 삶의 주체라고 말했다가 위 인용문에서는 '개체'라고 말한 것에 주목해야 한다. 둘 다 영어 individual의 번역어이다. 번역어가 '개인'에서 '개체'로 바뀐 것은 레건이 삶의 주체는 인간만이 되는 것이 아니라, 동물들 상당수도 누리는 성질이라고 생각하기 때문이다. 레건에 따르면 한 살 정도의 포유류라면 삶의 주체가 될 수 있다(222쪽). 포유류가 아닌 동물들은 삶의 주체라고 할 수 없을까? 닭이 어떤 종류의 믿음과 욕망을 갖는 것은 분명해 보이지만 심리적인 동일성이나 논리적으로 독립된 개별적 복지를 갖는지는 분명하지 않다. 어류나 파충류 등은 더 분명하지 않다. 그들은 삶의 주체가 아니라고 보아야 할까? 레건에게 이런 질문들이 얼른 제기될 수 있고, 실제로 삶의 주체 개념이 분명하지 않다는 비판이 많이 제기되었다.[10] 그러나 레건은 삶의 주체인 동물과 그렇지 않은 동물의 '경계선'을 긋는 일이 쉽지 않아서 누가 봐도 분명한 포유류를 거론한 것뿐이지, 나머지 동물들이 삶의 주체가 확실히 아니라고 단정한 것은 아니라고 말한다(736쪽 이하). 그런 '하등 동물'이 삶의 주체가 될 수 있는지 충분히 알지 못하지만, 그들이 주체가 될 수 있다고 의심의 이득을 보내야 하기 때문이다.[11]

레건은 도덕 행위자와 도덕 수동자를 구분한다. **도덕 행위자**(moral agent)는 "모든 것을 고려하여 도덕적으로 무엇을 해야 하는지를 결정하는 데에서 공평한 도덕원리를 활용하고, 이러한 결정을 하고 나면, 자신들이 염두에 두는 도덕이 요구하는 바에 따라 자유롭게 선택하거나 선택하지 않는 능력"을 가진 개체들인 데 반해, **도덕 수동자**(moral patient)는 그런 능력이

••
10) Warren, M. A.(1987), "Difficulties with the Strong Animal Rights Position," pp. 165~167 과 노희정·노희천, 「레건의 '삶의 주체'에 대한 비판적 고찰」, 78쪽; 김일수, 「레건의 동물 권리론에 대한 비판적 고찰」, 231쪽을 보라.
11) 그러나 살아 있는 것이라고 해서 모두 본래적 가치를 갖는 것은 아니라고 분명히 말한다. "(…) 잔디, 감자밭, 혹은 암 종양 덩어리에 대해 직접적 의무를 갖는다고 합당하게 말할 수 있는지도 확실하지 않다."(523쪽)

결여된 개체들이다(356쪽). 따라서 도덕 수동자는 옳고 그른 행동을 할 수 없다. 침팬지를 비롯해서 몇몇 논란이 되는 동물을 제외하고는 동물 대부분은 도덕 수동자이다. 그리고 갓난아이나 회복 불가능한 중증 환자도 역시 도덕 수동자이고, '정상적인 성인 인간'은 도덕 행위자이다. 레건에서 핵심적이며 독특한 주장은 도덕 행위자든 도덕 수동자든 모두 본래적 가치를 가질 뿐 아니라 똑같이 갖는다는 것이다. 이 주장 역시 공리주의와 완전주의에 대한 비판에서 비롯된다. 본래적 가치는 개체가 갖는 경험의 상대적 가치나, 지적 또는 신체적 탁월함 같은 덕목이나 이해 관심과 관련된 유용성이 아니기 때문에, 그것에 따라 도덕 행위자가 갖는 행복의 양이 달라진다고 해서 도덕 행위자의 본래적 가치가 늘어나거나 줄어든다고 생각해서는 안 된다. 마찬가지로 도덕 수동자가 갖는 행복의 양이 도덕 행위자보다 적다고 해서 도덕 수동자가 본래적 가치를 덜 갖는다고 생각해서는 안 된다(518쪽). 그래서 레건은 이렇게 말한다.

도덕은 적절한 측면에서 유사한 것에 대한 이중 잣대 사용을 결코 용납하지 않을 것이다. 우리가 도덕 행위자들에게 본래적 가치를 상정하고, 그들이 본래적 가치를 동등하게 소유하고 있다고 볼 필요성을 인정한다면, 우리는 도덕 수동자들에게도 동일한 입장을 취해야 한다고 생각하는 편이 합당할 것이다. 본래적 가치를 가지고 있는 **모든** 개체는 도덕 행위자든 도덕 수동자든 누구나 똑같이 이와 같은 가치를 가지고 있다. '동물'과 '평등' 개념이 제대로 이해되어 '동물'이 모든 (적어도 지상의) 도덕 행위자와 수동자를 지칭할 경우, 그리고 '평등'이 이들이 본래적 가치를 동등하게 소유한다는 것을 가리킬 경우, 모든 동물은 평등**하**다고 말할 수 있다. 이처럼 본래적 가치는 **정언적인**(categorical) 개념이다. 어떤 대상은 이러한 본래적 가치를 가지고 있거나 가지고 있지 않거나 둘 중의 하나이다. 중간은 없다. 또한 이러한 가치는 모두가 똑같이 소유한다. 이를 소유하는 데에는 정도의 차이가 나지 않는다.(518~519쪽, 원문 강조)

철학에서 '정언적인' 개념은 '무조건적'이라는 의미로 많이 쓰인다. 여기서는 그보다는 무엇인가를 가지고 있다면 정도 차이가 있지 않고 똑같이 갖는다는 뜻으로 쓰고 있다. 본래적 가치를 가지고 있거나 가지고 있지 않거나 둘 중 하나이지 정도의 차이가 나지 않는다는 것이다.

2. 존중의 원리, 최소 침해의 원리, 상황 악화의 원리

지금까지 본래적 가치 개념을 도입하고 삶의 주체 개념이 그것을 뒷받침한다는 것을 확인했지만, 그런 것들을 가지고 있는 개체들을 어떻게 다루어야 하는지 말해주는 도덕원리들이 무엇인지는 아직 살펴보지 않았다. 존중의 원리까지 살펴봐야 그것이 완성되고, 정당한 요구로서의 권리가 도출된다. 그래서 모든 개체는 똑같은 본래적 가치를 갖는다는 주장으로부터, 레건은 삶의 주체들을 어떻게 대우해야 할지 설명하기 위해 다음과 같은 **존중의 원리**(respect principle)를 제시한다.

만약 개체들이 동등한 본래적 가치를 가지고 있다면, 정의의 차원에서 그들이 어떤 처우를 마땅히 받아야 하는지를 거론하는 원리는 그 어떤 원리라도 그들이 갖는 동등한 가치를 고려해야 할 것이다. 다음과 같은 원리(**존중의 원리**), 즉 **우리가 본래적 가치를 존중하는 방식으로 본래적 가치를 가진 개체들을 처우해야 한다**는 것이 그 원리이다.(532~533쪽, 원문 강조)

이런 원리는 칸트를 연상시킨다. 레건은 개체의 권리를 존중해야 한다는 점에서는 칸트의 정신을 이어받으면서 권리를 가질 수 있는 개체의 범위를 넓혔다. 실제로 '삶의 주체'는 칸트의 '목적'과 비슷한 개념이다. 칸트 철학에서 목적 그 자체인 개체를 존중해야 하는 것처럼, 삶의 주체인 개체는 단지 수단으로 대우해서는 안 되고 그 개체의 본래적 가치를 존중하는 방식으로 대우해야 한다. 그래서 레건은 "칸트로부터 일부 구절을 끌어온다면, 본래적 가치를 갖는 개체들은 결코 최선의 총합적인 결과를 얻기 위한 **수단으로만** 처우해서는 안 된다"(534쪽, 원문 강조)라고 말한다. 이런 주장은 앞서 보았듯이 본래적 가치가 있는 개체인데도 단순히 가치 있는 경험을 담고 있는 그릇처럼 본래적 가치가 없는 개체로 대우하는 공리주의에 반대하는 입장이다. 그리고 가치에는 서열이 있어서 더 뛰어난 가치를 갖는 개체를 위해 다른 개체가 수단으로 이용되는 완전주의에도 반대하는 입장이기도 하다.

이제 레건은 본래적 가치를 가진 개체가 권리를 갖는다고 도출한다. 그는 밀(J. S. Mill)과 파인버그(Joel Feinberg)의 주장에 기대어 권리는 **정당한 요구**(valid claim)여야 한다고 말한다. 권리는 단순히 있다고 주장만 한다고 해서 있게 되는 것이 아니라, 그것의 정당성이 승인되어야 누군가를 상대로 마땅히 하라고 하거나 하지 말라고 하는 정당한 요구가 된다는 것이다(572, 574쪽). 잘 알다시피 밀에서 정당한 요구의 근거는 공리의 원리이지만, 레건에서 그 근거는 존중의 원리이다. 존중의 원리에 의해 삶의 주체의 본래적 가치를 동등하게 존중할 의무의 근거가 충분하므로, 삶의 주체는 본래적 가치를 동등하게 존중받을 권리를 누린다고 생각한다. 삶의 주체인 동물은 가치를 담고 있는 한갓 그릇이 아니라 존중받을 기본적인 도덕적 권리를 갖게 되는 것이다.

해악의 원리(harm principle)는 "우리는 개체들에게 해악을 끼치지 말아야 할 직견적인 직접적 의무를 갖는다"(422쪽)라는 내용이다. 레건은 해악의 원리는 존중의 원리로부터 도출된다고 말한다. 삶의 주체라는 기준을 만족시키는 개체들은 좋거나 나쁜 삶을 살아갈 수 있는 존재들이다. 이들은 본래적 가치를 소유하고, 존중의 원리에 따라 마땅히 존중받을 만한 처우를 받아야 한다. 그러나 그들에게 해악을 끼치는 방식으로 처우한다면 그들의 본래적 가치를 존중하지 못하는 방식으로 처우하는 것이다(557~558쪽). 그런데 해악의 원리를 정식화할 때 '직견적(prima facie)'이라는 말이 붙은 것에 주목해야 한다. '직견적'이라는 것은 지금은 다른 의무보다 중요하다고 판단해 우선하지만, 때로는 다른 의무보다 덜 중요하다고 판단해 보류하기도 한다는 뜻이다. 다시 말해서 해악의 원리는 무조건적으로 적용되는 것이 아니다. 우리는 누군가에게 해악을 끼칠 수밖에 없는 상황이 있다. 예컨대 자기방어를 위해 폭행범에게 해악을 끼칠 수도 있고, 범죄를 저지른 사람을 처벌하는 것도 그에게 해악을 끼치는 경우이다(601쪽 이하). 만약 해악의 원리가 무조건적이어서 이런 해악을 허용하지 않는다면, 공리주의 못지않게 반직관적인 상황이 초래될 것이다.

그래서 레건도 어떤 존재의 권리가 무시되는 경우를 인정한다. 다만 그는 그 경우에도 공리주의적이지 않으면서 위에서 말한 존중의 원리에서 도출되는 두 가지 원리를 제시한다. 첫 번째는 **최소로 압도하라는 원리**(minimize overriding principle), 줄여서 **최소 압도의 원리**(miniride principle)이다.

특별한 고려 사항은 차치하고, 무고한 다수의 권리를 압도하는 경우와 무고한 소수의 권리를 압도하는 경우 사이에서 선택해야만 할 때, 그리고 영향을 받는 개체들이 직견적으로 유사한 방식으로 해악을 입는다고 할 때, 다수의 권리를 압도하는 쪽보다는 소수의 권리를 압도하는 쪽을 선택해야 한다.(629쪽)

한마디로 말해서 해악이 비교 가능할 때, 다시 말해서 각자에게 끼치는 해악이 그만그만할 때는 많은 쪽의 권리보다 적은 쪽의 권리를 압도하라는 것이다. 이 원리가 공리주의의 주장과 다른 점은 해악의 총합을 최소화하라는 것이 아니라 권리 압도를 최소화하라고 주장한다는 점이다. 어느 한쪽의 해악이 압도적으로 크지 않고 그만그만할 때는, 각자의 권리 압도를 똑같이 고려해주어야 하고 그런 압도를 최소화해야 한다는 것이다. 이 원리는 존중의 원리에서도 도출된다. 존중의 원리에서는 본래적 가치를 갖는 모든 개체가 해악을 입지 않을 권리를 똑같이 가지므로 어느 개체도 하나 이상으로 간주될 수 없다. 그런데 다수의 권리가 압도되는 경우와 소수의 권리가 압도되는 선택 사이에서 해악이 비교 가능하고 둘 중 하나를 선택할 수밖에 없는 상황이라면, 문제가 되는 것은 오로지 개체 수밖에 없으므로 소수의 권리가 압도되는 쪽을 선택하는 것이 존중의 원리에 부합한다. 그렇게 하지 않는다면 그것은 그 소수를 하나 이상으로 간주한 것이 되기 때문이다.

레건은 예를 통해서 이 원리를 설명한다(618, 633쪽). 51명의 광부가 매몰된 탄광에 갇혀 있고 곧 죽을 운명이라고 가정하자. 그중 50명은 채광 굴에 갇혀 있고 1명은 채광 굴로 가는 수직 통로에 갇혀 있다. 그리고 50명이 갇혀 있는 채광 굴로 갈 수 있는 유일한 방법은 수직 통로를 폭발하는 것인데, 그러면 거기에 갇혀 있는 1명은 확실히 죽게 된다. 그 1명을 구하기 위해 시간을 지체하게 되면 채광 굴에 갇힌 사람들이 죽게 된다. 이때 어떤 선택을 해야 하는가? 최소 압도의 원리는 1명을 희생하여 50명을 구하라고 말한다. 50명의 생명과 1명의 생명은 비교 가능하므로, 소수의 권리가 압도되는 쪽을 선택해야 하기 때문이다. 그런데 이번에는 영향을 받는 개체들의 해악이 비교 불가능한 경우를 생각해보자. 수직 통로에 있는 1명을 구하기 위해 시간을 지체하면 채광 굴에 갇힌 사람들을 구조할 시간이 지체되겠지만 생명에는 위험이 없다고 해보자. 그 대신에 사람들 50명은 부상의 고통을 참아야 한다. 이때는 1명의 광부가 겪는 고통(목숨)과 50명의 광부가 겪는 고통(고통과 두려움)이 비교 가능하지 않으므로, 최소 압도의 원리는 적용되지 않는다.

그런데 어느 한쪽에게 해악이 비교 불가능할 정도로 클 때는 **상황 악화의 원리**(worse-off principle)를 적용한다.

> 특별한 고려 사항은 차치하고, 무고한 다수의 권리를 압도하는 경우와 무고한 소수의 권리를 압도하는 경우 사이에서 선택해야만 할 때, 그리고 다른 쪽을 선택한 경우 소수가 겪는 해악이 그들의 상황을 악화하는 정도가 다수가 겪는 해악이 그들의 상황을 악화하는 정도보다 클 때, 다수의 권리를 압도해야 한다.(634쪽)

이 원리도 존중의 원리로부터 도출이 된다. 예를 들어 설명해보자. 본래적 가치를 가지고 있는 개체 A와 N 중에서 A는 죽음이라는 해악을 겪게 되고 N은 편두통이라는 해악을 겪게 된다면, 두 해악을 똑같이 고려해서는 안 된다. 평등하지 않은 해악을 평등하게 고려한다면 각 개체의 평등한 권리를 존중한 것이 아니기 때문이다. 그런데 레건에 따르면 해악의 정도가 적은 쪽의 수가 늘어나더라도 역시 해악이 적은 다수를 압도해야 한다고 생각한다. 죽음이라는 해악을 겪는 A와 편두통이라는 해악을 겪는 천 명이 있을 때, A에게 주는 해악이 천 명의 개체에게 주는 해악보다 크므로 다수 쪽의 권리를 압도해야 하는 것이다. 이것은 그 천 명의 해악을 모두 합한 것이 A의 해악보다 크다는 공리주의적 근거와는 다르다. 상황 악화의 원리는 A의 해악과 천 명의 각각이 겪는 해악을 비교했을 때 A의 해악이 더 크다고 판단하는 것이다.

지금까지 설명한 레건의 원리를 이제 동물의 문제, 특히 육식의 문제에 적용해보자.[12] 앞서 말했듯이 우리가 즐겨 먹는 동물 중에서 소나 돼지와 같은 포유류는 의심의 여지 없이 삶의 주체이다. 그러므로 그런 동물은 본래적 가치를 지니고, 존중의 원리나 거기서 도출된 최소 압도의 원리, 상황 악화의 원리가 적용된다. 그런데 현재 동물을 사육하고 도살하는 상황에는 상황 악화의 원리가 적용된다. 인간이 고기를 먹지 못해서 생기는 해악은 분명히 있다. 그러나 고기밖에는 먹을 것이 없는 이누이트 사회라면 그 해악은 인간의 목숨이 위험하다는 것이겠지만, 그런 사회가 아니라면 고기 맛을 즐기지 못하는 해악이 전부이다. 이 해악은 인간이 육식을 할 때 동물에게 끼치는 해악, 곧 동물의 목숨과 비교했을 때 상황이 악화되는 정도가 훨씬 적다. 그러므로 동물을 죽여서 그 고기를 먹는 것은 정당화할 수 없다. 물론 이때는 동물을 사육할 때 동물에게 주는 고통이나 도살할 때 주는 고통은 고려하지 않았는데도 그렇다. 만약 동물을 고통 없이 기르고 죽일 수 있다면, 고기를 먹는 것을 허용할 수 있지 않을까? 그러나 죽음은 삶의 주체가 갖는 '선호'나 '바람과 목적'을 꺾는다. 그러므로 레건에 따르면 고통 없는 사육과 도살에 따른 육식도 상황 악화의 원리를 침해하므로 정당화할 수 없는 것이다.

∙∙

12) 레건은 『동물권 옹호』의 9장에서 권리 견해가 함의하는 바로 채식, 사냥, 멸종 위기종 구조, 과학 실험 네 가지를 예로 든다.

3. 신비로운 본래적 가치?

동물을 도덕적으로 대우하기 위해서는 어떤 근거가 필요하다. 레건에게서는 그의 핵심 개념인 본래적 가치와 삶의 주체가 그 구실을 한다. 인간뿐만 아니라 동물까지 개체가 가지고 있는 경험적 가치나 유용성 때문이 아니라 개체 자체가 가치를 갖는다고 주장하는 것은 경쟁하는 이론보다 동물을 훨씬 존중하는 것처럼 보인다. 그러나 그렇게 '보인다'고 해서 다가 아니다. 슈바이처의 '생명 외경'은 동물은 물론이고 살아 있는 모든 것을 존중하는 것처럼 '보이지만' 합리적 근거가 없는 신비로운 것이기에, 동물을 도덕적으로 대우하는 근거로 받아들여지지 못한다. 그냥 듣기 좋은 말일 뿐이다. 레건의 본래적 가치에 대해서도 비슷한 비판이 제기된다. 그것은 모호하거나 신비로운 것이거나 불필요한 것이라는 비판이 그것이다.

앞서 말했듯이 본래적 가치는 '이론적 가정'으로 상정된 것이다. 내재적 가치를 넘어 본래적 가치를 가정했을 때 공리주의나 완전주의가 겪는 반직관적 상황을 잘 설명할 수 있기에 도입된 것이다. 워렌이나 롤랜즈는 단순히 경쟁하는 이론이 설명을 제대로 못한다고 해서 새롭게 도입되는 개념이 정당화될 수 없다고 주장한다. 본래적 가치는 개인이 경험하는 내재적 가치에 의존하지 않는다는 부정적인 방식으로 설명이 되었지, 그것이 무엇인지 적극적으로 정의되지 않았다는 것이다.[13] 롤랜즈는 이론적 가정이지

••

13) Warren, "Difficulties with the Strong Animal Rights Position," p. 165; Rowlands, *Animal Rights: Moral Theory and Practice*, p. 88. 노희정·노희천, 「레건의 '삶의 주체'에 대한 비판적 고찰」, 78쪽; 김일수, 「레건의 동물 권리론에 대한 비판적 고찰」, 230~231쪽도 Warren을 인용하며 그 비판에 동조한다.

만 설명은 제대로 못 하는 사례—그의 말로는 '이론적 구멍'—로 데카르트 이원론의 정신을 예로 든다.[14] 이원론자는 뇌와 같은 물질은 추론하는 능력이나 언어의 사용 같은 것을 제대로 설명할 수 없다고 생각하여, 그것을 설명할 수 있다고 생각되는 독립적인 정신을 가정한다. 그러나 이원론자는 단순히 정신을 가정하기만 해서는 안 되고, 그것이 추론 능력이나 언어 사용 따위를 어떻게 설명하는지 보여야 한다. 하지만 이원론은 그런 설명을 하지 못했고, 뇌 과학은 점점 그런 설명을 해나가고 있다. 곧 정신은 굳이 필요가 없는 신비로운 것일 뿐이다. 롤랜즈는 본래적 가치도 이와 같은 이론적 구멍이고 그런 점에서 신비한 것이라고 주장한다.

나는 이런 비판과 달리 본래적 가치의 도입 자체에는 찬성한다. 다만 그것을 모든 개체가 평등하게 갖는다는 데에는 반대한다. 본래적 가치가 부정적으로 정의된다는 위와 같은 비판이 일리가 있는 게, 레건이 본래적 가치는 "내재적 가치(…)와 개념적으로 구별되는 것으로, [내재적 가치]와 같은 유형의 가치로 환원될 수 없으며, 그러한 유형의 가치와 비교 불가능한 것으로 이해해야 한다"라고 정의했기 때문이다. 그러나 본래적 가치를 도입하지 않으면 은밀한 살인이나 노예제 같은 혐오스러운 결과를 받아들일 수밖에 없다고 주장하는 것은 꼭 부정적인 방식이라고 말하기 어렵다. 설명 방식이 부정적이라는 것은 무엇이 아니라고 소극적으로만 설명한다는 것인데, 직관적으로 받아들이지 못하는 현상을 특정 개념을 도입하지 않으면 설명할 수 없다는 것은 소극적이라고 볼 수 없기 때문이다. 전자(電子)를 상정함으로써 안개상자의 특정 패턴이 설명될 수 있는 것처럼, 본래적 가치를 상정함으로써 은밀한 살인이나 노예제의 부도덕함을 설명할 수 있다

..

14) Rowlands, *Animal Rights: Moral Theory and Practice*, pp. 88~89.

면 훌륭한 이론적 가정이다. 이런 설명 방식은 철학에서 흔하게 쓰는 '최선의 설명으로의 추론'이다. 전자를 상정했을 때 안개상자의 특정 패턴이 잘 설명되듯이, 본래적 가치를 상정했을 때 평등한 가치가 설명될 수 있는 것이다.[15]

그뿐만이 아니다. 본래적 가치는 자연적 성질에 근거하고 있다. 바로 삶의 주체이다. 레건은 모든 개인이 본래적 가치를 평등하게 갖게 만드는 것이 무엇인지 묻고, 그것은 삶의 주체라고 대답한다. 그가 삶의 주체라고 거론하는 특성들은 레건의 표현을 빌리면 "경험적 삶이 자신들에게 좋게 또는 나쁘게 영위"(524쪽)되게 만드는, 다시 말해서 사람들을 잘 살게 또는 못 살게 만드는 자연적 성질들이다. 레건이 의도한 대로 사람들은 합리적이든 합리적이지 않든 그런 성질들을 똑같이 가지고 있다. 물론 자연적 성질을 토대로 어떤 도덕적인 주장을 이끌어낼 때는 자연주의의 오류의 가능성이 있고, 레건 스스로도 이것을 잘 알고 있다. 그는 "삶의 주체라는 기준을 옹호하는 앞에서의 논의가 '자연주의적 오류'를 범하지 않음을 강조하는 것이 중요하다"(530쪽)라고 말한다. 그러면서 자연주의의 오류는 개체들이 삶의 주체라는 하나의 '사실'을 전제로 해서 그 개체들이 본래적 가치를 갖는다는 하나의 '가치'를 갖는다는 결론을 도출하는 추론인데, 자기 삶의 주체 가정이 그런 "추론에 해당한다고 간주하는 것은 그 논증의 특징을 제대로 파악한 것이 아니다. 이는 그러한 주장을 어설프게 파악하는 것이다"(532쪽)라고 대응한다. 그 이유는 다음과 같다.

· ·
15) 레건의 설명 방식을 최선의 설명으로의 추론으로 보는 것은 Mark Rowlands, *Animal Rights: Moral Theory and Practice*, p. 64를 보라.

삶의 주체라는 기준의 역할은 도덕 행위자 **혹은** 도덕 수동자의 동등한 본래적 가치를 '이끌어내는' 데에 있지 않다. 그 역할은 논쟁의 힘을 이용해 동등한 본래적 가치를 갖는 것으로 간주해야 할 개체들 간의 적절한 유사성을 명시하는 것이다.(531~532쪽, 원문 강조.)

쉽게 말해 삶의 주체는 자연주의의 오류의 혐의를 받는 연역적 추론의 전제가 되는 것이 아니라, 최선의 설명으로의 추론이라는 귀납적 추론에서 설명력을 높이기 위한 이론적 가정의 역할을 한다는 것이다.

자연적 성질에 의존하는 것은 자연주의의 오류를 저지를 빌미를 주지만, 거꾸로 '하나의 가치'를 튼튼하게 하는 토대의 역할을 한다. 자연적 속성에 기대지 않은 어떤 주장은 신비스러운 것이 되고 만다. 우리는 이미 데카르트의 정신에서 그런 사례를 보았다. 자연적으로, 곧 과학적으로 설명되지 않는 정신은 귀신이나 다름이 없다. 그러나 다른 한편으로 자연적 사실에 기대는 것은 자연주의의 오류의 혐의를 받기 때문에, 레건은 본래적 가치의 도출은 그 혐의의 대상이 되는 연역적 도출의 형식이 아니라고 발뺌한다. 나는 여기서 레건을 지지하는 설명을 하려고 한다. 사실에서 가치를 이끌어낸다고 해서 모두 오류가 되는 것은 아니다. 무어는 자연적 사실에서 규범적인 가치를 이끌어내려는 추론을 열린 질문 논변이라고 불렀다. 예컨대 "x는 좋다"를 "x는 자연적 성질 P를 갖는다"와 같다고 정의 내린다고 해도, "x는 자연적 성질 P를 가졌지만 좋은 것이니?"라는 열린 질문이 여전히 가능하다고 하자. 그러면 자연적 성질 P를 가졌지만 좋음이라는 규범적 성질은 없는 x를 얼마든지 생각할 수 있고, 이런 이유로 자연적 성질에서 규범적 성질을 도출하려는 시도는 잘못되었다는 것이 자연주의적 오류의 주장이다.[16] 만약 그렇다면 "x는 자연적 성질 P를 가졌지만 좋은 것이니?"

라고 굳이 묻지 않게 되는, 곧 질문이 열려 있지 않은 특정 대화 맥락이 있다고 한다면 자연적 성질 P를 통해서 x를 설명하려는 시도를 오류라고까지 단정할 수는 없을 것이다. 나는 레건이 말한 삶의 주체가 그런 자연적 성질에 해당한다고 생각한다. 삶의 주체는 단순히 살아 있는 것 이상으로 잘 살고 못 살고의 복리를 갖는 성격의 것이다. 복리를 갖는 성격을 갖는 개체를 존중해야 하는 것은 그래야 복리를 누리기 때문이다. 그러므로 "잘 사는 성격을 갖는 개체를 존중하면 잘 살겠니?"라는 열린 질문은 가능하지 않다. 굳이 그런 질문을 할 필요가 없기 때문이다. 그러므로 삶의 주체에서 본래적 가치를 이끌어내는 것은 자연주의의 오류를 저지르지 않는다.

4. 평등한 본래적 가치?

레건에 따르면 공리주의나 완전주의의 반직관적 상황을 해소하기 위해서는 본래적 가치를 도입할 필요가 있으며, 본래적 가치는 삶의 주체라는 자연적 속성 덕택에 모호함을 벗는다고 말했다. 나는 지금까지 본래적 가치를 도입한 것 자체에는 문제가 없다고 주장했다. 문제는 본래적 가치의 도입이 정당화된다고 하더라도 이것이 모든 개체가 똑같이 갖는다는 것을 보장하느냐는 것이다.[17] 레건은 본래적 가치가 다양함을 인정하게 되면

16) 열린 질문 논변에 대해서는 최훈, 『좋은 논증을 위한 오류 이론 연구』, 188쪽 이하를 보라.
17) 비슷한 문제 제기는 Allegri, "Respect, Inherent Value, Subjects-of-a-Life: Some Reflections on the Key Concepts of Tom Regan's Animal Ethics"; Paske, "Why Animals Have No Right to Life: A Response to Regan"; Russow, "Regan on Inherent Value"; Warren, "Difficulties with the Strong Animal Rights Position"에서 찾아볼 수 있다.

완전주의를 받아들이게 된다고 생각한다. 본래적 가치에 대한 완전주의의 설명에 따르면,

> 풍부한 지적 능력이나 예술적 기능을 가진 사람은 이러한 덕을 조금 가지고 있는 사람보다 더 많은 본래적 가치를 지닐 것이며, 이러한 덕을 조금 가지고 있는 개체들은 전혀 갖추지 못한 사람보다 더 많은 가치를 지니게 될 것이다. 도덕 행위자의 본래적 가치에 대한 이러한 입장을 받아들일 경우, 완전주의자의 정의론에 유리한 상황이 조성된다. 즉 상대적으로 본래적 가치를 갖지 못한 사람들에게 더 많은 본래적 가치를 가진 사람들의 필요와 이익에 기여하라고 **정당하게** 요구할 수 있게 되는 것이다.(511~512쪽, 원문 강조.)

그리고 앞서 살펴보았듯이 풍부한 지적 능력이나 예술적 기능을 얼마나 갖느냐는 타고난 운이므로, 완전주의 정의 이론은 정의롭지 못하다. 레건에 따르면 "지적 또는 예술적 재능을 타고난 사람들은 그들 자신이 선호하는 대우를 받을 만한 어떤 것도 하지 않았"(507쪽)기 때문이다.

이것을 **타고난 운 논증**이라고 부를 수 있겠다. 이 논증은 누군가를 대우할 만한지 결정할 때 타고난 운에 따라서는 안 된다는 내용이다. 타고난 운에 따르는 것은 정의롭지 못하다고 생각하는 것이 상식이고, 레건은 특히 만약 타고난 운에 따른다면 완전주의를 지지하게 되고, 노예제를 받아들여야 하는 고약한 상황에 처하게 된다는 것을 강조한다.

그러나 누군가를 대우할 만한지 결정할 때 어떤 경우에도 타고난 운에 근거해서는 안 되는가? 레건의 삶의 주체 자체도 타고난 운 아닌가? 레건 스스로 논란의 여지는 있지만 한 살 이상의 정상인 포유동물이면 삶의 주체라고 말했는데, 이 말은 식물이나 무생물은 말할 것도 없고 동물 중에도

타고난 운에 의해 삶의 주체가 아닌 존재가 있다는 것을 인정하는 것이다. 일부 동물, 식물, 무생물 입장에서는, 삶의 주체로 "타고난 존재들은 그들 자신이 선호하는 대우를 받을 만한 어떤 것도 하지 않았"는데 자신들과 달리 다른 대우를 받는다고 볼멘소리를 내지 않겠는가? 그러나 앞에서 살펴보았지만 복리를 갖는 존재의 복리를 존중하는 것은 레건 스스로 강력하게 주장한 바이다. 삶의 주체는 복리를 누릴 만하다. 삶의 주체가 아닌 존재는 복리를 누릴 만하지 못하다. 결국 무엇인가를 타고난 사람들이 자신이 선호하는 대우를 받을 만한 어떤 것도 하지 않았다고 해서 그런 대우를 받아서는 안 된다는 결론은 나오지 않는다. 중요한 것은 그 타고난 것이 대우를 받는 데 적절한 도덕성을 띠고 있느냐는 것이다. 잘 살고 못 살고의 복리를 갖지 않는 일부 동물, 식물, 무생물의 복리를 존중해주지 않는다고 해서 도덕적이지 않은 것은 아니다. 존중해줄 만한 복리가 없기 때문이다. 그러나 잘 살고 못 살고의 복리를 갖는 삶의 주체는 그 복리가 지적이나 예술적 능력에 따라 달라져서는 안 된다고 우리는 생각한다. 물론 지적이나 예술적 능력이 상대방을 적절하게 대우해야 할 상황이 있다. 가령 모차르트 음악을 녹음한 희귀 음반이 있는데 모차르트를 감상할 능력이 있는 사람과 없는 사람 중 누가 그것을 받을 만한지 묻는 상황에서는 예술적 능력이 적절한 기준이 된다. 그러나 동물 윤리를 논의하는 현 상황에서 지적이나 예술적 능력이 고려 요소가 되는 경우는 극히 드물다. 위에서 본 매몰 탄광 사례에서 지적이나 예술적 능력이 고려 사항이라고, 다시 말해서 지능지수가 높은 사람을 먼저 구해야 한다고 생각하는 사람은 없을 것이기 때문이다. 결국 레건이 우려하는 완전주의는 애초에 적절하지 못한 도덕적 기준을 가지고 있기에, 타고난 운 논증과 상관없이 퇴출되는 것이다. 타고난 운 중에서 정의로운 대우와 관련 있는지 없는지는 별도로

논의해야 한다.[18)]

　만약 그렇다면 본래적 가치가 도덕 행위자든 도덕 수동자든 똑같이 적용된다는 주장은 검토의 대상이 된다. (1)본래적 가치가 자연적 성질에 근거한다는 것을 인정한다면, (2)그 자연적 성질이 타고난 것이라고 하더라도 적절한 경우 대우와 관련 있을 수 있다면, (3)도덕 행위자와 도덕 수동자가 근거하는 삶의 주체의 성질이 다르다면, 그들의 본래적 가치는 똑같지 않을 것이기 때문이다. (1)과 (2)는 이미 보여주었으니, (3)을 설명할 차례이다.

　레건이 거론한 삶의 주체의 목록을 다시 들여다보자. 이것들은 한 살 이상의 '정상적인' 포유동물이라면 가지고 있는 것으로서, 한 개체를 잘 살거나 못 살게 만드는 성격의 것이다. 가령 삶의 주체인 개체에게 쾌락과 고통의 느낌이나 선호와 복리에 관련된 이익을 존중해주지 않으면, 그 개체는 잘 살게 되지 못하므로 그 개체에게 해악을 끼친 것이다. 레건의 '해악의 원리'에 따르면 그런 행동은 그 개체의 권리를 침해한 것이다. 그런데 우리는 이 목록이 나오게 된 계기가 무엇인지를 다시 생각해보아야 한다. 그것은 모든 인간이 공리주의나 완전주의의 반직관적 상황에 빠지게 되는 것을 피하기 위해 평등한 본래적 가치를 상정했고, 인간 개인이 본래적 가

18) Paske, "Why Animals Have No Right to Life: A Response to Regan"나 Allegri, "Respect, Inherent Value, Subjects-of-a-Life: Some Reflections on the Key Concepts of Tom Regan's Animal Ethics"도 Regan의 본래적 가치가 평등하지 않다고 주장한다. 이들은 대신에 인간의 본래적 가치는 동물과 구분되는 인간만의 독특한 특성이 일정 정도 이상이면 모두 똑같이 대우해야 한다는 일종의 한곗값(threshold)을 주장한다. 롤스의 '영역 성질(range property)'로 이해하면 된다. 한곗값이나 영역 성질을 끌어들이는 것은 완전주의의 불합리한 귀결을 피하기 위해서이다. 그러나 나는 완전주의는 현재 논의 상황에서 적절한 도덕적 기준이 아니므로 그 귀결을 우려할 필요는 없다고 생각한다. 그리고 인간 내에서 적절한 도덕적 기준에 의해 다르게 대우하는 것은 받을 만한 대우를 받는 것이다.

치를 평등하게 갖게 만드는 것은 무엇인지 물은 다음에, 모든 인간은 그러한 목록을 평등하게 가지고 있다는 대답으로 나온 것이다. 레건은 거기서 한 걸음 더 나아가 동물도 그러한 삶의 주체라고 주장한다. 그러나 인간이 그런 삶의 주체라는 것은 은밀한 살인이나 노예제처럼 사람들이 받아들이지 못하는 직관에서 나온 것이다. 반면에 동물이 그런 삶의 주체라는 것은 동물도 그런 것을 누릴 것이라는 유비에 의한 추측에서 나온 것이다. 그것은 인간의 은밀한 살인이나 노예제처럼 상식적인 인간이라면 받아들이지 못하는 직관에서 출발한 것이 아니다. 동물을 은밀하게 죽이는 것이나 노예로 부리는 것이 옳은지는 논란의 대상이지 상식적인 인간이라면 받아들이지 못하는 직관이 아니다. 오히려 인간과 달리 동물은 인지 능력이 없기에 은밀한 죽임이 일어나도 (심지어 닭과 같은 동물은 공공연하게 죽임이 일어나도) 거기서 공포감을 느끼지 못한다. 또 인간과 달리 적절한 복지를 제공해준다면 인간의 목적을 위해 동물을 부리는 것은 받아들이는데, 가축이 그런 존재이다. 가축을 노예와 비교하는 것이 논란의 여지는 있지만, 적어도 먹을 것과 잘 곳을 받는 대가로 자유롭게 돌아다닐 수 없다는 점에서 자율성이 없는 것은 맞는다. 지금 동물의 도살과 가축 사육이 정당하다고 주장하는 것은 아니다. 인간의 경우와 달리 동물의 경우에는 삶의 주체로 가는 합의된 직관적인 상황이 없다는 것을 말하려는 것이다. 도덕 수동자, 특히 동물의 본래적 가치를 지지하는 자연적 성질이 과연 있는지는 논란거리이다. 결국 인간이 삶의 주체라는 것은 근거가 있고 더 나아가 앞에서 말했듯이 자연적 성질이라는 확실한 토대가 되지만, 동물이 삶의 주체라는 것은 그 근거가 훨씬 튼튼하지 못하다.

백 보 양보하여 동물의 본래적 가치가 있다고 인정하자. 그렇다고 해서 그 본래적 가치가 인간의 본래적 가치와 똑같을까? 앞에서 인간끼리 본래적 가치가 다르다고 해도 레건이 우려하는 완전주의의 불합리한 귀결은 도출되지 않는다고 말했다. 그런 귀결을 우려하게 만드는 성질은 도덕적으로 적절하지 않기 때문이었다. 지금 묻는 것은 인간과 동물의 본래적 가치가 똑같은가 하는 것이다. 본래적 가치의 토대가 되는 삶의 주체는 어떤 개체가 잘 살고 못 살게 하는 성격의 것이라고 말했다. 삶의 주체 목록에 해당하는 것을 개체가 만족하지 못하게 하면 그 개체는 해악을 입게 되고, 그러기에 레건은 해악의 원리에 의해 그것을 존중해야 한다고 말한다. 그런데 인간에게 끼친 해악과 동물에게 끼치는 해악이 똑같을까? 삶의 주체 목록 중 똑같은 것도 있다. 예컨대 인간이든 동물이든 '쾌락과 고통의 느낌'은 똑같다고 볼 수 있다. 따라서 인간이든 동물이든 고통을 주면 삶의 주체에게 해악을 끼친 것이고 본래적 가치를 침해한 것이다. 그러나 '시간의 흐름 속에서 정신적, 육체적 정체성'을 똑같이 유지할까? 한 살 이상의 포유동물이라고 하더라도 그런 정체성이 있는지 논란이 될 수 있지만 있다고 가정해보자. 그렇다고 하더라도 그 정체성이 먼 과거와 긴 미래를 향할 수는 없다. 어떤 동물도 불과 어제의 자신과 오늘의 자신과 내일의 자신이 동일한 개체임을 인식할 수는 없고, 그 정체성에서 생기는 서사성을 가질 수 없다. 따라서 똑같은 죽임이라고 하더라도 인간을 죽이는 것이 동물을 죽이는 것보다 그 정체성과 서사성을 훼손하기에 비교할 수 없이 큰 해악을 끼치는 것이다.[19] 이렇게 인간과 동물은 삶의 주체의 성격이 다르다.

∴

19) 물론 레건도 『동물권 옹호』에서 동물이 육체적 정체성뿐만 아니라 심리적 정체성을 갖는다고 주장한다. 그는 "(…) 동물들은 분명 일정 기간을 살아가면서 심리적 정체성을 갖추고 있다. 예상치 못한 발전이 이루어지는 경우를 제외한다면 피도는 내일도 동일한 개일 것이고, 모레도 동일한 개일 것이며, 그 이후로도 쭉 동일한 개일 것이다."(267쪽)라고 말한다. 그러나 그의 주장과 달리 이것은 육체적 정체성이지 심리적 정체성이 아니다. 심리적 정체성의 핵심은 서사성이다. 인간 정체성과 서사성은 레이첼스의 『동물로부터 유래된

더 나아가 인간은 동물은 못 갖는 성질을 가짐으로써 삶의 주체가 될 수 있다. 앞에서 인간과 달리 동물은 적절한 복지를 제공해준다면 인간의 목적을 위해 부리는 것이 받아들여진다고 했다. 곧 인간과 달리 동물은 '만족한 노예'가 가능하다. 물론 동물의 경우에도 그것이 가능한지 논란이 될 수 있다고 말했지만, "개돼지로 사느니 죽는 게 낫다"라는 표현처럼 적어도 인간의 삶에서 자율성과 자존심은 중요한 자리를 차지한다. 그렇다면 인간이 삶의 주체라면 단순히 살아 있다는 것 이상으로 자율성과 자존심을 지키며 산다는 것이 추가되어야 하고, 그것을 충족해야 본래적 가치를 갖는다고 말할 수 있다. 삶의 주체 목록에 추가될 또 다른 성질을 말해보면, 앞에서 도덕 행위자는 "공평한 도덕원리를 활용하"는 능력을 갖추고 있는 개체이지만 도덕 수동자는 그렇지 못한 개체로 정의된다. 그러면 도덕 행위자는 그에 걸맞은 본래적 가치를 가질 수 있고, 이는 본래적 가치가 도덕 수동자와 동등하지 않게 만든다. 예컨대 옳고 그른 일을 할 수 있는 인간은 그 점 때문에 동물과 달리 옳고 그른 일을 하거나 그 일의 대상이 됨으로써 더 잘 살거나 못 살 수 있는 것이다. 이것은 도덕 수동자인 동물에게는 해당하지 않는 의미에서 삶의 주체가 된다는 뜻이다. 결국 인간과 동물의 삶의 주체는 그 성격도 다르고 종류도 다르기에, 거기에 토대를 둔 본래적 가치도 동등할 수 없는 것이다.

방금 말한 자존심이나 도덕적 추론 능력은 인간만이 가지고 있는 타고난 능력이다. 그런 점에서 이것은 레건의 '타고난 운 논증'에 적용되지만,

⁚

인간』, 361쪽의 표현에 따르면 인간이 단순히 생물학적(biological) 존재가 아니라 전기적(biographical) 존재라는 말이다. 자세한 논의는 최훈, 『동물 윤리 대논쟁』, 84쪽 이하를 보라.

그것은 동물의 삶의 주체 능력이 식물이나 무생물이 아닌 동물에게만 적용되는 것이나 마찬가지이다. 도덕 행위자든 도덕 수동자든 거기에 걸맞은 삶의 주체가 있고 그것을 충족하면 되는 것이다.

본래적 가치가 평등하지 않음은 레건 스스로에서도 발견된다. 그는 본래적 가치가 도덕 행위자든 도덕 수동자든 똑같다고 주장하지만, 막상 그것을 적용할 때는 그 차이를 인정한다.[20] 본래적 가치가 동등하다고 주장하면서도 그것을 현실에 적용할 때는 그 주장이 일관되게 적용되지 않는 것이다. 레건은 다음과 같은 사례를 제시한다.

구명보트에 다섯이 생존해 있다고 상상해보자. 이 보트는 크기가 작아 넷만 태울 수 있다. 생존해 있는 존재는 몸무게가 거의 비슷하고 거의 같은 공간을 차지한다. 다섯 중 넷은 정상인 성인 인간이고, 나머지 하나는 개이다. 하나를 배 밖으로 던져야 한다. 그렇지 않으면 모두 죽게 된다. 누구를 던질 것인가?(598쪽)

레건이 이 사례를 제시한 이유는 자신의 권리 견해에 대해 우리의 "숙고된 믿음과 근본적으로 맞지 않는다"(598쪽)라는 반박에 대답하기 위해서이다. 우리의 '숙고된 믿음'은 이 상황에서 개를 던져야 한다. 그러나 레건에 따르면 구명보트에 탄 사람들이나 개의 본래적 가치는 동등하므로, 누구를 던질지는 제비뽑기로 해야 한다. 그러나 레건은 이런 결론 대신에 우리의 숙고된 믿음에 부합하게 개를 선택해야 한다고 주장한다. 레건은 그 이

..

20) 이와 비슷한 지적은 Allegri, "Respect, Inherent Value, Subjects-of-a-Life: Some Reflections on the Key Concepts of Tom Regan's Animal Ethics"; Rem Edwards, "Tom Regan's Seafaring Dog and (Un) Equal Moral Worth"에서도 이루어졌다.

유를 다음과 같이 말한다.

> (…) 죽음이 스스로가 막는 만족에 대한 기회의 함수이고, 어떤 합리적인 사람도 네 사람 중 한 명의 죽음이 개의 죽음보다 직견적으로 더 큰 손실이 될 것이며, 따라서 직견적으로 더 큰 해악이 될 것임을 부정하지 않을 것이다. 짧게 말해서 개에게 죽음은 해악이긴 하지만 죽음이 인간 중 한 명에게 주는 해악과 비교할 수 없다. 인간 중 한 명을 배에서 던져 어떤 죽음을 맞닥뜨리게 하는 것은, 동물을 배에서 던졌을 때 개에게 끼치는 해악보다 그 개체의 상황을 악화할 것이다(즉 그 개체에게 더 큰 해악을 일으킬 것이다). 죽어야 하는 것은 개라고 하는 우리의 믿음은 상황 악화의 원리에 호소해서 정당화된다.(659~660쪽)

레건은 자신의 결정이 공리주의자처럼 "집단으로서의 네 명의 사람이 피한 해악의 총합이 개체인 동물의 손실을 능가한다는 근거"에서 나온 것이 아님을 강조한다. 그것을 극대화하기 위해 설령 개가 백만 마리가 있다고 하더라도 네 명의 사람 대신에 백만 마리의 개를 버려야 한다고 말한다(660~661쪽). 여기서 주목해야 할 것은 레건이 인간의 해악과 개의 해악을 비교하고 있다는 사실이다. 그리고 비교되는 해악의 단위는 인간의 삶의 주체와 개의 삶의 주체가 아니라 인간과 개가 "막는 만족에 대한 기회의 함수"이다. 나는 앞에서 똑같은 죽임이라고 하더라도 인간을 죽이는 것이 동물을 죽이는 것보다 그 정체성과 서사성을 훼손하기에 비교할 수 없이 큰 해악을 끼친다고 말했는데, 레건의 말로 해보면 인간의 정체성과 서사성이 개의 그것보다 더 풍부하고 복잡하기 때문에 인간의 죽음이 막는 만족에 대한 기회의 함수가 개의 그것보다 훨씬 크다. 죽음은 삶의 주체가 입을 수 있는 해악 중 가장 큰 것인데, 그것을 동등하게 생각하지 않고 이

렇게 차등을 두는 것은 그 스스로 본래적 가치를 일관되게 동등하게 파악하지 않는다는 것을 보여준다.[21]

레건의 동물권 이론에서 핵심은 본래적 가치 개념이다. 그러나 지금까지 살펴본 것처럼, 본래적 가치를 상정하는 것은 인정할 수 있다고 하더라도, 본래적 가치는 그의 주장과 달리 인간과 동물이 동등하게 가지고 있지 않다. 고통을 느끼게 하는 해악은 동등하지만 죽음이 주는 해악은 동등하지 않다. 따라서 고통을 주지 않고 사육과 도살을 하는 것이 가능하다면 상황 악화의 원리가 적용되지 않으므로, 레건이 의도한 육식 금지라는 함축은 귀결되지 않는다.

참고문헌

김일수, 「레건의 동물 권리론에 대한 비판적 고찰」, 『도덕윤리과교육』, 75권, 2022, 211~237.

노희정·노희천, 「레건의 '삶의 주체'에 대한 비판적 고찰」, 『환경철학』, 32권, 2021, 69~89.

레이첼스, 제임스, 『동물로부터 유래된 인간』, 김성한 옮김, 나남, 2009.

맹주만, 「톰 레간과 윤리적 채식주의」, 『근대철학』, 제3권 1호, 2008, 43~65.

싱어, 피터, 『동물해방』(제3판), 김성한 옮김, 연암서가, 2012.

. .
· ·

21) 레건의 『동물권 옹호』는 2004년에 새로운 판을 출간하면서 앞부분에 초판에서 제기된 반론과 그에 대한 답변을 추가하였다. 거기서 구명보트 사례도 다루고 있는데, 이 사례가 결국 동물 실험을 옹호하는 것이라는 반론에 집중하고 있다. Regan의 답변은 구명보트 사례는 예외적인데 동물 실험은 일상적이라는 것이다(43~44쪽). 막상 본래적 가치의 차등화는 언급하지 않는다.

지은이

톰 레건 Tom Regan, 1938~2017

동물에게는 공리적인 고려에 의해 압도될 수 없는 절대적 권리가 있다는 주장을
하는 대표적인 철학자이다. 『동물권 옹호』를 집필하기 시작할 때는 가령 불필요
한 동물 실험을 반대하고 필요한 경우에만 인정하는 입장이었으나, 집필을 끝낼
무렵에는 육식이나 동물 실험처럼 동물의 권리를 존중하지 않는 모든 관행을 폐
지해야 한다는 강경한 입장으로 선회했다고 한다. 1938년 미국 펜실베이니아주
의 피츠버그에서 태어나, 1960년에 같은 주에 있는 실 대학을 졸업하고 1966년
에 버지니아 대학교에서 박사학위를 받았다. 1967년부터 2001년까지 노스캐롤
라이나 주립대학교에서 철학을 가르쳤다. 1983년에 나온 『동물권 옹호』를 비롯
해 평생 17권의 책을 쓴 열정적인 학자이다. 부인인 낸시와 함께 비정부 기구인
'문화와 동물 재단'을 만들어 동물권 옹호 운동을 한 활동가이기도 하다. 2017년
에 죽었다.

옮긴이

김성한

고려대학교 불문과를 졸업하고, 같은 대학교 철학과 대학원에서 박사학위를 받
았다. 현재 전주교육대학교 윤리교육과 교수로 재직 중이며, 나누는 삶과 진화론
에 관심을 가지고 있다. 지은 책으로 『비건을 묻는 십대에게』, 『나누고 누리며 살
아가는 세상 만들기』, 『어느 철학자의 농활과 나누는 삶 이야기』 등이 있고, 옮긴
책으로 『동물 해방』, 『새로운 창세기』, 『인간과 동물의 감정 표현』, 『채식의 철학』,
『동물에서 유래된 인간』 등이 있다.

최훈

서울대학교 철학과를 졸업하고 같은 대학교 대학원에서 박사 학위를 받았다.
현재는 강원대학교 자유전공학부 교수로 재직하고 있다. 논리학 및 윤리학이 주
요 관심 분야이고, 특히 동물 윤리에 관해서 여러 편의 책과 논문을 썼다. 저서로
윤리학 분야에서 『철학자의 식탁에서 고기가 사라진 이유』, 『동물을 위한 윤리학』,
『동물 윤리 대논쟁』, 논리학 분야에서 『변호사 논증법』, 『좋은 논증을 위한 오류
이론 연구』, 『불편하면 따져봐』, 『논리는 나의 힘』, 철학 일반 분야에서 『위험한 철
학책』, 『라플라스의 악마, 철학을 묻다』 등이 있다.

한국연구재단총서 학술명저번역 **649**

동물권 옹호

1판 1쇄 찍음 | 2023년 8월 23일
1판 1쇄 펴냄 | 2023년 9월 13일

지은이 | 톰 레건
옮긴이 | 김성한 · 최훈
펴낸이 | 김정호

책임편집 | 박수용
디자인 | 이대응

펴낸곳 | 아카넷
출판등록 | 2000년 1월 24일(제406-2000-000012호)
주소 | 10881 경기도 파주시 회동길 445-3
전화 | 031-955-9510(편집) · 031-955-9514(주문)
팩시밀리 | 031-955-9519
www.acanet.co.kr

Printed in Paju, Korea.

ISBN 978-89-5733-882-7 (94190)
ISBN 978-89-5733-214-6 (세트)

이 번역서는 2019년 대한민국 교육부와 한국연구재단의 지원을 받아 수행된 연구임.
(NRF-2019S1A5A7068971)
This work was supported by the Ministry of Education of the Republic of Korea
and the National Research Foundation of Korea.(NRF-2019S1A5A7068971)